**SCHÄFFER
POESCHEL**

Lutz von Rosenstiel

Grundlagen der Organisationspsychologie

Basiswissen und Anwendungshinweise

6., überarbeitete Auflage

2007
Schäffer-Poeschel Verlag Stuttgart

Verfasser:

Prof. Dr. Dr. h.c. Lutz von Rosenstiel, Lehrstuhl für Organisations- und Wirtschaftspsychologie, Ludwig-Maximilians-Universität München

Bibliografische Information der Deutschen Nationalbibliothek
Die Deutsche Nationalbibliothek verzeichnet diese Publikation in der Deutschen Nationalbibliografie; detaillierte bibliografische Daten sind im Internet über http://dnb.d-nb.de abrufbar.

Gedruckt auf chlorfrei gebleichtem, säurefreiem und alterungsbeständigem Papier

ISBN: 978-3-7910-2523-0

Dieses Werk einschließlich aller seiner Teile ist urheberrechtlich geschützt. Jede Verwertung außerhalb der engen Grenzen des Urheberrechtsgesetzes ist ohne Zustimmung des Verlages unzulässig und strafbar. Das gilt insbesondere für Vervielfältigungen, Übersetzungen, Mikroverfilmungen und die Einspeicherung und Verarbeitung in elektronischen Systemen.

© 2007 Schäffer-Poeschel Verlag für Wirtschaft · Steuern · Recht GmbH
www.schaeffer-poeschel.de
info@schaeffer-poeschel.de
Einbandgestaltung: Willy Löffelhardt
Satz: Typomedia GmbH, Ostfildern
Druck und Bindung: Ebner + Spiegel GmbH, Ulm
Printed in Germany
Juni 2007

Schäffer-Poeschel Verlag Stuttgart
Ein Tochterunternehmen der Verlagsgruppe Handelsblatt

Vorwort zur 6. Auflage

Dieses Buch hat mich in der universitären Lehre nahezu 30 Jahre lang begleitet. Als ich im Jahre 1977 – von der Universität Augsburg kommend – einen Ruf auf den Lehrstuhl für Organisations- und Wirtschaftspsychologie der Universität München annahm, erhielten die bei mir Studierenden – künftige Psychologen, Soziologen, Betriebswirte, Kommunikationswissenschaftler, Statistiker, Informatiker und viele andere mehr – ein Begleitskriptum zur Veranstaltung. Es verfolgte das Ziel den »Nicht-Psychologen« gewisse Grundlagen der Psychologie – wenn auch in Ausschnitten – zu vermitteln und allen Studierenden einen breiten Überblick mit einigen exemplarischen Vertiefungen auf dem Feld der Organisationspsychologie zu geben. Schließlich wurden auch einige Anregungen geboten wo und wie in der Praxis organisationspsychologisches Wissen nützlich angewandt werden kann. Schon das damalige Skriptum ähnelte in seiner Struktur diesem Buch: Es umfasste 5 Hauptkapitel innerhalb derer – nach einem einführenden Grundlagenkapitel – die 4 Themengebiete Aufgabe, Individuum, Gruppe und Organisation, wenn auch in einer anderen Reihenfolge, dargestellt wurden. Das von Semester zu Semester verbesserte, aber auch umfangreicher werdende Skript erschien dann 1980 als Buch und wurde rasch an vielen anderen deutschsprachigen Universitäten als Einführungstext in die Organisationspsychologie – insbesondere auch für Nicht-Psychologen – empfohlen. Dies hatte zur Folge, dass regelmäßig ca. alle 5 Jahre eine Neuauflage erforderlich war, die jeweils angesichts der dynamischen Entwicklung des Faches auf einige der bisherigen Inhalte verzichtete und dafür eine Vielzahl neuer aufnahm, was zur Konsequenz hatte, dass das Buch von Mal zu Mal umfangreicher wurde, wobei dem Verlag dafür zu danken ist, dass er dennoch weiterhin einen moderaten Preis garantierte.

Nun liegt – in veränderter und attraktiver gewordener äußerer Erscheinung – die 6. Auflage vor. Auch hier wurden neben einer Vielzahl von Aktualisierungen mehrere grundsätzlich neue Inhalte aufgenommen: So Hinweise zur innerhalb des Faches heftig umstrittenen Entwicklung der Organisationspsychologie, zu neuen, über die Industriearbeit hinausreichende Verfahren der Arbeitsanalyse, zu aktuellen Verfahren und Ergebnissen auf den sich besonders dynamisch entwickelnden Feldern der Personalauswahl und -entwicklung, wobei der relativ gesicherte Stand des Wissens auf diesen Felder anhand einiger Ergebnisse von Metaanalysen anschaulich gemacht wird. Diese Befunde zeigen zweifelsfrei, dass gerade auf diesem Gebiet die Organisationspsychologie Profundes beizutragen hat und wirklich Nützliches für betroffene Menschen und für Organisationen bereitstellen kann. Es werden aber ebenfalls Hinweise auf Prozesse geboten, die die Teamarbeit fördern bzw. gefährden und es wird schließlich sehr viel intensiver auf ein Gebiet eingegangen, das in den letzten Jahren stark an Bedeutung gewann, ohne dass sich die Psychologie hier entsprechend engagierte, das »Change Management«.

Dass die 6. Auflage nun endlich vorliegt, verdanke ich auch der Hilfe Vieler. So gilt dieser Dank in erster Linie dem Verlag, hier insbesondere Frau Marita Mollenhauer und Frau Claudia Knapp für eine wirklich gute Kooperation und für ihre von mir reichlich überstrapazierte Geduld. Er gilt Frau Susanne Bögel-Fischer, Frau Gudrun Kodal und Frau Sieglinde Einödshofer für das Schreiben des Manuskripts und die Einarbeitung der immer wieder notwendigen Ergänzungen und Korrekturen. Er gilt Frau Renate Matsche und Herrn Ralf Woscheé für die Hilfe bei der Erstellung einer ganzen Reihe neuer Darstellungen und Tabellen. Er gilt dem langjährigen Freund und Kollegen Peter Neumann, der mich bereits bei der ersten Auflage unterstützte, für seine Hilfe bei der Erarbeitung des Literaturverzeichnisses und er gilt schließlich Herrn PD Dr. Jürgen Kaschube, Frau Gudrun Kodal und Frau Dipl.-Soz. Renate Matsche für die Unterstützung bei der kritischen Durchsicht der Druckfahnen.

Jetzt also ist das Werk getan. Ich hoffe, dass es weiterhin interessierte Leser findet, denen es hilft – auch wenn ihnen ein differenziertes Grundlagenwissen auf dem Felde der Psychologie fehlt – sich in Inhalte und Methoden der Organisationspsychologie einzuarbeiten und sie später in ihrer beruflichen Praxis auch nutzen zu können.

Wien und München im Frühjahr 2007 *Lutz von Rosenstiel*

Inhalt

Vorwort zur 6. Auflage		V
1.	**Organisationspsychologie**	1
1.1.	Definition der Psychologie und der Organisationspsychologie	2
1.2.	Entwicklung der Organisationspsychologie	9
1.3.	Teilgebiete der Organisationspsychologie	13
1.4.	Fragestellungen in der Organisationspsychologie	18
1.5.	Nachbarwissenschaften der Organisationspsychologie	21
1.6.	Forschungsmethoden der Organisationspsychologie	23
1.7.	Die Organisationspsychologie als Angewandte Psychologie	32
1.8.	Das Wertproblem in der Organisationspsychologie	34
1.9.	Die Nutzung organisationspsychologischen Wissens in der Praxis	39
1.10.	Veränderungstendenzen in der Organisationspsychologie	41
1.11.	Der weitere Aufbau des Buches	46
2.	**Aufgabe**	52
2.1.	Arbeit: Grundüberlegungen	53
2.1.1.	Begriffsklärungen	60
2.1.2.	Theorie der Aufgabe	62
2.1.3.	Arbeit und Emotion	65
2.1.4.	Belastung und Beanspruchung	66
2.1.5.	Zeitkonstante und zeitvariable Leistungsvoraussetzungen	68
2.2.	Arbeitsanalyse	69
2.2.1.	Methoden der Arbeitsanalyse	70
2.2.2.	Im deutschen Sprachraum vorliegende Verfahren	74
2.2.2.1.	Fragebogen zur Arbeitsanalyse (FAA)	74
2.2.2.2.	Verfahren zur Ermittlung von Regulationserfordernissen in der Arbeitstätigkeit (VERA)	75
2.2.2.3.	Analyse der Regulationshindernisse in der Arbeitstätigkeit (RHIA)	76
2.2.2.4.	Fragebogen zum Erleben von Intensität und Tätigkeitsspielraum in der Arbeit (FIT)	76
2.2.2.5.	Tätigkeitsanalyseinventar (TAI)	77
2.2.2.6.	Subjektive Arbeitsanalyse (SAA)	77
2.2.2.7.	Tätigkeits- und Arbeitsanalyseverfahren für das Krankenhaus (TAA-KH-O)	77
2.2.2.8.	Verfahren zur Analyse von Arbeit im Haushalt (AVAH)	78
2.2.2.9.	Diagnoseinstrument gesundheitsförderlicher Arbeit (DigA)	78
2.3.	Psychologische Arbeitsbewertung	79
2.4.	Psychologische Arbeitsgestaltung	86

2.4.1.	Arbeitsgestaltung und ihre Wirkung auf Motivation und Zufriedenheit	87
2.4.1.1.	Die Zweifaktorentheorie von Herzberg	88
2.4.1.2.	Die Zielsetzungstheorie von Locke und Latham	95
2.4.1.3.	Das Konzept des Motivationspotenzials nach Hackman und Oldham	98
2.4.2.	Arbeitsgestaltung und ihre Wirkung auf die Qualifikation	100
2.4.2.1.	Theoretische Ansätze und empirische Forschungsergebnisse	102
2.4.2.2.	Folgerungen für die Arbeitsgestaltung	104
2.4.3.	Die »Neuen Techniken«	105
2.4.3.1.	Die Bewertung der Technik	105
2.4.3.2.	Chancen und Gefahren neuer Techniken	107
2.4.3.3.	Folgerungen für die Arbeitsgestaltung	109
2.4.4.	Stress und Arbeitsgestaltung	111
2.4.4.1.	Theoretische Ansätze und empirische Forschungsergebnisse	111
2.4.4.2.	Folgerungen für die Arbeitsgestaltung	115
2.5.	Konzepte und Beispiele psychologischer Arbeitsgestaltung	117
2.5.1.	Job Rotation	119
2.5.2.	Job Enlargement	119
2.5.3.	Job Enrichment	119
2.5.4.	Teilautonome Arbeitsgruppen	120
2.5.5.	Qualifizierende Gruppenkonzepte	124
2.5.5.1.	Qualitätszirkel	124
2.5.5.2.	Lernstatt	126
2.5.6.	Projektgruppe	127
2.6.	Geht es nur um den »arbeitenden Menschen«?	128
2.7.	Zukunft der Arbeit	129
3.	**Individuum**	**136**
3.1.	Grundüberlegungen	138
3.1.1.	Individuum und Organisation	138
3.1.2.	Implizite und explizite Persönlichkeitstheorien	143
3.1.3.	Die Anlage-Umwelt-Problematik	146
3.2.	Personalauswahl	150
3.2.1.	Anforderung und Eignung	151
3.2.2.	Messinstrumente der Eignungsdiagnostik	156
3.2.2.1.	Theoretische Grundgedanken	159
3.2.2.2.	Konstruktion von Testverfahren	160
3.2.2.3.	Klassifikation psychologischer Testverfahren	164
3.2.3.	Auswahlentscheidungen	166
3.2.4.	Entwicklung von Entscheidungsregeln	171
3.2.5.	Die personalistische Führungstheorie	174
3.2.5.1.	»Führungseigenschaften«	175
3.2.5.2.	Geschlechtszugehörigkeit und Führung	179
3.2.5.3.	Assessment Center	189

3.3.	Die systematische Personalbeurteilung	196
3.3.1.	Personalbeurteilung als soziale Urteilsbildung	198
3.3.2.	Fehlerebenen und Fehlerarten bei der Urteilsbildung	199
3.3.3.	Techniken und Verfahren der Personalbeurteilung	205
3.3.4.	Beurteilungskonsequenzen	211
3.4.	Personalentwicklung	216
3.4.1.	Aus-, Fort- und Weiterbildung in Organisationen	219
3.4.1.1.	Bedarfsermittlung	221
3.4.1.2.	Methoden der Aus-, Fort- und Weiterbildung	222
3.4.1.3.	Selbstgesteuertes Lernen	224
3.4.2.	Zum Problem des Lerntransfers	225
3.4.3.	Evaluation	228
3.4.4.	Beispiele von Personalentwicklungsmaßnahmen	235
3.4.4.1.	Einübung motorischer Fertigkeiten	235
3.4.4.2.	Das Erlernen kognitiver Inhalte mit Hilfe Programmierter Unterweisungen und des »E-learning«	237
3.4.4.3.	Das Training von Motivation und Volition	239
3.4.4.3.1.	Grundüberlegungen	239
3.4.4.3.2.	Theorie der Leistungsmotivation	244
3.4.4.3.3.	Messung der Leistungsmotivation	245
3.4.4.3.4.	Das Training: Grundlagen und Vorgehen	246
3.4.4.3.5.	Stützung von Motivation und Volition	247
3.4.4.4.	Abbau von leistungsbehindernden Ängsten	250
3.4.4.4.1.	Angst und Leistung	250
3.4.4.4.2.	Feststellung der Angst	251
3.4.4.4.3.	Vorgehen bei der Angstreduktion	252
3.4.4.5.	Training des Selbstvertrauens	253
3.4.4.5.1.	Theoretische Vorüberlegungen	253
3.4.4.5.2.	Verhaltensanalyse	254
3.4.4.5.3.	Aufbau selbstsicheren Verhaltens	255
3.4.4.6.	Entwicklung der interkulturellen Kompetenz	257
3.4.4.7.	Training des Führungsverhaltens	261
3.4.4.7.1.	Erfassung des Führungsverhaltens	263
3.4.4.7.2.	Optimierung des Führungsverhaltens	269
3.4.4.7.3.	Beispiele für Trainingsverfahren	272
4.	**Gruppe**	**285**
4.1.	Grundüberlegungen	288
4.1.1.	Begriffsbestimmung	288
4.1.2.	Gruppenstruktur und Gruppenprozess	289
4.1.3.	Gruppe und Organisation	290
4.2.	Gruppennorm und Gruppenkohäsion als Determinanten des individuellen Verhaltens	293
4.2.1.	Theoretische Grundlagen und empirische Forschungsergebnisse	294
4.2.2.	Ermittlung von Gruppennorm und Gruppenkohäsion	301

4.2.3.	Beeinflussung von Gruppennorm und Gruppenkohäsion	303
4.3.	Formelle und informelle Strukturen und Prozesse	308
4.3.1.	Begriffliche Klärung	309
4.3.2.	Indikatoren formeller und informeller Strukturen und Prozesse	310
4.3.3.	Beeinflussung formeller und informeller Strukturen und Prozesse	312
4.4.	Soziale Konflikte	313
4.4.1.	Begriffliche Klärungen	314
4.4.2.	Konfliktdiagnostik	317
4.4.3.	Konfliktprophylaxe und Konfliktlösung	318
4.5.	Interpersonale Kommunikation	321
4.5.1.	Grundbegriffe und empirische Befunde	323
4.5.2.	Kommunikation in geschlechtsgemischten Gruppen	329
4.5.3.	Diagnose von Defiziten	332
4.5.4.	Verbesserung der Kommunikation in Gruppen	334
4.6.	Führung in Gruppen	337
4.6.1.	Empirische Befunde und theoretische Überlegungen	338
4.6.1.1.	Das Kontingenzmodell von Fiedler	340
4.6.1.2.	Situative Relativierungen der »Ohio-Dimensionen«	344
4.6.1.3.	Das normative Entscheidungsmodell von Vroom und Yetton	345
4.6.2.	Ansätze zu einer Verhaltens- und Situationsmodifikation	348
4.6.3.	Symbolische Führung	350
4.7.	Gruppenarbeit und Leistung	352
4.7.1.	Kriterien der Bewertung von Gruppenarbeit	352
4.7.2.	Bedingungen der Gruppenleistung	353
4.7.3.	Gruppenentscheiden und Gruppenproblemlösen als Beispiel	356
4.7.3.1.	Begriffliche Klärung und theoretische Grundlagen	356
4.7.3.2.	Gruppenarbeit oder Einzelarbeit?	361
4.7.3.3.	Verbesserung von Gruppenproblemlösen und Gruppenentscheiden	363
5.	**Organisation**	**374**
5.1.	Grenzen einer psychologischen Sicht der Organisation	377
5.2.	Die Organisation im Bewusstsein ihrer Mitglieder	378
5.2.1.	Empirische Organisationsforschung	378
5.2.2.	Betriebsklima und Organisationsklima	381
5.2.3.	Unternehmenskultur	387
5.2.4.	Organisationsdiagnostik	394
5.3.	Grundüberlegungen zu psychologisch orientierten Veränderungsmaßnahmen in Organisationen	396
5.3.1.	Motivation und Organisation	397
5.3.1.1.	Determination des Leistungsverhaltens	398
5.3.1.2.	Arbeitsmotive	399
5.3.1.3.	Hierarchische Motivationsmodelle	402
5.3.1.3.1.	Theorien von Maslow und Alderfer	403
5.3.1.3.2.	Folgerungen für die Organisationsgestaltung	405
5.3.1.3.3.	Wertewandel und Personalpolitik	406

5.3.1.4.	VIE-Theorien	411
5.3.1.4.1.	Theorie von Vroom und deren Weiterentwicklungen	411
5.3.1.4.2.	Folgerungen für die Organisationsgestaltung	416
5.3.1.5.	Austauschtheorien	418
5.3.1.5.1.	Theorie von Adams	418
5.3.1.5.2.	Folgerungen für die Organisationsgestaltung	422
5.3.1.6.	Ziele	423
5.3.1.7.	Motivation und Arbeitsverhalten – einige Hinweise zum Motivationsmanagement	426
5.3.2.	Arbeitszufriedenheit und Organisation	428
5.3.2.1.	Begriffsklärung und theoretische Ansätze	429
5.3.2.2.	Messung der Arbeitszufriedenheit	434
5.3.2.3.	Folgen und Korrelate der Arbeitszufriedenheit	440
5.3.2.4.	Beeinflussung der Arbeitszufriedenheit durch organisatorische Maßnahmen	444
5.3.2.5.	Kritik am Konzept der Arbeitszufriedenheit	449
5.4.	Change Management	451
5.4.1.	Ein Extrembeispiel: »Die Strategie des Bombenwurfs«	454
5.4.2.	Organisationsentwicklung: Personale, interaktionale und strukturale Ansätze	457
5.4.3.	Bedingungen des Erfolgs von Change Management	467
5.5.	Wissensmanagement und lernende Organisation	472

Literaturverzeichnis 483

Bestlösungen 531

Autorenverzeichnis 533

Stichwortverzeichnis 547

1. Organisationspsychologie

Lernziele des 1. Kapitels

Die Bearbeitung des Kapitels »Organisationspsychologie: Gegenstand und Methode« soll dazu anregen und befähigen,

- den Gegenstandsbereich der Psychologie anzugeben und die Psychologie als wissenschaftliche Disziplin zu definieren;
- eine Abgrenzung der Organisationspsychologie von anderen Teilbereichen der Psychologie und von benachbarten Disziplinen vorzunehmen;
- in der Organisationspsychologie eine anwendungsorientierte Wissenschaft zu sehen, der es auch um die Nützlichkeit der Erkenntnisse für die Praxis geht;
- sich wandelnde Zielvorstellungen und Grundannahmen in der Entwicklung der Organisationspsychologie zu erkennen;
- Arbeitsschwerpunkte innerhalb der Organisationspsychologie in ein Klassifikationsschema einzuordnen;
- Forschungsmethoden zu beschreiben, die innerhalb der Organisationspsychologie gebräuchlich sind, diese zu klassifizieren und Beispiele für die verschiedenen Ansätze zu nennen;
- die Wertprobleme innerhalb der Organisationspsychologie zu erkennen und Beispiele dafür aufzuzeigen, in welche Interessenkonflikte der Organisationspsychologe in Forschung und Praxis geraten kann;
- Entwicklungstendenzen innerhalb der Organisationspsychologie kritisch zu werten.

Organisationspsychologie ist ein **Teilgebiet der Psychologie**; sie zählt zu den angewandten Disziplinen dieses Fachs. Die moderne Psychologie versteht sich heute schwerpunktmäßig als **empirische Wissenschaft**. Entsprechend sucht auch die Organisationspsychologie mit Verfahren, die in den empirischen Sozialwissenschaften üblich sind, zu ihren Erkenntnissen zu gelangen. Planung einzelner Untersuchungen und Systematisierung der Befunde ist nur auf der **Grundlage theoretischer Konzepte** möglich, mögen diese auch noch so bescheiden sein. Ergebnisse der Forschungsbemühungen allerdings sollten **für die Praxis relevant** sein, wenn die Organisationspsychologie ihrem Anspruch gerecht werden will, eine angewandte Wissenschaft zu sein.

1.1. Definition der Psychologie und der Organisationspsychologie

Gegenstand der Psychologie ist – orientiert man sich an verbreiteten Darstellungen (vgl. z. B. Rohracher, 1988) – das **Erleben und Verhalten** des Menschen. Erleben ist dabei nicht – wie es die Umgangssprache nahe legt – als starke emotionale Reaktion des Individuums zu interpretieren, sondern umfasst alle **bewusst werdenden psychischen Prozesse**: z. B. Wahrnehmung, Denken, Emotionen, aktivierte Motive. Soll das Erleben den empirischen Forschungsmethoden zugänglich sein, so ist es stets bewusstes Erleben. »Unbewusstes Erleben«, das nach Auffassung vieler Laien der interessanteste Forschungsgegenstand der Psychologie überhaupt ist, kann daher kein der Beobachtung zugänglicher Erfahrungsgegenstand sein, sondern muss als hypothetisches Konstrukt verstanden werden, das im Rahmen spezifischer theoretischer Annahmen der besseren Erklärung des der Introspektion zugänglichen bewussten Erlebens oder des der Fremdbeobachtung zugänglichen Verhaltens dient.

Dafür ein Beispiel: Ein für sein gutes Gedächtnis und seine Pünktlichkeit bekannter Mensch vergisst einen für ihn unangenehmen Termin und erinnert sich erst dann wieder an ihn, wenn er ohnehin nicht mehr eingehalten werden kann. Unbewusste Tendenzen sind von ihm – definitionsgemäß – nicht erlebt worden und konnten von außen nicht beobachtet werden. Die Annahme des Unbewussten – in diesem Falle einer unbewussten Tendenz, den unangenehmen Termin nicht einzuhalten – erleichtert jedoch die Erklärung des persönlichkeitsfremd wirkenden Verhaltens (vgl. Freud, 1955). In diesem Sinne gibt es eine Vielzahl von Indikatoren – z. B. physiologische Reaktionen, beobachtbares Verhalten, verbale Aussagen – die zwar selbst dem psychisch Unbewussten nicht angehören, die aber überzeugender interpretiert werden können, wenn man ein Unbewusstes annimmt (Weiner, 1996).

Historisch stand – insbesondere in der westeuropäischen Psychologie – zunächst der Aspekt des Erlebens im Zentrum der Forschungsintention. Unter dem Einfluss des amerikanischen **Behaviorismus** (Watson, 1913) gewann der Aspekt des Verhaltens so stark an Gewicht, dass die Psychologie häufig als Wissenschaft vom Verhalten (Behaviorismus) definiert wurde. Die Behavioristen hatten vor allem methodische Bedenken gegen die Untersuchung des Erlebens: Da das Erleben stets nur einer Person – dem Erlebenden selbst – zugänglich sei, würde damit die von einer Wissenschaft zu fordernde Objektivität (als intersubjektive Übereinstimmung verstanden) der Ereignisregistrierung nicht überprüfbar.

Der Behaviorismus interpretierte das Verhalten eng als eine **Reaktion auf äußere Reize**. Dem gegenüber wird geplantes **zielbezogenes Tun** häufig als **Handeln** bezeichnet (Frese & Sabini, 1985, Hacker, 2005). Dies könnte durchaus ein Argument dafür sein, die Psychologie als Wissenschaft vom Erleben, Verhalten und Handeln zu definieren. Spricht man jedoch vom Verhalten in einem weiteren Sinne, der das Reagieren und das Agieren umfasst, so erscheint die Bestimmung der Psychologie als einer Wissenschaft vom Erleben und Verhalten ausreichend.

Unter dem Einfluss des Behaviorismus schärfte sich fraglos das methodische Bewusstsein der Psychologie; der Erlebnisaspekt konnte freilich dadurch nicht ausgeklammert werden. Selbst in behavioristisch orientierten Untersuchungen wurde – implizit oder explizit – das Erleben berücksichtigt.

Die Bestimmung der Psychologie als einer Wissenschaft vom (menschlichen) Erleben und Verhalten erscheint recht eindeutig. Dennoch verbergen sich dahinter ganz unterschiedliche Paradigmen der Psychologie (Lewin, 1931; Bischof, 1981; v. Rosenstiel, 1982). Tatsächlich lassen sich innerhalb des Fachs verschiedene Forschungsstränge voneinander abheben, die jeweils durch kaum miteinander vergleichbare Menschenbilder, unterschiedliche Wissenschaftstraditionen und Forschungsmethoden gekennzeichnet sind. Vier besonders bedeutsame Richtungen seien nachfolgend knapp skizziert.

Einer dieser Forschungsstränge versteht die Psychologie als eine exakte **Naturwissenschaft**, die sich in ihrem Wissenschaftsverständnis und ihren Methoden an der Physik orientiert. Hier geht es darum, zwischen den Reizen, die aus der äußeren Umgebung kommen, und den psychischen Reaktionen im Menschen, aber auch zwischen einzelnen psychischen Variablen möglichst exakt die Abhängigkeiten aufzuzeigen und mit Hilfe der Mathematik als **Gesetze** zu formulieren. Diese Beziehungen, meist im Sinne der Kausalität interpretiert, gilt es mit Hilfe **experimenteller Verfahren** zu finden. Exemplarisch für diese Richtung der Psychologie steht – wie der Name schon sagt – die Psychophysik, die nach Vorarbeiten von E.H. Weber zu Beginn des 19. Jahrhunderts von Fechner (1860) begründet wurde. Hier ging es darum, in mathematischer Form die Beziehung zwischen der Stärke eines physikalisch zu definierenden Reizes zur Stärke der im Psychischen anzunehmenden Empfindung zu erforschen.

Eine nahezu als konträr zu verstehende Richtung in der Psychologie orientiert sich an den **Kultur- und Geisteswissenschaften**. Sie wurde insbesondere von Dilthey (1957) noch vor der Wende zum 20. Jahrhundert programmatisch vorangetrieben, wobei der Satz »Die Natur erklären wir, das Seelenleben verstehen wir« diese Forschungsrichtung illustriert. Orientiert an bestimmten Traditionen der Geschichtswissenschaften bemüht sich diese Psychologie darum, die Einzigartigkeit einer jeden Persönlichkeit mithilfe **qualitativer – insbesondere hermeneutischer – Verfahren zu verstehen**.

Eine deutlich anders akzentuierte Richtung innerhalb der Psychologie interpretiert das Fach als eine **Sozialwissenschaft**. Hier wird von der nahezu beliebigen Formbarkeit des Menschen durch die Umwelt, insbesondere durch die gesellschaftlichen Verhältnisse, ausgegangen, wie es zum Beispiel in dem bekannten Satz von Marx »Das herrschende Bewusstsein ist stets das Bewusstsein der Herrschenden« zum Ausdruck kommt. Im Extremfall, wenn also nicht von einem Gleichgewicht von Subjekt und Struktur (Lutz & Voß, 1992) ausgegangen wird, verkümmert menschliches Erleben und Verhalten zum reinen **Epiphänomen** jener **gesellschaftlicher Verhältnisse**, die es determinieren. Psychologie wird dadurch zu einem eher marginalen Bestandteil einer übergeordneten Sozialwissenschaft, insbesondere der Soziologie.

Eine wiederum andere Forschungstradition sieht den Menschen als ein Säugetier neben anderen und interpretiert entsprechend die Psychologie als einen spezifischen Bestandteil der **Biologie**. Es wird von genetisch bzw. hormonell determinierten Dispositionen zu bestimmten Erlebens- und Verhaltensweisen ausgegangen, die sich – ganz im Sinne der Evolutionstheorie von Darwin (1859/1976) – im **Wechselspiel von Mutation und Selektion** entwickelt haben, um so die Fitness der Art, die Durchsetzung des Genoms, in einer bedrohlichen, von Konkurrenz bestimmten Welt zu gewährleisten. Entsprechend sind menschliche Erlebens- und Verhaltensweisen danach zu interpretieren, was sie zum Erfolg der Art im Sinne der Fortpflanzung und Verbreitung beitragen.

Zur Psychologie als einem Bestandteil der Biologie zählt auch das Bemühen, die physiologischen – insbesondere die neurologischen und hormonellen – Grundlagen des Erlebens und Verhaltens zu erkunden (Birbaumer & Schmidt, 2006). Diese Richtung der Psychologie hat in jüngster Zeit in Kooperation mit anderen Neurowissenschaften als *Neuropsychologie* beachtliche öffentliche Förderung erfahren und sich sprunghaft in Forschung und Lehre entwickelt (Schandry, 2006).

Gerade die an der Biologie und hier spezifisch jene an Darwin orientierte Psychologie wird von den Vertretern anderer Richtungen, insbesondere der sozialwissenschaftlichen, skeptisch betrachtet. Man wirft ihr vorschnelle Reduktion des Psychischen auf das Physische und eine unkritische Gleichsetzung von Mensch und Tier vor und verdächtigt sie der Nähe zum Rassismus oder gar der Ideologie des Nationalsozialismus. Ganz abgesehen von den ebenso fundamentalistischen wie lächerlichen »Argumenten« der (meist US-amerikanischen) Kreationisten, die die biblische Schöpfungsgeschichte wörtlich nehmen und entsprechend die Evolutionstheorie grundsätzlich ablehnen. Dies aber sind meist unzutreffende und wissenschaftsfremde Argumente. Der renommierte Gestaltpsychologe Köhler (1958, S. 87) setzt dagegen: »Wenn wir uns weigern, unsere Spuren in der Biologie zu verfolgen und es den Biologen überlassen, ihnen nachzugehen, dann überlassen wir es auch ihnen, unsere betrüblich lückenhaften Befunde in ein verständliches System zu verwandeln«.

Obwohl diese – und im Ansatz auch einige andere – Forschungstraditionen innerhalb der Psychologie scheinbar unversöhnlich nebeneinander stehen, wird in der Praxis der Lehre und Forschung, aber auch in der Anwendung von Psychologie, häufig selektiv verfahren, d. h. bestimmte beobachtete Phänomene werden eher im Sinne naturwissenschaftlich, geisteswissenschaftlich, sozialwissenschaftlich oder biologisch fundierter Theorien erklärt und durch gezielte Intervention beeinflusst.

Darstellung 1 illustriert in einer überpointierenden Weise die vier genannten Forschungstraditionen und weist auf Autoren und Forschungsbeispiele innerhalb der Psychologie hin.

Psychologie wird – letztlich ohne Rücksicht darauf, welcher Schulrichtung sie sich zuordnet – als eine Wissenschaft vom Erleben und Verhalten definiert. Dabei liegt jedoch eine erhebliche Vereinfachung und Verkürzung vor. Beide Aspekte beziehen sich auf das **Individuum**, den einzelnen Menschen. Jeder Einzelne aber steht innerhalb einer ihn prägenden und beeinflussenden Situation. »Robinson« ist eine Abstraktion: Der Mensch kann nur aus seiner Beziehung zu anderen, die ihn prägen und ihn durch ihre Erwartungen und Verhaltensweisen beeinflussen, verstanden werden. Zudem sind Person und Situation in der konkreten wissenschaftlichen Analyse nicht zu trennen. Deshalb werden in derartigen Untersuchungen in

	Vorbild	Kennzeichen	Geistige ›Väter‹	Pioniere in der Psychologie	Aktuelle Vertreter
Natur- wissenschaftliche Psychologie	Physik	Laborexperimente; Formulierung allgemeiner Gesetze des Erlebens und Verhaltens in mathematischer Form.	G. Galilei	G. Th. Fechner	W. Prinz
Geistes- wissenschaftliche Psychologie	Geschichte	Verstehen des Individuums in seinem Erleben und Verhalten. Einmaligkeit und Unverwechselbarkeit des Einzelnen.	J. W. v. Goethe W. Dilthey	L. Klages P. Lersch	N. Groeben
Sozial- wissenschaftliche Psychologie	Soziologie	Erleben und Verhalten werden im Zuge der Sozialisation erlernt und spiegeln gesellschaftliche Verhältnisse wider.	J. Locke M. Weber	F. H. Allport	H. W. Baltes
Biologische Psychologie	Biologie	Erlebens- und Verhaltenstendenzen sind genetisch verankert und entwickelten sich im Wechselspiel von Mutation und Selektion während des Evalutionsprozesses.	Ch. Darwin	K. Lorenz	I. Eibl- Eibesfeldt N. Bischof

Darstellung 1. Schulrichtungen der Psychologie

aller Regel auch die **Kontextvariablen** mit erfasst, also die Bedingungen und die Folgen des jeweils interessierenden Erlebens und Verhaltens. Sie gehen somit zumindest implizit in den Forschungsgegenstand der Psychologie ein. Allerdings sollte im Zentrum des Interesses weiterhin das Erleben und Verhalten stehen, wenn die Analyse der Psychologie zugerechnet werden will. Verschiebt sich dieses Forschungsinteresse ganz auf die Kontextbedingungen, so ist die Grenze zu einer der Nachbarwissenschaften der Psychologie überschritten.

Angesichts des soeben Gesagten ist es allerdings selbstverständlich, dass die Grenzen zwischen der Psychologie und ihren Nachbarwissenschaften fließend sind. Bei der Organisationspsychologie wird dies besonders deutlich. Der Kontext, in dem Erleben und Verhalten hier interessieren, geht schon in den Namen dieser Teildisziplin ein. Ist die Psychologie die Wissenschaft vom Erleben, Verhalten und Handeln des Menschen, so ist die **Organisationspsychologie die Wissenschaft vom Erleben, Verhalten und Handeln des Menschen in Organisationen**. Der Begriff Organisation ist dabei weit zu verstehen. In Übereinstimmung mit der Literatur (vgl. zusammenfassend Gebert, 1978) sind – unter sozialwissenschaftlicher

Perspektive – die folgenden Bestimmungsmerkmale hervorzuheben: Eine **Organisation** ist

- ein gegenüber ihrer Umwelt **offenes System**,
- das **zeitlich überdauernd** existiert,
- spezifische **Ziele** verfolgt,
- sich aus Individuen bzw. Gruppen zusammensetzt, also auch ein **soziales Gebilde** ist, und
- eine bestimmte **Struktur** aufweist, die meist durch **Arbeitsteilung** und eine **Hierarchie** von Verantwortung gekennzeichnet ist.

Mit Organisation sind also in diesem Kontext keineswegs nur die Produktions- und Dienstleistungsbetriebe gemeint – auch wenn in diesem Buch besonders häufig auf sie Bezug genommen wird – sondern auch Behörden, Schulen, Krankenhäuser etc.

Aufgrund der soeben vorgeschlagenen Bestimmung der Organisationspsychologie könnte sich der mit den Teilbereichen der Psychologie nicht sonderlich vertraute Leser irritiert fragen, wie denn in Abgrenzung von der Organisationspsychologie die **Arbeitspsychologie** und die **Personalpsychologie** zu verstehen seien. Tatsächlich weist Ulich (2005) in seinem Lehrbuch der »Arbeitspsychologie« einleitend darauf hin, dass sich der Text auf **abhängige Erwerbsarbeit in betrieblichen Organisationen** beziehe. Mit dieser Thematik setzen sich nun aber auch die meisten organisations- und personalpsychologischen Werke auseinander. Das gilt auch für dieses Buch. Angesichts dieser – zumindest scheinbaren – Gleichheit der Gegenstandsgebiete überrascht es nicht, dass einige Arbeitspsychologen (Greif, 1983; Hacker, 1986; Udris & Grothe, 1991) dazu neigen, die Organisationspsychologie der Arbeitspsychologie als einen Teilaspekt zu subsumieren oder andererseits Organisationspsychologen (Gebert & v. Rosenstiel, 2002) arbeitspsychologische Theorien und Befunde unter der Überschrift »Organisationspsychologie« abhandeln. Wiederum andere suchen beide Namen gleichberechtigt nebeneinander zu stellen und bezeichnen ihre Werke als »Arbeits- und Organisationspsychologie« (Wiendieck, 1994; Schuler & Sonntag, 2007). Den gleichen Weg geht auch die Vereinigung der in der Wissenschaft tätigen deutschsprachigen Psychologen, die »Deutsche Gesellschaft für Psychologie« (DGPs), die eine entsprechende Fachgruppe mit »Arbeits- und Organisationspsychologie« bezeichnet, während die in der Praxis tätigen Psychologen innerhalb ihres Verbands, des »Berufsverbandes Deutscher Psychologinnen und Psychologen (BdP) e.V.« über lange Jahre von einer »Sektion Arbeits-, Betriebs- und Organisationspsychologie« sprachen. Seit dem Jahre 2004 trägt die Sektion jedoch in Anlehnung an das programmatische Werk von Münsterberg (1912) den Namen *Wirtschaftspsychologie*. Hier bietet sich eine Plattform des Informationsaustausches aller in der Praxis tätigen Wirtschaftspsychologen, ganz gleich ob sie nun aus den eng miteinander vernetzten Gebieten der Arbeits-, Organisations-, oder Personalpsychologie kommen oder dem etwas ferner stehenden der *Marktpsychologie* (v. Rosenstiel & Neumann, 2002; v. Rosenstiel & Frey, 2007) entstammen.

Warum aber wird überhaupt unterschieden? Warum drei Worte für einen offensichtlich gleichen Untersuchungsgegenstand? Die Antwort ist einfach. Zwar beschäftigen sich Arbeits-, Personal- und Organisationspsychologie schwerpunktmäßig mit dem gleichen Gegenstand, der Erwerbsarbeit in Organisationen, jedoch aus unterschiedlichen Perspektiven. Programmatisch aber umfasst die Arbeitspsychologie einen weiteren Gegenstandsbereich, z. B. auch jenen der Eigenarbeit, Hausfrauenarbeit, Berufsarbeit Selbstständiger, etc.

Die Organisationspsychologie sollte sich – über die Erwerbsarbeit in Organisationen hinaus – auch mit Mikropolitik, dem Aufnehmen erotischer Beziehungen im Betrieb, dem Entstehen und Erzählen von Firmenwitzen (Neuberger, 1988; Friedel-Howe, 1990; Mainiero, 1994) auseinander setzen, alles Felder, die nur peripher behandelt werden. Pointiert ausgedrückt: **Gearbeitet wird von Personen nicht nur in Organisationen; in Organisationen wird von Personen nicht nur gearbeitet!**

Die **Personalpsychologie** wird von Schuler (2006, S. 4) wir folgt definiert: »Gegenstand der Personalpsychologie ist das Verhalten und Erleben des Menschen in Arbeit, Beruf und Organisation. Personalpsychologie weist sich damit als Teilgebiet der Arbeits- und Organisationspsychologie aus, und zwar als jenes Teilgebiet, das sich auf die Betrachtung des Individuums in seinen Verhaltens-, Befindens-, Leistungs- und Entwicklungzusammenhängen ...« bezieht. Schuler (2006, S. 4) relativiert dann freilich diese weite programmatische Aussage durch den realistischen und einschränkenden Zusatz: »...insbesondere als Mitarbeiter eines Unternehmens oder einer Verwaltungsorganisation.« Vom Anspruch her zählen auch Gebiete, die nicht zur Arbeits- und Organisationspsychologie im engeren Sinne gehören, wie die Vorbereitung auf die (Erwerbs-)Arbeit im Rahmen der Ausbildung oder in der familialen Organisation, die Arbeitslosigkeit oder auch die Anpassung an den Ruhestand zur Personalpsychologie.

Die große Nähe der Personal- zur Organisationspsychologie wird auch darin sichtbar, dass Weinert (2004) die 5. Auflage seines bekannten Lehrbuchs von »Organisationspsychologie« in »Organisations- und Personalpsychologie« umbenannt hat.

Die Untersuchungsfelder der Arbeits-, Personal- und Organisationspsychologie lassen sich also als teilüberlappende Kreise darstellen, wie es Darstellung 2 zeigt.

Potenziell also haben die Arbeits-, Personal- und Organisationspsychologie durchaus eigenständig bearbeitbare Fragestellungen. Tatsächlich aber haben sich die drei Gebiete fast ausschließlich dem Überlappungsgebiet zugewandt, der Erwerbsarbeit in Organisationen, obwohl sie dies in akzentuierend unterschiedlicher Weise tun. Entsprechend wird in diesem Buch aus der Perspektive der Organisationspsychologie auch manches aufgenommen und dargestellt, was man in der Arbeits- oder der Personalpsychologie erforscht. Als Programmatik allerdings sollte es gelten, die Arbeits-, Personal- und Organisationspsychologie als eine **integrierte Arbeits- und Organisationswissenschaft** zu sehen, innerhalb derer sich die formulierten Theorien, die gesammelten empirischen Befunde und die unterschiedlichen Sichtweisen zu einer umfassenderen Konzeption vereinen.

Allerdings soll hier nicht verschwiegen werden, dass die so einfach erscheinende Begriffsbestimmung der Organisationspsychologie als einer »Wissenschaft vom Erleben und Verhalten (oder Handeln) in Organisationen« bei näherem Hinsehen

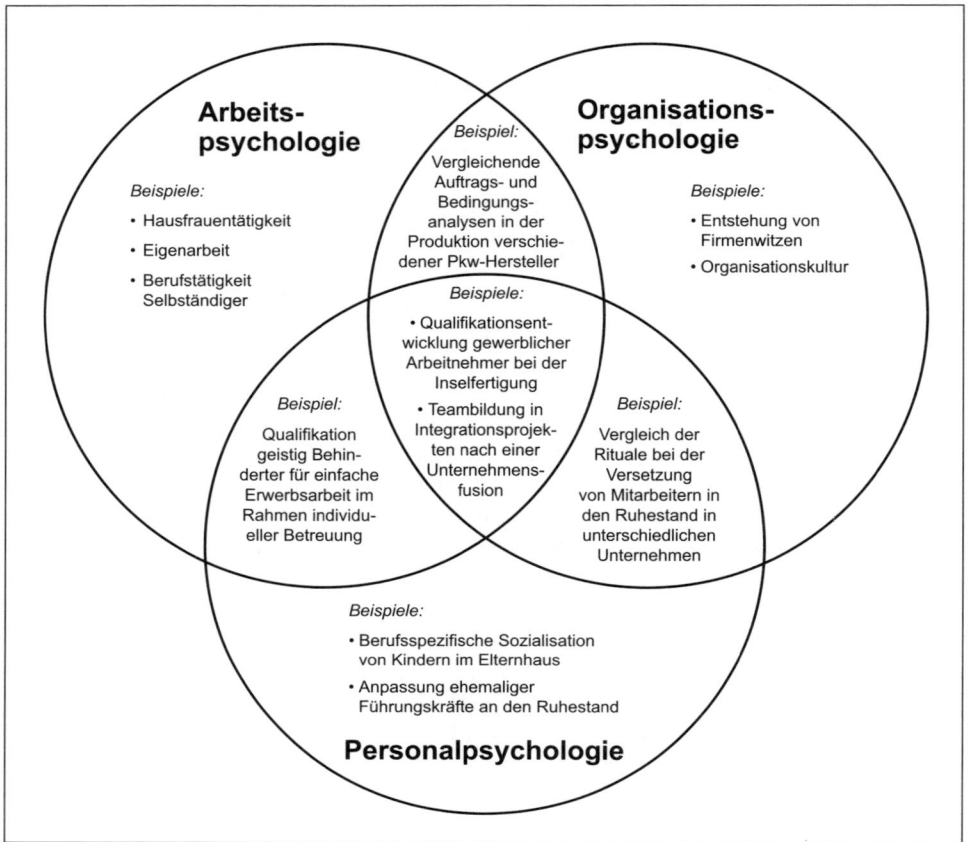

Darstellung 2. Beziehungen zwischen der Arbeits-, Personal- und Organisationspsychologie

nicht ohne Probleme ist. Sie lässt vor allem an die Organisation als Institution denken.

Aus verhaltenswissenschaftlicher Perspektive aber ist ja die Organisation zentral durch die sich wiederholenden Erlebens- und Verhaltensweisen ihrer Mitglieder bestimmt (Kahn, 1977). Was also in der Organisation beobachtet wird, **ist** zu einem wesentlichen Teil die Organisation.

Ohnehin soll darauf hingewiesen werden, dass die Bestimmung der Organisationspsychologie als einer Wissenschaft vom Erleben und Verhalten in Organisationen umstritten ist. Franke (1978) plädiert in einem kritischen Beitrag dafür, Inhalte und Begriffsbestimmungen des Faches radikal zu modifizieren. Müller (1989) schlägt eine engere Bestimmung des Faches vor, was zu einer lebhaften Kontroverse führte (Greif, 1990; v. Rosenstiel, 1990; Neuberger, 1991; Kompa, 1992). Kompa plädiert dafür, die Interaktionen in den Organisationen zum Schwerpunkt organisationspsychologischer Forschung zu machen.

Analysiert man jedoch, welche Art von Forschung unter dem Namen »Organisationspsychologie« weltweit betrieben wird und worüber einschlägige Fachzeitschriften und Monographien berichten, so dürfte die hier gewählte breite Begriffsbestimmung noch immer eine angemessene sein.

Literaturempfehlung

Gebert, D. (1978). Organisationspsychologie – Einige einführende Überlegungen. In: A. Mayer (Hrsg.). Organisationspsychologie. Stuttgart, S. 1–15.
In diesem als Einführungskapitel eines umfangreichen Lehrbuchs der Organisationspsychologie konzipierten Beitrag wird zunächst eine Gegenstandsbestimmung der Organisationspsychologie versucht und sodann ihre Entwicklung und ihre Situation in der Bundesrepublik Deutschland aufgezeigt.
Müller, G. F. (1989). Identitätsprobleme organisationspsychologischer Forschung. In: Zeitschrift für Arbeits- und Organisationspsychologie, 33. S. 197–200.
Auf den genannten Seiten der wichtigsten deutschsprachigen Fachzeitschrift auf dem Gebiete der Arbeits- und Organisationspsychologie setzt sich Müller kritisch mit dem Konzept der Organisationspsychologie auseinander, worauf Greif und v. Rosenstiel ihm (1990) – aus recht unterschiedlichen Perspektiven – antworten.
Rohracher, H. (1988). Einführung in die Psychologie. Wien.
Auf den ersten Seiten dieses klassischen und weit verbreiteten Lehrbuches wird sprachlich einfach und gedanklich klar eine Definition der Psychologie abgeleitet.
Schuler, H. (2006). Lehrbuch der Personalpsychologie. Göttingen
In diesem fast 900 Seiten umfassenden Lehrbuch wird – insbesondere im 1. Kapitel (»Ein neuer Name für ein wachsendes Fach«) – die Beziehung zwischen der Arbeits-, der Personal- und der Organisationspsychologie dargestellt und für den Leser verdeutlicht.

1.2. Entwicklung der Organisationspsychologie

Setzt man die **Geburtsstunde der Organisationspsychologie** dort an, wo der Name erstmals für die wissenschaftliche Öffentlichkeit auftaucht, so hat die Organisationspsychologie – selbst am Maßstab eines so jungen Faches wie dem der empirischen Psychologie gemessen – eine kurze Geschichte: 1961 hielt Leavitt einen Festvortrag mit dem Titel: »Towards Organizational Psychology«. 1964 erschien in der »Annual Review of Psychology« aus der Feder von Leavitt und Bass erstmals ein Sammelreferat unter dem Titel »Organizational Psychology« und ein Jahr später wurde unter der gleichen Bezeichnung das klassische Lehrbuch von Bass (1965) publiziert, durch das der Name wohl für alle Interessierten bekannt wurde.

Es erscheint allerdings kaum legitim, die Geschichte der Organisationspsychologie mit der Einführung dieses Namens beginnen zu lassen. Die Organisationspsychologie ist letztlich eine Ausweitung der **Betriebspsychologie** (Mayer & Herwig, 1970), deren Geschichte – wenn auch wiederum unter anderem Namen – sehr viel weiter zurückreicht und zumindest im Beginn des vorigen Jahrhunderts zu suchen ist. Die Betriebspsychologie, die sich in der ersten Phase ihrer Entwicklung schwerpunktmäßig mit dem arbeitenden Menschen im Industriebetrieb mit dem Ziel befasste, seine Leistungen zu steigern, stand zunächst unter dem Einfluss des »**scientific management**«. Dieses »scientific management« geht auf den Ingenieur Taylor (1911) zurück, ist aber noch nicht der Betriebspsychologie zuzurechnen, obwohl Kritiker dieser Disziplin dies – geradezu im Sinne einer Gleichsetzung – auch heute noch häufig tun. Innerhalb des »scientific management« wurde der Mensch isoliert und nicht als Mitglied einer Gruppe wahrgenommen. Es wurde davon ausgegangen, dass seine Anstrengungsbereitschaft praktisch ausschließlich von **ökonomischen Anreizen** abhänge, weshalb dem Lohnsystem, insbesondere dem individuellen Leistungslohn, eine besondere Aufmerksamkeit zuteil wurde. Bezüglich der Tätigkeiten bei der Erledigung von Aufgaben war man bemüht, durch eingehende Analyse und Neugestaltung die menschliche Energie ökonomisch zu nutzen: Die Arbeitsabläufe wurden in **kleinste Bewegungselemente zergliedert** und sodann nach technisch-ökonomischen Kriterien neu zusammengesetzt. Dies führte zum einen dazu, dass dem Arbeitenden sein Arbeitsverhalten bis in die Details im Sinne einer strengen **Standardisierung** vorgeschrieben wurde, und zum anderen zu einer extremen **Arbeitsteilung**, die sich am Beispiel des Fließbandes am besten veranschaulichen lässt.

Im deutschen Sprachraum kam es allerdings innerhalb der Psychologie bald zu eigenständigen Entwicklungen, die unter dem Namen »**Psychotechnik**« zusammengefasst wurden (Giese, 1927). Dabei beschäftigte man sich zum einen mit der Person des Arbeitenden, die es durch Auswahl und Ausbildung an die Anforderungen der Tätigkeit anzupassen gilt (**Subjektpsychotechnik**) und zum anderen mit der Gestaltung von Arbeitsbedingungen selbst, um sie möglichst menschengerecht zu strukturieren (**Objektpsychotechnik**). Obwohl der Anspruch des Faches schon damals dahingehend formuliert wurde, der Objektpsychotechnik den Vorrang einzuräumen, kam es faktisch zu einer Blüte der Subjektpsychotechnik durch nachhaltige Entwicklungen von Auswahl- und Ausbildungsverfahren, die durch den Bedarf des Militärs, insbesondere während des »3. Reiches«, gefördert wurde (Geuter, 1988).

Zugleich wurde sowohl im deutschen Sprachraum (Münsterberg, 1912) als auch in den USA die Arbeitsgestaltung im Sinne Taylors kritisiert. Münsterberg sah die Gefahr seelischer Beeinträchtigung und Verkümmerung beim Arbeitstätigen. Frey (1920) machte darüber hinaus auch auf langfristige gesamtwirtschaftliche und gesamtgesellschaftliche Schäden aufmerksam, die aus der Überspezialisierung erwachsen können. Stern (1921) forderte in seiner Auseinandersetzung mit dem Taylorismus, dass für die Psychologie der Mensch im Vordergrund stehe und dass es gelte, ihm trotz der gegebenen Verhältnisse die Freude an der Arbeit wieder zu geben.

Trotz dieser frühen Warnungen: Die Organisationspsychologie sieht sich insbesondere dort, wo sie sich mit der Arbeitsanalyse und der Arbeitsgestaltung befasst, noch heute häufig dem Vorwurf des Taylorismus ausgesetzt, von dem sie sich nur schwer befreien kann (vgl. Hoyos, 1974). Im Gegenteil, die Gefahr eines »Neo-Taylorismus« ist auf manchen Gebieten kaum von der Hand zu weisen. Ähnlich wie am Anfang des Jahrhunderts das handwerkliche Wissen vielen Arbeitern »enteignet« wurde, in das System überging, zu dessen fremd gesteuertem Bestandteil sodann der künftig nur noch wenig qualifizierte Arbeiter wurde, so werden heute Facharbeiter und Spezialisten um ihr differenziertes Wissen gebracht, das ihnen dann innerhalb moderner Techniken, so etwa in Computerprogrammen – spezifisch in Expertensystemen – entgegentritt. Volpert (1985) warnt in diesem Zusammenhang vor der »**Enteignung der Spezialisten**«. Gerade dies wird häufig beim so intensiv propagierten »**Wissensmanagement**« (Reimann & Mandl, 2004) gefordert.

Der Einfluss Taylors dominierte in der Betriebspsychologie bis in die 30er-Jahre. Eine Wende wurde durch die zunächst ebenfalls tayloristisch orientierten Untersuchungen in der Western Electric Company in Hawthorne herbeigeführt, die unter der Leitung von Mayo standen (vgl. Roethlisberger & Dickson, 1939). Im Rahmen dieser gleichermaßen industriesoziologischen und betriebspsychologischen Untersuchungen zeigte es sich, dass das Leistungsverhalten von Organisationsmitgliedern entscheidend durch andere Personen in der Organisation mit beeinflusst wird und somit **sozialpsychologische Variablen**, die zuvor fast gänzlich unbeachtet blieben, häufig bedeutsamer sind als die Reizbedingungen des Arbeitsplatzes selbst.

Die **Hawthorne-Untersuchungen** können als Ausgangspunkt der »**human-relations-Bewegung**« interpretiert werden, innerhalb derer man die zwischenmenschlichen Beziehungen in Arbeitsgruppen – also auf horizontaler Ebene – und zwischen Vorgesetzten und Unterstellten – also im vertikalen Sinne – pflegte, um auf diese Weise höhere Leistungen zu erzielen. Dies ist ein Bemühen, das den Betriebspsychologen in Forschung und Anwendung später den Vorwurf einbrachte, sie agierten nach der Maxime »Glückliche Kühe geben mehr Milch«, oder – weniger salopp ausgedrückt – sie erreichten durch Maßnahmen, die weder den konkreten Arbeitsinhalt noch die objektiven Arbeitsbedingungen noch die finanzielle Entlohnung oder gar die ökonomischen Bedingungen der Produktion berührten, eine Intensivierung der Leistungsbereitschaft und erleichterten somit die **Ausbeutung der Arbeitenden** auf eine Weise, die als Manipulation zu kennzeichnen sei, da sie den Arbeitenden selbst gar nicht bewusst werde (Darstellung und Kritik der »human-relations-Bewegung« bei Neuberger, 1977).

Der in der human-relations-Bewegung weitgehend übersehene **Arbeitsinhalt** rückt dann insbesondere durch Schriften jener humanistisch orientierten Psychologen ins Zentrum des Interesses, die sich mit der Arbeitsmotivation auseinander setzten (z. B. Maslow, 1954; Herzberg, Mausner & Snyderman, 1959). Die zum Teil normativ angenommene, zum Teil auch empirisch wahrscheinlich gemachte Tendenz arbeitender Menschen, ihre **Selbstverwirklichung innerhalb der Arbeit** zu finden, führte zum Versuch, die Arbeitsteilung ansatzweise rückgängig zu machen, und somit zu neuen Formen der Arbeitsgestaltung (vgl. Ulich, Groskurth & Bruggemann, 1973; Frieling & Sonntag, 1999; Ulich, 2005).

Da sich nun insbesondere durch empirische Analysen nicht generell nachweisen ließ, dass Menschen im Arbeitsinhalt Befriedigung suchen, sondern vielfältige **interindividuelle und situationsspezifische Differenzierungen** erforderlich sind (vgl. Blood & Hulin, 1967; Hulin & Blood, 1968; Ulich, 2005), ist in jüngerer Zeit in der Organisationspsychologie ein Nebeneinander verschiedener Forschungsintentionen zu beobachten, wobei allerdings auffällt, dass das Ziel dieser Bemühungen keineswegs nur die Leistungssteigerung der Organisation ist. Gleichberechtigt neben dieses Ziel treten andere, die sich etwa unter die Schlagworte »Wohlbefinden« und »seelische Gesundheit« (Kornhauser, 1965) oder gar »körperliche Gesundheit« (Udris, 1982), aber auch Qualifizierung oder Persönlichkeitsförderlichkeit (Hacker, 1998) bzw. Kompetenzentwicklung (Erpenbeck & v. Rosenstiel, 2003) des Einzelnen subsumieren ließen.

Es ist gelegentlich versucht worden, die soeben knapp skizzierte Entwicklung der Organisationspsychologie als Geschichte des **Wandels der impliziten Persönlichkeitsannahmen** darzustellen (vgl. Schein, 1965; Bögel & v. Rosenstiel, 1993; Weinert, 1995; Ulich, 2005). Demnach ist in der Anfangsphase dieses implizite Persönlichkeitsmodell der Organisationspsychologie ein doppeltes: Der Mensch wird zum einen als »**homo oeconomicus**« gesehen, dessen Motive ausschließlich auf ökonomische Nutzensmaximierung gerichtet sind, und zum anderen als »**l'homme machine**«, als technisches Gerät, das möglichst so einzusetzen sei, dass Verschleiß und Energieverbrauch gering sind, und das selbst nicht den geringsten Bezug zu dem hat, was es produziert. In der zweiten Phase wird der Mensch vorwiegend als **soziales Wesen** gesehen, das seine Befriedigung nicht in seiner Tätigkeit findet, sondern allein in seinen Bezügen zu anderen Menschen – seien es nun gleichgestellte oder höhergestellte. In der dritten Phase ging man davon aus, dass der Mensch in seiner Tätigkeit nach **Selbstverwirklichung** strebe und ihm entsprechend Autonomie bei der Arbeit einzuräumen sei, die es gewährleistet, dass der Einzelne seine Möglichkeiten in der Tätigkeit realisiert. Die letzte Phase, die stärker als zuvor durch ein Nebeneinander verschiedener Konzepte gekennzeichnet ist, lässt Schein (1965) vom Menschenbild des »**complex man**« sprechen.

Es ist kaum zu bestreiten, dass die in den drei ersten Phasen dominierenden Menschenbilder unter ganz bestimmten Betrachtungsaspekten Zutreffendes deutlich werden lassen, die Fehlerhaftigkeit ihres Ansatzes aber in der Verabsolutierung und Vereinseitigung zu sehen ist.

Es sind aber nicht nur die Menschenbilder in den Köpfen der für die organisationspsychologische Forschung Verantwortlichen, die direkt oder indirekt soziale Realität bestimmen, sondern mehr noch die »Bilder in den Köpfen der Macher« (Bögel & v. Rosenstiel, 1993). Die Auseinandersetzung mit den Menschenbildern, den impliziten, vorwissenschaftlichen Persönlichkeitstheorien der Manager, geht auf McGregor (1960/1970) zurück, der in einer karikaturhaften Übervereinfachung – ohne systematische Empirie – eine »**Theorie X**« von einer »**Theorie Y**« abhob. Führungskräfte, die explizit oder implizit die »Theorie X« vertreten, sehen den Menschen als faul und verantwortungsscheu an. Sie glauben, dass ihre Mitarbeiter entsprechend nur durch finanzielle Anreize und Kontrolle geführt werden können, während Anhänger der »Theorie Y« den Menschen für verantwortungsbereit und engagiert halten, sodass letztlich Freiraum bei der Arbeit als geeigneter Anreiz gelten darf, um diese Neigungen zu aktivieren. Es ist nahe liegend anzunehmen, dass derartige implizite Auffassungen vom Menschen den Führungsstil eines Managers prägen und auf diese Weise langfristig zu sich selbst erfüllenden Prophezeiungen werden.

Weinert (1995), Bögel & v. Rosenstiel (1993) und eine Reihe weiterer Autoren haben die von McGregor angeregten Forschungen weitergeführt und sind in ihren empirischen Studien auf sehr viel mehr Vielfalt und erhebliche Differenzierungen gestoßen.

Literaturempfehlung

Greif, S. (2004). Geschichte der Organisationspsychologie. In: H. Schuler (Hrsg.). Lehrbuch Organisationspsychologie. Göttingen, S. 21–57.
Diese knappe und kritische Darstellung der Geschichte des Fachs enthält u. a. die Wiedergabe interessanter historischer Dokumente.
Mayer, A. (1970). Die Betriebspsychologie in einer technisierten Welt. In: A. Mayer & B. Herwig (Hrsg.). Handbuch der Psychologie in 12 Bänden, Band 9, Betriebspsychologie. Göttingen, S. 3–55.
In diesem anthropologisch und historisch orientierten Einführungskapitel in das fachhistorisch bemerkenswerte Handbuch der Betriebspsychologie wird ausführlich auf den Taylorismus und auf die Human-Relations-Bewegung eingegangen.
Ulich, E. (2005). Arbeitspsychologie. Stuttgart, S. 5–54.
Im ersten Kapitel dieses vorbildlichen Einführungsbuches in die Arbeitspsychologie wird die geschichtliche Entwicklung des Faches vom Taylorismus über die Psychotechnik, die human-relations-Bewegung, die Humanisierungsdebatte bis hin zu komplexen Konzeptionen klar nachgezeichnet. Ausführliche Zitate aus klassischen Arbeiten lassen Denkansätze früherer Autoren deutlich werden.

1.3. Teilgebiete der Organisationspsychologie

Fast jede Wissenschaft oder nahezu jedes Teilgebiet einer Wissenschaft tendiert im Laufe seiner Entwicklung dazu, sich weiter zu differenzieren und in neue Teilgebiete aufzuspalten. Dies gilt auch für die Organisationspsychologie. Es fehlt allerdings bislang eine Klassifikation innerhalb dieses Fachs, die allgemeine Zustimmung gefunden hat. Die Schwierigkeiten, die bei der Klassifikation entstehen, werden besonders deutlich im Einführungskapitel zum Handbuch der Industrie- und Organisationspsychologie, das von Dunnette (1976) herausgegeben wurde und in dem schließlich ein pragmatischer Klassifikationsansatz gewählt wurde. Einheitlichkeit der Auffassung ist lediglich unter dem Aspekt zu beobachten, dass sich die Organisationspsychologie – meist im Kontext »**Wirtschaft**« (Mayer, 1978; Kirchler, 1999) und »**Arbeit**« (Ulich, 2005; Hacker, 2005) – auf das Erleben und Verhalten von Individuen bezieht, die sich in offenen, strukturierten und hierarchisch organisierten sozialen Gebilden vollziehen, nicht dagegen im Markt (dem diese zentrale Steuerung fehlt, vgl. Albert, 1967; v. Rosenstiel & Neumann, 2002).

Die **Beziehung zwischen dem Individuum und der Organisation** bestimmt somit – wie bereits gesagt – den Gegenstand der Organisationspsychologie. Diese Beziehung ist als ein Spannungsverhältnis zu interpretieren, da die Organisation vor allem nach dem Prinzip der Zweckrationalität strukturiert ist (vgl. Mayntz, 1968) und der Einzelne, der in der Organisation tätig ist, diesem Zweck zu dienen hat und somit zum Instrument reduziert wird. Seine individuellen Ziele, soweit diese den Organisationszielen nicht entsprechen, werden somit frustriert (vgl. Schein, 1965; Argyris, 1975; Mayer, 1970; Kieser, 1987; v. Rosenstiel, 1989). Auf der anderen Seite kann berufliche Arbeit für den Einzelnen der Weg zur Selbstverwirklichung und zur sozialen Integration sein, was vor allem bei der Schädigung und Deformierung vieler Menschen durch Arbeitslosigkeit (Kieselbach & Wacker, 1985; Pelzmann, 1988; Schmook, 2006) deutlich wird. Latente oder gar manifeste **Konflikte zwischen dem Einzelnen und der Organisation** sind dennoch kaum im Abrede zu stellen.

Die soeben angesprochenen Konflikte zeigen sich vor allem dann, wenn man die Organisation als ein **zweckrational** konzipiertes Gebilde sieht, was sicherlich nur eine mögliche Perspektive der Betrachtung unter vielen ist. Hat man ein Bild der Organisation (Morgan, 1997) als einer politischen Arena vor Augen und interpretiert das Verhalten der dort agierenden Menschen als Mikropolitik (Neuberger, 1994) oder spricht man gar von einer ästhetischen Fähigkeit der Organisation (Neuberger, 1992), so wird man auf gänzlich andersartige Spannungen und Konfliktlagen stoßen.

Vor dem Hintergrund des Spannungsverhältnisses zwischen dem Individuum und der Organisation kann die Organisationspsychologie verschiedene Teilaspekte akzentuierend ins Zentrum ihrer Überlegungen rücken. Es sind dies

- die **Aufgabe**,
- das **Individuum**,
- die **Gruppe** und
- die **Organisation**.

Diese Aufteilung ist nicht ohne Willkür. Sie kann vielleicht damit begründet werden, dass

- wissenschaftliches Arbeiten unter diesen vier Aspekten auf verschiedenartige **grundlagenwissenschaftliche** Erkenntnisse zurückgreifen muss,
- in der **Praxis** tätige Psychologen sich nicht selten auf einen dieser Aspekte spezialisieren – z. B. als Arbeitspsychologen, Eignungsdiagnostiker, Trainer in Gruppendynamik oder Organisationsentwickler, und dass schließlich
- ähnliche Aufteilungen in der **deutschsprachigen Literatur** verbreitet sind (vgl. Hoyos, 1977; Gebert, 1978; Schuler, 2004) und vom Arbeitskreis der arbeits- und betriebspsychologischen Fachdozenten bevorzugt werden. Die Grenzen zwischen den Teilgebieten sind dennoch fließend, und die Begriffsbildung ist entsprechend nur akzentuierend. So beschränken sich etwa Greif, Holling und Nicholson (1989) bei der Strukturierung des von ihnen herausgegebenen internationalen Handbuchs in Schlüsselbegriffen darauf, drei Aspekte als Gliederungsprinzipien herauszuarbeiten:
  - Arbeitsplatz und Arbeitstätigkeit,
  - personelle Entscheidungen und Personalentwicklung sowie
  - Interaktion und Organisation.

1.3. Teilgebiete der Organisationspsychologie

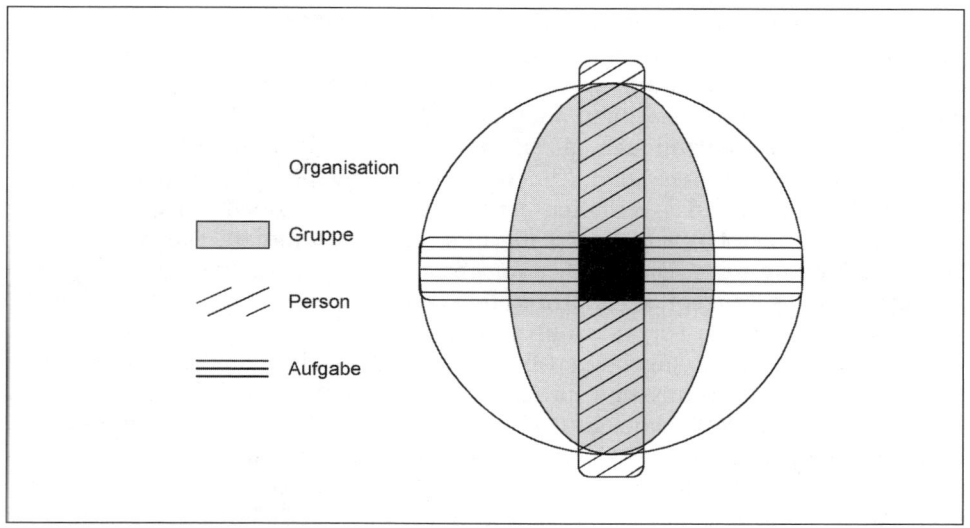

Darstellung 3. Aufgabe, Individuum, Gruppe und Organisation

Der besonderen Bedeutung der Arbeitsgruppe wegen erscheint es allerdings legitim, diese in einem gesonderten Abschnitt zu behandeln.

»Aufgabe«, »Individuum«, »Gruppe« und »Organisation« dürfen also keinesfalls als voneinander unabhängige Aspekte betrachtet werden. Es würde wohl auch nicht ausreichen, hier lediglich von fließenden Übergängen zu sprechen. Organisationen – in besonderem Maße Organisationen der Wirtschaft innerhalb eines Marktsystems – sind zweckrationale Gebilde. Sie werden gegründet, um Ziele zu erreichen und spezifischen Zwecken zu genügen. Die Komplexität dessen, was zu leisten ist, macht Arbeitsteilung erforderlich. Daraus ergeben sich mehr oder weniger prägnant beschriebene **Aufgaben**, die von einzelnen **Individuen** zu erfüllen sind. Vor dem Hintergrund der Anforderungen, die sich aus den Aufgaben ergeben, sind geeignete Individuen auszuwählen oder zunächst noch nicht voll geeignete Personen durch Schulungs- und Trainingsmaßnahmen in geeignete zu verwandeln. Die quantitativ und qualitativ umfangreichen Aufgaben können jedoch in der Regel von einzelnen Personen nicht bewältigt werden. Mehrere Personen müssen dies arbeitsteilig gemeinsam leisten. Daher werden **Arbeitsgruppen** gebildet, die, was ihre Größe und die Qualifikation ihrer Mitglieder betrifft, so gestaltet werden, dass die umfangreiche Aufgabe optimal bewältigt werden kann. Aus der koordinierten Aufgabenerfüllung durch eine Vielzahl von Arbeitsgruppen soll das übergeordnete Ziel der **Organisation** erreicht werden. Damit dies in optimaler Weise erfolgt, erscheinen Aufbau- und Ablauforganisation erforderlich. Die Gesamtorganisation wird dadurch zu einem zweckrationalen Gebilde, das meist durch eine Hierarchie der Verantwortung und durch Arbeitsteilung gekennzeichnet ist (Schein, 1965). Darstellung 3 sucht die Verflechtungen zwischen »Aufgabe«, »Individuum«, »Gruppe« und »Organisation« zu visualisieren.

Die soeben vorgenommene Skizzierung ist freilich einseitig. Sie sieht in den Organisationen rein zweckrationale Gebilde und geht davon aus, dass Menschen in der Organisation nur das tun, was die Aufgabe von ihnen fordert, dieses aber in vollkommener Weise. Tatsächlich aber haben Menschen vielfältige Wünsche, Motive und Handlungsintentionen, die keineswegs stets dem entsprechen, was die Organisation von ihnen verlangt. Zunehmend wird entsprechend gesehen, dass es nicht ausreichend ist, das Verhalten der in den Organisationen tätigen Menschen nur an dem zu messen, was die Organisation von ihnen fordert. Dies würde letztlich zur Lähmung, zum »Dienst nach Vorschrift« führen. Deshalb hat sich in jüngerer Zeit auch das Konzept des »**Extra-Rollenverhaltens**« entwickelt (Organ, 1990), für das sich der Name »organizational citizenship behavior« (Bateman & Organ, 1983; Nerdinger, 2004) eingebürgert hat. Der Einzelne leistet aus eigener Initiative mehr und anderes als aufgrund formaler Rollenvorschriften einklagbar erscheint. Derartige über die Rollenvorschrift hinausgehende Verhaltensweisen lassen sich nun natürlich danach differenzieren, ob sie positive Auswirkungen auf die Organisation haben oder ob sie der Organisation schaden (van Dyne, Cummings & McLean Parks, 1995; Koch, 2001; Koch, Kaschube & Fisch, 2003). George und Brief (1992) haben mit Blick auf die für die Organisation positiven Verhaltensweisen fünf Dimensionen konzipiert, für die sie auch ein Messinstrument entwickelten:

- den **Kollegen helfen,**
- die **Organisation schützen,**
- **Verbesserungsvorschläge** machen,
- sich **selbst entwickeln,**
- das **Ansehen der Organisation** verbessern.

Verwandt damit ist das Konzept der *Eigenverantwortung* in Organisationen (Kaschube, 2006). Dabei geht diese Eigenverantwortung in so fern deutlich über den Begriff der Verantwortung hinaus, als nicht nur die Beachtung von Zielvereinbarungen, Wegen und Prinzipien zu verantworten ist, sondern auch deren Entwicklung durch die handelnde Person selbst. Koch (2001) hat empirisch zu erfassen versucht, ob und in wie weit Führungskräfte in deutschen Unternehmen im Sinne dieser Eigenverantwortung handeln und gelangte zu recht ernüchternden Ergebnissen.

In eine etwas andere Richtung weist das Konzept der **persönlichen Ziele** (Brunstein & Maier, 1996). Menschen reagieren ja nicht nur auf äußere Reize; sie erfüllen nicht nur das, was man von ihnen fordert, sondern sie handeln auch, um eigene, von ihnen selbst gesetzte Ziele zu erreichen. Dies gilt auch auf dem Feld beruflichen Tuns (Maier, 1996; Kaschube, 1997). Organisationsmitglieder verfolgen persönliche berufliche Ziele, die mehr oder weniger gut mit den Zielvorstellungen der Organisation übereinstimmen (Kirsch, 1995; Kaschube, 1997). Ob sie erreicht werden, hängt nicht nur davon ab, ob der Einzelne sie entschlossen verfolgt (Maier 1996), sondern auch davon, ob er Handlungsspielraum bei der Arbeit hat, realistisch über seine Arbeitssituation informiert wird und soziale Unterstützung findet (Maier, 1996; Rappensperger, 1996). Erreicht er schließlich seine Ziele, so erhöht dies die Bindung an die Organisation, reduziert Kündigungsgedanken und verbessert die Zufriedenheit mit der Arbeitssituation (v. Rosenstiel, Nerdinger & Spieß, 1998).

Stärkeres Interesse haben allerdings in der Forschung und in den Diskussionen interessierter Laien jene Extra-Rollenverhaltensweisen gefunden, die der Organisation eher schaden wie z. B. das **Bilden von Cliquen** (Roethlisberger & Dickson, 1939), die bewusste **Reduzierung der Leistung** (v. Rosenstiel, 1995), die **Weitergabe geheimer interner Informationen** an Außenstehende (»whistle-blowing«, Micheli & Near, 1991) oder jene Verhaltensweisen, durch die ein Organisationsmitglied geschädigt und beeinträchtigt wird, was seit einiger Zeit als »**Mobbing**« (Neuberger, 1992, Leymann, 1995) beschrieben wird.

All dies prägt eine Organisation und gibt ihr eine bestimmte Kultur, die sich aus ihrer Zweckrationalität nicht ableiten lässt (Neuberger, 1985). Dieses »Allzumenschliche« begünstigt Verhaltensweisen in der Organisation, die keineswegs ausschließlich dem Erreichen des sachlich begründeten Zieles dienen und die gelegentlich als »Spiele« bezeichnet werden (Neuberger, 1986). Wenn sie als »**Mikropolitik**« (Neuberger, 1995; Blickle, 2002, 2004) analysiert werden, zeigt sich jedoch durchaus Zielgerichtetheit; allerdings sind diese Ziele dann kaum aus den Unternehmenszielen ableitbar, sondern ergeben sich aus Eigeninteressen von Individuen oder Gruppen. Gerade die Abweichungen des Verhaltens von einem Soll-Modell, das sich aus zweckrationalen Erwägungen ergibt, machen einen der interessantesten Gegenstände der Organisationspsychologie aus.

Soll eine Überlegung oder Untersuchung zur Organisationspsychologie gezählt werden, so muss sie stets Erleben und Verhalten von Menschen in Organisationen thematisieren. Diese aber können im Sinne der zuvor genannten Differenzierung unterschiedlich sein und sich auf Aufgabe, Individuum, Gruppe oder die Gesamtorganisation beziehen.

Das sei am Beispiel verdeutlicht: Ein vor allem arbeitspsychologisch orientierter Organisationspsychologe kann sich spezifisch der Analyse von Aufgaben widmen, um diese dann menschengerechter zu gestalten. Wenn es ihm bei Analyse und Gestaltung der Aufgaben wesentlich um die Auswirkungen auf das Erleben und Verhalten der Organisationsmitglieder geht, so ist seine Arbeit organisationspsychologisch; wird der Aspekt des individuellen Erlebens und Verhaltens ausgeblendet – etwa zugunsten technischer und ökonomischer Akzentuierungen – so ist diese Arbeit anderen Bereichen, etwa den Ingenieurwissenschaften, zuzurechnen (vgl. Frieling, 1975).

Die hier vorgeschlagene Klassifikation innerhalb der Organisationspsychologie darf auch zugleich als Gliederungsprinzip dieses Buches angesehen werden.

Literaturempfehlung

Blickle, G. (2004). Einflusskompetenz in Organisationen. In: Psychologische Rundschau, 55, S. 82–93.
In diesem Überblickartikel zeigt der Autor, welche Formen der persönlichen Einflussnahme es in Organisationen gibt und wovon ihre Wirkung bei welchen Einflusszielen abhängt. Einige der Vorgehensweisen lassen sich eindeutig der Mikropolitik zuordnen.
Greif, S., Holling, H. & Nicholson, N. (1989). Theorien und Konzepte. Ein einführender

Überblick. In: S. Greif, H. Holling & N. Nicholson (Hrsg.). Arbeits- und Organisationspsychologie. München, S. 3–19.
In einem einführenden Kapitel dieses internationalen Handbuchs in Schlüsselbegriffen arbeiten die Herausgeber ein Gliederungsprinzip des Faches aus, das hilfreich erscheint, bestehendes Wissen einzuordnen.

Hoyos, Graf C. (1977). Bericht über die Koordinierungsarbeiten für ein Fach »Arbeits- und Betriebspsychologie« in der Rahmenprüfungsordnung. In: Psychologische Rundschau, 2, S. 150–152.
Dieser kurze Artikel berichtet über die Koordinierungsarbeit der Fachdozenten in Arbeits- und Betriebspsychologie in der Bundesrepublik Deutschland. Der Arbeitskreis kam mit der Unterscheidung einer personenakzentuierenden Betrachtung, einer aufgabenakzentuierenden Betrachtung und einer organisationsakzentuierenden Betrachtung zu einer ähnlichen Differenzierung wie hier vorgeschlagen.

Müller, G. F. & Bierhoff, H. W. (1994). Arbeitsengagement aus freien Stücken – psychologische Aspekte eines sensiblen Phänomens. In: Zeitschrift für Personalforschung, 8, S. 367–379.
In diesem knappen Beitrag werden Verhaltensweisen in Organisationen beschrieben, die über das Geforderte hinausgehen und die soeben beschriebenen Konzepte des Extra-Rollenverhaltens und des organizational citizenship behavior beinhalten.

1.4. Fragestellungen in der Organisationspsychologie

Betrachtet man die Organisationspsychologie als eine **anwendungsorientierte Wissenschaft** vom menschlichen Handeln und Erleben (vgl. Schneewind, 1973), so lässt sich die Arbeit des Organisationspsychologen wie folgt kennzeichnen.

- Organisationspsychologische Arbeit bedarf einer begründeten **Theorie**.
- Der Organisationspsychologe kann sich nicht auf einen wertfreien Standpunkt zurückziehen, sondern muss **Stellung beziehen**, um Ziele (**Sollwerte**) für seine Arbeit zu gewinnen, an denen er seine Tätigkeit dann auch messen kann.
- Auf der Grundlage dieser Theorie- und Wertkonzepte muss der Organisationspsychologe den **Ist-Zustand** erfassen, also »diagnostizieren«.
- Abweichungen des diagnostizierten Ist-Zustandes vom Soll-Zustand muss der Organisationspsychologe zum Anlass der **Modifikation des Ist-Zustandes** nehmen, also »therapieren« und »intervenieren«.
- Um wissenschaftlich begründet »therapieren« zu können, also Interventionen verantworten zu können, muss **Veränderungswissen** (Kaminski, 1970) erarbeitet werden. Es ist also eine anwendungsbezogene Forschung erforderlich.
- Um die wissenschaftliche Begründetheit eigener Interventionen zu überprüfen und um gegebenenfalls mit seinen Arbeiten wiederum einen Beitrag zu einer anwendungsorientierten organisationspsychologischen Forschung zu leisten, sollte der Organisationspsychologe seine Interventionen **evaluieren** (Thierau-Brunner, Wottawa & Stangel-Meseke, 2006), was zugleich eine Überprüfung der explizit oder implizit in der Intervention liegenden Hypothesen ist.

1.4. Fragestellungen in der Organisationspsychologie

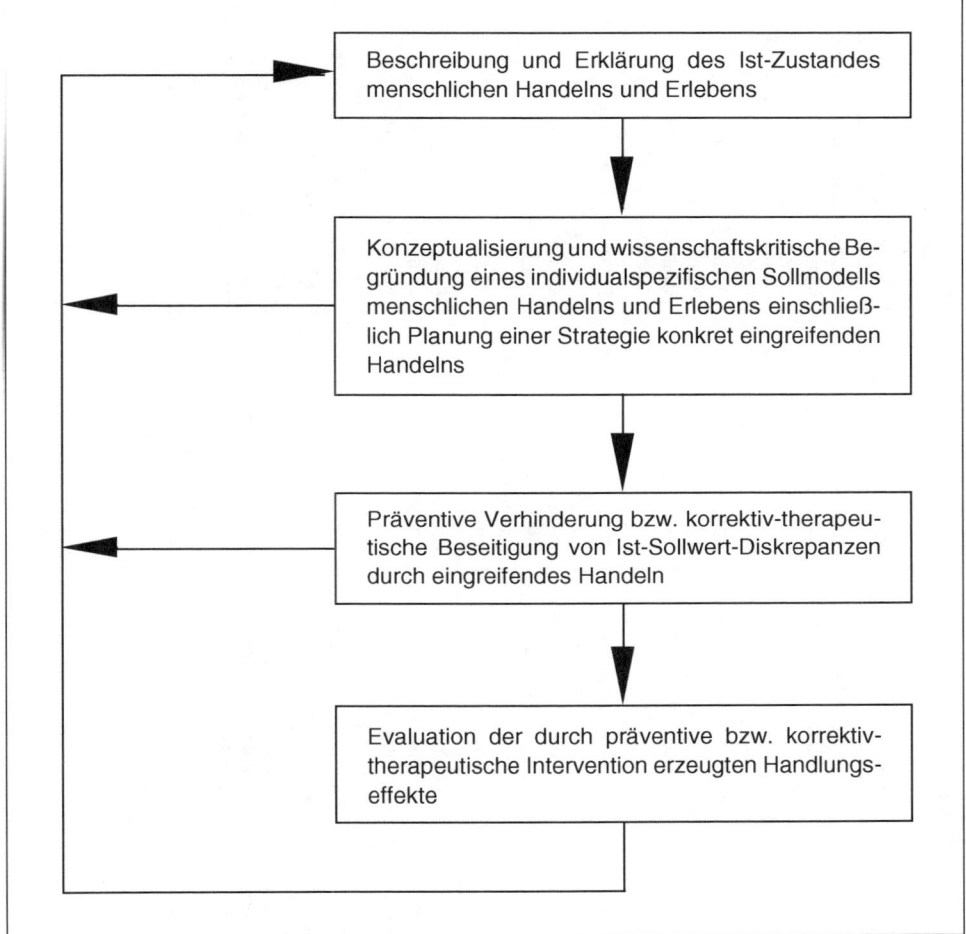

Darstellung 4. Das Phasenmodell psychologischen Arbeitens

Daraus lässt sich ein Phasenmodell entwickeln, wie dies z. B. Schneewind (1973) getan hat. Darstellung 4 zeigt es.

Theorie und Wertkonzept sind übergreifend. Forschung und praktische Arbeit aber unterscheiden sich danach, ob es schwerpunktmäßig um die Erfassung des Ist-Zustandes (**Diagnose**) oder um die Veränderung dieses Ist-Zustandes in Richtung auf den angestrebten Soll-Zustand (**Intervention**) geht. Bei organisationspsychologischem Vorgehen ist also unter den Aspekten Aufgabe, Individuum, Gruppe und Organisation danach zu unterscheiden, ob es primär um das Feststellen oder um das Einwirken geht, sodass wir insgesamt zu einer Klassifikation kommen, die Darstellung 5 zeigt und durch Beispiele illustriert. Die normative Perspektive und die Notwendigkeit der Erarbeitung von Veränderungswissen sind in dieser Darstellung mitberücksichtigt.

Beispiele für organisationspsychologische Projekte in Teilbereichen des Fachs

Schritt \ Teilbereich	Aufgabe	Individuum	Gruppe	Organisation
Feststellen des Ist-Zustandes (Diagnose)	Psychologische Aufgabenanalyse	Führungsstil-Analyse der Abteilungsleiter	Analyse der Kommunikationsbeziehungen in Projektgruppen	Messung des Organisationsklimas mit einem standardisierten Erhebungsbogen
Definition des Soll-Zustandes	Vergrößerung des Handlungsspielraumes in der Arbeit	Ausweitung partizipativer Verhaltensweisen bei der Führung von Gruppenleitern	Hierarchiefreie Diskussion bei Offenlegung der Sach- und Beziehungsebene	Verbesserung des Klimas in den Dimensionen »Autonomie«, »Soziale Unterstützung« und »Leistungsorientierung«
Entwicklung oder Bereitstellen von Veränderungswissen	Heranziehen des Erfahrungswissens über neue Formen der Arbeitsgestaltung	Wissen um situationsspezifische Auswirkungen der Partizipation und um effektive Verhaltensmodifikation mit Transfersicherung	Wissen um Ebenen der Kommunikation und der Auswirkungen von direktem feedback im Rahmen der Gruppendynamik	Erfahrungen zu Erfolgsbedingungen von Organisationsentwicklungsmaßnahmen
Eingreifendes Handeln (Intervention)	Schrittweise Erweiterung der Variabilität (Ablauforganisation) und der Planungs- und Kontrollmöglichkeit (Aufbauorganisation) des Stelleninhabers	Training situationsgerechten Partizipationsverhaltens mit Hilfe eines Entscheidungsbaumes im Wechsel mit Praxisphasen	Teamentwicklungs-Training	Erarbeitung von Vorschlägen in Projektgruppen, Implementierung der Vorschläge in den Abteilungen bei Unterstützung des Top-Management
Vergleich des neuen Ist- mit dem Sollzustand (Evaluation)	Erneute psychologische Aufgabenanalyse	Erneute Führungsstil-Analyse	Erneute Analyse der Kommunikationsbeziehungen	Erneute Messung des Organisationsklimas

Darstellung 5. Klassifikation der Organisationspsychologie

Literaturempfehlung

Herrmann, T. (1979). Psychologie als Problem. Stuttgart.
In diesem, eine Vielzahl zentraler Probleme der Psychologie aufnehmenden Buch wird vehement davor gewarnt, die Psychologie insgesamt als anwendungsorientierte Disziplin und somit als Psychotechnik verstehen zu wollen.

Schneewind, K. A. (1973). Zum Selbstverständnis der Psychologie als anwendungsorientierter Wissenschaft von menschlichem Handeln und Erleben. In: Psychologische Rundschau, 24, S. 227–247.
In diesem programmatischen Artikel wird die Psychologie insgesamt als anwendungsorientierte Wissenschaft interpretiert und das Ablaufschema eingehend begründet und erläutert, das soeben vorgestellt wurde.

Wiendieck, G. (1994). Arbeits- und Organisationspsychologie. München.
Im zweiten Kapitel »Arbeits- und Organisationspsychologie als angewandte Wissenschaft« wird dargelegt, wie in konkreter Weise Anwendung wissenschaftlicher Erkenntnisse in der Praxis erfolgt.

1.5. Nachbarwissenschaften der Organisationspsychologie

Da sowohl die Organisation als auch der Mensch hochkomplexe Gegenstandsbereiche sind, die unter dem Blickwinkel vieler Wissenschaften analysiert werden können, umfasst der psychologische Ansatz nur einen Aspekt – eben den des Erlebens und Verhaltens in der Organisation. Man kann also von einer **Aspektspezialisierung** sprechen. Trotz dieser Einschränkung ist die Fülle dessen, was hier erarbeitet wurde oder künftig erforscht werden könnte, kaum überschaubar. Die Organisationspsychologie übernimmt und modifiziert daher vielfach Konzepte oder Methoden aus unterschiedlichen psychologischen Grundlagenfächern, insbesondere aus der Sozialpsychologie, wenn es im engeren Sinne um organisationspsychologische, aus der Allgemeinen Psychologie, wenn es um stärker arbeitspsychologische, aus der Persönlichkeitspsychologie und der psychologischen Diagnostik, wenn es um personalpsychologische Fragen geht (v. Rosenstiel, 2007).

Die Aspektspezialisierung unterscheidet sich von der **Problemspezialisierung** dadurch, dass bei der Problemspezialisierung ein eng umschriebener Gegenstands- bzw. Problembereich unter allen wesentlichen Aspekten (z. B. psychologischen, soziologischen, wirtschaftlichen, technischen, juristischen) analysiert wird (v. Rosenstiel, 1977, 2007).

Da sich die Organisationspsychologie nun schwerpunktmäßig von anderen Fächern im Sinne einer Aspektspezialisierung abgrenzt, ist sie auf die **Kooperation mit Nachbarwissenschaften** angewiesen, die sich unter anderen Sichtweisen mit dem Thema Mensch und Organisation befassen.

Diese Kooperation ist vielfach unbedingt erforderlich, da der Organisationspsychologe, auf sich allein gestellt, einseitige und damit verfehlte Arbeit leisten würde.

Beispielsweise könnte der Organisationspsychologe, der menschengerechte Ar-

		Organisationspsychologie		
Mathematik und Statistik	z.B. Modelle des Entscheidungsverhaltens in Organisationen		z.B. Organisationsklima, psych. Determinanten der Leistung im Betrieb	BWL
Arbeitswissenschaft	z.B. Psychologische Arbeitsanalyse und Arbeitsgestaltung		z.B. Kommunikationsstrukturen in Organisationen	Kommunikationswissenschaft
Ingenieurswissenschaften	z.B. Informationsaufnahme des Menschen im Mensch-Maschine-System		z.B. Arbeitsgruppe; Führung	Soziologie und Sozialpsychologie
Medizin	z.B. »Mental Health« oder »psychosomatische« Störungen in Abhängigkeit vom Arbeitsplatz		z.B. interkulturelle Arbeitszufriedenheitsvergleiche	Kulturantropologie
Klinische Psychologie	z.B. Verhaltensmodifikation bei Verhaltensdefiziten		z.B. Ausbildung, Weiterbildung	Pädagogik und Päd. Psychologie
Allgemeine Psychologie	z.B. Arbeitsmotivation	z.B. Jugendliche bzw. Alternde im Betrieb	z.B. Eignungsdiagnostik	Differentielle Psychologie
		Entwicklungspsychologie		

Darstellung 6. Die wichtigsten Grenz- und Nachbarwissenschaften der Organisationspsychologie und Beispiele organisationspsychologischer Forschungsthemen im Grenzbereich

beitsplätze zu gestalten sucht, zu technisch gänzlich undurchführbaren Vorschlägen gelangen, wenn er sich nicht mit dem ingenieurmäßig ausgebildeten Arbeitswissenschaftler zusammensetzen würde (Frieling & Sonntag, 1999).

Eine Auswahl wichtiger Grenz- und Nachbarwissenschaften der Organisationspsychologie zeigt die Darstellung 6.

Literaturempfehlung

v. Rosenstiel, L. (2007). Grundlagen- und Bezugswissenschaften der Arbeits- und Organisationspsychologie. In: H. Schuler & K. Sonntag (Hrsg.). Handbuch der Arbeits- und Organisationspsychologie. Göttingen, S. 15–26.
In diesem knappen Beitrag wird begründet, warum die Arbeits- und Organisationspsychologie auf eine enge Kooperation mit psychologischen Grundlagenfächern und außerpsychologischen Bezugswissenschaften angewiesen ist. Es wird in exemplarischer Weise illustriert, welche Kooperationen bei welchen Fragestellungen notwendig oder doch ratsam erscheinen.

1.6. Forschungsmethoden der Organisationspsychologie

Wie andere Teilbereiche der heutigen Psychologie versteht sich die Organisationspsychologie schwerpunktmäßig als **empirische** Wissenschaft und arbeitet entsprechend mit Methoden, wie sie auch sonst in der Psychologie oder in den empirischen Sozialwissenschaften eingesetzt werden. Allerdings sind akzentuierend einige Unterschiede zwischen den verschiedenen Teilgebieten der Psychologie zu beobachten. So arbeitet die Allgemeine Psychologie, die sich mit der Kognition, Emotion und Motivation sowie deren Veränderungen durch Lernprozesse auseinander setzt, vorwiegend mit experimentellen Verfahren, um – am Ideal der Naturwissenschaften orientiert – präzise Aussagen zu Ursache-Wirkungs-Beziehungen zu gewinnen. Die Organisationspsychologie dagegen arbeitet – ähnlich wie andere Sozialwissenschaften, z. B. die Soziologie – gehäuft mit solchen Verfahren, die Aussagen zur Ursache-Wirkungs-Beziehung nur durch theoriegeleitete Interpretation ermöglichen. Der Grund dafür liegt nicht darin, dass der Wert von Experimenten unterschätzt wird, sondern darin, dass die Komplexität der Situation – z. B. der Alltagsablauf eines Industriebetriebs – es unmöglich macht, dass der Versuchsleiter die unabhängige Variable systematisch manipuliert und kontrolliert, wie es beim experimentellen Vorgehen erforderlich ist. Derartige Eingriffe in die Realität finden in der »Praxis der Forschung« am Widerstand der betroffenen Organisation ihre Grenze; nicht selten deshalb, weil sie Unruhe hervorrufen oder Kosten verursachen.

Sieht man nun die Aufgabe einer anwendungsorientierten empirischen Wissenschaft darin, innerhalb ihres Gegenstandsbereichs Konzepte begrifflich scharf zu fassen, also zu **definieren**, zu **beschreiben**, was meist die Operationalisierung, also die Messbarkeit, einschließt, zu **erklären**, zu **prognostizieren** und zu **kontrollieren** (vgl. Zimbardo & Gerrig, 2004), so wird man in vielen Fällen davon ausgehen können, dass das Erreichen des jeweils erstgenannten, hierarchisch niedrigeren Ziels die Voraussetzung dafür ist, dass das nächst höhere überhaupt angestrebt werden kann. So müssen also beispielsweise die Phänomene zunächst definiert und beschrieben werden, bevor man daran geht, sie zu erklären. Für die Beziehung zwischen Erklärung und Prognose allerdings sind Einschränkungen vonnöten. Meist sind wissenschaftlich befriedigend fundierte Prognosen nur dort möglich, wo erklärt werden kann, warum es zu bestimmten Erscheinungen kommt. Es ist jedoch nicht selten möglich, zutreffende Prognosen abgeben zu können, ohne eine befriedigende Erklärung parat zu haben.

Ein Beispiel soll das verdeutlichen: Selbst ein kleines Kind wird nach einiger Erfahrung zu der Prognose fähig sein, dass das Einwerfen von 1,- Euro in einen bestimmten Automaten zur Ausgabe einer Tafel Schokolade führt. Den Mechanismus des Automaten kennt das Kind nicht, es kann also den Vorgang nicht befriedigend erklären. Diese genaue Erklärung wird erst dann erforderlich sein, wenn der Automat modifiziert (in diesem Sinne ist Kontrolle zu verstehen) werden soll.

Das Kind in unserem Beispiel wird also nicht in der Lage sein, so in den Mechanismus einzugreifen, dass er nach Einwurf von 1,20 Euro eine Tafel Schokolade auswirft (Grundsätzliches zur Beziehung zwischen Erklärung und Prognose bei Krapp, 1979).

Sieht man von den hierarchisch niedrigsten Stufen – der Definition und der Beschreibung – einmal ab, so ist bei den weiteren wissenschaftlichen Zielsetzungen – der Erklärung, der Prognose und der Kontrolle – das Aufzeigen von **Wenn-Dann-Beziehungen** erforderlich. Man stellt also – im einfachen Fall – fest, dass eine bestimmte, exakt beschriebene und gemessene Variable abhängig von einer anderen ist: Ändert sich A um einen bestimmten Betrag, so ändert sich in der Folge und davon abhängig B um diesen oder jenen Betrag. Ist diese Beziehung erforscht, so sind Erklärung, Prognose und Kontrolle grundsätzlich möglich.

Der klassische Weg zur Klärung derartiger Wenn-Dann-Beziehungen ist das bereits erwähnte **Experiment**: Der Forscher manipuliert willkürlich eine – wirklich nur eine – Variable (unabhängige Variable), die er innerhalb seines theoretischen Konzepts als Ursache vermerkt und beobachtet, ob sich eine andere Variable, an der sich nach der Theorie die Wirkung zeigen müsste (abhängige Variable), theoriekonform verändert. Bei etwas komplexeren theoretischen Konzepten kann zwischen die unabhängige und die abhängige Variable eine intervenierende Variable treten: Veränderungen bei A (**unabhängige Variable**) führen unter den Bedingungen X, Y, Z (**intervenierende Variable**) zu Veränderungen bei B (**abhängige Variable**). Diese Aufteilung in unabhängige, intervenierende und abhängige Variable kann zugleich eine Hilfe zur Bestimmung organisationspsychologischer Untersuchungen sein. Soll ein theoretisches Konzept, eine Hypothese oder eine empirische Analyse zur Organisationspsychologie zählen, so muss zumindest eine der genannten Variablen sich auf Merkmale der Organisation und eine auf Merkmale des menschlichen Erlebens und Verhaltens beziehen (v. Rosenstiel, 2007). Beispiele sollen dies erläutern:

Die psychologische Größe als abhängige Variable: Day & Hamblin (1964) manipulierten als unabhängige Variable in einer experimentellen Studie das Kontrollkonzept und fanden u. a., dass durch kleinliche und bestrafende Kontrolle in weit stärkerem Maße aggressive Gefühle der Überwachten ausgelöst werden, als durch großzügige und nicht bestrafende Vorgehensweisen. Die aggressiven Gefühle können dabei als psychologische Größe gelten, die in der Untersuchung zur abhängigen Variablen wird. Die psychologische Größe als abhängige Variable ist in der Organisationspsychologie der häufigste und wesentlichste Fall.

Die psychologische Größe als unabhängige Variable: Cock (1965, zitiert nach Hoffmann, 1978) berichtet über recht deutliche positive Korrelationen zwischen der Leistungsmotivation von Mitgliedern der Führungsspitze kleinerer finnischer Unternehmen und einer Reihe von Indikatoren für das Wachstum dieser Firmen. Interpretierend wird die Leistungsmotivation (als psychologische Größe) als Ursache und somit unabhängige Variable, das Wachstum der Unternehmen (also die organisatorische Größe) wird als abhängige Variable gesehen.

Die psychologische Größe als intervenierende Variable: In einer klassischen Untersuchung prüfte Vroom (1960) die Beziehung zwischen der Mitentscheidungsmöglichkeit bei der Arbeit von Organisationsmitgliedern und ihrer Leistung. Sowohl die Mitentscheidungsmöglichkeit (in diesem Zusammenhang als unabhängige Variable interpretierbar) als auch die Leistung (die hier als abhängige Variable interpretiert wird) sind als gemischt organisatorisch-psychologische Größen interpretierbar. Vroom fand keine nennenswerte Beziehung zwischen diesen beiden Größen. Dies änderte sich nach Einführung explizit psychologischer intervenierender Variablen. Als diese wurden die autoritäre Charakterstruktur und das Bedürfnis nach Selbständigkeit der untersuchten Organisationsmitglieder gemessen. War der Ausprägungsgrad des autoritären Charakters gering, das Bedürfnis nach Selbständigkeit zugleich hoch, so fand sich zwischen dem Grad der Mitentscheidungsmöglichkeit und der Leistung eine deutliche positive Korrelation. Dies wurde dahingehend interpretiert, dass die Mitentscheidungsmöglichkeit bei geringen autoritären Neigungen und einem hohen Bedürfnis nach Selbständigkeit zu höherer Leistungsintention und damit zu höherer Leistung führt.

Für die Organisationspsychologie stellt sich jetzt die Frage, wie in der empirischen Forschung konkret vorgegangen wird, um die relevanten Variablen zu erfassen. Systematisiert man die Vorgehensweisen, so lassen sich recht plausibel drei bedeutsame Aspekte unterscheiden:

- die **Aktivität** des Forschers,
- die **Strategie** des Forschers und
- der **Ort** der Forschung.

Bei der Aktivität des Forschers sind zu unterscheiden:

- Die **Introspektion**, bei der der Forscher eigene Erlebnisreaktionen registriert, wenn er z. B. selbst im Kontext einer Organisation steht. Da diese Reaktionen nur ihm selbst zugänglich sind, ist eine Prüfung der Objektivität – im Sinne von intersubjektiver Übereinstimmung – dieser Informationsgewinnung nicht möglich.

- Die **Befragung**, die insofern eine Stellung zwischen der Introspektion und der Beobachtung einnimmt, als die schriftlich oder mündlich gestellten Fragen entweder auf Erlebnisprozesse zielen, die nur der Introspektion des Befragten zugänglich sind, oder aber auf eigenes oder fremdes offenes Verhalten, das der Fragende bzw. mehrere Fragende beobachten könnten. Interessierende Information ist in der Regel nicht das beobachtbare Verhalten bei der Fragenbeantwortung, sondern der Inhalt der schriftlich oder mündlich zu beantwortenden Fragen, der verstanden und interpretiert werden muss.
- Die **Beobachtung**, bei der von außen beobachtbares Verhalten von Personen in der Organisation durch – grundsätzlich beliebig viele – Beobachter erfasst wird. Bei der Beobachtung erscheint es ratsam danach zu differenzieren, ob offenes Verhalten, das meist der Willkür des Handelnden unterliegt, oder ob physiologische Prozesse, wie z. B. die Hautfeuchtigkeit, die Herzrate oder der Muskeltonus, die meist unwillkürlich ablaufen, registriert werden.
- Die **Analyse von Verhaltensergebnissen**, bei der die Ergebnisse des Verhaltens, die sog. Objektivationen oder Artefakte, untersucht werden. Man denke z. B. an die Zahl der Fehler im Bericht eines Marketingmanagers oder an das »kreative Durcheinander« auf dem Schreibtisch eines Forschungsleiters.

Der nächste Aspekt ist die Strategie des Forschers: Hier gilt es zu unterscheiden zwischen

- der **unsystematischen Informationsgewinnung**, die z. B. dann vorliegt, wenn der Forscher in für ihn auffälligen oder interessanten Situationen in der Organisation eigene Erlebnisweisen registriert, andere Organisationsmitglieder befragt oder ihre Verhaltensweisen bzw. deren Resultate beobachtet. Wesentlich ist, dass er kein Konzept für die Informationsgewinnung erarbeitet, sondern spontan und somit unsystematisch das registriert, was ihm interessant erscheint;
- der **systematischen Informationsgewinnung**, die z. B. dann gegeben ist, wenn nach einem zuvor festgelegten Untersuchungsplan Introspektion, Befragung oder Verhaltens- oder Ergebnisregistrierung betrieben werden – etwa als Zeit- oder Verhaltensstichproben. Wesentlich ist dabei, dass der Forscher nicht willkürlich von Augenblick zu Augenblick entscheiden kann, was er aufnimmt, sondern dass er nach einem zuvor festgelegten System (möglichst theorie- und hypothesengeleitet) vorgeht;
- dem **quasi-experimentellen Vorgehen**, bei dem Bedingungen, die beim üblichen experimentellen Vorgehen als unabhängige Variable gelten, zwar variiert werden, jedoch nicht nach der Willkür des Forschers, sondern aufgrund anderer Einflussgrößen. Beispielsweise wurde in einem Kaufhaus als Führungskonzept »management by objectives« eingeführt, in einem anderen – sonst vergleichbaren – dagegen nicht. Erfasst wurden in beiden Kaufhäusern nach der Einführung des Modells die Arbeitszufriedenheit durch Befragung und die interpersonelle Kommunikation durch Verhaltensbeobachtung. Dies lässt sich als Quasiexperiment interpretieren (zu den Möglichkeiten des quasi-experimentellen Vorgehens vgl. Cook, Campbell & Peracchio, 1990);

- dem **experimentellen Vorgehen**, das im Grundsatz den verschiedenen Formen des quasi-experimentellen Vorgehens entspricht, bei dem jedoch die unabhängige Variable durch Willkür des Forschers systematisch variiert wird. Klassischerweise werden als wesentliche Kriterien der experimentellen Vorgehensweise angesehen:
  - **Willkür** bei der Herstellung der Versuchsbedingungen, d.h. der Versuchsleiter muss nicht darauf warten, bis sich die gewünschten Bedingungen »zufällig« oder »natürlich« einstellen;
  - **Bedingungsvariation**, d.h. systematische Manipulation der – und nur der – unabhängigen Variablen;
  - **Wiederholbarkeit**, d.h. Möglichkeit der mehrfachen Durchführung der Untersuchung unter gleichen Bedingungen. Dies ist insbesondere in der Psychologie in reiner Form kaum möglich, weil z.B. der Informationsstand der Versuchspersonen, die beteiligt sind, nicht konstant gehalten werden kann (sie wissen beispielsweise bei der Wiederholung des Experiments bereits, worum es geht); und
  - **Beschreibbarkeit der Versuchsbedingungen**.

Der dritte Aspekt bezieht sich auf den Ort, an dem die Forschung stattfindet. Hier gilt es zu unterscheiden zwischen

- dem **Labor**, d.h. der »künstlich« hergestellten Situation, in der die Organisation unter den interessierenden Aspekten simuliert wird. Häufig wird es sich hierbei um ein psychologisches Institut handeln. Die Versuchsbedingungen lassen sich dabei meist »rein« herstellen; fraglich bleibt allerdings sehr oft, ob die gefundenen Ergebnisse sich auf die »reale« Situation in der Organisation generalisieren lassen;
- dem **Feld**, d.h. der realen Organisation.

Kombiniert man die drei soeben angesprochenen Aspekte, so ergibt sich anschaulich ein Würfel, wie ihn Darstellung 7 zeigt.

Die Bedeutung und faktische Besetzung der einzelnen Zellen in Darstellung 7 ist unterschiedlich. So spielen einerseits die Introspektion, andererseits die unsystematische Beobachtung bei der Hypothesenprüfung angesichts derzeit weitgehend akzeptierter Gütekriterien empirischer Untersuchungen kaum noch eine Rolle; ihre Bedeutung für die Hypothesengenerierung ist dagegen umso größer. Bei der Hypothesenprüfung ist das »Feld« gehäuft mit der »systematischen Informationsgewinnung« oder dem »quasi-experimentellen Vorgehen« verbunden, während im »Labor« fast ausschließlich »experimentell« gearbeitet wird.

Die wichtigsten »Zellen«, die sich innerhalb des Würfels der Darstellung 7 ergeben, seien jetzt durch einige »klassische« empirische Untersuchungsbeispiele illustriert. Wie bereits betont, kann man von der unsystematischen Datengewinnung einerseits und von der Introspektion andererseits absehen, da diese Vorgehensweisen letztlich nur für die Hypothesengenerierung wesentlich sind. Unter dem Aspekt »Ort der Forschung« ist beim Labor lediglich die experimentelle Vorgehensweise bedeutsam. Dafür gleich zwei Beispiele:

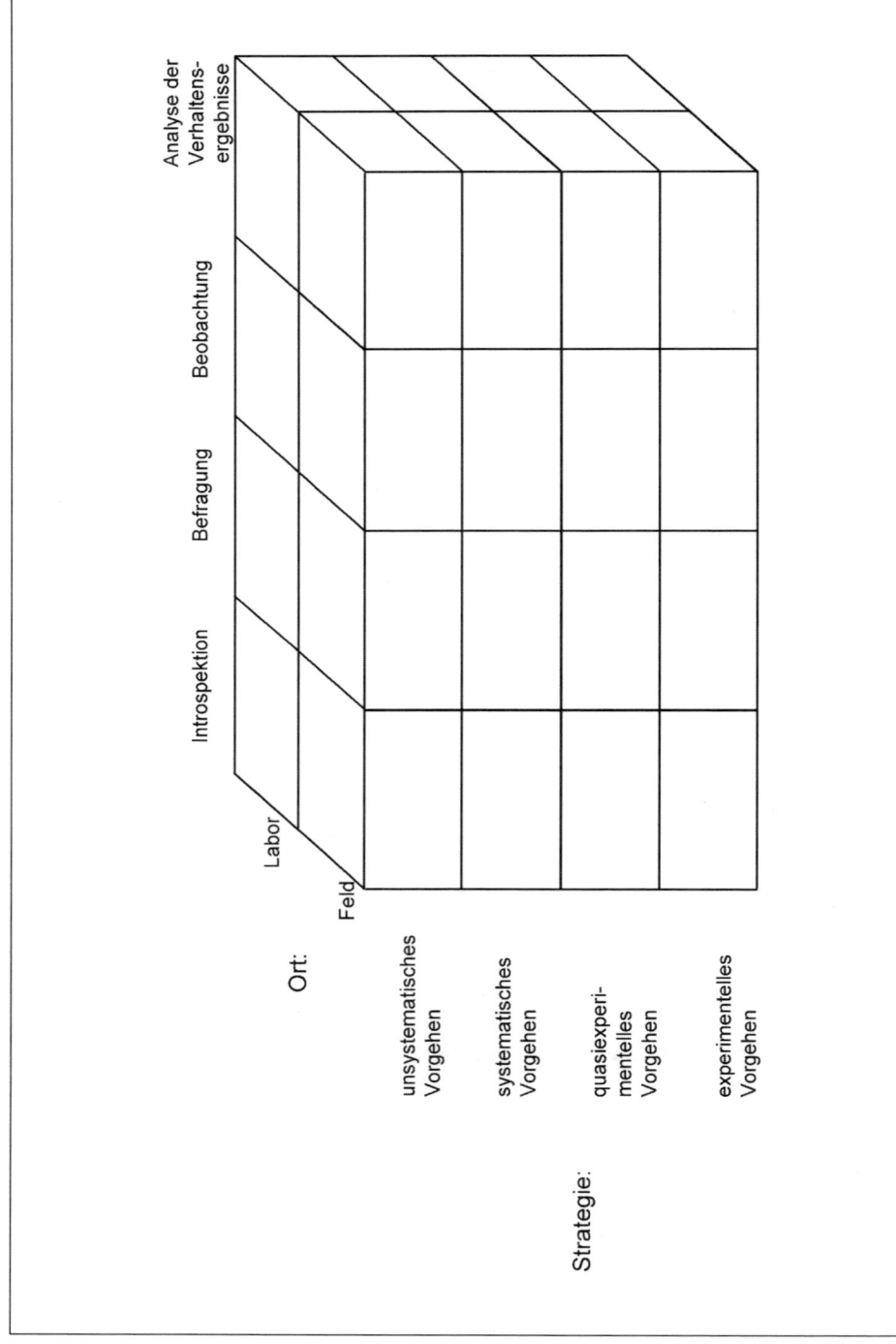

Darstellung 7. Forschungsmethoden der Organisationspsychologie

Labor, Experiment, Befragung: Spector (1956) untersuchte den Einfluss von Aufstiegserwartungen auf die Arbeitszufriedenheit. Er ließ im Labor Versuchspersonen bestimmte Aufgaben in Vierer-Gruppen bearbeiten. Einem Teil dieser Personen wurden hohe »Aufstiegserwartungen« (Chance 3:4), einem Teil niedrige Aufstiegserwartungen (Chance 1:4) vermittelt. Der »Aufstieg« erfolgte unabhängig von den Erwartungen. Danach wurde, als abhängige Variable, die Zufriedenheit durch Befragung ermittelt. Es zeigte sich, dass diejenigen, die wenig erwartet hatten und den Aufstieg dennoch erreichten, besonders zufrieden waren.

Labor, Experiment, Analyse der Verhaltensergebnisse: In der bereits zitierten experimentellen Untersuchung von Day & Hamblin (1964) wurde den Versuchspersonen im Labor die Aufgabe gestellt, Modelle von Molekülen zu bauen. Die Überwachung als unabhängige Variable wurde in vier qualitativ unterschiedlichen Formen eingesetzt, die sich aus der Kombination der Kontrollformen kleinlich vs. großzügig sowie der Konsequenzen bestrafend vs. nicht bestrafend ergaben. Als abhängige Variable wurden zum einen, wie bereits zuvor genannt, die aggressiven Gefühle gemessen und zudem – worauf es uns hier ankommt – die Leistung erfasst. Es zeigte sich, dass die Leistung bei großzügiger Kontrolle und nicht bestrafenden Konsequenzen am höchsten war.

Nach diesen Beispielen organisationspsychologischer Laborforschung folgen jetzt solche für die organisationspsychologische Feldforschung:

Feld, systematische Informationsgewinnung, Befragung: Im Rahmen der Hawthorne-Experimente (Roethlisberger & Dickson, 1939) wurden ca. 15.000 Arbeiter bei der Western Electric Company systematisch befragt; es wurde auf diese Weise versucht zu ermitteln, wie die objektiven Gegebenheiten der Arbeit durch die Betroffenen erlebt wurden.

Feld, systematische Informationsgewinnung, Analyse der Verhaltensergebnisse: Ross & Zander (1957) erfragten zunächst die Einstellungen von 2.680 Arbeiterinnen zu Bedingungen ihrer Arbeit, die als unabhängige Variable gesehen wurden. Analysiert wurde, welche der Arbeiterinnen in der Folgezeit kündigten. Es zeigte sich, dass diejenigen, die kündigten, bei der Arbeit ein geringeres Maß an Autonomie erlebt hatten.

Feld, Quasi-Experiment, Befragung: Bihl (1973) berichtet über Untersuchungen zu teilautonomen Arbeitsgruppen (vgl. 2.5.4.), die in Skandinavien auf Initiative des Arbeitswissenschaftlers Thorsrud eingeführt wurden. Die Einführung dieser Arbeitsform ist dabei als unabhängige Variable interpretierbar. Danach wurden die Einstellungen der Betroffenen zu verschiedenen Bedingungen der Arbeit erfasst. Es zeigte sich, dass diese sich in den meisten Fällen deutlich verbessert hatten. Die erfragten Einstellungen sind hierbei als abhängige Variable interpretierbar.

Feld, Quasi-Experiment, Beobachtung: Hier kann ebenfalls auf die quasi-experimentellen Untersuchungen zu teilautonomen Gruppen zurückgegriffen werden (Bihl, 1973), da in der Regel nicht nur die Einstellungen als abhängige Variable erfasst wurden, sondern auch das Leistungsverhalten und das Leistungsergebnis. Betrachtet man diese durch Beobachtung bzw. Analyse der Verhaltensergebnisse erfasste abhängige Variable am Beispiel der Einführung teilautonomer Gruppen in Arvika (Schweden), so zeigte es sich, dass durch Einführung der genannten Maßnahme die Arbeitsproduktivität (mengenmäßiger Output in Kilogramm durch Zahl der Arbeitsstunden) um 14% gestiegen war.

Feld, Experiment, Befragung: In einem klassischen Feldexperiment der Organisationspsychologie unterstellten Morse & Reimer (1956) je zwei Regionen einer Versicherungsgesellschaft einem sog. Autonomieprogramm bzw. einem Hierarchieprogramm. Während innerhalb des Autonomieprogramms höchstmöglicher Entscheidungsspielraum für die einzelnen Arbeitenden gegeben sein sollte, wurden innerhalb des Hierarchieprogramms die Entscheidungen an hierarchisch jeweils hoch eingeordneten Stellen zentralisiert und von dort die Arbeit relativ stark im Sinne klassischer bürokratischer Organisationsformen vorgeschrieben. Die Zuordnung der Untersuchungsabteilungen zu diesen beiden Programmen erfolgte jeweils zufällig. Als abhängige Variable wurden u. a. die Einstellungen der Betroffenen betrachtet und über Befragung erfasst. Es zeigte sich, dass diese sich innerhalb des Autonomieprogramms positiver entwickelten.

Feld, Experiment, Analyse der Verhaltensergebnisse: In einem viel zitierten Lohnexperiment untersuchte Wyatt (1934) den Einfluss verschiedener Lohnformen (Zeitlohn, Bonus, Stücklohn) auf die Leistung bei verschiedenen Tätigkeiten, die in einer Süßwarenfabrik auszuführen waren. Es zeigte sich, dass die Leistung beim Stücklohn besser war als beim Bonussystem, hier wiederum besser als beim Zeitlohn, dass aber diese Effekte je nach den zu erledigenden Aufgaben unterschiedlich stark auftraten.

Die Methoden der Organisationspsychologie, wie sie in Darstellung 7 klassifiziert und an Beispielen konkretisiert wurden, umfassen allerdings nur jene Vorgehensweisen, die an den Prinzipien der herkömmlichen Sozialforschung orientiert sind. Diese Vorgehensweisen – das demonstrieren auch die Beispiele – sind dadurch gekennzeichnet, dass explizit zwischen Forscher und Untersuchungsgegenstand, d. h. **zwischen Subjekt und Objekt, unterschieden** wird. Zunehmend lässt sich allerdings in der Organisationspsychologie, spezifisch im Rahmen von Organisationsentwicklungsmaßnahmen (Sievers, 1978; vgl. Kap. 5.3.3.2.), beobachten, dass diese Trennung obsolet wird. Dies gilt besonders für die sog. **Aktionsforschung** (Collier, 1945; Lewin, 1953; Kappler, 1980), aber auch für viele andere Formen des qualitativen Vorgehens (Flick et al., 2005). Die Aktionsforschung lässt sich – orientieren wir uns an Lewin (1953, S. 280) – wie folgt beschreiben: »Die für die soziale Praxis erforderliche Forschung lässt sich am besten als eine Forschung im Dienste sozialer Unternehmungen oder sozialer Technik kennzeichnen. Sie ist eine Art Tat-

Forschung (»action research«), die eine vergleichende Erforschung der Bedingungen und Wirkungen unterschiedlicher Formen des sozialen Handelns und eine zu sozialem Handeln führende Forschung ist. Eine Forschung, die nichts anderes als Bücher hervorbringt, genügt nicht.« Es erscheint plausibel, dass ein anwendungsbezogenes wissenschaftliches Fach wie die Organisationspsychologie, in dem es nicht nur um Wahrheit, sondern auch um **Nützlichkeit** (vgl. 1.7.) geht, für Forschungsideen, die der Aktionsforschung entstammen, besonders offen ist.

Die zur Illustration des Klassifikationsschemas zitierten Untersuchungen verdeutlichen das methodische Vorgehen in der Organisationspsychologie. Der Prägnanz und der einfacheren Zuordnung wegen wurde dabei jeweils nur eine abhängige Variable hervorgehoben, obwohl gelegentlich verschiedene Variablen in der Originalstudie berücksichtigt wurden – etwa die Leistung und die Zufriedenheit –, was dann meist die parallele Verwendung von Beobachtungs- und Befragungsmethoden sowie Ergebnisanalysen notwendig machte. Es muss zudem gesehen werden, dass die Zuordnung der Untersuchungen nicht immer eindeutig ist und beispielsweise auch von der methodischen Strenge abhängt, die man von einem Experiment fordert. Dies sei verdeutlicht:

Während in der Organisationspsychologie die zitierte Untersuchung von Morse und Reimer allgemein als Feldexperiment aufgeführt wird (vgl. z. B. Vroom, 1964), wird sie von Cook, Campbell und Peracchio (1990) als Quasi-Experiment klassifiziert, weil nicht alle zu berücksichtigenden Variablen kontrolliert wurden.

Literaturempfehlung

Bungard, W., Holling, H. & Schultz-Gambard, J. (Hrsg.) (1996). Methoden der Arbeits- und Organisationspsychologie. Weinheim.
Der Sammelband informiert über gebräuchliche Methoden und illustriert diese durch Beispiele.
Curie, J. (1989). Forschungsstrategien in der Organisationspsychologie. In: S. Greif, H. Holling & N. Nicholson (Hrsg.). Arbeits- und Organisationspsychologie. München, S. 222–226.
In diesem knappen Beitrag werden Kriterien entwickelt, die man vor Inangriffnahme einer empirischen organisationspsychologischen Forschungsarbeit berücksichtigen sollte.
Schnell, R., Hill, P.B. & Esser, E. (1989). Methoden der empirischen Sozialforschung. München.
Prägnant und umfassend werden Methoden dargestellt, die – über die empirische Psychologie hinausgehend – für die Sozialforschung insgesamt gelten und auch für die Organisationspsychologie relevant sind.

1.7. Die Organisationspsychologie als Angewandte Psychologie

Die Organisationspsychologie (bzw. die Betriebs- oder Arbeitspsychologie) wird in aller Regel der **Angewandten Psychologie** zugerechnet. Allerdings hat – zumindest im deutschen Sprachraum – diese Benennung auch zu Missverständnissen geführt. Gelegentlich wurde die Bezeichnung Angewandte Psychologie ausschließlich auf die Arbeits- und Organisationspsychologie (unter welchem Namen sie auch immer auftreten mag) angewandt (vgl. Witte, 1977), nicht dagegen auf andere Formen der Angewandten Psychologie, wie etwa die Klinische Psychologie. Verwechslungsgefahr ist durch die Bezeichnung selbst gegeben. Sie legt nahe, dass Angewandte Psychologie die Anwendung des in der »psychologischen Grundlagenwissenschaft« Erarbeiteten in der Praxis ist. Die Angewandte Psychologie könnte demnach als nicht forschungsorientiert, sondern routinemäßige praktische Nutzung des jeweiligen Forschungsstandes interpretiert werden. Dies ist jedoch ein Missverständnis, das der Realität der angewandten Teildisziplinen der Psychologie nicht gerecht wird. Unterschieden werden sollen daher hier die

- **Theoretische** Psychologie,
- **Angewandte** Psychologie und
- **Praktische** Psychologie.

In der Angewandten Psychologie wird ebenso wie in der Theoretischen Psychologie **Forschung** betrieben, doch ergeben sich die Fragestellungen in der Angewandten Psychologie aus den **offenen Fragen und dem Bedarf in den Anwendungsfeldern**, in der Theoretischen Psychologie dagegen aus **Unvollkommenheiten, Lücken und Widersprüchen der allgemeinen Theorie** menschlichen Erlebens und Verhaltens. Diese kann entsprechend als **Grundlagenwissenschaft** verstanden werden. Die Grenzen sind hier selbstverständlich fließend, da auch die Beantwortung der Fragen aus den Anwendungsfeldern in der Forschung theoriegeleitet erfolgen muss und implizit weitere Forschungsarbeit dort initiiert wird, wo diese Theorie lückenhaft oder widersprüchlich erscheint.

In der Praktischen Psychologie dagegen geht es um die routinemäßige **Umsetzung des psychologischen Wissens in Diagnose und Intervention**. Auch hier ist die Grenzziehung nicht eindeutig möglich; die Gegenüberstellung erfolgt akzentuierend. Häufig wird Forschungsarbeit nämlich zu Fragestellungen aus dem Anwendungsfeld unmittelbar zu bedeutsamen Feststellungen und Veränderungen im konkreten Einzelfall führen; andererseits kann und sollte die praktische Psychologie die Daten erarbeiten, die beständig der Weiterentwicklung der Wissenschaft dienen. Praktische Organisationspsychologie wäre dann gleichermaßen Angewandte Psychologie.

Leider sind auf dem Feld der Psychologie – wie in vielen anderen Wissenschaftsgebieten – die beiden Bereiche durch unterschiedliche **Interessenlagen** und durch **Sprachbarrieren** voneinander getrennt, was nicht selten als **Kluft zwischen Wissenschaft und Praxis** beklagt wird (Zapf & Ruch, 1991). Für die Organisationspsychologie gilt das in besonderem Maße, da hier weder die Einheit von Theorie und

1.7. Die Organisationspsychologie als Angewandte Psychologie

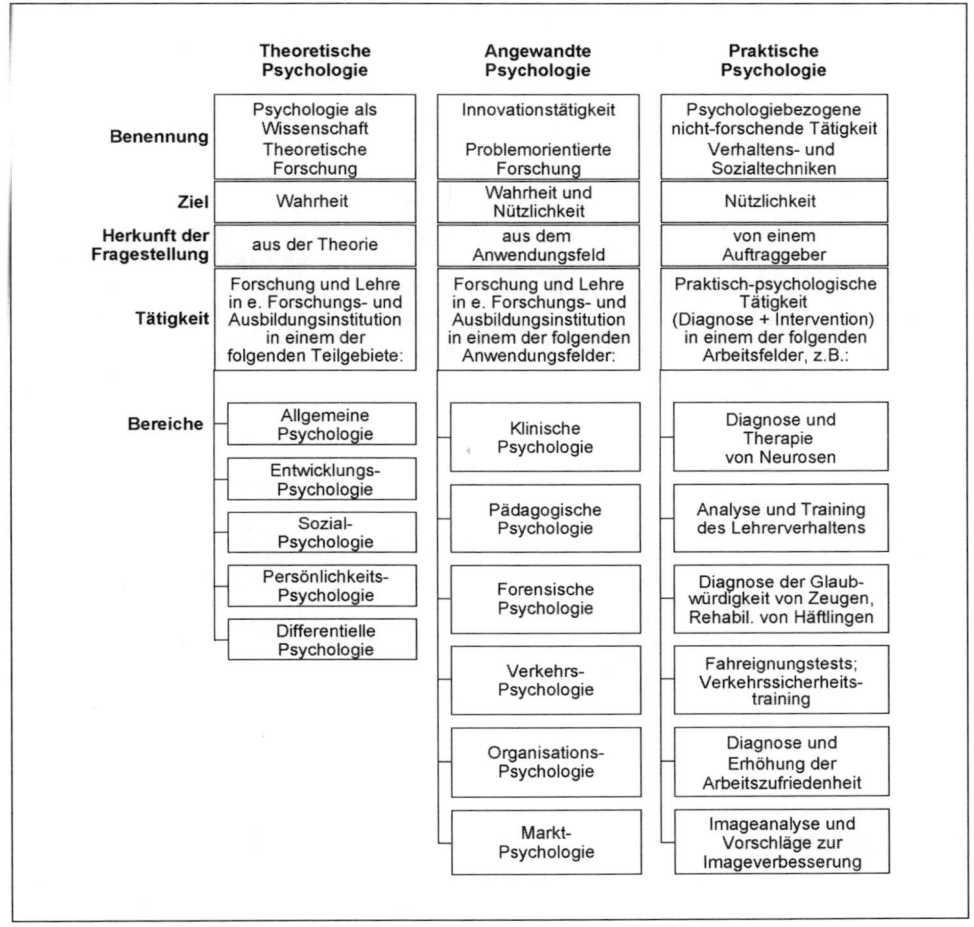

Darstellung 8. Theoretische, Angewandte und Praktische Psychologie

Praxis, noch die Einheit der psychologischen Forschung und Theoriebildung insgesamt gegeben sind.

Versucht man nun akzentuierend die Theoretische Psychologie der Angewandten und der Praktischen gegenüberzustellen, so liegt das Hauptunterscheidungsmerkmal in der Herkunft der Fragestellung. Darstellung 8 verdeutlicht das; sie nennt zugleich wichtige Beispiele aus den drei Arbeitsbereichen. Für die Angewandte Psychologie und damit auch für die Organisationspsychologie gilt also das, was Bert Brecht seinen Galilei für die die Wissenschaft insgesamt fordern lässt: »Ich halte dafür, dass das einzige Ziel der Wissenschaft darin besteht, die Mühseligkeit der menschlichen Existenz zu erleichtern.«

Die aufgezeigte Differenzierung ist angesichts des derzeitigen Standes der psychologischen Wissenschaft sicherlich angemessen, muss aber fraglos zugleich als

Symptom der Unvollkommenheit des Faches interpretiert werden. Anzustreben ist keineswegs eine klarere Abgrenzung, sondern vielmehr die Aufhebung der Grenzlinien. Dies wird deutlich, wenn man sich an dem Lewin zugeschriebenen Diktum: »Nichts ist praktischer als eine gute Theorie« orientiert. Die Unvollkommenheit der Theorie ist dann keineswegs nur Erschwernis in der Forschung, sondern kann zugleich zur »Blindheit« praktischen Handelns führen. Die **Praxis bedarf der Theorie**. Irle (1975, S. 506) begründet dies für die Psychologie: »Theorien werden in Techniken, hier in Verhaltens- und Sozialtechniken, transformiert«, wobei er die Techniken als Hypothesen sieht, die aus einer Theorie abgeleitet sind. Die Anwendung der Sozialtechnik in Bereichen, die der Hilfe der Psychologie bedürfen, wird somit zum Feldexperiment, zu einem »Experiment in der sozialen Natur« (Irle, 1975), das geeignet ist, zur Stützung oder Falsifikation der Theorie beizutragen. Der Gegensatz zwischen Theorie und Praxis wäre somit im optimalen Falle aufgehoben.

Literaturempfehlung

Gebert, D. & Rosenstiel, L. v. (2002). Organisationspsychologie. Stuttgart.
Auf den Seiten 241–257 wird differenzierter, als es hier möglich war, die Grenzziehung zwischen Theoretischer, Angewandter und Praktischer Psychologie versucht.
Irle, M. (1975). Lehrbuch der Sozialpsychologie. Göttingen, Kap. X.
Prägnante, knappe und klare Darstellung der Beziehung zwischen Theorie, Forschung und Anwendung in den empirischen Sozialwissenschaften.

1.8. Das Wertproblem in der Organisationspsychologie

Obwohl sich die **Wertfrage** für eine Wissenschaft, die vorwiegend von positivistisch eingestellten Forschern mit den gängigen Verfahren der empirischen Sozialwissenschaft betrieben wird, kaum zu stellen scheint, muss sich die Psychologie – wie andere Wissenschaften auch – die Frage gefallen lassen, wessen Interessen sie dient.

Holzkamp (1970) hat mit Recht darauf hingewiesen, dass – zumindest beim derzeitigen Stand der psychologischen Wissenschaft – die Differenzierung zwischen **interner und externer Relevanz** der Forschung angemessen ist. Interne Relevanz ist dann gegeben, wenn die Forschungsergebnisse spezifisch für die Weiterentwicklung der Theorie bedeutsam sind. Leider sind – wegen des Auseinanderklaffens von Theorie und Praxis – derartige Forschungsergebnisse oft von geringer lebenspraktischer Bedeutung. Wir würden sie nach unserer Klassifikation der Theoretischen Psychologie zuordnen. Dem sind Forschungsergebnisse von hoher externer Relevanz gegenüberzustellen, deren Bedeutung für die psychologische Theorienbildung oft bescheiden, für die Lebenspraxis allerdings hoch ist.

Die Organisationspsychologie als Angewandte Psychologie, die ihre Fragestel-

1.8. Das Wertproblem in der Organisationspsychologie

lung aus den Anwendungsfeldern bezieht, bemüht sich in erster Linie darum, Forschung von hoher externer Relevanz zu betreiben. Dennoch hatten es die Vertreter des Faches lange Zeit abgelehnt, selbst wertend zu den Zielen und Ergebnissen ihrer Forschung Stellung zu nehmen. Dafür sei Münsterberg (1912, S. 18) als Zeuge zitiert: »Welches Ziel das bessere ist, ... geht den wirtschaftstechnischen Psychologen nichts an.« Seine Aufgabe sei es, wissenschaftlich ganz bestimmte Kausalzusammenhänge zu beschreiben, nämlich jene »zwischen bestimmten zur Verfügung stehenden psychologischen Mitteln und gewissen möglichen Zielen. Die Auswahl zwischen den Zielen aber überlässt er denen, die im praktischen Leben stehen.« Lewin (1920, S. 6) argumentiert ähnlich: »Die Berufs- und Arbeitspsychologie vermag als Angewandte Wissenschaft nur eine ihr gesetzte Aufgabe zu erfüllen, nicht aber, sich selbst eine Aufgabe zu setzen.« Diese Auffassung hinderte Lewin zwar nicht, von seinem persönlichen politischen Standpunkt her wertend Stellung zu nehmen, dem Fach selbst gestand er dies jedoch nicht zu. Das änderte sich erst später. So betont Rupp (1929), dass das letzte Ziel entsprechender Forschung nicht in der Wirtschaftlichkeit zu sehen sei, sondern im Wohl der Menschen, die die Wirtschaft schaffen und tragen. Und auch Lipmann (1932) fordert in einem frühen Lehrbuch der Arbeitswissenschaft, dass man sich folgenden Fragen zu stellen habe:

- Wie die Bestgestaltung der Arbeit vom Standpunkt des Arbeiters aussehe,
- welche betrieblichen Rationalisierungsmaßnahmen auch im Interesse des Arbeiters liegen oder zumindest dessen Interessen nicht verletzen und
- welche Maßnahmen die Interessen des Arbeiters schädigen und welche Gegen- und Zusatzmaßnahmen den Schädigungen vorbeugen können.

Damit wird auf **Interessengegensätze** verwiesen. Da nun die Organisation ein soziales Gebilde ist, in dem – beinahe notwendigerweise – Interessengegensätze herrschen und Konflikte konstituierende Bestandteile sind (vgl. Dahrendorf, 1959), ist Forschung auf diesem Gebiet nicht selten Parteinahme: Die Ergebnisse dienen der einen Interessengruppe mehr als der anderen oder dienen gar der einen auf Kosten der anderen. Taylor (1911) hat dies allerdings vehement bestritten. Er vertritt die Auffassung, dass die Interessen beider Parteien sich decken; ein Wohlergehen der Firma könne nur bei gleichzeitigem Wohlergehen des Arbeitnehmers gesichert werden und umgekehrt. Dies allerdings ist eine in den Sozialwissenschaften kaum geteilte Position. Besonders hervorgehoben wird – insbesondere auf marxistischer Seite – ein Interessengegensatz zwischen **Kapital und Arbeit** in Industrieorganisationen unserer Gesellschaft (vgl. Volpert, 1973; Groskurth & Volpert, 1975; Groskurth & Tietze, 1977). So wird betont, dass sich die Organisationspsychologie (bzw. die Betriebs- und Arbeitspsychologie) in den marktwirtschaftlichen Demokratien einseitig in den Dienst der Interessen des Kapitals stelle, da sie

- der **Intensivierung der Arbeit** diene, also das Leistungsziel im Interesse der Kapitaleigner betone, und
- mit dem impliziten Ziel an der Verbesserung der Einstellungen der Arbeitenden gegenüber den bestehenden Organisationsformen arbeite, die **bestehenden Strukturen zu stabilisieren**, die der Interessenlage des Kapitals entsprächen.

Selbst wenn man den marxistischen Standpunkt nicht teilt, wird man bei einer Durchsicht organisationspsychologischer Forschungsergebnisse (vgl. z. B. Bass, 1965; Gebert & v. Rosenstiel, 2002; v. Rosenstiel & Woschée, 2002; Weinert, 2004) kaum bestreiten können, dass ein unverhältnismäßig großer Teil der Untersuchungen mit dem impliziten oder expliziten Ziel durchgeführt wurde, die Leistung des Einzelnen zu steigern und damit die Produktivität der Organisation insgesamt zu erhöhen. Untersuchungen, die z. B. ausdrücklich psychisches Wohlbefinden, psychische Gesundheit des Einzelnen oder dessen Autonomie und Entfaltung in den Vordergrund stellen, ohne dass man dabei den Eindruck gewinnt, dass dies lediglich ein Umweg sei, um eine höhere Produktivität der Organisation zu erreichen, sind demgegenüber selten. Aber sie sind gelegentlich anzutreffen (vgl. z. B. Kornhauser, 1965; Udris, 1982). Diese Einzelbeispiele können jedoch den Gesamteindruck nicht verwischen, dass organisationspsychologische Untersuchungen vor allem durch Fragestellungen angeregt wurden, die vom Management der Organisationen kommen. Die Ergebnisse dienen der Verwirklichung von Zielen, die vom Management gesetzt werden und sind in einer Sprache geschrieben, die innerhalb der Organisation am ehesten von Angehörigen dieser Gruppe verstanden wird.

Freilich ist das Gegenargument – an dem sich Taylor orientierte – nicht ohne weiteres und in allen Fällen von der Hand zu weisen: Forschungsergebnisse, die der Produktivität der Organisationen dienen, kämen allen Mitgliedern der Organisation zugute, da die Arbeitsplätze gesichert werden, der Verdienst steige, Aufstieg und Weiterbildung wahrscheinlicher werden; darüber hinaus profitierten über Wachstumseffekte alle Mitglieder einer Volkswirtschaft von der steigenden Produktivität der Organisationen. Tatsächlich ist es wohl inadäquat, die Beziehungen der einzelnen Gruppen in der Organisation im Sinne eines Nullsummenspiels zu interpretieren; beispielsweise dürfte es kaum der Regelfall sein, dass Ergebnisse, die der Kapitalseite oder aber – was damit nicht identisch zu sein braucht – der Unternehmensführung nützlich erscheinen, für die Arbeitnehmer schädlich sind. Etwas, das der Organisation insgesamt dient, kann sehr wohl allen Organisationsmitgliedern zugute kommen, allerdings in umso größerem Maße, je angemessener die Fragen der **Verteilungsgerechtigkeit** gelöst sind. Hier stellt sich dann die Frage, von welchem Konzept der Gerechtigkeit man ausgeht. Gilt das »feudalistische« (jedem das Seine, z. B. dem Sohn des Unternehmers mehr als dem Fremdmanager), das wirtschaftsliberalistische (jedem nach seiner Leistung) oder das sozialistische (jedem das Gleiche)?

Die Beachtung der Verteilungsgerechtigkeit bei der Aufteilung der materiellen Güter erscheint als einziges Kriterium unzureichend, wenn darüber geurteilt werden soll, ob Ergebnisse, die für die Organisation günstig sind, allen Organisationsmitgliedern gleichermaßen zugute kommen. An eine **Vielfalt weiterer Kriterien** ist zu denken: etwa an die Verteilung von Macht, Autonomie, Selbstverwirklichungsmöglichkeiten oder Freude an der Tätigkeit an die Mitglieder einzelner Gruppen. Gerade der Organisationspsychologe sollte sehen, dass eine Organisation stets vom Spannungsverhältnis zwischen Individuum und Organisation (vgl. Presthus, 1966; Kieser, 1987) bestimmt ist, das vereinfacht ausgedrückt darin liegt, dass die Organisation den Einzelnen in instrumentellem Sinne für ihre Ziele nach zweckrationalen Gesichtspunkten einsetzt, ihn also »gleichschaltet« und in seinen individuellen Bedürfnissen negiert. Das Individuum hat – und daraus ergibt sich der Konflikt – diese individuellen Bedürfnisse keineswegs »beim Pförtner abgegeben«, wenn es den Betrieb betritt, sondern strebt danach, diese auch hier zu verwirklichen, und erlebt oder – wenn die Resignation fortgeschritten ist und die Bewusstheit fehlt – lebt seine Enttäuschung. Insbesondere Argyris (1975) hat sich differenziert mit diesem Konflikt zwischen dem Individuum und der Organisation auseinander gesetzt. Er geht – gestützt auf entwicklungspsychologische Erkenntnisse – davon aus, dass der Mensch im Zuge des Erwachsenwerdens zunehmend durch folgende Merkmale oder Bestrebungen gekennzeichnet ist:

- größere **Unabhängigkeit**,
- mehr **Aktivität**,
- einem ausgeprägteren Grad der **Kontrolle über die eigene Situation** und
- längerfristige **Zeitperspektive**.

Personen, die durch diese Merkmale gekennzeichnet sind, gelten in unseren Gesellschaften auch zugleich als die mit einem höheren Grad an Reife. Genau mit diesen Verhaltenstendenzen aber geraten sie in einen Konflikt mit den Anforderungen formaler Organisationen, denn diese erwarten von ihren Mitgliedern ein hohes Maß an **ökonomisch orientierter Verhaltensrationalität**, wie sie z. B. durch das Prinzip der Arbeitsspezialisierung und der hierarchischen Befehlskette deutlich wird.

Es wäre inadäquat und unrealistisch, wollte man von der Organisationspsychologie fordern, dass sie ausschließlich an Projekten arbeitet, die der Selbstverwirklichung des Einzelnen in der Organisation dienen. Die Ziele der Organisation sind nicht Selbstzweck, sie dienen auch der Befriedigung der Bedürfnisse anderer Menschen der Gesellschaft – etwa in ihrer Rolle als Kunden. Bei der Auswahl der organisationspsychologischen Fragestellungen sollte der Organisationspsychologe entsprechend bemüht sein, die verschiedenen Interessen angemessen zu berücksichtigen. Die Organisationspsychologie sollte der Entfaltung von Menschen dienen und dazu beitragen, dass **Bedürfnisse von Menschen durch die und in der Organisation befriedigt werden** (vgl. v. Rosenstiel, Molt & Rüttinger, 2005). Angesichts dieser Forderung kann kaum geleugnet werden, dass die Organisationspsychologie aus der Vielzahl denkbarer Fragestellungen ihre Forschungsziele bislang unrepräsentativ ausgewählt hat (vgl. Katz & Kahn, 1978; v. Rosenstiel & Woschée, 2002). Erst in jüngerer Zeit wurden Tendenzen bemerkbar, die Situation des Einzelnen in der Organisation, losgelöst von seiner Instrumentalität für das Erreichen des Organisationsziels, eingehend zu erforschen. So werden etwa zunehmend Bedingungen analysiert, die der Erhöhung der Zufriedenheit, der Veränderung des Bewusstseins, der Ausweitung des Kenntnisstandes, der Förderung von Kompetenz, der Stabilisierung der Emotionalität oder der Verbesserung der psychischen Gesundheit des Einzelnen dienen (vgl. Frese, Greif & Semmer, 1978). Diese letztgenannten Forschungsbemühungen stellen – was bei einer psychologischen Wissenschaft beinahe als Selbstverständlichkeit gelten sollte – die Personalität des Individuums in den Vordergrund.

Befürchten muss man allerdings aktuell ein Umschlagen des Pendels. Wenn man beobachtet, dass in den Organisationen die Interessen der Aktionäre (»shareholder-value«) höchste Priorität genießen und die Gesellschaft dies zunehmend akzeptiert; wenn man beobachtet, dass die Börse Massenentlassungen von Mitarbeitern durch eine höhere Bewertung der Aktien dieses Unternehmens belohnt und die Führungskräfte dafür Prämien erhalten, dann ist es nicht unwahrscheinlich, dass auch die organisationspsychologische Forschung künftig häufig ausschließlich im Dienst des »shareholder-value« stehen wird.

Organisationspsychologisches Forschungsbemühen hat meist – bei anwendungsbezogener Betrachtungsweise – die Leistungssteigerung der Organisation und/oder die Interessen des individuellen Organisationsmitglieds zum Ziel. Forschung, die an darüber hinausreichenden Notwendigkeiten der zu erwartenden gesamtgesellschaftlichen oder ökologischen Veränderungen orientiert wäre, ist praktisch nicht feststellbar.

Literaturempfehlung

Rosenstiel, L. v. & Woschée, R. (2002). Wertkonflikte in der arbeits- und organisationspsychologischen Forschung und Praxis. In: Zeitschrift für Personalforschung, 16, S. 187–208.
In diesem Beitrag wird gefordert, dass der Nutzen arbeits- und organisationspsychologischer Forschung nicht nur eine Interessenlage – also der Organisation, spezifischer Mitarbeitergruppen oder der Belegschaft insgesamt – zu Gute kommen sollte. Es wird vermutet, dass die einschlägige Forschung primär im Dienste der Unternehmensziele und nicht im Dienste jener der Belegschaft steht. Diese Vermutung wird durch eine Inhaltsanalyse mehrer Jahrgänge je einer führenden US-amerikanischen und einer deutschen Fachzeitschrift überprüft.

Rosenstiel, L. v., Molt, W. & Rüttinger, B. (2005). Organisationspsychologie, 9. Auflage. Stuttgart.
Im ersten Kapitel dieses Einführungstextes wird die Forderung entwickelt, dass die Organisationspsychologie der Bedürfnisbefriedigung durch die und in der Organisation zu dienen habe.

Volpert, W. (1973). Psychologie der Ware Arbeitskraft. Zur Kritik der Arbeits- und Betriebspsychologie. In: K. J. Bruder (Hrsg.). Kritik der bürgerlichen Psychologie. Frankfurt.
In diesem Beitrag zur »kritischen Psychologie« wird vom marxistischen Standpunkt aus die Arbeits- und Betriebspsychologie angeprangert, wie sie in den marktwirtschaftlichen Demokratien gehandhabt wird.

1.9. Die Nutzung organisationspsychologischen Wissens in der Praxis

Der Organisationspraktiker, der sich während seines Studiums als Psychologe, Betriebswirt, Ingenieur, Informatiker, Kommunikationswissenschaftler oder Soziologe mit der Organisationspsychologie beschäftigt oder der sich ohne ein akademisches Studium durch einschlägige Lektüre über das Fachgebiet informiert hat, steht häufig vor der Aufgabe, die eher generell formulierten Ergebnisse der organisationspsychologischen Forschung auf die **konkrete Situation** der spezifischen Organisation anzuwenden, in der er tätig ist oder die ihm einen Auftrag erteilt. Auf dabei auftretende Probleme war bereits bei der Besprechung des Verhältnisses zwischen Wissenschaft und Praxis hingewiesen worden.

Probleme für den praktisch arbeitenden Organisationspsychologen ergeben sich allerdings nicht nur daraus, sondern auch aus der soeben angesprochenen Wertproblematik. Während der in der Forschung tätige Organisationspsychologe in der Wahl seiner Forschungsgegenstände zwar nicht gänzlich frei ist, aber doch in ganz erheblichem Maße Einfluss auf die Auswahl der Fragestellung hat, ist der praktisch arbeitende Organisationspsychologe in weit stärkerem Maße von seinen **Auftraggebern abhängig**, die ganz konkret in aller Regel Mitglieder der höheren Führungsebenen in Organisationen sind. Er stellt somit sich und sein Wissen – ganz gleich, ob er nun Angestellter oder freier Organisationsberater ist – in den Dienst von Auftraggebern. Dies führt – in noch stärkerem Maße als in der Wissenschaft – zu einer unrepräsentativen Verteilung organisationspsychologischer Arbeitsergebnisse über die denkbaren praktischen Möglichkeiten der Organisationspsychologie. Zwar kann der einzelne Organisationspsychologe versuchen, im Gespräch mit dem Auftraggeber dessen Fragestellung umzuzentrieren oder von allzu großer Einseitigkeit zu befreien, doch dürften die Grenzen hierbei eng gezogen sein, da es sich bei diesem Gespräch nicht um einen »herrschaftsfreien Diskurs« handelt. Vielmehr ist der Organisationspsychologe bei der Auftragserteilung in der Regel in der Position des Schwächeren, dessen materielle Existenz eben auch vom Auftrag abhängt.

Zudem muss gefragt werden, ob man langfristig fairerweise vom Organisationspsychologen ein solches Bemühen erwarten darf, da er sich vermutlich – wie es auch bei leitenden Angestellten in den Organisationen zu beobachten ist (vgl. v. Rosenstiel & Stengel, 1987) – mit der Sichtweise der **Organisationsführung identifiziert**, sie nicht mehr als Vereinseitigung, sondern sozusagen als »Normalfall« registriert. Beispielsweise nimmt er nicht mehr wahr – wie man an Anlehnung in Volpert (1975) ausführen kann –, dass die Arbeitsprozesse, die er in einer Organisation untersucht, eine spezifische, gesellschaftlich gewordene Form der Arbeit sind, sondern er gewinnt den Eindruck, er untersuche Arbeit schlechthin. Subjektiv kann er dabei ein gutes Gewissen haben und besten Willens sein. So gesteht sogar Groskurth (1975), der von einer marxistischen Position her argumentiert, den auftraggebenden Unternehmensleitungen und den Wissenschaftlern – allerdings nur in einer Fußnote – durchaus zu, subjektiv die menschenfreundlichsten Zielsetzungen haben zu können. Objektiv müsse jedoch vom zweifachen Ziel des kapitalistischen Betriebs ausgegangen werden: »Profitmaximierung« und »Herrschaftssicherung«.

Selbst wenn man diese Argumentation für überzogen hält, wird man zugestehen müssen, dass der Appell allein nicht ausreicht, um eine Zielsetzung der praktisch arbeitenden Organisationspsychologen zu gewährleisten, die allen betroffenen Interessengruppen dient. Die einzelnen Untersuchungen – isoliert betrachtet – mögen durchaus nützlich und ethisch unanfechtbar erscheinen (was allerdings bei manchen spezifischen Ansätzen schon fraglich ist); in ihrer Unrepräsentativität, die in der Menge schwere Vereinseitigung nach sich zieht, liegt die Problematik. Dies kann wohl am ehesten durch strukturelle Veränderungen in den Organisationen vermieden werden. Die auftraggebende Seite sollte – durch eine Umverteilung der Macht in den Organisationen – die Interessenlagen aller Organisationsmitglieder repräsentieren. Dies allerdings ist bei arbeits- und organisationspsychologischer Feldforschung heute zumindest in Deutschland meist dadurch gewährleistet, dass die Durchführung eines Projektes von der Zustimmung **der Unternehmensleitung und des Betriebs- bzw. Personalrates** abhängig ist. Welche Dynamik dadurch in ein konkretes Forschungsprojekt kommen kann, zeigen einschlägige Beispiele (vgl. z. B. Greif, Holling & Nicholson, 1989; Ulich, 2005; Frieling & Sonntag, 1999).

Für den praktisch arbeitenden Organisationspsychologen ergibt sich ein weiteres Problem aus dem Umstand, dass er mit einem oder mehreren Auftraggebern zusammenarbeitet, die zum Teil sehr unterschiedliche Erwartungen an die Organisationspsychologie haben.

Die **Beziehung zwischen dem Auftraggeber und dem Psychologen** ist unter sozialpsychologischer Betrachtungsweise beachtenswert (Hartmann, 1973). Der Psychologe – insbesondere der Organisationspsychologe – hat keine fest umschriebene **Rolle**, wie sie in unserer Gesellschaft etwa beim Arzt oder Rechtsanwalt gegeben ist. Der Auftraggeber weiß also nicht genau, welche Aufgaben man dem Psychologen übertragen kann (vielfach herrscht noch die Auffassung vor, der Organisationspsychologe sei mit dem Eignungsdiagnostiker gleichzusetzen oder er therapiere »schwierige« Mitarbeiter im weißen Kittel auf der »Couch«) und wie er sie ausfüllt (die Vorstellungen dürften hier von Allwissenheit bis zur Scharlatanerie reichen). Cohen (1962, S. 3) schreibt – mit Blick auf den praktisch arbeitenden Psychologen im Allgemeinen – dazu: »Einerseits überträgt man ihm große Verantwortung bei Entscheidungen ... andrerseits begegnet man ihm mit extremer Skepsis, maßt sich ein Urteil über seine Leistungen an ...«. Der Auftraggeber hat also eine **implizite Theorie vom Psychologen** oder – umgangssprachlich ausgedrückt – ein Vorurteil. Aus diesem Vorurteil erwächst die Fragestellung und so die Arbeit des Psychologen, denn – »was der Psychologe tut, ist immer die Antwort auf die Frage eines Auftraggebers« (Holzkamp, 1966, S. 23). Zwischen der Frage und ihrer Beantwortung stehen – kommunikationspsychologisch ein wichtiger Aspekt – zumindest fünf Übersetzungsleistungen, die – folgen wir Hartmann (1973) – wie folgt aussehen:

- Übersetzung der **Umgangssprache** des Auftraggebers (»Aufsässigkeit der Arbeiter«, »brauche eine Führungspersönlichkeit«) in eine **psychologische Fachsprache**.

- Übersetzung der **psychologischen Fachsprache in Untersuchungshypothesen**.
- Übersetzung der **Untersuchungshypothesen** in konkrete Vorgehensweisen, d. h. **Operationalisierung** in Testverfahren, Zufriedenheitsfragebögen etc.
- Übersetzung der **Verfahrenssprache** (»Intelligenzquotient 105« oder »Prozentrang 75 in der Dimension Vorgesetzter des Zufriedenheitsfragebogens«) in die **psychologische Fachsprache**.
- Übersetzung der **psychologischen Fachsprache** in die für den Auftraggeber verständliche **Umgangssprache**.

Das Urteil über den Erfolg der Arbeit des Organisationspsychologen liegt entscheidend beim Auftraggeber. Nicht auf eine wie auch immer geartete »objektive Bewährung« kommt es an, sondern darauf, dass der Auftraggeber zu dem Urteil gelangt, dass Bewährung vorliegt. Folgeaufträge bzw. Weiterbeschäftigung hängen davon ab, was wiederum auf die Abhängigkeit des praktisch arbeitenden Psychologen hinweist.

Literaturempfehlung

Klein, L. (1988). Als Sozialwissenschaftlerin in der Industrie. Stuttgart.
In diesem praxisnah und anschaulich geschriebenen Werk schildert die erfahrene Sozialwissenschaftlerin aus der Sicht ihrer Arbeit am Londoner Tavistock-Institut, welche Vorarbeiten notwendig sind, um mit sozialwissenschaftlichen Konzepten in der Praxis erfolgreich zu sein und welche Konflikte und Enttäuschungen damit verbunden sein können.
Schuler, H. & Stehle, W. (Hrsg.) (1982). Psychologie in Wirtschaft und Verwaltung. Stuttgart.
In diesem Sammelwerk werden zu wichtigen inhaltlichen Bereichen Beiträge von Wissenschaftlern und Praktikern nebeneinander gestellt, sodass aus dem Spannungsverhältnis erkennbar wird, wo wissenschaftliche Erkenntnis von praktischem Nutzen ist und wo man Defizite vermuten darf.

1.10. Veränderungstendenzen in der Organisationspsychologie

Wie alles von Menschen Geschaffene ändert sich der Kontext, in dem die Organisationspsychologie forscht, lehrt und praktisch handelt und damit – z. T. auch aus einer inneren Dynamik – das Fach selbst. Einige dieser Tendenzen seien nachfolgend angesprochen, wobei es dann an der Sicht und den Wertorientierungen des Lesers liegt, ob er diese Veränderungen positiv oder negativ bewertet:

- Im Zuge des gesellschaftlichen Wandels, insbesondere durch die vielfältigen »Entgrenzungen« durch die **Globalisierung** (Beck, 1997; Steger, 1998) und die daraus entstehende Dynamik, kommt es in den Unternehmen zu **beständigen**

Veränderungen. Innovationen, Umstrukturierungen, Unternehmensfusionen, feindliche oder freundliche Übernahmen, Ausgliederungen, Joint ventures oder Prozesse des »Business reengineering« sind an der Tagesordnung. Zwei Drittel dieser Veränderungsprozesse scheitern oder erreichen zumindest ihre Ziele nicht. Dies liegt z. T. daran, dass man die Menschen, die von diesen Veränderungen zutiefst betroffen sind, nicht für die Ziele und Wege dieser Veränderungen gewinnen konnte (vgl. Kap. 5.3.3.). Entsprechend wird die vermehrte Beschäftigung der Organisationspsychologie mit Prozessen des Wandels eine bedeutsame Herausforderung für das Fach sein.

- Es liegt im Wesen der angesprochenen Entgrenzungen, dass diese auch vor Unternehmens-, Landes- und Kulturgrenzen nicht Halt machten. Unternehmen kooperieren über derartige Grenzen hinweg; aus Kostengründen wird in Südostasien, Osteuropa, Afrika oder Südamerika das produziert, was in Europa vermarktet wird. Arbeitsgruppen sind vermehrt kulturell gemischt. Fach- und Führungskräfte werden kurzfristig oder auf Dauer in andere Kulturräume entsandt. Für die Organisationspsychologie bedeutet das, dass sie sich vermehrt mit Fragen der **interkulturellen Kommunikation und Kooperation,** mit der Leistungsoptimierung in ethnisch und kulturell diversen Arbeitsgruppen, mit der Offenheit für fremde Werte und Verhaltensweisen auseinandersetzt.

- Mit der Entgrenzung einerseits und der raschen, ja z. T. sprunghaften Entwicklung vieler Staaten, insbesondere Osteuropas und Ostasiens, wächst die **internationale Konkurrenz** in vielen Branchen in einem für uns nahezu bedrohlichen Ausmaß. Wo früher humane Arbeitsbedingungen, Sicherheit des Arbeitsplatzes, eine partnerschaftliche Kooperation zwischen Unternehmens- und Mitarbeitervertretern, eine an den Prinzipien der sozialen Marktwirtschaft und der durch die Verfassung geforderten Sozialverpflichtung des Eigentums Leitwerte des Unternehmens darstellten, gewinnen zunehmend Forderungen nach Erhöhung des Unternehmenswertes (»Sherholder value«), Steigerung des kurzfristigen Gewinns, Abbau von Arbeitsplätzen, Verlängerung der Arbeitszeit, Verlagerung von Unternehmensaktivitäten in Länder mit geringeren Lohnkosten, niedrigerer Steuerquote und laxeren Sozial- und Umweltauflagen etc. an Bedeutung. Der Organisationspsychologe, aber auch das Fach insgesamt, geraten in die Gefahr, hier lediglich Umsetzungshilfe leisten zu müssen, wenn sie sich – wie einst von Münsterberg (1912) gefordert – auf die bloße Ausführung dessen beschränken, was die Unternehmensführung bzw. der Auftraggeber von ihnen fordert. **Die Werte und Menschenbilder,** die implizit oder explizit für die Organisationspsychologie kennzeichnend waren und die zumindest z. T. in jener Zeit gelebt werden konnten, als die »Humanisierung des Arbeitslebens« (Pöhler, 1979) noch ein gesamtgesellschaftliches Anliegen war, drohen zunehmend auf der Strecke zu bleiben.

- Der technologische Fortschritt, insbesondere die **Elektronisierung**, erleichtert grenzüberschreitende Unternehmenskooperationen und die Ausweitung der Märkte; sie macht auch virtuelle Organisationen möglich (Picot, Reichwald & Wigand, 2003), die für die betroffenen Menschen erhebliche Veränderungen des Erlebens und Handelns mit sich bringen. Wie etwa sollen z. B. Kooperation und

Kommunikation, wie die Führung auf Distanz in einer Abteilung gestaltet werden, wenn ein Teil der Belegschaft in Tokio, ein weiterer in München und ein dritter in Los Angeles arbeitet? Hier stellen sich der forschend und praktisch handelnden Organisationspsychologie weitgehend neue Aufgaben.

- Gesellschaftlicher Wandel und technologische Innovation brachten eine massive Veränderung der Arbeitswelt mit sich. Waren früher die meisten Menschen im primären Sektor, der Land- und Forstwirtschaft, tätig, so war es dann für lange Jahre der sekundäre Sektor, also die industriell produzierende Wirtschaft. An dieser orientiert sich noch heute weitgehend die Organisationspsychologie, obwohl inzwischen deutlich mehr Menschen im **Dienstleistungssektor** tätig sind (Nerdinger, 1994, 2006). Der Arbeitsplatz des gewerblichen Arbeitnehmers in der Industrie, des »Lieblingsobjektes« der Organisationspsychologie, spezifisch ihrer arbeitspsychologischen Ausrichtung, wird quantitativ – zumindest in Deutschland – immer unbedeutender, sei es weil elektronisch gesteuerte Produktionsmaschinen diese Arbeit übernehmen, sei es, weil die entsprechenden Arbeitsplätze in Billiglohnländer verlagert werden. Zwar entdeckt das Fach nach und nach die Tätigkeit in Callcentern (Zapf & Dormann, 2006), doch bleiben viele Berufe, die an Bedeutung gewinnen, als Gegenstand organisationspsychologischer Forschung noch unentdeckt. Man denke an Finanzdienstleister, Berater, Gesundheitsberufe, Sicherheitsdienste, »Ich-AGs«, »neue Selbständige«, Unternehmensgründer etc. Auf diesen Feldern liegen zukunftsträchtige Aufgaben der Organisationspsychologie.
- Der Weg zur Dienstleistungsgesellschaft wird zunehmend in Deutschland zu einer Nachfrage nach **wissensbasierten Dienstleistungen** führen, was im qualifizierten Bereich die Bedeutung der **Kompetenz** anwachsen lässt. Kompetenzen – verstanden als Dispositionen zu selbstorganisierten Handeln (Erpenbeck & v. Rosenstiel, 2003) – werden vermehrt zu einem Thema der Organisationspsychologie. Erste Arbeiten auf dem Feld der Kompetenzmessung (Erpenbeck & v. Rosenstiel, 2003) und des Kompetenztrainings (Heyse & Erpenbeck, 2004) können als entsprechende Hinweise gelten.
- Der **demographische Wandel** – insbesondere der Rückgang der Geburten in Deutschland und die steigende Lebenserwartung seiner Bürger – wird voraussichtlich zur Folge haben, dass bei jungen qualifizierten Bewerbern ein »Kampf um die Talente« zwischen den Organisationen entbrennen wird und andererseits ältere Menschen deutlich länger einer Erwerbsarbeit nachgehen müssen. Für die Organisationspsychologie heißt dies, dass die Nachfrage nach speziellen validen eignungsdiagnostischen Instrumenten für diese Personengruppen steigen wird, Verfahren für die Qualifizierung älterer Menschen benötigt und Prinzipien für die **altersgerechte Gestaltung von Arbeitsplätzen** entwickelt werden müssen.
- Die strikte Grenzeziehung zwischen **Organisation und Markt** wird durchlässig. Das klassische Organisationsprinzip – zentrale Steuerung und hierarchische Befehlskette – verliert zu Gunsten des Marktprinzips an Boden. Immer häufiger müssen Organisationsabteilungen – z.B. jene für Forschung und Entwicklung, Logistik, Marketing, Verkauf, Personal, Training – ihre Leistungen extern und intern verkaufen und sich dabei externer Mitbewerber erwehren. Angebots- und

Preisgestaltung, Image, Werbung und PR werden zu wichtigen Themen. Vermehrt spricht man von »internen Kundenbeziehungen«; kurz, bislang hierarchisch gesteuerte Unternehmenseinheiten agieren als Akteure auf internen und externen Märkten. Entsprechend sollten marktpsychologische Ansätze in die Organisationspsychologie integriert werden (v. Rosenstiel & Neumann, 2002). Mit Blick auf *personenbezogenen Dienstleistungen* ist die Trennung zwischen diesen Gebieten der Psychologie ohnehin nahezu obsolet (Nerdinger, 1994, 2006). In einer letztlich konsequenten Weise haben sich die Sektionen »Arbeits-, Betriebs- und Organisationspsychologie« sowie »Markt- und Kommunikationspsychologie« des Berufsverbandes Deutscher Psychologinnen und Psychologen (BdP) zu einer neuen Sektion »Wirtschaftspsychologie« zusammen getan.

- Die Strukturkrise der deutschen Wirtschaft und der Zwang zum Sparen treffen auch die Universitäten. Freiwerdende Personalstellen werden eingezogen, Fördermittel gekürzt. Für die Organisationspsychologie und andere anwendungsorientierte Teilgebiete des Fachs hat dies gelegentlich fatale Folgen. Scheidet z. B. ein Professor für Organisationspsychologie altersbedingt aus der Hochschule aus, so befinden in der Regel ausschließlich Vertreter grundlagenwissenschaftlicher psychologischer Fächer über die Nachfolge, da ja der Ausscheidende am Verfahren nicht beteiligt wird. Müssen Stellen reduziert werden, so wird z. B. aus einer Professur für Organisationspsychologie eine solche für »Sozial- und Organisationspsychologie«, aus einer »Arbeitspsychologie« eine solche für »Allgemeine Psychologie und kognitive Ergonomie«. Da nun die Berufungskommissionen mehrheitlich oder gar ausschließlich mit Grundlagenwissenschaftlern besetzt sind, legen diese jene **Bewertungskriterien** an die Bewerber an, die in der Grundlagenwissenschaft üblich und auch adäquat sind. Berufen werden dann aber ein ausgewiesener Sozialpsychologe oder ein hoffnungsvoller Allgemeiner Psychologe mit kognitionspsychologischer Orientierung, die beide ein gewisses Anwendungsinteresse haben. Wirklich anwendungsorientierte Feldforschung aber bleibt künftig meist auf der Strecke.
- An den Hochschulen erfolgt die Verteilung der knappen Mittel zunehmend leistungsbezogen. **Kennzahlen** symbolisieren die Leistungsquantität und -qualität einzelner Wissenschaftler oder ganzer Institute bzw. Departements; sie stellen die Grundlage für die Bildung von Rangreihen (sog. »**Rankings**«) dar. Wer viele Punkte sammelt bzw. in den Rankings hoch angesiedelt ist, bekommt für seinen Arbeitsbereich mehr Geld. Eine besondere Bedeutung haben die dabei eingeworbenen (Forschungs-)Drittmittel, sowie vorgelegte Publikationen. Nach dem Willen der Grundlagenwissenschaftler, die – wie bereits ausgeführt – in den Instituten oder Departments die Mehrheit bilden, werden von der Deutschen Forschungsgemeinschaft (DFG) oder ähnlichen Institutionen eingeworbene Mittel meist höher gewichtet als solche aus der Wirtschaft. Publikationen in *reviewten US-amerikanischen Zeitschriften* werden in der Regel mit mehr Punkten belohnt als andere. Beides schadet dem Anwendungsbezug der Organisationspsychologie: Die DFG fördert primär grundlagenorientierte Forschung, in den US-amerikanischen Zeitschriften muss man selbstverständlich auf Englisch publizieren; man sollte in der Untersuchung nicht auf typisch deutsche, für die

USA aber unbekannte und möglicherweise auch irrelevante Besonderheiten eingehen wie z. B. die duale Ausbildung der Facharbeiter, das Betriebsverfassungsgesetz oder andere Mitbestimmungsregeln. Man sollte tunlichst solche Untersuchungsverfahren verwenden, die den Fachkollegen in den USA (den Reviewern) bekannt und dort bewährt sind. All dies mag zu wertvollen Beiträgen zur Wissenschaft führen; die Autoren werden häufig zitiert und zu internationalen Fachkongressen eingeladen. Bei jenen aber, die die Forschungsergebnisse in der Praxis nutzen sollen, die von diesen Wissenschaftlern ausgebildete Absolventen einstellen sollen, den Personal- und Organisationsverantwortlichen in deutschen Unternehmen oder anderen Organisationen, sind sie meist nicht bekannt; von ihnen werden ihre Arbeiten nicht gelesen. Darauf aber kommt es in einer anwendungsorientierten Disziplin zumindest auch an.

- Die an Universitäten im Rahmen der Diplom- oder Masterstudiengänge ausgebildeten Organisationspsychologen erhalten zunehmend Konkurrenz. Betriebswirte, Soziologen, Kommunikationswissenschaftler, gelegentlich auch Statistiker, Informatiker oder gar Ingenieure können Organisationspsychologie als *Neben- oder Wahlfach* bzw. als Anwendungsvertiefung studieren. Und selbst an *Fachhochschulen* – Vorreiter war hier Lüneburg – kann inzwischen Wirtschaftspsychologie mit dem Schwerpunkt Organisationspsychologie über volle 8 Semester belegt werden (Günther, 2005). Vielleicht bleibt ja so der Anwendungsbezug des Fachs erhalten. Konkurrenz belebt ja bekanntlich »das Geschäft«. Man darf gespannt sein, welche Absolventen künftig auf den Arbeitsmärkten präferiert werden.
- Neben eher Besorgniserregendem oder doch Ambivalentem gibt es auch einiges Erfreuliche zu berichten. Es ergibt sich aus Fortschritten in der Methodenentwicklung. Als besonders gewichtige Innovation – zugleich aber pars pro toto – sei die *Metaanalyse* genannt. Sie ermöglicht es, Wissen zu kumulieren und den Stand fundierter Erkenntnis differenziert zu dokumentieren.

Die Psychologie – und so auch die Organisationspsychologie – führt viele Einzeluntersuchungen durch. Diese stehen bisher weitgehend unverbunden nebeneinander. Gelegentlich kommen Untersuchungen zu gleichen Fragen auch zu gleichen Ergebnissen, manchmal zeigen sich kaum erklärbare Widersprüche. Was also ist der Stand des Wissens?

Gewiss, es gibt mehr oder weniger umfassende Sammelreferate. Deren Resümee ist meist eine relativ willkürliche, vom Autor vorgenommene Bilanzierung. Die Metaanalyse schafft hier Klarheit. Sie wertet in nachvollziehbarer, objektiver Weise die Ergebnisse verschiedener Studien und gewichtet dabei nach der Größe der Stichprobe und nach der Güte der Untersuchungsinstrumente. Sie erlaubt eine Differenzierung der Befunde in Abhängigkeit von spezifischen Kontext- oder Untersuchungsbedingungen. Dank der Metaanalyse lässt sich heute vielfach seriös angeben, was der *Stand des Wissens* ist. Nun kann das Fach es sich schenken, zu längst beantworteten Fragen weitere Untersuchungen anzusetzen, und man kann sich als Organisationspsychologe von dem häufigen Vorwurf befreien, weitgehend beliebig und selektiv zu argumentieren.

Literaturempfehlung

Rosenstiel, L. v. (2004). Arbeits- und Organisationspsychologie – wo bleibt der Anwendungsbezug? In: Zeitschrift für Arbeits- und Organisationspsychologie, 48, S. 87–94
In diesem stark wertenden und in der Folge kontrovers kommentierten Diskussionsbeitrag wird aufgezeigt, durch welche Dynamik innerhalb der Wissenschaft der Anwendungsbezug der Arbeits- und Organisationspsychologie gefährdet wird und was getan werden sollte um ihn zu bewahren.

Rosenstiel, L. v. & Comelli, G. (2003). Führung zwischen Stabilität und Wandel. München.
Im ersten Teil dieses praxisorientierten Buches, das sich mit Veränderungsprozessen im Unternehmen auseinander setzt, werden ausgewählte Herausforderungen dargestellt, aus denen sich auch modifizierte Anforderungen für die Mitarbeiter, insbesondere die Führungskräfte, ergeben.

1.11. Der weitere Aufbau des Buches

Bereits in jenem Abschnitt, in dem die Ausdifferenzierung der Organisationspsychologie in Teilbereiche besprochen worden war, hatten wir dargelegt, dass vor dem Hintergrund durchgängiger Spannung zwischen dem Individuum und der Organisation akzentuierend vier Aspekte voneinander abhebbar sind:

- Aufgabe,
- Individuum,
- Gruppe und
- Organisation.

Innerhalb dieser Bereiche kann wiederum danach differenziert werden, ob in der konkreten organisationspsychologischen Arbeit der Schwerpunkt auf der Diagnose, also dem Feststellen des Ist-Zustandes liegt, oder auf der Intervention, dem Versuch der Veränderung des Ist-Zustandes in Richtung auf einen Soll-Zustand. Faktisch wird oder sollte diagnostisch nur dann gearbeitet werden, wenn in der Folge Interventionen zumindest für möglich gehalten werden.

Das soeben noch einmal dargelegte Klassifikationsraster soll zugleich als Gliederungsprinzip für die folgenden Kapitel dieses Buches dienen. Die vier weiteren Hauptteile werden also die Organisationspsychologie unter den Aspekten der Aufgabe, des Individuums, der Gruppe und der Organisation abhandeln, wobei im Einzelnen so vorgegangen wird, dass zu den inhaltlich einschlägigen Bereichen zunächst Grundsätzliches zur Theorie und zur Begriffsbestimmung dargestellt wird. In Anschluss an diese Fundierung sollen die Vorgehensweisen besprochen werden, die bei der Feststellung des Ist-Zustandes oder bei der Anwendung von Technologien der Veränderung gebräuchlich sind.

Nicht ohne Willkür ist die Zuordnung wichtiger inhaltlicher Schwerpunkte zu den einzelnen Aspekten. Da, wie auch sonst in der Psychologie, in der Organisationspsychologie die Begriffsbildung akzentuierend und nicht determinierend erfolgt, mag die Zuordnung teilweise willkürlich erscheinen.

Am Beispiel aus einem anderen Wissenschaftsbereich kann das verdeutlicht werden: In der Geologie, wo akzentuierende Gegenstandsbestimmungen ebenfalls häufig sind, lässt sich für einen besonders hoch gelegenen Punkt der Landschaft klar sagen, hier ist der Berg, und für einen besonders tief gelegenen, hier ist das Tal. Die Grenzziehung zwischen Berg und Tal dagegen erscheint willkürlich.

Die Differenzierung zwischen den von uns hervorgehobenen Aspekten erscheint deshalb besonders problematisch, weil die Person in der Organisation der umfassende Gegenstandsbereich ist, **die Organisation also die spezifische Situation des zu untersuchenden Menschen** ist und die Trennung zwischen Person und Situation bei der Analyse des Verhaltens und Erlebens kaum möglich erscheint. Dies sei am Beispiel verdeutlicht. Wenn bestimmte Personen auf das Angebot zu erhöhter Mitbestimmung im Arbeitsprozess mit steigender Zufriedenheit, andere aber mit sinkender Zufriedenheit reagieren, ist die Beschreibung dieser Reaktionsweise im organisationspsychologischen Kontext nur dann sinnvoll, wenn man gleichermaßen die in der Situation verankerten Strukturen der Machtverteilung und die Persönlichkeitsmerkmale der Personen in dieser Situation analysiert (vgl. Vroom, 1960).

Dennoch erscheinen Schwerpunktsetzungen möglich, wobei man den Blick stärker auf die theoretische Basis oder auch stärker auf die Handlungskonsequenzen richten kann. Man gerät jeweils zu unterschiedlichen Klassifikationen. Auch dies sei am Beispiel verdeutlicht: Motivationstheorien dienen potenziell dazu, individuelles Verhalten vorherzusagen oder zu verändern. Die Darstellung solcher Theorien unter dem Aspekt »Individuum« erschiene somit sinnvoll (vgl. v. Rosenstiel, 2001). Faktisch aber wird in der organisationspsychologischen Praxis Motivationspsychologie selten dafür genutzt, Individuen mit bestimmten motivationalen Tendenzen auszuwählen oder gar ein spezifisches Motivationstraining durchzuführen, sondern dazu, organisatorische Bedingungen – z. B. das Gehaltssystem – motivierend zu gestalten. Unter Anwendungsgesichtspunkten erschiene somit die Darstellung der Theorie unter dem Aspekt Organisation ratsam. Dieser Anwendungsaspekt wird es dann auch sein, der bei der Zuordnung der verschiedenen inhaltlichen Gebiete zu den einzelnen Aspekten besonders berücksichtigt werden soll.

Im Rahmen einer knappen Abhandlung können die vielfältigen Forschungsgebiete innerhalb der Organisationspsychologie nicht mit Anspruch auf Vollständigkeit und schon gar nicht vertieft dargestellt werden. So müssen wir uns darauf beschränken, exemplarisch einige Felder herauszugreifen, wobei allerdings solche bevorzugt werden sollen, die praktisch besonders bedeutsam sind.

Literaturempfehlung

Schuler, H. (Hrsg.) (2004). Lehrbuch Organisationspsychologie. Bern.
In diesem von Heinz Schuler herausgegebenen Lehrbuch wird ein ähnliches Gliederungskonzept wie in diesem Buch gewählt und einleitend differenziert begründet. Die einzelnen Kapitel vertiefen und ergänzen häufig das, was in dem hier vorliegenden Buch dargestellt wird.

Selbstkontrollfragen zu Kapitel 1

Von den mit a), b), c) und d) gekennzeichneten Alternativantworten zu den nachfolgenden Mehrfachwahlfragen gilt nur eine als richtig. Bitte kreuzen Sie diese an. Sie können, wenn Sie die Fragen 1 bis 15 durchgearbeitet haben, Ihre Lösungsvorschläge mit den angegebenen Bestlösungen auf Seite 531 vergleichen.

1. Gegenstand der Psychologie
   a) sind die physiologischen Abläufe des Organismus als Grundlage aller Erlebnisprozesse
   b) ist die Seele als vom Körper relativ unabhängige Substanz
   c) sind das bewusste Erleben und das beobachtbare Verhalten
   d) sind Wahrnehmung, Denken und Motivation, sowie deren Veränderung in der Zeit durch Erfahrung

2. Unbewusst Psychisches ist
   a) im Erleben in Form von Träumen erfahrbar
   b) ein Erklärungsbegriff, der im Rahmen spezifischer theoretischer Konzepte zur Erklärung bestimmter Phänomene des Erlebens und Verhaltens dient
   c) die mit physiologischen Methoden messbare Aktivität des Gehirns, die im Erleben nicht bewusst wird
   d) dadurch beweisbar, dass Menschen sich häufig an die Beweggründe ihres Tuns nicht erinnern können

3. Die Methode der Introspektion wurde von den Behavioristen vor allem deshalb abgelehnt
   a) weil ihre Objektivität (i. S. v. intersubjektiver Übereinstimmung) nicht festgestellt werden kann
   b) weil Selbsttäuschungen im Sinne der Schönfärberei häufig sind
   c) weil die dabei gemachten Beobachtungen in sprachliche Form gebracht werden müssen
   d) weil sie nur für die Beobachtung von Gefühlen geeignet ist, Gefühle aber als Gegenstand der Wissenschaft vom Behaviorismus ausgeschlossen werden

4. Für die Definition der Organisation sind folgende Bestimmungsgrößen wesentlich
   (1) der Umwelt gegenüber offenes soziales System
   (2) Mehrzahl von Personen, die in Interaktion stehen
   (3) Einheit aus Menschen und Maschinen
   (4) gerichtet auf die Realisierung bestimmter Ziele
   (5) durch ein »Wir-Gefühl« aller Mitglieder verbunden
   (6) zum Zweck der Zielerreichung spezifisch strukturiert, z. B. durch Arbeitsteilung und Hierarchie von Verantwortung

Richtig ist folgende Antwortenkombination:
a) (1), (4), (6)
b) (1), (2), (3), (4)
c) (3), (4), (6)
d) (2), (4), (5)

5. Das wissenschaftlich fundierte Training eines Arbeitnehmers ist nach Giese zuzuordnen
   a) ganz allgemein der Psychotechnik
   b) der Objektpsychotechnik
   c) der Subjektpsychotechnik
   d) gleichermaßen der Objekt- und der Subjektpsychotechnik

6. In einer organisationspsychologischen empirischen Studie wird die Hypothese untersucht, durch Einführung dezentral Organisationsstrukturen steige die Arbeitszufriedenheit. Die psychologische Variable ist dabei
   a) unabhängige Variable
   b) intervenierende Variable
   c) abhängige Variable
   d) sowohl intervenierende als auch abhängige Variable

7. Die Nähe der Organisationspsychologie zur Sozialpsychologie ist besonders gegeben
   a) bei der Analyse teilautonomer Arbeitsgruppen
   b) bei der Analyse der Beziehung zwischen Monotonie des Arbeitsablaufs und der Fehlzeitenrate
   c) bei der Untersuchung der Wirkung betrieblicher Sozialleistungen auf die Leistungsbereitschaft
   d) in der betrieblichen Eignungsdiagnostik

8. Die wissenschaftliche Spezialisierung auf das Erleben und Verhalten des Menschen ist
   a) Problemspezialisierung, weil aus der Vielzahl denkbarer Untersuchungsbereiche einer herausgegriffen wird
   b) Aspektspezialisierung, weil alle Gegenstandsbereiche wahrgenommen werden müssen und somit das Erleben und Verhalten die einzigen Analyseaspekte darstellen
   c) Problemspezialisierung, weil gerade das Erleben und Verhalten des Menschen in vielen Lebensbereichen zum Problem wird
   d) Aspektspezialisierung, weil in vielen komplexen Gegenstandsbereichen das Erleben und Verhalten des Menschen nur einen Aspekt neben anderen darstellen

9. Aktionsforschung ist dadurch gekennzeichnet, dass
   a) auf Forschungshypothesen verzichtet wird

b) die Trennung von Subjekt und Objekt der Forschung hinfällig wird
c) mit ausschließlich qualitativen Methoden gearbeitet wird
d) der Forscher die Rolle der Versuchsperson übernimmt

10. Die Angewandte Psychologie
    a) ist Anwendung des von der Theoretischen Psychologie erarbeiteten Wissens in der Praxis
    b) sucht mit ähnlichen Methoden wie die Theoretische Psychologie Fragen mit wissenschaftlichen Methoden zu beantworten, die aus der Praxis kommen
    c) ist die Darstellung psychologischer Forschungsergebnisse in einer auch für den Nichtpsychologen verständlichen Sprache
    d) ist die Umsetzung psychologischer Theorien in empirische Untersuchungen

11. Ein Psychologe untersucht experimentell, ob durch farbige Raumgestaltung die durchschnittliche Leistung der im Raume arbeitenden Menschen ansteigt. Durch diese Untersuchung werden Wertprobleme dadurch berührt, dass
    a) die Ursache-Wirkungs-Beziehung willkürlich in eine bestimmte Richtung interpretiert wird
    b) durch die Entscheidung für gerade diese Frage den Interessen bestimmter sozialer Gruppen stärker gedient wird, als den Interessen anderer
    c) durch die Wahl der experimentellen Methodik Wertprobleme künstlich ausgeschlossen werden
    d) die Berechnung von Durchschnittswerten die Wertproblematik verschleiert, die gerade durch Streuungsmaße verdeutlicht werden kann

12. Münsterberg spricht sich dafür aus, dass der in der Praxis tätige Psychologe
    a) über die Ziele seiner Arbeit selbstverantwortlich entscheiden müsse
    b) sich auf das Postulat der Wertfreiheit seines Tuns berufen könne
    c) sich in eingehenden Dialogen mit dem auftraggebenden Praktiker über die Ziele einigen müsse
    d) die Zielentscheidung dem auftraggebenden Praktiker zu überlassen habe

13. Die zutreffende Prognose des Verhaltens
    a) ist Beweis dafür, dass man von der richtigen Erklärung des Verhaltens ausging
    b) beweist die Richtigkeit der zugrunde gelegten Theorie
    c) ist mit Verhaltenskontrolle gleichzusetzen
    d) ist von unterschiedlichen Erklärungsansätzen her möglich

14. Ein Organisationspsychologe erfährt, dass in einem Betrieb innerhalb einer Abteilung ein neues Führungskonzept eingeführt wird. Er interessiert sich für die Wirkung und erfasst vor und nach der Einführung die Arbeitszufriedenheit mithilfe eines Fragebogens. Um den Einfluss dritter Variablen zu kontrol-

lieren, misst er die Arbeitszufriedenheit zum gleichen Zeitpunkt in einer Abteilung, in der das Führungskonzept unmodifiziert blieb. Die Vorgehensweise ist zu kennzeichnen durch die Stichworte
(1) Experiment
(2) Labor
(3) Quasiexperiment
(4) systematische Beobachtung
(5) Feld
(6) Befragung

Richtig ist folgende Antwortenkombination:
a) (2), (3), (4)
b) (1), (4), (5)
c) (4), (5), (6)
d) (3), (5), (6)

15. Die experimentelle Vorgehensweise hat im Vergleich mit einer systematischen Befragung den Vorteil, dass
   a) die Datenerfassung fehlerfreier erfolgt
   b) Aussagen über das Ursache-Wirkungs-Verhältnis eher möglich sind
   c) die äußere Relevanz der Ergebnisse größer ist
   d) die Versuchspersonen den Zweck der Untersuchung nicht durchschauen

2. Aufgabe

Lernziele des 2. Kapitels

Die Bearbeitung des Kapitels »Aufgabe« soll dazu anregen und befähigen,

- die zentrale Bedeutung der Arbeit für das Leben von Menschen in unserer Gesellschaft zu sehen;
- die Veränderungen zu erkennen, die sich durch den Wertewandel in der Gesellschaft für die Bedeutung der Arbeit ergeben haben;
- in der Analyse, Bewertung und Gestaltung von Arbeit zentraler Aufgaben der Arbeits- und Organisationspsychologie zu sehen;
- sich bei der wissenschaftlichen Beschäftigung mit Arbeit nicht auf die Erwerbsarbeit in Organisationen zu beschränken;
- Begriffe wie »Aufgabe«, »Position«, »Job« und »Beruf« unter Angabe von Beispielen voneinander abzugrenzen;
- eine beliebige Aufgabe innerhalb des theoretischen Konzepts der Aufgabe von Hackman darzustellen;
- Belastung und Beanspruchung einerseits, zeitkonstante und zeitvariable Leistungsvoraussetzungen andererseits voneinander abzuheben;
- verschiedene Verfahren der psychologischen Arbeitsanalyse einschließlich ihrer wichtigsten Vor- und Nachteile zu nennen;
- am Beispiel der Motivationstheorie von Herzberg darzulegen, wie Arbeitsinhalte zu gestalten sind, damit zugleich die Leistungsbereitschaft und die Zufriedenheit der Arbeitenden erhöht werden;
- Überlegungen zur Auswirkung der Arbeit auf die Zufriedenheit, Stress und Gesundheit, das Qualifikationsniveau sowie auf die Persönlichkeitsentwicklung anzustellen;
- begründete Vermutungen darüber zu formulieren, welche Gefahren und welche Chancen die so genannten »Neuen Techniken« – insbesondere der Telearbeit sowie der Arbeit in virtuellen Organisationen – für die Arbeitenden in sich bergen;
- die Arbeitsgestaltung unter dem Aspekt unterschiedlicher Stresstheorien zu diskutieren;
- die Gruppenkonzepte »Lernstatt«, »Qualitätszirkel«, »teilautonome Gruppe« und Projektgruppe voneinander abzuheben;
- allgemeine Kriterien für eine psychologisch adäquate Gestaltung von Arbeit zu benennen;
- verschiedene Kriterien der Humanisierung des Arbeitslebens miteinander zu vergleichen;

- Arbeit nicht isoliert, sondern im Wechselspiel zwischen Gesellschaft, Organisation, Technik und Mensch zu sehen;
- begründete Vermutungen über die »Zukunft der Arbeit« zu formulieren.

2.1. Arbeit: Grundüberlegungen

Menschen in unserer Gesellschaft verbringen einen Großteil ihrer wachen Zeit mit der **Arbeit**. In einer Entschließung (vgl. Fürstenberg, 1975, S. 16) haben 28 Repräsentanten der deutschsprachigen Arbeitswissenschaft sich auf folgende Definition geeinigt: »Arbeit ist ein Grundaspekt menschlicher Lebenswirklichkeit, der durch zielstrebige Auseinandersetzung mit der Umwelt zum Zwecke der Daseinsvorsorge gekennzeichnet wird. Ihre Voraussetzungen, Erscheinungsformen und Auswirkungen zeigen sich konkret in den unauflöslichen Wechselbeziehungen kulturell vermittelter, technisch/wirtschaftlich/sozial organisierter und persönlich erlebter Situation«.

Einfacher sieht es Ulich (2005, S. 1). Er versteht Arbeit als eine Tätigkeit, »durch deren Ausführung der oder die Arbeitstätige zur Schaffung materieller oder immaterieller Werte für sich und/oder andere beiträgt.«

In differenzierter Weise betrachtet Neuberger (1985, S. 1) Arbeit aus verschiedenen Perspektiven. Folgt man ihm, so ist Arbeit

- eine Tätigkeit oder Aktivität,
- die gesellschaftlich organisiert wird (z.B. Arbeitsteilung und derzeit überwiegend unselbständig und abhängig im »Lohnarbeiterverhältnis«),
- die fortgesetzten, dauerhaften Einsatz körperlicher, geistiger und seelischer Kräfte fordert und
- im Vollzug meist als Last, Mühsal und Anstrengung erlebt wird (was Stolz und Freude über das Ergebnis nicht ausschließt),
- die geregelt und planmäßig strukturiert abläuft und zielbestimmt ist,
- zu materiellen Produkten (Gütern oder Dienstleistungen) führt und somit die materielle und soziale Umwelt verändert,
- gleichzeitig aber auch den arbeitenden Menschen selbst verändert (zu seiner Entfremdung oder Entfaltung beiträgt).

Arbeit ist nicht nur die transitive Beziehung (Mensch-Umwelt), sie verwandelt den Menschen selbst. Damit steht im Zusammenhang, dass sie

- die Befriedigung individueller und/oder sozialer Bedürfnisse ermöglicht und
- vom Arbeitgeber mit Gegenleistungen (z.B. Entgelt) honoriert wird, in dem sich die gesellschaftliche Wertschätzung der geleisteten Arbeit widerspiegelt.

Etwas einfacher sehen dies Ruiz-Quintanilla & England (1996). Für sie steht bei der Arbeit im Vordergrund

- dass man Geld dafür bekommt,
- dass man sie an einem Arbeitsplatz ausführt,
- dass die Aktivität zu den eigenen Aufgaben gehört,
- dass man für etwas verantwortlich ist,
- dass man sie zu einer bestimmten Zeit verrichtet (Arbeitszeit)
- dass man dabei das Gefühl bekommt, akzeptiert zu werden,
- dass sie den Wert einer Sache vergrößert.

Vielfältige andere Definitionen der Arbeit liegen vor. Sie scheinen nicht unbedingt erhellend, da die meisten Menschen ohnehin wissen, wann sie arbeiten und wann nicht (vgl. Frieling, 1975). Wichtig dagegen erscheint, dass die **Arbeit eine zentrale Thematik unseres Lebens** ist. Sie strahlt auch auf Bereiche aus, die auf den ersten Blick mit der Arbeit relativ wenig zu tun haben. Gedacht sei an die Freizeitinteressen und -aktivitäten, an den sozialen Status, an die finanziellen Möglichkeiten der Gestaltung des sozialen Lebens, an den Freundeskreis, an den Ehepartner etc. Es ist nach dem Gesagten nur selbstverständlich, dass das Gebiet der Arbeit dem Psychologen Forschungsmöglichkeiten eröffnet, die eine äußere Relevanz zeigen, wie sie andere Arbeitsfelder der Psychologie kaum haben. Dies gilt umso mehr, wenn man bedenkt, dass Arbeit weit mehr als Erwerbsarbeit ist, obwohl sich sowohl die Arbeits- als auch die Organisationspsychologie fast ausschließlich auf »Erwerbsarbeit in Organisationen« (Ulich, 2005) beschränken.

Die **Bedeutung der Arbeit** (Semmer & Udris, 2004; v. Rosenstiel, 2006) hat die Menschheit früh bewegt. Dabei ist die Arbeit ambivalent interpretiert worden. Schon die Botschaft der Bibel ist zweideutig. Arbeit lässt sich aus der Schöpfungsgeschichte als **Fluch für den Sündenfall** interpretieren. Die Notwendigkeit einer mit Unlust verbundenen Arbeit (»im Schweiße deines Angesichts ...«) geht mit der Vertreibung aus dem Paradies einher. Andererseits lässt sich Arbeit durchaus als **Fortsetzung der göttlichen Schöpfung** durch den Menschen interpretieren (EKD, 1990). Innerhalb der Kultur Athens, in der Antike, war **Arbeit die Tätigkeit der Sklaven**, während sich die Freien der Muße, die freilich nicht mit Müßiggang gleichgesetzt werden sollte, hingaben. Aristoteles hat dies anschaulich beschrieben (Veit, 1994). Innerhalb der protestantischen Deutung des Auftrags für die Menschen in der Welt, d.h. innerhalb der so genannten protestantischen Ethik (Weber, 1905), ist **Arbeit eine dem Menschen aufgegebene Verpflichtung** (»Wer nicht arbeitet, der soll auch nicht essen.«). Wird sie mit Askese zum erfolgreichen Abschluss gebracht, so ist sie für den Arbeitenden auch Zeichen dafür, von Gott erwählt zu sein. Zugleich entsteht so die Basis für Unternehmensgründungen; es kommt, wie Max Weber es ausdrückte, zur »Geburt des Kapitalismus«.

Dieses Wechselspiel der Wertung und die damit verbundene Ambivalenz findet man auch in der modernen Diskussion. Einerseits wird die Fremdbestimmung und gelegentlich gar Dequalifikation des lohnabhängig Tätigen beklagt, andererseits wird der positive Wert von Arbeit angesichts der Misere von Arbeitslosigkeit in unserer Gesellschaft erkennbar. Dies zeigt eindrucksvoll ein Zitat von Jahoda (1983, S. 136): »Erwerbsarbeit ist zum einen das Mittel, durch das die meisten Menschen ihren Lebensunterhalt verdienen; zum anderen zwingt sie bestimmte Kategorien der Erfahrung auf. Sie gibt dem Tag eine Zeitstruktur, sie erweitert die sozialen Beziehungen über Familie und Nachbarschaft hinaus und bindet die Menschen in die Ziele und Leistungen der Gemeinschaft ein ..., sie weist einen sozialen Status zu und klärt die persönliche Identität.«

Es ist allerdings keine Selbstverständlichkeit und auch keine unveränderbare Gegebenheit, dass Arbeit zu den zentralen Lebensinteressen (Udris, 1982; Semmer & Udris, 2004) des Menschen gehört. Die Bedeutung, die der Arbeit zukommt, wird in starkem Maße mitbestimmt von den gesellschaftlichen Bedingungen (Inglehart, 1977), hier insbesondere von der Entwicklung neuer Arbeitstechnologien (Friedrichs & Schaff, 1984), von der internationalen Arbeitsteilung (Dierkes & Strümpel, 1985; Steger, 1998), der Globalisierung von Wirtschaft und Gesellschaft (Beck, 1997, Steger, 1998) sowie den daraus resultierenden Werthaltungen.

Es gibt nun eine größere Zahl von empirischen Belegen, die deutlich dafür sprechen, dass sich die **Werthaltungen der Menschen** in den westlichen Industrieländern, und hier wiederum in besonderem Maße in der Bundesrepublik Deutschland, gewandelt haben (Kmieciak, 1976; Klages, 1984, Noelle-Neumann & Petersen 2001, Klages, 2002). Es ist dabei davon auszugehen, dass dieser Wandlungsschub seine viel diskutierte höchste Intensität gegen Ende der 60er-Jahre erreichte und dann – mitbedingt durch die sich wandelnde wirtschaftliche Situation – Mitte der 70er-Jahre gebrochen wurde und schließlich – Ende der 90er-Jahre – auf einigen inhaltlichen Feldern so etwas wie ein »Rückschwingen des Pendels« erfolgte. Allerdings kam es nicht generell – wie gelegentlich vermutet – in Deutschland mit der politischen Wende von 1982 oder mit der Wiedervereinigung und der zeitgleich aufbrechenden Strukturkrise der Wirtschaft zu diesem »Rückschwingen«. Zwar ist die negative Besetzung einiger Werte wie z. B. »Leistung« oder »technischer Fortschritt« tendenziell zurückgegangen, doch haben sich die Wertorientierungen in Bezug auf viele andere Inhalte stabilisiert. Diese Dynamik zeigt exemplarisch Darstellung 9.

Werte sind im hier interessierenden Zusammenhang als Auffassungen vom Wünschenswerten zu verstehen, die explizit oder implizit für einen Einzelnen oder eine Gruppe kennzeichnend sind und die Auswahl der zugänglichen Weisen, Mittel und Ziele des Handelns beeinflussen (Kluckhohn, 1951). Dabei sind Werte – als hypothetische Konstrukte – auf einem relativ hohen Abstraktionsniveau angesiedelt. Man denke etwa an »Freiheit«, »Gerechtigkeit« oder »Gehorsam«. Das hohe Abstraktionsniveau bringt es mit sich, dass die Werte nicht gegenstandsbezogen verstanden werden, d. h. es bleibt zunächst offen, auf welche Inhalte sich z. B. Freiheit oder Gerechtigkeit beziehen. Die Ausrichtung einzelner Menschen auf bestimmte Werte lässt sich bei diesen als **Werthaltungen** (Klages, 1984) empirisch erfassen. Diese wiederum bestimmen das menschliche Verhalten wesentlich mit. Werthaltungen entscheiden angesichts konkreter Gegebenheiten – nun sehr wohl gegenstandsbezogen – darüber, ob man eine Situation positiv oder negativ erlebt, ob man ein Ziel für erstrebenswert hält oder nicht.

Allerdings müssen sich veränderte Werthaltungen nicht unmittelbar auf das Verhalten auswirken. Das Verhalten ist ja vielfach determiniert; es hängt ab vom

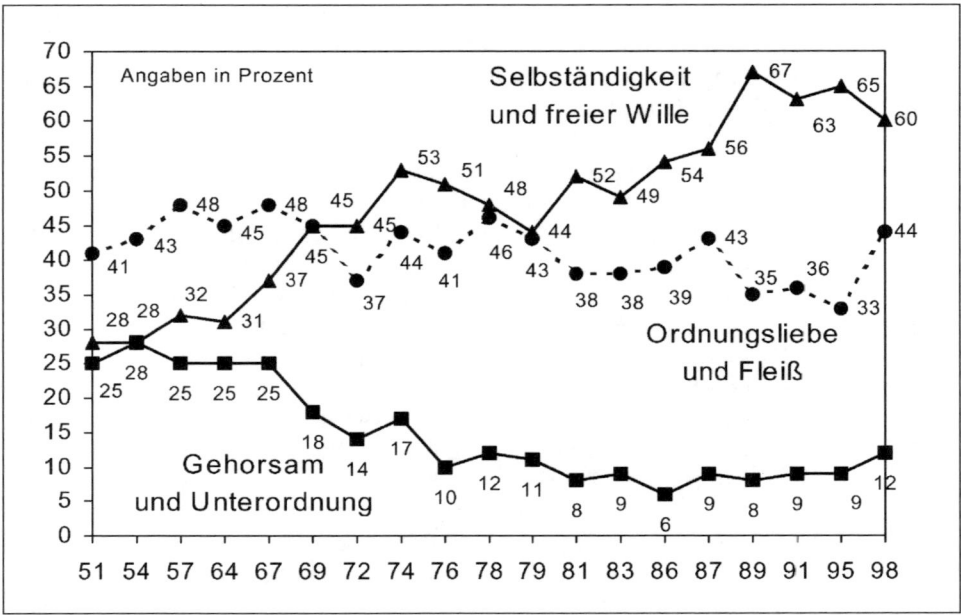

Darstellung 9. Beispiele für den Wertewande

- persönlichen **Wollen**,
- individuellen **Können**,
- sozialen **Sollen und Dürfen** und
- der situativen **Ermöglichung**.

Darstellung 10 verdeutlicht dies.

Gewandelte Werthaltungen berühren in starkem Maße zunächst das persönliche Wollen. Dieses wird sich in konkretes Verhalten aber kaum umsetzen können, wenn die situativen Bedingungen unverändert geblieben sind.

Zeitreihenanalysen von Daten der empirischen Sozialforschung, insbesondere von Antworten repräsentativer Bevölkerungsstichproben, die zu verschiedenen Zeitpunkten auf gleiche Fragen gewonnen wurden, zeigen nun einen charakteristischen Trend eines Wandels der Werthaltungen, wie dies wiederum Darstellung 9 am Beispiel von Erziehungswerten exemplarisch zeigt.

Ähnliche Datenreihen verdeutlichen, dass Werte, die individuellen Lebensgenuss, Selbstentfaltung und persönliche Autonomie begünstigen, angestiegen sind auf Kosten solcher Werte, die Einordnung, Unterordnung und Leistung stützen und die Klages (1984) als Pflicht- und Akzeptanzwerte kennzeichnet. Allerdings legten Noelle-Neumann und Petersen (2001) neuere Daten vor, die zumindest für ein Brechen, wenn nicht gar für eine Umkehr dieses Trends sprechen.

Abstrahiert man von einzelnen Daten und sucht interpretierend die wesentlichen Trends des Wertewandels zu skizzieren (vgl. v. Rosenstiel, Nerdinger, Spieß & Stengel, 1989) so lässt sich Folgendes konstatieren:

2.1. Arbeit: Grundüberlegungen

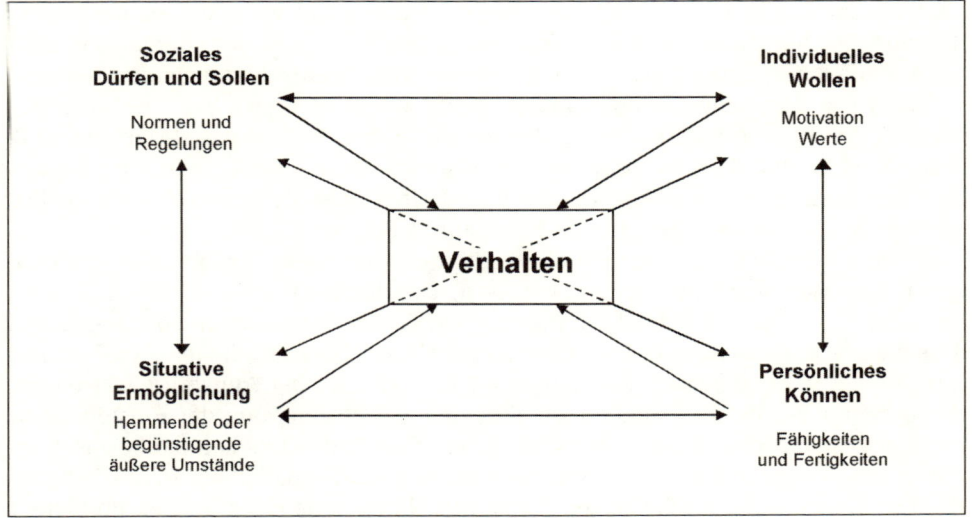

Darstellung 10. Bedingungen des Verhaltens

- Säkularisierung nahezu aller Lebensbereiche,
- Betonung eigener Selbstentfaltung und des eigenen Lebensgenusses,
- Gleichstellung und Emanzipation der Frauen,
- Ablösung der Sexualität von überkommenen gesellschaftlichen Normen,
- Abnehmen der Bereitschaft zur Unterordnung,
- Sinkende Bedeutung der Arbeit als einer Pflicht,
- Höherbewertung von Freizeit,
- Wertschätzung unzerstörter Natur,
- Bewahrung der eigenen körperlichen Gesundheit,
- Skepsis gegenüber den Leitwerten der Industrialisierung wie Wachstum, Gewinn oder technischer Fortschritt.

Über die Ursachen des hier knapp skizzierten Wandels der Werthaltungen ist viel spekuliert worden (vgl. zusammenfassend v. Rosenstiel & Stengel, 1987). Als relativ gesichert darf gelten, dass der steigende Wohlstand (Inglehart, 1977), das erhöhte Bildungsniveau, die sinkende Überschau- und Kontrollierbarkeit der hoch bürokratischen und technisierten Welt sowie die sichtbare Belastung der natürlichen Umwelt (Meyer-Abich, 1984) wesentlichen Anteil an diesen Verschiebungen haben.

Der Wandel von Werthaltungen hat sich auf vielen Lebensgebieten ausgewirkt (Klages & Kmieciak, 1979; Klages, Hippler & Herbert, 1992) und im besonderen Maße auch die Bedeutung der Arbeit berührt (Udris 1982; Noelle-Neumann & Strümpel, 1984; v. Klipstein & Strümpel, 1985; v. Rosenstiel & Stengel, 1987; v. Rosenstiel & Koch, 2002). In deutlicher Weise wird erkennbar, dass die gerade den Deutschen häufig unterstellte Haltung, die Arbeitszeit sei ihnen lieber als die Freizeit, bis hin zu der provokativen Behauptung, dass sie »lebten, um zu arbeiten«, deutlich zurückgegangen ist. Zugleich erkennt man zwei weitere beachtenswerte Befunde. Die »klassische Arbeitsmoral« war offensichtlich in der ehemaligen DDR noch stärker ausgeprägt, als in der Bundesrepublik Deutschland. Nun allerdings kommt es in den neuen Bundesländern rasch zu einer Angleichung der dort bestimmenden Wertorientierungen an die westdeutschen Verhältnisse (Macharzina & Wolf, 1994; Maier, Rappensperger, v. Rosenstiel & Zwarg, 1994). Erst die lang anhaltende hohe Arbeitslosigkeit in den 90er-Jahren lässt Arbeit wieder wertvoller erscheinen (Schramm, 1999; Noelle-Neumann & Petersen, 2001).

Es wäre jetzt allerdings vorschnell, wollte man von diesen Ergebnissen auf eine generelle Abkehr von der Arbeit schließen. Durchschnittswerte lassen ja keinen Blick auf Streuung und auf Differenzierung zu. Feinanalysen lassen aber erkennen, dass die soeben visualisierte Distanzierung von einer herkömmlichen Arbeitsmoral (Strümpel, 1977) spezifisch bei jüngeren Personen und bei Angehörigen weniger qualifizierter Berufe festzustellen ist. Eine solche Verschiebung der Einstellungen kann angesichts objektiver gesellschaftlicher Gegebenheiten kaum überraschen. Wenn die Menge der zu bewältigenden Arbeit in der Gesellschaft zurückgeht (Dierkes & Strümpel, 1985, Hacker, 2005), Maschinen jene Pünktlichkeit und jenen Fleiß zeigen, der früher von Menschen erwartet wurde (Schmidtchen, 1984) und wenn eine große Zahl von Personen, insbesondere junge, ganz ohne Erwerbsarbeit bleiben, so ist ein Rückgang der Bedeutung der Arbeit in der Gesellschaft insgesamt plausibel erklärbar.

Dennoch muss diese Abwendung von der Arbeit differenziert werden. Sie ist kein Bedeutungsverlust der Arbeit schlechthin, sondern so zu interpretieren, dass sich die Ansprüche an das berufliche Tun erhöht und qualitativ verändert haben. Arbeit ist nicht mehr bloße Pflichterfüllung oder materielle Absicherung des Lebens, sondern ein Feld, von dem Sinngebung, Selbstverwirklichung, Erweiterung des Horizonts und Kontakt mit anderen Menschen erwartet wird (Noelle-Neumann & Strümpel, 1984).

Für den Organisationspsychologen, der sich darum bemüht Arbeitsplätze menschengerechter zu gestalten (Ulich, Groskurth & Bruggemann, 1973; Ulich, 2005), sind dies wesentliche Informationen. Sie zeigen an, auf was Menschen in unserer Gesellschaft heute verstärkt Wert legen und welche Bedingungen geeignet sein können, Bindungen an die Arbeit und Bedürfnisbefriedigung durch die Arbeit zu steigern (Bihl, 1995).

Allerdings lässt sich erkennen, dass aufgrund der wachsenden internationalen Konkurrenz im Zuge der Globalisierung eine derartige Denkweise in die Defensive gerät. Will ein Unternehmen sich auf dem Markt behaupten, so müssen die von diesem angebotenen Produkte oder Dienstleistungen möglichst neu sein und schneller, preiswerter und mit besserer Qualität erstellt werden als diejenigen der Mitbewerber. Ob und in wieweit dies mit der Zielsetzung vereinbar ist, die Arbeitsinhalte human zu gestalten und die Bedürfnisse der Mitarbeiter zu berücksichtigen, die Arbeitsprozesse partizipativ festzulegen und zugleich darauf zu achten, dass all dies der Entwicklung und der Entfaltung des Einzelnen dient, ist derzeit heftig umstritten.

Die berufliche Arbeit des Menschen setzt sich in der Regel aus vielerlei Aufgaben zusammen. Es sei hier nicht ausführlich dargelegt, wie sehr sich diese im Zuge der **historischen Entwicklung** gewandelt haben. Es ist aber unverkennbar, dass die Vielfalt des zu Erledigenden für den schweifenden Nomaden, für den Bauern, für den Handwerker, für die Hausfrau im 19. Jahrhundert, ungleich größer war, als das, was die Mehrheit der Berufstätigen der Bevölkerung als Folge der Industrialisierung zu tun hat. Die Arbeit ist im Vergleich zu früheren Verhältnissen eine beständige Wiederholung relativ kleiner, genau vorgeschriebener standardisierter Abläufe. Dabei erscheint es überraschend, dass derartige, dem akademisch Vorgebildeten Beobachter erschreckend monoton erscheinende Tätigkeiten von den Ausführenden selbst gelegentlich durchaus geschätzt werden, worauf Münsterberg (1912) schon früh verwies. Dies zeigt zugleich, dass subjektive Zufriedenheit mit der Tätigkeit auch für den Psychologen kaum als alleiniges Bewertungskriterium von Arbeit gelten kann. Fremdbestimmung und Monotonie sind für eine Großzahl von Tätigkeiten kennzeichnend. Marx (1971, S. 79) hat eindringlich darauf verwiesen:

»Worin besteht nun die Entäußerung der Arbeit? ... dass die Arbeit dem Arbeiter äußerlich ist, d. h. nicht zu seinem Wesen gehört, dass er sich daher in der Arbeit nicht bejaht, sondern verneint, nicht wohl, sondern unglücklich fühlt, keine freie physische und geistige Energie entwickelt, sondern seine Physis abkapselt und seinen Geist ruiniert. Der Arbeiter fühlt sich daher erst außer der Arbeit bei sich und in der Arbeit außer sich. Zu Hause ist er, wenn er nicht arbeitet, wenn er arbeitet, ist er nicht zu Hause. Seine Arbeit ist daher nicht freiwillig, sondern gezwungen, Zwangsarbeit. Sie ist daher nicht die Befriedigung eines Bedürfnisses, sondern sie ist nur ein Mittel, um die Bedürfnisse außer ihr zu befriedigen.«

Die technische und gesellschaftliche Entwicklung lässt allerdings diese Art von Arbeit in den modernen (post-)industriellen Staaten selten werden, was Kern und Schumann (1984) veranlasst, vom »Ende der Arbeitsteilung« zu sprechen.

Gerade hier lässt sich zeigen, wie problematisch es in einer dynamisch sich verändernden Welt ist, einfache Trendfortschreibungen vorzunehmen. Vieles deutet darauf hin (Frieling & Freiboth, 1997; Schmid, 2005), dass die Arbeitsteilung in neuer Form – man spricht auch vom »Neo-Taylorismus« – zurückkehrt. So findet man zum Beispiel in der modernen Autormobilproduktion wieder hochstandardisierte Arbeitsabläufe mit kurzen Taktzeiten, die allerdings in Gruppen durchgeführt werden, wodurch zugleich ermöglicht wird, dass einer notfalls für den anderen einspringt und so die Flexibilität der Abläufe gewährleistet ist.

Psychologie, die sich mit der Arbeit beschäftigt, kann nicht nur die Aufgabe haben, das von Marx skizzierte Verhalten in psychologischen Begriffen zu beschreiben, sondern sie hat überdies die Aufgabe, verändernd im Sinne einer menschengerechteren Gestaltung einzugreifen. Es geht nicht nur um die Arbeitsanalyse. Es geht auch um die Arbeitsbewertung und die Arbeitsgestaltung.

Ohnehin – unbeeinflusst von psychologischen Empfehlungen – wird Arbeit derzeit tief greifend umgestaltet, was insbesondere auf die Globalisierung und auf die Elektronisierung der Arbeits- und Geschäftsprozesse zurückzuführen ist. Viele niedrig bezahlte monotone Arbeiten in der Produktion wurden automatisiert. Höherwertige Tätigkeiten wurden komplexer und miteinander vernetzt, die strikte

Trennung von Arbeits- und Lebenswelt durch die Möglichkeit der Telearbeit überwunden und teilweise das »Ende der Arbeitsteilung« (Kern & Schumann, 1984) eingeläutet, die freilich als internationale Arbeitsteilung in anderer Form wieder entsteht.

Literaturempfehlung

Evangelische Kirche von Deutschland (EKD) (Hrsg.) (1990). Arbeit, Leben und Gesundheit. Gütersloh.
In dieser von der Sozialkammer der EKD erarbeiteten Studie wird aus christlicher und ethischer Sicht Arbeit im Schöpfungsauftrag, der an alle Menschen ergeht, begründet und als eine Ordnung interpretiert, die eine Kooperation aller Menschen unabhängig von ihrer jeweiligen Besonderheit ermöglicht.
Klages, H. (1984). Wertorientierungen im Wandel. Rückblick, Gegenwartsanalyse, Prognose. Frankfurt.
In diesem informationsreichen Überblick werden vielfältige Daten dokumentiert, die den Wertewandel der 60er- und 70er-Jahre im vergangenen Jahrhundert in der Gesellschaft wahrscheinlich machen. Insbesondere wird in überzeugender Weise dargelegt, dass der Wertewandelschub in den frühen 60er-Jahren begann und in der Mitte der 70er-Jahre endete.
Lutz, B., Hartmann, M. & Hirsch-Kreinsen, H. (Hrsg.) (1996). Produzieren im 21. Jahrhundert. Frankfurt/M.
In diesem Sammelband, der in enger Kooperation zwischen Wissenschaft und Praxis im Rahmen eines großen Forschungsprojekts entstand, wird in theoretischen Abhandlungen und Fallbeispielen aus der Praxis gezeigt, wie sich die Organisation der Arbeit in der Produktion aktuell verändert.
Ulich, E. (2004). Gestaltung von Arbeitstätigkeiten. In: H. Schuler (Hrsg.). Lehrbuch Organisationspsychologie. Bern, S. 221–251.
In diesem Teilkapitel eines umfangreichen Lehrbuchs wird u. a. ein »europäisches« Modell der Gruppenarbeit dem »japanischen« gegenübergestellt, das derzeit an Boden gewinnt; darüber hinaus werden auch neue Tendenzen der Erwerbsarbeit – insbesondere die Telearbeit, die Arbeit im Callcentern und die Schnittstellen zwischen Menschen und Rechner – beschrieben.

2.1.1. Begriffsklärungen

Arbeit ist – wie die soeben vorgestellte Definition zeigt – ein weiter Begriff. Die Arbeit kann auf verschiedenen Ebenen der Abstraktion analysiert werden. Derartige Analyseebenen können sein:

- die Aufgabe,
- die Position,
- der Job und
- der Beruf.

2.1. Arbeit: Grundüberlegungen

Die »**Aufgabe**« ist dabei handlungsbezogen und umfasst nicht alles, was der Arbeitende über eine längere Zeit hin zu tun hat, sondern nur Ausschnitte aus der Gesamttätigkeit. Miller (1971) definiert die Aufgabe entsprechend wie folgt: »Eine Aufgabe besteht aus einer Gruppe von Aktivitäten, die ungefähr zur gleichen Zeit ausgeführt werden und die einem gemeinsamen Zweck dienen, der von demjenigen, der die Arbeit erledigt, erkannt werden muss.«

Hacker (2005) S. 52f., weist darauf hin, dass in einer Aufgabe eine vierfache Relation definiert werde, und zwar

- an welchem Sachverhalt (Gegenstand, Person),
- welche Veränderungen,
- unter welchen Bedingungen,
- von wem

vorgenommen werden.

Die »**Position**« dagegen ist mit dem Arbeitsplatz gleichzusetzen. Sie umfasst so viele Aufgaben, wie sie von einer einzelnen Person in der Organisation wahrgenommen werden. Es gibt in jeder Organisation so viele Positionen, wie es Stelleninhaber gibt. Der Ausdruck »Position« erscheint geeigneter als »Arbeitsplatz«, weil das Wort »Arbeitsplatz« an eine räumliche Fixierung denken lässt, die bei mobilen Arbeiten nicht gegeben ist.

Unter dem Begriff »**Job**« werden in der Regel mehrere »Positionen« zusammengefasst und zwar all jene innerhalb ein und derselben Organisation, die einander sehr ähnlich sind. Allerdings ist bei der Durchsicht der Literatur Vorsicht geboten: Gelegentlich wird das Wort »Job« gleichbedeutend mit dem der »Position« verwendet.

Der Begriff »**Beruf**« ist noch weiter reichend: Er umfasst eine Gruppe ähnlicher »Jobs« in den verschiedensten Organisationen.

Darstellung 11 (nach Frieling 1975) verdeutlicht das ansteigende Abstraktionsniveau.

Allerdings sei darauf hingewiesen, dass diese in der Arbeitspsychologie gebräuchlichen Begriffsbestimmungen von jenen in der betrieblichen Praxis üblichen abweichen. Dort kennt man auch »freie Positionen« und dort bezeichnet man z. B. »Hilfsarbeiter« nicht als »Beruf«, obwohl es sich dabei um »Jobs« handeln kann, die in verschiedenen Organisationen – Kennzeichen des Berufs – einander sehr ähnlich sind.

Generell zeigt sich selbst in der Arbeitspsychologie, dass die soeben skizzierten Begriffe an Zustimmung einbüßen. Zwar wird allgemein über die Aufgabe und den Beruf gesprochen, doch verlieren die Konzepte der Position und des Job an Bedeutung. So findet man etwa – um dies am Beispiel zu zeigen – im aktuellen Lehrbuch der Arbeitspsychologie von Hacker (2005) diese Begriffe nicht einmal im Sachwortverzeichnis.

Bezeichnung der Ebene	Abstraktionsniveau	
Beruf	Aussagen über den Beruf des Kfz-Mechanikers	↑
Job	Aussage über mehrere Kfz-Mechaniker innerhalb einer Organisation	
Position	Aussage über den Arbeitsplatz eines Kfz-Mechanikers	Zunahme des Abstraktionsniveaus
Aufgabe	Aussage über die Aufgabe eines Kfz-Mechanikers	

Darstellung 11. »Aufgabe«, »Position«, »Job« und »Beruf«

2.1.2. Theorie der Aufgabe

Für eine empirische Wissenschaft wie die Psychologie, der es um die Beschreibung, Erklärung, Prognose und Kontrolle des Erlebens und Verhaltens geht, erscheint es sinnvoll, mit ihrer Arbeit auf einer unteren Abstraktionsebene zu beginnen. Es bietet sich dafür die Aufgabe an. Bevor die empirische Forschungsarbeit einsetzt ist es ratsam, zumindest eine Minimaltheorie von dem zu beobachtenden Gegenstandsbereich zu haben. Ein **theoretisches Konzept der Aufgabe**, das erhebliche Beachtung gefunden hat (vgl. Hoyos, 1974; Frieling, 1975; Frieling & Sonntag, 1999), ist dasjenige von Hackman (1969). Darstellung 12 verdeutlicht es.

Das Schema zeigt, dass der Handelnde die objektive Aufgabe erfassen und somit redefinieren muss. Dabei ist psychologisch vor allem Folgendes relevant:

- Der Handelnde muss die Aufgaben verstehen,
- er muss bereit sein, sie zu akzeptieren und sich den Anforderungen zu stellen.
- Er bringt seine Bedürfnisse und Wertvorstellungen ein;
- dabei ist der Einfluss früherer Erfahrungen zu berücksichtigen.

Je geringer das Aufgabenverständnis ist, desto wesentlicher werden für die Hypothesen andere Erfahrungen, die in das Wissen der Person eingegangen sind. Diese steuern dann das spätere Verhalten.

Modelle wie das soeben vorgestellte erleichtern auch die Schwierigkeiten bei der Aufgabenklassifikation. Nach dem Modell von Hackman lassen sich also

- das Reizmaterial,
- Anweisungen zur Durchführung der Aufgaben und
- Informationen über das Ziel der Aufgabe

2.1. Arbeit: Grundüberlegungen

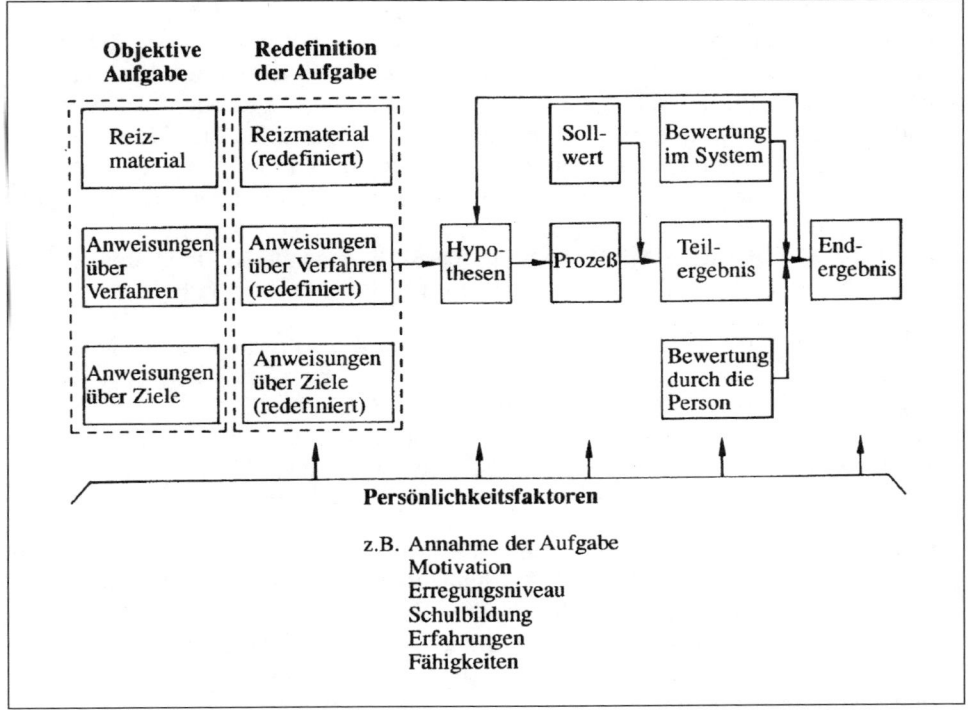

Darstellung 12. Aufgabenschema von Hackman

in ihrem Ausprägungsgrad ermitteln und zur Grundlage von Aufgabenklassifikationen machen.

Das soeben knapp skizzierte Aufgabenschema von Hackman ist nun fraglos am »**Stimulus-Organismus-Reaktions-Konsequenz-Paradigma**« des Neobehaviorismus orientiert, das nach wie vor sehr nützlich sein kann. Dieser Betrachtungsansatz ist geeignet, **Bedingungen**, die ein Verhalten auslösen, in das Zentrum der Aufmerksamkeit zu rücken und auch die **Konsequenzen**, die das Verhalten stabilisieren oder modifizieren, zieladäquat zu gestalten. Er hat allerdings den prinzipiellen Mangel, dass der Mensch als weitgehend passiv vorgestellt wird: Sein Verhalten wird durch situative Bedingungen ausgelöst und durch Verhaltenskonsequenzen kontrolliert.

Zunehmend setzt sich – im Gegenzug – in der Arbeits- und Organisationspsychologie daher ein theoretischer Ansatz durch, der als **Handlungstheorie** bezeichnet wird (vgl. zusammenfassend Greif, 1983; Hacker, 2005). Er betont die Zielbezogenheit und Eigenaktivität menschlichen Handelns und rückt – stärker als dies bereits Hackman vorschlägt – die dabei ablaufenden kognitiven Prozesse – zunehmend auch die motivationalen – in das Blickfeld. Dabei führt Hacker (2005, S. 49) aus, dass die gedankliche Vorwegnahme des Resultats als Ziel eine regulative Funktion für die gesamte Tätigkeit erlangt. Dies erfordert vielfach komplex vorstellungsmäßige und gedanklich Abbilder. Es gehe hier nicht allein um das Aufdecken von Ursache-Folgebeziehungen, sondern auch um das Entwerfen von Ziel-Mittel-beziehungen. Sinn und Erfolg bzw. Misserfolg werden in Bezug auf das Ziel gesehen und erfasst; die ausschlaggebenden Rückmeldungen beziehen sich entsprechend auf das Resultat und weniger auf den Verlauf; d.h. Arbeitsauftrag und Erfüllungsbedingungen müssen laufend aufs Neue abgestimmt werden.

Dabei hat die Frage großes Interesse gefunden, wie Handlungen im Vollzug der Arbeitstätigkeit reguliert werden (Hacker, 1986, 2005). Hacker geht davon aus, dass dabei das sog. »**operative Abbildsystem**« (OAS) die entscheidende Steuerungsinstanz ist, das im Gedächtnis repräsentiert ist und Folgendes beinhaltet:

- Antizipationen des Arbeitsergebnisses, d.h. des **Ziels** bzw. der Teilziele des Arbeitshandelns,
- Wissen um die **Ausführungsbedingungen** der Arbeit und
- Hypothesen über die erforderlichen Transformationen, d.h. die einzelnen **Arbeitsoperationen**, die erforderlich sind, um vom gegenwärtigen Zustand zum Ziel zu gelangen.

Durch ständige Vergleichsprozesse wird überprüft, ob man nun tatsächlich zu den Teilzielen bzw. Endzielen gelangt. Die Arbeitstätigkeit vollzieht sich also über ständig schleifenartig zu durchlaufende Rückkopplungsprozesse. Dabei wird die Ausrichtung des Handelns an dem bestehenden OAS sichergestellt. Für die Theorie Hackers ist es dabei kennzeichnend, dass diese Rückkopplungen auf drei verschiedenen **Regulationsebenen** ablaufen:

- der **sensumotorischen**,
- der **perzeptiv-begrifflichen** und
- der **intellektuellen**.

Die intellektuelle Ebene geht den anderen voraus. Hier werden die übergreifenden Pläne und Strategien entwickelt. Auf der perzeptiv-begrifflichen Ebene geht es um die Regulationen der Arbeitshandlungen, während auf der sensomotorischen Ebene die dabei auszuführenden Bewegungsabläufe kontrolliert werden.

Die Bedeutung derartiger handlungstheoretischer Ansätze für die Praxis ist unverkennbar. Sie lassen z.B. erkennen, dass es selbst bei der Schulung für gewerbliche Tätigkeiten nicht primär auf die Vermittlung manueller Fertigkeiten, sondern die Ausbildung differenzierter operativer Abbildsysteme ankommt. Ihre Bedeutung zeigt sich aber auch darin, dass sich aus der Handlungstheorie einerseits ganz bestimmte Anforderungen an die Entwicklung von Instrumenten zur psychologischen Aufgabenanalyse ergeben, andererseits jedoch auch spezifische Kriterien für die Bewertung menschlicher Arbeit, was zu zeigen sein wird.

Literaturempfehlung

Hacker, W. (2005). Allgemeine Arbeitspsychologie. Psychische Regulation von Wissens-, Denk- und körperlicher Arbeit. Bern.

In diesem wohl bedeutsamsten deutschsprachigen Werk zur Thematik, das von Auflage zu Auflage immer umfangreicher wird und nun 890 Seiten umfasst, wird – insbesondere in Kapitel 3 – die Aufgabe in einem handlungstheoretischen Zusammenhang dargestellt.

2.1.3. Arbeit und Emotion

Die Arbeitspsychologie, insbesondere jene, die sich auf die Handlungstheorie beruft, hat Arbeitstätigkeit in erster Linie unter dem Aspekt einer kognitiven Psychologie analysiert. Antizipationen des Arbeitsergebnisses, Wissen um Ausführungsbedingungen, Hypothesen über einzelne Arbeitsoperationen bestimmen die Forschung und die Diskussion. Relativ wenig findet man innerhalb dieser Debatte über die **Antriebsregulation**, die sich alltagssprachlich als Motivation umschreiben lässt. Damit werden wir uns in den Kapiteln 3 und 5 auseinander setzen.

Noch weniger liest man zu der Beziehung zwischen **Arbeit und Emotion**, ein Thema, das erst in jüngerer Zeit das Interesse arbeits- und organisationspsychologischer Forschung fand (Kannheiser, 1992; Nerdinger, 1994), nun aber zunehmend in Wissenschaft und Praxis (Zapf, 2002; Büssing, Griesenbauer & Glaser, 2003) beachtet wird. Da gilt zum einen, dass bestimmte Prozesse der Arbeit bzw. Umstände, unter denen sich Arbeitstätigkeit vollzieht, oder auch Folgen von Arbeit im Sinne des Erfolgs oder Misserfolgs mit bestimmten Gefühlen verbunden sind. Damit haben sich Theorien der Arbeits- und Leistungsmotivation (Heckhausen, 1989) und der Arbeitszufriedenheit (Neuberger & Allerbeck, 1978) aus einer bestimmten Perspektive auseinander gesetzt. Aus anderer – eher arbeitspsychologischer – Sicht haben derartige Forschungen und Überlegungen wesentliche Ergänzungen erfahren (Kannheiser, 1992). Hier soll auf eine wiederum andere Perspektive eingegangen werden, nämlich die, dass in bestimmten Arbeitssituationen die Darstellung von Gefühlen zur Arbeit gehört, weshalb man auch von »**Gefühlsarbeit**« (Hochschild, 1990; Nerdinger, 1994) spricht. Man denke exemplarisch an die Arbeit von Politikern oder Führungskräften der Wirtschaft, die in bestimmten Situationen Sicherheit darzustellen haben (Pfeffer, 1981) oder stärker noch an den Dienstleistungsbereich (Nerdinger, 1994), wo es z. B. von Mitarbeitern von Bestattungsinstituten gefordert wird, Mitgefühl mit den Trauernden zu zeigen, an Flugbegleiter oder Verkäufer, die zur Freundlichkeit verpflichtet sind oder Ärzte, die einerseits angesichts von Nacktheit oder Entstellung menschlicher Körper Neutralität zu zeigen haben, andererseits aber Besorgtheit und beruhigende oder tröstende Attitüden im Umgang mit Kranken und deren Angehörigen. Unter Gefühlsarbeit kann man dabei mit Hochschild (1990, S. 30) ein »Management der Gefühle (verstehen), das darauf bedacht ist, einen öffentlich sichtbaren Körper- und Gesichtsausdruck herzustellen; Gefühlsarbeit wird gegen Lohn verkauft und besitzt Tauschwertcharakter.«

Auch Hacker (2005, S. 125) bezeichnet das Einflussnehmen auf die Emotionen anderer bzw. auf die eigenen Emotionen als Gefühlsarbeit. Er betont jedoch, dass diese Prozesse weder auf Arbeit im Sinne von Erwerbsarbeit beschränkt sind noch als eigenständige Arbeitstätigkeiten gesehen werden sollten. Vielmehr gelte, dass

Gefühle sowohl manuelle als auch kognitive Arbeitstätigkeiten mit oder an anderen und für andere Menschen stets begleiteten.

Gefühlsarbeit kann unterschiedliche Folgen haben, die in Ansätzen untersucht wurden (Peretti & O'Connor, 1989; Hochschild, 1990; Parkinson, 1991; Nerdinger, 1994). Diese Folgen lassen sich zum Teil positiv werten im Sinne eines Gefühls erhöhter **Selbstwirksamkeit** und des Aufbaus einer sozialen **Selbstsicherheit**. Gefühlsarbeit kann aber auch in einem eher negativ zu wertenden Sinne zur erlebten Spaltung werden, zu einer Trennung des Gefühlsausdrucks vom Gefühl und damit zum **Verlust von Authentizität**.

Das zunehmende Interesse an der Gefühls-(bzw. Emotions-)arbeit ist wohl vor allem auf den Wandel objektiver Arbeitsbedingungen zurückzuführen. So arbeiten in modernen hoch entwickelten Staaten inzwischen deutlich mehr Menschen im Dienstleistungssektor (Nerdinger, 1994, 2006; Hacker, 2005) als im sekundären Sektor (der industriellen Fertigung) oder gar im primären Sektor (der Land- und Forstwirtschaft). Innerhalb personenbezogener Dienstleistungen aber gehört es zu den beruflichen Anforderungen, ganz bestimmte Emotionen zu zeigen, z. B. Freundlichkeit dem Kunden oder Mitgefühl dem Patienten gegenüber (Zapf & Dormann, 2006).

Literaturempfehlung

Hochschild, A. R. (1990). Das gekaufte Herz. Zur Kommerzialisierung der Gefühle. Frankfurt/M.
Durch dieses etwas provokative aber sehr anschaulich geschriebene Buch wurde die Diskussion um die Gefühlsarbeit in besonderem Maße angeregt. Viele Beispiele – etwa die der Flugbegleiterinnen – verdeutlichen bildhaft, was man unter Gefühlsarbeit verstehen kann.
Kannheiser, W. (1992). Arbeit und Emotion. München.
In diesem anspruchsvollen, aus einer Habilitationsschrift erwachsenen Werk wird der Stand der Forschung zu der Frage aufgearbeitet, welche Wechselwirkungen es zwischen der Arbeitstätigkeit und den Gefühlen gibt.

2.1.4. Belastung und Beanspruchung

Die Aufgabe bzw. die Aufgaben, die ein Mensch im Zuge seiner Arbeit zu erledigen hat, beinhalten **Belastungen**, wobei diese Belastungen **aufgabenbezogen oder unspezifisch** sein können: Die Informationsmenge, die etwa eine Sekretärin zu verarbeiten hat, ist eine aufgabenspezifische Belastung, der im Schreibbüro herrschende Lärm ist aufgabenunspezifisch. Häufig werden die Belastungen auch danach differenziert, ob sie vorwiegend oder ausschließlich physisch oder ob sie vorwiegend psychisch auf den Menschen wirken (Zapf & Dormann, 2006). Mit den erstgenannten setzt sich in erster Linie die Arbeitsmedizin auseinander, unter deren Mitwirkung dann auch eine Reihe von »Berufskrankheiten« normiert wurden. Diese wer-

2.1. Arbeit: Grundüberlegungen

den verursacht durch ganz bestimmte chemische oder physikalische Einwirkungen, Infektionen und Parasiten oder zeigen sich in spezifischen Erkrankungen der Atemwege und der Lunge, der Haut oder auf anderen körperlichen Feldern.

Menschen werden durch die Belastung bei der Arbeit aufgrund ihrer Persönlichkeitsmerkmale unterschiedlich in Anspruch genommen. Der Belastung steht eine spezifische Belastbarkeit gegenüber. Rohmert (1973) spricht davon, dass **Beanspruchung** als unterschiedlich starke Ausschöpfung der individuell unterschiedlichen Leistungsfähigkeit durch die gegebenen Belastungen zu verstehen sei. Auch Hacker (2005, S. 54) weist darauf hin, dass sich verschiedene Menschen in ihren individuellen Leistungsvoraussetzungen unterscheiden, so dass ihnen das Erfüllen gleicher objektiver Arbeitsanforderungen unterschiedlich schwer fällt und sich so aus dem Verhältnis von Anforderungen zu den individuellen Leistungsvoraussetzungen der Schwierigkeitsgrad der Tätigkeit sowie die Beanspruchung der Person ergeben. Bei dieser Beanspruchung sind voneinander abzuheben

- der Anteil der beanspruchten bewussten Verarbeitungskapazität und der Gesamtkapazität der Bewusstheit,
- der Anstrengungsgrad und
- die Art und der Umfang der beanspruchten Leistungsvoraussetzungen.

Wird die Beanspruchung negativ erlebt und erscheint sie entsprechend aversiv, so wird sie in der Regel als Stress klassifiziert (Udris & Frese, 1988; Antoni & Bungard, 1989; Semmer & Udris, 2004; Zapf & Dormann, 2006). Darauf werden wir später (2.4.4.) noch näher eingehen.

Die aus der beruflichen Arbeit kommenden Belastungen unterliegen einem historischen Wandel. Bei vorwiegend ländlich-bäuerlicher Produktionsweise – etwa in Deutschland vor der Industriellen Revolution – wurde körperliche Kraft vom Arbeitenden gefordert. Nach der Industrialisierung, jedoch vor den Phasen der Automation und Elektronisierung, traten neben die Forderung nach **Körperkraft** der Zeitdruck und die Notwendigkeit, sich in komplexe soziale Gebilde zu integrieren. Nachdem Körperkraft weitgehend durch Maschinen substituiert und wenig anspruchsvolle Tätigkeiten von elektronischen Arbeitsmitteln übernommen wurden, stieg der Prozentsatz jener Arbeitnehmer, die vor allem **geistigen und sozialen** Belastungen ausgesetzt sind.

Bedenkt man nun, dass künftig viele Felder des »Denkens« im Beruf vom Computer (z. B. bei CAD- oder CAM-Arbeitsplätzen) übernommen werden, es also zur »Enteignung der Experten« (Volpert, 1983) kommt, so darf man eine Verlagerung auf **soziale und emotionale** Belastungen prognostizieren. Entsprechend wird inzwischen so häufig, dass es nahezu »modisch« erscheint, in Wissenschaft und Praxis von »Sozialer Kompetenz« und »Emotionaler Intelligenz« (Goleman, 1995) gesprochen, was im Gegenzug zu Relativierungen (Frieling, 2001) und zu äußerst kritischen Kommentaren (Schuler, 2002) führte. Die Beachtung der genannten Konzepte wird noch dadurch unterstrichen, dass künftig immer mehr Menschen im Dienstleistungssektor arbeiten werden. Diese Tätigkeiten beinhalten eine hohe Dichte sozialer Interaktion und u. a. auch die Forderung – z. B. an Finanzberater, Verkäuferinnen, Freizeitanimateure oder Stewardessen – freundlich zu sein, auch wenn man sich gar nicht danach fühlt. Diese zuletzt genannte Leistung wird häufig – wie soeben besprochen – als »Gefühlsarbeit« bezeichnet. Aus dieser Art von Belastungen erwachsen zunehmend mehr Beanspruchungen, die zu spezifischen Stresssymptomen – z. B. dem »Burnout«-Syndrom (Enzmann & Kleiber, 1989) – führen.

Literaturempfehlung

Hacker, W. (2005). Allgemeine Arbeitspsychologie. Psychische Regulation von Wissens-, Denk- und körperlicher Arbeit. Bern.
Im Abschnitt 3.3 (»Psychische Anforderungen einer Arbeitstätigkeit – Funktionalismus in der Arbeitspsychologie«) werden insbesondere die Begriffe der Anforderungen und der Beanspruchung kritisch diskutiert.
Rohmert, W. (1973). Psychische Beanspruchung. In: H. Schmidtke (Hrsg.). Ergonomie I. München, S. 225–255.
In diesem Sammelreferat erfolgen u. a. Klärungen wichtiger arbeitswissenschaftlicher Begriffe.

2.1.5. Zeitkonstante und zeitvariable Leistungsvoraussetzungen

Damit die Beanspruchung durch die Belastung bei der Arbeit nicht zu groß wird, müssen die Leistungsvoraussetzungen der Person den Anforderungen im Wesentlichen entsprechen. Die Tätigkeit wird sonst zur Bedrohung, d. h. es kommt zum Stress mit den damit verbundenen ungünstigen Folgen. Eine den Belastungen entsprechende Belastbarkeit kann auf Seiten der Person durch Auslese sowie durch Personalentwicklungsmaßnahmen gewährleistet werden, worüber noch zu sprechen sein wird (vgl. Kap. 3.). Von Seiten der Situation kann durch entsprechende Maßnahmen der Arbeits- und Arbeitsplatzgestaltung die Belastung modifiziert werden. Bei der Analyse der Leistungsvoraussetzungen, die der Einzelne zur Aufgabenbewältigung mitbringt, kann zwischen **zeitkonstanten und zeitvariablen Leistungsvoraussetzungen** unterschieden werden (vgl. Hoyos, 1974). Unter den zeitvariablen Leistungsvoraussetzungen sind zum Teil physische, zum Teil allerdings auch psychische Persönlichkeitsmerkmale zu verstehen. Zu denken ist hier an die physiologische Leistungsfähigkeit unter den Aspekten der biologischen Tages-, Wochen- oder Jahresrhythmik, an das allgemeine Aktivierungsniveau und, im Zusammenhang damit, an Wachsamkeit und Monotonieerlebnisse, an Ermüdung und an Motivaktivierung. Zwischen Fähigkeiten und Fertigkeiten wird dabei unterschieden.

Die **Fähigkeiten** sind als Begriff weiter zu fassen; sie beinhalten die Gesamtheit der psychischen Bedingungen, die zum Vollzug einer Tätigkeit notwendig sind. So ist etwa die Intelligenz die Fähigkeit, die zur Bewältigung der Aufgaben eines Intelligenztests notwendig erscheint. Der Begriff der **Fertigkeit** ist demgegenüber enger, er ist auf spezifische, eng umschriebene Aufgaben bezogen (z. B. Schreibmaschine schreiben können, Fremdsprachen sprechen etc.). Schließlich wird in jüngerer Zeit auch vermehrt von **Kompetenzen** in dem Sinne gesprochen, dass es sich dabei um Dispositionen zu einem selbstorganisierten Tun handelt (Erpenbeck & v. Rosenstiel, 2003), die erforderlich und zugleich entfaltet werden, wenn sich die Person mit unerwarteten und komplexen Herausforderungen auseinandersetzen muss. Da sich – zumindest im qualifizierten Bereich der Arbeit – derartige Situationen zudem häufiger stellen, gewinnen eine strategische Kompetenzentwicklung in den Unternehmen (v. Rosenstiel, Pieler & Glas, 2004) und ein gezieltes Kompetenztraining (Heyse & Erpenbeck, 2004) zunehmend an Gewicht.

Es versteht sich nach dem Gesagten von selbst, dass die Analyse der Fähigkeiten, Fertigkeiten und Kompetenzen, die zur Erfüllung bestimmter Aufgaben erforderlich sind, unmittelbare Hinweise für die Inhalte von Aus- und Weiterbildungsprogrammen liefert. Das Problem liegt in diesem Bereich allerdings in der Übersetzung von Anforderungen der Aufgabe in Fähigkeits- und Fertigkeitsausprägungen bei der Person (vgl. 3.3.1.1.).

Literaturempfehlung

Hoyos, Graf C. (1974). Arbeitspsychologie. Stuttgart.
  In den Kapiteln 7 und 8 dieses noch immer lesenswerten informationsreichen und weit verbreiteten Taschenbuchs wird differenziert auf den Unterschied zwischen zeitkonstanten und zeitvariablen Leistungsvoraussetzungen eingegangen.
Schuler, H. & Höft, S. (2004). Diagnose beruflicher Eignung und Leistung. In: H. Schuler (Hrsg.). Lehrbuch Organisationspsychologie. Bern, S. 289–343.
  In diesem anspruchsvollen und sehr differenzierten Beitrag zu einem in dritter Auflage erschienenen Lehrbuch werden u. a. auch die psychologischen Voraussetzungen der beruflich geforderten Leistungen dargestellt.

2.2. Arbeitsanalyse

Der Begriff der **Arbeitsanalyse** belastet unter Wertgesichtspunkten die Arbeits- und Organisationspsychologie. Viele denken dabei an die durch das »scientific management« initiierten Verfahren der Zeit- und Bewegungsstudien und die dadurch eingeleitete bzw. perfektionierte Einordnung menschlicher Arbeit in Abläufe mechanisierter Tätigkeit. Derartige Analysen ermöglichten z. B. eine Organisation der Arbeit nach dem »**System vorbestimmter Zeiten**« (SvZ), dessen Grundgedanken Schlaich (1965) im Heft 3 der REFA-Nachrichten verteidigt: »Die Anwendung des SvZ wird in vielen Fällen dazu führen, dass dem ungelernten Arbeiter in der Serienproduktion in der Zukunft die Möglichkeit der eigenen Gestaltung seiner Arbeit zu einem großen Teil genommen wird. Allerdings ist es eine Illusion anzunehmen, dass er erst damit zum Lückenbüßer der Mechanisierung degradiert werden wird. Im Gegenteil ist die geistige Leistung eines Hilfsarbeiters schon in einer schlecht organisierten Serienproduktion derart gering, die psychische und physische Belastung durch ungeheure Vorgabezeiten und schlecht gestaltete Arbeitsplätze dagegen so hoch, dass mithilfe des SvZ minuziös festgelegte Arbeitsabläufe als das kleinere Übel anzusehen sind.«

Dieses Zitat, das auf Methoden und Ziele der Arbeitsanalyse hinweist, stammt aus dem ingenieurwissenschaftlichen Bereich. Tatsächlich geht es dieser technisch orientierten Arbeitsanalyse um anderes als der psychologisch orientierten (Hacker, 2005, S. 45). Es ist sinnvoll, hier zu differenzieren.

Die **psychologisch orientierte Arbeitsanalyse** – man findet auch häufig den Ausdruck »Tätigkeitsanalyse« – befasst sich schwerpunktmäßig mit den Arbeitsverrichtungen oder dem Arbeitsinhalt, während die **ingenieurwissenschaftlich ausgerichtete Analyse**, die häufig als »Arbeitsplatzanalyse« bezeichnet wird, weit stärker auf die äußeren Arbeitsbedingungen abzielt.

Psychologische Arbeitsanalysen können aus unterschiedlichen Gründen empfehlenswert werden. Die wichtigsten liegen auf dem Gebiet der Arbeitsgestaltung (2.4.).

Literaturempfehlung

Frieling, E. & Sonntag, K. H. (1999). Lehrbuch Arbeitspsychologie. Bern.
Auf den Seiten 57–143 dieses informationsreichen und kritischen Lehrbuchs werden differenziert Verfahren der psychologischen Arbeitsanalyse besprochen.
Schüpbach, H. & Zölch, N. (2004). Analyse und Bewertung von Arbeitssystemen und Arbeitstätigkeiten. In: H. Schuler (Hrsg.). Lehrbuch Organisationspsychologie, Bern, S. 197–220.
In diesem konzentrierten Lehrbuchartikel wird anhand vieler Beispiele und mit Hilfe von »Informationsboxen« verdeutlicht, wie man bei einer Analyse menschlicher Arbeit vorgehen kann, welche konkreten Verfahren es hier gibt und wie man dann schließlich die Arbeit bewertet.

2.2.1. Methoden der Arbeitsanalyse

Man könnte als Organisationspsychologe geneigt sein, sich bei der Arbeitsanalyse ganz auf die personenorientierten Aspekte zu beschränken. Dies wäre jedoch vorschnell, denn der Einzelne handelt ja bei der Arbeit innerhalb einer häufig sehr eindeutig definierten Situation, die durch die **Auftrags- und Erfüllungsbedingungen** der Tätigkeit bestimmt ist. Entsprechend schlägt Matern (1983) auch vor, bei der psychologischen Arbeitsanalyse zwei wesentliche Stufen zu unterscheiden. Zum einen die psychologische *Auftrags- und Bedingungsanalyse* und zum anderen die **psychologische Tätigkeitsanalyse**. Die **Auftrags- und Bedingungsanalyse erfolgt unabhängig von der einzelnen Person**. Hier geht es um die exakte und zugleich psychologisch relevante Analyse der Aufträge und Bedingungen der Tätigkeit. Die **Tätigkeitsanalyse** selbst ist dann personenorientiert. Sie bemüht sich um

2.2. Arbeitsanalyse

das Aufzeigen der Verhaltensweisen bei der Arbeit, insbesondere um die Gesetzmäßigkeiten der psychischen Tätigkeitsregulation. Es ist dabei offensichtlich, dass man die beiden Analysekonzepte im Zusammenhang sehen muss. Die objektive Seite stellt den Rahmen dar, innerhalb dessen der Einzelne die ihm gestellte Aufgabe redefiniert, um sodann zielorientiert zu handeln.

Relativ strukturierte Verfahren zur Analyse der Auftrags- und Erfüllungsbedingungen sind verständlicherweise vor allem für solche betrieblichen Tätigkeitsfelder entwickelt worden, in denen auch die Arbeitsabläufe selbst hoch strukturiert sind, wie das z. B. für die Produktion gilt. Hier empfehlen Hacker und Matern (1980) ein Vorgehen **in sieben Schritten, ausgehend**

- von den betrieblichen Rahmenbedingungen, über
- die Erfassung der Funktionsteilung zwischen Mensch und Maschine,
- das Auflisten der Merkmale des zu bearbeitenden Produktes und des zu steuernden Prozesses,
- die Erfassung der Kommunikation, wie sie bei der Arbeitsteilung zwischen den verschiedenen Personen notwendig ist,
- der Beschreibung der Struktur der Arbeitsaufträge,
- der Feststellung der objektiven Freiheitsgrade bei deren Bewältigung, bis hin zur
- Erfassung der Häufigkeiten, mit denen identische Arbeitsaufträge bearbeitet werden.

Es ist nahe liegend, dass derartige klar umrissene Konzepte bestenfalls ein Orientierungsraster sein können, wenn die Aufgaben wenig strukturiert sind. Man denke z. B. an komplexe Forschungs- und Entwicklungsarbeiten, an strategische Planungen oder Maßnahmen der Personalentwicklung. Dennoch erschiene es häufig empfehlenswert, auch hier die Auftrags- und Erfüllungsbedingungen zu analysieren, da die in diesen Feldern hoch qualifizierten Spezialisten sich selbst darüber gelegentlich nicht klar sind und von dort her Misserfolge ihres Tuns erklärt werden können. Man denke z. B. an Aufträge, die ein im Betrieb fest angestellter Organisationspsychologe ausführt, um die kommunikative Kompetenz von Industriemeistern zu verbessern. In der Regel ist der Auftraggeber selbst sich über die Zielsetzung nicht im Klaren, sodass der Auftrag vage ist und die Erfüllungsbedingungen unpräzise bleiben. Dies wiederum kann häufig zu Missverständnissen und interpersonalen Konflikten führen.

Bei den **psychologischen Tätigkeitsanalysen** wird untersucht, wie sich vor dem Hintergrund der Auftrags- und Bedingungsstruktur die Tätigkeiten am Arbeitsplatz selbst darstellen. Man bringt auf diese Weise in Erfahrung, welche Einzeltätigkeiten besonders häufig sind, in welcher Folge sie auftreten, wie viele Zeitanteile sie beanspruchen und welche dieser Teiltätigkeiten zum eigentlichen Ziel der Aufgabe wesentlich beitragen.

Ulich (2005) schlägt vor, bei psychologischen Tätigkeitsanalysen drei Arbeitsschritte zu beachten:

- **Erfassen der Teiltätigkeiten** durch Beobachtungsinterviews, d. h. stichprobenartige Beobachtung mit anschließender Befragung der Stelleninhaber über Zusammensetzung und Ablauf ihrer Tätigkeit. Hierbei kann sich zeigen, ob die in der Auftragsanalyse notierten Teilaufträge sich in beobachtbarem Verhalten niederschlagen.
- **Entwicklung eines Kategoriensystems** zur systematischen, exakten und differenzierten Erfassung der Teiltätigkeiten.
- **Tätigkeitsbeobachtungen mithilfe dieses Kategoriensystems** über einen längeren Zeitraum, wobei eine Arbeitsschicht und zudem die Phase der Übergabe der Tätigkeit an Kollegen bei Schichtarbeit, Teilzeitarbeit oder Jobsharing empfehlenswert ist.

Werden derartige Tätigkeitsanalysen allein vom Experten, dem psychologisch geschulten Ingenieur oder Arbeitswissenschaftler bzw. vom Arbeits- oder Organisationspsychologen vorgenommen, so wird trotz eines guten Kategoriensystems meist etwas Wesentliches übersehen, nämlich die Art und Weise, in der die Tätigkeit vom Stelleninhaber erlebt, wie sie also subjektiv widergespiegelt wird.

Beschränkt man sich dagegen allein auf Befragungen der Stelleninhaber, so wird ebenfalls Wesentliches nicht erfasst, da viele Arbeitsabläufe für den Stelleninhaber zur Selbstverständlichkeit, zum unreflektierten, habituellen Verhalten geworden sind und somit gar nicht mehr bewusst wahrgenommen werden.

Aus diesen angedeuteten Einschränkungen der Beobachtungs- und der Befragungsverfahren ergibt sich, dass im Regelfall für eine psychologische Tätigkeitsanalyse **Beobachtungsinterviews** als optimale Vorgehensweisen angesehen werden können, auch wenn der Aufwand dafür erheblich ist. Beobachtungsinterviews sind vor allem dann angezeigt, wenn es nicht nur um die Beschreibung der Auftrags- und Bedingungsstruktur sowie der Arbeitstätigkeiten geht, sondern aus psychologischer Perspektive darüber hinaus Auswirkungen der Tätigkeit auf das Erleben der Person analysiert werden sollen, um auf diese Weise auch eine psychologisch orientierte Bewertung der Arbeitstätigkeit vornehmen zu können.

Auch wenn sich klassifikatorisch die Aufgaben- und Bedingungsanalyse, die Tätigkeitsanalyse und die Bewertung, ausgerichtet an bestimmten Kriterien, recht gut voneinander differenzieren lassen, sind in den einzelnen Verfahrensweisen die verschiedenen Aspekte – wenn auch mit unterschiedlicher Akzentsetzung – nicht voneinander getrennt. Es kommt auch darauf an, im Rahmen welcher **Zielsetzung** die Untersuchungen vorgenommen werden: Geht es um eine Standardisierung des Arbeitsentgelts, das Auffinden von fehlerhaften Arbeitsprozessen oder überflüssigen Arbeitsleistungen, eine Abgrenzung der Verantwortungsbereiche, die Analyse der Ursachen von Fehlverhalten und Versagen oder eine humane Gestaltung von Arbeitsplätzen? Je nach Antwort auf derartige Fragen wird man unterschiedlich vorgehen.

Frieling (1975) hat vorgeschlagen, die vorliegenden Verfahren danach zu klassifizieren, ob es sich um unstandardisierte, halb standardisierte oder standardisierte handelt. Um die Vielfalt der denkbaren Vorgehensweisen anzudeuten, seien jeweils Beispiele genannt.

2.2. Arbeitsanalyse

- Die wichtigsten **unstandardisierten Verfahren** sind nach Frieling (1975):
  - vorhandene Arbeitsplatzbeschreibungen,
  - freie Berichte der Stelleninhaber,
  - Arbeitsausführung durch den Arbeitsanalytiker selbst,
  - Analyse der Ausbildungsprogramme und
  - Analyse vorliegender Dokumente.
- Beachtenswerte **halb standardisierte Verfahren** sind:
  - Arbeitstagebücher,
  - verschiedene Beobachtungsverfahren,
  - Interviewtechniken sowie die
  - Critical-incident-technique (CIT) von Flanagan (1954), die eine spezifische Kommentierung verdient. Das Überraschende bei dieser halb standardisierten Vorgehensweise besteht darin, dass nicht typische repräsentative Ausschnitte der Tätigkeit erhoben werden, sondern ganz bewusst im positiven oder negativen Sinne untypische, herausragende »kritische« Ereignisse oder Verhaltensweisen, die besonders zum Erfolg oder Misserfolg beitrugen oder z. B. fast zu einem Unfall geführt hätten bzw. ihn verhindert haben. Meist geht man bei dieser Vorgehensweise in fünf Schritten vor, wobei die einzelnen Schritte wie folgt gekennzeichnet werden können:
    - ~ Die Ziele der Tätigkeit werden bestimmt, um einstufen zu können, ob das beobachtete Arbeitsverhalten zum Erfolg wesentlich beiträgt oder nicht.
    - ~ Beobachter werden geschult, das Arbeitsverhalten hinsichtlich der Ziele zu registrieren und zu kategorisieren.
    - ~ »Kritische Ereignisse« werden durch Beobachtung oder Befragung erhoben, d. h. solche Ereignisse oder Verhaltensweisen, die zu einer guten bzw. schlechten Ausführung des Auftrags führten.
    - ~ Auswertung des erhobenen Datenmaterials.
    - ~ Interpretation, in deren Folge zur genaueren Analyse standardisierte Erhebungsinstrumente entwickelt, Schulungskonzepte implementiert und Arbeitsgestaltungsmaßnahmen eingeleitet werden können.
- Als wichtige **standardisierte Arbeitsanalyseverfahren** nennt Frieling (1975):
  - Checklisten sowie
  - Beobachtungsinterviews, als dessen prominentester Pionier der PAQ (Position Analysis Questionaire) von McCormick, Jeanneret & Mecham (1972) zu nennen ist. Es handelt sich dabei um ein etwa 200 Einzelitems umfassendes Verfahren, das am S-O-R-Paradigma orientiert ist und sich insbesondere bei der Analyse gewerblicher Tätigkeiten bewährt hat. Die deutschsprachige Fassung des Verfahrens, der FAA (Fragebogen zur Arbeitsanalyse) wird unter 2.2.2.1. knapp vorgestellt.

Literaturempfehlung

Ulich, E. (2005). Arbeitspsychologie. Stuttgart.
Im zweiten Kapitel dieses Lehrbuchs, das mit »Analyse von Arbeitstätigkeiten« überschrieben ist, wird insbesondere auf die Differenzierung zwischen Auftrags- und Bedingungsanalyse einerseits und psychologischer Tätigkeitsanalyse andererseits Wert gelegt. Beispiele dafür werden ausführlich beschrieben.

2.2.2. Im deutschen Sprachraum vorliegende Verfahren

Verfahren der Arbeitsanalyse, die deutlich über die Zeit- und Bewegungsstudien des »scientific management« hinausgehen und psychologisch orientiert sind, haben im deutschen Sprachraum einige Tradition (vgl. Frieling & Sonntag, 1999).

Schüpbach & Zölch (2004) führen in ihrem Überblicksartikel in einer umfangreichen Tabelle (S. 211–214) 28 verschiedene Verfahren auf, von denen freilich 3 in nur geringfügiger Abwandlung, aber mit unterschiedlicher Zielsetzung, zweifach genant werden. Allerdings ist auch diese relativ große Zahl nur eine exemplarische Auswahl der insgesamt in Deutschland existierenden Vorgehensweisen. Die Autoren gliedern die Verfahren in einer programmatischen Weise wie folgt:

- **Bedingungsbezogene Analyseverfahren**, die wieder unterdifferenziert werden in arbeitswissenschaftlich und verhaltenstheoretisch orientierte Verfahren, diese wiederum in tätigkeitspsychologisch und handlungstheoretisch fundierte Verfahren, sowie
- **personenbezogene Analyseverfahren**, wobei hier auf eine Unterdifferenzierung verzichtet wird.

2.2.2.1. Fragebogen zur Arbeitsanalyse (FAA)

Als ein noch immer verbreitetes Verfahren darf der von Frieling & Hoyos (1978) entwickelte **Fragebogen zur Arbeitsanalyse (FAA)** gelten, der ursprünglich eine Übersetzung des von McCormick, Jeanneret und Mecham (1972) entwickelten »Position Analysis Questionaire (PAQ)« darstellte. Dieses Verfahren darf als eine Pionierleistung auf dem Gebiet der Arbeitsanalyse gelten. Frieling und Hoyos (1978) erkannten allerdings bald, dass sie es bei einer bloßen Übersetzung nicht bewenden lassen konnten, sondern auf der Grundlage des PAQ für die spezifischen deutschen Bedingungen ein eigenes Verfahren entwickeln mussten, den FAA.

Das Verfahren umfasst insgesamt annähernd 200 Items. Diese beziehen sich auf die Bereiche:

- Informationsaufnahme (Wahrnehmung),
- kognitive Prozesse (Informationsverarbeitung, Entscheidung),
- Arbeitsergebnis,
- Beziehungen zu anderen Personen,

- Arbeitsumgebung und
- andere Merkmale der Arbeit.

Schon diese Beschreibung der Inhalte verdeutlicht, dass der FAA von informationstheoretischen Überlegungen ausgeht und am **S-O-R-Paradigma** orientiert ist.

Die Beantwortung der Fragen innerhalb dieses Beobachtungsinterviews erfolgt in quantitativer Form: Z. T. wird im Sinne von Alternativeinstufungen (trifft das Merkmal zu: ja – nein) vorgegangen, z. T. wird auf 6-stufigen Einstufungsskalen die Häufigkeit, Wichtigkeit, Zeitdauer und Wahrscheinlichkeit des Auftretens quantifiziert. Die Beantwortung der Items erfolgt z. T. aufgrund von Beobachtungen, z. T. aufgrund von Befragungen.

Angaben zur Objektivität und Reliabilität liegen vor. Die Werte sind – ausreichendes Training der Beurteiler vorausgesetzt – befriedigend.

Die gewonnenen Daten eignen sich z. B. dafür, verschiedene Berufe hinsichtlich ihrer Ähnlichkeit miteinander zu vergleichen (Frieling, 1978). Andererseits kann man zeigen, dass sich hinter einer gleichen Berufsbezeichnung – z. B. Sekretärin – von Organisation zu Organisation ganz andere Arbeitsinhalte und somit verschiedenartige Anforderungen verbergen.

Kritik hat der FAA vor allem deshalb gefunden, weil er umfassende, in sich zusammenhängende Arbeitsabläufe in Elemente aufgliedert und damit u. U. ganzheitliche Bezüge nicht beachtet und weil er in zu starkem Maße beobachtbare äußere Verhaltensweisen in den Blick nimmt und die dahinter stehenden Kognitionen und Emotionen verdeckt. Entsprechend ist das Verfahren mehr zur Beobachtung motorisch-operativer Tätigkeiten als zur Beschreibung und Bewertung geistiger Arbeit geeignet.

Ein dem FAA recht ähnliches und von ihm beeinflusstes Verfahren ist der **AET (Arbeitswissenschaftlicher Erhebungsbogen zur Tätigkeitsanalyse)**, der von Rohmert & Landau (1978) entwickelt wurde.

Während sich der FAA am klassischen S-O-R-Paradigma orientiert, sind die neueren Verfahren handlungstheoretisch begründet. Die **Handlungstheorie** (Frese & Sabini, 1985; Hacker, 2005) geht von einem Menschenbild aus, das durch Selbstbestimmtheit, Geplantheit und Zielgerichtetheit des Handelns gekennzeichnet ist.

Bedenkt man nun, dass es bei der Beschreibung und Bewertung von Arbeitstätigkeit darauf ankommt, Arbeitsanalysen zum einen relativ personenunabhängig und bedingungsbezogen vorzunehmen, zum anderen aber auch personenbezogen vorzugehen, so überrascht es nicht, dass sich im Sinne einer Spezialisierung neuere Verfahren finden lassen, die als Beispiele für die eine oder andere Vorgehensweise gelten dürfen (vgl. Oesterreich & Volpert, 1987).

2.2.2.2. Verfahren zur Ermittlung von Regulationserfordernissen in der Arbeitstätigkeit (VERA)

VERA ist ein Beispiel für ein personenunabhängiges Vorgehen. Das Verfahren wurde zur **Ermittlung von Regulationserfordernissen in der Arbeitstätigkeit** von Volpert et al. (1983) entwickelt und darf als explizit bedingungsorientiert bezeichnet werden. Es handelt sich dabei um ein Beobachtungsinterview, mit dessen Hilfe untersucht wird, in welchem Ausmaß die Arbeitstätigkeit nicht nur die Ausführung einzelner Verrichtungen, sondern auch vorausschauendes Denken und Planen des Stelleninhabers erfordert. Als »Soll-Modell« steht dabei ein **5-Ebenen-Modell der Handlungsregulation** im Hintergrund, das sog. »vollständige Arbeitshandlungen« beschreibt. Die Ebenen beziehen sich auf

- die Einrichtung z. B. der Produktion,
- die Koordination verschiedener Bereiche,
- die Bestimmung von Teilzielen innerhalb eines Bereiches,
- die Planung einer Abfolge von Handlungen, die zum Erreichen des Teilzieles erforderlich sind, und schließlich
- die Ausführung der Operationen bis zur Realisierung der einzelnen Handlung.

Mithilfe des Verfahrens lässt sich erkunden, durch welche höchste, gerade noch erforderliche Stufe der Regulationserfordernisse die Tätigkeit gekennzeichnet ist. Je niedriger diese Stufe ist, als desto partialisierter gilt die Tätigkeit, desto ausgeprägter ist also die Trennung zwischen »Kopf und Hand«, desto stärker die Fremdbestimmtheit.

2.2.2.3. Analyse der Regulationshindernisse in der Arbeitstätigkeit (RHIA)

Auch das RHIA-Verfahren (**Regulationshindernisse in der Arbeitstätigkeit**) von Leitner et al. (1987) geht auf das Partialisierungskonzept zurück. Mithilfe dieses Verfahrens soll spezifisch erkundet werden, wie und wodurch die Regulation behindert wird. Solche Behinderungen können in mangelhafter Information, unzureichenden Werkzeugen etc. bestehen. Es ist dann also ein zusätzlicher Aufwand erforderlich, um das Ziel der Aufgabe dennoch zu erreichen. Aus diesem zusätzlichen Handlungsaufwand ergibt sich dann eine entsprechend größere aufgabenbezogene psychische Belastung. Diese ist personenunabhängig, d. h. für alle, die die Aufgabe ausführen, identisch. Die Beanspruchung, das aversive Erleben dieser zusätzlichen Belastung und somit der Stress können dann natürlich von Person zu Person unterschiedlich sein.

2.2.2.4. Fragebogen zum Erleben von Intensität und Tätigkeitsspielraum in der Arbeit (FIT)

Bei diesem Fragebogen handelt es sich im Gegensatz zu VERA oder RHIA um ein auf der Subjektivität der arbeitenden Person beruhendes Verfahren der Tätigkeitsanalyse, innerhalb dessen zum einen der erlebte Tätigkeitsspielraum, zum anderen Qualifikations- und Entscheidungsmöglichkeiten sowie die Anforderungsvielfalt und die erlebte Arbeitsintensität – operationalisiert über Arbeitstempo, Schwierigkeitsgrad und erlebte körperliche Anstrengung – erfasst werden. Dieses sehr vielfältig einsetzbare Verfahren geht auf Richter, Hemmann, Merboth, Fritz, Hänsgen & Rudolf (2000) zurück.

2.2.2.5. Tätigkeitsanalyseinventar (TAI)

Allgemeiner im Anspruch als VERA und RHIA ist das von Frieling et al. (1984) entwickelte **Tätigkeitsanalyseinventar (TAI)**. Das äußerst umfangreiche Verfahren, das über 2000 Items umfasst, soll einerseits dabei hilfreich sein, die Auswirkungen des Einsatzes neuer Techniken zu erkennen, andererseits Gestaltungsspielräume bei technischen Veränderungen zu diagnostizieren. Das Verfahren ist mehrfach gegliedert. Es geht zum einen um organisatorisch-technische Bedingungen der Tätigkeit, zum Zweiten um die Informationsaufnahme und -verarbeitung, zum Dritten um die Handlungsvorbereitung und -ausführung, zum Vierten schließlich um die Dynamik der Tätigkeit. Bei spezifischen Fragestellungen kann auf einzelne dieser Teilverfahren oder gar auf einzelne der Items zurückgegriffen werden. Dennoch ist der Einsatz des TAI aufwändig und daher die Nutzung des Verfahrens in der betrieblichen Praxis kaum möglich, sodass als Folge ein den **Praxisanforderungen** gerechter werdendes Verfahren, der **P-TAI** entwickelt wurde (Kannheiser, Hormel & Aichner, 1993).

2.2.2.6. Subjektive Arbeitsanalyse (SAA)

Die soeben beschriebenen Verfahren – abgesehen vom FIT – lenken den Fokus der Aufmerksamkeit nicht auf die Subjektivität des Stelleninhabers, seine Redefinition der Arbeitssituation. Wer daran interessiert ist, findet ein adäquates Vorgehen im Verfahren der »**Subjektiven Arbeitsanalyse**« **(SAA)** von Udris & Alioth (1980). Bei der SAA handelt es sich um einen Fragebogen mit 50 Items, die vom Stelleninhaber auf fünfpunktigen Skalen beantwortet werden. Inhaltlich lassen sich die Items 6 Bereichen zuordnen:

- **Handlungsspielraum** (Autonomie, Variabilität),
- **Transparenz** (Transparenz der Aufgabe, soziale Transparenz),
- **Verantwortung** (Verantwortung für eine gemeinsame Aufgabe, Verantwortung für Ergebnisse),
- **Qualifikation** (Anforderungen, Einsatz, Chancen),
- **Soziale Struktur** (Unterstützung durch Kollegen, Kooperation, Respektierung durch den Vorgesetzten) und
- **Arbeitsbelastung** (Arbeitsvolumen, Schwierigkeit).

Mithilfe der SAA kann die Arbeitssituation, wie sie subjektiv wahrgenommen wird, in theoretisch relevanten Aspekten erfasst werden, wobei das Verfahren den Vorteil hat, zur Analyse recht unterschiedlicher Arbeitstätigkeiten eingesetzt werden zu können (Nibel, 1987).

2.2.2.7. Tätigkeits- und Arbeitsanalyseverfahren für das Krankenhaus (TAA-KH-O)

Während die bisher knapp skizzierten Verfahrensweisen relativ generell einsetzbar sind, haben sich in jüngerer Zeit unterschiedliche Vorgehensweisen für ganz spezifische Arbeitssituationen entwickelt, darunter der **TAA-KH-O** von Büssing und Glaser (1999). Dieses Verfahren der Auftrags- und Bedingungsanalyse richtet sich – dem Arbeitsschwerpunkt der Autoren entsprechend – auf die Arbeitssituation im Krankenhaus. Es ist insbesondere für Pflegekräfte geeignet und erfasst Kennzeichen der Station, dort bestehende Regulationserfordernisse und Regulationsbehinderungen und registriert dabei Teiltätigkeiten.

2.2.2.8. Verfahren zur Analyse von Arbeit im Haushalt (AVAH)

Das von Resch (1998) entwickelte Verfahren ist eines der ganz wenigen, das spezifisch solche Arbeit analysiert, die im Regelfall nicht als Erwerbsarbeit ausgeführt wird. Es ist gezielt dafür konzipiert Tätigkeiten in Privat- oder Familienhaushalten zu analysieren, in denen eine oder mehrere Personen für die Erziehung von Kindern verantwortlich sind. Dabei werden erfasst: Entscheidungs- und Planungsprozesse, Beachten der Kooperation, speziell die Betreuung von Kindern sowie schließlich die zeitlich gegebene Flexibilität.

2.2.2.9. Diagnoseinstrument gesundheitsförderlicher Arbeit (DigA)

Das **DigA**, entwickelt von Ducki (2000), betrachtet Verwaltungs- und Produktionsarbeit im sekundären Sektor unter einer ganz spezifischen Perspektive, und zwar jener der Gesundheitsförderlichkeit. Dabei werden Arbeitsbelastungen, Ressourcen am Arbeitsplatz, Beeinträchtigungsindikatoren der Gesundheit sowie positive Indikatoren der Gesundheit im Sinne eines personenbezogenen Vorgehens analysiert.

Literaturempfehlung

Dürholt, E., Facaoaru, C., Frieling, E., Kannheiser, W. & Wöcherl, H. (1983). Qualitative Arbeitsanalyse – Neue Verfahren zur Beurteilung von Tätigkeiten. Frankfurt.
In diesem differenzierten Projektbericht werden eingehend und detailliert die handlungstheoretischen Fundierungen und die Entwicklungsarbeiten dargestellt, die zu einem der anspruchsvollsten Arbeitsanalyseverfahren führten, dem Tätigkeitsanalyseinventar (TAI).
Oesterreich, R. & Leitner, K. (1989). Handlungspsychologische Arbeitsanalyseverfahren »VERA« und »RHIA« In: S. Greif, H. Holling & N. Nicholson (Hrsg.). Arbeits- und Organisationspsychologie. München, S. 240–244.
In einer knappen und prägnanten Darstellung werden theoretische Grundlagen und Einsatzmöglichkeiten zweier handlungspsychologisch begründeter Arbeitsanalyseverfahren dargestellt.
Schüpbach, H. & Zölch, N. (2004). Analyse und Bewertung von Arbeitssystemen und Arbeitstätigkeiten. In: H. Schuler (Hrsg.). Lehrbuch Organisationspsychologie. Bern, S. 197–210.
In diesem bereits schon einmal empfohlenen Beitrag findet sich eine aktuelle Überblickstabelle zu verschiedenen bedingungs- und personenbezogenen Analyseverfahren der Arbeit.

2.3. Psychologische Arbeitsbewertung

Die Analyse der Arbeit – sei sie nun auftrags- und bedingungs- oder aber tätigkeitsbezogen – ist kein Selbstzweck. Es geht darum auf der Grundlage derartiger Analysen konkrete Maßnahmen zu ergreifen. Meist werden dies Gestaltungsmaßnahmen sein (Ulich, 2004), obwohl durchaus auch andere denkbar sind wie z. B. die Ableitung von Anforderungen für die Personalentwicklung. Wenn aber Arbeit gestaltet werden soll, so bedarf es – ganz im Sinne der Darstellung 5 im ersten Teil dieses Buches – der »Definition des Sollzustandes«, also der begründeten normativen Setzung von Kriterien des Wünschenswerten. Darum geht es in der Arbeitsbewertung oder, um dies mit Volpert (1990) einfach und prägnant zu formulieren: »Welche Arbeit ist gut für den Menschen?«

Liegen die Ergebnisse der Arbeitsanalyse vor und ist das Ziel der Maßnahmen eine Neugestaltung von Arbeit, so wird sicherlich in den meisten Fällen der Techniker auf anderes achten als der Betriebswirt, der Arbeitsmediziner wiederum auf etwas anderes als der Psychologe. Bedenkt man, dass dieser ein Aspektspezialist für menschliches Erleben und Verhalten ist, dann ergibt sich daraus ein spezifisches Problem. Darf man aus **Indikatoren des Erlebens und Verhaltens**, die sich aus der aktuellen Situation und dem aktuellen Bewusstseinsstand eines Menschen ergeben, Kriterien gewinnen, an denen die Arbeitsgestaltung ausgerichtet wird (vgl. Friedel-Howe, 1981)?

Dies ist letztlich – auch bei breiterer Betrachtungsweise – das Problem aller subjektiven Indikatoren (Werner, 1974). Die Grundproblematik sei am Beispiel verdeutlicht. Die von Groskurth und Volpert (1975) angedeuteten positiven Konsequenzen der Aufgabenerweiterung gelten keineswegs generell. Hulin und Blood (1968) konnten z. B. zeigen, dass zwischen dem qualitativen Umfang der zu bewältigenden Aufgaben und der Arbeitszufriedenheit im Durchschnitt keine nennenswerte Beziehung besteht (allerdings wurden die Tätigkeiten nicht an objektiven Kriterien gemessen, was den Wert der Studie herabsetzt). Teilt man dagegen die Gruppe nach soziologischen Kriterien auf, so differenziert sich das Bild erheblich. Personen, die den Normen der industriellen Arbeiterschaft nahe stehen (z. B. Bejahung des Items »Ein Job ist ein notwendiges Übel«), sind umso unzufriedener, je umfangreicher ihre Tätigkeit ist. Personen dagegen, die eher den Normen des bürgerlichen Mittelstandes folgen (z. B. Bejahung des Items »Der Sinn des Lebens erfüllt sich auch in der Arbeit«), sind umso zufriedener, je umfangreicher ihre Tätigkeit ist. Soziale Normen wirken also hier als Moderatorvariablen der Beziehung zwischen Aufgabenerweiterung und Arbeitszufriedenheit.

Bereits Münsterberg (1912) hatte überrascht festgestellt, dass sich Einzelfälle beobachten lassen, bei denen eine dem Experten monoton erscheinende Arbeit vom Stelleninhaber als interessant und anregend erlebt wurde, während auf der anderen Seite interessant und abwechslungsreich erscheinende Arbeit von den Stelleninhabern als langweilig und monoton beschrieben wurde. Er folgert, dass das Erleben von Monotonie weniger von objektiven Charakteristika der Arbeit als von Merkmalen der Person abhängt.

Für den für die Arbeitsgestaltung Verantwortlichen stellt sich jetzt die Frage, ob er sich an diesen Befunden orientieren soll oder nicht. Würde er es tun, so müsste er unterschiedlich umfangreiche Tätigkeitsfelder zur Wahl stellen. Wer es also im Laufe seines Sozialisationsprozesses nicht gelernt hat, Erfüllung in umfangreicheren und selbst verantwortlichen Tätigkeiten zu finden, dem wird dies auch künftig nicht zugestanden. Entscheidet man dagegen, dass diejenigen, die diese Aufgabenausweitung bisher nicht schätzen gelernt haben, dies dadurch lernen sollen, dass man ihnen derartige umfangreichere Aufgaben zuteilt, so macht man das eigene »elitäre« Bewusstsein zum Maßstab und damit auch die Organisation zur »Schule der Nation«. Eine empirische Wissenschaft kann keinen Weg aus dem Dilemma weisen. Letztlich muss die Beantwortung dieser Frage an **normativen Kriterien und nicht an empirischen Befunden** ausgerichtet sein.

Derartige Kriterien ließen sich aus dem **Grundgesetz der Bundesrepublik Deutschland** ableiten (z. B. »Die Würde des Menschen ist unantastbar ...«, Vilmar, 1973). Sie sind z. T. auch von den politischen Instanzen formuliert worden (Pöhler, 1979). Aber auch Arbeits- und Organisationspsychologen – oder ihnen nahe stehende Wissenschaftler – haben sich mit Rückgriff auf die psychologische Theorie und Empirie um die Formulierung derartiger Kriterien bemüht. So findet man bei Rohmert (1972) den hierarchisch gegliedert zu verstehenden Kriterienkatalog:

- Ausführbarkeit,
- Erträglichkeit,
- Zumutbarkeit und
- Zufriedenheit.

Ulich (1980) schlägt als Kriterien vor:

- Schädigungsfreiheit,
- Beeinträchtigungslosigkeit,
- Persönlichkeitsförderlichkeit und
- Zumutbarkeit.

Innerhalb der subjektiven Tätigkeitsanalyse (STA) von Udris und Alioth (1980) finden sich in das Verfahren integriert die Bewertungskriterien:

- Entscheidungsmöglichkeiten,
- Abwechslung bei der Tätigkeit,
- Möglichkeit zum Lernen,
- gegenseitige Unterstützung und Respektierung,
- sinnvoller Beitrag für den Betrieb und für Konsumenten und
- positive Zukunft, persönliche Entwicklungsmöglichkeiten.

Diese subjektive Tätigkeitsanalyse (STA) erscheint aus einem weiteren Grunde interessant. Das Verfahren ist – zumindest implizit – an der Aktionsforschung orientiert. Es soll bei den damit befragten Personen im Sinne des Bewusstwerdens von Ist-Soll-Diskrepanzen Wünsche nach Veränderung der Arbeitssituation wecken.

Von der Ganzheit des arbeitenden Menschen geht Volpert (1990) aus, wenn er die folgenden Kriterien in den Mittelpunkt rückt:

- Handlungsspielraum,
- Zeitautonomie,
- Strukturierbarkeit,
- Möglichkeit eigener Entwicklungswege zur Vermeidung von Regulationsbehinderung,
- körperliche Aktivität,
- vielfältige sinnliche Erfahrung,
- konkreter Bezug zu realen Gegenständen und sozialen Bedingungen,
- zentrierte Variabilität (unterschiedliche Realisierungsbedingungen),
- Kooperation und unmittelbarer Kontakt.

Man sieht an diesen Beispielen, dass es gelungen ist, beachtenswerte Kriterienkataloge zu entwickeln. Deren Bedeutung wird allerdings dadurch relativiert, dass sie zum einen **keine allgemeine Akzeptanz** erlangt haben, z. T. in Konkurrenz zu anderen Kriterien – z. B. mit jenen der Wirtschaftlichkeit – stehen, unvollständig sind und vor allem keine eindeutigen Messvorschriften enthalten.

Erwähnenswert erscheint daher der Versuch von Neuberger (1980), nicht nur verschiedene Kriterien für die Humanisierung der Arbeit zu benennen, sondern zugleich skizzenhaft anzudeuten, wie deren Operationalisierung erfolgen könnte. Darstellung 13 illustriert diesen Ansatz.

Noch weiter geht der Versuch der Operationalisierung innerhalb des Tätigkeitsbewertungssystems von Hacker und Richter (1984). Es wurde ursprünglich für Tätigkeiten in der Produktion entwickelt. Inzwischen liegt jedoch eine modifizierte Form für geistige Arbeitstätigkeiten vor (Rudolph, Schönfelder & Hacker, 1987). Das Verfahren sieht wiederum von der Person des Stelleninhabers ab; es ist auftrags- und bedingungsbezogen. Mit dem Verfahren soll letztlich geprüft werden, ob die Arbeitstätigkeit die Persönlichkeitsentwicklung fördert. Mithilfe einer Vielzahl von Einzelskalen wird geprüft, wie es um die Ausprägung in den fünf nachfolgend genannten Hauptkategorien steht:

- Organisatorische und technische Bedingungen, die die Vollständigkeit von Tätigkeiten determinieren,
- Kooperations- und Kommunikationserfordernisse,
- aus dem Arbeitsauftrag resultierende Verantwortung,
- erforderliche geistige (kognitive) Leistungen und
- Qualifikations- und Lernerfordernisse.

Bei aller Unterschiedlichkeit der hier beispielhaft genannten Kriterien ist doch offensichtlich, dass sie – mehr oder weniger explizit oder implizit – die vollständige Aufgabe (Tomaszewski, 1978, 1981; Ulich, 2004) zum Ziel haben, wobei freilich der Kooperation und der sozialen Unterstützung als einer zwischenmenschlichen Dimension eine deutlich stärkere ergänzende Gewichtung eingeräumt wird.

Humanisierungs- ziele oder -themen	Maßnahmen zur Verwirklichung dieser Ziele (Beispiele)	Maße (Beispiele)	
		»objektive« Indikatoren	subjektive Fremd- und Selbsteinschätzungen
1. Würde Selbstachtung, Selbstwert, Identität	Respekt vor der persönlichen Eigenart; freie Meinungsäußerung; Schutz der Privatsphäre; menschenwürdige Behandlung (Arbeitsraum, -inhalt, -kleidung, -bedingungen)	Einhaltung bestimmter Grenzwerte bei den physikalischen Arbeitsbedingungen (Lärm, Bewegungsraum, Körperhaltung, Schmutz...) Zykluszeit; verankertes Recht auf Widerstand, Beschwerde usw.	Erniedrigung, Bloßstellung, Beleidigung, Zwang, Ausbeutung
2. Sinn Nutzen für andere; existentielle Bedeutsamkeit der Tätigkeit; Ganzheitlichkeit der Tätigkeit; »Ethos«, »Dienst«, Verantwortung übertragen	»ganze« Aufgaben ausführen können; gesellschaftl. Nutzen (und Achtung) der Güter und Leistungen; nicht nur ausführen, sondern auch planen und kontrollieren; einen wichtigen Beitrag für das Gesamtergebnis leisten, Einordnung der eigenen Tätigkeit in einen übergreifenden Zusammenhang	Zykluszeit; Tätigkeitsumfang; Übertragung von Planungs- und Kontrollfunktionen; Wissen über Arbeitszusammenhänge und Organisation (Broschüren, Kurse, Aktivitäten), Fluktuation; Ausschußproduktion; Verbesserungsvor- schläge, Erfindungen	Gefühle der Ent- fremdung, Leere, Nutzlosigkeit, Nichtigkeit; Begeisterung, Freude, Sendungs- bewußtsein
3. Gerechtigkeit Fairness, Chancen- gleichheit, Nicht- Diskriminierung	Faire Personalpolitik: Nicht-Diskriminierung von Frauen, Alten, Jungen, Gastarbeitern, Behinderten bei Personalwerbung, -auslese, -einsatz, -beförderung, -ausbildung; Beschwerde- recht; vertragliche Absicherungen; gerechtes Lohnsystem	Enthalten Bestimmungen der Personalpolitik diskriminierende Elemente/Praktiken?; Beschwerdeordnung vorhanden?; schriftl. vertragliche Regelungen üblich?; transparentes und faires Lohnsystem	Fairness, Chancengleichheit
4. Sicherheit (Risiko – Rigidität und Verplanung) Schutz, Absicherung, Vorsorge, Planbarkeit, Kontinuität	Schutz vor Kündigung und Arbeitslosigkeit; Aufklärung über die nähere/weitere Zukunft; Laufbahnplanung; Alters- und Gesundheits- vorsorge; Sozialleistungen, hohes Entgelt	Anzahl der Entlassungen (Vergangenheit/ Zukunft); Nachfolge-/Karriereplan vorhanden; Ausgaben für Rationalisierungsinvestitionen; Art und Höhe der Sozialleistungen; Besitzstands- garantien (Einkommen/Position/Arbeitsplatz)	Gefühle der gefährdeten Zukunftsperspektive; soziales Netz sicher; Angst vor Verlusten

Darstellung 13. Kriterien der Humanisierung nach Neuberger

2.3. Psychologische Arbeitsbewertung

5. Orientierung (Reizarmut – Überflutung) Information, Rückmeldung, Überblick, Struktur, Ordnung	Information und Betreuung bei der Einstellung, Einweisung, Umsetzung usw.; überschaubare Aufgaben, Anlagen, Organisationen; Rückmeldungen über die persönlichen Beiträge und Leistungen; mündl. u. schriftl. Information über wirtschaftl. Stand u. künftige Entwicklung des Unternehmens, geplante Veränderungen usw.	broschüren und Programme für die Einführung neuer Mitarbeiter; schriftliche Arb.anweisungen; Zahl der Gruppen-, Abteilungs-, Betriebsversammlungen; Rundschreiben, Anschläge; Werkszeitung; Wirtschaftsausschuß; Bekanntheit von Investitions-, Absatz-, Personalplänen; Bek. v. Unternehmenszielen; Personalbeurteilung; Größe der Arb.-gruppe bzw. der Organisation; Anzahl der Arbeitsschritte bis Fertigstellung der Leistung, Sozialbilanz, Führungsgrundsätze	Gerüchte; Kommunikationshindernisse; Offenheit; Informelle Kommunikation; »Filter«; Unsicherheit hinsichtlich Leistungsbewertung und Zukunft
6. Gesundheit körperliche und seelische Unversehrtheit, Wohlbefinden	Unfallschutz; Gesundheitsvorsorge; medizin. Betreuung, ergonomische Gestaltung der Anlagen, Maschinen, Bedienelemente; entsprechende Regelung der Arbeitszeit und der -pausen; Einhaltung und Überprüfung der MAK, TA, Arbeitsstättenverordnung; Ruheräume, Sportmöglichkeiten	Unfallzahlen; Beanstandungen der Gewerbeaufsicht; Berufserkrankungen; Kuranträge; Fehlzeiten; Ergonomie-Abteilung vorhanden bzw. Ausgabensumme für ergonom. Untersuchung und Gestaltung; Schichtarbeit; Baujahr d. Maschinen, Anlagen; Zahl und Lage und Dauer der Pausen; arbeitsmedizin. Stelle; Pro-Kopf-Ausstattung mit sanitären- und Ruhe-Räumen; Automaten od. Roboter vorhd.	Klagen über gesundheitliche Belastungen und Krankheitssymptome Stress, Depressionen
7. Autonomie Selbst- und Mitbestimmung Entscheidungsfreiheit Wahlmöglichkeiten Subjekt (nicht Objekt) sein	Mitbestimmung in der Unternehmensleitung u. am Arbeitsplatz; (teil-) autonome Gruppen; Erweiterung des Handlungs- u. Entscheidungsspielraums; Delegation; Mitsprache bei Planung und Kontrolle; Selbstkontrolle; job enrichment; Kompetenzübergabe; Ressourcen zur selbständigen Verfügung; verschiedene Machtgrundlagen	Formelle u. abgesicherte Regelung der Mitbestimmung vorhanden; MB praktiziert am Arb.platz (in welchen Bereichen?); Abbau hierarchischer Ebenen; Kontrolle von Machtbefugnissen; Nebenhierarchien vorhanden (Betriebsratswahlbeteiligung, gewerkschaftl. Organisationsgrad) Verfügung über finanz., personelle und materielle Ressourcen (Kompetenzregelung); Belohnungs- und Bestrafungsmöglichkeit; Differenzen in Bildung, Fachwissen; Stellung im Kommunikationsnetz	Entscheidungs- und Handlungsspielraum; persönlicher Einfluß; Souveränität

Darstellung 13 (Fortsetzung). Kriterien der Humanisierung nach Neuberger

Humanisierungs-ziele oder -themen	Maßnahmen zur Verwirklichung dieser Ziele (Beispiele)	Maße (Beispiele)	
		»objektive« Indikatoren	subjektive Fremd- und Selbsteinschätzungen
8. Kontakt (Isolierung – Ausgeliefertsein) Hilfe, Zugehörigkeit, Solidarität, Nähe, Wärme, Akzeptiertwerden, Liebe	kleine Arbeitsgruppen schaffen; Gelegenheit zu informellen Kontakten geben; Gruppenentlohnung, -zielsetzung einführen; Abbau kommunikations-feindlicher Umfeldbedingungen: Lärm, Isolierung; kooperativer Führungsstil; Pausen-, Kantinen-, Gemeinschaftsräume; Feiern, Ausflüge; Gewerkschaftliche Organisierung	Größe der Arb.gruppe; Häufigkeit von Kommunikationsbeziehungen innerhalb und außerhalb der Arb./Gruppe/Organisation; Telefon; Gr.-Lohn, -Zielsetzung; -Arbeitsplatz; Lärmniveau; Verlassen des Arb.platzes möglich; Nutzung der Gemeinschaftsräume; gewerkschaftl. Organ.grad; Häufigkeit inner- und außerbetrieblicher Feiern	Unterstützung, Aussprache, Wärme, Nähe, Hilfsbereitschaft, Kameradschaft
9. Privatheit (Isolierung – Öffentlichkeit)	Rückzugsmöglichkeit; eigenes »Territorium« oder »Revier«; individuelle Gestaltung des Arbeitsplatzes; Schutz und Förderung des Engagements für außerbetriebliche Ziele (Familie, Kirche, Parteien, Gewerkschaften...); Achtung der Intimsphäre	eigener Platz, der nur dem Arb.nehmer gehört und von ihm gestaltet und ausgeschmückt werden kann; Möglichkeit unbeobachtet zu arbeiten; Datenschutzregelungen; Schutz der Intimsphäre; Ausgaben des Betriebs für außerbetriebliche Aktivitäten der Mitarbeiter	Für-sich-sein-können; Rückzugsmöglichkeit; »Heimat«; Kraft und Zeit für außerbetriebliche Engagements
10. Entfaltung (Stillstand – Überforderung) Abbau/Aufbau von Fähigkeiten; Fähigkeits-einsatz, Selbstverwirkli-chung, Lernen, Höherentwicklung, Kreativität, Vielseitigkeit, allseitige Entwicklung	möglichst vielseitiger Einsatz der Fähigkeiten; Wechsel in der Arbeitsaufgabe; Höherqualifi-zierung während/neben der Arbeit; individuelle Gestaltungsmöglichkeit der Arbeit; Verbesse-rungsvorschläge; Zielvariationen; Entfaltung in der »Freizeit« (Lösung vom Betrieb)	Anzahl der genutzten Fähigkeitsbereiche; Möglichkeit des Arb.platzaustausches und Dazulernens während der Arbeit; Bildungs-programme im Unternehmen (überbetrieblich nutzbare Zertifikate); Übernahme schwieriger Aufgaben; Freistellung für Ausbildung, Pro-Kopf-Zahl der Trainer; Unterstützung von Freizeitaktivitäten der Betriebsmitglieder (finanziell, Arbeitsbefreiung), Steilheit der Organisation (Ebenenzahl)	Entwicklung, Entfaltung, Zukunftsperspektive, Verwendungsbreite, Beherrschung der Arbeit

Darstellung 13 (Fortsetzung). Kriterien der Humanisierung nach Neuberger

2.3. Psychologische Arbeitsbewertung

11. Abwechslung (Monotonie, Reizarmut – Chaos, Überflutung) Variationen, Neue Erfahrungen	abwechslungsreiche Gestaltung des Arbeitsablaufs und -inhalts; Job rotation und -enlargement	Wahl zwischen Arbeitsaufgaben und -methoden möglich und praktiziert; Arbeitsplatzwechsel praktiziert; Arbeitsrhythmus variierbar	Monotonie, Abwechslung, Interessantheit, Spannung, Neuartigkeit
12. Aktivität/Leistung (Stillstand – Hektik) Betätigungsmöglichkeit, Erfolgserlebnisse, Selbstbestätigung	Bewegungsraum, körperliche und geistige Betätigungsmöglichkeiten; angemessener Schwierigkeitsgrad der Aufgabe; Zurechenbarkeit u. Sichtbarkeit d. Erfolgs	Variationen im Schwierigkeitsgrad mögl., Erfolgsrückmeldung, Leistungsanreize qm pro Arb.person; Möglichkeit, den Arb.platz zu verlassen; Einsatz körperl., geistiger, sozialer und emotionaler Fähigkeiten; Vielseitigkeit dieser Beanspruchungen	subjektive Erfolgserlebnisse, Auslastung, Bestätigungsmöglichkeit, »Gammelei«
13. Konfliktregelung (Harmonie – Spannung, Streit) Vertrauen; Verständnis; Offenheit; Konkurrenz; Rivalität	Mechanismen zur Regelung von Konflikten (Beschwerdeordnung, Gruppengespräche, kooperative Führung, Allg. Grundsätze), Transparenz der Verteilungsprinzipien herstellen, Interessen-Vertretungen stärken;	Beschwerdeordnung vorhanden; Häufigkeit von Streitigkeiten, Handgreiflichkeiten; Anrufung der Einigungsstelle; Zahl der durch Aussperrung/Streik verlorenen Arb.tage; Disziplinarmaßnahmen, Strafen; fristlose Kündigung	Klima von Streit, Cliquenbildung, Doppelzüngigkeit; Rivalität;
14. Anerkennung Bestätigung, Erfolgserlebnisse, Auszeichnung, Status, Prestige, Aufwertung	individuelle Zurechenbarkeit des Arbeitsergebnisses ermöglichen; Sichtbarkeit des Arbeitsergebnisses gewährleisten; für Bekanntheit der Bewertungskriterien sorgen; Aufstiegsmöglichkeiten bieten; Statussymbole vorsehen; Leistungsprinzip bei der Entgeltmessung einführen	obj. Messung des Arbeitsergebnisses möglich? Verfügbarkeit von Informationen über Ablauf und Erfolg der Arbeit? Bewertungskriterien bekannt? Personalbeurteilung praktiziert? Übergangswahrscheinlichkeit bzw. konkrete Bedingung des Aufstiegs; Zahl der Statussymbole, Art ihrer Vergabe; Auszeichnungen, Ehrungen, Prämien	Ausmaß und Häufigkeit der Anerkennung? Erfolgserlebnisse
15. Schönheit Ästhetik; Sich-Wohlfühlen	Design der Arbeitsräume, Maschinen und Produkte; Farbe, Musik; Statussymbole; persönlicher Gestaltungsraum, Sauberkeit; »Repräsentativität«	Ausgaben/Budget für Verschönerung und Gestaltung von Arb.-Bedingungen und Produkten	großzügige repräsentative schöne Ausstattung; Sauberkeit

Darstellung 13 (Fortsetzung). Kriterien der Humanisierung nach Neuberger

2.4. Psychologische Arbeitsgestaltung

Ziel einer **psychologischen Arbeitsgestaltung** ist es, die Arbeit an den Menschen anzupassen, wobei der Zusatz »psychologisch« daran erinnert, dass diese Anpassung an die für den Menschen typischen **Erlebens- und Verhaltensweisen** erfolgen soll. Der Hinweis erscheint relevant, weil die üblichen und häufigen Formen der Arbeitsgestaltung im Sinne einer Anpassung der Arbeit an den Menschen von der **Ergonomie** angeregt und an **physiologischen oder gar anatomischen** Kriterien bestimmt ist. Die Grenzen sind hier allerdings fließend, da alle Erlebens- und Verhaltensweisen ihre physiologischen Grundlagen haben dürften, obwohl diese nicht in allen Fällen bekannt und messbar sind.

Mit langer wissenschaftlicher Tradition wird in diesem Grenzgebiet zwischen Psychologie, Ergonomie, Physiologie und Arbeitsmedizin zum Beispiel untersucht,

- wie die Verteilung von **Arbeit und Pausen** über die Zeit die relativ geringste Ermüdung und die relativ beste Erholung bewirkt;
- wie die Gestaltung der Arbeit (z. B. die Temporegulation des Fließbandes) an **rhythmische Schwankungen der physiologisch bedingten Leistungsfähigkeit** des Menschen (z. B. an die Tagesrhythmik) angepasst werden kann;
- wie **Licht, Lärm, Luftfeuchtigkeit, Temperatur** geregelt werden müssen, damit die Arbeitssituation das subjektive Wohlbefinden maximiert und damit positive Leistungseffekte erzielt werden; oder
- wie die **Sicherheit** am Arbeitsplatz gewährleistet werden kann.

Auf die vielfältigen damit verbundenen Probleme sei an dieser Stelle nicht weiter eingegangen. Vermerkt sei jedoch, dass auf all diesen Gebieten umfangreiche empirische Forschungsergebnisse vorliegen, über die etwa die »Enzyklopädie der Psychologie« innerhalb der Reihe »Wirtschafts-, Organisations- und Arbeitspsychologie« in verschiedenen Bänden informiert (Kleinbeck & Schmidt, 2007; Schuler, 2004; Zimolong & Konradt, 2006).

Freilich muss darauf verwiesen werden, dass es angesichts der aktuellen Debatte um den »shareholder-value« einerseits und das »Humankapital« des Unternehmens andererseits nicht ganz leicht ist, auch arbeitspsychologische Konzepte und Wertungen mit dem nötigen Gewicht einzubringen. Dabei steht wohl außer Frage, dass eine menschengerechte Gestaltung der Arbeit auch beinhaltet, dass ein Lernen im Prozess der Arbeit stattfindet und somit durch spezifische Gestaltungsmaßnahmen Qualifikationsaufbau und Kompetenzentwicklung erfolgen. Dies aber ist wesentlich für die Steigerung des Humankapitals und damit auch langfristig für den Wert des Unternehmens. Vielfach aber gewinnt man den Eindruck, dass bei ökonomischer Bilanzierung die im Unternehmen tätigen Menschen nur als Kostenfaktor betrachtet werden, so dass der Wert des Unternehmens stark davon bestimmt wird, dass Mitarbeiter entlassen und die Durchlaufzeiten für Produkte reduziert werden. In diesem Sinne mag es aus psychologischer Sicht bedenklich erscheinen, dass innerhalb der vielzitierten und sehr einflussreichen »MIT-Studie« (Womack, Jones & Roos, 1990) das Kriterium einer Humanisierung von Arbeit schlicht nicht genannt wird.

Angesichts der Zielsetzung dieses Buches erscheint es interessanter, was im ausgesprochen organisationspsychologischen Sinne zur Arbeitsgestaltung zu sagen ist; die ergonomischen und ökonomischen Aspekte seien demgegenüber zurückgestellt. Selektiv wird nun knapp referiert, was zur Auswirkung der Gestaltung der Arbeit bzw. der Aufgaben auf die Motivation, die Zufriedenheit, die Qualifikation und den Stress gesagt werden kann und welche Auswirkungen die so genannten »neuen Techniken« auf den Arbeitenden haben.

2.4.1. Arbeitsgestaltung und ihre Wirkung auf Motivation und Zufriedenheit

Motivation ergibt sich aus der Interaktion von Person und Situation. Bestimmte im Individuum angenommene Bereitschaften zu zielgerichtetem Verhalten (Motive) werden durch die Wahrnehmung bestimmter Gegebenheiten der Situation (Anreize) aktiviert und determinieren dann auch das Verhalten des Individuums (vgl. 5.3.1.). Die konkrete Gestaltung der Arbeitsbedingungen, die vom Arbeitenden wahrgenommen wird, kann also in diesem Sinne als **Anreiz** interpretiert werden. Finden die dadurch aktivierten Motive ihr Ziel, ihre Befriedigung, so ergibt sich dabei Zufriedenheit. Tritt Zufriedenheit im gleichen Kontext – z. B. bei der gleichen Arbeit – immer wieder auf, so entwickeln sich diesem gegenüber **positive Einstellungen** (vgl. Krech, Crutchfield & Ballachey, 1962; v. Rosenstiel, 1975). Sie können mit gängigen Messverfahren erfasst werden und lassen sich – nicht ganz konsistent – gelegentlich als Einstellungen zur Arbeit (vgl. Vroom, 1964) oder aber – das ist im deutschen Sprachraum gebräuchlicher – als **Arbeitszufriedenheit** bezeichnen (vgl. Neuberger & Allerbeck, 1978).

Aus der Vielzahl der vorliegenden Arbeitsmotivations- und Arbeitszufriedenheitstheorien (vgl. zusammenfassend Neuberger, 1974; v. Rosenstiel, 1975, 1988, 2003; Campbell & Pritchard, 1976; Greif, 1983; Six & Kleinbeck, 1989; Nerdinger, 1995, 2006; Semmer & Udris, 2004; Weinert, 2004) ließen sich nun annähernd beliebig viele auswählen und auf ihre **Relevanz für die Arbeitsgestaltung** untersuchen. Hier sollen drei dieser Theorien hervorgehoben werden, und zwar die von Herzberg, Mausner & Snyderman (1959), von Locke & Latham (2002) und jene von Hackman & Oldham (1974). Der Grund dafür liegt zum einen darin, dass diese Theorien bis heute stark beachtet werden und beachtlichen Einfluss auf die Praxis der Arbeitsgestaltung haben. In der Wissenschaft haben die Ansätze von Locke & Latham (1990) sowie Hackman & Oldham weitgehend Akzeptanz gefunden, während jener von Herzberg et al. (1959) heftige Kontroversen auslöste (vgl. dazu mehrere Beiträge in der Zeitschrift für Arbeitswissenschaft zwischen 1975 und 1978). Gerade diese bezieht sich gleichermaßen auf Motivation und Zufriedenheit, so dass sie – zumindest implizit – inhaltliche Hinweise für die Arbeitsgestaltung enthält und dass sie schließlich häufig als Grundlage konkreter Gestaltungsmaßnahmen gewählt wurde (vgl. Schlitzberger, 1975).

So verweist denn auch Ulich (2005) darauf, dass der Ansatz von Herzberg in der betrieblichen Praxis zahlreicher Industrieländer ein »enormes Echo« ausgelöst habe.

Literaturempfehlung

Nerdinger, F. W. (2006). Motivierung. In: H. Schuler (Hrsg.). Lehrbuch der Personalpsychologie. Göttingen, S. 385–407.
Im 14. Kapitel dieses umfangreichen Lehrbuches stellt Nerdinger – orientiert am Handlungsphasenmodell nach Heckhausen und Gollwitzer – vor, welche Merkmale der Arbeitssituation dafür geeignet scheinen, arbeitende Menschen in ihrer Leistungsbereitschaft zu aktivieren und wenn möglich zugleich ihre Arbeitszufriedenheit zu steigern.

2.4.1.1. Die Zweifaktorentheorie von Herzberg

Die so genannte **Zweifaktorentheorie der Arbeitszufriedenheit** wurde erstmals 1959 durch eine Arbeit von Herzberg, Mausner & Snyderman mit dem Titel »The Motivation to Work« vorgestellt. Sie hat sich seither zu einer der am intensivsten beachteten Inhaltstheorien (vgl. 3.4.4.3.) der Arbeitsmotivation entwickelt und die Gestaltung von Arbeitsplätzen erheblich beeinflusst.

Diese ungewöhnliche praktische Bedeutsamkeit hat vielerlei Gründe; einige seien skizziert:

- Untersuchungen zur Theorie sind – auch von Nichtpsychologen – leicht durchzuführen, weshalb die empirische Basis inzwischen sehr breit ist.
- Inhaltstheorien sind für den Nichtpsychologen – und damit für Personen, die in der Regel Einfluss auf die Strukturierung der Arbeit und der Organisation haben – sehr viel plausibler als Prozesstheorien (vgl. 3.4.4.3.), sodass es kaum überrascht, dass auch Wirtschaftswissenschaftler und Ingenieure sich dem Herzberg'schen Ansatz intensiv zugewandt haben.
- Die Hauptaussagen der Theorie (Betonung der Bedeutung der Arbeit selbst) entsprechen der Kernargumentation der Humanisierungsdebatte (vgl. Gaugler, Kolb & Ling, 1977) und aktuellen Kriterien psychologischer Arbeitsgestaltung (Ulich, 2005), wobei offen bleibt, ob dies parallele Entwicklungen sind, ob die Humanisierungsdebatte die Verbreitung der Theorie förderte, ob die Theorie der Humanisierungsdebatte ein wesentliches inhaltliches Zentrum gab oder wie – quantitativ oder qualitativ – wechselseitige Beeinflussungen aussahen.
- Die Theorie ist leicht verständlich, plausibel und entspricht der »sozialen Erwünschtheit«.
- Die wesentlichsten aus der Theorie ableitbaren Hypothesen sind in einer großen Zahl von Untersuchungen – soweit mit der auch von Herzberg verwendeten Methode gearbeitet wurde – »bestätigt« worden.
- Die Theorie geht nicht – wie etwa diejenige Maslow's (1954; vgl. 5.3.1.3.) – von intuitiver Einsicht, reiner Spekulation oder unsystematischer Beobachtung aus, sondern ganz gezielt von empirischer Datengewinnung, wobei auf Methoden der systematischen Befragung zurückgegriffen wurde.

Die Theorie gilt insbesondere als eine der **Arbeitszufriedenheit**. Die Bezüge zur Arbeitsmotivation sind jedoch offenkundig (vgl. der Titel der Originaluntersuchung). Die Verbreitung der Theorie wäre kaum vorstellbar, wenn sie auf die Arbeitszufriedenheit beschränkt wäre und keinen Bezug zur **leistungsbezogenen Motivation** hätte.

Herzberg (1966) geht von der noch zu besprechenden **Grunddichotomie »Defizit-Expansion«** (vgl. 5.3.1.) innerhalb der Motivation aus.

Defizitmotivation findet Befriedigung durch Vermeidung von Deprivation, d. h. von umweltbedingtem Leid. Die Befriedigung dieser Form der Motivation, die in mehr oder minder starker Ausprägung von jedem Menschen angestrebt wird, erfolgt in der Organisation vor allem durch die so genannten Hygiene-Faktoren. Die Benennung wurde in etwas »schiefer« Analogie zur Medizin gewählt. Medizinische Hygiene hilft, gesundheitsschädigende Einflüsse aus der Umwelt fern zu halten, ohne selbst Gesundheit aufzubauen oder zu festigen. Ähnlich wirken die Hygienefaktoren. Sie verhindern das Entstehen negativer Zustände (Unzufriedenheit), führen dabei aber nicht zu positiven (Zufriedenheit).

Herzberg nennt folgende **Hygiene-Faktoren**:

- Führungsstil,
- Unternehmenspolitik und -verwaltung,
- Arbeitsbedingungen,
- Beziehungen zu Gleichgestellten,
- Beziehungen zu Unterstellten,
- Beziehungen zu Vorgesetzten,
- Status,
- Arbeitssicherheit,
- Gehalt und
- Persönliche berufsbezogene Lebensbedingungen.

Da all diese Punkte nicht zentral im Arbeitsinhalt liegen, sondern in Rand- und Folgebedingungen der Arbeit, betreffen sie vor allem die **extrinsische Arbeitsmotivation** und werden auch **Context-Variable** genannt. Die von ihnen berührte Form der Arbeitszufriedenheit findet ihre Befriedigung nicht im Arbeitsinhalt, sondern in Folgen oder Begleitumständen der Arbeit und ist als unabhängige Dimension zu verstehen, deren erlebnismäßige Besonderheit darin besteht, dass die Verbesserung der Context-Variablen die **Unzufriedenheit senkt, ohne allerdings zur Zufriedenheit zu führen** (»Dissatisfaktoren«), während ihre Verschlechterung Unzufriedenheit herbeiführt. Die Context-Variablen haben wenig systematischen Einfluss auf die Motivation zur Leistung.

Expansionsmotivation ist gekennzeichnet durch das – laut Herzberg – für den Menschen kennzeichnende **Streben nach Wachstum** durch Aufgabenbewältigung. Die Befriedigung der expansiven Motivation (die kennzeichnend für den humanistischen Ansatz Herzbergs ist) erfolgt in der Organisation durch den Arbeitsinhalt selbst und zwar über die so genannten **Motivatoren**:

- Leistung,
- Anerkennung der eigenen Leistung,
- Arbeit selbst,
- Verantwortung,

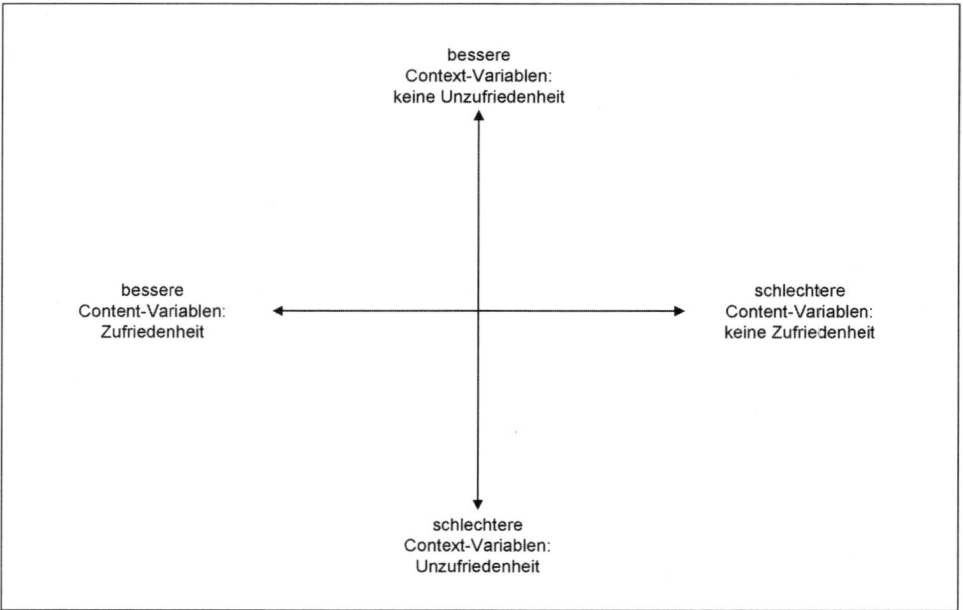

Darstellung 14. Die Wirkung von Context- und Contentvariablen auf die Unzufriedenheit und Zufriedenheit bei der Arbeit

- Aufstiegsperspektive und
- Möglichkeit zum Wachstum.

Da sich diese Punkte schwerpunktmäßig auf den Arbeitsinhalt beziehen (nach Vroom, 1964, ist es das bleibende Verdienst Herzbergs, auf die Bedeutung des Arbeitsinhalts hingewiesen zu haben), betreffen sie meist die intrinsische Arbeitsmotivation und werden auch **Context-Variable** genannt.

Die von ihnen berührte Form der Arbeitszufriedenheit ist als die zweite unabhängige Dimension zu verstehen, deren erlebnismäßige Verbesserung zur **Zufriedenheit** führt, während ihre Verschlechterung die Zufriedenheit senkt, ohne allerdings Unzufriedenheit herbeizuführen (»Satisfaktoren«). Die Context-Variablen wirken außerdem auf die **Leistungsbereitschaft** (daher ihr Name »Motivatoren«).

Darstellung 14 veranschaulicht die Zweifaktorentheorie grafisch.

Methodisch griff Herzberg auf einen Ansatz von Flanagan (1954) zurück: die bereits skizzierte »Methode der kritischen Ereignisse« (2.2.1.). Bei Flanagan wurde diese Vorgehensweise vor allem im Rahmen der Arbeitsanalyse und der Führungsforschung eingesetzt. Dies sah z. B. so aus, dass er von den Befragten Situationen besonders erfolgreicher und Situationen besonders wenig erfolgreicher Führung schildern ließ oder diese beobachtete. Nicht typische oder repräsentative, sondern »kritische« Ereignisse werden erhoben. Herzberg wandelte das Verfahren so ab, dass besonders zufrieden stellende und besonders unzufrieden machende Situationen durch die Befragten geschildert werden sollten – und zwar in Form freier Erzählungen, zu denen dann differenzierende Fragen gestellt wurden. Das Erhebungsinstrument zeigt Informationsbox 1.

Informationsbox 1: Der Fragebogen von Herzberg

Eine typische Befragung, wie sie von Herzberg und seinen Mitarbeitern durchgeführt wurde, hatte folgendes Aussehen:

Denken Sie an eine Zeit, in der sich ungewöhnlich angenehme oder ungewöhnlich unangenehme Gefühle aus Ihrer gegenwärtigen beruflichen Tätigkeit oder irgendeiner anderen beruflichen Tätigkeit, die Sie einmal ausübten, ergaben. Erzählen Sie mir bitte, was dabei geschah.

(1) Vor wie langer Zeit ereignete sich das?
(2) Wie lange hielt dieses Gefühl an? Können Sie genau beschreiben, was den Umschwung der Gefühle auslöste? Wann endeten sie?
(3) War das, was sich damals ereignete, typisch für das, was zur damaligen Zeit vorfiel?
(4) Können Sie etwas genauer beschreiben, warum Sie sich so fühlten, wie es damals der Fall war?
(5) Was bedeuteten diese Ereignisse für Sie?
(6) Beeinflussten diese Gefühle die Art und Weise, in der Sie Ihren Beruf ausübten? In welcher Form? Wie lange hielt das an?
(7) Können Sie ein typisches Beispiel dafür nennen, in welcher Form Ihre Leistungen bei der Arbeit beeinflusst wurden? Für welche Dauer galt das?
(8) Beeinflusste das, was geschah, Sie persönlich in irgendeiner Weise? Veränderte es die Art und Weise, in der Sie mit anderen Leuten oder mit Ihrer Familie umgingen? Hatte es Einfluss auf Ihren Schlaf, Ihren Appetit, Ihre Verdauung, Ihren allgemeinen Gesundheitszustand?
(9) Beeinflusste das, was geschah, grundsätzlich Ihre Gefühle gegenüber der Arbeit in der Unternehmung oder beschränkte es sich auf die Gefühle dem Ereignis selbst gegenüber?
(10) Beeinflussten die Konsequenzen dessen, was sich in dieser Zeit ereignete, Ihre Karriere in irgendeiner Form? In welcher Form?
(11) Veränderte das Ereignis Ihre Gefühle Ihrem Beruf gegenüber? Wie?
(12) Wie ernsthaft wurden Ihre Gefühle (gut oder schlecht) Ihrem Beruf gegenüber durch das Ereignis beeinflusst? Suchen Sie einen Punkt auf der folgenden Skala aus, der anzeigt, wie stark Ihre angenehmen oder unangenehmen Gefühle waren. Umkringeln Sie die zutreffende Position auf der Skala!

sehr wenig   mittel   sehr stark
1   2   3   4   5   6   7   8   9   10   11   12   13   14   15   16   17   18   19   20   21

> Bemerkung: Position 1 sollte für ein Ereignis gewählt werden, das Ihre Gefühle kaum beeinflusste. 21 sollte für ein Ereignis genommen werden, das Ihre Gefühle so ernsthaft beeinflusste, wie das wichtigste Ereignis innerhalb Ihrer Berufserfahrung.
> (13) Könnte die Situation, die Sie beschrieben haben, aus den gleichen Gründen und mit dem gleichen Ergebnis sich wiederholen? Falls nicht, dann beschreiben Sie bitte, welche Veränderungen eingetreten sind, die Ihre Gefühle und Handlungen dem gegenüber, was damals geschah, modifizieren würden?
> (14) Gibt es noch irgendetwas anderes, was Sie gern über jene Ereignisfolge sagen würden, die Sie beschrieben haben?
>
> Nach der Beantwortung dieser Fragen wurde eine zweite entsprechende Befragung mit den Worten eingeleitet: Sie haben jetzt eine Zeit beschrieben, in der Sie sich außergewöhnlich gut (oder außergewöhnlich schlecht) in Ihrem Beruf fühlten; bitte denken Sie jetzt an eine andere Zeit, in der Sie sich außergewöhnlich schlecht (oder außergewöhnlich gut) in Ihrem Beruf fühlten.
> (Herzberg, F. (1966). Work and the nature of man. Cleveland, S. 93 f.)

Die Ergebnisse, die dabei in einer großen Zahl von Untersuchungen gefunden wurden, entsprechen weitgehend dem soeben Referierten.

An der Theorie Herzbergs ist vielfältig **Kritik** geübt worden. Die gewichtigste stammt von King (1970), der zeigt, dass Herzberg so unpräzise formuliert hat, dass sich dahinter 5 verschiedene **Theorien** verstecken können:

- Alle Motivatoren tragen zusammen mehr zur Zufriedenheit als zur Unzufriedenheit bei, alle Hygiene-Faktoren zusammen mehr zur Unzufriedenheit als zur Zufriedenheit.
- Alle Motivatoren zusammen tragen mehr zur Zufriedenheit bei als alle Hygiene-Faktoren zusammen; alle Hygiene-Faktoren zusammen tragen mehr zur Unzufriedenheit bei als alle Motivatoren zusammen.
- Nur Motivatoren determinieren Zufriedenheit; nur Hygiene-Faktoren determinieren Unzufriedenheit.
- Jeder einzelne Motivator trägt mehr zur Zufriedenheit als zur Unzufriedenheit bei; jeder einzelne Hygiene-Faktor trägt mehr zur Unzufriedenheit als zur Zufriedenheit bei.
- Jeder Motivator trägt mehr zur Zufriedenheit bei als irgendein Hygienefaktor; jeder Hygiene-Faktor trägt mehr zur Unzufriedenheit als irgendein Motivator bei (gilt zusammen mit der an 4. Stelle genannten Aussage).

Die Kritik an der **Methode** (vgl. Informationsbox 1) ist noch vielfältiger als die an der Theorie (vgl. zusammenfassend Neuberger, 1974), wobei die beiden kritischen Argumentationslinien häufig zusammenlaufen. Einige wichtige dieser Argumente seien aufgezeigt:

2.4. Psychologische Arbeitsgestaltung

Typ	Frage nach der Zufriedenheit	Frage nach der Unzufriedenheit
1	M - M	M	M
2	H - H	H	H
3	M - H	M	H
4	H - M	H	M

M = Motivator   H = Hygienefaktor

Darstellung 15. Beantwortungstypen beim Verfahren nach Herzberg

- Die Befragung über vergangene Ereignisse ermöglicht starke Verzerrungen, die aufgrund von Ich-Abwehr-Mechanismen systematisch sind. Es ist nahe liegend, auf die Frage nach der Zufriedenheit etwas zu nennen, was man selbst verantwortet (z. B. eigene Leistung; internale Attribution), während es leichter fällt, Gründe der Unzufriedenheit anderen »in die Schuhe zu schieben« (Verhalten des Vorgesetzten, Kollegen, Unternehmenspolitik und -verwaltung; externale Attribution). Die Ergebnisse wären bei dieser Sichtweise ein auf **Attributionsmustern** beruhender Methodenartefakt. Tatsächlich sind sie bei andersartiger methodischer Vorgehensweise seltener repliziert worden (vgl. Maier, v. Rosenstiel & Wimmer, 1976).
- Die **Auswertungskategorien** überlappen miteinander und sind z. T. inkonsistent: Z.B. kann Gehalt als Anerkennung gezahlt werden. Allerdings zeigt die Empirie, dass die Klassifikation relativ objektiv gelingt (vgl. Schwab & Heneman, 1970).
- Die **Zuordnung einzelner Kategorien** zu den Motivatoren bzw. Hygiene-Faktoren erscheint gelegentlich willkürlich und wenig überzeugend: Wieso ist z. B. »Geld für eigene Leistung« Hygiene-Faktor, »Anerkennung für eigene Leistung« hingegen Motivator (vgl. v. Rosenstiel, 1975; Zink, 1975)?
- Die Auswertung der Daten auf Aggregatsebene macht es fraglich, ob die Ereignisse auch auf **individueller Ebene** gelten. Vier individuelle Reaktionsformen sind denkbar (Darstellung 15):

Nur Typ 3 (Motivatoren nach der Zufriedenheits-, Hygiene-Faktoren nach der Unzufriedenheitsfrage) entspricht der Theorie; Schwab & Heneman (1970) zeigten, dass er zwar am häufigsten, aber in weniger als 50% der Fälle auftritt (MM ist fast ebenso häufig).

Folgerungen für die Arbeitsgestaltung:
Die Theorie sowie die bei ihrer Überprüfung erzielten empirischen Forschungsergebnisse enthalten – zumindest implizit – Aussagen oder doch Hinweise für eine psychologische **Arbeitsgestaltung** (Herzberg, 1972). Dies sei knapp expliziert. Wie von Herzberg und seinen Mitarbeitern häufig betont (1959, 1966), sind die Hygienefaktoren grundsätzlich nicht (un)wichtiger als die Motivatoren. Da allerdings im Zuge der bisherigen Entwicklung – unter anderem auch durch gewerkschaftliche Aktivitäten – auf dem Gebiet der Hygienefaktoren mehr getan wurde als auf dem der Motivatoren, besteht für diese ein Nachholbedarf. Überlegt man, was die Umsetzung der Motivatoren in Gestaltungsempfehlungen bedeutet, so darf man folgern:

Leistung: Klare Ziele der Aufgabe sollten vorgegeben oder vereinbart sein und Rückmeldung über den Grad der Zielerreichung raschest erfolgen, was durch entsprechende Aufgabenkonzeption möglich erscheint (vgl. Vroom, 1964) und im übergeordneten organisatorischen Konzept durch ein »management by objectives« zu realisieren ist. Gerade zur Bedeutung von Zielen liegt umfangreiche Praxiserfahrung und differenzierte organisationspsychologische Forschung (2.4.1.2.; Locke & Latham, 1984, 1990, 2002) vor.

»Management by objectives« sollte in diesem Zusammenhang nicht als Führung durch Zielvorgabe, sondern als Führung durch Zielvereinbarung definiert sein.

Anerkennung der eigenen Leistung: Hier ist zu betonen, dass nicht nur Information über das Ergebnis eigenen Tuns gewährleistet wird, sondern auch bewertende Stellungnahmen von außen – insbesondere durch den Vorgesetzten. Damit ist auf **Anerkennung und Kritik als Führungsmittel** hingewiesen. Die dabei zu berücksichtigenden Aspekte sind vielfach beschrieben worden (vgl. z. B. Neuberger, 1973; v. Rosenstiel, 2003; Comelli & v. Rosenstiel, 2003). Im übergeordneten organisatorischen Kontext kann das Prinzip durch institutionalisierte Personalbeurteilung mit anschließenden Beurteilungsgesprächen angestrebt werden, worauf an anderer Stelle eingegangen wird (vgl. 3.2.6.).

Arbeit selbst: Der Arbeitsinhalt sollte so strukturiert sein, dass der Einzelne – ohne über- oder unterfordert zu werden, und zwar in qualitativer und quantitativer Hinsicht – das Gefühl gewinnt, dass die Arbeit von ihm jene Fähigkeiten fordert, die er zu besitzen glaubt und zugleich hoch bewertet (vgl. Vroom, 1964). Dies kann insbesondere durch eine Erweiterung des Handlungsspielraums (vgl. Ulich, Groskurth & Bruggemann, 1973; Wiendieck, 1994) umgesetzt werden.

Verantwortung: Dies wird häufig durch ein Prinzip der Delegation angestrebt, die so gestaltet ist, dass die Rechte und Verantwortungen des Einzelnen dem Umfang der Aufgaben entsprechen.

Aufstiegsperspektive: Hierunter ist in erster Linie die Möglichkeit des Erreichens von Positionen zu verstehen, die einen erweiterten Arbeitsinhalt und mehr Verantwortung mit sich bringen und nicht nur das Erzielen höherer finanzieller Bezüge, eindrucksvollerer Statussymbole etc. im Sinne des Pseudoaufstiegs.

Möglichkeit zum Wachstum: Hier ist wiederum in erster Linie an einen größeren Handlungsspielraum zu denken, der jedem Arbeitenden die Chance lässt, sein Arbeitsgebiet als »Lernfeld« zu interpretieren, dort neue Erfahrungen zu sammeln und seinen Horizont zu erweitern. Ergänzend ist aber auch an innerbetriebliche und außerbetriebliche Fort- und Weiterbildung zu denken, die den (künftigen) Anforderungen und gleichermaßen den persönlichen Interessen entspricht.

Würdigt man den Einfluss der Herzberg'schen Zwei-Faktoren-Theorie auf die Praxis der Arbeitsgestaltung insgesamt, so ist positiv festzuhalten, dass durch die Interpretation der Forschungsergebnisse auf die Notwendigkeit einerseits einer horizontalen Aufgabenerweiterung im Sinne des Job Rotation und andererseits zugleich einer vertikalen Aufgabenerweiterung im Sinne des Job Enrichment aufmerksam gemacht wurde. Den vielfach zu beobachtenden Versuchen, ausschließlich mehrere subjektiv weitgehend sinnlos erlebte Arbeitselemente summativ aneinander zu reihen, wurde somit eine Absage erteilt. Damit hat das Konzept nicht nur Relevanz für die Ablauforganisation der Arbeit – dies betrifft die horizontale Dimension –, sondern auch für die Aufbauorganisation – also die vertikale Dimension. Herzberg (1966) hat explizit darauf hingewiesen, dass damit auch persönliches Wachstum und Lernchancen für den Arbeitnehmer verbunden sind. Kritisch muss allerdings angemerkt werden, dass die Praxiskonsequenzen zu ›individualistisch‹ sind, da sie vor allem auf Aufgabenerweiterung für den Einzelnen abzielen. Soziale Beziehungen zu Vorgesetzten, Gleichgestellten und Unterstellten sind ja innerhalb des Konzepts als Hygienefaktoren klassifiziert. Die **Bedeutung von Arbeitsgruppen** und ihre Möglichkeit, Arbeitstätigkeit gemeinsam zu regulieren, werden zumindest aus dem Blick verloren« (Ulich, 2005).

Literaturempfehlung

Zink, K. (1975). Differenzierung der Theorie der Arbeitsmotivation von F. Herzberg zur Gestaltung soziotechnischer Systeme. Frankfurt.
In dieser umfangreichen Schrift wird auf der Grundlage empirischer Untersuchungen das Klassifikationssystem von Herzberg zwar nicht grundsätzlich infrage gestellt, aber doch modifiziert. Ableitungen für die Gestaltung der Arbeit im Sinne einer Arbeitsstrukturierung werden vorgenommen.

2.4.1.2. Die Zielsetzungstheorie von Locke und Latham

Es gibt nur wenige psychologische Ansätze innerhalb der verschiedenen Gebiete der angewandten Psychologie, die so eindeutige Ergebnisse erbracht haben wie die Untersuchungen von Locke und Latham (1990, 2002) zur **Wirkung expliziter Ziele** bei der Arbeit. Die aus den meist experimentellen Untersuchungen abgeleiteten Handlungsempfehlungen, die sich auf die Forschungsergebnisse (Wegge, 2006) stützen, sind denn auch weitgehend unumstritten.

Letztlich kann man die hier vorliegenden Befunde auch auf die Theorie der Leistungsmotivation zurückführen (Atkinson, 1958). Hier konnte gezeigt werden, dass schwierige aber noch bewältigbar erscheinende Aufgaben besonders dafür geeignet erscheinen, die »Hoffnung auf Erfolg« als Komponente des Leistungsmotivs zu aktivieren, während sehr leichte und sehr schwierige Aufgaben eher dazu führen, die

»Furcht vor Misserfolg« anzuregen (Heckhausen, 1963, 1989). Die Aufgabenschwierigkeit könnte man jeweils mit anspruchslosen, anspruchsvollen bzw. überhöhten Zielen gleich setzen.

Die von Locke und Latham (1990) in besonderem Maße vorangetriebene und angeregte Forschung hat als eindeutige Ergebnisse erbracht:

- **Schwierige, herausfordernde Ziele** führen zu besseren Leistungen als mittelschwere oder leicht zu realisierende Ziele.
- Herausfordernde und zugleich **präzise, spezifische Ziele** führen zu besseren Leistungen als allgemein formulierte, vage Ziele, wie z. B. »Geben Sie Ihr Bestes!«.
- Ergänzend lässt sich aufgrund der Ergebnisse neuerer Metaanalysen (zusammenfassend Wegge, 2004, 2006) schließlich ergänzen, dass **Zielvereinbarungen** – zumindest unter bestimmten Bedingungen – zu höheren Leistungen führen als Zielvorgaben.

Fragt man sich, wie die Wirkung, die aufgrund des Forschungsstandes unbestreitbar ist, zu erklären ist, so kann man folgern, dass durch die schwierigen, spezifischen und wenn möglich partizipativ zustande gekommenen Ziele dem Arbeitshandeln – im Sinne der Basiswirkungen der Motivation – Richtung, Intensität und Ausdauer verliehen wird, was dann zu höheren Leistungen führt, wobei selbstverständlich verschiedene Moderatoren den Effekt relativieren können. Hier ist in erster Linie an die Zielbindung des Einzelnen zu denken, die entweder durch überzeugende Darstellung der vorgegebenen Ziele oder durch glaubhafte Partizipation erhöht werden kann, an die Selbstwirksamkeitsüberzeugung des Einzelnen, die sich durch Erfolgserlebnisse, die internal attribuiert werden, steigern lässt, durch die rasche Rückmeldung über die Leistungsfolgen der erbrachten Anstrengung und schließlich durch die Aufgabenkomplexität. Geht man bei der Zielsetzung oder besser noch bei der Zielvereinbarung adäquat vor, so zeigt sich, dass der Leistungseffekt nahezu eine volle Standardabweichung höher liegt als dann, wenn keine klaren Ziele bestanden (O'Leary-Kelly, Martocchio, Frink, 1994). Für die Praxis lässt sich also an Empfehlungen Folgendes ableiten. Ziele sollten sein:

- präzise und spezifisch,
- in transparenter Weise messbar,
- schwierig aber erreichbar,
- bei einer Mehrzahl von Zielen einander nicht widersprechend,
- repräsentativ für das Aufgabengebiet,
- glaubhaft (d.h. keine ersatzweise «verdeckten« Ziele),
- akzeptiert,
- wenn möglich vereinbart,
- nicht zu detailliert im Sinn eines dirigistisch erlebten Zwischenzielsystems und
- mit einer Rückmeldung darüber verbunden, ob die Ziele erreicht worden sind.

Was hier allgemein über die Wirkung von Zielen auf Einzelne gesagt wurde, gilt in grundsätzlich gleicher Weise auch für **Ziele von Arbeitsgruppen** (Guzzo & Dickson, 1996; Wegge, 2004, 2006). Allerdings gilt es hier zusätzliche Variablen, die die Beziehung zwischen dem Ziel und der Leistung moderieren, zu beachten, zum Beispiel die Quantität und Qualität der Kommunikation in der Gruppe, die interne Arbeitsteilung, die Beziehung des Gruppenziels zu den daraus ableitbaren Einzelzielen, die soziale Ängstlichkeit uvm. Eine besondere Bedeutung aber kommt den Zielkonflikten zu (Mackie & Goethals, 1987; Wegge, 2004). Um Zielübereinstimmung zu sichern haben Crown und Rosse (1995) vorgeschlagen, schwierige aber erreichbare Ziele sowohl für das übergeordnete Gruppenziel als auch für die daraus ableitbaren individuellen Teilziele so vorzugeben, dass die individuellen Leistungen jeweils als Beitrag zum übergeordneten Gruppenziel bewertet werden, wobei partizipative Zielvereinbarungstechniken hilfreich sein können. Sie steigern die Bindung der Einzelnen an das gemeinsame Ziel und können zugleich die Kohäsion der Gruppe erhöhen. Allerdings sind hier auch dysfunktionale Effekte denkbar, z. B. wenn die Gruppe den Eindruck gewinnt, dass sie durch dieses Vorgehen überfordert werden soll und ähnliches mehr. Es kommt dann zur gemeinsamen Festlegung auf niedrige Ziele und damit zur Leistungsrestriktion (v. Rosenstiel, 1995). Es gilt daher also zu prüfen, unter welchen Randbedingungen partizipative Zielfindungen in Gruppen der direktiven Zielvorgabe durch den Vorgesetzten überlegen ist.

Als ein besonders erfolgreiches, weitgehend standardisiertes System im Sinne einer Sozialtechnologie zur partizipativen Zielfindung in Gruppen hat sich das »**Partizipative Produktionsmanagement (PPM)**« von Pritchard, Kleinbeck & Schmidt (1993) bewährt. Es hat seine Wirksamkeit auf die Leistung von Arbeitsgruppen in einer Vielzahl von Studien, insbesondere in den USA und in Deutschland, unter Beweis gestellt (Kleinbeck, 2006). Gemeinsam entwickeln die Gruppenmitglieder dabei Indikatoren zur Messung ihrer Leistung, die ihnen dann unmittelbar rückgemeldet werden und die Basis darstellen für effektivere Arbeitsstrategien und für gemeinsame Zielfestlegungen mit Blick auf künftige Arbeitsperioden. Dabei ist es wichtig, dass sich das System fast ausschließlich auf solche Effekte beschränkt, die der Anstrengung und dem Leistungsvermögen der Gruppenmitglieder zuzuschreiben sind und entsprechend in deren Verantwortung liegen. Die positiven Leistungseffekte sind aber wohl zum Teil auch darauf zurückzuführen, dass das System den Vergleich zwischen verschiedenen Arbeitsgruppen erlaubt. Hier allerdings ist darauf zu achten, dass der dadurch angestachelte Wettbewerb zu produktiven und nicht zu destruktiven Verhaltensweisen führt.

Damit es beim PPM vor allem zu Erfolgserlebnissen und zu positiven Emotionen kommt – und nicht zu negativen aufgrund vielfachen Misserfolgs – wird empfohlen, als vorbereitende bzw. begleitende Maßnahme mit den Gruppen ein Zielsetzungstraining durchzuführen, damit die Gruppenmitglieder solche spezifischen und messbaren Ziele gemeinsam festlegen, die von allen akzeptiert werden, auch bewältigbar erscheinen und als Beitrag zu den Zielen des Gesamtunternehmens erlebt werden.

Literaturempfehlungen

Pritchard, R. D., Kleinbeck, U., Schmidt, K.-H. (1993). Das Managementsystem PPM – Durch Mitarbeiterbeteiligung zu höherer Produktivität. München.
In diesem für die Praxis aufbereiteten aber wissenschaftlich fundierten Buch wird das in diesem Abschnitt vorgestellt Managementsystem PPM sehr konkret geschildert; seine Wirkungsweise wird an Beispielen verdeutlicht.

Schmidt, K.-H. & Kleinbeck, U. (2004). Leistung und Leistungsförderung. In: H. Schuler (Hrsg.). Enzyklopädie der Psychologie. Organisationspsychologie I – Grundlagen der Personalpsychologie. Göttingen, S. 893–945.
In diesem äußerst konzentrierten und informationshaltigen Enzyklopädiebeitrag wird unter anderem gezeigt, in wie vielen sorgfältig durchgeführten Studien die leistungsfördernden Effekte herausfordernder und präziser Ziele nachgewiesen werden konnte.

2.4.1.3. Das Konzept des Motivationspotenzials nach Hackman und Oldham

Vorschläge zur Arbeitsgestaltung wurden nicht nur auf der Grundlage der Herzberg'schen Theorie oder der Zielsetzungstheorie von Locke & Latham gemacht. Auch andere, weniger bekannte Modelle wurden zu diesem Zweck herangezogen. Einige dieser Ansätze gehen explizit von psychologisch orientierten Verfahren der Beurteilung von Arbeitstätigkeiten aus. Zwei derartige Beispiele seien genannt: der Ansatz von Turner und Lawrence (1965) und – etwas ausführlicher – der von Hackman und Oldham (1974).

Turner und Lawrence gehen davon aus, dass die Arbeitsgestaltung die Einstellungen zur Arbeit und das Arbeitsverhalten wesentlich bestimmt. Hier besteht kein Unterschied zu den Aussagen von Herzberg. In ihrem theoretischen Ansatz aber kommen sie von den Überlegungen Homans her (1950), indem sie dessen Verhaltenselemente **Aktivität, Interaktion** und **mentaler Status** übernehmen. Davon ausgehend werden Elemente der Tätigkeit analysiert und zu einem »**requisite task index**« (**RTA-Index**) zusammengefasst. Je höher der hierbei erreichte Wert, desto höher sind arbeitsplatzabhängige Motivation und Arbeitszufriedenheit. Hat man das Ziel, Motivation und Zufriedenheit zu erhöhen, so sind in den genannten Dimensionen Verbesserungen der Arbeitsgestaltung erforderlich.

Hackman und Oldham (1974) gehen ebenfalls vom **Motivationspotenzial der Aufgabe** aus. Innerhalb ihres Konzepts werden die **Vielseitigkeit** der Tätigkeit, die **Ganzheitlichkeit** der Arbeitsaufgabe und ihre **Bedeutung** zunächst ermittelt und summativ zu einem Durchschnittswert kombiniert. Als zweiter wichtiger Wert wird der Dispositionsspielraum im Sinne von **Autonomie** ermittelt, als dritter der von **Selbstkontrolle** der Arbeitsleistung durch **Rückmeldung** (Feed-back). Aus der Multiplikation dieser drei Komponenten ergibt sich dann das Motivationspotenzial. Die Formel ist in Darstellung 16 enthalten.

Allerdings hat diese Formalisierung auch erhebliche Kritik gefunden. So lässt sich empirisch nicht begründen, wieso Variabilität, Ganzheitlichkeit und Bedeutung mit reduziertem Gewicht additiv in das Motivationspotenzial eingehen, während deren Summe multiplikativ mit Autonomie und Feedback verknüpft wird. So konnte gezeigt werden, dass eine einfache additive Verknüpfung der fünf Variablen

2.4. Psychologische Arbeitsgestaltung

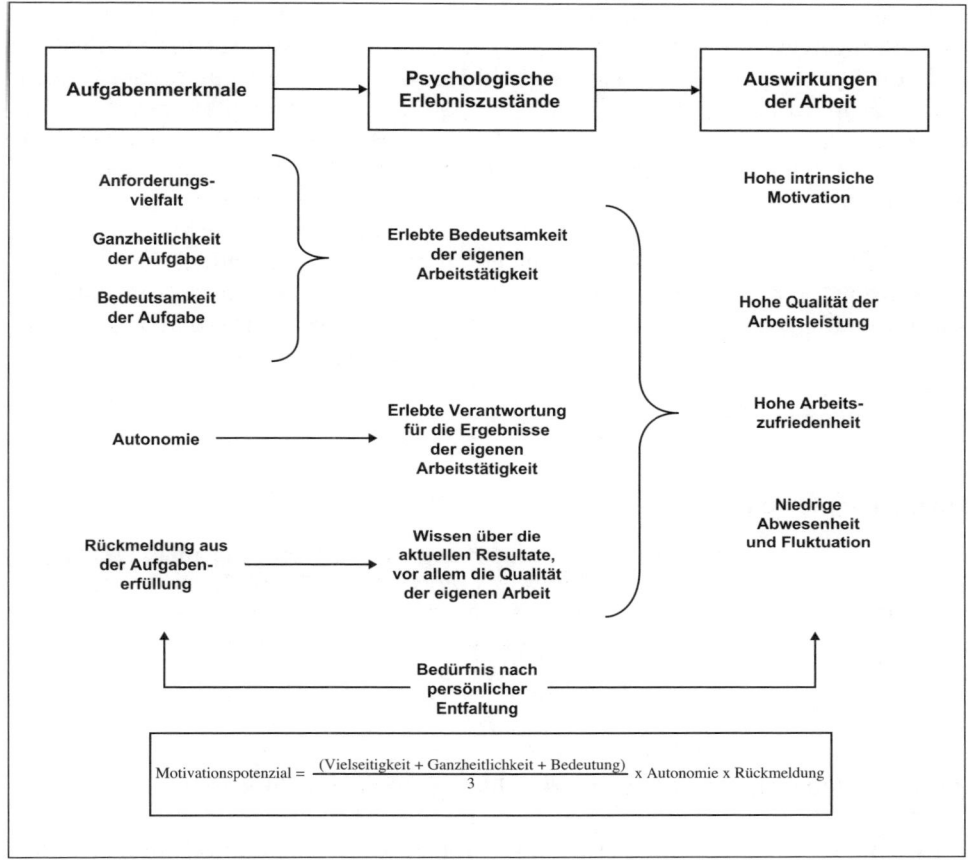

Darstellung 16. Das »Job-Charakteristics-Modell« nach Hackmann und Oldham

zu gleich validen Ergebnissen hinsichtlich der Zufriedenheit und der Leistung führt.

Ist es das Ziel, das Motivationspotenzial zu erhöhen, so müssen bei der Arbeitsgestaltung die genannten fünf Aspekte verbessert werden, wobei nur zum Teil (additive Verknüpfung) Kompensationsmöglichkeiten bestehen.

Hackman & Oldham (1974) haben zur Operationalisierung dieses Konzeptes einen »**Job-Diagnostic-Survey**« (JDS) entwickelt, der durch Arbeiten von Kleinbeck (1996) und Schmidt et al. (1985) für die Verhältnisse des deutschsprachigen Raumes adaptiert wurde. Die Autoren kamen aufgrund empirischer Analysen zu dem Ergebnis, dass geringe Werte des Motivationspotenzials auf die Gestaltungsbedürftigkeit der Arbeit hinweisen und dass darüber hinaus die Ergebnisse auch den Schluss zulassen, innerhalb welcher Merkmalsdimensionen der Veränderungsbedarf am größten ist. Sie schließen daraus, dass es sich lohne, Modell und Verfahren weiterzuentwickeln.

Tatsächlich ist die grundsätzliche Nützlichkeit des Konzepts inzwischen empirisch nachgewiesen worden (Oldham, 1996). Sowohl die Arbeitszufriedenheit als auch die Leistung verbessern sich, sowohl Fehlzeiten als auch Fluktuation sinken, wenn das Motivationspotenzial positiv eingestuft wird, wobei allerdings Personen, die in einem höheren Maße durch eine Wachstumsmotivation (Maslow, 1954) gekennzeichnet sind, deutlich stärker darauf reagieren. Das Wachstumsmotiv wirkt also hier als Moderatorvariable.

Die genannten Ansätze haben alle die Kritik gefunden, dass sie zu individualistisch, zu »psychologisch« seien und die gesellschaftliche Bedingtheit von Bewusstseinszuständen nicht berücksichtigen. Entsprechend sind alternative Konzepte entwickelt worden, die eher vom gesellschaftlich geprägten Bewusstseinszustand der Arbeitenden oder von unterschiedlichen Bestimmungen des so genannten Entfremdungskonzeptes ausgehen (vgl. hierzu z.B. Gaitanides, 1976; Friedel-Howe, 1981; Kern & Schumann, 1984).

Literaturempfehlung

Kleinbeck, U. (1996). Arbeitsmotivation: Entstehung, Wirkung und Förderung. Weinheim.
In diesem Band, der auch als einführender Lehrtext in das Thema der Arbeitsmotivation empfehlenswert erscheint, wird unter anderem gezeigt, wie das Motivationspotenzial zu interpretieren ist, auf welchen psychologischen Prozessen seine Wirkung beruht und welche Effekte es herbeiführt.

2.4.2. Arbeitsgestaltung und ihre Wirkung auf die Qualifikation

Fertigkeiten – ganz gleich, ob sich diese auf den emotionalen, motivationalen, kognitiven oder handlungsmäßigen Bereich beziehen – sind dem Menschen »nicht in die Wiege gelegt« und reifen auch nicht, von der Umwelt unabhängig, nach im Individuum angelegten biologischen Gesetzmäßigkeiten. **Fertigkeiten** in all den genannten psychischen Bereichen **sind trainierbar**, wobei die Lernfähigkeit interindividuell streut. Die Fertigkeiten werden bei ihrem Einsatz durch die Interaktion des Einzelnen mit seiner Umwelt gefördert. Zu dieser Umwelt zählt in einem ganz entscheidenden Maße auch die Arbeit. In der **Auseinandersetzung mit seinen Aufgaben** kann der einzelne Fertigkeiten entwickeln, er kann aber auch stagnieren oder gar Qualifikation verlieren. Es gilt heute als weitgehend unbestritten, dass jene Kompetenz, die der Berufstätige bei seiner Arbeit benötigt, vor allem durch informelles Lernen und zwar schwerpunktmäßig im **Prozess der Arbeit** entwickelt wird (Staudt & Kriegesmann, 1999). Schon Marx (1971, Erstausgabe 1844) hat dies – wenn auch auf spekulativer Basis – beschrieben. Es sei nachfolgend gefragt, was die Psychologie als empirische Wissenschaft dazu erarbeitet hat.

Vorausschauend lässt sich sagen, dass – betrachtet man die herkömmliche arbeitsteilige Produktionsarbeit – die Vermutungen von Marx sich weitgehend bestätigt haben. Volpert (1983) fasst den Forschungsstand prägnant zusammen, indem er darauf verweist, dass extreme Arbeitsteilung zu folgenden Konsequenzen führe:

- **Störungen** im Wohlbefinden, verbunden mit andauernden psychischen und physischen Beschwerden,
- **Abbau** der intellektuellen Leistungsfähigkeit und geistigen Beweglichkeit,
- **passivem Freizeitverhalten** und absinkendem Engagement im gesellschaftlichen Bereich sowie
- **repressiver Erziehung** der eigenen Kinder.

Auf der anderen Seite kann Arbeit, die durch einen erweiterten Handlungsspielraum, Transparenz, größeren zeitlichen Planungshorizont für den Einzelnen sowie häufige Kooperation mit anderen Personen gekennzeichnet ist, persönlichkeitsförderlich wirken (Hacker, 2005).

In die gleiche Richtung weist das von der Bundesregierung und der Europäischen Kommission initiierte und geförderte Forschungsprogramm »Lernkultur Kompetenzentwicklung«. In einer Vielzahl von Einzelstudien, die zwischen 2000 und 2006 durchgeführt wurden, konnte wahrscheinlich gemacht werden, dass ein selbstorganisiertes Lernen vor allem durch informelle Lernprozesse gefördert wird, die sich im Prozess der Arbeit vollziehen. Allerdings sollte dann die Arbeit so gestaltet sein, dass deren Inhalte dem Konzept einer vollständigen Aufgabe (Tomaszewski, 1978, 1981; Ulich, 2004; Hacker, 2005), relativ nahe kommen (Bergmann, Fritsch, Göpfert, Richter, Wardanjan & Wilczek, 2000). Eine derartige vollständige Aufgabe ist gekennzeichnet durch

- das selbstständige Setzen von Zielen, die in übergeordnete Ziele eingebettet sind,
- selbstständige Handlungsvorbereitungen,
- die Auswahl der Mittel einschließlich der erforderlichen sozialen Interaktionen zur adäquaten Zielerreichung,
- Ausführungsautonomie und Feedback über den Ablauf zur notwendigen Handlungskorrektur,
- Selbstkontrolle durch Feedback über die Ergebnisse und die Möglichkeit, die Übereinstimmung der Ergebnisse der eigenen Handlung mit den ursprünglich gesetzten Zielen zu überprüfen (Ulich, 2004).

Literaturempfehlung

Tomaszewski, T. (1978, 1981). Zur Psychologie der Tätigkeit. Berlin.
In diesem Klassiker, der weichenstellend für eine handlungspsychologische Betrachtung der Arbeitstätigkeit war, wird auf den Seiten 11–33 u. a. auch das Konzept der vollständigen Aufgabe entwickelt.

Volpert, W. (1983). Der Zusammenhang von Arbeit und Persönlichkeit. In: J. Alberts (Hrsg.). Technik und menschliche Existenz. Wiesbaden, S. 81–92.
In einem knappen, pointiert formulierten Beitrag wird dargelegt, wie Arbeit den Menschen sozialisiert.

2.4.2.1. Theoretische Ansätze und empirische Forschungsergebnisse

Guthke (1974) hat im Rahmen seines noch zu beschreibenden Ansatzes (Kapitel 3) die gängigen Intelligenzkonzepte kritisiert und als zu statisch zurückgewiesen. Er spricht stattdessen von **intellektueller Lernfähigkeit**, die freilich als interindividuell streuend angenommen wird. Er versucht aufzuzeigen, dass je nach Förderungsbedingungen ein niedrigerer oder höherer Leistungsstand auf intellektuellem Gebiet erreicht werden kann. Entsprechend darf man folgern, dass Personen, die qualifizierten Tätigkeiten nachgehen, ihre Intelligenz verbessern bzw. dem vielfach beschriebenen, wenn auch nicht unumstritten akzeptierten (vgl. Reimann & Reimann, 1994) Intelligenzabbau im Alter weniger unterliegen. Personen dagegen, die wenig komplexe Aufgaben erfüllen, müssten einen stärkeren **Intelligenzabbau** im Längsschnitt zeigen. Tatsächlich hat Vernon, wie Greif (1978) berichtet, an 9000 Anwärtern für die englische Marine gefunden, dass der Intelligenzabbau im Verlauf des Lebensalters bei unteren Berufsgruppen erheblich ist. Wenn auch Vernon dieses Forschungsergebnis nicht im Sinne der eben genannten Vermutungen interpretiert, kann es sehr wohl so ausgelegt werden.

Ebenfalls mit dem Indikator des Intelligenzquotienten arbeiteten Löwe (1971) sowie Löwe und Almeroth (1975). Sie beziehen sich dabei explizit auf die soeben angesprochene Theorie von Guthke und vermuten, dass das berufliche Training entscheidend die intellektuelle Lernfähigkeit im Erwachsenenalter beeinflusst. Entsprechend ist bei ungelernten Tätigkeiten ein starker Abfall der intellektuellen Lernfähigkeit zu vermuten. Die empirische Überprüfung der daraus ableitbaren Hypothesen gelang nicht überzeugend. Man muss hier vor allem das Problem sehen, dass die Zuordnung zu bestimmten beruflichen Qualifikationsgruppen nicht zufällig erfolgt, sondern eventuell **systematische Vorselektionen** gegeben sind: Personen mit geringer intellektueller Lernfähigkeit sind möglicherweise häufiger unter den »Ungelernten« zu finden.

Mit komplexeren Untersuchungsansätzen machten denn auch Kohn & Schooler (1973) Folgendes wahrscheinlich: Die **Ursache-Wirkungs-Beziehungen** sehen eher so aus, dass die intellektuelle Flexibilität dazu führt, dass man Aufgaben mit höherer Komplexität zugewiesen bekommt; der **Selektionseffekt** spielt also vermutlich eine wichtige Rolle. Ein Argument dafür, dass die faktische Aufgabenkomplexität ohne Einfluss auf die Qualifikation ist, kann daraus allerdings nicht erschlossen werden. Freilich darf ein herkömmlicher Intelligenzquotient zur Feststellung nicht als alleiniger Indikator gelten. Spezifischere und anforderungsbezogene kognitive Fertigkeiten sollten erfasst werden, wie spezielle Planungsfertigkeit, Kenntnis von Konfliktlösungsstrategien, betriebliches Änderungswissen etc. (vgl. Greif, 1972; Volpert, 1974; Friedel-Howe, 1981; Sarges, 1995; Hacker, 2005).

Obwohl beim derzeitigen Forschungsstand die an sich plausible Hypothese, dass die Komplexität der Arbeit die spätere Qualifikation entscheidend determiniert, als nicht voll gesichert gelten darf, schließt Greif (1978, S. 254) bei einem Überblick über bisherige Forschungsarbeiten u. a. Folgendes: Das »Niveau der intellektuellen Anforderungen der beruflichen Arbeitstätigkeit (hat) im Durchschnitt einen proportionalen Einfluss auf die Höhe der allgemeinen Leistungsfähigkeiten, auf die berufsbezogenen Lernfähigkeiten und die Qualifikation«. Intellektuelle Fähigkeiten, berufsbezogene Lernfähigkeiten und Qualifikationen, die in der beruflichen Tätigkeit nicht oder weniger beansprucht werden, sinken. In häufig beanspruchten Bereichen steigen sie dagegen.

Entsprechendes gilt für die bereits mehrfach angesprochenen Kompetenzen. Setzt sich der Mensch mit ihm zuvor nicht bekannten komplexen herausfordernden Situationen selbstorganisiert auseinander, so erkennt man – im Sinne einer Kompetenzdiagnostik – dabei nicht nur die Stärken und Schwächen innerhalb seines Kompetenzprofils sondern gibt ihm zugleich die Möglichkeit, seine durch die Situation geforderten Kompetenzen zu entwickeln.

Allerdings sollte man die Wirkung der Arbeitskomplexität nicht nur auf den begrenzten Bereich der Qualifikation für weitere berufliche Tätigkeit beziehen, sondern auch anderes mit bedenken. So wurde in einer Vielzahl von Untersuchungen (z. B. Kornhauser, 1965) gezeigt, dass eingeengte Tätigkeit, die dem Einzelnen nicht die Möglichkeit gibt, sich weitere Fähigkeiten und Fertigkeiten anzueignen und zu entwickeln, die subjektive Zeitperspektive verkürzt, das Familienklima belastet und die Aktivität des Lebens in der Freizeit herabsetzt (vgl. auch Grüneisen & Hoff, 1977). Obwohl auch hier Selektionseffekte nicht auszuschließen sind, dürfen die vorliegenden Untersuchungen doch als gut begründete Hypothesen angesehen werden.

Aufgabenkomplexität und Qualifikation sollten **im Zusammenhang mit weiteren Lebensbereichen** gesehen werden: z. B. mit der Anpassung an den Ruhestand. Obwohl auch in diesem Bereich die genannten Selektionseffekte nicht auszuschließen sind, darf doch als wahrscheinlich gelten, dass Personen, die komplexe berufliche Anforderungen erfüllen müssen, bei denen Planen und Selbstbestimmung gefordert werden, sich besser an den Ruhestand anpassen als andere Berufstätige (vgl. Heron, 1963), möglicherweise deshalb, weil sie es gelernt haben, die Zeit autonom zu strukturieren, und weil sie inhaltlich und formal geistige Beweglichkeit bewahren mussten (vgl. zusammenfassend v. Rosenstiel, 1994).

Schwerpunktmäßig wurde soeben über die Gefahren von Intelligenzabbau und Dequalifikation durch spezifische Arbeitserfahrungen gesprochen. Nachgewiesen wurde aber auch, dass zum einen durch herausfordernde Tätigkeiten die Qualifikation und die Kompetenz verbessert und durch Teamarbeit oder Dienstleistungsaktivitäten die soziale Kompetenz gesteigert werden (Nerdinger, 1994), so dass es eine tragfähige Hypothese zu sein scheint, dass in flexiblen Unternehmen sich auch die Flexibilität der Mitarbeiter positiv entwickelt wird (Frieling, 2001), **Arbeit insgesamt persönlichkeitsfördernd wirken kann** (Hacker, 1998, 2005) und dass schließlich durch Arbeit andererseits Motive, Emotionen, Einstellungen und Wertorientierungen modifiziert wurden (v. Rosenstiel & Bögel, 1986; v. Rosenstiel, 1989; Kannheiser, 1992, v. Rosenstiel, Molt & Rüttinger, 2005). So lässt sich festhalten, dass durch berufliche Tätigkeit die Persönlichkeit in nahezu allen Facetten in einer gesellschaftlich erwünschten oder unerwünschten Form geprägt und sozialisiert werden kann (Semmer & Udris, 2004).

Literaturempfehlung

Greif, S. (1978). Intelligenzabbau und Dequalifizierung durch Industriearbeit? In: M. Frese, S. Greif & N. Semmer (Hrsg.). Industrielle Psychopathologie. Bern, S. 232–256.
Der Forschungsstand auf dem Gebiet der Beziehung zwischen Arbeitskomplexität und Qualifikation wird insbesondere unter dem Aspekt der Intelligenzentwicklung dargestellt.
Rosenstiel, L. v. (1994). Psychische Probleme des Berufsaustritts. In: H. Reimann & H. Reimann (Hrsg.). Das Alter. Stuttgart, S. 230–254.
Anpassungsprobleme an den Ruhestand werden dargestellt, wobei u. a. die Beziehung von bisheriger beruflicher Tätigkeit zur Befähigung, die Zeit des Ruhestandes zu strukturieren, diskutiert wird.

2.4.2.2. Folgerungen für die Arbeitsgestaltung

Sieht man in der Qualifikation des Arbeitenden einen Wert, der es ihm ermöglicht verschiedene Anforderungen seiner beruflichen und privaten Welt möglichst gut zu erfüllen, so wird man eine **Strukturierung von Aufgaben** in der Form fordern, dass sie in qualitativer Weise vielseitige Anforderungen stellen, ohne zur Überlastung zu führen. Dies wiederum bedeutet, dass die Anforderungen von Person zu Person unterschiedlich sein müssen, wie es etwa das Konzept des **Person-Environment-Fit (P-E-Fit)** impliziert (French, Rodgers & Cobb, 1974). Das Konzept besagt, dass zwischen der Person und der jeweiligen Arbeitsumgebung Übereinstimmung bestehen muss, und zwar

- zwischen den Fähigkeiten und Fertigkeiten des Positionsinhabers und den Anforderungen seiner Position sowie
- zwischen den Bedürfnissen einer Person und den Befriedigungsmöglichkeiten bei der Arbeit.

Da hier große interindividuelle Streuung anzunehmen ist, wäre eine flexible Strukturierung von Aufgaben anzustreben, die es dem Einzelnen weitest möglich überlassen, die Arbeit in seinem Sinne zu gestalten, was ansatzweise innerhalb des schon einmal genannten Konzepts des möglichst großen Handlungsspielraums angelegt ist.

Individualisierungskonzepte sind – wo immer möglich – zu fordern (Schein, 1980; Ulich, 2005).

Literaturempfehlung

Bergmann, B., Fritsch, A., Göpfert, P., Richter, F., Wardanjan, B., Wilczek, S. (2000). Kompetenzentwicklung und Berufsarbeit. Münster.
Aktuell und projektnah wird aufgezeigt und begründet, wie Arbeit gestaltet werden sollte, um die Kompetenzen der Arbeitenden zu steigern.
Ulich, E. (1974). Neue Formen der Arbeitsstrukturierung. In: Fortschrittliche Betriebsführung, 23, S. 187–196.
Eine knappe Darstellung von Möglichkeiten zur Arbeitsgestaltung, die einen größeren Handlungsspielraum für den Einzelnen gewährleisten.

2.4.3. Die »Neuen Techniken«

Orientiert man sich an einer klassisch gewordenen Aussage von Leavitt (1965), so ist menschliches Verhalten in Organisationen abhängig von der **Person**, der **Aufgabe**, den **Strukturen** und den **Techniken**. In jüngerer Zeit hat sich wohl kaum eine dieser Einflussgrößen in so starkem Maße verändert wie gerade die Technik. Zwar gilt das nicht für alle Arbeitnehmer in allen Branchen, doch werden immer mehr Personen davon berührt. Während zunächst gewerbliche Arbeitnehmer in der Produktion die Auswirkungen verspürten, sind nun auch zunehmend die Verwaltung, der Handel und Dienstleistungsbereiche wie Banken und Versicherungen sowie in besonders starkem Maße Entwicklung und Konstruktion in der Industrie betroffen (Friedrichs & Schaff, 1984; Koschnitzke & Rolff, 1980). Aber selbst in die privaten Haushalte unter Einschluss der Kinderzimmer (PC, Handy, Gamestation) zieht die neue Technik ein. Wenn sich heute die Diskussion um die neuen Techniken dreht, die menschliche Arbeit nachhaltig beeinflussen, so wird in erster Linie an die **Mikroelektronik** gedacht. Sie rechtfertigt es in den Augen vieler Forscher, von einer »neuen industriellen Revolution« (King, 1984) zu sprechen. Diese ist gekennzeichnet vom Übergang der mechanisierten in die automatisierte Produktion. Tatsächlich sind die sich eröffnenden Möglichkeiten einer Neustrukturierung menschlicher Arbeit bislang kaum übersehbar: Man denke z. B. an die Versuche automatischer Übersetzung und Interpretation von Texten, an computerisierte Konstruktions- und Designverfahren, an Zentralsteuerung von großen Industrieanlagen, an die automatisierte Fabrik oder das automatisierte Büro, an neue Systeme im Bankwesen, im Handel, bei Versicherungen, an Tele-Video-Konferenzen (Pribilla, Reichwald & Goecke, 1995), an die Dezentralisierung der Arbeit bis hin zu neuen Formen der Heimarbeit, die es im Rahmen der so genannten Telearbeit (Ulich, 2005; Büssing & Aumann 1997) z. B. einer Sekretärin ermöglichen, zwischen »Küche und Kinderzimmer« mithilfe entsprechender Verkabelungen in unmittelbarer Kommunikation mit dem Zentralbüro ihre Aufgaben zu erledigen. Selbst die »virtuelle Organisation« erscheint zunehmend realisierbarer (Picot, Reichwald & Wigand, 2003). Nicht bedacht wird dabei häufig, dass dies zur sozialen Isolierung und zum Herausfallen aus einem inhaltlichen und sozialen Arbeitszusammenhang führen kann (Büssing & Aumann, 1997).

Menschliches Verhalten am Arbeitsplatz, aber auch – bedingt durch eine tief greifende Sozialisation in der Organisation (v. Rosenstiel, Molt & Rüttinger, 2005) – in anderen Lebensbereichen dürfte dadurch nachhaltig beeinflusst werden, wobei sich bislang nicht absehen lässt, in welcher Form dies geschehen wird (vgl. Volpert, 1985; Mainzer & Stengel, 2007).

2.4.3.1. Die Bewertung der Technik

Technischer Wandel vollzieht sich zum einen innerhalb der »objektiven« Realität; er wird aber – selektiv wahrgenommen und spezifisch bewertet – im Bewusstsein von Betroffenen widergespiegelt (Jaufmann & Kistler, 1988, 1991). Die Art dieser Redefinition der Technik entscheidet dann z. T. mit, in welcher Form Techniken sich weiterentwickeln und wie sie innerhalb der Gesamtgesellschaft und vom Einzelnen am Arbeitsplatz akzeptiert werden. Umfragedaten sprechen nun eindeutig dafür, dass es bezüglich der Technik in der Bevölkerung – zumindest in der Bundesrepublik Deutschland – eine Umwertung gegeben hat.

Vielfältige Umfragedaten zeigen, dass in der Mitte der 60er-Jahre, also beim Einsetzen des bereits vorgestellten Wertewandels in der Gesellschaft, nahezu drei Viertel der Befragten in der Technik recht undifferenziert einen »Segen« für die Menschheit erblickten. Dies hatte sich nachhaltig gewandelt, wobei ab Anfang der 80er-Jahre wiederum eine leichte Umkehrung des Trends beobachtbar ist, was sich jüngst verstärkte. Mit Blick auf bestimmte technische Entwicklungen (z. B. PC, Handy, Internet, Internettelefonie) lässt sich bei jungen Menschen geradezu von Begeisterung sprechen, während andere Entwicklungen (z. B. Kernenergie, Gentechnik) abgelehnt werden. Es ist daher nicht berechtigt, generell von einer Technikfeindlichkeit der Deutschen zu sprechen. Skepsis hat sich breit gemacht; ihr Doppelgesicht, ihr Januskopf, wird erkannt: Die »teils-teils«-Nennungen überwiegen heute. Ein »Fluch« ist die Technik nur für eine Minderheit geworden.

Bezieht man die technische Entwicklung auf die Arbeit und befragt man Berufstätige, wie sich der technische Wandel bei ihnen ausgewirkt hat, so spricht vieles für die höchst unterschiedlichen Konsequenzen bei verschiedenen Gruppen Betroffener.

Es wird erkennbar, dass für fast alle der technische Wandel dazu geführt hat, dass die Arbeit verantwortungsvoller und sauberer geworden ist. Für die meisten wurde sie auch interessanter und körperlich weniger anstrengend. Doch betonen spezifisch die an- und ungelernten Arbeiter, dass durch den technischen Wandel ihre Tätigkeit eintöniger, einsamer, geistig und seelisch belastender, schwieriger und von anderen abhängiger geworden sei. Dies dürfte sich auch auf das Erleben von Arbeitszufriedenheit niederschlagen. Zeitreihenanalysen sprechen dafür, dass sich auf diesem Gebiete eine «Schere« aufgetan hat.

Offensichtlich ist für sog. »höhere« Berufsgruppen die Arbeit interessanter und erfüllender geworden, wozu die neuen Techniken ihren Teil beigetragen haben mögen. Die Arbeitsinhalte entsprechen eher den bereits besprochenen höheren Ansprüchen (vgl. 2.1.). Für die an- und ungelernten gewerblichen Arbeitskräfte dagegen hat sich die Lage verschlechtert, sodass – mitbedingt durch die neuen Techniken – eine **Polarisierung bei der arbeitenden Bevölkerung** die Folge ist. Sieht man, über die Arbeitssituation hinausgehend, die gesamtgesellschaftliche Situation, so werden zunehmend an- und ungelernte Arbeitskräfte in die Arbeitslosigkeit gedrängt, während ein Teil der Facharbeiter zu »Handlangern« der Maschinen degradiert werden, andere sich dagegen für anspruchsvolle Tätigkeiten qualifizieren und neue Chancen erleben.

Allerdings scheint die Zahl derer, die von den neuen Gestaltungsbedingungen profitieren, deutlich kleiner zu sein als die jener, die die Schattenseiten erleben müssen. Jedenfalls ist die **Arbeitszufriedenheit** in Deutschland seit 1984 fast kontinuierlich **gesunken**, wie Darstellung 17 zeigt.

Allerdings wäre es vorschnell diesen Effekt ausschließlich auf die technologisch bedingte Veränderung von Arbeitsplätzen und Arbeitsinhalten zurückzuführen. Si-

2.4. Psychologische Arbeitsgestaltung

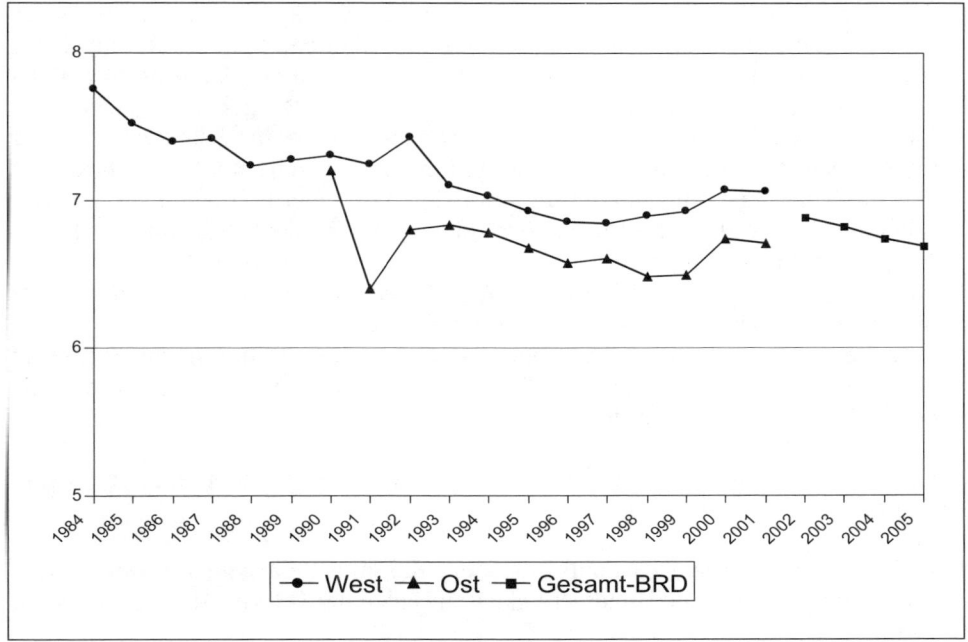

Darstellung 17. Die Entwicklung der Arbeitszufriedenheit von 1984–2002 (Quelle: SOEP; Skala: 0–10)

cherlich spielen auch der erlebte gestiegene Leistungsdruck und vor allem auch die Arbeitsplatzunsicherheit (Schramm, 1999) hierbei eine nicht unwesentliche Rolle.

Nun gibt es auf der anderen Seite innerhalb der Technikentwicklung Gestaltungschancen. Werden diese adäquat genutzt, so kann für eine Mehrheit anspruchsvolleres Arbeitshandeln die Folge sein und die Trennung von »Kopf und Hand« aufgehoben werden (Kern & Schumann, 1984). Es kann aber auch zur Dequalifizierung vieler bis hin zur »Enteignung der Experten« kommen (Volpert, 1985).

2.4.3.2. Chancen und Gefahren neuer Techniken

Die neuen Techniken können für den Arbeitenden, je nachdem, wie sie eingesetzt werden, positive oder negative Auswirkungen haben. Darüber ist viel geschrieben worden (Kern & Schumann, 1984; Volpert, 1983, 1984, 1985; Ulich, 2005; Pribilla, Reichwald & Goecke, 1995; Mainzer & Stengel, 2007). Hier sei nur exemplarisch auf eine Reihe möglicher positiver und negativer Konsequenzen hingewiesen.
Positive Konsequenzen des Einsatzes der Mikroelektronik liegen z. T. darin,

- dass die Arbeit **interessanter, sauberer und körperlich weniger belastend** wird als bisher, was etwa an dem anschaulichen Beispiel gezeigt werden kann, dass Überkopfarbeit in der Automobilindustrie entfällt, aber auch an der Entwicklung von numerisch gesteuerten Maschinen in der Produktion;

- dass berufliche Arbeit insgesamt **flexibler** wird, was sich z. B. darin zeigt, dass Ort und Zeit des Arbeitens frei gewählt werden können, wobei durch neuartige Arbeitsorganisation und moderne Zeiterfassungsmethoden die Arbeitszeitflexibilisierung größere Bedeutung gewinnt. Außerdem gilt, dass man gelegentlich Tätigkeiten wie Konstruktion oder Informations- und spezifisch Textverarbeitung im Rahmen der **Telearbeit** daheim vornimmt. Die Speicherung der Information gewährleistet, dass sie jederzeit und an jedem Ort abgerufen werden kann, wodurch der Grad der Selbstkontrolle über die eigene Tätigkeit steigt und der Handlungsspielraum sich erweitert;
- dass die Notwendigkeit für berufliche Arbeit insgesamt zurückgeht und dadurch die Möglichkeiten für eine **erfülltere Freizeit** steigen und
- dass die durch die Industrialisierung extrem gewordene Trennung von Kopf- und Handarbeit zurückgenommen wird und es insgesamt zu einem »**Ende der Arbeitsteilung**« (Kern & Schumann, 1984) kommt.

Mit der Mikroelektronik können aber auch **Gefahren** verbunden sein (v. Rosenstiel, 1986):

- Es kann Massenarbeitslosigkeit entstehen, die eine **Polarisierung der Gesellschaft** und neue soziale Ungerechtigkeit zur Folge hat (Meyer-Abich & Schefold, 1982).
- Die verstärkte **Kontrolle des Einzelnen** in der Gesellschaft und des Arbeitenden bei der Arbeit (etwa durch minutiöse Erfassung der Leistungsmenge und -güte) könnte zu einer Konzentration personenbezogener Daten in Ämtern oder im Unternehmen führen, was die Gefahr des »gläsernen Menschen« heraufbeschwört (Lenk, 1984; Volpert, 1985). Allerdings scheint diese Gefahr durch gesetzliche Regelungen zum Datenschutz gemildert werden zu können.
- Die Telearbeit (Büssing & Aumann, 1997; Büssing, 1999), vordergründig als neue Selbstständigkeit gefeiert, kann zu erheblichen **Abhängigkeiten ohne tarifrechtlichen Schutz** führen. Inzwischen nutzen aber auch immer mehr fest angestellte Berufstätige die Möglichkeiten der Telearbeit zumindest zeitweise. Dabei zeigt sich, dass es häufig **Konflikte** zwischen jenen, die zeitweise zu Hause arbeiten und jenen, die ständig im Unternehmen sind, gibt. Die Telearbeiter fühlen sich von der täglichen Kommunikation ausgeschlossen und bei Beförderungen übergangen, während ihre Kollegen unterstellen, dass die Telearbeiter durch die Arbeit weniger belastet werden (v. Rosenstiel, 2004).
- Ein weiteres Problemfeld der Telearbeit besteht darin, dass man eine Vielzahl von Dienstleistungen, z. B. Programmierarbeiten, zunehmend in Billiglohnländern Südosteuropas sowie Süd- und Südost-Asiens ausführen lässt und die Arbeitsergebnisse rasch elektronisch abruft. Tarifliche Regelungen in Deutschland werden unterlaufen; es wird Druck auf Löhne und Gehälter ausgeübt.
- Das Wissen der Experten kann diesen »**enteignet**« (Volpert, 1984) werden und ihnen in sog. Expertensystemen konzentriert entgegentreten, was die ehemals geschätzten **Experten in ihrer Bedeutung herabsetzt** oder sie gar überflüssig und arbeitslos macht.

- Viele Menschen werden in ihrem Erleben und Verhalten nachdrücklich durch die **Techniken geprägt**, mit denen sie umzugehen haben. Dies kann u. a. Folgendes bewirken (Kubicek, 1983):
  - Verlust des Kontaktes zum Arbeitsgegenstand,
  - Wegfall qualitativer Aspekte und deren Ersatz durch quantitative,
  - formale Korrektheit statt inhaltlicher Relevanz,
  - fachliches Wissen in Datenbanken statt im menschlichen Gedächtnis,
  - Zurücktreten persönlicher Urteilskraft und innerer Bindung an den Arbeitsgegenstand,
  - formale Eindeutigkeit statt Mehrdeutigkeit oder
  - Übernahme der binären Logik der Mikroelektronik.

  Allerdings kann dies auch eine positive Seite haben: Qualifikationsmängel einzelner Personen werden z. T. durch die Systeme kompensiert: so z. B. die Vergesslichkeit durch ein »externalisiertes Gedächtnis«.
- **Kommunikative Kompetenz** kann dadurch verloren gehen, dass die Arbeitenden nicht mehr mit ihren Kollegen direkt, sondern mit technischen Geräten kommunizieren – z. B. beim computer-aided-design (CAD), bei Beschränkung auf Email-Kontakte oder bei Videokonferenzschaltungen.
- Das **Gefühl persönlicher Verantwortung** kann dadurch sinken, dass die Entscheidungen dem Einzelnen abgenommen werden und im elektronischen System, in der Software, zu liegen scheinen.

Selbstverständlich ließe sich die Liste der Chancen und der Gefahren fortsetzen. Sie illustriert jedoch bereits in ihrer Unvollständigkeit, wie vielfältig denkbare Konsequenzen sind. Diese begründet vorauszusehen ist eine wichtige Aufgabe der **Technikfolgenabschätzung** (Dierkes, 1981; Bungard & Lenk, 1988). Bei dieser Folgenabschätzung sollten keineswegs nur Techniker beteiligt sein, sondern auch Sozialwissenschaftler unter Einschluss von Organisationspsychologen, die fundiert Auskunft darüber geben könnten, wie die Auswirkungen auf das Erleben und Verhalten der Betroffenen sein werden.

2.4.3.3. Folgerungen für die Arbeitsgestaltung

Ein Organisationspsychologe, der begründet vermutet, in der Bilanz aller Vor- und Nachteile würden sich die neuen Techniken negativ auf die arbeitenden Menschen auswirken, für den kann jene Folgerung plausibel erscheinen, die Volpert (1983, S. 28) zieht. Sie lautet: Nein. »Es ist ein rational begründetes Nein zu einem System, das aus Herrschafts- und Profitinteressen unsere Lebensmöglichkeiten zerstört.« Es scheint allerdings, als sei ein solches Nein ein resignatives Zur-Seite-Treten, denn die Entwicklung dürfte daran vorbeigehen. So ist es realistischer und sachadäquater, die technische Entwicklung zu akzeptieren, jedoch so zu steuern, dass das Ausmaß negativer Auswirkungen geringer wird und ihre Chancen genutzt werden. Für den Organisationspsychologen bedeutet dies, dass er bei der Einführung neuer Techniken nicht allein in der sog. »Akzeptanzforschung« tätig ist, die vielfach dazu degeneriert, innerhalb der Unternehmen Marketing für die neuen

Techniken zu betreiben, um sie – in technisch unmodifizierter Weise – für die vorgesehenen Benutzer akzeptabel zu machen. Dadurch werden zwar Konflikte bei der Einführung reduziert; das Vorgehen dürfte allerdings kaum als Beitrag dafür angesehen werden, die zuvor skizzierten Gefahren zu mindern.

So konnten eine Reihe von Fallbeispielen zur **Einführung von SAP** in einem von Kohnke und Bungard (2005) herausgegebenen Sammelband zeigen, dass durch die zunächst viel versprechende technische und organisationale Innovation dysfunktionale und zum Teil geradezu groteske Auswirkungen auftraten.

Was also sollten die Sozialwissenschaftler – speziell die Organisationspsychologen – tun, wenn sie sich mit neuen Techniken im Arbeitsvollzug auseinander setzen (v. Rosenstiel, 1984; Berufsverband Deutscher Psychologen, 1986)?

- Sie dürfen sich nicht vor vollendete technische Tatsachen stellen lassen, sondern früh in Kooperation mit Technikern, Informatikern, Systemingenieuren bei der Planung und Gestaltung der Systeme **mitwirken** (Ulich, 2005). »System« ist dabei weit zu verstehen; es berührt nicht nur die Technik selbst, sondern ihre Einordnung in den gesamtorganisatorischen Ablauf (Kern & Schumann, 1984).
- Daraus ergibt sich, dass die auf diesem Feld tätigen Organisationspsychologen die entsprechenden **technischen und ökonomischen Kenntnisse** haben müssen, damit sie bei den Kooperationspartnern als Gesprächspartner ernst genommen werden.
- Die Organisationspsychologen sollten sich zu **Spezialisten für Technikfolgen** entwickeln und die neuen Techniken vor allem unter dem Aspekt der Sozialverträglichkeit (Meyer-Abich, 1984), speziell der Erlebens- und Verhaltensverträglichkeit, abschätzen.
- Sie sollten **Bewertungskriterien** erarbeiten, die z. B. darin bestehen können, dass auf Schädigungsfreiheit, Beeinträchtigungslosigkeit, Persönlichkeitsförderlichkeit und Zumutbarkeit geachtet wird (vgl. Ulich, 1983, 2005).
- Sie sollten für diese Kriterien solche **Operationalisierungen** entwerfen, die bei der Entwicklung und Implementierung neuer Techniken routinemäßig eingesetzt werden können.

Literaturempfehlung

Büssing, A. (1999). Telearbeit. In: D. Frey, C. Graf Hoyos & D. Stahlberg (Hg.) Lehrbuch der Arbeits- und Organisationspsychologie, Weinheim.
In diesem knappen, gut gegliederten Beitrag werden die Verbreitung der Telearbeit sowie ihre Auswirkungen auf die Arbeitsprozesse, die Führung und das Privatleben dargestellt.

Kern, H. & Schumann, M. (1984). Das Ende der Arbeitsteilung? Rationalisierung in der industriellen Produktion. München.
Die beiden renommierten Industriesoziologen des Göttinger SOFI-Institutes zeigen, welche Chancen neue Techniken – ihren richtigen Einsatz vorausgesetzt – für den Arbeitenden beinhalten.

Ulich, E. (2005). Arbeitspsychologie. Stuttgart.
Im 5. Kapitel dieses arbeitspsychologischen Lehrbuches, das »Konzepte für den Einsatz neuer Technologien« vorstellt, wird konkret an einer Vielzahl von Beispielen gezeigt, inwie-

weit Technik als Option zu verstehen ist und in welcher Form Psychologen daran mitwirken können, diese Option zu nutzen.

Volpert, W. (1985). Die Zauberlehrlinge. Weinheim.
Der bekannte Kritiker der neuen Techniken analysiert Motive, die zu ihrer Einführung in die Arbeitswelt führen und weist auf vielfältige Gefahren hin, die sich für den Einzelnen, seine Emotionalität und Kontaktfähigkeit, die Inhalte seines Denkens sowie die Arbeit insgesamt daraus ergeben können.

2.4.4. Stress und Arbeitsgestaltung

Seit der Terminus »**Stress**« beinahe zum Modewort geworden ist (vgl. Selye, 1974), beurteilen selbst Laien nicht selten Arbeitsbedingungen danach, ob sie Stress erzeugen. Man nimmt an, dass ganz bestimmte Belastungen, die **psychophysisch aktivieren und subjektiv als unangenehm erlebt werden** oder anderen unangenehm sein können, dazu führen, dass man unter Stress bzw. übermäßiger Beanspruchung steht. Stress wird dabei ausschließlich negativ interpretiert.

Setzt man sich dagegen etwas eingehender mit dem Stressproblem auseinander, so sieht man sehr wohl, dass es ein einheitliches Konzept nicht gibt. Nicht nur, dass verschiedene Wissenschaften Unterschiedliches darunter verstehen (z. B. Medizin und Psychologie), auch innerhalb der Arbeits- bzw. Organisationspsychologie wird von verschiedenen Modellen ausgegangen (vgl. McGrath, 1976; Henry & Stephens, 1977; Udris & Frese, 1988; Greif et al., 1989; Ulich, 1994; Semmer & Udris, 2004; Zapf & Dormann, 2006). Dies soll nachfolgend knapp aufgezeigt werden.

2.4.4.1. Theoretische Ansätze und empirische Forschungsergebnisse

Innerhalb der psychologischen Stressforschung wird Stress unterschiedlich gesehen nämlich:

- als **Stimulus**: Bestimmte statische oder dynamische situative Bedingungen bewirken eine Spannungsreaktion beim Individuum;
- als **Response**: spezifische Reaktionen des Individuums auf irgendwelche situativen Bedingungen gelten als Stress;
- als **Interaktion**: die Art und Weise, wie die Person die auf sie einwirkenden Bedingungen der Situation verarbeitet, bestimmt den Grad des Stress.

Wird Stress als Stimulus verstanden, so geht die Forschung meist dahin, situative Bedingungen zu ermitteln, auf die der Organismus wie auf eine Bedrohung reagiert. Derartige Bedrohungen können physisch (z. B. Erdbeben), sozial (z. B. Isolation) oder psychisch (z. B. Wissen um Krankheit) sein.

Bezogen auf die Arbeit werden, wie McGrath (1976) in seinem Sammelreferat darstellt, häufig die folgenden fünf Stressgruppen zusammengestellt, die von späteren Autoren modifiziert und weiterentwickelt wurden:

- Die **Aufgabe** selbst, hier ist zu denken an eintönige, monotone Tätigkeiten im Sinne einer qualitativen Unterforderung, an zu komplexe Aufgaben im Sinne einer qualitativen Überforderung, an schwierige emotionale Anforderungen, die sehr viel Emotionsarbeit erfordern.
- Die **Arbeitsorganisation**, die in hohem Zeitdruck, in Daueraufmerksamkeit etc. bestehen kann, in mangelhafter Ausstattung mit Werkzeugen, Materialien, Informationen, in einer extremen Fremdbestimmung der Arbeitsgeschwindigkeit, der Arbeitsweise im Sinne einer Standardisierung, in unklaren Bewertungskriterien, in widersprüchlichen Arbeitsanweisungen, die sich als Rollenkonflikte zeigen können, sowie in einer hohen Verantwortung für Personen oder Sachwerte.
- Physische Bedingungen, die aus der **Umgebung** kommen, z. B. Lärm, Hitze, Staub, Erschütterung etc. betreffen können, die in einseitigen Körperhaltungen wie Über-Kopf-Arbeit, ständigem Stehen oder noch häufiger in gebückter Haltung sich ausdrücken, sowie die Lage und Länge der Arbeitszeit betreffend, wobei in erster Linie an Nacht- oder Schichtarbeit zu denken ist.
- **Soziale Bedingungen**, wobei an Konflikte, schlechtes soziales Klima oder Mobbing zu denken ist, aber auch an unfaire Behandlung oder zu große Abhängigkeit im Sinne eines Koordinations- oder Kooperationszwanges.
- **Organisationale Rahmenbedingungen** wie z. B. mangelnder Status und fehlende Anerkennung, unzureichende Informationspolitik, eine ungerechte oder untransparente Lohnpolitik, unklare oder bedrückende Zukunftsaussichten, aber schließlich auch Mikropolitik.

Das Problem derartiger Konzeptionen, die vom klassischen behavioristischen S-R-Modell ausgehen, besteht darin, dass die Art und Weise, wie die Person die genannten, häufig tatsächlich negativ erlebten Ereignisse bewältigt, nicht berücksichtigt wird.

Auf der anderen Seite sollte man realistischer Weise sehen, dass vieles im Unternehmen nicht individualisiert werden kann und man daher mit typischen Bedingungen, mit **Durchschnittsregulierungen**, arbeiten muss. Nur in Grenzen wird es möglich sein, die Arbeitsplätze und Arbeitsinhalte, die Organisation der Arbeit, die Raum- und Maschinengestaltung, aber auch die Arbeitszeit flexibel auf die Besonderheiten jedes Einzelnen auszurichten. So betrachtet dürfte die Berücksichtigung jener Punkte, die McGrath (1976) beschreibt, im Sinne einer typischen Belastung für die meisten Menschen am Arbeitsplatz relevant sein. Außerdem sollte man bedenken, dass eine gewisse Berücksichtigung individueller Unterschiede auch dadurch erfolgt, dass etwa von qualitativer und auch quantitativer Über- oder Unterforderung gesprochen wird. Wie sich diese auswirken kann, zeigt in eindrucksvoller Weise Darstellung 18.

Stress sieht anders aus, wenn er als Response verstanden wird. Das hier zugrunde liegende Konzept, **Stress als Anpassungsreaktion auf Störungen** von außen zu definieren, war letztlich die Basis der ersten empirischen Analyse des Stressphänomens (Selye, 1936). Es zeigte sich dabei, dass ganz unterschiedliche situative Bedingungen ganz ähnliche Abfolgen physiologischer Reaktionen zur Folge haben können, wie die nachfolgenden drei Stufen zeigen:

2.4. Psychologische Arbeitsgestaltung

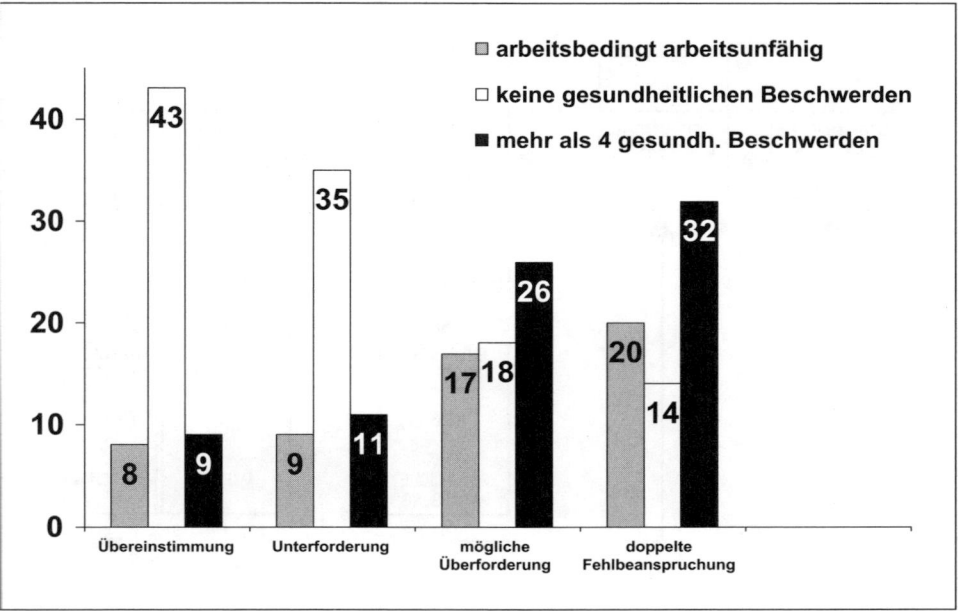

Darstellung 18. Bewältigungs-Typologie und Gesundheitsmerkmale 1998/99 (in %) in Anlehnung an Volkert

- **Alarm**: Der Organismus reagiert auf Überbelastung mit einer Aktivierung, die Abwehr bewirken soll;
- **Resistenz**: Auf dem Abwehrniveau wird ein neues Gleichgewicht gesucht, was häufig durch Einengung und Regression erfolgt;
- **Erschöpfung**: Sie tritt auf, wenn bei lang anhaltendem Stress die Kraft zur Anpassung ermüdet.

Sieht man in diesem Sinne Stress als Response, so ist die **differenzialpsychologische Frage** nahe liegend, ob es bestimmte überdauernde Persönlichkeitsmerkmale gibt, die die Prognose zulassen, ob jemand auf bestimmte objektiv beschreibbare Arbeitsbedingungen mit Stresssymptomen (z. B. einem Herzinfarkt) reagieren wird. Der wohl bekannteste Versuch dieser Art ist die **Entwicklung der A-B-Typologie** durch Friedman und Rosenman (1975). Typ A und Typ B kommen in den westlichen Industrienationen mit annähernd gleicher Häufigkeit vor. Typ A ist – im Vergleich zum Typ B – u. a. durch hohe Aktivität und – in sozialen Situationen – durch eine verstärkte Neigung zu kompetitivem Verhalten – verbunden mit Missgunst – gekennzeichnet. Bei ihm lassen sich nun, wie vielfältige Forschungsarbeiten zeigen (vgl. zusammenfassend Henry & Stephens, 1977; Gebert, 1981), weit häufiger Stresssymptome nachweisen. Insbesondere tritt der Herzinfarkt bei gleichen objektiven Situationen sehr viel häufiger auf als bei Typ B, der weniger impulsiv ist, vor Entscheidungen länger überlegt und weniger intensiv mit anderen konkurriert.

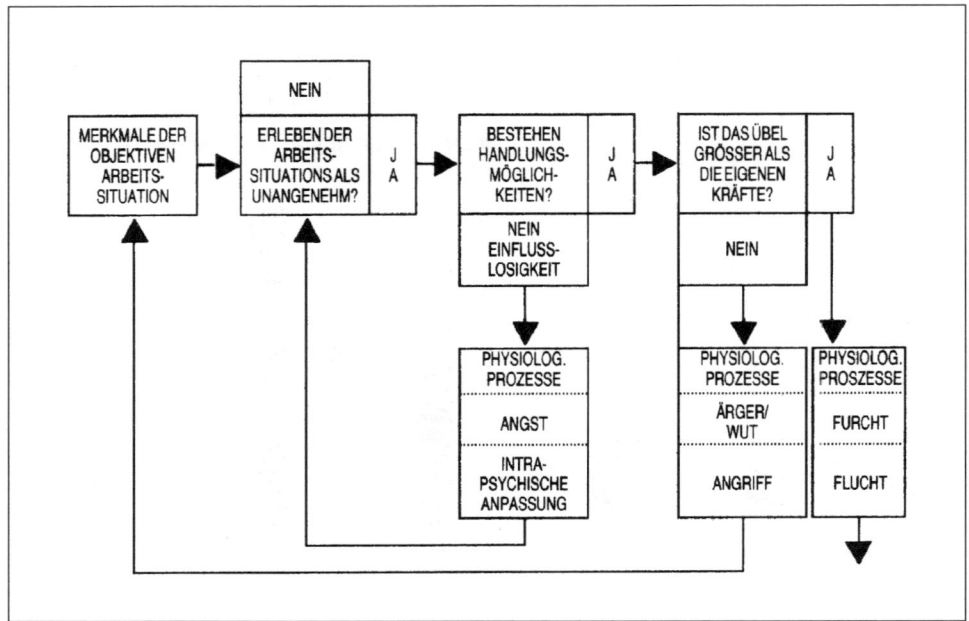

Darstellung 19. Stress und Copingmechanismen nach Lazarus

Sucht man nicht nach überdauernden Persönlichkeitsmerkmalen, die Stressreaktionen wahrscheinlicher machen, sondern nach zeitvariablen Reaktionsweisen, die situations- und personenspezifisch sind, so geht man vom **Stress als einem Interaktionsphänomen** aus.

Dabei gilt es zu untersuchen, welche Abwehrmechanismen die Person entwickelt, um wahrgenommene Situationsbedingungen, die häufig zu Stressreaktionen führen, so zu verarbeiten, dass es zu geringeren oder gar keinen Stressreaktionen kommt (vgl. Lazarus, 1966). Diese Abwehrreaktionen werden auch als **Coping** bezeichnet. Darstellung 19 visualisiert in vereinfachter Form das Stressmodell von Lazarus. Dabei sind die drei aufeinander folgenden Bewertungsschritte der Person besonders zu beachten.

Erkennbar wird, dass es nicht die objektiven Situationsmerkmale an sich sind, die Stress erzeugen, sondern dass es eine wesentliche Voraussetzung für die Entstehung von Stress ist, dass **die Situation als aversiv erlebt** wird. Es stellt sich sodann die Frage, ob der Handelnde über eine ausreichende Situationskontrolle zu verfügen glaubt und ob er der Auffassung ist, dass die eigenen Kräfte groß genug sind, die Gefahr zu bewältigen. Bei erlebter unzureichender **Situationskontrolle** oder dem Gefühl, dass die eigenen Kräfte nicht ausreichen, dürfte der Versuch unterbleiben, die bedrohliche Situation selbst zu verändern. Die Anpassung an die Situation erfolgt dann intrapsychisch über **Copingmechanismen**. Man nimmt z. B. aufgrund einer Senkung eigener Ansprüche die Situation nun anders – und zwar weniger aversiv – wahr.

Beim jetzigen Forschungsstand bestehen allerdings keine überzeugenden Konzepte oder Klassifikationsansätze zum Coping, was zum Teil auch darauf zurückzuführen ist, dass Copingmechanismen häufig nur mithilfe introspektiver Forschungsmethoden erhellt werden können und somit nur schwer zu operationalisieren sind.

Aus psychologischer Perspektive erscheint es nahezu sicher, dass **nicht primär die objektiven Gegebenheiten, sondern deren Bewertung** den Stress ausmachen. Diese Bewertung wiederum hängt von mehreren Bestimmungsgrößen ab (Greif, 1983):

- subjektive Wahrscheinlichkeit der Aversivität der Situation,
- Intensität der Aversivität der Situation,
- Grad der Kontrollierbarkeit der Situation,
- Wichtigkeit für die Person, die Situation zu vermeiden,
- zeitliche Nähe der Situation und
- erwartete Dauer der Situation.

2.4.4.2. Folgerungen für die Arbeitsgestaltung

Wird der Organisationspsychologie von einem psychologisch wenig vorgebildeten Auftraggeber gebeten, Maßnahmen gegen negative Stressfolgen einzuleiten, so sollte er sich zunächst fragen, ob die – möglicherweise vorschnelle – Diagnose des Auftraggebers zutreffend ist. Um fundiert beurteilen zu können, ob Stress im Unternehmen vorliegt, sollte er sich selbst ein Bild machen und ergänzend standardisierte Erhebungsverfahren einsetzen. Ein Beispiel dafür ist das »**Instrument zur stressbezogenen Tätigkeitsanalyse (ISTA)**«, das Semmer (1984) in einer Fragebogenfassung vorgelegt hat, das aber auch als eine Ratingversion vorliegt. Das Verfahren ist in beiden Versionen relativ universell einsetzbar, also z. B. sowohl in der Produktion als auch in der Verwaltung. Erfasst werden Beeinträchtigungen und Stressoren, allgemeine Regulationsanforderungen und **Ressourcen**, die geeignet sind, den negativen Stressfolgen entgegenzuwirken.

Stress bringt neben gelegentlichen positiven auch eine Vielzahl negativer Effekte mit sich, die das Individuum zum Teil bedrohen und denen es zu begegnen gilt. Leitet man präventive Maßnahmen ein, so ist zu fragen, auf welcher Ebene man das tut (vgl. Caplan, 1964; Keupp, 1974). Unterschieden werden kann – folgen wir diesen Autoren – zwischen primärer, sekundärer und tertiärer Prävention. **Primäre Prävention** ist – bleiben wir im diskutierten Zusammenhang – gegeben, wenn die Ursachen der Störung in der objektiven Situation behoben werden, also die Arbeitssituation umstrukturiert wird. **Sekundäre Prävention** liegt vor, wenn – bei objektiv unveränderter Situation – das Individuum darin trainiert wird, Verhaltensstrategien zur subjektiven Bewältigung dieser Situation zu entwickeln. Vorgehensweisen der sekundären Prävention werden im Kapitel 3 (Individuum) am Beispiel des Abbaus von Vorgesetztenangst und des Aufbaus von Selbstsicherheit in sozialen Situationen besprochen. Von **tertiärer Prävention** spricht man schließlich dann, wenn die Folgen der Störung in der sozialen Umwelt des Betroffenen (z. B. in der Familie und der Freizeit) gelindert werden.

Gerade die interaktionistische Interpretation des Stress kann zur Folge haben, dass man im Verständnis einer klinisch orientierten Organisationspsychologie die Betroffenen durch gezielte Trainingsmaßnahmen dazu bringt, angemessene Copingmechanismen zu entwickeln – ganz im Sinne einer sekundären Prävention. Da berufliche Arbeit, wie alle Anforderungen des Lebens, auch bedrohliche Aspekte hat, ist dies sicherlich ein empfehlenswerter Weg. Daneben aber sollte auch auf die primäre Prävention geachtet werden, was letztlich eine stärkere Betonung des Konzepts »Stress als Stimulus« bedeutet. Dies heißt konkret, dass bei der Arbeitsgestaltung und darüber hinaus bei der Gestaltung der organisatorischen Bedingungen insgesamt jene Variablen mitberücksichtigt werden, die vom Individuum als bedrohlich erlebt werden bzw. als bedrohlich erlebt werden können. Sie seien, nach einer Zusammenfassung von Wimmer (1980), aufgeführt:

- **Äußere Bedingungen** bei der Arbeit:
  - Gesundheits- und Sicherheitsrisiken,
  - die Notwendigkeit, schnell und unter großem psychischen Druck zu arbeiten,
  - Überstunden und unangenehme Arbeitszeitregelung;
- **Arbeit selbst**:
  - geringe Möglichkeiten, eigene Fähigkeiten und Fertigkeiten einzusetzen,
  - uninteressante und repetitive Arbeiten,
  - qualitative und quantitative Rollenüberlastung;
- **Schichtarbeit**:
  Nachtschicht bzw. ständig wechselnde Arbeitsschichten mit den sich daraus ergebenden Rollenkonflikten im Privatbereich;
- **Vorgesetzte**:
  - unklare Anweisungen,
  - in sich widersprüchliche Aufträge;
- **Organisation**:
  Arbeiten an den Grenzen der Organisation;
- **Löhne und Aufstiegsmöglichkeiten**:
  Wahrgenommene Ungerechtigkeit bei Einkommen und Aufstieg in Relation zum »Input«.

Selbstverständlich lässt sich diese Aufreihung ergänzen. Man denke z. B. an drohende Arbeitslosigkeit und das soziale Umfeld.

In all diesen Punkten bei der Arbeitsgestaltung Besserung zu bewirken, dürfte die Wahrscheinlichkeit ungünstiger Stressreaktionen beim Individuum senken.

Es sollte allerdings nicht nur darum gehen, das Aversive und Bedrohliche zu vermeiden, sondern auch darum, die Arbeitsbedingungen so zu gestalten, dass sie den Einzelnen resistenter und stabiler gegen die Auswirkungen von Stress machen. Als besonders wichtige Ressourcen sind hier zu nennen:

- Verbesserung der fachlichen und sozialen **Kompetenzen**,
- individuelle und soziale **Kontrollierbarkeit** der eigenen Arbeitssituation,
- Eingebundenheit in positive **Sozialbeziehungen** innerhalb und außerhalb der

Arbeit und somit entsprechend Aufbau sog. »sozialer Unterstützung« (Udris, 1989).

Literaturempfehlung

Gebert, D. (1981). Belastung und Beanspruchung in Organisationen. Ergebnisse der Stressforschung. Stuttgart.
In diesem Überblick bietenden Buch werden verschiedene Stresstheorien miteinander verglichen, Daten empirischer Untersuchungen referiert und Folgerungen für die Gestaltung der Arbeit und insbesondere ihrer Organisation im Rahmen umfassender Zusammenhänge unter Einschluss der Unternehmensführung abgeleitet.
Semmer, N. K. & Mohr, G. (2001). Arbeit und Gesundheit: Konzepte und Ergebnisse der arbeitspsychologischen Stressforschung. In: Psychologische Rundschein, 52, S. 150–158.
In diesem sehr konzentriert und knapp gehaltenen Zeitschriftenartikel erhält man einen Überblick über die wesentlichen theoretischen Ansätze und die wichtigsten empirisch gestützten Befunde zur arbeitspsychologisch orientierten Stressforschung und bekommt zugleich Hinweise, was zur Intervention getan werden könnte.

2.5. Konzepte und Beispiele psychologischer Arbeitsgestaltung

Aus den soeben besprochenen theoretischen Ansätzen und empirischen Untersuchungen wie aus anderen psychologischen – hier nicht diskutierten – Konzepten ließen sich vielfältige Anforderungen an eine psychologisch orientierte Arbeitsgestaltung ableiten. Einige davon wurden angedeutet; manche erscheinen angesichts der derzeitigen politischen, ökonomischen und technologischen Situation nicht realisierbar.

Im Nachfolgenden sei allerdings nicht auf derartige »konkrete Utopien« eingegangen, so wesentlich diese auch erscheinen, sondern es sei berichtet, was bei der Neustrukturierung von Arbeit faktisch unternommen wurde, wenn nicht primär der ökonomische Aspekt der Rationalisierung, sondern der einer menschengerechteren Gestaltung im Vordergrund stand. Pöhler (1979), v. Rosenstiel & Weinkamm (1980), Volpert (1990), Frieling & Sonntag (1999) oder Ulich (2005) und Bergmann et al. (2000) berichten über derartige Ansätze.

Der einheitliche Grundgedanke ist dabei, dass der **Handlungsspielraum** der arbeitenden Menschen ausgeweitet werden soll, was in vielen Fällen bedeutet, dass die Überspezialisierung im Sinne des »Taylorismus« zurückgenommen wird. Handlungsspielraum besagt in diesem Zusammenhang, dass einerseits der Tätigkeitsspielraum des Menschen erweitert, andererseits aber auch der Entscheidungsspielraum für den Arbeitenden größer werden soll. Erfolgt die Ausweitung nur auf einer dieser Dimensionen, so kann nicht von einer Ausweitung des Handlungsspielraums gesprochen werden.

Bei Ulich (2004, 2005) findet man eine anders akzentuierte Unterscheidung zwischen Handlungs- und Tätigkeitsspielraum. Für ihn ist der Tätigkeitsspielraum das

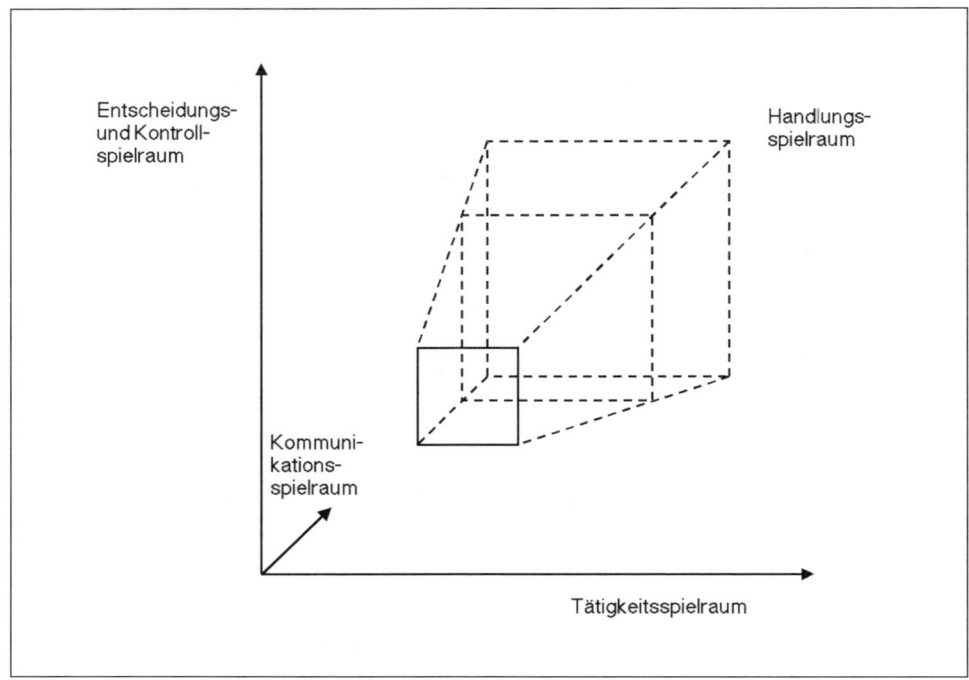

Darstellung 20. Der Handlungs- und Kommunikationsspielraum

übergeordnete, das anspruchsvollere Konzept, das sich aus dem Handlungsspielraum, der die Flexibilität betont, dem Gestaltungsspielraum, der auf die Variabilität abzielt und dem Entscheidungsspielraum, der die Autonomie thematisiert, zusammensetzt. Auch andere ähnliches Begriffe findet man in der Literatur, was Semmer (2004) zu der Aussage motiviert, dass es dabei jeweils darum gehe, dass der Einzelne Einfluss auf sein Leben und somit auch auf seine Arbeit nehmen kann, dass er selbst entscheiden oder zumindest mitentscheiden kann und somit auch zu einer persönlichkeitsförderlichen Arbeitsgestaltung beitragen kann.

Versuche zur Ausweitung des Handlungsspielraumes sind in unterschiedlicher Weise unternommen worden. Diese Bemühungen sind z. T. recht anspruchslos, z. T. aber auch von anspruchsvollerer Art.

Da zunehmend erkannt wurde, welche Bedeutung Gruppen und die Kooperation mit anderen für die Regulation der Tätigkeit haben, wurde vorgeschlagen, als dritte zusätzliche Dimension den Kommunikationsspielraum hinzuzufügen: die Möglichkeit zur Kooperation und Kommunikation mit anderen. Darstellung 20 zeigt dies.

2.5.1. Job Rotation

Bei dieser Vorgehensweise, die auch als geplanter **Arbeitsplatzwechsel** bezeichnet werden kann, tauschen verschiedene Personen, die spezialisierte Tätigkeiten ausüben, aufgrund eigener Initiative oder nach einem vorbestimmten Rhythmus ihren Arbeitsplatz. Dadurch wird allerdings in der Regel nur der Tätigkeitsspielraum erweitert, nicht dagegen der Entscheidungsspielraum (bzw. nur geringfügig im Falle eines selbst gesteuerten Arbeitsplatzwechsels). Es handelt sich dabei um eine sehr anspruchslose Form einer neuen Arbeitsgestaltung. Vermieden werden sollen auf diese Weise Monotonie, Übersättigung oder die einseitige Belastung bestimmter Muskelgruppen. Ein Gewinn im Sinne von Humanisierungszielen wird dadurch kaum erzielt. Herzberg (1972) kritisiert daher diese Vorgehensweise auch mit dem Satz: »Null plus null gleich null«. Mehrere weitgehend sinnarme Arbeitsschritte im Austausch ergeben noch kein sinnvolles Ganzes.

2.5.2. Job Enlargement

Diese auch als **Aufgabenerweiterung** beschriebene Form der Arbeitsgestaltung besteht darin, dass der Arbeitende nicht zwischen verschiedenen stark spezialisierten Arbeitsplätzen rotiert, sondern innerhalb seines Arbeitsplatzes verschiedene Tätigkeiten ausübt, die bislang von mehreren stärker spezialisierten Arbeitskräften ausgeführt wurden. Auch diese Form der Aufgabenvergrößerung bringt in aller Regel nur eine Ausweitung innerhalb des Tätigkeitsspielraums mit sich. Es werden beispielsweise in einer Verwaltungsbehörde nicht mehr von eng spezialisierten Sachbearbeitern nur wenige Spalten in einem Antragsformular durchgearbeitet, sondern eine Person bearbeitet das ganze Formular.

2.5.3. Job Enrichment

Diese gelegentlich auch als **Aufgabenbereicherung** übersetzte Form der Arbeitsgestaltung besteht darin, dass die Arbeit nicht nur in horizontaler, sondern auch in vertikaler Weise ausgeweitet wird. Konkret sieht das häufig so aus, dass vom Arbeitenden nicht nur verschiedene horizontale Arbeitselemente in Folge ausgeführt werden, sondern dass er zugleich in bestimmtem Umfang die Planung und Ergebniskontrolle dieser Arbeit übernimmt. Dies kann beispielsweise auch dann der Fall sein, wenn bisherige Fließbandarbeit abgebaut wird, dafür Einzelarbeitsplätze eingerichtet werden und der Stelleninhaber auch dispositive Tätigkeiten übernimmt. Gerade bei Einzelarbeitsplätzen ist dies jedoch nur schwer zu realisieren. Als Teamkonzept führt es zu teilautonomen Arbeitsgruppen.

Wenn in diesem Kontext von Arbeitsgruppen bzw. Teams die Rede ist, dann sollte man danach differenzieren, ob die Gruppenmitglieder ständig zusammenarbeiten, wie dies für herkömmliche oder teilautonome Arbeitsgruppen gilt, oder ob sie nur zeitweise beisammen sind, wie meist bei Qualitätszirkeln oder Lernstatt-

sowie meist Projektgruppen und ob sie vor allem ihren zentralen Aufgaben nachgehen, wie dies für herkömmliche oder auch teilautonome Arbeitsgruppen und gelegentlich für Projektgruppen gilt, oder ob sie sich mit besonderen Aufgaben auseinandersetzen, was für den Qualitätszirkel, die Lernstatt und nicht selten auch die Projektgruppe gilt (Antoni, 1996).

2.5.4. Teilautonome Arbeitsgruppen

Einen noch weiter vergrößerten **Handlungsspielraum**, bei dem auch der zuvor angesprochene **Kontaktspielraum** berücksichtigt wird, findet man meist bei teilautonomen Arbeitsgruppen. Das Konzept der teilautonomen Arbeitsgruppen geht auf den norwegischen Arbeitswissenschaftler Thorsrud zurück (Thorsrud & Emery, 1964). Darüber wird in anderem Kontext noch gesprochen werden (vgl. 4.2.). Die teilautonomen Arbeitsgruppen werden häufig als **Kleingruppen** verstanden, **denen ein Aufgabenzusammenhang übertragen wird**, dessen Regelung von ihnen selbst vorgenommen wird, so dass alle in ihr vorkommenden Tätigkeiten und Interaktionen von selbst gesetzten Normen abhängig sind. Die teilautonomen Arbeitsgruppen sind damit tatsächlich **führerlose Arbeitsgruppen**, deren Mitglieder bei der Lösung der wesentlichen Aufgaben der Gruppe eigenverantwortlich zusammenarbeiten.

Die spezifischen Probleme, die mit der Einführung teilautonomer Arbeitsgruppen in der Bundesrepublik Deutschland verbunden sind, zeigt ein detaillierter Forschungsbericht (Granel, 1980), der den Versuch dokumentiert, entsprechende Gruppen im VW-Werk Salzgitter innerhalb der Aggregatefertigung einzuführen. Dabei wird neben vielen anderen Problemen auch das dabei sich entwickelnde Spannungsverhältnis zwischen den Sprechern der Gruppen und dem Betriebsrat deutlich. Dies verleitete den Sprecher der IG-Metall im Gesamtprojektausschuss zu der Aussage, dass es »in der Bundesrepublik Deutschland ... keine teilautonomen Gruppen« geben kann (Ulich, 2005), ein Satz, der in dieser Schärfe wohl heute nicht wiederholt werden würde.

Die soeben genannten Definitionsansätze erscheinen nicht sehr präzise. Daher ist eine Kriterienliste von Gulowsen (1972) verdienstvoll, die zur **Bestimmung von Quantität und Qualität der Autonomie** derartiger Arbeitsgruppen geeignet ist. Diese Kriterien seien nachfolgend knapp dargestellt:

A. Kriterien auf der Ebene der Gruppe:
   1. Die Gruppe hat Einfluss auf für sie geltende Zielsetzungen
      a) in quantitativer Hinsicht,
      b) in qualitativer Hinsicht.
   2. Innerhalb übergeordneter Rahmenbedingungen kann die Gruppe selbst festlegen,
      a) wo sie arbeitet,
      b) wann sie arbeitet,
      c) welche zusätzlichen Tätigkeiten sie ausübt.

3. Die Gruppe entscheidet über die Produktionsmethode.
4. Die Gruppe regelt die interne Aufgabenverteilung.
5. Die Gruppe entscheidet darüber, wer in ihr Mitglied wird.
6. Die Gruppe entscheidet in Führungsfragen,
    a) ob sie für gruppeninterne Angelegenheiten einen Führer haben will und gegebenenfalls welchen,
    b) ob sie zur Regelung von Grenzbedingungen einen Führer haben will und gegebenenfalls welchen.

B. Kriterien auf der Ebene des einzelnen Gruppenmitglieds:
1. Das Gruppenmitglied entscheidet, wie die von ihm auszuführenden Aufgaben bewältigt werden.

Empirische Untersuchungen an teilautonomen Gruppen in Skandinavien zeigten, dass die genannten Kriterien in sehr unterschiedlichem Maße faktisch erfüllt werden, wobei keine Gruppe gefunden wurde, in der alle genannten Kriterien voll erreicht waren. Die Rangreihe des Auftretens sah wie folgt aus: B1 – A6a – 5 – 4 – 3 – 2b – 2c – 6b – 1b – 1a. Die Entscheidung darüber, wer in einer Gruppe Mitglied wird (5), ist also bereits sehr häufig, dagegen haben die Gruppen keinen nennenswerten Einfluss darauf, welche Arbeit inhaltlich von ihnen ausgeführt wird (1a).

In bescheidenen Fällen sieht die Strukturierung teilautonomer Arbeitsgruppen meist so aus, dass den Gruppenmitgliedern innerhalb des Aufgabenbereichs der Gruppe selbst gesteuerte Job Rotation ermöglicht wird. In etwas anspruchsvolleren Fällen kommen die Planung und die Kontrolle der von der Gruppe zu leistenden Arbeit hinzu. Die Arbeit wird also dann sowohl in horizontaler als auch in vertikaler Hinsicht für den Einzelnen ausgeweitet. Die **Effekte**, die durch die Einführung teilautonomer Arbeitsgruppen erzielt werden, sehen nicht selten so aus, dass die Leistung meist in qualitativer Hinsicht ansteigt, die Einstellungen zur Arbeit sich in vielfacher Weise verbessern, Fehlzeiten und Fluktuation zurückgehen und die Identifikation mit der Aufgabe ansteigt. Beispielhaft wird die Art der Einstellungsänderung durch die Einführung teilautonomer Arbeitsgruppen in Tabelle 1 (nach Bihl, 1973) verdeutlicht.

Da in der Literatur überwiegend Untersuchungen mit teilautonomen Arbeitsgruppen geschildert werden, die zu positiven Ergebnissen führten, kann gefragt werden, warum sich dieses Organisationsprinzip nicht rascher durchsetzt. Eine Antwort darauf mag zum einen darin liegen, dass die berichteten Ergebnisse unrepräsentativ sind: Weniger erfolgreiche Versuche werden kaum publiziert. Ein weiterer Grund liegt darin, dass die positiven Ergebnisse möglicherweise »Hawthorne-Effekte« sind, d. h. dass sie nur kurzfristig auftreten und zwar deshalb, weil überhaupt Veränderungen eingeführt wurden. Schließlich muss klar gesehen werden, dass die Einführung teilautonomer Arbeitsgruppen häufig an den äußeren Rahmenbedingungen scheitert, z. B.:

- der **Technik**: Es muss z. B. das Fließband umgestaltet werden;
- der **Aufgabe**: In den Aufgaben muss Entscheidungspotenzial liegen;

Befragung von 20 Mitarbeitern* der Versuchsabteilung					
Wie haben sich die Verhältnisse in der Versuchsabtl. verändert, verglichen mit der Situation vor einem Jahr?	viel besser	etwas besser	unverändert	etwas schlechter	viel schlechter
Abwechslungsmöglichkeiten bei der Arbeit	7	12	1	–	–
Möglichkeiten, bei der Arbeit etwas Neues zu lernen	10	9	1	–	–
Möglichkeiten der Teilnahme an Beschlüssen über die eigene Arbeit	6	12	2	–	–
Möglichkeiten der Teilnahme an Beschlüssen, die die Abtl. betreffen	7	11	2	–	–
Bereitschaft der Mitarbeiter, Verantwortung zu übernehmen	9	8	3	–	–
Bereitschaft der Mitarbeiter zu gegenseitiger Hilfe	7	9	4	–	–
Möglichkeiten, die gesamte Arbeit der Abtl. zu überblicken	6	13	1	–	–
Information über Produktionsergebnisse	9	10	1	–	–
Information über kommende Produktionsveränderungen	7	12	1	–	–
Verhältnis zum Meister	7	7	6	–	–
Verhältnis zur Betriebsleitung	2	5	12	1	–
Verhältnis zu Arbeitskollegen im Betrieb (auch von anderen Abtl.)	1	6	10	3	–
Arbeitsplanung in der Versuchsabtl.	6	12	2	–	–
Ausbildungsniveau	6	11	3	–	–
Betriebsklima in der Abtl.	6	7	7	–	–
physische Belastung	8	8	4	–	–
psychische Belastung (Stress)	9	6	5	–	–
Interesse für die Produktion	8	10	1	1	–

* Befragt wurden alle jene Mitarbeiter, die schon vor der Einführung der selbststeuernden Gruppe in der Abteilung beschäftigt waren.

Tabelle 1. Einstellungsänderungen durch die Einführung teilautonomer Arbeitsgruppen

- der **Organisationsstruktur**: Die Verflochtenheit der Arbeitsgruppen untereinander muss berücksichtigt werden;
- der **Lohnstruktur**: Die Arbeit in einer teilautonomen Arbeitsgruppe ist anspruchsvoller und meist mit einem höheren Lohn verbunden;
- den **Unternehmenszielen**: Die Einführung teilautonomer Arbeitsgruppen widerspricht in der Anfangsphase nicht selten den Zielen der Wirtschaftlichkeit;
- dem **Management**: Von dessen Seite muss in der Regel die Initiative ausgehen, obwohl die Einführung teilautonomer Arbeitsgruppen den Einfluss des unteren Managements meist senkt – zumindest auf der Meisterebene;
- den **Gruppenmitgliedern**: Die von der Motivation und den Fachkenntnissen her bereit und befähigt sein müssen, anspruchsvollere Tätigkeiten zu übernehmen;
- der **Gesellschaft**: Die dort bestehenden Normen dürfen den impliziten Zielsetzungen der Bildung teilautonomer Gruppen nicht entgegenstehen;
- der gründlichen **Vorbereitung**, etwa auf den Gebieten der technischen Modifikation, der Fachausbildung, der sozialen Kompetenz, der Einpassung des Systems in die übergreifende Organisationsstruktur;
- der **Gesetzgebung**: Bestehende gesetzliche Regelungen müssen basisdemokratische Entscheidungsfindungen, wie sie in teilautonomen Arbeitsgruppen vorgesehen sind, zulassen. In den skandinavischen Ländern ist das weitgehend der Fall. Das Betriebsverfassungsgesetz der Bundesrepublik Deutschland von 1972 dagegen setzt auf eine repräsentative Beteiligung der Arbeitnehmer an Entscheidungen durch den Betriebsrat, wodurch es zu Konflikten zwischen den Gruppenmitgliedern und dem Betriebsrat kommen kann, was die Einführung teilautonomer Arbeitsgruppen in deutschen Großbetrieben behindert (Ulich, 2005).
- Der **Kultur** des Landes: Hohe Machtdistanz (Hofstede, 1997) erschwert z. B. ein partizipatives Vorgehen.

Die Vielfältigkeit dieser Rahmenbedingungen führt einerseits häufig dazu, dass man ganz auf den Versuch verzichtet, teilautonome Gruppen einzuführen oder auch dazu, dass dieser Versuch scheitert.

Generell lässt sich aus heutiger Sicht bilanzieren, dass die Konzeption teilautonomer Arbeitsgruppen vielfach zu einer Selbstverständlichkeit wurde (Antoni, 1996). Die »Ideologie« aber hat sich verändert: Ging es in den 70er- und 80er-Jahren primär um **Humanisierung**, so steht heute das Ziel der **Rationalisierung** im Vordergrund. In einer berühmten MIT-Studie (Womack, Jones & Roos, 1990), innerhalb derer Produktionsformen in der japanischen und der amerikanischen Automobilindustrie verglichen wurden, kamen Kriterien, die auf Humanisierung hinweisen, nicht vor. Analysen von Frieling & Freiboth (1997), innerhalb derer auch deutsche, französische und britische Produktionsstätten berücksichtigt wurden, stützen derartige Befunde.

Ulich (2004) hat in diesem Sinne »europäische« den »japanischen« Gruppenmodellen gegenübergestellt, wobei – und hier ist die teilautonome Arbeitsgruppe ein prominentes Beispiel – die Gruppe nach dem europäischen Modell unter anderem durch hohe Autonomie, eine heterogene Gruppenzusammensetzung, sowie durch ganzheitliche und komplexe Aufgaben gekennzeichnet ist, während dem gegenüber innerhalb des japanischen Gruppenmodells die Autonomie gering, die Standardisierung hoch, die Gruppenzusammensetzung homogen, die soziale Kontrolle hoch und die Aufgaben partialisiert und einfach sind. Dies hat in der Konsequenz – die Automobilindustrie ist hier ein besonders sichtbares Beispiel – dazu geführt, vom »Volvoismus« einerseits und vom »Toyotismus« andererseits zu sprechen, wobei derzeit fraglos der »Toyotismus« auf dem Vormarsch ist.

Literaturempfehlung

Antoni, C. (1996). Teilautonome Arbeitsgruppen. Weinheim.
Begriffe werden erklärt, der aktuelle Forschungsstand wird dargestellt; eigene empirische Analysen werden sehr konkret geschildert.
Maier, N. (1977). Teilautonome Arbeitsgruppen. Meisenheim.
Konzepte der Einführung teilautonomer Arbeitsgruppen werden gründlich dargestellt, und es wird sodann differenziert danach gefragt, warum der Verbreitungsgrad dieser Form der Arbeitsstrukturierung nicht größer ist.

2.5.5. Qualifizierende Gruppenkonzepte

In den vergangenen 25 Jahren haben sich Formen der Gruppenarbeit entwickelt (Bungard & Wiendieck, 1986; Bungard & Jöns, 1997), die sich gewissermaßen neben der primären Aufgabenerfüllung abspielen und unter dem Namen **Qualitätszirkel** und **Lernstatt** (Dunkel, 1983; Bednarek, 1985; Antoni, 1990, 1996) bekannt geworden sind. Beim Qualitätszirkel und bei der Lernstatt handelt es sich um nah verwandte Konzepte, die allerdings eine höchst unterschiedliche Vorgeschichte haben. In beiden Fällen haben wir Gesprächsrunden aus einer kleinen Zahl von Personen vor uns, die meist den unteren Ebenen der Hierarchie entstammen, unter Leitung eines Moderators über frei gewählte Themen diskutieren und damit zum einen im Sinne der Unternehmensziele wirken und zum anderen ihre eigene Qualifikation und spezifisch ihre soziale Kompetenz verbessern. Unterschiede zwischen den beiden Konzepten sehen schwerpunktmäßig so aus, wie es Darstellung 21 verdeutlicht.

2.5.5.1. Qualitätszirkel

Qualitätszirkel entstanden in Japan mit dem Ziel, dem schlechten Ruf japanischer Produkte durch gezielte Verbesserungen entgegenzuwirken (Simon, 1983). Zurückgegriffen wurde dabei gleichermaßen auf Gedanken des »scientific management« (Taylor, 1911) als auch auf Ideen der Humanistischen Psychologie (Maslow, 1943). In Japan breiteten sich die Qualitätszirkel rasch aus, sodass Schätzungen dahin gehen, dass inzwischen viele Millionen Arbeitnehmer in derartigen Qualitätszirkeln organisiert sind.

Der Erfolg der japanischen Qualitätszirkelarbeit führte dazu, dass das Konzept

2.5. Konzepte und Beispiele psychologischer Arbeitsgestaltung

	Lernstatt	Quality Circle
Zeitbezug	zeitlich begrenzt	dauerhaft
Ziel-hierarchie	– Lernaspekt – kulturelle Anpassung und Identifikation – Verbesserungsvorschläge – Motivation durch Erfolge	– (Qualitäts-)Verbesserungen – Motivation durch Erfolge – Identifikation – Lernzugewinn
Voraus-setzungen	– »Neugier« auf Lernstatt und hieraus Engagement – Bereitschaft zum Arbeiten in Gruppen	– hohes Engagement der Mitarbeiter bereits vorhanden – Problembewusstsein
Gruppen-zusammen-setzung	– gleiche oder bewusst differenziert zusammen-gesetzte Erfahrungswelt (Arbeitserfahrung)	– gleicher Aufgaben-zusammenhang (Arbeits-aufgabe)
Koordination	– Als »Ausbildungsprogramm« prozessorientiert. Prozess ko-ordination nötig (Supervision); – Ergebniskoordination als »Begleitergebnis«	– Ergebniskoordination als Schwerpunkt – Prozesskoordination (Supervision) zur Begleitung erforderlich
Beziehungs-verhältnis	– Lernstatt-Aktivitäten können zu QC-Ergebnissen führen; Weiterführung als QC kann sinnvoll sein. – Die Erwartung von QC-Ergebnissen (Ergebnis-orientierung) kann Lernstatt-Gruppen unter Druck setzen und so Lernstatt-Ziel in Frage stellen.	– Die Voraussetzungen für QC-Arbeit kann durch »Lernstatt« geschaffen werden. – QC als ergebnisorientiertes Instrument umfasst nicht die »Prozessorientierung« der Lernstatt.
Ergebnis-bewertung	– Kurzfristige Ergebnisbe-wertung schwierig, da der Anspruch auf kurzfristige Erfolge Lernstatt-Arbeit (aufgrund ihrer Prozess-orientierung) behindert. – Mittelfristig sind mittelbare Ergebnisse beobachtbar; Zurechnung zu Lernstatt-aktivitäten aber schwierig. – Konkrete Lernstatt-*Vorschläge* sind ähnlich wie bei QC zu bewerten.	– Ergebnisse kurzfristig leicht messbar, hohe Wahrscheinlichkeit von Anfangserfolgen – Mittelfristige Probleme durch Anpacken komplexer und andere Bereiche tangierender Probleme

Darstellung 21. Unterschiede zwischen Lernstatt und Qualitätszirkel

auch in den USA und in Westeuropa mit ansteigender Tendenz nachgeahmt wird (Rehm, 1983; Bungard & Wiendieck, 1986; Einsiedler, 1986). Für den Erfolg der Qualitätszirkelarbeit ist es wesentlich, dass die Zirkel in die **Gesamtorganisation** adäquat integriert sind.

Die inhaltliche Art der Erfolge von Qualitätszirkelarbeit berührt **stärker die Organisations- als die Humanziele** (Cole, 1979; Odaka, 1981; Strombach & Johnson, 1983; Rehm, 1983). Es gibt empirische Hinweise, die dafür sprechen, dass Qualitätszirkelarbeit die Produktivität steigert, die Ausschussquote senkt, Kosten durch Verminderung von Kulanz- und Garantieleistungen reduziert, Maschinenstillstandszeiten herabsetzt, Energie und Rohstoffe einspart sowie Unfallzahlen und Fehlzeiten verringert. Zink und Ackermann (1988) zeigen, dass in vielen Fällen die Arbeitsbedingungen, die Arbeitszufriedenheit und die Einstellung zur Arbeit verbessert werden.

Bungard (1986) nimmt an, dass drei weitere Gründe für die Ausbreitung der Qualitätszirkel mitverantwortlich sind:

- Die moderne Fertigungstechnologie fordert von den Mitarbeitern **erhöhte Flexibilität unter Beibehaltung einer angemessenen Kontrolle**. Qualitätszirkel erweitern die Arbeitskompetenz, binden aber die Einzelnen in den loyalitätsfördernden Gruppenprozess ein.
- Verschärfter internationaler Wettbewerb fordert **hohe Fertigungs- und Produktqualität**, die nicht durch einen weiteren Ausbau der Kontrollsysteme erzwungen werden können, sondern durch Steigerung des Qualitätsbewusstseins einzelner Mitarbeiter sicherzustellen sind.
- Durch den Wandel der Wertorientierungen und der damit verbundenen modifizierten Einstellungen zur Arbeit können die Qualitätszirkel als Erfüllung der **Wünsche auf Mitbestimmungs- und Mitgestaltungsmöglichkeiten** interpretiert werden.

2.5.5.2. Lernstatt

Das Wort **Lernstatt** wurde einerseits von dem des Lernens, andererseits von dem der Werkstatt abgeleitet und will somit programmatisch anzeigen, dass es in Lernstattgruppen um ein gemeinsames Lernen geht. Entwickelt wurde das Konzept von externen Beratern in Kooperation mit den deutschen Firmen BMW, Hoechst und MAN. Ziel war es zunächst, **ausländische Arbeitnehmer in deutsche Unternehmen zu integrieren** und ihnen die notwendige soziale Kompetenz zu vermitteln (Dunkel, 1983). Über diese Zielsetzungen hinaus wird Lernstattarbeit heute meist betrieben, um die Persönlichkeit der dort aktiven Arbeitnehmer zu fördern, was dann – gewissermaßen als Sekundärfolge – auch zu Effektivitätssteigerungen führen kann, z. B. zu Verbesserungsvorschlägen in der Organisation.

Lernstattarbeit ist somit »prozess- und ergebnisorientierte Gruppenarbeit« (Dunkel, 1983; Bednarek, 1985). Entsprechend dieser Zielsetzung wird dann auch häufig gezeigt, dass durch Lernstattarbeit vor allem **die soziale Kompetenz der Mitarbeiter und hier vor allem die der Moderatoren erhöht** wird. Zink und Ackermann

(1988) weisen inhaltlich differenziert nach, in welchen Bereichen durch derartige Gruppenarbeit Personalentwicklung erfolgen kann. Es handelt sich dabei z. T. um sehr spezifische fachliche Kompetenzen wie Verbesserung in Datensammlungs-, Datenanalyse- und Kreativitätstechniken, z. T. aber auch um allgemeinere Fertigkeiten, wie z. B. Verständnis von Problemen in der jeweiligen Funktion und um soziale Kompetenzen.

Literaturempfehlung

Bungard, W. & Wiendieck, E. (1986). Qualitätszirkel als Instrument zeitgemäßer Betriebsführung. Landsberg.
In diesem Reader werden verschiedene Arbeiten zu den sozialpsychologischen Grundlagen der Qualitätszirkelarbeit dargelegt; empirische Befunde, die sich in der Praxis ergaben, werden systematisch referiert, wobei sich einige der Beispiele auf Lernstattkonzepte beziehen.

2.5.6. Projektgruppe

Angesichts des Umstands, dass viele Aufgaben so komplex und Fachgrenzen überschreitend angelegt sind, dass ein Einzelner, sei er auch noch so qualifiziert, durch die Aufgabe qualitativ überfordert wäre, zum anderen wegen der Notwendigkeit des Unternehmens, sich flexibel auf jeweils unterschiedliche, rasch wechselnde Herausforderungen einzustellen, kommt es vermehrt zur Bildung sog.»Projektgruppen«. Derartige Projektgruppen sind nicht in die zeitlich **überdauernde Aufbauorganisation** integriert (Antoni, 1996) und in der Regel für eine **begrenzte Zeit** bei **interdisziplinärer Zusammensetzung** mit der Erledigung eines komplexen Arbeitsauftrags betraut, wobei die Auftragserteilung meist durch das Management erfolgt und mehrere voneinander getrennte Unternehmensbereiche betrifft. Entsprechend kooperieren hier für eine bestimmte Zeit Fachleute miteinander, die in der Regel zugleich innerhalb der vorgegebenen Aufbauorganisation ihren Bereich verpflichtet bleiben und vielfach auch dort ihre herkömmlichen Aufgaben zu erfüllen haben. Das Projekt endet, wenn der Arbeitsauftrag erfüllt ist. Es ist ganz offensichtlich, dass die Mitarbeiter in einem Projekt neben der fachlichen auch spezifische andere Anforderungen an den Einzelnen mit sich bringt (Friedel-Howe, 1994) und dass in der Anlage von Projekten der Konflikt mit der Aufbauorganisation bzw. mit deren Vertretern angelegt ist, wie z. B. innerhalb der Matrixorganisation (vgl. Kap. 5.). Trotz dieser Problematik findet man heute in nahezu allen größeren Unternehmen – insbesondere bei Forschungs- und Entwicklungsaufgaben – Projektgruppen (Antoni, 1996). Die Bewältigung der Spannung zwischen der Aufbauorganisation und den Projektgruppen erfolgt auf vier unterschiedliche Arten und Weisen (Frese, 1980):

- als Stabs-Projektorganisation, bei denen die Projektkoordination von Stabsmitgliedern ohne Weisungsbefugnis wahrgenommen wird,
- als Matrix-Projektorganisation, bei der die bewusste Kompetenzaufteilung auf ein funktions- und projektorientiertes Leitungssystem vorgenommen wird,
- als projektorientierte Teilbereiche, wobei die Projekte aus den Fachbereichen ausgegliedert werden,
- als reine Projektorganisation, innerhalb derer die Projektmitglieder für die Zeitdauer des Projektes von allen Aufgaben innerhalb ihres herkömmlichen Bereichs freigestellt werden.

Die empirische Forschung zu Erfahrungen mit Projektgruppen (Antoni, 1996), zeigt, dass es – wie bereits angedeutet – vielfach Konflikte zwischen dem Projekt- und Linienmanagement um personelle und zeitliche Ressourcen sowie um Einfluss gibt und dass unterschiedliche Wege der Konfliktbearbeitung eingeschlagen werden. Der Erfolg von Projektgruppen wurde insbesondere bei der Softwareentwicklung überprüft (Brodbeck, 1993; Gemünden & Högl, 2000), wobei sich zeigte, dass die Teamführung, die Teamzusammensetzung sowie die Kommunikationsdichte innerhalb der Teams für den Erfolg besonders kritisch sind (vgl. Kap. 4.). Dies wiederum verweist darauf, dass Teamentwicklungstrainings (Comelli, 2003) vor der Installation einer Projektgruppe äußerst empfehlenswert erscheinen.

2.6. Geht es nur um den »arbeitenden Menschen«?

Kritisch kann man anmerken, dass die gesamten Ausführungen in diesem zweiten Kapitel, insbesondere aber die unter 2.3. genannten Kriterien, ausschließlich den arbeitenden Menschen zum Gegenstand haben, Nebenwirkungen also kaum berücksichtigen. Hengsbach (1980) hat daher ein programmatisch erweitertes Konzept vorgestellt. Es fordert, dass die Humanisierung der Arbeit zu betreffen habe

- den **arbeitenden Menschen**,
- den **ganzen Menschen**,
- **alle Menschen**.

Konkret heißt dies, dass eine Humanisierung der Arbeitsbedingungen nicht dazu führen darf, dass ein Mensch seine ganze Energie nur der Arbeit zuwendet und andere in ihm angelegte Möglichkeiten verkümmern lässt. Es darf aber auch nicht heißen, dass er um der Arbeit willen andere Menschen – z. B. die Familie (Kasper, Scheer & Schmidt, 2002) – vernachlässigt oder gar, dass mit dem Ziel, die Arbeitsbedingungen in den Industrieländern zu humanisieren, inhumane Arbeit in Länder der Dritten Welt exportiert wird. Angesichts der voranschreitenden Globalisierung der Wirtschaft (Steger, 1998; Beck, 1997) hat diese Forderung – wenn auch aus veränderter Perspektive – an Aktualität gewonnen.

2.7. Zukunft der Arbeit

Bereits im ersten Kapitel, als über Herausforderungen an die Arbeits- und Organisationspsychologie gesprochen wurde (1.10), war auf vielfältige Wandlungen der Arbeit insgesamt und der Erwerbsarbeit im Besonderen hingewiesen worden. Es war auch gezeigt worden, dass durch die gesellschaftlichen und technologischen Veränderungen für manche Personen die Arbeiten herausfordernder und interessanter werden, für andere aber fremdbestimmter, monotoner und auch schlechter honoriert, was insgesamt zu Spannungen in der Gesellschaft führen wird, die dadurch noch verschärft werden, dass viele – strukturell bedingt – ohne Erwerbsarbeit leben müssen und viele weitere von Arbeitslosigkeit bedroht werden. Darüber ist – insbesondere in der soziologischen Fachliteratur – viel gesprochen worden. Was aber wird sich aus psychologischer Perspektive innerhalb der Erwerbsarbeit ändern? Wo sind hier Gebiete der psychologischen Forschung und Praxis zu sehen, denen vermehrt Bedeutung zuwachsen wird:

- Neue gesellschaftliche Leitbilder und ökonomische Notwendigkeiten angesichts des Personalabbaus in großen Organisationen werden darin liegen, dass sich immer häufiger Menschen einer selbstständigen Erwerbsarbeit zuwenden oder Unternehmen gründen (Lang-von Wins, 2004).
- Aufgrund der Elektronisierung vieler Arbeitsprozesse gewinnt schon jetzt die Telearbeit, die z. B. impliziert, dass man vielfach zu Hause oder beim Kunden und nur noch gelegentlich in den Räumen der Organisationen arbeitet und dadurch Führung häufig auf Distanz (Hertel & Konrad, 2004; v. Rosenstiel, Pieler & Glas, 2004) erfolgen muss, eine wachsende Bedeutung. Bislang liegt nur wenig psychologische Forschung zu der Frage vor, wie derartige Arbeit optimal gestaltet werden kann (Büssing & Aumann, 1997).
- Im Zuge der Globalisierung von Wirtschaft und Gesellschaft werden immer häufiger Menschen aus unterschiedlichen Kulturen miteinander kooperieren, wobei der Kooperationspartner als Kunde, als Auftraggeber, als Vorgesetzter, Kollege oder Mitarbeiter die eigene Tätigkeit zentral beeinflussen kann, was den Fragen einer interkulturellen Zusammenarbeit, eines Managements diverser Teams, eine wachsende Bedeutung zukommen lässt (Kühlmann & Stahl, 2006).
- Durch die sich beschleunigenden Wandlungsprozesse müssen Menschen sich rasch – und mit Lernanforderungen verbunden – auf jeweils neue fachliche und soziale Herausforderungen einlassen, sowie zwischen Phasen der Erwerbsarbeit und der Arbeitslosigkeit wechseln, was erhebliche kognitive und soziale Anforderungen mit sich bringt, die zu einer spezifischen Kompetenzentwicklung führen werden, die es zu untersuchen und sozial- und humanverträglich zu gestalten gilt.
- Aufgrund der demographischen Entwicklung in Deutschland, die einerseits durch eine wachsende Lebenserwartung und andererseits durch den Geburtenrückgang gekennzeichnet ist, werden zunehmend ältere Menschen länger arbeiten und sich neuen Herausforderungen stellen müssen, was zur Forderung an die Psychologie führt, sich mit einer altergerechten Arbeitsgestaltung in Forschung und Praxis auseinander zu setzen.

Diese Beispiele mögen genügen. Sie machen aber deutlich, dass Erkenntnisse, die gestern als wissenschaftlich interessant und als gesellschaftlich relevant erschienen, aufgrund des Wandels des Kontextes rasch veralten können und jeweils Neues zu bearbeiten ist und zwar nicht nur, weil die Theorien und die Methoden sich verändert haben, sondern weil schlicht ein verändertes Umfeld zu neuen Fragestellungen führt.

Literaturempfehlung

Hengsbach, F. (1980). Vom Mehr-Haben zum Mehr-Sein – Humanisierung der Arbeit in der katholischen Soziallehre. In: L. v. Rosenstiel & M. Weinkamm (Hrsg.). Humanisierung der Arbeitswelt – Vergessene Verpflichtung. Stuttgart. S. 67–78.
In diesem von einer spezifischen Ethik getragenen engagierten Beitrag wird gefordert, dass die Arbeit human zu sein habe für den arbeitenden Menschen, den ganzen Menschen und alle Menschen, wobei an Beispielen belegt wird, was damit konkret gemeint ist.
Kasper, H., Scheer, P. J. & Schmidt, A. (2002). Managen und Lieben. Führungskräfte im Spannungsfeld zwischen Beruf und Privatleben. Frankfurt.
In diesem auf empirische Studien beruhenden Bericht werden die Daten u. a. dahingehend interpretiert, dass Führungskräfte ihre privaten Beziehungen versachlichen und ihre Arbeit erotisieren.
Ulich, E., Groskurth, P. & Bruggemann, A. (1973). Neue Formen der Arbeitsgestaltung. Frankfurt.
Beispielsreich, sehr konkret und anschaulich werden in diesem Klassiker – unter besonderer Betonung des Produktionsbereichs – Wege zur Verbesserung der Qualität des Arbeitslebens vorgestellt, wobei die Vorgehensweisen bei Job Rotation, Job Enlargement, Job Enrichment und bei teilautonomen Arbeitsgruppen besonders deutlich werden. Es handelt sich um ein beinahe historisch zu nennendes Dokument, das an die Blütezeit der Diskussion um die Humanisierung der Arbeit erinnert.
Volpert, W. (1990). Welche Arbeit ist gut für den Menschen? Notizen zum Thema Menschenbild in der Arbeitsgestaltung. In: F. Frei & I. Udris (Hrsg.). Das Bild der Arbeit. Bern, S. 23–40.
In diesem engagierten Beitrag werden zuvor zitierte Kriterien für die Bewertung der Arbeit vorgeschlagen, die differenziert begründet werden.

Selbstkontrollfragen zu Kapitel 2

Von den mit a), b), c) und d) gekennzeichneten Alternativantworten zu den nachfolgenden Mehrfachwahlfragen gilt nur eine als richtig. Bitte kreuzen Sie diese an. Sie können, wenn Sie die Fragen 16 bis 40 durchgearbeitet haben, Ihre Lösungsvorschläge mit den angegebenen Bestlösungen auf Seite 531 vergleichen.

16. Arbeit lässt sich am ehesten definieren als
   a) fremdbestimmtes Verhalten, dessen Ausführung unlustbetont ist

b) eine Tätigkeit, die dem Zweck dient, materielle und immaterielle Werte zu schaffen
c) ein Handeln, das zum Erwerb jenes Geldes führt, das zur Existenzsicherung erforderlich ist
d) jede Tätigkeit, die Lebenszeit strukturiert und dem Alltag Sinn und Bedeutung verleiht

17. Der Wandel der Werthaltungen im letzten Drittel des 20. Jh. wirkte sich auf die Einstellungen zur Arbeit so aus, dass
    a) Fleiß und Pflichtgefühl deutlich anstiegen
    b) die Arbeit insgesamt abgelehnt wurde und die Freizeit weit höhere Präferenzen erhielt
    c) die Einstellung zur Arbeit weitgehend unverändert blieb
    d) die Ansprüche der Arbeit gegenüber anstiegen, insbesondere, was die Chance zur Autonomie, Kommunikation und Selbstverwirklichung beim Arbeiten betrifft

18. Zu den Pflicht- und Akzeptanzwerten im Sinne von Klages zählen:
    a) Selbstverwirklichung
    b) Pünktlichkeit
    c) Nahrung
    d) Autonomie

19. Wenn sich die wissenschaftlichen Mitarbeiter des Departement für Psychologie einer bestimmten Universität treffen, so ist für diese kennzeichnend
    a) die gleiche Aufgabe
    b) die gleiche Position
    c) der gleiche Job
    d) der gleiche Beruf

20. Die Redefinition der Aufgabe ist innerhalb der Aufgabentheorie von Hackman
    a) die Tätigkeitsbeschreibung
    b) das subjektive Erfassen von objektiv gegebenem Reizmaterial und von objektiv gegebenen Anweisungen über Verfahren und Ziele durch die Person
    c) die Neugestaltung von Aufgaben aufgrund psychologischer Arbeitsanalysen
    d) die Hypothesenbildung über den Prozess der Aufgabenausführung

21. Die Beanspruchung des Menschen bei der Arbeit
    a) ist gleich der aufgabenspezifischen Belastung
    b) ist gleich der aufgabenunspezifischen Belastung
    c) ist gleich der Summe aus aufgabenspezifischer und aufgabenunspezifischer Belastung

d) ist die interindividuell unterschiedliche Ausschöpfung der Leistungsfähigkeit durch die gegebenen Belastungen

22. Stress bei der Arbeit ist am ehesten gleichzusetzen
    a) mit der Belastung
    b) mit der Bedrohung durch die Tätigkeit
    c) mit der Arbeitsmenge
    d) mit der Ermüdung

23. Als zeitkonstante Leistungsvoraussetzung/en darf/dürfen gelten
    a) die Fähigkeiten
    b) das Aktivierungsniveau
    c) die Ermüdung
    d) der Grad der aufgabenspezifischen Motivation

24. Kennzeichnend für die psychologisch orientierte Arbeitsanalyse ist
    a) die Methode der Zeit- und Bewegungsstudien
    b) das Ziel der Entwicklung von Normen
    c) das Interview mit dem Vorgesetzten und/oder der arbeitenden Person
    d) das Ziel der Verbesserung der Maschinen und technischen Ausrüstungen

25. Mithilfe der Critical-Incident-Technique
    a) wird ein repräsentativer Querschnitt des Arbeitsverhaltens erfasst
    b) werden solche Tätigkeiten erfasst, die im besonderen Maße zum Erfolg oder Misserfolg beitragen
    c) werden jene Bestandteile der Arbeit erfasst, die die Arbeitenden besonders kritisieren
    d) werden kritische Punkte der Arbeit mithilfe einer standardisierten Checkliste erfasst

26. Vom verhaltenstheoretischen Konzept des S-O-R-Paradigmas gehen die arbeitsanalytischen Verfahren von
    (1) Udris und Alioth (SAA)
    (2) Volpert et al. (VERA)
    (3) McCormick (PAQ)
    aus.

    Richtig ist folgende Antwortenkombination
    a) (1), (2), (3)
    b) (1)
    c) (1), (2)
    d) (3)

27. Der Begriff Handlung innerhalb der Handlungstheorie
    a) ist mit dem des Verhaltens gleichzusetzen

b) legt den Akzent auf die Eigeninitiative, die Zielorientierung und Planung der Person
c) betont die Reizabhängigkeit menschlichen Handelns
d) akzentuiert die Handlungskonsequenzen als Verstärkungsbedingungen

28. Das OAS bei Hacker ist
    a) ein Konzept zur Organisation des Arbeits-Systems
    b) eine psychische Steuerungsinstanz, die als operatives Abbildsystem u. a. Ziele und Ausführungsbedingungen der Arbeit repräsentiert
    c) die Integration der drei Regulationsebenen des Handelns
    d) ein Verfahren zur Analyse der Tätigkeit in der Produktion

29. Bei der Auftrags- und Bedingungsanalyse
    a) sollte der Stelleninhaber befragt werden
    b) sollte der Stelleninhaber beobachtet werden
    c) empfiehlt sich ein Beobachtungsinterview
    d) kann personenunabhängig analysiert werden

30. Der Handlungsspielraum entspricht am ehesten
    a) dem Entscheidungsspielraum
    b) dem Tätigkeitsspielraum
    c) dem Produkt aus Entscheidungs- und Tätigkeitsspielraum
    d) der Berufseignung

31. F. Herzberg und seine Mitarbeiter gingen bei der empirischen Grundlegung ihrer Theorie wie folgt vor:
    a) Sie ließen die Befragten je eine konkrete berufliche Situation schildern, in der sie sich besonders gut und besonders schlecht gefühlt hatten und erfragten zugleich, wie diese Situation die Arbeitsleistung beeinflusst hatte
    b) Sie gaben bestimmte kritische berufliche Situationen vor und fragten die Gesprächspartner, wie die Zufriedenheit und die Leistungsbereitschaft dadurch beeinflusst worden wären
    c) Sie ließen die Befragten konkret Situationen schildern, in denen sie sich besonders gut bzw. besonders schlecht gefühlt hatten und beobachteten dann das Leistungsverhalten in diesen Situationen
    d) Sie fragten die Gesprächspartner danach, wie ihre Leistungen in Situationen, in denen sie besonders unzufrieden waren, ausgefallen waren

32. Im Konzept des Motivationspotenzials nach Hackman & Oldham ergibt sich eine Erhöhung der Motivation zur Leistung aus
    a) der zum Teil multiplikativen und zum Teil additiven Verknüpfung der Arbeitsmerkmale Variabilität, Ganzheitlichkeit, Bedeutung, Autonomie und Feedback.
    b) der durchgängig additiven Verknüpfung von Variabilität, Ganzheitlichkeit, Bedeutung, Autonomie und Feedback.

c) der Übereinstimmung von Fähigkeiten und Bedürfnissen der Person einerseits, den sachlichen Anforderungen und dem Befriedigungspotenzial der Aufgabe andererseits.
d) dem selbstständigen Setzen von Zielen, dem Planen der Zielerreichung sowie die Rückmeldung darüber, ob man das Ziel erreicht hat.

33. Der Befund, dass Personen, die monotone Tätigkeiten ausüben, unterdurchschnittliche Intelligenzwerte im Test zeigen, wird häufig als Argument dafür gebracht, dass derartige Tätigkeiten dequalifizierend wirken. Es ließe sich dagegen einwenden,
a) dass die gebräuchlichen Testverfahren für diesen Personenkreis ungeeignet sind
b) dass das Ergebnis auf einem Selektionseffekt beruhen könnte
c) dass die Intelligenzentwicklung abgeschlossen ist, bevor die berufliche Arbeit beginnt
d) dass die Intelligenz keine Folge ausgeübter Handlungen sein kann

34. Die Suche nach Stressoren ist typisch für die Sicht
a) Stress als Stimulus
b) Stress als überdauernde Persönlichkeitsdisposition
c) Stress als Response
d) Stress als Interaktionsphänomen

35. Job Enrichment unterscheidet sich von Job Rotation bzw. Job Enlargement vor allem dadurch, dass
a) der Arbeitsplatzwechsel selbst gesteuert vorgenommen wird
b) die Aufgabenerweiterung nicht nur horizontal, sondern auch vertikal vorgenommen wird
c) die sozialen Anreize stärker in den Vordergrund rücken
d) nicht in größeren zeitlichen Abständen zwischen verschiedenen Tätigkeiten gewechselt wird, sondern diese im Zusammenhang ausgeführt werden.

36. Wichtige Definitionskriterien teilautonomer Arbeitsgruppen sind
(1) Die Gruppe hat Einfluss auf für sie geltende Zielsetzungen
(2) Die Gruppe hat Einfluss auf die Unternehmensziele
(3) Die Gruppe entscheidet über die Produktionsmethode
(4) Die Gruppe repräsentiert alle Mitarbeiter des Unternehmens
(5) Die Gruppe entscheidet darüber, wer in ihr Mitglied wird

Richtig ist folgende Antwortenkombination
a) (1), (2), (3), (4), (5)
b) (3), (5)
c) (1), (2), (3)
d) (1), (3), (5)

37. Die Einführung teilautonomer Arbeitsgruppen führt häufig dazu, dass
    (1) die Qualität der Arbeit sich verbessert
    (2) die Arbeitszufriedenheit steigt
    (3) das Gefühl sich verstärkt, die Arbeit sei leichter und erfordere weniger Nachdenken und Engagement
    (4) der Eindruck sich verstärkt, bei der Arbeit etwas Neues zu lernen

    Richtig ist folgende Antwortenkombination
    a) (2)
    b) (1), (2), (3), (4)
    c) (2), (3), (4)
    d) (1), (2), (4)

38. Äußere Grenzbedingungen, an denen die Einführung teilautonomer Arbeitsgruppen häufig scheitert, sind
    (1) die bestehende Technik
    (2) die Art der zu bewältigenden Aufgaben
    (3) die Lohnstruktur
    (4) Motivation und Ausbildungsstand der vorgesehenen Gruppenmitglieder

    Richtig ist folgende Antwortenkombination
    a) (1), (2), (3), (4)
    b) (1)
    c) (1), (2), (3)
    d) (3), (4)

39. Der Qualitätszirkel ist – verglichen mit der Lernstatt –
    a) von dieser nicht zu unterscheiden; es handelt sich um zwei Worte für das gleiche Konzept
    b) stärker an den Effizienz- und Unternehmenszielen orientiert
    c) dadurch ausgezeichnet, dass die Mitglieder meist aus dem Verwaltungsbereich stammen
    d) dadurch ausgezeichnet, dass er aus Führungskräften unter Einschluss der formal Unterstellten gebildet wird

40. Ulich nennt als Kriterien humaner Arbeit
    a) Schädigungsfreiheit, Beeinträchtigungslosigkeit, Persönlichkeitsförderlichkeit, Zumutbarkeit
    b) Ausführbarkeit, Erträglichkeit, Zumutbarkeit, Zufriedenheit
    c) Lohngerechtigkeit, Arbeitssicherheit, Kündigungsschutz, Entwicklungsperspektive
    d) human für den arbeitenden Menschen, human für den ganzen Menschen, human für alle Menschen

3. Individuum

Lernziele des 3. Kapitels

Die Bearbeitung des Kapitels »Individuum« soll dazu anregen und befähigen,

- in der Personalpsychologie das wichtigste Teilgebiet der Organisationspsychologie zu sehen
- die strukturell angelegte Grundspannung zwischen dem Individuum und der Organisation zu erkennen und ein erstes Gespür für diese Spannung in der konkreten Situation zu entwickeln;
- an Beispielen darzulegen, wie sich die Anpassung des Einzelnen an die Organisation vollzieht und welche psychologischen Erklärungsansätze dafür bestehen;
- zu begründen, wie implizite Persönlichkeitstheorien von Managern oder Organisationspsychologen ihr Verhalten den übrigen Organisationsmitgliedern gegenüber beeinflussen können;
- vor dem Hintergrund der »Anlage-Umwelt«-Diskussion aufzuzeigen, wieso in Auslese und Schulung zwei zentrale organisationspsychologische Technologien zur Anpassung des Einzelnen an die Organisation gesehen werden;
- das logische Schließen in der psychologischen Testdiagnostik zu erklären, Testverfahren zu klassifizieren und die Entwicklung eines psychologischen Tests zu schildern;
- Die wichtigsten Gütekriterien psychologischer Testverfahren zu benennen und darlegen zu können, wie man diese empirisch erfasst;
- das Vorgehen innerhalb der personalistischen Führungsforschung zu erklären und die Ergebnisse dieser Forschung kritisch zu würdigen;
- Gründe dafür zu nennen, warum man relativ selten Frauen in betrieblichen Führungspositionen antrifft;
- Stärken und Schwächen der »Assessment Center Technik«, die häufig für personelle Entscheidungen herangezogen wird, nennen zu können;
- den Unterschied zwischen Qualifikation und Kompetenz aufzeigen und das wachsende Interesse am Kompetenzbegriff begründen zu können;
- die Vorgehensweisen bei der systematischen Personalbeurteilung darzustellen, die dabei beobachtbaren Beurteilungsfehler zu klassifizieren und die möglichen Konsequenzen der Beurteilung in der betrieblichen Praxis aufzuzeigen;
- zu erkennen, dass Personalentwicklung nicht nur durch institutionalisierte Fort- und Weiterbildung erfolgt, sondern auch durch Lernen im Prozess der Arbeit, im sozialen Umfeld sowie im Netz und durch Multimedia;
- An Beispielen schildern zu können, wie sich aufgrund des gesellschaftlichen Wandels die Dynamik beruflicher Entwicklungen veränderte;
- je ein Beispiel für gezielte Vorgehensweisen des Organisationspsychologen bei

der Verhaltensmodifikation auf den Gebieten der motorischen Fertigkeiten, des kognitiven Wissens, der Motivation, der Volition, der situationsspezifischen Angst, der Selbstsicherheit und des Führungsverhaltens zu berichten und diese Vorgehensweisen theoretisch zu begründen;
- definieren zu können, was man unter Lerntransfer versteht und Maßnahmen zu benennen, die das Transferproblem bei betrieblichen Maßnahmen mildern.

Wenn die Organisationspsychologie als angewandte psychologische Disziplin Fragen zu beantworten sucht, die aus der Praxis kommen, so ist die Konsequenz dieser Antworten in der Regel ein Eingriff in die gegebene Realität. Das Ziel dieses Eingriffes kann höchst unterschiedlich sein und etwa – um einige Beispiele zu nennen – in der Erhöhung der Leistung der Organisation, in der Identifikation der Organisationsmitglieder mit der Organisation, in der höheren Qualifikation der Organisationsmitglieder oder in der Steigerung ihrer Arbeitszufriedenheit liegen. Um derartige Ziele zu erreichen, kann man an recht unterschiedlichen Stellen ansetzen, so auch beim einzelnen Organisationsmitglied, dem **Individuum**. Es geht – vereinfachend ausgedrückt – bei sehr vielen organisationspsychologischen Maßnahmen darum, **Individuum und Organisation aneinander anzupassen**, was schwerpunktmäßig durch Eingriffe beim Individuum oder bei der Organisation erfolgen kann. Nachfolgend seien exemplarisch einige wichtige Felder angesprochen, innerhalb derer man die objektiven Gegebenheiten der Organisation weitgehend unmodifiziert lässt und die Anpassung dadurch zu erreichen sucht, dass man beim Individuum ansetzt.

Die Beschäftigung mit dem Einzelnen in der Organisation bzw. mit dem Personal liegt der Psychologie als Wissenschaft vom Erleben und Handeln bzw. Verhalten besonders nahe. So überrascht es auch nicht, dass sich in jüngster Zeit eine »**Personalpsychologie**« innerhalb der Organisationspsychologie zu emanzipieren beginnt. Dies lässt sich z. B. daran erkennen, dass vor kurzem ein umfangreiches Lehrbuch vorgelegt wurde, das diesen Titel trägt (Schuler, 2006), und seit 2002 auch eine »Zeitschrift für Personalpsychologie« erscheint.

Die Personalpsychologie hat sich wie kaum ein anderes Gebiet der Arbeits- und Organisationspsychologie in jüngster Zeit geradezu sprunghaft entwickelt (Schuler, 2006). Dies gilt zunächst einmal hinsichtlich der Forschungsaktivitäten. Insbesondere durch eine Vielzahl von Metaanalysen kann das Fach zwischenzeitlich wirklich gesichertes Wissen zum Nutzen eignungsdiagnostischer Verfahren und zur Wirksamkeit von Personalentwicklungsmaßnahmen vorweisen. Dies ist zugleich ein Argument dafür, dass personalpsychologische Arbeit auch in der Praxis geschätzt wird, was sich z. B. darin zeigt, dass in der Organisation tätige Psychologen ca. zwei Drittel ihrer Arbeitszeit mit der Bearbeitung von Aufträgen zur Personalauswahl, -beurteilung und -entwicklung ausfüllen. Ein weiterer Grund jedoch liegt darin, dass zunehmend im »Humankapital«, also in der Qualifikation und Kompetenz der im Unternehmen beschäftigten Menschen, eine auch strategisch wichtige Stärke des Unternehmens gesehen wird.

3.1. Grundüberlegungen

Bevor auf konkrete Maßnahmen eingegangen werden soll, erscheinen einige Vorüberlegungen erforderlich. Sie sollen verdeutlichen, in welcher Form die Anpassung des einzelnen an die Organisation zu erreichen ist.

3.1.1. Individuum und Organisation

Bereits bei der Inhaltsbestimmung des Gegenstandes der Organisationspsychologie hatten wir darauf verwiesen, dass die zu untersuchenden Teilbereiche stets vor dem Hintergrund des **Spannungsverhältnisses zwischen dem Individuum und der Organisation** zu sehen sind. Die in der Organisation liegende Zweckrationalität bringt es notwendigerweise mit sich, dass die interindividuell unterschiedlichen Ziele der Organisationsmitglieder nicht oder doch nur teilweise erfüllt werden können, woraus sich eine – zumindest partielle – Frustration des Einzelnen ergibt. Darstellung 22 deutet dies an.

Der einzelne wird im instrumentellen Sinne den Zielen der Organisation untergeordnet. Damit ist grundsätzlich unterstellt, dass die Anpassung des einzelnen an die Organisation erfolgen muss. Um dies zu garantieren, setzt die Organisation bestimmte **Kontrollformen** ein. Welche dies sind, hängt von der Art der Organisation

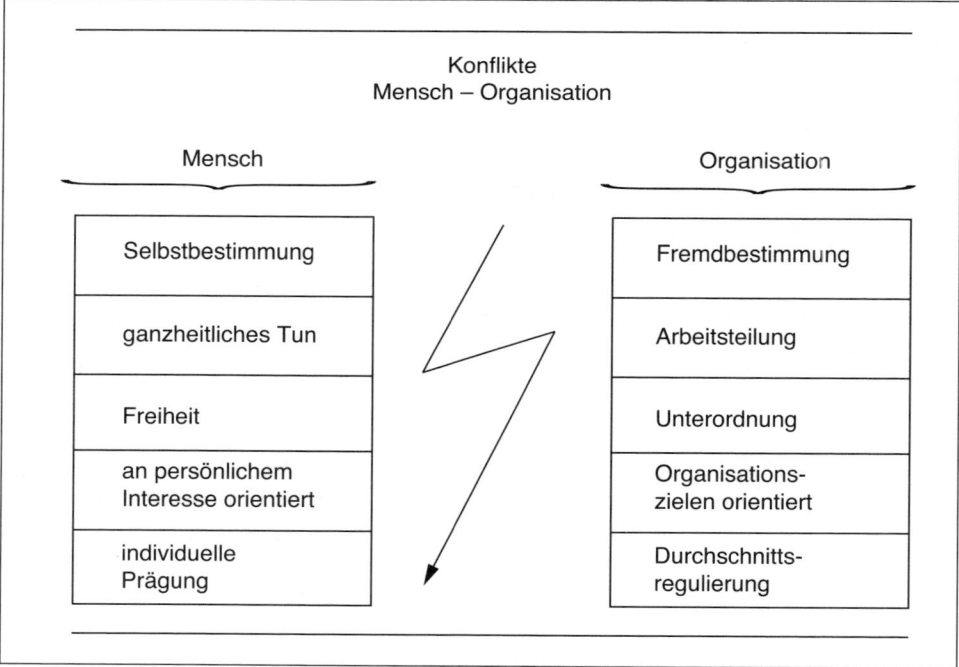

Darstellung 22. Konflikte zwischen den Menschen und der Organisation (in Anlehnung an Argyris)

	Beispiel	Kontrollform
Organisation mit entfremdetem Engagement	Galeere	Zwang
Organisation mit kalkulativem Engagement	Produktions-Unternehmung	Belohnung und Belohnungsentzug
Organisation mit moralischem Engagement	religiöse Gemeinschaft	internalisierte Normen und Werte

Darstellung 23. Wie kontrolliert die Organisation ihre Mitglieder?

ab. Darstellung 23, die in Anlehnung an Etzioni (1965) entwickelt wurde, verdeutlicht dies.

Es ist dabei offensichtlich, dass in der heutigen westlichen Gesellschaft der **Zwang** als Kontrollform aus juristischen und ethischen Gründen weitgehend ausgedient hat, aber auch deshalb, weil Vorgesetzte die Tätigkeiten der ihnen unterstellten Spezialisten im Detail nicht kennen. Der **Kontrakt**, der Tausch von z. B. Geld gegen Leistung, ist die übliche Kontrollform in den Organisationen der Wirtschaft und Verwaltung moderner marktwirtschaftlicher Industriegesellschaften. Allerdings stößt auch dieses Prinzip an Grenzen, weil vielfach der Lohn nicht flexibel an die Leistung angepasst werden kann, z. B. aus tarifrechtlichen Gründen, und weil Vorgesetzte häufig die Leistung der ihnen unterstellten Spezialisten nicht angemessen beurteilen können. Also wird ergänzend eine zusätzliche Kontrollform, die **Identifikation** mit der Aufgabe, der Arbeitsgruppe oder der Organisation, erforderlich, wie man sie z. B. bei religiösen Gemeinschaften oder politischen Parteien findet. Unternehmen der Wirtschaft versuchen diese Identifikation bei ihren Mitarbeitern z. B. durch Visionen, Leitbilder, durch Mitwirkung aller an Entscheidungsprozessen und somit durch eine verbindende Kultur (Kap. 5.2.3.) zu erreichen. Nicht selten kann man allerdings beobachten, dass sich diese Identifikation nach längerer Organisationsmitgliedschaft nahezu von selbst einstellt.

Dies wird vor allem auch dann sichtbar, wenn man den zwischen dem Mitarbeiter und dem Unternehmen abgeschlossenen Vertrag nicht nur juristisch interpretiert, sondern eine psychologische Perspektive wählt. In der Diskussion um den sog. »**psychologischen Vertrag**« (Millward & Brewerton, 2000; Raeder & Grote, 2005) werden ja die wechselseitigen Erwartungen, Verpflichtungen und Loyalitäten thematisiert, und gerade hier kann man erkennen, dass von Seiten der Mitarbeiter zunehmend häufiger Verletzungen dieser psychologischen Verträge erlebt werden, was sich dann in einer Distanzierung vom Unternehmen und einer Rücknahme von Identifikation zeigt.

Das zuvor Gesagte beinhaltet, dass sich auch ohne gezielte, organisationspsychologisch begründete Maßnahmen eine **Anpassung der Mitglieder** an die spezifischen Gegebenheiten der Organisation vollzieht. Die Prinzipien, die dabei wirken, können Selbstselektion und Sozialisation sein (Nerdinger, 1994; Spieß & Winterstein, 1999).

Zunächst zur **Selbstselektion**: Ein Individuum, das sich dafür entscheidet einer Organisation beizutreten bzw. in ihr zu verbleiben (vgl. March & Simon, 1958), hat ein bestimmtes Bild von dieser Organisation gewonnen. Dieses Bild bestimmt die Entscheidung mit. Von Rosenstiel, Nerdinger und Spieß (1991, 1998) haben dies im Rahmen zweier Längsschnittstudien für den Berufseintritt junger Akademiker gezeigt. Die Bewerber um die Mitgliedschaft in einer Organisation sind somit, bezogen auf die Grundgesamtheit der arbeitenden Bevölkerung, schon zum Zeitpunkt der Bewerbung unrepräsentativ. Wer sich beispielsweise dazu entschließt in einer Werbeagentur zu arbeiten, wird in der Regel der Auffassung sein, dass die dortigen Anforderungen, Ziele, Verhaltensnormen und Kontrollformen den bei sich selbst vermuteten Eignungs- und Neigungsschwerpunkten entsprechen. Diese Selbstselektion, z. B. durch Maßnahmen des **Personalmarketing** von der Organisation unterstützt, dient nicht nur dem Interesse der einzelnen Organisationsmitglieder, sondern auch dem der Organisation. Diese kann den Selektionsprozess im Zuge der **Fremdselektion** gezielt forcieren und – mit Hilfe wissenschaftlicher Verfahrensweisen – beispielsweise im Zuge der Personalauswahl auf der Grundlage eignungsdiagnostischer Methoden zu perfektionieren suchen (vgl. Schuler, 2001). Davon später mehr.

Aber auch jene, die in die Organisation eintreten, entsprechen in ihren Verhaltensweisen den Organisationsnormen nicht voll. Anpassungsleistungen müssen erbracht werden: Es kommt zu einer spezifischen **Sozialisation** des Einzelnen in der Organisation. Sozialisation kann dabei in einem weiten Sinne als Anpassung des Individuums an gesellschaftliche Normen durch einen Lernprozess bezeichnet werden. Fasst man den Begriff enger, so stellt sie sich als Prozess dar, in dem eine **Person das Wertsystem, die Normen und die geforderten Verhaltensmuster von Gesellschaften, Organisationen oder Gruppen erlernt**, deren Mitglied sie ist oder zu werden wünscht (vgl. v. Rosenstiel, Molt & Rüttinger, 2005).

Das Ergebnis eines derartigen Sozialisationsprozesses in der Organisation besteht häufig darin, dass die geforderten Verhaltensweisen als unreflektierte Selbstverständlichkeiten ausgeführt werden. Widerstand der Organisationsmitglieder gegen die Organisation wird weniger wahrscheinlich. Volpert (1975) hat diesen Aspekt vor dem Hintergrund der von ihm abgelehnten kapitalistischen Produktionsweise kritisch aufgezeigt. Es gehe um eine Anpassung der normativen und kognitiven Orientierungen sowie der Handlungsstrukturen an die bürgerlich-kapitalistische Ideologie und Praxis. Diese Anpassung sei eine entscheidende Voraussetzung für eine möglichst störungs- und konfliktfreie Mehrwertproduktion.

Auch wenn man diesen politischen Standpunkt Volperts nicht teilt, kann kaum in Abrede gestellt werden, dass die Sozialisation in Organisationen dazu führt, dass Verhaltensvorschriften verinnerlicht, alternative Strukturen kaum noch gesucht und die vorgefundenen Gegebenheiten somit verfestigt werden.

Diese Sozialisation reicht weit. Sie berührt nicht nur das Verhalten in der Organisation, sondern auch das in der Freizeit (Habermas, 1971; Kornhauser, 1965; Volpert, 1983; Bamberg, 1986; Friedel-Howe, 1986; Stengel, 1988; Ulich, 2005).

Die Sozialisation des einzelnen in der Organisation ist auf der Grundlage höchst **verschiedenartiger psychologischer oder soziologischer Theorien** erklärt worden, die auf verschiedenen Ebenen liegen und zum Teil ineinander überführbar erscheinen. Einige Beispiele seien genannt:

Rollentheorie: Das Rollenverhalten des einzelnen ergibt sich aus den Erwartungen, die von den anderen Mitgliedern der sozialen Einheit an ihn gerichtet werden (vgl. Sader, 1969; Frey & Irle, 2003). Der Einfluss der Erwartungen anderer auf das Verhalten eines einzelnen ist schon in frühen psychologischen Experimenten vielfach gezeigt worden (Whyte, 1943; Sherif, White & Harvey, 1955; zusammenfassend Hofstätter, 1971). Besonders drastisch gelang dieser Nachweis in einer über die Grenzen des Faches hinaus bekannt gewordenen Studie von Rosenthal und Jacobson (1968), die zeigten, dass die induzierten Erwartungshaltungen von Lehrern und damit ihr pädagogisches Handeln das Leistungsverhalten der Schüler nachhaltig bestimmen (Rosenthal-Effekt: »**Man wird, wie es die anderen von einem erwarten**«).

Lerntheorie: Auf einer anderen Ebene der Erklärung lassen sich rollentheoretische Ansätze durchaus auf lerntheoretische Konzepte zurückführen, etwa auf das Konzept des **operanten Konditionierens** (vgl. Skinner, 1938). Die Auftretenswahrscheinlichkeit eines spezifischen Verhaltens wird größer, wenn ihm verstärkende Konsequenzen folgen, die man umgangssprachlich als positiv oder belohnend bezeichnen könnte. Die Arten der Konsequenzen lassen sich – nach Holland und Skinner (1971) – so klassifizieren, wie es Darstellung 24 zeigt.

Dieser Erklärungsansatz trägt zur Sozialisation in der Organisation bei strenger Fassung vermutlich nicht bei, da die Konsequenzen – in Form von Erfolg und Miss-

	Darbieten	**Beseitigen**
Angenehme Konsequenz nach dem Verhalten	Belohnung (Verhaltenswahrscheinlichkeit steigt)	Entzug der Belohnung (Verhaltenswahrscheinlichkeit sinkt)
Unangenehme Konsequenz nach dem Verhalten	Bestrafung (Verhaltenswahrscheinlichkeit sinkt)	Aussetzen der Bestrafung (Verhaltenswahrscheinlichkeit steigt)

Darstellung 24. Konsequenzen des Verhaltens

erfolg – meist dem Verhalten nicht unmittelbar folgen, sondern häufig sehr viel später auftreten.

Geeigneter könnte daher der sozialkognitive Erklärungsansatz des **Modelllernens** (vgl. Bandura, 1969) sein. Innerhalb dieses Ansatzes wird der Aspekt der Nachahmung betont und besonders herausgestellt, dass eine Person dazu neigt, das Verhalten einer anderen zu übernehmen, die sie zugleich als ähnlich und erfolgreich wahrnimmt und deren Weg zum Erfolg sie erkennt, was dann zum Konzept der »stellvertretenden Verstärkung« geführt hat. Da innerhalb dieses Ansatzes die kognitive Komponente meist betont wird, spielt hier – im Gegensatz zum operanten Konditionieren – die zeitlich unmittelbare Folge der Konsequenz auf das Verhalten keine so entscheidende Rolle. Da gerade angepasste Personen in der Organisation häufig nach außen sichtbare Erfolge haben (vgl. Presthus, 1966; Luthans, Hodgetts & Rosenkrantz, 1988), ist deren Modellwirkung wahrscheinlich. Dennoch dürfte auch die Anwendung dieses Konzeptes auf den Sozialisationsprozess nicht unproblematisch sein, da aufgrund der vielfältigen Spezialisierungen in der Organisation die Wahrnehmungen und Dimensionen von Ähnlichkeit schwer zu erfassen und zu definieren sind.

Eindrucksvoller als diese und ähnliche theoretischen Prinzipien verdeutlichen relativ konkret geschilderte Fälle in der organisationspsychologischen Literatur (z. B. Schein, 1965) die Dynamik der Anpassung. Allerdings ist eine Analyse dieser Fälle wiederum nur auf theoretischer Grundlage möglich.

Durchforstet man allerdings das Fallmaterial, so scheint Anpassung häufig – ähnlich wie Verhaltensmodifikation bei der sog. »Gehirnwäsche« – durch **erschütternde Erfahrungen** (z. B. die Einsicht des jungen Akademikers, dass bisherige Erkenntnisse und Erfahrungen nicht tragen) begünstigt zu werden. In der darauf folgenden Phase der Verunsicherung werden als instrumentelle Verhaltensweisen der Stabilisierung die Verhaltensvorschriften der Organisation übernommen.

Auch **erzwungene Einwilligungen** oder **öffentliche Bekenntnisse**, aber natürlich auch Einwilligung aufgrund von gerechten Austauschbeziehungen sind Spielregeln der Organisation zum Herbeiführen von Anpassung, was wiederum durch kognitive Erklärungsansätze wie z. B. die Theorie der kognitiven Dissonanz von Festinger (1957) plausibel erklärbar erscheint.

Um eine unkritische Anwendung des Konzepts der Sozialisation in der Organisation zu vermeiden, sollte man allerdings sehen, dass

- die Organisation **nicht als monolithischer Block** auf alle Mitglieder der Organisation in gleicher Weise wirkt, sondern der einzelne – je nach seiner Stellung in der Organisation – dem Einfluss unterschiedlicher Personengruppen und äußerer Bedingungen ausgesetzt wird;
- selbst **gleiche Bedingungen nicht von allen Personen gleich wahrgenommen** werden, sondern in Abhängigkeit von Motivation, Emotion, Einstellungen, Vorwissen aus vororganisatorischen sozialen Beziehungen etc. in interindividuell unterschiedlicher Weise (vgl. Graumann, 1966);
- die Wahrnehmung der Organisation nicht bei unabhängigen und ungeprägten Personen erfolgt. Sie trifft auf eine **durch Vorerfahrungen geprägte Person**; die

Wahrnehmung führt in Interaktion mit – interindividuell höchst unterschiedlichen – Persönlichkeitsmerkmalen zu jeweils verschiedenen Effekten.

Literaturempfehlung

Presthus, R. (1966). Individuum und Organisation. Typologie der Anpassung. Frankfurt.
Auf unsystematischer Beobachtung beruhende, amüsant und geistreich geschriebene Darstellung verschiedener Typen der Anpassung an die Organisation.
Rosenstiel, L. v. & Bögel, R. (1986). Sozialisation in und durch Organisationen. In: W. Sarges & R. Fricke (Hrsg.). Psychologie für die Erwachsenen-Weiterbildung. Göttingen, S. 500–506.
Knappe Definition, Beschreibung und Darstellung der Erklärungsprinzipien der Sozialisation in Organisationen.
Rosenstiel, L. v., Molt, W. & Rüttinger, B. (2005). Organisationspsychologie. Stuttgart.
Im 4. Kapitel »Organisation als Sozialisationsumwelt« (S. 168–208) werden Theorien und empirische Forschungsergebnisse, insbesondere aus Längsschnittuntersuchungen, zur Sozialisation in und durch Organisationen referiert.

3.1.2. Implizite und explizite Persönlichkeitstheorien

Wenn soeben davon gesprochen wurde, dass Individuen sich im Zuge eines spezifischen Sozialisationsprozesses an die Organisation anpassen, so ist damit zugleich gesagt, dass Personen sich auch anpassen können. Solche impliziten Annahmen stecken nicht nur in theoretischen Konzepten (Ulich, 2005), sie bestimmen auch das Verhalten der Organisationsmitglieder untereinander. Das sei am Beispiel verdeutlicht: Wenn ein Abteilungsleiter letztlich der Auffassung ist, dass Menschen kaum wandelbar sind, so wird er bei der Personalauslese sorgfältig darauf achten, einen Mitarbeiter zu gewinnen, der seiner Auffassung nach den Anforderungen optimal gerecht wird; er wird dagegen kaum bereit sein, einen wenig erfolgreichen Mitarbeiter an Schulungen und Weiterbildungsmaßnahmen teilnehmen zu lassen. In besonders eindrucksvoller Weise hat McGregor (1970) die Dynamik derartiger **impliziter Persönlichkeitstheorien (Menschenbilder)** in Organisationen geschildert (vgl. 1.2.), die er vor allem im Bewusstsein der Führungskräfte in Organisationen vermutet. Es sind dies – wie bereits dargestellt – die »Theorie X« und die »Theorie Y«.

Die **Theorie X** ist in erster Linie wie folgt zu kennzeichnen:

- Der Mensch hat einen angeborenen Widerwillen gegen die Arbeit und versucht sich zu drücken;
- Deshalb müssen die meisten Menschen kontrolliert werden und somit fremdbestimmt ihren Beitrag zum Erreichen der Organisationsziele leisten;
- Der Mensch möchte Verantwortung vermeiden und bevorzugt es daher, von anderen geführt zu werden. Er hat wenig Ehrgeiz und wünscht in erster Linie Sicherheit.

Die **Theorie Y** sieht demgegenüber so aus:

- Der Mensch sieht in der Arbeit ein wichtiges Feld seiner Selbstverwirklichung.
- Wenn er sich mit den Zielen der Organisation identifiziert, sind Kontrollen von außen überflüssig, weil Selbstkontrolle und eigene Initiative von ihm entwickelt werden.
- Nicht die finanziellen Anreize sind für ihn entscheidend, sondern die Befriedigung seiner Ich-Bedürfnisse und seines Strebens nach Selbstverwirklichung.
- Einfallsreichtum, Kreativität und Verantwortungsfreude sind weit verbreitete Eigenschaften, die jedoch in den meisten Organisationen kaum aktiviert werden.

Die Dynamik derartiger impliziter Persönlichkeitstheorien besteht darin, dass sie zu einer **sich selbst erfüllenden Prophezeiung** tendieren. Dies am Beispiel: Sind Manager der Auffassung, dass die von ihnen Geführten im Sinne der Theorie X »funktionieren«, so werden sie ihnen kaum Verantwortung delegieren und sie zugleich eng kontrollieren. Die Reaktion der so Geführten dürfte dann langfristig so aussehen, dass sie der Theorie X entspricht.

Der etwas überzeichnete Ansatz von McGregor ist besonders bekannt geworden. Tatsächlich sind auf spekulativem Wege oder auf der Basis empirischer Forschung vielfältige andere implizite Persönlichkeitstheorien aufgefunden worden. Über diese findet man differenzierte Informationen bei Weinert (1995) sowie bei Bögel & v. Rosenstiel (1993).

Es sind nun aber keineswegs nur die impliziten Persönlichkeitstheorien des Laien, die das Verhalten in der Organisation bestimmen und somit indirekt auf andere Menschen Einfluss nehmen; die Persönlichkeitstheorien, auf die sich Organisationspsychologen explizit berufen und auf die sie ihre Arbeit gründen, dürften ganz ähnliche Effekte haben. Auch dies sei am Beispiel verdeutlicht. Ohne eine umfassende **Klassifikation persönlichkeitstheoretischer Ansätze** zu versuchen, seien vier Richtungen unterschieden (vgl. die entsprechende Gliederung bei Brandstätter, Schuler & Stocker-Kreichgauer, 1974 oder ähnlich bei Schneewind, 1982):

- **phänomenologische** Persönlichkeitstheorien auf philosophisch-anthropologischer Grundlage,
- auf **psychoanalytischer** Basis entwickelte Persönlichkeitsmodelle,
- **lerntheoretisch** orientierte Persönlichkeitskonzepte und
- **faktorenanalytische** Modelle der Persönlichkeit.

Ein Psychologe, der vorwiegend an den phänomenologischen Persönlichkeitskonzepten, wie etwa denen von Vetter (1966) oder Lersch (1956) orientiert ist, oder der sich an Konzepten der humanistischen Persönlichkeitstheorie (vgl. z.B. Maslow, 1954) ausrichtet, wird bestimmte Sollvorstellungen davon haben, wie die Persönlichkeit strukturiert ist und demnach Organisationsstrukturen fordern, die eine möglichst große **Selbstverwirklichung des Einzelnen** gewährleisten (vgl. z.B. McGregor, 1970; Likert, 1967; Mayer, 1970; Argyris, 1975). Von seinen weitgehend normativ begründeten Forderungen wird er sich auch dann nicht abbringen lassen, wenn die Empirie zeigen sollte, dass die Organisationsmitglieder gelegentlich andere Organisationsstrukturen bevorzugen und mit monotonen Tätigkeiten zufrieden sind (vgl. Hulin & Blood, 1968), weil er darin Anzeichen dafür sieht, dass menschliche Entwicklungsmöglichkeiten nicht genutzt wurden und die »Pathologie der Organisation« (vgl. hierzu Türk, 1976; Frese, Greif & Semmer, 1978) Fehlformen menschlicher Entwicklung hervorrief.

Der an der psychoanalytischen Persönlichkeitstheorie orientierte Organisationspsychologe dürfte sich im Regelfall weit weniger für Arbeitsinhalt und Organisationsstruktur interessieren, sondern sich den **Verhaltensstörungen** der einzelnen Organisationsmitglieder oder den **Konflikten** zwischen ihnen zuwenden. Er wird diese nicht als Reaktionen auf die gegenwärtige Arbeitsumwelt, sondern als Folgen früher – meist in der Familie liegender – Erfahrungen interpretieren (Neuberger & Kompa, 1987) und somit versucht sein, durch »Aufarbeitung« dieser Konflikte in Beratung und Therapie am Einzelfall oder in der Gruppe mehr Lebenszufriedenheit für den einzelnen und größere Effektivität für die Organisation herbeizuführen (Glasl, 1994).

Der Organisationspsychologe, der lerntheoretisch begründeten Persönlichkeitskonzepten zuneigt, wird das Verhalten der Organisationsmitglieder aus gegenwärtigen und vergangenen Stimulusbedingungen und aus den Verhaltenskonsequenzen zu erklären suchen. Er wird auf der entsprechenden theoretischen Grundlage bemüht sein, **erwünschtes Verhalten zu verstärken und unerwünschtes Verhalten zu modifizieren**. Seine Arbeit dürfte demnach zum einen so aussehen, dass er Trainingsprogramme entwickelt, die ein Verhalten bei den Organisationsmitgliedern aufbauen, das zur Realisierung der Organisationsziele führt – mögen diese nun eher als Human- oder als Leistungsziele zu beschreiben sein (Sonntag, 2006). Zum anderen dürfte er sich darum bemühen, dass die Konsequenzen, die in der Organisation auf das Verhalten der einzelnen folgen, konsistent nur die erwünschten Verhaltensweisen bekräftigen – sei es über verbale Anerkennung, über materielle Belohnungen oder Ähnliches mehr. Die Folge wäre ein »**management by reinforcement**« (vgl. Wexley & Yukl, 1977), das letztlich bewirken soll, dass die Anpassung des einzelnen an die Organisation besonders rasch vonstatten geht und die Sozialisation in der Organisation perfektioniert wird.

Ein Organisationspsychologe, der vorwiegend an faktorenanalytisch begründeten Persönlichkeitsmodellen interessiert ist, dürfte am ehesten die Neigung entwickeln, psychodiagnostisch zu arbeiten. Er wird somit seine Kompetenz in den Dienst der **Eignungsdiagnostik** stellen. Da er – schon von der methodischen Orientierung her – an der Messung von Persönlichkeitseigenschaften interessiert ist, die er zumindest implizit für stabil hält, wird er wenig Neigung haben, diese Merkmale zu verändern oder die Modelle im Zeitablauf zu überprüfen. Er wird sie erfassen, um auf der Grundlage des Gemessenen das für das Individuum typische Verhalten zu prognostizieren, d. h. den Erfolg abzuschätzen (Sarges, 1995; v. Rosenstiel & Lang-von Wins, 2000; Schuler, 2001, 2006).

Die Persönlichkeitstheorien, die implizit oder explizit beim Laien oder beim Psychologen in einer Organisation vertreten werden, sind also von erheblicher unmittelbarer Relevanz für die betroffenen Menschen in der Organisation.

Literaturempfehlung

McGregor, D. (1970). Der Mensch und die Unternehmung. Düsseldorf.
Durch dieses klassische Werk fand das Gedankengut Maslow's Eingang in die Organisationspsychologie. Es werden die impliziten Persönlichkeitstheorien »X« und »Y« dargestellt, ihre Konsequenzen aufgezeigt, und es wird für eine an der Theorie Y orientierte Organisationsstruktur plädiert.

Schneewind, K. A. (1982). Persönlichkeitstheorien. Darmstadt.
In diesem zweibändigen Werk wird der Stand der Persönlichkeitsforschung umfassend dargestellt und kritisch diskutiert, wobei insbesondere die einschlägige empirische Forschung Berücksichtigung findet.

Weinert, A. B. (1995). Menschenbilder. In: A. Kieser, G. Reber & R. Wunderer (Hrsg.). Handwörterbuch der Führung. Stuttgart, Sp. 1495–1510.
In diesem konzentrierten Handbuchartikel werden knapp verschiedene Konzepte von Menschenbildern in Organisationen sowie deren Auswirkungen auf das Verhalten dargestellt.

3.1.3. Die Anlage-Umwelt-Problematik

Wir haben soeben Vermutungen darüber angestellt, wie ein Psychologe in Abhängigkeit von den von ihm favorisierten Persönlichkeitstheorien seine Arbeit gestalten dürfte, wenn er in einer Organisation tätig ist. In einigen organisationspsychologischen Arbeiten wird ein milieutheoretischer Optimismus betont: Man geht von der **Prägsamkeit des Menschen** durch die Umwelt aus. Dies gilt etwa dort, wo die Sozialisation in Organisationen im Vordergrund steht oder wenn Trainingskonzepte analysiert werden. In anderen Arbeiten dominiert der milieutheoretische Pessimismus: Man geht implizit von der **Stabilität anlagebedingter Merkmale** aus (Brandstätter, 2006). So zeigt der eignungsdiagnostisch arbeitende Organisationspsychologe zumindest implizit, dass er die Merkmale der Person für relativ stabil hält. Er sieht den Erfolg seiner Arbeit in erster Linie darin, dass er den richtigen Mann/die richtige Frau auf den richtigen Platz bringt (Münsterberg, 1912), um auf diese Weise sowohl dem einzelnen als auch der Organisation zu dienen. Ein anderer Organisationspsychologe, der sich vorwiegend der Personalentwicklung (Sonntag, 2006) widmet, zeigt mit seiner Arbeit, dass er die Merkmale der Person in starkem Maße für wandelbar hält. Im Hintergrund steht also das vieldiskutierte **Anlage-Umwelt-Problem**, das erneut hohe Aktualität gewonnen hat und durch gründliche theoretische und empirische Arbeiten (Bischof, 2001; Asendorph, 1988) auch an Substanz gewann.

Obwohl es kaum ernsthafte Meinungsverschiedenheiten zu der Aussage gibt, dass interindividuelle Unterschiedlichkeiten im Erleben und Verhalten unter gleichen situativen Bedingungen durch zwei Ursachen – ererbte Anlage (Chromosomen) und die bisherige Lerngeschichte (Umwelt) – zu begründen sind, bestehen erhebliche Kontroversen darüber, wie groß der Einfluss der einen bzw. der anderen Größe ist. Während die milieutheoretischen Optimisten – vorwiegend im Lager der Lerntheoretiker zu finden (z. B. Watson, 1913; Skinner, 1938) – von einer nahezu unbegrenzten Möglichkeit der Formung menschlichen Verhaltens ausgehen, sind die milieutheoretischen Pessimisten – vorwiegend im Lager der vergleichenden Verhaltensforscher zu finden (z. B. Lorenz, 1963; Eibl-Eibesfeldt, 1984; Bischof, 2001) – der Auffassung, dass die überwiegende Anzahl menschlicher Kompetenzen, Emotionen, Motive und Verhaltenstendenzen genetisch determiniert (Ilies & Judge, 2003) und somit in nur geringem Maße durch die Umwelt modifizierbar ist. Allerdings sollte man sich vor Augen halten: Manches, was genetisch determiniert ist, kann modifiziert werden, während manches, was erworben wurde, allen Veränderungsversuchen trotzt.

Es ist schwer, auf empirischer Basis eine Antwort auf die Fragen zu geben, die dieser Streit aufwirft, da alles empirisch erfassbare Erleben und Verhalten beim Menschen jeweils bereits ein Interaktionsphänomen aus Anlage und Umweltbedingungen darstellt. Allerdings zeigen neuere Entwicklungen der sich allmählich herausbildenden wissenschaftlich begründeten »Verhaltensgenetik«, dass bei relativ vielen Verhaltensbereichen eine recht sichere Abschätzung dieser erb- und umweltbedingten Varianzanteile möglich wird (Asendorph, 1988). Damit sind Aussagen, wie sie noch vor wenigen Jahren von lerntheoretisch orientierten Psychologen formuliert wurden, dass nahezu alles Verhalten gelernt sei und daher auch umgelernt werden könne (z. B. Florin & Tunner, 1974), nicht mehr zu halten. Sucht man knapp zu skizzieren, welche Forschungsmethoden in diesem Feld üblich sind, so sind folgende hervorzuheben:

(1) **Systematische Züchtung von Tieren**: Es werden jeweils solche Tiere gepaart, die bezüglich eines Merkmals extreme Ausprägungen zeigen. Derartige Untersuchungen demonstrieren in aller Regel, dass die Nachfahren der Eltern der einen extremen Variante sich signifikant von den Nachkommen der Eltern der anderen extremen Variante unterscheiden. Fraglich muss jedoch bleiben, ob diese Ergebnisse auf das menschliche Verhalten generalisierbar sind.

(2) **Geneologisch-statistische Analysen beim Menschen**: Bereits Galton (1869) zeigte, dass berühmte Söhne mit sehr viel höherer Wahrscheinlichkeit berühmte Väter haben als nicht berühmte Söhne. Bekannt ist die »mathematische Begabung« in der Familie Bernoulli oder die »musikalische Begabung« in der Familie Bach. Obwohl diese Beobachtungen für einen starken Einfluss der Anlagekomponente sprechen, kann keineswegs ausgeschlossen werden, dass die besonderen Anregungsbedingungen in diesen Familien die außergewöhnliche Entwicklung der entsprechenden Begabung intensiv begünstigten.

(3) **Zwillingsforschung**: Geht man zum einen davon aus, dass zweieiige Zwillinge, die in einer Familie aufwachsen, eine besonders ähnliche Umwelt haben, sich in ihren Anlagen aber ebenso unterscheiden, wie es Geschwister sonst tun, und geht man zum anderen davon aus, dass eineiige Zwillinge, die getrennt voneinander aufwachsen, zwar unterschiedliche Umwelten, aber identisches Erbgut haben, so bietet sich die Zwillingsforschung als optimales Feld der Anlage-Umwelt-Forschung an. Tatsächlich sind hier – obwohl es verständlicherweise schwer ist, in diesem Feld »Versuchspersonen« zu finden – eine Reihe von Studien zu verschiedenen Persönlichkeitsmerkmalen gemacht worden. Für die »Intelligenz«, die ja wegen ihrer gesellschaftlichen Bedeutung in

diesem Feld besonders bedeutsam und entsprechend heftig umstritten ist, verdeutlicht Darstellung 25 die Zusammenhänge.

Auch neuere Untersuchungen (Ploming & Spinath, 2004) bestätigen in der Grundtendenz diese Befunde. Sie stützen ihre Untersuchungen auf insgesamt mehr als 10.000 ein- bzw. zweieiige Zwillingspaare, deren Intelligenz getestet wurden. Als zentraler Befund zeigte sich bei den eineiigen Zwillingen eine Paarkorrelation von $r = .86$, bei den zweieiigen von $r = .60$, was wiederum dahingehend interpretiert werden kann, dass mehr als 50% der Varianz durch das Erbe erklärt wird. Überraschender Weise wächst dieser Varianzanteil deutlich, wenn man sich bei den Analysen auf erwachsene Zwillingspaare beschränkt (Rose, 1995). Hier zeigt sich, dass die Intelligenzleistungen eineiiger Zwillinge sich mit zunehmendem Alter ähnlicher werden, während bei den zweieiigen das Gegenteil gilt. Man interpretiert das dahingehend, dass das Erbgut im Erwachsenenalter zunehmend stärker auf die Wahl und die Gestaltung der individuellen Lebensumstände Einfluss nimmt, während sich der Einfluss der gemeinsamen Familienerfahrungen zunehmend verflüchtigt.

Obwohl – bei allen methodischen Mängeln, die derartige Untersuchungen haben – für die Intelligenz als gesichert gelten kann, dass der Anlagefaktor eine gewichtige Determinante ist, muss höchst zweifelhaft bleiben, ob dies auch für andere Bereiche menschlichen Verhaltens gilt. Hier lässt sich die Forschung dahingehend interpretieren, dass das für die Organisationen so wichtige Arbeits- und Sozialverhalten in starkem Maße im Sozialisationsprozess geprägt wird.

(4) **Kulturvergleichende Ethnologie**: Ethnologische Forschungen, die vor allem durch Malinowski (1926), Benedict (1953) und Mead (1970) bekannt wurden, machen deutlich, dass viele Verhaltensweisen, die man lange als »typisch männlich« oder »typisch weiblich« bezeichnete, nicht von geschlechtsgebundenen Anlagefaktoren abhängen, sondern von der Umwelt. So fand man etwa Kulturen, in denen die Männer primär musischen Interessen nachgehen, während die Frauen die aktiven Rollen innehaben und die wirtschaftliche Verantwortung für die Familie tragen. Dass allerdings nicht alle geschlechtstypischen Verhaltensweisen nur umweltbedingt, sondern viele auch genetisch mitdeterminiert sind, zeigen Merz (1979) und Bischof-Köhler (2006) in überzeugender Weise in kritischen zusammenfassenden Monographien (vgl. 3.2.5.2.).

Beim derzeitigen Stand der Forschung ist – bezogen auf die in einer Organisation wichtigen Verhaltensweisen – keine verbindliche Aussage darüber möglich, ob nun Anlage- oder Umweltfaktoren bedeutsamer sind. Mit hoher Wahrscheinlichkeit darf man annehmen, dass die relativen Einflüsse dieser beiden Determinanten sich auf verschiedenen Verhaltensgebieten sehr unterschiedlich darstellen. So sind für spezifische Pathologien der Wahrnehmung (Farbenblindheit), die für das Erfüllen spezifischer Aufgaben in Organisationen höchst hinderlich sein können, fast ausschließlich genetische Faktoren verantwortlich, während spezifische Formen des Sozialverhaltens – man denke etwa an selbstsicheres Auftreten – weitgehend umweltbedingt sein dürften und somit trainierbar erscheinen. Für Einflussmaßnahmen

3.1. Grundüberlegungen

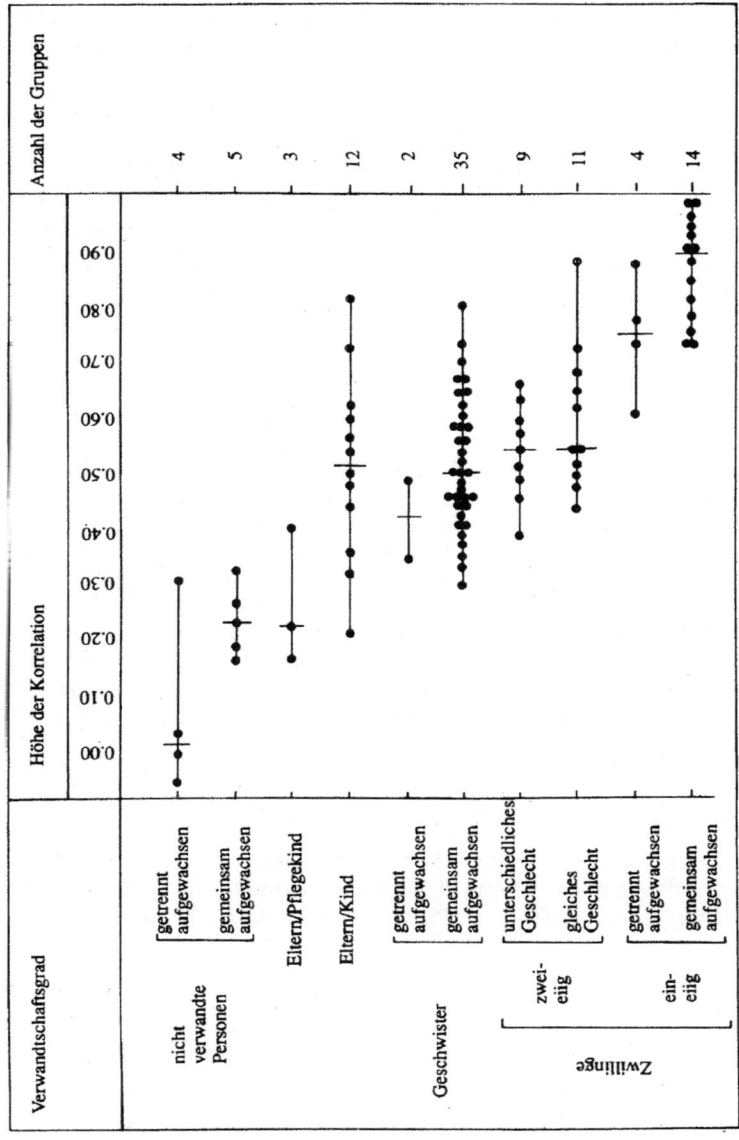

Darstellung 25. Intelligenz und Verwandtschaftsgrad (nach Erlenmeyer-Kimling & Jarvik)

in der Organisation, die am Individuum ansetzen, bedeutet dies, dass **sowohl Selektions- und Platzierungs- als auch Personalentwicklungskonzepte** ihre Legitimation haben.

Brandstätter (2006, S. 71) resümiert, dass vieles dafür spreche, dass auch Motive und Gefühle als Produkt einer stammesgeschichtlichen Anpassung an spezifische Lebensbedingungen zu einem beachtlichen Teil angeboren seien. Selbst Einstellungen wie z. B. die Arbeitszufriedenheit oder die Fähigkeit zum Lernen weisen beachtliche genetische Anteile aus. Da aber die konkreten Ausformungen all dieser psychischen Kräfte und Funktionen auf Erfahrung zurückzuführen seien, spielten auch Umwelteinflüsse eine beachtliche Rolle. Es bleibt also »Spielraum für Lernen«.

Literaturempfehlung

Asendorph, J. (1988). Keiner wie der andere. Wie Persönlichkeitsunterschiede entstehen. München.
In diesem theoretisch und empirisch hervorragend fundierten Buch wird deutlich, in welchem Maße vielfältige Persönlichkeitsmerkmale genetisch bzw. lerngeschichtlich bedingt sind. Das Buch eröffnet somit eine wissenschaftlich fundierte Diskussion innerhalb eines vielfach tabuisierten und ideologisch besetzten Forschungsfeldes.
Bischof-Köhler, D. (2006). Von Natur aus anders. Stuttgart.
In diesem konsequent auf dem empirischen Forschungsstand aufbauenden Werk wird einerseits gezeigt, wie viel genetisch bedingte Verhaltensunterschiede es zwischen Männern und Frauen gibt und andererseits belegt, in welch starkem Maße männliches und weibliches Erleben, Handeln und Verhalten durch die Kultur geprägt sind.
Brandstätter, H. (2006). Veränderbarkeit von Persönlichkeitsmerkmalen aus sozial- und differenzialpsychologischer Sicht. In: K.-H. Sonntag (Hrsg.). Personalentwicklung. Göttingen, S. 57–83.
In diesem sehr klar konzipierten und die empirische Forschung kritisch referierenden Beitrag wird deutlich, in welchem Maße spezifische Persönlichkeitsmerkmale erblich bedingt sind und in welchem Maß bzw. unter welchen Bedingungen sie modifizierbar erscheinen.

3.2. Personalauswahl

In der Vorstellung vieler Laien und auch im Selbstverständnis einer großen Anzahl von Psychologen ist der Organisations- bzw. Betriebspsychologe ein Spezialist der Eignungsdiagnostik, der sich um die **Auswahl von Personen für bestimmte Aufgaben** kümmert. Dies ist keineswegs nur ein Vorurteil. Eine grundsätzlich auch heute noch aktuelle Analyse des »Berufsverbandes Deutscher Psychologen« (Friedrichs, 1978) zeigte, dass mehr als ein Drittel des Gesamtarbeitsaufkommens der in Organisationen tätigen Psychologen der **Diagnostik und Beurteilung** von Personen gewidmet wird. Neuere Hinweise sprechen dafür, dass zunehmend mehr Organisationspsychologen spezifisch mit der Entwicklung und Betreuung von »Multimodalen Interviews«, Eignungstests und anderen Verfahren oder sog. »Assessment Centern« betraut sind, die ebenfalls meist der Auswahl und Beurteilung von Personen dienen. Auch dies ist ein Umstand, der zur sich selbst erfüllenden Prophezeiung führen kann. Wenn man im Unternehmen glaubt, dass Psychologen hier ihre besondere Kompetenz haben, werden sie auch entsprechend eingesetzt. Sicherlich ist die eignungsdiagnostische Arbeit ein wichtiges Feld für den Organisationspsychologen, ebenso sicher aber auch nur ein Feld neben vielen anderen, die bislang nur noch nicht so prägnant wahrgenommen werden.

3.2.1. Anforderung und Eignung

Die **Anforderungen** des Arbeitsplatzes und die **Eignung** des Arbeitenden sollten einander soweit wie möglich entsprechen, damit einerseits das Ziel erreicht wird, das durch die Tätigkeit der arbeitenden Person realisiert werden soll, und damit andererseits Über- bzw. Unterforderungen der Person vermieden werden. Wenn es nicht möglich ist, die Anforderungen des Arbeitsplatzes an die Eigenheiten der Person anzunähern oder aber die Person durch Trainingsmaßnahmen so zu modifizieren, dass sie den Anforderungen entspricht, ist die Eignungsdiagnostik die adäquate Vorgehensweise.

Die Anforderungen der Organisation in Bezug auf jeden einzelnen Arbeitsplatz sollten der Eignung und Neigung der für diesen Arbeitsplatz in dieser Organisation vorgesehenen Personen entsprechen. Um das Zusammenpassen (»Person-environment-fit«; French, Rodgers & Cobb, 1974) zu sichern, kann man letztlich an der **Person** oder an den **Situationsbedingungen** ansetzen und dabei jeweils **auswählen** oder **gestalten**. Darstellung 26 verdeutlicht dies.

		Interventionsstrategie	
		Selektion	Modifikation
Implementierungsrichtung	Personen	*Personalselektion* Auswahl von Personen, ggf. mit Zuweisung vorgegebener Arbeitsplätze (Plazierung), nach Optimierungskriterien.	*Verhaltensmodifikation* Ausbildungs- und Trainingsprogramme zur Kompetenz-, Performanz- und Motivationssteigerung.
	Bedingungen	*Bedingungsselektion* Auswahl optimaler Bedingungen für vorgegebene Personen (z.B. Berufsberatung).	*Bedingungsmodifikation* Verbesserung des Arbeitsplatzes und der Arbeitsgestaltung (z.B. Humanisierung der Arbeitswelt).

Darstellung 26. Person und Bedingung – Wege der Annäherung

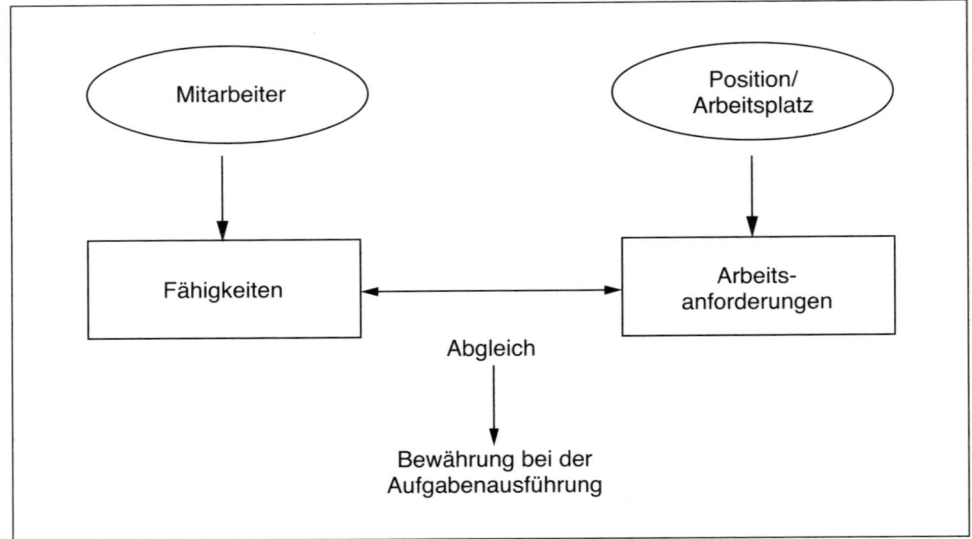

Darstellung 27. Anforderung und Eignung

Über die situationsbezogenen Ansätze war bereits im zweiten Kapitel gesprochen worden, hier geht es nun um die **Person, die anforderungsgerecht auszuwählen oder auf die Anforderungen hin zu entwickeln** ist.

Wie ist nun die Eignung einer Person für einen bestimmten Arbeitsplatz zu verstehen? Darstellung 27 verdeutlicht dies.

Betont wird hier die meist ausschließlich bedachte Qualifikation des Bewerbers oder Stelleninhabers. Er soll über die Fähigkeiten, Fertigkeiten, Kenntnisse oder Erfahrungen verfügen, die der Arbeitsplatz fordert. Es kommt freilich nicht allein darauf an, sondern auch auf die Neigung. Die Person sollte sich für die Aufgabe interessieren; die Ausführung der Tätigkeit sollte ihr Freude bereiten und Befriedigung schaffen; ihre Wertorientierungen sollten dem entsprechen, was innerhalb der Kultur der Organisation (Schein, 2004) als wichtig und wertvoll gilt. Darstellung 28 visualisiert das.

Eine besondere Komplikation – auch dies zeigt Darstellung 28 – ergibt sich daraus, dass ein Unternehmen in der Regel heute jene Personen auswählt oder schult, die **den künftigen Anforderungen** gerecht werden sollen. Angesichts der zunehmenden Beschleunigung bei den meisten Prozessen des Wandels gewinnt dieser Gesichtspunkt eine wachsende Bedeutung. Obwohl es heute sehr differenzierte Verfahren der Anforderungsanalyse gibt (Schuler, 2006), sind diese nahezu durchgehend gegenwartsbezogen und setzen sich mit den aktuellen Herausforderungen für den Berufstätigen auseinander. Die Unternehmen aber erarbeiten zukunftsgerichtet spezifische Strategien, wobei **Personalstrategien** dabei einen wesentlichen Baustein bilden (v. Rosenstiel, Pieler & Glas, 2004). Entsprechend ist es im Rahmen derartiger Strategien zentral zu wissen, was künftig von Mitarbeitern gefordert

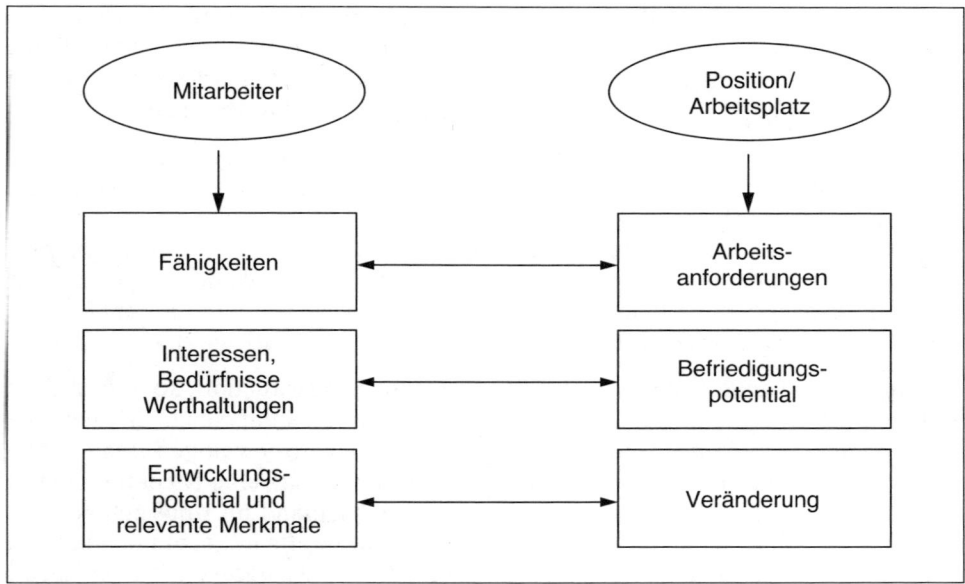

Darstellung 28. Eignung und Neigung vs. Anforderung und Befriedigungspotenzial

werden wird. Wie aber werden sich diese künftigen Anforderungen darstellen? Will man diese bestimmen, so gilt es – trotz aller Unsicherheit, die damit verbunden ist – einen Blick in die Zukunft zu wagen. So kann man zum Beispiel im Rahmen **strategischer Workshops** aus der Zukunftsvision des Unternehmens und seiner Strategie (Kirsch, 1997) ableiten, was die Umsetzung dieser Strategie für die Stelleninhaber bedeutet, oder man kann **Zukunftsszenarien** entwerfen und sodann mit Hilfe interner oder externer Experten den als besonders wahrscheinlich geltenden Entwurf zur Grundlage der Anforderungsdefinitionen machen. Man kann auch interne und externe Experten mit sorgfältig ausgewählten Fragen dazu bewegen, ihre Sicht der Zukunft darzulegen, wobei die ganz verschiedenartigen Antworten zusammengefasst und wieder an die Experten zurückgegeben werden, die nun die Möglichkeit haben, ihre ursprüngliche Meinung zu korrigieren, so dass schließlich nach der dritten oder vierten Runde ein relativ widerspruchsarmes Bild der Unternehmenszukunft entsteht (**Delphi-Verfahren**). Ob dies freilich dann der realen Zukunft entspricht, kann nur die zukünftige Entwicklung zeigen (v. Rosenstiel & Comelli, 2003).

Auf jeden Fall werden sich die Anforderungen für fast alle Stelleninhaber in vorhersehbarer oder unvorhersehbarer Weise ändern. Daher zählen zunehmend **Lernbereitschaft und -fähigkeit** zu zentralen Eignungsvoraussetzungen (McCall, 1998).

Insbesondere die Unbestimmbarkeit zukünftiger Anforderungen in einer sich dynamisch entwickelnden Wirtschaft hat den Blick auf das Konzept der **Kompetenz** (McClelland, 1973) gerichtet. Unter Kompetenzen sind Dispositionen zu verstehen, die auf das Prinzip der **selbstorganisierten** und **selbstbestimmten** Auseinandersetzung mit einem Gegenstandsbereich verweisen (Erpenbeck & Sauer, 2000). Dabei lassen sich schlüssig vier unterschiedliche Kompetenzklassen voneinander abheben (Erpenbeck & v. Rosenstiel, 2003), und zwar die Kompetenzen

- selbstorganisiert mit sich **selbst** umzugehen (personale Kompetenz),
- selbstorganisiert mit **Methoden und Inhalten** eines Fachgebietes umgehen zu können (Fach- und Methodenkompetenz),
- selbstorganisiert mit **anderen Personen** oder Gruppen zielgerichtet in Kommunikation und Kooperation zu treten (Sozial- und Kommumikationskopetenz),
- selbstorganisiert seine Pläne und Vorhaben auch gegen innere und äußere Widerstände **umzusetzen** (Handlungs- und Umsetzungskompetenz).

Wer nun in eine neue und unvorhersehbare Anforderungssituation, auf die er nicht vorbereitet werden kann, gerät, bedarf entsprechender Kompetenz. Er muss die unerwarteten komplexen Anforderungen selbstorganisiert bewältigen. Man denke z. B. an ein Unternehmen, das erstmals in seiner Geschichte eine Niederlassung in einem südamerikanischen Staat aufbauen möchte. Niemand im Unternehmen hat einschlägige Erfahrung. Zwar sind Fach- und Führungskräfte mit dem notwendigen fachlichen und methodischen Wissen im Haus; nicht wenige von diesen haben auch über längere Jahre in Nordamerika oder in Ostasien gearbeitet, doch fehlt eine spezielle »Südamerika-Kompetenz«. Aufgrund der hohen fachlichen Spezialisiertheit des Unternehmens möchte man mit dieser Aufgabe nur eine interne Führungskraft beauftragen und steht nun vor der Frage, wer auf Grund seines bisherigen Fach- und Methodenwissen, wer im Umgang mit sich selbst und mit anderen so gezielt selbstorganisiert handeln kann, dass er die neuen ganz andersartigen Herausforderungen bewältigen wird.

Die **Verflechtung von Person und Situation** zeigt sich allerdings auch hier. Der Psychologe kann keineswegs mit seiner Arbeit nur bei der Person ansetzen, was – aufgrund seiner Vorbildung – seine spontane Neigung sein wird, sondern er muss sich zunächst darum bemühen, die Anforderungen zu analysieren, also Situations- und nicht Personendiagnostik zu betreiben.

Wenn es um eignungsdiagnostische Urteile geht, muss man wissen, wofür eine Person geeignet sein soll. Erforderlich ist also eine Arbeits- oder Aufgabenanalyse. Über die dabei zu verwendenden Methoden wurde im Kapitel 2 (»Aufgabe«) schon gesprochen.

Eine weitgehend subjektive Verfahrensweise, die in der Praxis meist hohe Akzeptanz findet, sieht wie folgt aus: Kleinere Gruppen von Stelleninhabern werden gebeten, anhand sorgfältig entwickelter Kriteriumslisten die Anforderungen an die eigene Position zu beschreiben. Die Ergebnisse lassen sich meist als Profil visualisieren. Parallel zu dieser Gruppenarbeit machen sich die Vorgesetzten dieser Stelleninhaber die entsprechenden Gedanken; d. h. sie analysieren, welchen Anforderungen die ihnen unterstellten Personen gerecht werden müssen. Vorgesetzte und Mitarbeiter setzen sich nun zusammen und vergleichen die von ihnen erarbeiteten Anforderungsprofile. Differenzen werden sorgfältig diskutiert und wenn möglich im Konsens beseitigt. Danach werden die Vorgesetzten und Mitarbeiter mit der

1 Führung
Forschungsmanagement und Personalverantwortung
2 Problemlösen
Forschungs- und Denkstrategien anwenden, z.B. zum Erkennen komplexer Zusammenhänge, und flexibel mit Änderungen und Unsicherheit umgehen
3 Präsentation
Darstellung und Austausch von Fachinformationen, Öffentlichkeitsarbeit
4 Kundenkontakt
Anwender/Kunden überzeugen und deren Perspektive berücksichtigen
5 Experimentelle Analyse
Versuchsplanung, Versuchsdurchführung und Ergebnisinterpretation
6 Kommunikation mit Kollegen
Fachlicher Austausch und fachliche Auseinandersetzung
7 Technischer Service
Fachlich-technische Unterstützung von Anwendern und Fehlerbeseitigung
8 Theoretisches Arbeiten
Fachtheoretische Ansätze und formale oder mathematische Hilfsmittel verwenden
9 Innovation
Neuerungen erkennen und erarbeiten bzw. aufgreifen und umsetzen
10 (Arbeitsplatz-)Organisation
Verwaltungsarbeiten und Selbstmanagement
11 Beschaffung
Fachliche Beschaffungsaufgaben und betriebswirtschaftliche Koordinationsaufgaben
12 Kooperation mit Vorgesetzten
Berichten, Überzeugen, Rücksprachehalten, Rückendeckungholen
13 Interdisziplinäre Zusammenarbeit
Aufrechterhaltung und Nutzung fachübergreifender Kontakte

Darstellung 29. Die faktorenanalytisch bestimmten 13 Aufgabenbereiche eines F&E-Anforderungsanalyseverfahrens (aus Schuler et al., 1995, S. 39)

Zukunftsvision des Unternehmens konfrontiert. Sie leiten nun daraus ab, welche der analysierten derzeitigen Anforderungen künftig unverändert bleiben und welche an Bedeutung verlieren bzw. gewinnen werden. Der nun erarbeitete Anforderungskatalog kann als Basis dafür dienen, **Kriterien für die Personalauswahl** oder **Ziele für die Schulung – die Personalentwicklung** – zu definieren.

Ein Beispiel derartiger Anforderungsschwerpunkte zeigt Darstellung 29.

Man erkennt, was innerhalb der Forschungs- und Entwicklungsabteilung eines größeren Produktionsunternehmens von dortigen Führungskräften gefordert wird und hat auf der Basis einer derartigen Analyse die Möglichkeit spezifische Personalauswahl- und Personalentwicklungsverfahren auszusuchen bzw. zu entwickeln.

3.2.2. Messinstrumente der Eignungsdiagnostik

Es gibt verschiedene methodische Zugänge, die vom Psychologen genutzt werden können, wenn er bemüht ist, sich ein Urteil über andere Menschen zu bilden. Dabei kann die Systematik bei der Vorgehensweise stark variieren: von der unsystematischen, zufälligen Beobachtung bis zur systematischen Datenerfassung, die der Allgemeine Psychologe aus der experimentellen Forschung gewohnt ist. In all diesen Fällen aber geht es darum, von einem Zeichen oder Index (vgl. Hörmann, 1964) auf ein Bezeichnetes oder Indiziertes – in aller Regel ein Persönlichkeitsmerkmal – zu schließen. Die Art der Zeichen, auf die der Psychologe achtet, können höchst unterschiedlich sein (Schuler, 2001). Zu denken ist vor allem an die folgenden:

- das gesprochene **Wort**, z. B. während eines Interviews;
- das beobachtbare offene **Verhalten**;
- die **Objektivierungen** oder Ergebnisse dieses offenen Verhaltens;
- die **autonomen Reaktionsweisen**, die menschlichen Erlebnis- und Verhaltensprozessen zugrunde liegen und mit Hilfe physiologischer Messverfahren erfasst werden können; und
- die statischen, über die Zeit hinweg relativ **stabilen Merkmale des Organismus**, an dem variables Erleben und Verhalten festgestellt wird – man denke an das Beispiel der bekannten Typologie von Kretschmer (1967). Kretschmer hatte aufgrund seiner psychiatrischen Erfahrung die Hypothese formuliert, dass eine Beziehung zwischen »Körperbau und Charakter« bestehe. Er unterschied Leptosome (schmalwüchsig), Pykniker (rundwüchsig) und Athletiker (breitschultrig) und fand, dass nicht nur Krankheiten (Schizophrenie, Zyklotymie, Epilepsie) mit unterschiedlicher Häufigkeit bei diesen Typen auftreten, sondern auch spezifische kognitive, emotionale und motivationale Persönlichkeitsmerkmale.

Vor diesem Hintergrund kann man den »**trimodalen Ansatz**« der Eignungsdiagnostik sehen (Schuler, 2002, 2006). Die diagnostisch relevanten Informationen werden in drei unterschiedlichen Klassen von Indikatoren, in den Eigenschaften, den Verhaltensweisen und den Objektivationen gesehen, wie es Darstellung 30 zeigt.

Bisher vorliegende Information spricht dafür, dass die Gültigkeit diagnostischer Aussagen steigt, wenn man sich nicht nur auf eine Klasse von Indikatoren stützt, sondern die Zugänge kombiniert.

Für die ersten vier der zuvor genannten Klassen – und damit auch für die drei des trimodalen Ansatzes – dieser Zeichen liegen brauchbare Hinweise über die Gültigkeit vor.

Der Psychologe legt in der Eignungsdiagnostik in aller Regel Wert auf eine sehr systematische Informationsgewinnung, bei der er als Index die Objektivierungen des beobachtbaren Verhaltens verwendet. Die so charakterisierte Vorgehensweise wird meist als **psychologischer Test** bezeichnet. Die Systematik beim Testen ähnelt der beim Experiment. Während aber im psychologischen Experiment in aller Regel die Stimulusbedingungen variiert werden, nicht aber die Personen, ist es beim psychologischen Test so, dass die Stimulusbedingungen konstant bleiben (**Standardi-**

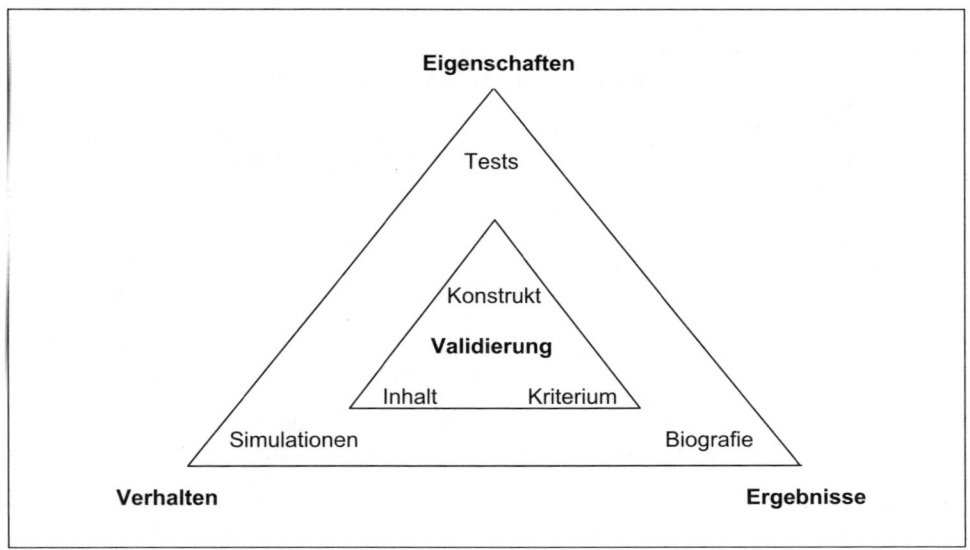

Darstellung 30. Der »trimodale Ansatz« der Eignungsdiagnostik

sierung des Verfahrens) und die Personen variiert werden – zwischen ihnen soll ja verglichen werden. In der Testsituation interessiert den Psychologen allerdings meist nicht das beobachtbare Verhalten, sondern der Niederschlag dieses Verhaltens – meist mit einem Schreibgerät auf Papier gebrachte Symbole. Diese nun stehen in einem empirisch überprüften Zusammenhang zu spezifischen Merkmalen der Person, den sog. Eigenschaften. Beim Begriff der **Eigenschaft** muss man freilich zuvor klären, wie das Konzept gebraucht werden soll (Graumann, 1960), z. B.

- **adverbial** (P löst neue Aufgaben intelligent)
- **adjektivisch** (P ist ein intelligenter Mensch) oder
- **substantivisch** (P verfügt über Intelligenz)
- **verbal** (P löst schwierige Aufgaben)

Je nach Verwendung des Konzepts ist nicht selten damit impliziert ob bzw. in welchem Maße man die Eigenschaft für stabil und generalisierbar oder aber für situationsspezifisch hält.

Psychologische Testverfahren lassen sich als Messinstrumente bestimmen, die innerhalb der psychologischen Diagnostik zur Urteilsbildung über Menschen und somit zum Vergleich zwischen verschiedenen Menschen eingesetzt werden. Wenn der Test bestimmte, heute allgemein akzeptierte Gütekriterien erfüllt, ist er ein wissenschaftliches Routineverfahren, das dem Ziel dient, möglichst **quantitative Aussagen über den Grad der individuellen Merkmalsausprägung** eines oder mehrerer empirisch abgrenzbarer Persönlichkeitsmerkmale zuzulassen (vgl. Lienert & Raatz, 1994).

Selbstverständlich ist der Test nicht das einzige, aber wohl doch ein wichtiges eignungsdiagnostisches Verfahren (Schuler & Funke, 1991; Schuler, 2006).

1. *Gesprächsbeginn.* Kurze informelle Unterhaltung; Bemühen um angenehme und offene Atmosphäre; Vorstellung; Skizzierung des Verfahrensablaufs; keine Beurteilung.
2. *Selbstvorstellung des Bewerbers.* Bewerber spricht einige Minuten über seinen persönlichen und beruflichen Hintergrund; Beurteilung nach drei anforderungsbezogenen Dimensionen auf einer fünfstufigen Skala.
3. *Freies Gespräch.* Interviewer stellt offene Fragen in Ankündigung an Selbstvorstellung und Bewerbungsunterlagen, summarische Eindrucksbeurteilung.
4. *Biographiebezogene Fragen.* Biographische (oder „Erfahrungs-")Fragen werden aus Anforderungsanalysen abgeleitet oder anforderungsbezogen aus biographischem Fragebogen übernommen. Die Antworten werden anhand einer dreistufigen (einfache Fragen) bzw. fünfstufigen (komplexe Fragen) verhaltensverankerten Skalen beurteilt.
5. *Realistische Tätigkeitsinformation.* Ausgewogene Information seitens des Interviewers über Arbeitsplätze und Unternehmen; Überleitung zu situativen Fragen.
6. *Situative Fragen.* Auf critical incident-Basis konstruierte situative Fragen werden gestellt, die Antworten werden auf fünfstufigen verhaltensverankerten Skalen beurteilt.
7. *Gesprächsabschluss.* Fragen des Bewerbers; Zusammenfassung; weitere Vereinbarungen.

Darstellung 31. Der Aufbau des Multimodalen Interviews nach Schuler (2002)

Das fraglos am häufigsten verwendete Verfahren zur Auswahl von Nachwuchskräften ist das **Interview** (Kirsch, 1995; Schuler, 2001, 2002). Die Fähigkeit herkömmlicher Interviews, künftigen Erfolg valide vorherzusagen, ist jedoch äußerst bescheiden und reicht vielfach nicht über die Zufallserwartung hinaus. Dies freilich liegt nicht an der grundsätzlichen Unmöglichkeit, mit dem Interview die relevante Information zu gewinnen, sondern daran, dass herkömmliche Interviewer die Möglichkeiten, die im Interview stecken, nicht ausschöpfen. So hat man immer wieder festgestellt, dass Interviewer bis zu 80 % der Interviewzeit selbst reden und dass sie dabei Fragen stellen, die zu diagnostisch nicht verwertbaren Antworten führen. Sie haben keinen Bezug zu den beruflichen Anforderungen. Oder was soll ein Interviewer mit der Antwort eines jungen Maschinenbauingenieurs auf die Frage, »Was haben sie denn in jüngster Zeit in ihrer Freizeit gelesen?« anfangen, wenn diese lautet: »Robert Musil: Der Mann ohne Eigenschaften.« Deutet dies auf breite Interessen des Bewerbers hin, auf geringes berufliches Engagement, da er die Zeit findet, derart dicke, nicht-fachliche Bücher zu lesen, auf seine Neigung anzugeben oder darauf, dass er sich eigentlich für einen technischen Beruf nicht interessiert? Der Interviewer hat dafür keine fundierten Regeln der Interpretation.

Schuler (1992, 2002) hat nun mit dem »**multimodalen Interview**« eine Form des Einstellungsgesprächs entwickelt und überprüft, die die genannten Schwächen relativiert, eine prognostische Validität aufweist, die jener aufwendiger Testverfahren, ja gelegentlich sogar des Assessment-Centers, entspricht. Auf was zu achten ist, wenn ein herkömmliches Einstellungsgespräch zu einem multimodalen Interview aufgewertet werden soll, verdeutlicht Darstellung 31.

3.2.2.1. Theoretische Grundgedanken

Persönlichkeitsmerkmale, die den Eignungsdiagnostiker in der Regel interessieren, sind meist keine unmittelbar beobachtbaren Verhaltensweisen, sondern sog. **Konstrukte**, deren Struktur – je nach theoretischem Standpunkt – anders aussehen kann. So lässt sich z. B. fragen, ob das Kurzzeitgedächtnis zur Intelligenz zählt oder nicht. In der Eignungsdiagnostik ist das Schließen von zwei Seiten her denkbar: Man kann beispielsweise von der Bewältigung eines schwierigen Organisationsproblems oder von der Bewältigung von Denkaufgaben im Intelligenztest auf das Konstrukt – in unserem Beispiel die Intelligenz – schließen. Das Konstrukt ist somit die Klammer: Man kann entsprechend von der Testleistung auf das Konstrukt und von diesem wieder auf künftiges Verhalten schließen, das somit prognostizierbar erscheint.

Unter dem Einfluss des Behaviorismus, insbesondere behavioristisch orientierter Therapieformen (vgl. Schulte, 1976), aber auch durch die Entwicklung des Assessment-Centers (Neubauer, 1980) ist in der Diagnostik ein Bemühen beobachtbar, das Schlussverfahren zu vereinfachen. Die Überlegung geht dahin, dass man sowohl die Reaktionsweisen im Test als auch das beobachtbare Kriteriumsverhalten als zwei **Stichproben aus einer Verhaltensgrundgesamtheit** auffasst. Der verhaltensorientierte Test wird zur Verhaltensstichprobe. Es wird also – wie zuvor bei der Darstellung des trimodalen Ansatzes (vgl. Darstellung 30) skizziert – dabei gezielt auf Verhaltensindikatoren Bezug genommen.

In der Eignungsdiagnostik sind für derartige verhaltensorientierte Messinstrumente die in jüngerer Zeit stark verbreiteten **biographischen Fragebögen** kennzeichnend (Schuler & Stehle, 1986; Schuler, 2006). Im Rahmen dieser Verfahren soll nicht auf spezifische Persönlichkeitsmerkmale im Sinne von Konstrukten geschlossen werden, sondern es werden sehr konkrete und objektivierbare Verhaltenseigentümlichkeiten erhoben. So wird z. B. danach gefragt, wie häufig man innerhalb der letzten Jahre seine Position gewechselt hat und Ähnliches mehr. Auf empirische Weise gelangt man zu Beziehungen zwischen der Beantwortung derartiger Fragen und dem beruflichen Erfolg, indem man z. B. prüft, wie derartige Fragen von erfolgreichen Stelleninhabern im Vergleich zu weniger erfolgreichen beantwortet werden. Der prognostische Wert derartiger Verfahrensweisen ist zumindest bei bestimmten Berufsgruppen – z. B. im Außendienst von Versicherungsgesellschaften – beachtlich.

Das Problem einer solchen Vorgehensweise ist – ähnlich wie das einer empirisch orientierten Eignungsdiagnostik generell – offensichtlich. Man muss sich, um Aussagen zur Gültigkeit auf empirischer Basis treffen zu können, auf in der Vergangenheit liegende Bewährungsstudien stützen. Dies ist überall dort sinnvoll, wo die Anforderungen und übergreifenden Situationsbedingungen relativ stabil bleiben. Je dynamischer freilich die Situationen und die für die Person relevante Umwelt sich verändern, desto irrelevanter wird das, was sich in der Vergangenheit nachweislich gut bewährt hat. Eine Konsequenz daraus ist in der Praxis, dass häufig mit **ad-hoc entwickelten Verfahrensweisen** gearbeitet werden muss, die keine ausreichende empirische Analyse durchlaufen haben (Lang-von Wins, Maukisch & v. Rosenstiel, 1998).

Literaturempfehlung

Schuler, H. (2001). Psychologische Personalauswahl. Göttingen.
Dieses auch für Nichtpsychologen gut lesbare Lehrbuch informiert anschaulich sowohl über theoretische Grundlagen als auch über praktische Anwendungen der psychologischen Eignungsdiagnostik.

3.2.2.2. Konstruktion von Testverfahren

Die Entwicklung eines wissenschaftlich begründeten Testverfahrens, das den von Lienert & Raatz (1994) genannten Definitionskriterien genügt, ist ein aufwendiger Prozess. Dabei sind in aller Regel die nachfolgenden Phasen zu durchlaufen:

Bestimmung des **Gültigkeits- und Geltungsbereiches**: Was (z. B. mechanisch-technisches Verständnis) soll bei wem (z. B. Auszubildenden für metallverarbeitende Berufe) von wem (z. B. Fachpsychologen oder Meistern) wie (durch schriftliche Fragenbeantwortung oder Arbeitsproben) gemessen werden?

Aufgabenkonstruktion: Der Testkonstrukteur entwickelt Aufgaben, die inhaltlich dem vorgesehenen Gültigkeitsbereich entsprechen, deren Beantwortung also theoretisch begründet den Schluss auf jenes Persönlichkeitskonstrukt zulässt, das es zu messen gilt. Hier wird die Form der Aufgaben (z. B. freie Fragenbeantwortung, Mehrfachwahlfragen) festgelegt, wobei insbesondere darauf zu achten ist, dass die Verständlichkeit für die Zielgruppe (vgl. Sader, 1957), die Ökonomie der Testdurchführung und -auswertung und die Akzeptanz (Schuler, 1980; Schuler & Höft, 2006) gewährleistet sind.

Aufgabenanalyse: Die vorläufig für den Test vorgesehenen Aufgaben werden an einer Stichprobe der Zielgruppe erprobt. Aufgrund der gewonnenen Daten wird für jede Aufgabe der **Schwierigkeitsindex** (Wie viel % der Untersuchten konnten die Aufgabe lösen?), der **Trennschärfeindex** (Wird die Aufgabe mit höherer Wahrscheinlichkeit von den – bezüglich des Geltungsbereichs – überdurchschnittlich befähigten Personen gelöst?) und – falls möglich – auch die Gültigkeit bestimmt, die sich in der Regel aus der Korrelation der Aufgabenbeantwortung mit einem relevanten Außenkriterium (z. B. der Schulnote) ergibt.

Aufgabenselektion: Die im Zuge der Aufgabenanalyse gewonnenen Daten werden zur Grundlage der Aufgabenselektion verwendet: Man ersetzt Aufgaben, deren Gültigkeit mangelhaft ist, die eine geringe oder gar negative Trennschärfe und einen extremen Schwierigkeitsindex haben. Beim Schwierigkeitsindex legt man allerdings Wert auf eine breite Streuung, da nur relativ schwierige Aufgaben zwischen – hinsichtlich des Merkmals – überdurchschnittlichen und hoch befähigten, relativ leichte zwischen unterdurchschnittlichen und sehr schwachen Personen differenzieren können.

Zusammenstellung der vorläufigen **Endform des Tests**: Die beim ersten Durchlauf der Aufgaben gemachten Erfahrungen führen zur endgültigen Formulierung der Testanweisung, die allerdings noch empirisch zu überprüfen ist. Die verbleibenden Aufgaben werden in eine endgültige Reihenfolge – meist hierarchisch nach der Schwierigkeit geordnet – gebracht und auf standardisiertes Material (Bogen, Hefte, PC-Programme o. ä.) übertragen. Auswertungshilfen (z. B. Schablonen, Verrechnungsbögen, Software) werden entwickelt.

Ermittlung der **Gütekriterien**: Die vorläufige Endform des Tests wird nun daraufhin überprüft, ob sie objektiv, reliabel und valide ist, sowie – eine wichtige Anforderung der Praxis – ob das Verfahren Akzeptanz findet und ob es ökonomisch durchgeführt werden kann.

- **Objektivität** ist dann gegeben, wenn verschiedene Testleiter mit dem Test auf den Ebenen der Datengewinnung, -auswertung und -interpretation bei gleichen Personen zu gleichen Ergebnissen kommen. Die Unterschiede der Testergebnisse sollen also von Unterschieden zwischen den getesteten Personen und nicht von Unterschieden zwischen den Testleitern abhängen.
- **Reliabilität** ist dann gegeben, wenn der Test das, was er misst, auch zuverlässig misst. Dies ist etwa dann gegeben, wenn die einzelnen Aufgaben eines eindimensionalen Tests (d. h. eines Tests, der nur ein Persönlichkeitsmerkmal misst) eine hohe Interkorrelation zeigen (interne Konsistenz, wenn parallele Formen bei gleichen Personen zu gleichen Ergebnissen führen oder wenn eine Testwiederholung bei gleichen Personen zu gleichen Ergebnissen führt (Stabilität).
- **Validität** ist dann gegeben, wenn der Test das, was er zu messen vorgibt, auch tatsächlich misst. Die Validität kann auf unterschiedliche Weise gemessen werden. Besonders wichtig ist die Korrelation der Testdaten mit anderen Indikatoren des Geltungsbereichs (z. B. Lehrer- oder Vorgesetztenurteil) oder mit Ereignissen, die man prognostizieren möchte, wie etwa Ausbildungserfolg, Berufserfolg etc. Sind Objektivität und Reliabilität unzureichend, so kann auch die Validität nicht hoch sein. Es ist allerdings theoretisch denkbar und in der Praxis auch häufig der Fall, dass Verfahren mit hoher Objektivität und Reliabilität nicht valide sind – besonders häufig gilt dies für Fragebogenverfahren.
- **Akzeptabilität** ist dann gegeben, wenn das Verfahren geschriebenen und ungeschriebenen gesellschaftlichen Werten und Normen nicht widerspricht; es wird dann meist – auch wenn nicht immer – auch die **Akzeptanz** jener finden, die mit den Verfahren untersucht werden.
- **Ökonomie** ist dann gegeben, wenn der durch den Einsatz des Verfahrens erzielte Nutzen die damit verbundenen Kosten übersteigt.

Eichung des Tests: Alles Diagnostizieren heißt vergleichen. Will man also die von einer Person in einem Test erreichten Testpunkte adäquat interpretieren, so muss man ihren Standort auf der entsprechenden Dimension bezogen auf die **Person selbst zu einem anderen Zeitpunkt oder** – was häufiger ist – **auf andere Personen** sehen. Der vorläufige Test muss also an einer Eichstichprobe durchgeführt

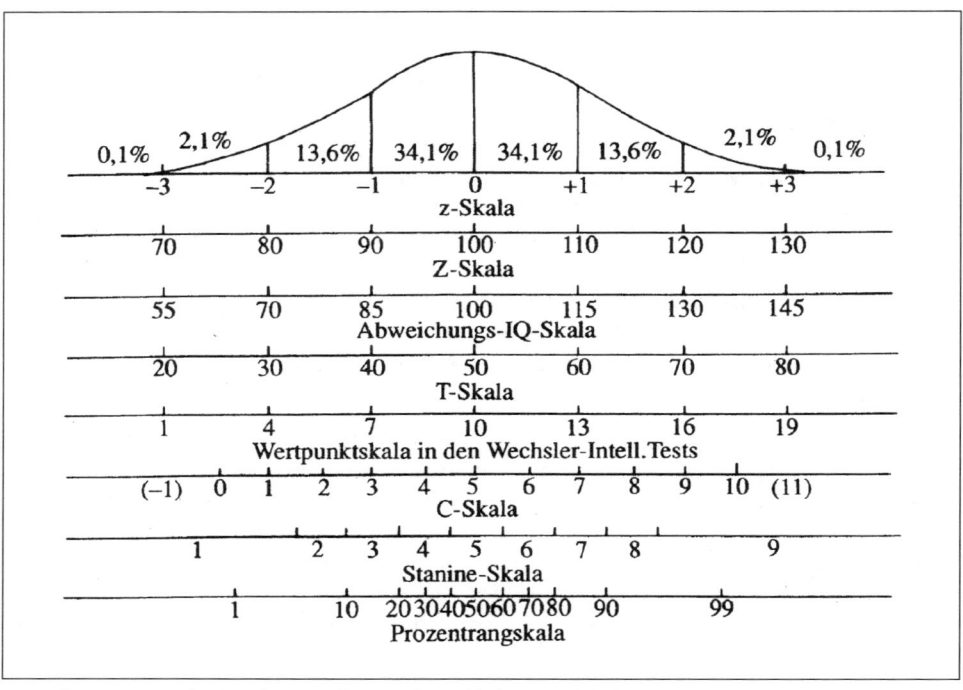

Darstellung 32. Vergleichende Darstellung gebräuchlicher Normskalen

werden, damit Vergleichswerte, die dann als Normwerte gelten, herangezogen werden können. Es ist dabei üblich, die Werte in bestimmte häufig genutzte Skalen zu transformieren. Die wichtigsten Skalen unter der Normalverteilung (vgl. Lienert & Raatz, 1994) zeigt die Darstellung 32 (aus Michel, 1964).

Die verbreitetste dieser Skalen ist die **Z-Skala**. Hat jemand auf dieser Skala einen Wert von 120, so heißt dies konkret, dass ca. 2,2 % der Vergleichspersonen besser, 97,8 % schlechter als er sind.

Das wohl wichtigste Gütekriterium ist die Validität.

Versucht man den derzeitigen Stand des Wissens über die Validität verschiedener Verfahren im Kontext der prognostischen Eignungsdiagnostik zusammenzufassen, so lässt sich als gesichert festhalten, dass allgemeine kognitive Fähigkeitstests die größte Bedeutung haben. Hier kann man von Werten um $r = 0.50$ ausgehen (vgl. auch Tab. 2).

Ohnehin lässt sich ein Meilenstein der Berufseignungsdiagnostik dort setzen, wo Schmidt & Hunter (1981) ihr bahnbrechendes Werk: »Employment Testing: Old theories and new research findings« vorlegen. Für das Kriterium Führungserfolg erwies sich allerdings die Prognosekraft der Intelligenz als geringer. Judge, Colbert und Ilies (2004) kamen hier in ihrer Metaanalyse auf einen Wert von $r = 0.27$, vermutlich weil der Führungserfolg in starkem Maße auch von sozialen und motivationalen Merkmalen der Person abhängt.

3.2. Personalauswahl

Autor	Erscheinungsjahr	Korrelationshöhe
Stogdill	1948	0.26
Neuberger	1976	0.25
Schmidt & Hunter	1998	0.51
Ree & Caretta	1998	0.50
Schmidt & Hunter	2000	0.58

Tabelle 2. Durchschnittliche Korrelation zwischen verschiedenen Maßen der Intelligenz und unterschiedlichen Indikatoren des Forschungserfolgs in Sammelreferaten oder Metaanalysen (Beispiele)

Persönlichkeitsmerkmale anderer Art wurden über lange Zeit nicht mit vergleichbarer Intensität hinsichtlich ihrer prognostischen Validität untersucht. Dies hat sich durch die Aktivitäten von Barrick (Barrick, Mount & Judge, 1991, 2001) nachhaltig geändert. Die Forscher wandten sich vor allem den sog. »**Big Five**«, den 5 zentralen nicht kognitiven Persönlichkeitsmerkmalen zu, nämlich

- der emotionalen Stabilität
- der Extraversion
- der Offenheit für Erfahrungen
- der Freundlichkeit/Verträglichkeit
- der Beharrlichkeit/Gewissenhaftigkeit (Costa, McCrae & Arenberg, 1980; Ostendorf & Angleitner, 2004).

Zwischenzeitlich sind so viele empirische Untersuchungen zur Validität der Big Five durchgeführt worden, so dass nicht nur Metaanalysen, sondern inzwischen auch eine Metaanalyse zweiter Ordnung (Barrick, Mount & Judge, 2001) dazu gerechnet werden konnte. Die Ergebnisse zeigt Tabelle 3.

Man erkennt, dass lediglich die Gewissenhaftigkeit eine durchgängig positive prognostische Kraft zeigt, während die Koeffizienten für die übrigen Merkmale entweder stark schwanken oder aber in einem niedrigen Bereich liegen. Dies weist darauf hin, dass je nach Kriterien und wohl auch je nach Berufsfeld andere Werte plausibel erscheinen, so dass im Sinne eines situativen Verständnisses der Anforderungen andere Werte zu erwarten sind. Ein Hinweis darauf findet sich bei den Analysen von Judge et al. (1999) sowie Tett et al. (1991). Hier findet man z. B. für die »Freundlichkeit/Verträglichkeit« in der Einzelstudie von Judge at al. (1999) einen Wert um 0, während die Metaanalyse von Tett et al. (1991) auf der Basis von immerhin 97 unabhängigen Stichproben eine mittlere Korrelation von 0.32 aufweist und zwar bei beachtlicher Streuung der Werte. Dies – und das sei hier exemplarisch erwähnt – verweist auf die Notwendigkeit, die spezifischen Anforderungen und damit die **spezifische Formulierung des Erfolgskriteriums** sorgfältig vorzunehmen. Gerade Freundlichkeit/Verträglichkeit ist z. B. für Unternehmensgründer ein negativer Indikator. Hier scheint die Ermahnung von Schumpeter (1912) nach wie vor zu gelten, dass der erfolgreiche Unternehmer für seine Ziele und Ideen rücksichtslos die Sichtweisen und Ziele anderer Menschen zur Seite schiebt. Dagegen scheint das gleiche Merkmal eine hohe prognostische Validität da zu zeigen,

	Neuro-tizismus N	Extra-version E	Offenheit O	Verträg-lichkeit A	Gewissen-haftigkeit C
Arbeitsleistung					
Unabhängige Metaanalysen	-.13	.15	.07	.13	.27
Teilüberlappende Metaanal.	-.15	.15	.07	.11	.24
Spezifische Leistungskriterien					
Vorgesetztenbeurteilung	-.13	.13	.07	.13	.31
Objektive Kriterien	-.10	.13	.03	.17	.23
Ausbildungsleistung	-.09	.28	.33	.14	.27
Teamarbeit	-.22	.16	.16	.34	.27
Spezielle Berufsgruppen					
Verkauf	-.05	.11	-.03	.01	.25
Management	-.09	.21	.10	.10	.25
Fachkräfte (Professionals)	-.06	-.11	-.11	.06	.24
Polizei	-.12	.12	.03	.13	.26
Gewerblich	-	.06	.05	.10	.23

Tabelle 3. Ergebnisse der Metaanalyse zweiter Ordnung; Korrelationen mit Leistungsindikatoren (Barrick, Mount & Judge, 2001)

wo es um Leistungen innerhalb der personbezogenen Dienstleistung geht. Man könnte interpretieren, dass der freundliche Stil eines Führenden seinen Mitarbeitern gegenüber als Modell wirkt und diese in dem Sinne modelliert, dass sie wiederum freundlich mit dem Kunden umgehen, was dann zum Geschäftserfolg beiträgt.

Literaturempfehlung

Lienert, G. A. & Raatz, U. (1994). Testaufbau und Testanalyse. Weinheim.
In diesem immer wieder aktualisierten »Klassiker« wird grundsätzlich und illustriert durch viele Beispiele dargestellt, wie man bei der Konstruktion eines Tests vorgehen könnte und wie sich seine Güte beurteilen lässt.
Schuler, H. (2001). Psychologische Personalauswahl. Göttingen.
Im ersten Kapitel dieses leicht lesbaren, praxisorientierten und konzentrierten Lehrbuches »Einleitung und Grundlagen« findet man die zentralen Begriffe der Testtheorie und der Testkonstruktion in gut verständlicher Form erläutert.

3.2.2.3. Klassifikation psychologischer Testverfahren

Es gibt heute eine große Zahl solide konzipierter psychologischer Tests, über die etwa Brickenkamp (1975), Hiltmann (1977) oder aktuell Sarges & Wottawa (2004) im Überblick referieren. Angesichts der dabei auffindbaren Vielfalt wäre ein relevantes und einheitliches Klassifikationssystem wünschenswert. Leider besteht ein solches nicht; zumindest haben sich entsprechende Ansätze nicht durchsetzen können, da sie – falls wirklich aussagekräftig – notwendigerweise mehrdimensional und damit unanschaulich werden. Tatsächlich lassen sich Tests unter einer Vielzahl von Aspekten klassifizieren, z. B.

- nach der **Testsituation** (z. B. Individual- oder Gruppentests),
- nach der **Sprachabhängigkeit** (z. B. verbale oder nonverbale Tests),
- nach den **Requisiten** (z. B. Papier und Bleistift-, interaktive Computer- oder Materialverarbeitungstests),
- nach dem **Konstruktionsprinzip** (z. B. psychometrische oder nichtpsychometrische Tests; Lienert & Raatz, 1994),
- nach der **Theorie** (z. B. direkte oder projektive Tests; Hörmann, 1964),
- nach der **Anzahl der zu erfassenden Persönlichkeitsmerkmale** (z. B. eindimensionale oder mehrdimensionale Tests),
- nach der **Abhängigkeit vom Versuchsleiter** und vom Auswerter (z. B. niedrig strukturierte oder hoch strukturierte Tests),
- nach der **Art der Aufgabenbeantwortung** (z. B. freie oder gebundene Tests),
- nach der **Art der zu erbringenden Leistung** (z. B. Tests repräsentativer oder maximaler Leistungen),
- nach der **Zeitbegrenzung** (z. B. Niveau- oder Schnelligkeitstests) oder
- nach der **Kulturabhängigkeit** (z. B. kulturgebundener vs. kulturfreier Test).

Innerhalb der eignungsdiagnostischen Situation ist wohl der bedeutsamste Klassifikationsaspekt derjenige, der sich auf die Inhalte der zu erfassenden Persönlichkeitsmerkmale richtet. Unter diesem Gesichtspunkt haben Lienert und Raatz (1994) folgende Klassifikation vorgeschlagen:

- **Intelligenztests**:
    - allgemeine Intelligenztests,
    - spezielle Intelligenztests oder Begabungstests;
- **Leistungstests**:
    - motorische Leistungstests (z. B. Handgeschicklichkeit),
    - sensorische Leistungstests (z. B. Farbtüchtigkeit),
    - psychische Leistungstests (z. B. Rechenfähigkeit);
- Tests zur **Erfassung weiterer Persönlichkeitsmerkmale**:
    - Eigenschaftstests,
    - Interessentests,
    - Einstellungstests,
    - Charaktertests,
    - Typentests.

Diese Reihung ist gewiss nicht vollständig, vermittelt aber einen Einblick in die Vielfalt der Aspekte, die mit Hilfe von Testverfahren gemessen werden können.

Literaturempfehlung

Lienert, G. A. & Raatz, U. (1994). Testaufbau und Testanalyse. München.
In diesem noch immer weit verbreiteten Lehrbuch wird dargestellt, wie auf der Grundlage der sog. »klassischen« Testtheorie ein Testverfahren zu entwickeln ist und wie man derartige Testverfahren klassifizieren kann. Zahlreiche Beispiele erleichtern das Verständnis, machen allerdings das Buch recht umfangreich.

Sarges, W. & Wottawa, H. (2004). Handbuch wirtschaftspsychologischer Testverfahren. Lengerich.
In diesem Nachschlagewerk sind recht umfassend die in Deutschland verfügbaren für die Berufseignungsdiagnostik geeigneten Verfahren dokumentiert. Zusatzinformationen helfen bei der Entscheidung, welches Verfahren in welcher Situation eingesetzt werden kann.

3.2.3. Auswahlentscheidungen

Die mit Hilfe psychologischer Testverfahren gewonnenen Daten sind nicht Selbstzweck, sondern dienen bei der Eignungsdiagnostik dem Handeln: konkret dem Entscheiden im Rahmen der **Personalauslese**. Jäger (1970) versteht darunter die Auswahl von Menschen für Berufe, Stellen oder Tätigkeiten aufgrund der Eignung, die sie dafür besitzen, und unter Berücksichtigung der speziellen Bedingungen des jeweiligen Auslesefalles.

Die Auslesesituationen können höchst unterschiedlich sein:

- Es sind **mehrere freie Stellen** vorhanden; es steht jedoch nur ein Bewerber zur Wahl. Der Bewerber soll auf die Stelle kommen, die ihm am besten entspricht.
- Die Anzahl der offenen Stellen und die Anzahl der Bewerber entsprechen einander. Eine **optimale Zuordnung** soll getroffen werden.
- Es ist nur eine Stelle frei und **mehrere Bewerber** stehen zur Verfügung. Der geeignetste Bewerber soll gefunden werden.

Zwischen diesen Extremformen sind selbstverständlich vielfältige Übergänge möglich. Ein Durchdenken dieser Entscheidungssituationen macht allerdings zugleich deutlich, dass **Wertfragen** den Psychologen in diesem Zusammenhang zumindest implizit berühren: Soll er seine Entscheidungen so treffen, dass stärker dem Leistungsziel der Organisation oder stärker der Zufriedenheit des einzelnen gedient wird? Soll er, falls er humane Ziele in den Vordergrund stellt, die durchschnittliche Zufriedenheit aller Betroffenen – etwa bei Zuordnungsentscheidungen – erhöhen, oder stärker darauf achten, dass kein Betroffener in der Zufriedenheit unter einen bestimmten kritischen Wert sinkt etc.?

Im Sinne der im zweiten Kapitel diskutierten Humanitätskriterien ließen sich die Überlegungen ausweiten. Die eignungsdiagnostische Entscheidung hat schließlich nicht nur Auswirkungen auf die Organisation und die einzelne Person, sondern auf deren Familie und Angehörige. Inwieweit dürfen und sollen derartige **soziale Gesichtspunkte** mit bedacht werden?

Das **eignungsdiagnostische Urteil** schließlich, das gefällt wird, sollte den nachfolgenden Kriterien genügen:

3.2. Personalauswahl

Prädikator	Kriterium	Gültigkeits-Koeffizient	Quelle
Bewerbungsunterlagen	Berufsbewährung	0.14	Reilly, Chao (1982)
Bewerbungsunterlagen und Schul- und Examenszeugnisse	Berufsbewährung	0.15	Samson, Grane, Weinstein, Walberg (1984)
Schulnoten	Studienleistung	0.46	Baron-Boldt, Schuler, Funke (1988)
Schulnoten	Erfolg in der Berufsausbildung	0.37	Baron-Boldt, Schuler, Funke (1988)
Interview	Berufserfolg	0.19	Reilly, Chao (1982)
Interview	Vorgesetztenbeurteilung	0.14	Hunter, Hunter (1984)
Interview	Beförderung	0.08	Hunter, Hunter (1984)
Biographischer Fragebogen	Verschiedene Kriterien der Berufsbewährung	0.30–0.60	Schuler, Funke (1986)
Biographischer Fragebogen	Wissenschaftliche Leistung	0.47	Funke, Krauß, Schuler, Stapf (1987)
Biographischer Fragebogen	Verschiedene Kriterien des Berufserfolgs	0.35	Reilly, Chao (1982)
Biographischer Fragebogen	Vorgesetztenbeurteilung	0.37	Hunter, Hunter (1984)
Biographischer Fragebogen	Beförderung	0.26	Hunter, Hunter (1984)
Biographischer Fragebogen	Leistungsbeurteilung	0.32	Schmitt, Gooding, Noe, Kirsch (1984)
Biographischer Fragebogen	Gehalt	0.52	Schmitt, Gooding, Noe, Kirsch (1984)
Biographischer Fragebogen	Beförderung	0.33	Schmitt, Gooding, Noe, Kirsch (1984)
Biographischer Fragebogen	Ausbildungsleistungen	0.23	Schmitt, Gooding, Noe, Kirsch (1984)
Tests für medizinische Studiengänge	Ärztliche Vorprüfung	0.40	Bartussek, Raatz, Stapf (1986)

Tabelle 4. Die Validität verschiedener eignungsdiagnostischer Verfahren

- eindeutig auf einen bestimmten Beruf (Stelle, Tätigkeit) bezogen,
- nur an den vorliegenden Informationen über Anwärteranforderungen und deren Interaktion orientiert,
- ausreichend differenziert (nach Graden abgestuft) und
- möglichst mit dem Grad seiner Gültigkeit, d.h. Validität (z.B. Korrelation mit dem Berufserfolg), ausgewiesen.

Prädiktor	Kriterium	Gültigkeits-Koeffizient	Quelle
Intelligenztests	Verschiedene Berufsleistungen	0,27–0.61	Hunter, Hunter (1984)
Berufseignungsverfahren (ATB)	Bewährung	0.53	Hunter, Hunter (1984)
Kognitive Fähigkeitstests	Ausbildungserfolg	0.54	Hunter, Hunter (1984)
Kognitive Fähigkeitstests	Berufserfolg	0.45	Hunter, Hunter (1984)
Intelligenztest	Leistungsbeurteilung	0.25	Schmitt, Gooding, Noe, Kirsch (1984)
Persönlichkeitsfragebogen	Bewährung	0.15	Schmitt, Gooding, Noe, Kirsch (1984)
Persönlichkeitsfragebogen	Bewährung	0.20	Ghiselli (1973)
Projektive Tests	Bewährung	0.18	Reilly, Chao (1982)
Psychologische Arbeitsproben	Arbeitsleistung	0.50	Robertson, Kandola (1982)
Gruppendiskussionen	Karriereerfolg	0.33	Robertson, Kandola (1982)
Führungs»arbeitsproben« (führerlose Gruppendiskussion, Postkorbübung, Unternehmensplanspiel)	Führungserfolg	0.25–0.30	Cascio (1987)
Assessment Center	Führungserfolg	0.40	Schmitt, Gooding, Noe, Kirsch (1984)
Assessment Center	Führungserfolg	0.45	Hunter, Hunter (1984)
Assessment Center	Führungserfolg	0.37 (Streubreite –0.25 bis 0.78!)	Thornton, Gaugler, Rosenthal, Bentson (1987)
Probezeit	Berufserfolg	0.44	Hunter, Hunter (1984)
Leistungsbeurteilung durch Vorgesetzte und Kollegen	Berufserfolg	0.43	Schmitt, Gooding, Noe, Kirsch (1984)

Tabelle 4 (Fortsetzung). Die Validität verschiedener eignungsdiagnostischer Verfahren

Auf Grund sehr vieler weit über die Literatur verstreuter Einzelarbeiten zur Validität bestimmter psychologischer Verfahren der Berufseignungsdiagnostik gibt es lebhafte Kontroversen über deren Wert. In jüngerer Zeit gelang es, diese Diskussionen dadurch zu versachlichen, dass sog. »Meta-Analysen« der verschiedenen Untersuchungen vorgenommen wurden (vgl. auch S. 162 ff.). Dabei ist es möglich, aufgrund speziell entwickelter statistischer Verfahren die mittlere Höhe der Korrelation zwischen dem Prädiktor (z. B. Intelligenzquotient) und dem Kriterium (z. B. Berufserfolg) abzuschätzen. Schuler und Funke (1991) haben in ihrem Sammelreferat über die wichtigsten Ergebnisse dieser Meta-Analysen berichtet. Verdichtet man die dort referierte Information noch weiter, so ergibt sich für die Gültigkeit exemplarischer Verfahren ein Bild, wie es Tabelle 4 zeigt.

Die Güte der eignungsdiagnostischen Urteile hängt insgesamt von folgenden Größen ab:

- der **Validität** des Testverfahrens,
- der **Selektionsrate**, d. h. dem Prozentsatz derer, die aus der Bewerberzahl ausgewählt werden sollen, und
- dem **Prozentsatz P der Geeigneten** in der noch unausgelesenen Population.

Der Anteil der Geeigneten an der ausgelesenen Stichprobe ist dann umso größer, je höher die Testvalidität, je geringer die Selektionsrate und je höher der Prozentsatz der Geeigneten in der unausgelesenen Population ist.

Die bekannten »Taylor-Russell-Tafeln« (1939) verdeutlichen das. Sie sind in Auszügen in Tabelle 5 wiedergegeben.

Das eignungsdiagnostische Vorgehen hat vielfältige Kritik gefunden. Besonders wichtige Punkte dieser Kritik seien knapp genannt:

- Die Eignungsdiagnostik ist **ungerecht**: Sie berücksichtigt nicht die ungleichen Chancen (z. B. unterschiedliche Förderung im Elternhaus) der Bewerber im Sinne einer kompensatorischen Entscheidung (vgl. in diesem Zusammenhang ähnliche Bemühungen im Bereich der Pädagogik, insbesondere der kompensatorischen Erziehung).
- Die Eignungsdiagnostik ist **fehlerhaft**: Die verwendeten Verfahren sind in der Regel nicht valide; sie messen nicht das, was für den Erfolg des Einzelnen im ganz konkreten Fall bedeutsam ist.
- Die Eignungsdiagnostik ist zu **statisch orientiert**: Sie berücksichtigt kaum die Veränderungsmöglichkeiten der Person und die Veränderungen der Anforderungen der Position.

Ein knappes Beispiel soll das Letztgesagte verdeutlichen: Suche ich heute mit eignungsdiagnostischen Verfahren einen Menschen für die Position eines Buchhalters, in der mit herkömmlichen Verfahren gearbeitet wird, so mag er sich dort bewähren. Wenn nun aber die Tätigkeit im Zuge der technischen Entwicklung auf elektronische Informationsverarbeitung umgestellt wird, so ändern sich die Anforderungen erheblich. Es ist ungewiss, ob der Buchhalter sich weiterhin bewähren wird.

Eignungsdiagnostische Verfahren berücksichtigen also meist nur statisch definierte Anforderungen und nicht ganze Berufsverläufe (Karrieren). Wenn wir unser eben genanntes Beispiel fortsetzen: Der eignungsdiagnostisch ausgewählte Bewerber mag sich als Buchhalter bewähren. Steigt er in die Position des Leiters der Buchhaltung auf, wird er möglicherweise scheitern (Peter & Hull, 1981).

Nimmt man den Gedanken der Dynamik auf Seiten der Anforderung und auf Seiten der Person ernst, so ist ein alternatives Konzept von Eignungsdiagnostik

Erwarteter Anteil ›Geeigneter‹ in der ausgelesenen Stichprobe in Abhängigkeit von Testvalidität, Selektionsrate und dem Prozentsatz P ›Geeigneter‹ in der unausgelesenen Population															
	Selektionsrate					Selektionsrate					Selektionsrate				
	.90	.70	.50	.30	.10	.90	.70	.50	.30	.10	.90	.70	.50	.30	.10
Validität (P=.10)						(P=.20)					(P=.30)				
.95	.11	.14	.20	.33	.78	.22	.29	.40	.64	.97	.33	.43	.60	.85	1.00
.85	.11	.14	.20	.31	.62	.22	.28	.39	.56	.85	.33	.43	.56	.74	.94
.75	.11	.14	.19	.29	.51	.22	.28	.37	.50	.74	.33	.42	.52	.67	.86
.65	.11	.14	.18	.26	.43	.22	.27	.35	.45	.64	.38	.40	.49	.60	.78
.55	.11	.14	.17	.23	.36	.22	.27	.32	.41	.56	.33	.39	.46	.55	.69
.45	.11	.13	.16	.20	.29	.22	.26	.30	.36	.48	.32	.37	.43	.50	.61
.35	.11	.13	.15	.18	.24	.22	.24	.28	.32	.41	.32	.36	.40	.45	.54
.25	.11	.12	.13	.16	.19	.21	.23	.26	.29	.34	.32	.34	.37	.41	.47
.15	.10	.11	.12	.13	.15	.21	.22	.23	.25	.28	.31	.33	.34	.36	.40
.05	.10	.10	.11	.11	.12	.20	.21	.21	.22	.23	.30	.31	.31	.32	.33
Validität (P=.40)						(P=.50)					(P=.60)				
.95	.44	.57	.77	.96	1.00	.56	.71	.90	.99	1.00	.67	.84	.97	1.00	1.00
.85	.44	.56	.71	.86	.98	.55	.69	.82	.94	.99	.66	.80	.91	.97	1.00
.75	.44	.54	.66	.79	.93	.55	.66	.77	.87	.97	.66	.77	.86	.93	.99
.65	.44	.52	.62	.72	.87	.55	.64	.73	.82	.92	.65	.74	.82	.89	.96
.55	.44	.50	.58	.67	.79	.54	.61	.69	.76	.87	.64	.71	.78	.84	.92
.45	.43	.49	.54	.61	.72	.53	.59	.65	.71	.81	.64	.69	.74	.80	.87
.35	.42	.47	.51	.56	.65	.53	.57	.61	.66	.74	.63	.67	.71	.75	.82
.25	.42	.45	.48	.51	.58	.52	.55	.58	.62	.67	.62	.65	.68	.71	.76
.15	.41	.43	.45	.47	.50	.51	.53	.55	.57	.61	.61	.63	.65	.67	.70
.05	.40	.41	.42	.42	.43	.50	.51	.52	.52	.54	.60	.61	.62	.62	.63
Validität (P=.70)						(P=.80)					(P=.90)				
.95	.78	.94	.99	1.00	1.00	.89	.99	1.00	1.00	1.00	.98	1.00	1.00	1.00	1.00
.85	.77	.89	.96	.99	1.00	.87	.96	.99	1.00	1.00	.96	.99	1.00	1.00	1.00
.75	.76	.86	.92	.97	1.00	.86	.93	.97	.99	1.00	.95	.98	.99	1.00	1.00
.65	.75	.83	.89	.94	.98	.85	.91	.95	.97	.99	.94	.97	.98	.99	1.00
.55	.74	.81	.86	.91	.96	.84	.89	.92	.95	.98	.93	.96	.97	.99	1.00
.45	.73	.78	.83	.87	.93	.83	.87	.90	.93	.96	.92	.94	.96	.98	.99
.35	.73	.76	.80	.83	.89	.82	.85	.89	.90	.94	.92	.93	.95	.96	.98
.25	.72	.75	.77	.80	.84	.82	.84	.86	.88	.91	.91	.92	.93	.95	.96
.15	.71	.73	.74	.76	.79	.81	.82	.83	.85	.87	.91	.91	.92	.93	.94
.05	.70	.71	.71	.72	.73	.80	.81	.81	.82	.82	.90	.90	.91	.91	.91

Tabelle 5. Auszug aus den Taylor-Russell-Tafeln

vorzuziehen (vgl. Guthke, 1974). **Getestet** sollte in der eignungsdiagnostischen Situation dann **nicht nur einmal werden, sondern mehrfach,** wenn sich die Person in den Intervallen unter standardisierten Bedingungen der Bewährungssituation aussetzt (standardisierte Probezeit). Der mit Hilfe von Tests exakt bestimmbare **Lerngewinn** könnte dann als Indikator der zu erwartenden längerfristigen Bewährung angesehen werden. Erste psychologische Untersuchungen in dieser Richtung liegen vor (vgl. Guthke, 1974). Sarges (1999) referiert über neue Entwicklungen.

In ähnliche Richtung weisen manche Methoden der **Kompetenzdiagnostik** (Erpenbeck & v. Rosenstiel, 2003). So wird etwa in dem, in seinen Grundannahmen noch auf McClelland (1973) zurückgehenden »Behavior Event Inventar (BEI) (Peters & Winzer, 2003) erhoben, wie Personen – meist Führungskräfte des höheren Managements – mit kritischen Situationen, in denen sehr viel Lernpotenzial vermutet wird, emotional, motivational, kognitiv und schließlich im Handeln agiert haben.

Angesichts sich immer rascher wandelnder Anforderungen stellt sich ohnehin die Frage, ob es künftig noch ratsam erscheint, inhaltlich definierte Qualifikation mit prognostischer Absicht zu erfassen. Möglicherweise wird man sich vermehrt auf allgemeine Gesichtspunkte kognitiver und motivationaler Art stützen müssen, etwa das Motiv »vorankommen zu wollen« (Weinert, 1989), sowie die Kompetenz, selbstorganisiert zu handeln (Erpenbeck & v. Rosenstiel, 2003). **Lernfähigkeit und Lernbereitschaft** dürften angesichts des sich beschleunigenden Wandels von Anforderungen zu den zentralen Eignungsmerkmalen für fast alle Tätigkeiten werden (McCall, 1998).

Literaturempfehlung

Hossiep, R. (1995). Berufseignungsdiagnostische Entscheidungen. Göttingen.
  In diesem Buch, das einerseits Überblick bietet und an einem Beispiel in die Tiefe geht, wird grundsätzlich in die Berufseignungsdiagnostik eingeführt und am Beispiel einer umfangreichen Fallstudie eine einschlägige, äußerst differenzierte Analyse präsentiert.
Schuler, H. & Höft, S. (2006). Konstruktorientierte Verfahren der Personalauswahl. In: H. Schuler (Hrsg.). Lehrbuch der Personalpsychologie. Göttingen, S. 101–144.
  In diesem den aktuellen Forschungsstand berücksichtigenden und methodisch anspruchsvollen Beitrag erfährt man Grundsätzliches über theoretische und methodische Grundlagen der Ermittlung der Validität eignungsdiagnostischer Verfahren und wird darüber informiert, wie es um diese Validität bestellt ist.

3.2.4. Entwicklung von Entscheidungsregeln

Die Informationen, die mit Hilfe eignungsdiagnostischer Testverfahren gewonnen werden, implizieren noch nicht die **personelle Entscheidung**. Selbst wenn die Gültigkeit des Verfahrens hoch ist, so ist dies nur eine der erforderlichen Grundlagen für eine adäquate Auslese-, Zuordnungs- oder andere personale Entscheidung in einer Organisation. Berücksichtigt werden müssen auch andere Organisationsziele, die an der langfristigen Unternehmenspolitik, an sozialen Zielsetzungen, an innerbetrieblichen Strukturen und überbetrieblichen Notwendigkeiten orientiert sind.

Prädiktor	Validität	Inkrementelle Validität
Allgemeine kognitive Fähigkeitstests	.51	
Arbeitsproben	.54	.12
Integritätstests	.41	.14
Gewissenhaftigkeitstests	.31	.09
Strukturiertes Einstellungsgespräch	.51	.12
Unstrukturiertes Einstellungsgespräch	.38	.04
Fachkenntnistests	.48	.07
Probezeit	.44	.07
Biographische Daten	.35	.01
Assessment Center	.37	.02
Interessen	.10	.01
Graphologie	.02	.00

Tabelle 6. Metaanalytisch errechnete Validität und inkrementelle Validität eignungsdiagnostischer Verfahren (verkürzt nach Schmidt & Hunter, 1998, S. 22)

Die Einstellung eines Mitarbeiters, der auf der Grundlage des Testergebnisses für einen Arbeitsplatz noch so gut geeignet erscheint, kann falsch sein, wenn er z. B. unter dem Aspekt der Altersstruktur nicht in die künftige Zusammensetzung der Abteilung passt oder wenn sich seine Einstellung aufgrund geplanter Personaleinsparungen in näherer Zukunft verbietet.

Ein besonderes Problem ist die Kombination unterschiedlicher Testverfahren zu einer **Testbatterie**, die innerhalb des Einzelfalles sinnvoll erscheinen mag.

Stellt man für eignungsdiagnostische Zwecke mehrere Verfahren zusammen, so sollte man sich zum einen fragen, durch welche Verfahrenskombinationen man zusätzliche Informationen gewinnt; man sollte sich aber auch fragen, wie man dann bei der Auswertung und Interpretation der Datenfülle Herr wird. Zunächst zur ersten dieser beiden Fragen. Es geht hier um die sog. inkrementelle Validität (Schmidt & Hunter, 1998; Schuler, 2006).

Was ist darunter zu verstehen? Man denke sich ein Verfahren mit einer hohen Validität und sucht dann noch ein zweites aus, um zu noch besseren Prognosen zu gelangen. Auch dieses zweite Verfahren mag eine hohe Validität haben. Die Frage aber ist: Misst es etwas Zusätzliches oder wird die gleiche Information wie im ersten Verfahren noch einmal gewonnen? Es wäre dann günstiger ein Instrument mit generell geringerer Validität aber einer größeren zusätzlichen – der inkrementellen – zu verwenden. Schmidt & Hunter haben entsprechende Metaanalysen durchgeführt, wie Tabelle 6 verdeutlicht.

Man erkennt hier, dass allgemeine kognitive Fähigkeitstests eine recht hohe Validität von über 0.50 aufweisen. Auch ein Test der Fachkenntnisse zeigt mit 0.48 eine gute Validität, bringt aber – hat man den kognitiven Fähigkeitentest durchgeführt – mit 0.07 kaum zusätzlichen Gewinn. Da scheint es günstiger einen Integritätstest durchzuführen, der zwar mit 0.41 eine geringere Validität als jener zur Messung der Fachkenntnisse aufweist, aber mit 0.14 eine größere Verbesserung verspricht.

Hat man Informationen mit einer größeren Zahl von Verfahren gesammelt, so stellt man sich die Frage, wie man diese Informationen verarbeiten sollte.

Tatsächlich arbeiten Psychologen bei ihrer Entscheidung häufig **intuitiv**: Sie kombinieren die verschiedenen Daten im Zuge der Entscheidungsfindung, ohne dabei auf eine bewusste Entscheidungsregel Bezug zu nehmen. Obwohl eine derartige Vorgehensweise sich in der Praxis häufig nicht vermeiden lässt, haben empirische Studien gezeigt, dass **rationale Regeln der intuitiven Datenkombination vorzuziehen sind** (vgl. Schuler, 2001). Beim Aufbau solcher Entscheidungsregeln ist es – werden mehrere Persönlichkeitsmerkmale berücksichtigt – wesentlich, ob man von einem **kompensatorischen Modell** ausgeht oder nicht. Ein kompensatorisches Modell bedeutet, dass Schwächen in einem Merkmal durch besondere Stärken in einem anderen Merkmal ausgeglichen werden können. Dies wird häufig zu verneinen sein. Deshalb wird nicht selten auf eine »**Methode der kritischen Grenzen**« zurückgegriffen, bei der für jedes relevante Merkmal eine kritische Untergrenze definiert wird, deren Unterschreiten grundsätzlich zur Ablehnung des Bewerbers führt. Hier wird also – wenn auch in der Praxis nicht immer ganz rigoros – nach einem »Alles-oder-Nichts-Prinzip« gearbeitet.

Dem stehen Verfahren gegenüber, bei denen auf der Grundlage der Bewährungswahrscheinlichkeit Entscheidungshilfen gegeben werden. Dies kann insbesondere dann eine besonders wertvolle Information sein, wenn der Psychologe keine Entscheidungskompetenz hat, sondern – außerhalb der Linie stehend – als Berater auftritt und dem Entscheidenden sachgerechte Information beschafft.

Der **Nutzen**, der durch die richtige Entscheidungsstrategie – im Vergleich zu anderen – für die Organisation herbeigeführt wird, lässt sich durchaus im Sinne der Betriebswirtschaftslehre berechnen (vgl. Brandstätter, 1969). Der erwartete Nutzen ließe sich dabei als Produkt aus der Erfolgswahrscheinlichkeit im Kriterium und der Bewertung der jeweiligen Kriterienausprägung verstehen.

Es ist für die implizite Wertorientierung in der Organisationspsychologie kennzeichnend, dass in aller Regel der Nutzen der richtigen Entscheidung für die Organisation thematisiert wurde, dagegen kaum der Nutzen für das Individuum (vgl. jedoch Maukisch, 1978; Brandstätter, 1982; Schuler & Höft, 2004). So fordert Brandstätter (1982), dass die Organisation dem Bewerber ausreichende Information für seine Entscheidungen bereitstellt, was durchaus auch indirekt der Organisation zugute kommen kann, da dadurch Arbeitszufriedenheit, Loyalität der Organisation gegenüber und Leistungsbereitschaft beim einzelnen gesteigert werden können (Wanous, 1992). Von Rosenstiel, Nerdinger und Spieß (1991, 1998) zeigen am Beispiel junger Akademiker, auf welche Merkmale der Organisationen qualifizierte Bewerber achten und welche dieser Merkmale dazu beitragen, dass eine Organisation eher attraktiv bzw. unattraktiv erscheint.

Kirsch (1995) hat – und dies ist gewissermaßen die andere Seite – Personalabteilungen größerer Unternehmen danach gefragt, welche Merkmale qualifizierter Bewerber für sie besonders wichtig erscheinen. Dabei wurde deutlich erkennbar, dass weniger auf Fachkompetenz als auf soziale Kompetenz, Bereitschaft zum Engagement und Lernfähigkeit geachtet wird. Auffallend ist allerdings, dass diese Merkmale von den Unternehmen mit Methoden analysiert werden, die dem Stand der psychologischen Forschung häufig keineswegs entsprechen.

Bei der Organisation und beim Individuum gibt es also meist implizite, gelegentlich auch explizite Entscheidungsregeln.

Gerade nach dem Aufstellen einer expliziten Entscheidungsregel ist es wesentlich, dass diese nicht unkritisch fortgeschrieben wird, sondern empirische Bewährungskontrollen zur beständigen Einrichtung werden, damit die Tests, die Testbatterien und die Kriterien der Bewertung an die sich verändernden Anforderungen angepasst werden können und der Nutzen, der durch die Eignungsdiagnostik herbeigeführt wird, fortlaufend adäquat überprüft wird.

Literaturempfehlung

Brandstätter, H. (1982). Psychologische Grundlagen personeller Entscheidungen. In: H. Schuler & W. Stehle (Hrsg.). Psychologie in Wirtschaft und Verwaltung. Stuttgart. S. 19–48.
In diesem klar konzipierten grundsätzlichen Beitrag wird der Nutzen angemessener personeller Entscheidungen nicht nur für die Organisation, sondern auch für das Individuum thematisiert. Bewertungskriterien für verschiedene Formen personeller Entscheidungen werden diskutiert.
Schuler, H. (2001). Psychologische Personalauswahl. Einführung in die Berufseignungsdiagnostik. Göttingen.
In diesem grundlegenden, schlüssig aufgebauten und praxisorientierten Text wird empirisch fundiert, aber dennoch mit vielen Beispielen aus der Praxis über das eignungsdiagnostische Vorgehen unter Einschluss der personellen Entscheidungen informiert.

3.2.5. Die personalistische Führungstheorie

Innerhalb hierarchisch organisierter Betriebe, wie sie in unserer Wirtschaft üblich sind, erscheint die Position eines Leitenden besonders wichtig: Man legt gesteigerten Wert darauf, geeignete Stelleninhaber für derartige Positionen zu finden. Damit ist ein entscheidendes Kapitel der Führungsforschung angesprochen: die »**personalistische**« **Führungstheorie**. Innerhalb dieses theoretischen Konzeptes wurde der **Führungserfolg als Funktion von Persönlichkeitsmerkmalen** des Führenden interpretiert. Diese Denkweise kommt auch den impliziten Theorien der Laien entgegen: Die große »Persönlichkeit«, der »geborene Führer« setzt sich überall durch; die markanten Ereignisse der Geschichte sind letztlich der Initiative einzelner zu verdanken.

Der Bedarf an »Führern« in den Großorganisationen der modernen Wirtschaft hatte zur Folge, dass auch die Psychologie als angewandte Wissenschaft sich dieser Frage stellte. Sie suchte das Problem durch eine dreistufige Arbeitsweise zu bewältigen:

- Es sollte herausgefunden werden, welche **Eigenschaften** kennzeichnend für Personen in Führungspositionen sind,

- dann sollten **Testverfahren** entwickelt werden, die zur Messung der genannten Eigenschaften geeignet sind, und
- schließlich sollten sich Bewerber diesen Testverfahren unterziehen; diejenigen mit den besten Werten werden – so wurde vermutet – künftig den größten **Führungserfolg** haben.

3.2.5.1. »Führungseigenschaften«

Zum ersten dieser Schritte gibt es eine große Zahl empirischer Analysen. Die dabei aufgefundenen Ergebnisse wurden u. a. von Stogdill (1948), Mann (1959), Korman (1968), Ghiselli (1973) und Neuberger (1976) zusammengefasst. Diese »klassischen« Zusammenstellungen führten zu einer skeptisch-pessimistischen Einschätzung des prognostischen Wertes der Führungseigenschaften. In der Tat fand man im Mittel geringe Koeffizienten der prognostischen Validität, die darüber hinaus auch noch weit streuen. Am Beispiel der Intelligenz sei das illustriert. Stogdill (1948) stieß in einem klassischen Sammelreferat auf 15 empirische Analysen zur Beziehung zwischen der Intelligenz und Kriterien des Führungserfolgs. Er fand eine durchschnittliche positive Korrelation zwischen der Intelligenz und dem Führungserfolg von 0.26. Dies ist ein enttäuschend geringer Wert. Noch überraschender freilich ist die weite Streuung der Korrelationskoeffizienten von −0.14 bis hin zu +0.90. Diese große Varianz ist möglicherweise zu einem Teil dadurch zu erklären, dass sowohl die Intelligenz als auch der Führungserfolg jeweils unterschiedlich gemessen wurden, vor allem aber wohl daraus, dass die Beziehung in jeweils ganz **unterschiedlichen Situationen** untersucht wurde, von sozialen Einrichtungen über Produktionsabteilungen bis hin zu Ebenen des Topmanagement. Neuere, hier sorgfältiger vorgehende, Analysen kommen dann entsprechend auch zu anderen Ergebnissen.

Reanalysen bestehenden Datenmaterials (Lord, DeVader & Alliger, 1986) sowie aktuellere Analysen (vgl. zusammenfassend Schuler & Funke, 1991; Gebert & v. Rosenstiel, 2002; Schuler & Höft, 2006; Schuler 2006) zeigen jedoch, dass kognitive Fähigkeiten im Sinne verschiedener Aspekte der **Intelligenz**, **Lernfähigkeit** in dem Sinne, dass man sich rasch auf neue Situationen einstellen kann, die **Motivation**, ein selbstgesetztes oder vorgegebenes Ziel zu erreichen, sowie Fähigkeiten und Bereitschaft im **Umgang mit anderen Menschen** recht stabil und **bedeutsam zur Prognose des Führungserfolgs beitragen** können.

Empirische Untersuchungen beschäftigen sich jedoch auch mit vielen anderen Persönlichkeitsmerkmalen. Tatsächlich fand man eine Vielzahl solcher Merkmale, die im genannten Sinne mit Führung korrelieren, z. B. Alter, Größe, Gewicht, körperliche Verfassung, Aussehen, Wortgewandtheit, Intelligenz, Schulerfolg, Wissen, Urteils- und Entscheidungsfähigkeit, Einsicht, Originalität, Anpassungsfähigkeit, Extraversion, Dominanz, Initiative und Ehrgeiz, Verantwortungsgefühl und Verlässlichkeit, Integrität und Überzeugungsstärke, Selbstvertrauen, Selbstbeherrschung, Gefühlskontrolle und -stabilität, soziales Geschick, Beliebtheit und Kooperationsbereitschaft.

Das Problem besteht allerdings darin, dass diese Merkmale keineswegs durchgängig in allen empirischen Untersuchungen, in denen sie berücksichtigt wurden, mit dem Führungserfolg korrelierten und dass die Korrelationen von Studie zu Studie sehr unterschiedlich waren.

Das Auffallende an den Untersuchungsergebnissen sind also – wie soeben am Beispiel der Intelligenz gezeigt – nicht die gelegentlich relativ geringen Korrelationen zwischen Persönlichkeitsmerkmal und Führungserfolg, sondern die ungewöhnlich großen Streuungen der Korrelationskoeffizienten. Man darf daraus ableiten, dass die Bedeutung dieser Eigenschaften für den Führungserfolg **von Situation zu Situation** bzw. **von Erfolgskriterium zu Erfolgskriterium** (Gebert, Wendler & Steinkamp, 1987) höchst unterschiedlich ist. So ist etwa vermutlich die Intelligenz in einer Forschungsgruppe sehr viel bedeutsamer für den Führungserfolg als in einer Fußballmannschaft. Dass die Beziehungen komplex sind, mag darüber hinausgehend ein anderes Beispiel aus dem Bereich der Intelligenz zeigen (vgl. Hollingworth, 1926). Die Autorin konnte bei spezifischen Aufgaben an jugendlichen Probanden nachweisen, dass ein geringer Intelligenzvorsprung des Führenden gegenüber den Geführten von Vorteil ist, dass aber ein sehr großer Intelligenzabstand sich auf den Führungserfolg – der jeweils unterschiedlich definiert sein kann – eher negativ auswirkt. Die Eigenschaften des Führenden stehen somit – will man den Führungserfolg analysieren – in Interaktion mit den zu erledigenden Aufgaben, mit den Merkmalen der Geführten und wohl auch mit dem umfassenden Kontext.

Systematisiert man diese Überlegungen graphisch, dann ergibt sich ein Bild, das Darstellung 33 zeigt.

Es wird hier erkennbar, dass individuelle Eigenschaften für das Verhalten – auch das Führungsverhalten – relevant sind. Das Verhalten hängt aber keinesfalls nur von den Eigenschaften ab, sondern auch von der Situation. Gleiches Verhalten wiederum führt keineswegs in allen Situationen zum Erfolg: Ein sehr kooperatives Eingehen auf jeden der Unterstellten kann z. B. von großem Vorteil für den Führungserfolg sein, wenn die geführte Gruppe klein und ihre Mitglieder interessiert und qualifiziert sind. Das gleiche Verhalten kann zum Misserfolg führen, wenn die Gruppe sehr groß ist und ihre Mitglieder wenig qualifiziert und am Aufgabenziel auch nicht interessiert sind. Dabei kann man die Reaktion der Geführten auf das Verhalten des Führenden und die wahrgenommenen Situationsbedingungen selbst als Führungserfolg definieren (z. B. die Arbeitszufriedenheit) oder aber das Geführtenverhalten als eine auch vom Führungsverhalten abhängige Variable interpretieren, von der dann der Erfolg – z. B. gemessen über ökonomische Indikatoren – abhängt (Krause, 2004). Bei dieser normativ gestützten Sicht erreicht also der Führende mit Hilfe der Geführten die eigenen Ziele, bzw. jene der Organisation.

Die unter vielfältigen Aspekten gegebene methodische Problematik des Ansatzes der Eigenschaftentheorie der Führung, die ja potenziell mit dem Anspruch konzipiert wurde, künftige Vorgesetzte mit eignungsdiagnostischen Verfahren auszulesen, soll am Beispiel eines dieser Aspekte gezeigt werden. Üblicherweise wird eine positive Korrelation zwischen Eigenschaft und Führungserfolg im Sinne einer Ursache-Wirkungs-Verkettung interpretiert: Die **Eigenschaft bedingt den Erfolg**. Faktisch ist aber **auch das Gegenteil** denkbar: Selbstsicherheit der Person muss nicht immer Ursache des Erfolgs sein, sondern kann auch aus dem Führungserfolg resul-

3.2. Personalauswahl

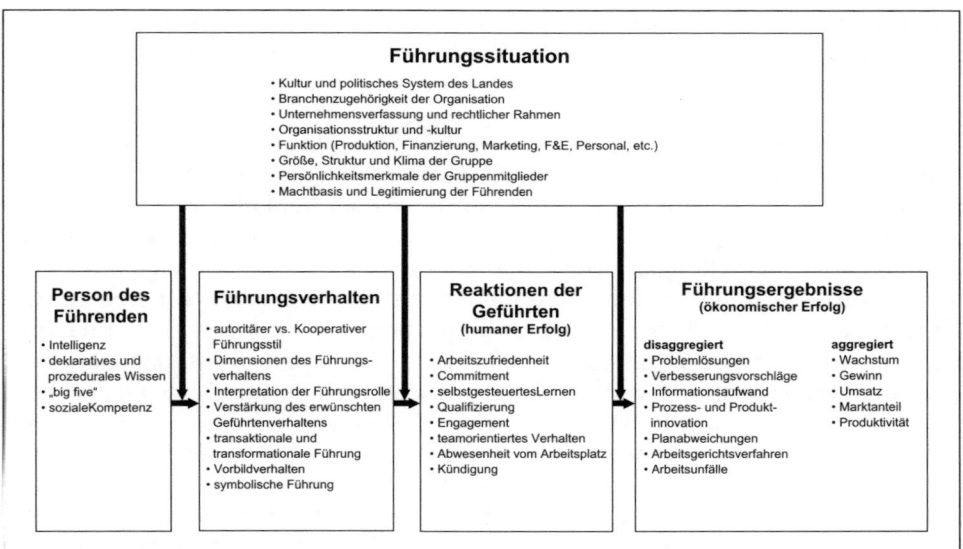

Darstellung 33. Bedingungen des Führungserfolgs

tieren. Korman (1968) hat in seiner Zusammenstellung der Forschungsergebnisse daher solche Untersuchungen besonders berücksichtigt, in denen die Eigenschaften zeitlich früher als der Führungserfolg gemessen wurden. Die durchschnittliche Interkorrelation zwischen Eigenschaften und Führung gingen zurück, wurden allerdings nicht aufgehoben. Es ist aufgrund dieses Ergebnisses nahe liegend, eine Interaktion anzunehmen: Persönlichkeitsmerkmale tragen zum Führungserfolg bei, umgekehrt bewirkt der Führungserfolg – im Sinne einer Sozialisation – die Modifikation der Persönlichkeitsmerkmale.

Die »Wiederentdeckung« der Persönlichkeit des Führenden zeigt sich auch darin, dass das ursprünglich von Max Weber (1922) in die wissenschaftliche Diskussion eingeführte Konzept des **Charisma** in den letzten Jahren vermehrt das Interesse der empirischen Forschung findet (Conger, 1989; House & Shamir, 1995; Neuberger, 2002). Allerdings sollte hier bedacht werden, dass derartige Ansätze keinesfalls einen Rückfall in die simplen monokausalen Erklärungsansätze der klassischen personalistischen Führungstheorie darstellen. Sie rücken zwar die Persönlichkeit des Führenden wieder in das Zentrum ihrer Betrachtung, sehen aber das Charisma **nicht als überdauerndes und situationsunabhängiges Merkmal** an wie zum Beispiel die Intelligenz. Charisma ist vielmehr ein Konstrukt, das sich in ganz bestimmten Situationen (z. B. in einer Krise) in ein bestimmtes Verhalten des Führenden übersetzt (z. B. sinngebend), um dann bei (z. B. hilflosen) Geführten über den Prozess der Identifikation mit dem Führenden zum Effekt (z. B. gesteigerte Motivation bei der Arbeit) zu führen.

Die praktische Bedeutsamkeit der differenziert zu sehenden Ergebnisse zur Eigenschaftentheorie der Führung ist offensichtlich. Sie betrifft die Eignungsdiagnostik in ihrer spezifischen Ausprägung als Führungsdiagnostik (Sarges, 1995; v. Rosenstiel & Lang-von Wins, 2000). Das implizite Ziel des personalistischen Ansatzes bestand – wie bereits betont – darin, Merkmale der Führungspersönlichkeit zu ermitteln, diese Persönlichkeit mit eignungsdiagnostischen Verfahren auszusuchen, in Führungspositionen zu platzieren und somit den Führungserfolg generell zu sichern. Im Sinne eines so allgemeinen Anspruchs darf dieser Ansatz als nahezu gescheitert gelten. **Es gibt nicht »die Führungspersönlichkeit«**. Entsprechend ist auch das Ziel falsch gesetzt, einen generellen Führungstest zu entwickeln. Bestenfalls ist dies zu rechtfertigen, wenn man zum Beispiel bei Hochschulabsolventen, die sich um eine Traineeposition bewerben, ermitteln möchte, wer generell für eine **Führungslaufbahn** in Frage kommt oder wer besser im Rahmen einer **Fachlaufbahn** seine berufliche Erfüllung finden könnte. Bestimmte Basisqualifikationen, die für Führungskräfte in unserer Kultur generell gelten, lassen sich benennen. Dazu gehört – dies wurde bereits betont – die Motivation voranzukommen und etwas zu bewegen, eine überdurchschnittlich ausgeprägte Intelligenz, die Bereitschaft und Kompetenz, sich rasch auf neue Situationen einzustellen und diese aktiv mitzugestalten, sowie der Wunsch und die Fähigkeit, mit ganz verschiedenen anderen Personen in Kontakt zu treten. Sobald es aber um die Frage geht, wer für welche spezifische Führungsposition geeignet erscheint, wer also zum Beispiel Abteilungsleiter im Innendienst eines Produktionsunternehmens, wer die Kundenkontakte in einem Unternehmen der Dienstleistung leiten soll oder wer für ein Tourismusunternehmen die Niederlassung in einem südamerikanischen Land zu führen habe, dann ist die Aussagekraft derartiger genereller Indikatoren äußerst gering.

Wenn mit eignungsdiagnostischen Maßnahmen überhaupt zur Vorhersage des Führungserfolges beigetragen werden kann, so ist dies lediglich **situationsspezifisch** möglich: Nicht nur die Merkmale des Führenden, sondern auch die Merkmale der Geführten und die Merkmale der Aufgabe und der Situation sind – mit allen dabei implizierten **Interaktionen** – zu berücksichtigen.

Der personalistische Ansatz wird durch derartige Ergänzungen komplex, für den Laien möglicherweise auch weniger attraktiv und plausibel. Er beinhaltet jedoch eine erhöhte Chance, gültige Vorhersagen des Führungserfolgs zu liefern. Versuche, die in dieser Richtung unternommen wurden und die vom trimodalen Ansatz (Schuler, 2002, 2006) ausgehen sollten, hat man z.B. unter dem Namen »Assessment Center« zusammengefasst. Dem werden wir uns später (3.2.5.3.) zuwenden.

Literaturempfehlung

Gebert, D. & v. Rosenstiel, L. (2002). Organisationspsychologie. Stuttgart.
Im Abschnitt 3.3 der 5. Auflage dieses verbreiteten Lehrbuches wird exemplarisch über neuere Entwicklungen der personalistischen Führungstheorie berichtet.
Neuberger, O. (1976). Führungsverhalten und Führungserfolg. Berlin.
Im ersten Teil dieses noch immer lesenswerten umfassenden und gründlichen Buches zur Psychologie der Führung erfolgt eine kritische Diskussion der personalistischen Führungstheorie.

Schuler & Höft (2006). Konstruktorientierte Verfahren der Personalauswahl. In: H. Schuler (Hrsg.): Lehrbuch der Personalpsychologie. Göttingen, S. 101–144.
In diesem bereits zuvor empfohlenen Beitrag wird auch über die Grundlagen jener Verfahren informiert, die häufig zur Auswahl (künftiger) Führungskräfte genutzt werden.

3.2.5.2. Geschlechtszugehörigkeit und Führung

Es ist unbestritten, dass in westlichen Industrienationen, insbesondere in Deutschland, ein ganz bestimmtes »Persönlichkeitsmerkmal« wesentlich zur Prognose des Führungserfolgs beizutragen vermag: das »Geschlecht« (Friedel-Howe, 1986). Zwar garantiert die Zugehörigkeit zum männlichen Geschlecht nicht den Karriereerfolg, doch schließt die Zugehörigkeit zum weiblichen Geschlecht diesen nahezu aus. Tabelle 7 visualisiert dies an einigen Beispielen.

In höheren Führungsebenen sind Frauen nicht in dem Maß vertreten, wie es ihrer Beteiligung an der Erwerbsarbeit insgesamt entspricht. Dies ist in jüngster Zeit zum Gegenstand intensiver politischer Diskussionen, aber auch soziologischer und psychologischer Untersuchungen geworden (Schultz-Gambard et al., 1991; Neuberger, 2002).

Insbesondere Spitzenpositionen sind fast ausschließlich den Männern vorbehalten. Gemessen an bestimmten politischen, religiösen oder normativen Zielvorstellungen mag man dies bedauern (Chancengleichheit, Wunsch nach der weiblichen Komponente in den Organisationen) oder begrüßen (Stabilisierung der herkömmlichen Geschlechtsrollendifferenzierung, Erziehung von Kindern durch die Mutter, Entlastung des Arbeitsmarktes). Für die empirische Forschung stellt sich unabhängig von der politischen Komponente die Frage nach dem Warum dieser **Unterrepräsentation von Frauen im Management**. Die Antworten darauf sind vielfältig (vgl. Friedel-Howe, 1986; Parkin & Hearn, 1987; Domsch & Regnet, 1990; Wunderer & Dick, 1997; Bischof-Köhler, 2006). Die wichtigsten dieser Fragen werden nachfolgend knapp angesprochen. Dabei ergeben sich zunächst Grundsatzkonflikte, zu denen Stellung genommen wird.

Da es zweifellos gut belegt ist, dass Männer und Frauen höchst unterschiedliche Zugangschancen zu Führungspositionen haben, stellt sich die Frage, ob sich – von

Branche	Frauenarbeit in %				
	Gesamt-belegschaft	unteres Management	mittleres Management	oberes Management	Management
Computer-Industrie	28	13	4	0	–
IBM	16	–	–	–	3
Kaufhaus-Konzern	70	52	38	12	–
Siemens AG	28	2	2	0.5	–
Deutsche Bank	50	–	–	0.1	5

Tabelle 7. Beispiel für die Repräsentation von Frauen im Management

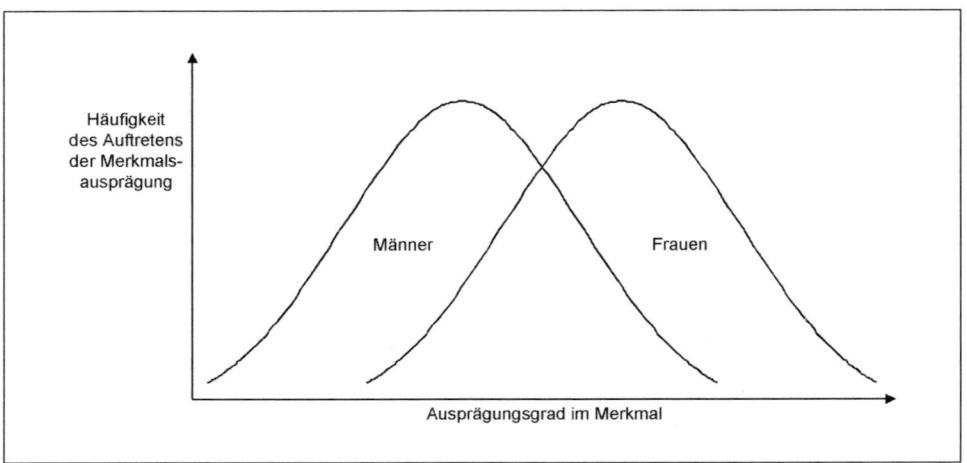

Darstellung 34. Persönlichkeitsmerkmale in Abhängigkeit vom Geschlecht

den biologischen Geschlechtsdifferenzen abgesehen – Frauen überhaupt von Männern unterscheiden. Diese Frage kann klar mit »Ja« beantwortet werden. Die Forschung (zusammenfassend: Merz, 1979; Bischof, 2001; Weinert, 1990; Bischof-Köhler, 1990, 2006) dokumentiert für eine große Zahl von Persönlichkeitsmerkmalen und Verhaltensausprägungen **signifikante Geschlechtsunterschiede**. Diese sind allerdings durchgehend im Sinne sich überlappender Verteilungen zu interpretieren, wie Darstellung 34 zeigt.

Mittelwerte der Merkmalsausprägungen unterscheiden sich häufig geringfügig, aber statistisch signifikant; die Streuungen aber sind groß. Konkret heißt dies, dass z. B. Frauen, die im Durchschnitt hinsichtlich eines Merkmals eine höhere Ausprägung als Männer aufweisen, von vielen Männern in der Merkmalsausprägung übertroffen werden können.

Da nun aber dennoch an derartigen Geschlechtsdifferenzen nicht gezweifelt werden kann, stellt sich die Frage nach ihrer Herkunft. Unbestritten ist, dass diese Unterschiede oft durch Sozialisation entstehen. Dabei wird jedoch auch die kritische Frage aufgeworfen, ob die Differenzen ausnahmslos sozial determiniert sind, wie es Parkin und Hearn (1987) nahe legen. Sie behaupten, dass Feminität und Maskulinität bei Frauen und Männern **allein sozial und kulturell erzeugt** seien und mit der Gesellschaft und dem sozialen Kontext variierten. Diese Auffassung wird vor allem von feministischer Seite (Jacklin & Maccoby, 1975) eingenommen; es muss allerdings angesichts **verhaltensgenetischer und soziobiologischer** Forschungsergebnisse daran gezweifelt werden. Einige Verhaltensdispositionen scheinen genetisch bedingt bei Männern und Frauen unterschiedlich ausgeprägt zu sein (vgl. zusammenfassend: Bischof & Preuschoft, 1980; Bischof-Köhler, 2006).

Allerdings sollte man eines klar sehen: Ist eine Verhaltensweise genetisch mitdeterminiert, so bedeutet es keineswegs, dass man diese nicht ändern kann. Ebenso wie »sozial determiniert« nicht ohne weiteres mit »leicht veränderbar« gleichgesetzt werden darf, kann man auch »genetisch determiniert« nicht mit »unveränderbar« gleichsetzen. Allerdings ist dann meist der Aufwand, der in die Veränderung investiert werden muss, größer.

Die sieben folgenden Argumente beschäftigen sich mit möglichen **Ursachen der Unterrepräsentation** von Frauen in Führungspositionen.

(1) Zwei für die Fragen der Führung besonders wichtige Erklärungsansätze zu genetisch fixierten Geschlechtsdifferenzen seien knapp skizziert.
- Geht man davon aus, dass sich während des Selektionsprozesses in der Phylogenese des Menschen langfristig jene genetisch fixierten Verhaltensbereitschaften in der Population verbreiten, die der »Fitness« dienen, also die Ausbreitung eigener Gene begünstigen, dann sollte man die spezifische Arbeitsteilung vor Augen haben, die vermutlich länger als 90 % der Menschheitsgeschichte bestimmend war: die Arbeitsteilung zwischen Männern und Frauen im Zeitalter der Jäger und Sammler (Lee, 1968). **Männer gingen in Gruppen auf Großwildjagd**, hatten dabei allerdings nur dann Erfolg, wenn sie organisiert und spezialisiert vorgingen. Ein Großwild ist nur zu erlegen, wenn eine geführte Gruppe arbeitsteilig und diszipliniert vorgeht. Männer trugen mit diesen Aktivitäten zwar nur relativ wenig zur Ernährung der Großfamilie bei, doch wurden ihre seltenen aber spektakulären Jagderfolge um so stärker beachtet und erhöhten die Chancen eine Partnerin zu gewinnen. **Frauen dagegen boten dem Nachwuchs fürsorglich Schutz** in einer für den Menschen gefährlichen Natur, sorgten für die Aufzucht der Kinder und trugen durch die nur gering organisierte Tätigkeit des Sammelns von Pilzen, Pflanzen und Kleintieren wesentlich, aber wenig beachtet, zur Ernährung bei.

  Man darf folgern, dass vor allem jene Frauen ihr Erbgut weitergeben konnten, die ihre Nachkommen besonders fürsorglich schützten, während bei den Männern diejenigen eine erhöhte Fortpflanzungschancen hatten, die sich bei den Jagdgruppen in die hierarchische Organisation einfügten und dadurch zum einen ihr Leben schützten und zum anderen reiche Jagdbeute mit nach Hause brachten und damit für Frauen attraktiv wurden. »Sich einfügen in eine Organisation« wurde also beim männlichen Geschlecht belohnt, nicht oder kaum beim weiblichen.
- Ebenfalls für die Ausbildung genetisch verankerter Geschlechtsunterschiede spricht die Tatsache der unterschiedlichen »**parentalen Investition**« (Trivers, 1978; Bischof-Köhler, 2006). Dieser Erklärungsansatz gründet sich darauf, dass beim Menschen und anderen höheren Säugetieren männliche Individuen potenziell sehr viel mehr Nachkommen haben können als weibliche und dass der **Aufwand für ein Kind** bzw. Junges **beim weiblichen Individuum ungleich höher ist als beim männlichen**. Dies und die Tatsache, dass bei den erwachsenen Säugetieren die Geschlechterproportion in der Regel bei 50:50 liegt, sorgt dafür, dass weibliche Individuen im Hinblick auf die männlichen wählerischer sein können und müssen, um dem eige-

nen Erbgut eine Chance zu geben; sie setzen auf »Qualität«. Die männlichen Individuen hingegen müssen um die Gunst der weiblichen konkurrieren und kämpfen, um Zugang zu möglichst vielen Partnerinnen zu erlangen; sie müssen stärker auf »Quantität« setzen, um ihrem Erbgut Chancen zu geben. Würde nun der Kampf um die weiblichen Individuen von den männlichen hart – mit tödlichem Ausgang – ausgetragen, so hätte das unterliegende Lebewesen künftig keine Fortpflanzungschance mehr. Unterwirft es sich dagegen einer »Hackordnung« (Schjelderup-Ebbe, 1922), ritualisiert es die Rangkämpfe und wartet auf spätere Chancen, so wird dadurch der Fortpflanzungserfolg optimiert. Daraus wird wiederum abgeleitet, dass männliche Individuen im Vergleich zu weiblichen eher bereit sind, die für Organisationen kennzeichnende Hierarchie zu akzeptieren.

Orientiert man sich an diesen soziobiologischen Aussagen, so ergibt sich daraus eine für die Männer gesteigerte Chance, in den hierarchisch geprägten und von Männern bestimmten Organisationen erfolgreich zu sein. Für Frauen würden sich die Chancen erst dann erhöhen, wenn sie sich durch Sozialisations- oder Personalentwicklungsmaßnahmen dem Verhaltensstil der Männer anpassen (Parkin & Hearn, 1987), oder aber, wenn die **Organisationen** weniger hierarchisch strukturiert und weniger männlich, sondern **androgyn** bestimmt wären.

Fraglos betreffen diese Überlegungen nur einen Teilaspekt. Vielfältige andere Ursachen sind für die Unterrepräsentation von Frauen in den verschiedenen Führungsebenen mitverantwortlich und gesellschaftlich determiniert.

(2) Das **Stereotyp »Führungskraft« ist männlich** und überlappt nur gering mit dem Stereotyp »Frau«, wie Darstellung 35 zeigt.

Man darf annehmen, dass sich daraus folgende kognitive Gleichungen ergeben: »gute Führungskraft = guter Mann« und »gute Führungskraft = schlechte Frau« (vgl. Neubauer, 1990). Dies wirkt sich auch beim Selektionsprozess aus: Zeigt ein Mann – z. B. in einem »Assessment Center« – Durchsetzung, so wird ihm Eignung attestiert; zeigt eine Frau die gleichen Verhaltensweisen, so wird sie eher als zänkisch und aggressiv beschrieben. Zeigt ein Mann die Bereitschaft, zwischen verschiedenen Positionen zu vermitteln, so wird ihm die Fähigkeit zum sozialen Ausgleich zugeschrieben, während das gleiche Verhalten bei einer Frau eher als Schwäche und Mangel an Führungsfähigkeit ausgelegt wird (Neubauer, 1990).

(3) Das gesellschaftlich vermittelte Bild der Frau prägt die heranwachsenden Frauen unter vielerlei Aspekten. Sie sehen in den Organisationen **kaum Vorbilder dafür, wie Führung durch Frauen gehandhabt wird** und werden ihrem Stereotyp gemäß im Sinne von Verhaltensweisen sozialisiert, die als anpassungsbereit, abhängig, emotional, empfindlich, beziehungsorientiert oder reaktiv beschrieben werden können (Friedel-Howe, 1990). Sie streben daher gar nicht nach einer Führungsrolle und lehnen diese – wird sie ihnen angeboten – sogar ab. Im Entscheidungsfall – in unserer Gesellschaft lassen die Strukturen

3.2. Personalauswahl

Typischer Mann	Idealer Manager	Typische Frau
dominant	führungswillig	unterordnend
autonom	autonom	abhängig
unemotional	beherrscht	emotional
selbstsicher	selbstsicher	empfindlich
aktiv	dynamisch	passiv
rational	rational	intuitiv
tatkräftig	entscheidungsfreudig	fürsorglich
	konfliktbereit	
leistungsorientiert	konkurrenzorientiert	beziehungsorientiert
	rücksichtsvoll	einfühlsam
	kommunikativ	kooperativ

Darstellung 35. Stereotype Vorstellungen von »typischer Mann«, »idealer Manager« und »typische Frau«

die **Vereinbarkeit der verschiedenen Rollen** kaum zu – ziehen sie dann die Rolle der Hausfrau und Mutter der einer Führungskraft vor.

Weiterhin bevorzugen Frauen – vermutlich sozialisationsbedingt (Domsch, 1990) – solche **Qualifikations- und Studienwege**, die kaum als Basis für eine Führungsrolle in Organisationen der Wirtschaft gelten können (Ziegler, Heller, Schober & Dresel, 2006). Frauen sind deutlich überrepräsentiert in sprach-, literatur- und sozialwissenschaftlichen Studiengängen, dagegen leicht unterrepräsentiert in den Wirtschaftswissenschaften und stark bis extrem unterrepräsentiert in Studiengängen der Natur- und Ingenieurwissenschaften sowie der Informatik, obwohl gerade diese neben den wirtschaftswissenschaftlichen die höchsten Zugangschancen für Führungspositionen der Wirtschaft eröffnen (Witte, Kallmann & Sachs, 1981; v. Rosenstiel, Nerdinger, Spieß & Stengel, 1989; v. Rosenstiel, Nerdinger & Spieß, 1998). Konkret bedeutet dies, dass nicht so sehr die Organisationen selbst durch ihre Selektionsmaßnahmen als vielmehr **Sozialisationsmechanismen in Elternhaus und Schule** den Frauen den Zugang in die Führungsebenen verstellen.

Wenn sich wenige Frauen in Führungspositionen finden, so liege dies daran – so wird gelegentlich argumentiert – dass Frauen – sei es nun genetisch oder sozialisationsbedingt – den Anforderungen dieser Positionen nicht so gut wie Männer gewachsen seien, dass sie also »nicht führen könnten«; zumindest nicht in jenen fraglos von Männern geprägten Organisationen, die man in un-

Autoren	Stichprobe		Variable(n)	Ergebnis(se)	
Konfliktstil					
Chusmir & Mills (1989)	99 m 102 w	M	5 Konfliktlösungsstile im Arbeitskontext	m = w	bei Kontrolle der Ebene
Renwick (1977)	56 m 40 w	M	5 Konfliktlösungsstile bei Konflikt mit dem eigenen Vorgesetzten	m = w	
Shockley-Zalabak (1981)	31 m 38 w	M	5 Konfliktlösungsstile in 5 Kontextbedingungen	m = w	
Sanktions- und Motivierungsverhalten					
Donne & Hall (1980)	168 m 168 w	M	»Management of Motivation Index«	m = w	
Larwood, Rand & Der Hovanessian (1979)	38 m 38 w	M	Zuordnung von 4 Sanktionsmaßnahmen nach MA-Fehlverhalten (Labor-Simulation)	m = w	
Rice, Instone & Adams (1984)	467 mal 182 mal Führer durch MA beschrieben	m w	Belohnungsorientierung Bestrafungsorientierung	m = w m = w	
Szilagyi (1980)	10 m 10 w durch 253	M MA	Belohnungsorientierung Bestrafungsorientierung	m = w m = w	
Partizipation					
Donne & Hall (1980)	234 m 234 w durch MA	M	Entscheidungspartizipation	m = w	
Jago & Vroom (1982)	114 m 57 w	M	Entscheidungspartizipation	m = w	
Kommunikationsverhalten					
Birdsall (1980)	6 m 6 w	M	12 Aspekte des Kommunikationsverhaltens (Tonbandprotokolle einstündiger Mitarbeiterbesprechungen)	m = w	
Rice et al. (1984)	vgl. oben		Toleranz von Aufwärtskommunikation Präferenz von Abwärtskommunikation	m = w m = w	
Einzelergebnisse					
Rice et al. (1984)	vgl. oben		Einflussverhalten: direkte Strategien indirekte Strategien	m = w m = w m = w	
Mc Farlane Shore & Thornton III (1986)	16 m 19 w	M	(Leistungs-)Beurteilungsverhalten (Strenge/Milde)	m = w	
Josefowitz (1980)	102 m 68 w	M	Zugänglichkeit für Mitarbeiter (Beobachtung)	w > m	

Anmerkung: m = männlich; w = weiblich; M = Manager (beschreiben sich selbst); MA = unterstellte Mitarbeiter (beschreiben ihren Vorgesetzten; > = sign. größer; m = w: kein GU

Tabelle 8. Verhaltensunterschiede zwischen weiblichen und männlichen Führungskräften

serer Gesellschaft mehrheitlich findet. Die Empirie bestätigt diese Annahme nicht (Parkin & Hearn, 1987; Friedel-Howe, 1990). Tatsächlich fand man **hinsichtlich des Führungsverhaltens** bei Beachtung unterschiedlicher Aspekte **zwischen Männern und Frauen fast keinerlei Differenzen**, wie exemplarisch Tabelle 8 aus Friedel-Howe (1990) zeigt.

Auch eine äußerst differenzierte Metaanalyse der vorliegenden Empirie von ca. 160 Studien (Eagly & Johnson, 1990) zeigt zwar marginale Unterschiede zwischen männlichem und weiblichem Führungsverhalten in dem Sinne auf, dass Frauen etwas partizipationsorientierter agieren, doch sind die Differenzen so gering, dass man sie praktisch vernachlässigen kann. Außerdem stammt die Mehrzahl der Studien aus Bildungs- und Erziehungsinstitutionen, nur eine Minderheit aus solchen der Wirtschaft. Auch informationsreiche und umfassende moderne Sammelreferate zeigen, dass auf diesem Forschungsfeld die Untersuchungskonzepte zwar verfeinert worden sind, aber gravierende neue Forschungsergebnisse kaum referiert werden können. Entsprechend kann wohl nach wie vor in den westlichen Kulturen ein spezifischer **weiblicher Führungsstil nicht postuliert werden.**

Friedel-Howe (1990) zweifelt allerdings selbst an der Aussagekraft der von ihr so sorgfältig zusammengestellten Ergebnisse. Diese zeigen ja nur, dass jene Frauen, die Führungspositionen erreicht haben, diese eben so gut wie ihre männlichen Kollegen ausfüllen. Es sind aber nur wenige Frauen, die entsprechende Positionen erreicht haben, wobei die Auswahlprozesse und **Selektionsquote** möglicherweise ganz andere sind. Man darf also aus dem Ergebnis nicht ableiten, dass »alle Frauen« ebenso führen wie »alle Männer«. Es wäre durchaus denkbar, dass weibliche Führungskräfte für die Gesamtheit der Frauen weniger repräsentativ sind als männliche Führungskräfte für die Gesamtheit der Männer.

Unter dem Aspekt des Familienstatus ist dies ja auch belegt: **Frauen, die erfolgreich Karriere machten, sind häufig kinderlos und in vielen Fällen unverheiratet** oder gar ohne festen Partner, während »**Karrieremänner**« in aller Regel **verheiratet sind** – häufig mit einer nicht berufstätigen Frau – und **Kinder haben** (Streich, 1985, 1994). Es ist also denkbar, dass Frauen mit ganz spezifischen, für Frauen nicht sonderlich typischen Merkmalen durch Fremd- oder Selbstselektion in Führungspositionen innerhalb einer – wie Friedel-Howe schreibt – »Männerwelt« vorgedrungen sind. Diese Hypothese wird von Gallese (1986) aufgrund ihrer qualitativen Untersuchungen an »**Karrierefrauen**« bestätigt. Die Autorin schreibt: »Der Grund für die Tendenz der Frauen im Hintergrund zu bleiben ist so fundamental wie der Unterschied zwischen Männern und Frauen überhaupt, wie ich im Verlauf meiner Untersuchungen erkannte. Trotz der Fortschritte, die im letzten Jahrzehnt erreicht wurden, hat sich in den Unternehmen und Akademikersozietäten nicht viel geändert: Business und vor allem Management ist immer noch eine Domäne der Männer. Kein Wunder also, wenn die Erfolgreichen meist Frauen sind, die sich entschieden haben, wie Männer in einer Männergesellschaft zu leben. Und kein Wunder, wenn diese Frauen nur eine ganz kleine Gruppe von Auserwählten bilden. In vieler Hinsicht ist diese Verweigerung auch ein gutes Zeichen. Sie scheint nämlich zu bedeuten, dass die Frauen nur zögernd etwas aufgeben, was nur sie besitzen: ihre Weiblichkeit. ... Die Weigerung der Frauen, ihre Identität aufzugeben, um ihre Karriere voranzutreiben, erscheint mir sehr weise.« (Gallese, 1986, S. 251 f.).

(4) Insbesondere von feministischer Seite wird das Argument vertreten, dass es vor allem Fremdselektion sei, die Frauen beim beruflichen Aufstieg behindere und zwar Fremdselektion durch Männer in der Männerwelt der Organisationen, die die Frauen nur deshalb behinderten, weil sie eben Frauen seien. Man bezeich-

net dies als **Diskriminierung**. Tatsächlich sind auch viele berufstätige Frauen – zumindest in den Ländern Westeuropas – davon überzeugt, dass Frauen, wenn es um die Besetzung höherer Positionen geht, häufig oder gelegentlich benachteiligt werden (Domsch & Regnet, 1990). Es gibt auch eindrucksvolle Einzelfallschilderungen, die dies belegen. Indirekte Hinweise dafür sind auch darin zu sehen, dass das Image von Berufen absinkt, wenn der Frauenanteil sich nachhaltig vergrößert und dass die anfängliche Befürwortung der Einstellung von Frauen in bestimmten Abteilungen oder Bereichen einer Ablehnung weicht, wenn eine bestimmte kritische Grenze des Frauenanteils überschritten wird. Dennoch darf aufgrund sorgfältiger Analysen (Friedel-Howe, 1986) daran gezweifelt werden, dass die Diskriminierung von Frauen einen quantitativ wesentlichen Einfluss auf die Unterrepräsentation von Frauen in Führungspositionen hat.

Diskriminierung von Frauen in Organisationen kann also als ein quantitativ bedeutsamer Einflussfaktor nicht diagnostiziert werden, wenn es um die Frage geht, warum Frauen in Führungspositionen unterrepräsentiert sind. Allerdings scheinen auf einer anderen, subtileren Ebene sehr wohl **Diskriminierungsmechanismen nachweisbar** zu sein. So konnte in Längsschnittuntersuchungen (Rappensperger, 1996; v. Rosenstiel, 1997) gezeigt werden, dass gleich gut qualifizierte Absolventen und Absolventinnen wirtschaftswissenschaftlicher Studiengänge zwar ähnlich gute Einstellungschancen haben, wenn sie sich um eine Position bewerben, dass aber Frauen zunächst häufiger einen zeitbegrenzten Arbeitsvertrag erhalten und außerdem deutlich schlechter als die Männer bezahlt werden. Diese **Gehaltsdifferenz** wird über die Zeit nicht ausgeglichen, sondern stabilisiert. Sieht man im übertariflich bezahlten Gehalt einen Ausdruck der Wertschätzung, so ist diese den männlichen Berufseinsteigern in den Organisationen offensichtlich höher ausgeprägt als den weiblichen gegenüber, was man mit aller Vorsicht als vorläufige Weichenstellung im Hinblick auf eine künftige Karriere interpretieren darf. Als besonders überraschend aber muss gelten, dass die Frauen trotz ihrer geringeren Bezahlung mit ihrer Arbeit zufriedener sind, eine höhere Bindung an die Organisation zeigen und seltener an Kündigung denken. Dies könnte als Ausdruck eines geringeren Anspruchsniveaus und bescheidenerer Erwartungen der Organisation gegenüber gedeutet werden; d. h. die Diskriminierungsmechanismen werden bereits im Ansatz von den Frauen verinnerlicht.

(5) Organisationen der Wirtschaft sind zweckrationale Gebilde, für die Investitionen in das Personal einen wesentlichen **Kostenfaktor** darstellen. Insbesondere die Anwerbung, Einführung und Entwicklung von Führungskräften darf als beträchtliche finanzielle Belastung angesehen werden (Schuler, 1989). Die »Normalbiographie« von Frauen zeigt nun, dass sie häufig in der Phase der Familiengründung nach einigen Jahren der Berufstätigkeit aus dem Beruf aussteigen, um nicht mehr oder erst sehr viel später zurückzukehren. Für viele Betriebe ist dies ein Argument dafür, implizit oder explizit eine »Männerquote« einzuführen, **da befähigte Frauen**, in deren Weiterqualifikation man viel investierte, **dem Betrieb verloren gehen** und mit ihnen die getätigten Investitionen.

An diesem Punkte setzen relativ viele Förderungskonzepte in größeren Unternehmen an (z. B. Heftner, 1990; Klinge-Hagenauer, 1990; Schneevoigt, 1990). Sie suchen zu ermöglichen, dass Berufs- und Familienarbeit vereinbar werden, in der Familienphase der Kontakt der Frauen zum Betrieb bewahrt bleibt und die Rückkehr in eine qualifizierte, der Ausbildung und Erfahrung entsprechende Position gewährleistet wird.

(6) Berufstätige Frauen, auch wenn sie Karriere machen, müssen in aller Regel **mehreren Rollen gerecht werden**. Sie sollen den Anforderungen des Betriebes genügen, ihren eigenen Haushalt führen, nicht selten alte Menschen – z. B. Eltern oder Schwiegereltern – pflegen und – falls sie verheiratet sind und Kinder haben – ihre Familie versorgen. Berufstätige Männer werden dagegen meist von derartigen Pflichten durch eine Partnerin befreit. Ein sog. »**neues Rollenverständnis**« (Beck-Gernsheim, 1980) hat daran wenig geändert. Selbst wenn beide Partner voll berufstätig sind oder sich ein Paar im Zuge des Job Sharing eine Position teilt oder gar der männliche Partner die Aufgaben eines »Hausmanns« übernimmt (Strümpel, Prenzel, Scholz & Hoff, 1988; Prenzel & Strümpel, 1990), bleiben wesentliche Bestandteile der **Familienarbeit** »**Frauensache**«. Dies kostet Zeit und Energie, was einer eigenen Karriere im Wege steht. Außerdem wird dadurch die häufig für die Karriere erforderliche Mobilität eingeschränkt.

(7) Innerhalb der derzeitigen gesellschaftlichen Situation haben Frauen in Organisationen einen **Minderheitenstatus** (Kanter, 1977). Nicht selten ist innerhalb der Führungsebene oder innerhalb der Abteilung nur eine Frau neben vielen Männern tätig. Dies führt dazu, dass ihre Aktivitäten viel intensiver – im Positiven wie im Negativen – beachtet werden und sie somit ständig auf dem »**Prüfstand**« steht (Metz-Göckel & Müller, 1986). Es wird für sie außerdem sehr viel schwerer, zur Vorbereitung einer weiteren Karriere Beziehungen aufzubauen und soziale Netze zu stabilisieren. Ihre Fehler haben schließlich ganz andere Auswirkungen als vergleichbare Fehler ihrer männlichen Kollegen (Friedel-Howe, 1990). Wenn sie – aus welchen Gründen auch immer – keinen Erfolg hat, so ist die Aussage nahe liegend: »Wir haben es einmal mit einer Frau versucht; es ist schief gegangen; nie wieder!« Hat dagegen ein Mann in vergleichbarer Stellung keinen Erfolg, so heißt es: »Der Meier hat versagt, ausgesprochen lästig in der derzeitigen Phase! Was tun wir nur, um einen adäquaten Ersatz zu finden? Vielleicht ist der Huber der Richtige!«

Aus all diesen Argumenten – einige weitere ließen sich hinzufügen – lässt sich ableiten, dass Frauen in Organisationen reduzierte Karrierechancen haben und dass selbst diejenigen, die qualifiziert und motiviert für den Aufstieg sind, höhere Barrieren als ihre männlichen Kollegen zu überwinden haben.

Es herrscht ein relativer gesellschaftlicher Konsens darüber, dass dies als eine **Ungerechtigkeit** zu interpretieren ist, die es zu beseitigen gilt. Wie man allerdings dabei vorgehen sollte, hängt stark von eigenen wissenschaftlichen Überzeugungen und gesellschaftspolitischen Positionen ab. Sieht man stärker das empirisch feststellbare Verhalten von Frauen als Funktion gesellschaftlicher Rollenzuweisungen,

Ursache	Gestaltungs-Ziel	Maßnahmen (z.B.)
Stereo-typisierung	Verbesserung/Kontrolle der Wahrnehmungs-Validität	• »Aufklärung« • »Chancenkontrolle« (z.B. bei der Leistungsbeurteilung)
Rollen-konflikt	karriere-»freundliche« Rollenkonflikt-Reduktion	• Normenreflexion • Teilzeit-Modell • Rückkehr-Modell
Ökonomische Vorbehalte	Überprüfung des Realitätsgehalts	• »Realitäts-Test« in Form einer »fairen« Integrations-Strategie
Diskriminierung	Aufbau einer »Gegenmacht«-Position	• Antidiskriminierungsgesetz
Minderheiten-Status	Vergrößerung des Frauenanteils	• Vergrößerung der Frauenquote bei Neueinstellungen
Personale Dispositionen	Verbesserung v.a. der aufstiegsrelevanten Person-Voraussetzungen	• Selbstbehauptungs-Training • Bedarfsorientiertes Führungs-Training

Darstellung 36. Maßnahmen gegen die Benachteiligung von Frauen in Organisationen

dann wird man bemüht sein, die Bedingungen dieses Verhaltens zu verändern oder das bereits bestehende **Verhalten** nachträglich zu **korrigieren**. Die Frauen werden »konkurrenzfähig« gemacht, um in den Organisationen, so wie man sie empirisch vorfindet, erfolgreich gegen die Männer bestehen zu können.

Geht man dagegen davon aus, dass es bestimmte weibliche Verhaltensweisen aufgrund genetischer Prägung oder spezifischer Sozialisationsbedingungen gibt, die einem wertvoll und bewahrenswert erscheinen, dann wird man stärker daran denken, **Organisationen** so **umzugestalten** und zu prägen, dass sie der Eigenheit weiblichen Erlebens und Verhaltens besser gerecht werden (v. Rosenstiel, 1994). In diesem Sinne wären »Merkmale frauenfreundlicher Betriebe« (Michel-Alder, 1990) zu erforschen und konkret zu benennen. Aus der »Männerwelt« (Friedel-Howe, 1990) würde dann ein für die Kooperation zwischen Männern und Frauen offenes soziales System (Michel-Alder, 1990).

Die meisten der derzeit diskutierten Förderungsprogramme gehen allerdings nicht so weit. Sie setzen an gesellschaftlichen, organisationalen und personalen Bedingungen an, ohne die Grundsatzfrage nach der »Männlichkeit« oder »Weiblichkeit« der Organisation zu stellen. Einen Überblick über vieldiskutierte **Maßnahmen zur Erhöhung von Chancen** in Organisationen und den ihnen zugrunde liegenden Ursachen von Benachteiligungen zeigt Darstellung 36 in Anlehnung an Friedel-Howe (1986).

Literaturempfehlung

Bischof-Köhler, D. (2006). Von Natur aus anders. Stuttgart.
In diesem umfangreichen Werk, das die empirische Forschung zu Geschlechtsunterschieden sichtet und interpretiert, wird als Bilanz abgeleitet, das trotz zum Teil unterschiedlicher Sozialisationsbedingungen, ein in bestimmten Bereichen fundamentaler Geschlechtsunterschied zwischen Buben und Mädchen bzw. Frauen und Männern besteht, dass man allerdings daraus nicht ableiten würde, dass Frauen für die berufliche Tätigkeit oder auch für Führungspositionen ungeeignet sind.

Friedel-Howe, H. (Hrsg.) (1990). Frau und Karriere. Themenheft der Zeitschrift für Arbeits- und Organisationspsychologie.
In diesem thematisch zentrierten Heft der führenden deutschsprachigen Zeitschrift der Arbeits- und Organisationspsychologie findet sich nicht nur eine Darstellung des Forschungsstandes durch die Herausgeberin, sondern eine Vielzahl sehr unterschiedlicher Beiträge zum Thema, etwa soziobiologische Ursachen der Unterschiede zwischen den Geschlechtern, Rollenkonflikte von Hausmännern, Frauen im Assessment Center, betriebliche Förderprogramme für Frauen.

Wunderer, R. & Dick, P. (Hrsg.) (1997). Frauen im Management. Neuwied.
Dieser aus einer Expertentagung erwachsene Reader stellt zum einen Grundfragen und Grundlagen dar und erläutert zum anderen am Beispiel von Fallstudien, wie Chancengleichheit in Wirtschaft und Verwaltung gesichert werden kann.

3.2.5.3. Assessment Center

Bei der Auslese von Führungskräften spielen Grundüberlegungen, die dem frühen Stadium der Eigenschaftentheorie der Führung entsprechen, noch immer eine erhebliche Rolle. Nicht selten geht die Zielsetzung dahin, Führungskräfte ohne nähere Spezifikation eignungsdiagnostisch auszulesen; d.h. man fragt nicht danach, wer geführt werden soll, zu welchem Ziel geführt werden soll und in welchem Kontext. Wird dem Fachpsychologen ein derart undifferenzierter Auftrag gegeben, müsste er ihn eigentlich zurückweisen. Geht er dennoch daran, ihn mit Hilfe bestimmter Testverfahren zu lösen, versucht er also, durch Einsatz von Intelligenz- oder Fähigkeitstests, von Persönlichkeitsfragebogen, Interessentests oder projektiven Verfahren eine geeignete »Führungspersönlichkeit« auszulesen, dann verlässt er damit den aktuellen Stand wissenschaftlicher Forschung, die gezeigt hat, dass die Messverfahren nur eine **situationsspezifische Validität** haben (Lattmann, 1987; Schuler & Funke, 1991). Wie bereits bei der Besprechung der Führungseigenschaften (3.2.5.1) gezeigt, gilt diese Aussage nur im Hinblick auf die Auslese für spezifische Positionen; bestimmte Persönlichkeitsmerkmale, die generell zwischen gut und weniger gut Befähigten für Führungspositionen unterscheiden, lassen sich durchaus nennen; darüber ist bereits referiert worden.

Anders zu beurteilen ist das Bemühen, relevante **Persönlichkeitsmerkmale und Verhaltensweisen vor dem Hintergrund der Führungssituation** zu diagnostizieren. Dies erfolgt häufig im Rahmen der sog. »**Assessment Center**«. Assessment Center versuchen, die künftige **Führungssituation zu simulieren**: Die Bewerber bearbeiten Aufgaben, die den künftigen Führungsaufgaben ähneln. Die dabei gezeigten Verhaltensweisen und Leistungsergebnisse werden von Experten beobachtet und bewertet.

Welche Verfahrensweisen dabei zur Erfassung welcher Kriterien eingesetzt werden können, verdeutlicht die Praxis großer Personalberatungen. So werden z. B. in einem häufig eingesetzten umfangreichen AC die Kandidaten 12 Verfahren unterzogen und nach 18 Kriterien (Merkamalen) beurteilt. Dabei wurden einige dieser Kriterien von bis zu 7 Verfahren erfasst (z. B. »Überzeugungskraft« oder »Analysevermögen«); manche Verfahren wurden zur Einschätzung von bis zu 7 Merkmalen verwendet (z. B. der »Postkorb« oder ein »Unternehmensplanspiel«). Hier wird also Redundanz erkennbar und damit die Möglichkeit zur Verschlankung im Sinne der Verfahrensökonomie sichtbar.

Die verschiedenen Einzelskalierungen bzw. die Ergebnisse der verschiedenen Übungen und Arbeitsproben werden dann zu einem Gesamtwert zusammengefasst, mit dem Ziel, einen globalen »Führungserfolg« – zumindest für spezifische Anforderungssituationen – zu prognostizieren.

Für ein Assessment Center ist kennzeichnend, dass

- **mehrere Kandidaten**,
- **mehrere Tage** lang,
- mit **mehreren Verfahren** untersucht und
- von **mehreren Beurteilern** hinsichtlich ihrer Eignung für
- bestimmte Führungspositionen **nach mehreren Kriterien** beurteilt werden (vgl. Neuberger, 1977).

Die ganze Prozedur dauert in der Regel 1–2, gelegentlich sogar 3–4 Tage. Was in diesen Tagen von den Kandidaten verlangt wird, beschreibt exemplarisch Schuler (2003):

- zweistündiges Interview,
- dreistündiger Inbasket-Test (ein »Postkorb« mit führungsrelevanter Post wird bearbeitet),
- Fabrikationsaufgabe (ein produzierendes Unternehmen wird simuliert),
- führerlose Gruppendiskussion,
- projektive Verfahren (z. B. Satzergänzungstest und thematische Apperzeptionstests),
- verschiedene Tests und Fragebögen (u. a. zur Messung der Intelligenz, des Kenntnisstandes, der Intraversion bzw. Extraversion, der Einstellungen),
- biographischer Fragebogen,
- Lebenslauf und
- Selbstbeschreibung mit Hilfe geeigneter Skalen.

Nach dieser Prozedur skalieren unterschiedliche Experten Verhalten und Verhaltensergebnisse auf bis zu 25 verschiedenen Beurteilungsskalen, wobei sich deren Zahl durch eine Faktorenanalyse reduzieren lässt.

Beachtenswert ist die generell gute Erfolgsprognose (Schuler, 1989; Kleinmann, 1997). Hier sind vor allem jene Studien wichtig, die in einigen amerikanischen Firmen (z. B. Bell oder AT&T) durchgeführt wurden und bei denen das Eignungsurteil

Prädiktor		Kriterium			
		nach 8 Jahren		nach 16 Jahren	
Einschätzung der Beurteiler: Erreicht der Kandidat das Mittlere Management innerhalb von 10 Jahren?	N	mit College	ohne College	mit College	ohne College
Ja	103	64%	40%	89%	63%
nein oder fraglich	166	32%	9%	66%	18%
Validitätskoeffizient		0.46	0.46	0.33	0.40

Tabelle 9. Trefferquoten und Validitätskoeffizienten für die Prognose der Karriere bei AT&T

innerhalb des Assessment Center nicht für die personelle Entscheidung verwandt wurde. Dadurch ergab sich die Möglichkeit, Jahre später zu prüfen, was – unabhängig vom Ergebnis im Assessment Center – von den damaligen Bewerbern geleistet wurde, d. h. welchen Erfolg sie im Unternehmen hatten. Derartige Untersuchungsansätze ermöglichten es ja auch dem im Assessment Center Schwachen, sich in der Praxis zu bewähren. Sie belegen, dass bei Bewerbern mit und ohne College-Ausbildung der Aufstieg ins mittlere Management – über 8 oder gar 16 Jahre gerechnet – aus den Ergebnissen im Assessment Center mit prognostischen Validitätskoeffizienten um 0.40 vorhergesagt werden kann (vgl. Tabelle 9).

Allerdings muss es für die Verfechter des Assessment Center beunruhigend erscheinen, dass neuere Metaanalysen (Hardison & Sackett, 2007) zum Ergebnis kommen, dass die prognostische Validität des Assessment Centers deutlich auf einen Wert von $r = 0.26$ gesunken ist. Man darf annehmen, dass dies unterschiedliche Gründe hat. Zum einen werden mit der Kommerzialisierung des Assessment Centers wirtschaftliche Zwänge der Personalberater oder Personalabteilungen in den Unternehmen deutlich: man entwickelt nicht für jede Anforderungssituation spezifische, die Situation simulierende Verfahren, sondern setzt ohne Rücksicht auf die spezifische Anforderungssituation standardisierte Übungen – z. B. stets den gleichen »Postkorb« – ein. So zeigten etwa Krause, Gebert & Thornton (2007), dass viele in der Praxis durchgeführte Verfahren methodisch höchst unterschiedlich und unzureichend sind. So werden etwa die zu Beurteilenden an einer großen Zahl von Kriterien gemessen, obwohl nur wenige Verfahren zum Einsatz kommen. Ein weiterer Grund für die sinkende Validität des Verfahrens mag daran liegen, dass Kandidaten zunehmend über das informiert sind, was dabei auf sie zukommt. So ist es ja bekannt, dass sich nicht selten arbeitslose Organisationspsychologen damit ihren Unterhalt sichern, dass sie potenzielle Bewerber auf zu erwartende Assessment Center vorbereiten.

Aufgrund der Möglichkeiten, die die statistischen Feinheiten der modernen Meta-Analysen bieten, die u. a. die Ergebnisse der einzelnen Studien besser ausschöpfen, Fehlerkorrekturen vornehmen und Stichprobenfehler berücksichtigen können, ist es heute nicht mehr erforderlich, verschiedene derartige Einzelstudien unverbunden darzustellen. Es ist möglich, generalisierend etwas über die **prognostische Validität** des Assessment Centers zu sagen. In eine besonders sorgfältige und umfangreiche Analyse von Thornton, Gaugler, Rosenthal und Bentson (1987) gingen 50 Einzelstudien mit über 100 verschiedenen Validitätskoeffizienten ein. Dabei zeigte sich eine mittlere prognostische Validität des Assessment Centers von .37 bei aufwändig und spezifisch konstruierten Verfahren. Die Streuung ist weit; die einzelnen Werte reichen von –.25 bis +.78. Allerdings – dies wurde soeben angesprochen – zeigen aktuelle Metaanalysen (Hardison & Sackett, 2007) geringere Validitätskoeffizienten.

Die am Außenkriterium des Aufstiegs ermittelte prognostische Validität des Assessment Centers ist also nicht sonderlich hoch, aber als durchaus akzeptabel einzustufen. Dies ist darum besonders überraschend, weil es um die **Konstruktvalidität** dieses Verfahrens nicht gut bestellt ist (Kleinmann, 1997). Etwas vereinfacht lässt sich sagen, dass mit Hilfe des Assessment Centers künftige Karrieren zwar vorhergesagt werden können, aber man bislang nicht weiß, auf welcher Basis dies geschieht.

Ein besonders »wunder Punkt« soll als Beispiel knapp skizziert werden. Beim Assessment Center geht es ja darum, eine Vielfalt von Verhaltensbesonderheiten der Person mit mehreren Verfahren zu diagnostizieren. Stellt man also ein sog. »**Multitrait-Multimethod-Matrix**« auf, so müsste man erwarten, dass Organisationsfähigkeit oder aber soziale Kompetenz mit mehreren geeignet erscheinenden Verfahren in gleicher Weise diagnostiziert werden können. Die gleichen »traits«, gemessen mit unterschiedlichen Methoden, müssten also miteinander korrelieren. Genau dies aber ist nicht der Fall, sondern ganz im Gegenteil korrelieren die verschiedenen »traits«, gemessen mit einer Methode, hoch miteinander, wie Tabelle 10 zeigt.

Pointiert darf man also als Ergebnis einschlägiger Forschung festhalten, dass im Assessment Center ein Bewerber bei der führerlosen Gruppendiskussion, beim Postkorb oder bei der Organisationsaufgabe gut bzw. schlecht war, nicht aber in den merkmalsspezifischen Verhaltensweisen, wie z. B. analytisches Denken oder sich prägnant auszudrücken.

Aber auch auf ganz anderen Ebenen lässt sich das Assessment Center grundsätzlich kritisieren:

Neuberger (1989) verweist in einem polemischen Beitrag darauf, dass die prognostische Validität keineswegs das einzige relevante Kriterium ist, an denen Assessment Center in ihrer Bedeutung für die Organisation bewertet werden können. Mit Hinweis auf den mittelalterlichen **Hexenwahn** und die gesellschaftliche Funktion, die Hexenprozessen zukam, argumentiert der Autor, dass das Assessment Center in einer wenig durchschaubaren Situation **Rationalität symbolisiere**, Führung legitimiere und Herrschaft stabilisiere. »Insofern ist das AC ein Ritual ..., damit wird beschworen, was verloren ist: Rationalität, Objektivität, Steuerbarkeit, Vorausschau usw. Es bleibt aber unangetastet, was das zentrale Problem in komplexen Systemen ist: die Zentralisierung und Hierarchisierung.« (Neuberger, 1989, S. 39).

Auch wenn man dieser Argumentation Neubergers nur z. T. folgen kann, macht sie doch eindrucksvoll deutlich, dass neben den offensichtlichen, manifesten Vor- und Nachteilen auch latente, kaum reflektierte, mitbedacht werden sollten.

Worin sind **Vorteile** zu sehen (vgl. auch Lattmann, 1989)?

3.2. Personalauswahl

	Postkorb 1	2	3	4	5	6	Rollenspiel 1	2	3	4	5	6
Postkorb												
1. Mündl. Kommunikation												
2. Sensitivität	55											
3. Planung/Organisation	60	43										
4. Managementkontrolle	48	43	46									
5. Informationssammlung	39	44	45	59								
6. Entscheidungsfähigkeit	62	56	53	70	61							
Rollenspiel												
1. Mündl. Kommunikation	**20**											
2. Sensitivität	19	**25**					42					
3. Planung/Organisation	17	20	**29**				71	50				
4. Managementkontrolle	15	12	20	**27**			60	52	50			
5. Informationssammlung	22	11	22	26	**26**		51	61	47	39		
6. Entscheidungsfähigkeit	23	10	23	20	19	**26**	49	41	53	70	40	

Quelle: RUSSELL, C.J. (1987). Person characteristic versus role congruency explanations for assessment center rations. Academy of Management Journal, Vol. 30, No. 4, S. 822

Tabelle 10. Konvergente und diskriminante Validität eines Assessment Centers (55 = τ = 0.55))

- Die Einführung des Assessment Centers ist in jedem Unternehmen ein Politikum, was zur Folge hat, dass sich die höheren Führungsebenen – gelegentlich sogar erstmals – intensiv **mit Fragen der Führung auseinandersetzen**.
- Es wird ein **Leitbild künftiger Führung** entwickelt; d.h. es wird – wiederum häufig erstmals – danach gefragt, welche Art von Führung man im Unternehmen haben will und welche nicht.
- Es sollen »heute« Führungskräfte für die Aufgaben von »morgen« ausgewählt werden, was zur Folge hat, dass im Unternehmen – wiederum bisweilen zum ersten Mal – eine **Strategie reflektiert** wird, wo man denn »morgen« stehen will.
- Bei der Entwicklung des Assessment Centers werden **Führungssituationen** bewusst, für die in verhaltensnaher Art und Weise Übungen und Bewertungskriterien festgelegt werden müssen. Dadurch wird Führung situationsspezifisch operationalisiert.
- Die Assessoren (Beurteiler) – meist höhere Linienvorgesetzte – werden für das Assessment Center geschult und diskutieren sodann mit gleichgestellten Kollegen über die Kandidaten, was indirekt ein erheblicher Beitrag zur **Führungsschulung** höherer Linienvorgesetzter ist.
- Das Bekanntwerden der Kriterien, die beim Assessment Center zur Anwendung gelangen, stellt für die Führungskräfte des Unternehmens ein **Orientierungsraster** dar, an dem sie ihr eigenes Führungsverhalten ausrichten können.

- Assessment Center sind innerhalb des Unternehmens nicht nur für die Personalauswahl, sondern auch für Zwecke der Schulung, der Potenzialerfassung und als **Grundlage für Personalentwicklungsmaßnahmen** verwendbar.

Diesen manifesten oder latenten Vorteilen steht nun eine Reihe von **Nachteilen** und Problemen gegenüber (Neubauer, 1980; Maukisch, 1986, 1989; Neuberger, 1987, 1989, 1992; Gebert & v. Rosenstiel, 2002; Krause, Gebert & Thornton, 2007). Einige seien beispielhaft genannt:

- Entwicklung und Nutzung des Assessment Centers sind sehr **zeitaufwändig**.
- Die für das Assessment Center angegebenen Kriterien der prognostischen Validität führen zu einer zu positiven Beurteilung, da hier – etwa im Vergleich mit Tests – ein ganzes **eignungsdiagnostisches System** mit Einzelverfahren verglichen wird.
- Das Assessment Center als sichtbares Artefakt im Unternehmen täuscht Rationalität der Entscheidungen vor, stabilisiert und legitimiert Hierarchie, betont die interindividuelle Konkurrenz und **begünstigt ein exhibitionistisches »Impression Management«** (Neuberger, 1987, 1989, 2002).
- Kriterium für den Erfolg ist meist der **Aufstieg** in der Organisation. Es ist gänzlich offen, ob derjenige, der aufsteigt, auch tatsächlich die bessere Führungskraft ist, wenn man zur Bewertung andere relevante Kriterien heranzieht (Luthans, Hodgetts & Rosenkrantz, 1988).
- Die Urteile über die Bewerber stammen meist von den in der aufnehmenden Organisation tätigen Vorgesetzten. Man darf annehmen, dass diese solche »**Erfolgstypen**« in ihren Urteilen bevorzugen, die auch sonst innerhalb der Organisation präferiert werden, z. B. »Vielredner mit eindrucksvollem Auftreten und Durchsetzungsvermögen« (Neubauer, 1980).
- Es sollen Bewerber für die **Anforderungen von morgen** ausgewählt werden. Sie werden jedoch von Assessoren ausgesucht, die heute Vorgesetzte sind. Es fragt sich, ob diese wirklich abschätzen können, was morgen von einem Vorgesetzten verlangt werden wird.
- Da Vorgesetzte von heute die Führungskräfte von morgen auswählen, besteht die Gefahr, dass sie sich selbst zum Kriterium nehmen und somit die bestehende **Unternehmenskultur beständig reproduzieren**, wodurch das Assessment Center zum reaktionären, die Organisation verfestigenden Instrument würde.
- Durch das Assessment Center wird oft Information **redundant** statt differenziert und spezifisch erhoben, so dass erhebliche Zeit- und Aufwandsersparnisse ohne Informationsverlust oder relevantere Information bei gleichem Aufwand möglich wären (Maukisch, 1989).
- Assessment Center werden **organisationsspezifisch** entwickelt und dann auf die jeweilige Organisation beschränkt. Damit ist eine relativ hohe Homogenität der situativen Bedingungen gegeben, was wiederum heißt, dass Unterschiede zwischen den verschiedenen Bewerbern besonders bedeutsam werden. Eine Überschätzung der Validitätskoeffizienten ist die Folge. Andererseits bedeutet dies aber auch, dass positive Prognosen an Wert verlieren, wenn ein Stellen-

wechsel vorgenommen wird: Die positive Prognose gilt nicht für andere Organisationen, ja häufig nicht einmal für andere Abteilungen in der gleichen Organisation oder bei einem Wandel der Anforderungen.
- Die Prognosen stammen von Kennern der aufnehmenden Organisation, die mit der Beförderungspraxis des Unternehmens vertraut sind und wissen, worauf es ankommt. Sie achten möglicherweise nicht auf die beobachtbaren Fähigkeiten und Fertigkeiten des Bewerbers, sondern auf die Merkmale, von denen sie annehmen, dass sie innerhalb der Personalentscheidungen besonders berücksichtigt werden und die im Unternehmen das **Bild von der »guten Führungskraft«** – die faktisch meist als »guter Mann« interpretiert wird – überprägnant bestimmen.
- Beim Assessment Center kann es zu **»überspezifischen Filtereffekten«** kommen, z. B. dann, wenn sich jemand weder bei einer Gruppendiskussion noch bei einem knapp vorbereiteten Vortrag klar ausdrücken kann. Er wird abgelehnt, obwohl im Rahmen seiner künftigen Aufgabe verbale Kompetenz möglicherweise eine untergeordnete Rolle gespielt hätte.
- Ablehnende Bescheide können – wenn hier nicht sehr einfühlsam informiert wird – den Bewerber **schädigen und verunsichern**. Dies gilt allerdings generell für eignungsdiagnostische Urteile.

Die soeben genannten Schwächen bzw. Nachteile sind mehrheitlich allerdings nicht spezifisch für das Assessment Center, sondern gelten meist für eignungsdiagnostische Verfahren generell. Sie zu diagnostizieren heißt zugleich die Forschung dazu anzuregen, diese Schwächen durch geeignete Verfahrensverbesserungen zu mildern. Bedenkt man allerdings, dass der Aufwand für ein Assessment Center, was Zeit und Kosten betrifft, sehr hoch ist und die prognostische Validität vielfach nicht besser als beim sehr viel ökonomischer durchzuführenden multimodalen Interview oder beim biographischen Inventar liegt, so kann kaum überraschen, dass in jüngerer Zeit viele Unternehmen **Abschied vom Assessment Center** nehmen.

Literaturempfehlung

Kleinmann, M. (1997). Assessment Center. Göttingen.
In diesem, den Forschungsstand zum Assessment Center aufzeigenden Buch, das eigene Analysen des Autors enthält, wird gut dokumentiert sichtbar, welche Stärken und welche Schwächen mit diesem Verfahren verbunden sind.
Lattmann, C. (Hrsg.) (1989). Das Assessment Center Verfahren der Eignungsbeurteilung. Heidelberg.
In diesem Reader findet man die Theorie und die Praxis des Assessment Centers repräsentiert, wobei insbesondere die Vielzahl der Praxisbeispiele aus Unternehmen vieler Branchen und Länder sowie die äußerst kritischen Grundsatzarbeiten – spezifisch von Neubauer, Maukisch und Neuberger – beeindrucken.
Maukisch, H. (1986). Erfolgskontrollen von Assessment Center Systemen. In: Zeitschrift für Arbeits- und Organisationspsychologie, 2, S. 86–91.
Schwächen der Assessment Center Technik werden in diesem kritischen Beitrag systematisch und komprimiert analysiert.

Schuler, H. (Hrsg.) (2007). Assessment Center zur Potenzialanalyse. Göttingen.
In diesem Sammelband findet man aktuelle Beiträge aus der Wissenschaft und der Praxis, die über Entwicklungen der Assessment Center Technik informieren und auch kritisch die Möglichkeiten und Grenzen dieser Vorgehensweise diskutieren.

3.3. Die systematische Personalbeurteilung

Bislang wurden Vorgehensweisen dargestellt, bei denen (zumindest) unter Mithilfe des Organisationspsychologen Urteile über den einzelnen gefällt und Konsequenzen daraus abgeleitet werden. Tatsächlich aber sind nun in Organisationen sehr häufig Urteile über andere Menschen erforderlich, ohne dass dabei der Organisationspsychologe mitwirkt. Immer dann, wenn ein Mensch in einer Organisation auf einen anderen reagiert oder aber Entscheidungen über diesen fällt, wird er auf **implizite oder explizite Urteile** zurückgreifen. Es ergibt sich dabei aus der hierarchischen Struktur der Organisation, dass Urteile, die von den Inhabern hierarchisch höherer Positionen über solche auf niedrigeren Positionen getroffen werden, für die Beurteilten relevanter und gewichtiger sind, als dies in der Regel im umgekehrten Fall gelten dürfte.

Der Begriff der **Personalbeurteilung** soll allerdings hier nicht so weit gefasst werden. Vielmehr sei darunter jene **planmäßige und systematische Beurteilung von Mitarbeitern** verstanden, die im Regelfall durch den Vorgesetzten nach vorgegebenen Zeitabständen vorgenommen wird, wobei sich diese Beurteilungen auf Beobachtungen innerhalb der alltäglichen Berufspraxis und nicht auf die Informationen aus psychologischen Untersuchungsverfahren stützen. Derartige Beurteilungen gehen in die Personalakte ein, sind also für den Beurteilten zugänglich und dienen nicht selten als Grundlage eines **Gesprächs zwischen Vorgesetztem und Mitarbeiter**. Sie bilden zugleich auch die **Basis für vielfältige personelle Entscheidungen**.

Eine derartige Beurteilung »von oben nach unten« ist in nahezu allen größeren Betrieben noch immer die Regel. Allerdings werden zunehmend auch andere Vorgehensweisen – zumindest als Ergänzung – implementiert. So etwa die **Aufwärtsbeurteilung**, gelegentlich auch als »Vorgesetztenfeedback« bezeichnet (Bernardin, Dahmos & Redmon, 1993), die **Beurteilung durch Gleichgestellte** – also Kollegen – (Jochum, 1992) sowie die Beurteilung von oben, von unten, von Kollegen und von internen und externen Kunden, was häufig als »**360° Beurteilung**« zu einem geradezu modischen Begriff geworden ist (Neuberger, 2000; Scherm & Sarges, 2002; v. Hornstein & v. Rosenstiel, 2000). Ergänzend werden darüber hinaus auch Verfahren der **Selbstbeurteilung**, also der Erhebung des Selbstbildes neben dem Fremdbild, eingesetzt (Moser, 2004).

Die verbreitete Beurteilung von oben nach unten dient also – wie bereits ausgeführt – häufig zwei Zielen: dem intensiven Gespräch zwischen dem Führenden und den Geführten sowie dem Gewinnen von Informationen für Selektionsentscheidungen.

Allerdings lässt sich in der Praxis häufig beobachten, dass zwischen dem **Kommunikationsziel** – die Beurteilung soll dem Gespräch zwischen dem Vorgesetzten und seinen Mitarbeitern dienen – und dem **Selektionsziel** – der Personalabteilung werden Grundlagen für personelle Entscheidungen bereitgestellt – implizite und explizite Konflikte bestehen.

Wenn der Unterstellte weiß, dass seine, z. T. selbstkritischen Aussagen der eigenen Höhereinstufung im Wege stehen und die Karriereentwicklung behindern können, wird dies ein offenes und vertrauensvolles Gespräch zwischen ihm und seinem Vorgesetzten stark behindern. Man kann daher in nicht wenigen deutschen Unternehmen beobachten, dass bei der Mitarbeiterbeurteilung der **Schwerpunkt entweder auf das Kommunikationsziel oder auf das Selektionsziel gelegt wird**.

Systematische Beurteilungen sind keineswegs in allen Organisationen verbreitet. Allerdings lässt sich die Tendenz zur weiteren Ausbreitung feststellen. Dies gilt sowohl für den Bereich der privaten Wirtschaft als auch – hier möglicherweise noch verstärkt – für die öffentlichen Verwaltungen.

Als eine generelle Tendenz lässt sich feststellen, dass immer mehr Unternehmen den Anspruch aufgeben, von allen Vorgesetzten Beurteilungen ihrer Mitarbeiter zu fordern, die miteinander vergleichbar sind und der zentralen Personalabteilung als Grundlage für ihre Entscheidungen dienen können. Vielmehr wird im Sinne eines Kommunikationsziels in der systematischen Personalbeurteilung ein Hilfsmittel dafür gesehen, dass sich im bestimmten Abstand Vorgesetzte und Mitarbeiter differenziert über die vom Mitarbeiter zu erledigenden Aufgaben, über die **Quantität und Qualität dieser Aufgabenerledigung** und über die **künftigen Entwicklungsperspektiven der Person** unterhalten.

Die Rolle des Psychologen beschränkt sich meist darauf, bei der Entwicklung des Beurteilungsverfahrens mitzuwirken, die Beurteilenden auf den Beurteilungsprozess und das nachfolgende Gespräch vorzubereiten und Hinweise für die weitere Verwertung der Beurteilungsdaten zu geben.

Interessant ist in diesem Zusammenhang eine Studie von Watzka (1995). Analysiert wurde hier die Personalbeurteilung in einem Zweigwerk eines großen Automobilkonzerns, und zwar die Historie des Verfahrens über insgesamt 18 Jahre. Es galt jeweils 8 bis 13 Merkmale aus insgesamt 17 Beurteilungsdimensionen, die als Eigenschaften charakterisiert waren (z. B. Zuverlässigkeit, Einsatzbereitschaft), einzustufen und zwar auf siebenstufigen Skalen, die mit einer Quotenvorgabe verbunden waren. Ergänzend durften freie Beurteilungen vorgenommen werden, die das Verhalten der zu Beurteilenden schildern sollten. Die Skalierungen sollten einem Selektionsziel, die freien Beschreibungen dem Kommunikationsziel dienen. Die Analyse der Beurteilungen war ernüchternd. Die Mitarbeiter wurden im Großen und Ganzen in allen Kriterien gleich eingestuft; einige Mitarbeiter wurden zwar von Periode zu Periode besser eingestuft aber nie zurückgestuft. Die durch die Quotenvorgabe erzwungenen schlechteren Beurteilungen wurden neuen Mitarbeitern vorbehalten. Die freien Eindrucksschilderungen waren so wenig konkret, dass sie kaum als Grundlage von Personalentwicklungsgesprächen dienen konnten. Offensichtlich war es hier nicht gelungen die geplanten Ziele der Gehaltseinstufung, der Verhaltenssteuerung und der Personalentwicklung mit Hilfe eines Beurteilungsverfahrens zu realisieren.

Literaturempfehlung

Markus, B. & Schuler, H. (2006). Leistungsbeurteilung. In: H. Schuler (Hrsg.). Lehrbuch der Personalpsychologie. Göttingen, S. 433–469.
In diesem Beitrag werden – spezifiziert auf die Leistungsbeurteilung – die Grundlagen der systematischen Personalbeurteilung dargestellt, wobei auch auf die Aufwärts- die 360°- und die Selbstbeurteilung eingegangen wird. Ergebnisse der einschlägigen empirischen Forschung werden referiert.

Stehle, W. (1999). Mitarbeiterbeurteilung. In: L. v. Rosenstiel, E. Regnet & M. Domsch (Hrsg.). Führung von Mitarbeitern. Stuttgart, S. 205–214.
In diesem knappen Beitrag wird wissenschaftlich fundiert und fachgerecht bei Berücksichtigung der Anforderungen aus der Praxis in das Thema eingeführt und adäquat über bestehende Probleme informiert.

3.3.1. Personalbeurteilung als soziale Urteilsbildung

Wenn Menschen in einer Organisation Urteile über andere Menschen fällen, so ist damit eine spezifische Form der sog. **sozialen Urteilsbildung** gegeben (vgl. Schuler, 1980). Beurteiler und Beurteilte sind in diesem Zusammenhang nicht frei von Hoffnungen und Befürchtungen.

So können positive Urteile zur Folge haben, dass der Beurteilte aufsteigt und der Arbeitsgruppe verloren geht, negative Urteile können – soweit sie bekannt werden – zur Folge haben, dass der Mitarbeiter verärgert reagiert und Spannungen innerhalb der Arbeitsgruppe die Konsequenz sind. Die starke **Interessenzentriertheit bei Beurteilern und Beurteilten** kann dazu führen, dass der Beurteilte bemüht ist, in kritischen Situationen untypisches und unrepräsentatives Verhalten zu zeigen oder dass der Beurteiler tendenzielle Wahrnehmungsverzerrungen – im Sinne der sozialen Wahrnehmung (vgl. Graumann, 1966) – oder auch Aussagenverzerrungen entwickelt. Da zudem die Beurteilung nicht durch fachpsychologisch vorgebildete Personen und häufig auch nicht mit standardisierten Techniken der Informationsgewinnung erfolgt, ist den unterschiedlichsten Vorurteilen und **Fehlertendenzen** Tür und Tor geöffnet. Dies allerdings ist weniger auf die mangelnde psychologische Vorbildung der meisten Vorgesetzten zurückzuführen – Psychologen urteilen ohne Testinstrumente in der Regel auch nicht besser als andere Personen (vgl. Kaminski, 1959) – sondern auf das Fehlen geeigneter Techniken der Informationssammlung und – was in dem Wort »geeignet« bereits impliziert ist – auf eine mangelnde Beschränkung und Präzisierung der Fragestellung. Ziel der systematischen Personalbeurteilung kann es nicht sein, ein umfassendes Bild vom Menschen, der in der Organisation tätig ist, zu zeichnen.

Ein realistisches Ziel dagegen ist es, vom Vorgesetzten zu fordern, dass er sich – der Unzulänglichkeit seiner Urteilsbildung bewusst – darüber klar wird, **welches Bild von seinem Mitarbeiter** er hat und **dieses in einer sozial verantworteten Weise dem Mitarbeiter zu kommunizieren**. Mag dieses Bild auch unvollständig oder gar fehlerhaft sein, es ist für den Mitarbeiter eine zum Teil existentiell bedeutsame Realität, denn der Vorgesetzte wird seine personellen Entscheidungen diesem

Bilde entsprechend treffen. Ist etwa der Vorgesetzte davon überzeugt, dass der Mitarbeiter kein ausreichendes Potenzial für anspruchsvollere Aufgaben hat, so wird er ihn auch nicht für die Beförderung vorschlagen. Der Mitarbeiter sollte ein Recht darauf haben, darüber informiert zu werden. Ist er selbst überzeugt, dass er durchaus über Entwicklungspotenzial verfügt, so kann er sich innerhalb des Unternehmens oder auf dem externen Arbeitsmarkt bewerben, um bei einem anderen Vorgesetzten, der ihn möglicherweise positiver sieht, seine Chance zu suchen.

Literaturempfehlung

Schuler, H. (1980). Das Bild vom Mitarbeiter. Goch.
In diesem anschaulich geschriebenen und angenehm und stellenweise heiter zu lesenden Buch wird ein Überblick über das Feld der sozialen Urteilsbildung geboten. Es werden auch die Konsequenzen der systematischen Personalbeurteilung in Betrieben aufgezeigt.

3.3.2. Fehlerebenen und Fehlerarten bei der Urteilsbildung

Aus dem soeben Gesagten leitet sich ab, dass es bei der Personalbeurteilung häufig zu Fehlern kommen kann. Derartige **Beurteilungsfehler**, die für den Beurteilten ausgesprochen konsequenzenreich sein können, sind nicht nur dann zu beobachten, wenn komplexe Merkmale der Person zu beurteilen sind, wie etwa die »sozioemotionale Stabilität« oder die »Ambiguitätstoleranz«, sondern auch dann, wenn Verhaltensweisen zu beurteilen sind, die – zumindest auf den ersten Blick – eindeutig erscheinen.

Wenn hier allerdings davon gesprochen wird, dass falsche Urteile häufig sind, so stellt sich augenblicklich die Frage nach dem Kriterium. Dieses ist in vielen Fällen nicht treffsicherer als das Urteil des Vorgesetzten selbst, wenn man von bestimmten Leistungskriterien einmal absieht. Als Grad der »Richtigkeit« wird häufig lediglich die interindividuelle Urteilskonkordanz angesehen (vgl. Schuler, 1978). Meta-Analysen zur Interkorrelation der Urteile verschiedener Beurteiler über die gleiche Person erbringen Werte von $r = 0.36$ (Dickinson, Hassett & Tannenbaum, 1986; Convey & Huffcut 1997). Selbstbeurteilungen korrelieren mit dem Vorgesetztenurteil mit $r = 0.31$, Selbst- mit Unterstelltenbeurteilungen mit $r = 0.41$ und Vorgesetzten- mit Unterstelltenbeurteilungen mit $r = 0.22$ (Schmitt & Noe, 1982). Dies sind enttäuschend niedrige Werte. Doch selbst dann, wenn sie höher ausfielen, wären sie **kein Beleg für die Validität der Urteile**. Übereinstimmende Urteile können auch z. B. auf **gleiche Vorurteilsstrukturen** der beurteilenden Personen zurückgeführt werden.

Die intraindividuelle Urteilskonkordanz bezieht sich dagegen in der Regel auf den Grad der Übereinstimmung mehrerer Urteile einer Person über eine andere, was impliziert, dass zu verschiedenen Zeitpunkten und gelegentlich auch mit verschiedenen Methoden geurteilt wird. Die hohen Werte, die für diesen Bereich meistens in der Literatur berichtet werden (Thornton et al., 1987; Bernardin & Beatty,

1984), müssen keineswegs anzeigen, dass der Beurteiler zu verschiedenen Zeitpunkten oder gar unter Nutzung verschiedener Methoden die gleiche Beobachtung gemacht hat, sondern sie können – im ungünstigen Fall – einfach ein Hinweis dafür sein, dass der Beurteiler seine Vorurteile über den Beurteilten beibehalten hat. Geht man – etwa im Sinne von Heiss (1968) – vom Konzept der »**Person als Prozess**« aus, so spricht niedrige intraindividuelle Urteilskonkordanz nicht notwendigerweise für eine geringe Richtigkeit der Urteile, sondern kann ein durchaus zutreffender Hinweis dafür sein, dass die beurteilte Person sich in der Zeit gewandelt hat.

Die interindividuelle Urteilskonkordanz, über deren Höhe am Beispiel exemplarischer Analysen berichtet wurde, bezeichnet demgegenüber den Grad der Übereinstimmung der Urteile mehrerer Personen über die gleiche Person. Falls diese Urteile zu annähernd gleichen Zeitpunkten abgegeben werden, entspricht das Konzept demjenigen der Objektivität innerhalb der klassischen Testtheorie. In jenen Fällen, in denen keine standardisierten Beurteilungsverfahren verwendet werden, ist der Grad der interindividuellen Urteilskonkordanz gar nicht prüfbar, weil möglicherweise der eine Beurteiler auf dieses, der andere auf jenes Verhalten achtet und sie ihre Urteile sehr individuell formulieren. Die Urteile werden somit unvergleichbar.

Falls auf **standardisierte Verfahren** zurückgegriffen wird, ist die **gemeinsame Varianz** der Beurteiler – unter der Voraussetzung, dass sie unabhängig voneinander urteilen – nach den Berichten in der Literatur **fast stets kleiner als 50 Prozent**. Und selbst dieser niedrige Wert ist keineswegs Beweis dafür, dass die Urteile der voneinander unabhängig Urteilenden zumindest im bescheidenen Umfang richtige Anteile enthalten. Er kann, wie soeben angedeutet, ebenfalls ein Zeichen dafür sein, dass die Urteilenden – etwa deshalb, weil sie aus dem gleichen Kulturkreis stammen – zu gleichen Vorurteilen neigen. Im Extremfall kann die konkordante Beurteilung über die Intelligenz auf die Wahrnehmung der Stirnhöhe, die konkordante Beurteilung der Ehrlichkeit auf die Wahrnehmung der Augenfarbe des zu Beurteilenden etc. zurückgeführt werden.

Was bei der Untersuchung der Konkordanz erfasst wird, ist also im testtheoretischen Sinn nicht die Validität, sondern lediglich die Reliabilität. Stärkere Hinweise auf die Validität der systematischen Personalbeurteilung sind dann zu gewinnen, wenn **Indikatoren der Leistung bestehen, die unabhängig von der Beurteilung gewonnen werden**. Der Beurteiler darf dann nicht derjenige sein, der auch die Leistung misst; er darf auch bei der Beurteilung nicht um die Leistungsindikatoren wissen. Dort, wo die systematische Personenbeurteilung in stärkerem Maße angewandt wird, vor allem im Bereich dispositiver Tätigkeiten, ist eine objektive Ermittlung der Leistung jedoch schwer möglich, wenn nicht gar unmöglich, so dass es letztlich wiederum Beurteilungen von Personen sind, die als Leistungskriterium dienen. Die Nähe der Validitätsprüfung zur interindividuellen Urteilskonkordanz ist somit häufig erheblich.

Etwas anders sieht es dagegen aus, wenn als Kriterium der **künftige Berufserfolg** verwendet, also die prognostische Validität überprüft wird. Probleme dieser Art der Validitätsprüfung liegen allerdings darin, dass die Anforderungen zum Zeitpunkt der Beurteilung und die zeitlich später liegenden Anforderungen zum Zeit-

3.3. Personalbeurteilung

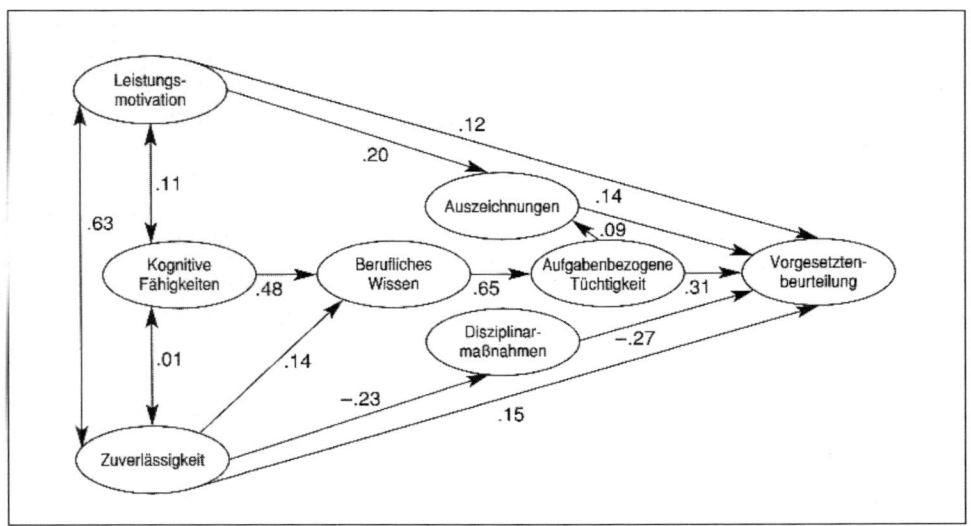

Darstellung 37. Pfadmodell der Determinanten von Leistungsbeurteilungen nach Borman, White, Pulakos und Oppler

punkt der Bewährung wegen der veränderten Organisations- und Aufgabenstruktur häufig ganz unvergleichbar sind. Als ein weiteres Problem muss gesehen werden, dass in der Praxis in sehr vielen Fällen der als Kriterium verwendete Berufserfolg von den Beurteilungen nicht unabhängig ist, ja auch gar nicht unabhängig sein soll: Es ist ja gerade eines der Ziele systematischer Personalbeurteilung, rationale Grundlagen für die Aufstiegsentscheidungen zu liefern.

Sucht man trotz dieser Bedenken nach empirischen Hinweisen für die Höhe der prädikativen Validität von Leistungsbeurteilungen, so stößt man in entsprechenden Meta-Analysen (Hunter & Hunter, 1984; Schmitt, Goding, Noe & Kirsch, 1984) auf Koeffizienten zwischen 0.40 und 0.50. Bei den in der Praxis verbreiteten Vorgehensweisen dürften jedoch diese Werte kaum erreicht werden (Neuberger, 1979; Watzka, 1995).

Ausgesprochen aufschlussreich ist es zu analysieren, wie letztlich eine Vorgesetztenbeurteilung zustande kommt, d.h. von welchen unabhängig gemessenen Merkmalen der Person sie abhängt. Borman, White, Pulakos & Oppler (1991) haben eine derartige Analyse für die amerikanische Armee an einer großen Zahl von Beurteilern und deren Urteilen und Beurteilungsprozessen vorgenommen und die Ergebnisse in einem Pfadmodell gerechnet, was Darstellung 37 zeigt.

Man erkennt, dass die als Bilanz zu verstehende Vorgesetztenbeurteilung vor allem von der aufgabenbezogenen Tüchtigkeit abhängt, die wiederum durch das berufliche Wissen und dies seinerseits durch die kognitiven Fähigkeiten determiniert ist. Starken Einfluss – allerdings mit negativen Vorzeichen – haben auch durchgeführte Disziplinarmaßnahmen sowie – nun wiederum mit positivem Gewicht – die Zuverlässigkeit, die erhaltenen Auszeichnungen und die Leistungsmotivation, die freilich ihrerseits einen positiven Effekt auf die Auszeichnungen hat.

So sind es letztlich die **Leistungsmotivation** und die **Zuverlässigkeit**, die miteinander hoch korrelieren, sowie die **kognitiven Fähigkeiten**, die mit den soeben genannten Variablen kaum korreliert sind, die das Vorgesetztenurteil determinieren.

Es ist vielfach schwer zu beurteilen, wie richtig oder auch falsch die Urteile sind, die im Rahmen der systematischen Personalbeurteilung fallen. Sicher ist dagegen festzustellen, dass sie mit den Urteilen anderer Personen oder auch anderen Kriterien, die sich auf das gleiche Verhalten beziehen oder zu beziehen vorgeben, nicht gut übereinstimmen. Die Gründe dafür können auf folgende Ursachen zurückgeführt werden (Brandstätter, 1970; Schuler, 1989):

(1) Das **Verhalten** des Beurteilten ändert sich mit den Stimulusbedingungen.
(2) Der **Eindruck** des beurteilten Verhaltens ändert sich mit dem Zustand des Beurteilers.
(3) Die **Aussagen** über das beobachtbare Verhalten verändern sich in Abhängigkeit vom Wortverständnis und mit den vermuteten Konsequenzen.

Dies sei näher erläutert.

(1) Zunächst zur **Ebene des Verhaltens**. Zwei Beurteiler kommen in einer Organisation z. B. deshalb zu gänzlich verschiedenen Urteilen über einen Dritten, weil dieser sich ihnen gegenüber jeweils unterschiedlich verhält: Der Beurteiler als Stimulus löst beim zu Beurteilenden andere Reaktionen aus. Dieser kann etwa beim einen zurückhaltend und verschlossen sein, beim anderen aber aufgeschlossen und kommunikationsfreudig. Aber auch ein Beurteiler kann, je nachdem in welcher Situation, z. B. an welchem Arbeitsplatz, er die Mitarbeiter beurteilt, zu verschiedenen Aussagen kommen, weil das Verhalten des Mitarbeiters sich mit den Anreizbedingungen der Situation verändert. Die Situation kann aber noch weiter gefasst werden und den privaten Bereich mitberühren: Schwierigkeiten in der Ehe, finanzielle Probleme, Ärger mit den Nachbarn können kurz- oder längerfristig das beurteilte Verhalten – z. B. das Leistungsverhalten – stören. Schließlich muss gesehen werden, dass die Verhaltensweisen, die jener Mitarbeiter zeigt, der glaubt beurteilt zu werden, nicht selten durch eine Tendenz zur sozialen Erwünschtheit gesteuert werden. Dies gilt insbesondere für Vorstellungsgespräche; es kann aber – wegen der gegebenen Abhängigkeitsverhältnisse – auch dann gelten, wenn der Beurteilte den Beurteilenden in der Nähe weiß.

Fehler auf der Ebene des Verhaltens dürften zunehmend an Bedeutung gewinnen, da wir zum einen eine Tendenz zur Dienstleistung (Nerdinger, 1994) in der Wirtschaft feststellen können und zum anderen die klassischen hierarchischen Unterstellungsverhältnisse im Sinne der Linienorganisation zugunsten einer Projekt-, Netzwerk- oder Clanorganisation (Friedel-Howe, 1994; Weinert, 2002) zurückgehen. Dadurch geht die sog. »**Beurteilungsnähe**« für viele Vorgesetzte verloren. Sie können einen Mitarbeiter, der den Großteil seiner Zeit außerhalb des Unternehmens beim Kunden verbringt oder der für längere Phasen seiner Arbeitszeit in Projekten tätig ist, **bei der Arbeit kaum beobachten**. So sind es häufig nur indirekte Informationen oder Indikatoren der Arbeitsleistung, auf die der Vorgesetzte seine Beurteilung stützen muss.

(2) Die Fehler können auch auf der **Ebene der Wahrnehmung** – d. h. des Eindrucks – liegen, wobei man ganz besonders im Auge behalten muss, dass im Wahrnehmungsprozess Informationsaufnahme und Informationsbewertung eine untrennbare Einheit eingehen (vgl. Graumann, 1966). Interessen, Wünsche, Befürchtungen, Vorurteile, Vorwissen über den zu Beurteilenden können sich bis in die Informationsaufnahme hinein auswirken (vgl. hierzu den Rosenthal-Effekt, 3.1.1). Wer beispielsweise die **Vorinformation** erhält, ein anderer sei ein freundlich-lässiger Typ, wird vor allem dessen saloppes und unverkrampftes Verhalten wahrnehmen, während derjenige, der die Vorinformation erhalten hat, es handele sich um einen unhöflichen Menschen, entsprechend andere Verhaltensweisen (z. B. die Hand beim Gespräch in der Hosentasche) sehen wird (vgl. Kelley, 1950; Schuler, 1980). Die Täuschung auf der Eindrucksebene liegt aber nicht nur in der **Informationsaufnahme**, sondern auch in der weiteren **Verarbeitung und Bewertung dieser Informationen**. Dies gilt für die Personalbeurteilung im Besonderen, weil ja die Verhaltensbeobachtung nicht in behavioristischem Sinne neutral beschrieben, sondern meist schon interpretativ geäußert wird. Das sei am Beispiel verdeutlicht: Über den zu Beurteilenden wird z. B. nicht gesagt: »X ist im Beobachtungszeitraum viermal zu spät gekommen« (was ja nicht nur an konstanten Merkmalen der Person, sondern auch an der Situation, z. B. an Umbauarbeiten einer Straßenbahnlinie liegen kann), sondern es wird gesagt »X ist nicht sehr pünktlich«. Gründe, durch die eine derartig verzerrende Informationsverarbeitung bedingt sein kann, sind vielfältig, z. B.:

- das Wissen um **Bedingungen**, die dem beobachteten Verhalten vorausgingen,
- das Wissen um die **Folgen**, die das beurteilte Verhalten haben wird,
- der vorauseilende **Ruf des Beurteilten**,
- der erste **Eindruck**, der vom Beurteilten ausgeht,
- das äußere **Erscheinungsbild** des Beurteilten,
- **auffallende Persönlichkeitsmerkmale** des Beurteilten, von denen man annimmt, dass sie mit anderen verbunden sind,
- die (vielleicht nur äußerliche) **Ähnlichkeit mit anderen Personen**, die man im Sinne des Analogieschlusses (»Wir hatten einmal eine weibliche Mitarbeiterin, die ist schwanger geworden; wir nehmen nie wieder eine!«) verarbeitet,
- die **Gruppenzugehörigkeit** des Beurteilten (man denke hier z. B. an ethnische Vorurteile),
- motivationale oder emotionale Zustände im Beurteilenden (z. B. die »rosa Brille« der **Sympathie**).

(3) Wenn Urteile sich in konkreten Äußerungen objektivieren, ist auch auf der **Ebene der Aussage** eine Fehlerquelle zu suchen.

Dies kann zunächst auf der Stufe des Symbolverständnisses geschehen. Viele Beurteilungen machen die **Wahl vorgegebener Worte** oder das Ankreuzen von Wortmarken erforderlich. Tatsächlich aber werden diese Worte von verschiedenen Beurteilern unterschiedlich verstanden. So mag für den einen die Aussage: »Der Beurteilte ist vital« beinhalten, dass er ihn für belastungsfähig und durchsetzungsstark hält; für den anderen kann sie bedeuten, dass er ihn als stark sexuell motiviert und ungesteuert einschätzt. Fehler auf der Stufe des Symbolverständnisses sind dann noch wahrscheinlicher, wenn die Beurteilungen frei abgegeben werden dürfen. So kann gleiches Verhalten von einem Vorgesetzten als »gutmütig«, vom zweiten als »freundlich« und vom dritten als »aufgeschlossen« bezeichnet werden.

Fehler können aber auch auf der Ebene der bewussten Symbolwahl liegen. Trotz gleichen Wort- oder Symbolverständnisses kann der Beurteilende aus **taktischen Gründen** (»Wegloben« des Mitarbeiters; Verärgerung des Mitarbeiters vermeiden; keinen »Übermut« aufkommen lassen etc.) tendenzielle Verzerrungen bei der Wortwahl anstreben. Fehler auf der Ebene der Aussage dürften in dem Ausmaße häufiger werden, in dem Organisationseinheiten als Profitcenter organisiert werden und die volle Kostenverantwortung tragen. Der Vorgesetzte eines solchen Centers wird nur wenig Neigung verspüren, einen besonders qualifizierten Mitarbeiter, seinen »Leistungsträger«, durch sehr gute Beurteilungen für höherwertige Aufgaben außerhalb seines Verantwortungsbereiches zu verlieren (Angst vor »Heldenklau«); dagegen wird er eher die Neigung haben, schwächere, wenig leistungsbereite und leistungsfähige Mitarbeiter durch positive Beurteilungen »wegzuloben« (»Flaschenpost«). Appelle im Gesamtinteresse des Unternehmens zu handeln allein dürften kaum ausreichen, wenn dies nicht durch ein entsprechendes **Anreizsystem** zusätzlich gefördert wird. Als Beispiel eines solchen Anreizsystems kann jenes einer filialisierten Bank genannt werden, in der jeder Filialleiter eine Gutschrift für sein Profitcenter und eine persönliche Prämie erhielt, wenn er einen qualifizierten Mitarbeiter abgab, der in seiner neuen Position nach einem Jahr positiv beurteilt wurde.

Bei der Klassifikation typischer Fehler kann man von der Ebene ausgehen, auf der sie im Beurteilungsprozess entstehen. Die soeben besprochenen Beurteilungsebenen könnten dafür ein Ausgangspunkt sein. Es ist aber auch denkbar, ganz andersartige Klassifikationsansätze zu bevorzugen. So orientiert sich etwa Brandstätter (1970) an **statistischen Begriffen**. Man stelle sich vor, dass die Urteile auf Skalen (z. B. bipolare Skalen zwischen »pünktlich/unpünktlich«; »fleißig/faul«; »freundlich/unfreundlich« etc.) abgegeben werden, dann wird die Unterscheidung zwischen

(1) **Mittelwerts**fehlern,
(2) **Streuungs**fehlern und
(3) **Korrelations**fehlern schlüssig.

(1) **Mittelwertsfehler** sind bei einem Beurteiler dann festzustellen, wenn seine Urteile systematisch vom statistischen Erwartungswert abweichen, wenn er z. B. stets **zu milde** oder stets **zu streng** urteilt. Die psychologischen Gründe derartiger Verzerrungen können höchst unterschiedlich sein und – um auf die soeben besprochenen Ebenen zurückzukommen – auf der Ebene des Verhaltens (der Beurteiler schüchtert seine Mitarbeiter ein, die sich dann entspre-

chend verstört verhalten), auf der Ebene des Eindrucks (der Beurteiler hat, weil er früher in einer vorzüglich qualifizierten Gruppe arbeitete, ein sehr hohes Anspruchsniveau und sieht seine Mitarbeiter vor diesem Hintergrund) oder auch auf der Ebene der Aussage liegen (der Vorgesetzte wählt die Urteile so, dass in keiner Beurteilungskategorie ein Mitarbeiter besser abschneidet als er selbst von seinem Vorgesetzten beurteilt wurde).

(2) **Streuungsfehler** sind dann anzunehmen, wenn die Verteilung der Urteile über verschiedene Personen nicht die Streuung zeigt, die für die Grundgesamtheit zu erwarten wäre, sondern überklein, übergroß, mehrgipfelig etc. ist. Beispielsweise können starke Urteilsunsicherheit oder Unlust an der Beurteilung es mit sich bringen, dass alle Beurteilten mittlere Beurteilungen erhalten. Ein übergroßer Drang zur Differenzierung kann eine Tendenz zu den Extremen – »das sind meine Guten, das sind meine Schlechten« – vermuten lassen.

(3) **Korrelationsfehler** entstehen häufig auf der Grundlage impliziter Persönlichkeitstheorien. Die Benennung des genannten Urteilsfehlers ergibt sich daraus, dass die Urteile über eine Person auf verschiedenen Skalen miteinander in unzutreffender Weise positiv oder negativ korrelieren. Der Beurteiler geht z. B. unzulässigerweise davon aus, dass der Intelligentere auch der Fleißigere sei, dass die schöne Mitarbeiterin dumm sei, dass der Pünktliche auch der Einsatzfreudigere sei etc.

Literaturempfehlung

Nerdinger, F. W. (2001). Formen der Beurteilung in Unternehmen. Weinheim.
  Dieses didaktisch geschickt aufbereitete Bändchen informiert praxisnah, aber wissenschaftlich fundiert, über die wichtigsten Aspekte der Personalbeurteilung.
Schuler, H. (1978). Leistungsbeurteilung in Organisationen. In: A. Mayer (Hrsg.). Organisationspsychologie. Stuttgart, S. 137–169.
  In diesem gut durchgegliederten, sachlogisch geschickt aufbereiteten Artikel werden u. a. wichtige Vorgehensweisen bei der Personalbeurteilung beschrieben, wobei jeweils Beispiele mitgeliefert werden.
Selbach, R. & Pullig, K. K. (Hrsg.) (1991). Handbuch Mitarbeiterbeurteilung. Wiesbaden.
  Dieses umfangreiche Handbuch enthält eine Vielzahl grundlagenorientierter und einige illustrative handlungs- und praxisbezogene Beiträge.

3.3.3. Techniken und Verfahren der Personalbeurteilung

Sollen die Fehlertendenzen möglichst gering gehalten werden, so ist auf eine sorgfältige Konstruktion der **Beurteilungsverfahren** zu achten und zugleich eine **Eingrenzung** der zu beurteilenden Verhaltensweisen vorzunehmen. Es geht in der Personalbeurteilung in Organisationen nicht darum, ein umfassendes Bild der gesamten Persönlichkeit zu zeichnen, sondern in aller Regel ausschließlich darum, die für die Tätigkeit relevanten **Verhaltensweisen vor dem Hintergrund der An-**

forderungen zu sehen und zu kennzeichnen. Letztlich ist somit eine »Leistungsbeurteilung« (Marcus & Schuler, 2006) keine umfassende Charakterisierung der Persönlichkeit. Daher ist – trotz mancherlei Bedenken – an ehesten zu empfehlen, verhaltensbezogene Kriterien bei der Beurteilung zu bevorzugen (z. B. »gibt seinen Mitarbeitern alle erforderlichen Informationen«) und nicht eigenschaftenbezogene (»kreative Intelligenz«) oder ergebnisbezogene (z. B. »Anzahl verkaufter Pkws«). Beim letztgenannten, so objektiv erscheinenden Indikator kann es erhebliche Attributionsprobleme geben (z. B. worauf ist das gute Ergebnis zurückzuführen?) oder zur Begünstigung unerwünschter Verhaltensweisen (z. B. rücksichtsloses Konkurrenzverhalten auch gegenüber Kollegen) kommen (vgl. Schuler, 1989). Wird also ein Beurteilungsverfahren neu entwickelt, so sollte man sorgfältig abwägen, was für bzw. gegen **eigenschaftsbezogene**, **verhaltensbezogene** bzw. **ergebnisbezogene** Verfahrensweisen spricht. Sie alle haben ihre spezifischen Vor- und Nachteile, die es je nach Aufgaben- und Organisationsbesonderheiten zu gewichten gilt. Exemplarische Vor- und Nachteile zeigt in Anlehnung an Schuler Darstellung 38.

Voraussetzung für eine sinnvolle Personalbeurteilung sind in aller Regel sorgfältige Arbeits- und Tätigkeitsanalysen, die sich in Tätigkeitsbeschreibungen niederschlagen sollten. Bei den Beurteilungsverfahren selbst ist es in den meisten Fällen ratsam, die Sprachabhängigkeit zu minimieren, um damit Fehlerursachen auf der Ebene der Aussage zu reduzieren.

- **Freie Beschreibungen** – so informationsreich sie auch manchmal sein mögen – sind in aller Regel **zum Vergleich** zwischen verschiedenen Mitarbeitern **wenig brauchbar**. Da zudem die Sprachgewandtheit und das Sprachverständnis der Beurteiler stark streuen und die freie Beschreibungsmöglichkeit dazu führt, dass ganz verschiedene Verhaltensaspekte des Beurteilten in den Vordergrund gerückt werden, sagt die freie Beschreibung nicht selten mehr über den Beurteiler als über den Beurteilten aus: Der eine schreibt fast stets über das Leistungsverhalten, der andere über das Sozialverhalten. Hat man allerdings im Unternehmen dem Kommunikationsziel bei der Beurteilung klare Priorität eingeräumt, so bieten gerade freie Beurteilungen – evtl. strukturiert durch einen **Gesprächsleitfaden** – gute Chancen für den Vorgesetzten, mit dem Mitarbeiter in ein **offenes und vertrauensvolles Gespräch** zu kommen.
- **Gebundene Beurteilungsverfahren** sind für Vergleichszwecke (Selektionsziel) vorzuziehen und meist überall dort im Vormarsch, wo die Personalbeurteilung auf wissenschaftlicher Grundlage aufgebaut wird. Diese gebundenen Beurteilungsverfahren sind mehrfach vergleichend beschrieben worden (vgl. Brandstätter, 1970; Schuler, 1989, 2006). Sie lassen sich, in Anlehnung an die genannten Autoren, wie folgt klassifizieren:
    - **Kennzeichnungsverfahren**: Hier sind die für die Person zutreffenden Kennzeichnungen anzukreuzen, dagegen nicht nach dem Grad der Intensität zu skalieren. Die Kennzeichnungen können – was z. B. die Anzahl betrifft – frei vorgenommen werden. Es können aber auch Wahlzwänge eingebaut sein, z. B. mit der Instruktion: »Kreuzen Sie bitte diejenigen fünf Merkmale an, die besonders zutreffen, und umkringeln sie diejenigen fünf, die besonders wenig zutreffen«.

3.3. Personalbeurteilung

Vor- und Nachteile eigenschaftsbezogener Beurteilung

Kriterientyp	Beispiele	Einsatzbereiche/ Voraussetzungen	Vorteile	Nachteile
Eigenschaften (Person)	Kontaktfähigkeit, Belastbarkeit	Personelle Entscheidungen mit Prognosecharakter, längerfristige Personalplanung	Hoher Allgemeinheitsgrad globaler Kompetenzen, hohe Generalisierbarkeit	Begriffliche Eindeutigkeit gering, weiter Interpretationsspielraum
	Leistungsbereitschaft	Kenntnis von Merkmals-Erfolgs-Zusammenhängen (bei relativ stabilen Merkmalen)	Flexibilität bei komplexen Anforderungen (z.B. Ersetzen vereinbarter Handlungsweisen durch solche, die den Zielen besser gerecht werden)	Konstruktvalidität gering; nicht eigentlich Leistung erfasst, sondern allenfalls »Potenzial zur Leistung«
		Geringer Bekanntheitsgrad genauer künftiger Anforderungen	Geringer Entwicklungsaufwand	Exzessivität (umfasst mehr als leistungsrelevant ist)
		Voraussage von Trainierbarkeit und Einsatzbreite (aufgrund kognitiver Fähigkeiten)	Vergleiche zwischen Personen auf verschiedenen Arbeitsplätzen möglich	Halo
				Beschönigungstendenz
				Über Merkmalsstabilität/ -veränderbarkeit im Berufskontext wenig bekannt
			Bei untrainierten Beurteilern verhaltensbezogener Beurteilung nicht unterlegen	Bei trainierten Beurteilern verhaltensbezogener Beurteilung bzgl. Reliabilität und Validität unterlegen
				Transparenz und Überprüfbarkeit gering
				Für Feedback wenig geeignet

Darstellung 38. Vor- und Nachteile eigenschaftsbezogener, verhaltensbezogener und ergebnisbezogener Beurteilungen (nach Schuler)

Vor- und Nachteile verhaltensbezogener Beurteilung

Kriterientyp	Beispiele	Einsatzbereiche/ Voraussetzungen	Vorteile	Nachteile
Verhalten (Prozess)	Fördert die Zusammenarbeit im Dienst der Aufgabenbewältigung Führt keine Privatgespräche in Gegenwart von Kunden Gibt seinen Mitarbeitern alle erforderlichen Informationen	Beobachtbares Arbeitsverhalten Arbeitsplätze beschränkter Autonomie Kenntnis von Verhaltens-Erfolgs-Zusammenhängen Eher niedriges Arbeitsplatzniveau Eingeschränkte Vielfalt der Ausführungsmöglichkeiten Einarbeitungszeit, neue Anforderungen Basis von Maßnahmen der Personalentwicklung Basis von Feedback, Hilfestellung, Orientierung, Beratung	Entspricht der Komplexität beruflicher Tätigkeit Entspricht dem, was Beschäftigte tatsächlich tun Weniger mehrdeutig als Personenmaße Deutliche Beziehung zur Anforderungsanalyse herstellbar Informiert über Anforderungen, reduziert Unsicherheit Mittlere Generalisierbarkeit Teilweise der Selbstkontrolle zugänglich Intraindividuelle Varianz bewertbar Trainingsbezug (Transformierbarkeit in Maßnahmen der Personalentwicklung	Oft als Eindringen in Persönlichkeitssphäre erlebt Oft als besonders »subjektiv« erlebt Juristisch anfechtbar Verhaltensebene nur scheinbar eingehalten: Beurteiler rekonstruieren Verhalten gemäß Plausibilität im Lichte globaler Urteilskategorien Häufig nur sprachlich kaschierte Eigenschaftsbeurteilung Halo Beschönigungstendenz Konstruktvalidität gering Relevantes Verhalten oft nicht beobachtbar Engt Verhaltensspielraum ein Ausüben von Verhaltenskontrollen wird u.U. als paternalistisch empfunden Konstruktionsaufwand hoch

Darstellung 38 (Fortsetzung). Vor- und Nachteile eigenschaftsbezogener, verhaltensbezogener und ergebnisbezogener Beurteilungen (nach Schuler)

3.3. Personalbeurteilung

Vor- und Nachteile ergebnisbezogener Beurteilung

Kriterientyp	Beispiele	Einsatzbereiche/ Voraussetzungen	Vorteile	Nachteile
Ergebnisse (Produkte)	Umsatz verkaufter Lebensversicherungen Terminüberschreitungen Anzahl angemeldeter Patente	Sowohl Individuum wie überindividuelle Einheiten Erreichbarkeit der Ziele auf mehreren Wegen Auch nichtbeobachtbares Verhalten Einfache wie komplexe Arbeitsplätze Formulierbarkeit realistischer und operationaler Zielsetzungen Messbarkeit der Leistungsergebnisse Eher in »mechanischen« als in »organischen« Organisationen Äußere Bedingungen konstant oder einkalkulierbar Zurückhaltung gegenüber Person- und Verhaltensbeurteilungen (z.B. bei hohem Arbeitsplatzniveau) Basis von Management by Objectives und Responsibility Centers Basis für Kostenrechnungen	Deutlichste Repäsentation der eigentlichen Leistungsziele Auch für Gruppenleistungen verwendbar Überprüfbarkeit Der Selbstkontrolle zugänglich Getrennte Verwertbarkeit positiver und negativer Kriterien Kalibration variabel (z.B. »Gewinn der Geschäftsstelle« vs. »Anzahl der Reklamationen«) Verhaltensfreiraum Kalkulationsnähe Förderung des Kosten-Nutzen-Denkens bei Mitarbeitern Feedback bei kurzfristigen Zielen Unpersönlichkeit erleichtert Zielsetzungs- und Ergebnisdiskussion Kumulatives Maß (z.B. Publikationen, Patente)	Attributionsproblem (Berücksichtigung außerpersönlicher Bedingungen) Defizienz (relevante Aspekte nur teilweise formulierbar) Vergleiche zwischen Personen auf gleichartige Arbeitsplätze beschränkt Gefahr dysfunktionaler Verhaltenssteuerung (z.B. Verkaufen um jeden Preis) Fehlende Hinweise auf erfolgreiches Verhalten Meist zu große Einheiten, zu spät, zu weit vom Verhalten entfernt Als Basis der Personalentwicklung nicht ausreichend Bei wechselnden Standards unpraktikabel Überbewertung des Zähl- und Messbaren; Gefahr, Objektivität mit Relevanz zu verwechseln Reliabilität häufig überschätzt Zu niedrige (evtl. auch überhöhte) Ziele wirken leistungsmindernd Wirkt fair und wird doch oft als unfair erlebt

Darstellung 38 (Fortsetzung). Vor- und Nachteile eigenschaftsbezogener, verhaltensbezogener und ergebnisbezogener Beurteilungen (nach Schuler)

- **Rangordnungsverfahren**: Hier wird der Beurteiler aufgefordert, die zu Beurteilenden hinsichtlich bestimmter Merkmale (z. B. »Pünktlichkeit«, »leistungsorientierte Führung«, »produktive Intelligenz« etc.) in eine Rangreihe zu bringen. Die Urteilsbildung kann dabei simultan oder sukzessiv erfolgen. Auch die Technik des Paarvergleichs kann eingesetzt werden.
- **Einstufungsverfahren**: Hier wird im Gegensatz zum Kennzeichnungsverfahren die Intensität skaliert, mit der das Merkmal bei der zu beurteilenden Person auffindbar ist. Da Skalenwerte mathematisch besonders gut zu verarbeiten und auch computerfreundlich sind, kommt diesen Verfahren eine besondere Bedeutung zu.

Gerade am Beispiel der Einstufungsverfahren lässt sich zeigen, dass die **Differenzierungskraft** der Beurteiler zwischen verschiedenen Merkmalen nur **gering** ist. Es zeigt sich in empirischen Untersuchungen immer wieder, dass die Vielzahl denkbarer Beurteilungsskalen lediglich zu redundanten Beurteilungen führt. Faktorenanalysen der Urteile beweisen, dass häufig **nur die Beurteilungsdimension »gut – schlecht«** übrig bleibt. In etwas **günstigeren Fällen sind es drei bis vier** und zwar nicht selten:

- »Tüchtigkeit«,
- »Gewissenhaftigkeit«,
- »Freundlichkeit«,
- »Kultiviertheit«

Unsinnig erscheint auch das in der Praxis häufige Vorgehen, eine **Addition** der Ausprägungsgrade verschiedener Merkmale (»Äpfel und Birnen«) vorzunehmen.

Durch die Art der Fragenformulierung innerhalb der Verfahren wird der Beurteiler in unterschiedlich starkem Maße dazu aufgefordert, ganz konkret Verhaltensweisen zu beurteilen. Je stärker dies der Fall ist, desto besser. Soll der Vorgesetzte angeben, wie häufig der Mitarbeiter innovative Vorschläge einbrachte, durch die die Arbeitsorganisation der Gruppe verbessert wurde, so ist er gezwungen, sich an »kritische Ereignisse« (Flanagan, 1954) zu erinnern. Dadurch sinkt die Wahrscheinlichkeit eines Fehlurteils. Lautet dagegen die Aufforderung, es sei die »kreative Intelligenz« zu skalieren, so ist das Zustandekommen des Urteils kaum nachvollziehbar. Den impliziten Persönlichkeitstheorien werden Tür und Tor geöffnet; die Fehlerwahrscheinlichkeit wird größer.

Marcus und Schuler (2006) haben den Versuch unternommen, zehn verschiedene Verfahren der Personalbeurteilung an den Kriterien Reliabilität, Akkuratheit, Praktikabilität, Akzeptabilität, Verhaltenssteuerung sowie Unterstützung administrativer Entscheidungen in einer – freilich zum Teil spekulativen Weise – zu bewerten. Es ergibt sich daraus keine eindeutige Empfehlung für oder gegen eine bestimmte Vorgehensweise, sondern es ist letztlich eine Frage der (Unternehmens-) Politik, ob die Maßnahmen primär der Verhaltenssteuerung dienen soll (dann empfiehlt sich in erster Linie ein Verhaltensrangprofil) oder ob man eine Grundlage für administrative Laufbahnentscheidungen schaffen will; dann empfehlen sich die direkte Rangreihenbildung oder der Paarvergleich etc.

Literaturempfehlung

Schuler, H. (1989). Leistungsbeurteilung. In: E. Roth (Hrsg.). Organisationspsychologie. Göttingen, S. 399–430.
Dieses informationsreiche Sammelreferat bietet einen Einblick in verschiedene Verfahrensentwicklungen. Dabei wird zwischen freier Eindrucksschilderung, Einstufungsverfahren, Kennzeichnungs- und Auswahlverfahren, Rangordnungsverfahren sowie Zielsetzungsverfahren unterschieden.

Schuler, H. (Hrsg.) (2004). Beurteilung und Förderung beruflicher Leistung. Göttingen.
In diesem grundlegend aktualisierten Reader, in dem es spezifisch um die Beurteilung der beruflichen Leistung und nicht um die Beurteilung der Gesamtpersönlichkeit geht, werden theoretische und methodische Grundlagen der Beurteilung dargestellt und viele Beispiele aus der Praxis präsentiert.

3.3.4. Beurteilungskonsequenzen

Die Personalbeurteilung ist ein diagnostischer Prozess, der schon allein dadurch, dass die Beurteilten wissen, dass er stattfindet, eine »therapeutische« Wirkung haben kann: er wirkt **verhaltensmodifizierend**. Fraglich ist allerdings, ob die dadurch bedingte Verhaltensmodifikation im Sinne der Unternehmensziele bzw. im Sinne der Intention des Vorgesetzten erfolgt. Es sei daher gefragt, auf welche Weise die in der systematischen Personalbeurteilung gewonnenen Daten genützt werden können, um gezielt zur Modifikation bzw. Stabilisierung des Verhaltens in der Organisation beitragen zu können. Dabei ist, wie schon betont, grundsätzlich im Auge zu behalten, dass die Beurteilungsdaten in die **Personalakte** kommen und der Mitarbeiter damit das Recht hat, Einblick zu nehmen. Daraus folgt – und das ist auch in den meisten Unternehmungen üblich –, dass der Vorgesetzte mit dem Beurteilten ein Gespräch führt, so dass **Beurteilung und Beurteilungsgespräch hier als Einheit** betrachtet werden können (Fiege, Muck & Schuler, 2006).

Man sollte dabei freilich bedenken, dass derartige Beurteilungsgespräche in den Unternehmen keine allzu hohe Akzeptanz haben. Carroll und Schneyer (1982) fanden, dass das Führen dieser Gespräche zu den besonders **gering geschätzten Führungsaufgaben** zählt. Auch bei den Beurteilten löst die darin nicht selten enthaltene Kritik häufig negative Effekte auf deren Leistung und Zufriedenheit aus (Meyer, Kay & French, 1965); andererseits kann die Rückmeldung über die erreichte Leistung durchaus förderliche Effekte haben, falls es sich dabei um verhaltensbezogene Informationen handelt (Locke, 1986).

Das Führen von Beurteilungsgesprächen sollte **trainiert** werden. Rezepte können dabei kaum gegeben werden, da die jeweiligen Vorgesetzten-Mitarbeiter-Beziehungen, die jeweiligen Aufgaben und die jeweils tradierten Regeln einer Organisation sehr unterschiedlich sind. Dennoch ist zumindest ein Leitfaden empfehlenswert, da bei völlig freier Gesprächsgestaltung wichtige Aspekte schon bei der Vorbereitung des Gesprächs, dann aber auch bei der Durchführung, vergessen werden. Wie zum Beispiel der Aufbau eines derartigen Gespräches aussehen kann, zeigt Darstellung 39 (Selbstverständlich müssten für Personen, die im Team arbeiten oder gar

> 1. Worin besteht die **Aufgabenstellung**?
>   – Worin bestehen die Ziele der Aufgabe?
>   – Wie sollen diese Ziele erreicht werden?
>   – Besteht über Ziele und Wege ein Konsens zwischen Vorgesetztem und Mitarbeiter?
>   – Wird die besprochene Aufgabenstellung von beiden voll akzeptiert?
> 2. Worin liegen die besonderen **Erfolge bzw. Misserfolge** des Mitarbeiters bei der Aufgabenerfüllung?
>   (Bitte möglichst konkret darlegen, welche Ziele erreicht bzw. gar übertroffen und welche verfehlt wurden.)
> 3. Worin sieht der Vorgesetzte die **Gründe** der geschilderten positiven und negativen Ergebnisse? Sieht das der Mitarbeiter ähnlich? Stimmt er zu?
>   3.1 Gründe, die in den äußeren Umständen liegen
>   – Ist die Aufgabenstellung klar?
>   – Ist die Zielvereinbarung eindeutig?
>   – Steht adäquates Arbeitsmaterial zur Verfügung?
>   – Erhält der Mitarbeiter ausreichende Unterstützung und Information – auch durch den Vorgesetzten? u.ä.m.
>   3.2 Gründe, die in der Person des Beurteilten liegen
>   – Leistungsfähigkeit (fachliche Kompetenz, Belastbarkeit, Organisation der eigenen Tätigkeit)
>   – Verfügt der Mitarbeiter über das erforderliche Fachwissen?
>   – Setzt er sein Wissen adäquat ein?
>   – Benötigt er fremde Hilfe zur Erledigung seiner Aufgaben?
>   – Hat er Wissen auch über benachbarte Arbeitsgebiete?
>   – Plant und organisiert er seine Tätigkeit systematisch und umsichtig?
>   – Unterscheidet er Wesentliches vom Unwesentlichen; kann er Prioritäten setzen?
>   – Ist er bei starker Belastung zu konstanten Leistungsergebnissen fähig?
>   – Ist er motiviert und engagiert?
>   – »Beißt er sich durch«, wenn sich innere und äußere Widerstände in den Weg stellen? u.ä.m.
> 4. Wie soll es künftig weitergehen? Wie ist Förderung möglich?
>   – Fachlich
>   – Persönlich

Darstellung 39. Leitfaden für ein Mitarbeitergespräch

Führungsaufgaben haben, ergänzende Kriterien – z. B. in Anlehnung an Jeserich (1981) – eingeführt werden, die sich auf das Sozial- bzw. Führungsverhalten beziehen.).

Bei den Folgen von Beurteilungen und Beurteilungsgesprächen können **latente** und **manifeste** unterschieden werden.

- Eine latente Folge ist dann gegeben, wenn die Beurteilung »offiziell« keine Folgen hat, jedoch zu einem **Herrschafts- bzw. Unterwerfungsritual** wird, das Ausdruck der bestehenden Machtverhältnisse ist und diese stabilisiert. Im Extremfall geht das Inhaltliche des ganzen Vorgangs verloren; die Beurteilung wird zum Ritual (vgl. Neuberger, 1979).

3.3. Personalbeurteilung

- Hinsichtlich der manifesten Funktionen kann an Verschiedenes gedacht werden (vgl. Brandstätter, 1970; Schuler, 1989):
  - **Leistungsverbesserung** durch Verhaltenssteuerung (Feedback für den Beurteilten);
  - Planung, Auswahl und Gestaltung von Maßnahmen der **Personalentwicklung**:
    - ~ Individuell: Maßnahmen zur Erhöhung der individuellen Bewährungswahrscheinlichkeit und Einsatzbreite (u. a. Aufgabenerweiterung, Verhaltenstraining, Fort- und Weiterbildung),
    - ~ Kollektiv: Personalentwicklungsplanung;
  - **personelle Entscheidungen** auf individuellem und kollektivem Niveau:
    - ~ Individuell: Platzierung, Beförderung, Versetzung, Übernahme, Kündigung;
    - ~ Kollektiv: Personalplanung;
  - **Gestaltung von Arbeitsbedingungen** (Arbeitsplatz und Arbeitsumgebung), Ausgangspunkt von Organisationsdiagnose und Organisationsentwicklung;
  - **Gehalts- und Lohnbestimmung**;
  - individuelle **Beratung und Förderung** von Mitarbeitern;
  - Verbesserung der **Führungskompetenz** der Vorgesetzten;
  - **Evaluation** von Selektionskonzepten, personellen Entscheidungen, Maßnahmen der Personalentwicklung, Programmen der Organisationsentwicklung oder der Anreiz- und Verstärkungssysteme;
  - **Artikulation von Anforderungen** an Arbeitstätigkeit und Sozialverhalten (Leistungsbeurteilung als Instrument der betrieblichen Sozialisation, der Motivierung und Verhaltenssteuerung);
  - Hervorheben der **Bedeutung** leistungsorientierter Personalplanung und Personalentwicklung in der Organisation.

Welche der genannten Folgen in einer Organisation realisiert werden sollen, hängt von den unternehmenspolitischen Zielsetzungen ab (vgl. Grunow, 1976; Lattmann, 1975).

Fraglich muss allerdings in vielen Fällen bleiben, ob die Ziele, die explizit angestrebt werden, faktisch auch bei der routinemäßigen Beurteilung erreicht werden können. Neuberger (1978) zeigte beispielsweise in einer Evaluationsstudie, dass ein Personalbeurteilungsinstrument, das von einem Psychologen-Team sorgfältig entwickelt worden war und in Vorversuchen befriedigend »funktionierte«, in der Praxis einige Jahre nach der Einführung weitgehend versagte. Eine ausreichende Differenzierung zwischen den einzelnen Personen war nicht mehr gegeben, obwohl die Beurteiler mit dem Verfahren noch beim Beurteilertraining sehr wohl dazu in der Lage gewesen waren. Dort, wo eine deutliche interindividuelle Differenzierung auftrat, war diese mit der Hierarchie korreliert: Je höher ein Mitarbeiter in der »Pyramide« stand, desto besser wurde er beurteilt. Auch die Differenzierung zwischen Persönlichkeitsmerkmalen, die in Vorversuchen befriedigend gelang, ging in der Praxis zurück. Letztlich ließ sich faktorenanalytisch nur noch ein einziger Faktor mit einem Eigenwert über »1« nachweisen, durch den mehr als zwei Drittel der gesamten Varianz erklärt wurden: Im Urteil der Vorgesetzten unterschieden sich die Mitarbeiter nur noch auf der »Gut-Schlecht-Dimension«.

Versuche, solche Verfahren in einen Dienstleistungs- oder Industriebetrieb einzuführen, bei denen (beispielsweise durch entsprechende Zwangswahlvorschriften) die genannten Effekte weitgehend ausgeschlossen werden können, scheitern meist, weil sie wegen ihrer Kompliziertheit von den Beurteilern abgelehnt werden oder auf **Widerstand** stoßen, weil sie den Beurteilern kein »Taktieren« mehr erlauben.

Der Wert von Personalbeurteilungsmaßnahmen – insbesondere solchen, die das Selektionsziel verfolgen – ist vermutlich selbst dann in der Praxis problematisch, wenn die Verfahren sorgfältig konzipiert wurden. Der gesamte Prozess wird meist nicht so gehandhabt, wie es nach den Erfahrungen in Trainingssituationen wahrscheinlich ist. Weitere eher grundsätzliche dysfunktionale Effekte kommen hinzu, die Neuberger (1979, 1984) zusammengestellt und zu einer vernichtenden **Kritik an Personalbeurteilungsverfahren** komprimiert hat. Neben vielerlei theoretischen und messtechnischen Argumenten wird vom Autor ins Feld geführt, dass durch derartige Verfahren

- die **Beziehung** zwischen Vorgesetzten und Mitarbeitern **belastet** wird;
- eine **Beunruhigung der Mitarbeiter** erfolgt und ihre Motivation dahingehend verschoben wird, dass es ihnen vor allem darum geht, einen guten Eindruck zu machen;
- die Vorgesetzten unter dem Aspekt der Arbeitszeit und dem der zwischenmenschlichen Beziehungen **überlastet** werden;
- **Hierarchieaspekte** überpointiert werden;
- **Zentralisierung** durch Machtanhäufung in der Personalabteilung eintritt;
- die Bereitschaft und die Fähigkeit fehlt, systematisch und zielförderlich **Konsequenzen** aus den Beurteilungen zu ziehen.

Durch angemessene Information und **Schulung** von Beurteilern und zu Beurteilenden, die Entwicklung eines **brauchbaren Instruments** sowie durch **sichtbare positive Konsequenzen** des Vorgehens können diese Argumente relativiert werden. Darüber hinaus gilt es, die Rolle des Vorgesetzten entsprechend neu zu definieren.

Es ist demnach sehr gründlich zu überlegen, unter welchen Aspekten die Person überhaupt beurteilt wird und welche Konsequenzen aus diesen Beurteilungen gezogen werden. Ratsam erscheint sicherlich, das Verhalten des Beurteilten ausschließlich auf die präzis beschriebenen Anforderungen bezogen zu werten und sodann die sich daraus ergebenden notwendigen Verhaltensänderungen gezielt zu fördern und systematisch zu verstärken.

Hinweise aus der empirischen Forschung (Wexley & Yukl, 1977) zeigen, dass in einem »**management by reinforcement**« möglicherweise die derzeit effektivste jedoch eine **ethisch problematische** Beurteilungskonsequenz liegt: nicht im Sinne eines Rituals »Beurteilung und Beurteilungsgespräch« zu bestimmten Zeitpunkten – etwa einmal in jedem Jahr –, sondern durch laufende Beobachtung des Verhaltens der Mitarbeiter durch die Vorgesetzten, wobei die positiven Verhaltenskonsequenzen (z. B. Anerkennung, Delegation interessanter Aufgaben, gehaltliche Verbesserung etc.) kontingent auf das positiv bewertete Verhalten folgen. **Kontingenz** bezeichnet die Gesetzmäßigkeit, mit der positive bzw. negative Konsequenzen auf die Handlung folgen. Obwohl eine derartige Vorgehensweise, wie Wexley und Yukl (1977) berichten, starke verhaltensmodifizierende Wirkung zeigt, was auch glaubhaft erscheint, wenn man ähnliche, ebenfalls auf verstärkungstheoretischer Grundlage aufgebaute Programme der Verhaltenstherapie zum Vergleich heranzieht, fühlt man sich doch fatal an Skinners »Jenseits von Freiheit und Würde« (Skinner, 1973) erinnert. Der einzelne wird »dressiert«, wenn auch zu einem »guten Zweck«, der allerdings nicht einmal selbstbestimmt ist.

Fragt man abschließend, welche Rolle dem Organisationspsychologen im Rahmen der systematischen Personalbeurteilung zukommt, so wird man insbesondere auf drei Felder verweisen:

- **Mitwirkung** bei der Entwicklung eines brauchbaren Beurteilungsverfahrens im zuvor geschilderten Sinne und
- **Training** der Beurteiler, die in entsprechenden Übungen auf die zuvor geschilderten Fehlertendenzen bei der Beurteilung hingewiesen werden, Rückmeldung über ihre eigene Beurteilung und über die Beurteilung anderer erhalten und im Umgang mit dem entwickelten Verfahren bzw. mit relevanten Beurteilungskriterien geschult werden. Durch ein derartiges Training können sich die Beurteilungen verbessern (vgl. Preiser, Gasch & Kugemann, 1973; Liebel, 1978), doch tritt dieser erwünschte Effekt keineswegs regelmäßig nach einem Beurteilertraining auf (Gerpott, 1985). Allerdings macht die Überprüfung derartiger Trainingseffekte erhebliche methodische Schwierigkeiten (Wexley, 1984).
- Zum Training allerdings sollte nicht nur der Umgang mit dem Verfahren gehören, sondern auch das kompetente **Führen der Beurteilungsgespräche**, die in vielen Unternehmen wegen der belastenden Assoziationen des Wortes »Beurteilung« in »**Mitarbeitergespräche**« umbenannt werden. Da vielfach sowohl bei den Vorgesetzten als auch bei den Mitarbeitern das Führen dieser Gespräche eine wenig geschätzte Aufgabe ist, gilt es im besonderen Maße bei den Vorgesetzten die entsprechende Fertigkeit und Motivation zu entwickeln. Es gibt in großer Zahl Belege dafür, dass trotz entsprechender Vorstandbeschlüsse viele Vorgesetzte die geforderten Gespräche nicht oder in einer völlig inadäquaten Weise führen.

Literaturempfehlung

Fliege, R., Muck, P. M. & Schuler, H. (2006). Mitarbeitergespräche. In: H. Schuler (Hrsg.). Lehrbuch der Personalpsychologie. Göttingen, S. 471–522.
In diesem recht umfangreichen Beitrag werden zunächst die kommunikationspsychologischen Grundlagen verschiedener Mitarbeitergespräche, die ganz unterschiedlichen Zielen dienen können, gelegt, und es wird sodann eine Verengung auf das Mitarbeitergespräch als einem Führungsinstrument vorgenommen und schließlich die praktische Bedeutung der Mitarbeitergespräche skizziert, wobei auch auf das Beurteilungsgespräch eingegangen wird.

Gerpott, T. (1985). Training von Beurteilern zur Verbesserung von Leistungsbeurteilungsprozessen in Organisationen. In: Zeitschrift für Arbeits- und Organisationspsychologie, 29, S. 116–127.
Diese Arbeit, die über den Stand des Wissens und über eigene Empirie berichtet, macht deutlich, dass von einem Beurteilertraining nicht immer die erwünschten Effekte erwartet werden dürfen.

Neuberger, O. (1979). Rituelle Selbsttäuschung. Kritik der irrationalen Praxis der Personalbeurteilung. In: Problem und Entscheidung, 23, S. 58–103.
Eine Arbeit, die zusammenstellt, welche erwarteten positiven Konsequenzen herkömmlicher Personalbeurteilung meist ausbleiben und welche negativen Konsequenzen stattdessen häufig aufgefunden werden können.

Selbach, R. & Pullig, K. K. (Hrsg.) (1991). Handbuch Mitarbeiterbeurteilung. Wiesbaden.
In diesem bereits empfohlenen Handbuch finden sich auch zum Thema dieses Abschnitts wichtige Beiträge, u. a. von Gerpott.

3.4. Personalentwicklung

In früheren Kapiteln war bereits darauf hingewiesen worden, dass die **Anpassung der Arbeit an den Menschen** bzw. die **Anpassung des Menschen an die Arbeit** zwei unterschiedliche Wege zu einem ähnlichen Ziel sind: das Funktionieren der Organisation – gemessen am Grad der Zielerreichung – zu gewährleisten und zugleich die Bedürfnisse der Organisationsmitglieder zu berücksichtigen.

Die Anpassung des Menschen an die Aufgabe wird u. a. durch personelle Entscheidungen angestrebt – z. B. auf eignungsdiagnostischer Grundlage. Da nun aus humanen und ökonomischen Gründen **Menschen nicht beliebig austauschbar** sind, trägt dieses Konzept nur begrenzt. Da sowohl die Anforderungen als auch die Menschen sich im Zeitablauf häufig ändern, kann die in der Vergangenheit einmal getroffene Zuordnungsentscheidung zwischen dem Menschen und seiner Aufgabe – selbst wenn sie seinerzeit gestimmt hat – längst überholt sein. Das eignungsdiagnostische Konzept erweist sich somit als zu statisch; es ist durch ein dynamisches zu ersetzen oder doch zumindest zu ergänzen.

Als solch ein dynamisches Konzept kann das der Anpassung des Menschen an die Aufgabe bzw. an die Organisation durch Maßnahmen der **Personalentwicklung** (Becker, 2005; Sonntag, 2006) angesehen werden. Die darin implizierte Verhaltensmodifikation kann sich auf motorische und kognitive Fertigkeiten beziehen, wie es in den traditionellen Formen der Aus- und Weiterbildung meist der Fall ist; sie kann sich aber auch auf das Training emotionaler, motivationaler, volitionaler und sozialer Fertigkeiten oder gar der Kompetenzen richten. Auch in diesem Fall könnte man grundsätzlich von Aus- und Weiterbildungsmaßnahmen sprechen, doch ist hier häufiger von Schulung, Training oder auch von Verhaltensmodifikation (im engeren Sinne) die Rede. Diese Maßnahmen sind als Bestandteile im umfassenden Kontext der »**Personalentwicklung**« zu sehen, die zunehmend auch ein Feld der organisationspsychologischen Forschung und Praxis wird (Conradi, 1983; Neuberger, 1994; Holling & Liepmann, 2004; Sonntag, 2006; Schuler, 2006). Zur

Personalentwicklung zählen aber auch weite Felder des informellen Lernens (Staudt & Kriegesmann, 1999)

So kann z. B. die Übernahme der Leitung eines kleineren Projekts auf begrenzte Zeit durch eine Führungsnachwuchskraft, eine Auslandsentsendung oder auch die Tätigkeit eines Managers, der für einige Monate in eine soziale Einrichtung »ausgeliehen« wird, jeweils mit expliziten Personalentwicklungszielen verbunden sein.

Der **Begriff Personalentwicklung** wird allerdings nicht einheitlich verwendet (Neuberger, 1994). Hier kann und soll es nicht darum gehen, Differenzen zwischen verschiedenen Definitionen im Detail aufzuweisen, sondern es soll knapp gezeigt werden, dass sich in diesen Definitionen zum Teil ein jeweils anderer **Gegenstand** der Personalentwicklung darbietet und auch jeweils andersartige **Ziele** dieser Maßnahmen genannt werden. Auf der einen Seite schreibt Rüter (1988, S. 3), dass Personalentwicklung »die systematisch vorbereitete, durchgeführte und kontrollierte Förderung der Anlagen und Fähigkeiten des Mitarbeiters in Abstimmung mit seinen Erwartungen und Tätigkeiten« sei, während auf der anderen Seite Neuberger (1994, S. 3) definiert: »Personalentwicklung ist die Umformung des unter Verwertungsabsicht zusammengefassten Arbeitsvermögens.«

Man sieht, dass es in der ersten der beiden Definitionen um den **Mitarbeiter als Einzelperson** geht, in der zweiten dagegen um das **Personal als Aggregat**. Diese zweite Sichtweise würde also bedeuten, dass die Entlassung wenig qualifizierter und die Einstellung qualifizierter Mitarbeiter dann als Maßnahme der Personalentwicklung interpretiert werden kann. Dies ist nicht unabhängig von den Zielen. In der ersten der beiden Definitionen werden – wie in den meisten entsprechenden Umschreibungen – sowohl die Ziele bzw. Interessen des Mitarbeiters als auch jene des Unternehmens berücksichtigt, während in der zweiten ausschließlich die des Unternehmens (»Verwertungsabsicht«) genannt werden.

Bedenkt man nun weiter, dass das Lernen für künftige berufliche Anforderungen zum Teil formalisiert und lernzielorientiert in einer expliziten Weise erfolgt, zum Teil aber auf informelle Art und Weise, wobei in der Regel implizites Wissen erworben wird – z. B. im Prozess der Arbeit und in informellen Kontakten mit anderen Personen – so lässt sich die jeweilige Zentrierung der Personalentwicklung in einem Würfel lokalisieren, den Darstellung 40 zeigt.

Die drei Seiten des Würfels sind definiert an dem Adressaten der Maßnahme (die Einzelperson oder das Personal), an den im Vordergrund stehenden Interessen (jenen der einzelnen Person oder denen der Organisation) sowie schließlich an der Art des Lernens (formell, explizit und institutionalisiert versus informell und implizit).

Nachfolgend wird im Sinne der ersten Definition (Rüter, 1988) bei der Darstellung exemplarischer Personalentwicklungsmaßnahmen von der einzelnen Person – dem Individuum – ausgegangen, wobei sowohl – und zwar vorrangig – die Interessen des Unternehmens, aber auch die des Einzelnen berücksichtigt werden sollen. Außerdem wird primär auf explizite und institutionalisierte Maßnahmen eingegangen. Auch bei einer so verstandenen Personalentwicklung ist das Konzept weit und umgreift mehr als eine gezielte Verhaltensmodifikation. Diese aber nimmt innerhalb der Personalentwicklungsmaßnahmen einen breiten Raum ein.

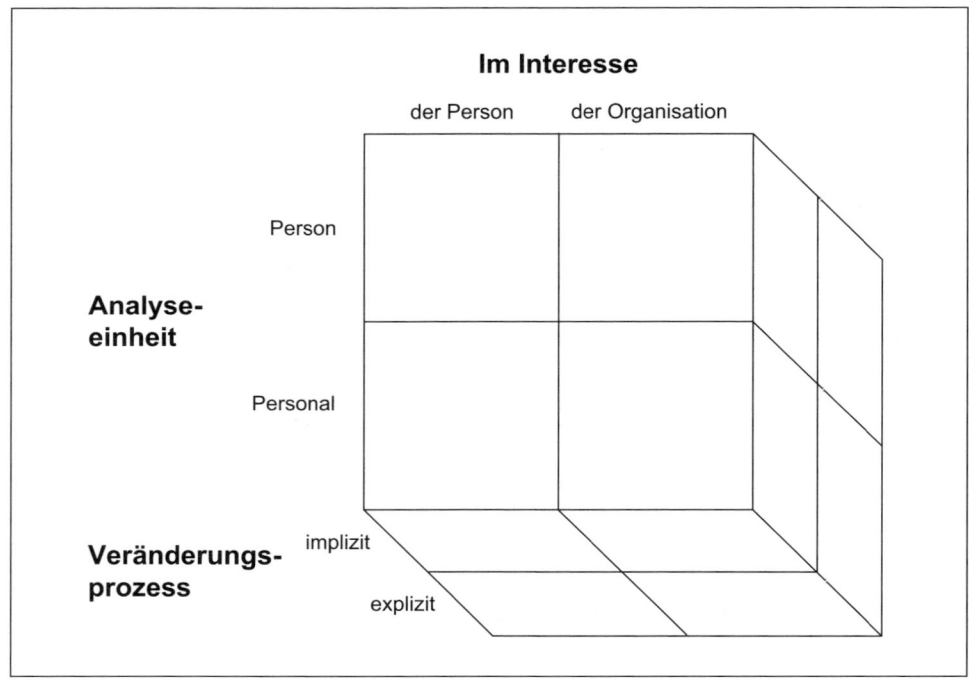

Darstellung 40. Dimensionen der Personalentwicklung

Die Psychologie der Verhaltensmodifikation in Organisationen ist ein weites Feld, da sie als Spezialfall der Lernpsychologie und der pädagogischen Psychologie angesehen werden darf (von der Relevanz anderer psychologischer Disziplinen, wie etwa der Sozialpsychologie, ganz abgesehen). Auf die vielfältigen Erkenntnisse, die in diesen Grundlagenwissenschaften erarbeitet wurden, kann hier selbstverständlich nicht eingegangen werden (vgl. Kaminski, 1970; Schiefele, 1978; Krech, Crutchfield, Livson, Wilson & Parducci, 1985; Krapp & Weidenmann, 2006).

Zur Psychologie der Personalentwicklung in Organisationen liegt ein noch relativ bescheidenes, aber ständig wachsendes Wissen vor (vgl. Hinrichs, 1976; Fisch & Fiala, 1984; Neuberger, 1991; Scholz, 2000; v. Rosenstiel, Molt & Rüttinger, 2005; Becker, 2005; Sonntag, 2006). So stellte einerseits Hinrichs (1976) in seinem umfassenden Sammelreferat fest, dass auf diesem Gebiet kaum systematische psychologische Kenntnisse erarbeitet wurden. Holling & Liepmann (2004) dagegen betonen achtundzwanzig Jahre später – und dabei berufen sie sich auf Schuler – dass es kaum ein Feld der Organisationspsychologie gibt, innerhalb dessen so direkt auf psychologische Grundlagenforschung zurückgegriffen werden kann, wie auf dem der Personalentwicklung. Tatsächlich lassen sich hier vielerlei Befunde der Entwicklungspsychologie (Oerter, 2006), der differenziellen Psychologie (Brandstätter, 2006) oder der Lernpsychologie (Krapp & Weidenmann, 2006) gezielt in Lernsituationen bei der Arbeit in Organisationen übertragen. Entsprechend hat auch die

Forschung zur Personalentwicklung in der jüngsten Zeit beachtliche Fortschritte gemacht (Sonntag, 2006; Schuler, 2006), obwohl der Forschungsstand auf diesem Gebiet sich nicht mit jenem innerhalb der psychologischen Personalauswahl vergleichen lässt. Dies überrascht, wenn man bedenkt, mit welcher Intensität und mit welchem Aufwand an finanziellen Mitteln in vielen Organisationen Aus-, Fort- und Weiterbildung betrieben wird und wie häufig externe Psychologen oder Pädagogen als Trainer fachlicher oder kognitiver Kompetenz, aber auch emotionaler, motivationaler oder sozialer Fertigkeiten eingeladen oder beschäftigt werden (Schuler, 1989; Goldstein & Gessner, 1988; Sonntag, 2006). Offensichtlich dominiert auf diesem Feld die Praxis gegenüber der Theorie. Ein Wandel bahnt sich allerdings an (Holling & Liepmann, 2004; Schuler, 2006). So sollen nachfolgend ausgewählte relevant erscheinende Themen besprochen und einige Beispiele zur Illustration dargestellt werden.

Literaturempfehlung

Kaminski, G. (1970). Verhaltenstheorie und Verhaltensmodifikation. Stuttgart.
Ein umfangreiches Werk, in dem differenziert argumentierend auf theoretisch hohem Niveau die grundlagenwissenschaftliche Basis und die grundsätzlich gegebenen Anwendungsmöglichkeiten von Veränderungstechnologien aufgezeigt werden.
Sonntag, K. (Hrsg.) (2006). Personalentwicklung in Organisationen. Göttingen.
In diesem nun in der dritten Auflage vorliegenden Reader, der Beiträge einiger bekannter Sozialpsychologen, Arbeitspsychologen, Organisationspsychologen, Grundlagenwissenschaftler und Methodiker enthält, wird die Personalentwicklung aus verschiedenen Gesichtspunkten konzentriert und aktuell dargestellt. Grundlagen, Methoden, Intervention und Evaluation werden berücksichtigt.

3.4.1. Aus-, Fort- und Weiterbildung in Organisationen

Von Aus-, Fort- und Weiterbildung in einer Organisation spricht man in der Regel dann, wenn durch spezifische Maßnahmen gezielt bestimmte Merkmale der Organisationsmitglieder stabilisiert oder modifiziert werden sollen. Erfolgt dies durch nicht intendierte Maßnahmen – z. B. durch zufällige oder selbstverständlich sich ergebende Wissensvermehrung oder Verhaltensmodifikation bei der Alltagsarbeit – so wird in der Regel nicht von Aus-, Fort- oder Weiterbildungsmaßnahmen gesprochen. Dabei spielt **informelles Lernen** vermutlich für den Erwerb jener Qualifikation, die am Arbeitsplatz gebraucht wird, eine bedeutsamere Rolle als institutionalisierte Bildungsmaßnahmen. Dies gilt insbesondere für das Lernen im Prozess der Arbeit und das Lernen im sozialen Umfeld (Staudt & Kriegesmann, 1999). Die dabei ablaufenden Lernprozesse werden häufig nicht intendiert, z. B. dann, wenn der Mitarbeiter sich mit unerwarteten Störungen seines PC auseinandersetzt und dabei sein technisches Wissen verbessert oder wenn er bei einer Bahnfahrt zufällig einen Kollegen aus einer anderen Firma trifft und von diesem wertvolle Anregungen erhält. Zunehmend aber wird informelles Lernen der Mitarbeiter auch von der Organisation systematisch geplant, z. B. durch job rotation, job enrichment oder Entsendung ins Ausland.

Organisationspsychologen allerdings nehmen innerhalb der Personalentwicklung nachweisbar in erster Linie Aufgaben innerhalb der Aus-, Fort- und Weiterbildung wahr.

In den meisten großen Unternehmen werden Fort- und Weiterbildungsmaßnahmen begrifflich kaum unterschieden. Bei systematischen Darstellungen in Fachkreisen ist allerdings eine differenzierte Wortwahl gebräuchlich: »**Ausbildung** führt zu einem Basisberuf, **Weiterbildung** baut auf einem Basisberuf auf und führt zu einer Spezialisierung im Basisberuf. **Fortbildung** soll Kenntnisse im Basisberuf aktualisieren und auf den neuesten Stand bringen oder das Wissen in einer durch Weiterbildung erreichten Spezialisierung vertiefen« (Bieling, 1980, S. 256). Diese Differenzierung ist nicht reine Willkür, sondern nimmt Rücksicht auf rechtliche Verordnungen – u. a. auf Vorschriften innerhalb des Steuerrechts. Hier sollen dennoch wegen vieler Gemeinsamkeiten von Aus-, Fort- und Weiterbildung diese Vorgehensweisen gemeinsam besprochen werden.

Bei der Entwicklung eines Aus-, Fort- oder Weiterbildungsprogrammes erscheinen folgende Schritte wichtig:

(1) Festlegen der **Lernziele**: Hier müssen der Ist-Zustand des Lernenden und sein Entwicklungspotenzial ermittelt sowie der Soll-Zustand präzisiert werden. Die Festlegung des Soll-Zustandes ist dabei sehr viel problematischer als die auch schon schwierige Diagnose des Ist-Zustandes. Die Probleme bei der Sollfestlegung ergeben sich daraus, dass dieser zwischen den Interessen der Organisation und den Bedürfnissen des Individuums abgestimmt werden muss. Bei dieser Interessenabwägung erscheint es inadäquat, nur das Hier und Jetzt zu berücksichtigen; auch künftige Anforderungen von seiten der Organisation und zu erwartende Bedürfnisse der Individuen sollten mitbedacht werden. Man benötigt also Informationen darüber, wie sich die Organisation voraussichtlich entwickeln wird, wie der Karriereplan für die einzelnen Individuen vermutlich aussehen könnte, wie – davon zum Teil mitdeterminiert, zum Teil von anderen Einflussgrößen gesteuert – künftige Bedürfnisschwerpunkte sich darstellen werden.
(2) Ableitung von **Kriterien zur Überprüfung** des Lernerfolgs: Der Soll-Zustand muss – wenn irgend möglich – präzise bestimmt werden, damit eine Evaluation der Maßnahmen möglich wird.
(3) Entwicklung eines auf die Lernziele abgestimmten zeitlichen, **inhaltlichen und methodischen Lernprogramms**: Hier müssen in aller Regel diejenigen, die für die zu vermittelnden Inhalte Spezialisten sind, mit denjenigen kooperieren, die über pädagogisches und psychologisches Grundwissen verfügen.
(4) **Durchführung** des Lernprogramms.
(5) Sicherung des **Transfers** in die Praxis
(6) **Überprüfung des Lernerfolgs** nach Durchführung des Programms (summative Evaluation), wobei die Überprüfung an den zuvor entwickelten Kriterien erfolgen soll.

Pawlowsky und Bäumer (1996) sehen als die zentralen Stufungen der Durchführung betrieblicher Bildungsmaßnahmen an:

- Erhebung des Bildungsbedarfs
- Ermittlung des Lernpotenzials der Mitarbeiter
- Bestimmung der Lernziele
- Planung der Intervention
- Durchführung der Maßnahmen
- Sicherung des Transfers
- Evaluation der Maßnahmen

Im Rahmen einer Befragung an deutschen Betrieben konnten die Autoren dabei feststellen, dass nur jeweils kaum 50 % der Unternehmen gezielt etwas zur Sicherung des Lerntransfers und zur Evaluierung der Bildungsmaßnahmen unternehmen.

Die Evaluation des Lernerfolgs kann dann dazu führen, dass Lernziele, Erfolgskriterien und Lernprogramm fortlaufend modifiziert werden.

3.4.1.1. Bedarfsermittlung

Selbstverständlich ist es möglich und unter verschiedenen Aspekten auch wünschenswert, dass die Aus-, Fort- und Weiterbildung nicht nur an Kriterien orientiert ist, die sich aus den Zielen der Organisation ableiten. Unter vielerlei Aspekten erscheint es – zumindest langfristig – richtig, dem Individuum in der Organisation Möglichkeiten des Erlebens und Handelns zu eröffnen, die über jene Anforderungen hinausgehen, die in der Aufgabe liegen. Beim derzeitigen Stand der Diskussion scheint allerdings hier ein Problem zu liegen (vgl. v. Rosenstiel, 1976; v. Rosenstiel, Molt & Rüttinger, 2005). Bildungsmaßnahmen sollen als Instrumente des beruflichen Erfolgs oder gar Aufstiegs wahrgenommen werden. Was man im Rahmen betrieblicher Fort- und Weiterbildung lernt, möchte man innerhalb der beruflichen Tätigkeit nutzen und ausüben. Besteht diese Chance nicht, so kann der einzelne dies als frustrierend erleben. Ein Beispiel: Wer ein mehrtägiges Entscheidungstraining absolviert und nach Rückkehr von der Schulung innerhalb der eigenen Organisation keine Chance findet selbst Entscheidungen zu fällen, wird möglicherweise sehr enttäuscht sein, obwohl ihm die neuerworbene Kompetenz im außerberuflichen Lebensbereich durchaus zugute kommt.

Aus Gründen des wirtschaftlichen Denkens, aber auch aus den zuvor genannten Argumenten heraus ist es verständlich, wenn beim derzeitigen Wissensstand der Aus-, Fort- und Weiterbildungsbedarf schwerpunktartig mit Hilfe dreier Analysearten ermittelt wird: der Organisationsanalyse, der Aufgabenanalyse und der Analyse des sozialen Potentials (Landy, 1985; v. Rosenstiel, Molt & Rüttinger, 2005).

- Bei der **Organisationsanalyse** geht es um die Ermittlung der organisationalen und anderer Rahmenbedingungen, die für die personale Entwicklung wichtig werden könnten. Plant z. B. eine Handelsorganisation im Zuge der strategischen Konzeption eine Ausweitung ihrer Aktivitäten nach Osteuropa, so ergibt sich

daraus ein Bedarf an qualifizierten Fachleuten, die mit osteuropäischer Mentalität sicher umgehen können und osteuropäische Sprachen beherrschen.
- Die **Aufgabenanalyse** – über die im zweiten Kapitel schon gesprochen wurde – führt zur Kenntnis der Verhaltenselemente, die zur Aufgabenbewältigung erforderlich sind. Schwer auszuführende Verhaltenselemente können erkannt und Trainingstechniken und Lernhilfen zur erfolgreichen Bewältigung entwickelt werden. Je nachdem, wie von unterschiedlichen Autoren (vgl. zusammenfassend Frieling, 1975; Ulich, 2005; Hacker, 2005) eine Aufgabe definiert wird, kann es zu unterschiedlichen Vorgehensweisen bei der Bedarfsermittlung kommen.
- Die **Analyse des sozialen Potenzials**: Um allerdings den Aus-, Fort- und Weiterbildungsbedarf erkennen zu können, muss man die Ergebnisse der Aufgabenanalyse vor dem Hintergrund des vorhandenen sozialen Potenzials sehen, die Motive, Einstellungen, Fähigkeiten, Fertigkeiten und Leistungen derjenigen Personen erkennen, die die Aufgabe (künftig) auszuführen haben. So wird in einem weiteren Schritt geprüft, inwieweit die einzelnen Mitarbeiter den Anforderungen gerecht werden. Dabei ist es ratsam, nicht nur auf das Verhaltensergebnis, sondern auch auf die Verhaltensweisen zu schauen, die zum Ergebnis führen. So muss etwa analysiert werden, ob der einzelne – orientieren wir uns an der Aufgabendefinition von Hackman (1969; vgl. Kap. 2.) – die »Reize« (bzw. den Aufgabeninhalt) überhaupt wahrnimmt oder falsch identifiziert, ob er die Instruktionen zur Aufgabendurchführung richtig versteht, ob er das Aufgabenziel angemessen vor Augen hat und ob er schließlich in der Lage ist, zieladäquat zu handeln (vgl. 2.1.2.).

3.4.1.2. Methoden der Aus-, Fort- und Weiterbildung

Aus der Analyse der Aufgaben und der Analyse des sozialen Potenzials ergibt sich der **Bedarf** und damit das **Ziel** der Aus-, Fort- und Weiterbildung. Es gilt nun nach Methoden zu suchen, die in besonderem Maße geeignet sind, das Ziel zu erreichen. Hinrichs (1976) hat derartige Verfahren klassifiziert, wobei der Klassifikationsaspekt das Zielverhalten ist. Er unterscheidet

- **inhaltsorientierte Techniken**, die in erster Linie dem Erwerb von Wissen und Kenntnissen dienen, und
- **prozessorientierte Techniken**, die in erster Linie dem Erwerb sozialer Sensibilität und der Verbesserung zwischenmenschlichen Verhaltens dienen, sowie
- **vermischte Techniken**, bei denen es sowohl um die Vermittlung von Wissen und Kenntnissen als auch um die Veränderung und den Erwerb von Verhaltensweisen in sozialen und nichtsozialen Situationen geht.

Auf einige der unter diesen Punkten zu nennenden Verfahrensweisen soll bei der knappen Darstellung von Beispielen noch eingegangen werden.

Selbstverständlich lassen sich die Maßnahmen auch anders gliedern. So werden z. B. bei Blum und Naylor (1968) folgende vier Aspekte aufgeführt:

3.4. Personalentwicklung

- **Zweck** bzw. Ziel der Aus-, Fort- und Weiterbildungsmaßnahme: Hierbei ist vor allem zu denken an (vgl. Sonntag, 1989, 2006) eine
  - Verbesserung der motorischen Fertigkeiten, die es dem einzelnen ermöglichen, durch physische Manipulation der Umwelt den gegenwärtigen und den künftigen Anforderungen besser gerecht zu werden;
  - Verbesserung der kognitiven Fertigkeiten, wodurch es dem Stelleninhaber möglich wird, den gegenwärtigen und künftigen Anforderungen seiner Aufgabe durch intellektuelle Umstrukturierung besser gewachsen zu sein. Nicht nur kognitive Prozesse, sondern auch Einstellungen, Wissen und Überzeugungen sind unter diesem Punkt subsumierbar;
  - Verbesserung der interpersonellen Fertigkeiten (was im Zusammenhang mit Führung und Organisationsentwicklung noch eingehend zu besprechen sein wird), deren Notwendigkeit sich aus den Anforderungen ableiten lässt, wenn man die Organisation als soziales System begreift. Diese von Sonntag (1989) vorgeschlagene Klassifikation lässt sich erweitern, da letztlich sämtliche psychischen Funktionen und Kräfte (Rohracher, 1988) im Rahmen der Personalentwicklung gefördert werden können; man denke ergänzend zu den bereits genannten beispielhaft an Emotion, Motive, Volition oder auch an die interkulturelle Kompetenz.

  Entwicklung auf all diesen Gebieten wird nun meist explizites Ziel von Personalentwicklungsmaßnahmen sein. Neuberger (1994) verweist jedoch in seinen kritischen Überlegungen auf eine Vielzahl latenter Ziele, die – zumindest auch und nicht selten – mit Personalentwicklungsmaßnahmen verbunden sein können, wie z. B. eine sozial sichtbare Bestrafung oder Belohnung des zu der Maßnahme Entsandten, die Bereitstellung eines »Parkplatzes« für Personen, die man, z. B. nach der Rückkehr von einer Auslandsentsendung, nicht unmittelbar in angemessener Weise beschäftigen kann, die Demonstration der Unternehmenskultur, die Präsentation neuer Programme oder Konzepte, die Vorstellung von Personen aus dem Topmanagement und Ähnliches mehr.
- **Ausbildungsort**: Hier lässt sich etwa danach differenzieren, ob die Ausbildungsmaßnahmen am Arbeitsplatz selbst (»on the job«), in der Lernwerkstatt (»near the job«), in einer auswärtigen Organisation oder in externen Seminaren (»off the job«) vorgenommen werden. Die Frage nach dem Ausbildungsort ist insbesondere dann bedeutsam, wenn man Probleme des Lerntransfers vor Augen hat.
- **Merkmale des Auszubildenden**: Hier kann etwa nach dem Grad der Vorkenntnisse, nach dem Inhalt der Vorkenntnisse (z. B. technisch oder kaufmännisch), nach der hierarchischen betrieblichen Ebene (»Führungsseminar«) etc. differenziert werden.
- **Ausbildungsmethoden**, wie z. B. individuelle Instruktion, Plenarvortrag, Beobachtung, Rollenspiel, Computersimulation, Unternehmensplanspiel, Übung.

Literaturempfehlung

Holling, H. & Liepmann, D. (2004). Personalentwicklung. In: H. Schuler (Hrsg.). Lehrbuch Organisationspsychologie. Bern.
Ein programmatisches und pragmatisches Sammelreferat auf hohem Niveau zum Thema.
Stocker-Kreichgauer, G. (1978). Ausbildung und Training in der Unternehmung. In: A. Mayer (Hrsg.). Organisationspsychologie. Stuttgart, S. 170–200.
In diesem Überblicksartikel werden insbesondere Bedarfsermittlung, Methoden und Evaluationsmöglichkeiten im Rahmen betrieblicher Bildungsmaßnahmen aufgezeigt.

3.4.1.3. Selbstgesteuertes Lernen

Verhaltensmodifikation in Organisationen muss keineswegs nur fremdbestimmt und formalisiert erfolgen. **Selbstgesteuerte** Vorgehensweisen gewinnen an Bedeutung (Greif & Kurtz, 1989, 1996; Heyse & Erpenbeck, 2004). Darüber wurde bereits bei der Darstellung des Begriffs der Kompetenz und bei der Skizzierung der Wege des Kompetenzerwerbs gesprochen. Rühle (1988) hat eine Methode beschrieben, bei der nach einer Demonstration der Lernende die Aufgabenbearbeitung selbständig vornimmt, wobei ihm psychologisch adäquate Lehrmaterialien zur Verfügung gestellt werden. Ähnlich wird auch bei der sog. »**Leittextmethode**« (Koch, 1986) gearbeitet: Die Lernenden erhalten einen Leitfaden, einen Arbeitsplan, einen Bogen mit Kontroll- und Bewertungshilfen sowie einen Leitsatz arbeitsbezogener Kenntnisse und sollen mit diesem Material allein oder in Lernpartnerschaften nach dem Ablaufschema »Informieren > Planen > Entscheiden > Ausführen > Kontrollieren > Bewerten« arbeiten. Der Ansatz ist flexibler als jener der programmierten Unterweisung (vgl. 3.4.4.2.).

Auf der menschlichen **Neugier** und den Prinzipien des entdeckenden Lernens baut ein Ansatz von Carroll (1985) auf, der besonders Verwaltungskräfte im Umgang mit elektronischen Textverarbeitungssystemen qualifizieren soll. Die Computer werden dabei mit Software »gefüttert«, durch die das Fehlerrisiko beim selbständigen Ausprobieren reduziert wird. So kann man eigene Wege erproben, ohne in eine Sackgasse zu geraten. Wichtig ist auch hier, dass soziale Kontakte geschaffen werden, über die Rat und Hilfe rasch abgerufen werden kann.

Dieser Gedanke des **sozialen Netzes** spielt auch beim selbstgesteuerten Lernen nach Harrison (1976) eine wesentliche Rolle. Man trifft sich während der Lernphase zur gegenseitigen Information zu bestimmten Zeitpunkten und entscheidet ansonsten frei, wann, wo und mit wem man die Lernmaterialien durcharbeiten möchte. Diese Vorgehensweise wurde insbesondere im Führungskräftetraining erprobt, wo man nach Trainingsphasen häufig so genannte »**Lernpartnerschaften**« bildet, um sich bei der Umsetzung der Lernziele gegenseitig zu unterstützen und zu kontrollieren.

Dies gilt grundsätzlich auch für das »**action learning**« nach Revans (1980). Dieser selbstgesteuerte Lernprozess ist insbesondere für solche Spezialisten geeignet, die gemeinsam Projekte bearbeiten. Jeder arbeitet an seinen Teilaufgaben und tauscht sich dabei mit den anderen aus, nötigenfalls auch mit ratgebenden Experten. Die Nähe zur Realität der alltäglichen Aufgaben erinnert hier stark an die Arbeitsweise in den bereits gesprochenen Qualitätszirkeln oder Lernstattgruppen (Bungard & Wiendieck, 1986).

Hauser (2006) hat in einer sehr anschaulichen Weise Programme des »action learning« in drei Unternehmen beschrieben und hinsichtlich der konkreten Maßnahmen und der Wirkungen miteinander verglichen. Für alle drei Programme war kennzeichnend, dass von herkömmlichen Seminar- oder Kursangeboten Abstand genommen wurde und die zu Trainierenden stattdessen in kleinere Projekte des Unternehmens eingebunden wurden und ihre Projekterfahrungen gemeinsam unter Anleitung eines Trainers reflektierten.

Während bei diesen Maßnahmen den Teilnehmern des Programms jedoch noch bewusst war, dass sie entwickelt und qualifiziert werden sollten, sind bei vielen Gestaltungsmaßnahmen im Unternehmen diese Lernprozesse nur gelegentlich intendiert aber implizit. Dies gilt z. B. dann, wenn die Arbeit so gestaltet wird, dass sie Lern- und Entwicklungspotenziale enthält (Ulich, 2006) oder insgesamt versucht wird, die Strukturen und Prozesse im Unternehmen so zu gestalten, dass diese als eine »Lernkultur« wirken (Sonntag, Stegmeier & Schaper, 2006). Dies ist ja auch das explizite Ziel eines Forschungs- und Entwicklungsprogramms der Deutschen Bundesregierung und der Europäischen Kommission, dass den Titel »Lernkultur Kompetenzentwicklung« (Erpenbeck & Sauer, 2000) trägt.

Literaturempfehlung

Deitering, F. (1994). Selbstgesteuertes Lernen. Göttingen.
   Theoretisch fundierter und empirisch abgesicherter Bericht zu den Möglichkeiten selbstgesteuerten Lernens.
Greif, S. & Kurtz, H. (Hrsg.) (1996). Handbuch Selbstorganisiertes Lernen. Göttingen.
   In diesem Reader findet sich vielfältige Information zum Thema.

3.4.2. Zum Problem des Lerntransfers

Lerntransfer ist z. B. dann gegeben, wenn der Lernende das Gelernte **von der Übungssituation**, in der er das Lernziel erreicht, **auf die berufliche Situation überträgt**. Bedenkt man den Abstand, der räumlich, zeitlich und inhaltlich zwischen der Lernsituation und der Nutzungssituation besteht, so erscheint die Frage nach dem Transfer – der Lernübertragung – relevant. Da zudem eine Lernerfolgskontrolle in den meisten Fällen nicht oder nur auf der kognitiven Ebene stattfindet, ist diese Frage besonders berechtigt. Dies gilt insbesondere deshalb, weil in jenen Untersuchungen, in denen explizit der Transfer analysiert wurde, die Ergebnisse häufig enttäuschend ausfielen (vgl. z. B. Gebert, 1974; Nork, 1989; Staudt & Kriegesmann, 1999). So ist ein Erfolg von Führungsseminaren, in denen Vortrag und Diskussion die wesentlichsten Methoden darstellen, vermutlich bestenfalls kurzfristig auf den Ebenen des Wissens und der Einstellungen, nicht aber auf der Ebene des Verhaltens nachzuweisen. Untersuchungsergebnisse von Neudecker (1986) machen hier besonders skeptisch. Er fragte in einer größeren Zahl bedeutender Unternehmen die für Bildungsmaßnahmen Verantwortlichen danach, was sie konkret tun, um den Transfer zu sichern. Die Ergebnisse zeigten, dass die Befragten sich z. T. nicht einmal des Problems voll bewusst waren, geschweige denn, dass sie in ihrer Mehrzahl konkrete Maßnahmen angeben konnten, die nach dem derzeitigen Stand der Forschung tatsächlich Transfer wahrscheinlicher machen. Pawlowsky & Bäumer (1996) weisen nach, dass selbst in größeren Unternehmen der Transfer in weniger als der Hälfte der Bildungsprogramme geplant und gefördert wird. Soll Lerntransfer überhaupt stattfinden, so muss – um dieses rezeptartig aufzuzeigen – zumindest Nachfolgendes gewährleistet sein (Weinert, 2004):

- Die Übung in der Lernsituation sollte möglichst **viele Elemente der Tätigkeit** in der Arbeitssituation umfassen.
- Es sollte ausdrücklich auf die **Anwendungsmöglichkeit** des Gelernten in der alltäglichen Berufstätigkeit verwiesen werden. Die Übertragbarkeit wird in der Regel ohne diesen ausdrücklichen Hinweis nur selten gesehen.
- Die **Bedeutung und Wichtigkeit** des Gelernten für die Praxis der täglichen Arbeit – insbesondere unter dem Aspekt der positiven Konsequenzen – sollte aufgewiesen werden.
- Das Erlernte sollte zeitlich möglichst rasch nach der Vermittlung in der alltäglichen Tätigkeitssituation **erprobt**, an sie **angepasst** und dabei **habitualisiert** werden.
- Die Resultate des Lernens, insbesondere von Trainingsübungen, sollten sofort als **Feedback** im Sinne der Information und der individuellen Verstärkung bekannt gegeben werden.
- Die Lerninhalte sollten über kürzere oder längere Zeitspannen als **verteiltes** oder **konzentriertes** Lernen angeboten werden.
- Es sollten Gelegenheiten geschaffen werden, bei denen **Konflikte bearbeitet** oder beseitigt werden können, die sich aus dem Widerspruch zwischen den neu erlernten Verhaltensweisen und bestehenden Einstellungen oder Gewohnheiten bzw. bestehenden Normen der Organisation ergeben.
- **Interindividuelle Unterschiede** zwischen den Lernenden sollten **berücksichtigt** werden und zwar im Hinblick auf Menge, Geschwindigkeit, Tiefe und Sequenz des Lernstoffes und auch im Hinblick auf die zur Anwendung kommenden Lehrmethoden, wie z. B. Vortrag, programmierte Unterweisung, Gruppenarbeit, Fallanalyse, Rollenspiel.

Eine systematische und differenzierte Analyse vorliegender empirischer Evidenz zum Lerntransfer haben Baldwin und Ford (1988) vorgenommen. Nach ihrer Darstellung hängt der Transfer ab (1) vom Trainingsinput, d. h. **Merkmalen der zu Trainierenden, dem Trainingsdesign und der Arbeitsumgebung,** (2) dem Trainingsoutput, d. h. dem **Gelernten und Behaltenen**, sowie (3) den Transferbedingungen, d. h. den **Möglichkeiten zur Generalisierung und zum Aufrechterhalten des Gelernten.**

Bergmann und Sonntag (2006) verweisen darauf, dass es beim Transfer nicht

3.3. Personalentwicklung

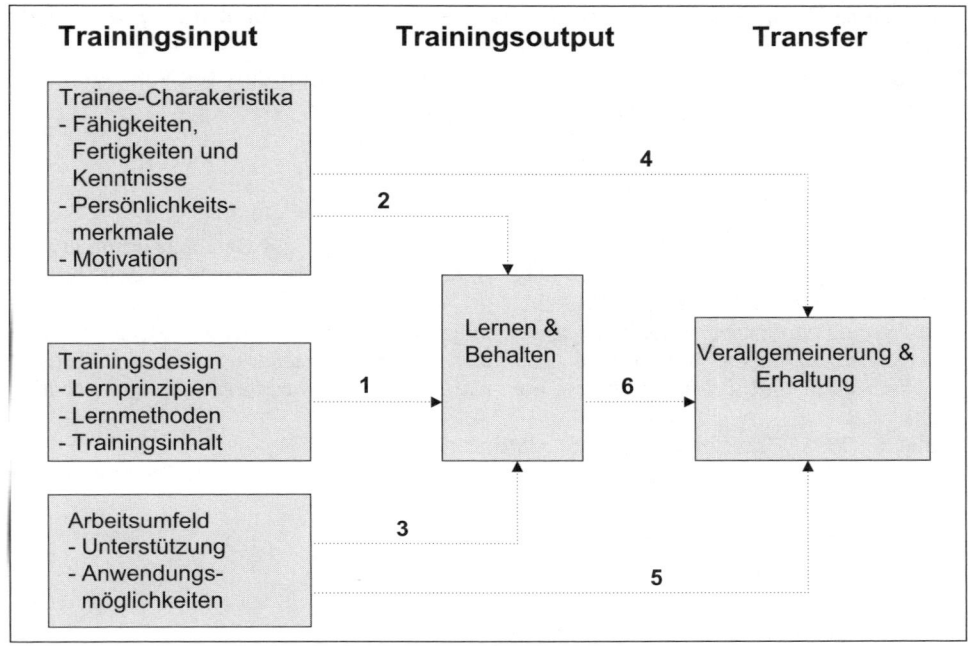

Darstellung 41. Ein Modell zur Beschreibung des Transferprozesses (nach Baldwin & Ford, 1988)

allein darum geht das im Seminar Erworbene in die Praxis zu übertragen, sondern dass dies **generalisiert** wird, also auch auf nicht trainierte oder gar nicht trainierbare Aufgabenbewältigungen übertragen wird. Sie schlagen daher folgende **Definition** vor (S. 357): »Transfer erfolgt dann, wenn in einem Zusammenhang .... ein Lernprozess stattgefunden hat und der Lerner in einem zweiten, veränderten Zusammenhang .... mit einer Aufgaben- und Problemstellung konfrontiert wird, auf die eine Anwendung des Gelernten sinnvoll oder hilfreich ist.« Dies wird auch in einem Modell des Transfers nach Baldwin und Ford (1988) deutlich, das Darstellung 41 zeigt.

Man erkennt, wie soeben bereits besprochen, dass hier Merkmale der Person (1), der Maßnahme (2) und des Arbeitsumfelds (3) als Input gelten, dass sich daraus der Lernprozess ergibt (1, 2, 3) und der Transfer nun darin besteht, dass dies Gelernte verallgemeinert und erhalten (6) bleibt. Diese Ergebnisse werden in besonderem Maße gefördert, wenn man die **Lernumgebung** (5) entsprechend gestaltet (Mandl & Reinmann-Rothmeier, 1995). Die Autoren fordern von derartigen Lernumgebungen

- **Authentizität**, d. h. die Lernumgebung sollte die reale Situation widerspiegeln
- **Situiertheit**, d. h. der Lernende wird in Situationen versetzt, die ihm den Anwendungskontext anschaulich vor Augen führen
- **multiple Kontexte**, d. h. es wird vermieden, dass das Wissen nicht nur auf eine Situation bezogen, sondern auf verschiedene Kontexte angewandt wird

- **multiple Perspektive**, d. h. die Inhalte und Probleme sollen aus unterschiedlicher Sicht reflektiert werden, sowie
- **sozialer Kontext**, d. h. es sollte das neue Wissen zumindest teilweise gemeinsam und in kooperativer Weise erworben werden.

Literaturempfehlung

Bergmann, B. & Sonntag, K. (2006). Transfer: Die Umsetzung und Generalisierung erworbener Kompetenzen in dem Arbeitsalltag. In: K. Sonntag (Hrsg.). Personalentwicklung in Organisationen. Göttingen, S. 355–388.
In diesem Beitrag werden nicht nur zentrale Begriffe und Theorien in einer aktuellen Weise vorgestellt, sondern es wird auch an konkreten Beispielen gezeigt, wie man den Transfer sichern kann und welche Ergebnisse exemplarische empirische Untersuchungen erbrachten.
Lemke, S. (1995). Transfermanagement. Göttingen.
Das Buch bietet einen gerafften Überblick zu Modellen des Transfers des Gelernten in die Praxis.

3.4.3. Evaluation

In Deutschland werden pro Jahr für explizite Maßnahmen der Personalentwicklung mehr als 50 Milliarden Euro ausgegeben, wobei auf die betriebliche Personalentwicklung knapp die Hälfte dieser Summe entfällt (Pawlowsky & Bäumer, 1996; v. Rosenstiel, 2003). Dabei enthält dieser Betrag natürlich nicht die Kosten jener Maßnahmen, die das implizite Lernen fördern wie z. B. die Gestaltung lernförderlicher Arbeitsbedingungen, Auslandsentsendungen oder Mitarbeit an Projekten. Es ist allerdings bemerkenswert, dass die Investitionen in die Personalentwicklungsmaßnahmen bis Ende der 90er-Jahre des vergangenen Jahrhunderts kontinuierlich angestiegen sind, sich dann aber rückläufig entwickelten. Die Gründe dafür mögen zum einen in der krisenhaften wirtschaftlichen Entwicklung liegen, zum anderen aber auch daran, dass zunehmend Zweifel an der Wirksamkeit verschiedener Formen der Schulung aufkamen. Die Argumente, die Staudt & Kriegesmann (1999) unter dem provokativen Titel: »Weiterbildung: ein Mythos zerbricht« ins Feld führten, dürften hierzu manches beigetragen haben. Angesichts der erheblichen Investitionen und der wachsenden Zweifel daran, ob diese Investitionen »sich rechnen«, erscheint es überraschend, dass Personalentwicklungsmaßnahmen relativ selten evaluiert werden (Pawlowsky & Bäumer, 1996).

Bei der Evaluation lassen sich zwei unterschiedliche aber einander keineswegs ausschließende Vorgehensweisen unterscheiden (v. Rosenstiel, 2003) und zwar

- die **summative Evaluation**, bei der nach Durchführung der Maßnahme überprüft wird, welche Wirkungen sie erbracht hat bzw. ob und inwieweit die Lernziele erreicht wurden sowie die

- **formative Evaluierung**, die den Prozess der Maßnahme begleitet und diese im Verlauf zu verbessern und zu optimieren sucht.

Für beide Formen gilt jedoch das, was Wottawa und Thierau (1990, S. 9) hervorheben:

- »Evaluation dient als **Planungs- und Entscheidungshilfe** und hat somit mit der Bewertung von Handlungsalternativen zu tun
- Evaluation ist **ziel- und zweckorientiert**. Sie hat primär das Ziel, praktische Maßnahmen zu überprüfen, zu verbessern oder über sie zu entscheiden. Der Zweck liegt in der Handlungsoptimierung.
- Evaluation sollte dem aktuellen Stand **wissenschaftlicher** Techniken und Forschungsmethoden angepasst sein.«

Damit hat – je nach Akzentsetzung – die Evaluation eine

- Legitimationsfunktion (wurden die angestrebten Ziele erreicht?)
- Verbesserungsfunktion (mit Blick auf die Inhalte, Methoden, Programme, Strategien etc.)
- Entscheidungsfunktion (Steuerung unternehmenspolitischer Entscheidungen)
- Prognosefunktion (Konzeption und Wirkungsabschätzung künftiger Maßnahmen)
- Rationalisierungsfunktion (Einsparung von Ressourcen).

Obwohl also eine Vielzahl von Argumenten für eine wissenschaftlich fundierte Evaluation der PE sprechen, gibt es eine große Zahl von **Hindernissen und Barrieren** (Thierau-Brunner, Wottawa & Stangel-Meseke, 2006), die zum Teil beim Auftraggeber, zum Teil bei dem potenziellen Evaluator, zum Teil bei den Durchführenden, z.B. dem Trainer und Dozenten, zum Teil aber auch bei den Teilnehmern selbst liegen können. Da aber die Einsparung von Kosten in wirtschaftlich schwierigen Zeiten für viele Unternehmen eine zentrale Zielsetzung ist, beschränkt man sich – statt eine vernünftige Evaluierung der Maßnahme durchzuführen – in den Betrieben häufig auf ein ausschließlich betriebswirtschaftlich orientiertes Bildungscontrolling, dessen Logik in Darstellung 42 in Anlehnung an Friedel-Howe (1999) wieder gegeben wird.

Die **Effektivität** gibt an, was durch die Maßnahme im Sinne der Zielrealisierung erreicht wird. Will man nun die **Effizienz** abschätzen, so gilt es diese Effektivität in Relation zu den Kosten zu setzen. Dies aber würde eine angemessene Effektivitätsprüfung im Sinne einer psychologisch begründeten Evaluation erforderlich machen. Da diese nun selten durchgeführt wird, beschränkt sich die herkömmliche Praxis des Bildungscontrollings meist ausschließlich auf die Messung der Kosten, ohne diese in einen Bezug zu den Wirkungen der Maßnahmen zu setzen.

Geht es also um eine angemessene Effektivitätsprüfung, so bedarf es einiger angemessener Kriterien, an denen sich der Erfolg abschätzen lässt und sodann solcher Untersuchungsdesigns und solcher Messmethoden, die geeignet sind, die Wirkung valide zu erfassen.

Bei der Bestimmung der Kriterien des Erfolgs wird man sich im Einzelfall selbst-

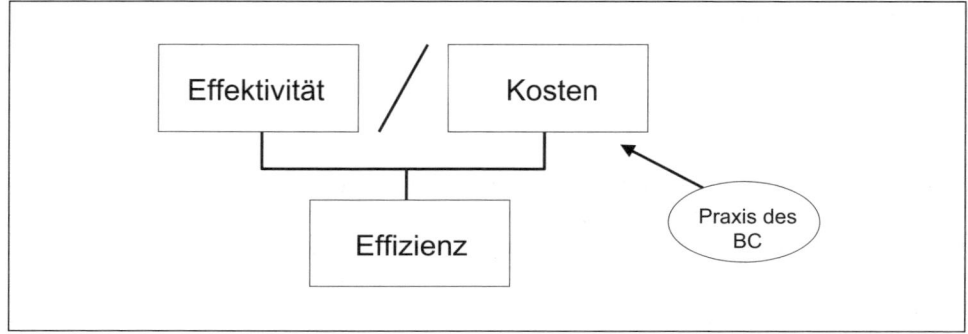

Darstellung 42. Die verbreitete Praxis des Bildungscontrollings (BC) nach Friedel-Howe (1999)

verständlich an den zuvor festgelegten Zielen der Maßnahmen orientieren, was voraussetzt, dass diese Ziele präzise und messbar formuliert wurden. In der Regel aber wird man sich wohl bei der Ableitung der Ziele an einem Modell der Trainingseffektivität orientieren können, wie es z. B. von Tannenbaum, Mathieu, Salas & Cannon-Bowers (1991) entwickelt wurde und das Darstellung 43 zeigt.

Man erkennt, dass sich der Trainingsbedarf sowohl aus organisationalen Anforderungen und Bedingungen als auch aus spezifischen Merkmalen der zu trainierenden Personen ableitet, woraus sich dann jeweils Erwartungen und Wünsche ergeben. Will man nun den Erfolg einer Maßnahme prüfen, so liegt es nahe zu erfassen, ob es zur Erfüllung der Erwartungen kommt (Reaktion auf das Training; Relevanzbeurteilung, Zufriedenheit), ob sich ein Lernen diagnostizieren lässt, ob dies zu einer Trainingsleistung führte, die sich – und hier stellt sich die Frage nach dem Transfer – in einer Arbeitsleistung niederschlug und ob diese wiederum zu messbaren Ergebnissen führte. Entsprechend lassen sich hier die – an dieser Stelle um einen Punkt erweiterten – Kriterien des Erfolgs wieder finden, die Kirkpatrick (1987) erarbeitet hat:

1. **Subjektive Bewertung** (z. B. hat Ihnen die Maßnahme gefallen? Glauben Sie, dass Sie das Gelernte in die Praxis übertragen können?)
2. **Wissen** bzw. Wissenszuwachs (z. B. Kenntnis neuer Bestimmungen des Arbeits- bzw. Betriebsverfassungsrechts nach der entsprechenden Informationsveranstaltung)
3. **Verhalten in der Lernsituation** (z. B. Differenz des beobachteten Verhaltens im Kritikgespräch – z. B. beim Rollenspiel – vor oder nach einschlägigen Trainingsmodulen)
4. **Verhalten am Arbeitsplatz** (z. B. Beurteilung des Verhaltens der Trainierten durch Vorgesetzte, Kollegen, Mitarbeiter oder Kunden)
5. **Resultate** (z. B. Umsatzsteigerung, Zahl und Qualität der Verbesserungsvorschläge, Fehlzeiten, Fluktuationsentwicklung als Effekte der PE-Maßnahme).

Gelegentlich war postuliert worden, dass diese Kriterien in einer hierarchischen Ordnung aufeinander aufbauen, dass z. B. eine positive subjektive Bewertung der

3.4. Personalentwicklung

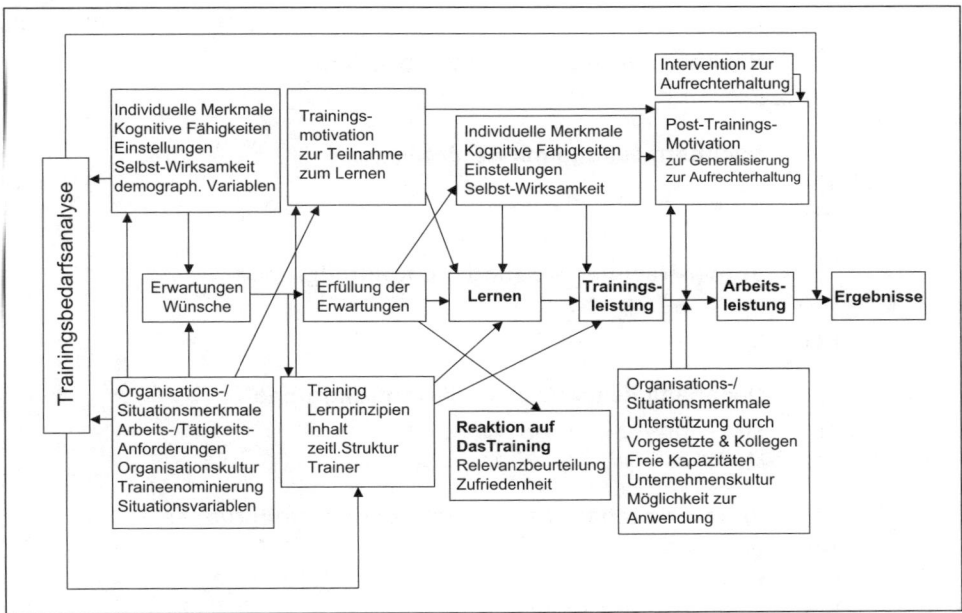

Darstellung 43. Das Tannenbaum-Rahmenmodell zur Trainingseffektivität

Maßnahme die Voraussetzung für den Wissenszuwachs, diese wiederum Bedingung dafür sei, dass sie das Verhalten in der Lernsituation bzw. später am Arbeitsplatz modifiziere etc. Diese Annahme muss man bezweifeln. Zum einen ist die Interkorrelation der genannten Kriterien gering (Alliger & Janak, 1989) zum anderen kann natürlich ein unterhaltsames und amüsantes Training höchst positive subjektive Reaktionen auslösen ohne auf das Verhalten oder die Ergebnisse zu wirken.

Während bei der formativen Evaluation von Maßnahmen der Personalentwicklung häufig – wenn auch nicht immer – qualitative Methoden zum Einsatz kommen und das ganze Verfahren vielfach an der Aktionsforschung orientiert ist, dominieren bei der summativen Evaluation meist quantitative Verfahren. Nun weiß man aus der Interventionsforschung, stärker noch aus der Anlage experimenteller Untersuchungen, dass der Nachweis von Kausalität methodisch hohe Ansprüche stellt, die man zum Teil in Feldstudien, also bei der Evaluierung von z. B. Fort- und Weiterbildungsmaßnahmen, aus vielerlei praktischen Gründen nicht realisieren kann. Dennoch ist es selbstverständlich methodisch gänzlich unzureichend lediglich nach der Maßnahme zu erfassen, welchen Wissensstand die Trainierten haben, wie sie sich in der Trainingssituation oder danach am Arbeitsplatz verhalten oder welche Leistungen sie erbringen. Zumindest wären also Messungen vor und nach der Entwicklungsmaßnahme erforderlich. Bei längerfristig angelegten Entwicklungsmaßnahmen, die sich ja zum Teil – etwa während der Traineezeit – über ein ganzes Jahr erstrecken kann, sind dann maßnahmenbegleitend mehrere Messzeitpunkte erforderlich. Wenn der meist begründete Verdacht besteht, dass eine »Ver-

```
                 Nachhermessung ohne Kontrollgruppe
       TG            PE  ⇨  M

                 Nachhermessung mit Kontrollgruppe
       TG            PE  ⇨  M
       KG            —   ⇨  M

                 Vorher-Nachhermessung mit Kontrollgruppe
       TG      M₁ ⇨ PE  ⇨  M₂
       KG      M₁ ⇨  —   ⇨  M₂

                 Nachhaltigkeitsprüfung mit Kontrollgruppe
       TG      M₁ ⇨ PE  ⇨  M₂ ⇨ M₃ ⇨ M₄ ·····
       KG      M₁ ⇨  —   ⇨  M₂ ⇨ M₃ ⇨ M₄ ·····

                 Vorher-Nachhermessung mit zwei Kontrollgruppen
       TG      M₁ ⇨ PE  ⇨  M₂
       KG₁     M₁ ⇨  —   ⇨  M₂
       KG₂           —   ⇨  M

                 „Solomon–Design" (2 Versuchs-, 2 Kontrollgruppen)
       VG₁     M₁ ⇨ PE  ⇨  M₂
       KG₁     M₁ ⇨  —   ⇨  M₂
       VG₂           PE  ⇨  M
       KG₂           —   ⇨  M

       M   =  Messung
       PE  =  Personalentwicklungsmaßnahme
       TG  =  Trainingsgruppe
       KG  =  Kontrollgruppe
```

Darstellung 44. Verschiedene Untersuchungsdesigns bei der Evaluierung von Personalentwicklungsmaßnahmen

gessenskurve« alle Effekte rasch verzehrt und die trainierte Person schon bald in ihre alten Gewohnheiten zurückfällt (z.B. deshalb, weil sich an der äußeren Situation nichts geändert hat), dann ist eine Nachhaltigkeitsprüfung mit mehreren zeitlich weit gestreckten Messungen nach der Maßnahme dringend zu empfehlen.

Da nun alle Veränderungen, die während oder nach einer Personalentwicklungsmaßnahme im Erleben, im Verhalten oder bei der Analyse der Verhaltensergebnisse auftreten, keineswegs notwendigerweise durch die Maßnahme bedingt sein müssen, sondern auch von Drittvariablen abhängen können, ist zur Kontrolle dringend ein **Versuchs-Kontrollgruppen-Design** zu empfehlen. Hier lässt sich dann prüfen, ob tatsächlich der Effekt auf die Intervention zurückzuführen ist. Hat man allerdings den Verdacht, dass Änderungen allein darauf zurückzuführen sind, dass überhaupt etwas – ganz gleich was – geschah (»Hawthorne-Effekt«), dann sollte ergänzend eine zusätzliche »Placebo-Kontrollgruppe« eingeführt werden; hat man schließlich den Verdacht, dass allein die Erstmessung, also die Befragung oder Beobachtung vor der Maßnahme, bereits verhaltensändernde Effekte hat, so kann man schließlich – aber das ist in der Praxis eine Utopie – ein 4-Gruppen-Design, das sog. »**Solomon-Design**«, nutzen. Darstellung 44 zeigt schematisch diese Versuchsanordnungen.

In einer eindrucksvollen Metaanalyse zur Wirkung von Training in Unternehmen haben Arthur, Benett, Edens & Bell (2003) alle von ihnen aufgefundenen einschlägigen Untersuchungen mit einem Kontrollgruppendesign – zwischen 1960 und 2000 durchgeführt – einer Analyse unterzogen. Dabei kamen sie zu einem für viele Skeptiker überraschenden Ergebnis: Training wirkt deutlich stärker als zunächst vermutet und zwar nicht nur auf der Ebene der subjektiven Reaktionen (»Hat Ihnen die Veranstaltung gefallen?«), sondern auch auf den Ebenen des Wissens, des Verhaltens und der Resultate. Informationsbox 2 fasst die Ergebnisse zusammen.

Informationsbox 2. Eine Metaanalyse zur Wirkung von Trainings

Frage: Wie wirkt Training in Organisationen?
Methode: Meta-Analyse
Basis: Alle Publikationen in Fachzeitschriften zur Effektivität von Training in Organisationen (1960–2000)
N = 636 Quellen

Kriterien der
Endauswahl: Angaben zur Größe der trainierten Gruppe, zur Methode sowie quantitative Angaben zur Wirkung. Kontrollgruppendesign
N = 165 Quellen mit insges. 1152 Ergebnisdaten

Kriterien der
Wirkung:
- »reactions« = subjektive Angaben der Trainierten
- »learning« = Wissensverbesserungen
- »behavior« = Verhaltensänderungen
- »results« = »harte« Ergebnisverbesserungen

Analyseergebnisse: Hinsichtlich aller vier Kriterien durchschnittlich mittlere bis gute Wirkungen, am stärksten bei Wissensverbesserung.
Die Unterschiedlichkeit der Wirkung ist in Abhängigkeit von Lerninhalt und Methodik groß.
Eine Kombination verschiedner Methoden ist zu empfehlen!
Überraschung: Vortrag mit Diskussion wirkt im Durchschnitt nicht schlechter als andere Methoden!

| Quelle: Winfred Arthur, Winston Bennett, Pamela S. Edens & Suzanne T. Bell: (2003) Effectiveness of Training in Organizations: A. Meta-Analysis of Design and Evalutation Features, Journal of Applied Psychology 88, 234–245.

Stellt man über alle Untersuchungen und alle Maße der Wirkung die Ergebnisse grafisch zusammen, so zeigen sich ganz selten negative, meist dagegen stark positive, d. h., der Erwartung entsprechende Befunde. Die Indikatoren zeigen an, um welchen Betrag – gemessen in Standardabweichungen – die trainierte Gruppe sich jeweils von der Kontrollgruppe unterschied. Die durchschnittliche Effektstärke lag dabei zwischen 0,6 und 0,7 Standardabweichungen, was ein recht beachtlicher Wert ist. Die verallgemeinernde Aussage, dass Personalentwicklungsmaßnahmen ohnehin nichts brächten und dass Weiterbildung ein »Mythos« sei (Staudt & Kriegesmann, 1999), lässt sich also in dieser Form nicht halten.

Gestützt werden diese von Arthur, Bennett, Edens & Bell (2003) vorgelegten Analyseergebnisse durch eine Metaanalyse von Taylor, Russ-Eft & Chan (2005) zu den Effektstärken eines Trainings zur Verhaltensmodellierung. Auch diese Autoren stützen sich auf eine große Zahl von Studien, wobei sie danach differenzierten, ob es sich um veröffentlichte oder unveröffentlichte handelt. Der Verdacht liegt ja nahe, dass die unveröffentlichten über stärkere Effekte berichten, da sie methodisch nicht rigoros durchgeführt und entsprechend von den Gutachtern der Zeitschriften von der Publikation ausgeschlossen wurden. Diese Vermutung freilich konnte nicht durchgehend gestützt werden. Nachgewiesen wurden hier Effektstärken zwischen 0.26 und 1.30, wobei sich die Effekte gleichermaßen beim deklarativen Wissen, beim prozeduralen Wissen, bei den Einstellungen und beim Arbeitsverhalten zeigten. Tabelle 11 zeigt die Ergebnisse.

Freilich dürfen diese überraschend positiven Befunde nicht darüber hinwegtäuschen, dass die Streuung der Werte sehr groß ist und entsprechend schlecht angelegte Personalentwicklungsmaßnahmen durchaus wirkungslos verpuffen können.

Literaturempfehlung

Rosenstiel, L. v. (2003). Betriebliche Personalentwicklung – »Ein blinder Fleck« für die Evaluation. In: Zeitschrift für Evaluation, 1/2003, S. 143–176.
In diesem Beitrag wird gezeigt, was man unter Personalentwicklung verstehen kann, welche Probleme mit der Evaluierung von Personalentwicklungsmaßnahmen verbunden sind und wie man exemplarisch dabei vorgehen kann.
Thierau-Brunner, Wottawa & Stangel-Meseke (2006). Evaluation von Personalentwicklungsmaßnahmen. In: K. Sonntag (Hrsg.). Personalentwicklung in Organisationen. Göttingen, S. 329–354.
In diesem Beitrag werden die wissenschaftlichen Grundlagen einer seriösen Evaluation von Personalentwicklung dargestellt und zugleich Beispiele des Vorgehens präsentiert.

Teilmenge an Studien	N	k	d
Deklaratives Wissen			
Veröffentlichte Studien	413	6	0.69
Unveröffentlichte Studien	582	8	1.30
Prozedurales Wissen – Fertigkeiten			
Veröffentlichte Studien	696	11	1.21
Unveröffentlichte Studien	1.373	20	0.98
Einstellungen			
Veröffentlichte Studien	184	4	0.56
Unveröffentlichte Studien	1.745	48	0.26
Arbeitsverhalten			
Veröffentlichte Studien	573	9	0.33
Unveröffentlichte Studien	1.940	57	0.27

Tabelle 11. Effektstärken des Behavior Modeling-Trainings (Taylor, Russ-Eft & Chan, 2005)
N = Zahl der Personen, k = Zahl der Studien, d = Effektstärke

3.4.4. Beispiele von Personalentwicklungsmaßnahmen

Die Vielfalt der Möglichkeiten für geplante und formalisierte verhaltensmodifizierende Maßnahmen, die am Individuum in der Organisation ansetzen, kann hier nicht beschrieben werden. Um immerhin die Spannweite der verschiedenen Ziele und Vorgehensweisen zu verdeutlichen, sollen nachfolgend einige wichtige Beispiele vorgestellt werden.

Grundsätzlich gibt es – wie zuvor bereits betont – Ansätze für Trainings für nahezu sämtliche psychischen Funktionen und Kräfte (Rohracher, 1988), also für motorische und kognitive Fertigkeiten, für deklaratives und prozedurales Wissen, fachliche, methodische, soziale oder personale Kompetenzen, Emotion, Motivation und Volition, verschiedene Formen des Sozialverhaltens wie Teamfähigkeit, Führungsverhalten oder interpersonale bzw. interkulturelle Flexibilität etc.

3.4.4.1. Einübung motorischer Fertigkeiten

Bei vielen Aufgaben erfolgt die Anpassung des Menschen an die Organisation vor allem dadurch, dass er spezifische Handlungsabläufe optimal beherrscht (Sonntag, 1989). Differenzierte Übungsmaßnahmen sind deshalb nicht erforderlich, weil durch tayloristisches Vorgehen und entsprechende Standardisierungen der Aufgabeninhalt bereits so verkleinert und vorstrukturiert wurde, dass vom Menschen quantitativ viel, qualitativ dagegen nur Minimales gefordert wird. Dort aber, wo auch die motorischen Anforderungen relativ umfangreich bleiben, sind spezifische Übungsmaßnahmen notwendig. Dazu einige Anmerkungen: Interessant erscheint, dass keineswegs nur motorisches Üben oder die Beobachtung des einschlägigen Verhaltens von Experten zur Verbesserung der motorischen Fertigkeiten beiträgt,

	Lern-schritt 1	Lern-schritt 2	Lern-schritt 3	Lern schritt 4
Ganzheitsmethode	$E_1+E_2+E_3$	$E_1+E_2+E_3$	$E_1+E_2+E_3$	$E_1+E_2+E_3$
analytische Methode	E_1	E_2	E_3	$E_1+E_2+E_3$

Darstellung 45. Ganzheits- und analytische Methode

sondern dass auch der Vollzug der Tätigkeit in konzentrierter Vorstellung ähnliche Effekte haben kann (vgl. Ulich, 1964). Man spricht in diesem Zusammenhang vom sog. »**mentalen Training**«.

Kontroverse Diskussionen hat es immer wieder darüber gegeben – und das gilt für einfache kognitive Inhalte in gleicher Weise –, ob die »**analytische Methode**« oder die »**Ganzheitsmethode**« beim Lernen effektiver sei. Unter der analytischen Methode wird das getrennte Lernen der einzelnen Lernelemente (E1, E2, ... En) verstanden, wobei die zunächst getrennt erlernten Elemente in einem letzten Schritt zusammengefasst werden. Unter der Ganzheitsmethode versteht man die Beschäftigung mit größeren Lerneinheiten (E1 + E2 + ... En) in jedem – jetzt entsprechend umfangreicheren – Lernschritt. Darstellung 45 verdeutlicht dies.

Für den Regelfall lässt sich sagen, dass bei schwierigen Aufgaben die Ganzheitsmethode dann vorzuziehen ist, wenn die Einzelelemente stark miteinander verflochten sind, während die analytische Methode als effektiver gelten darf, wenn die einzelnen Lernelemente relativ unabhängig voneinander sind (vgl. Naylor & Briggs, 1963).

Allerdings sollte bei der Ganzheitsmethode darauf geachtet werden, dass die Lerneinheiten nicht zu umfangreich sind, da der Lernaufwand mit der Größe der Einheit überproportional steigt (vgl. Naef, 1971; Kugemann, Gasch, Franck & Hübner, 1978). Es empfiehlt sich daher bei sehr umfangreichen Lerneinheiten die Aufgliederung in relativ geschlossene »Teilganze« oder eine Vereinfachung der zu lernenden Aufgabe auf ihre wesentlichen Grundaspekte (vgl. Briggs & Waters, 1958) sowie der systematische Einsatz von Pausen beim Lernen (vgl. Naef, 1971; Kugemann, Gasch, Franck & Hübner, 1978).

Für den Lernerfolg wichtig ist weiterhin, dass der Lernende über sein Lernverhalten und seine Lernfortschritte rasch eine **Rückmeldung** erhält, da er dadurch in die Lage versetzt wird, sein Verhalten adäquat zu korrigieren.

Literaturempfehlung

Sonntag, K. (1989). Trainingsforschung in der Arbeitspsychologie. Bern.
Gut gegliedert werden – von historischen Quellen ausgehend – Wege der Aus-, Fort- und Weiterbildung theoretisch und empirisch begründet. Dem Erwerb motorischer Fertigkeiten wird spezifische Aufmerksamkeit zuteil.

3.4.4.2. Das Erlernen kognitiver Inhalte mit Hilfe Programmierter Unterweisungen und des »E-learning«

Es wurde soeben betont, dass **rasche Rückmeldung** über das Erreichen oder Verfehlen der Lernziele den Lernerfolg verbessert. Dem liegt das »law of effect« zugrunde, das Thorndike (1921) formulierte: »Wenn eine modifizierte Verbindung zwischen einer Situation und einer Verhaltensreaktion hergestellt wird und von einem befriedigenden Zustand begleitet oder gefolgt wird, dann steigt die Stärke dieser Verbindung; wenn sie hergestellt und von einem unbefriedigenden Zustand begleitet oder gefolgt wird, sinkt ihre Stärke.« Die systematische Anwendung dieses **Gesetzes vom Erfolg**, das letztlich den Theorien vom instrumentellen und operanten Konditionieren zugrunde liegt, hat bei der praktischen Nutzung in der Aus-, Fort- und Weiterbildung zur Konzeption der so genannten **Programmierten Unterweisung (PU)** geführt (vgl. Correll, 1968).

Das Wesentliche Programmierter Unterweisungen besteht darin, dass der Stoff in **kleine Lernschritte** aufgelöst wird, der Lernende **individualisiert** arbeitet, also z. B. sein Tempo selbst bestimmen kann, und zugleich die Möglichkeit erhält, den Erfolg seiner Bemühungen **unmittelbar zu kontrollieren**. Dies geschieht meist dadurch, dass »Lücken« im Text schriftlich oder im PC auszufüllen sind. Die dafür erforderlichen Kenntnisse hat man in unmittelbar vorausgehenden Lernschritten erworben. Sofort nach dem Ausfüllen der Lücke erhält man – z. B. durch Umblättern bzw. Klicken der Seite – Rückmeldung darüber, ob man richtig geantwortet hat oder nicht. Zudem enthalten viele Programme für den Fall der Falschlösung Hinweise darauf, wo man innerhalb des Programms nachschlagen soll, um gezielt das noch fehlende Wissen zu erwerben. Verbreitet sind einfache »**lineare**« (Skinner, 1954) und komplexere »**verzweigte**« Programme (Crowder, 1959), bei denen die Individualisierung des Lernvorgehens entsprechend perfektioniert ist.

Empirische Untersuchungen, die programmiertes Lernen mit Frontalunterricht verglichen, fanden für die Programmierten Unterweisungen häufig deutliche Zeitersparnis beim Lernen und bessere Leistungen bei den unmittelbar folgenden Leistungstests.

Als besondere **Vorteile** der Programmierten Unterweisung werden häufig die folgenden Punkte ins Feld geführt:

- Der Stoff ist gut strukturiert und wird in kleinen Schritten folgerichtig angeboten. Überforderungen sind aufgrund der Vortests ausgeschlossen.
- Das Ausfüllen der Textlücken führt zu aktiver Mitarbeit und somit zu höherer Aufmerksamkeit und Motivation.
- Unmittelbares Feedback über den Lernfortschritt ist gewährleistet.
- Für alle Lernenden ist – unabhängig von Zeit und Raum – gleiche Information sichergestellt.
- Das Lernen läuft schneller ab.

Dem steht eine Reihe von **Nachteilen** gegenüber, die freilich durch moderne interaktive Vorgehensweisen mit Hilfe des Computers weitgehend relativiert werden können:

- Die Beantwortung von Fragen, die über das Programm hinausgehen, ist nicht möglich.
- Die Individualisierung ist nur in Bezug auf den Zeitablauf gegeben; sie berücksichtigt nicht – sieht man von Ansätzen dazu in verzweigten Programmen ab – die unterschiedlichen Vorkenntnisse, Fähigkeiten und Interessen.
- Die Entwicklung und Vortestung von Programmen ist sehr zeitaufwändig und teuer.
- Die Lernprogramme können nur für klar strukturierte Wissensgebiete und bei prägnanten Lernzielen entwickelt werden (z. B. Umgang mit dem PC).
- Der Kontakt zwischen Ausbilder und Auszubildenden wird minimiert.
- Die angestrebte und durch Vortest sichergestellte geringe Fehlerhäufigkeit führt zu extrem kleinen Lernschritten, was langfristig keine Erfolgserlebnisse gewährleistet, sondern Langeweile herbeiführt (vgl. zu diesen Punkten Blum & Naylor, 1968; Hinrichs, 1976; Stocker-Kreichgauer, 1978).

Eine Weiterentwicklung der programmierten Unterweisung sind die sog. Lehrmaschinen bzw. computerunterstützte Unterweisungen, bei denen das gespeicherte Programm über den Bildschirm angeboten wird (vgl. Atkinson & Wilson, 1969). Neuere Formen sind zu ›intelligenten‹ **computergestützten Trainingsprogrammen** weiterentwickelt worden, die zum Teil bis zur Simulation einer Gesamtorganisation reichen und für das Führungstraining geeignet erscheinen (Küffner & Seidel, 1989). Selbst das Problem, dass nicht vorgesehene Benutzerfragen offen bleiben, sucht man durch lernende und intelligente Verfahren zu lösen (Kunz & Schott, 1987). Die Diskussion um den Wert und Unwert computergestützter Trainingsprogramme, das sog. »**E-learning**« (Busch & Mayer, 2002; Riegert, 2006), verwendet dabei ähnliche Argumente, wie sie seinerzeit bei der Beurteilung der Programmierten Unterweisung ins Feld geführt wurden.

Generell sind manche überzogenen Hoffnungen, die sich mit dem »E-learning« verbunden haben, zwischenzeitlich auf ein realistisches Niveau abgesenkt worden. Insbesondere hat es sich gezeigt, dass allein und dezentral lernende Personen, die das Internet oder ein Firmenintranet nutzen, ihre Lernprozesse häufig abbrechen. Erfolg bringen derartige Programme vor allem dann, wenn die **multimedialen Lernumgebungen** in hohem Maße die reale Arbeitssituation simulieren und den Lernenden Aktions- und Interaktionsmöglichkeiten sowie verschiede Tools und Datenbanken zur Problembearbeitung bereitstehen. Wichtig erscheint ebenfalls, dass Teletutoren oder »Online-Coaches« den Lernenden unterstützen (Busch & Mayer, 2002; Rautenstrauch, 2001).

Literaturempfehlung

Küffner, H. & Seidel, C. (Hrsg.) (1989). Computerlernen und Autorensysteme. Stuttgart.
Dieser Band bietet einen breiten Überblick über eine Vielzahl einfacher und komplexer Systeme computerunterstützten Lernens.

3.4.4.3. Das Training von Motivation und Volition

Von Motivation spricht man, wenn ein Drangerlebnis die Person zur Handlung treibt. Volition wird erforderlich, wenn die Motivation zu schwach ist und das Handlungsziel dennoch bestehen bleibt. Motivation und Volition lassen sich – in Grenzen – entwickeln.

3.4.4.3.1. Grundüberlegungen

In aller Regel wird dann, wenn durch Aus-, Fort- oder Weiterbildung in Organisationen Qualifikationen vermittelt werden, kognitive Befähigung gemeint. Wissen, Fähigkeiten und Fertigkeiten werden verbessert. Ob diese Fähigkeiten und Fertigkeiten dann allerdings auch bei der Aufgabenbewältigung eingesetzt werden, ist entscheidend von der Motivation des einzelnen abhängig. Das offene **Verhalten wäre demnach eine Funktion der Fähigkeiten und Fertigkeiten sowie der Motivation** (vgl. Vroom, 1964; v. Rosenstiel, 1975, 2003; Campbell & Pritchard, 1976). Nun könnte man dagegen einwenden, dass allein das Wissen, bestimmte Fertigkeiten oder Kenntnisse zu besitzen, bereits ausreichend motivierend wirke, im Sinne des Diktums, dass »jede Fertigkeit ihre eigene Motivation« sei, und dass außerdem Motivation zur Aufgabenerfüllung weniger von interindividuell unterschiedlichen Persönlichkeitsmerkmalen abhänge als vielmehr von den Anreizbedingungen der Organisation. Dem ist nur zum Teil zuzustimmen: Empirische Untersuchungen haben immer wieder gezeigt, dass bei Konstanthaltung der Fähigkeiten und Fertigkeiten und bei gleichen situativen Bedingungen die Leistungen interindividuell – wenn auch nicht linear – mit der Motivationsstärke variieren (vgl. Atkinson, 1958; v. Rosenstiel, 1975; Heckhausen, 1989; Six & Kleinbeck, 1989).

Für unseren Zusammenhang ist das Motivationskonzept so bedeutsam (in den Kapiteln 2 und 5 wurde bzw. wird detailliert darauf Bezug genommen), dass es lohnend ist, auch hier darauf etwas näher einzugehen.

Die Motivationspsychologie bemüht sich, das **»Warum« menschlichen Verhaltens** zu klären (Thomae, 1965). Die Umgangssprache hat dafür so viele Worte, dass annähernd das gesamte Alphabet besetzt werden kann: angefangen von »Antrieb« über »Bedürfnis« bis zu »Wunsch« oder »Zielbindung« (Graumann, 1969).

Von der **Motivation** wird – geht es um die Erklärung beobachtbaren Verhaltens – in der Regel die **Kognition** abgehoben. Obwohl Motivation und Kognition vielfältig verflochten sind, lassen sich doch akzentuierende Unterscheidungen vornehmen, ähnlich wie es Rohracher (1988) für die Trennung zwischen **psychischen Funktionen und psychischen Kräften** vorgeschlagen hat. Die Funktionen (bzw. Kognitionen) sind die Hilfsmittel, mit denen sich Lebewesen in der Welt zurechtfinden, d. h. das finden, was ihr Ziel ist. Was zum Ziel wird, bestimmen dagegen die aktivierten Kräfte (die Motivation).

Obwohl diese Differenzierung auf den ersten Blick plausibel erscheint, hat es nicht an Argumenten gefehlt, sie aufzugeben oder ganz auf das Motivationskonzept zu verzichten. Kelly (1969) geht dabei so weit, die Motivation als »irreführendes Konstrukt« zu bezeichnen. Er argumentiert dahingehend, dass es unnötig sei, nach einem »Warum« des Verhaltens zu fragen, weil das Leben selbst mit Bewegung gleichzusetzen sei; »es ist nicht so, dass Motive den Menschen munter machen und ihn dazu bewegen, etwas zu tun. Seine Aktivität ist ein Aspekt seiner eigentlichen Existenz«. Somit sei es einfach überflüssig, über aktivierte Motive zu sprechen.

Heckhausen (1963), dem diese Problematik sehr wohl bewusst ist, bringt dennoch Argumente dafür, das Motivationskonzept beizubehalten. Dafür sprechen seiner Auffassung nach folgende Gründe:

- **interindividuelle Unterschiedlichkeit** und relative Situationsunabhängigkeit des Verhaltens;
- **starker und lang anhaltender Kräfteeinsatz**, vor allem, wenn sich Hindernisse in den Weg stellen;
- **gerichteter oder geordneter Phasenablauf** der psychischen und motorischen Gesamttätigkeit, bis ein »natürlicher« Abschluss erreicht ist;
- auffällige **Abweichungen der psychischen Funktionsleistungen** vom Vorgegebenen, Üblichen, Zweckmäßigen, und
- **Binnenerlebnisse** von emotionaler bzw. dranghafter Natur.

Diese und ähnliche Argumente haben dazu geführt, dass die Motivationspsychologie auch weiterhin ein wesentliches Forschungsgebiet der Psychologie ist und bleiben wird.

In der Motivationspsychologie wird zwischen »**Motiv**« und »**Motivation**« unterschieden. Der Begriff »Motiv« bezeichnet dabei eine zeitlich relativ überdauernde, inhaltlich spezifische psychische Disposition. Motive sind zum Teil angeboren oder reifen nach einer für die Art kennzeichnenden Gesetzlichkeit oder werden im Zuge der Sozialisation in der Person entwickelt. Sie bilden ein relativ stabiles kognitives, affektives und wertgerichtetes Teilsystem der Person (vgl. v. Rosenstiel, 1975; Heckhausen, 1989; Nerdinger, 2006).

Angesichts der Vielfalt der in der Literatur beschriebenen Motive stellt sich die Frage, wie man sie ordnen kann. Tatsächlich lassen sich die **Klassifikationen** unter sehr unterschiedlichen Gesichtspunkten vornehmen, wobei in komplexeren Klassifikationssystemen auch eine Kombination der verschiedensten Aspekte erfolgen kann. Thomae (1965) hat eine Reihe derartiger Klassifikationsaspekte beschrieben:

- **Genese** (z. B. angeborene oder erlernte Motive),
- **Orientierung** (inhaltliche Ausrichtung z. B. auf Leistung, Macht, Gesellung),
- **Bewusstseinsgrad** (z. B. bewusst oder unbewusst),
- **Extensität** (das gesamte Erleben erfüllend oder nicht),
- **Intensität** (z. B. stark oder schwach),
- **Verlauf** (z. B. rhythmisch oder unregelmäßig),
- **Tiefe und Zentralität** (z. B. ich-nah, d. h. für die Person bedeutsam oder nicht).

»Motivation« entsteht dann, wenn eine Person mit **Anregungsbedingungen der umgebenden Situation** konfrontiert wird, die in ihr ganz bestimmte Motive aktivieren, die wiederum Verhaltensintentionen auslösen (vgl. Rüttinger, v. Rosenstiel

& Molt, 1974; Nerdinger, 1995, 2006). Die Motivation erklärt die Richtung, die Stärke und die zeitliche Dauer des individuellen Verhaltens, wenn man Fähigkeiten, Fertigkeiten, Aufgabenverständnis und Einflüsse aus der objektiven Umgebung konstant hält (vgl. Campbell & Pritchard, 1976).

Motivation ergibt sich also demnach aus dem **Zusammenspiel einer Person** (die spezifische Motive hat, die als überdauernde Persönlichkeitskonstrukte angesehen werden) **mit einer Situation**, in der bestimmte Bestandteile so wahrgenommen werden, dass sie zu Anreizen werden, die die Motive in der Person aktivieren und dadurch das Verhalten in seiner **Intensität, Richtung, Form und Dauer** bestimmen.

Dass ein so umfassendes Konzept wie das der Motivation zu verschiedenen Ausformungen geführt hat, kann nicht überraschen. Hier ist nicht der Platz dafür, auf diese Theorien im Einzelnen einzugehen. Es erscheint ausreichend, sie – in Anlehnung an Madsen (1968) und Weiner (1996) – in vier Gruppen zu klassifizieren:

(1) **Homöostatische Ansätze**: Hier sieht das Erklärungsprinzip so aus, dass jede Abweichung vom gegebenen Gleichgewicht innerhalb des Organismus zu Reaktionen oder Reaktionstendenzen führt, die in Richtung auf Wiederherstellung dieses Gleichgewichts – etwa durch Triebreduktion – wirken. Motivation ist somit jeweils eine **Defizit-Motivation**.

(2) **Anreiztheoretische Ansätze**: Hier ist das Erklärungsprinzip so gestaltet, dass alles gegenwärtige Verhalten die Folge antizipierter – also erwarteter – Lustzustände des Organismus ist. Die anreiztheoretischen Ansätze sind damit solche **hedonistischer Art**.

(3) **Kognitive Ansätze**: Das Erklärungsprinzip sieht hier so aus, dass das Verhalten des Individuums aus der kognitiven Bewältigung von Herausforderungen, z. B. dem Widerspruch verschiedener Kognitionen, erklärbar ist, die das Individuum abzubauen sucht. Der Ansatz ist zum Teil dem attributionstheoretischen, zum anderen dem gleichgewichtstheoretischen Denken der homöostatischen Ansätze verwandt; **Gleichgewicht** wird allerdings bei den homöostatischen Ansätzen im Organismus, bei den kognitiven innerhalb des kognitiven Systems angestrebt.

(4) **Humanistische Ansätze**: Das Prinzip geht hier dahin, dass das menschliche Verhalten aus dem Sinn zu verstehen ist, den es im Zuge individueller Selbstverwirklichung gewinnt. Selbstverwirklichung ist damit das (normativ) vorgegebene Ziel, womit typisch menschliche Motivation zugleich **Wachstumsmotivation** ist.

Darstellung 46 visualisiert diese Ansätze vergleichend miteinander.

Die verschiedenen Theorien der Arbeitsmotivation (vgl. 5.3.1.) ließen sich – wenn auch zum Teil etwas gewaltsam – den genannten vier Theorieklassen zuordnen (vgl. Neuberger, 1974). Verbreiteter ist allerdings der Versuch, die Arbeitsmotivationstheorien zwei großen Gruppen zuzuzählen: den

(1) **Inhaltstheorien** und den
(2) **Prozesstheorien** (vgl. Campbell & Pritchard, 1976).

Nr.	Name	Prinzip	Ziel
1	Bedürfnistheorien	Homöostase	Bewahrung des organischen Gleichgewichts
2	Anreiztheorien	Nutzenmaximierung	„So viel wie möglich"
3	Kognitive Theorien	Kognitives Gleichgewicht	Kognitive Harmonien und erlebte Gerechtigkeit
4	Wachstumstheorien	„Werde der Du bist"	Psychisches Wachstum

Darstellung 46. Klassifikation der Motivationstheorien

(1) Der Grundgedanke der **Inhaltstheorien** der Arbeitsmotivation liegt darin, dass eine **Taxonomie der Ziele** geboten und sodann bestimmt wird, nach welcher Gesetzmäßigkeit der Mensch welche Ziele anstrebt; die damit verbundenen dynamischen Prozesse werden jedoch weitgehend vernachlässigt. Vertreter solcher Arbeitsmotivationstheorien sind Maslow (1943, 1954), Alderfer (1969, 1972), Herzberg, Mausner und Snyderman (1959) und mit Einschränkungen (siehe 3.4.4.3.2.) auch McClelland (1985), der ja inhaltlich zwischen drei großen Motivgruppen differenziert und zwar den Bedürfnissen nach Macht, nach Leistung und nach Anschluss. Auf einige dieser theoretischen Ansätze wird später vertiefend eingegangen werden (vgl. 5.3.1.3.).

(2) Der Grundgedanke der **Prozesstheorien** ließe sich so skizzieren: Das Ziel des Verhaltens ist weitgehend unbestimmt bzw. von Fall zu Fall verschieden; das Individuum strebt jedoch danach, den subjektiv erwarteten Nutzen zu maximieren. Derartige Theorien richten ihren Hauptaugenmerk auf die **Dynamik bei der Kalkulation im Sinne subjektiver Rationalität** und die daraus folgende Umsetzung in eine Verhaltensintention. Ein Beispiel dafür ist die Arbeitsmotivationstheorie von Vroom (1964).

Die Theorie der **Leistungsmotivation** nimmt eine gewisse Zwischenstellung ein. Zwar wird man sie von der gesamten Konzeption her eher den Prozesstheorien zuordnen; inhaltlich wird aber auch etwas über Ziele gesagt: Leistung um ihrer selbst willen wird angestrebt. Die Intensität, mit der dies erfolgt, ist lernbar, weshalb es nicht an Versuchen gefehlt hat, einschlägige Trainingsprogramme zu entwickeln (vgl. Kolb, 1965; McClelland & Winter, 1969; Heckhausen, 1971; Florin & v. Rosenstiel, 1976). Wegen der besonderen Bedeutung der Leistungsmotivation für das Verhalten in Leistungsorganisationen soll daher unter 3.4.4.3.4. ein Motivationstraining am Beispiel der Förderung von Leistungsmotivation geschildert werden.

Die Leistungsmotivation steht hier als ein inhaltlich spezifiziertes Beispiel für die Motivation. In ähnlicher Weise könnte z. B. über die Macht-, die Anschluss- oder die Sicherheitsmotivation gesprochen werden. Neben die Motivation tritt al-

Motivation	Volition		Motivation
prädezisional	präaktional	aktional	postaktional
Wählen	**Zielsetzung**	**Handeln**	**Bewerten**

Darstellung 47. Das Handlungsphasenmodell (nach Heckhausen)

lerdings in jüngster Zeit wieder, wenn es um die Antriebskräfte des Menschen geht, der **Wille**, der in den modernen Darstellungen meist als **Volition** bezeichnet wird. Diese Diskussion wurde vor allem durch Arbeiten von Gollwitzer (1991) und Heckhausen (1989) wieder belebt, auf die das so genannte **Handlungsphasenmodell** zurückgeht, das Darstellung 47 zeigt.

Man erkennt, dass im Zuge des motivierten Handelns vier Phasen unterschieden werden. Die erste, vor der Handlungsentscheidung liegende Phase, wird als motivational gekennzeichnet. Die Person wägt zwischen verschiedenen Handlungsmöglichkeiten ab. Dann folgt die Intentionsbildung, die als »**Schritt über den Rubikon**« (Heckhausen, Gollwitzer & Weinert, 1987) bezeichnet wird. Es ist die Konzentration auf einen Handlungsplan, die nun als durch die Volition, den Willen, gekennzeichnet beschrieben wird. Die Person nimmt sich konkret etwas vor und denkt nicht mehr an die Handlungsalternativen. Dies gilt es in der dritten Phase, jener der Intentionsrealisierung, auch umzusetzen und dabei Störungen abzuwehren und Barrieren zu überwinden. Ist nun nach dieser Handlungsphase das Ziel erreicht bzw. verfehlt worden, so kommt es zu einer postaktionalen Motivationsphase, d. h. die Person bewertet das Ergebnis und vergleicht den eingetretenen Zustand zum Beispiel mit jenen Folgen, die bei der Umsetzung der Alternativpläne hätten erreicht werden können. Besonders gewichtig ist für die volitionalen Phasen die Verengung des Blickwinkels und die Konzentration auf ein Ziel.

Mit einer gewissen Akzentverschiebung haben auch Kuhl (1996) oder Kehr (2004) die **Motivation** von der Volition abgehoben. Demnach lässt sich auf der Erlebensebene motiviertes Handeln durch »**Flowerlebnisse**« (Csikszentmihalyi, 1975) kennzeichnen. Dies bedeutet, dass die zu erledigende Tätigkeit in ihren Anforderungen den persönlichen Kompetenzen entspricht, also das Potenzial der Befriedigung in sich selbst trägt. Demgegenüber ist ein auf **Volition** begründetes Verhalten an einem attraktiv oder doch notwendig erscheinenden **Ziel** orientiert; der Weg dorthin aber wird eher als **lästig und nicht als lustvoll** erlebt. Damit nähert sich die so verstandene Unterscheidung zwischen Motivation und Volition jener zwischen einer so genannten **intrinsischen** und einer **extrinsischen Motivation** (Herzberg, 1966; Deci & Ryan, 1985; Heckhausen, 1989) an. Intrinsisch motiviertes Handeln befriedigt durch die Handlung selbst, während extrinsisch motiviertes Handeln Befriedigung nur im Erreichen eines Endzustandes oder in den Begleitumständen der Handlung findet. In der Sprache der vergleichenden Verhaltensforschung lässt sich hier auch zwischen dem **Appetenzverhalten**, dem befriedigenden Weg auf ein Ziel hin einerseits, und dem **konsummatorischen Akt**, dem Erreichen des Ziels auf der anderen Seite, unterscheiden (Bischof, 2001). Diese Differenzierung ist auch für das Handeln in Organisationen bedeutsam. Es lässt sich ja vielfach feststellen, dass sich zum Beispiel Fach- und Führungskräfte nach einer Personalentwicklungsmaßnahme vornehmen, bestimmte ihnen nun wichtig erscheinende Ziele zu erreichen oder ihr Verhalten zu ändern. Kehr, Bles und v. Rosenstiel (1999) befragten z. B. nach Seminarveranstaltungen Führungskräfte, was sie sich als Konsequenz einer solchen Veranstaltung vorgenommen hatten. Zugleich ließen sie die dafür notwendigen Verhaltensweisen auf vorher überprüften Skalen einordnen. Einige Monate später wurden die Seminarteilnehmer darum gebeten, ihre drei Ziele nach dem Grad der gelungenen Umsetzung in eine Rangreihe zu bringen. Es zeigte sich, dass die erfolgreich umgesetzten Maßnahmen über Motivation, die weniger erfolgreich umgesetzten durch Volition getragen wurden. Daraus nun wiederum ließe sich die Konsequenz ableiten, Trainingskonzepte zu entwickeln, mit deren Hilfe die Motivation, aber vor allem auch die Volition gestützt werden kann. Darauf wird unter 3.4.4.3.4 und 3.4.4.3.5 eingegangen werden.

Literaturempfehlung

Heckhausen, H. (1989). Motivation und Handeln. Berlin.
In diesem wohl bedeutendsten deutschsprachigen Werk zur Psychologie der Motivation wird zum einen der wichtigen Unterscheidung zwischen Motivation (gerichtet auf Abwägen von vorgenommenen Handlungsalternativen) und Volition (Handlungsintention) und zum anderen auch der Theorie der Leistungsmotivation besondere Beachtung geschenkt.
Nerdinger, F. W. (1995). Motivation und Handeln in Organisationen. Stuttgart.
In diesem schmalen Lehrbuch wird gezielt auf den Überlegungen Heckhausens und seinem Motivationsmodell aufgebaut und das aktuelle Wissen zur Arbeitsmotivation in dieses Modell integriert.

3.4.4.3.2. Theorie der Leistungsmotivation

Leistungsmotivation wird häufig als Bestreben definiert, die eigene Tüchtigkeit in allen jenen Tätigkeiten zu steigern oder möglichst hoch zu halten, in denen man einen **Gütemaßstab** für verbindlich hält und deren Ausführung deshalb gelingen oder misslingen kann (vgl. McClelland, 1955; Heckhausen, 1989).

Der Gütemaßstab ist dabei erfahrungsabhängig; seine Herausbildung ist u. a. auch in dem Zusammenhang zu sehen, dass das Erreichen des sehr Leichten nicht als Erfolg, das Misslingen des sehr Schweren nicht als Misserfolg erlebt wird. Ein positiver Effekt ergibt sich (negativ proportional) aus der Distanz des wahrgenommenen Ist-Wertes vom Soll-Wert auf dem Gütemaßstab, wobei überraschenderweise leichte Abweichungen vom Gütemaßstab positivere Affekte auslösen als das punktgenaue Erreichen dieses Maßstabs.

Leistungsmotivation ist qualitativ von Person zu Person unterschiedlich ausgeprägt, wobei – sieht man die Extrempunkte – die Motivation als **Furcht vor Misserfolg** oder aber als **Hoffnung auf Erfolg** (bei jeweils subjektiver Vernachlässigung des entgegengesetzten Aspekts) erlebt werden kann (Alpert & Haber, 1960; Heckhausen, 1963).

Atkinson hat sich bemüht, die Leistungsmotivationstheorie bei Berücksichtigung der Tendenzen »Hoffnung auf Erfolg« und »Furcht vor Misserfolg« mathematisch zu formulieren. Darauf sei hier nicht eingegangen.

Die empirische Forschung (Heckhausen, 1965) hat vielfältige Verhaltenskorrelate der Leistungsmotivation nachgewiesen, die nicht nur im Bereich der individuellen Leistung im eng verstandenen Sinne liegen, sondern z. B. auch im Bereich der Zielsetzung, der Zeitperspektive, des Erinnerns erledigter und unerledigter Aufgaben, der Risikobereitschaft etc. Besonders interessant ist, dass derartige Ergebnisse nicht nur auf individuellem, sondern auch auf kollektivem Auswertungsniveau gefunden wurden, wobei die Prognose des wirtschaftlichen Wachstums aus der durchschnittlichen Leistungsmotivation verschiedener Völker besonderes Interesse verdient (vgl. McClelland, 1966).

Literaturempfehlung

Heckhausen, H. (1989). Motivation und Handeln. Berlin, Kap. 3.
  In diesem Überblick, der nach den Prozessstufen des Motivationsgeschehens gegliedert ist, wird der Forschungsstand bis in die späten 80er-Jahre dargestellt. Ein ausführliches Literaturverzeichnis am Ende des Buches eröffnet den Zugang zu allen wesentlichen Quellen.

3.4.4.3.3. Messung der Leistungsmotivation

Zur Messung der Leistungsmotivation werden verschiedene Vorgehensweisen herangezogen, u. a. neben neueren Fragebogenverfahren (Sarges & Wottawa, 2004) auch Inhaltsanalysen projektiver standardisierter Testverfahren, wie z. B. des TAT (= Thematischer Apperzeptions-Test). Beim TAT handelt sich um ein Testverfahren, bei dem der Proband zu einer Reihe mehrdeutiger Bilder möglichst spannende Geschichten erzählen soll, die dann vom Testleiter **inhaltsanalytisch** auszuwerten sind (Murray, 1938).

Die Inhaltsanalyse des TAT darf dabei als wichtiges und – trotz relativ geringer Reliabilität – als recht valides Verfahren betrachtet werden. Für den deutschen Sprachraum wurde eine entsprechende Testversion von Heckhausen (1963) entwickelt.

Dort allerdings, wo in einer Organisation die Leistungsmotivation einzelner Personen systematisch trainiert werden soll, verzichtet man meist darauf, gezielt die Höhe der Leistungsmotivation mit Testverfahren zu erfassen (zur Messung der Motivation mit Testverfahren vgl. v. Rosenstiel, 1979; Kehr, 2004; Erpenbeck & v. Rosenstiel, 2003; Sarges & Wottawa, 2004).

Literaturempfehlung

Heckhausen, H. (1963). Hoffnung und Furcht in der Leistungsmotivation. Meisenheim.
  Das Buch behandelt Entwicklung und Validierung eines Verfahrens zur Messung der Leistungsmotivation auf TAT-Basis. Der Anhang ermöglicht im Selbststudium das Erlernen der inhaltsanalytischen Testauswertung.

3.4.4.3.4. Das Training: Grundlagen und Vorgehen

Die Stärke des Leistungsmotivs ist nicht angeboren, sondern weitgehend **erlernt**. Primär erscheint sie durch die Erziehung zwischen dem sechsten und zehnten Lebensjahr bestimmt zu werden (vgl. Winterbottom, 1958), ist aber auch in anderen Lebensaltern beeinflussbar und modifizierbar.

Ein **Trainingsprogramm**, das auf diesen Grundgedanken aufbaut, kann beispielsweise – vielfältige Abwandlungen sind möglich – die folgenden vier Stufen umfassen:

(1) systematisches **leistungsbezogenes Assoziationstraining** – beispielsweise dadurch, dass ganz bewusst leistungsbezogene Erzählungen zu vorgelegten Bildern (beispielsweise TAT-Tafeln) geschrieben werden sollen;
(2) bewusste **Kopplung von Leistungsphantasien und eigenem Arbeitsverhalten**;
(3) bewusstes **Setzen von kurz-, mittel- und langfristigen Leistungszielen** bei anschließender Analyse der dabei auftretenden Hindernisse bzw. der Bedingungen, die sich dabei als besonders förderlich erwiesen;
(4) **soziale Verstärkung leistungsbezogener Aktivitäten** durch gleichgesinnte Mitglieder einer Gruppe, z.B. der Trainingsgruppe, die sich ihre Erfolge und ihre Bemühungen um Zielerreichung erzählen, Leistung zum Statussymbol der Mitgliedschaft machen und wechselseitig Modelle für künftiges Verhalten abgeben.

McClelland und Winter (1969) haben in einer viel beachteten Pionierstudie den Versuch unternommen, Manager und Unternehmer in Indien in ihrer Leistungsmotivation zu fördern. Sie untersuchten die Wirkung im Rahmen eines Versuchs-Kontrollgruppen-Designs. Das Training selbst entsprach dem Aufbau, der soeben skizziert wurde. Die Effekte wurden an einer Reihe von Kriterien gemessen. Die Ergebnisse zeigt Tabelle 12.

Es wird sichtbar, dass das Training Verhaltensänderungen nach sich zog, auch wenn diese nicht immer die intendierten wirtschaftlichen Effekte hatten (man achte auf die Zahl der Konkurse!). Offen allerdings bleibt bei der Evaluationsstu-

	vor dem Kurs 1962–1964		nach dem Kurs 1964–1966	
	TG	KG	TG	KG
Unternehmerisch aktiv	18%	22%	51%	25%
Mehr als 8 Stunden Arbeitszeit pro Tag	7%	11%	20%	7%
Konkurse	–	–	25%	7%
Neugründung von Geschäften	4%	7%	22%	8%
Neue Kapitalinvestitionen	32%	29%	74%	40%
Einkommensverbesserungen	75%	57%	80%	76%
Anstieg der Beschäftigtenzahl	35%	31%	59%	33%

Tabelle 12. Vergleich der Teilnehmer der Trainingsgruppe (TG) mit denen der Kontrollgruppe (KG) bei einzelnen unternehmerischen Aktivitäten in der Zeit vor und nach dem Kurs (zusammengestellt nach McClelland & Winter, 1969)

die, welche Bestandteile des Trainingsprogramms es waren, die zu diesen Effekten führten. Es ist ja denkbar, dass allein schon die Teilnahme am Programm und nicht dessen spezifische Inhalte zu den Verhaltensänderungen führten oder dass dies nur einige wenige Teilschritte des Programms bewirken und alles andere überflüssig war.

Literaturempfehlung

Krug, S. (1976). Förderung und Änderung des Leistungsmotivs: Theoretische Grundlagen und deren Anwendung. In: H. D. Schmalt & W. U. Meyer (Hrsg.). Leistungsmotivation und Verhalten. Stuttgart, S. 221-247.
Ein knappes Sammelreferat zur Thematik der Veränderung der Leistungsmotivation *durch Training.*

3.4.4.3.5. Stützung von Motivation und Volition

Der Trainingstransfer, die Umsetzung dessen also, was man sich im Rahmen einer Personalentwicklungsmaßnahme vorgenommen hat, gelingt häufig nicht. Aber auch ohne spezielle Förderung der Person lässt sich bei dieser nicht selten feststellen, dass sie vorgegebene oder selbst gesetzte Ziele nicht erreicht. Die Gründe hierfür können sehr unterschiedlich sein und auf schwer überwindbare **äußere Barrieren**, auf formelle oder informelle **Normen innerhalb der Organisation**, auf Qualifikations- oder **Kompetenzmängel**, aber auch auf **unzureichende Motivation oder Volition zurückzuführen** sein. Mit diesem letztgenannten Gesichtspunkt wollen wir uns nun knapp auseinandersetzen.

Generell lässt sich zeigen, dass Handlungsweisen in der Organisation, die motivational getragen sind, erfolgreicher umgesetzt werden können, als solche, die gegen konkurrierende, mit größerer Freude verbundene Alternativaktivitäten durchgesetzt werden müssen, die also volitional zu stützen sind (Kehr, Bles & v. Rosenstiel, 1999). Es lassen sich also sehr wohl Verfahren entwickeln, die die Motivation stärken; wichtiger erscheinen aber solche, die volitional ausgerichtet sind. Bausteine eines entsprechenden Trainingsprogramms seien nachfolgend in Anlehnung an Kehr (2002) kurz skizziert.

Das von Kehr (2002) entwickelte Programm befindet sich derzeit in der Erprobung und wird evaluiert (Kehr & v. Rosenstiel, 2006). Es umfasst sechs, durch die Voruntersuchungen angeregte theoretisch begründete Module, die nachfolgend knapp genannt und beschrieben werden sollen:

(1) Stärkung der **Zielbindung**,
(2) Identifikation und **Regulierung von Zielkonflikten**,
(3) Förderung der **volitionalen Kompetenz**,
(4) Entwicklung von **Strategien gegen restriktive Selbstkontrolle**,
(5) Berücksichtigung der **individuellen Bedürfnisse** bei der Handlungsplanung,
(6) Identifikation von **Handlungsbarrieren** und Entwicklung geeigneter Coping-Strategien.

1, 2, 3 und 6 dienen der Verbesserung metavolitionaler Strategien, 4 und 5 sollen metamotivationale Strategien begünstigen. Dabei bedeutet metavolitional bzw. metamotivational: kognitiver Umgang mit der eigenen Volition bzw. Motivation.

Eine **Stärkung der Zielbindung** scheint überall dort erforderlich, wo langfristig bedeutsam erscheinende Ziele auf einem als aversiv erlebten Weg erreicht werden sollen. Extrinsisch motivierte Handlungsabsichten müssen also bei mangelnder intrinsischer Motivation realisiert werden (Locke & Latham, 1990). Dies gilt z. B. dann, wenn man eine Prüfung bestehen möchte, aber angesichts des schönen Wetters keine Lust zum Lernen hat. Konkurrierende Handlungsabsichten sollten mit geeigneten volitionalen Strategien unterdrückt werden, wozu die Stärkung der Zielbindung zählt. Diese Zielbindung kann verbessert werden, wenn den Trainierten die hohe Instrumentalität des Erreichens der Ziele für eigene berufliche und private Ziele aufgezeigt wird (Locke & Latham, 1990), wenn sie die Möglichkeit erhalten, sich partizipativ für die Umsetzung dieses Ziels zu entscheiden (Deci & Ryan, 1985) oder wenn sie gemeinsam die Möglichkeit erhalten, in Pro- und Contra-Diskussionen die für und gegen die Zielrealisierung sprechenden Argumente kennen zu lernen (Kanfer, 1992).

Die **Regulierung von Zielkonflikten** erscheint für die Transfersicherung wichtig, da die inadäquate Unterdrückung konkurrierender Ziele nicht selten mit depressiven, negativen Gefühlen und psychosomatischen Beschwerden einhergeht (Emmons & King, 1988). Hilfreich bei der Bewältigung von Zielkonflikten erweisen sich Umgewichtungen von Prioritäten (Kanfer, 1992) sowie der Vergleich der Erwartungswerte unterschiedlicher Zielintentionen (Ajzen & Madden, 1986; Preiser, 1989).

Die **Förderung der volitionalen Kompetenz** wird dadurch begünstigt, dass die Person zunächst einmal ihre Defizite auf diesem Gebiet kennen lernt, was mit einem geeigneten Verfahren, z. B. dem praktikablen **SSI-K (Selbststeuerungs-Inventar-Kurzform)** von Kuhl und Fuhrmann (1997), recht gut gelingt. Ausgehend von den Defiziten können nun erfolgreich Interventionen zum Einsatz kommen (Kraska, 1993). Derartige Maßnahmen können konkret darin bestehen

- den Teilnehmern, im Sinne eines Coaching, Feedback über ihre volitionsbezogenen Stärken und Schwächen zu geben;
- Personen, die Vorsätze rasch fallen lassen, wenn es zu negativen Effekten kommt, Techniken der Emotionskontrolle zu vermitteln;
- ein Übermaß der Motivationskontrolle zu reduzieren;
- die Flexibilität zu steigern, d. h. situationsangemessen zwischen verschiedenen volitionalen Strategien wählen zu können.

Die Entwicklung von **Strategien gegen restriktive Selbstkontrolle** ist dann erforderlich, wenn die in einer geradezu zwanghaften Weise wirkenden Verhaltenstendenzen zugunsten der langfristig orientierten Ziele zurückgedrängt werden. Eine Neigung zur **Überkontrolle**, die sich diagnostizieren lässt (Kuhl & Fuhrmann, 1996), hat negative Auswirkungen auf den Trainingstransfer (v. Rosenstiel & Kehr, 1997; Kehr & Rosenstiel, 2006; Kehr, 2002). Gelockert werden kann die Überkontrolle durch eine sensiblere Selbstwahrnehmung, verbunden mit einer stärkeren Berücksichtigung eigener Bedürfnisse und Entspannungsübungen nach Jacobson

(1938, vgl. auch 3.4.4.4.3.). Dabei erscheint es wichtig, dass die Person flexibel zu differenzieren lernt, wann und in welchen Situationen sie fremdgesetzten Zielen die Priorität gibt und wann sie auf der Befriedigung eigener Bedürfnisse besteht (Kraska, 1993). Halgin und Leahy (1989) schlagen konkret vor:

- Situationen identifizieren, in denen eigene Bedürfnisse unterdrückt und Überkontrolle praktiziert wird;
- dysfunktionale kognitive Prozesse identifizieren, die mit der Unterdrückung der eigenen Bedürfnisse in Verbindung stehen;
- konkrete Reaktionsweisen ermitteln, durch die die eigenen Bedürfnisse unterdrückt werden.

Die **Berücksichtigung der individuellen Bedürfnisse** bei der Handlungsplanung lässt sich unmittelbar aus dem eben Gesagten ableiten. Intrinsische Motivation hat positive Effekte auf die Leistungsbereitschaft und die Arbeitszufriedenheit (Herzberg, Mausner & Snyderman, 1959). Angesichts des großen Handlungsspielraums, den Führungskräfte meist haben, sollten sie Wege zu ihren Zielen wählen, von denen sie annehmen, dass sie ihnen Spaß machen. Solche Wege sollten sie sich in einer Art mentalen Trainings bewusst machen. Außerdem wird die intrinsische Motivation dadurch verstärkt, dass Wege und Ziele nicht von außen vorgegeben werden, sondern sich die Person autonom und selbstbestimmt dafür entscheidet (Deci & Ryan, 1993).

Ganz konkret sollten sich die Führungskräfte die einzelnen Handlungsschritte vorstellen und auf die Emotionen achten, die sie dabei haben. Diese Emotionen gilt es systematisch zu erfassen. Gewählt werden sollte dann jener Weg, der eine besonders positive Emotionsbilanz verheißt (Schultheiß, Kosmann & Brunstein, 1996).

Die **Identifikation von Handlungsbarrieren** und die Entwicklung geeigneter Coping-Strategien kann den Transfer fördern. Im Sinne des Coping-Modells von Lazarus und Folkman (1984; vgl. Kap. 2.3.4.) sollte sich der Trainierte zunächst fragen, ob das antizipierte Verhalten positive, neutrale oder negative Affekte auslöst. Sind negative Affekte wahrscheinlich, gilt es zu prüfen, ob und wie **Coping**mechanismen oder Ressourcen eingesetzt werden können, um die antizipierte Handlungsbarriere zu überwinden. Kann man sie ignorieren, umgehen oder die Ausführung an andere delegieren? Lässt sich das Problem gemeinsam mit anderen leichter bewältigen etc.?

Derartige Antizipationen sind im Training mit den Teilnehmern zu erarbeiten und sodann die alternativen Handlungswege mit ihnen zu besprechen, bevor es zur Entscheidung für eine spezifische Strategie kommt, durch die die Vornahme konkretisiert wird. Durch den Aufbau validen metavolitionalen und metamotivationalen Wissens über sich selbst wird also die Ausführung des geplanten Handelns wahrscheinlicher. Das Beispiel zeigt zugleich, dass Personalentwicklung sehr wohl im Sinne der Interessen der Organisation und des Individuums liegen kann. Die Umsetzung der Trainingsziele ist fraglos das, was die Organisation beabsichtigt; das Erkennen und gegebenenfalls Verändern der eigenen Person dagegen liegt – zumindest auch – im wohlverstandenen Interesse des Individuums.

Literaturempfehlung

Kehr, H. M. (2002). Souveränes Selbstmanagement. Weinheim.
In diesem schmalen Bändchen wird anschaulich und sehr praxisnah dargestellt, was man selbst unternehmen kann, um die eigene Motivation, insbesondere aber die Volition, zu stärken.

Kuhl, J. (1995). Handlungs- und Lageorientierung. In: W. Sarges (Hrsg.). Management-Diagnostik. Göttingen, S. 303-316.
Knapp werden zwei psychologische Konstrukte dargestellt, die für die Motivation und Volition von Führungskräften besonders relevant sind.

Kuhl, J. (1996). Wille und Freiheitserleben: Formen der Selbststeuerung. In: J. Kuhl & H. Heckhausen (Hrsg.). Enzyklopädie der Psychologie Serie IV. Motivation, Volition und Handlung. Bd. 4. Göttingen, S. 665-765.
In diesem informationsreichen Handbuchartikel findet man sehr viele weiterführende Literaturhinweise und eine theoretische Grundlegung der soeben dargestellten Trainingsmethoden.

3.4.4.4. Abbau von leistungsbehindernden Ängsten

Instrumentelles Verhalten zum Erreichen von Zielen wird häufig deshalb nicht gezeigt, weil die dazu erforderlichen Fähigkeiten und Fertigkeiten oder aber die Motivation zum Erreichen dieses Zieles fehlen. Nicht selten aber stößt man auch auf die Situation, dass – zumindest generell betrachtet – die einschlägigen Fähigkeiten und Fertigkeiten bestehen und auch der Wunsch beim einzelnen stark ausgeprägt ist, das Ziel zu erreichen. In der konkreten Situation, in der das Verhalten gezeigt werden soll, gelingt dies einer Person jedoch nicht. Die Leistungen sind auch deutlich geringer, als man es aufgrund der Messung der Befähigung – z.B. mit Hilfe geeigneter Intelligenz- und Leistungstests – erwarten würde (»underachievement«). Die Person gibt an, dass sie sich »blockiert« fühle, dass sie einfach **Angst** habe. Derartige **leistungsbehindernde Ängste** sind stark verbreitet. Ganz verschiedenartige Ängste zählen zu den häufigsten Gründen, aus denen Menschen eine Psychotherapie aufsuchen; auch bei beruflicher Arbeit spielt Angst eine erhebliche und nicht selten leistungsmindernde Rolle.

3.4.4.4.1. Angst und Leistung

Angst ist u.a. ein Indikator höherer Aktivierung des Organismus. Umstritten ist, ob diese angstbedingte Aktivierung **leistungsfördernd oder leistungsmindernd** wirkt. Alpert und Haber (1960) unterscheiden leistungsfördernde und leistungsbeeinträchtigende Angst. Zur Differenzierung dieser beiden Angstformen wurde ein Fragebogen von ihnen entwickelt.

Sehr viel früher – vor nahezu 100 Jahren – hatten Yerkes und Dodson (1908) gezeigt, dass zwischen dem Grad der **Aktivierung und der Leistung kurvilineare Beziehungen** bestehen. Tatsächlich sprechen verschiedene empirische Untersuchungen (vgl. Brandstätter, Franke & v. Rosenstiel, 1966; Sweeney, Smouse, Rupiper & Munz, 1970) dafür, dass bei geringfügig gesteigerter Angst die Leistung zunächst ebenfalls ansteigt, um dann – bei weiter steigender Angst – wie-

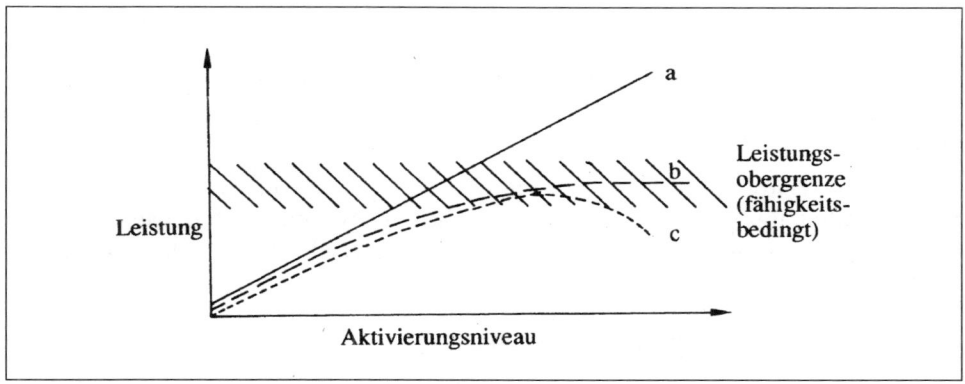

Darstellung 48. Abhängigkeit der Leistung vom Aktivitätsniveau

der abzufallen. Darstellung 48 – in Anlehnung an Vroom (1964) – verdeutlicht dies.

Die Leistung steigt nicht beliebig mit dem Aktivierungsniveau an (a), wie man zunächst vermuten könnte. Das Fähigkeits- und Fertigkeitsniveau stellt eine Obergrenze dar. Allerdings pendelt sich hier – bei steigender Aktivierung – die Leistung nicht auf hohem Niveau ein (b), sondern sinkt bei sehr starker Aktivierung, die als Angst oder Nervosität erlebt wird, wieder ab (c).

Hat man das Ziel, therapeutisch auf die Angst einzuwirken, so ist dafür ein theoretisches Konzept erforderlich. Besonders bekannt geworden sind in diesem Zusammenhang psychoanalytische Ansätze (vgl. Riemann, 1975). Da allerdings ein Organisationspsychologe – aus ökonomischen, zeitlichen und rechtlichen Gründen – nicht in der Lage ist, eine aufwendige psychoanalytische Angstbehandlung vorzunehmen und weil bei konkreten Phobien auch andere Vorgehensweisen wirksamer sind (Grawe, 1997), empfiehlt sich die Orientierung an einem anderen theoretischen Konzept, dem der sog. **Gegenkonditionierung**. Will man erreichen, dass die an Angst leidenden Personen in den bislang angstauslösenden Situationen künftig angstfrei reagieren sollen, dann ist zunächst ein **Training der muskulären Entspannung** (Progressive Muskel-Relaxation) ratsam (vgl. Jacobson, 1938; Hofmann, Linneweh & Streich, 1997). Die so erlernte Entspannung soll dann zugleich mit den Vorstellungen der angstauslösenden Reize – z.B. dem Gedanken an den Vorgesetzten – herbeigeführt werden. Dies bedeutet, dass die bisher an spezifische Situationen gebundene Angstreaktion durch angstinkompatible Verhaltensweisen ersetzt wird. Da muskuläre Anspannung ein Angstkorrelat darstellt, ist die **muskuläre Entspannung** als **unvereinbar mit der Angstreaktion** anzusehen und dadurch für die Gegenkonditionierung gut geeignet.

3.4.4.4.2. Feststellung der Angst

Für die Ermittlung der spezifischen Angst ist die Anwendung standardisierter Testverfahren meist nicht erforderlich, obwohl entsprechende Verfahren entwickelt wurden, die gezielt die Art der angstauslösenden Situationen diagnostizieren sollen (vgl. Schulte, 1976). In der psychologischen Praxis empfehlen sich meist eingehende Gespräche mit dem an Angst Leidenden. Dabei soll in erster Linie ermittelt werden, durch welche **spezifischen Situationsbedingungen** die Angst ausgelöst wird. So kann es sich etwa im Falle von Angst vor dem Vorgesetzten zeigen, dass die Angst umso stärker wird, je

- näher der Zeitpunkt des Kontaktes mit dem Vorgesetzten heranrückt;
- je unmittelbarer die Kontaktform ist (ein Brief vom Vorgesetzten löst nur leichte Angst aus, ein Telefongespräch mit ihm stärkere, ein unmittelbares Gespräch noch stärkere);
- je schlechter die Laune des Vorgesetzten ist;
- je entfernter die Arbeitskollegen sind etc.

Wenn es sich ermöglichen lässt, sind unmittelbare Verhaltensbeobachtungen ebenfalls wertvoll, da sie – über die Selbstaussagen des Betroffenen hinaus – häufig ergänzende Information beinhalten.

3.4.4.4.3. Vorgehen bei der Angstreduktion

Ausgehend von der Information, die man im Rahmen des verhaltensdiagnostischen Gesprächs gewonnen hat, wird in der Folge eine sog. **Angsthierarchie** erstellt. Dabei werden die für den Betroffenen kritischen Bedingungen nach dem Grad ihrer angstauslösenden Wirkung in eine Rangfolge gebracht. Im genannten Beispiel der Vorgesetztenangst kann ein leichtes Item etwa so formuliert sein:

»Sie sitzen mit Ihren Arbeitskollegen zusammen. Einer von ihnen berichtet, dass der Chef ihm bei guter Stimmung erzählt habe, er werde Ihnen in den nächsten Tagen einige Unterlagen zur Bearbeitung zuschicken.«

Ein schweres Item kann demgegenüber wie folgt aussehen:

»Sie sind als einziger der Gruppe von Ihrem Chef in sein Zimmer gerufen worden. Er ist verärgert darüber, dass Sie einen wichtigen Termin vergessen haben und stellt Sie mit harten Worten zur Rede.«

Bei den leichten Items beginnend und dann Schritt für Schritt zu den schweren aufsteigend lernt der zu Behandelnde die Vorstellung an die angstauslösenden Situationen mit dem Zustand muskulärer Entspannung in Übereinstimmung zu bringen. Immer dann, wenn die muskuläre Entspannung mehrfach mit der Vorstellung an eine angstauslösende Situation verbunden werden konnte, wechselt der Psychologe zum nächst schwereren Item über.

In relativ vielen Fällen kann in weniger als 10 Behandlungsstunden die Angst abgebaut werden. Damit ist zugleich gesagt, dass die Fähigkeit, sich die angstauslösende Situation entspannt vorzustellen, auch **auf das Verhalten generalisiert**: In der Realität geht die Angst vor dem Vorgesetzten ebenfalls zurück. Die betriebliche Realität, das Betriebsverfassungsgesetz und andere Regelungen zum Schutz der Arbeitnehmer lassen es allerdings fraglich erscheinen, ob eine Diagnose und Therapie der Angst – wie sie hier skizziert wurde – vom Psychologen innerhalb der

Organisation geleistet werden kann. Zumindest ist – dem Gesetzestext nach – die **Zustimmung des Betriebsarztes** erforderlich. Vermutlich wird der Psychologe sich daher häufig darauf beschränken müssen, den an Angst leidenden Ratsuchenden an einen Kollegen – z. B. an einen psychologischen Psychotherapeuten – zu überweisen, der frei oder innerhalb einer therapeutischen Institution praktiziert. Die Behandlung durch diesen Kollegen wird – falls dieser verhaltenstherapeutisch orientiert ist – dann dem hier geschilderten Vorgehen ähneln.

Literaturempfehlung

Florin, I. & Tunner, W. (Hrsg.) (1975). Therapie der Angst. München.
In diesem Reader werden wichtige verhaltenstherapeutische Arbeiten – meist experimenteller Art – zur Entstehung und Therapie der Angst vorgestellt. Die Vorgehensweise beim Herbeiführen der muskulären Entspannung wird konkret beschrieben.

3.4.4.5. Training des Selbstvertrauens

Eine große Zahl beruflicher Situationen erfordert ein erhebliches Maß an **Selbstvertrauen**. Dies gilt von den Zielsetzungen des einzelnen und von den Anforderungen der Organisation her. Wer die Aufgabe hat, häufig Geschäftsverhandlungen zu führen, wird – wenn ihm Selbstvertrauen fehlt – an dieser Aufgabe leiden oder gar scheitern; und er wird – im Sinne des Geschäftsinteresses – auch kaum in der Lage sein, zu günstigen Abschlüssen zu kommen. Für viele ist es ein Problem, eine Forderung zu stellen, »Nein« zu sagen, wenn sie um eine Arbeit gebeten werden, Kontakt mit anderen aufzunehmen, Kritik auszusprechen, ein Lob anzunehmen. Es fehlt ihnen das notwendige Selbstvertrauen. In diesen Fällen ist es ratsam und mit entsprechenden Trainingsprogrammen auch möglich, notwendige **situationsspezifische Selbstsicherheit** und **soziale Kompetenz aufzubauen**.

3.4.4.5.1. Theoretische Vorüberlegungen

Zwischenmenschliche Verhaltensweisen sind zwar nicht ausschließlich (vgl. Eibl-Eibesfeldt, 1973, 1984), aber doch in starkem Maße von den **mittelbaren oder unmittelbaren Verstärkungsbedingungen** abhängig. Unter dem Aspekt der mittelbaren Verstärkungsbedingungen ist insbesondere an das Konzept des Modellernens (vgl. Bandura, 1969; Stocker-Kreichgauer, 1976) zu denken, bei den unmittelbaren Verstärkungsbedingungen an die Konzepte des instrumentellen (vgl. Thorndike, 1921) und des operanten Konditionierens (vgl. Skinner, 1938).

Wendet man das Verstärkungskonzept auf zwischenmenschliche Situationen an, so ist – und hier nähern wir uns bereits dem Kapitel 4 (»Gruppe«) – nicht nur darauf zu achten, welche **Konsequenzen** z. B. das selbstunsichere Verhalten für denjenigen nach sich zieht, der an einer geringen Selbstsicherheit leidet, sondern auch, welche Konsequenzen sein unsicheres und nachgiebiges Verhalten für Personen seiner sozialen Mitwelt hat. Das sei am Beispiel verdeutlicht:

Ist eine Person in überdurchschnittlichem Maße dazu bereit, auf eine entsprechende Bitte des Vorgesetzten hin Überstunden zu leisten, so trägt ihr das möglicherweise als positive Konsequenz die Freundlichkeit des Vorgesetzten und die der Kollegen ein, die ja dadurch von entsprechenden Forderungen verschont bleiben. Auf der anderen Seite wird durch die Nachgiebigkeit der fordernde Vorgesetzte verstärkt; er erspart sich eine Abfuhr und die damit verbundenen sozialen Konflikte. Es bildet sich also auf diese Weise ein »Teufelskreis«, der ohne gezielten Anstoß von außen – dieser Anstoß kann beispielsweise vom Organisationspsychologen kommen – nur schwer zu durchbrechen ist.

Leidet der einzelne an seiner Selbstunsicherheit oder sprechen andere gewichtige Gründe dafür, diese abzubauen, so empfiehlt sich zunächst eine **Verhaltensanalyse**, innerhalb derer die Verstärkungsbedingungen ermittelt werden. Im Anschluss daran sollte der bewusste **Aufbau alternativer Verhaltensweisen** erfolgen, durch die es gelingt, die Kontingenzen zu durchbrechen und positive Konsequenzen für das gewünschte Verhalten aufzubauen.

3.4.4.5.2. Verhaltensanalyse

Damit – auf verhaltenstheoretischer Grundlage – selbstunsicheres Verhalten gezielt modifiziert werden kann, ist eine sog. **Verhaltensanalyse** erforderlich, in der nach bestimmten formalen Regeln geprüft wird, in welcher Situation das unerwünschte Verhalten auftritt. Auf die dabei bestehenden komplexen Möglichkeiten braucht an dieser Stelle nicht eingegangen werden (vgl. hierzu Schulte, 1976). Nur knapp sei gesagt, dass sich die Verhaltensanalyse auf den Skinner'schen Forschungsansatz beruft, innerhalb dessen bestimmte »**Stimulusbedingungen**« (S) bei einem **Individuum** (Organismus = O) bestimmte »**Reaktionen**« (R) auslösen, denen wiederum spezifische »**Konsequenzen**« (C) folgen, die für das **Individuum entweder positiv (C+) oder negativ (C−) sein können**. Da die Stimuli nicht auf eine »tabula rasa«, sondern auf eine bereits geprägte Persönlichkeit treffen, wird diese in neueren behavioristischen Ansätzen (mit dem Symbol O = »Organismus« gekennzeichnet) meist zwischen S und R geschaltet, so dass sich die Folge ergibt:

$$S \rightarrow O \rightarrow R \rightarrow C$$

Reizbedingungen, durch die das spezifisch interessierende Verhalten ausgelöst wird, nennt man **diskriminative Reize** (SD).

Bei der Analyse selbstunsicheren Verhaltens (oder anderer zu modifizierender Verhaltensweisen) kommt es nun darauf an festzustellen, welches die diskriminativen Stimuli (SD) sind (z. B. die mit lauter Stimme von anderen vorgebrachten Forderungen), die bei einer spezifisch geprägten Person (O) die unerwünschte Reaktionsweise (R) hervorbringen (z. B. nachgeben, sich fügen), und durch welche positiven Konsequenzen (C+) dieses Verhalten stabilisiert wird (z. B. durch die nachfolgende Freundlichkeit der fordernden Person), bzw. durch welche negativen Konsequenzen (C−) alternative Verhaltensweisen im Sinne des Zielverhaltens behindert werden (z. B. durch die lauter werdende unfreundliche Stimme des Fordernden).

Häufig sind die Konsequenzen, die das unerwünschte Verhalten bedingt und das

Zielverhalten behindert haben, nicht mehr aktuell gegeben; sie müssen durch Befragung aus der Lerngeschichte des Individuums abgeleitet werden.

3.4.4.5.3. Aufbau selbstsicheren Verhaltens

In der klassischen Form der Verhaltensmodifikation auf verstärkungstheoretischer Grundlage sieht der Aufbau des erwünschten Zielverhaltens wie folgt aus:

Das **Zielverhalten** wird klar definiert; es wird analysiert, in welchen Situationen es – zumindest ansatzweise – auftritt. Ein Verstärkungsplan (K) soll dafür sorgen, dass positive Verstärker (C+) konsequent dann und nur dann auftreten, wenn das Zielverhalten beobachtet werden kann. Die Verstärker können von anderen Personen kontrolliert werden, sie können aber auch von der behandelten Person selbst – im Sinne von Selbstbelohnung oder Eigenlob – eingesetzt werden. Es gibt standardisierte Hilfsmittel zur diagnostischen Entscheidung darüber, welche Verstärker bei einer Person wirken. Zu denken ist hier an die Liste zur **Erfassung von Verstärkern (LEV)**, die von Windheuser und Niketta (1976) vorgestellt wurde (vgl. hierzu Schulte, 1976, wo das gesamte Verfahren wiedergegeben ist).

Ein Problem beim Aufbau des Zielverhaltens besteht häufig darin, dass die Person es einfach nicht beherrscht, weil unerwünschte Verhaltensweisen sich verfestigt haben. Es ist also neben dem Einsatz von Verstärkern auch das Training des Zielverhaltens erforderlich. Entsprechende Programme enthält das **Assertiveness-Training-Programm** (ATP) von Ullrich de Muynck und Ullrich (1976). Dieses Zielverhalten kann – wenn die Person fürchtet, es in der Ernstsituation zu zeigen – zunächst in konzentrierter Vorstellung (mentales Training) oder aber im Rollenspiel erprobt werden. Die dabei gemachten Erfahrungen zeigen der Person, dass auch andere Verhaltensweisen als die bisher gezeigten möglicherweise positive Konsequenzen nach sich ziehen (z. B. das Durchspielen der Möglichkeit, auf Forderungen einmal »Nein« zu sagen, erfüllt mit Stolz und befreit einen von unangenehmen Aufgaben). Die Person hat danach die Chance, in der Ernstsituation entsprechend zu reagieren.

Ein Beispiel konkreten Trainingsvorgehens aus Ullrich de Muynck und Ullrich (1976) zeigt Informationsbox 3.

Informationsbox 3: Aufbau von Selbstsicherheit

»Ihr Vorgesetzter kommt zu Ihnen und will eine zusätzliche und aufwendige Arbeit auf Sie abschieben; etwa weil eine freie Stelle nicht neu besetzt worden ist. Sie selbst werden kaum mit Ihrer Arbeit fertig und müssen diese zusätzliche Anforderung ablehnen. Sie sagen etwa: ›Ich schaffe gerade meine eigene Arbeit. Da kann ich keine zusätzlichen Aufgaben übernehmen. Sie sehen ja selbst, was hier alles noch anliegt.‹ Der Chef will Sie unter Druck setzen und tadelt Sie. Er sagt etwa: ›Kein Wunder, dass Sie Ihre Arbeit nicht schaffen, Sie müssen sich eben mehr anstrengen und nicht ständig Pausen machen. Wir sind ja schließlich kein Erholungsheim!‹

> Sie verwahren sich gegen die Vorwürfe und sagen etwa: ›Ich muss diese Vorwürfe energisch zurückweisen. Ich tue mein Bestes, um meine Arbeit gut zu erledigen, und Sie wissen ganz genau, dass ich bislang auch immer alles geschafft habe. Ich habe Sie nur darauf hinweisen wollen, dass ich voll ausgelastet bin.‹ Ihr Chef ist jetzt wieder sachlich. Er besteht aber auch darauf, dass Sie die Arbeit auf jeden Fall übernehmen müssen ...
> Sie handeln einen Kompromiss aus. Sie sagen etwa: ›Gut, wenn es heute gar nicht anders geht, werde ich diese Arbeit nach Dienstschluss zusätzlich erledigen.‹ Sie vereinbaren mit Ihrem Vorgesetzten jedoch eine feste Zeitbegrenzung und regeln die Überstundenbezahlung.
>
> Sie lernen:
> - zusätzliche Anforderungen zurückzuweisen: Es wäre niemandem gedient, wenn Sie sich aus falscher Gefälligkeit verschleißen, Ihre eigene Arbeit nicht mehr schaffen oder sich restlos übernehmen würden;
> - Vorwürfe, mit denen man Sie unter Druck setzen will, weisen Sie kurz zurück und stellen den Sachverhalt durch einen positiven Hinweis auf Ihre Arbeit richtig. Dasselbe Argument wiederholen Sie notfalls stur, statt sich auf eine nutzlose Rechtfertigung einzulassen;
> - Kompromisse zu machen, wenn Sie sehen, dass Sie um die Arbeit nicht herumkommen. Sie lernen es, den Zeitpunkt zu erkennen, an dem Sie nachgeben müssen, handeln aber auf jeden Fall eine zeitliche Begrenzung der Zusatzarbeit und die Überstundenbezahlung aus. Hierdurch zeigen Sie auch, dass Sie nicht so leicht zu manipulieren sind.
>
> Beachten Sie:
> - Nachgiebigkeit, Unterwürfigkeit und Schuldbekenntnis bei Vorwürfen stellen eine positive Bekräftigung für denjenigen dar, der die Vorwürfe macht: die Vorwürfe werden in Zukunft häufiger und intensiver erfolgen. Gereizter Widerspruch und Gegenvorwürfe sind andererseits für den Vorgesetzten Hinweisreize, Sie noch stärker unter Druck zu setzen. Deshalb sollten Sie dies unterlassen.«

Selbstsicherheit sollte – und darauf ist beim Training zu achten – nicht mit Aggressivität verwechselt werden. Wesentlich ist, dass der einzelne flexibel bleibt, alternative Verhaltensweisen kennt und so, je nach Anforderungen der Situation, frei **zwischen verschiedenen Handlungsmöglichkeiten wählen** kann (vgl. Tunner & Oelkers, 1975).

Literaturempfehlung

Ullrich de Muynck, R. & Ullrich, R. (1976). Einübung von Selbstvertrauen und sozialer Kompetenz. München, S. 115–198.
Auf diesen Seiten wird das Training des Selbstvertrauens am Arbeitsplatz konkret dargestellt.

3.4.4.6. Entwicklung der interkulturellen Kompetenz

Die **Globalisierung der Wirtschaft** schreitet voran und mit ihr die internationale Zusammenarbeit der Unternehmen (Beck, 1997; Steger, 1998). Dies hat erhebliche Konsequenzen für Menschen in Organisationen, die im Rahmen der Personalauswahl danach ausgesucht und im Rahmen der Personalentwicklung entsprechend qualifiziert werden müssen (Becker & Seidel, 2006). Es geht ja nicht nur darum, dass Führungskräfte deutscher Unternehmen für wenige Monate oder gar mehrere Jahre ins Ausland entsandt werden, sondern es geht um eine sehr viel weiter reichende Verflechtung. Deutsche und ausländische Unternehmen fusionieren, so dass auf allen Ebenen der **Kontakt mit Menschen aus anderen Kulturen** mit einer anderen Sprache erforderlich wird; Führungskräfte, Fachspezialisten und Trainers aus allen Teilen dieser Erde kommen zeitbegrenzt in deutsche Firmen oder bleiben dort in Ausnahmefällen ihr Leben lang; im Sinne moderner Völkerwanderungen gelangen Arbeit und Wohlstand suchende Menschen (Faßmann & Münz, 1993) nach Deutschland und werden Mitarbeiter in größeren und kleineren Unternehmen. Eine adäquate Zusammenarbeit mit diesen Menschen kann nicht allein auf den Erwerb der jeweiligen Sprache beschränkt bleiben, obwohl dies natürlich eine kaum zu unterschätzende Voraussetzung einer erfolgreichen Zusammenarbeit ist, sie muss auch die Relativierung des eigenen kulturell geprägten Standpunktes und die Öffnung für die Sichtweise der anderen, der Menschen fremder Kulturen, umschließen. Entsprechend haben sich verschiedene Sozial- und Wirtschaftswissenschaften dieser Herausforderung gestellt, um auf theoretischer und empirischer Grundlage die Kulturen von Partnerländern zu analysieren und darauf aufbauend Maßnahmen zu entwickeln, die der erfolgreichen Kooperation dienen können (Thomas, 1989, 1993; v. Rosenstiel, 1993; Kumar & Haussmann, 1992; Kühlmann, 1995; Hofstede, 1997; Podsiadlowski, 2002). Hier kann nicht referiert werden, was in einer umfangreichen Forschungsliteratur differenziert ausgebreitet wird. Es muss eine Beschränkung auf wenige zentrale Punkte vorgenommen werden.

Erhebliche Beachtung haben die umfangreichen Untersuchungen von Hofstede (1997) gefunden, der erfolgreich darum bemüht war, **Kulturdimensionen** zu finden, nach denen sich verschiedene Kulturen voneinander abheben und differenziert beschreiben lassen. Darstellung 49 zeigt – in Ergänzung der Arbeiten Hofstedes – eine Auswahl derartiger Dimensionen.

Von den interkulturellen Differenzen geht auch eins der umfangreichsten Projekte der Führungsforschung aus, das »**Global Leadership and Organizational Effectiveness (GLOBE) Research Program**« von House, Hanges, Ruiz-Quintanilla, Dorfman, Javidan, Dickson & Gubta (1999). Ziel dieses Projektes ist es, eine Theorie auf empirischer Grundlage zu entwickeln, die den Einfluss der Kultur auf Führungs- und Organisationsprozesse beschreiben, erklären und prognostizieren kann. Innerhalb des gesamten Programms sind ca. 170 Wissenschaftler engagiert, die Merkmale zu erfassen suchen, die in 62 unterschiedlichen Kulturen erfolgreichen Führungskräften zugeschrieben werden. Ausgangspunkt der Untersuchung ist die **Schematheorie** nach Lord und Maher (1991), die postuliert, dass ein Führender dann erfolgreich ist, wenn er dem Vorstellungsbild – dem Schema – ent-

Traditionalismus (orientiert am Vergangenen, Traditionellen)	vs.	**Modernität** (Aufgeschlossenheit für Neues, auf Impulse von außen mit Veränderungsbereitschaft reagieren)
Partikularismus (Betonung von freundschaftlichen Verpflichtungen und zwischenmenschlichen Beziehungen ohne Rücksicht auf die Organisationsziele)	vs.	**Universalismus** (Verpflichtung der Gesamtorganisation und der Gesellschaft gegenüber)
Pragmatismus (Orientierung an dem, was begründet mit erhöhter Wahrscheinlichkeit zum Erfolg führt, ohne Rücksicht auf übergeordnete Prinzipien)	vs.	**Idealismus** (Orientierung des Denken und Verhaltens an Prinzipien und Idealvorstellungen)
geringe Machtdistanz (schwache Betonung des Status und der hierarchischen Differenzen)	vs.	**große Machtdistanz** (Betonung des hierarchischen Gefälles und Neigung zur autokratischen Entscheidung durch Vorgesetzte)
Akzeptanz von Unsicherheit (Bereitschaft, sich auf eine instabile widersprüchliche Situation einzulassen sowie ohne Stützung durch vorgegebene Regeln eigener Urteilssicherheit zu vertrauen)	vs.	**Vermeidung von Unsicherheit** (sich halten an vorgegebene Richtlinien und formale Regeln bei einer Neigung, abweichende Ideen und Verhaltensweisen negativ zu sanktionieren)
Maskulinität (Betonung von Gewinn, Leistung, Dominanz und Besitzstreben)	vs.	**Androgynität** (Neigung zu einem beziehungs-, kooperations- und vermittlungsorientiertem Verhalten)
Individualismus (Achten auf den individuellen Vorteil und die individuellen Interessen bei geringer Berücksichtigung anderer Personen und der Gruppenbeziehungen)	vs.	**Kollektivismus** (Verpflichtung sozialen Netzen und anderen Personen vor allem aber auch Bezugs- und Mitgliedsgruppen gegenüber, insbesondere auch Rücksichtnahme auf eigene Angehörige)

Darstellung 49. Kulturdimensionen

spricht, das die Geführten oder andere Bezugspersonen vom erfolgreich Führenden haben.

Für Deutschland wurden die Teilstudien von Brodbeck, Frese und Javidan (2002) durchgeführt. Dabei zeigte es sich, dass – wie es für nahezu alle untersuchten Kulturen gilt – der erfolgreich Führende als charismatisch und teamorientiert sowie durch geringe narzisstische Neigungen gekennzeichnet gesehen wird. Allerdings fällt abweichend von anderen Kulturen für Deutschland auf, dass Erfolg in starkem Maße durch Autonomie, nicht aber durch humane Orientierungen gefördert wahrgenommen wird. Noch ist allerdings nicht überzeugend belegt, dass tatsächlich jene Führungskräfte objektiv erfolgreicher sind, die so wahrgenommen werden, wie es innerhalb der jeweiligen Kultur dem Schema des erfolgreichen Vorgesetzten entspricht.

Gerade für Führungskräfte ist z. B. die Dimension »**Machtdistanz**« (Hofstede, 1980, 1997) von Bedeutung. Während es in bestimmten Kulturen – man denke an die nordeuropäischen – von Vorteil ist, die Distanz zu den Geführten zu minimieren, persönlichen Kontakt mit ihnen zu halten und sie in die Entscheidungsprozesse mit einzubeziehen, würde ein solches Verhalten in vielen südeuropäischen, südamerikanischen, afrikanischen und asiatischen Kulturen dem Vorgesetzten die Autorität nehmen und ihn im Extremfall sogar »das Gesicht verlieren« lassen. Für andere Kulturdimensionen gilt Ähnliches. Nimmt man die Selbstverständlichkeit der eigenen Kultur zum Maßstab des Handelns im Ausland, so dürften **interpersonale Kommunikationen** wenig erfolgreich verlaufen und Kooperationen mit Angehörigen der fremden Kultur erschwert werden. Die Arbeit mit Menschen aus anderen Kulturen muss vorbereitet werden, was spezifisch dann gilt, wenn Fach- oder Führungskräfte – sei es allein oder mit ihren Familien – ins Ausland entsandt werden, weil dann neben die Begegnung mit der fremden Kultur in der Arbeitssituation auch das Zusammenleben mit Menschen dieser anderen Kultur in die private Sphäre tritt und die Familie – der/die Ehepartner/in, die Kinder – dort konfliktarm heimisch werden sollen. So gibt es in größerer Zahl Belege dafür, dass der Auslandseinsatz eines Vorgesetzten daran scheitert, dass die **Familie** den erforderlichen Anpassungsprozeß nicht bewältigen konnte (Kühlmann, 1995).

Die Vorbereitung auf die Zusammenarbeit mit Menschen aus einer anderen Kultur ist mühsam und relativ aufwändig. Der noch in den 70er-Jahren herrschende Optimismus, dass mit einer kurzen Phase entsprechender Sensibilisierung ein **Kulturschock** von Auslandsmitarbeitern vermieden werden könne und Handlungskompetenz im Umgang mit den Menschen des Gastlandes zu erwerben sei, ist verflogen (Landis & Brislin, 1983).

Auch eine andere Hoffnung, die in diesem Zusammenhang häufig formuliert wurde, hat sich nicht oder doch nur zum Teil erfüllt: Angesichts der zunehmenden Globalisierung der Wirtschaft wurde – möglicherweise zum Teil motiviert durch den Wunsch nach sozialer Erwünschtheit – die Vermutung ausgesprochen, dass heterogen zusammengesetzte Arbeitsgruppen durch Gedankenvielfalt und damit Kreativität gekennzeichnet seien und somit einen Schlüssel zur Innovation (Adler, 2000) darstellen. Diese Heterogenität, man spricht auch von »Diversität«, kann sich unter vielerlei Aspekten zeigen, etwa der ethnischen Zugehörigkeit, der Religion, der kulturellen Prägung, des Geschlechts, der sexuellen Orientierung, des Alters, des fachlichen Wissens, der Intelligenz etc. Kurz: Diversität ist ein mehrdimensionales Konstrukt (Wegge, 2006). Die empirische Forschung zu den Auswirkungen der Diversität ist entsprechend komplex. Selbstverständlich müssen zur Lösung vielschichtiger Probleme Personen mit unterschiedlichem, sich ergänzendem Wissen kooperieren um zum Erfolg zu gelangen, doch zeigt sich, dass Diversität hinsichtlich der ethnischen Zugehörigkeit, der kulturellen Prägung, des Lebensstils oder des Alters in aller Regel eher zu zwischenmenschlichen Konflikten als zu Innovationen führt. Entsprechend ist die simplifizierende These, dass Diversität grundsätzlich die Qualität oder gar Quantität der gemeinsamen Leistung verbessert, zurückzuweisen. Gefragt werden muss vielmehr zum einen: Welcher Grad an Diversität wirkt sich positiv aus? Und zum anderen, wie man durch Trainingsmaßnahmen den Stil der Zusammenarbeit so verbessern kann, dass sich das in der Diversität liegende Potenzial leistungsgünstig auswirken kann. Brodbeck (1999) formuliert das prägnant: »Synergie is not for free«.

Notwendig erscheinen selbstverständlich die Vermittlung basaler Fertigkeiten und basalen Wissens sowie der Sprache des Gastlandes, die Kenntnis wirtschaftlicher und juristischer Bedingungen, Information über das Schulsystem, falls die eigenen Kinder mit ins Ausland gehen, und natürlich die Absprache der finanziellen Bedingungen und der Modalitäten der – sich häufig schwierig darstellenden – **Rückkehrbedingungen**. Dazu muss allerdings all das kommen, was unter den Begriff der **interkulturellen Kompetenz** fällt (Thomas, 1993; Kühlmann, 1995). Auch hier muss wohl eine Basiseignung gegeben sein, die es dann im Training zu entwickeln gilt. Wichtig erscheinen insbesondere kognitive Flexibilität, Variabilität in den sozialen Handlungs- und Beziehungsmustern, Offenheit für Erfahrungen sowie das Fehlen ethnozentrischer Denkgewohnheiten und Einstellungen (Thomas, 1989). Wichtig ist darüber hinaus die Bereitschaft und Fähigkeit, mit Personen im Gastland Kontakt aufzunehmen, und Aufgeschlossenheit den Besonderheiten des Gastlandes gegenüber sowie Respekt und Toleranz gegenüber den der eigenen Kultur fremden Denk- und Lebensgewohnheiten, aber auch die Fähigkeit, sich in die Besonderheiten dieses Landes einzufühlen.

Die entsprechenden **Trainingsmaßnahmen** streuen methodisch weit – vom Vortrag über das Durcharbeiten kulturspezifischer schriftlicher oder bildlicher Unterlagen, das Verfolgen von Videobändern mit kulturspezifischen Situationen, über das Rollenspiel bis zum – und dies ist nun eine besonders bewährte Methode – »**Cultural Assimilator**« (Podsiadlowski, 1998, 2002). Dabei handelt es sich um ein Lernprogramm, in dem für das Gastland typische Szenen gezeigt werden. Der Lernende soll dann angeben, wie er darauf reagieren würde. Dann zeigt der Film, welche Reaktion angemessen wäre, wobei ein Dozent aus dem Gastland, der aber beide Kulturen kennt, das Warum und den kulturellen Hintergrund erläutert.

Literaturempfehlung

Becker, M. & Seidel, A. (Hrsg.) (2006). Diversity Management. Stuttgart.
Das Management von Diversity wird theoretisch begründet und in die Unternehmensstrategie integriert. Beispiele aus der Praxis konkretisieren die theoretischen Aussagen und machen anschaulich, wie man in verschiedenen Unternehmen mit Diversity umgeht.
Hofstede, G. (1997). Lokales Denken, globales Handeln. München.
Kulturelle Unterschiede zwischen verschiedenen Nationen werden auf empirischer Grundlage aufgezeigt und deren Bedeutung für die Unternehmen herausgestellt.
Kühlmann, T. (1995). Mitarbeiterentsendung ins Ausland. Göttingen.
Auf empirischer Basis wird ein Phasenmodell der Entsendung ins Ausland und der Rückkehr entwickelt.
Thomas, A. (1995). Psychologie interkulturellen Handelns. Göttingen.
Ein breiter, weit über die Organisationspsychologie hinausreichender Überblick.

3.4.4.7. Training des Führungsverhaltens

Bei der Diskussion der Eigenschaftentheorie der Führung war auch auf die Führungsdiagnostik eingegangen worden. Die Begrenztheit dieses letztlich statischen Ansatzes, der zudem einseitig ist, da Situation und Gruppe kaum berücksichtigt werden können, war aufgezeigt worden. So überrascht es denn nicht, dass derzeit in den meisten Organisationen die dynamisch orientierte »Führungsschulung«, die Personalentwicklung für Führungs- und Führungsnachwuchskräfte (Kaschube & v. Rosenstiel, 2004) mindestens ebenso bedeutsam ist und sogar meist mit größerem Aufwand betrieben wird als die Führungsdiagnostik.

Das ist in besonders ausgeprägtem Maße beim sog. »**Coaching**« (Hauser, 1993) der Fall, das sich zunehmend ausbreitet (Böning, 1989; Rauen, 2002, 2005). Beim Coaching wird – ähnlich wie in der Psychotherapie oder der Lebensberatung – der Führende durch einen kundigen Psychologen in Einzelsitzungen eingehend beraten: z. B. bei Rollenkonflikten zwischen Beruf und Familie, bei Spannungen in der Arbeitsgruppe oder bei Motivationsmängeln von Mitarbeitern.

Bei entsprechender Qualifizierung kann auch der Vorgesetzte die Rolle des Coach übernehmen (McFarlane, Shore & Bloom, 1986; Orth, Wilkinson & Benfari, 1987; Evered & Selman, 1990), was allerdings die Gefahr von Rollenkonflikten mit sich bringt. Verwandt damit ist die Vorgehensweise, jüngeren Mitarbeitern einen »Mentor« zuzuordnen, der den Einstieg in die neuen Anforderungen und die ersten Karriereschritte beratend begleitet (Bernstein & Kaye, 1986). Die Akzeptanz dieser, allerdings aufwändigen, Vorgehensweise ist hoch.

Allerdings bleibt in sehr vielen sonstigen Fällen bei den verbreiteten Praktiken die Führungsschulung in ihrer Konzeption einseitig. Es werden oft generelle »Rezepte« des Führungsverhaltens vermittelt, ohne die Besonderheiten der Aufgabe, der Geführten und der Gesamtsituation der Organisation zu berücksichtigen. Training setzt beim einzelnen an, der für Führungsaufgaben vorgesehen ist, und bemüht sich, ihm einige mehr oder weniger klar umschriebene Verhaltensweisen nahe zu bringen.

Hält man sich an die aus der Medizin vertraute Regel, dass vor der Therapie die Diagnose zu stehen hat, dass man also das Führungsverhalten zunächst messen sollte, bevor man es zu beeinflussen sucht, so stellt sich die Frage nach den Methoden. Tatsächlich hat man differenziert analysiert, **was Vorgesetzte den ganzen Arbeitstag über tun** (Mintzberg, 1973; zusammenfassend Schirmer, 1991; Neuberger, 2002). Methodisch stützte man sich dabei zum einen auf schriftliche Selbstaussagen der betroffenen Personen, die ein vorstrukturiertes **Tagebuch** führten, oder aber auf – notwendigerweise sehr aufwändige – Beobachtungen (Mintzberg, 1973), die von Experten vorgenommen wurden. Zusammenfassend lässt sich zum Verhalten von Führungskräften sagen:

- Die Tätigkeit besteht in erster Linie in **Kommunikation**, der ca. zwei Drittel der Arbeitszeit gewidmet werden. Zählt man auch das Lesen und Schreiben zu dieser Kategorie, so steigt die der Kommunikation gewidmete Zeit meist bis auf ca. 90 % an.

Von funktionalen Studien beeinflußtes Bild des Arbeitsverhaltens von Managern	Von aktivitätsnahen Studien beeinflußtes Bild des Arbeitsverhaltens von Managern
geordnet	fragmentiert, abwechslungsreich und kurz
geplant	tendenziell reaktiv, adhoc, unüberschaubar
Zusammenarbeit mit Vorgesetzten und Untergebenen	Bedeutung lateraler und externer Kontakte
feste Kontakte, formelle Informationswege	Entwicklung und Pflege reziproker Beziehungen; informelle Wege
Gebrauch offizieller Informationen	Gebrauch informeller, spekulativer Informationen
nicht-politisch	politisch
tendenziell konfliktfrei	konfliktbeladen

Darstellung 50. Aktivitäten von Führungskräften nach normativen Modellen und deskriptiven Analysen (nach Stewart)

- Die einzelnen Tätigkeiten sind **extrem fragmentiert**, so dass es zu einer sehr hohen Zahl einzelner Arbeitsepisoden kommt.
- Diese Arbeitsepisoden werden häufig durch **Störungen von außen** unterbrochen.
- Viele der ausgeübten Tätigkeiten werden **nicht zuvor geplant**.
- Es bleibt **wenig Zeit für Reflexion**.
- Es wird häufiger **mit Personen auf gleicher Ebene** oder externen Partnern kommuniziert als mit solchen innerhalb der Linie; d. h. mit Vorgesetzten oder Untergebenen.
- Viele Kontakte sind der **Netzwerkbildung** und der **Mikropolitik** gewidmet.
- Es wird häufiger auf **informelle, spekulative, gerüchteartige Information** zurückgegriffen als auf offizielle oder gar schriftlich vorliegende.

Dieses **Bild widerspricht** dem normativ orientierten, das man in vielen betriebswirtschaftlichen Lehrbüchern findet. Dort werden als Verhaltensweisen der Führenden **Managementfunktionen** wie Planung, Zielsetzung, Entscheidung, Organisation, Information, Motivation, Steuerung der Realisation und Kontrolle genannt. All diese Funktionen seien – so wird argumentiert – rational geplant und stünden im Dienste der Organisationsziele. Diese Sicht aber lässt sich nicht oder doch nur z. T. bestätigen, wie die das Soll und das Ist gegenüberstellende Darstellung 50 zeigt.

Man könnte nun aus dieser Gegenüberstellung Lernziele ableiten. Es wäre zum Beispiel denkbar, Führungskräfte darin zu trainieren, sich in bestimmten Phasen des Tages vor Störungen abzuschirmen, um sich auf eine Aufgabe zu konzentrieren oder sich bei der Kommunikation an den Dienstweg zu halten etc. Tatsächlich aber sehen Führungstrainings aus gutem Grunde meist anders aus. Es wäre auch völlig unrealistisch und würde der »Natur des Menschen« widersprechen, Führende an einem gänzlich rationalen Konzept, das den Managementfunktionen entspricht, modellieren zu wollen. Menschen verfolgen eigene Interessen, bilden Netzwerke, reagieren auf Gerüchte etc. Zum anderen muss man klar sehen, dass das **Verhalten von Führungskräften etwas anderes ist als das Führungsverhalten**. Vorliegende Daten, die sich aus den Analysen des Alltagsverhaltens von Vorgesetzten ergeben, zeigen, dass diese – freilich bei großer Streuung – nur ca. 15 % ihrer Arbeitszeit den ihnen direkt unterstellten Mitarbeitern widmen, und auf diesen Verhaltensausschnitt richten sich nun die meisten der Führungstrainings in Organisationen.

Bei standardisierten Trainings stehen meist empirisch ermittelte spezifische Verhaltensweisen des Führenden oder aus betrieblicher Vorgabe abgeleitete Verhaltensziele im Zentrum der Schulungsarbeit. In sehr vielen Fällen sind dies zwei umfassende Verhaltenskomplexe, die man bezeichnen kann als:

- **Mitarbeiterorientiertheit** und
- **Aufgabenorientiertheit**.

Diese beiden Führungsverhaltensdimensionen stellten nahezu ein halbes Jahrhundert die Grundlage der Mehrzahl der Führungstrainigs dar; erst in jüngerer Zeit gewann das Begriffspaar »transaktionale« versus »transformationale« Führung eine größere Bedeutung, worauf noch eingegangen werden soll (S. 268 f.).

Wie es zur Auswahl gerade dieser beiden Verhaltenskomplexe gekommen ist, wie man sie zu diagnostizieren sucht und welche Probleme ihre Modifikation mit sich bringt, sei nachfolgend aufgezeigt (vgl. Lukasczyk, 1960).

Literaturempfehlung

Schirmer, F. (1991). In: W. Staehle & J. Sydow (Hrsg.). Managementforschung I. Berlin, S. 205–253.
In dieser sehr informationsreichen Zusammenfassung von Forschungsergebnissen zum Alltagshandeln von Führungskräften wird erkennbar, in wie starkem Maße das Führungshandeln durch Kommunikation, durch ein Reagieren auf unerwartete Ereignisse und durch Konflikte gekennzeichnet ist und wie häufig das Handeln gestört und unterbrochen wird.

3.4.4.7.1. Erfassung des Führungsverhaltens

Die Eigenschaftentheorie der Führung ist weitgehend statisch. Was sie beabsichtigt ist Auslese. Der Verhaltensansatz ist demgegenüber eher dynamisch: Er impliziert in weit stärkerem Maße in der praktischen Konsequenz die **Verhaltensmodifikation**. Diesem Ansatz verschrieben sich einige Forscher wie Fleishman, Halpin oder Winer, die als »Ohio-Gruppe« bekannt wurden (vgl. zusammenfassend Neuberger, 1976, 2002; Wunderer & Grunwald, 1980; Staehle, 1999). Man bemühte sich hier darum, die Verhaltensweisen von Vorgesetzten in Führungssituationen zu erfassen und zu klassifizieren, um dann eine Beziehung bestimmter beschreibbarer Verhaltensweisen zum **Führungserfolg** zu finden. Begrifflich wurde dabei das Führungsverhalten als jene Verhaltensweise bestimmt, die im Zuge der **zielbezogenen interpersonalen Verhaltensbeeinflussung** beobachtbar wird, während der **Füh-**

rungsstil zu verstehen ist als ein einheitliches, durch die spezifischen Ausprägungen einer Reihe von Einzelmerkmalen beschreibbares zeitstabiles Führungshandeln (vgl. Baumgarten, 1977).

Die Beschreibung des Führungsverhaltens wurde mit unterschiedlichsten Vorgehensweisen versucht, z.B. mit Hilfe der Befragung von Bezugspersonen, mit der Beantwortung von Fragebögen durch die Führenden selbst, deren Vorgesetzte, deren Unterstellte oder Experten, durch die von Flanagan (1954) entwickelte Methode der »Kritischen Ereignisse« (vgl. Kap. 2.2.1), durch systematische Fremdbeobachtungsmethoden, durch die Tagebuchmethode und anderes mehr (vgl. Neuberger, 1976, 2002; Schirmer, 1991). Die größte Bedeutung haben die Fragebogenverfahren erlangt, wobei insbesondere die **Befragung der Geführten** bevorzugt wird. Das Beispiel eines derartigen Fragebogens, der an deutsche Verhältnisse adaptiert wurde, ist der »Fragebogen zur Vorgesetzten-Verhaltens-Beschreibung« (FVVB) von Fittkau-Garthe (1970). Informationsbox 4 zeigt Items, die – in ihren Stärken und Schwächen – typisch für einen derartigen Fragebogen sind.

Informationsbox 4: Fragebogen zur Erfassung des Führungsverhaltens nach Fittkau-Garthe (1970)

1. Er kritisiert seine unterstellten Mitarbeiter auch in Gegenwart anderer.
   1. oft 2. relativ häufig 3. hin und wieder 4. selten 5. fast nie
2. Er zeigt Anerkennung, wenn einer von uns gute Arbeit leistet.
   1. fast nie 2. selten 3. manchmal 4. häufig 5. fast immer
3. Er bemüht sich, langsam arbeitende Mitarbeiter zu größeren Leistungen zu ermuntern.
   1. sehr selten 2. selten 3. hin und wieder 4. relativ häufig 5. oft
4. Er weist Änderungsvorschläge zurück.
   1. fast immer 2. häufig 3. manchmal 4. selten 5. fast nie
5. Er weist seinen unterstellten Mitarbeitern spezifische Arbeitsaufgaben zu.
   1. fast nie 2. selten 3. manchmal 4. häufig 5. fast immer
6. Er ändert Arbeitsgebiete und Aufgaben seiner unterstellten Mitarbeiter, ohne es mit ihnen vorher besprochen zu haben.
   1. oft 2. relativ häufig 3. hin und wieder 4. selten 5. sehr selten
7. Hat man persönliche Probleme, so hilft er einem.
   1. sehr selten 2. selten 3. hin und wieder 4. relativ häufig 5. oft
8. Er steht für seine unterstellten Mitarbeiter und ihre Handlungen ein.
   1. fast nie 2. selten 3. manchmal 4. häufig 5. fast immer
9. Er behandelt seine unterstellten Mitarbeiter als gleichberechtigte Partner.
   1. fast nie 2. selten 3. manchmal 4. häufig 5. fast immer
10. Er überlässt seine unterstellten Mitarbeiter sich selbst, ohne sich nach dem Stand ihrer Arbeit zu erkundigen.
    1. fast immer 2. häufig 3. manchmal 4. selten 5. fast nie
11. Er »schikaniert« den unterstellten Mitarbeiter, der einen Fehler macht.
    1. fast immer 2. häufig 3. manchmal 4. selten 5. fast nie

12. Er legt Wert darauf, dass Termine genau eingehalten werden.
    1. überhaupt nicht 2. wenig 3. zu einem gewissen Grad 4. relativ stark 5. sehr stark
13. Er entscheidet und handelt, ohne es vorher mit seinen unterstellten Mitarbeitern abzusprechen.
    1. oft 2. relativ häufig 3. hin und wieder 4. selten 5. sehr selten
14. In Gesprächen mit seinen unterstellten Mitarbeitern schafft er eine gelöste Stimmung, so dass sie sich frei und entspannt fühlen.
    1. fast nie 2. selten 3. manchmal 4. häufig 5. fast immer
15. Treffen seine unterstellten Mitarbeiter selbständig Entscheidungen, so fühlt er sich übergangen und ist verärgert.
    1. oft 2. relativ häufig 3. manchmal 4. selten 5. fast nie
16. Er gibt seinen unterstellten Mitarbeitern Aufgaben, ohne ihnen zu sagen, wie sie sie ausführen sollen.
    1. fast immer 2. häufig 3. manchmal 4. selten 5. fast nie
17. Er achtet auf Pünktlichkeit und Einhaltung von Pausenzeiten.
    1. fast gar nicht 2. kaum 3. etwas 4. relativ stark 5. sehr stark
18. Er ist freundlich, und man hat leicht Zugang zu ihm.
    1. fast nie 2. selten 3. manchmal 4. häufig 5. fast immer
19. Er reißt durch seine Aktivitäten seine unterstellten Mitarbeiter mit.
    1. überhaupt nicht 2. kaum 3. etwas 4. stark 5. sehr stark
20. Seine Anweisungen gibt er in Befehlsform.
    1. oft 2. relativ häufig 3. manchmal 4. selten 5. sehr selten
21. Bei wichtigen Entscheidungen holt er erst die Zustimmung seiner unterstellten Mitarbeiter ein.
    1. fast nie 2. selten 3. manchmal 4. häufig 5. fast immer
22. Er freut sich besonders über fleißige und ehrgeizige unterstellte Mitarbeiter.
    1. überhaupt nicht 2. kaum 3. etwas 4. stark 5. sehr stark
23. Persönlichen Ärger oder Ärger mit der Geschäftsleitung lässt er an seinen unterstellten Mitarbeitern aus.
    1. oft 2. relativ oft 3. manchmal 4. selten 5. fast nie
24. Auch wenn er Fehler entdeckt, bleibt er freundlich.
    1. fast nie 2. selten 3. manchmal 4. häufig 5. fast immer
25. Er wartet, bis seine unterstellten Mitarbeiter neue Ideen vorantreiben, bevor er es tut.
    1. fast immer 2. häufig 3. manchmal 4. selten 5. fast nie
26. Er versucht, seinen unterstellten Mitarbeitern das Gefühl zu geben, dass er der »Chef« ist und sie unter ihm stehen.
    1. sehr stark 2. stark 3. etwas 4. kaum 5. überhaupt nicht
27. Er ist am persönlichen Wohlergehen seiner unterstellten Mitarbeiter interessiert.
    1. überhaupt nicht 2. wenig 3. etwas 4. relativ stark 5. sehr stark
28. Er passt die Arbeitsgebiete genau den Fähigkeiten und Leistungsmöglichkeiten seiner unterstellten Mitarbeiter an.
    1. fast nie 2. selten 3. manchmal 4. häufig 5. fast immer

29. Der Umgangston mit seinen unterstellten Mitarbeitern verstößt gegen Takt und Höflichkeit.
   1. oft 2. relativ häufig 3. manchmal 4. selten 5. niemals
30. Er regt seine unterstellten Mitarbeiter zur Selbständigkeit an.
   1. überhaupt nicht 2. kaum 3. etwas 4. stark 5. sehr stark
31. In »Geschäftsflauten« zeigt er eine optimistische Haltung und regt zu größerer Aktivität an.
   1. überhaupt nicht 2. wenig 3. zu einem gewissen Grad 4. relativ stark 5. sehr stark
32. Nach Auseinandersetzungen mit seinen unterstellten Mitarbeitern ist er nachtragend.
   1. oft 2. relativ häufig 3. manchmal 4. selten 5. fast nie

Die Faktorenanalyse der Daten aus derartigen Fragebögen erbrachte verschiedene voneinander unabhängige Dimensionen, die als spezifische Ausprägungen des Führungsverhaltens interpretierbar sind. Über die Vielzahl der dabei gefundenen Führungsdimensionen, die in jeder Untersuchung etwas voneinander abweichen, informiert zusammenfassend Neuberger (1976).

Die beiden am häufigsten – auch in verschiedenen Kulturen und Situationen – aufgefundenen Verhaltensdimensionen sind in den amerikanischen Benennungen »consideration« (zu übersetzen als »praktische Besorgtheit« oder etwas freier »Mitarbeiterorientiertheit«) und »initiating structure« (zu übersetzen mit »Initiativen setzen und Aufgaben strukturieren«, oder etwas freier »Ziel-, Leistungs- oder Aufgabenorientiertheit«). Die beiden Dimensionen, die relativ unabhängig voneinander sind, zeigt Darstellung 51.

Wesentlich an diesem Ergebnis ist, dass die stärkere Betonung der Aufgabe bzw. die stärkere Betonung des Menschen beim Führungsverhalten **nicht Gegenpole auf einer Dimension sind, sondern voneinander unabhängig**. Dies bedeutet konkret, dass ein Vorgesetzter z.B. ausschließlich mitarbeiterbezogen, ausschließlich aufgabenbezogen, weder mitarbeiter- noch aufgabenbezogen, aber auch mitarbeiter- und zugleich aufgabenbezogen führen kann.

Im weiteren Forschungsbemühen wurde versucht, die genannten Führungsdimensionen mit Kriterien des Führungserfolgs in Beziehung zu setzen. Eindeutige Gesetzmäßigkeiten fanden sich dabei nicht, jedoch wurde relativ häufig der Nachweis geführt, dass »consideration« recht deutlich positiv mit Arbeitszufriedenheit und in geringem Maße mit der Leistung, »initiating structure« dagegen schwach positiv mit der Leistung der Gruppe korreliert ist. Aktuelle Metaanalysen (Judge, Piccolo & Ilies, 2004) bestätigen diese Ergebnisse und haben so zur »Ehrenrettung« des gelegentlich attackierten Konzeptes (Neuberger, 1980) beigetragen.

Obwohl viele empirische Untersuchungsergebnisse vorliegen, die diese Ergebnisse relativieren (vgl. Seidel, 1978; Baumgarten, 1977) und die Bedeutung der jeweiligen situativen Bedingungen betonen, wird in der Praxis häufig die Auffassung vertreten, dass beide Verhaltensweisen wünschenswert seien und deshalb praktiziert werden sollten. Selbstverständlich ist eine derartige Sichtweise wenig diffe-

3.4. Personalentwicklung

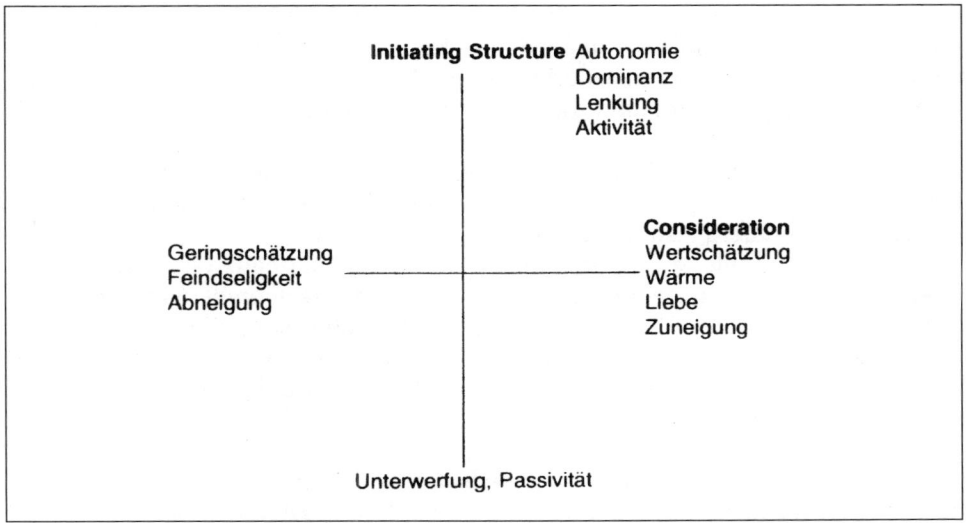

Darstellung 51. Die zentralen Dimensionen des Führungsverhaltens (nach den Ohio-Studien)

renziert, da sie die bereits mehrfach angesprochene Bedeutung der Führungssituation als Moderatorvariable vergisst. Tatsächlich wirkt zwar die Mitarbeiterorientierung meist positiv auf die Arbeitszufriedenheit und das Klima im Team und damit zugleich reduzierend auf Fehlzeitenrate und Fluktuation, doch ist die Mitarbeiterorientierung vor allem dort wichtig, wo der Arbeitsinhalt den Arbeitenden wenig Befriedigungschancen bietet und entsprechend die Zufriedenheit nahezu allein von den zwischenmenschlichen Beziehungen, insbesondere aber vom Kontakt mit dem Vorgesetzten, abhängt (Baumgarten, 1977). Die Aufgabenorientierung wirkt dem gegenüber zwar in der Regel positiv auf die Leistung der Geführten, doch gilt dies insbesondere dort, wo einfach strukturierte Tätigkeiten ausgeübt werden müssen und wo die Mitarbeiter in ihrer Rolle als Spezialisten dem Führenden fachlich nicht überlegen sind. Schließlich sei bedacht, dass das Insgesamt des Führungsverhaltens sich nicht auf zwei Verhaltensdimensionen reduzieren lässt, sondern – je nach Situation und Kultur – andere Dimensionen hinzu kommen können, insbesondere die »Mitwirkungsorientierung« (Fittkau-Garthe & Fittkau, 1971). Hier wiederum ist zu bedenken, dass das Angebot des Führenden an die Mitarbeiter an den Führungsentscheidungen zu partizipieren nur dort positiv wirkt, wo tatsächlich von der Aufgabe her Entscheidungspotenziale gegeben sind und wo die Mitarbeiter von ihrer Motivation und Qualifikation her für das Mitentscheiden geeignet sind.

Eher grundsätzliche Kritik hat das Konzept der Ohio-Forschung nicht nur wegen gewisser methodischer Schwächen des Messinstrumentes gefunden, sondern auch deshalb, weil es schlicht zu undifferenziert sei, um die Vielfalt und Situationsabhängigkeit des Führungsverhaltens abzubilden (Neuberger, 1980, 2002; Gebert & v. Rosenstiel, 2002). Obwohl derartige kritische Hinweise durchaus zutreffen, sollten sie den grundsätzlichen Wert des Konzeptes nicht in Frage stellen, wie die genannte aktuelle Metaanalyse von Judge, Piccolo & Ilies (2004) zeigt. Die Autoren analysierten 163 von einander unabhängige Korrelationen für die Mitarbeiterorientierung und 159 für die Aufgabenorientierung. Dabei zeigte es sich, dass die Mitarbeiterorientierung ($r = .48$) und die Aufgabenorientierung ($r = .29$) recht deutlich mit Kriterien des Führungserfolgs korrelieren. Die Mitarbeiterorientierung steht dabei vor allem auf die mit der Arbeitszufriedenheit und der Motivation der Geführten in Beziehung, während die Aufgabenorientierung mit der individuellen Arbeitsleistung und der Leistung der Arbeitsgruppe korreliert.

Die Gegenüberstellung von mitarbeiter- und aufgabenorientiertem Führungsverhalten war – wie bereits beton – nahezu 50 Jahre lang die dominierende Grundlage der Diagnose und der Modifikation des Führungsverhaltens. In jüngerer Zeit haben zwei andersartige Konzepte deutlich an Bedeutung gewonnen: **transaktionale** und **transformationale** Führung (Bass & Avolio, 1990; Geyer & Steyrer, 1998; Neuberger, 2002; Wegge & v. Rosenstiel, 2004).

Was ist darunter zu verstehen?

Transaktionale Führung beruht letztlich auf dem **Marktprinzip,** dem rational begründeten Tausch: Gibst Du, Vorgesetzter, mir das, was ich wünsche (z. B. Handlungsspielraum), dann gebe ich Dir, was Du wünschst (z. B. gesteigerte Leistung). Zwei Komponenten dieser transaktionalen Führung werden innerhalb des von Bass und Avolio (1990) entwickelten Befragungsinstrumentes **MLQ** (»**multifactor leadership questionnaire**«) unterschieden:

- **bedingte Belohnung** (Beispielitem:»Weist mich darauf hin, was ich erhalten werde, wenn ich die Anforderungen erfülle«.)
- **management by exception** (Beispielitem:»Vermeidet Eingriffe, außer wenn ich gesteckte Ziele nicht erreiche«.)

Ganz anders ist die transformationale Führung zu verstehen. Durch transformationale Führung soll der Geführte transformiert, verwandelt werden. Er tritt nicht in einen rational begründeten Tausch ein, denkt nicht an seinen Vorteil, sondern ist bereit altruistisch zu handeln. Vier Komponenten dieser transformationalen Führung werden im MLQ voneinander abgehoben:

- **Charisma** (Beispielitem:»Ich bin stolz darauf, mit ihm/ihr zusammen zu arbeiten«)
- **Inspirierende Motivierung** (Beispielitem:»Verwendet Symbole und Bilder, um unsere Zielvorstellungen zu verdeutlichen«)
- **Intellektuelle Stimulierung** (Beispielitem:»Ermöglicht es mir, alte Probleme in einem neuen Licht zu sehen«)
- **Individuelle Wertschätzung** (Beispielitem:»Berät, fördert und unterstützt mich, wenn es notwendig ist«).

Schließlich erfasst der MLQ noch das **Laisser-Faire**-Führungsverhalten (Beispielsitem:»Kümmert sich nicht um unsere Aufgaben…«). Empirische Analysen zeigen, dass dieses Führungsverhalten sich negativ auf die Leistung der Geführten auswirkt. Manche Autoren zählen diesen Verhaltensstil – selbstverständlich mit negativen Vorzeichen – zur transaktionalen Führung.

Empirische Analysen zur Wirkung der transaktionalen und der transformationalen Führung zeigen, dass beide für den Erfolg – gemessen z. T. an subjektiven, z. T. an objektiven Kriterien – förderlich sind (Gebert & v. Rosenstiel, 2002), wobei jedoch von der transformationalen Führung die intensivere Wirkung ausgeht.

Transformationale Führung dürfte besonders dort von erheblicher Bedeutung sein, wo Vorgesetzte im Detail die Arbeit ihrer Mitarbeiter gar nicht beurteilen können oder wo sie – etwa im Dienstleistungsbereich oder im virtuellen Unternehmen – nur noch sporadisch mit diesen räumlich zusammen sind oder schließlich dann, wenn die Mitarbeiter – z. B. wegen einer Umstrukturierung im Unternehmen – verunsichert und orientierungslos sind.

Literaturempfehlung

Neuberger, O. (2002). Führen und führen lassen. Stuttgart.
In diesem anspruchsvollen Buch wird differenziert und kritisch auch der Stand der Forschung zur Führungsverhaltensanalyse einschließlich der Methodendiskussion dargestellt. Die »Ohioforschung«, die transaktionale und die transformationale Führung werden ausführlich berücksichtigt.

3.4.4.7.2. Optimierung des Führungsverhaltens

Wenn in einer Organisation Führungsseminare angeboten werden sollen, werden die Vorgesetzten zuvor meist nicht daraufhin untersucht, ob sie solche Kurse nötig haben. Häufig sieht die Vorgehensweise so aus, dass

- alle Vorgesetzten mehr oder weniger direktiv verpflichtet werden, an diesem Training teilzunehmen, oder
- sich freiwillig – aus alternativen Kursangeboten – das Training aussuchen oder
- der unmittelbare Vorgesetzte aufgrund der Ergebnisse der Personalbeurteilung und des Beurteilungsgesprächs (also aufgrund einer Beurteilung von oben) einen entsprechenden Vorschlag unterbreitet.

Trotz dieser Vorgehensweisen in der Praxis wäre es sicherlich adäquater, wenn aufgrund eines standardisierten Instrumentariums der **Ist-Zustand** bezüglich des Führungsverhaltens ermittelt würde, damit dann systematisch durch entsprechende Trainingsangebote der **Soll-Zustand** des Führungsverhaltens angestrebt werden kann. Allerdings ist nach dem zuvor Gesagten offensichtlich, dass es kaum einen generalisierbaren Soll-Zustand des Führungsverhaltens geben kann. Je nach Situation sind andersartige Formen des Führens angemessen. Es hat sich in diesem Sinne bewährt, wenn aufgrund einer Diagnose des Ist-Zustandes **im Rahmen einer gemeinsamen Klausursitzung** Führende und Geführte darüber diskutieren, wie Führung künftig strukturiert werden sollte (v. Rosenstiel, 1985; Schneevoigt, 1985, v. Hornstein & v. Rosenstiel, 2000)

So hat z. B. Leupold (1984) im Rahmen einer Dissertation das Verhalten von Vorgesetzten innerhalb ihrer Abteilungen mit Hilfe eines Fragebogens durch die Geführten beschreiben lassen, die Befragungsergebnisse an den Führenden und die

Geführten zurückgemeldet, wonach diese die Ergebnisse gemeinsam diskutierten und Zielvorstellungen entwickelten. Eine nach geraumer Zeit durchgeführte follow-up-Analyse zeigte, dass sich daraufhin das Führungsverhalten in einem Großteil der Abteilungen im Sinne der Zielvorstellungen modifiziert hatte.

Informationsbox 5: Führungsverhaltensentwicklung durch Aufwärtsbeurteilung und Feedback

Führungsverhalten
– Trainingskonzept –

1. Beschreibung des Verhaltens des Vorgesetzten durch Geführte (anonym) mit einem Führungsverhaltensbeschreibungsbogen.
2. Auswertung der Items und Skalen auf Mittelwert- und Streuungsniveau. Vergleich der Ergebnisse mit außerbetrieblichen und betrieblichen Normwerten. Visualisierung.
3. Workshop von Vorgesetzten und Mitarbeitern unter Leitung eines Moderators. Präsentation der Ergebnisse. Gemeinsame Analyse und Diagnose.
4. Gemeinsame Erarbeitung eines Aktionsplanes für Vorgesetzte und Geführte.
5. Nach ca. 12 Monaten Wiedereinsatz des Bogens.
6. Workshop II. Vorher-Nachher-Vergleich. Gemeinsame Analyse.

Die Informationsbox 5 zeigt, wie die typische Vorgehensweise aussieht, wenn man die Veränderung des Führungsverhaltens auf der anonymen Befragung der Geführten aufbaut. Dies ist eine Vorgehensweise, die angesichts der sich verbreitenden »**Aufwärtsbeurteilung**« in Unternehmen an Bedeutung gewinnt (v. Rosenstiel & Bögel, 1992; Bögel & v. Rosenstiel, 1999; Bihl, 1995). Zunehmend wird diese Aufwärtsbeurteilung zu einem »**360°-Feedback**« (Neuberger, 2000; Scherm, 2003) erweitert, d.h. der Führende wird von seinem Vorgesetzten, von seinen Mitarbeitern, von Kollegen und gelegentlich auch von internen oder externen Kunden beurteilt. Schuler (2006) weist in diesem Zusammenhang darauf hin, welche Wirkung von einem Wort, einem »Markenzeichen«, ausgehen kann. Tatsächlich gab es sowohl die Beurteilung von unten nach oben – etwa innerhalb der Ohio-Forschung – als auch die Beurteilung durch Gleichgestellte, das »Peer-Rating«, seit langem, doch wurde außerhalb des Faches darüber kaum gesprochen. Erst durch die Bezeichnung »360°-Feedback« wurde diese Vorgehensweise auch für die Praxis zum Thema; viele Unternehmen führten dieses Vorgehen als eine bedeutsame Innovation ein. Dies wiederum ist darum besonders überraschend, weil offensichtlich der Erkenntnisgewinn, der damit erzielt wird, und somit auch der Nutzen mehr als fraglich erscheinen (Schuler, 2006). Für denjenigen, der bei derartigen Prozessen als Trainer oder Moderator wirkt, ist es wichtig, dass die entsprechende Bereitschaft bei den jeweiligen Vorgesetzten und den Mitarbeitern gegeben ist. Das gemeinsame Gespräch zwischen Vorgesetzten und den Mitarbeitern über die Ergebnisse könnte sonst eher schädlich wirken und Verletzungen zurücklassen. Falls die begründete Vermutung besteht, dass der Vorgesetzte und/oder die Mitarbeiter die entsprechende Aufgeschlossenheit nicht haben, ist es besser, von derartigen Maßnahmen abzusehen oder aber die ausgewerteten und verdichteten Daten mit dem Vorgesetzten unter vier Augen zu besprechen, jedoch auf den gemeinsamen Workshop zu verzichten (vgl. Informationsbox 5).

Nahe liegend wäre es, auf jene Messverfahren zurückzugreifen, wie sie innerhalb der Ohio-Gruppe entwickelt wurden. Deutsche Versionen dieser Verfahren wurden von Tscheulin und Rausche (1970) und von Fittkau-Garthe (1970), Neuentwicklungen von v. Rosenstiel und Bögel (1992) sowie Bihl (1995) vorgelegt. Auch der zuvor genannte MLQ von Bass & Avolio (1990) steht inzwischen in deutschsprachigen Versionen zur Verfügung (Geyer & Steyrer, 1998; Felfe & Goihl, 2002).

Es gibt zudem eine Vielzahl weiterer Befragungsinstrumente mit ähnlichem Gültigkeitsanspruch. Schriesheim und Kerr (1977) haben diese einer kritischen Analyse unterzogen und dabei festgestellt, dass ihre messtechnischen Qualitäten wenig befriedigend sind.

Es muss auch gefragt werden, ob diese Verfahren in ausreichendem Maße das valide erfassen, was sie zu erfassen vorgeben, wie es z.B. Fittkau-Garthe und Fittkau (1971) behaupten. Systematische Analysen von Nachreiner (1978) haben gezeigt, dass verschiedene Personen (Geführte) das Verhalten eines gleichen Vorgesetzten mit Hilfe der genannten Verfahrensweisen höchst unterschiedlich beurteilen, was immerhin den Verdacht begründet, dass derartige Verfahren in der Varianz ihrer Ergebnisse nur zu einem geringen Teil durch das Führungsverhalten des Vorgesetzten bestimmt werden, dagegen zu einem größeren durch Merkmale der beurteilenden Personen (vgl. hierzu auch Allerbeck, 1977).

Ein schlagender Beweis für die mangelnde Validität der Verfahren ist dies allerdings nicht. Es ist ja sehr wohl denkbar, **dass ein Vorgesetzter sich nicht allen Mitarbeitern gegenüber gleich verhält.** Führung ist Interaktion. Die Interaktion des Vorgesetzten mit einem Tüchtigen oder Beliebten mag ganz anders aussehen als seine Interaktion mit einem Mitarbeiter, der durch schwache Leistungen auffällt oder ihm wenig sympathisch ist.

Mit dem hier angesprochenen Phänomen setzt sich die »**Theorie der Führungsdyaden**« (Graen & Uhl-Bien, 1995) auseinander. Diese Theorie geht davon aus, dass es in sozialen Einheiten – z.B. Arbeitsgruppen – zu einer **Vielzahl miteinander verschränkter Zweierbeziehungen** (sog. Dyaden) kommt. Sie werden verstanden als ein System von Komponenten und deren Beziehungen, wobei die beiden Mitglieder einer Dyade

- Verhaltensmuster gegenseitiger Abhängigkeit,
- gemeinsame Ergebnisinstrumentalität teilen und
- Umweltkonzeptionen, Ursachenmuster und Werte produzieren.

In dieser komplexen Form jedenfalls wurde innerhalb der Theorie das definiert, was sodann als DCR (**Dyadic Career Reality**) bezeichnet und als Grundlage für Operationalisierungen herangezogen wurde.

Zwischen einem Vorgesetzten und verschiedenen Unterstellten bestehen entsprechend auch dyadische Beziehungen ganz unterschiedlichen Charakters. In manchen dieser Führungsdyaden wird häufig, in anderen seltener über innovative oder fachliche Fragestellungen gesprochen (Schiemann, 1977).

Es ist daher nur plausibel, wenn die unterstellte Person der einen Dyade den Vorgesetzten anders beurteilt als die einer anderen. Für jede dieser Personen zeigt ja der Vorgesetzte andere Führungsverhaltensweisen.

Trotz dieser Relativierung ist gegenüber den Fragebogenverfahren eine gewisse Skepsis angebracht. Immerhin ist es fraglich, ob es sich lohnt, auf derzeit bestehende standardisierte Messverfahren zur Ermittlung des Führungsverhaltens zurückzugreifen, um z. B. Zuordnungen zu Trainingsprogrammen zu treffen. Möglicherweise sind die von »oben« kommenden Vorgesetztenurteile innerhalb der systematischen Personalbeurteilung doch valider (was allerdings auch nicht sicher erscheint). Die Forschung jedenfalls lässt es fraglich erscheinen, ob es lohnt, die Beurteilung im Sinne eines 360°-Feedback, das mit erheblichem Aufwand und viel innerbetrieblicher Unruhen verbunden ist, als Ergänzung der Beurteilung von oben einzuführen (Schuler, 2006).

Daneben besteht selbstverständlich die Möglichkeit, es bei der – sicherlich wissenschaftlich nicht befriedigenden – Vorgehensweise zu belassen und alle Vorgesetzte in bestimmten Zeitabständen für das Training zu verpflichten oder ihnen den Besuch zumindest freizustellen. Auch dort erhalten sie Feed-back.

Trotz all der soeben genannten Bedenken gewinnen Verfahren zur Beurteilung der Vorgesetzten durch ihre Mitarbeiter an Relevanz. Da in den Unternehmen vermehrt die Aufwärtsbeurteilung eingeführt wird (Bihl, 1995) oder diese doch innerhalb der so genannten »360°-Beurteilung« neben die durch Gleichgestellte (Jochum, 1992) oder Vorgesetzte tritt, besteht Bedarf nach zuverlässigen und gültigen Instrumenten, die zugleich Akzeptanz finden.

Literaturempfehlung

Nachreiner, S. (1978). Die Messung des Führungsverhaltens. Bern.
Auf Grund einer systematischen empirischen Analyse kommt der Autor zu dem Ergebnis, »dass die Methode, unterstellte Mitarbeiter mittels standardisierter Fragebogen über das Verhalten ihrer Vorgesetzten zu befragen, invalide zur Erfassung des Führungsverhaltens ist.« Die Fragebogen erfassen »in erster Linie die Charakteristika des beschreibenden Mitarbeiters.« Im Anhang des Buches werden zwei Messverfahren vollständig wiedergegeben.
Neuberger, O. (2000). Das 360°-Feedback. München, Mering.
Ziele und Vorgehensweisen des 360°-Feedbacks werden differenziert beschrieben und das Vorgehen äußerst kritisch bewertet.

3.4.4.7.3. Beispiele für Trainingsverfahren

Das **Training des Führungsverhaltens** kann auf unterschiedliche Weise erfolgen. **Inhaltsorientierte Techniken** wie etwa Vortrag, Referat, Frontalunterricht, Selbstinstruktion mit Hilfe von Büchern oder programmierten Unterweisungen modifizieren in der Regel nur die Führungskenntnisse, bestenfalls die Einstellungen zu bestimmten Formen des Führungsverhaltens; sie erweisen sich allerdings als relativ uneffektiv, wenn Verhalten geändert werden soll (vgl. Gebert, 1974; Stocker-Kreichgauer, 1978; Fisch & Fiala, 1984). **Prozessorientierte Techniken** sind in diesem Falle vorzuziehen. Vor allem Fallstudien, Beobachtung vorbildhafter Modelle und Rollenspiele haben innerhalb des Führungstrainings besondere Bedeutung erlangt.

Bei der Konzeption von Führungstrainings sollte man bedenken, dass das Führungsverhalten nicht allein als Funktion des Führenden interpretiert werden darf. Es ergibt sich aus dem **Zusammenspiel dieses Menschen mit der ihn umgebenden Führungssituation**, insbesondere aber aus der Interaktion mit den von ihm Geführten. Daher ist es in aller Regel besser, das Training nah am Arbeitsplatz durchzuführen und – zumindest in bestimmten Phasen – die Geführten mit einzubeziehen. Dies läuft dann zum Teil auf ein »Family Training«, ein »**Teamentwicklungstraining**« in der realen Arbeitsgruppe (Comelli, 1994; Comelli & v. Rosenstiel, 2003; Kauffeld & Grote, 2001; Kap. 4.5.4.) hinaus. Von dort ist dann der Schritt nur klein zur Organisationsentwicklung (Kap. 5.4.2.).

Man muss also die **Begrenztheit der sich an den Einzelnen richtenden Schulungsmaßnahmen** sehen. Sie alle setzen isoliert bei der Person des Führenden an. Das Verhalten in der Organisation aber hängt – wie bereits betont (vgl. Leavitt, 1965) – nicht nur vom persönlichen Wollen und individuellen Können der Person ab, sondern auch vom sozialen Dürfen und Sollen sowie der situativen Ermöglichung. Konkret muss man bei der Situation an die **Aufgaben**, die **Strukturen** und die **Technik** denken. Nur wenn diese – systemisch betrachtet – ebenfalls und in gleichsinniger Weise modifiziert werden, darf man erwarten, dass sich eine nachhaltige Verhaltensänderung einstellt. Darauf wird im Zusammenhang mit der Organisationsentwicklung noch eingegangen werden.

Spezifisch auf die Zielsetzung erhöhter Mitarbeiterorientierung und Aufgaben- bzw. Leistungsorientierung ist das von Blake und Mouton (1968) entwickelte »**Managerial-Grid-Seminar**« zugeschnitten. Dieses Seminar dauert in der Regel eine Woche, wobei zunächst einschlägige Literatur durchgearbeitet wird, um die Einstellungen dahingehend zu modifizieren, dass ein sowohl mitarbeiter- als auch aufgaben- bzw. leistungsorientierter Führungsstil wünschenswert ist. In der Sprache des Seminars wäre das der »9/9-Führungsstil« (vgl. Darstellung 52).

Danach werden unter der Leitung eines Linienvorgesetzten Kleingruppen aus fünf bis neun Vorgesetzten gebildet, die ohne Trainer die Konsequenzen der verschiedenen Führungsformen im Verhaltensgitter an konkreten Beispielen durcharbeiten. Die Gruppenmitglieder analysieren dabei ihren eigenen Lösungsprozess um herauszufinden, welche Kommunikationsschwierigkeiten, welches Führungsverhalten etc. sie in ihrem eigenen Arbeitsverhalten in der Gruppe beeinflusste. Die anderen Mitarbeiter in der Gruppe können dem Trainierten Rückmeldung darüber vermitteln, in welchem Maße sich sein Führungsverhalten der Zielsetzung »9/9« angenähert hat.

Die Schwierigkeiten eines derartigen auf das Individuum zugeschnittenen Führungstrainings liegt darin, dass strukturelle Merkmale übersehen werden. Führung vollzieht sich nicht nur zwischen einem Vorgesetzten und dessen Mitarbeitern,

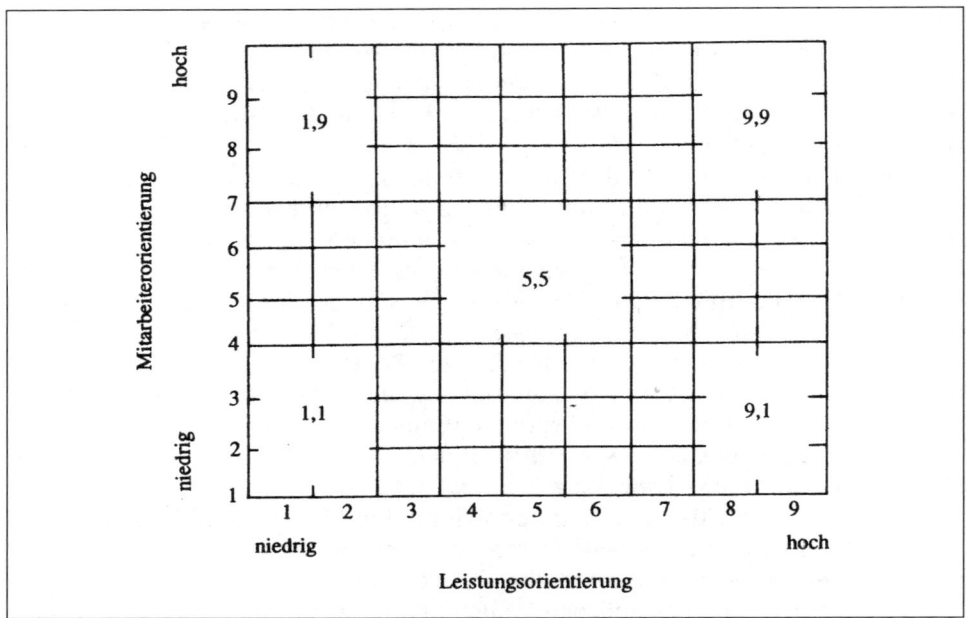

Darstellung 52. Das Verhaltensgitter zur Kennzeichnung des Vorgesetztenverhaltens

sondern in einem umfassenden Organisationskontext. Lehnt beispielsweise der höhere Vorgesetzte consideratives Führungsverhalten ab, so wird der ihm unterstellte Vorgesetzte durch ihn kaum **Verstärkung** finden; dabei wäre eine Verstärkung von oben gerade in diesem Falle besonders wichtig. Es ist anzunehmen, dass Führungstraining umso erfolgreicher ist, je mehr das trainierte Führungsverhalten im gegebenen Kontext – z. B. von den höheren Vorgesetzten – akzeptiert und – besser noch – vorgelebt wird.

Die soeben angedeuteten Probleme werfen eine Reihe von Fragen auf. Auf drei soll knapp eingegangen werden:

(1) Ist ein fest umschriebenes **Ziel**, wie z.B. ein »9/9-Führungsstil«, überhaupt sinnvoll?
(2) An welchen **Kriterien** kann der Erfolg von Führungstrainings gemessen werden?
(3) Ist ein relativer **Misserfolg**, wie ihn manche Evaluationsstudien nahe legen, eine Ausnahme oder darf er als typisch gelten?

(1) Zunächst zum Ziel: Aus dem zuvor Gesagten ergibt sich offensichtlich, dass Führungsverhalten **je nach Situation unterschiedlich** aussehen sollte (vgl. Staehle, 1973; Vroom & Yetton, 1973; Wilpert, 1977; Neuberger, 2002). Dabei muss man im Auge behalten, dass die Führungssituation selbst dynamisch ist: Ein Vorgesetzter sollte – ist er an bestimmten Zielen orientiert – flexibel einmal

diesen oder einmal jenen Führungsstil zeigen können. Darauf wird noch einzugehen sein (vgl. 4.6.2.).
(2) Woran kann man den Erfolg des Trainings messen? Verschiedene Kriterien, über die in Abschnitt über Evaluation der Personalentwicklung bereits gesprochen wurden, kommen hier in Frage. Sie seien noch einmal genannt:
- **Subjektive Äußerungen der Trainierten**
- **Lerngewinn**
- **Verhalten während des Seminars**
- **Verhalten am Arbeitsplatz**
- **Verhaltensergebnisse**

Je nach Situation und Lernziel wird man einmal dies, einmal jenes Kriterium besonders beachten.
(3) Über den Erfolg von Führungstrainings gibt es eine breite Literatur, die allerdings zum Teil nicht befriedigt, wie einschlägige Sammelreferate zeigen (Campbell, 1971; Goldstein, 1980; Fisch & Fiala, 1984; Guzzo, Jette & Katzell, 1985; Arthur, Bennett, Edens & Bell, 2003). Soweit die Evaluationsstudien adäquat angelegt waren, fielen die Ergebnisse nicht selten enttäuschend aus. Es ist angesichts des Umstandes, dass in fast allen großen Organisationen sehr viel Geld in die Führungsschulung investiert wird, überraschend festzustellen, wie wenig in der Forschung unternommen wurde, um zu prüfen, ob dieses Geld gut angelegt ist. Entsprechend ist es wenig verwunderlich, dass einerseits in der Weiterbildung ein »Mythos« gestehen wird, der »zerbricht« (Staudt & Kriegesmann, 1999), während andererseits nicht selten in den Trainingsmaßnahmen das Herz aller Personalentwicklung vermutet wird und damit der Schlüssel einer erfolgsorientierten Strategie des Unternehmens. Zumindest sollten – damit hier klarer gesehen wird – die Möglichkeiten genutzt werden, die die Evaluationsforschung heute bietet (Höft, 2006; Thierau-Brunner, Wottawa & Stangel-Mesecke, 2006), damit auf diesem Feld nicht weiterhin ein »blinder Fleck« der betrieblichen Personalentwicklung (v. Rosenstiel, 2003) gesehen werden muss. Dies allerdings ist ein Problem, das für die Weiterbildungsforschung insgesamt gilt (Staudt & Kriegesmann, 1999).

Der noch immer enttäuschende Forschungsstand auf diesem Gebiet sollte allerdings kein Grund dafür sein, sich vom Feld des Führungstrainings resignativ abzuwenden oder gar der Aussage »das bringt doch nichts« zuzustimmen. Dort, wo in einzelnen Studien (Berthold, Gebert, Rehmann & v. Rosenstiel, 1980) oder differenzierten Meta-Analysen (Guzzo, Jette & Katzell, 1985; Burke & Day, 1986; Neumann, Edwards & Raju, 1989; Arthur, Bennett, Edens & Bell, 2003) die Effekte sorgfältig überprüft wurden, zeigten sich auch ermutigende Befunde. Insbesondere die Untersuchung von Burke und Day (1986), die 70 Untersuchungen zum Führungstraining einer Meta-Analyse unterzog, zeigte nicht nur für Kriterien der subjektiven Bewertung und des Wissens, sondern auch für solche des Verhaltens und der ›harten‹ Erfolgsdaten eindrucksvolle Ergebnisse. Die durchschnittlichen Korrelationen für unterschiedliche Kriterien lagen zwischen $r = 0.20$ und $r = 0.50$, wobei sich die hohen Werte keineswegs auf die subjektiven Indikatoren beschränken. Speziell das **Modelllernen** und das **Zielsetzungs- bzw. Zielvereinbarungsverfahren** erwiesen sich als wirkungsvolle Trainings- bzw. Interventionsmethoden. Daran gemessen bringen »harte« Interventionen wie finanzielle Anreizsysteme oder Umgestaltungen der Arbeitsumgebung keineswegs mehr.

Literaturempfehlung

Blake, R. R. & Mouton, J. (1968). Verhaltenspsychologie im Betrieb. Düsseldorf.
   Innerhalb dieses weit verbreiteten »Klassikers« wird die Vorgehensweise beim »Verhaltensgittertraining« zur Maximierung des mitarbeiter- und leistungsorientierten Führungsverhaltens dargestellt.
Fisch, R. & Fiala, S. (1984). Wie erfolgreich ist Führungstraining? In: DBW 44. Jg. 1984, S. 193–203.
   In diesem kritischen Sammelreferat zum Erfolg von Führungstrainings wird deutlich sichtbar, dass die vorliegenden Studien in ihrer Mehrheit von ihrer Methodik her ungeeignet dafür sind, Auskunft darüber zu geben, ob das Training wirklich den gewünschten Erfolg brachte oder nicht.
Höft, S. (2006). Erfolgsüberprüfung personalpsychologischer Arbeit. In: H. Schuler (Hrsg.). Lehrbuch der Personalpsychologie. Göttingen, S. 761–796.
   In diesem vorwiegend methodisch orientierten Beitrag wird aufgezeigt, wie man den Erfolg der Personalauswahl und der Personalentwicklung überprüfen kann, wobei auch einige beispielhafte Untersuchungen zum Erfolg von Trainings dargestellt werden.

Selbstkontrollfragen zu Kapitel 3

Von den mit a), b), c), d) gekennzeichneten Alternativantworten zu den nachfolgenden Mehrfachwahlfragen gilt nur eine als richtig. Bitte kreuzen Sie diese an. Sie können, wenn Sie die Fragen 41 bis 78 durchgearbeitet haben, Ihre Lösungsvorschläge mit den angegebenen Bestlösungen auf S. 531 vergleichen.

41. Als Rosenthal-Effekt könnte man folgendes Ereignis bezeichnen:
    a) Ein Meister, der sich von seinem Vorgesetzten ungerecht behandelt fühlt, lässt seinen Ärger am Auszubildenden aus
    b) Ein Meister hält unzutreffenderweise den Auszubildenden für unbegabt und faul; darauf sinken die Leistungen des Auszubildenden ab
    c) Ein Vorgesetzter kritisiert die schwachen Leistungen eines Mitarbeiters; dieser strengt sich daraufhin besonders an und bringt bessere Leistungen
    d) Ein Vorgesetzter schätzt aufgrund von Vorurteilen die tatsächlich guten Leistungen seines Mitarbeiters als schwach ein, glaubt aber, dabei gerecht zu urteilen

42. Ein von der Hochschule kommender neuer Sachbearbeiter, der sich gegen die bestehenden Organisationsnormen auflehnt, wird nach einem sachlichen Fehler von seinem Vorgesetzten in der Abteilungsbesprechung gebeten, seinen

Fehler in dieser Besprechung einzugestehen und sich den in der Organisation herrschenden Normen anzupassen. Dies ist der Versuch, Verhaltensveränderung herbeizuführen nach dem Konzept
a) der erzwungenen Einwilligung
b) des Modelllernens
c) des operanten Konditionierens
d) des Belohnungsentzugs

43. Die Theorie X von McGregor kann am ehesten bezeichnet werden
a) als explizite Persönlichkeitstheorie, die angeborene Persönlichkeitsmerkmale in den Vordergrund rückt
b) als implizite Persönlichkeitstheorie von Vorgesetzten, die den Arbeitenden als faul und verantwortungsscheu darstellt
c) als explizite Persönlichkeitstheorie, die alle menschliche Verhaltensweisen aus Grundbedürfnissen erklärt
d) als implizite Persönlichkeitstheorie, die das Arbeitsverhalten aus den sozialen Bedürfnissen des Menschen erklärt

44. Faktorenanalytisch begründete Modelle der Persönlichkeit haben faktisch innerhalb betrieblicher Organisationen den stärksten Einfluss
a) auf die Sozialstruktur
b) auf die Aus- und Weiterbildungskonzepte
c) auf die Personalauslese
d) auf die Gestaltung des Anreizsystems

45. Am ehesten geeignet für die Analyse der Anteile von Anlage und Umwelt an den Persönlichkeitsmerkmalen des Menschen ist
a) die Zwillingsforschung und systematische Verwandtschaftsforschung
b) die Tierzüchtung
c) die kulturvergleichende Forschung
d) die Analyse von Familienchroniken

46. Der Test unterscheidet sich vom psychologischen Experiment dadurch,
a) dass er auf unsystematischer Beobachtung beruht
b) dass nicht die Stimulusbedingungen, sondern die Personen variiert werden
c) dass er das erfasst, was bei der Beobachtung des offenen Verhaltens nicht erfasst werden kann
d) dass er nicht auf Beobachtung, sondern auf Befragung beruht

47. Reliabilität eines Tests bedeutet, dass
a) zwei Testleiter bei gleichen Personen zum gleichen Urteil kommen
b) der Test das misst, was er zu messen vorgibt
c) der Test das, was er misst, zuverlässig misst
d) dem Untersuchten deutlich wird, was der Test misst

48. Voraussetzung eignungsdiagnostischen Arbeitens ist
    a) die Kenntnis der gegenwärtigen und künftigen Anforderungen
    b) die Kenntnisse des Aus- und Weiterbildungsprogramms
    c) das Verfügen über sorgfältig konstruierte Testverfahren
    d) eine größere Zahl von Bewerbern als von offenen Stellen

49. Als besonders schwieriges Problem der Eignungsdiagnostik gilt
    a) das Anwerben der Kandidaten
    b) die Tätigkeitsanalyse
    c) die Übersetzung der am Arbeitsplatz notwendigen Verhaltensweisen in zu messende Persönlichkeitsmerkmale
    d) die Übersetzung der Testdaten in eine personelle Entscheidung

50. Bei der Auswahl eines Tests sollte man insbesondere achten auf
    a) die Stellung innerhalb des Klassifikationssystems der Tests
    b) die Reliabilität
    c) die psychometrische Fundierung
    d) die Validität

51. In den Taylor-Russell-Tafeln werden berücksichtigt
    (1) die Validität des Testverfahrens
    (2) die Selektionsrate
    (3) die Reliabilität des Testverfahrens
    (4) der Anforderungsindex des Arbeitsplatzes
    (5) der Prozentsatz Geeigneter in der unausgelesenen Population

    Richtig ist die Antworten-Kombination
    a) (1), (2), (3), (4), (5)
    b) (2), (4)
    c) (1), (2), (3)
    d) (1), (2), (5)

52. Der Vorwurf, die Eignungsdiagnostik sei ungerecht, wird meist begründet mit
    a) der geringen Validität der Messverfahren
    b) der Subjektivität der mit den Messverfahren arbeitenden Psychologen
    c) der fehlenden Berücksichtigung sozial bedingter ungleicher Qualifikationschancen
    d) der Überbetonung des Effizienzzieles der Organisation

53. Empirische Untersuchungen zur Eigenschaftentheorie der Führung sehen häufig so aus, dass man durch bestimmte Kriterien definierte Führungskräfte auf ihre Eigenschaften hin untersucht und die Ergebnisse mit den in einer Kontrollgruppe gefundenen vergleicht. Eigenschaften, die in signifikant unterschiedlicher Weise bei der Gruppe der Führenden gefunden wurden, werden

als Ursache dafür interpretiert, dass diese Personen Führungspositionen erreichten. Welches Argument gegen diese Interpretation ist besonders wichtig?
a) Die gefundenen Eigenschaften müssen keinesfalls die Ursache sein, da viele andere Variablen nicht kontrolliert wurden
b) Die gefundenen Eigenschaften können deshalb nicht die Ursache sein, weil nicht Eigenschaften der Person, sondern Merkmale der Situation darüber bestimmen, wer Führer wird
c) Die gefundenen Eigenschaften müssen keinesfalls Ursache, sondern sie können Folge sein, da sie von den Erwartungen an die Führungsrolle determiniert worden sein können
d) Die gefundenen Eigenschaften sind ein Artefakt der Untersuchungssituation, da sie lediglich die Erwartungen reproduzieren, die der untersuchende Eigenschaftstheoretiker hatte

54. Sammelreferate zur Eigenschaftentheorie der Führung zeigten insbesondere, dass
a) es kaum Persönlichkeitseigenschaften gibt, die in mehr als einer Studie mit der Führung oder dem Führungserfolg korrelierten
b) die Höhe der Korrelationskoeffizienten zwischen Eigenschaften und Führung nicht allzu hoch war, insbesondere aber sehr stark streute
c) hohe Korrelationskoeffizienten zwischen Eigenschaften und Führung nur dort aufgefunden wurden, wo zur Messung der Eigenschaften objektive Persönlichkeitstests Verwendung fanden
d) hohe Korrelationskoeffizienten zwischen Eigenschaften und Führung regelmäßig dort gefunden wurden, wo leistungsbezogene Eigenschaften (z. B. Intelligenz) und leistungsbezogene Kriterien der Führung (z. B. Quantität der Gruppenleistung) verwendet wurden

55. Unter »parentaler Investition« versteht man
a) die Einstellung des Führenden zu den Geführten beim patriarchalischen Führungsstil
b) den Aufwand, den der männliche bzw. weibliche Elternteil für den Nachwuchs zu erbringen hat
c) die Begünstigung der Karriere junger Führungskräfte durch einflussreiche Eltern
d) genetisch bedingte Verhaltensdispositionen

56. Untersuchungen zeigen, dass das Verhalten männlicher Führungskräfte sich kaum von dem weiblicher unterscheidet. Dies zeigt, dass
a) es keine nennenswerten Verhaltensunterschiede zwischen Männern und Frauen gibt
b) Frauen zur Führung ebenso befähigt wie Männer sind
c) die Unterrepräsentation von Frauen im Management auf Diskriminierung zurückgeführt werden muss

d) das Führungsverhalten jener Frauen, die Führungspositionen erreichen, sich kaum vom Führungsverhalten jener Männer unterscheidet, die Führungspositionen erreichen

57. Beim Assessment Center Ansatz sind die gefundenen Korrelationen zwischen Erfolgsprognosekriterium und Führungserfolg vor allem deshalb meist höher als bei Untersuchungen im Rahmen des herkömmlichen diagnostischen Vorgehens, weil
    a) bessere Führungserfolgskriterien verwendet werden
    b) inzwischen zuverlässigere Verfahren zur Bestimmung der Persönlichkeitsmerkmale zur Verfügung stehen
    c) Prognosesituation und Bewährungssituation einander strukturell ähneln
    d) die Messung der Personenmerkmale zeitlich vor der Messung des Führungserfolgs erfolgt

58. Meta-Analyse ist
    a) ein anderes Wort für Sammelreferat
    b) eine methodenkritische Reflexion einer empirischen Analyse
    c) eine Zusammenfassung der empirischen Befunde verschiedener Analysen zum gleichen Thema, wobei die Daten nach bestimmten Regeln gewichtet und konzentriert werden
    d) eine Wiederholung einer empirischen Untersuchung

59. Aus- und Weiterbildung in Organisationen dient ähnlichen Zielen wie
    a) die Humanisierung der Arbeit
    b) die Eignungsdiagnostik
    c) die Pflege des Betriebsklimas
    d) die Organisationsforschung

60. Die Veränderung des Führungsverhaltens durch Bildungsmaßnahmen lässt sich der Entwicklung der
    (1) motorischen Fertigkeiten,
    (2) kognitiven Fertigkeiten,
    (3) interpersonalen Fertigkeiten
    zurechnen.

    Richtig ist die Antworten-Kombination
    a) (1), (3)
    b) (1), (2), (3)
    c) (3)
    d) (2)

61. Die Entwicklung von Lernzielen ermöglicht
    (1) die Auswahl der zu Trainierenden
    (2) die Kontrolle des Lernerfolgs

(3) die Ermittlung des Ist-Zustandes
(4) die Entwicklung des Lernprogramms

Richtig ist die Antworten-Kombination
a) (1), (3), (4)
b) (3), (4)
c) (1)
d) (1), (2), (4)

62. Transfer wird vor allem begünstigt durch
   a) theoretische Fundierung des Vermittelten
   b) Zufriedenheit in der Lernsituation
   c) ausdrückliche Hinweise auf Übertragungsmöglichkeiten in der Praxis
   d) Identifikation mit dem Ausbilder

63. Die Motivation zur Fort- und Weiterbildung in unserer Gesellschaft wird vor allem gespeist durch
   a) Aufstiegswünsche
   b) Hoffnung auf eine inhaltlich reichere Freizeit
   c) Interesse an der Sache (intrinsisch)
   d) den Wunsch nach Abwechslung

64. Den Vollzug einer Tätigkeit in konzentrierter Vorstellung mit dem Ziel der Verbesserung von Fertigkeiten bezeichnet man als
   a) autogenes Training
   b) Transfer
   c) Einstellungsveränderung
   d) mentales Training

65. Durch ein lineares Lernprogramm wird Individualisierung in erster Linie gewährleistet in Bezug auf
   a) das Lerntempo
   b) das Schwierigkeitsniveau des Lernstoffs
   c) die Lehrender-Lernender-Beziehung
   d) die Interessen- und Motivationslage

66. Gewichtige Nachteile der Programmierten Unterweisung sind darin zu sehen, dass
   a) der Lernfortschritt im Vergleich zur Frontalveranstaltung geringer ist
   b) die Individualisierung im Vergleich zur Frontalveranstaltung schwächer ausgeprägt ist
   c) das Ziel der geringen Fehlerhäufigkeit beim Lernenden zur Langeweile führt
   d) der Stoff schlecht strukturiert wird

67. In der Leistungsmotivationstheorie (Atkinson) werden zwei Komponenten des Leistungsmotivs unterschieden
    a) Hoffnung auf Erfolg und Furcht vor Misserfolg
    b) Motivationale Phase und volitionale Phase
    c) Extrinsiches und intrinsisiches Leistungsmotiv
    d) Subjektive Wahrscheinlichkeit der Leistung und subjektiver Nutzen der Leistung

68. Wichtiger Bestandteil eines Leistungsmotivationstrainings ist häufig
    a) die generelle Steigerung des Aktivierungsniveaus
    b) das Training des Leistungsverhaltens selbst
    c) das Lernen, sich kurz-, mittel- und langfristige Ziele zu setzen
    d) der Abbau des Angstniveaus

69. Die Verbindung der Vorstellung bislang angstbesetzter Inhalte mit dem Zustand muskulärer Entspannung bei der Angstbehandlung beruht auf dem Prinzip
    a) der Gegenkonditionierung
    b) der Habitualisierung
    c) der Stärkung des Selbstvertrauens
    d) der Senkung des überdauernden Angstniveaus

70. Bei der Verhaltensanalyse ist es entscheidend zu erkunden
    a) wie häufig bestimmte Verhaltensweisen bei einer Person auftreten
    b) unter welchen Reizbedingungen bestimmte Verhaltensweisen auftreten und welche Konsequenzen diesen folgen
    c) welche Emotionen die Verhaltensweisen begleiten
    d) welche Verhaltensweisen auf den Antrieb der Person hin, welche auf Anstöße von außen erfolgen

71. Coaching ist
    a) die individuelle Beratung eines Organisationsmitgliedes, meist einer Führungskraft, mit dem Ziel der Hilfe zur Selbsthilfe
    b) eine besondere Form des Teamentwicklungstrainings
    c) ein Trainingsprogramm zur Reduzierung von Angst bei beruflichen Anforderungen
    d) eine betriebliche Lernpartnerschaft

72. »Consideration« und »Initiating structure« als zwei Dimensionen des Führungsverhaltens
    a) kommen mit überdurchschnittlicher Wahrscheinlichkeit gemeinsam vor, da sie lediglich zwei Aspekte einer Sache – nämlich erfolgreicher Führung – sind
    b) kommen mit zufällig zu erwartender Häufigkeit gemeinsam vor, da die beiden Dimensionen faktorenanalytisch ermittelt wurden, also statistisch relativ unabhängig voneinander sind

c) können grundsätzlich nicht gemeinsam vorkommen, da sie als Gegenpole auf einer Dimension definitorisch bestimmt sind
d) kommen mit überdurchschnittlicher Wahrscheinlichkeit gemeinsam vor, da »Consideration« innerhalb der Führungstheorie als Folge von »Initiating structure« angesehen werden muss

73. Führungsdimensionen wie »Consideration« und »Initiating structure« werden meist ermittelt
    a) durch Expertenurteil
    b) durch Selbsteinschätzung der Führenden
    c) mit Hilfe der »critical incident technique«
    d) durch Befragung der Geführten mit Hilfe von Fragebogenverfahren

74. Im Ansatz der transformationalen Führung wird konzipiert
    a) wie sich der Führende während einer Unternehmenstransformation verhalten sollte
    b) welche Verhaltensweisen des Führenden eine Extraanstrengung der Geführten über das zu Erwartende hinaus ohne materielle Gegenleistung bedingen können
    c) wie das Prinzip Leistung gegen Belohnung auf der Ebene des Erlebens der Betroffenen optimiert werden kann
    d) wie der Mitarbeiter in seinen Fähigkeiten entwickelt, also transformiert werden kann, wenn der Führende sich als Coach des Geführten interpretiert

75. Die Ermittlung und Beschreibung von Führungsdimensionen, die stärker mitarbeiter- bzw. aufgabenbezogen sind, führten in der Praxis vor allem dazu, dass
    a) Ausleseverfahren mit dem Ziel entwickelt wurden, die individuelle Ausprägung des Führenden in den genannten Dimensionen zu ermitteln
    b) Organisationskonzepte entworfen wurden, die den empirisch häufigsten Führungsdimensionen entsprechen
    c) Schulungsmaßnahmen eingeleitet wurden, um die Führenden in den wünschenswerten Führungsdimensionen auf höhere Werte zu bringen
    d) die Geführten in ihren Einstellungen und Erwartungen dahingehend beeinflusst wurden, dass sie den faktisch auffindbaren Führungsdimensionen entsprachen

76. Das Trainingsziel »9/9« innerhalb des Konzeptes von Blake und Mouton ist
    a) zwar ein generell wünschenswertes Ziel, jedoch illusionär, da es niemals erreicht werden kann
    b) ein letztlich nicht wünschenswertes Ziel, da es allein auf die Leistungssteigerung der Mitarbeiter abzielt
    c) ein Ziel, das in einem Wirtschaftsunternehmen kaum zu akzeptieren ist, da es einseitig die Zufriedenheit der Unterstellten berücksichtigt

d) ein Ziel, das darum inadäquat erscheint, weil es die Situation nicht ausreichend berücksichtigt, die vom Führenden jeweils unterschiedliches Führungsverhalten fordert

77. Orientiert man sich an Kirkpatrick, so ist ein besonders wichtiges Kriterium für den Erfolg von Führungstraining
   a) verändertes Verhalten im Sinne der Trainingsziele am Arbeitsplatz
   b) erhöhte Selbstverwirklichungschancen des Vorgesetzten
   c) erhöhte Selbstverwirklichungschancen der Mitarbeiter
   d) ein Rückgang der Konflikte zwischen dem Führenden und seinen Kollegen

78. Metaanalysen zum Erfolg von Weiterbildungsmaßnahmen zeigen, dass
   a) kaum beachtenswerte Effekte zu beobachten sind, sodass es legitim erscheint, die Weiterbildung als einen »Mythos« zu beschreiben, der »zerbricht«
   b) Effekte sich nur auf der Ebene der subjektiven Reaktion, also der Aussagen der Trainierten, feststellen lassen, nicht aber an Verhaltensbeobachtungen oder harten Ergebnisdaten
   c) Effekte sich auf den Ebenen der subjektiven Reaktionen, des Wissens, des Verhaltens und der harten Resultate nachweisen lassen, wobei freilich die Stärke der Effekte je nach Anlage des Trainings stark streuen
   d) die Weiterbildungsmaßnahmen nur dann Wirkung haben, wenn sie von stützenden Maßnahmen der Organisationsentwicklung stabilisiert werden

4. Gruppe

Lernziele des 4. Kapitels

Die Bearbeitung des Kapitels »Gruppe« soll dazu anregen und befähigen,

- als psychologisch besonders wesentliches Bestimmungsmerkmal der Organisation die Koordination vieler Personen zur Erledigung gemeinsamer Aufgaben zu erkennen;
- in der Sozialpsychologie eine wichtige Grundlagendisziplin der Organisationspsychologie zu sehen;
- konstituierende Bestandteile von Gruppendefinitionen nennen zu können;
- sowohl in personalen als auch in strukturalen Variablen Bedingungen zu sehen, die zur Bildung von Gruppen in Organisationen führen;
- zu erkennen, dass der Grad der Gruppenkohäsion lediglich die Streuung der für die Gruppe bedeutsamen Verhaltensweisen bestimmt, die mittlere Verhaltensausprägung aber von sozialen Normen gesteuert wird;
- Benennen zu können, unter welchen Bedingungen es in der Gruppe zu Prozessverlusten und unter welchen es zu Prozessgewinnen kommt;
- die in der Literatur verbreitete Trennung zwischen formellen und informellen Gruppen kritisch zu werten;
- Arbeitsgruppen nach der Art der von ihnen zu erledigenden Aufgaben und nach der Dauer der Zusammenarbeit ihrer Mitarbeiter zu klassifizieren;
- einen sozialen Konflikt zu definieren und Bedingungen in der Organisation zu nennen, die das Auftreten sozialer Konflikte wahrscheinlich machen;
- anzugeben, welche Kommunikationsstrukturen gute Leistungen bei einfach strukturierten Aufgaben, welche Kommunikationsstrukturen gute Leistungen bei komplexen Aufgaben wahrscheinlich machen;
- zu erkennen, dass Gerüchtebildung nicht allein aus dem bösen Willen von Personen, sondern (auch) aus Kommunikationsstrukturen heraus erklärt werden muss;
- an Beispielen darstellen zu können, in welchem Maße die am Arbeitsplatz bestehende Technik die zwischenmenschliche Kommunikation beeinflusst;
- Hypothesen darüber formulieren zu können, welche Auswirkungen die zunehmende Kooperation von Männern und Frauen auf der gleichen Ebene haben könnte;
- Beurteilen zu können ob bzw. unter welchen Bedingungen »Diversity«, also eine heterogene Gruppenzusammensetzung, die Gruppenleistung verbessert;
- Methoden zu beschreiben, die für die Teamdiagnostik geeignet sind;
- anzugeben, wie Teamfähigkeit trainiert werden kann;
- die Abhängigkeit des Führungsverhaltens und des Führungserfolgs von Bedingungen, die in der Gruppe liegen, zu erkennen;

- Führungstheorien darzustellen, die auch Situationsparameter berücksichtigen;
- aufzeigen zu können, was man unter symbolischer Führung versteht;
- die Bedingungen zu nennen, von denen gute Teamleistungen abhängen;
- Kriterien anzugeben, die eine Entscheidung darüber zulassen, wann Entscheiden und Problemlösen in Einzelsituationen, wann in der Gruppensituation zu empfehlen ist.

Die psychologische Betrachtung der Organisation unter dem Aspekt »Gruppe« heißt, das Erleben von Menschen in der Organisation **sozialpsychologisch** zu beschreiben, zu erklären, zu prognostizieren und gegebenenfalls zu kontrollieren. Diese Sichtweise ist nicht nur für die Organisationspsychologie, sondern historisch gesehen für die Psychologie insgesamt eine neue und ergänzende Dimension. Bis zum Beginn des vergangenen Jahrhunderts sah man in der psychologischen Forschung von den sozialen Bezügen des individuellen Erlebens und Verhaltens ab. Erst durch die Lehrbücher von McDougall (1908) und Ross (1908) gewann die **zwischenmenschliche Dimension** an Interesse. Unter psychologischer Sichtweise geht es dabei um das Erleben und Verhalten von Individuen in Gruppen und nicht – wie bei einer soziologischen Analyse – um die Struktur dieser Gruppe (vgl. z. B. Bierhoff, 2000; Frey & Irle, 2003). Die sozialpsychologische Analyse sieht ihren Forschungsgegenstand im Individuum, das in reale soziale Bezüge eingebettet ist, und nicht – wie in manchen vor- und außerwissenschaftlichen Annahmen formuliert – in kollektiven psychischen Phänomenen, wie etwa einem »Gruppengeist« oder einem »kollektiven Unbewussten« (Jung, 1935). Kritisch setzt sich Allport (1924) mit solchen Konzepten auseinander.

In der Organisationspsychologie gewann die sozialpsychologische Sichtweise erst in den Dreißigerjahren des 20. Jahrhunderts an Bedeutung, insbesondere durch die von Mayo angeregten **Hawthorne-Experimente**, die von Roethlisberger und Dickson (1939) publiziert wurden. Die im deutschen Sprachraum von Lang und Hellpach (1922) initiierten Untersuchungen zur **Gruppenfabrikation**, die unter heutiger Sichtweise zukunftsweisend erscheinen, blieben letztlich ohne wissenschaftliche Resonanz. Zwar geht es innerhalb dieses Konzeptes nicht um die Ausweitung des Handlungsspielraumes bei Selbstregulation der Tätigkeiten durch die Gruppe, wohl aber um einen Versuch, die Nachteile der »Verrichtungszentralisierung« zu überwinden und Arbeitern innerhalb der Gruppe die Möglichkeit zu geben, ihre Tätigkeit zu überblicken und geistig zu verarbeiten (vgl. Ulich, 2005).

Nachdem allerdings die Bedeutung der Gruppe in der Organisation erkannt wurde, hat man unter dieser Perspektive intensiv Forschungsarbeit betrieben. Der Grund ist nahe liegend: Spezialisierung und Arbeitsteilung bringen es mit sich, dass **mehrere Spezialisten koordiniert an umfassenderen Aufgaben arbeiten**, da diese von einem Experten allein nicht bewältigt werden können. Vroom (1969) geht in diesem Kontext so weit, die gesamte Organisation als ein System zu betrachten, das aus einer Vielzahl von Gruppen zusammengesetzt ist, die jeweils aus einem Vorgesetzten und den Unterstellten bestehen. Wenn diese Bestimmung auch überzogen erscheint – die Bedeutung übergreifender Strukturen (Kap. 5.) wird übersehen –, so unterstreicht sie doch die Bedeutung des Gruppenkonzepts. Für die Aktualität und Relevanz dieser Forschungsperspektive sprechen allerdings noch weitere Gründe:

- **Empirische Forschungsarbeit** ist Erfolg versprechender mit Gruppen durchzuführen, da diese
  - im Feld leichter analysierbar sind als die Gesamtorganisation,
  - im Labor leichter simulierbar sind als die Gesamtorganisation und
  - besser vor dem Hintergrund der bestehenden sozialpsychologischen Theorien behandelt werden können.
- Die von den bereits zitierten Hawthorne-Experimenten ausgelöste »human-relations-Bewegung« erkannte die **Bedeutung der sozialen Bedürfnisse** der Menschen in den Organisationen und lenkte das Interesse der Forschung somit auf die **zwischenmenschlichen** Beziehungen zwischen Gleichgestellten sowie zwischen Vorgesetzten und Unterstellten.
- Aufgrund empirischer Untersuchungen verbreitete sich der – in dieser einfachen Form nicht haltbare – Glaube an den **Leistungsvorteil** der Gruppe. Er besagt, dass die Gruppe Besseres leiste als der durchschnittliche Einzelne oder gar als der beste Einzelne.
- Man erhoffte sich **Partizipationseffekte**: In der Gruppe sollte sich der Einzelne mit den aus den Organisationszielen abgeleiteten Gruppenzielen stärker identifizieren, sich somit verstärkt für diese Ziele einsetzen (Leistungsdimension) und sich entsprechend auch intensiver über das Erreichen dieser Ziele freuen (Zufriedenheitsdimension). Dies entspräche auch solchen Erwartungen, die sich aus dem Wandel der Wertorientierungen (Kap. 2.1.) ableiten lassen.
- Personen, die sich mit den Gruppenzielen identifizieren und die fachliche Kompetenz haben diese zu realisieren, sollten in der Lage sein, selbst gesteuert ihre Arbeit zu organisieren, was zur Konzeption der viel diskutierten »**teilautonomen Arbeitsgruppe**« führte. Dadurch sollen gleichermaßen die Qualifikation von Personen und die Flexibilität der Organisation gefördert werden.
- Gruppen stellen eine **Rationalisierungsmöglichkeit** dar. Wenn man sie – ganz im Sinne von »lean organization« – versteht, so steuern sie das Verhalten ihrer Mitglieder selbst und passen es flexibel an die jeweiligen Anforderungen an. Dies macht in vielen Fällen den Vorgesetzten überflüssig und erspart eine von außen kommende Regulation.
- Angesichts der sich schnell und unerwartet ergebenden Anforderungen von außen (z.B. des Marktes oder der Unternehmensstrategie) werden zeitbegrenzt Gruppen jeweils neu zusammengesetzt – so genannte **Projektgruppen** –, die aktuell sich stellende Probleme bearbeiten. Projektgruppenorganisation ist somit **flexibler** als eine herkömmliche starre Linienorganisation.
- Eine implizite oder gar explizite **normative Setzung** gewann an Raum: Gruppen (bzw. Teams) seien – unter vielerlei Aspekten – politisch wünschenswerter als Einzelne, was konkret bedeutete, dass Entscheidungen, Aktionen, Initiativen auf Gruppenbasis für wünschenswerter erachtet wurden als solche, die von einem Individuum allein ausgehen.

4.1. Grundüberlegungen

Bevor etwas detaillierter auf die Bedeutung der Gruppe für das Erleben und Verhalten der Menschen in Organisationen eingegangen wird, sei knapp eine **Definition der Gruppe** vorgeschlagen und vor diesem Hintergrund die Bildung von Gruppen in Organisationen beschrieben.

4.1.1. Begriffsbestimmung

Im Wortverständnis vieler Laien ist die Gruppe identisch mit der Mehrzahl von Menschen, dem »**Mensch im Plural**«, wie es Hofstätter (1971) in einer klassischen Arbeit nannte. Unter dieser Überschrift hob Hofstätter allerdings »Familie«, »Menge«, »Klasse«, »Masse« und »Verband« von der »Gruppe« ab. Es erscheint somit erforderlich, gerade wenn man in der Organisation sozialpsychologische Analysen plant, nach den Besonderheiten des Gruppenkonzepts zu fragen, da man sonst leicht in die Gefahr gerät, für soziale oder formale Gebilde, für die das Wort Gruppe verwendet wird, fälschlicherweise jene sozialpsychologischen Kategorien zu einer Analyse heranzuziehen, die in einem sehr viel spezifischeren Sinne entwickelt und verwendet wurden. Entscheidend ist hier neben dem Plural von Personen die Möglichkeit zur unmittelbaren Interaktion, was etwa in der klassischen **Definition** von Homans (1969, S. 29) deutlich wird: »Unter einer Gruppe verstehen wir eine Reihe von Personen, die in einer Zeitspanne häufig miteinander Umgang haben und deren Anzahl so gering ist, dass jede Person mit allen anderen Personen in Verbindung treten kann, und zwar nicht über andere Menschen, sondern von Angesicht zu Angesicht.«

In dieser Definition werden allerdings Gemeinsamkeiten dieser Personen nicht genannt. Personen, die vor einem verschlossenen Geschäft auf den Einlass warten und sich dabei unterhalten, fallen somit auch unter diese Bestimmung. Dies gilt nicht für eine von Sherif und Sherif (1969) vorgeschlagene Definition: »Eine Gruppe ist eine soziale Einheit, eine Anzahl von Individuen, die in Rollen-Statusbeziehungen zueinander stehen, welche über eine bestimmte Zeitspanne stabil sind. Die Individuen besitzen einen gemeinsamen Satz von Werten und Normen, der ihr Verhalten steuert – zumindest in für die Gruppe bedeutsamen Bereichen.« In diesem Sinne sollen hier die für die Gruppe wesentlichen Definitionsbestandteile aufgeführt werden:

- **Mehrzahl von Personen** in
- **direkter Interaktion** über eine
- **längere Zeitspanne** bei
- **Rollendifferenzierung** und
- **gemeinsamen Normen, Werten und Zielen**, verbunden durch ein
- **Wir-Gefühl**.

Es ist selbstverständlich denkbar, engere oder weitere Definitionen vorzuschlagen und somit andere Definitionskriterien aufzunehmen (vgl. dazu Sader, 2002). Von der Möglichkeit zur unmittelbaren Interaktion über eine längere Zeit hinweg wird man allerdings nicht absehen können, da hier erst ein spezifisch von der Gruppe gefärbtes Erleben und Verhalten beim Gruppenmitglied analysierbar wird.

Auch ein **Team** ist eine Gruppe, jedoch – nach übereinstimmender Auffassung (Kauffeld, 2001) – nicht jede Gruppe ein Team. Der Teambegriff hat positivere Konnotationen; in diesem Sinne wird meist eine besonders »gut eingespielte Gruppe« mit problemlos funktionierender Kooperation, geringer hierarchischer Binnenstruktur und intensiver Bindung der Mitglieder an das gemeinsame Ziel als Team bezeichnet.

Literaturempfehlung

Kauffeld, S. (2001). Teamdiagnose. Göttingen.
  In diesem Buch, in dem die Entwicklung des »Fragebogens zur Arbeit im Team (FAT)« dargestellt wird, erfolgt im 2. Kapitel eine Differenzierung der Begriffe »Gruppe« und »Team«.
Wegge, J. (2006). Gruppenarbeit. In: H. Schuler (Hrsg.). Lehrbuch der Personalpsychologie. Göttingen, S. 579–610.
  In diesem knappen aber sehr prägnanten Beitrag wird der Begriff der Gruppe geklärt, aufgezeigt, wie Arbeitsgruppen zusammengestellt werden sollten, wann es in ihnen zu Prozessgewinnen und wann zu Prozessverlusten kommt und wie man Kommunikationsprobleme innerhalb der Gruppen bewältigt.
Witte, E. & Ardelt, E. (1989). Gruppenarten, Strukturen und Prozesse. In: E. Roth (Hrsg.) Organisationspsychologie. Göttingen, S. 463–486.
  In diesem Sammelreferat wird über die Entstehung von Gruppen berichtet; die Unterscheidung verschiedener Typen von Gruppen wird vorgenommen, die Struktur von Gruppen beschrieben und auf spezifische Formen von Gruppenprozessen hingewiesen, wobei insbesondere der Veränderung und der Innovation Aufmerksamkeit zuteil wird.

4.1.2. Gruppenstruktur und Gruppenprozess

Gruppenstruktur und **Gruppenprozess** werden nicht selten so einander gegenübergestellt, als seien beide relativ unabhängig voneinander: eine **statische** und eine **dynamische** Komponente der Gruppe. Tatsächlich aber ist die gegenseitige Verflochtenheit von Gruppenstruktur und Gruppenprozess so intensiv, dass es ratsam ist, hier von zwei Aspekten bei der Betrachtung des gleichen Gegenstandes zu sprechen.

Schon bei der Definition der Gruppe wurde davon ausgegangen, dass die Rollendifferenzierung zu ihren Bestimmungsmerkmalen zählt. Individuen, die sich zur Gruppe zusammenschließen, organisieren sich trotz möglicher Weise gleicher Zielsetzung arbeitsteilig. Die Erwartung der anderen an die einzelnen Gruppenmitglieder sind unterschiedlich. Jeder gewinnt seinen **Status**, aus dem sich entsprechendes Rollenverhalten ableitet. Ein klassisches Beispiel für eine derartige Gruppenstruktur ist die bereits von Schjelderup-Ebbe (1924) in seinen Untersuchungen im Hühnerhof aufgefundene Hierarchie der Individuen, die, als »**Hackordnung**« beschrieben, zur Kennzeichnung von Gruppenstrukturen herangezogen wird. Auch in so genannten »Sensitivity-Trainings« (4.5.4.) oder in anderen Formen der Teamentwicklung lässt sich die **Rollendifferenzierung** und damit die Herausbildung von Strukturen gut beobachten: Der eine gewinnt z. B. die zentrale Position, der andere wird zum Außenseiter.

Gerade in organisierten Gruppen erhält die Frage nach der Struktur besondere Bedeutung, weil sie sich hier nicht spontan aus der Interaktion der Individuen ergibt, sondern weitgehend vorgegeben wird, z. B. durch den **Organisationsplan**. Freilich wäre es falsch, diesen Plan mit der empirisch auffindbaren Struktur der organisierten Gruppe gleichzusetzen oder ihn gar – was Irle (1963) kritisiert – als **formale Gruppe** zu beschreiben. Dennoch ist unübersehbar, dass gerade in Organisationen der Einfluss des Plans für die Herausbildung empirisch auffindbarer Strukturen erheblich ist.

Der **Gruppenprozess** – vor dem Hintergrund soeben beschriebener Strukturen gesehen – gewinnt eine doppelte Bedeutung des Begriffs. Zum einen ist hier an die Entstehung oder Veränderung von Gruppenstrukturen zu denken. Als Beispiel sei etwa die Herausbildung zweier sich befehdender Cliquen innerhalb einer bislang gut zusammenhaltenden Gruppe genannt. Doch auch ohne derartige Veränderungen der Strukturen ist die Beobachtung von Gruppenprozessen für den Organisationspsychologen bedeutsam: Ihn wird etwa interessieren, bei welcher Struktur die sachnotwendige Kommunikation zwischen den Gruppenmitgliedern rasch und effektiv verläuft, welche Strukturen den Gruppenzusammenhalt begünstigen, bei welchen Strukturen Isolierung oder das Ausscheiden von Gruppenmitgliedern wahrscheinlicher wird etc.

Literaturempfehlung

Sader, M. (2002). Psychologie der Gruppe. München.
In diesem originell konzipierten, amüsant und aktivierend geschriebenen Buch wird der Forschungsstand der Gruppenpsychologie beispielsreich geschildert, wobei die Bedeutung von Gruppenstrukturen und Gruppenprozessen klar herausgearbeitet wird. Anwendungskonsequenzen werden vom Autor angesprochen.

4.1.3. Gruppe und Organisation

Es war bereits darauf verwiesen worden, dass ein **Organisationsplan nicht mit einer realen sozialen Struktur** verwechselt werden darf. Das Organigramm, das im Sinne von Vroom (1969) Vorgesetzte in ihrer Beziehung zu Mitarbeitern grafisch veranschaulicht, darf nicht so missverstanden werden, dass ganz selbstverständlich diese Vorgesetzten mit ihren Mitarbeitern Gruppen bilden. Dass sich allerdings diese Auffassung lange und bei so vielen hält, hat seinen Grund wohl darin, dass Gruppen häufig auch im sozialpsychologischen Sinne dort anzutreffen sind, wo der

Organisationsplan ihr Bestehen wahrscheinlich macht. Es ist zu fragen, was die Ursachen dafür sind.

Vielerlei Gründe können vermutet werden (vgl. v. Rosenstiel, 2004). Drei seien als Beispiele genannt:

Obwohl der Plan einer Organisation selbst keine soziale Realität ist, **beeinflusst er dennoch die soziale Realität**. Die sich im Plan ausdrückende Zweckrationalität führt dazu, dass jene Personen, die in solche Positionen kommen, die vom Plan zu einer Einheit verbunden werden, häufig Kontakt miteinander haben und arbeitsteilig an gemeinsamen Aufgaben mitwirken. Dies führt zum einen zu einer überdurchschnittlichen (1) **Häufigkeit der Kontakte** und zum anderen zu einer (2) **wahrgenommenen Ähnlichkeit**. Der Gruppenbildung in Organisationen dient darüber hinaus die (3) **gemeinsam zu erfüllende Aufgabe** (Back, 1951; Ulich, 2005; Kleinbeck, 2006). Das Erleben des kooperativen Handelns und die Freude am gemeinsamen Erfolg, die gemeinsame Bewältigung von Schwierigkeiten und die damit verbundene Möglichkeit voneinander zu lernen verbindet.

All dies bedingt, dass sich Gruppen im zuvor definierten psychologischen Sinne herausbilden. Die dabei beobachtbare Dynamik sei knapp beschrieben.

Zunächst zur Wirkung der Häufigkeit von Interaktionen: Diese Interaktionen mögen zunächst rein instrumentell im Dienste der Aufgabenerfüllung stehen, prägen jedoch längerfristig die emotionalen Reaktionen der Gruppenmitglieder zueinander. Homans (1950) hat es geradezu als Gesetzmäßigkeit formuliert, dass die **zwischenmenschliche Sympathie proportional zur Anzahl der Kontakte** steige. Obwohl sich gegen diese Gesetzmäßigkeit immer wieder gegenläufige Fallbeispiele (z. B. Menschen auf einer einsamen Insel, »Strindberg'sche« Ehe) ins Feld führen lassen, ist die generelle Gültigkeit zumindest für Normalsituationen immer wieder nachgewiesen worden. So fand man, dass Freundschaften zwischen Studenten sich gehäuft dort bildeten, wo diese sich aufgrund der Lage ihrer Zimmer im Studentenwohnheim mit überdurchschnittlicher Häufigkeit treffen mussten (Festinger, Schachter & Back, 1950; Willner, Walkey & Cook, 1952). Sherif et al. (1961) konnten beobachten, dass Jugendliche sich zu Gruppen zusammenschlossen, die – zum Teil im Gegensatz zu ihren spontanen Sympathieneigungen – gemeinsam in den Ferien in einem Zeltlager lebten. Ähnliche Effekte beschrieben Roethlisberger und Dickson (1939) für eine industrielle Organisation: Sie konnten in den genannten Hawthorne-Studien zeigen, dass innerhalb einer größeren sozialen Einheit sich jene Personen zu einander befehdenden Gruppen zusammenfanden, die näher beieinander arbeiteten und – das sei ergänzend vermerkt – zugleich jeweils ähnliche, jedoch von der anderen Gruppe abweichende Arbeiten verrichteten.

Der Aufbau von Sympathie, von Gefühlen der Vertrautheit aufgrund einer Häufung der Kontakte, gilt freilich nicht nur für die Beziehung zwischen Menschen, sondern scheint ein relativ generelles Phänomen zu sein. So konnte empirisch vielfach gezeigt werden, dass auch Worte, Gegenstände des täglichen Konsums oder Situationen mit der Häufigkeit der Kontakte eine positivere emotionale Besetzung finden (Kannheiser, 1992; Nerdinger, 1994; Neumann, 2003).

Warum die Kontakthäufigkeit die wechselseitige Sympathie und damit die Wahrscheinlichkeit des Gruppenzusammenschlusses erhöht, kann auf unterschiedliche

Weise erklärt werden. Ein – wenn auch bescheidener – Erklärungsansatz verweist auf die **soziale Motivation** des Menschen und sieht somit die Wirkung schlicht in der »Natur des Menschen« begründet (Schein, 1965; McClelland, 1985).

Allerdings ist es die **Kontakthäufigkeit nicht allein**, die zur Gruppenbildung führt; dies ist nur eine wesentliche, aber keine hinreichende Bedingung. So postuliert Bass (1960):»Eine Gruppe ist umso attraktiver, je größer die Belohnungen sind, die durch Mitgliedschaft in der Gruppe erworben werden können und je größer die Erwartung ist, sie zu erwerben.« Steigende Kontakthäufigkeit dürfte also dann nicht zur Gruppenbildung führen, wenn diese Kontakte für die Einzelnen lästig, unangenehm oder enttäuschend sind oder aber entsprechende Konsequenzen daraus erwartet werden, weshalb Vroom (1964) die Notwendigkeit betont, »die Bedingungen zu spezifizieren, unter denen Interaktion belohnend oder unter welchen sie frustrierend sein wird«.

Dieser Gedanke verweist auf eine weitere, für den Gruppenzusammenschluss wichtige Bedingung: Die **wahrgenommene Ähnlichkeit**. Experimentelle Untersuchungen konnten immer wieder zeigen, dass die systematische Manipulation dieser wahrgenommenen Ähnlichkeit die wechselseitige Sympathie erhöht (vgl. Schuler, 1975). In der realen Lebenssituation wird man sich allerdings häufig zu fragen haben, ob nun die Sympathie Ursache der wahrgenommenen Ähnlichkeit oder die Ähnlichkeit die Ursache der Sympathie ist.

Die Verhaltenswirksamkeit einer gleichen, als bedrohlich wahrgenommenen Situation zeigte Schachter (1959) in einem eindrucksvollen Experiment. Der Forscher setzte seine Versuchspersonen – Studentinnen jüngerer Semester – folgenden Versuchsbedingungen aus: Er bat sie zur Teilnahme an einem Experiment. In den Räumlichkeiten, in denen sie sich einfanden, trat ihnen ein ernst blickender Mann im weißen Kittel entgegen, der sich mit den Worten an sie wandte: »Gestatten Sie, dass ich mich vorstelle, ich bin Dr. Gregor Zilstein von der medizinischen Fakultät, Abteilung für Neurologie und Psychiatrie. Ich habe Sie gebeten heute zu mir zu kommen, um als Versuchsperson in einem Experiment zur Verfügung zu stehen, das sich mit der Wirkung des Elektroschocks beschäftigt.«

»Dr. Zilstein« wies im Weiteren darauf hin, dass diese Forschung bedeutungsvoll sei, der Schock im Experiment schmerzhaft sei, jedoch keine Dauerschäden hinterlassen werde. Den Versuchspersonen wurde nun die Wahl gelassen, auf das Schockexperiment allein oder gemeinsam mit anderen zu warten. Diese »anderen« wurden in der einen Versuchsbedingung so geschildert, als warteten sie auf das gleiche Experiment. In der zweiten Versuchsbedingung wurden sie als Studentinnen geschildert, die auf die Sprechstunde ihres Dozenten warteten. Während unter der ersten Bedingungskonstellation die Mehrzahl der Mädchen gemeinsam mit den anderen warten wollte, wünschte dies unter der zweiten Bedingung keine einzige. Offensichtlich hatte das Wissen um eine gleiche Situation die Bereitschaft zum Zusammenschluss gesteigert.

Diese objektiv oder subjektiv gegebene Gleichheit – z.B. in Bezug auf Ausbildung, soziale Schicht, Arbeitsinhalt, Konflikt mit einem Vorgesetzten oder anderen Abteilungen etc. – ist bei betrieblichen Einheiten häufig gegeben, woraus eine gesteigerte Bereitschaft der dort arbeitenden Personen abgeleitet werden kann, sich im sozialpsychologischen Sinne zur Gruppe zusammenzuschließen. Dies gilt in ganz besonderem Maße, wenn man bedenkt, dass in sehr arbeitsteiligen Organisationen die Arbeit selbst wenig Sinnerfüllung und Befriedigung zu bieten vermag, so dass es gerade die **sozialen Beziehungen sind, die kompensatorisch zur Bedürfnisbefriedigung beitragen** müssen. Die relativ hohe Bedeutung, die den Kollegen als Ursache der Arbeitszufriedenheit gerade bei solchen Personen zukommt, die hierarchisch in der Organisation niedrig angesiedelt sind und die Tätigkeiten mit geringem Handlungsspielraum ausüben, ist empirisch vielfach nachgewiesen worden (vgl. Maier, v. Rosenstiel & Wimmer, 1976; Neuberger & Allerbeck, 1978). Fälschlicherweise ist dann daraus gefolgert worden, dass es diesen Menschen gar nicht so sehr auf abwechslungsreiche oder als sinnvoll erlebte Tätigkeiten ankomme, sondern vor allem auf ein »gutes Betriebsklima« und befriedigende zwischenmenschliche Kontakte. Hier zeigt sich eine Verabsolutierung des impliziten Menschenbildes des »social man«, von dem Schein (1965) spricht und das insbesondere innerhalb der »human-relations-Bewegung« (vgl. Kap. 1. sowie kritisch Neuberger, 1977) überstrapaziert wurde.

Neben der Kontakthäufigkeit und der wahrgenommenen Ähnlichkeit, ist – wie bereits betont – **gemeinsamer Erfolg beim Erfüllen der Aufgabe** ein Grund für wachsende zwischenmenschliche Bindung, worauf bereits Back (1951) hingewiesen hat. Geht man davon aus, dass man Befriedigung bei der Bewältigung von für wichtig erachteten Aufgaben findet, so ist offensichtlich, dass bei komplexen Aufgaben, die nur gemeinsam in der Gruppe bewältigt werden können, die Gruppenzugehörigkeit als Vorteil erlebt wird. Durch Kooperation (Spieß, 1996), durch das Zusammenwirken mit anderen, wird Selbstwirksamkeit erlebt und die Mitgliedschaft in der Gruppe positiv bewertet.

Literaturempfehlung

Antoni, C. (Hrsg.) (1996). Arbeitsgruppen. Weinheim.
Aktuelle Formen der Gruppenarbeit werden dargestellt und Befunde zu den Auswirkungen von Gruppenarbeit kritisch diskutiert.
Irle, M. (1975). Lehrbuch der Sozialpsychologie. Kap. 9: Intra- und Intergruppenbeziehungen, Göttingen, S. 450–504.
Auf abstraktem Niveau angesiedelte Darstellung der Psychologie der Gruppe unter Einschluss der meist vernachlässigten Beziehungen zwischen Gruppen. Der Bezug zur Organisationspsychologie wird dargelegt.

4.2. Gruppennorm und Gruppenkohäsion als Determinanten des individuellen Verhaltens

Gerade innerhalb der eben zitierten »human-relations-Bewegung« wurde nicht selten in populärwissenschaftlichen Schriften oder im Rahmen der betrieblichen

Schulung die These vertreten, dass ein gutes Betriebsklima und ein hoher Zusammenhalt innerhalb der Arbeitsgruppen auch zu einer Verbesserung des Leistungsverhaltens führen. Eine derartige These mag zunächst plausibel klingen; sie entspricht auch der Auffassung vieler Praktiker, allerdings nicht dem Stand sozialpsychologischer Forschung. So wird dieser These – zumindest in dieser undifferenzierten Form – von Irle (1975, S. 488) auch die Kritik zuteil, dass dies »selbstredend weder Sozialpsychologie noch Anwendung dieser Wissenschaft, nicht einmal deren Ausbeutung, sondern Erschleichung eines Vorteils durch selbst fabrizierte Orden aus Blech« sei. Da nun aber fraglos die **Beziehung zwischen Gruppenkohäsion und Leistungsverhalten** nicht nur von theoretischem, sondern auch von erheblichem praktischen Interesse ist, sei gefragt, was die sozialpsychologische Forschung hier zu sagen hat und welche Folgerungen sich möglicherweise aus diesen Forschungsergebnissen ableiten lassen.

4.2.1. Theoretische Grundlagen und empirische Forschungsergebnisse

Was eine Gruppe in erster Linie zusammenhält, ist die **Attraktivität dieser Gruppe** für ihre Mitglieder. Dies wird meist als **Gruppenkohäsion** bezeichnet (Festinger, 1950; Festinger, Schachter & Back, 1950). Ein Problem dieser Definition liegt fraglos darin, dass sie von durchschnittlichen Werten der Attraktivität ausgeht und Streuungen vernachlässigt: Selbstverständlich ist das Überleben einer Gruppe wahrscheinlicher, wenn sie für alle ihre Mitglieder eine mittelhohe Attraktivität hat, als wenn sie für einige sehr attraktiv, für andere dagegen eher aversiv ist.

Das Weiterbestehen einer Gruppe kann allerdings auch bei geringer Kohäsion dann gewährleistet sein, wenn die Gruppenmitglieder von der Gruppe abhängig sind; wenn sie also bei Verlust der Mitgliedschaft Vorteile einzubüßen fürchten, die sie woanders nicht zu erreichen glauben. Man spricht in diesem Zusammenhang von der so genannten **Dependenz von der Gruppe** (vgl. Thibaut & Kelley, 1959; Irle, 1975; v. Rosenstiel, 1978, 2004).

Die unterschiedlichen Wirkungen von Kohäsion und Dependenz zeigen sich etwa darin, dass bei hoher Kohäsion und geringer Dependenz Absentismus und Fluktuation gering sind: Die Mitglieder halten sich gern in der Gruppe auf. Ist dagegen die Kohäsion gering und die Dependenz hoch, so ist mit hohem Absentismus und geringer Fluktuation zu rechnen: Die Gruppenmitglieder halten sich von der Gruppe fern, ohne die Vorteile der Mitgliedschaft aufzugeben (vgl. Irle, 1975).

Überall dort, wo Gruppen über eine relativ lange Zeit bestehen, zeigt sich, dass die Streuung des interindividuell beobachtbaren Verhaltens zurückgeht und auf diese Weise das Verhalten der Gruppenmitglieder standardisiert wird, zumindest innerhalb solcher Verhaltensbereiche, die von den Gruppenmitgliedern als bedeutsam eingeschätzt werden. Dies wird auf so genannte **Gruppennormen** zurückgeführt. Man versteht darunter eine **von allen Gruppenmitgliedern geteilte Erwartung, wie die Mitglieder der Gruppe in bestimmten Situationen denken und handeln sollten**. Häufig wird das Bestehen von Gruppennormen als **Zwang** interpretiert. Dies ist allerdings nur ein Aspekt: Man muss sehr wohl berücksichtigen,

4.2. Gruppennorm und Gruppenkohäsion als Determinanten des individuellen Verhaltens

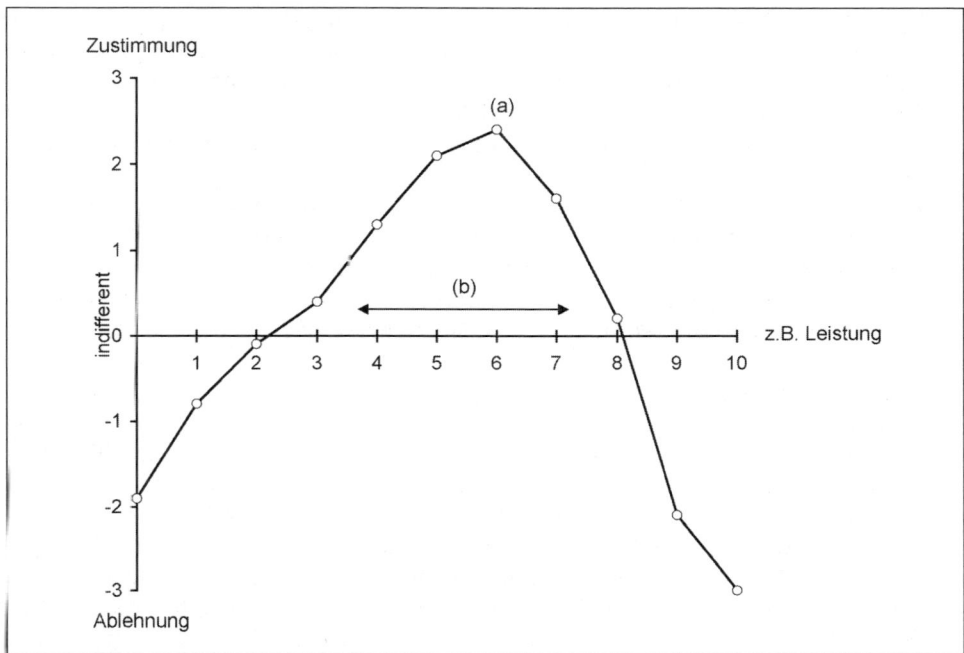

Darstellung 53. Das »return potential model« nach Jackson

dass durch die Einführung der Normen der »**soziale Kontrakt**« erst realisierbar wird, dass die aus den zugrunde liegenden Kompromissen erwachsenen Verhaltensrichtlinien Routine und die für die einzelnen Gruppenmitglieder sich ergebenden Vorteile meist nicht bewusst werden. Irle (1975) verweist in diesem Zusammenhang auch darauf, dass durch Normen die sozialen Beziehungen entlastet werden und sie deshalb nicht als Zwänge an sich interpretiert werden sollten.

Auf der anderen Seite muss man sehen, dass in einer Gruppe das Einhalten der Gruppennormen durch **Sanktionen** erreicht wird. Hält sich ein Gruppenmitglied an die innerhalb der Gruppe geltenden Spielregeln (Normen), dann kann es mit positiven Sanktionen rechnen. Weicht es davon ab, so hat es negative Sanktionen zu befürchten, und zwar in umso stärkerem Maße, je größer die Abweichung von der Norm ist. Jackson (1965, 1966) hat in seinem »**return potential model**« (rpm) versucht, die dabei zu beobachtenden Prozesse in systematischer Weise zu veranschaulichen. Darstellung 53 zeigt das.

Die entscheidenden Punkte, die es zu quantifizieren gilt, sind dabei:

- Punkt der höchsten **Zustimmung** (a).
- Weite des **noch tolerierten**, also keine negativen Sanktionen hervorrufenden Verhaltens (b).
- **Belohnungsdifferenz**: D.h. das Ausmaß von Belohnung und Bestrafung, das mit dem normierten Verhalten verbunden ist. Der Wert errechnet sich als Summe

der sozialen Reaktionen auf die möglichen Verhaltensausprägungen des Gruppenmitglieds. Dieser Wert kann positiv sein (wenn z. B. konformes Verhalten belohnt, abweichendes aber nicht bestraft wird), neutral (wenn z. B. konformes Verhalten belohnt, abweichendes gleich intensiv bestraft wird) oder negativ (wenn z. B. konformes Verhalten nicht belohnt, abweichendes jedoch bestraft wird).
- **Intensität**: d. h. die Stärke der Sanktion. Der Wert wird durch Summierung der Intensitäten der Reaktion ohne Rücksicht auf das Vorzeichen errechnet.
- **Kristallisation**: d. h. der Grad der Übereinstimmung der Gruppenmitglieder bezüglich ihrer Sanktionen auf das Verhalten eines Gruppenmitglieds. Operationalisiert wird dies über Streuungs- bzw. Objektivitätsmaße.

Eine starke Sanktion, die vor allem bei hoher Kristallisation gegeben ist, besteht für das Gruppenmitglied im Ausschluss aus der Gruppe. Dieser Ausschluss ist für das Gruppenmitglied subjektiv umso schmerzlicher, je attraktiver die Gruppe für es ist. Unter diesem Aspekt sind die Sanktionsmöglichkeiten in Gruppen mit hoher Kohäsion größer. Zu erwarten ist demnach, dass die interindividuelle Streuung von Verhaltensweisen der einzelnen Gruppenmitglieder in jenen Verhaltensbereichen, die für die Gruppe bedeutsam sind, bei Gruppen mit hoher Kohäsion geringer sind als bei Gruppen mit niedriger Kohäsion. Die empirische Forschung hat dies immer wieder bestätigt (vgl. Krech, Crutchfield & Ballachey, 1962; Irle, 1975; vgl. hierzu kritisch Greif, 1983). Man darf vermuten, dass die hier geschilderten Effekte bei der Dependenz ähnlich aussehen.

Die Meinungs- oder Verhaltensausprägung, an der sich die Norm einpendelt, kann durch die **Gruppenmehrheit** (vgl. Asch 1963, 1965) oder auch durch die **Autorität** eines hervorgehobenen Gruppenmitglieds (vgl. v. Cranach, 1960) bestimmt sein.

Bei Arbeitsgruppen in Leistungsorganisationen interessiert häufig besonders das Leistungsverhalten. Dieses unterliegt wie andere für die Gruppe bedeutsame Verhaltensweisen ebenfalls der Tendenz zur Normierung. Zu erwarten ist, dass die interindividuelle Streuung der Leistung der Gruppenmitglieder umso geringer ist, je höher die Kohäsion ist, dass aber die Höhe der gesetzten **Leistungsnorm relativ unabhängig von dieser Kohäsion** herausgebildet wird. So kann etwa bei einer Gruppe mit hoher Kohäsion die Leistungsnorm hoch sein. Es ließe sich dann von einer effektiven, leistungsorientierten Gruppe sprechen (vgl. Müller & Thomas, 1974). Es kann aber auch bei einer Gruppe mit hoher Kohäsion die Leistungsnorm sehr gering sein, etwa bei einer **Clique** (vgl. Schein, 1965).

Die diesen Annahmen zugrunde liegenden Hypothesen wurden in klassischen Experimenten im Forschungslabor überprüft (vgl. Schachter, Ellertson, McBride & Gregory, 1951; Berkowitz, 1954). Durch geschickte experimentelle Manipulation (den Versuchspersonen wurde der Eindruck vermittelt, sie passten – je nach Zuordnung zu einer der Versuchsbedingungen – besonders gut oder besonders schlecht zueinander) wurden die Personen der einzelnen Arbeitsgruppen zu Mitgliedern hoch kohäsiver bzw. wenig kohäsiver Gruppen. Hohe bzw. niedrige Leistungsnormen wurden dadurch induziert, dass die Gruppenmitglieder den Eindruck ge-

4.2. Gruppennorm und Gruppenkohäsion als Determinanten des individuellen Verhaltens

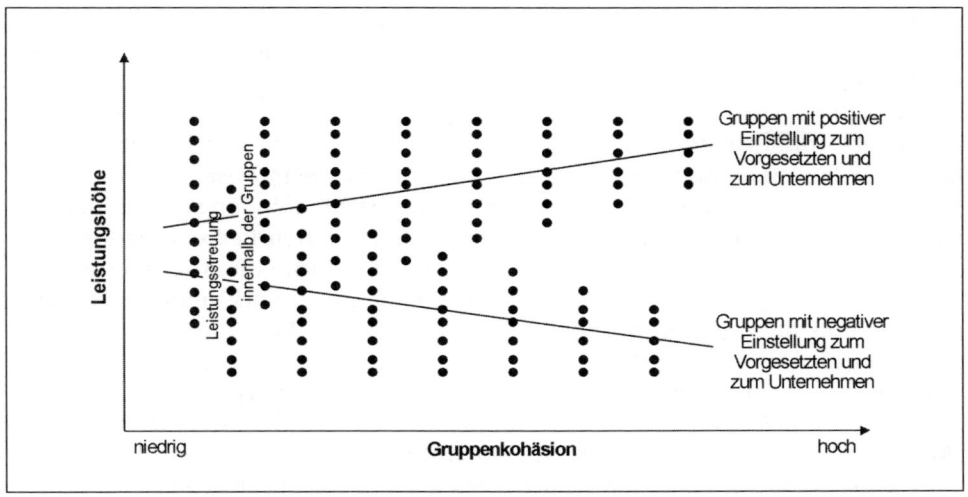

Darstellung 54. Durchschnittliche Leistungshöhe und -streuung in Abhängigkeit von den Einstellungen zum Vorgesetzten und zum Unternehmen

wannen, von anderen Gruppenmitgliedern Botschaften zu erhalten, in denen sie zu hoher bzw. geringer Leistung aufgefordert wurden. Tatsächlich aber stammten diese Botschaften vom Versuchsleiter, der sie geschickt in die Gruppen »einschmuggelte«. Erwartungsgemäß wurde die Streuung um die Leistungswerte der Gruppenmitglieder umso kleiner, je höher die Kohäsion war, die durchschnittliche Leistung umso höher, je höher die gesetzten Leistungsnormen waren. Seashore (1954) hat diese Ergebnisse in einer Felduntersuchung an 228 Arbeitsgruppen bestätigt. Darstellung 54 zeigt – schematisch vereinfacht – die soeben geschilderten Effekte (vgl. v. Rosenstiel, 2001).

Die praktische Bedeutsamkeit der hier vorgestellten Forschungsergebnisse zeigt sich nicht nur dann, wenn »gruppentypische« Verhaltensweisen in Bezug auf Pünktlichkeit, Bereitschaft zu Überstunden etc. aufgeklärt werden sollen, sondern vor allem dann, wenn das viel beschriebene Phänomen der **Leistungsrestriktion** zu analysieren ist. Schon sehr früh (z. B. Mathewson, 1931; Roethlisberger & Dickson, 1939; Collins, Dalton & Roy, 1946; Coch & French, 1948; Roy, 1952; zusammenfassend v. Rosenstiel, 1995) wurde gefunden, dass – gelegentlich auch bei Akkordlohn – in einer Arbeitsgruppe kein Mitglied einen bestimmten Leistungswert überschritt, obwohl nachfolgende Analysen gezeigt haben, dass einige der Arbeitenden in der Lage gewesen wären, höhere Leistungen zu erbringen. Beobachtungsstudien in solchen Situationen zeigten dann auch, dass einige Mitglieder, die zu höheren Leistungen tendierten, von den anderen Mitgliedern der Gruppe durch Androhung von Sanktionen daran gehindert wurden. Obwohl dieses Verhalten auf den ersten Blick irrational erscheint, gewinnt es unter dem Aspekt der Arbeitenden Pausibilität. Man bedenke, dass hohe Leistungen nicht selten der Anlass dafür sind, die Akkordsätze oder die Vorgabezeiten zu modifizieren, Personaleinsparungen vorzunehmen etc. Überschätzen sollte man allerdings den Einfluss sozialpsychologischer Faktoren bei der Gruppenarbeit in der Produktion nicht. Ein höheres Gewicht haben sicherlich die äußeren Rahmenbedingungen der Arbeit und die physische Belastbarkeit des Arbeitenden.

Man sollte – sieht man von den in einer Gruppe bestehenden Leistungsnormen einmal ab – die Bedeutung der Kohäsion für die Leistung nicht gänzlich vernachlässigen. Mangelnde Kohäsion führt im Extremfall zu einem Auseinanderfallen der Gruppe, zu einem Zerbrechen gemeinsamer Ziele. Die Einbindung aller in den notwendigen gemeinsamen Prozess ist dann vermutlich durch Reibungsverluste und Beziehungsstörungen gekennzeichnet. So betrachtet dürfte die Kohäsion gemeinsame Leistungsergebnisse eher begünstigen. Dies konnte in der empirischen Gruppenforschung auch gezeigt werden (Mullen & Copper, 1994; Gully, Devine & Whitney, 1995).

Ein weiterer Aspekt ist für die Praxis bedeutsam: **Wie lange** sollten Mitglieder einer Gruppe **zusammenbleiben**, wenn hohe Leistungen realisiert werden sollen (Katz, 1982; Sader, 2002)? Hier wird man wohl kaum eine allgemein gültige Antwort geben können. Es liegen jedoch Forschungen für spezifische Bereiche vor, welche die Vermutung nahe legen, dass mit der Dauer der Zusammengehörigkeit die Gruppenkohäsion steigt und damit die Streuung der Leistung sich reduziert. Wie aber steht es um deren Höhe? Sader (2002) hat in humorvoller Weise die Hypothese formuliert, dass bei sehr kurzer Zusammenarbeit der Gruppenmitglieder sehr viel Energie darauf verwendet wird, den eigenen Status zu unterstreichen, bei längerem Zusammensein haben sich die informellen Hierarchien und Spielregeln stabilisiert; es wird viel Energie für die eigentliche Aufgabe frei. Ist man noch länger zusammen, »so hat man sich einen Kaffee gekocht und findet sich wahnsinnig nett!« Für Mitglieder von Projektgruppen im Bereich »Forschung und Entwicklung« hat sich die darin liegende Hypothese, gemessen an unterschiedlichen Kriterien, bestätigen lassen (vgl. Katz, 1982; Katz & Allen, 1982). Darstellung 55 visualisiert die Zusammenhänge.

Danach sind besonders hohe Leistungen bei einer Zusammenarbeit von 1,5 bis zu 5 Jahren zu erwarten.

Dies lenkt den Blick auf die Sukzessivgestalt, die **Zeitabfolge im Leben einer Gruppe**. Es ist in einer Organisation keineswegs so, dass ein Zusammenfügen der für die Aufgabe qualifizierten Personen sofort zu den erhofften Leistungen führt. Es sind spezifische Phasen zu durchlaufen, bevor es so weit ist. Besondere Beachtung hat dabei die Gliederung von Tuckman (1965) gefunden. Danach sind zu unterscheiden:

- »**Forming**« (Die künftigen Gruppenmitglieder lernen sich kennen, stellen sich vor und versuchen sich jeweils ein Bild voneinander zu machen.)
- »**Storming**« (Der Prozess der Rollenzuweisung erfolgt; die »Hackordnung« wird ausgekämpft; Rivalität um Macht- und Einflusspositionen wird ausgetragen.)
- »**Norming**« (Spielregeln der Zusammenarbeit in der Gruppe bilden sich; ohne ausdrückliche Erinnerung an das, was jeweils getan werden muss, halten sich die Gruppenmitglieder daran.)
- »**Performing**« (Haben sich die Gruppenmitglieder kennen gelernt, ihre Rang-,

4.2. Gruppennorm und Gruppenkohäsion als Determinanten des individuellen Verhaltens

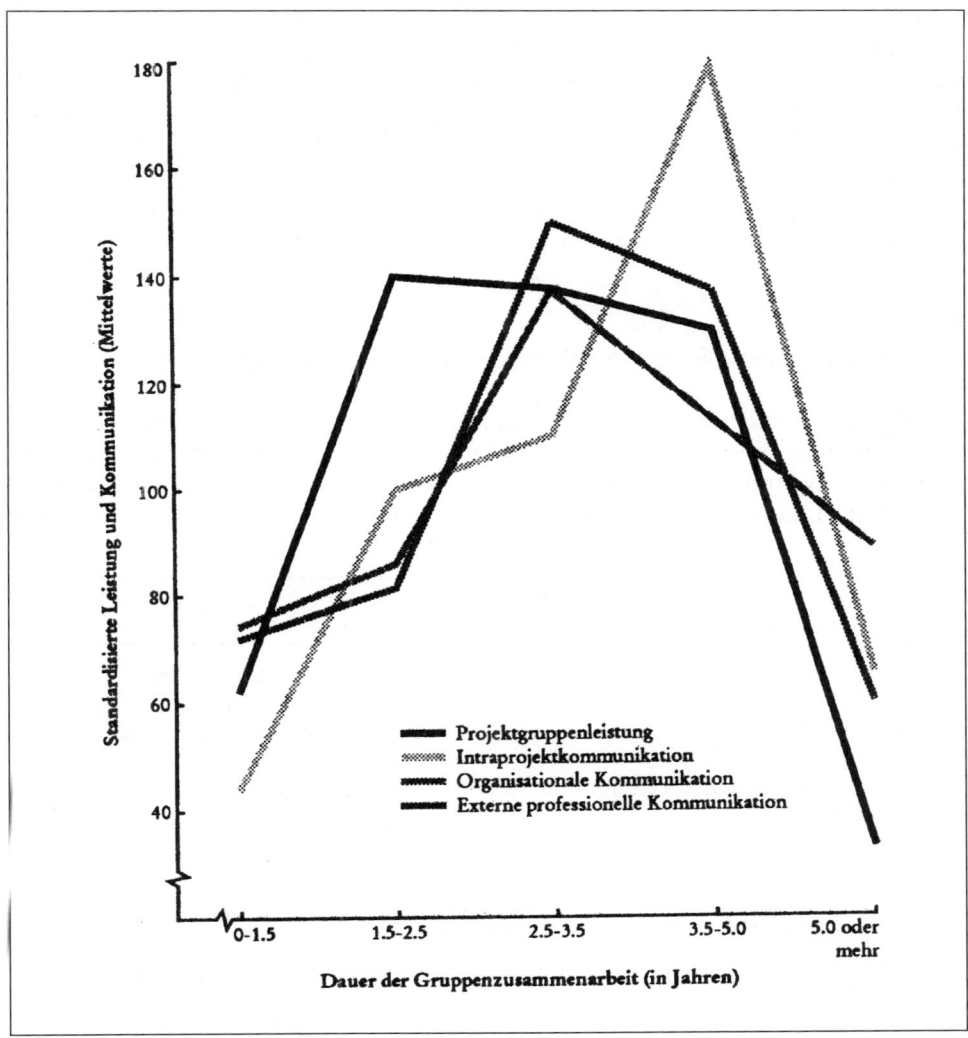

Darstellung 55. Die Gruppenleistung in Abhängigkeit von der Dauer der Gruppenzugehörigkeit (nach Katz)

Macht- und Einflusskämpfe in gruppendynamischer Weise ausgetragen und sich implizit oder explizit auf Spielregeln des Umgangs miteinander und der Arbeit verständigt, so kommt es nun zur eigentlichen Leistungserstellung.)

Diese **Prozesse der Teambildung** können durch sachgerechte Intervention, in der Regel durch ein Teamentwicklungstraining (Comelli, 2003; Kauffeld & Grote, 2001), beschleunigt werden. Gerade bei Organisationsformen, die durch vielfältige Projektarbeit gekennzeichnet sind, erscheint es meist ratsam, die Neubildung einer Projektgruppe durch ein derartiges Training zu unterstützen.

Dabei wird mit Hilfe geeigneter Verfahren, häufig standardisierter Fragebogen (Kauffeld, 2001; Brodbeck, Anderson, West, 1994), diagnostiziert, wo Stärken und Schwächen des Teams liegen. Danach setzen sich die Teammitglieder unter der Leitung eines Moderators mit der Diagnose auseinander, bearbeiten Störungen auf der Sach- und Beziehungsebene und erarbeiten schließlich Spielregeln der künftigen Zusammenarbeit.

Informationsbox 6 zeigt am Beispiel, welche Effekte ein derartiges Teamentwicklungstraining haben kann (v. Rosenstiel, 1997).

Informationsbox 6: Teamentwicklung im Topmanagement

In der Geschäftsleitung eines großen Familienunternehmens erschwerten massive zwischenmenschliche Konflikte die erfolgreiche Arbeit. Ein von einem Organisationspsychologen durchgeführtes Teamentwicklungstraining sollte Besserung bringen. Dafür trafen sich die Mitglieder der Geschäftsleitung mit dem Moderator vier

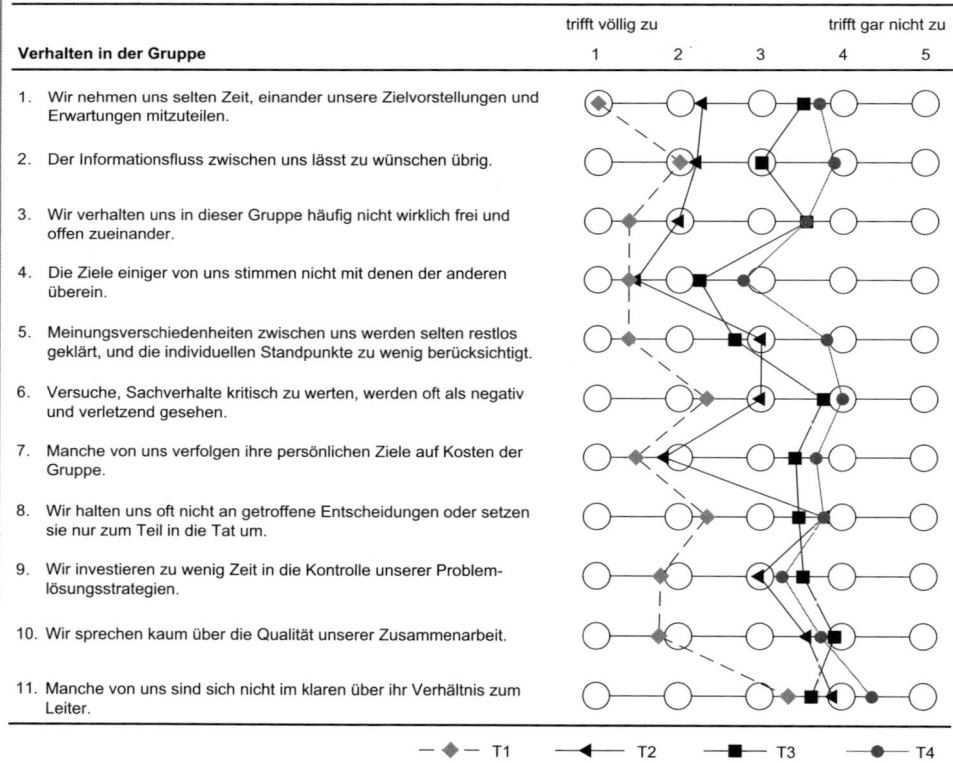

Darstellung 56. Wirkungen eines Teamentwicklungstrainings bei der Geschäftsleitung eines Handelsunternehmens

Mal mit einem Intervall von jeweils einem Jahr für 2–3 Tage. Neben der Diskussion inhaltlicher Informationen, die der Moderator anbot, wurden jeweils Stärken und insbesondere Schwächen der Zusammenarbeit diagnostiziert, Maßnahmen zur Verbesserung erarbeitet und das dafür erforderliche Verhalten trainiert. Verbindlich wurde danach vereinbart, dieses Verhalten bis zum nächsten Treffen konsequent zu zeigen.
Bei jedem der vier Treffen wurde anonym ein kleiner Fragebogen zum »Verhalten in der Gruppe« ausgefüllt und ausgewertet. Die Ergebnisse, die eine kontinuierliche Verbesserung dokumentieren, zeigt Darstellung 56.

Lohnend erscheint es aber auch, bei der Bildung der Gruppe ihr weiteres Schicksal innerhalb ihres Lebenszyklus zu bedenken. Gerade wenn innovative Aufgaben zu erfüllen sind, scheint – das zeigt Darstellung 55 – die Leistung nach einiger Zeit abzufallen.

Zumindest vermutet Katz (1982), dass die zunehmende interne Projektkommunikation die Projektleistung mindere, da die Gruppe in die Gefahr gerate, sich mit sich selbst zu beschäftigen und somit Anregungen von außen abzuschotten. Das würde den Untersuchungsergebnissen von Meißner (1989) entsprechen, der zeigte, dass im F- und E-Bereich (Forschung und Entwicklung) Kommunikation über die eigenen **Gruppen- bzw. Abteilungsgrenzen hinaus** der Leistung in besonders hohem Maße zugute kommt. Aus den Ergebnissen lassen sich – zumindest für Gruppen im F- und E-Bereich – Argumente für ein nicht allzu rasches aber doch konsequentes Rotationsprinzip ableiten.

Literaturempfehlung

Staehle, W. (1999). Management. Eine verhaltenswissenschaftliche Perspektive. München.
Auf den einschlägigen Seiten des umfangreichen, konsequent verhaltenswissenschaftlich ausgerichteten Lehrbuchs des Managements werden unter verschiedenen sozialpsychologisch relevanten Perspektiven Verhaltensweisen in und von Gruppen analysiert und auf die betriebliche Realität hin interpretiert.

4.2.2. Ermittlung von Gruppennorm und Gruppenkohäsion

Verfahren zur Ermittlung von Normen – in Bezug auf Leistung oder andere Verhaltensweisen – und von Gruppenkohäsion sind von der Organisationspsychologie im deutschen Sprachraum von Brodbeck, Anderson & West (2000) sowie Kauffeld (2001) entwickelt worden. Beide Verfahren berufen sich auf West (1994, 1996), der in Gruppen zwischen »Task Reflexivity« und »Social Reflexivity« unterscheidet. Entsprechend differenziert das Teamklima-Inventar (TKI) von Brodbeck et al. (2000) – neben Fragen zur sozialen Erwünschtheit – zwischen Skalen zur

- **Vision** (Ausrichtung der individuellen Kräfte auf ein gemeinsames Ziel),
- **Aufgabenorientierung** (Bemühen um hohe Leistung und gegenseitige Unterstützung),
- **Partizipative Sicherheit** (Klima der Sicherheit, das risikobereit macht),
- **Unterstützung für Innovation** (Innovations- und Umsetzungsbereitschaft als soziale Norm).

Das 44 Items umfassende Verfahren ist vor allem zur Teamdiagnostik in Projektgruppen geeignet.

Der von Kauffeld entwickelte »Fragebogen zur Arbeit im Team (FAT)« differenziert innerhalb der
»Personorientierung« zwischen

- **Zusammenhalt,**
- **Verantwortungsübernahme**

sowie bei der »Strukturierung« zwischen

- **Zielorientierung,**
- **Aufgabenbewältigung.**

Mit nur 22 sehr gut verständlichen Items ist das Verfahren auch für die Teamdiagnose in Arbeitsgruppen im gewerblichen Bereich geeignet.

Grundsätzlich kann der Organisationspsychologe Gruppennormen und Gruppenkohäsion durch Befragung oder Beobachtung erfassen.

Geht es allerdings um normierte Verhaltensweisen, bei denen die in der Gruppe festgeschriebenen Normen von den Vorstellungen der Unternehmensleitung deutlich abweichen, so ist wegen des Misstrauens der Befragten kaum mit offenen Antworten auf entsprechende Fragen zu rechnen. Teilnehmende Beobachtung verspricht hier validere Ergebnisse. Auch eine Analyse der **Streuung der individuellen Leistungsergebnisse** kann Aufschluss über Gruppennormen liefern. Das sei am Beispiel verdeutlicht: Wenn etwa die Leistungsergebnisse der Gruppenmitglieder nicht im Sinne einer Normalverteilung streuen, sondern diese Streuung bei einem bestimmten maximalen bzw. minimalen Wert abbricht, so ist anzunehmen, dass an diesem Punkte die Gruppe auf abweichendes Verhalten mit besonders heftigen Sanktionen reagiert.

Für die Bestimmung der Gruppenkohäsion kann ebenfalls auf Befragungs- und Beobachtungsdaten zurückgegriffen werden. Beispiele für derartige Befragungen sind die in vielen Betrieben immer wieder durchgeführten Untersuchungen zum »**Betriebsklima**« (vgl. v. Friedeburg, 1963; v. Rosenstiel et al., 1983; v. Rosenstiel & Bögel, 1992; v. Rosenstiel, 2003), die von Fall zu Fall mit mehr oder weniger sorgfältig konstruierten Fragebogenverfahren arbeiten. Denkbar wäre für diesen Fall auch die Nutzung standardisierter Arbeitszufriedenheitsbögen, in denen in Subskalen die Einstellungen zu den Kollegen bzw. zur Arbeitsgruppe erfragt werden. Ein Beispiel hierfür ist im deutschsprachigen Raum der »**Arbeits-Beschreibungs-Bogen**« (**ABB**) von Neuberger und Allerbeck (1978; siehe auch Kap. 5.3.2.).

Greift man auf Beobachtungsdaten zurück, so könnte die Relation der Binnenkontakte – also jene zu anderen Gruppenmitgliedern – zu den Außenkontakten – also solche zu Personen innerhalb und außerhalb der Organisation, die der Gruppe nicht angehören – als Kriterium dienen.

Beide Beispiele aber zeigen bereits die Problematik derartiger Daten: Das Verhältnis der Binnenkontakte zu den Außenkontakten kann u. U. fast ganz durch die Stellenbeschreibung bestimmt sein und wenig von zwischenmenschlichen Sympathien abhängen. Fehlende private Kontakte nach Dienstschluss müssen keineswegs Zeichen einer schlechten Gruppenkohäsion sein. Diese Kontakte könnten zum Beispiel deshalb fehlen, weil die einzelnen Gruppenmitglieder räumlich weit voneinander entfernt wohnen oder aber, weil der gute Zusammenhalt der Gruppe in der Organisation rein rollenspezifisch ist, d. h. ausschließlich auf die **Rolle des Arbeitnehmers** beschränkt bleibt. Beim Wechsel der Einzelnen in ihre »Freizeitrollen« ist dann keine Kontaktbasis mehr gegeben.

4.2.3. Beeinflussung von Gruppennorm und Gruppenkohäsion

In dem zuvor wiedergegebenen Zitat von Irle (1975) war darauf verwiesen worden, dass die **Gruppenkohäsion** allein keineswegs zur Erhöhung der durchschnittlichen **Gruppenleistung** beiträgt, wie es in manchen Fällen von Vertretern der »humanrelations-Bewegung« vermutet worden war. Wenn man allerdings davon ausgehen kann, dass die Gruppe den Leistungszielen der Organisation positiv gegenübersteht oder wenn es das primäre Ziel ist, die Zufriedenheit der Gruppenmitglieder zu steigern, so kann man sehr wohl explizit das Ziel verfolgen, durch gruppengestaltende Maßnahmen die Kohäsion zu verbessern.

Bedenkt man, dass eine Steigerung der Gruppenkohäsion in der Regel mit verbesserter individueller **Arbeitszufriedenheit** verbunden ist, so lassen sich Maßnahmen zur Kohäsionssteigerung bereits durch Humanziele legitimieren. Stellt man aber darüber hinaus in Rechnung, dass Kohäsion unter bestimmten Bedingungen auch **leistungsfördernde Wirkungen** hat (Gully, Devine & Whitney, 1995), so rechtfertigen sich diese Maßnahmen auch von den klassischen Organisationszielen her.

Hat man nun vor Augen, dass die Gruppenkohäsion als Attraktivität der Gruppe für das Gruppenmitglied definiert wird, so lässt sich, auf der Grundlage austauschtheoretischer (vgl. Thibaut & Kelley, 1959; Homans, 1961; Patchen, 1961; Adams, 1965) und instrumentalitätstheoretischer Überlegungen (vgl. Vroom, 1964; Campbell & Pritchard, 1976; Heckhausen, 1989) fragen, welche Bedürfnisbefriedigungen (oder Vorteile) es sind, die dem Einzelnen aus der Gruppenmitgliedschaft erwachsen (vgl. Bass, 1960) und wie diese zu steigern sind. Geht man vom Menschenbild des »zoon politicon« aus, so dürfte die Gruppenkohäsion ansteigen, wenn sich die Gruppenmitglieder als ähnlich und/oder sympathisch erleben bzw. gemeinsam eine als wichtig erlebte Aufgabe erledigen (vgl. Trist & Bamforth, 1951; van Zelst, 1952). Dies kann z. B. dadurch gewährleistet werden, dass die Gruppenmitglieder selbst entscheidenden Einfluss auf die Gruppenmitgliedschaft sowie die Gestaltung und Verteilung der Aufgaben haben, wie es etwa bei den »teilautonomen Arbeitsgruppen« der Fall ist (vgl. Bihl, 1973; v. Rosenstiel, 1976; Maier, 1977; Antoni,

1996; Ulich, 2005). Die Kohäsion lässt sich weiterhin dadurch erhöhen, dass die Möglichkeit zur Interaktion bei der Arbeit (vgl. Kerr, Koppelmeir & Sullivan, 1951; Walker & Guest, 1952) gesteigert wird. Dieser Punkt ist nicht unabhängig vom vorgenannten; das ungeklärte Ursache-Wirkungs-Verhältnis soll allerdings nicht noch einmal diskutiert werden. Zur Verbesserung der Interaktion in der Gruppe können die Bildung kleiner Arbeitsgruppen (vgl. Bass, 1965), das Schaffen der Vorbedingungen organisatorischer Art für eine totale Kommunikationsstruktur (vgl. Bavelas, 1962; Leavitt, 1951) oder auch ein gezieltes Kommunikationstraining in der Gruppe (vgl. Comelli, 2003) beitragen.

All diese Maßnahmen erhöhen die Möglichkeit zur **Befriedigung individueller sozialer Bedürfnisse** durch die Gruppe, die deshalb für den Einzelnen größere Attraktivität gewinnt. Hat allerdings der Organisationspsychologe zugleich eine **Erhöhung der Leistung** zum Ziel, dann wird er, alternativ oder ergänzend, andere Wege gehen. Diese können im günstigsten Fall so aussehen, dass die Leistungsziele der Organisation zugleich die Ziele des Individuums werden, so dass das Individuum die Gruppe als positiv instrumentell für das Erreichen dieser Ziele bewertet. Die Zweckrationalität, die im Rahmen der Organisationsgestaltung in der Bildung von Arbeitsgruppen liegt, wird in diesem Sinne mit der subjektiven Rationalität des einzelnen Gruppenmitglieds in Einklang gebracht. **Organisationsziele und Individualziele** nähern sich einander an, z. B. dadurch, dass sich das Individuum mit den Organisationszielen identifiziert (Comelli & v. Rosenstiel, 2003).

Ein klassischer Weg, diese Identifikation der Gruppenmitglieder mit dem Sachziel zu erreichen, besteht in der »**Partizipation**«, der Beteiligung der Mitglieder einer Gruppe an den für sie relevanten Entscheidungen durch Mitberatung oder Mitentscheidung.

Die Wirkung derartiger Partizipationsprozesse ist erstmals in einem viel zitierten Laborexperiment (Lewin, Lippitt & White, 1939) an Jugendlichen nachgewiesen worden, die Bastelarbeiten ausführten. Verschiedene »**Führungsstile**« wurden miteinander verglichen. Einer dieser Führungsstile wurde als »demokratisch« bezeichnet: Hier hatten die Gruppenmitglieder die Möglichkeit, das Was und Wie ihrer Tätigkeit in bestimmten Grenzen mitzubestimmen. Es zeigte sich, dass in dieser Gruppe die Leistung auch ohne Fremdkontrolle (der »Vorgesetzte« verließ das Zimmer) hoch blieb; zugleich waren die Spannungen innerhalb dieser Gruppe gering; die Kohäsion war hoch. Eine annähernde Replikation dieser Laborstudie im Feld (einer Textilfabrik) durch Coch und French (1948) ist eine der wohl meistzitierten organisationspsychologischen Untersuchungen (Darstellung 57).

Vor Umstellungen im Produktionsablauf wurde den Arbeiterinnen in der Fabrik ein unterschiedlicher **Grad an Partizipation** zugestanden:

- **keine Partizipation** (Kontrollgruppe),
- **indirekte Partizipation** (durch ausgewählte Gruppenvertreter) und
- **volle Partizipation** (durch Teilnahme aller Gruppenmitglieder an der Mitberatung).

Durch volle Partizipation war ein geringerer Leistungsabfall nach der Produktionsumstellung und danach ein steilerer Wiederanstieg der Leistung erreicht worden.

4.2. Gruppennorm und Gruppenkohäsion als Determinanten des individuellen Verhaltens

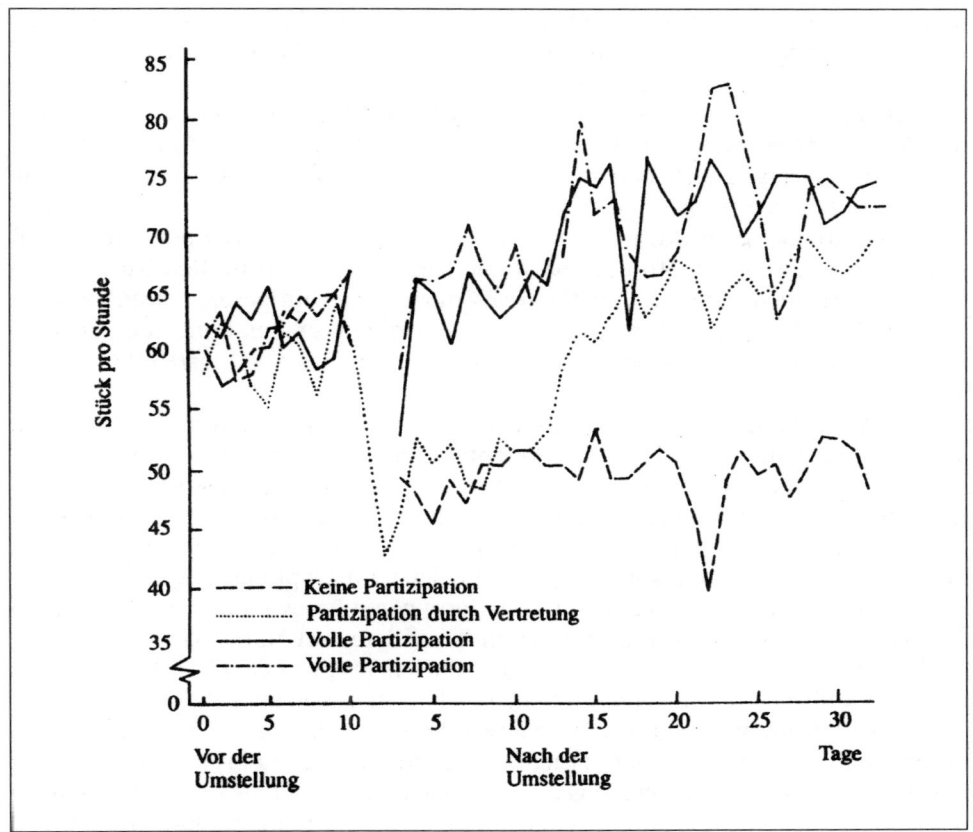

Darstellung 57. Partizipation und Leistung

Zudem war die Fluktuationsrate unter dieser Bedingung geringer, was für eine gesteigerte Gruppenkohäsion spricht (vgl. hierzu auch Wickert, 1951; Ross & Zander, 1957; Morse & Reimer, 1956; zusammenfassend v. Rosenstiel, 1989). Wichtig erscheint allerdings in diesem Zusammenhang, dass die leistungspositiven Effekte **nicht durch die bloße Kommunikation** erklärt werden können, die bei den gemeinsamen Beratungen stattfindet. Lawrence und Smith (1955) konnten in einer feldexperimentellen Arbeit zeigen, dass Gruppendiskussionen, die das Leistungsziel zum Gegenstand hatten, stärkere leistungsfördernde Effekte erbrachten als Gruppendiskussionen, die sich mit leistungsirrelevanten Fragen befassten.

Frieling (2001) kam zu bemerkenswerten Ergebnissen bei der Analyse des Kommunikationsverhaltens einer großen Zahl von Gruppen in verschiedenen Unternehmen. Für die Analyse griff er auf das »**Kassler Kompetenzraster (KKR)**« zurück. In den Gruppengesprächen sollte es meist um die Optimierung von Arbeitsabläufen gehen. Es zeigte sich jedoch, dass konstruktive und weiterführende inhaltliche Aussagen der Gruppenmitglieder eher selten waren. Auf ca. 50 Klagen, Nörgeleien und kritisierende Hinweise (»Jammern«) kam ein konstruktiver Vorschlag, was den Autor zu der Frage bzw. dem Ausruf veranlasste: »Deutschland ein Jammertal?!«

Kritisch muss in diesem Zusammenhang eingewendet werden, dass die soeben dargestellten Wirkungen der Partizipation keineswegs immer eintreten, sondern nur dann, wenn spezifische personale, soziale und strukturale Bedingungen gegeben sind. So zeigen sich beispielsweise die genannten Effekte nicht, wenn die Gruppenmitglieder ein geringes Bedürfnis nach Selbstständigkeit und eine autoritäre **Persönlichkeitsstruktur** haben (Vroom, 1960), wenn die **Gruppen sehr groß** sind (Vroom & Mann, 1960) oder wenn die Partizipation **kulturellen Normen** widerspricht (French, Israel & Äs, 1960). Es muss weiterhin gesehen werden, dass sich die Partizipation nur dort realisieren lässt, wo im größeren Kontext organisatorische Voraussetzungen gegeben sind, wie sie beispielsweise Likert (1961, 1967) skizziert hat.

Aber auch die **kulturellen Voraussetzungen** für Partizipation müssen gegeben sein. Für Hofstede (1997) ist ja die »**Machtdistanz**«, also der erlebte Abstand zwischen den verschiedenen gesellschaftlichen oder hierarchischen Ebenen, ein zentraler Indikator zur Unterscheidung von Kulturen. Je größer diese Machtdistanz, desto seltener werden Geführte es wagen die Entscheidungen der Führenden zu kritisieren oder auch nur Vorschläge zur Entscheidungsoptimierung zu unterbreiten. Gerade dies aber ist wichtig zur Generierung von Innovationen. So zeigte etwa Gebert (2002, 2007), dass Innovationen insbesondere dort zu beobachten sind, wo die hierarchisch tieferen Ebenen es wagen, Entscheidungen oder Verhaltensweisen der oberen Ebene zu kritisieren und entsprechendes Feedback zu geben.

Bei der Bestimmung der Machtdistanz sollte man allerdings dabei auftretende Probleme bedenken, die Mulder (1960) analysiert hat. Jede Führungsebene schätzt die Distanz nach oben als relativ gering, die nach unten aber als relativ groß ein, so dass jeweils hier eine Asymmetrie entsteht, durch die die Kommunikation erschwert werden kann.

Vroom und Yetton (1973) haben in ihrem Führungsmodell, das später näher beschrieben werden soll (4.6.1.3.), entsprechende Kriterien herausgearbeitet, die dem Vorgesetzten eine Entscheidung darüber erlauben, ob sich in der gegebenen konkreten Situation eine partizipative Entscheidungsfindung innerhalb der Gruppe empfiehlt oder nicht.

Sehr viel wichtiger ist ein weiterer Einwand gegen die Partizipation als Mittel, Leistungsnorm und Gruppenkohäsion zu steigern. Wenn man bedenkt, dass sich vielfach durch Partizipation die objektiven Bedingungen der Aufgabe und der Entlohnung gar nicht oder nur in irrelevanten Punkten ändern (vgl. Volpert, 1973), so liegt es nahe, im Angebot von Partizipation ein Instrument der **Manipulation** (vgl. v. Rosenstiel, Molt & Rüttinger, 2005) zu sehen. Manipulation wird hierbei so verstanden, dass eine spezielle Form der Beeinflussung gegeben ist, bei der der Beeinflussende

- andere zu seinem **eigenen Vorteil** beeinflusst,
- den **Vorteil der anderen** nicht berücksichtigt,
- Einflussmethoden wählt, die für die anderen **nicht durchschaubar** sind und

- den anderen das subjektive Gefühl lässt, sich **frei entscheiden** zu können (vgl. v. Rosenstiel & Neumann, 2002).

Sehr viel bedeutsamer sind daher solche wissenschaftlich begründeten Gestaltungsmaßnahmen, die auch als »Sozialtechnologien« bezeichnet werden (vgl. Irle, 1975), bei denen es die **Strukturierung der Aufgabe** ist, die das Arbeiten attraktiv macht und dadurch zugleich die Gruppenkohäsion steigert. So erscheint es denn Hackman (1976) wünschenswert, wenn das Gruppenmitglied spontan sein Verhalten als Beitrag zur erfolgreichen Bewältigung der gemeinsamen Aufgabe ansieht.

Back (1951) hat ein für diese Frage einschlägiges Laborexperiment durchgeführt, in dem er durch entsprechende Bedingungsvariation unter drei Versuchsanordnungen die Kohäsion herbeiführte: durch

(1) persönliche Attraktion,
(2) Prestige aufgrund der Gruppenmitgliedschaft oder
(3) die Aufgabe selbst.

Es zeigte sich, dass unter Bedingung (1) die Gruppenmitglieder eine angenehme, spannungsfreie Konversation suchten, dass unter Bedingung (2) im Verhalten ein Bemühen um Senkung des sozialen Risikos im Vordergrund stand, während unter Bedingung (3) das Ziel dominierte, die Aufgaben effizienter zu bewältigen, und dieses wichtiger war als persönlich-individuelle Ziele.

Bedenkt man allerdings die Strukturen in einer arbeitsteiligen Gesellschaft, so fällt es schwer, sich Arbeitsbedingungen vorzustellen, die für eine Vielzahl von Menschen gelten und so viel Anreizwert in sich tragen, dass sie zur Ursache der Gruppenkohäsion werden können. »Job Rotation«, »Job Enlargement« oder »Job Enrichment«, über die im Kapitel 2 (»Aufgabe«) bereits gesprochen wurde, könnten zwar in diesem Sinne interpretiert und genützt werden, stellen aber doch nur bescheidene Ansätze dar.

Der konsequenteste bislang versuchte Weg in diese Richtung dürfte jedoch darin liegen, **komplexe Aufgaben durch teilautonome Arbeitsgruppen ausführen zu lassen**. Auch darüber wurde schon gesprochen (2.5.4.).

Angesichts des verschärften globalen Wettbewerbs gewannen jedoch in jüngerer Zeit Gesichtspunkte der Kosteneinsparung und der Wirtschaftlichkeit Priorität gegenüber solchen der Qualifikation, Kompetenzentwicklung und der Humanisierung, wie sie im Konzept der teilautonomen Gruppen priorisiert wurden. In vielen Branchen – so zum Beispiel in der Automobilindustrie – haben – trotz vermehrter Gruppenarbeit – teilautonome Arbeitsgruppen an Bedeutung verloren. Die entsprechende Produktionsweise wurde selbst bei einem Pionier auf diesem Gebiet – der schwedischen Automobilfirma Volvo – zurückgenommen. Allerdings kehrte man nicht zur klassischen Fließbandfertigung zurück, sondern gelangte zu stark durchrationalisierten Formen der Gruppenarbeit, wie sie insbesondere innerhalb der japanischen Automobilindustrie entwickelt wurden. Es gibt also so etwas wie einen Wandel vom »**Volvoismus**« zum »**Toyotismus**«. Wie sich dies auf die Bewertung der Arbeit durch die Arbeitnehmer auswirkt, zeigt Darstellung 58 nach Frieling und Freiboth (1997; vgl. auch Schmid, 2005).

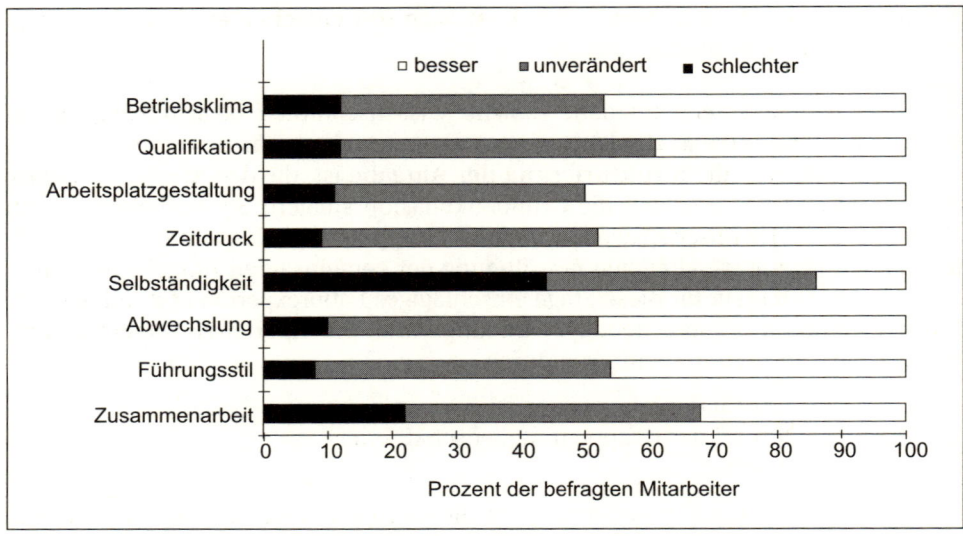

Darstellung 58. Die Beurteilung der Arbeitsveränderungen durch Gruppenarbeit

Literaturempfehlung

Rosenstiel, L. v. (2004). Kommunikation in Arbeitsgruppen. In: H. Schuler (Hrsg.). Lehrbuch Organisationspsychologie. Bern, S. 387–414.
In diesem Kapitel eines sammelreferatsartig aufgebauten, didaktisch durchstrukturierten Lehrbuchs wird den Bedingungen von Gruppenkohäsion und Leistungsnorm besondere Aufmerksamkeit geschenkt. Ein relativ umfangreiches Literaturverzeichnis erlaubt eine selbstständige Weiterbearbeitung der Thematik.

Bungard, W. & Rosenstiel, L. v. (Hrsg.) (1997). Zeitschrift für Arbeits- und Organisationspsychologie. Themenheft »Gruppenarbeit und soziale Kompetenz«.
Der Stand der Gruppenarbeit in Deutschland – insbesondere in der Produktion – wird in diesem Sonderheft der wichtigsten deutschsprachigen Zeitschrift für Arbeits- und Organisationspsychologie dargestellt und die Thematik durch Schilderung von Fallbeispielen konkretisiert.

4.3. Formelle und informelle Strukturen und Prozesse

Seit den klassischen Hawthorne-Experimenten findet man in der Literatur immer wieder die **Gegenüberstellung von formellen und informellen Gruppen**. Diese Unterscheidung leuchtet auch dem Laien zumindest auf den ersten Blick ein, erweist sich aber bei näherer Betrachtung als problematisch. Auf der anderen Seite kann kaum bestritten werden, dass die Differenzierung – wenn sie kritisch und gegenüber alten Konzepten modifiziert verwendet wird – sehr wohl zur Analyse des sozialen Geschehens in und zwischen Gruppen beitragen kann, weshalb es nicht empfehlenswert ist, auf diesen Differenzierungsgesichtspunkt zu verzichten. Jedoch birgt diese Begriffsbildung Gefahren des **Missverständnisses** in sich. Es sei daher nachfolgend gefragt, wie die genannte Unterscheidung zu verstehen ist, woran man formelle und informelle Strukturen und Prozesse erkennen kann und was man unternehmen sollte, um auf diese verändernd einzuwirken (vgl. hierzu auch Schein, 1965).

4.3.1. Begriffliche Klärung

Bei den Beobachtungen im »bankwiring room« im Rahmen der Hawthorne-Untersuchungen (Roethlisberger & Dickson, 1939; kritisch dazu Walter-Busch, 1977) fand man, dass sich bei einer im Plan formal als Einheit vorgesehenen Teilstruktur zwei – im Plan keineswegs vorgesehene – Gruppen bildeten, die sich wechselseitig bekämpften und somit auch Aktivitäten nachgingen, die nach dem Ablaufplan in der Organisation nicht vorgesehen waren. Diese beiden Gruppen befanden sich an relativ weit voneinander entfernt liegenden Stellen des Raumes. Ein Auseinanderfallen zwischen dem, was im Plan vorgesehen ist und dem, was sich in der sozialen Realität empirisch feststellen lässt, ist seither immer wieder beschrieben worden, was auch dazu geführt hat, dass sich die Unterscheidung zwischen formeller und informeller Organisation bzw. zwischen formellen und informellen Gruppen in der Literatur erhalten hat (vgl. z.B. Schein, 1965; Stirn, 1970). Bei genauer Durchsicht der Texte findet man, dass diese Differenzierungskategorie auf höchst unterschiedliche Phänomene angewandt wird, wie z.B. organisierte vs. unorganisierte Gruppen, Gruppen mit unpersönlicher vs. persönlicher Bindung etc. Zudem ist es nicht selten so, dass die Klassifikation »formell/informell« nicht auf einer Dimension operiert, sondern auf verschiedenen logischen Ebenen liegt (vgl. Irle, 1963; Neuberger, 1977).

Wir wollen hier einen Aspekt herausgreifen, der für die Differenzierung »formell/informell« besonders bedeutsam erscheint. Das Formelle bezieht sich auf das explizit Festgelegte und Kodifizierte in der Organisation (vgl. McDavid & Harari, 1968). So können etwa die Strukturen im **Organisationsplan** und die Verhaltensvorschriften in der **Aufgabenbeschreibung** fixiert sein. Deutlich aber sollte man sehen, dass die Festschreibung im Plan nicht als »Gruppe« bezeichnet werden sollte. Sie ist kein sozialpsychologisches Phänomen, jedoch eine Variable, durch die die sozialpsychologische Realität – zum Beispiel die Gruppe in ihrer Struktur und in ihrem Verhalten – mehr oder weniger stark determiniert sein kann. Die »informelle Gruppe« ist die Gruppe im Sinne der zuvor gegebenen sozialpsychologischen Definition. In organisationspsychologischen Analysen erscheint es nun lohnend zu überprüfen, inwieweit diese Gruppe in ihren Strukturen und Prozessen durch das Kodifizierte geprägt ist. Ein grundsätzlicher Gegensatz zwischen dem in diesem Sinne verstandenen Formellen und Informellen besteht also nicht. Die Kategorien liegen auf verschiedenen logischen Ebenen.

Empirische Analysen können zeigen, dass beobachtbare Gruppen in ihren Strukturen und Prozessen oft stark **vom Plan geprägt** sind: Zusammensetzung der

Gruppe und Aktivitäten ihrer Mitglieder entsprechen ihm weitgehend. Im herkömmlichen Sinne würde man hier von einer »formellen Gruppe« sprechen. Auf der anderen Seite kann der Fall eintreten, dass sich in der Organisation eine Gruppe bildet, **die weder in ihrer Zusammensetzung noch in ihren Aktivitäten dem Geplanten entspricht**. Hier würde traditionellerweise von einer »**informellen Gruppe**« gesprochen werden. Gerade dieser letztgenannte Fall aber ist organisationspsychologisch besonders interessant. Die Abweichung der beobachtbaren Realität vom Plan kann ein Hinweis darauf sein, dass bei der Planung **psychologische Variablen nicht adäquat berücksichtigt** wurden. Beispielsweise ist die Bildung verschiedener kleiner Gruppen dort, wo eine einzige homogene Einheit vorgesehen war, möglicherweise ein Indiz dafür, dass diese soziale Einheit zu groß war, dass sie in der Organisation räumlich falsch untergebracht wurde, dass die auszuführenden Aktivitäten für eine Kooperation ungeeignet sind und kompetitives Verhalten nahe legen etc. In vielen Fällen wird das Erkennen derartiger Diskrepanzen Anlass zur Einleitung organisationsverändernder Maßnahmen sein, wobei je nach Lage der Dinge strukturellen oder personellen Interventionen der Vorzug zu geben ist.

Ein spezifischer Hinweis erscheint noch wichtig: Diskrepanzen zwischen Plan und Realität werden häufig nicht als **Strukturproblem** erkannt, sondern vorschnell **individualisiert** und **personalisiert**. Das sei am Beispiel verdeutlicht. Wenn mit dem Ziel, Pseudoaufstieg zu ermöglichen und dadurch Aufstiegsfrustration zu vermeiden, eine hierarchische Zwischenebene in die Organisationsstruktur eingezogen wurde, für die keine eindeutigen Kompetenzen bestehen, so wird möglicherweise der Informationsfluss an den Inhabern derartiger Positionen vorbeifließen. Diese werden sich in ihrem Rollenverständnis als Vorgesetzte dagegen sträuben und dann von den Inhabern der hierarchisch jeweils höheren und niedrigeren Positionen als »schwierige Personen« eingestuft. Bevor derartige personalistische Urteile gefällt werden, ist es empfehlenswert, nach strukturalen Alternativhypothesen zu suchen, die – wie das Beispiel zeigt – auch im Auseinanderklaffen von formeller und informeller Struktur liegen können.

4.3.2. Indikatoren formeller und informeller Strukturen und Prozesse

Vor der Einleitung von Veränderungsmaßnahmen sollte auch in diesem Bereich die **Diagnose des Ist-Zustandes** erfolgen. Dabei ist in Organisationen die Feststellung des Formellen meist deshalb einfach, weil häufig Organisationspläne (Organigramme) vorliegen. Insbesondere in großen Unternehmen und Verwaltungen sind die Strukturen in Organisationsplänen differenziert veranschaulicht und die Aktivitäten der Stelleninhaber in Aufgaben-, Stellen- oder Tätigkeitsbeschreibungen festgelegt. Etwas schwieriger wird das Problem, wenn entsprechende schriftliche Unterlagen fehlen und das Formelle als »ungeschriebenes Gesetz« tradiert wird. Noch schwieriger wird es, wenn dieses ungeschriebene Gesetz – unter Umständen als Folge langjährig bestehender realer Gruppenstrukturen und Gruppenprozesse – sich in anderer Weise herausgebildet hat, als es die »Form« vorsieht. Dies kann z. B. der Fall sein, wenn die Prüfungsordnung einer Universität fordert, dass Themenvergabe und Betreuung bei Diplomarbeiten ausschließlich beim Professor liegen, es aber seit langem tradiert wird, dass diese Aufgaben auch von Assistenten erledigt werden. Dieses Beispiel zeigt zugleich, dass innerhalb der Kategorien des Formellen bzw. Informellen wiederum Differenzierungen vorgenommen werden müssen und verschiedene Ebenen unterscheidbar sind.

Als Indikatoren für die Gruppenbildung in Organisationen können verschiedene **soziometrische Verfahren** herangezogen und die dabei erhaltenen Ergebnisse als Soziogramm (vgl. Moreno, 1934) dargestellt werden. Fragt man z. B. alle Mitglieder einer im Plan vorgesehenen sozialen Einheit

- »Mit wem möchten Sie besonders gern zusammenarbeiten?«, und
- »Mit wem würden Sie besonders ungern zusammenarbeiten?«

und stellt dann die positiven und die negativen Wahlen jeweils unterschiedlich (z. B. verschiedenfarbig) dar, so hat man die Struktur der Gruppe veranschaulicht und kann zugleich auf Gruppenprozesse schließen. Zentrale Personen, Polarisierungen, Außenseiter und Sündenböcke werden sichtbar. Allerdings ist bei dieser Methode zu berücksichtigen, dass sich je nach gestellter Frage andere Strukturen zeigen können: Auf die Frage in einem Forschungsteam, mit wem man besonders gern zusammenarbeiten möchte, wird man in der Regel andere Antworten bekommen als auf die Frage, mit wem man nach Feierabend noch gerne ein Bier trinken möchte. **Tüchtigkeits- und Beliebtheitsstrukturen** unterscheiden sich. In diesem Zusammenhang sei auf das **Führungsdual** verwiesen, das von Bales (1958) beschrieben wurde. Bales zeigte, dass in Kleingruppen die Führungsrolle häufig aufgeteilt wird; eine Person ist für das Sachziel im Sinne der Lokomotion verantwortlich; eine andere ist beliebt und kümmert sich primär um den Gruppenzusammenhalt, die Kohäsion.

Innerhalb eines Betriebes allerdings dürfte es sehr schwer sein, mit derartigen soziometrischen Wahlen zu arbeiten, da kaum von einer Bereitschaft der Befragten zur Beantwortung ausgegangen werden kann. Beobachtungsverfahren – etwa im Sinne der teilnehmenden Beobachtung – sind dafür geeigneter. Die Interaktion zwischen den Mitgliedern einer Konferenz, einer Projektgruppe, eines Qualitätszirkels etc. zu beobachten, die Daten zu analysieren und an die Gruppenmitglieder zurückzumelden, kann sehr wohl eine konstruktive Intervention sein. Den Gruppenmitgliedern wird dadurch vielfach bewusst, ob ihnen die angestrebte Gruppenbildung wirklich gelungen ist, ob es Personen gibt, die nicht integriert wurden, ob es sich voneinander abschottende Untergruppen gibt etc. Darstellung 59 zeigt, wie eine derartige Struktur für eine bestimmte Phase bei einer Besprechung aussehen kann.

Indikatoren für die Herausbildung von Gruppen können dabei sein: Interaktionsdichte, Wir-Gefühl, spontane Kooperation, Sitzordnung in der Kantine, Kontakthäufigkeit außerhalb der Arbeitszeit etc.

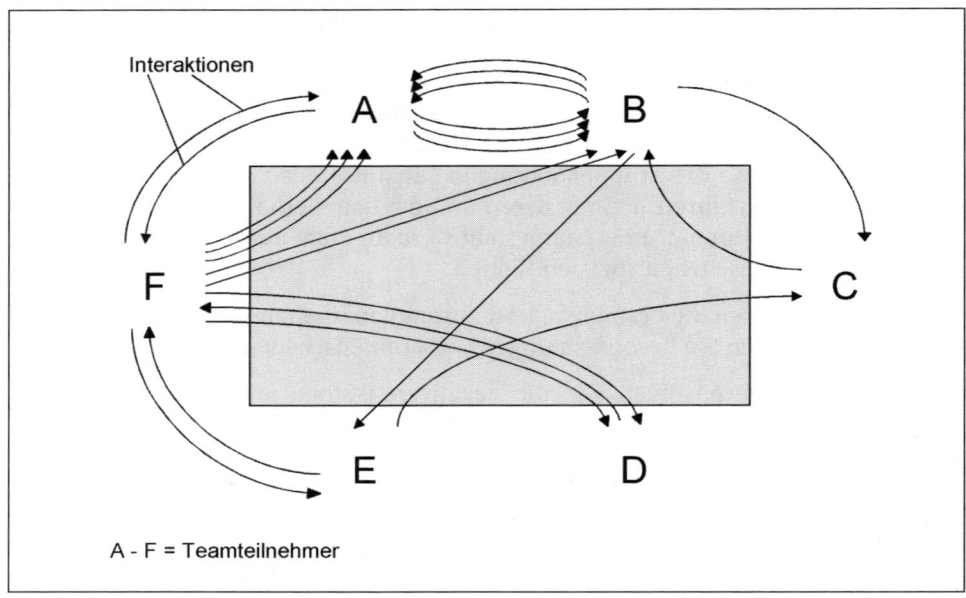

Darstellung 59. Struktogramm einiger Minuten einer Teamsitzung

4.3.3. Beeinflussung formeller und informeller Strukturen und Prozesse

Erscheint es nach der Ermittlung des Ist-Zustandes wünschenswert Veränderungsmaßnahmen einzuleiten, so stellt sich zunächst schwerpunktmäßig die Frage, **ob der Organisationsplan umgearbeitet werden oder ob man die soziale Realität an den Plan annähern sollte.** Ist man beispielsweise der Auffassung, dass der Plan von der Realität überholt wurde, so kann es sehr wohl empfehlenswert sein, ihn dem empirisch Beobachtbaren anzupassen. Die dabei auftretende Gefahr besteht darin, dass zufällige, durch persönliche Variablen bedingte Phänomene festgeschrieben werden, die langfristig den Sachzielen nicht gerecht werden. Auf der anderen Seite wird aus gutem Grund nicht selten empfohlen, dass der informelle Führer einer Abteilung zum Stellvertreter gemacht wird, weil dadurch Führungsrivalitäten in Sachfragen weniger wahrscheinlich werden. Psychologisch pointierter ist das Ziel, einerseits die soziale Realität an den Plan und andererseits den Plan an die soziale Realität anzupassen. Wenn z.B. in einer größeren Planeinheit, in der aus Sachgründen kooperiert werden muss, zwei rivalisierende Teilgruppen entstanden sind, dann kann mit Strategien der Konfliktlösung (vgl. Blake, Mouton & Sloma, 1965, Rüttinger & Sauer, 2000) gearbeitet werden. Die anzuwendende Sozialtechnik kann dabei z.B. so aussehen, dass die einzelnen Gruppen ihre Ziele und die vermuteten Ziele der anderen genauer beschreiben, diese Schriftstücke ausgetauscht werden und dann auf der Grundlage dieser wechselseitigen Information eine gemeinsame Besprechung erfolgt. Ähnliche Ziele können durch gezieltes »Job Rotation« oder durch die Übertragung von Aufgaben erzielt werden, die zum Vorteil jeder Teilgruppe nur durch Kooperation zu bewältigen sind (vgl. Sherif et al., 1961; Spieß, 1996). Ein anderer Weg besteht darin, dass man bei bewusstem Rückgriff auf den Satz von Homans (1950): »Kontakt schafft Sympathie«, die Interaktionswahrscheinlichkeit systematisch modifiziert. Dies kann dadurch erfolgen, dass eine bislang mangelnde Kommunikation zwischen Mitgliedern einer gleichen Organisationseinheit durch regelmäßige Besprechungen aufgebaut wird; Interaktion kann aber auch dadurch gewährleistet werden, dass räumlich entfernt sitzende Personen aneinander angenähert werden. Der Zerfall einer sozialen Einheit in Teilgruppen ist nicht selten durch eine trennende Treppe, durch die Benutzung verschiedener Aufzüge oder durch einen Innenhof bedingt.

Literaturempfehlung

Antoni, C. (1996). Teilautonome Arbeitsgruppen. Weinheim.
  In diesem informationsreichen, sehr viel Empirie und persönliche Erfahrung verarbeitenden Buch wird u. a. Gruppenarbeit danach differenziert, ob sie in die Aufbauorganisation integriert ist (z. B. Fertigungsteams) oder nicht (z. B. Qualitätszirkel).
Brodbeck, F. (1993). Kommunikation und Leistung in Projektarbeitsgruppen: Eine empirische Untersuchung an Software-Entwicklungsprojekten. Aachen.
  In dieser aus einer Dissertation erwachsenen Veröffentlichung wird differenziert gezeigt, welche Bedingungen die Leistung in Software-Entwicklungsprojekten fördern und welche Rolle die interpersonale Kommunikation dabei spielt.

4.4. Soziale Konflikte

Konflikte in Gruppen und zwischen Gruppen interessieren Organisationspraktiker besonders. Sie sehen darin in der Regel etwas Negatives und vermuten in deren Gefolge schwache Leistungen und ein schlechtes Betriebsklima. Die Mehrzahl der organisationspsychologischen Darstellungen (vgl. Deutsch, 1976; Rüttinger & Sauer, 2000; Regnet, 2001) sind ähnlicher Ansicht, während in soziologischen Schriften (Simmel, 1908; Coser, 1972; Euler, 1973) gelegentlich eine positive Sichtweise vorherrscht.

Die **unterschiedliche Bewertung sozialer Konflikte** durch die Psychologie und die Soziologie überrascht nicht. Gegenstand der psychologischen Forschung ist ja vor allem das Erleben des Individuums, während es in der Soziologie um Strukturen und soziale Systeme geht. Ein zwischenmenschlicher Konflikt wird vom Einzelnen meist als belastend erlebt und mit Leid verbunden sein, während sich das soziale System dadurch nicht selten in einer positiv bewerteten Weise verändern kann. Dies soll an einem Bild verdeutlicht werden. Das ruhige Dahinfahren eines Automobils auf ein angestrebtes Ziel zu ist die Folge vieler Explosionen in den Zylindern des Motors. Strapaziert man nun das Bild ein wenig, so sind diese Explosionen für Kolben und Zylinder »schmerzhaft«, während die Zielannäherung durch das Automobil selbst wünschenswert erscheint. Auch am Beispiel der französischen Revolution lässt sich dieses Problem ebenfalls illustrieren: Nahezu alle Gesellschaftswissenschaftler feiern dieses historische Ereignis, diesen gesellschaftlichen Konflikt, als eine Quelle positiver politischer Entwicklung; für die betroffenen Individuen, z. B. Marie Antoinette oder andere Personen, die Opfer der Guillotine wurden, war das gleiche Phänomen in höchstem Maße schmerzlich.

4.4.1. Begriffliche Klärungen

Der Begriff des Konflikts wird in der Psychologie zur Kennzeichnung eines **intra- und interindividuellen Tatbestandes** verwendet. Ein intraindividueller Konflikt liegt vor, wenn **bei einer Person verschiedene unvereinbare Handlungstendenzen bestehen** (»Zwei Seelen wohnen, ach, in meiner Brust ...«). Ein interindividueller – so genannter sozialer – Konflikt liegt dann vor, wenn **zwischen Konfliktparteien, die jeweils aus zumindest einer Person bestehen, unvereinbare Handlungstendenzen** beobachtet werden (zur Problematik dieser Unterscheidung vgl. Berkel, 1984). Interindividuelle Konflikte sind von den intraindividuellen häufig nicht unabhängig. So kann etwa ein Mensch, der starke intrapsychische Spannungen hat, diese Spannungen im Sinne einer Entlastungsreaktion im Konflikt mit anderen Personen ausleben. Hier soll allerdings nur von den interindividuellen Konflikten gesprochen werden, die nachfolgend als soziale Konflikte bezeichnet werden. Ein sozialer Konflikt liegt vor, wenn eine **Spannungssituation** besteht, in der **zwei oder mehr Parteien**, die **voneinander abhängig** sind, mit Nachdruck versuchen, **unvereinbare Handlungspläne** zu verwirklichen und sich dabei **ihrer Gegnerschaft bewusst** sind (vgl. v. Rosenstiel, Molt & Rüttinger, 2005).

Mack und Snyder (1957) sehen die den Konflikt definierenden Bedingungen ähnlich:

- Ein Konflikt erfordert mindestens zwei Parteien;
- er entsteht aus dem Mangel an Positionen oder dem Mangel an Ressourcen;
- er zielt darauf ab, die andere Partei zu zerstören oder zu schädigen;
- er erfordert eine Interaktion zwischen den Parteien und
- er schließt den Versuch ein, Kontrolle über Quellen oder Positionen, die knapp sind, zu gewinnen.

Sind die Kriterien dieser oder ähnlicher Konfliktbestimmungen gegeben, so handelt es sich um einen **manifesten sozialen Konflikt**. Hiervon ist der **latente soziale Konflikt** abzuheben, von dem dann gesprochen werden soll, wenn von der Situation her eine Struktur besteht, die Konflikte wahrscheinlich macht oder wenn die Parteien bereits objektiv in Gegnerschaft zueinander stehen, sich dieser Gegnerschaft aber (noch) nicht bewusst sind, oder auch dann, wenn ihnen zwar die voneinander abweichenden Handlungstendenzen bewusst sind, deren Realisierung aber nicht gewagt wird (vgl. Esser, 1975). Die Kennzeichnung von sozialen Situationen als latent konfliktär gerät in die Nähe des Konzepts der »**strukturalen Konflikte**« (Galtung, 1964), deren Operationalisierung schwierig und zumindest nicht ohne Willkür ist. Ein Beispiel für einen strukturalen Konflikt ist das von Hegel häufig gebrauchte Bild von »**Herr und Knecht**«. Obwohl beide ihre Rollen akzeptiert haben und insbesondere der Knecht mit seiner Stellung als Dienender, als »Onkel Tom«, durchaus zufrieden sein kann, ist die Beziehung ein ungerechtes Herrschaftsverhältnis und damit ein strukturaler Konflikt. Dieses Beispiel zeigt aber zugleich, dass die Benennung strukturaler Konflikte ohne wertende oder gar politische Vorentscheidungen kaum möglich ist.

Die Art und Weise, in der manifeste soziale Konflikte ausgetragen werden, ist unterschiedlich. Sieht man im Begriff der Schädigung des anderen ein Bestimmungsmerkmal von Aggression, so wird man jedem Konflikt aggressive Momente zuschreiben müssen; der Grad der affektiven Beteiligung am Geschehen kann jedoch stark streuen.

Es ist ratsam, bei sozialen Konflikten zwischen der **Konfliktursache** und dem **Konfliktgegenstand** zu unterscheiden. Ist die eigentliche Ursache des Konflikts nicht mit dem offensichtlichen Gegenstand des Konflikts identisch, so liegt eine spezifische Form der **Konfliktverschiebung** vor. Eine andere Art der Konfliktverschiebung ist dann gegeben, wenn eine Partei als Konfliktgegner eine andere als die ursprüngliche wählt. Lewin, Lippitt und White (1939) konnten beispielsweise zeigen, dass ein latent zwischen Führer und Geführten liegender Konflikt manifest als Konflikt zwischen den Geführten ausgetragen wurde.

Es sind unterschiedlichste Konfliktklassifikationen denkbar (vgl. Feger, 1972, Rüttinger & Sauer, 2000). Besonders nützlich erscheint die Klassifikation in

- **Bewertungs**konflikte,
- **Beurteilungs**konflikte,
- **Verteilungs**konflikte (vgl. Kirsch, 1971; Rüttinger & Sauer, 2000; v. Rosenstiel, Molt & Rüttinger, 2005) und
- **Beziehungs**konflikte (Berkel, 1984; Glasl, 1994).

Bei einem **Bewertungskonflikt** werden die möglichen Konsequenzen bzw. Ziele einer Handlung von verschiedenen Parteien unterschiedlich bewertet, die Wahrscheinlichkeit ihres Auftretens wird jedoch gleich beurteilt. Beispiel: Der Produktions- und der Personalleiter befinden sich im Konflikt darüber, ob ein Zeiterfassungssystem installiert werden soll. Der Produktionsleiter ist dafür, der Personalleiter ist dagegen. Beide sind sich einig, dass dadurch die Gesamtzeit der Anwesenheit am Arbeitsplatz steigt, die Arbeitszufriedenheit aber sinkt. Der Produktionsleiter hält jedoch die Anwesenheitszeit für wichtiger, der Personalleiter die Zufriedenheit.

Ein **Beurteilungskonflikt** liegt dann vor, wenn die Wahrscheinlichkeit des Auftretens von Handlungskonsequenzen, also der Weg zum Ziel, unterschiedlich beurteilt wird, die Konsequenzen jedoch gleich bewertet werden. Beispiel: Der Verkaufs- und der Produktionsleiter befinden sich im Konflikt darüber, ob eine neue Produktionsanlage angeschafft werden soll. Beide streben eine Steigerung des Gewinnes an. Der Produktionsleiter ist der Auffassung, dass die Investition sich »rechnet«, der Verkaufsleiter ist davon nicht überzeugt.

Ein **Verteilungskonflikt** ist dann gegeben, wenn beide Parteien Nutzen und

Wahrscheinlichkeit für sich gleich einschätzen, jedoch wissen, dass nur eine Partei in den Genuss des Nutzens kommen kann (z. B. Nullsummenspiel; d. h. Gewinne des einen und die Verluste des anderen addieren sich zu null). Beispiel: Zwei Gebietsleiter befinden sich im Konflikt. Beide wissen, dass ihr gemeinsamer Chef, der Verkaufsvorstand, bald in den Ruhestand geht. Beide hoffen, zum Nachfolger ernannt zu werden und wissen zugleich, dass nur einer dieses Ziel erreichen wird.

Ein **Beziehungskonflikt** geht vom Bedürfnis des Einzelnen nach Akzeptanz und Anerkennung durch andere aus. Wird dieses Bedürfnis von einer anderen Person verletzt, so führt dies zu Erlebnissen der Inkompetenz, Machtlosigkeit und Unattraktivität. Eine bessere Beziehung wird nun angestrebt, was auch über einen sozialen Konflikt geschehen kann.

Im konkreten Konfliktfall können Überlagerungen und Mischungen der vier Konfliktformen gegeben sein (vgl. hierzu auch Kirsch, 1971).

In den Sozialwissenschaften kann man häufig »Moden« diagnostizieren, die zur Folge haben, dass man einen gleichen Forschungsgegenstand schlicht anders benennt oder ihn aus veränderter Perspektive sieht. So ist es wohl zu verstehen, dass seit einigen Jahren weit über die Grenzen der Organisationspsychologie oder der Organisationssoziologie hinaus über »**Mobbing**« gesprochen wird (Neubauer & Rosemann, 2005). Der Begriff wurde von dem in Schweden lebenden deutschen Arzt und Psychologen Leymann (1990) in die Diskussion eingeführt. Mit dem neu verwendeten Wort Mobbing geht kein neu entstandenes oder entdecktes Phänomen einher. Leymann (1993) hat die unterschiedlichsten Geschehnisse als Mobbing bezeichnet, wie zum Beispiel von anderen beim Reden ständig unterbrochen werden, jemanden »wie Luft« behandeln, Gerüchte über ihn verbreiten, ihn mit sinnloser Arbeit beschäftigen oder ihn gar körperlich misshandeln oder sexuell belästigen. Vieles von dem, was Leymann also mit Mobbing bezeichnet, ist anderenorts unter den Überschriften »Sündenbockrolle«, »sozialer Stress«, »Diskriminierung«, »sexuelle Belästigung« oder eben auch als »sozialer Konflikt« beschrieben worden. Neuberger (1999) spricht von »übel mitspielen in Organisationen«.

Da also Mobbing kein homogenes Phänomen ist, sondern sich unter dieser Überschrift ganz unterschiedliche soziale Verhaltensweisen verbergen, muss auch von unterschiedlichen theoretischen Erklärungen ausgegangen werden. Neuberger (1999) spricht unter anderem von sozialisationstheoretischen, stresstheoretischen, gruppendynamischen, attributionstheoretischen, konflikttheoretischen und psychodynamischen Erklärungsansätzen. Die Möglichkeiten des Einzelnen, sich vor Mobbing zu schützen, scheinen jedoch begrenzt zu sein. Tritt Mobbing in einer Gruppe, in einer Abteilung, auf, so ist der Umgang damit eine Führungsaufgabe, die in vielen Fällen jener entsprechen wird, die im Rahmen des Konfliktmanagement gefordert ist.

Literaturempfehlung

Lewin, K. (1976). Die Lösung sozialer Konflikte. Bad Nauheim.
In diesem »Klassiker« der sozialpsychologischen Konfliktliteratur wird u. a. am Beispiel eindrucksvoller Fälle die Beziehung zwischen personalen und strukturalen Bedingungen des Konfliktgeschehens verdeutlicht.
Neuberger, O. (1999). Mobbing. Übel mitspielen in Organisationen. München, Mering.
In dieser knappen Schrift setzt sich der Autor kritisch mit dem »Modethema« Mobbing auseinander, referiert empirische Befunde zu diesem Phänomen, stellt Interventionsmöglichkeiten und theoretische Erklärungsansätze dar und sucht schließlich Mobbing mikropolitisch zu deuten.

4.4.2. Konfliktdiagnostik

Das Erkennen von Konflikten kann nicht allein durch Beobachtung des Verhaltens der Konfliktparteien erfolgen. Um etwa latente Konflikte zu diagnostizieren, ist es denkbar, strukturale Organisationsmerkmale zu ermitteln, die Konflikte anzeigen können bzw. das Auftreten von Konflikten wahrscheinlich machen. Zu diesen Bedingungen gehören:

Koordinationszwang: Verschiedene Parteien sind – aus unterschiedlichen Gründen – gezwungen, bei ihren Handlungen die Handlungsziele der anderen Parteien zu berücksichtigen.

Überbetonung des Rationalitätsprinzips: Handlungstendenzen von Organisationsmitgliedern werden extrem beschnitten; diese Personen geraten dadurch in Konflikt mit den Verfechtern des »Prinzips« (beispielsweise mit höheren Ebenen oder Verwaltungsabteilungen).

Einengung des Handlungsspielraums: Wird die Einengung des Handlungsspielraums durch Vorschriften oder andere Personen bewusst, so entsteht Reaktanz (Brehm, 1966), die sich als Widerstand manifestiert und Konflikte nach sich zieht.

Gleiche oder unklare Machtverhältnisse: Keine der voneinander abhängigen Parteien ist in der Lage, der anderen Wege und Ziele des Verhaltens verbindlich vorzuschreiben.

Struktur des Belohnungssystems: Konflikt fördernd ist das Belohnungssystem dann, wenn im Sinne eines Nullsummenspiels die Belohnung einer Partei mit der Bestrafung der anderen verbunden ist.

Heterogenität der Parteien: Die potenziellen Konfliktparteien unterscheiden sich in relevanten Aspekten wie etwa Wertauffassungen, Informationsstand etc.

Wettbewerbshaltung: Die potenziellen Konfliktparteien sehen ihre Umwelt unter dem Aspekt des Wettbewerbs auch dort, wo Wettbewerbshaltung dysfunktional ist und eine Kooperationshaltung angebracht wäre (z. B. in Positivsummenspiel-Situationen).

Lenkt man den Blick bei der **Konfliktdiagnostik** auf das Verhalten zwischen den Konfliktparteien, so erscheint Folgendes auffällig (Walton, 1974):

- die eigenen Ziele werden überbetont,
- gegenüber der anderen Partei wird »gemauert«,

- die eigenen Interessen werden nicht dargelegt,
- die gewählten Strategien sind mit Überraschungseffekten verbunden,
- es wird mit Drohungen und Bluff gearbeitet,
- strategisch wichtige Positionen werden mit sachlichen und unsachlichen Argumenten verteidigt.

Für die »eigene Partei« gilt in der Konfliktsituation Folgendes (vgl. Sherif et al., 1961):

- der Gruppenzusammenhalt wächst,
- die Zielorientierung steigt,
- die Bereitschaft, einen autoritären Führungsstil zu akzeptieren, nimmt zu,
- die eigene Gruppe wird überschätzt,
- der Binnenkontakt nimmt auf Kosten des Außenkontakts zu.

Literaturempfehlung

Berkel, K. (1978). Konflikte und Konfliktverhalten. In: A. Mayer (Hrsg.). Organisationspsychologie. Stuttgart, S. 305–331.
Es wird besonders untersucht, wie sich der Konflikt – als intra- und interindividueller Konflikt – aus der Sicht des Einzelnen darstellt.
Rüttinger, B. & Sauer, J. (2000). Konflikt und Konfliktlösen. Leonberg.
In diesem leicht zu lesenden Text mit vielen Beispielen wird ausführlich auf Bedingungen eingegangen, die Konflikte fördern oder wahrscheinlich machen.

4.4.3. Konfliktprophylaxe und Konfliktlösung

Bevor man Konzepte entwickelt, um Konflikte zu verhindern oder zu bearbeiten (vgl. Kirsch & Esser, 1975; Rüttinger & Sauer, 2000), sollte man nach dem Wert derartigen Tuns fragen. Während – wie bereits gesagt – viele Psychologen (Mayo, 1947; March & Simon, 1958; Deutsch, 1976) vor allem den **dysfunktionalen Aspekt** betonen und im Konflikt eine »soziale Krankheit« sehen, ist vielfach auch die Auffassung vertreten worden, **Konflikte seien gesellschaftlich vor allem positiv**. Dahrendorf (1972) schreibt: »Im Konflikt liegt ... der schöpferische Kern aller Gesellschaft und die Chance der Freiheit.« Tatsächlich wird man kaum bestreiten können, dass ein Konflikt oft die Ursache einer Veränderung ist. Freilich kann diese Veränderung, gemessen an den gegebenen oder auch an modifizierten Zielsetzungen, sich positiv oder negativ auswirken. Der Konflikt kann somit für die Beteiligten einen konstruktiven oder auch destruktiven Verlauf nehmen (vgl. Deutsch, 1976; Rüttinger & Sauer, 2000; Regnet, 2001). Dort freilich, wo der Organisationspsychologe als Berater in Konfliktfällen hinzugezogen wird, dürfte es in der Regel das Ziel sein, den Weg einer vernünftigen Konfliktaustragung oder Konfliktlösung zu suchen bzw. Wege der Konfliktprophylaxe vorzuschlagen. Die dabei einzuschlagenden Wege lassen sich weitgehend aus den Bedingungen ableiten, die zuvor als konfliktförderlich beschrieben wurden. An folgende wäre zu denken:

- Aufhebung des Koordinationszwanges, wo er sachlich nicht erforderlich ist;
- Konzeption der Organisation nicht nur nach ökonomisch-rationalen, sondern wesentlich auch nach sozialwissenschaftlichen Kriterien und Erkenntnissen;
- Strukturierung der Aufgaben in der Weise, dass Handlungsspielraum gegeben ist;
- klare Kompetenzverteilung, wo Koordination erforderlich ist;
- Vermeidung von Nullsummenspiel-Situationen – insbesondere bei der Strukturierung von Belohnungssystemen;
- rechtzeitiges Aufstellen klarer Verteilungskriterien, wo knappe Güter vergeben werden müssen;
- Homogenisierung der Konfliktparteien – z.B. mit Blick auf die Werthaltungen und den Informationsstand – durch Auswahl, Informationszugang und Kontakt;
- Partizipation der Betroffenen am Entscheidungsprozess bei vorheriger Festlegung der Entscheidungsregeln und
- Wechsel von der Wettbewerbs- zur Kooperationshaltung durch entsprechende Trainingsprogramme.

Von spieltheoretischen Überlegungen ausgehend betont Feger (1972), dass den Konfliktparteien die **positive Instrumentalität kooperativen Verhaltens** bewusst gemacht werden sollte.

Wo Konflikte nicht vermieden werden können, sind verschiedene Verläufe im Zuge der Konfliktbeendigung beobachtbar. Wesentlich erscheinen folgende:

Konfliktverebben: Der Konflikt zieht sich hin, ohne ein klares Ende zu finden; der Konfliktgegenstand wird mit der Zeit inaktuell, der Konflikt verebbt.

Konfliktunterdrückung: Der Konflikt wird beendet, ohne dass alle Parteien der Lösung zustimmen. Dies geschieht meist durch das Ausnutzen von Macht: Eine Partei ist stärker als die andere, oder eine hierarchisch über den Konfliktparteien stehende Instanz entscheidet als Schiedsrichter.

Konfliktlösung: Es wird ein Weg gefunden, der zu einem Ziel führt, das für alle Betroffenen tragbar erscheint. Als viel zitiertes Beispiel hierfür gilt die Ferienlager-Untersuchung von Sherif et al. (1961) an Jugendlichen, die in zwei getrennten, dicht beieinander liegenden Zeltlagern ihre Ferien verbrachten. Es zeigte sich, dass die bloße Möglichkeit zum Kontakt allein vermutlich nicht der Konfliktlösung dient. Wichtiger ist, dass die Kooperation positive Konsequenzen für alle Parteien mit sich bringt. Dies ist der Fall, wenn die Kooperation gegen einen »**gemeinsamen Gegner**« stärkt, wenn sie eine »**gemeinsame Not**« mildert, wenn sie einen »**gemeinsamen Vorteil**« mit sich bringt, und/oder wenn sie zu »**gemeinsamer Freude**« führt.

Über aktuelle Befunde aus Großunternehmen der deutschen Wirtschaft berichtet dagegen unter dem Aspekt des Umgangs mit Konflikten Regnet (2001). Die Autorin erhob ihre Daten an Managern, die sich im Rahmen verhaltensorientierter Führungsseminare auch eingehend mit dem Thema des Konfliktes auseinander gesetzt hatten. Am Ende dieser Seminare befragte sie die Seminarteilnehmer, wie sie sozi-

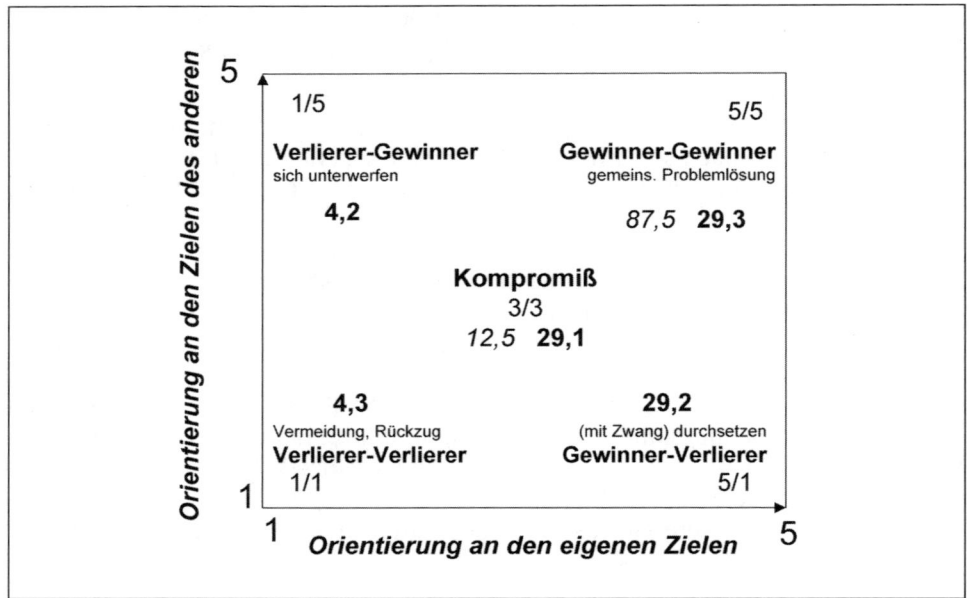

Darstellung 60. Handhabung von Konflikten durch deutsche Manager (in Prozent)

ale Konflikte zu lösen gedächten, die sie derzeit belasteten. Die von den aktuell geschulten Führungskräften angegebenen Lösungsstrategien klassifizierte Regnet innerhalb eines zweidimensionalen Rasters, dessen Dimensionen einerseits an der Durchsetzung eigener Interessen, andererseits an der Berücksichtigung der Interessen des Konfliktgegners orientiert waren.

Die Mehrzahl (87,5 %) der Befragten gab nun an, eine Lösungsstrategie im Sinne eines »Positivsummenspiels« umsetzen zu wollen, d. h. gleichermaßen die eigenen als auch die Interessen des Gegners zu berücksichtigen. Monate später nahm die Autorin den Kontakt mit den Befragten wieder auf, um zu erkunden, ob sie ihren Plan auch umgesetzt hätten. Die Ergebnisse, die Darstellung 60 zeigt, machen deutlich, dass dies meist nicht gelang.

Man erkennt, dass die angestrebte Ideallösung (in der Darstellung grau) nur relativ selten gelungen war und stattdessen gehäuft die eigenen Interessen durchgesetzt oder schlicht die Lösungsversuche gar nicht aufgenommen worden waren (in der Darstellung schwarz). Nach den Gründen dafür befragt nannten die Betroffenen – wie kaum anders zu erwarten – externe Ursachen. Sie attribuierten den Grund also nicht sich selbst, sondern den Strukturen oder anderen Personen (»andere Aufgaben wurden plötzlich vorrangig« oder »mein Vorgesetzter hat mich nicht unterstützt«, etc.).

Literaturempfehlung

Glasl, F. (1994). Konfliktmanagement. Bern.
  Es werden theoretisch begründet Hinweise für die Bearbeitung von Konflikten entwickelt. Zugleich wird der Stand des Wissens auf anthroposophischer Grundlage differenziert ausgebreitet.
Grunwald, W. & Redel, W. (1989). Soziale Konflikte. In E. Roth (Hrsg.). Organisationspsychologie. Göttingen, S. 529–551.
  Innerhalb dieses relativ knappen Sammelreferates werden Konflikte begrifflich gefasst, typologisiert und verschiedene Wege der interpersonalen Konflikthandhabung beschrieben. Dabei überwiegt allerdings eine rationale Sicht. Psychodynamische oder gruppendynamische Aspekte werden lediglich gestreift.
Regnet, E. (2001). Konflikte in Organisationen: Formen, Funktionen und Bewältigung. Göttingen.
  In dieser recht umfangreichen Schrift wird aus psychologischer Sicht bei besonderer Berücksichtigung neuerer Motivationstheorien das Phänomen des personalen sozialen Konflikts beschrieben und im empirischen Teil der Untersuchung gezeigt, dass die Absichten von Führungskräften auf diesem Gebiet häufig nicht Plan entsprechend umgesetzt werden.

4.5. Interpersonale Kommunikation

Jede Organisation ist ein soziales Gebilde, in dem sich zum Erreichen der Ziele, die sich aus übergeordneten Organisationszwecken ableiten lassen, kleine funktions- und aufgabenbestimmte Gruppen entwickeln (Schein, 1965). Dies ergibt sich aus dem Prinzip der **Arbeitsteilung**. Damit trotz dieser Arbeitsteilung koordiniert ein **gemeinsames Ziel** erreicht werden kann, ist Kommunikation erforderlich. Ihre Notwendigkeit ergibt sich zudem aus der sozialen Natur des Menschen (vgl. Bischof, 2001). Ist Kommunikation nicht möglich, so erlebt das Mitglied der Gruppe keine soziale Unterstützung. Bleibt der Einzelne aus personalen oder strukturalen Gründen isoliert, so ist Unzufriedenheit die wahrscheinliche Folge (vgl. Roethlisberger & Dickson, 1939). Trotz der hohen Bedeutsamkeit der **Kommunikation in sachlicher und menschlicher Hinsicht** ist auffällig, dass die Organisationsmitglieder durch das Bildungssystem in Deutschland auf Gespräche miteinander kaum vorbereitet werden.

Die Auseinandersetzung mit der Kommunikation in Organisationen ist ein zentrales Gebiet der Organisationspsychologie. Organisationen lassen sich ja aus verhaltenswissenschaftlicher Sicht als **die Gesamtheit der sich stabilisierenden kommunikativen Beziehungen** definieren (Kahn, 1977). Die Zeit, die Fach- und Führungskräfte während der Arbeit mit Kommunikation verbringen, wird meist unterschätzt. Zur Verdeutlichung dient Darstellung 61.

Die Darstellung zeigt exemplarisch eine Vielzahl unterschiedlicher Kommunikationsmöglichkeiten. Lässt man nun Fach- und Führungskräfte einstufen, wie viel Prozent ihrer wöchentlichen Arbeitszeit sie diesen Kommunikationsformen widmen, so bleibt für »Nichtkommunikation (X)« meist ein Anteil von weniger als

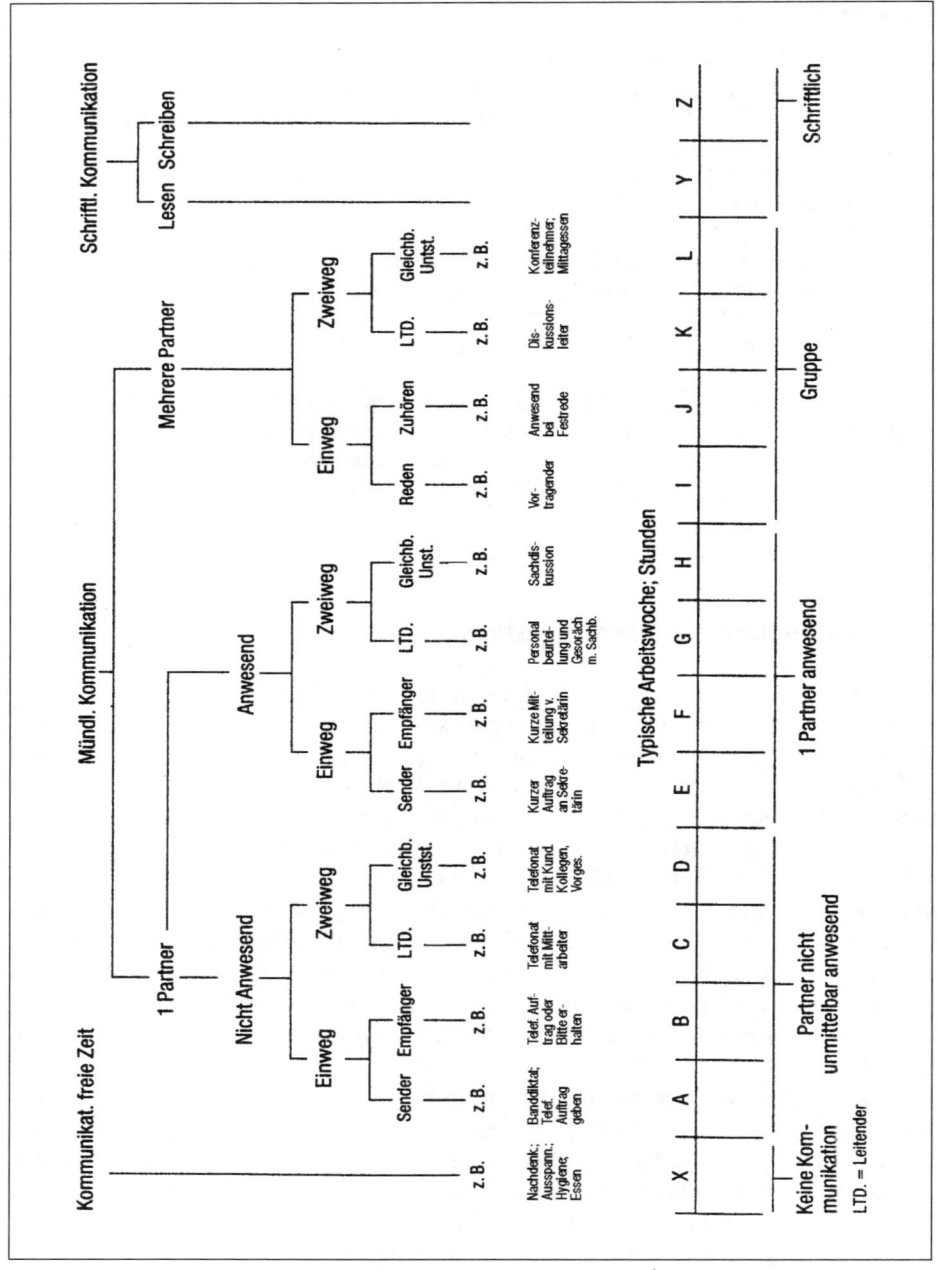

Darstellung 61. Formblatt zur Erfassung der Anteile verschiedener Formen der Kommunikation an der Arbeitszeit

zehn Prozent. Die Arbeitszeit von Fach- und Führungskräften ist also mit Kommunikation – falls diese weit verstanden wird – nahezu vollständig ausgefüllt. Selbstverständlich geht es dabei nicht um Kommunikation ausschließlich des Kontaktes wegen, sondern es wird häufig auch inhaltlich für die Aufgabe Relevantes kommuniziert. Für diese Inhalte sind nun die Stelleninhaber durch ihre Ausbildung als z. B. Industriemeister, Naturwissenschaftler, Ingenieure, Kaufleute oder Juristen gut vorbereitet. Das **Wie** aber, das richtige Kommunizieren (z. B.: Wie leite ich eine Konferenz?), wird weder in der Schule noch in der Hochschule gelehrt. Daraus ergibt sich erheblicher Personalentwicklungsbedarf.

4.5.1. Grundbegriffe und empirische Befunde

Informationsaustausch ist eine entscheidende Voraussetzung aller Arbeit in Gruppen. Wo immer die Arbeitsbemühungen nicht zum Ziel führen, wird man unter anderem auch in der Art und Weise des Informationsaustausches zwischen den Gruppenmitgliedern, d. h. in der Art der Kommunikation, nach möglichen Ursachen forschen. Dabei besteht die Möglichkeit, personenzentriert vorzugehen, d. h. in entsprechenden Defiziten der Gruppenmitglieder Ursachen zu vermuten. Man kann aber auch sehr wohl auf strukturale Aspekte achten und prüfen, ob der vorgeschriebene Informationsweg (Dienstweg!) nicht bereits in sich Barrieren und Filter birgt.

Geradezu als Paradigma einer für die Organisation relevanten psychologischen Laborforschung zur Interaktion bzw. Kommunikation können die Untersuchungen gelten, die von Leavitt (1951) und Bavelas (1962) initiiert wurden. Es wurden experimentell verschiedene **Kommunikationsstrukturen** hergestellt, wie sie die Darstellung 62 in Anlehnung an Hellriegel und Slocum (1974) zeigt.

Geprüft wurde die Leistungsfähigkeit dieser Kommunikations- bzw. Interaktionsstrukturen beim Lösen solcher Probleme, die die Koordination des Wissens aller Positionsinhaber erfordern.
Als abhängige Variable wurden die **Leistungsfähigkeit**, die **Führeridentifikation**, verschiedene **Zufriedenheitsmaße** etc. erhoben. Als Ergebnis der Experimente wird vereinfacht meist mitgeteilt, dass zentralisierte Strukturen (als Beispiel der »Stern«) eine hohe Gruppenleistung und eine klare Identifikation des Führers, aber geringe durchschnittliche Zufriedenheit (die sich wohl daraus ergibt, dass die Mehrheit nur gefilterte Informationen bekommt und keine eigene Initiative entwickeln kann) nach sich ziehen, während dezentralisierte Strukturen (Extrembeispiel: »Vollstruktur«) zum entgegengesetzten Effekt führen. Differenzierte Analysen (vgl. Collins & Raven, 1969) verdeutlichen jedoch, dass zumindest die Ergebnisse bezüglich der Gruppenleistung in Abhängigkeit vom Schwierigkeitsgrad der Aufgabe gesehen werden müssen. Bei einfachen Aufgaben sind Strukturen zentraler Art überlegen, bei komplexeren dagegen dezentrale Strukturen.

Statt von der Interaktion wird – gerade in der Organisationspsychologie – häufig auch gleich bedeutend von Kommunikation gesprochen, wobei gelegentlich die Eingrenzung erfolgt, dass es sich bei der Kommunikation um Interaktion mithilfe

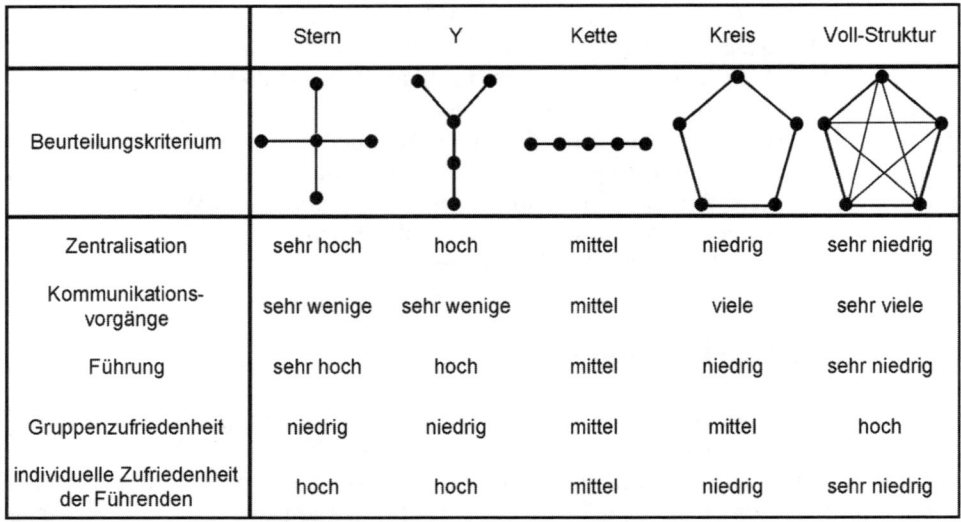

Darstellung 62. Kommunikationsstrukturen und ihre Wirkungen

von **Zeichen und Symbolen** (z. B. Worte, Gesten, Zeichnungen, Diagramme) handle. Diese Zeichen und Symbole sind in der Organisation meist sprachlicher Art. Nur unter Extrembedingungen – z. B. starkem Lärm – werden auch andersartige Zeichen und Symbole verwendet. Die Kommunikation kann also **verbal** (z. B. Gespräch), **paraverbal** (z. B. Mimik) oder **nonverbal** (z. B. Gestik) erfolgen.

Das Problem stellt sich anders dar, wenn auch der Dialog zwischen Mensch und Maschine unter dem Stichwort »Kommunikation« abgehandelt wird (vgl. Volpert 1985).

Wenn auch hier auf diesen Dialog (vgl. hierzu das von Frese 1989 herausgegebene Themenheft der Zeitschrift für Arbeits- und Organisationspsychologie) nicht gesondert eingegangen werden soll, erscheint es in diesem Zusammenhang doch wesentlich, die **Beeinflussung der Kommunikationen zwischen Menschen durch die Technik** zu thematisieren. So zeigte Meissner (1976), dass die Art der Produktionstechnik den Kommunikationsstil der in der Fertigung Tätigen nachhaltig beeinflusst. Bei werkstattähnlicher Fertigung sind verbale Kommunikationen sehr häufig, während unter fließbandähnlichen Bedingungen para- oder nonverbale Kommunikationen, z. B. durch Gesten oder durch mimischen Ausdruck, relativ oft vorkommen. Dies mag zum einen daran liegen, dass die Arbeitenden an ihren Arbeitsplatz räumlich gebunden sind und die räumliche Distanz und den bestehenden Lärmpegel besser nonverbal als verbal überbrücken können. Es liegt aber auch daran, dass bei zunehmender Mechanisierung der Kontakt exakt und schnell erfolgen muss, was z. B. durch kurze Handzeichen geschieht. In diesem Kontext analysierte Meissner (1976) Reichtum und Differenziertheit der para- oder nonverbalen Kommunikation. Diese war innerhalb der untersuchten Arbeitsgruppen recht unterschiedlich – sowohl bei der Übermittlung dienstlicher als auch privater Sachverhalte. Darüber hinaus – und das gilt für verbale und nonverbale Kommunikation – erwies sich der Kommunikationsstil als ausgesprochen gruppenspezifisch und unverwechselbar. Es entwickelte sich also eine jeweils unterschiedliche Kommunikationskultur.

Auch auf anderen Feldern hat die Technik zunehmenden Einfluss auf die Kommunikation, nämlich dort, wo mithilfe **elektronischer Kommunikationssysteme** die unmittelbare verbale oder nonverbale Kommunikation zwischen den Gruppenmitgliedern oder anderen Organisationsmitgliedern zurückgeht. Frese und Brodbeck (1989) vermuten, dass sich – zunehmend mehr – vorwiegend elektronisch kommunizierende Arbeitsgruppen entwickeln werden. Dies hat, wie inzwischen empirisch gezeigt werden konnte (Edinger & Patterson, 1983; Kiesler & Sproull, 1986; Wegge, 2004), sowohl Einfluss auf den Kommunikationsstil als auch auf die Kommunikationsinhalte. Man darf folgern, dass **Videokonferenzen** anders als herkömmliche Konferenzen ablaufen (Pribilla, Reichwald & Goecke, 1995). Einer der Gründe liegt möglicherweise darin, dass der Status des Senders bei elektronischer Informationsübermittlung nicht so leicht identifizierbar ist, sodass es einerseits stärker zum demokratischen Argumentationswettbewerb kommt, andererseits aber zu einer Tendenz, die eigene Position zu unterstreichen, die ja nun an Statussymbolen nicht mehr erkennbar ist. Sendungen innerhalb elektronischer Postsysteme sind deutlich weniger empfängerorientiert: Sie betonen den Standpunkt des Senders. Häufiger als bei unmittelbarer Kommunikation werden bestehende Kommunikationsnormen überschritten, Vulgärausdrücke verwendet und relativ ungehemmt und rücksichtslos auch schlechte Nachrichten mitgeteilt.

Mit der Ausbreitung des **Intra-** und des **Internets** hat sich die damit verbundene Problematik noch intensiviert, dies umso mehr, wenn man an die Globalisierung und die damit einhergehenden »grenzenlosen Unternehmen« (Picot, Reichwald & Wigand, 2003) denkt. Auf zwei Probleme in diesem Zusammenhang sei eingegangen: zum einen die Bewältigung der wachsenden **Informationsflut** und zum anderen die **Koordination räumlich voneinander weit entfernter Einheiten**.

Die Bewältigung der ohnehin kaum noch zu überblickenden verfügbaren Informationsmengen, die sich durch das Intra- und Internet vervielfachen, ist eine dringende Aufgabe der Forschungs- und Technologieentwicklung. Gefragt ist ein effektives **Wissensmanagement** (Mandl, 1997), das dazu beiträgt, gezielt jene Ausschnitte des verfügbaren Wissens in zielgruppengerechter Weise für die Nutzer zum angemessenen Zeitpunkt bereitzustellen. Gefordert ist hier ganz offensichtlich interdisziplinäre Zusammenarbeit, bei der Informatiker, Sozialwissenschaftler und Ökonomen zusammenwirken. Generalisierbare Lösungen liegen bislang nicht vor.

Trotz dieser Defizite ist innerhalb von Arbeitseinheiten, die sich über mehrere Kontinente verteilen, das **Intra- und Internet** – neben vielfältigen anderen elektronischen Kommunikationsmitteln – von zentraler Bedeutung. Man denke sich eine Arbeitseinheit, die in Teilen in Tokio, in München und in Los Angeles untergebracht ist und – trotz der damit verbundenen Zeit-, Sprach-, Kultur- und Ortsgrenzen – von einem Vorgesetzten koordiniert werden muss. Empirische Untersuchungen (Pribilla, Reichwald & Goecke, 1995) zeigen nun, dass diese und ähnliche Aufgaben am besten von solchen Vorgesetzten bewältigt werden, die die konkrete

Kommunikationsaufgabe an ein kompetentes Vorzimmer delegieren. Bewältigen lassen sich die mit der neuen Situation verbundenen Anforderungen aber auch durch denjenigen, der diese Kommunikationsaufgaben selbst übernimmt, obwohl es ihn von wesentlicheren Aufgabenstellungen ablenkt. Besonders gering ist der Erfolg derjenigen, die auf die genannten modernen Kommunikationsmittel gänzlich verzichten.

Durch den Einsatz elektronischer Medien lässt sich generell die Gruppenarbeit in einem so starken Maße verändern, dass man sich bei manchen Formen fragt, ob es sich im Sinne gängiger psychologischer Definitionen dann noch um eine Gruppe handelt, denn für das weitgehend geteilte Verständnis von Gruppenarbeit kommunizieren ja dabei verschiedene Menschen unmittelbar am gleichen Ort und zur gleichen Zeit. Tatsächlich wird nun bei **virtuellen Gruppen** (Hertel & Konradt, 2004) die Möglichkeit eröffnet, dass Personen zu unterschiedlichen Zeiten und an verschiedenen Orten an gemeinsamen Zielen arbeiten, indem sie z. B. Email, elektronische Diskussionsforen oder Informationsdatenbanken nutzen. Das dabei genutzte Hilfsmittel ist die so genannte »**Groupware**«. Dabei handelt es sich um eine Mehrbenutzer-Software zur Unterstützung kooperativer Arbeit. Dadurch wird es möglich, Informationen auf elektronischem Wege zwischen den Mitgliedern einer »Gruppe« koordiniert auszutauschen und zu bearbeiten (Oberquelle, 1993). Derartige Systeme können die Gruppenarbeit deutlich erleichtern und vielfältige Unterstützung bieten (Hertel & Konradt, 2004; Stroebe & Nijstad, 2004), doch sollte man – berücksichtigt man die bisher vorliegende Forschung (Wegge, 1998, 2006) – keine überzogenen Erwartungen haben. Ähnlich wie beim E-Learning gilt wohl auch hier, dass zunächst Gruppenidentität und Wir-Gefühl durch direkte Kommunikation aufgebaut werden müssen, damit Groupware bei der virtuellen Gruppenarbeit nutzbringend zum Einsatz kommen kann.

Sucht man bei Kommunikationsprozessen – beispielsweise in Gruppen – Kommunikationsfehler aufzudecken, so orientiert man sich häufig an der so genannten – etwas einseitig am nachrichtentechnischen Modell orientierten – **Lasswell-Formel**: »Wer sagt was zu wem auf welchem Kanal mit welchem Effekt?«

- **Wer**: Das ist der Kommunikator, der Sender (z. B. der Vorgesetzte).
- **Was**: Das ist das Kommuniqué, die Botschaft (z. B. ein Auftrag).
- **Wem**: Das ist der Kommunikant, der Empfänger (z. B. der Unterstellte).
- **Kanal**: Das ist das Medium, der Träger der Botschaft (z. B. der schriftliche Mitteilungsweg).
- **Effekt**: Das ist der Erfolg, der sich einstellt (z. B. die erledigte Aufgabe).

Diese fünf Punkte werden häufig durch zwei weitere ergänzt:

- Die **Situation**, in der sich das Kommunikationsgeschehen abspielt (es ist ein Unterschied, ob eine Dienstanweisung bei einer Arbeitsbesprechung oder während eines Betriebsausflugs gegeben wird).
- Die **Metakommunikation**, unter der u. a. positive bzw. negative Kommunikationshilfen zu verstehen sind, z. B. die Mimik des Vorgesetzten während einer Dienstbesprechung etc., die insbesondere den Beziehungsaspekt berühren (vgl. jedoch Watzlawick, Beavin & Jackson, 1990; Neuberger, 1992).

Die soeben angedeutete Differenzierung zwischen der Sach- und der Beziehungsebene ist weit verbreitet. Gelegentlich ist der Versuch gemacht worden, hier noch feiner aufzugliedern (Bühler, 1965), um etwa durch Trainingsmaßnahmen (Henninger, 2001) die Sensibilität der zu Trainierenden für zwischenmenschliche Kommunikation zu intensivieren. Ein solcher Versuch ist z. B. auch von Neuberger (1992) unternommen worden. Im Sinne einer »Eselsbrücke« hat Neuberger sein Modell als **TALK-Modell** bezeichnet. Dabei steht

- **T** für »Tatsachendarstellung« (»Es ist«),
- **A** für »Ausdruck« (»Ich bin«),
- **L** für »Lenkung« (»Du sollst«) und
- **K** für »Klima/Kontakt« (»Wir sind«).

Dies sei am Beispiel erläutert: Der Vorgesetzte sagt zu einem Mitarbeiter, der zu spät am Arbeitsplatz erscheint, in ärgerlichem Tonfall: ›Sie kommen schon wieder zu spät, Herr Maier!‹ »Tatsachenfeststellung« wäre hier, dass Herr Maier wiederholt zu spät kommt, »Ausdrucksfunktion« der Aussage ist, dass der Vorgesetzte verärgert darüber ist, »Lenkung« liegt darin, dass er an den Zuspätkommenden appelliert, dies künftig nicht mehr zu tun, und die »Klimafunktion« ist darin zu sehen, dass die Beziehungen zwischen beiden vorerst als belastet zu gelten haben. Neuberger fügt dem »TALK« die Metakommunikation (M) hinzu, d. h. hier das Reden über das Gespräch im Sinne einer beständigen Rückkopplung sowie die Reflexion über dessen Ablauf.

Beim Kommunikationsvorgang kodiert der Sender das, was er mitteilen möchte. Die Botschaft wird vom Empfänger dann wieder decodiert. Dies hat meist zur Folge, dass gesendete und empfangene Botschaften einander nicht voll entsprechen, sondern sich wie zwei nur teilweise überlappende Kreise verhalten. Insbesondere muss man damit rechnen, dass die empfangene Botschaft in tendenzieller Weise, bewusst oder auch nicht bewusst, abgewandelt wird. Dieser Vorgang hat strukturelle Ähnlichkeit mit dem Gesellschaftsspiel der »stillen Post«. Dadurch wird verständlich, wie es zur **Gerüchtebildung** kommt. Bartlett (1932) hat experimentell nachweisen können, dass gesendete und empfangene Botschaften nach bestimmten Gesetzmäßigkeiten voneinander abweichen, wie Darstellung 63 am Beispiel grafischen Materials zeigt.

Derartige Reproduktionsexperimente verdeutlichen u. a. den Vorgang der Gerüchtebildung (vgl. Allport & Postman, 1958), wobei sich – im Sinne **gestaltpsychologischer Gesetzmäßigkeiten** – zeigen lässt, dass Tendenzen wirksam werden wie: Vereinfachung, Verdichtung, Abschleifen, Ausfüllen vermeintlicher Lücken, Angleichung an das Gewohnte, Konturierung etc. (vgl. Sader, 2002).

Zur Vermeidung derartiger tendenzieller Verfälschung wird häufig die Wiederholung wesentlicher Bestandteile der Information in die gesendete Botschaft eingebaut (**Redundanz**). Um Kommunikationsstörungen und Missverständnisse zu reduzieren wurden von der anwendungsbezogenen Kommunikationspsychologie verschiedene empirisch überprüfte Ratschläge erarbeitet, die insbesondere in der Marktpsychologie (v. Rosenstiel & Neumann, 2002) – etwa bei der Gestaltung von Werbetexten oder Slogans – ihre Anwendung fanden. Sie scheinen aber auch für

Darstellung 63. Die Umwandlung grafischen Materials während eines Kommunikationsprozesses

die Gestaltung innerbetrieblicher Information sinnvoll. Ein besonders bekanntes Konzept stammt von Langer, Schulz von Thun und Tausch (1993). Die Autoren sprechen von einem »mehrdimensionalen Verständlichkeitsindex«. Danach wird eine Botschaft nach folgenden Kriterien eingestuft bzw. optimiert:

- **Einfachheit** (vs. Kompliziertheit),
- **Gliederung**/Ordnung (vs. Ungegliedertheit/ Zusammenhangslosigkeit)
- **Kürze**/Prägnanz (vs. Weitschweifigkeit)
- **Stimulanz** (vs. keine Stimulanz)

Man sollte allerdings sehen, dass Kommunikationsfehler und -probleme nicht ausschließlich in den gegebenen Kommunikationsstrukturen, -formen und -kanälen sowie der begrenzten Informationsverarbeitungskapazität des Menschen begründet liegen, sondern vielfach auch in Einstellungen und Motiven der Gruppenmitglieder. Kompetitive Haltung, über die im Zusammenhang mit dem Konflikt gesprochen worden war, führt nicht selten dazu, dass Information bewusst zurückgehalten wird; taktische Überlegungen bedingen, dass Information verfälscht oder nur teilweise weitergegeben wird etc. Derartige Prozesse wurden insbesondere in den Untersuchungen zur **Mikropolitik** (Neuberger, 1995; Blickle & Solga, 2006) nachgewiesen. Hier konnte gezeigt werden, dass Personen sich bemühen mit bestimmten Kommunikationsstrategien ihre Ziele zu erreichen, die häufig jenen der Organisation nicht entsprechen. Dabei werden ganz unterschiedliche Taktiken eingesetzt, wenn sich die Kommunikation – hierarchisch gesehen – nach oben, nach unten oder an die gleiche Ebene richtet. Gearbeitet wird dann z. B. mit Taktiken wie Drohen, Schmeicheln, Appell an Gefühle, Angebot von Tauschgeschäften, selektive

Informationsauswahl, auf Vorschriften pochen, Gebrauch affektbesetzter Worte etc.

Selbst wenn derartige mikropolitische oder motivationale Gründe nicht vorliegen, führt die Unfähigkeit, sich adäquat zu äußern oder adäquat zuzuhören, nicht selten zu einem Versagen bei der gemeinsamen Aufgabenbewältigung.

Literaturempfehlung

Neumann, P. (2003). Das Mitarbeitergespräch. In: L. v. Rosenstiel, E. Regnet & M. Domsch (Hrsg.). Führung von Mitarbeitern. Stuttgart, S. 227–242.
Verschiedene Formen der Gesprächsführung werden konkret und anschaulich dargestellt. Besondere Aufmerksamkeit wird der nondirektiven Gesprächsform gewidmet.
Pribilla, P., Reichwald, R. & Goecke, R. (1995). Telekommunikation im Management. Wiesbaden.
In kasuistisch orientierten Felduntersuchungen wurde ermittelt, wie Führungskräfte moderne elektronische Kommunikationsmittel nutzen. Die Ergebnisse der Studie sprechen dafür, dass besonders erfolgreich jene Führungskräfte agieren, die zwar die neuen Möglichkeiten einsetzen, die operative einschlägige Arbeit aber an kompetente Mitarbeiter delegieren.
Sader, M. (2002). Psychologie der Gruppe. München.
Im 4. Kapitel (Informationsprozesse) dieses schon einmal empfohlenen Buches werden Begriffe geklärt, Ursachen schlechter Informationsverläufe dargestellt und Wege zur Verbesserung aufgezeigt.

4.5.2. Kommunikation in geschlechtsgemischten Gruppen

Organisationen sind »Männersache« (Schwarz, 1985). Dies gilt auch für die vor allem an Managementprozessen interessierte Organisationspsychologie westeuropäischer Staaten. Entsprechend wurde Kommunikation vor allem von männlichen Führungskräften oder hoch qualifizierten Fachkräften – z. B. im F- und E-Bereich (Forschung und Entwicklung) – oder zwischen männlichen Vorgesetzten und weiblichen Unterstellten analysiert. Dies ändert sich in dem Maße, in dem auch Frauen in qualifizierte Fach- und Führungsaufgaben aufsteigen. Dadurch haben Männer häufiger als bisher Frauen als Kommunikationspartner auf gleicher Ebene. Dabei zeigen sich nicht selten zwischen **Männern und Frauen** Unterschiede in den Grundorientierungen und in den konkreten Formen des Verhaltens. So scheinen Männer häufiger das Ziel zu verfolgen, möglichst rasch zu **Leistungsergebnissen** zu gelangen und dabei Beziehungsstörungen in Kauf zu nehmen, während Frauen weniger bereit zu sein scheinen, **gute Beziehungen** dem Ergebnis zu opfern: Sie wollen gute Leistungen bei guten Beziehungen (Friedel-Howe, 1990).

Konkrete Verhaltensweisen und Verhaltensunterschiede hat Dion (1985) analysiert. Es zeigte sich, dass

- Männer **wettbewerbsorientierter** arbeiten, während Frauen zu einer kooperativen Arbeitsweise neigen und entsprechend auch eher bereit sind, den Erfolg einer guten Leistung mit anderen zu teilen;
- Männer eher einen betont **sachlichen Kommunikationsstil** pflegen, während Frauen häufiger Gefühle kommunizieren und sich mit emotionalen Aspekten der Gruppenkooperation auseinander setzen;
- Männer bereit sind, **Mehrheitsentscheidungen** in Kauf zu nehmen und die Befindlichkeit der unterlegenen Personen zu vernachlässigen, während Frauen möglichst Konsensentscheidungen herbeizuführen suchen;
- in männlich geprägten Arbeitsgruppen sich eine (männliche) Person in die **Rolle des Führenden** setzt, während in weiblichen Gruppen sich seltener eine solche Rangstruktur bildet, weil Führungsfunktionen dezentral verteilt werden;
- der Konfliktstil der Männer eher auf **offene Konfrontation** im Sinne eines »Gewinn-Verlust-Kampfes« gerichtet ist, während Frauen Kompromisse bzw. konstruktive Lösungen im Sinne von Positivsummen-Spielen suchen oder zum Nachgeben bereit sind, wenn Kompromisse nicht möglich sind, um nicht auch noch die Beziehung zu gefährden.

Arbeiten nun Männer und Frauen innerhalb einer Gruppe zusammen, so ergibt sich aus diesen unterschiedlichen für Männer und Frauen typischen Stilkomponenten, dass sich die Frauen stärker um die Beziehungen kümmern, während die Männer das Aufgabenziel zu erreichen suchen. Führungsrollen – soweit diese nicht vorgegeben sind – werden häufiger von den Männern als von den Frauen übernommen. Die Ergebnisse der Gruppenarbeit werden von den Männern kontrolliert, sodass im Endergebnis die Beiträge der Frauen seltener als die der Männer explizit sichtbar werden (Friedel-Howe, 1990).

Die Zusammenarbeit von Männern und Frauen innerhalb einer Gruppe hat allerdings auch andere – von der Forschung weitgehend tabuisierte – Komponenten –, nämlich die der **Sexualität** (Rastetter, 1994). Diese zeigt sich zum einen in manifester **sexueller Belästigung**, fast stets vom Mann ausgehend und gegen die Frau gerichtet (Schnebele & Domsch, 1989), z. T. aber auch in latenten Vorgehensweisen, die von den Männern häufig gar nicht als sexuelle Belästigungen intendiert sind, von Frauen aber als solche erlebt werden, wie z. B. in einer sexistischen Sprache, »schlüpfrigen« Witzen, Anspielungen obszönen Inhalts (Pollert, 1981).

Wo Männer und Frauen zusammenarbeiten, entwickeln sich allerdings auch häufig wechselseitige **erotische Attraktion** und sexuelle Beziehungen, die z. T. verheimlicht werden, weil z. B. einer der beiden oder gar beide der Partner verheiratet sind. Derartige Beziehungen wurden in ihrer Entstehung und in ihren Auswirkungen gelegentlich empirisch untersucht (Mainiero, 1986, 1994; Warfield, 1987), wobei es angesichts des Untersuchungsgegenstandes verständlich ist, dass selten harte, sondern eher kasuistisch-qualitative Methoden verwendet wurden. Auch hier spiegelt sich der unterschiedliche Anteil von Männern bzw. Frauen in den verschiedenen hierarchischen Ebenen der Organisation. So ist – wie Anderson und Hunsaker (1985) zeigen –, bei diesen Beziehungen in nahezu zwei Dritteln der Fälle der Mann in einer höheren Position; in weniger als ein Drittel der Fälle befin-

4.5. Interpersonale Kommunikation

Auswirkungen auf Team/Gruppe/Kollegen:	Auswirkungen beim Paar:
• die bewährte *Gruppenstruktur zerfällt:* Das Paar kapselt sich von der »Restgruppe« ab, entwickelt eine »exklusive«, bilaterale Kommunikationseinheit;	• bei »*mäßiger*« Beziehungsintensität: Wohlbefinden; *Stimulierung der Leistungsfreude;*
• das *Gruppen- und Arbeitsklima verschlechtert sich* (Klatsch, Eifersucht, Mißtrauen, »Sabotage« des Paars);	• bei »*hoher*« Beziehungsintensität: *Vernachlässigung der Arbeit,* Konzentrationsmängel;
	• wenn Geheimhaltung angestrebt wird: ständiger *psychischer Druck;*
• der *Kooperationsfluß ist gestört* (Umgehung des Paars, Befangenheiten).	• Beeinträchtigung der Befindlichkeit infolge *sozialer Isolierung seitens der Umwelt*

Darstellung 64. Auswirkungen sexuell-romantischer Beziehungen am Arbeitsplatz

den sich beide auf einer gleichen hierarchischen Ebene, während in weniger als 10 % der Fälle die Frau eine höhere Position innehat.

Burrell (1984) weist darauf hin, dass Führung in geschlechtsheterogenen Gruppen dazu neigt, keineswegs allein das Leistungsverhalten der Geführten zu steuern, sondern auch andere Felder – insbesondere das der Sexualität – zu kontrollieren und zu sanktionieren. Dies führe besonders häufig dazu, dass der hierarchisch niedriger gestellte Partner – das sind meist die Frauen – negativ sanktioniert, d. h. versetzt oder gar entlassen wird.

Anderson und Hunsaker (1985) haben untersucht, unter welchen Bedingungen derartige sexuell getönte oder gar manifest sexuelle Beziehungen in Organisationen entstehen. Als begünstigende **situations- oder personenspezifische Voraussetzungen** werden genannt:

- räumliche Nähe mit der Möglichkeit des unmittelbaren Kontaktes,
- ähnlicher fachlicher und sozioökonomischer Hintergrund,
- Intensität der Kooperationsbeziehung, z. B. innerhalb einer Projektgruppe,
- Dauer der Kooperationsbeziehung,
- gemeinsame emotionale Arbeitserfahrungen, z. B. bei Erfolgen und Misserfolgen und
- persönliche Bereitschaft zu intimen Kontakten.

Fragt man danach, welche Auswirkungen derartige Beziehungen in einer Gruppe haben, so muss man unterscheiden, ob diese **Auswirkungen bei den betroffenen Partnern** direkt oder **im sozialen Umfeld** angetroffen werden. Powell (1986) und Mainiero (1986) haben derartige Ergebnisse analysiert und zusammengestellt. Die wichtigsten hat Friedel-Howe (1990) in einer Übersicht zusammengefasst, die Darstellung 64 wiedergibt.

Literaturempfehlung

Friedel-Howe, H. (1990). Zusammenarbeit von weiblichen und männlichen Fach- und Führungskräften. In: M. Domsch & E. Regnet (Hrsg.). Weibliche Fach- und Führungskräfte – Wege zur Chancengleichheit. Stuttgart, S. 16–34.
In diesem gut strukturierten Beitrag werden vor allem Unterschiede im Kommunikationsstil zwischen Männern und Frauen beschrieben, sowie die Rollen von Frauen in Arbeitsgruppen thematisiert, wobei auch die sexuell-romantischen Beziehungen diskutiert werden.
Maniero, L. (1994). Liebe im Büro – Flirts, Intrigen und Karrieren am Arbeitsplatz. Stuttgart.
Dieses eher populärwissenschaftlich geschriebene Buch auf empirischer Grundlage enthält anschauliche Schilderungen erotischer Beziehungen am Arbeitsplatz und deren höchst unterschiedliche Folgen für die mittelbar und unmittelbar Betroffenen.

4.5.3. Diagnose von Defiziten

Kommunikationsdefizite sind häufig allein aus den Anforderungen an den Einzelnen und somit aus der psychologischen **Arbeitsanalyse** (vgl. Kapitel 2.2.: »Aufgabe«) abzuleiten. Wenn etwa Burns (1954) mit Hilfe der Tagebuchmethode nachweist, dass Personen in Führungspositionen 50–80% der beobachteten Zeit mit Gesprächen verschiedener Art zubringen (vgl. auch Mintzberg, 1973; Schirmer, 1991; Neuberger, 2002) und man zugleich überlegt, dass sie in ihrer Schul- und Hochschulausbildung dafür nicht geschult wurden, dann wird man allein daraus auf ein Defizit schließen können. Dies gilt umso mehr, wenn man bedenkt, dass die Mehrzahl der Führungskräfte ihrer Ausbildung nach Techniker, Ingenieure oder Naturwissenschaftler sind (Witte, Kallmann & Sachs, 1981; v. Rosenstiel, Nerdinger & Spieß, 1998), in deren Ausbildung die Kommunikation wenig thematisiert wird und reine Fach- und Sachfragen im Vordergrund stehen.

Ist man für dieses Problem sensibilisiert, so werden **Bedarfsabfragen** bei solchen Personen, die häufig im Zusammenhang mit ihrer Aufgabenerfüllung kommunizieren müssen, diese Vermutung auch bestätigen (vgl. Berthold et al., 1980). Entsprechende Bedürfnisse werden noch entschiedener geäußert, wenn man durch **Feedback-Maßnahmen** Organisationsmitglieder über ihr Kommunikationsverhalten informiert (z. B. durch Video-Aufzeichnungen von Konferenzen oder durch offene Metakommunikation, also ein Sprechen über das zurückliegende Gespräch, was freilich erst erlernt werden muss).

Allerdings kann auch eine Analyse der Struktur der Gruppe bzw. der Organisation einen Ist-Zustand aufzeigen, der mehr oder weniger vom Soll-Zustand optimaler Kommunikation abweicht. Ist es beispielsweise das Ziel, dass jeder in der Gruppe mit jedem kommuniziert und sieht man zugleich, dass die Gruppe sehr viele Mitarbeiter hat, so lässt sich einfach errechnen, dass das Ziel nicht erreicht werden kann. Empirische Untersuchungen (Gibb, zit. nach Bass, 1965; Comelli & von Rosenstiel, 2003) zeigen dann auch, dass bei großen Gruppen relativ viele Gruppenmitglieder ihre für das Thema relevanten Ideen nicht äußern (vgl. Darstellung 65).

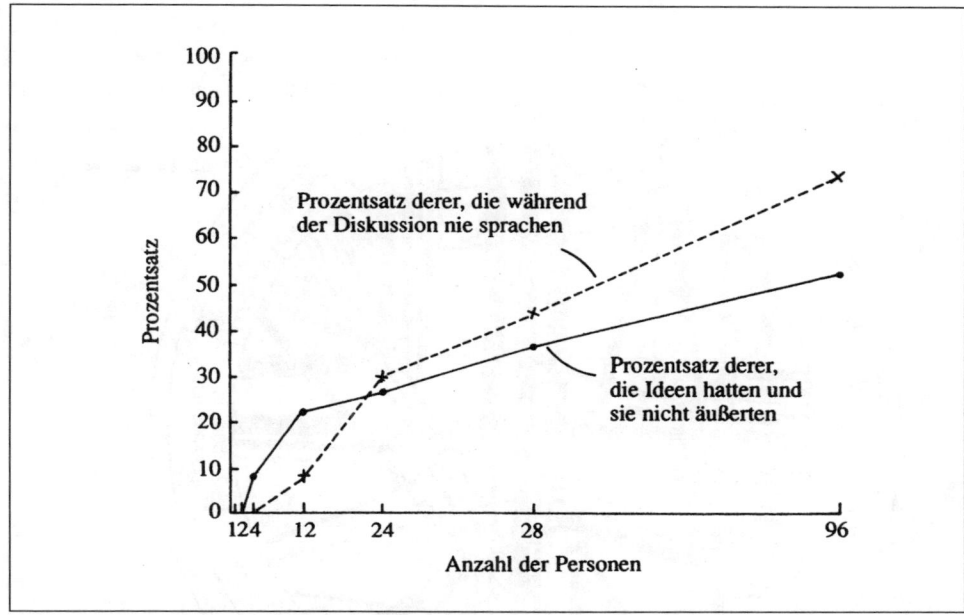

Darstellung 65. Beteiligung an der Diskussion und Gruppengröße

Kommunikationsprobleme lassen sich auch in Abhängigkeit von der **Länge der Dienstwege** (z. B. in Großorganisationen der Wirtschaft und Verwaltung) und vom Medium der Informationsübermittlung (z. B. direktes Gespräch, Telefon, electronic mail) diagnostizieren. Die genannten Prozesse der Gerüchtebildung können z. B. daraus häufig erklärt werden (vgl. Sader, 2002).

Es ist zwar ausgesprochen aufwändig, aber häufig lohnend, die **Kommunikationsprozesse innerhalb einer Arbeitsgruppe,** aber auch innerhalb einer Gesamtorganisation zu analysieren. Als Methode kann wiederum auf eine entsprechend modifizierte Tagebuchführung verwiesen werden, da Beobachtungsverfahren einerseits zu aufwändig sind und andererseits das Phänomen selbst verändern dürften. Welche Strukturen sich dabei zeigen können, macht exemplarisch Darstellung 66 deutlich.

Die Ergebnisse einer solchen Untersuchung lassen sich nun mit dem Sollwert vergleichen, den man von den Geschäftsprozessen her als wünschenswert einstufen würde. So lässt sich an diesem Beispiel ablesen, dass es kaum funktional sein kann, wenn keinerlei direkte Kommunikation zwischen dem In- und Auslands-Verkauf und der Entwicklungsabteilung besteht, obwohl ja für diese die Rückmeldung darüber, was (potenzielle) Kunden zu den Angeboten sagen, von höchstem Interesse sein müsste.

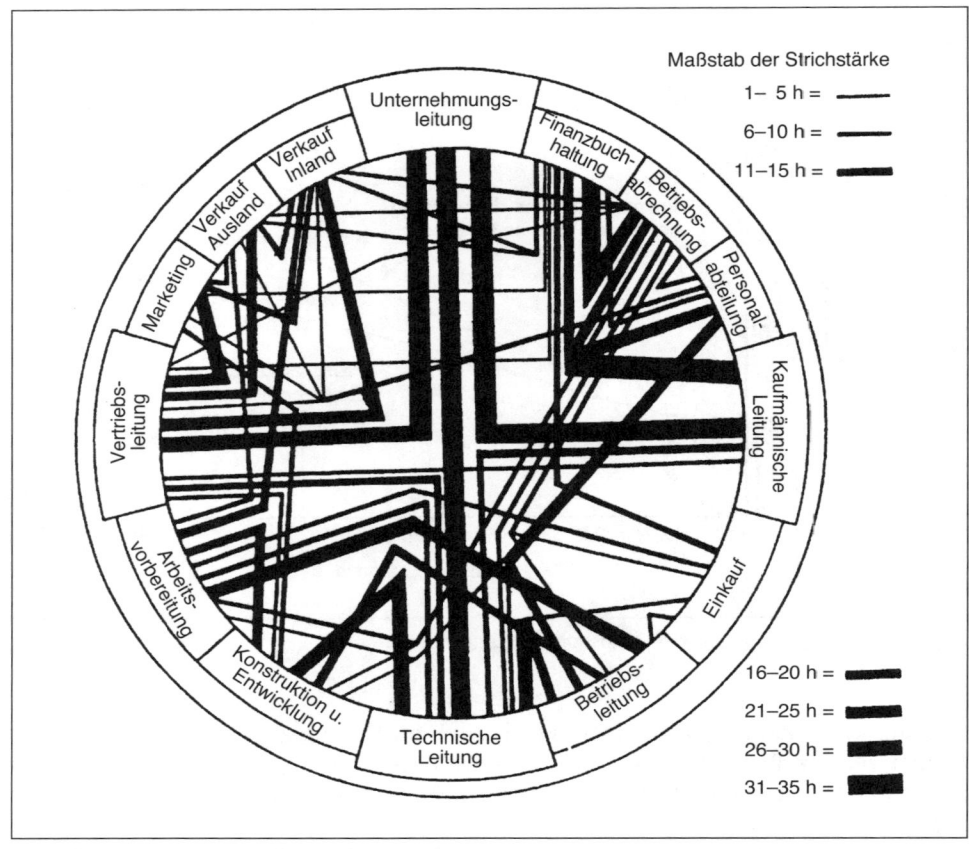

Darstellung 66. Ein Kommunikationsdiagramm

4.5.4. Verbesserung der Kommunikation in Gruppen

Will man nach Ermittlung eines unbefriedigenden Ist-Zustandes die **Kommunikation in Gruppen** verbessern, so kann zunächst an der **strukturalen Seite** angesetzt werden. Man denke etwa an adäquate Informationsfilter, die einerseits dabei helfen, dass der Einzelne nicht in einer kaum zu bewältigenden »Informationsflut« ertrinkt, die zum anderen aber auch dafür sorgen, dass die für ihn relevante Information bei ihm ankommt. Die dabei gangbaren Wege sind manchmal höchst simpel: Man denke etwa an präzis ausgearbeitete Verteiler oder – bei schriftlicher Information – an je nach Themenbereich unterschiedlich farbiges Papier etc. Die hier angedeuteten Probleme verschärfen sich noch dadurch, dass E-Mail-Botschaften sowie Informationen aus dem Intra- und Internet manche PCs bzw. Schreibtische im Laufe einer Nacht »zuschütten«. Hieran wird wiederum erkennbar, dass ein effektives Wissensmanagement, das bislang kaum entwickelt worden ist, zu einer wichtigen Forderung wird.

Sader (2002) gibt drei allgemeine Ratschläge für die Verbesserung des Informationsaustauschs in Gruppen:

- Die Anzahl der Schaltstellen für Informationen ist möglichst klein zu halten: **kurze Wege**, wenig Zwischenstationen.
- Sich selbst und anderen sollte man den Sachverhalt der Informationsveränderung und die dabei **wirkenden Gesetzmäßigkeiten vor Augen halten**.
- Häufiger soll die **schriftliche Form** zur Informationsübermittlung gewählt werden. (Hier sollte man allerdings das Kommunikationsziel nicht aus dem Auge verlieren. Geht es um sachliche Inhalte, um Fakten, so bringt die schriftliche Form der Kommunikation fraglos ihre Vorteile; geht es allerdings darum, mit Hilfe der anderen Ebenen der Kommunikation Vertrauen zu gewinnen, andere zu überzeugen und zu begeistern, ein Wir-Gefühl im Team aufzubauen etc., so ist das persönliche Gespräch unverzichtbar.)
- Ergänzend darf man feststellen, dass vermehrt in einer angemessenen Form als auch in der **Beschränkung** eine wichtige Kommunikationsaufgabe liegt. So gibt es Organisationen, die darauf Wert legen, dass E-Mail-Botschaften nur an eine begrenzte Zahl von Mitarbeitern gesendet werden dürfen, wobei jeder vorgesehene Empfänger spezifisch begründet werden muss.

Für die organisationspsychologische Arbeit typischer ist der personale Ansatz, der letztlich darauf hinausläuft, die **Kommunikationsfähigkeit zu trainieren**. Grundsätzlich ist die Arbeit hier nicht anders als in der klinischen Psychologie, doch müssen die spezifischen organisatorischen Rahmenbedingungen besonders berücksichtigt werden (vgl. Gebert, 1972, 1974, 1976). Derartige Trainingsmethoden für Gruppen sind in der Literatur häufig vorgestellt worden (vgl. Comelli, 2003; v. Rosenstiel, 1997; Kauffeld & Grote, 2001).

Die Ziele dieser Trainingsmaßnahmen können unterschiedlich weit formuliert sein, kreisen aber meist darum, die soziale Sensibilität (Gespür für die soziale Situation) zu steigern und zugleich die Fähigkeit zu erhöhen, flexibel (d. h. mit Verhaltensalternativen) auf die genannte Situation zu reagieren. Im Kontext einer bestehenden Organisation wird das Kommunikationstraining meist so aussehen, dass »instrumentiert« gearbeitet wird, d. h. ein Trainer stellt den Mitgliedern der Gruppe bestimmte Aufgaben.

Beispiele dafür sind etwa die »**gebundene Rede**«: Während der Diskussion muss jeder Teilnehmer, bevor er auf das Argument eines anderen antwortet, den Kerngedanken der Argumentation dieses anderen wiederholen. Oder man wählt ein »**Rollenspiel**«, in dem jeder seine Interessen durchsetzen soll, wobei nach dem Rollenspiel jeder Teilnehmer sein **Selbstbild** mithilfe eines Polaritätenprofils einstuft und danach mit seinem **Fremdbild** konfrontiert wird, das sich aus den Skalierungen der Beobachter ergibt (Berthold et al., 1980; Papenfuß et al., 1985).

Eine andere weit verbreitete Trainingsweise, die allerdings für bestehende Arbeitsgruppen riskant ist, besteht im so genannten »**sensitivity-training**«. Hier treffen sich die Mitglieder einer Gruppe für mehrere Tage (ca. 1 Woche) außerhalb der gewohnten Umgebung mit der Auflage, Informationen über alles auszutauschen, was »**Hier und Jetzt**« geschieht. Der Trainer achtet auf die Einhaltung dieser Regel, hält sich aber sonst zurück. Kennzeichnend für das sensitivity-training sind somit

- die **Unstrukturiertheit** der Situation und
- die Analyse der Prozesse im **Hier und Jetzt**.

Da neutrale Gesprächsthemen (Aufgabe, Wetter, Sport etc.) ausgeschlossen sind, weil sie nicht zum »Hier und Jetzt« gehören, wird den einzelnen Gruppenmitgliedern beinahe notwendig »Feed-back« für ihr Kommunikationsverhalten gegeben. Allerdings ist diese ursprüngliche Form des Sensitivity-Trainings mit dem kompromisslosen »Hier und Jetzt« zunehmend relativiert worden, u. a. auch deshalb, weil Teilnehmer an derartigen Trainings psychisch geschädigt wurden. Zum einen wird daher heute meist das Kommunikationsverhalten durch bestimmte Regeln und durch das Eingreifen des Moderators gesteuert und zum anderen durch den Zusatz »**Dort und Damals**« ergänzt, was dann in den späteren Formen der Organisationsentwicklung (vgl. Kap. 5.4.2.) eine erhebliche Rolle spielt und dort dargestellt werden soll.

Als Effekt des Trainings zeigt sich häufig (Gebert, 1974), dass

- der Teilnehmer lernt, die Konsequenzen seines eigenen Verhaltens präziser wahrzunehmen,
- der Teilnehmer mehr Einsicht in die Eigendynamik gewinnt, z. B. erfährt, warum er sich in bestimmten Situationen immer so und nicht anders verhält,
- die Bereitschaft zu kooperativem Verhalten gesteigert wird,
- das »Zuhören« verbessert wird,
- Gefühle und Bedürfnisse des Partners besser verstanden werden,
- die Wahrnehmungsfähigkeit gegenüber gruppendynamischen Konstellationen verschärft wird,
- das Verhalten flexibler wird, d. h. angepasster an die Situation und die Aufgaben.

Da ein derartiges Training auch häufig zwischenmenschliche Beziehungen sehr belastet, empfiehlt es sich nicht, es in bestehenden Gruppen durchzuführen (vgl. Gebert & v. Rosenstiel, 2002). Es ist dringend zu empfehlen, dass die Teilnehmer eines solchen Trainings **keine gemeinsame Vergangenheit und keine gemeinsame Zukunft** haben (vgl. 5.4.).

Für bestehende Gruppen empfiehlt sich ein strukturiertes **Teamentwicklungstraining** (Comelli, 2003; Kauffeld & Grote, 2001). Hier wird – nachdem den Gruppenmitgliedern die Notwendigkeit der Intervention bewusst gemacht wurde – zunächst eine Teamdiagnose (Kauffeld, 2001) durchgeführt. Diese ist dann Grundlage dafür – meist unter der Leitung eines Moderators – bestimmte Kommunikations- und Kooperationsformen einzuüben und Spielregeln der künftigen Zusammenarbeit zu vereinbaren.

Literaturempfehlung

Hertel, G. & Konradt, U. (2004). Human Ressources Management im Inter- und Intranet. Göttingen.
In diesem Buch wird grundsätzlich und illustriert durch viele Beispiele dargestellt, wie sich die Personalarbeit durch den Einsatz elektronischer Medien wie dem Intra- und Internet verändern lässt und welche Möglichkeiten der (virtuellen) Gruppenarbeit sich daraus ergeben.

Kaiser, W. (Hrsg.) (1985). Integrierte Telekommunikation. Berlin.
Wie Telekommunikationssysteme sachgerecht in der Organisation genutzt werden können, wobei allerdings psychologische Gesichtspunkte nur eine untergeordnete Rolle spielen, wird in diesem umfangreichen Sammelwerk aufgezeigt

Neuberger, O. (2001). Das Mitarbeitergespräch. Leonberg.
In diesem auch für Nichtpsychologen leicht verständlichen Taschenbuch wird theoretisch und an Beispielen gezeigt, wie das Gesprächsverhalten – insbesondere zwischen Vorgesetzten und Unterstellten – verbessert werden kann.

4.6. Führung in Gruppen

Bereits im Kapitel 3 »Individuum« war zweimal über **Führung** gesprochen worden: Das erste Mal, als die **personalistische Theorie** diskutiert wurde, deren Grundaussage darin besteht, dass Persönlichkeitsmerkmale des Führenden die Determinanten des Führungserfolgs sind (vgl. 3.2.5.), und zum zweiten Mal bei der Darstellung des **Führungsverhaltens**, als der Frage nachgegangen wurde, ob durch das Training bestimmter Führungsverhaltensweisen der Führungserfolg generell sichergestellt werden kann (vgl. 3.4.4.7.). In beiden Fällen war darauf aufmerksam gemacht worden, dass sowohl Persönlichkeitsmerkmale als auch spezifisch trainierte Verhaltensweisen nur dann zur **Prognose des Führungserfolgs** herangezogen werden können, wenn man **Bedingungen der Situation**, die bei der Führung stets eine Gruppensituation ist, als »Moderatorvariable« (vgl. Saunders, 1956) berücksichtigt. Das sei nachfolgend ausgeführt.

Es lässt sich ja generell sagen, dass die meisten psychologischen Theorien der Führung Versuche der Erklärung des Führungserfolgs sind. Der Erfolg wird als abhängige Variable gesehen; es soll erklärt werden, wovon er abhängt. Die entsprechende Darstellung 33 (3.2.5.1.) zeigte, dass letztlich das Führungsverhalten und die Führungssituation dafür ausschlaggebend sind, wobei wiederum das Führungsverhalten von überdauernden Merkmalen der Person und Bedingungen der Situation determiniert ist. Leitet man aus diesem Modell Handlungsempfehlungen für die Praxis ab, so lässt sich sagen:

- **Personen** mit den angemessenen, für die Anforderung relevanten Merkmalen **auswählen!**
- Die **Führungssituation** valide diagnostizieren und zielgerichtet **gestalten!**
- Das **Führungsverhalten** situationsangemessen **entwickeln!**
- Den **Führungserfolg** klar, messbar und unmissverständlich **bestimmen!**

Über die Führungseigenschaften und das Führungsverhalten war bereits im dritten Teil dieses Buches gesprochen worden; es steht **nun die Führungssituation**, zu der auch die geführte Gruppe gehört, im Zentrum des Interesses. Entsprechend hat Wegge (2004) Besonderheiten herausgearbeitet, die bei der Führung von Teams beachtet werden sollten und die für die Teamleistung ausschlaggebend sind. Tatsächlich ist ja z. B. offensichtlich, dass eine Maßnahme, die ein Führender einem einzelnen Gruppenmitglied gegenüber ergreift, ein Ereignis ist, das auch von den anderen Teammitgliedern gesehen und gedeutet wird. So kann etwa das Lob, das einem schwächeren Teammitglied aufgrund einer besonderen Anstrengung zu Teil wird, von den anderen, die bei geringerer Anstrengung objektiv bessere Leistungen erbrachten, als ungerechte Bevorzugung erlebt werden und bei diesen Demotivation zur Folge haben.

4.6.1. Empirische Befunde und theoretische Überlegungen

In einem viel zitierten Experiment in einem Kindergarten fand Merei (1949), dass sich in 12 Spielgruppen von Kindern, die jeweils informell durch ein besonders dominantes Kind »geführt« wurden, ganz bestimmte Spielpräferenzen und Spielregeln (**Normen**) entwickelten. Als sich dies stabilisiert hatte, tauschte Merei die »Führer« aus. Es zeigten sich typische Reaktionen:

- Der Führer gab auch im neuen sozialen Kontext Befehle, scheiterte dann, beobachtete die Norm der Gruppe und befahl dann schließlich das, was die Gruppe auch ohne diesen Befehl getan hätte.
- Der Führer wurde Besitzer bestimmter Gegenstände der Gruppe. Die Gruppe erkannte dies an, solange der Führer sie normentsprechend verwendete.
- Der Führer akzeptierte die Normen der Gruppe zunächst, wandelte sie dann aber langsam und seinen Vorstellungen entsprechend ab.

Das Experiment zeigt, dass bestimmte zentrale Personen in Gruppen zwar in Abhängigkeit von Persönlichkeitsmerkmalen bzw. persönlichkeitsspezifischen Verhaltensweisen eine erhöhte Chance haben, überdurchschnittlichen Einfluss in der Gruppe zu gewinnen, dass aber der Erfolg sehr stark von den **Erwartungen** der Gruppenmitglieder moderiert wird. **Führung** ist in diesem Sinne als »**Rolle**« zu interpretieren (vgl. Neuberger, 2002). Entsprechend haben Kahn, Wolfe, Quinn, Smoek und Rosenthal (1964) die Hypothese formuliert, dass das Führungsverhalten stärker durch Rollenerwartungen anderer als durch Persönlichkeitsmerkmale des Führenden determiniert sei und entsprechend das Führungshandeln als eine Folge von Rollenepisoden dargestellt. Das Führungsverhalten ergibt sich demnach aus den Erwartungen unterschiedlicher Rollensender, die zu einem Rollendruck auf die Person führen. Da diese aber ganz unterschiedlichen Rollensendern begegnet – Mitarbeitern, Kollegen, Vorgesetzten, Kunden – ergeben sich notwendigerweise Rollenkonflikte und zum Teil sehr unterschiedliche Verhaltensepisoden. Aber auch die bereits besprochene **Schematheorie** nach Lord und Maher (1991) lässt sich rollentheoretisch interpretieren. Nach dieser Theorie ist ja derjenige als

4.5. Führung in Gruppen

	Überlegenheit des autor. kooperat. Führungsstils	Keine eindeutige Überlegenheit eines Führungsstils
Leistung	9 8	6
Einstellungen	6 17	5

Tabelle 13. Wirkungen des Führungsstils in experimentellen Untersuchungen

Führer erfolgreich, der den Erwartungen seines sozialen Umfeldes am ehesten entspricht.

Es kann daher nicht verwundern, dass bestimmte Führungsverhaltensweisen von Untersuchung zu Untersuchung – und das gilt bereits für Laborstudien – unterschiedliche Effekte zeigen. Neuberger (1972) hat dies für den Vergleich des autoritären mit dem kooperativen **Führungsstil** in einem kritischen Sammelreferat nachgewiesen. Das wesentliche Ergebnis zeigt Tabelle 13.

Derartige Unterschiede der Wirkungen verschiedenen Führungsverhaltens lassen sich nicht nur im Experiment aufzeigen, sondern finden sich auch in der Analyse von Felduntersuchungen (Seidel, Jung & Redel, 1988).

Bastine (1972) hat gezeigt, wie abhängig das Führungsverhalten von **Gruppenvariablen** ist, und nennt als besonders bedeutsam

- die Gruppengröße,
- die äußere Umgebung,
- die Gruppenaufgabe,
- die personelle Gruppenzusammensetzung,
- die Gruppennormen und
- das hierarchische Niveau.

Eine ganze Reihe weiterer Merkmale ließe sich nennen, so zum Beispiel die Qualifikation und Motivation der geführten Personen (Hersey & Blanchard, 1977), die für die Gruppe und den Vorgesetzten bereitstehenden Ressourcen, die geschriebenen und ungeschriebenen Normen der Organisation im Sinne ihrer Kultur sowie die Selbstverständlichkeiten der Gesellschaft, in die das Unternehmen eingebettet ist.

Überlegt man sich für eine gegebene Organisation konkrete Empfehlungen (es gehört zu den Hauptaufgaben von Organisationspsychologen, Führungsschulungen durchzuführen), so kann man angesichts der vielfältigen hier bedeutsamen Variablen zwar ad-hoc-Hypothesen bilden, welches Führungsverhalten in welcher spezifisch zu definierenden Situation wohl empfehlenswert ist. Eine umfassende Theorie fehlt jedoch. Orientierend können allerdings dabei jene drei Grundannahmen sein, die Weinert (1989, S. 555) als gemeinsamen Nenner der Führungsforschung charakterisiert:

»1) Führung ist ein **Gruppenphänomen** (das die Interaktion zwischen mehreren Personen einschließt);
2) Führung ist **intentionale soziale Einflussnahme** (wobei es wiederum Diffe-

renzen darüber gibt, wer in einer Gruppe auf wen Einfluss ausübt und wie dieser ausgeübt wird);
3) Führung zielt darauf ab, durch Kommunikationsprozesse **Ziele** zu erreichen«.

Die unter 2) genannten Merkmale haben dazu geführt, dass man nicht allein die Führung von oben nach unten betrachtet, sondern auch horizontal unter dem Begriff der »**lateralen Führung**« (Wunderer, 1995) und – von unten nach oben – als »**Führung durch die Geführten**« (Wunderer, 1995) analysiert. Alle diese Einflussprozesse spielen sich jedoch unter spezifischen situativen Bedingungen ab. Mit diesen haben sich verschiedene, sog. Situationstheorien der Führung auseinander gesetzt.

Sowohl die Überlegungen zur Eigenschaftstheorie als auch die zum Führungsverhalten bzw. zum Führungsstil haben gezeigt, dass die Beziehungen dieser Variablen zu den Kriterien des Führungserfolgs von Situation zu Situation unterschiedlich sind.

Dabei wurde zunächst kaum systematisch untersucht, auf welche Situationsparameter besonders zu achten ist. Im »Pendelschlag« waren Bemühungen zu beobachten, den Führungserfolg allein aus der Situation zu erklären, ohne dabei auf Eigenschaften oder Verhaltensweisen des Führenden gesondert einzugehen. Ein solches Vorgehen kann ebenfalls als Vereinseitigung gesehen werden und ist zudem unter dem Blickwinkel der Psychologie kaum von Interesse. Unter organisationspsychologischer Akzentuierung verdienen dagegen jene Ansätze stärkere Beachtung, in denen systematisch **Merkmale der Person und Merkmale der Situation gleichzeitig berücksichtigt** wurden.

4.6.1.1. Das Kontingenzmodell von Fiedler

Als Pioniertat und daher als bekanntestes Beispiel eines derartigen Ansatzes sei die Theorie der Führungseffektivität von Fiedler (1967) knapp behandelt. Fiedler bemüht sich in seinem Modell darum, Merkmale des Führenden und Merkmale der Situation – man spricht daher auch von einem **Kontingenzmodell** – systematisch zu erfassen, in Interaktion zu setzen und als abhängige Variable die Leistung der Gruppe vorherzusagen. Die Humandimension – etwa die Zufriedenheit der Geführten – interessiert ihn weniger; er behandelt sie nur als Nebeneffekt und untersucht sie nicht systematisch.

Der Führende, also derjenige in der Gruppe, der aufgabenbezogene Gruppenaktivitäten initiiert und koordiniert, wird danach unterschieden, ob er **aufgabenmotiviert** oder **beziehungsmotiviert** ist. Bemerkenswert erscheint, dass Fiedler die Aufgabenmotivation und die Beziehungsmotivation des Vorgesetzten als Extrempunkte auf einer Dimension sieht und keineswegs als unabhängig voneinander, wie es angesichts des früher zur Ohio-Forschung Gesagten (vgl. 3.4.4.7.1.) zu erwarten wäre. Pointiert ausgedrückt kann man folgern, dass der aufgabenmotivierte Vorgesetzte seine Mitarbeiter als Mittel zu dem Zweck sieht, ein Sachziel zu erreichen, während der beziehungsmotivierte Vorgesetzte die Aufgabe als Mittel zu dem Zweck sieht, Beziehungen zu anderen Menschen zu unterhalten. Der Führungsstil

4.6. Führung in Gruppen

des Vorgesetzten ist somit abhängig von seiner überdauernden motivationalen Orientierung. Fiedler meint, dass diese Orientierung durch Schulung kaum modifizierbar sei und rät daher, nicht das Führungsverhalten an die Situation, sondern die Situation an die Orientierung des Führenden anzupassen (Fiedler et al., 1979).

Diese Orientierung wird von Fiedler auf überraschende Weise gemessen. Ausgehend von der empirisch fundierten Annahme, dass man Menschen, die man mag, als sich selbst ähnlich erlebt, werden die Vorgesetzten gebeten, den am wenigsten geschätzten Mitarbeiter auf einem Polaritätenprofil einzustufen, dessen Polpaare weitgehend auf der Dimension der Bewertung liegen. Dieses Polaritätenprofil – in der deutschsprachigen, von Reber getesteten Version – zeigt Informationsbox 7 (aus Fiedler et al., 1979).

Informationsbox 7: Skala zur Messung des LPC-Wertes

LPC – Skala

Linker Pol	Skala	Rechter Pol	Skalenwert
angenehm	8 7 6 5 4 3 2 1	unangenehm	___
freundlich	8 7 6 5 4 3 2 1	unfreundlich	___
zurückweisend	1 2 3 4 5 6 7 8	entgegenkommend	___
gespannt	1 2 3 4 5 6 7 8	entspannt	___
distanziert	1 2 3 4 5 6 7 8	persönlich	___
kalt	1 2 3 4 5 6 7 8	warm	___
unterstützend	8 7 6 5 4 3 2 1	feindselig	___
langweilig	1 2 3 4 5 6 7 8	interessant	___
streitsüchtig	1 2 3 4 5 6 7 8	ausgleichend	___
verdrießlich	1 2 3 4 5 6 7 8	heiter	___
offen	8 7 6 5 4 3 2 1	verschlossen	___
verleumderisch	1 2 3 4 5 6 7 8	loyal	___
unzuverlässig	1 2 3 4 5 6 7 8	zuverlässig	___
rücksichtsvoll	8 7 6 5 4 3 2 1	rücksichtslos	___
widerlich	1 2 3 4 5 6 7 8	nett	___
akzeptabel	8 7 6 5 4 3 2 1	nicht akzeptabel	___
unaufrichtig	1 2 3 4 5 6 7 8	aufrichtig	___
gefällig	8 7 6 5 4 3 2 1	nicht gefällig	___
		Summe	___

Darstellung 67. Wie wird der »LPC-Wert« erfasst?

»Denken Sie an die Person, mit der Sie am wenigsten gut zusammenarbeiten können. Es kann jemand sein, mit dem Sie jetzt zusammenarbeiten, oder jemand, mit dem Sie früher zusammenarbeiteten. Es muss nicht die Person sein, die Sie am wenigsten leiden können, aber es sollte die Person sein, mit der Sie die meisten Schwierigkeiten in der Zusammenarbeit hatten.
Beschreiben Sie diese Person, wie sie Ihnen erscheint. Bevor Sie Ihr »X« setzen, betrachten Sie die Wörter an beiden Enden der Linie. Bitte beachten Sie, dass es keine richtigen oder falschen Antworten gibt. Arbeiten Sie schnell; Ihre erste Antwort ist wahrscheinlich die beste. Bitte lassen Sie kein Merkmal aus und kennzeichnen Sie jedes nur einmal.«

Fiedler addiert nun alle Skalierungen und bezeichnet die Summe als LPC-Wert (»least preferred coworker«). Nach der Auffassung Fiedlers ist ein Vorgesetzter, der einen wenig geschätzten Mitarbeiter relativ positiv sieht, also einen hohen LPC-Wert hat, beziehungsmotiviert, während ein Vorgesetzter, der den am wenigsten geschätzten Mitarbeiter eher negativ sieht, stärker aufgabenmotiviert ist.

Die Situation wurde unter dem Aspekt gemessen, ob sie für den Vorgesetzten günstig ist oder nicht. Als günstig gilt der Fall, wenn die **persönlichen Beziehungen zwischen Führern und Geführten** gut, die **Aufgabenstruktur** klar und die **Positionsmacht** hoch ist.

Die persönlichen Beziehungen zwischen Führern und Geführten wurden durch Skalen wie: »freundlich/unfreundlich«, »warm/kalt« etc. gemessen. Die Aufgabenstruktur wurde durch die Skalierung von Dimensionen der Aufgabe wie »Verifizierbarkeit der Entscheidung«, »Zielklarheit«, »Vielfalt der Wege zum Ziel«, »Spezifität der Lösung« durch Experten vorgenommen. Zur Beurteilung der Positionsmacht beantworteten kundige Experten Items wie »der Führer kann nach eigenem Ermessen Mitglieder belohnen oder bestrafen« oder »der Führer kann die Arbeit jedes Mitglieds beaufsichtigen, bewerten und korrigieren«.

Bei Dichotomisierung dieser drei Situationsdimensionen ergeben sich – Unabhängigkeit der drei Dimensionen vorausgesetzt – acht verschiedene Situationstypen.

In einer Reihe von empirischen Untersuchungen an den unterschiedlichsten Populationen wurde geprüft, wie die Korrelation zwischen dem LPC-Wert des Vorgesetzten und der Leistung der Gruppe in diesen acht Situationstypen aussieht. Die dabei gefundenen Ergebnisse zeigt Darstellung 68.

Die Konsequenz: In sehr günstigen bzw. sehr ungünstigen Situationen sind aufgabenmotivierte Vorgesetzte zu empfehlen, in »mittleren« dagegen mitarbeitermotivierte.

Da aber die motivationale Orientierung – der Stil – nach Fiedlers Auffassung schwer wandelbar ist, fragt es sich, ob man die Situation so gestalten kann, dass sie der führenden Person entspricht, wie es Fiedler et al. (1979) empfehlen.

Das Modell hat **vielfältige Kritik** gefunden. Sowohl die Messung des Führungsverhaltens mithilfe des LPC-Werts erscheint problematisch, u. a. weil der LPC-Wert nicht stabil ist, als auch die Bestimmung der Situationsmerkmale in der beschrie-

4.6. Führung in Gruppen

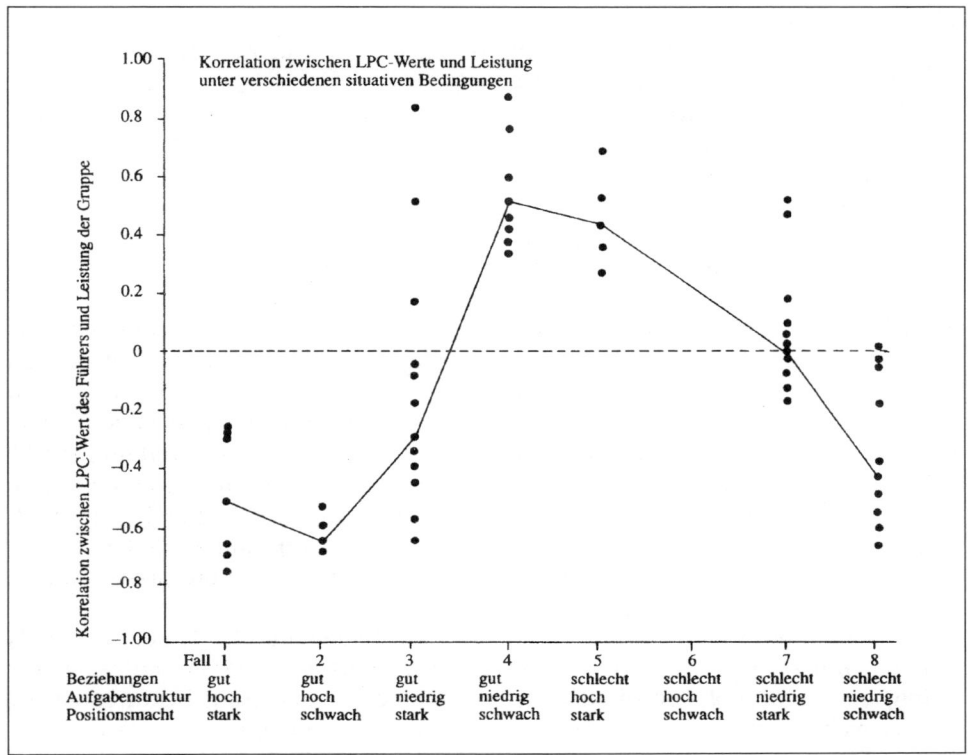

Darstellung 68. Korrelation zwischen dem LPC-Wert und der Leistung in verschiedenen Situationen

benen Weise, da die drei Dimensionen offensichtlich nicht unabhängig voneinander sind. Zudem haben empirische Nachuntersuchungen gezeigt, dass die von Fiedler aufgestellten Annahmen zur Beziehung zwischen Führungsstil und Leistung in ganz bestimmten Situationen nicht generell zutreffen. Darüber hinaus gibt es auch grundsätzlichere Kritik am Vorgehen Fiedlers (vgl. zusammenfassend Neuberger, 2002, Gebert & v. Rosenstiel, 2002). Danach ist sein Vorgehen naiv empiristisch, d. h. er ist fast theorie- und hypothesenfrei zu seinen Ergebnissen gelangt, die er dann ex-post interpretierte. Die praktische Relevanz erscheint deshalb fraglich, weil es kaum realisierbar ist, Situationen in der Organisation an motivationale Besonderheiten des Vorgesetzten anzupassen. Auch aus normativer Sicht ergeben sich Bedenken. Diese zielen zum einen darauf ab, dass einseitig die Effizienz optimiert wird; sie ergeben sich aber auch daraus, dass das angestrebte Situationsmanagement zur Steigerung der Effizienz z. B. auch in einer Verschlechterung der Führer-Geführten-Beziehung bestehen kann.

Fiedler (Fiedler & Mai-Dalton, 1995) hat sich bemüht, die an seinem Modell ansetzende Kritik abzuwehren, indem er sie entweder argumentativ zurückweist oder aber seinen Ansatz modifiziert. So verweist er auf Daten, die die Reliabilität des

LPC-Maßes belegen und zitiert eine größere Zahl von Studien, die die Validität seines Modells nachweisen sollen. Die grundsätzliche Kritik an seinem Ansatz konnte jedoch dadurch nicht entkräftet werden.

Trotz dieser Kritik darf man sagen, dass der Ansatz von Fiedler unter dem Aspekt als vorbildlich gelten darf, dass er unter Berücksichtigung von Merkmalen der Person und der Situation empirisch überprüfbare Hypothesen zur Beziehung zwischen Führungsstil und Leistungsergebnis zulässt.

4.6.1.2. Situative Relativierungen der »Ohio-Dimensionen«

Es gibt in der Zwischenzeit einige weitere theoretische Ansätze, die in der Praxis auch Resonanz fanden und ebenfalls als situationstheoretisch bezeichnet werden können. Dazu gehört der sog. »**Drei-D-Ansatz**« von Reddin (1970, 1981). In diesem Modell werden, angelehnt an die Führungsverhaltensdimensionen der Ohio-Schule, vier typische Führungsverhaltensweisen unterschieden, die als »Verfahrensstil«, »Aufgabenstil«, »Beziehungsstil« und »Integrationsstil« bezeichnet werden. Diese Verhaltensarten können je nach Situationsbedingungen jeweils effektiv oder ineffektiv sein; z.B. kann ein Verhalten, das Blake und Mouton mit »9/9« kennzeichnen würden, zum negativ bewerteten und uneffektiven »Kompromissverhalten« werden.

Der später entwickelte Ansatz von Hersey und Blanchard (1977) geht ebenfalls von den Dimensionen der Ohio-Schule aus. Allerdings wird hier ein Führungsverhalten, das durch hohe Ausprägungen in Mitarbeiter- und Aufgabenorientierung gekennzeichnet ist, nur unter bestimmten Bedingungen empfohlen. Diese Bedingungen liegen im sog. »**Reifegrad der Geführten**«. Ist z.B. der Reifegrad gering, so ist »Unterweisung« empfehlenswert, die durch hohe Aufgaben- und geringe Mitarbeiterorientierung gekennzeichnet ist. Bei sehr hohem Reifegrad der Mitarbeiter kann ein Verhalten empfehlenswert sein, das sowohl durch geringe Mitarbeiter- als auch geringe Aufgabenorientierung gekennzeichnet ist und das die Autoren als »Delegieren« bezeichnen.

Auch in den situationstheoretischen Ansätzen von Reddin sowie von Hersey und Blanchard liegen viele Schwachpunkte, die u.a. von Neuberger (2002) und Staehle (1999) gekennzeichnet und kritisch herausgearbeitet wurden. Informationen zu weiteren Situationstheorien der Führung findet man bei Neuberger (2002) sowie bei v. Rosenstiel und Wegge (2004).

Literaturempfehlung

Fiedler, F. & Mai-Dalton, R. (1995). Führungstheorien – Kontingenztheorie. In: A. Kieser, G. Reber & R. Wunderer (Hrsg.). Handwörterbuch der Führung. Stuttgart, S. 940–955.
In diesem knappen Handbuchbeitrag stellt Fiedler das von ihm entwickelte Modell vor, setzt sich mit der Kritik daran auseinander, verweist auf neue Befunde, die den Ansatz grundsätzlich stützen, und skizziert aktuelle Weiterentwicklungen.

Staehle, W. H. (1999). Management. 8. Aufl. München.
In diesem umfangreichen Lehrbuch, das sich auch eingehend mit verschiedenen Führungs-

konzepten und Führungsmodellen auseinander setzt, werden auch die hier dargestellten kritisch analysiert und mit anderen verglichen.

Wegge, J. & Rosenstiel, L. v. (2004). Führung. In: H. Schuler (Hrsg.). Lehrbuch Organisationspsychologie. Bern, S. 475–512.
In diesem konzentrierten Überblicksartikel findet man vielfältige ergänzende Informationen zur Führung in Gruppen, insbesondere zur Bedeutung von Zielvereinbarungen und Rückmeldungen auf die Leistung von Gruppen und zum Management und Managementsystemen für Arbeitsgruppen.

4.6.1.3. Das normative Entscheidungsmodell von Vroom und Yetton

Soll situationstypisch und situationsspezifisch geführt werden, so ist zuvor die **Situation zu diagnostizieren**. Bedauerlicherweise hat sich die Psychologie – auch die Organisationspsychologie – sehr viel intensiver um die Person- als um die Situationsdiagnostik bemüht. So gibt es heute eine Vielzahl reliabler und valider Methoden zur Ermittlung von Persönlichkeitsmerkmalen und Verhaltensweisen einzelner Personen (vgl. Kap. 3.2.), dagegen nur wenige wissenschaftlich fundierte psychologische Verfahren der Situationsdiagnostik, falls man von der Arbeitsanalyse (Kap. 2.2.) einmal absieht. Entsprechend gibt es keine befriedigenden Verfahren zur Diagnose der – zugegebenermaßen sehr komplexen – Führungssituation. Gerade diese Führungssituation aber wird in den so genannten Situationstheorien der Führung zur zentralen Moderatorvariable, von der die Beziehung zwischen den Eigenschaften des Führenden und dem Führungserfolg bzw. zwischen dem Führungsverhalten und dem Führungserfolg abhängt. An allen vorliegenden Situationstheorien lässt sich nun kritisieren, dass sie selektiv und vielfach ohne zureichende Begründung aus der Situation des Führenden einige Bestandteile herausgreifen und nur diese thematisieren, während andere schlicht vernachlässigt werden.

Ein viel besprochener Ansatz, in dem ebenfalls die Diagnostik der Führungssituation Grundlage für die Empfehlung eines effektiven Führungsverhaltens – zumindest unter einem Aspekt – ist, sei knapp vorgestellt. Der Ansatz geht auf Vroom und Yetton (1973) zurück. Die Autoren sehen **im »Entscheiden« die wesentlichste Komponente des Führungsverhaltens**. Es werden nun verschiedene Formen des Entscheidens (z. B. »autoritär«, »beratend«, »gruppenzentriert«) unterschieden. Keine dieser Führungsverhaltensweisen wird grundsätzlich als überlegen dargestellt, sondern es wird – zum Teil aufgrund empirischer Belege – angenommen, dass in spezifischen Situationen ganz bestimmte Formen des Entscheidungsverhaltens anzuraten sind.

Empfehlungen haben den Sinn dazu beizutragen, bestimmte **Optimierungskriterien** zu realisieren. Im Grundkonzept des normativen Modells von Vroom und Yetton (1973) geht es dabei um die Kriterien »**Qualität**« und »**Akzeptanz**«. Orientiert man sich nur daran, so lässt das Modell häufig verschiedene Formen des Entscheidens offen und schließt nur wenige in ganz bestimmten Situationen aus. Die Empfehlungen werden spezifischer, wenn man ein drittes Kriterium mit heranzieht.

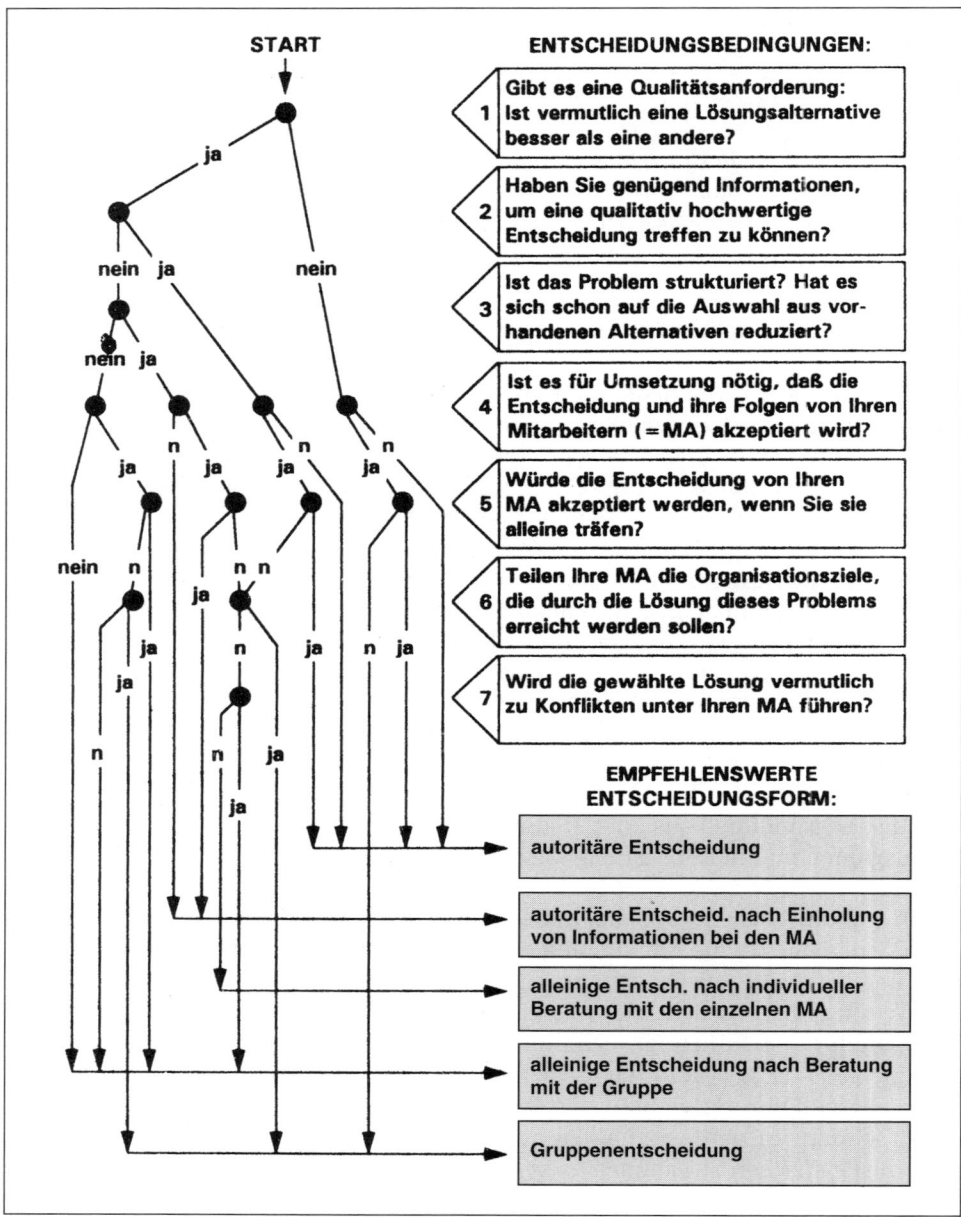

Darstellung 69. Exemplarische Form eines Entscheidungsbaums (nach Vroom & Yetton)

Dies kann »**Zeiteffizienz**« sein. Die Führungsentscheidungen sollen also nicht nur qualitativ hochwertig und akzeptabel, sondern auch zeitökonomisch getroffen werden. Wie sich das Modell unter diesen Bedingungen darstellt, zeigt Darstellung 69.

Um flexibel die richtige Form des Entscheidungsverhaltens zu wählen, müssen die Vorgesetzten die Situation diagnostizieren. Im Zuge dieses Diagnostizierens gilt es, die Fragen zu den Situationsbedingungen zu beantworten.

Entsprechend der Fragenbeantwortung wird der Vorgesetzte, dem grafisch dargestellten Entscheidungsbaum folgend, eine Empfehlung finden, wie er in der gegebenen Situation entscheiden sollte.

In diesem Entscheidungsbaum sind allerdings einige andere Kriterien vernachlässigt, z. B. die »**Personalentwicklung**«. Entsprechend wurde eine weitere Variante konzipiert, die neben den Kriterien »Entscheidungsqualität« und »Akzeptanz« das der »Personalentwicklung« (Jago, 1995) stellt.

Der zentrale Unterschied gegenüber dem »Zeitökonomie-Modell« sieht wie folgt aus. Soll Zeitökonomie optimiert werden, so heißt es, so wenig gruppenzentrierte oder beratungsintensive Entscheidungen wie möglich, d. h. ohne die Entscheidungsqualität und die für die Umsetzung notwendige Akzeptanz zu gefährden. Geht es statt der Zeitökonomie um die Entwicklung der Mitarbeiter, so gilt entsprechend, so viel gruppenzentrierte und beratungsintensive Entscheidungen wie möglich, d. h. wenn dadurch die Entscheidungsqualität oder die für die Umsetzung notwendige Akzeptanz nicht gefährdet wird. Der Grund ist offensichtlich: Mitarbeiter werden qualifiziert und entwickelt, wenn sie mitentscheiden oder mit beraten können. Ganz generell zeigt ja die Partizipationsforschung, dass die Möglichkeit für Menschen an für sie relevanten Entscheidungen beteiligt zu werden, zu drei zentralen positiven Folgen führen kann:

- Die Qualität der Entscheidungen wird besser, was bei komplexen Aufgabenstellungen ja auch einleuchten. Zunehmend stellt sich für Führungskräfte ja das Problem, dass die ihnen unterstellten Spezialisten auf ihrem Teilgebiet besser als der Führende selbst informiert sind. Werden sie in die Entscheidung nicht eingebunden, dann werden für den Erfolg wesentliche Detailprobleme übersehen; es sind dann nachträglich Korrekturen auf der Grundlage dieses Detailwissens vorzunehmen. Diese Nachkorrigieren lässt sich vermeiden, wenn betroffene Fachspezialisten von vornherein beteiligt werden (Kirsch, Esser & Gabele, 1979).
- Die Akzeptanz der Entscheidungen und damit die Motivation zum Erreichen der mit der Entscheidung verbundenen Ziele steigt. Dies ergibt sich daraus, dass für die Zielerreichung die Zielbindung des Einzelnen eine Rolle spielt und die Zielbindung selbst wiederum deutlich durch Partizipation bei der Zielfestlegung gesteigert werden kann. Klein, Wesson, Hollerbeck & Alge (1999) haben dies in einer umfassenden Metaanalyse nachgewiesen.
- Die Qualifikation der in den Entscheidungsprozess eingebundenen Personen steigt, was offensichtlich ist, da der Beteiligungsprozess eine bestimmte Form des Lernens im Prozess der Arbeit ist und man durch eigene Erfahrung und durch Beobachtung jener, die besonders kompetent bei dieser Arbeit mitwirken, qualifiziert werden kann.

Auf der anderen Seite konnte gezeigt werden, dass die positive Wirkung der Partizipation an vielfältige Voraussetzungen gebunden ist (v. Rosenstiel, 1989; Wegge & v. Rosenstiel, 2004). So muss z. B. die Mitwirkung an den Entscheidungen des Füh-

	Studie	Effektiv	Nicht-Effektiv
Führungsstil in Übereinstimmung mit dem Modell	(a) (b) (c) (d)	68% 67% 49% 67% **63%**	32% 33% 51% 33% **37%**
Führungsstil nicht in Übereinstimmung mit dem Modell	(a) (b) (c) (d)	22% 41% 36% 44% **36%**	78% 59% 64% 56% **64%**
(a) Vroom/Jago (b) Zimmer		(c) Field (d) Böhmisch/Jago/Reber	

Tabelle 14. Indikatoren der Validität des Vroom-Yetton-Modells

renden den kulturellen Normen entsprechen; die Aufgabenstellung muss Entscheidungspotenziale beinhalten; die betroffenen Personen müssen zur Mitwirkung befähigt und bereit sein; die Gruppe darf eine bestimmte Größe nicht überschreiten.

In der Zwischenzeit liegt eine Reihe empirischer Überprüfungen der Angemessenheit von Empfehlungen vor, die sich aus dem Modell ableiten lassen (Vroom & Jago, 1978; Zimmer, 1978; Field, 1982; Böhnisch, Jago & Reber, 1987). Dabei sollten Führungskräfte aus der Erinnerung erfolgreiche und nicht erfolgreiche Entscheidungen kennzeichnen, die von den Forschern dann dem Modell entsprechend eingestuft wurden. Es zeigt sich, dass modellkonformes Entscheidungsvorgehen deutlich häufiger zu positiv bewerteten Entscheidungen führt als modellabweichendes. Tabelle 14 veranschaulicht dies im vergleichenden Überblick (nach Scholz, 2000).

Die Validität des Modells wird auch durch eine Untersuchung von Margerison und Glube (1979) gestützt. Die Autoren zeigten, dass Vorgesetzte, die häufiger modellentsprechend entscheiden, auch über die produktiveren Arbeitsweisen und die zufriedeneren Mitarbeiter verfügten.

Literaturempfehlung

Böhnisch, W. (1991). Führung und Führungskräftetraining nach dem Vroom/Yetton Modell. Stuttgart.
Ein gut strukturierter Überblick zu den Situationstheorien der Führung mit empirischen Untersuchungen zum Vroom/Yetton Modell.

4.6.2. Ansätze zu einer Verhaltens- und Situationsmodifikation

Es erscheint schwierig, aus generellen situationstheoretischen Führungskonzeptionen Ratschläge für die Organisation abzuleiten, da weder eine bestimmte Strukturierung, noch ein bestimmtes Führungsverhalten ohne Berücksichtigung der jeweils anderen Variablen empfehlenswert erscheint. Es gilt hier im Einzelfall zu fragen, ob die Situation (z. B. Bildung kleinerer Gruppen, selbstständige Aufgaben für die Gruppen, Dezentralisierung) oder aber das Führungsverhalten (z. B. in den Dimensionen »freundliche Zuwendung und Respektierung«, »arbeitsstimulierende Aktivität«, »Kontrolle und äußerer Druck« oder »Gewährung echter Beteiligung«) modifiziert werden sollten (vgl. Baumgarten, 1977). Tatsächlich erscheint angesichts des derzeitigen Forschungsstandes (vgl. v. Rosenstiel & Wegge, 2004; Neuberger, 2002; Kieser, Reber & Wunderer, 1995) die unreflektierte Veränderungstechnologie, Führungskräfte auszuwählen oder zu schulen, ohne die Führungsumgebung genau zu kennen, naiv und kaum zu verantworten. Baumgarten (1977) spielt die sich daraus ableitenden Gedanken durch, indem er insbesondere **Merkmale des Vorgesetzten, Merkmale der Mitarbeiter und Merkmale der Gruppenaufgabe** berücksichtigt. Selbstverständlich ist aber noch an andere Einflussgrößen zu denken, etwa an die **Gruppenstruktur** (vgl. Vroom & Mann, 1960), die umfassende **Struktur der Organisation** (vgl. Staehle, 1973), den **verwaltungsrechtlichen Kontext** (vgl. Böhret & Junkers, 1976) oder die **umgebende Kultur** (Hofstede, 1997).

Angesichts der Komplexität der Situation ist eher zu solchen Ansätzen zu raten, die der **Aktionsforschung** entstammen. Dies gilt insbesondere in der Praxis, für die keine adäquaten Technologien von der Organisationspsychologie bereitgestellt werden können. Die Vorgehensweise könnte zum Beispiel so aussehen, dass – gestützt durch geeignete Moderationsmethoden – die Mitglieder einer sozialen Einheit deren besondere Stärken und Schwächen diagnostizieren und sodann gemeinsam überlegen, wie diese Situation geändert werden sollte und was dies für das Verhalten des Führenden, aber auch für die Verhaltensweisen der Geführten bedeutet (v. Rosenstiel, 1997; Comelli, 1997). Darauf wird unter dem Stichwort »Organisationsentwicklung« im 5. Kapitel (5.4.2.) noch einmal eingegangen.

Literaturempfehlung

Baumgarten, R. (1977). Führungsstile und Führungstechnik. Berlin.
 Der Autor untersucht – nach Klärung wichtiger Grundbegriffe –, welche Verhaltensweisen in Kombination mit welchen Situationsmerkmalen zur Leistung und zur Zufriedenheit der Gruppe führen.
Neuberger, O. (2002). Führen und geführt werden. Stuttgart.
 In diesem umfangreichen und anspruchsvollen Lehrbuch ist das Wissen um die Führungsforschung bereits vorausgesetzt. Es wird kritisch mit der vorliegenden Literatur ins Gericht gegangen. Insbesondere wird auch die Position des Geführten analysiert. Aktuelle theoretische und empirische Entwicklungen werden aufgezeigt.

4.6.3. Symbolische Führung

In jüngster Zeit ist die auf den Ergebnissen der positivistisch orientierten quantitativen empirischen Sozialforschung aufbauende Führungslehre stark kritisiert worden. Diese Kritik richtet sich weniger gegen das Methodische als vielmehr gegen das Metatheoretische, die grundsätzliche Position. So schreibt Neuberger (1985, S. 3), dass das bisherige Paradigma »Ursachen erzeugen Wirkungen« zunehmend abgelöst wird von einem Denkansatz, der sich wie folgt interpretieren lässt: »Wahrgenommene/gedeutete Situationen sind (als soziale und damit veränderbare Tatsachen) Chancen, individuelle oder gemeinsame Pläne zu verwirklichen«. So betont auch Geertz (1983), dass der Mensch in selbst gesponnene **Bedeutungsgewebe** verstrickt sei und sich um das Herausarbeiten von Bedeutungsstrukturen bemühe.

In Organisationen ist es nun eine zentrale Aufgabe von Vorgesetzten, derartige Bedeutungen sichtbar aufzuzeigen. Entsprechend hat Pfeffer (1981) dahingehend argumentiert, dass Führung, um zu wirken, den **Glauben an die Bedeutung der Führung** zu stabilisieren habe. Dadurch werde erreicht, dass das Vertrauen der Geführten in die Führung erhalten und das Gefühl der Verantwortlichkeit der Führungskräfte stabilisiert wird. Begünstigt wird all dies durch die transformationale Führung, (Bass & Avolio, 1990), über die ja bereits gesprochen wurde (3.4.4.7.1.).

Symbolische Handlungen und Rituale sind geeignet, diese funktionale Ideologie zu stabilisieren. Es wird Entscheidungsakzeptanz sichergestellt. Gewissheit und Orientierung werden in einer mehrdeutigen, komplexen Welt bewahrt, obwohl es sich dabei nicht selten um Pseudogewissheiten und Pseudoorientierungen handeln mag. Führungsentscheidungen sind häufig demnach scheinbar sachlogisch, rational und funktional, tatsächlich aber (mikro)-politisch (Neuberger, 1989) zu deuten. In welcher Weise dabei rational-funktionale und symbolische Wirkungen einander ergänzen können, zeigt Darstellung 70 (Neuberger, 1989).

Man darf annehmen (vgl. Weick, 1979), dass symbolisches Führungshandeln – wie jedes symbolische Handeln – vor allem dann wirksam ist, wenn **Unsicherheiten bei Individuen oder Gruppen** hinsichtlich ihrer Ziele bestehen, klare Kriterien für die Bewertungen von Handlungen nicht gegeben sind und auch die Ergebnisse nicht eindeutig bewertet werden können. Symbolische Führung kann sich in vielen **verbalen und interaktionalen Zeichen** sowie in einer Vielzahl von **Artefakten** zeigen, die – bezogen auf die Gesamtorganisation – als **Symptome der Unternehmenskultur** gelten dürfen (vgl. 5.2.3.). Schon allein aus dem Konzept der symbolischen Führung lässt sich schließen, dass es kaum Untersuchungen zu ihren Wirkungen gibt, die den klassischen Kriterien der empirischen Sozialforschung entsprechen. Begründete Vermutungen (Clark, 1970; Pfeffer, 1981; Martin, Feldmann, Hatch & Sitkin, 1983) gehen jedoch dahin, dass symbolische Führung den Mitarbeitern das Gefühl »wichtig zu sein« vermittelt. Hier erweist sich symbolische Führung als Teil der transformationalen, über die im 3. Kapitel bereits gesprochen wurde. Dadurch wird die Motivation erhöht; Unternehmenslegenden und Mythen entstehen, **stärken das Wir-Gefühl und intensivieren dadurch den Stolz auf die Organisation**, der man angehört. Außerdem kann – auch ein Akt symbolischer Führung – in Krisenzeiten ein Sündenbock aufgebaut und geopfert werden

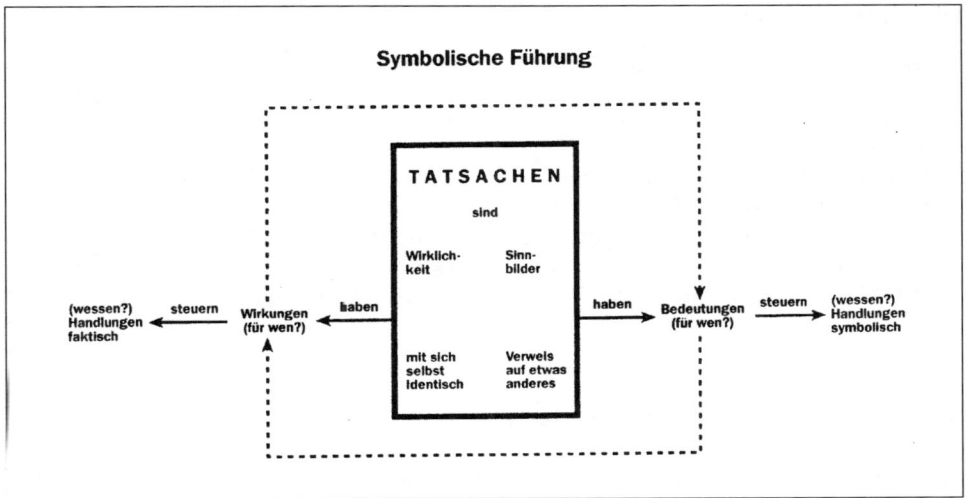

Darstellung 70. Symbolische Führung (in Anlehnung an Neuberger)

(Brown, 1982), wodurch unzufriedene Personen innerhalb und außerhalb der Organisation besänftigt und zu weiterer Unterstützung bewegt werden können. Das **Verweisen auf gemeinsame Werte** steuert zudem in indirekter Weise das Verhalten, da Einfluss eher Akzeptanz findet, wenn dabei an gemeinsame Werte erinnert wird, diese Werte die Richtigkeit der Führungsentscheidung stützen und das entsprechende Handeln zeigt, dass man den Werten der Organisation weiterhin verbunden ist (Wilkins, 1983).

Ob und in welcher Form die für die Geführten sichtbaren Verhaltensweisen des Führenden gedeutet, ja ob sie überhaupt beachtet werden, hängt damit zusammen, wie es um die **Legitimation des Führenden** steht. In der organisationspsychologischen Forschung ist die Frage nach der Legitimation nur selten gestellt worden, obwohl sie in der Soziologie und in der politischen Wissenschaft eine erhebliche Rolle spielt. Kehr (2000) hat sich in experimentellen Analysen damit auseinander gesetzt und gefragt, wie sich Führung auswirkt, wenn der Geführte durch Setzung, durch Los, Rotation oder durch Wahl in sein Amt berufen wurde. Die damit gegebene unterschiedliche Legitimation des Führenden in den Augen der Geführten erwies sich als bedeutsam für den Führungserfolg. So gilt z. B., dass – obwohl die Interaktion mit der zu erledigenden Aufgabe gesehen werden muss – gewählte Führer erfolgreicher sind als solche, die durch Rotation in ihr Amt gelangten.

Insgesamt ist symbolische Führung ein Prozess, der die **Identifikation des Einzelnen mit der Organisation** erleichtert, was insbesondere in einer Zeit nachhaltigen Wertewandels (Klages, 1984) eine wesentliche Führungsaufgabe zu sein scheint.

Literaturempfehlung

Neuberger, O. (2002). Führen und führen lassen. Stuttgart.
Auf den Seiten 641–678 dieses schon mehrfach empfohlenen Lehrbuches erfolgt eine Auseinandersetzung mit der symbolischen Führung, wobei auch anschauliche Beispiele dargestellt und interpretiert werden.

Weibler, J. (1995). Symbolische Führung. In: A. Kieser, G. Reber & R. Wunderer (Hrsg.). Handwörterbuch der Führung. Stuttgart, Sp. 2015–2026.
In diesem knappen Beitrag, der auf vielfältige vertiefende Literatur verweist, wird der Perspektivenwechsel in der Organisationsforschung betont und sodann spezifisch über Voraussetzungen, Manifestationen und Wirkungen symbolischer Führung referiert.

4.7. Gruppenarbeit und Leistung

In den meisten Organisationen der Wirtschaft und öffentlichen Verwaltung werden vermehrt deshalb zur Bewältigung der anstehenden Aufgaben zeitbegrenzt oder auf Dauer Gruppen gebildet, weil man sich dadurch höhere Leistungen und somit letztlich eine gesteigerte Wirtschaftlichkeit verspricht (Bungard & v. Rosenstiel, 1997). Es soll daher nachfolgend gefragt werden, **an welchen Kriterien man überhaupt die Verhaltensergebnisse von Gruppen bewerten kann, welche Bedingungen für die Gruppenleistung ausschlaggebend sind** und wie sich dies auf ein in der Psychologie viel untersuchtes Beispiel, das Gruppenentscheiden und Gruppenproblemlösen, übertragen lässt.

4.7.1. Kriterien der Bewertung von Gruppenarbeit

Dort, wo bislang Einzelarbeitsplätze vorherrschten und quantitativ umfangreiche Aufgaben von mehreren Personen nebeneinander ausgeübt wurden, Gruppen zu implementieren, stellt einen erheblichen Eingriff in die Aufbau- und Ablauforganisation dar. Warum tut man das? Es ist offensichtlich, dass **Gruppen bestimmte Vorteile versprechen**. Entsprechende Argumente hat bereits Scharmann (1972) zusammengestellt; Informationsbox 8 gibt sie wieder.

Informationsbox 8: Vorteile der Gruppenarbeit

Vorteile der Gruppenarbeit sind:
1. Die Gruppe vermag Leistungen zu vollbringen, die einem einzelnen überhaupt nicht möglich sind, z. B. das Fortbewegen eines mehrere Zentner schweren Steines ohne technische Hilfsmittel.
2. Das Urteilsvermögen ist besser.
3. Die Möglichkeit der Informationsübermittlung (die Information braucht,

wenn alle Gruppenmitglieder versammelt sind, nur einmal übermittelt zu werden) ist besser.
4. Die Kontaktintensität ist größer, weil in einer Gruppe sofort jeder mit jedem in Verbindung treten kann.
5. Es kommen in der Regel mehrere Arten von Geschicklichkeit, verschiedenes Sachwissen u. a. zusammen, um eingesetzt werden zu können (Ergänzung des geistigen und sonstigen Rüstzeugs).
6. Die Informationsspeicherkapazität ist größer als beim einzelnen; der Erhebungsaufwand für Informationen und die »Abrufzeit« sind geringer.
7. Die Zieleinhaltungskontrolle ist größer.
8. Die Lernfähigkeit ist besser.
9. Die Möglichkeiten für den Einsatz von Maschinen sind besser.
10. Die kollektive Kontrolle bietet Vorteile.
11. Die »Phantasiekapazität« wird angereichert, weil sich die Assoziationsfelder der Gruppenmitglieder ergänzen.

Über das von Scharmann (1972) hinaus Genannte lässt sich natürlich die Liste der Kriterien weiter spannen (vgl. Punkt 4.7.3.2.). Neben vielfältigen **Leistungskriterien** wie kurzfristige oder langfristige Quantität oder Qualität, Innovativität, Kosteneinsparung, Flexibilität angesichts sich ändernder Anforderungen etc. sind auch **Humankriterien** wie Akzeptanz, Wohlbefinden, Zufriedenheit etc. zu nennen, aber auch solche der **Personal- und Organisationsentwicklung** wie Qualifikation des Einzelnen oder Lerntransfer im Sinne einer lernenden Organisation (Senge, 1996). Schließlich muss bei der Diskussion über die Kriterien auch über die Grenzen der Organisation hinaus geschaut werden, etwa im Sinne der Fragen, welche Arbeitsformen **Akzeptanz in der Gesellschaft** finden und welche mit den **Normen und Traditionen der Kultur** und des politischen Systems übereinstimmen. In diesem Kapitel soll allerdings exemplarisch eine Konzentration auf das Leistungskriterium erfolgen.

4.7.2. Bedingungen der Gruppenleistung

Fragt man nach den Bedingungen der **Leistung** in einer Arbeitsgruppe, so muss diese Frage je nach Situation differenziert beantwortet werden. Die geforderten Leistungen sind sehr unterschiedlich, wenn man z. B. Verkaufserfolge im Außendienst, Patentanmeldungen der Forschungs- und Entwicklungsabteilung, Quantität und Qualität der hergestellten Waren in der Produktionsabteilung oder wiederum Kundenbindung in einem Dienstleistungsunternehmen miteinander vergleicht. Sucht man dennoch auf abstrakterer Ebene einen gemeinsamen Nenner zu finden, so ließe sich in Anlehnung an Högl und Gemünden (2000) ein Modell konzipieren, das Darstellung 71 zeigt.

Selbstverständlich müssen die einzelnen der in der Darstellung nur grob genannten Variablen differenziert und operationalisiert werden. Zur **Teambesetzung**

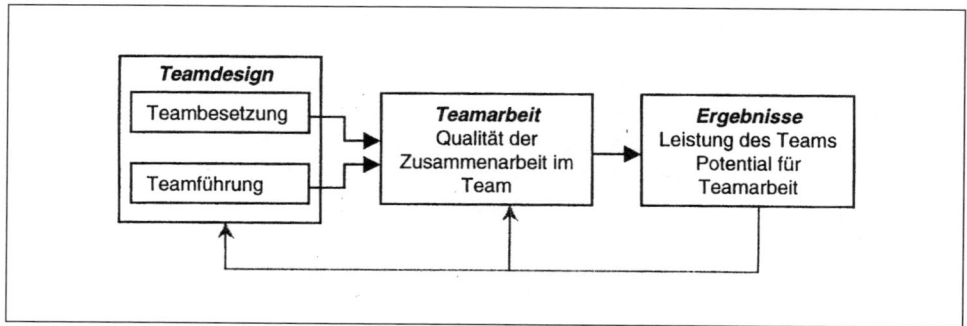

Darstellung 71. Bedingungen der Gruppenleistung

zählen etwa Auswahlkriterien für die Mitglieder, wie soziale Kompetenz, methodische Kompetenz (u. a. im Sinne einer Beherrschung von Moderations- und Gruppenverfahrensweisen), Präferenz für Teamarbeit und – auf aggregierter Ebene – Heterogenität im für die Aufgabe wichtigen Wissens- und Fähigkeitsstand. Zur **Führung der Gruppe** zählen jene Bedingungen, die unter dem Aspekt des Führungsverhaltens bereits besprochen wurden, wie die Sicherung der Akzeptanz und Qualität der Ziele, die Bindung der Einzelnen an die Ziele, das Feed-back an die Gruppenmitglieder durch den Führenden sowie die Entscheidungsstruktur in der Gruppe.

In Abhängigkeit davon dürfte die **Gruppenarbeit** selbst erfolgreicher oder weniger erfolgreich vonstatten gehen, etwa unter den Aspekten der Kommunikation und Information, der Aufgabenkoordination, der gegenseitigen Unterstützung, des Arbeitsengagements, der Kohäsion und der Ausgewogenheit der Beiträge zur Aufgabe. Gelingt all dies angemessen, so müssten **sowohl Effektivität als auch Effizienz** der Gruppe gut und außerdem das Potenzial für die Zukunft im Sinne wachsender Arbeitszufriedenheit und qualifikationssteigernder Lernerfolge gegeben sein.

Högl und Gemünden (2000) konnten, wenn auch nur auf der Basis von Befragungen, dieses Modell eindrucksvoll stützen. Sie kamen dabei zu folgenden Handlungsempfehlungen für die Praxis:

- Bei der Teambesetzung muss auf ausreichende soziale Kompetenz geachtet werden.
- Bei der Teambesetzung muss auf ausreichende methodische Kompetenz geachtet werden.
- Beim Einsatz von Mitarbeitern ist auf die Präferenz dieser Personen für die Gruppenarbeit zu achten.
- Bei der Besetzung der Gruppe muss darauf geachtet werden, dass die Diskrepanzen im Wissens- und Fähigkeitsstand der Gruppenmitglieder nicht zu groß sind.
- Das der Gruppe vorgegebene Ziel sollte kollektiv verpflichtend sein.

- Das Ziel sollte klar, zeitlich überschaubar, inhaltlich realistisch und über die Zeit konstant sein.
- Die Gruppe sollte während der Projektbearbeitung regelmäßiges, konkretes und konstruktives Feed-back erhalten.
- Es sollte ein Führungsmodell praktiziert werden, das den Gruppenmitgliedern grundsätzliche Gleichberechtigungs- und Mitwirkungsmöglichkeit bei den Entscheidungen bietet.

Die Beachtung derartiger Regeln soll bewirken, dass »**Prozessgewinne**« in Gruppen möglichst begünstigt und »**Prozessverluste**« vermieden werden (Hinsz, Tindale & Vollrath, 1997; Brodbeck, 1999). Typische Motivationsgewinne bestehen in der »social facilitation« – z. B. im Köhler-Effekt – in der »social compensation« und im »social livering«.

Zur »**social facilitation**« kommt es dann, wenn z. B. durch die bloße Gegenwart Anderer die Motivation gesteigert und/oder Hemmungen reduziert werden. Dies kann, wie Köhler (1927) zeigte, daraus resultieren, dass der Starke und sein Vorbild den Schwächeren in der Gruppe zu besonderen Leistungen motiviert.

»**Social compensation**« ist dann zu beobachten, wenn ein Gruppenmitglied sich deshalb anstrengt, weil es wahrnimmt, dass die übrigen keinen wesentlichen Beitrag zum Erfolg der Gruppe liefern und diese Schwäche kompensiert werden soll (Karau & Williams, 1997).

Als »**social livering**« (Haslam, 2001) bezeichnet man den Effekt, dass das Gruppenmitglied durch hohe Identifikation mit der Gruppe im Wettbewerb mit anderen Gruppen die eigene zum Sieg führen möchte. Entsprechend berichten ja viele Sportler, dass sie im Team, z. B. in der Staffel, höhere Kräfte als im Einzelwettbewerb freisetzen.

Dem stehen freilich häufiger beschriebene **Prozessverluste** gegenüber. Besonders oft genannt wurden hier die Phänomene der **Leistungsrestriktion** (v. Rosenstiel, 1995), weil man sich an implizite Leistungsnormen der eigenen Gruppe orientiert. Anders wirkt ein Effekt des »**social loafing**«, der darin besteht, dass sich bei der gemeinsamen Arbeit keiner für das Gruppenergebnis wirklich verantwortlich fühlt (Karau & Williams, 1993), sowie der »**free-riding-Effekt**«, im Deutschen nicht selten als »Trittbrettfahren« umschrieben, wo man – im Gegensatz zum »social loafing« – ganz bewusst die Anderen arbeiten lässt, um von diesen zu profitieren (Kerr, 1983), sowie schließlich der »**sucker-Effekt**« (Kerr, 1983), der sich damit umschreiben lässt, dass man »nicht der Dumme sein will«, also nicht als Einziger arbeitet, während man sieht, dass Andere sich drücken.

Literaturempfehlung

Högl, M. & Gemünden, H. G. (Hrsg.) (2000): Management von Teams. Wiesbaden.
In diesem schmalen Reader sind aktuelle, empirisch fundierte Arbeiten zu den Leistungsvoraussetzungen in Gruppen – meist Projektgruppen – zusammengefasst. Auch das soeben vorgestellte Modell der Teamleistung wird dort ausführlicher expliziert.

4.7.3. Gruppenentscheiden und Gruppenproblemlösen als Beispiel

Komplexer werdende Aufgaben verlangen, dass wichtige Probleme und schwerwiegende Entscheidungen häufig von mehreren Mitgliedern in einer Organisation gemeinsam gefällt werden. Der einzelne Spezialist ist vielfach überfordert; er sieht das Problem einseitig. **Je komplexer die Probleme, desto wichtiger die Koordinierung und Kooperation verschiedener Spezialisten.** Damit ist zugleich die Frage gestellt, welche Gefahren es mit sich bringt, wenn in Gruppen Probleme gelöst werden sollen oder Entscheidungen zu treffen sind. Zugleich soll versucht werden auf Wege hinzuweisen, die eine Verbesserung des Problemlösens und Entscheidens in Gruppen gewährleisten.

4.7.3.1. Begriffliche Klärung und theoretische Grundlagen

Die Worte **Gruppenproblemlösen** und **Gruppenentscheiden** werden häufig synonym gebraucht, wobei einige Autoren lieber von Problemlösen, andere von Entscheiden sprechen (vgl. Applewhite, 1965). Hier sei eine Differenzierung versucht. Dem Problemlösen und Entscheiden ist gemeinsam, dass von einer unbefriedigenden, nicht strukturierten Situation – eben einem Problem – ausgegangen wird: Ein Problem entsteht dann, wenn man ein Ziel hat und nicht weiß, wie es zu erreichen ist. Wenn man nicht weiß, wie man aus einer unerwünschten Situation in eine erwünschte Situation durch direkte Handlung gelangen kann, muss auf Denken zurückgegriffen werden (Duncker, 1935). Dieses Denken kann – als Prozess dargestellt – wie folgt strukturiert werden (vgl. hierzu Kirsch, 1970, 1971):

- Identifikation des Problems,
- Finden von Lösungsalternativen,
- Abwägen der Konsequenzen nach Nutzen und Wahrscheinlichkeit und
- Wahl einer Alternative.

Erfolgt diese Wahl bei **subjektiver Unsicherheit**, d.h. stehen sich Handlungstendenzen gegenüber, von denen jede bedeutsame Interessen der Person bzw. der Gruppe zu vertreten beansprucht (vgl. Thomae, 1960), so liegt eine **Entscheidung** vor. Unentschiedenheit bleibt also bis zum Entschluss bestehen. Beim **Problemlösen** dagegen wird der Abschluss – d.h. die Festlegung einer Handlungsalternative – durch das **Evidenzerlebnis der Richtigkeit** einer Handlungsalternative erreicht. Im Sinne eines »Aha-Erlebnisses« (Bühler, 1907) wird also der Prozess für die Gruppenmitglieder subjektiv befriedigend beendet.

Sowohl für das Gruppenproblemlösen als auch für das Gruppenentscheiden sind denkpsychologische und sozialpsychologische Gesetzmäßigkeiten fundierend.

Von den vor einer Problemsituation stehenden Gruppen wird in der Regel verlangt, dass Handlungsalternativen erarbeitet werden, die vor der gemeinsamen Arbeit dem Einzelnen in der Gruppe noch nicht bekannt waren. Gefordert wird also **Kreativität**: Kreativität ist dabei als Fähigkeit zu verstehen, Denkergebnisse hervorzubringen, die im Wesentlichen neu sind und demjenigen, der sie hervorgebracht hat, vorher unbekannt waren (Drevdahl, 1956; v. Rosenstiel & Wastian,

2001). In ähnlichem Sinne wird häufig auch der Begriff des produktiven Denkens verwendet (z. B. Wertheimer, 1945; Duncker, 1935).

Kreativität ist meist eine psychologische Voraussetzung der gesellschaftlich so gewünschten und geförderten **Innovation**. Diese aber setzt eine Umsetzung in einer Weise voraus, die der Gesellschaft insgesamt, oder doch einzelnen Gruppen oder Individuen **Nutzen** bringt.

Zur Erklärung kreativer Prozesse gibt es verschiedene theoretische Ansätze (vgl. Ulmann, 1968; Maier, Jonas & Frey, 2005):

- **denkpsychologische** (bestimmte Denkabläufe begünstigen das Hervorbringen neuer Ergebnisse),
- **persönlichkeitstheoretische** (spezifische übergeordnete Persönlichkeitsmerkmale sind Ursache bzw. Korrelate kreativen Denkens) und
- **umweltbezogene** (bestimmte Anregungsbedingungen der wahrgenommenen Umwelt begünstigen das Auftreten neuer Einfälle).

Für die organisationspsychologische Arbeit sind all diese Ansätze bedeutungsvoll. Der denkpsychologische führte zum »**Kreativitätstraining**«, bei dem einzelne Organisationsmitglieder durch gezieltes Training (vgl. Bollinger & Greif, 1983) zu Denkweisen befähigt werden sollen, die Kreativität garantieren. Der persönlichkeitspsychologische Ansatz hat zur Folge, dass man durch **eignungsdiagnostische Auswahlstrategien** – z. B. mithilfe besonderer Kreativitätstests (vgl. Guilford, 1967; Facaoaru, 1985; Sarges & Wottawa, 2004) – innovativ denkende Personen auszuwählen sucht. Der umweltbezogene Ansatz führt zu **Strukturierungs- und Gestaltungsmaßnahmen** in der Organisation (z. B. Projektgruppen), durch die kreatives Denken besonders aktiviert werden soll (v. Rosenstiel & Wastian, 2001).

Bei all diesen Vorgehensweisen ist es das Ziel, die Art des Denkens der Mitglieder einer Gruppe in spezifischen Situationen zu modifizieren. Das widerspricht dem, was im Regelfall im bisherigen Sozialisationsverlauf (z. B. in der Schule) bekräftigt wurde. Dazu Folgendes:

Das Denken lässt sich in Anlehnung an Freud (1911) als ein **Probehandeln** bei vermindertem Risiko definieren. Das Bestechende dieser Definition liegt darin, dass sie die Augen dafür öffnet, dass ein Einschlagen des falschen Weges im Denken leicht korrigiert werden kann, das Einschlagen eines falschen Weges im Handeln dagegen nur selten und schwer. Des geringeren Risikoniveaus beim Denken wegen ist es empfehlenswert, die darin liegenden Möglichkeiten auszuschöpfen. »Falsch zu denken« erhöht die Chance, einmal einen originellen und zugleich richtigen Denkansatz zu haben. Diesen sollte man dann in eine Handlung umsetzen.

Unsere Denkerziehung entspricht dieser Überlegung nicht. Es wird – insbesondere in der Schule – vor allem darauf geachtet, dass keine »Denkfehler« unterlaufen, wobei auch originelle und ungewöhnliche Denkwege unterdrückt werden. Belohnt wird das schlussfolgernde, auf ein vorgegebenes Ziel gerichtete Denken. Dieses schlussfolgernde, zielgerichtete Denken wird in der Psychologie als »**konvergentes Denken**« bezeichnet: Es ist überall dort angebracht, wo in einer gegebenen Situation die Fehlerwahrscheinlichkeit minimiert werden soll, was beim Problemlösungs- und Entscheidungsprozess für die **Bewertung von Lösungsalter-**

nativen gilt. Diesem konvergenten Denken steht das »**divergente Denken**« gegenüber: Es ist gekennzeichnet durch einen emotionsgesteuerten schweifenden und springenden Verlauf, der nicht an Regeln gebunden ist. Die Anwendung dieser Denkform ist überall dort empfehlenswert, wo zunächst nach verschiedenen **Alternativen gesucht wird**, oder wo man in einer scheinbar ausweglosen Situation nach neuen Möglichkeiten fahndet.

In Entscheidungs- und Problemlösungssituationen – ganz gleich, ob sie das Individuum oder die Gruppe betreffen – ist eine **Kombination von divergentem und konvergentem Denken** empfehlenswert. So kann es ratsam sein, zunächst im Sinne des divergenten Denkens Lösungsalternativen zu kreieren. Diese sind dann in einem Prozess konvergenten Denkens zu bewerten, um eine für die Realisierung angemessene Handlungsalternative auszusuchen (vgl. das so genannte Brainstorming, siehe 4.7.3.3.).

Gerade dem divergenten Denken stehen in konkreten Problemlösungs- und Entscheidungssituationen bestimmte **Barrieren** individualpsychologischer und sozialpsychologischer Art entgegen. Auf einige sei anhand von Beispielen kurz eingegangen.

Funktionale Gebundenheit: Wir sind es gewohnt, Gegenstände funktional zu betrachten. Dies erschwert es, sie in ungewöhnlichen oder neuartigen Funktionen zu sehen. (Wer z. B. im Sommer bei der Gartenarbeit frisch gesetzte Pflanzen gießen möchte, wird, wenn er keinen Eimer hat, Mühe haben, seine Gummistiefel als Wassergefäß wahrzunehmen, da sie für ihn in anderer Funktion gewohnt sind.) Adamson (1952) wies die Wirkung funktionaler Gebundenheit experimentell nach.

Hohe Motivation: Wer unbedingt aus einer unbefriedigenden Situation heraus möchte, dessen Blick verengt sich zu rasch auf eine Lösungsalternative; andere Möglichkeiten, die unter Umständen besser sind, werden nicht mehr wahrgenommen (vgl. die experimentellen Untersuchungen von Patrick, 1934). Da kurz vor dem Erreichen des vermeintlichen Ziels die Motivation steigt (vgl. Miller, 1944), wird, wenn dieses wahrgenommene Ziel nicht optimal ist, die Wahrscheinlichkeit für kreative neue Einfälle stark gesenkt.

Ein Fantasie-Experiment zeigt das: Man stelle sich einen Raum vor, in dem in erheblichem Abstand voneinander zwei schwere Schnüre von der Decke hängen (vgl. Darstellung 72, nach Franke, 1998).

Andere Gegenstände sind nicht im Raum. Eine Person wird nun aufgefordert, die Schnüre aneinander zu knoten. Es ist wahrscheinlich, dass diese Person zuerst zu einer der Schnüre geht und sie in Richtung auf die andere herüberziehen möchte. Misslingt dies, weil die Schnüre zu weit voneinander entfernt sind, die Armspannweite einfach nicht ausreicht, um die zweite Schnur zu erreichen, so wird die Person von diesem Vorhaben ablassen, sich die Sachlage überlegen und bald zur Lösung kommen, eine der Schnüre in Pendelbewegung zu setzen und die andere dann in Richtung auf die schwingende Schnur zu ziehen, diese zu fangen und beide aneinander zu knoten. Fehlen allerdings beim ersten Bemühen nur wenige Millimeter zum Ziel, so wird die Person nur schwer zu dieser Lösung kommen, sondern sie wird versuchen, doch noch mit Gewalt direkt zum Ziel zu gelangen.

4.7. Gruppenarbeit und Leistung 359

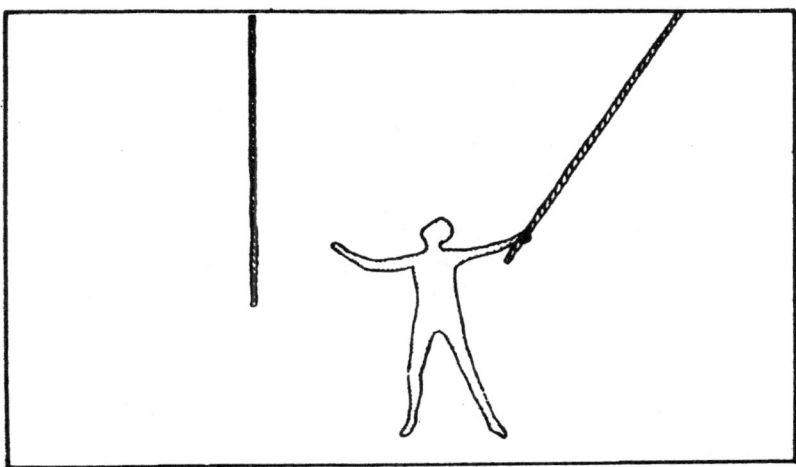

Darstellung 72. Zielnähe als Barriere

Reizkonstellation: Erscheint eine Problemsituation klar strukturiert, so wirkt die aus der Gestaltpsychologie (vgl. Metzger, 1953) bekannte »Tendenz zur guten Gestalt«, die es erschwert, die wahrgenommene Struktur aufzulösen und »umzustrukturieren«. Auch hierfür ein Beispiel: Man stelle die Aufgabe, das Punktgebilde der Darstellung 73 durch vier Linien, ohne abzusetzen, so zu durchfahren, dass alle Punkte miteinander verbunden sind.

Die meisten Personen scheitern zunächst. Erst wenn man sie umstrukturiert, die Quadratform, die als Struktur wahrnehmungsmäßig nahe gelegt ist, auflöst, kommt es zum »Aha-Erlebnis«. Man findet die Lösung (Darstellung 74).

Betriebsblindheit: Ist man gewohnheitsmäßig in bestimmten Situationen durch eingefahrene Lösungsstrategien immer wieder zum Ziel gekommen, so wird man

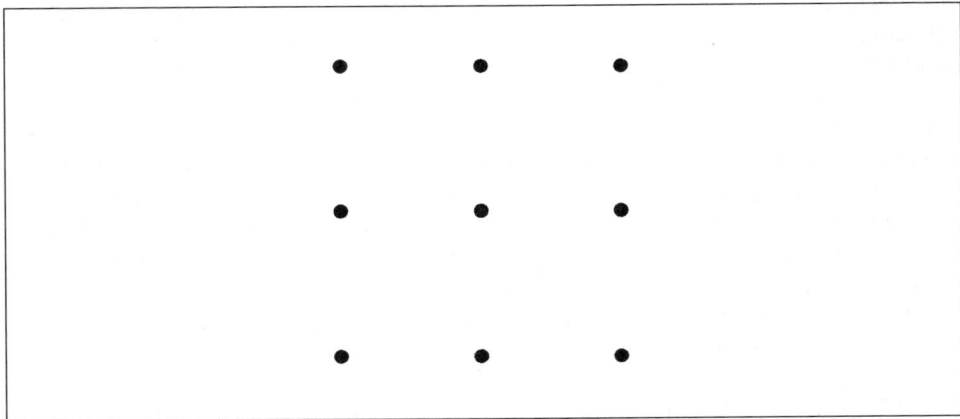

Darstellung 73. Die Neun-Punkte-Aufgabe

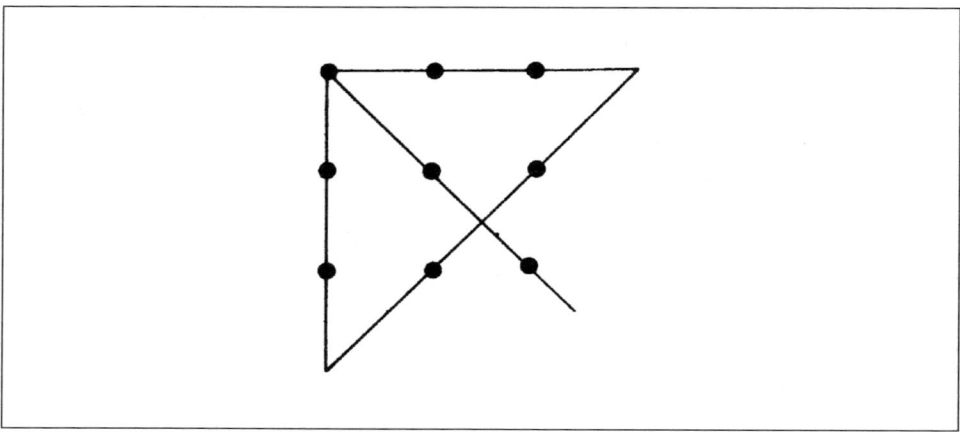

Darstellung 74. Lösung der Neun-Punkte-Aufgabe

in subjektiv ähnlichen Situationen auch wieder den gleichen Weg einschlagen, obwohl sich beispielsweise in einer Organisation die Ausgangslage allmählich modifiziert hat und andere Lösungsstrategien bessere Ergebnisse bringen würden. Luchins (1942) wies eine derartige »Problemblindheit« nach, indem er in einem Experiment Versuchspersonen an erfolgreiche mathematische Lösungsstrategien gewöhnte, die sie dann auch bei solchen Aufgaben anwandten, die auf andere Weise sehr viel einfacher hätten gelöst werden können.

Gruppendruck: Seit den klassischen Experimenten von Asch (1965) ist bekannt, dass Mitglieder einer Gruppe sich häufig gegen ihre Überzeugung der (vermeintlichen) Mehrheitsmeinung anpassen (zu vielfältigen Modifikationen vgl. Sader, 2002). Dies gilt auch für Problemlösungen und Entscheidungen in Organisationen, was insbesondere Janis (1972) mit seinen berühmt gewordenen Analysen von Gremienentscheidungen der Kennedy-Ära nachgewiesen hat. Er nannte u. a. die Wirkung des Gruppendrucks auf die kognitive Arbeit der Gruppenmitglieder »**group thinking**« (s. a. 4.7.3.3.) und wies in empirischen Analysen nach, dass besonders dann Fehlentscheidungen auftraten, wenn auf Einigkeit in der Gruppe geachtet und die Auffassung von »abweichenden« Gruppenmitgliedern nicht ernsthaft diskutiert oder gar unterdrückt wurde.

Prestige- und Kompetenzzuschreibung: In einer Vielzahl von experimentellen Untersuchungen (vgl. zusammenfassend Schuler, 1975) konnte gezeigt werden, dass die Argumente von Personen mit hohem Status besonders einflussreich sind, auch wenn der Status mit der Kompetenz fachlicher Art nicht korreliert. Diesem Aspekt wurde bei Gruppenbesprechungen der früheren deutschen Schifffahrt dadurch Rechnung getragen, dass bei Schiffsversammlungen die Lösungsvorschläge in der umgekehrten Reihenfolge zur Hierarchie abgegeben werden mussten (zuerst also der Schiffsjunge, zuletzt der Kapitän).

Einfluss des »Vielredners«: Riecken (1958) wies nach, dass Gruppenmitglieder, die zu Beginn der Besprechung viel reden, auch besonders viel Einfluss haben, obwohl Redehäufigkeit und Kompetenz nicht korrelieren. Offensichtlich wird von den übrigen Gruppenmitgliedern das ausufernde Reden als Indikator der Kompetenz interpretiert und dem Vielredner daher auch weiterhin viel Redezeit und Einfluss zugestanden. Der Effekt verliert sich allerdings, wenn sich die Gruppenmitglieder länger kennen.

Informationsmenge: Die Informationsverarbeitungskapazität von Menschen ist begrenzt. Es zeigt sich daher bei Gruppenentscheidungen immer wieder, dass die Entscheidungsgüte nicht proportional zur Menge der relevanten Information ansteigt, sondern Optimum und Maximum zu unterscheiden sind. Selbst dann, wenn ein Gruppenmitglied (z. B. durch entsprechende experimentelle Manipulation) die optimale Information für die Entscheidung besitzt, wird sich dieses Gruppenmitglied nicht notwendigerweise durchsetzen, wenn die übrigen Mitglieder nicht kompetent genug sind, die Güte dieser Information zu würdigen und wenn sie zudem die Quelle nicht kennen, aus der dieses Mitglied seine Informationen schöpft (vgl. Shaw & Penrod, 1962).

Risikoschub: Seit den viel zitierten Untersuchungen von Kogan und Wallach (1964) weiß man, dass Gruppen bei Entscheidungen ein höheres Risikoniveau wählen als einzelne Individuen. Es gibt dafür verschiedene konkurrierende oder sich ergänzende Erklärungshypothesen. Die plausibelste geht wohl dahin, dass in der Gruppensituation die Verantwortung nicht beim Einzelnen allein liegt, sondern dieser Einzelne – da ja »die Gruppe« die Verantwortung trägt – sich entlastet fühlt und daher risikofreudiger reagiert (vgl. dazu kritisch Sader, 2002).

Die Liste der Störfaktoren ließe sich fortsetzen. Die genannten Fehlerquellen und andere mehr gilt es zu beachten, wenn Entscheidungen in Gruppen getroffen oder Probleme gelöst werden sollen.

Literaturempfehlung

Born, M. & Eiselin, S. (1996). Teams. Chancen und Gefahren. Bern.
  Einführendes Bändchen, das knapp über die Teamarbeit informiert und dies am Beispiel von lean management konkretisiert.
Franke, H. (1998). Problemlösen und Kreativität. Leonberg.
  Im ersten Teil dieses praxisorientierten Buches werden in leicht lesbarer Form die allgemein-psychologischen Grundlagen des Gruppenproblemlösens und Gruppenentscheidens aufgezeigt.

4.7.3.2. Gruppenarbeit oder Einzelarbeit?

Bevor man in einer Organisation dafür plädiert, bestimmte Probleme oder Entscheidungen in der Gruppe bearbeiten zu lassen, gilt es zu diagnostizieren, ob angesichts der Bedingungen der Situation und der Voraussetzungen bei den betroffenen Personen **Gruppenarbeit überhaupt ratsam** ist. Ob man hier zu einer positiven oder negativen Empfehlung kommt, hängt nicht nur von den diagnostizierten Merkmalen der Situation (»Aufgabe«, »Organisationsstruktur«, »Gruppenkonstellation« etc.) und der Person ab (»Engagiertheit«, »Sachkenntnis«, »Konkurrenzdenken« etc.), sondern auch ganz wesentlich vom Entscheidungskriterium. Das sei an Beispielen gezeigt:

Qualität der Entscheidung: Hier ist eine Überlegenheit der Gruppe dann zu erwarten, wenn das zur Entscheidung anstehende Problem so komplex ist, dass es die Kapazität des qualifiziertesten Einzelnen übersteigt. Allerdings führt allein der Plural von Personen nicht zu qualitativ besseren Entscheidungen; dies gilt nur, wenn alle an der Gruppenentscheidung Beteiligten sich für das Problem interessieren und zugleich hinsichtlich ihres Wissens und ihrer Wissensaspekte heterogen sind.

Akzeptanz: Hier darf man sagen, dass eine Entscheidung mit höherer Wahrscheinlichkeit durchsetzbar ist, wenn alle von ihr Betroffenen an der Entscheidungsfindung beteiligt sind. Allerdings gilt, dass die Identifikation mit der Gruppenentscheidung bei den Gruppenmitgliedern nur dann zu erwarten ist, wenn ihre Beteiligung ernsthaft und nicht »pseudopartizipativ« ist. **Pseudopartizipation** kann leicht dann entstehen, wenn sich die mächtigeren Gruppenmitglieder einen Informationsvorsprung sichern, wenn nicht alle Handlungsmöglichkeiten als Alternativen klar aufgezeigt werden oder wenn die Mitwirkungschance auf nur unwichtige Details eingeschränkt wird.

Zufriedenheit der Betroffenen mit der Gruppenentscheidung: In kleinen Gruppen, bei denen eine freie Entscheidung möglich ist, wird die Zufriedenheit mit der Entscheidung bei echten Beteiligungschancen größer. Dies gilt nicht, wenn keine freie Entscheidungsmöglichkeit gegeben ist oder wenn die Gruppe zu groß ist (vgl. Vroom & Mann, 1960).

Zeitbedarf: In aller Regel wird argumentiert, dass Gruppenentscheidungen zeitaufwändiger als Einzelentscheidungen seien. Dem ist meist zuzustimmen, und zwar insbesondere dann, wenn nicht die Entscheidungszeit, sondern die insgesamt benötigten Arbeitsstunden gerechnet werden. Das Zeitproblem relativiert sich allerdings, wenn man nicht nur die Zeit bis zum Entscheidungszeitpunkt berücksichtigt, sondern auch die Zeit, die üblicherweise benötigt wird, bis alle von der Entscheidung Betroffenen informiert wurden und bereit sind, diese Entscheidung auch zu akzeptieren.

Die Liste der Kriterien ließe sich fortsetzen, etwa unter dem Aspekt der Demokratisierung, der Motivationswirkung, der Auswirkung auf das Qualifikationsniveau etc. (vgl. Müller & Thomas, 1974; Schuler, 1975; Franke, 1998; Irle, 1975; Sader, 2002).

Stellt man den Aspekt der Qualität der Lösung in den Vordergrund, so werden in der Literatur (vgl. z. B. Kelley & Thibaut, 1969; Müller & Thomas, 1974) meist drei Möglichkeiten voneinander abgehoben:

- Die Gruppenleistung **entspricht** der besten Einzelleistung.
- Die Gruppenleistung **liegt unter** der besten Einzelleistung.
- Die Gruppenleistung **liegt über** der besten Einzelleistung.

Nur unter der letzten dieser drei Bedingungen empfiehlt sich die Bearbeitung des Problems in der Gruppe. Im Einzelnen ist – um hier überhaupt eine Prognose zu wagen – an folgende diagnostische Aspekte zu denken:

- **Kultur**: Die ungeschriebenen Gesetze der Kultur sollten nicht durch eine große Machtdistanz (Hofstede, 1997) gekennzeichnet sein und auch sonst die Akzeptanz von Gruppenentscheidungen eher sichern als behindern.
- **Organisation**: Die impliziten oder expliziten Normen der Organisation müssen Gruppenentscheidungen bzw. Gruppenproblemlösungen gestatten und akzeptieren. Kompetente Mitglieder müssen für entsprechende Arbeiten bereitgestellt werden können.
- **Aufgabe**: Die Aufgabe bzw. Problemsituation muss so komplex sein, dass sie auch vom kompetentesten Spezialisten allein nicht adäquat zu bearbeiten ist. Andererseits sollte die Aufgabe so strukturiert sein, dass auch aus Teilbearbeitungen einzelner Teilnehmer Anregungen erfolgen, oder aber die Beiträge sich additiv ergänzen können. Steht ein einheitliches und ganzheitliches Konzept im Mittelpunkt, so ist ein Qualitäts- oder Leistungszugewinn durch die Gruppenarbeit fraglich. Als Beispiel hierfür mag gelten, dass Kreuzworträtsel durch Gruppen besser gelöst, durch Einzelne aber besser konstruiert werden können.
- **Gruppe**: Die Gruppe sollte eine möglichst egalitäre Zusammensetzung – frei von Statusaspekten – haben. Die Kommunikationsstrukturen sollen der Vollstruktur entsprechen, die einzelnen Mitglieder alle am Problem interessiert sein, gewisse Vorkenntnisse haben, jedoch das Problem unter heterogenen Aspekten sehen. Ihre gleichartige Information ist zu gewährleisten. Die Größe der Gruppe sollte nach oben hin streng begrenzt werden. Übersteigt die Zahl der Mitglieder fünf, so ist kaum mit einem weiteren Qualitätsgewinn bei den Lösungen zu rechnen, wird diese Zahl zweistellig, so ist im Gegenteil durch Reibungs- und Koordinationsverluste eine Minderung der Gruppenleistung zu befürchten. (Vgl. zu diesen Punkten Müller & Thomas, 1974; v. Rosenstiel, 1981, 2004; Yetton & Bottger, 1983; Brandstätter, 1989; Franke, 1998).

4.7.3.3. Verbesserung von Gruppenproblemlösen und Gruppenentscheiden

Die angewandte Sozialpsychologie hat eine Vielzahl von erlernbaren bzw. anwendbaren **Sozialtechniken** entwickelt, die von Gruppen genutzt werden können, wenn Probleme gelöst oder Entscheidungen getroffen werden sollen (zusammenfassend berichten Bollinger & Greif, 1983; Brandstätter, 1989). Diese Techniken lassen sich auf die verschiedenen Phasen des Prozesses in der Gruppe beziehen (vgl. Franke, 1998):

- die **Problemdefinition**,
- die Produktion von **Lösungsalternativen** und
- die **Bewertung** von Lösungsalternativen.

Einige Beispiele seien genannt. Die bekannteste Technologie bei der Produktion von Lösungsalternativen ist das »**Brainstorming**«, das auf Osborn (1957) zurückgeht. Hierbei sitzen die Gruppenmitglieder beisammen, die nach den vorgenannten Kriterien ausgewählt sein sollten, und arbeiten nach folgenden Spielregeln:

- **keine Kritik** (den einzelnen Gruppenmitgliedern sollte nicht durch Zensur der Mut genommen werden, möglichst viele Ideen unabhängig voneinander zu produzieren);
- **freies Spiel der Gedanken** erwünscht (divergentes Denken erhöht die Wahrscheinlichkeit origineller Ideen);
- **Menge, nicht Qualität** ist wichtig (kommen viele Ideen, so steigt die Wahrscheinlichkeit, dass auch einige gute dabei sind) und
- **Kombinationen und Verbesserungen** sind erwünscht (die »absurde« Idee des einen kann für den Zweiten der Anstoß zur brauchbaren Problemlösung sein).

Dem Diskussionsleiter fällt die Aufgabe zu, den Gesamtverlauf zu steuern, die Protokollierung zu besorgen, Produktionslücken zu überbrücken, zurückhaltende Teilnehmer zu ermuntern, übereifrige Teilnehmer zu bremsen, die Einhaltung der Regeln zu überwachen, Verbindungen und neue Wege aufzuzeigen.

Die **Ideenbewertung** schließt sich als weiterer Schritt an; Ideenproduktion und Ideenbewertung sind zwei aufeinander folgende Schritte, die nicht, wie sonst üblich, »vermischt« zu behandeln sind.

Für die Ideenbewertung wird u. a. häufig die »**Zweispaltenmethode**« vorgeschlagen, die auf Maier (1963) zurückgeht. Hierbei werden zwei Spalten (»spricht dafür«/»spricht dagegen«) visualisiert und die von der Gruppe erarbeiteten Pro- und Kontra-Argumente entsprechend eingebracht. Dadurch wird einmal eine komplette Zusammenstellung der Argumente ermöglicht, zum anderen kommt es dabei nicht selten zu neuen Einfällen, die zur Verbesserung der vorgeschlagenen Lösung beitragen können.

Untersuchungen (Kabanoff & O'Brien, 1979) lassen allerdings **Zweifel an der Wirksamkeit des Brainstorming** aufkommen. Vielfach scheint es so zu sein, dass die unabhängig von den Gruppenmitgliedern in Einzelarbeit im Rahmen von Brainwriting (z.B. mit der »Kärtchenmethode« oder spezifisch mit der »Metaplantechnik«) entwickelten Lösungsvorschläge in ihrer Gesamtheit quantitativ und qualitativ dem überlegen sind, was innerhalb einer Gruppen-Brainstorming-Sitzung produziert wird.

Auch für andere, in der Praxis häufig angewandte Kreativitätstechniken fehlen bislang Belege, die die Nützlichkeit der Methoden nachweisen (Wendt, 1980). Dies gilt z. B. auch für die **Delphi-Technik** (Linstone & Turoff, 1975), die darin besteht, dass Experten unabhängig voneinander klar strukturierte Fragen schriftlich beantworten, diese Antworten ohne Nennung ihres Autors den übrigen Experten zugespielt werden, die daraufhin ein zweites oder gar ein drittes Mal eine Antwort geben und dabei ihre bisherigen Aussagen unter Verwendung der ihnen zugespielten Ideen der anderen Experten korrigieren können.

Die sozialpsychologischen Behinderungen beim Gruppenprozess wurden, wie bereits berichtet, von Janis (1972) und Janis und Mann (1977) am Beispiel politischer Entscheidungssitzungen der Kennedy-Ära mit intuitiv-phänomenologischen Methoden untersucht. Gruppen, die **Fehlentscheidungen** erarbeiteten, waren u. a. gekennzeichnet durch eine Illusion der Unverwundbarkeit, kollektive Rationalisierungen, Abbau moralischer Bedenken, abwertende Verdrängung der eigenen Zweifel, Überschätzung der Einmütigkeit der Meinungen innerhalb der Gruppe und Abschirmung gegen Kritik von außen. Dadurch wurden wichtige Handlungsalternativen übersehen, was dann letztlich Fehlentscheidungen zur Folge hatte. Janis (1982) empfiehlt daher, bei der Erarbeitung wichtiger Entscheidungen folgende Regeln zu beachten:

- **Aufklärung** über die Gefahren des Gruppendenkens,
- **Zurückhaltung des Vorgesetzten** mit eigenen Stellungnahmen,
- Ermutigung der Gruppenmitglieder zur **Kritik**,
- teilweise Übernahme der Rolle eines »**Advocatus Diaboli**« durch ein Gruppenmitglied,
- Bildung von **Untergruppen**, die in Konkurrenz Teilprobleme unabhängig voneinander bearbeiten,
- sorgfältige Analyse der Handlungsmöglichkeiten und Absichten eines möglichen **Gegners**,
- **erneutes Überdenken** der Lösung bei einer zweiten Besprechungsrunde,
- Heranziehen eines externen **unabhängigen Beobachters** oder Kritikers,
- Erfragen der Meinungen kompetenter und vertrauenswürdiger **Personen, die der Gruppe nicht angehören**,
- Einsetzen einer **parallel am gleichen Problem arbeitenden Gruppe**.

Selbstverständlich sollen diese Empfehlungen nicht heißen, dass in Problemlösungs- oder Entscheidungsgruppen all diese Regeln gleichzeitig zu beachten sind. Man wird von Fall zu Fall die eine oder andere für die gemeinsame Arbeit herausgreifen und gegebenenfalls andersartige entwickeln. Dabei bewährt es sich, wenn die Gruppenmitglieder am Ende eines jeden gemeinsamen Treffens ihre Arbeit reflektieren und im Sinne der **Metakommunikation** Stärken und Schwächen einander gegenüberstellen. Sind besondere Schwachstellen bewusst geworden, so lassen sich gemeinsam Spielregeln formulieren, die geeignet sind, die diagnostizierte Schwäche zu beseitigen. Derartige Regeln (z. B. »in keinem Redebeitrag mehr als ein Argument« oder »zunächst angeben, zu welchem Problem man spricht«) kann man auf Flipcharts oder geeigneten Karten notieren, die vor Beginn der nächsten Sitzung für alle sichtbar im Besprechungssaal angebracht werden. Sie erinnern daran, was man vereinbart hat und verbessern entsprechend die Zusammenarbeit.

Literaturempfehlung

Brandstätter, H. (1989). Problemlösen und Entscheiden in Gruppen. In: E. Roth (Hrsg.). Organisationspsychologie. Göttingen, S. 505–528.
In diesem kritischen Sammelreferat werden die sozialpsychologischen Grundlagen des Problemlösens und Entscheidens in Gruppen dargestellt sowie praxisbezogene Technologien kritisch gewürdigt.
Rosenstiel, L. v. & Comelli, G. (2003). Führung zwischen Stabilität und Wandel. München.

Im vierten Teil dieses praxisorientierten Buches wird ausführlich beschrieben, was man konkret zur Optimierung von »Meetings« und Konferenzen unternehmen kann.

Selbstkontrollfragen zu Kapitel 4

Von den mit a), b), c), d) gekennzeichneten Alternativantworten zu den Mehrfachwahlfragen gilt nur eine als richtig. Bitte kreuzen Sie diese an. Sie können, wenn Sie die Fragen 79 bis 113 durchgearbeitet haben, Ihre Lösungsvorschläge mit den auf Seite 531 angegebenen Bestlösungen vergleichen.

79. Als wesentliche Definitionskriterien der Gruppe dürfen gelten
    (1) Homogenität der Mitglieder bezüglich der sozialen Schicht
    (2) Rollendifferenzierung
    (3) gemeinsame Normen in für die Gruppe bedeutsamen Verhaltensaspekten
    (4) Interaktion zwischen den Mitgliedern
    (5) gleiche Anteile der Mitglieder an Macht und Status

    Richtig ist die Antworten-Kombination
    a) (1), (2), (3), (4), (5)
    b) (2), (3), (4)
    c) (1), (5)
    d) (3), (4), (5)

80. Personen in der Organisation neigen dazu, sich zur Gruppe zusammenzuschließen,
    a) wenn sie sich als stark unterschiedlich wahrnehmen, weil sie hoffen, dadurch eine Erweiterung ihres geistigen Horizonts zu erfahren
    b) wenn sie sich zur Gruppe zusammenschließen sollen, da normative Vorschriften die stärksten Bestimmungsgrößen sozial-emotionaler Strukturen sind
    c) wenn sie autoritär geführt werden, da autoritäre Führung grundsätzlich abgelehnt wird und somit eine Solidarisierung der Geführten nach sich zieht
    d) wenn sie sich als in der gleichen Situation stehend erleben und der Auffassung sind, diese Situation gemeinsam leichter bewältigen zu können

81. Das Gemeinsame an Gruppenkohäsion und Dependenz von der Gruppe ist darin zu sehen, dass
    a) beides sich in der unmittelbaren Attraktivität der Gruppe für die Mitglieder zeigt
    b) beides sich in überdurchschnittlicher Sympathie zwischen den Gruppenmitgliedern äußert

c) beides die Tendenz steigert, sich möglichst oft und möglichst lange in der Gruppe aufzuhalten
d) beides die Tendenz steigert, die Gruppenmitgliedschaft zu bewahren

82. Wenn man erfährt, dass Personen in einer Organisation in verschiedenen, jeweils eng zusammenhaltenden Gruppen zusammengeschlossen sind, die jeweils recht unterschiedliche Einstellungen der Unternehmensspitze gegenüber zeigen, so darf man für die Höhe von Leistung und Zufriedenheit insgesamt vermuten,
    a) dass die Leistung hoch ist und die Zufriedenheit hoch ist
    b) dass die Leistung insgesamt mäßig hoch ist, aber stark streut, die Zufriedenheit aber hoch ist
    c) dass die Leistung hoch ist, die Zufriedenheit dagegen im Durchschnitt mäßig hoch ist, aber stark streut,
    d) dass die Leistung niedrig, die Zufriedenheit aber hoch ist.

83. Die Zusammenfassung verschiedener Personen durch den Organisationsplan
    a) führt zur Opposition gegen Fremdbestimmung und somit dazu, dass die tatsächliche Gruppenbildung dem Organisationsplan widerspricht
    b) führt zur Zusammenarbeit bei Sachaufgaben; Gruppenzusammenschluss im Sinne zwischenmenschlicher Sympathie und verstärkte Wir-Gefühle sind davon unabhängig
    c) erhöht die wahrgenommene Ähnlichkeit und die Interaktionshäufigkeit, wodurch auch die zwischenmenschliche Sympathie ansteigt, die wiederum die Gruppenbildung begünstigt
    d) mindert die wahrgenommene Ähnlichkeit wegen der Zwangssituation und erhöht somit die Wahrscheinlichkeit der Cliquenbildung

84. In die Aufbauorganisation eines Unternehmens sind nicht integriert
    a) »klassische« Arbeitsgruppen
    b) Qualitätszirkel
    c) teilautonome Arbeitsgruppen
    d) Abteilungen

85. Im Partizipationsexperiment von Coch und French zeigte sich, dass
    a) durch die Mitsprachemöglichkeit aller Gruppenmitglieder bei Arbeitsänderungen zwar die Zufriedenheit stieg, die Leistung aber unverändert blieb
    b) die Mitsprachemöglichkeit der Gruppenmitglieder bei Arbeitsänderungen dann positiv auf die Leistung wirkte, wenn dies durch Delegierte geschah; dagegen dann nicht, wenn direkte Mitwirkungsmöglichkeit für alle Gruppenmitglieder bestand
    c) die Partizipation nur dann einen positiven Einfluss auf die Leistung hatte, wenn sie den Normen und Erwartungen der Gruppenmitglieder entsprach

d) die direkte Partizipation bei Arbeitsänderungen stärker als die durch Delegierte positiv auf die Leistung und zugleich fluktuationssenkend wirkte

86. Bei den von Bavelas und Leavitt initiierten Kommunikationsuntersuchungen handelte es sich um
   a) Feldexperimente
   b) quasiexperimentelle Vorgehensweisen im Feld
   c) theoretische Analysen
   d) Laborexperimente

87. Die Identifikation des Führenden gelingt am besten bei der Kommunikationsstruktur
   a) »Y«
   b) »Totale«
   c) »Stern«
   d) »Kette«

88. Durchschnittliche Zufriedenheit der Gruppenmitglieder und Leistung der Gruppe sind hoch
   a) bei der »Totalen« unter der Voraussetzung komplexer Aufgaben
   b) beim »Stern« unter der Voraussetzung einfach strukturierter Aufgaben
   c) beim »Stern« unter der Voraussetzung komplexer Aufgaben
   d) bei der »Totalen« unter der Voraussetzung einfach strukturierter Aufgaben

89. Vorgesetzte neigen dazu, ihre Bereitschaft zu Gesprächen mit Geführten
   a) zu unterschätzen, weil ihnen ihre vielfältigen andersartigen Aufgaben überwältigend erscheinen
   b) zu überschätzen, weil sie vermutlich zu Fehlschätzungen im Sinne der sozialen Erwünschtheit neigen
   c) realistisch einzuschätzen, weil angesichts der größeren Zahl der Geführten das Prinzip des statistischen Fehlerausgleichs wirkt
   d) ebenso einzuschätzen wie die Geführten, weil Geführte und Führende als Mitglieder einer Gruppe den gleichen Normen unterliegen

90. Die Kommunikationsregel »Sprich kürzer!«, lässt sich vor allem damit begründen, dass
   a) kurze Sätze wie ein Imperativ erscheinen und somit effektiver sind
   b) lange Sätze redundant sind und den Empfänger langweilen
   c) der Empfänger nur eine begrenzte Menge an Informationen speichern und nur auf diese reagieren kann
   d) der Empfänger daran gehindert werden soll, beim Reden des Senders seine Antwort vorzubereiten

91. Versucht eine Person besonders viel Einfluss dadurch zu gewinnen, dass sie droht, sich einschmeichelt oder sich auf mächtige Andere beruft, so bezeichnet man dies als
    a) Management by exception
    b) informelle Kommunikation
    c) Mikropolitik
    d) nonverbale Kommunikation

92. Bei sexuell-romantischen Beziehungen im Betrieb ist der männliche Partner meist
    a) in einer hierarchisch höheren Position als die Partnerin
    b) auf der gleichen hierarchischen Position wie die Partnerin
    c) auf einer hierarchisch niedrigeren Position als die Partnerin
    d) in einem anderen Unternehmensbereich als die Partnerin tätig

93. Bei sexuell-romantischen Beziehungen in einer Arbeitsgruppe besteht die Gefahr
    a) dass die Leistungen sinken, weil alle über den »Fall ratschen«
    b) dass Spannungen in der Gruppe entstehen, weil das Paar dann zur Untergruppe wird
    c) dass die Fluktuation hochschnellt, weil sich Eifersucht auf das Paar entwickelt
    d) dass die Kommunikationsstruktur sich dem »Stern« annähert

94. Wird innerhalb eines Arbeitsbereichs über E-Mail kommuniziert, so wird häufig die Kommunikation
    a) höflicher
    b) unverständlicher und verschlüsselter
    c) direkter – bis hin zu Vulgärausdrücken
    d) ironischer und sarkastischer

95. Gerüchte entstehen in Organisationen besonders häufig
    a) bei präziser Informationsübermittlung und unausgeprägter Interessenlage der Organisationsmitglieder
    b) bei schlechter Informationsübermittlung und unausgeprägter Interessenlage der Organisationsmitglieder
    c) bei präziser Informationsübermittlung und ausgeprägter Interessenlage der Organisationsmitglieder
    d) bei schlechter Informationsübermittlung und ausgeprägter Interessenlage der Organisationsmitglieder

96. Virtuelle Gruppenarbeit ist
    a) die Vorstellung der Gruppenmitglieder darüber, wie ihre Arbeit im Idealfall ablaufen sollte
    b) die Aufgabenerledigung mit Hilfe elektronischer Medien, sog. »group-

ware«, wobei die einzelnen Personen räumlich und zeitlich voneinander getrennt sein können.
c) die Mensch-Computer-Interaktion
d) die Gruppenarbeit, wie sie formalisiert ablaufen sollte, im Gegensatz zu den beobachtbaren informellen Prozessen

97. Wesentlicher Bestandteil der Definition des sozialen Konflikts ist
    a) eine unterschiedliche Meinung verschiedener Parteien
    b) unterschiedliche Handlungstendenzen voneinander unabhängiger Parteien
    c) Ärger und Wut auf die andere Partei
    d) unterschiedliche Handlungstendenzen voneinander abhängiger Parteien

98. Gruppen, zwischen denen ein Konflikt besteht, neigen dazu
    a) mehr Kontakt miteinander zu pflegen, um den Konflikt beizulegen
    b) die Spannungen durch Konflikte und abweichende Meinungen innerhalb der Gruppen abzureagieren
    c) sich gegenseitig böswillige Motive zu unterstellen und bevorzugt das wahrzunehmen, was diese Unterstellungen bestätigt
    d) einen demokratischen Führungsstil zu fördern, um Konflikte innerhalb der Gruppen zu vermeiden

99. Was versteht man unter einem Bewertungskonflikt?
    a) Zwei Kontrahenten richten ihr Verhalten nach unterschiedlichen Wertsystemen aus
    b) Zwei Kontrahenten verfolgen dasselbe Ziel, schätzen aber den Nutzen dieses Ziels unterschiedlich ein
    c) Zwei Kontrahenten wollen verschiedene unvereinbare Handlungsalternativen realisieren, weil sie den Wert ihrer Konsequenzen unterschiedlich einstufen
    d) Zwei Kontrahenten setzen sich für die Realisierung gegensätzlicher Handlungsalternativen ein, weil sie die Auftretenswahrscheinlichkeit des Nutzens der Konsequenzen verschieden beurteilen

100. Wenn zwischen den Mitgliedern einer Gruppe starke Spannungen herrschen, die wegen innerer oder äußerer Barrieren nicht ausgetragen werden können,
    a) dann treten gewöhnlich starke Aggressionen gegen jene Personen auf, die für diese Barrieren verantwortlich sind
    b) dann versucht die Gruppe oft, sich durch Konflikte mit anderen Gruppen zu entlasten
    c) dann kommt es gewöhnlich zur Übertragung feindseliger Gefühle auf den informellen Führer
    d) dann neigt die Gruppe zu einem autoritären Führungsstil

101. Wird ein Konflikt durch den Einsatz von Macht beendet, dann handelt es sich vermutlich um eine
    a) Konfliktlösung; d.h. alle am Konflikt beteiligten Parteien sind relativ zufrieden
    b) Konfliktunterdrückung; d.h. die Spannung bleibt bestehen, der Konflikt ist jedoch nicht mehr manifest
    c) Konfliktverebben; d.h. die Konfliktthematik wird inaktuell
    d) Konfliktverschiebung; d.h. die Konfliktparteien suchen sich neue Gegner

102. Die relativ geringen Generalisierungsmöglichkeiten der Ergebnisse von Untersuchungen, die mit dem Ziel durchgeführt werden, den Führungserfolg durch Persönlichkeitsmerkmale oder Verhaltensweisen des Führenden vorherzusagen, sind vor allem darin begründet, dass
    a) Eigenschaften und Verhaltensweisen nicht mit ausreichender Reliabilität gemessen werden können
    b) Merkmale der Situation, innerhalb derer die Führung sich vollzieht, nicht berücksichtigt wurden
    c) der Führungserfolg nicht von den Merkmalen des Führenden, sondern solchen der Geführten abhängt
    d) zwar die Messung von Persönlichkeitsmerkmalen und Verhaltensweisen reliabel möglich ist, jedoch diese Variablen über die Zeit nicht stabil sind

103. Im Führungsexperiment von Merei zeigte es sich,
    a) dass sich die dominanten Kinder als Führer durchsetzten und in anderen Gruppen auch das erreichten, was sie wollten
    b) dass die dominanten Kinder, wenn sie die Gruppe wechselten, unterdurchschnittliche Chancen hatten, als Führer akzeptiert zu werden
    c) dass die dominanten Kinder nach dem Gruppenwechsel dadurch in Führungsposition gelangten, dass sie die Gruppennorm respektierten
    d) dass die dominanten Kinder nach dem Gruppenwechsel eine Spaltung der Gruppe bewirkten

104. In der Führungstheorie Fiedlers lässt sich die Leistung der Gruppe nur dann prognostizieren, wenn man
    a) die motivationale Orientierung des Führenden mithilfe des LPC-Maßes ermittelt hat
    b) die motivationale Orientierung des Führenden mithilfe des LPC-Maßes als persönliche Beziehung zwischen Führer und Geführten bestimmt und die Positionsmacht des Führers und die Aufgabenstruktur als Moderatorvariablen berücksichtigt
    c) die motivationale Orientierung des Führenden als Funktion der persönlichen Beziehungen zwischen Führer und Geführten (definiert durch das LPC-Maß), die Positionsmacht (definiert durch Expertenurteile mithilfe

standardisierter Items) und die Aufgabenstruktur (definiert durch Expertenskalierungen auf 4 Dimensionen) bestimmt
d) die motivationale Orientierung des Führenden und als zusätzliche Bedingungsvariablen die persönlichen Beziehungen zwischen Führer und Geführten, die Positionsmacht des Führers und die Aufgabenstruktur ermittelt

105. Ist das LPC-Maß für einen Vorgesetzten hoch, so bedeutet dies,
   a) dass er auch seinen am wenigsten geschätzten Mitarbeiter noch positiv sieht
   b) dass er seinen am wenigsten geschätzten Mitarbeiter kritisch sieht
   c) dass die Beziehungen zwischen dem Vorgesetzten und seinen Mitarbeitern als emotional positiv eingestuft werden
   d) dass die Situation für den Vorgesetzten unter den Aspekten Führer-Geführten-Beziehungen, Aufgabenstruktur und Positionsmacht günstig erscheint

106. Das Modell von Vroom und Yetton gibt konkrete Hinweise darauf,
   a) welche Führungsdimensionen in welcher Situation leistungssteigernd wirken
   b) welche Art des Entscheidungsverhaltens der Vorgesetzte in Abhängigkeit von Merkmalen der Entscheidungssituation wählen sollte
   c) bei welchen Persönlichkeitsmerkmalen der Geführten partizipatives Verhalten des Vorgesetzten leistungs- und zufriedenheitssteigernd wirkt
   d) wie ein Vorgesetzter, der bestimmte Arten des Entscheidungsverhaltens bevorzugt, die Situation gestalten sollte, um erfolgreich zu sein

107. Symbolische Führung ist dadurch gekennzeichnet, dass
   a) durch Statussymbole die Position des Führenden betont wird
   b) die Führungsanweisungen als Symbol der hierarchischen Beziehungen verstanden werden
   c) in Situationen der Unsicherheit und Unbestimmtheit der Glauben der Geführten an Kompetenz und Legitimität der Führenden gesichert wird
   d) die Führenden nur als scheinbar Einfluss nehmend gesehen werden, da tatsächlich alles durch Sachzwänge geregelt ist

108. Divergentes Denken ist gekennzeichnet durch
   a) Anpassung an bestehende Denkgewohnheiten
   b) Berücksichtigung der Regeln der formalen Logik
   c) bildhafte Vorstellungen
   d) einen spontanen, sprunghaften, von Regeln freien Verlauf

109. Kennzeichnend für das »Brainstorming« ist
   a) die Trennung von Ideenproduktion und Ideenbewertung
   b) die Möglichkeit freier, unbehinderter Diskussion

c) das Denken in Analogien
d) die Verpflichtung zur Originalität und die Berücksichtigung der Regel, nichts Gewohntes zu sagen

110. Evaluationsstudien zum »Gruppen-Brainstorming« zeigten, dass es – verglichen mit den summierten Leistungen gleicher Personen in der Einzelsituation – zu
    a) quantitativ und qualitativ besseren Ergebnissen führt
    b) quantitativ besseren aber qualitativ schlechteren Ergebnissen führt
    c) quantitativ schlechteren aber qualitativ besseren Ergebnissen führt
    d) quantitativ und qualitativ schlechteren Ergebnissen führt

111. Als typischer Prozessgewinn in einer Arbeitsgruppe gilt
    a) »social facilitation«
    b) »social loafing«
    c) »free riding«
    d) »sucker-Effekt«

112. Nach den Forschungsergebnissen von Janis sind Entscheidungen in Gruppen besonders dann qualitativ schlecht,
    a) wenn der Kontakt zwischen den Gruppenmitgliedern schlecht ist
    b) wenn großer Wert auf eine einheitliche Gruppenmeinung gelegt wird
    c) wenn Außenseiter den Entscheidungsprozess immer wieder abblocken und verzögern
    d) wenn die Gruppe mehr als 10 Mitglieder hat

113. Gruppenentscheidungen, die besser als Einzelentscheidungen sind, kann man dann erwarten,
    a) wenn die Gruppenmitglieder das Problem unter gleichen Aspekten sehen
    b) wenn die Aufgabe komplex ist und die Gruppenmitglieder sie unter verschiedenen Aspekten sehen
    c) wenn in der Entscheidungsgruppe eine führende Person durch die Mitglieder klar identifiziert werden kann
    d) wenn die Aufgabe einfach strukturiert ist und die Gruppenmitglieder sich lange damit beschäftigt haben

5. Organisation

Lernziele des 5. Kapitels

Die Bearbeitung des Kapitels »Organisation« soll dazu anregen und befähigen,

- die Bedeutung der organisatorischen Rahmenbedingungen zu erkennen, wenn in der Organisation Veränderungen bei Aufgaben, Personen oder Gruppen angestrebt werden;
- psychologisch orientierte empirische Organisationsforschung von anderen Formen empirischer Organisationsforschung zu unterscheiden;
- wichtige Theorien der Arbeitsmotivation darzustellen, zu kritisieren und ihre Bedeutung für die Organisationsgestaltung zu analysieren;
- zu erkennen, dass organisatorische Rahmenbedingungen dazu beitragen, dass Mitarbeiter ihre persönlichen Ziele in der Organisation umsetzen können und sich dadurch intensiver engagieren;
- den Begriff der Arbeitszufriedenheit von verwandten Begriffen, insbesondere von denen des Betriebsklimas, des Organisationsklimas und der Unternehmenskultur abzuheben;
- aufzuzeigen, wie das 3-Ebenen-Modell der Unternehmenskultur nach Schein zu interpretieren ist;
- skizzieren zu können, wie man bei der psychologischen Organisationsdiagnostik vorgeht;
- Probleme und Fehlerquellen der Arbeitszufriedenheitsmessung darzustellen;
- Ursachen, Korrelate und Folgen der Arbeitszufriedenheit zu nennen;
- umschreiben zu können, was man unter Change Management versteht;
- Gründe dafür anzugeben, warum Veränderungen im Unternehmen meist nicht begrüßt werden, sondern Widerstand auslösen;
- Bedingungen des Erfolgs von Change Managementprozessen zu nennen;
- zwischen verschiedenen Formen des Change Management zu unterscheiden;
- die Beziehung von personalen und strukturalen Ansätzen der Organisationsentwicklung aufzuzeigen;
- Organisationsentwicklung als Phasenmodell zu sehen;
- Bedingungen zu nennen, die den Erfolg von Organisationsentwicklungsmaßnahmen begünstigen;
- verschiedene Vorgehensweisen voneinander abzuheben, die häufig unter der zusammenfassenden Überschrift »Change Management« beschrieben werden;
- Kriterien für eine »Lernende Organisation« zu nennen.

Will man Organisation definieren, so fällt meist eine vor- oder metatheoretische Entscheidung: Als was sieht man eine Organisation; was ist die dafür stehende **Metapher** (Boulding, 1968; Weick, 1985; Neuberger, 1989; Morgan, 1997)? Sieht man sie als »Anarchie«, »Schaukel«, »Raumstation«, »Mülltonne«, »Eingeborenenstamm«, »Tintenfisch«, »Marktplatz«, »Datenverarbeitungsanlage«, »Zuchtfarm«, »Basketballspiel«, »Statuenausstellung«, »Skelett«, »Katalog«, »Thermostat« oder als einen »in einer Umwelt lebenden Körper«?

Die implizit oder explizit am häufigsten verwendete Metapher der Organisation ist jedoch die der **Maschine** (v. Rosenstiel, 1993; Scholl, 2004). Dieses verhaltensleitende Bild von der Organisation führt dazu, dass die Mitarbeiter nicht selten als »Rädchen im Getriebe« gesehen werden, die im Fall von Störungen auszutauschen sind und dass letztlich in kausaler Weise das langsame Drehen eines großen Zahnrads die schnelle Bewegung der nachgeordneten kleinen zur Folge hat. Reparaturen sind in einer geradezu mechanistischen Weise möglich; gelegentlich aber ist eine grundsätzliche Umkonstruktion der Maschine (»business reengineering«) notwendig, um aktuellen Herausforderungen gewachsen zu sein.

Eine gänzlich andere Metapher der Organisation stellt die der »**Familie**« dar, die tatsächlich häufig das implizite Organisationsbild in kleinen mittelständischen, insbesondere Familienunternehmen, bildet. So ist z. B. im größeren Handwerksbetrieb dieser eine »Fortsetzung der Familie mit anderen Mitteln«.

Chef und Chefin stellen gemeinsam das Familienoberhaupt dar; er steuert in patriarchalischer Weise die Arbeitsprozesse, sie sorgt für die Buchhaltung in ähnlicher Weise wie sie privat das Haushaltsbuch führt und verbindet dem Mitarbeiter die Verletzung, die er sich bei der Arbeit zugezogen hat, ähnlich den Kindern, wenn sie sich die Haut aufgeschürft haben.

Zudem erscheint wichtig, ob das »Organisation sein« (**struktureller Aufbauaspekt**) oder das »Organisiert sein« (**funktionaler Ablaufaspekt**) im Vordergrund stehen (Neuberger, 1989). Bei Betonung der strukturalen Sichtweise wird Organisation häufig als ein gegenüber der Umwelt **offenes System** beschrieben, das **zeitlich überdauernd** existiert, spezifische **Ziele verfolgt**, sich aus Individuen bzw. Gruppen zusammensetzt und somit ein **soziales Gebilde** ist, das eine bestimmte **Struktur** aufweist, die meist durch **Arbeitsteilung** und eine **Hierarchie** von Verantwortung gekennzeichnet ist (vgl. Kap. 1.1.). Gebert (1978) hat auf die Schwierigkeiten verwiesen, die sich dabei ergeben, eine derartige Definition zu operationalisieren und zur konkreten Bestimmung dessen heranzuziehen, was eine Organisation ist bzw. wie weit sie reicht.

Insbesondere die **Grenzen der Organisation** lassen sich schwer – angesichts aktueller Entwicklungen besonders schwer – bestimmen. Gehört zum Beispiel ein juristisch selbstständiger Zulieferer zur Organisation oder nicht, wenn er im Werksgelände des Abnehmers einen Produktionsstandort hat und die erforderlichen Teile »just in time« liefert? Zum anderen kann man fragen, ob eine aus dem Unternehmen ausgegliederte Einheit, die als **Profitcenter** konzipiert ist und auch die Konkurrenz beliefert, noch als Teil der Organisation zu verstehen ist. All dies macht prägnante Definitionen und praktische Bestimmungen dessen, was noch zur Organisation gehört und was nicht, schwer.

Zumindest akzentuierende Bestimmungen dessen, was Organisationen sind, erscheinen jedoch auf der Grundlage der genannten Definition möglich. Psychologisch bedeutsam ist – wie schon betont – die darin genannte Zielgerichtetheit. Ziele sollen in Organisationen nach den Gesichtspunkten der **Zweckrationalität** erreicht werden, was u. a. durch spezifische Strukturen (Arbeitsteilung, Hierarchie) versucht wird. Obwohl also die Organisation auch als soziales Gebilde zu gelten hat, wird der **Mensch zum »Mittel zum Zweck«** (vgl. Ryffel, 1977) degradiert, woraus sich ein impliziter oder expliziter Konflikt zwischen den Prinzipien der Organisation und den Verhaltenstendenzen von Individuen und Gruppen ergibt (vgl. Argyris, 1975; Kieser & Kubicek, 1992; Kieser, 1987).

Da nun die Organisationspsychologie als angewandte Disziplin sich nicht darauf beschränken darf, Phänomene (Erleben und Verhalten von Menschen in Organisationen) zu beschreiben, zu erklären und zu prognostizieren, sondern auch bemüht sein muss, Hinweise zur Stabilisierung oder Veränderung zu geben (vgl. Schneewind, 1973; Zimbardo & Gerrig, 2004), wird die Zielfrage bedeutsam. Die Organisationspsychologie darf sich – wie schon gesagt – nicht damit bescheiden, durch ihre Forschungsarbeit allein Bedürfnisbefriedigung **durch** die Organisation (Leistung, Gewinn, Wachstum) zu fördern, sie muss auch mit zumindest gleicher Intensität Bedürfnisbefriedigung **in** der Organisation (z. B. Zufriedenheit, Selbstverwirklichung, Abbau von Entfremdung etc.) zu erreichen suchen (vgl. v. Rosenstiel, Molt & Rüttinger, 2005). Aus dieser doppelten Zielsetzung ergeben sich notwendigerweise Konflikte.

Soll stärker als bisher auf die Bedürfnisse der Organisationsmitglieder geachtet werden, so ist es nicht ausreichend, mit organisationspsychologischen Maßnahmen beim Individuum, der Gruppe oder der Aufgabengestaltung stehen zu bleiben; auch die Organisation als Ganzes muss in die Veränderungsüberlegungen mit einbezogen werden (vgl. Kirsch, Esser & Gabele, 1979; Reiß, v. Rosenstiel & Lanz, 1997). Gerade in Bezug auf die Organisation scheint eine »**Rückkehr zum menschlichen Maß**« (Schumacher, 1977) erforderlich zu sein, obwohl im Zuge der Globalisierung und der Unternehmensfusion das Gegenteil beobachtet werden kann (Picot, Reichwald & Wigand, 2003).

Die aktuelle Diskussion allerdings hat derartige humanistische Forderungen zunehmend überlagert. Immer mehr Unternehmen schließen sich zu Großkonzernen zusammen, um als »global player« dem international härter werdenden Wettbewerb gewachsen zu sein und Standortvorteile in differenzierter Weise unter den Gesichtspunkten der Verfügbarkeit von Ressourcen, steuerlicher Auflagen, der Lohnkosten, den Arbeitsschutz- und Umweltschutzauflagen, Subventionen etc. nutzen zu können (Beck, 1997). Innerhalb dieser **Großorganisationen** kommt es dann allerdings zur Bildung **kleiner, flexibel agierender Einheiten**, die freilich kaum aus Gründen menschengerechter Bedingungen, sondern aus solchen der Wirtschaftlichkeit und Beweglichkeit (»nicht der Große frisst den Kleinen, sondern der Schnelle den Langsamen«) gebildet werden. Dies hat vielfach zu **veränderten Aufbau- und Ablauforganisationen** geführt (Friedel-Howe, 1994; Weinert, 2002). Klassische, über die Zeit stabile Linien- und Stablinienorganisationen mit einer entsprechenden Zentralisierung der Macht und der Entscheidungskompetenz gehören mehr und mehr der Vergangenheit an. An ihre Stelle treten flexible, sich rasch in der Zeit verändernde, lockere Vernetzungen im Sinne der **Projektorganisation**, der **Netzwerkorganisation** oder der **Clanorganisation** (»Zelte statt Paläste«), die jeweils von den Organisationsmitgliedern spezifische, andersartige Kompetenzen und Einstellungen fordern.

Im Folgenden muss daher eine Beschränkung auf einige ausgewählte Bereiche erfolgen, in denen der Organisationspsychologe umfassendere Organisationsstrukturen und -prozesse diagnostizieren und Vorschläge zu ihrer Modifikation erarbeiten bzw. an entsprechenden Veränderungen mitwirken kann.

Literaturempfehlung

Neuberger, O. (1989). Organisationstheorien. In: E. Roth (Hrsg.). Organisationspsychologie. Göttingen, S. 205–250.
In diesem breit angelegten Sammelreferat wird auf das »Scientific Management«, den »Bürokratieansatz«, den »Human Relations-Ansatz«, sowie auf systemtheoretische und verhaltenswissenschaftliche Ansätze eingegangen. Es werden aber auch Metaphern der Organisation und Entwicklungen in der Organisationskulturforschung nachgezeichnet.
Weinert, P. (2002). Organisation. München.
In diesem didaktisch hervorragend aufbereiteten Lehrbuch wird man über »klassische« und aktuelle Formen der Organisation und deren Funktion praxisnah informiert. Fallbeispiele aktivieren den Leser und machen die Aussagen des Buches anschaulich.

5.1. Grenzen einer psychologischen Sicht der Organisation

Der Name Organisationspsychologie lässt den Eindruck entstehen, als sei der Aspekt Organisation der wichtigste und entscheidendste des Fachs. Dies allerdings gilt nur in einem mittelbaren Sinn. Gerade bei großen sozialen Gebilden ist die Organisation als umfassende Struktur für den Einzelnen sehr abstrakt. Veränderungen, die dort eingeleitet werden, konkretisieren sich im Erleben und Verhalten des Einzelnen meist dadurch, dass sich die eigene Aufgabe ändert oder die Gruppe, in der man arbeitet, aufgelöst oder umstrukturiert wird. Vieles von dem, was unter den entsprechenden Aspekten (vgl. Kap. 2., 3. und 4.) besprochen wurde, wird in übergeordnete organisatorische Maßnahmen eingebettet sein.

Das sei am Beispiel verdeutlicht. Wenn der Einzelne im Rahmen seiner Aufgabenerfüllung klare Zielsetzungen hat, die es ihm ermöglichen, relativ autonom die Wege zu diesen Zielen zu bestimmen, und die zugleich gewährleisten, dass Leistungserlebnisse beim Erreichen des Zieles auftreten können, so ist dies nicht isoliert zu sehen. Häufig dürfte es konkreter Ausdruck dessen sein, dass die Führungskonzeption der gesamten Organisation im Sinne eines »management by objectives« (vgl. Albach & Gabelin, 1977) konzipiert worden ist. Noch ein weiteres Beispiel: In einer herkömmlichen Linienorganisation mit stabilen und eindeutigen

Unterstellungsverhältnissen wird vom Mitarbeiter in erster Linie erwartet, dass er Aufträge korrekt und zuverlässig ausführt; Eigeninitiative wird kaum von ihm erwartet. Innerhalb einer Projektorganisation dagegen, in der eine flexible Handlungsweise frei von hierarchischen Unterstellungsverhältnissen gefordert ist, werden Teamfähigkeit, Eigenverantwortlichkeit und geistige Beweglichkeit in den Vordergrund rücken. Wenn also nachfolgend einige inhaltliche Bereiche hervorgehoben werden, so deshalb, weil bei ihnen der umfassende Aspekt besonders deutlich wird und weil die eingeleiteten Änderungsmaßnahmen übergreifend erfolgen müssen und meist nicht auf kleinere Einheiten – die »Aufgabe«, das »Individuum« oder die »Gruppe« – beschränkt bleiben. Dennoch könnten – bei der Wahl eines niedrigeren Abstraktionsniveaus – die entsprechenden Inhalte auch innerhalb der zuvor besprochenen Aspekte diskutiert werden.

5.2. Die Organisation im Bewusstsein ihrer Mitglieder

5.2.1. Empirische Organisationsforschung

In der Organisationsforschung finden sich neben der Entwicklung **normativer Konzepte**, die postulieren, wie eine Organisation strukturiert sein sollte (z. B. als »Stab-Linien-« oder »Matrixorganisation«), auch empirische Untersuchungen zur Frage, **welche Merkmale Organisationen haben**. Zu den bedeutendsten Forschungsteams auf diesem Gebiet zählt die »Aston-Gruppe« (Pugh, Hickson, Inkson, Hinings und Turner von der Universität Birmingham; vgl. Pugh et al., 1968). Beobachtete Organisationen wurden auf Beschreibungsskalen eingestuft. Bereits die Auswahl der 64 Beobachtungskategorien aus einer nahezu beliebig großen Zahl ist nicht ohne Willkür und erfolgt aufgrund impliziter oder expliziter Annahmen über ihre Bedeutsamkeit. Die Aston-Gruppe griff dabei auf das Konzept von Max Weber (1922) zurück und wählte Beschreibungskategorien aus den folgenden Bereichen:

- **Spezialisierung**: Grad der Aufgliederung der Tätigkeit in spezialisierte, von Rollenträgern zu übernehmende Teiltätigkeiten,
- **Standardisierung**: Anteil von Routineverfahren an der Gesamttätigkeit,
- **Formalisierung**: Grad der schriftlichen Fixierung von Verfahren, Regeln, Anweisungen, Aufgaben,
- **Zentralisierung**: Grad der Konzentration der Entscheidungsautorität,
- **Konfiguration**: Struktur, in die z. B. »Höhe«, »Prozentsatz des Verwaltungspersonals« etc. eingehen.

Die 64 Beobachtungskategorien wurden nun durch faktorenanalytische Verfahren gruppiert. Es ergaben sich vier Faktoren:

- **Strukturierung der Tätigkeiten**: z. B. Standardisierung, Spezialisierung, Formalisierung,
- **Konzentration der Autorität**: Zentralisierung,

- **Linienkontrolle**: Prozentsatz der Vorgesetzten in der Linie,
- **Relative Bedeutung der Hilfsfunktionen**: Prozentsatz der Verwaltungsangestellten.

An derartige Untersuchungsansätze ist die Hoffnung geknüpft, dass empirisch aufgefundene **Organisationsmerkmale** eindeutige **Beziehungen zum Organisationserfolg** zeigen – eine Hoffnung, die sich allerdings bislang nicht voll erfüllte.

Bedeutsam sind derartige Beschreibungskategorien für Organisationen dennoch. Das gilt gleichermaßen für Kategorien, die den Forschungen der Aston-Gruppe entstammen, als auch für andere. Am Beispiel innovationsfördernder Bedingungen in Organisationen sei dies skizziert (vgl. Gebert, 1978, 2002).

Die **Innovation** in Organisationen wird in der Regel begünstigt durch:

- **hohe Aufgabenkomplexität** (Child, 1973; Flessner, 1977; Gebert, 1978; v. Rosenstiel & Wastian, 2001),
- **ausgeprägten Informationsaustausch** innerhalb der Organisation (Pelz & Andrews, 1966; Smith, 1970; Aiken & Hage, 1971; Kieser, 1974; Meißner, 1989),
- **Kritisches Feedback** von unten nach oben (Gebert, 2002, 2007),
- **intensive Außenkontakte** (Smith, 1970; Hage & Dewar, 1973; Ross, 1974; Schrader, 1990),
- **geringe Zentralisierung** (Smith, 1970; Aiken & Hage, 1971; Child, 1973; Lorsch & Morse, 1974; Kieser, 1974; Gebert, 1978) und
- **geringe Standardisierung** (Harvey, 1968; Rosner, 1969; Paulson, 1974; Lorsch & Morse, 1974).

Besondere Beachtung aber haben die Analysen der Unternehmensberater Peters & Waterman (1984) gefunden. Die Autoren differenzierten in einer mehr didaktisch als methodisch-analytischen Weise sieben Organisationsmerkmale, die sie noch einmal als »**harte S**« und »**weiche S**« gruppierten. Darstellung 75 visualisiert das.

Beim Vergleich besonders erfolgreicher mit weniger erfolgreichen Unternehmen gelangten sie zu dem – freilich heftig umstrittenen – Schluss, dass es nicht so sehr die harten, sondern die weichen Faktoren im Unternehmen seien, die für den Erfolg ausschlaggebend sind.

Die vermehrt wahrgenommene Bedeutung der »weichen Faktoren« hat direkt oder indirekt mit dazu beigetragen, bei der Strukturierung moderner Organisationen, die sich aus den rasch wechselnden und wachsenden Herausforderungen, z. B. aus dem technischen Wandel (Lutz, Hartmann & Hirsch-Kreinsen, 1996), der Globalisierung (Beck, 1997; Steger, 1998) und den veränderten Informations- und Kommunikationsmöglichkeiten (Pribilla, Reichwald, & Goecke, 1995) ergeben, neue Wege zu gehen. Das, was viele mit dem Begriff Organisationsstruktur spontan und vorwissenschaftlich assoziieren, wie Hierarchie, Stabilität, Klarheit der Aufgabenzuweisung, Zentralität der Entscheidung, verliert an Bedeutung. Dagegen gewinnen flexible, sich im Zeitverlauf rasch an neue Herausforderungen anpassende Vernetzungen mit mehreren Entscheidungszentren an Akzeptanz. Einige Beispiele seien genannt:

Die **Projektorganisation** ist dadurch gekennzeichnet, dass die herkömmliche

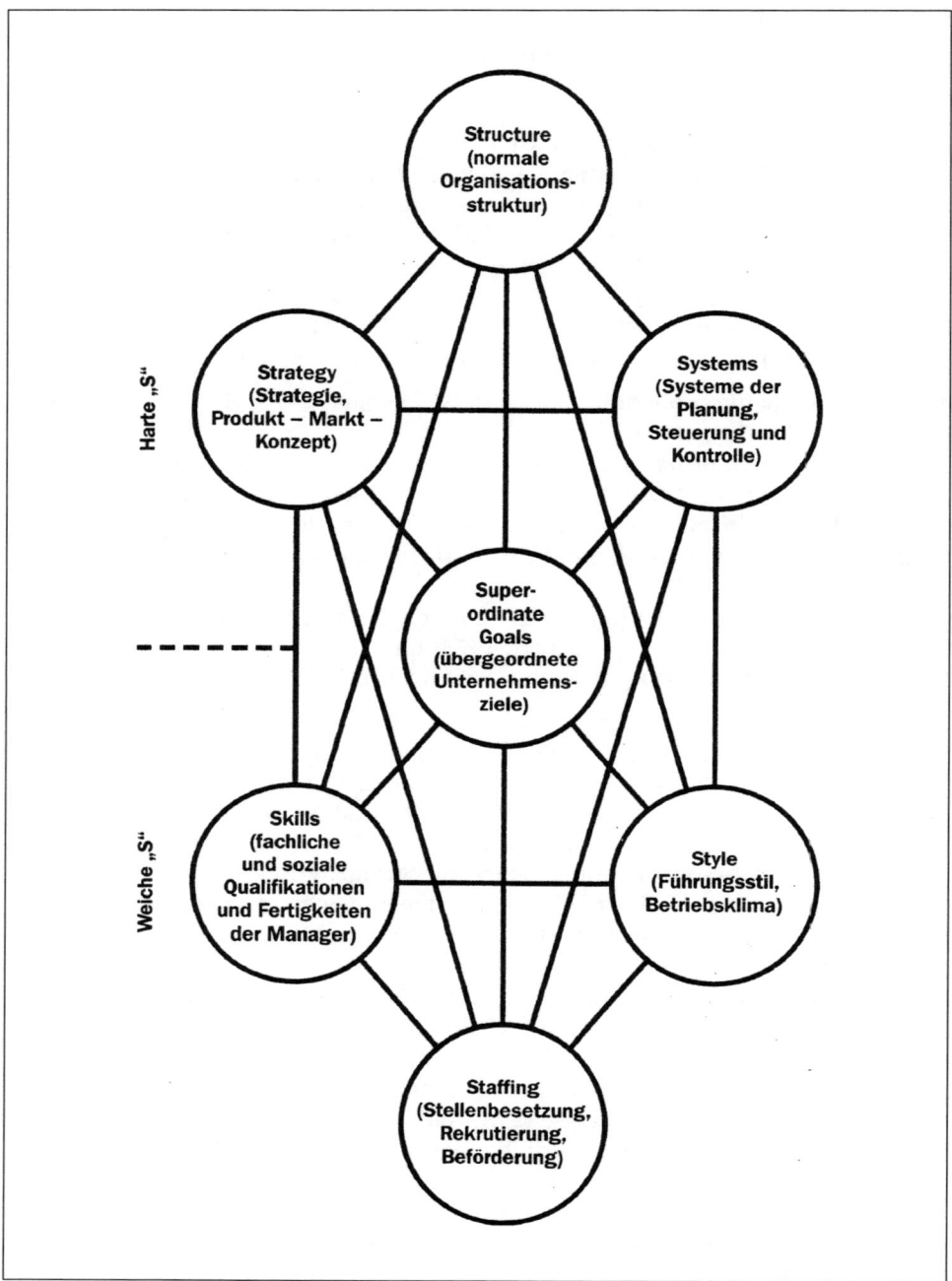

Darstellung 75. Die »harten« und die »weichen S«

5.2. Die Organisation im Bewusstsein ihrer Mitglieder

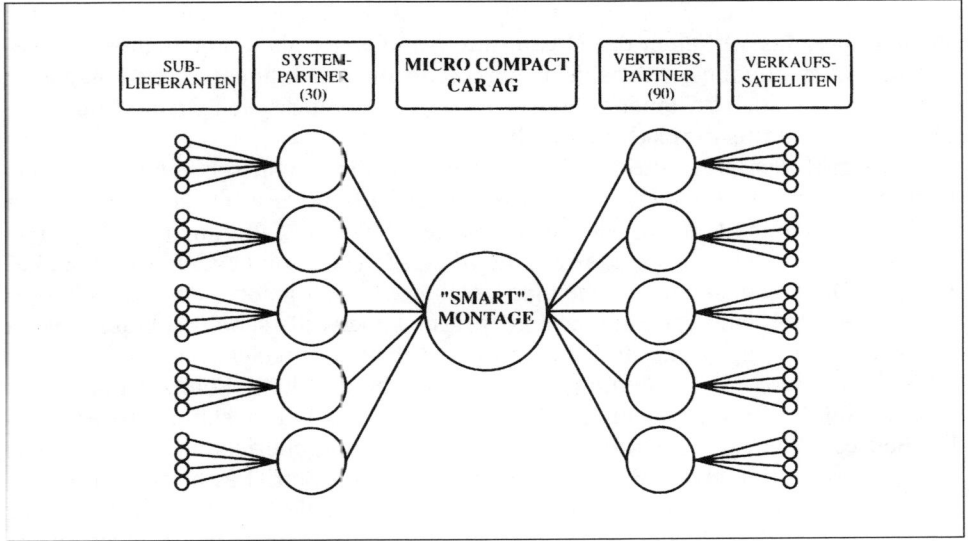

Darstellung 76. Netzwerkorganisation der Smart-Wertschöpfung der »ersten Generation«

hierarchische Aufbauorganisation an Bedeutung verliert oder fast ganz aufgelöst wird. Dafür arbeiten die Spezialisten von Fall zu Fall zeitbegrenzt in jeweils anderer Kooperation zwischen den Disziplinen in Projekten, die sich mit spezifischen Aufgaben beschäftigen, weitgehend hierarchiefrei zusammen.

Die **Netzwerkorganisation** besteht häufig in unternehmensübergreifenden Kooperationsgebilden aus mehreren rechtlich selbstständigen Unternehmen, die gemeinsam an einem Produkt oder einer Dienstleistung arbeiten. Aus der Zusammenarbeit mehrerer Partner entsteht eine »Quasi-Firma«, in der das Management der Schnittstellen eine große Herausforderung darstellt. Ein Beispiel dafür ist die Produktion des Kleinwagens »Smart« in der Startphase. Hier arbeiteten viele Partner eng vernetzt in einer Prozesskette, die Darstellung 76 zeigt.

Clanorganisation, Matrixorganisation und viele andere moderne Konzepte (Friedel-Howe, 1994) sind in ähnlicher Weise darauf ausgerichtet, mit einem geringeren Maß an formaler Hierarchie, meist mit wenigen hierarchischen Ebenen, flexibel auf die Herausforderungen turbulent sich wandelnder Märkte zu reagieren. Daraus ergeben sich neue Anforderungen an die Organisationsmitglieder, insbesondere an die Führungskräfte. Dies ist für die Anwerbung, die Auswahl, die Personalentwicklung, die Personalbeurteilung und andere personelle Entscheidungen äußerst relevant, da die Kriterien und Methoden neu zu bestimmen sind.

5.2.2. Betriebsklima und Organisationsklima

Empirische Organisationsforschung, wie sie z. B. von der Aston-Gruppe betrieben wird, zählt eigentlich – da sie organisatorische Rahmenbedingungen aus Expertensicht zu erfassen sucht – nicht zur Organisationspsychologie, weil sie weder das Erleben noch das Verhalten der Organisationsmitglieder als unabhängige, intervenierende oder abhängige Variable in das Zentrum des Interesses der Forschung rückt. Das ist jedoch bei einer anderen Richtung der empirischen Organisationsforschung, der **Organisationsklimaforschung**, der Fall.

Der Begriff des Organisationsklimas darf nicht mit einem scheinbar nahe verwandten, im deutschen Sprachraum besser eingeführten, verwechselt werden: dem des **Betriebsklimas** (Briefs, 1934; v. Rosenstiel, 2004). Er fand auch in der Praxis breites Interesse und ging geradezu in die Alltagssprache von Organisationsmitgliedern ein. Die Organisationspsychologie beschäftigte sich jedoch kaum mit diesem Konzept; es blieb eine Domäne der Industriesoziologie, die schon früh auf diesem Feld zahlreiche empirische und theoretische Arbeiten vorgelegt hat (Dahrendorf, 1959; Götte, 1962; v. Friedeburg, 1963; Fürstenberg, 1967). Kennzeichnend für viele der impliziten oder expliziten Bestimmungen des Betriebsklimas ist es, dass das Betriebsklima kein Merkmal einzelner Betriebsangehöriger ist, sondern ein Konzept, das auf objektive Bedingungen innerhalb des Betriebes hinweist und vor allem durch dessen soziale Strukturen und interpersonale Beziehungen bestimmt wird, zu denen Betriebsangehörige wertend Stellung nehmen, was wiederum ihr Verhalten beeinflusst (v. Rosenstiel et al., 1983). Betriebspraktiker haben entsprechend versucht, durch eine »soziale Betriebsgestaltung« (Rosner, 1969; Kaste, 1981) das Betriebsklima systematisch zu verbessern, um damit die betriebliche Effizienz zu steigern. Insbesondere aus diesem Grund fand das Betriebsklima auch das Interesse der Betriebswirtschaftslehre (Wöhe, 1990).

Der jüngere, aus dem angelsächsischen Sprachraum kommende Begriff des **Organisationsklimas** ist zwar dem des Betriebsklimas verwandt, lässt sich aber doch akzentuiert von diesem abheben. Er lässt sich verstehen als die relativ **überdauernde Qualität der inneren Umwelt der Organisation**, die

- durch ihre Mitglieder **erlebt** wird,
- ihr **Verhalten beeinflusst** und
- durch die Werte einer bestimmten Menge von **Merkmalen der Organisation beschrieben** werden kann (Tagiuri, 1968).

Versucht man, die soeben nur akzentuierend sichtbar werdenden Unterschiede zwischen dem Betriebs- und dem Organisationsklima deutlich zu machen, so kann mit Payne, Fineman & Wall (1976) auf die »**Facettenanalyse**« (Guttman, 1954) zurückgegriffen werden. Der Ansatz der Autoren ist dabei nicht nur geeignet, zwischen dem Betriebs- und dem Organisationsklima zu differenzieren, sondern er enthält auch Vorschläge, die andere Formen der Repräsentation betrieblicher Bedingungen im Bewusstsein der Betriebsangehörigen klassifizieren.

Payne et al. (1976) gehen bei ihrer Analyse von drei Aspekten aus:

- **Analyseeinheit**: Individuum oder soziales Aggregat,
- **Analyseelement**: Arbeit oder Organisation,
- **Art der Messung**: Beschreibung oder Bewertung.

5.2. Die Organisation im Bewusstsein ihrer Mitglieder

Typ des Konzepts	A	B	C	D	E	F	G	H
Facetten								
Analyseeinheit	Individuum	Individuum	Individuum	Individuum	soziales Kollektiv (aggregiert)	soziales Kollektiv (aggregiert)	soziales Kollektiv (aggregiert)	soziales Kollektiv (aggregiert)
Analyseelement	Arbeit	Arbeit	Organisation (Abt. od. Team)	Organisation (Abt. od. Team)	Arbeit	Arbeit	Organisation (Abt. od. Team)	Organisation (Abt. od. Team)
Art der Messung	Bewertung	Beschreibung	Bewertung	Beschreibung	Bewertung	Beschreibung	Bewertung	Beschreibung
	Zufriedenheit des einzelnen mit seiner Arbeit: *Arbeitszufriedenheit*	Beschreibung des einzelnen in seiner Arbeit: *Wahrgenommene Arbeitscharakteristika*	Zufriedenheit des einzelnen mit der Organisation: *Organisationszufriedenheit*	Beschreibung des einzelnen Mitglieds der Organisation: *Wahrgenommene Organisationscharakteristika = Psychologisches Klima*	Übereinstimmung der Arbeitszufriedenheit: *»Role Morale« = Arbeitsmoral*	Übereinstimmung der Organisationsbeschreibung: *»Role Climate« = Arbeitsklima*	Übereinstimmung der Organisationszufriedenheit: *Rollenklima*	Übereinstimmung der Beschreibung der einzelnen Mitglieder der Organisation: *Organisationsklima*
						»Betriebsklima«		

Darstellung 77. Klima- und Zufriedenheitskonzepte nach der Facettenanalyse

Kombiniert man diese drei logisch voneinander unabhängigen Facetten, so ergibt sich eine Klassifikation, wie sie Darstellung 77 zeigt (in Anlehnung an Payne et al., 1976; v. Rosenstiel & Bögel, 1992).

Man erkennt also: Beim **Organisationsklima** geht es um die nicht-wertende **Beschreibung von Organisationsgegebenheiten auf Belegschaftsebene**, während im Gegensatz dazu in das Betriebsklimakonzept auch Bewertungen einfließen. Außerdem kommt die bereits angesprochene inhaltliche Differenz hinzu: das Betriebsklima beschränkt sich im Gegensatz zum Organisationsklima auf soziale Komponenten wie Führung und Kollegenbeziehungen.

Die Facettenanalyse ist vor allem bei Operationalisierungsversuchen nützlich. Da in der Regel das Organisationsklima mithilfe von Fragebogenverfahren erfasst wird, die anonym von den Belegschaftsmitgliedern ausgefüllt werden (Conrad & Sydow, 1984), könnte ein typisches **Organisationsklima-Item** wie folgt aussehen:

»In unserem Betrieb werden die uns betreffenden Entscheidungen meist zentral gefällt. Stimme zu/Stimme nicht zu.« In diesem Sinne und nach diesem Konzept wurden z. B. die Items eines im deutschen Sprachraum häufig verwendeten Verfahrens konstruiert, das von v. Rosenstiel et al. (1983) entworfen und das sodann von v. Rosenstiel und Bögel (1992) weiterentwickelt wurde. Es sucht zu erfassen, wie die Belegschaft folgende Aspekte des Betriebs beschreibt:

- Betrieb als Ganzes,
- Kollegen,
- Vorgesetzte,
- Aufbau- und Ablauforganisation,
- Information und Mitsprache,
- Zusammenarbeit zwischen den Bereichen,
- Interessenvertretung und
- betriebliche Leistungen.

Daneben gibt es eine große Zahl weiterer Erhebungsinstrumente, meist aus dem angelsächsischen Sprachraum stammend. In diesen Verfahren wurden allerdings z. T. andere Itemtypen als in dem von v. Rosenstiel et al. (1983) verwendet. Dennoch ist allen diesen Untersuchungsansätzen gemeinsam, dass sie ausdrücklich oder implizit erfassen wollen, wie die Organisation nach übereinstimmender Auffassung ihrer Mitglieder (Schneider, 1975) beschrieben wird.

Die Organisationsklimaforschung selbst zeigt allerdings eine typische Entwicklung, die durch eine Verschiebung des Akzents gekennzeichnet ist (Conrad & Sydow, 1984; Staehle, 1999; Weinert, 2004). Zunächst richtete sich das Interesse ausschließlich auf **Merkmale der Organisation** (Forehand & Gilmer, 1964). Die Arbeiten zum Organisationsklima ähnelten demnach jenen der empirischen Organisationsforschung der Aston-Gruppe. Erst später gewann der Wahrnehmungsprozess, d. h. die Besonderheiten, die zu einer spezifischen **Sicht der Organisation bei ihren Mitgliedern** führen, erhöhte Aufmerksamkeit. Dies ging sogar so weit, dass bei einigen Autoren zwischen »**Organisationsklima**« und »**psychologischem Klima**« differenziert wurde (James & Jones, 1976). Heute wird allgemein unter dem Organisationsklima ein Konzept verstanden, das sich aus der Interaktion von Person und Organisation ergibt (Schneider & Reichers, 1983).

Bei Cluster- oder Faktorenanalysen spezifischer Befragungsinstrumente, mit deren Hilfe das Organisationsklima ermittelt werden soll, zeigen sich häufig mehrere voneinander unabhängige Dimensionen. Campbell et al. (1970) nennen als die wichtigsten:

5.2. Die Organisation im Bewusstsein ihrer Mitglieder

- **Individuelle Autonomie**,
- **Struktur**,
- **Belohnungsorientierung** sowie
- **Rücksichtnahme**, Wärme und Unterstützung.

Neuberger (1987) erweitert aufgrund einer Analyse vorliegender empirischer Arbeiten diese Liste. Er nennt:

- **Strukturierung**: z. B. Einengung des Verhaltensspektrums,
- **Autonomie**: z. B. individuelle Verantwortung, spontane Entfaltungsmöglichkeit,
- **Rücksichtnahme** und **Wärme**: z. B. soziale Beziehungen, Emotionalität,
- **Zielausrichtung**: z. B. zielbezogene Leistungsorientierung,
- **Konflikt vs. Zusammenarbeit**: z. B. Kohäsion vs. Spannung in der Arbeitsgruppe,
- **Belohnung und Sanktionen**: z. B. Belohnung von Einsatz, Bestrafung von Verhaltensabweichung,
- **Flexibilität**: z. B. Innovation, Nonkonformität, Abweichungstoleranz,
- **Unterordnung**: z. B. Schichtung, hierarchischer Aufbau, Kontrolle.

Bei der Messung und Interpretation des Organisationsklimas ergeben sich mehrere Fragen und Probleme (vgl. hierzu Neuberger, 1987; v. Rosenstiel & Bögel, 1992):

- Ist das Organisationsklima **personen- oder organisationsspezifisch**; dürfen also die am Individuum erhobenen Daten aggregiert werden?
- Erfolgt die Analyse auf der **Mikro- oder Makroebene**; beschreibt jeder Befragte den Bereich der Organisation, den er unmittelbar und konkret kennt, oder das Insgesamt der Organisation (etwa ihr Stereotyp oder Image)?
- Handelt es sich um eine **Beschreibung oder Bewertung**? Der Organisationsklimadefinition entsprechend sollte die Organisation beschrieben werden. Die Frage stellt sich jedoch, ob der Befragte bei der Fragenbeantwortung zwischen Beschreibung und Bewertung trennen kann. Theoretisch sollte es denkbar sein, was z. B. bei der Einstellungsmessung durch Fishbein (1963) deutlich wird, der jeweils fragt:
  – Was ist gegeben?
  – Wie beurteile ich das?
Faktisch aber dürften bei Organisationsbefragungen beide Aspekte überlappen. In der Aussage über das »Ist« der Aufstiegschancen, des Führungsstils etc. dürfte die Wertung jeweils schon enthalten sein. Lediglich bei »harten Fakten« wie Größe, Zahl der Ebenen etc. könnte die Trennung von Beschreibung und Bewertung gelingen.
Daher ist das Konzept des Organisationsklimas nur schwer von dem der Arbeitszufriedenheit (eines der bewährtesten Verfahren zur Messung der Arbeitszufriedenheit heißt »Arbeits-**Beschreibungs**-Bogen«; vgl. Neuberger & Allerbeck, 1978) abzugrenzen. Wenn also in vielen empirischen Untersuchungen eine deutliche Korrelation zwischen dem Organisationsklima und der Arbeitszufriedenheit nachgewiesen wurde, so lässt sich dies vermutlich oft mit der Kritik abtun, dass hier Arbeitszufriedenheit mit Arbeitszufriedenheit korreliert wurde.

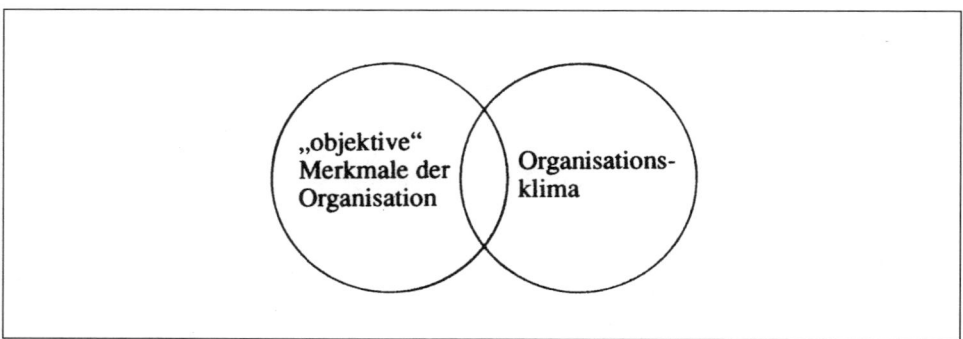

Darstellung 78. Beziehungen zwischen »objektiven« Merkmalen der Organisation und dem Organisationsklima

- Wird das Organisationsklima als **unabhängige oder als abhängige Variable** behandelt? Auch hier ist die Fragestellung entscheidend. Es ist sehr wohl denkbar, bestimmte Merkmale der Organisation zu erfassen und das Organisationsklima als davon abhängig zu messen und zu interpretieren, oder aber das Organisationsklima als unabhängig zu bestimmen und seine Wirkung auf andere Variablen zu analysieren.

Man erkennt also: Neuberger (1987) wirft Fragen auf, die Payne und Pugh (1976) im Rahmen ihrer facettenanalytischen Bestimmung definitorisch zu beantworten suchten. Ob das, was die Definition vorschreibt, die sich aus der Facettenanalyse ergibt, auch im Zuge der Operationalisierung realisiert werden kann, müsste eingehend untersucht werden. Durch die Art und Weise der Item- und damit Fragebogenkonstruktion kann in dieser Richtung manches getan werden. Ob es voll und ganz gelingt, ist fraglich und bedarf auf jeden Fall der empirischen Überprüfung (Bögel & v. Rosenstiel, 1999).

Interessant ist die Analyse der Beziehung zwischen »objektiven« Merkmalen der Organisation – wie sie etwa durch die zuvor knapp angesprochene empirische Organisationsforschung aufgefunden werden – und dem Organisationsklima, also der Wahrnehmung der Organisation durch die Organisationsmitglieder. Diese Beziehung veranschaulicht Darstellung 78.

Das faktisch Gegebene (z. B. das durch Experten Registrierte) der Organisation wird also zum Teil der Wahrnehmungsabwehr und Wahrnehmungsselektion zum Opfer fallen oder, weil es allzu selbstverständlich geworden ist, nicht mehr beachtet oder verbalisiert. Es geht somit in das Organisationsklima nicht ein. Zum Teil überlappen beide Konzepte (z. B. Struktur), zum Teil reicht das Organisationsklima über die Expertenbeschreibung hinaus (z. B. »Wärme«). Dies dürfte vor allem dort gelten, wo auch Erlebensprozesse der Organisationsmitglieder ins Spiel kommen.

Literaturempfehlung

Hangebrauck, U.-N., Kock, K., Kutzner, E., Muesmann, G. (Hrsg.) (2003). Handbuch Betriebsklima. München.
Locker miteinander verbundene Beiträge zum Konzept des Betriebsklimas und zu dessen Bedeutung für die Personalarbeit im Unternehmen.
Rosenstiel, L. v. & Bögel, R. (1992). Betriebsklima geht jeden an. München, Bayerisches Staatsministerium für Arbeit, Familie und Sozialordnung.
In dieser für die Praxis verfassten Broschüre werden die Begriffe des Betriebs- und des Organisationsklimas voneinander abgehoben, und es wird die Entwicklung eines Messverfahrens vorgestellt.

5.2.3. Unternehmenskultur

Unter gänzlich anderer Forschungsperspektive – und von präzisen Operationalisierungsansätzen bislang noch weit entfernt – wird in jüngerer Zeit häufig über eine sog. »**Unternehmenskultur**« diskutiert (Handy, 1978; Hofstede, 1980; Peters & Waterman, 1984; Kasper, 1987; Neuberger, 1989; Dierkes, v. Rosenstiel & Steger, 1993; Denison, 1996; Schein, 2004). Zwar wurde die Diskussion um die Unternehmenskultur nicht von der Organisationspsychologie eröffnet; die meisten viel beachteten Beiträge kamen vor allem von Praktikern der Unternehmensberatung sowie aus den Wirtschafts- und Kulturwissenschaften. Einige psychologische Ansätze (Neuberger & Kompa, 1987; Lattmann, 1990; Schein, 2004) prägten die Diskussion jedoch wesentlich mit. Darüber hinaus gilt es zu sehen, dass viele der Inhalte schon seit langem – wenn auch unter anderem Namen – Gegenstand organisationspsychologischer Forschung sind.

Analysiert man die einschlägige Literatur sorgfältig, so kann man feststellen, dass sogar der Begriff der Kultur in einem sehr aktuellen Sinn bereits vor mehr als einem halben Jahrhundert in die organisationspsychologische Diskussion eingeführt wurde. Jaques (1951) beschrieb in seinem Werk »The changing culture of a factory« die Unternehmenskultur wie folgt: Es sei die **gewohnte und tradierte Weise des Denkens und Handelns im Unternehmen**, wie sie in mehr oder minder starkem Maße von allen Mitgliedern geteilt werde. Kultur decke in diesem Sinne eine weite Spanne des Verhaltens ab, so etwa die Methoden der Produktion, die beruflichen Fertigkeiten, das technische Wissen, die Einstellungen der Disziplin und den betrieblichen Sanktionen gegenüber, den Stil der Führung oder die Unternehmensziele, Geschäftspraktiken, die Entlohnungsmethoden, die Bewertungen verschiedener Typen von Arbeit, den Glauben an ein demokratisches Zusammenleben sowie die kaum bewussten Konventionen und Tabus.

Obwohl Jacques nahezu all das angesprochen hat, was heute diskutiert wird, war offensichtlich in den frühen 50er-Jahren die entsprechende Offenheit für diese Thematik weder in der Wissenschaft, noch in der Praxis gegeben.

Der Grundgedanke, der zur Diskussion über die Unternehmenskultur führte, ist nahe liegend. Im Unternehmen wird der Mensch instrumentalisiert: Er soll seinen Beitrag zum Ziel des Unternehmens leisten, seine darüber hinausgehenden Wünsche, Bedürfnisse und Ansprüche interessieren nicht. Er bringt sie aber dennoch mit in die Organisation ein und lebt sie dort in ganz spezifischer Weise. Bilder von Familienangehörigen werden auf Schreibtische gestellt; Blumen stehen auf den Fensterbänken; man spricht über Urlaub und Freizeit in den Vorzimmern, trinkt Kaffee und verabredet sich für die Abendstunden zu gemeinsamen Aktivitäten; es entstehen Rituale, die gelegentlich noch scheinbar zweckrational sind, aber faktisch weit eher der Erfüllung von Bedürfnissen dienen, die mit dem Unternehmensziel nichts zu tun haben. Legenden vom »Gründervater«, Anekdoten über prominente Organisationsmitglieder stiften Identität und stärken ein Gefühl der Zusammengehörigkeit. All dies bleibt nicht im Individuellen, sondern wird im Laufe der Zeit durch Normierung zu einem Merkmal des sozialen Systems. So bestimmt es die Kultur eines Unternehmens (vgl. Kasper, 1987) und seine wirtschaftlichen Erfolge z. B. auf dem Gebiet des Exports (Denison, 1996; Loisch, 2006). Vor allem aber erwächst die Kultur der Organisation aus der langfristigen Kooperation vieler; es bilden sich **Normen und Selbstverständlichkeiten**, gemeinsame Auffassungen darüber, was man für wünschenswert und wertvoll hält und denkt entsprechend darüber kaum noch nach. Die Kultur wird vielfach gelebt, aber nicht bewusst erlebt. In besonderem Maße aber wird sie geprägt durch Vorgesetzte, die überdurchschnittlichen Einfluss in der Organisation haben, sei es durch ihre unmittelbaren Anweisungen oder dadurch, dass sie als Vorbild wirken und prägen (Klein, 1991).

Hier nun lässt sich häufig beobachten, dass im Unternehmen zwar »Leistung« als zentraler, kulturprägender Wert genannt wird, die Praxis dem aber nicht entspricht, was insbesondere bei der Einstellung von Führungsnachwuchskräften (v. Rosenstiel, Nerdinger & Spieß, 1991) und bei Aufstiegsentscheidungen sichtbar wird. Die Fähigkeit, einen guten Eindruck zu machen (»Impression Management«), und das Talent, Netzwerke zu bilden und erfolgreich Mikropolitik (Neuberger, 1994; Blickle, 2004) zu betreiben, sind dann die relevanten und somit kulturprägenden Verhaltensweisen. Für den Aufstieg verdeutlicht dies Informationsbox 9.

Informationsbox 9: Wer macht Karriere? Wer führt erfolgreich?

Luthans und Rosenkrantz (1995) klassifizierten das kommunikative Handeln von Führungskräften in Gesprächen über die alltägliche Arbeit, traditionelle Managementfunktionen (z. B. entscheiden, Ziele vorgeben, kontrollieren), Beziehungspflege (Netzwerkbildung und Mikropolitik) sowie Human Ressources Management (z. B. Mitarbeiter fördern und beraten). Luthans, Hodgetts und Rosenkrantz (1988) haben nun empirisch ermittelt, wie sich der prozentuale Anteil dieser Kommunikationsarten bei erfolgreichen im Gegensatz zu effektiven Managern verteilt. Erfolg wurde dabei an der Karrieregeschwindigkeit festgemacht, die Effektivität an einem kombinierten Maß aus quantitativen und qualitativen Erfolgskriterien der geführten Einheit, die Zufriedenheit der Untergebenen und deren Commitment. Die Erfolgreichen machen also Karriere, die Effektiven führen gut. Die Ergebnisse zeigt Tabelle 15.

5.2. Die Organisation im Bewusstsein ihrer Mitglieder

	Alle Manager	Erfolgreiche Manager	Effektive Manager
Routinekommunikation	29	28	44
trad. Managementfkt.	32	13	19
Beziehungspflege	19	48	11
Human Ressource Management	20	11	26
Summe	100	100	100

Tabelle 15. Relative Verhaltenshäufigkeiten von erfolgreichen und effektiven Führungskräften

Man erkennt, daß jene Führungskräfte, die Karriere machen, nahezu die Hälfte ihrer Kommunikationszeit in die Beziehungspflege, die Mikropolitik, investieren, während sich jene, die – im Sinne der Unternehmensziele – effektiv sind, sich vor allem um Alltagsarbeit kümmern und sich für die Führung und Förderung ihrer Mitarbeiter einsetzen.
Ganz offensichtlich: Leistung lohnt nicht immer!

Für die Aktualisierung der Kulturdiskussion in den 80er-Jahren des vergangenen Jahrhunderts, die z. B. in der Beschreibung von »Wirtschaftsstilen« (Spiethoff, 1932) einen wichtigen Vorläufer hatte, werden vor allem folgende Gründe genannt:

- Der aktuelle **Wertewandel** hat dazu geführt, dass man sich Gedanken darüber macht, wie auch künftig die Identifikation der Mitarbeiter mit den Unternehmen gewährleistet werden kann.
- Der verschärfte nationale und internationale **Wettbewerb** zwingt zur Aktivierung von Motivationsreserven.
- Die lange als überlegen angesehenen **japanischen Unternehmen** sollen nachgeahmt werden.
- Die **Grenzen rationaler und technokratischer Unternehmens- und Personalführung** werden zunehmend erkannt. Generell sei eine Öffnung der Organisationsforschung hin zu »irrationalen Themen« und »qualitativen Methoden« zu beobachten (v. Rosenstiel, 1993).

Was macht nun eine Unternehmenskultur aus? Die Definitionsversuche weisen keineswegs in die gleiche Richtung. Neuberger (1989) filtert – mit Blick auf die Kultur insgesamt – daraus folgende Sichtweise:

- Kultur gilt als die Gesamtheit der von Menschen geschaffenen bzw. weitergegebenen und damit zeit- und gruppenspezifischen Inhalte und Gestaltungen,
- die weithin akzeptiert, gemeinsam bzw. von (fast) allen geteilt werden,
- ein relativ stimmiges System oder ein kohärentes Muster (eine »Ganzheit«) bilden, was jedoch eine antagonistische Subkultur nicht ausschließt.
- Inhalte und Formen sind spezifisch und einmalig (unterscheiden eine Gruppe oder Epoche von anderen, machen ihren »Typ«, »Charakter«, »Stil« aus);

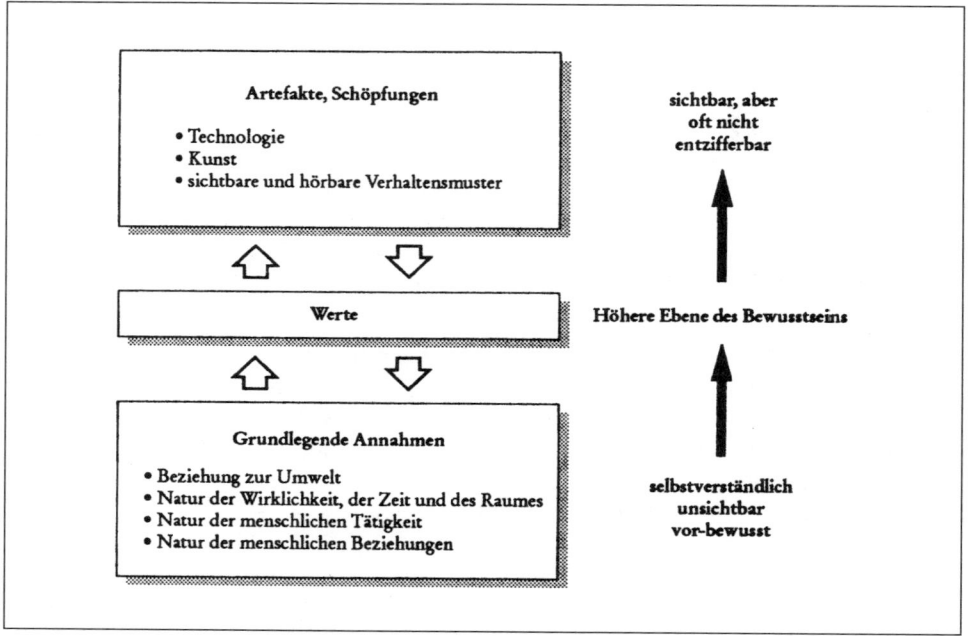

Darstellung 79. Ebenen der Unternehmenskultur (nach Schein)

- sind ständig im Wandel (werden immer neu interpretiert, weiterentwickelt, umgeformt);
- sind zugleich Ergebnis wie Mittel sozialer Interaktionen und manifestieren sich in konkreten Produkten und Praktiken und
- erfassen und durchdringen den ganzen Lebensprozess und können (funktionalistisch) auf die Bewältigung wichtiger Probleme bezogen werden.

Besonders wichtig für die psychologische Erforschung und Konzeptualisierung der Unternehmenskultur wurde der erstmals 1985 vorgestellte Ansatz von Schein (2004). Er unterscheidet drei Ebenen der Analyse:

- die der selbstverständlichen und damit nicht bewusst reflektierten **Grundannahmen**,
- die bewusstseinsfähigen **Werte** und
- die der sichtbaren, aber oft schwer zu deutenden **Artefakte** (Darstellung 79).

Unternehmensberatungen bieten zunehmend an, die Kultur eines Unternehmens zu diagnostizieren und danach so zu gestalten, dass die innerhalb der strategischen Planung erarbeiteten Zielvorstellungen auch realisiert werden können. Dieses Angebot kommt zumindest verfrüht, da weder in der Wissenschaft noch in der Praxis adäquate diagnostische Instrumente erarbeitet, noch fundiertes Veränderungswissen bereitgestellt wurden.

Es fehlt jedoch nicht an Versuchen, die Unternehmenskultur empirisch zu erfassen. Diese Ansätze reichen von detaillierten Firmenprotokollen (Pümpin, Kobi & Wüthrich, 1985) über relativ freie oder von Checklisten geleitete Erhebungen (Schein, 2004) bis hin zu herkömmlichen Fragebögen mit geschlossenen Fragen (Taubitz, 1990; Denison, 1996; Gontard, 2001; Loisch, 2006). Einen interessanten – zwischen quantitativem und qualitativem Vorgehen stehenden – Versuch der Operationalisierung hat Müller (1999) unternommen. Er untersuchte in mehreren Unternehmen verschiedener Branchen einen Ausschnitt der Organisationskultur, die so genannte Kommunikationskultur. Zu diesem Zweck sammelte er in den Unternehmen verbreitete »Sprüche«, die karikaturhaft und mit bösem Humor die Beziehungen zwischen den Menschen in der Organisation abbilden (z. B. »wer kriecht, kann nicht stolpern« oder »Marionetten haben gute Verbindungen nach oben«). Zehn derartiger Sprüche wurden aus einer größeren Zahl von über hundert ausgewählt und zu einem Standardinstrument zusammengefasst. Die Befragten hatten anzugeben, wie hoch sie die Wahrscheinlichkeit einschätzen, dass derartige Sprüche in ihrer Organisation gebraucht werden. Erwartungsgemäß zeigte es sich in der Pfadanalyse: Je mehr derartige Sprüche in der Organisation kursieren, desto ungünstiger werden das Vertrauensklima und der Befriedigungswert der Arbeit eingeschätzt, was auch als Hinweis auf die Validität des Messverfahrens interpretiert werden darf.

Weitgehende Einigkeit herrscht darüber, dass die dem Gegenstand angemessene **Erhebungsweisen qualitativer Art** sein sollten und sich an den Forschungssätzen der **Ethnologie** orientieren könnten (Gamst, 1990; Helmers, 1993). Tatsächlich wurden in der Ethnologie Wege zur Erfassung und Interpretation von Konzepten wie Zeremonie, Ritual, Ritus, Mythos, Tabu oder Trivialismus entwickelt, die bedingt für eine Übertragung in die Unternehmenskulturforschung geeignet erscheinen.

Relativ einheitlich sind auch die Auffassungen im Hinblick auf die **Gestaltbarkeit** von Unternehmenskultur. Es wird zwar grundsätzlich darüber diskutiert, ob derartige Versuche ethisch gerechtfertigt werden können (Schreyögg, 1988), doch gewinnt dies nicht allzu viel Gewicht, da die Möglichkeiten des konkreten Eingreifens eher skeptisch eingeschätzt werden. Dennoch fehlt es auch aus organisationspsychologischer Sicht nicht an Versuchen, denkbare Ansätze zu klassifizieren. So unterscheiden Neuberger und Kompa (1987)

- den »**Macher-Ansatz**«, der Kultur von oben lenkt (z. B. durch symbolische Führung), ohne die sonstigen Mitglieder der Organisation zu beteiligen;
- den »**Gärtner-Ansatz**«, der ein langsames Vorgehen bevorzugt, bei dem lediglich das »Wachstum der Pflanzen« verzögert oder gebremst wird;
- den »**Krisen-Ansatz**«, der z. B. aus revolutionären Maßnahmen (etwa dem Austausch der ganzen Führungsmannschaft) bestehen kann, und
- den »**Autonomie-Ansatz**«, der weitgehend auf Steuerung von oben verzichtet, den einzelnen Abteilungen Freiräume schafft und damit zugesteht, dass sich innerhalb eines Unternehmens verschiedene Subkulturen bilden.

Sackmann (1990) differenziert dagegen zwischen den drei folgenden Ansätzen:

- **»Metaphern-Ansatz«**, der allerdings eher darin besteht, die Organisationsbilder zu verstehen als sie gestalten zu wollen;
- **»Variablen-Ansatz«**, der von einer relativ problemlosen Gestaltbarkeit ausgeht, die z. B. dadurch sichergestellt wird, dass hinsichtlich relevanter Kulturdimensionen ein Soll-Ist-Vergleich vorgenommen und dann die Differenzen durch eingreifendes Handeln abgebaut werden, und
- **»Konstrukt-Ansatz«**, der ein evolutionäres oder revolutionäres Bewusstwerden aktivieren will, um über die dadurch erreichte kulturelle Sensibilität konkrete Handlungen (z. B. auf den Gebieten der Personalauswahl oder der innerbetrieblichen Sozialisation) auszulösen.

Bei der Begriffsbestimmung kann der Anspruch eher bescheiden oder auch umfassend sein. Eher bescheiden ist er, wenn die Kultur als ein Merkmal der Organisation neben anderen verstanden wird – als zwar komplexes und mehrschichtiges, aber doch abgrenzbares und beschreibbares Gefüge. Das Unternehmen **hat Kultur**. Dimensionen einer so verstandenen Kultur könnten dann die vorherrschende Einstellung zum Menschen sein – als gut oder böse –, die Zeitorientierung im Sinne einer Ausrichtung an der Vergangenheit, Gegenwart oder Zukunft, die Art der Machtausübung als hierarchisch oder partnerschaftlich etc.

Unterschieden werden – unter dieser Perspektive – Unternehmen auch danach, welche Werte in ihnen dominant sind und die Kultur bestimmen. In diesem Sinne hat Handy (1978) Unternehmenskulturen danach differenziert, ob sie eher an der Macht, an Personen, an Rollen oder Aufgaben orientiert sind.

Umfassender erscheint der Begriff der Unternehmenskultur, wenn davon ausgegangen wird, dass das Unternehmen eine **»Kultur ist«** (Neuberger, 1985; Kaschube, 1993). Die Organisation wird dann so betrachtet, wie dies ein Kulturethnologe mit einem zu erforschenden Stamm, einer fernen, unbekannten Lebenswelt tut. Die Geschichte wird analysiert; Riten, Zeremonien und Traditionen werden erforscht, Statussymbole registriert etc. Man kann sich dann darum bemühen zu überprüfen, welche Funktionen all diese beschriebenen Kennzeichen der Kultur für die Organisation bzw. ihre Mitglieder in ihrem Zusammenleben haben. Ähnlich wie bei der Analyse von symbolischer Führung (4.6.3.) sollte man bei der Interpretation so genannter Symptome der Organisationskultur zwei Ebenen unterscheiden, die **rational-funktionale** und die **symbolische**. In diesem Sinne ist zum Beispiel ein alle umliegenden Gebäude überragendes Verwaltungszentrum eines Großunternehmens eine Ansammlung von Besprechungsräumen und Büros, in denen die Mitarbeiter ihre Aufgaben sinnvoll erledigen können, zum anderen weist die Höhe des Bauwerks auf die Bedeutung des Unternehmens hin, die verspiegelten Fenster lassen erkennen, dass sich hinter den Mauern Geheimnisvolles abspielt, in das der Normalbürger keinen Einblick haben soll, etc. Was hier im Einzelnen untersuchenswert erscheint, hat Neuberger (1989) zusammengestellt (vgl. Darstellung 80).

Das hohe Interesse der Praxis am Konzept der Unternehmens- bzw. Organisationskultur ist jedoch wohl vor allem darauf zurückzuführen, dass die Kultur als eine der Determinanten des Unternehmenserfolgs gilt. Entsprechend begann ja die einschlägige breite Diskussion auch mit der Veröffentlichung des vieldiskutierten

5.2. Die Organisation im Bewusstsein ihrer Mitglieder

verbale	interaktionale	artifizielle (objektivierte)
Geschichten	Riten, Zeremonien, Traditionen	Statussymbole
Mythen	Feiern, Festessen, Jubiläen	Abzeichen, Embleme Geschenke, Fahnen
Anekdoten	Conventions	Logos
Parabeln	Konferenzen, Tagungen	Preise, Urkunden, Incentive-Reisen
Legenden, Sagen, Märchen	Vorstandsbesuche Revisorbesuche	Idole, Totems, Fetische
	Organisationsentwicklung	Kleidung, äußere Erscheinung
Slogans, Mottos, Maximen, Grundsätze	Auswahl und Einführung neuer Mitarbeiter; Beförderung	Architektur Arbeitsbedingungen
Sprachregelungen	Degradierung, Entlassung, freiwillige Kündigung, Pensionierung, Tod	Plakate, Broschüren, Werkszeitung
Jargon, Argot, Tabus	Beschwerden	schriftlich fixierte Systeme (der Lohnfindung, Einstufung, Beförderung)
Lieder, Hymnen	Magische Handlungen (Mitarbeiterauswahl, Strategische Planung usw.)	
	Tabus	

Darstellung 80. Symptome der Unternehmenskultur (nach Neuberger)

Buches von Peters und Waterman (1984) »Auf der Suche nach Spitzenleistungen«, in dem wahrscheinlich gemacht wurde, dass »weiche Faktoren« für den Erfolg des Unternehmens besonders wichtig sind. Auch neuere Untersuchungen von Denison (1996) und Loisch (2006) bringen Belege dafür, dass z. B. die Exporterfolge österreichischer Unternehmen stark von ihrer Kultur abhängen. Dabei hat sich insbesondere die Operationalisierung der Unternehmenskultur von Denison (1996) als hilfreich und nützlich erwiesen. Es werden vier Dimensionen der Kultur voneinander abgehoben:

- flexible Anpassung (»**adaptability**«) insbesondere an Märkte und Kunden,
- Vision (»**mission**«),
- emotionale Bindung (»**involvement**«),
- Geschlossenheit (»**consistency**«).

Diese haben – wie empirisch belegt – besondere Relevanz für den ökonomischen Erfolg. So zeigte z. B. Loisch (2006), dass die Exportleistung mittelständischer österreichischer Unternehmen in positiver Beziehung zu den drei ersten der genannten Kulturdimensionen stand, negativ jedoch zur vierten. Die Autorin folgert: Es gelte zur Intensivierung

- der »Adaptibility« zu einer Konzentration auf **Märkte und Kunden**,
- der »Mission« zu einer Entwicklung einer **gemeinsamen Vision**,
- des »Involvement« zu einer **Einbindung der Mitarbeiter** in die Entscheidungen,

sowie zur Reduzierung übermäßiger

- »Consistency« zu einer **Verringerung von Formalisierung und Fixierung**

zu gelangen.

5.2.4. Organisationsdiagnostik

Anders akzentuiert als die bisher beschriebenen Vorgehensweisen zur Ermittlung eines Ist-Zustandes der Organisation ist die »**Organisationsdiagnostik**«, wie sie Brandstätter (1978, S. 44) versteht. Er definiert sie als »wissenschaftlich-systematische Darstellung der Verfahrensgrundsätze und Verfahrensweisen psychologischer Beschreibung und psychologischer Bedingungsanalyse der sozialen Eigenart und der spezifischen sozialen Probleme einer Organisation, sowie der Prognose und Bewertung individueller und sozialer Wirkungen organisatorischer Eingriffe«.

Ähnlich verstehen Kühlmann und Franke (1989, S. 632) unter »der psychologischen Organisationsdiagnose die systematische und wissenschaftlich fundierte Erfassung, Analyse und Darstellung des in einer Organisation oder in einem abgegrenzten Organisationsteil regelhaft auftretenden Verhaltens und Erlebens ihrer Mitglieder einschließlich ihrer Wirkungszusammenhänge«.

Die so interpretierte Organisationsdiagnostik ist allerdings beim derzeitigen Forschungsstand eher ein **Programm** als eine Sozialtechnologie, die routinemäßig vom Organisationspsychologen anwendbar ist. Wesentlich ist, dass sie nicht bei der Beschreibung von Gegebenheiten der Organisation stehen bleibt, sondern ebenfalls die Erklärung und Prognose zum Ziele hat. Dies wiederum bedeutet, dass eine ausformulierte **Theorie** des Geschehens in der Organisation vorliegen muss. Da diese aus einem Gefüge von »Wenn-Dann-Beziehungen« besteht, lässt sich gezielt das »Wenn« diagnostizieren, falls das beschreibbare »Dann« den Soll-Vorstellungen nicht entspricht. Verfahrensweisen, die bei einer so umgesetzten Organisationsdiagnostik gezielt eingesetzt werden können, bestehen allerdings in spezifischer

Weise kaum. Hier ist – wenn die entsprechende theoretische Grundlage formuliert ist – auf die bereits beschriebenen Methoden der Organisationsforschung (Bungard, Holling & Schultz-Gambard, 1996) zurückzugreifen.

Büssing (2004) geht davon aus, dass sich die Organisationsdiagnostik auf folgende Datenquellen stützt:

- Analyse von **Dokumenten**,
- organisations- und betriebswirtschaftliche **Statistiken**,
- **Befragung** von Schlüsselpersonen und Experten,
- Befragung von Mitarbeitern,
- **Beobachtungen** am Arbeitsplatz, von Sitzungen etc.,
- **Gruppengespräche**,
- Analyse von **Interaktionen**.

Man erkennt, dass die innerhalb der Organisationsdiagnostik eingesetzten Verfahrensweisen letztlich mit denen identisch sind, die insgesamt in der empirischen Sozialforschung Verwendung finden. Lediglich die spezifisch beobachteten, erfragten oder analysierten Inhalte machen die Besonderheit aus. Die zuvor genannten Methoden zur Erfassung des Organisationsklimas oder der Organisationskultur zählen dazu.

Stärker ins Detail gehend diskutieren Kühlmann und Franke (1989), wann eine Status- und wann eine Verlaufsdiagnostik angezeigt ist, unter welchen Bedingungen eine nicht-repräsentative und unter welchen eine repräsentative Auswahl der Erhebungseinheiten empfehlenswert erscheint, wann an Global- und wann an Detailerhebungen zu denken ist, wann man generell verbreitete und wann spezifisch entwickelte Diagnoseinstrumente verwenden sollte, wann die erhobenen Daten mit einer Idealnorm und wann an einer statistischen Norm zu vergleichen sind, wann sich modellorientiertes und wann fallorientiertes Vorgehen anbietet, wann man auf objektive und wann auf subjektive Maße zurückgreifen sollte und schließlich, wann deskriptive und wann evaluative Verfahren zu empfehlen sind. Für die Auswahl der Methoden ist es – folgen wir Büssing (2004) – wesentlich, ob Strukturdiagnostik, Prozessdiagnostik oder eine integrative Diagnostik, die Struktur- und Prozessanalysen zusammenfasst, betrieben werden soll.

Als inhaltliche Felder, bei denen die genannten diagnostischen Verfahren eingesetzt werden können, werden von Brandstätter (1978) genannt:

- die Organisationsstruktur,
- die Kommunikation,
- die Arbeitsgruppe,
- die Konflikte und
- das Humanvermögen.

Dieser letztgenannte Begriff sei knapp erläutert, da er in interessanter Weise ein Begegnungsfeld zwischen der Betriebswirtschaftslehre und der Psychologie andeutet. »**Humanvermögen**« kennzeichnet den Wert – u.U. durchaus als Geldwert (»**Human-Kapital**«, »Unwort« des Jahres 2005) darstellbar –, den Fähigkeiten und Einstellungen der Mitarbeiter sowie deren soziale Koordination für das Unternehmen haben (vgl. Brandstätter, 1978).

Selbstverständlich lassen sich aus dem zuvor Gesagten weitere methodische Zugänge und weitere inhaltliche Felder ableiten, mit bzw. in denen Organisationsdiagnostik sinnvoll erscheint.

Literaturempfehlung

Dierkes, M., Rosenstiel, L. v. & Steger, U. (Hrsg.) (1993). Unternehmenskultur in Theorie und Praxis. Konzepte aus Ökonomie, Psychologie und Ethnologie. Frankfurt a. M.
In diesem schmalen Sammelband wird die Unternehmenskultur interdisziplinär diskutiert, wobei die Sichtweisen der Ökonomie, der Psychologie und der Ethnologie dominieren. Darüber hinaus wird knapp skizziert, welche Handlungsperspektiven und Forschungsperspektiven das Konzept beinhaltet.
Kühlmann, T. M. & Franke, J. (1989). Organisationsdiagnose. In: E. Roth (Hrsg.). Organisationspsychologie. Göttingen, S. 631–651.
Begriff, Einsatzmöglichkeit und Methoden der Organisationsdiagnose werden in diesem eher am Grundsätzlichen orientierten Sammelreferat vorgestellt.
Wilpert, B. (2004). Organisation und Umwelt. In: H. Schuler (Hrsg.). Lehrbuch Organisationspsychologie. Bern, S. 641–659.
In diesem knappen Beitrag wird die Beziehung der Organisation zu ihrer Umwelt dargestellt, wobei auf aktuelle Wandlungen dieser Umwelt eingegangen, Modelle der Beziehung zwischen der Organisation und der Umwelt diskutiert sowie angesichts der Vernetzung von Organisationen andere Organisationen als Bestandteil des Umfeldes einer Organisation dargestellt werden.

5.3. Grundüberlegungen zu psychologisch orientierten Veränderungsmaßnahmen in Organisationen

Die Differenzierung der Organisationspsychologie in die inhaltlichen Aspekte »Aufgabe«, »Individuum«, »Gruppe« und »Organisation« ist an den **Ansatzpunkten für Veränderungsmaßnahmen** orientiert. Wenn also der Aspekt »Organisation« herausgehoben wird, so ist damit gesagt, dass die Organisation in ihrer übergreifenden Struktur als unabhängige Variable betrachtet wird. Das Erleben und Verhalten von Individuen bzw. die Interaktion zwischen diesen Personen in der Organisation werden dann als abhängige Variable gesehen. Die Darstellung der Beziehung zwischen der unabhängigen und der abhängigen Variablen impliziert im organisationspsychologischen Kontext eine zumindest minimale theoretische Aussage über die Bedingungen menschlichen Erlebens und Verhaltens. Daher wird nachfolgend auch auf theoretische Konzepte Bezug genommen, die durchaus der Individualpsychologie entstammen. Wie ein Individuum reagiert, ist eben durch Stimulusvariablen (mit-)determiniert, wobei diese Stimulusvariablen sehr wohl in der Organisationsstruktur oder – weiter gefasst – in Bedingungen der Organisation liegen können. Derartige Bedingungen der Organisation können auf die verschiedensten Erlebens- und Verhaltensweisen der Organisationsmitglieder wirken.

Hier muss – in selektiver Weise – eine Einschränkung erfolgen. Diese Einschränkung ist nicht ganz willkürlich, sondern an dem häufig diskutierten Doppelziel »**Leistung und Zufriedenheit**« orientiert (vgl. Vroom, 1964; Herzberg, 1966; v. Rosenstiel, 1975; Becker & Langosch, 1984; sowie 5.3.2.3.). Als eine wesentliche psychologische Voraussetzung des Leistungsverhaltens wird vielfach die Motivation beschrieben. Obwohl diese Aussage relativ banal erscheint, wurde sie doch direkt oder indirekt empirisch untersucht (Heckhausen, 1989). Six und Kleinbeck (1989) verweisen auf nahezu 100 Studien, in denen belegt wurde, dass mit steigender Motivation sich auch die Leistung der Organisationsmitglieder verbessert. Die Zufriedenheit wird dagegen – obwohl durchaus auf motivationspsychologischer Basis interpretierbar – als von der Leistung relativ unabhängig dargestellt (vgl. Herzberg et al., 1957; Neuberger, 1989; Semmer & Udris, 2004).

Motivation und **Zufriedenheit** in Organisationen sollen etwas ausführlicher besprochen werden. Dass dies hier unter dem Aspekt »Organisation« erfolgt, ist programmatisch: Sowohl die Motivation als auch die Zufriedenheit sind dadurch beeinflussbar, dass organisatorische Bedingungen modifiziert werden. Sehr wohl wäre die Darstellung dieser Inhalte auch in den Kapiteln »Aufgabe«, »Individuum« oder »Gruppe« denkbar, nämlich dann, wenn die Veränderungsmaßnahmen dort ansetzen würden. Praktisch ist dies ja auch häufig der Fall, was für die Motivation am Beispiel der Leistungsmotivation und der Volition im Kapitel »Individuum« (3.4.4.3.), für die Zufriedenheit am Beispiel der Herzberg'schen Zweifaktorentheorie im Kapitel »Aufgabe« (2.4.1.) verdeutlicht wurde. Dennoch sind die organisationalen Rahmenbedingungen fast stets eine besonders zu beachtende Einflussgröße.

Eine weitere Bemerkung erscheint in diesem Zusammenhang angebracht: Auch wenn der Psychologe bei Organisationsbedingungen ansetzt, um menschliche Erlebens- und Verhaltensweisen zu modifizieren, so sind es in der konkreten Arbeit doch **Menschen**, mit denen er sich beschäftigt. Die Unternehmensleitung sowie der Betriebs- bzw. Personalrat müssen z. B. zustimmen, ein anderes Entlohnungssystem zu implementieren; die Organisationsabteilung muss davon überzeugt werden, dass in einer bestimmten Situation aus psychologischen Gründen heraus die Matrixorganisation vorzuziehen ist etc. Es sind also selbst dann, wenn strukturale Überlegungen im Vordergrund stehen, (auch) Menschen, die es zu beeinflussen gilt, wenn in der Folge – über diese strukturalen Maßnahmen – wiederum Menschen beeinflusst werden sollen.

5.3.1. Motivation und Organisation

Motivation – darauf wurde schon im Kapitel 3.4.4.3. eingegangen – entsteht aus der **Interaktion von Person und Situation**. Spezifische überdauernde Persönlichkeitsmerkmale – die Motive – werden durch die Wahrnehmung bestimmter Situationsbedingungen, die man als **Anreize** bezeichnet, aktiviert und damit zur Motivation (Nerdinger, 1995). Aus einer spezifischen Perspektive lässt sich die Organisation als Struktur von Anreizen begreifen, durch die es mehr oder weniger gelingt, die Motive der Organisationsmitglieder so zu aktivieren, dass daraus Verhaltensintentionen im Sinne der vorgegebener Zielsetzungen resultieren (vgl. v. Rosenstiel, 1975).

Literaturempfehlung

Bühler, W. & Siegert, T. (Hrsg.) (1999). Unternehmenssteuerung und Anreizsysteme. Stuttgart.
In dieser Dokumentation einer Tagung in der Schmalenbachgesellschaft werden grundlegend – bei Berücksichtigung psychologischer Perspektiven – die Möglichkeiten der Unternehmenssteuerung durch Anreizsysteme dargestellt, sowie mehrere Beispiele aus Unternehmen vorgestellt, wobei dem Rechnungswesen eine spezielle Bedeutung zugedacht wird.
Rosenstiel, L. v. (1975). Die motivationalen Grundlagen des Verhaltens in Organisationen – Leistung und Zufriedenheit. Berlin.
Im vierten Teil dieses Buches (S. 226–347) wird die Organisation als Anreizsituation interpretiert, wobei vor allem die finanziellen Anreize, die sozialen Anreize, die Anreize der Arbeit selbst und die Anreize des organisatorischen Umfeldes besprochen werden.

5.3.1.1. Determination des Leistungsverhaltens

Die Motivation hat innerhalb der Organisationspsychologie insofern besonderes Interesse gefunden, als sie eine der Determinanten jenes Ergebnisses darstellt, das letztlich als Ziel einer zweckrational ausgerichteten Organisation gelten darf: der **Leistung**. Diese wird durch Arbeit erbracht. Berufliche **Arbeit** kann – in erheblicher Abweichung vom Begriff der Arbeit in der Physik – als **Rollenverhalten des Berufstätigen** interpretiert werden (vgl. Vroom, 1964). Für Viele allerdings objektiviert sich das berufliche Arbeitsverhalten im Leistungsergebnis. Nach den Determinanten dieses Leistungsergebnisses wird häufig gefragt – insbesondere im motivationspsychologischen Kontext.

Dabei wird die **Leistung** (»L«) häufig als **Funktion von Fähigkeit bzw. Fertigkeit** (»F«) und **Motivation** (»M«) interpretiert, wobei »F« und »M« multiplikativ verknüpft werden (vgl. Vroom, 1964):

$$L = f (F \times M)$$

Daraus ergibt sich, dass gleiche Leistung (in Darstellung 81 symbolisiert durch die Flächen 1 bzw. 2) psychologisch unterschiedlich verursacht sein kann.

Die Darstellung zeigt zugleich, dass bei derart unterschiedlicher Determination im Falle hoher Motivation bei geringen Fähigkeiten und Fertigkeiten (1) eine Leistungssteigerung eher durch Verbesserung der Fähigkeiten und Fertigkeiten als durch weitere Erhöhung der Motivation zu erreichen ist (+1), während im Falle guter Fähigkeiten und Fertigkeiten, aber geringer Motivation (2) das Umgekehrte gilt (+2).

»F« wird dabei häufig als Funktion überdauernder Fähigkeit und erfahrungsbedingter Fertigkeit interpretiert (vgl. Lawler, 1977):

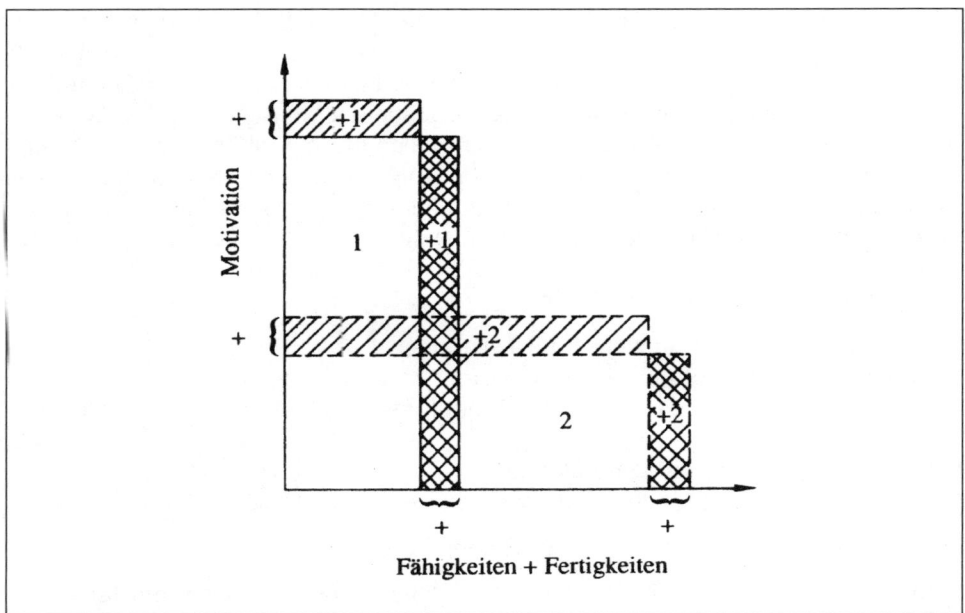

Darstellung 81. Die psychologischen Determinanten der Leistung

$$F = \text{Eignung} \times (\text{Ausbildung} + \text{Erfahrung}).$$

Dies ist eine Reduzierung auf ausschließlich psychologische Leistungsdeterminanten. Berücksichtigt werden müssen auch situative Ermöglichungsbedingungen unter Einschluss von Normen und Regelungen, also des Sollens und des Dürfens (»S«) (vgl. v. Rosenstiel, 1975):

$$L = f(F \times M \times S).$$

Bei weiterer Differenzierung der Leistungsdeterminanten ist (vgl. Campbell & Pritchard, 1976):

Leistung = f (Fähigkeitsniveau × Fertigkeitsniveau × Aufgabenverständnis × Wahl sich anzustrengen × Wahl des Anstrengungsniveaus × Wahl durchzuhalten × erleichternde bzw. behindernde Einflussgrößen, die nicht vom Individuum kontrolliert werden).

Die problematische multiplikative Verknüpfung der Variablen rechtfertigt sich aus der Annahme, dass die Leistung bei null liegt, wenn eine der Einflussgrößen gleich null ist.

5.3.1.2. Arbeitsmotive

Bei der **Klassifikation der Motive**, die für das Arbeitsverhalten ausschlaggebend sind, wird meist unter dem Aspekt »Orientierung« (Thomae, 1965) vorgenommen,

d. h. danach, auf welche inhaltlichen Ziele die Motivation ausgerichtet ist. Im »homo-oeconomicus-Modell« galt als einziges Arbeitsmotiv das Bedürfnis nach Geld, das wiederum aus existenzieller Notwendigkeit erklärt wurde. Die Unhaltbarkeit eines derart simplifizierten Bildes vom arbeitenden Menschen wird inzwischen allgemein gesehen; umfangreiche Listen arbeitsrelevanter Motive wurden mehrfach publiziert. Die relative Willkür und Beliebigkeit dieser Listen ist unübersehbar, sodass ihr Wert sich eigentlich nur daraus ergibt, dass sie Hinweise für die Gestaltung betrieblicher Anreize enthalten. Daher seien – als Beispiele – drei solcher Listen wiedergegeben.

Vroom (1964) differenziert wie folgt:

- Arbeit bietet Geld im Austausch für Leistungen,
- Arbeit ermöglicht Abfuhr von geistiger und körperlicher Energie,
- Arbeit ermöglicht einen Beitrag zur Produktion von Gütern und Dienstleistungen,
- Arbeit ermöglicht soziale Interaktion,
- Arbeit definiert – zumindest teilweise – den sozialen Status.

Rüttinger, v. Rosenstiel und Molt (1974) gliedern in:

- Extrinsische Arbeitsmotive (die durch die Folgen oder die Begleitumstände der Arbeit befriedigt werden können):
  - Bedürfnis nach Geld,
  - Inhaltlich spezifizierbare Konsumbedürfnisse,
  - Sicherheitsbedürfnisse,
  - Geltungsstreben,
  - Kontaktbedürfnis (soweit mit Kollegen außerhalb der Arbeitssituation – z. B. beim Betriebssport – zu befriedigen) und
  - Sexualität;
- Intrinsische Arbeitsmotive (die durch den Vollzug der Arbeitstätigkeit befriedigt werden können):
  - Bedürfnis nach Tätigkeit,
  - Kontaktbedürfnis (soweit innerhalb der Arbeitstätigkeit zu befriedigen),
  - Leistungsmotiv,
  - Machtbedürfnis und
  - Bedürfnis nach Sinngebung und Selbstverwirklichung.

Neuberger (1974) schlägt in Anschluss an Vroom (1964) und Sofer (1970) folgende Klassifikation vor:

- Beitrag für andere leisten (»Berufsethos«),
- Selbstsicherheit und Selbstachtung,
- Kontaktmöglichkeit,
- Arbeit als soziale Norm,
- Abfuhr von Energie,
- Strukturierung des Zeitablaufs,
- Abwehr belastender Gefühle und Gedanken,

- Möglichkeit, persönliche Ziele zu erreichen, und
- religiöse Verpflichtung (»protestantische Ethik«).

Gelegentlich wird die Motivation auch nach eher formalen Kategorien klassifiziert, wodurch die Probleme der Situations- und Kulturabhängigkeit der inhaltlichen Listen weitgehend umgangen werden; andererseits geht dabei die Konkretheit und Anwendungsnähe verloren. So unterscheidet Bass (1965):

- Arbeit wird von uns erwartet (**Norm**),
- Arbeit bietet Belohnungen, die außerhalb ihrer selbst liegen (**extrinsische Motivation**), und
- Arbeit bietet Belohnungen, die in ihr liegen (**intrinsische Motivation**).

Die Differenzierung zwischen extrinsischer und intrinsischer Motivation – was psychologiehistorisch bemerkenswert ist – wird von Lewin (1920) in seinen frühen Schriften ausgeführt. Es werden **zwei Gesichter der Arbeit** beschrieben. Sie sei zum einen Mühe, Last und Kraftaufwand; man müsse sie notgedrungen verrichten, um seinen Lebensunterhalt zu verdienen. Das andere Gesicht der Arbeit bestehe darin, dass sie dem individuellen Leben Sinn und Gewicht zu geben vermag.

Intensiviert wurde die Diskussion um die intrinsische Motivation durch die Arbeiten von Csikszentmihalyi (1975, 1992). Der Autor untersuchte intrinsisch motivierende Tätigkeiten und spricht von **Flow-Erlebnissen**, wenn die Tätigkeit selbst zu ihrem eigenen Antrieb wird. Er geht von der Beobachtung intensiver Hingabe aus, wie sie z. B. bei Künstlern oft zu beobachten ist, wenn sie ihr Werk erstellen und dabei buchstäblich Tag und Nacht arbeiten. Ein Chirurg, Klettersportler oder Künstler handelt »eins mit der Situation«, lässt die Handlungen »fließen«, ohne sich selbst zu beobachten, das heißt die Person ist im Zustande des »**Flow**«, sie handelt »selbstvergessen«. Die Ausführung bestimmter Tätigkeiten wirkt als solche belohnend, sodass sie den Handelnden in einen Zustand »optimalen Erlebens« versetzt. Nach Csikszentmihalyi entsteht optimales Flow dann, wenn eine subjektiv bedeutsame Tätigkeit als Herausforderung erscheint und die eigenen Fähigkeiten und Fertigkeiten der Herausforderung als voll entsprechend erlebt werden.

Es geht also um die optimale, für jeden Einzelnen genau richtig zu wählende Beanspruchung und Belastung. Darstellung 82 zeigt, dass mit zunehmenden Fähigkeiten und Fertigkeiten auch immer eine **höhere Belastung – bei gleich bleibender Beanspruchung** – zu empfehlen ist, die dynamisch zu weiteren Herausforderungen führt.

So bleiben alle Tätigkeiten bei gleicher Beanspruchung und zunehmender Belastung immer im »Flowbereich«. Nur bei zum jeweiligen Zeitpunkt zu hoher Belastung kommt es zunächst zur Beunruhigung und schließlich zum Stress und bei zu geringer Belastung zu Monotonie und schließlich ebenfalls zum Stress durch Langeweile. Es kommt dann zum »**Antiflow**«, bei dem alle Tätigkeiten nur mit Widerwillen, ohne Interesse und gelangweilt ausgeführt werden, wobei sich der Mitarbeiter vor jeder Verantwortung zu drücken sucht und jeder Herausforderung aus dem Wege geht. Um ein Arbeiten im Flow-Bereich zu sichern, gilt es die Interaktion von Person und Situation zu berücksichtigen. Zielführende Maßnahmen sind also

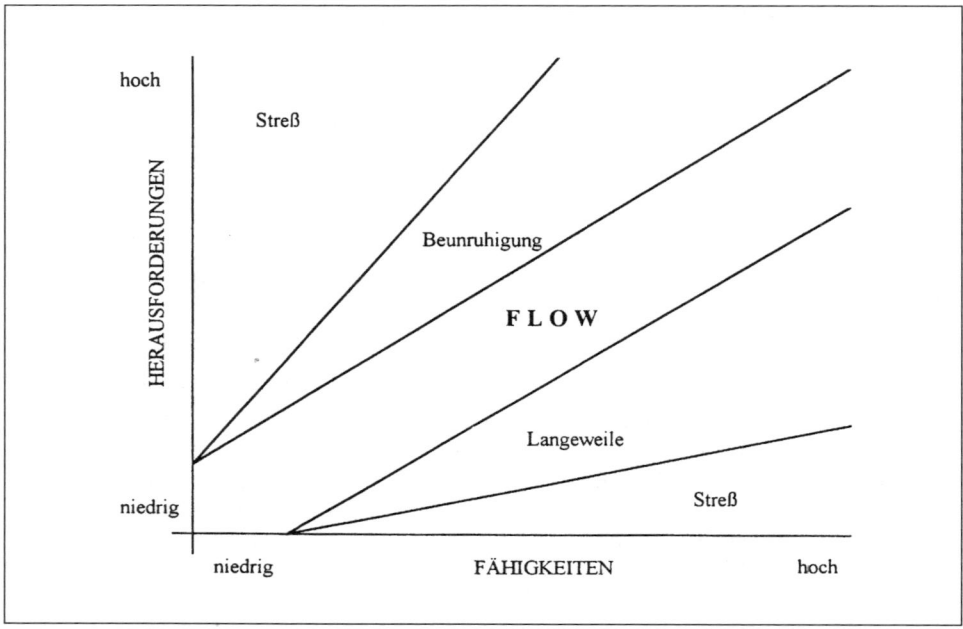

Darstellung 82. Das Flow-Modell (nach Csikszentmihalyi)

einerseits Personalselektion und -entwicklung und andererseits Arbeits- und Organisationsgestaltung.

Interesse verdienen die Fragen, ob die von Bass (1965 vgl. S. 401) genannten Aspekte gleichberechtigt nebeneinander stehen, ob der eher soziologisch-sozialpsychologische Aspekt (Norm) nicht auch extrinsisch-motivational ist (Angst vor sozialer Sanktion) oder ob intrinsische Motivation nicht die Internalisation einer extrinsischen ist.

5.3.1.3. Hierarchische Motivationsmodelle

Zu den Grundvorstellungen des Laien, vielleicht aber auch mancher Wirtschaftswissenschaftler und Psychologen, gehört, dass die **Bedürfnisse unersättlich** seien. Dies ist eine – auch vom Psychologen – schwer zu falsifizierende Annahme, obwohl es durchaus Konstellationen gibt, bei denen an der Allgemeingültigkeit dieser Annahme gezweifelt werden kann. Fraglos sind zumindest ganz bestimmte Bedürfnisse nicht unersättlich: Unsere Kapazität zu essen oder zu trinken ist begrenzt, was ja auch in den Grundannahmen der ökonomischen »**Grenznutzentheorie**« deutlich wird. Allerdings wird vom gesättigten Menschen nicht angenommen, dass er bedürfnislos sei, sondern man vermutet, dass er nun andersartige, auf inhaltlich andere Ziele gerichtete Motive aktiviere. Dies ist ein Gedanke, der auch in einigen psychologischen Motivationstheorien angesprochen wird, die den Anspruch erheben, wissenschaftlich zu sein. Es handelt sich dabei um die so genannten »hierarchischen Motivationsmodelle«, die sich über lange Jahre gerade bei Wirtschaftswissenschaftlern einer hohen Beliebtheit erfreut haben und auch noch heute im Kontext von Anreizgestaltungen viel diskutiert werden.

5.3.1.3.1. Theorien von Maslow und Alderfer

Bennis (1966) wundert sich darüber, dass sich die meisten zeitgenössischen Organisationstheorien – sobald sie sich mit der Persönlichkeit auseinander setzen – auf Maslows **Theorie der Hierarchie der Bedürfnisse** beziehen. Er sei ›verblüfft‹ darüber, dass nur wenig unternommen wurde, die Gültigkeit dieser Theorie zu überprüfen.

Erst Jahre nach dieser Publikation konnte ein gewisser Wandel festgestellt werden, der allerdings kaum in die Richtung einer vertieften empirischen Arbeit zur Maslowschen Theorie läuft, sondern eher ein Schwinden ihrer Bedeutung ankündigt. Der Wandel hat zwei Aspekte:

- Die **Prozesstheorien** gewinnen in der Organisationspsychologie gegenüber den Inhaltstheorien zunehmend an Gewicht, wodurch der Ansatz von Maslow als »klassische« Inhaltstheorie zurückbleibt.
- Bei den **Inhaltstheorien** gewinnen jene Ansätze gegenüber der Theorie Maslows an Bedeutung, die leichter zu operationalisieren und somit besser zu testen sind (Herzberg et al., 1957; McClelland & Winter, 1969; Hackman & Oldham, 1974).

Inhalts- und Prozesstheorien erscheinen verknüpft z. B. innerhalb der Leistungsmotivationstheorie (3.4.4.3.2.) und der Zielsetzungstheorie nach Locke und Latham (1990, 2002).

Die Theorie und die gesamte wissenschaftliche Arbeit Maslows (1943, 1954) sind der sog. »**Humanistischen Psychologie**« zuzurechnen. Eine Kernaussage der humanistischen Psychologie lautet, dass der Mensch nicht nur auf äußere Anregungsbedingungen reagiert, sondern danach strebt, sich zu vervollkommnen und jene Möglichkeiten zu entwickeln, die er in sich selbst vermutet.

Die Beachtung Maslows in der Organisationspsychologie und der Wirtschaftswissenschaft überrascht, da er selbst als Klinischer Psychologe tätig war und seine Arbeit entsprechend ausgerichtet wahrnahm. Erst durch spätere Schriften von McGregor (1960) wurde er auch von der Organisationspsychologie rezipiert. Das entscheidende Thema seiner Theorie ist die »**Selbstverwirklichung**«.

Maslow unterscheidet zwei große Klassen von Bedürfnissen.

- **Defizitmotive**, auf die homöostatische Ansätze anwendbar sind, und
- **Wachstumsmotive**, für die das homöostatische Modell unbrauchbar ist; ihre Thematik ist expansiv.

Diese Motivklassen werden inhaltlich wiederum differenziert, wobei Zahl und Benennung dieser Motive – je nach Veröffentlichung Maslows – unterschiedlich sind. Fehlende Befriedigung der Defizitmotive führt zu Krankheit, Befriedigung zu Gesundheit bzw. Wiedergenesung. Erfüllung der Wachstumsmotivation führt zu Selbstverwirklichung (als Prozess verstanden). Die Aktivierung der Wachstumsmotive ist nur auf der Grundlage befriedigter Defizitmotivation möglich. Damit

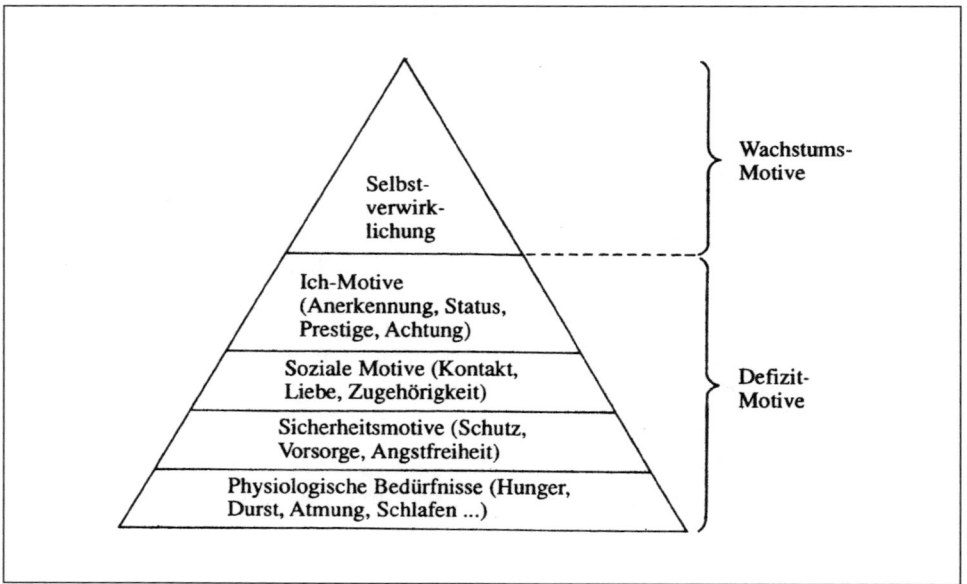

Darstellung 83. Motivpyramide (nach Maslow)

stehen Defizitmotivation und Wachstumsmotivation in einem hierarchischen Verhältnis.

Dieses **Hierarchieverhältnis** ist allerdings nicht nur zwischen Defizit- und Wachstumsthematik gegeben, sondern auch innerhalb der inhaltlich unterschiedlich benannten Defizit- und Wachstumsmotive, die häufig im Bild einer Pyramide dargestellt werden (vgl. Darstellung 83).

Das Hierarchieprinzip bedeutet, dass das nächst höhere Motiv nur dann aktiviert werden kann, wenn das darunter stehende befriedigt ist. Daraus ergibt sich das Prinzip der »prepotency«; d. h. das jeweils hierarchisch niedrigste noch nicht befriedigte Motiv ist das stärkste (»Der Mensch lebt wohl vom Brot allein – nämlich dann, wenn er kein Brot hat«).

Bemerkenswert an der inhaltlichen Ausgestaltung der Theorie Maslows ist die Annahme, dass die thematische Füllung der Motive nicht durch Sozialisation erfolgt, sondern im Wesen des Menschen begründet liegt – also angeboren ist. Umweltabhängig ist also nur der Grad der Bedürfnisbefriedigung, aus der sich ergibt, welches Motiv aktiviert wird.

Die ERG-Theorie von Alderfer

Die Beachtung, die die Theorie von Alderfer (1969, 1972) in den 70er-Jahren gefunden hat, ist aus den enttäuschenden Ergebnissen empirischer Untersuchungen zur Theorie Maslows (vgl. zusammenfassend Huizinga, 1970; v. Rosenstiel, 1975; Campbell & Pritchard, 1976) erklärbar.

Bei der Konzeption seiner Theorie geht Alderfer von vier Prinzipien aus:

P1 **»Frustrations-Hypothese«**: Ein nicht-befriedigtes Bedürfnis wird dominant.
P2 **»Frustrations-Regressions-Hypothese«**: Wird ein Bedürfnis nicht befriedigt, so wird das hierarchisch niedrigere (oder entwicklungsgeschichtlich frühere) Bedürfnis dominant.
P3 **»Befriedigungs-Progressions-Hypothese«**: Durch die Befriedigung eines Bedürfnisses wird das hierarchisch höhere (oder entwicklungsgeschichtlich spätere) aktiviert.
P4 **»Frustrations-Progressions-Hypothese«**: Frustration eines Bedürfnisses kann zur Persönlichkeitsentwicklung beitragen und auch höhere Bedürfnisse aktivieren bzw. zu höheren Anspruchsniveaus führen (die Bedeutung dieses Prinzips für die Theorie ist nicht ohne weiteres explizit erkennbar).

Der Autor unterscheidet drei Motivklassen, auf die er die vier Prinzipien anwendet und die der Theorie auch ihren Namen geben (»ERG-Theorie«):

* Existence (**Grundbedürfnisse**),
* Relatedness (**soziale Bedürfnisse**) und
* Growth (**Entfaltungsbedürfnisse**).

Obwohl zur ERG-Theorie eine Reihe empirischer Studien vorliegt und sie als empirisch besser gestützt als die von Maslow gelten darf, hat sie insgesamt wenig nachhaltige Resonanz gefunden.

Literaturempfehlung

Neuberger, O. (1974). Theorien der Arbeitszufriedenheit. Stuttgart.
Auf den Seiten 102–113 findet man eine knappe, kritische Darstellung der Theorien von Maslow und Alderfer.

5.3.1.3.2. Folgerungen für die Organisationsgestaltung

In der Nachfolge des »scientific management« von Taylor (1911) oder des bürokratischen Organisationskonzepts von Max Weber (1922) wurde berufliche Arbeit in Organisationen in einer Weise konzipiert, die ein spezifisches implizites Persönlichkeitsmodell deutlich werden lässt: die »Theorie X« (McGregor, 1960; 1970). Sie stellt den Menschen als faul und verantwortungsscheu dar und nimmt an, dass er lediglich an der Befriedigung seiner Grundbedürfnisse interessiert sei. Es ist vielfach (vgl. Schein, 1965; Ulich, 2005; v. Rosenstiel, Molt & Rüttinger, 2005) gezeigt worden, dass eine derartige implizite Persönlichkeitstheorie zur **sich selbst erfüllenden Prophezeiung** werden kann (vgl. Merton, 1965).

Stellt man die durch die empirische Forschung begründeten Zweifel am Wert der hierarchischen Motivationsmodelle zurück, wird man die Befriedigung der Grundbedürfnisse durch die Organisation dennoch keineswegs gering einschätzen. Maslows bereits zitierte Aussage, dass der Mensch sehr wohl vom Brot allein lebe, nämlich dann, wenn er keines habe, verdeutlicht in paradoxer Weise, was gemeint ist. Man wird also bemüht sein, nicht ständig die Befriedigungsmöglichkeit für die Grundbedürfnisse weiter zu treiben, sondern bestrebt sein, auch die Befriedigung der Bedürfnisse nach Sicherheit, nach sozialem Kontakt, nach Anerkennung und Selbstachtung und schließlich nach Selbstverwirklichung sicherzustellen. Gerade das letztgenannte Bedürfnis erscheint – bedenkt man in jüngerer Zeit diskutierte Konzepte – am besten befriedigbar, wenn bei der Arbeit ein größerer **Handlungsspielraum** als bislang gegeben ist (vgl. Ulich, 2005; v. Rosenstiel, 2006) und – auf noch anspruchsvollerer Stufe – **Mitunternehmertum** im Unternehmen (Wunderer & Dick, 1998) realisiert wird. Die entsprechenden Überlegungen, nicht nur auf den einzelnen Arbeitsinhalt, sondern auch auf den organisatorischen Kontext bezogen, hat bereits 1960 McGregor entwickelt. In den Arbeiten von Likert (1961, 1967) wird Ähnliches diskutiert; im Sammelband von Wunderer und Dick (1998) erfährt man viel über das aktuelle Konzept des Mitunternehmertums. Gerade wenn man den Erfolg und die Wirkung des Buches von McGregor (1970) bedenkt, sieht man, in wie starkem Maße Maslow die Gestaltung von Organisationen durch seine Theorienbildung beeinflusste, obwohl er seine Theorie ursprünglich für ganz andere Verhaltensbereiche konzipierte.

Literaturempfehlung

McGregor, D. (1970). Der Mensch im Unternehmen. Düsseldorf.
Es handelt sich bei diesem Buch um die Übersetzung des klassischen Werkes, das in englischer Sprache 1960 erschien. Es wird deutlich, wie die Überlegungen Maslows in die Praxis des Handelns in Organisationen übersetzt werden können.

5.3.1.3.3. Wertewandel und Personalpolitik

Über den **Wandel der Werthaltungen** war in Kapitel 2.1. bereits gesprochen worden. Sieht man Werte als Orientierungen auf relativ hohem Abstraktionsniveau, so sind aktivierte Motive in ihrer inhaltlichen Ausrichtung gegenstandsbezogene Konkretisierungen dieser Orientierungen. Wird also beispielsweise der Wert »Selbstverwirklichung« in einer Gesellschaft hoch geschätzt, so wird ein Arbeitnehmer – vor die Wahl gestellt – möglicherweise eher eine Position bevorzugen, die ihm trotz schlechterer Bezahlung hohen persönlichen Freiraum einräumt, als eine Position, in der er trotz guter Bezahlung abhängig und fremd bestimmt tätig ist. Gerade den hierarchischen Motivationsmodellen – insbesondere dem von Maslow – kommt nun in der Diskussion um den Wandel der Werthaltungen eine prominente Position zu. Dies ist in erster Linie auf die Arbeiten von Inglehart (1977, 1989) zurückzuführen. Der Autor orientierte sich an den fünf hierarchisch gegliederten Motivstufen Maslows und übersetzte die darin liegenden Ziele in politisch zu verstehende Programmatiken. Darstellung 84 zeigt diese.

In groß angelegten empirischen Studien legte Inglehart seine Items immer wieder repräsentativen Stichproben der Bevölkerung mehrerer Industrienationen vor. Die Befragten wurden aufgefordert, jene Werte anzukreuzen, die ihnen als poli-

5.3. Grundüberlegungen zu psychologisch orientierten Veränderungsmaßnahmen

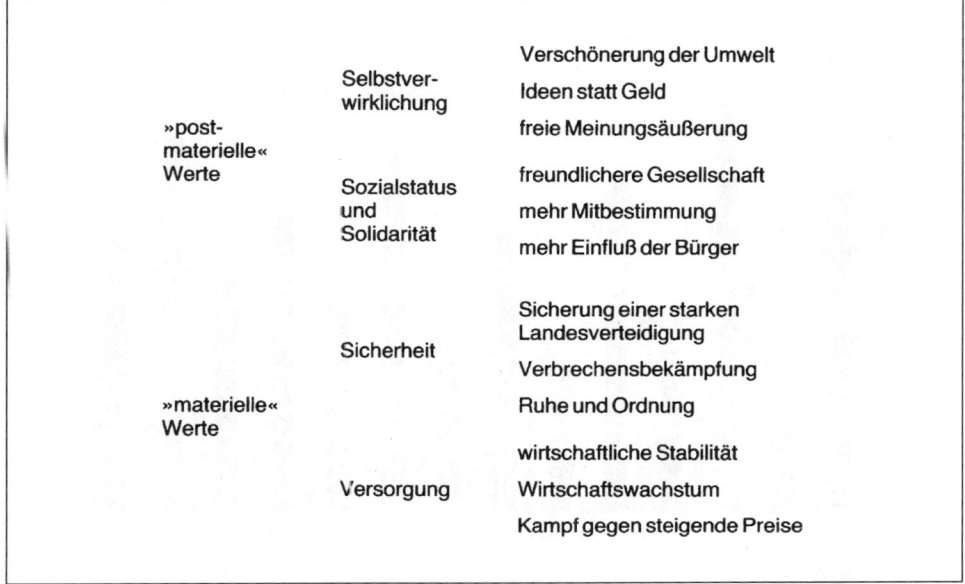

Darstellung 84. Werte-Items von Inglehart

tische Zielvorstellungen besonders förderungswürdig schienen. Aus der Analyse der Daten glaubte der Autor zweierlei ableiten zu können:

- Jüngere Personengruppen neigen im Vergleich zu älteren eher den »postmateriellen Orientierungen« zu.
- Im Laufe der Jahre nahm – Stabilität der Werthaltungen vorausgesetzt – in der Bevölkerung insgesamt der Anteil der postmateriell Orientierten zu, was Inglehart als »stille Revolution« oder auch als **Wandel vom »Materialismus« zum »Postmaterialismus«** bezeichnet.

Diese Entwicklung vollzog sich allerdings in den verschiedenen Ländern unterschiedlich rasch und auch von unterschiedlichen Ausgangsniveaus her kommend. Darstellung 85 visualisiert dies.

Die Arbeiten Ingleharts haben vielerlei Kritik gefunden (vgl. zusammenfassend Klages & Kmieciak, 1979; v. Rosenstiel & Stengel, 1987). Darauf soll hier nicht eingegangen werden. Wesentlich erscheint, dass Inglehart den von ihm diagnostizierten Wandel der Wertorientierungen im Sinne der Annahmen von Maslow interpretiert hat: In einer Zeit **wirtschaftlichen Mangels**, wie sie ja z. B. während des 2. Weltkrieges und in der Nachkriegszeit in Europa herrschte, gewannen die unbefriedigten Grundbedürfnisse erlebnismäßige Dominanz. Kinder und Jugendliche, die in dieser Zeit erzogen wurden, entwickelten entsprechend eine eher »materielle Orientierung«. Nach Eintritt allgemeinen Wohlstands in den westlichen Industrienationen wurden die Grundbedürfnisse erfüllt. Ihre Befriedigung galt als selbstver-

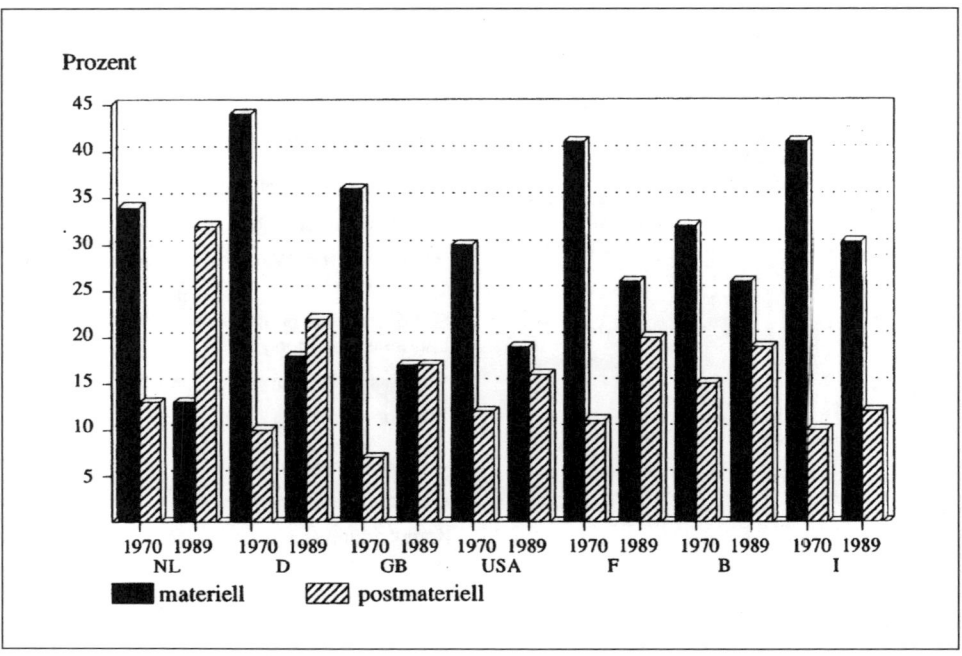

Darstellung 85. Vom Materialismus zum Postmaterialismus – ein internationaler Vergleich

ständlich, man sprach über diese Wünsche kaum. Dadurch gewannen – ganz im Sinne Maslows – die höheren Bedürfnisse an Bedeutung und prägten die Lebensorientierungen der dann Heranwachsenden. Postmaterielle Haltungen waren im Vormarsch, woraus sich der gesellschaftliche Wandel vom »Materialismus« zum »Postmaterialismus« ergab. Dieser wird also – wie die referierten Überlegungen zeigen – von Inglehart im Sinne einer **Sozialisationshypothese** interpretiert.

Innerhalb einer Organisation muss man damit rechnen, dass sich die jungen, neu in die Organisation Eintretenden an diesen postmaterialistischen Werten orientieren. Diese aber entsprechen nicht der implizit und explizit in der Organisation vertretenen Präferenzordnung. Die Organisation verkörpert – was Technologien, Organisationsprinzipien, Führungsgrundsätze etc. betrifft – die Werthaltungen einer älteren Generation. Man kann sie also als »**geronnene Werte**« (v. Rosenstiel, 1984) bezeichnen. »**Gewandelte Werte**« stehen »**erstarrten Strukturen**« gegenüber (v. Klipstein & Strümpel, 1985). Dieser Gegensatz sei am Beispiel von Führungsnachwuchskräften illustriert. V. Rosenstiel und Stengel (1987) befragten Führungs- und Führungsnachwuchskräfte danach, welche Ziele von den großen Organisationen der Wirtschaft tatsächlich angestrebt werden (Ist-Ziele) und welche ihrer Auffassung nach angestrebt werden sollten (Soll-Ziele). Es ergaben sich dabei erhebliche Diskrepanzen, die Darstellung 86 zeigt.

Differenzierende Analysen machen nun deutlich, dass bei jenen Nachwuchskräften, bei denen die Diskrepanz zwischen Ist- und Soll-Zielen gering ausfällt, die

5.3. Grundüberlegungen zu psychologisch orientierten Veränderungsmaßnahmen

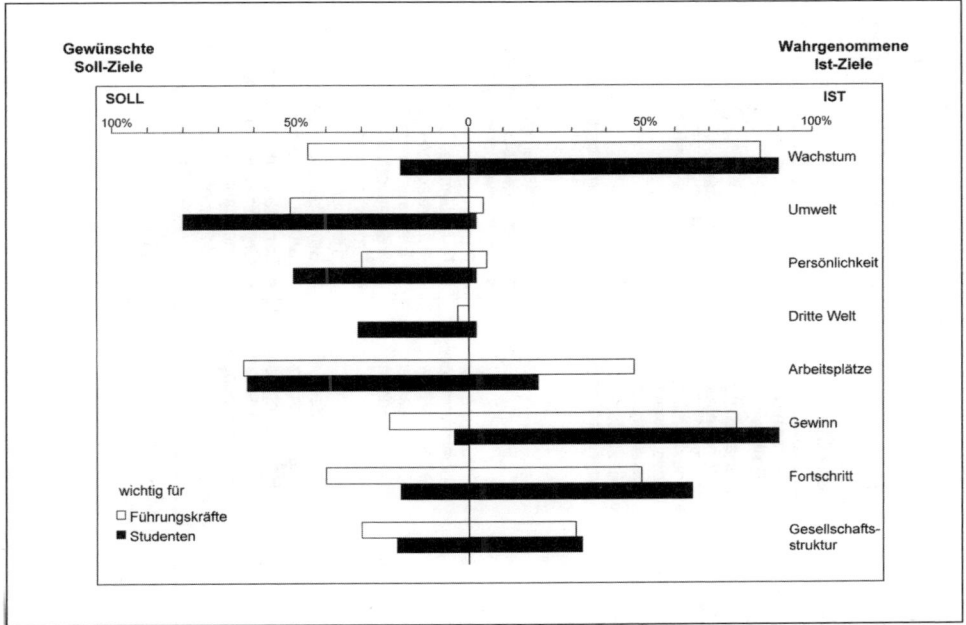

Darstellung 86. Ist- und Soll-Ziele von Organisationen von Führungs- und Führungsnachwuchskräften (Absolventen wirtschafts-, natur- und ingenieurswissenschaftlicher Studiengänge)

Karrieremotivation sehr viel höher ausgeprägt ist, als bei denen, die zwischen den Ist-Zielen und den Soll-Zielen erhebliche Diskrepanzen erlebten und entsprechend den Organisationen unter vielfältigen Aspekten distanziert und skeptisch gegenüberstehen.

Die soeben angesprochene, durch den Wertewandel bedingte Konfliktlinie zwischen dem Einzelnen und der Organisation kann innerhalb der Organisation durch entsprechende Maßnahmen abgebaut werden. Wollert & Bihl (1983) haben dies in der Firma BMW im Rahmen einer »**wertorientierten Personalarbeit**« versucht (Bihl, 1995). Der Grundgedanke ihres Vorgehens sei knapp skizziert. Analysiert wurde, welche Grundwerte sich in der Gesellschaft ändern oder herausbilden. Dann wurde geprüft, ob sie innerhalb der Organisation über- oder untererfüllt sind. Anschließend suchte man eine Entscheidung darüber zu treffen, ob man innerhalb der betrieblichen Politik den sich entwickelnden neuen Grundwerten folgen will oder nicht. Dort, wo die Werte mit der Unternehmenspolitik kompatibel erschienen, wurde nun festgelegt, welche Ziele der betrieblichen Politik sich daraus ergeben, welche Strategien und Konzepte der Personalpolitik sich daraus ableiten lassen und mit welchen Instrumenten und Maßnahmen dies wiederum umzusetzen ist. So kann etwa der gesellschaftliche Wert »Toleranz« – akzeptiert man diesen auch als Wert des Unternehmens –, dazu führen, dass für ausländische Mitarbeiter – insbesondere für Türken – die Werkszeitschrift als Videokassette aufbereitet wird, da dies dem Stil der Informationsaufnahme türkischer Mitarbeiter eher entspricht.

Darstellung 87. Wertorientierte Personalpolitik (ein Ausschnitt aus dem Konzept von BMW)

Realisierung von Werten in der konkreten Personalpolitik

Gesellschaft/Mitarbeiter Grundwerte	Ziele	Personal-Politik Strategien/Konzepte	Instrumente/Maßnahmen
• Selbstständigkeit und Individualität	• Schaffung persönlicher Freiräume und Wahlmöglichkeiten	• Flexibilisierung des Zusatzleistungsprogramms • Flexibilisierung der Arbeitszeit	• Cafeteria-System • Teilzeit • Trennung Arbeitszeit/Betriebszeit • Gleitzeit • Brückentageregelungen • Vorzeitige Pensionierung • Alternative Schichtpläne
	• Förderung der Selbstständigkeit	• Förderung der Übernahme persönlicher bzw. gemeinsamer Verantwortung	• Führungsstil • Prinzipien der Delegation (Übertragung von Aufgaben, Befugnissen und Verantwortung) • Projektmanagement/Teamarbeit
		• System der Zielvereinbarung • Beteiligung der Betroffenen an Entscheidungen	• Beteiligung der Mitarbeiter an der Zielvereinbarung • Lernstatt/Qualitätszirkel • Organisationsentwicklungsmaßnahmen • Einbeziehung der Mitarbeiter in Arbeitsgestaltungskreise

In welcher Weise sich aus Grundwerten Ziele, Strategien und Konzepte und sodann Instrumente und Maßnahmen ergeben, sei in Darstellung 87 exemplarisch für die Grundwerte »Selbstständigkeit« und »Individualität« gezeigt.

Literaturempfehlung

Bihl, G. (1995). Wertorientierte Personalarbeit. München.
In diesem Erfahrungsbericht aus der Praxis wird dokumentiert, wie Erkenntnisse der Wertwandelforschung die Personalarbeit von BMW (insbesondere im Werk Regensburg) prägte und welche konkreten Maßnahmen auf der Grundlage dieses Konzepts entwickelt und umgesetzt wurden. Das Buch stellt die zehnjährige Erfahrung im Werk dar.

Rosenstiel, L. v. & Stengel, M. (1987). Identifikationskrise? Zum Engagement in betrieblichen Führungspositionen. Bern.
Dieses Buch berichtet über ein empirisches Forschungsprojekt, in dem aufgezeigt wurde, wie der gesellschaftliche Wandel der Werthaltungen in von Person zu Person unterschiedlichem Maße die Bereitschaft zur Identifikation mit dem Unternehmen und die Karrieremotivation bei Führungs- und Führungsnachwuchskräften beeinflusst.

5.3.1.4. VIE-Theorien

Die VIE-Theorien – »V« steht für »valence« (»**Wertigkeit**«), »I« für »instrumentality« (»**Instrumentalität**«) und »E« für »expectancy« (»**Erwartung**«) –, die als typische Prozesstheorien (vgl. 3.4.4.3.1.) nichts über den Inhalt dessen sagen, was der in seinen Motiven aktivierte Mensch anstrebt, haben in jüngerer Zeit höhere Bedeutung erlangt als die Inhaltstheorien, zu deren bekanntesten Vertretern die hierarchischen Motivationsmodelle zählen (vgl. Miner & Dachler, 1973). Innerhalb der VIE-Theorien wird versucht, die Intention des Verhaltens zu errechnen aus

- der Wertigkeit der Ziele,
- der Instrumentalität der Handlung für das Erreichen dieser Ziele und
- der subjektiven Wahrscheinlichkeit, dieses Verhalten auch zeigen zu können.

Das Konzept selbst und einige wichtige Abwandlungen und Spielformen dieses theoretischen Ansatzes seien nachfolgend diskutiert.

5.3.1.4.1. Theorie von Vroom und deren Weiterentwicklungen

Der bekannte Ansatz von Vroom (1964) zählt zu den Prozesstheorien. Das Gemeinsame dieser Theorien-Gruppe ist, dass sie darauf verzichten, motivinhaltliche Aussagen zu machen. Das Motivziel ist weitgehend formal: Es geht um die – subjektiv zu bestimmende – **Nutzenmaximierung**. Die Prozesstheorien stehen letztlich in der gleichen Tradition, in der auch das »homo-oeconomicus-Konzept« angesiedelt ist: Der **Mensch** wird **als ein rational kalkulierendes Wesen** gesehen. Man nimmt an, dass aufgrund vernünftiger Erwägung zwischen der Vielzahl denkbarer Handlungsalternativen entschieden wird. Folgt man der von Katona (1960) vorgeschlagenen Differenzierung des Verhaltens in

- echte Entscheidungen,
- habituelles Verhalten und
- impulsives Verhalten,

dann sind die Prozesstheorien in erster Linie für die **Erklärung der echten Entscheidungen** nützlich, in zweiter Linie für die Genese des habituellen Verhaltens (zu dessen Beginn eine echte Entscheidung stand), dagegen kaum für das impulsive Verhalten.

Die Prozesstheorien können also bestenfalls den Anspruch erheben, einen bestimmten Teil der Varianz des Verhaltens zu erklären: eben jenen, der durch rationale Kalkulation determiniert ist. Da aber dieser Anteil des Verhaltens wissenschaftlicher Analyse besser zugänglich ist als »unberechenbare« Verhaltensweisen, überrascht es nicht, dass die Prozesstheorien besonders starke Beachtung – gerade auch in den Wirtschaftswissenschaften – gefunden haben (Campbell & Pritchard, 1976).

Der VIE-Ansatz – Vrooms Modell ist hierfür das bekannteste Beispiel – geht letztlich auf die im **Bernoulli-Prinzip** genannte Regel zurück, dass ein Mensch jene Handlungsalternative wählt, bei der das Produkt aus dem **Nutzen** und der **Wahrscheinlichkeit** des Auftretens der erwünschten Handlungsergebnisse maximal ist. Aus dieser Tradition heraus entwickelten Tolman (1932) und Lewin (1938) ihre kognitiven Verhaltenserklärungen. Sie besagen, dass ein Individuum Vorstellungen über die Konsequenzen seiner Handlungen entwickelt und jene Handlungsalternativen bewusst wählt, die in Abhängigkeit von der wahrgenommenen Auftretenswahrscheinlichkeit und vom subjektiven Nutzen den größten erwarteten Wert für den Einzelnen versprechen (vgl. grundsätzlich Heckhausen, 1989; Nerdinger, 1995, 2006). Aus diesem psychologischen Modellansatz entwickelten sich drei für das Verhalten in Organisationen bedeutsame Ansätze, die bereits genannt wurden:

- die Theorie der **Leistungsmotivation** (Atkinson, 1958; McClelland, 1966; Heckhausen, 1963),
- die psychologische **SEU-Entscheidungstheorie** (Edwards, 1961) und
- die **VIE-Ansätze** innerhalb der kognitiven Motivationstheorie (Vroom, 1964; Porter & Lawler, 1968; Graen, 1969; Lawler, 1977; Heckhausen, 1989), deren wichtigster Vertreter das Vroom'sche Modell ist.

Im Modell von Vroom wird die in der Psychologie verbreitete Unterscheidung zwischen »Motivation« und »Kognition« aufgegriffen; beide Konzepte werden dann integriert: Der Mensch setzt motivationale Kräfte für ein Verhalten ein, das aufgrund von Überlegungen (kognitive Prozesse) mit hoher Wahrscheinlichkeit als Mittel zum Erreichen eines Ziels wahrgenommen wird (Instrumentalität), das hoch bewertet wird (Valenz oder Wert = Motivziel im engeren Sinne), und das mit hoher subjektiver Wahrscheinlichkeit (Erwartung, wiederum ein kognitiver Prozess) auch erreicht werden kann. Die Einordnung des Ansatzes als kognitive Motivationstheorie ist somit plausibel. Es sei allerdings darauf hingewiesen, dass das Konzept auch gelegentlich den Anreiztheorien zugerechnet wird (z. B. von Neuberger, 1974): Es geht auch bei Vroom darum, Lust durch Aufsuchen äußerer situativer Reize zu mehren, Unlust zu vermeiden, wobei in diesem »hedonistischen Kalkül« eine positive Bilanz gesucht wird.

In der Theorie Vrooms geht es – ähnlich wie in der Leistungsmotivationstheorie – darum, Entscheidungen für die Wahl von Handlungsalternativen vorherzusagen. Während die Leistungsmotivationstheorie sich auf den Spezialfall leistungsthematischen Handelns beschränkt, ist der Anspruch des Vroom'schen Ansatzes umfassend; das Modell sagt voraus:

- Das Ergebnis von Wahlen zwischen verschiedenen **Handlungen** (Aufgaben) und
- Wahlen zwischen **Anstrengungsniveaus** bei diesen Handlungen.

5.3. Grundüberlegungen zu psychologisch orientierten Veränderungsmaßnahmen

Dabei werden vier Komponenten des Motivationsgeschehens postuliert, von denen eine zweifache Bedeutung hat, sodass sich fünf zu unterscheidende Größen ergeben:

(1) Valenz 1: Bevorzugung bestimmter Objekte oder Handlungen, die als geeignet dafür angesehen werden, hoch bewertete Endzustände (Valenz 2) herbeizuführen.
(2) Valenz 2: Bevorzugung bestimmter Endziele oder »letzter Ziele« einer Handlung.
(3) Instrumentalität: als wahrgenommene Kontingenz zwischen einem konkreten Handlungsausgang und einem Handlungsendziel im Sinne der Valenz 2. Der skalierte Wert der Instrumentalität kann zwischen –1 (der Handlungsausgang verhindert die Zielerreichung) und +1 (der Handlungsausgang garantiert die Zielerreichung) liegen.
(4) Erwartung: als subjektive Wahrscheinlichkeit, den konkreten Handlungsausgang herbeiführen zu können.
(5) Kraft (force): als Anstrengungsniveau, das gewählt wird, um den Handlungsausgang herbeizuführen.

Die Variablen 2 (Bevorzugung bestimmter Endziele), 3 (Instrumentalität) und 4 (Erwartung) werden unmittelbar gemessen – und zwar auf der Ebene der Subjektivität des einzelnen Individuums. Daraus werden errechnet:

- Die Variable 1: Bewertung bestimmter Objekte oder Handlungen, weil dies die Frage nach der gewählten Alternative beantwortet, und
- die Variable 5: Kraft, weil dies die Frage nach dem gewählten Anstrengungsniveau bei der gewählten Handlungsalternative beantwortet.

Visualisiert man dieses Konzept, so ergibt sich ein Bild, wie es Darstellung 88 – in Anlehnung an Heckhausen (1989) – zeigt.

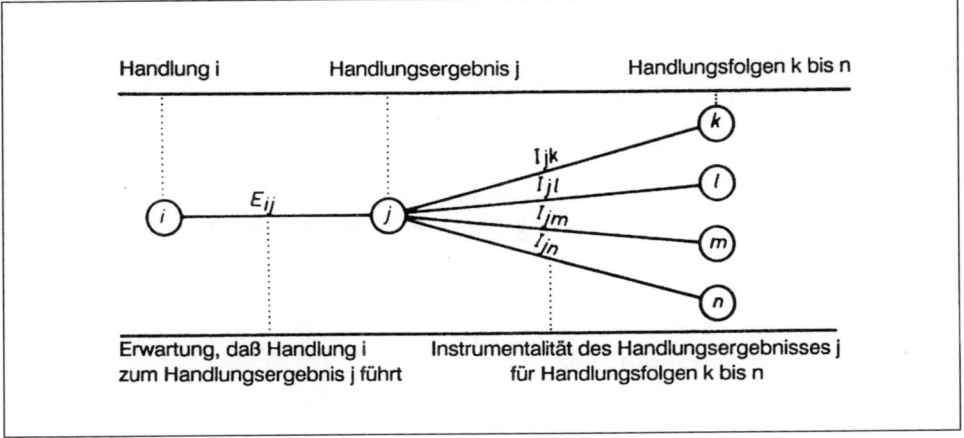

Darstellung 88. Die VIE-Theorie von Vroom (Visualisierung durch Heckhausen)

Der Ansatz von Vroom ist auf mancherlei Kritik gestoßen:
Die Differenzierung der Valenzen in solche der 1. und 2. Ebene ist problematisch, da hier das alte Problem der »**Kulissenhaftigkeit der Motive**« wieder deutlich wird und ein Prozess »ad infinitum« denkbar erscheint. Definiert man dagegen durch einen Willkürakt (vgl. Mitchell & Albright, 1972), was als Valenz 2 verstanden werden soll, so verwandelt sich das Modell von Vroom unversehens in eine inhaltliche Motivationstheorie.

Probleme bereitet auch das Erwartungskonzept. Hier wird von verschiedenen Autoren vorgeschlagen, in »Erwartung I« und in »Erwartung II« zu differenzieren. Die Erwartung I bezieht sich auf die subjektive Wahrscheinlichkeit, die Handlung ausführen zu können (z. B. Aufgabenschwierigkeit). Die Erwartung II bezieht sich auf die subjektive Wahrscheinlichkeit, durch die Handlung das Handlungsergebnis herbeizuführen (was nur in Sonderfällen, z. B. bei »intrinsischer Motivation = 1« gegeben ist). Diese Erwartung II ist nicht mit der Instrumentalität gleichzusetzen. Diese bezieht sich auf die Wahrscheinlichkeit, mit dem Handlungsergebnis die Valenz II herbeizuführen.

Diese und andere kritischen Einwände (Blickle, 1997) führten zu verschiedenen Veränderungen des theoretischen Ansatzes von Vroom. Einige wichtige sollen hier knapp skizziert werden.

Das Modell von Graen
Graen (1969) geht davon aus, dass nicht nur VIE-Überlegungen im Sinne rationaler Kalkulationen die Handlungsintention bestimmen, sondern auch sozialer Druck und intrinsische Motivation. Die Wahrscheinlichkeit erhöhter Anstrengung ergibt sich somit aus

(1) **VIE-Überlegungen**, die einschließen:
 – den Nutzen eines bestimmten Anstrengungsniveaus,
 – die subjektive Wahrscheinlichkeit, dass die Anstrengung zur Leistung führt,
 – die Valenz des Leistungsziels,
 – die Instrumentalität des Leistungsziels für das Erreichen des Endziels und
 – die Valenz des Endziels.
(2) **Externem Druck** in Richtung auf höhere Leistung, der sich aus dem wahrgenommenen Druck ergibt, den Andere ausüben werden (z. B. durch unterschiedliche Formen von Macht).
(3) **Innerem Druck** in Richtung auf höhere Leistung, der sich aus der Valenz intrinsischer Belohnungen ergibt, multipliziert mit der subjektiven Wahrscheinlichkeit, dass höhere Anstrengung diese intrinsische Belohnung herbeiführen wird.

Die Motivation zur Leistung errechnet sich aus der Summe von 1, 2 und 3.

Das Modell von Porter und Lawler
Porter & Lawler (1968) haben ein relativ einfaches Modell konzipiert, das Darstellung 89 zeigt.
Die Darstellung verdeutlicht, dass die Anstrengung vom Wert der Belohnung

5.3. Grundüberlegungen zu psychologisch orientierten Veränderungsmaßnahmen

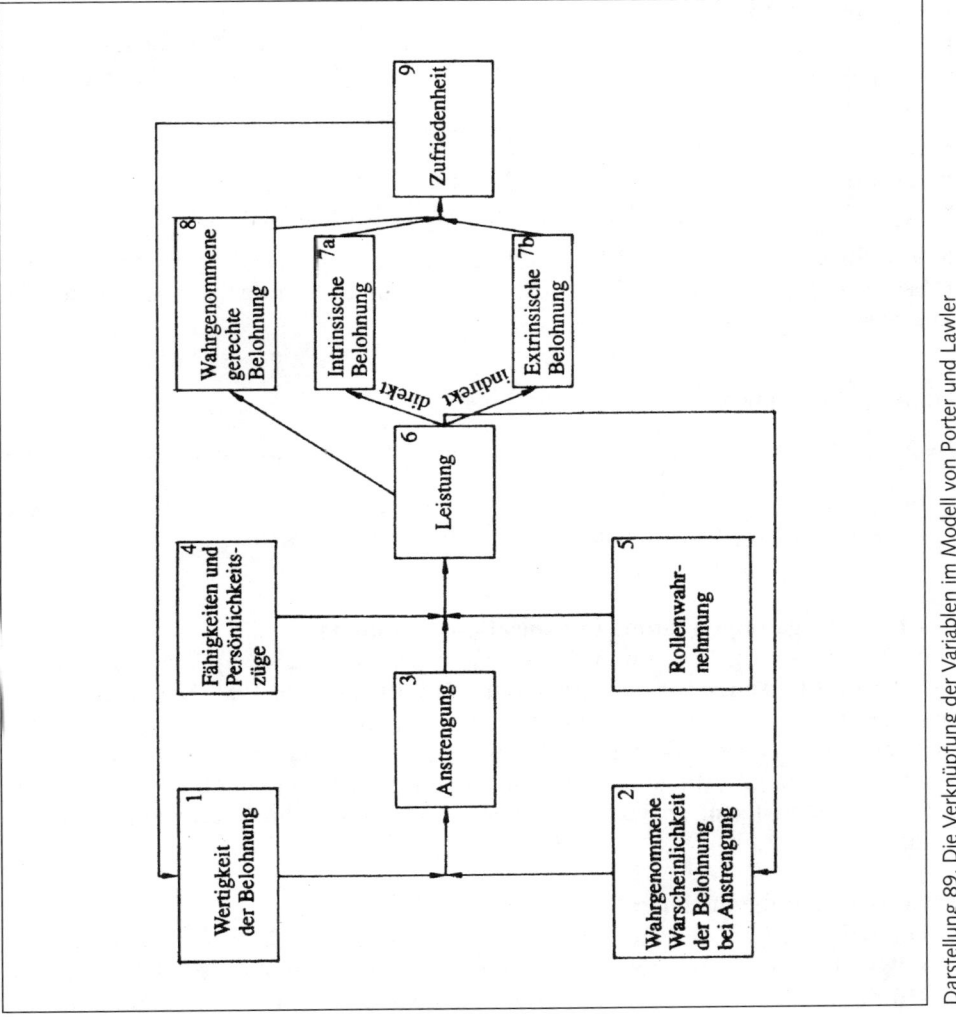

Darstellung 89. Die Verknüpfung der Variablen im Modell von Porter und Lawler

und der wahrgenommenen Wahrscheinlichkeit der Belohnung bei Anstrengung abhängt. Die Leistung ergibt sich dann nicht nur aus der Anstrengung, sondern auch aus den Fähigkeiten und Fertigkeiten sowie den Rollenwahrnehmungen. Die Leistung hat – ist sie intrinsisch motiviert – direkt Zufriedenheit zur Folge, während bei extrinsischer Motivation die wahrgenommene Angemessenheit äußerer Belohnungen für die Zufriedenheit wichtiger ist.

Das Modell von Lawler

Lawler (1977) hat das Modell von Porter und Lawler ausgebaut. Dabei geht er vor allem davon aus, dass die subjektive Wahrscheinlichkeit des Handlungsziels abhängt von

- der spezifischen Information über die Aufgabe,
- der Erfahrung mit entsprechenden Aufgaben in der Vergangenheit,
- der Selbstsicherheit als überdauerndem Persönlichkeitsmerkmal.

Eine weitere Modifikation ergibt sich daraus, dass Lawler Feed-back-Schleifen vom (Miss-)Erfolg auf die generelle Selbstsicherheit und die aufgabenspezifischen Erfolgserwartungen zieht.

Literaturempfehlung

Nerdinger, F. W. (2006). Motivierung. In: H. Schuler (Hrsg.). Lehrbuch der Personalpsychologie. Göttingen, S. 385–407.
In diesem am Handlungs-Phasen-Modell von Heckhausen orientierten Lehrbuchkapitel werden die wichtigsten Theorien der Arbeitsmotivation dargestellt.

5.3.1.4.2. Folgerungen für die Organisationsgestaltung

Die VIE-Theorien gehen – und das wurde bereits betont – implizit vom Bild des **rationalen Menschen** aus, der **hedonistisch kalkulierend** (vgl. Neuberger, 1974) überlegt, ob seine Handlungen positive oder negative Konsequenzen nach sich ziehen, also eine positive oder negative Instrumentalität haben. Wählt man als Beispiel das Leistungsverhalten als eine in Leistungsorganisationen besonders bedeutsame Verhaltensform, so wäre zu fordern, dass folgende Bedingungen gegeben sind:

- Bezogen auf die »**Valenz**«:
  Die Belohnungen, die erreichbar sind, sollten für die einzelnen Organisationsmitglieder auch hoch bewertet sein. Ein Belohnungssystem, dessen Anreize fragwürdig erscheinen, ambivalent erlebt werden, in ihrer Bedeutung kaum durchschaut werden etc., ist unter diesem Aspekt nicht empfehlenswert. Alternativen, die in diesem Bereich bestehen, sind häufig kostenneutral, aber in ihrer Verhaltenswirksamkeit sehr unterschiedlich. Beispielsweise haben individuelles Leistungsverhalten und kooperative Haltung positive Instrumentalität, wenn es um das Erreichen eines Gruppenbonus geht, während die Betriebstreue eine positive Instrumentalität hat, wenn man in einer preisgünstigen Werkswohnung leben möchte. Werkswohnungen und Leistungsprämien stellen unter Umständen für den Betrieb gleiche Kostenbelastungen dar, führen aber zur Realisierung unterschiedlicher Valenzen.
- Bezogen auf die »**Instrumentalität**«:
  Die Instrumentalität des Leistungsverhaltens für das Erreichen der angestrebten Endziele muss nicht nur objektiv gegeben, sondern auch subjektiv wahrnehm-

bar sein. Häufig ist dies bei komplizierten Prämiensystemen, unpräzise definierten Aufstiegskriterien etc. nicht der Fall. Dies allerdings ist in vielen Fällen nicht nur ein Wahrnehmungsproblem, sondern auch ein Problem der objektiven Strukturen. Obwohl sich viele Betriebe dazu bekennen, dass Aufstiegs- oder Lohnentscheidungen allein an der Leistung orientiert seien, spielen andersartige Aspekte nicht selten eine große Rolle (z. B. persönliche Beziehungen (vgl. Informationsbox 9), Konfliktvermeidung, »Wegloben«). Die motivierende Wirkung der Ziele für die Leistung geht dadurch verloren. Der Grund dafür liegt nicht nur im »Menschlichen, allzu Menschlichen«, sondern auch häufig darin, dass keine eindeutigen **Kriterien für die Leistung** bestehen oder dass Leistungsverhalten von denen, die Entscheidungen über die Belohnungen treffen, nicht objektiv beurteilt werden kann (vgl. Schuler, 2004). Hier ist ein gut arbeitendes Leistungsbeurteilungssystem im Sinne der systematischen Personalbeurteilung (3.3.) erforderlich. Damit dieses glaubhaft und verhaltenswirksam wird, sollte »Beurteilung« eng mit »Belohnung« verknüpft sein: »Kontingenz« im Sinne der Lerntheorie muss also gegeben sein.

Viele der hier implizit oder explizit angesprochenen Forderungen lassen sich in der Praxis mit Einschränkungen im außertariflichen Bereich erfüllen, jedoch kaum aufgrund bestehender Vereinbarungen im Tarifbereich oder bei Beamten. Angemerkt sei allerdings an dieser Stelle, dass das Leistungsverhalten soeben nur als Beispiel erwähnt wurde; selbstverständlich können auch andere Verhaltensweisen (z. B. Lernbereitschaft, Mobilität, Solidarität und kooperatives Verhalten, Betriebstreue etc.) in kontingenter Weise mit dem Belohnungssystem verknüpft werden.

- Bezogen auf die »**Erwartung**«:
Der Einzelne sollte die Möglichkeit haben und diese auch wahrnehmen, durch eigene Anstrengung sein Leistungsverhalten beeinflussen zu können und zugleich die Wahrscheinlichkeit hoch einschätzen, die geforderte Leistung zeigen zu können. Wenn also der Einzelne durch die Anforderungen des Arbeitsplatzes überfordert ist oder aber Quantität und Qualität der Leistung weitgehend durch situative Umstände (z. B. Maschinen, andere Personen, spärlich fließende Information etc.) determiniert ist, so dürfte ein noch so ausgeklügeltes Anreizsystem ohne Einfluss auf die Leistungsbereitschaft bleiben (vgl. Georgopoulos, Mahoney & Jones, 1957). Hier zeigt sich wieder, dass das beobachtbare Leistungsverhalten eine Funktion aus »Motivation«, »Fähigkeiten« und »Situation« ist, wobei diese nur modellhaft isoliert dargestellten Variablen über die Wahrnehmung vielfach interagieren (vgl. v. Rosenstiel, 1975, 1988, 2006).

Wenn man sich an der VIE-Theorie orientiert, sind neben den situationsgestaltenden Maßnahmen auch solche zu bedenken, die beim Individuum ansetzen. Durch beeinflussende Kommunikation lassen sich sowohl Werte (V), subjektive Instrumentalitäten (I) als auch subjektive Wahrscheinlichkeiten (E) spezifische Verhaltensweisen auch zeigen zu können, modifizieren. Derartige Überlegungen sind bereits im Kapitel 3 »Individuum« angesprochen worden.

Literaturempfehlung

Rosenstiel, L. v. (1988). Motivationsmanagement. In: M. Hofmann & L. v. Rosenstiel (Hrsg.). Funktionales Management. Berlin, S. 214–264.
In diesem Beitrag, der die Motivationstheorie und die Praxis des Motivierens in Organisationen darstellt, wird auch aufgezeigt, welche Konsequenzen sich für das Führungsverhalten aus der VIE-Theorie ableiten lassen.

5.3.1.5. Austauschtheorien

Es gibt wohl nur wenige Felder der Psychologie, die so stark von ökonomischen Überlegungen geprägt wurden, wie **gleichgewichtstheoretische Handlungsmodelle** – insbesondere in ihren austauschtheoretischen Ausprägungen. Der Grundgedanke all dieser Konzepte ist, dass der Mensch Harmonie sucht, d. h. nach einem Gleichgewicht, das sich innen und außen zeigt. Der Mensch strebt nicht nur danach, dass sich seine diversen **kognitiven Inhalte im Gleichgewicht** befinden, wie es die Theorie der kognitiven Dissonanz (vgl. Festinger, 1957) postuliert, es wird auch präferiert, dass die **sozialen Beziehungen sich harmonisch gestalten**, also z. B. das, was der Eine gibt, dem entspricht, was er vom Anderen erhält. Die in der Organisationspsychologie erfolgreichste Motivationstheorie, die sich an derartigen austauschtheoretischen (»Markt«-)Überlegungen orientiert, ist die »Equity-Theorie« von Adams (1963).

5.3.1.5.1. Theorie von Adams

Bei der »**Equity-Theorie**« von Adams (1963) – auch als »Gleichheits-«, »Ausgeglichenheits-«, »Gerechtigkeits-«, »Konsonanz-Theorie« bezeichnet – handelt es sich nur mit Einschränkungen um eine Prozesstheorie. Fraglos aber ist sie den kognitiven Motivationstheorien zuzurechnen (wie etwa die »Theorie der kognitiven Dissonanz« von Festinger, 1957), da es in ihr darum geht, durch Erlebens- und Verhaltensweisen die wahrgenommene Unausgeglichenheit zwischen kognitiven Elementen abzubauen und **Gleichgewicht** (Harmonie) wieder **herzustellen**. Es handelt sich dabei um einen ausgesprochen austauschtheoretischen Ansatz (vgl. Homans, 1961; Patchen, 1961), der letztlich nach der Maxime: »Gibst du mir – geb ich dir« funktioniert. Adams hat diesen Ansatz allerdings besonders präzise formuliert und dadurch erweitert, dass ein Dritter, **die Organisation, in die Überlegungen integriert** wurde. Dies hat dazu geführt, dass zu seiner Theorie empirische Forschung in reichem Maße vorliegt und diese zudem – im Gegensatz zum Forschungsstand bei den zuvor besprochenen Theorien – weitgehend experimenteller Natur ist. Der Gewinn liegt im relativ hohen Grad an Klarheit, Durchschaubarkeit und Präzision der Daten, der Nachteil in der fraglichen Generalisierbarkeit der Forschungsergebnisse.

Ein Beispiel für ein derartiges Experiment: Adams und Rosenbaum (1962) gingen den Hypothesen nach, dass (1) die Produktivität größer sei, wenn sich die Person bei Stundenlohn »überbezahlt« glaubt, und dass (2) die Produktivität bei Stücklohn je Zeiteinheit kleiner wird, wenn sich die Person überbezahlt fühlt – jeweils verglichen mit einer subjektiv angemessenen Bezahlung. In den Experimenten wurden männliche Studenten für einige Zeit für eine Interviewertätigkeit angeworben. Dabei wurde – bei objektiv gleicher Bezahlung – durch entsprechende Hinweise an die Kontrollgruppe der Eindruck vermittelt, sie würde angemessen bezahlt, an die Mitglieder der Versuchsgruppe dagegen, sie würden überbezahlt. Die Ergebnisse bestätigten die Hypothese: Bei Stundenlohn war für »angemessene Bezahlung: Überbezahlung« das Leistungsverhältnis »0.1899 : 0.2694« (in einer zweiten Studie »0.2275 : 0.2723«); bei Stücklohn lagen die entsprechenden Indexzahlen bei »0.1961 : 0.1493«.

Die Theorie geht von sozialen Beziehungen aus, die bei einem direkten oder indirekten Tausch auftreten können. Die Person (»P«) strebt an, dass ihre Nettobelohnungen (»N_P«) für den Einsatz (»I_P«) jenen entsprechen, die sie bei anderen Personen (»N_A«) wahrnimmt. Ungleichgewicht ist somit dann gegeben, wenn

$$N_P/I_P > N_A/I_A \text{ oder } N_P/I_P < N_A/I_A.$$

Sowohl das Gefühl, zu hohe Belohnungen zu bekommen (»Überbezahlung«), als auch das Gefühl, zu geringe Belohnungen zu bekommen (»Unterbezahlung«)

- erwachsen aus dem **sozialen Vergleich**;
- **stören das kognitive Gleichgewicht** und führen zur Motivation eines Verhaltens, das die kognitive Unausgeglichenheit abbauen soll.

Beim direkten Tausch sieht die Beziehung wie folgt aus:

$$\frac{\text{Ich gebe ihm}}{\text{Ich bekomme von ihm}} = \frac{\text{Er gibt mir}}{\text{Er bekommt von mir}}$$

Es wird ein ausgeglichenes Verhältnis (auf der Ebene der subjektiven Wahrnehmung!) angestrebt. Dabei ist **offen, was als »Geben«** interpretiert wird (z. B. Ausbildung, Erfahrung, Fleiß, sozialer Status, Schönheit, Alter, Jugend, Kinderzahl etc.) und was als »**Bekommen« wahrgenommen wird** (Geld, Sicherheit, Anerkennung, Wissen, Kontakte, Heiratschancen etc.). Entscheidend ist, dass diese Größen nicht durch Experten, sondern durch den Betroffenen selbst definiert werden. Dies gilt auch für das, was in die Gleichung als »Nettobelohnung« und »Einsatz des Tauschpartners« (z. B. des Arbeitgebers) eingeht.

Bei der indirekten Tauschbeziehung sieht die »P-A-Beziehung« grundsätzlich gleich aus, jedoch stehen P und A in keinem direkten Tauschverhältnis, sondern sie erhalten ihre Belohnungen von einem Dritten (z. B. dem Arbeitgeber), an den sie auch ihre Einsätze abführen.

Insgesamt ist bei der Austausch-Theorie Folgendes zu beachten:

- Es werden jeweils Verhältnisse miteinander verglichen,
- in die komplexe Kombinationen verschiedener Belohnungen und Erträge eingehen, deren Dimensionalität offen ist,
- von denen aber angenommen wird, dass sie als Belohnungen bzw. Erträge eindeutig gekennzeichnet sind,

- die jeweils nur in der Wahrnehmung durch P interessieren und
- der meist viele A's potenziell zum Vergleich zur Verfügung stehen, sodass geprüft werden muss, welche die Person wählt.

Aus der direkten oder indirekten Tauschbeziehung kann sich kognitive Spannung als »Überbelohnung« (»schlechtes Gewissen«, »Schuldgefühle«) oder »Unterbelohnung« (»sich ungerecht behandelt fühlen«, »Ärger«) ergeben, die abgebaut werden soll. Für P kann dies durch Anpassung der eigenen Belohnung an die Einsätze, durch Anpassung der eigenen Einsätze an die Belohnungen, die Anpassung der Belohnungen von A an dessen Einsätze oder durch Anpassung der Einsätze von A an dessen Belohnungen geschehen.

In der empirischen Forschung zur Theorie wurde das experimentelle Vorgehen bevorzugt. Das Forschungsparadigma sah dabei wie folgt aus:

- Man arbeitete mit der indirekten Tauschsituation.
- Als Belohnung wurde auf Bezahlung (Stücklohn bzw. Zeitlohn) zurückgegriffen.
- Als Einsatz wurden quantifizierbare Aspekte der Leistung (Menge oder Qualitätskennzahlen) gewählt.

Der »Vergleich« wurde durch experimentelle Manipulation so gestaltet, dass das Gefühl der Über- bzw. Unterbezahlung erzeugt wurde, z. B. durch Information, »andere verdienten mehr bzw. weniger«, durch faktisch geringes oder hohes Gehalt, durch Verweis auf geringe oder hohe Fähigkeiten und Fertigkeiten, durch – im Vergleich zum zuvor Erhaltenen – geringeres oder höheres Entgelt etc. Im Anschluss daran erfolgte die Messung der Quantität und Qualität der Leistung. Dabei zeigten sich meist Ergebnisse, wie sie Darstellung 90 veranschaulicht.

Als schwerwiegende Kritik an diesen Untersuchungen wurde häufig geäußert, dass die Experimente nur eine Reaktion zulassen: die Modifikation der Leistung. Faktisch sind aber sehr wohl auch andere Wege des Dissonanzabbaus denkbar (Weick, 1979).

Adams (1965) hat daraufhin durch einige – nicht sehr eindeutig formulierte – Zusatzannahmen die Theorie zu präzisieren gesucht:

	Überbezahlung	Unterbezahlung
Stücklohn	Höhere Qualität der Leistung bei geringer Quantität	geringere Qualität der Leistung bei höherer Quantität
Zeitlohn	höhere Quantität und/oder Qualität der Leistung – je nachdem, was leichter zu realisieren ist	geringere Quantität und/oder Qualität der Leistung – je nachdem was leichter zu realisieren ist

Darstellung 90. Reaktionen auf erlebte Über- und Unterbezahlung bei Stück- und Zeitlohn

- P maximiert positiv bewertete Ergebnisse.
- P minimiert die Erhöhung von Einsätzen, die anstrengend und kostspielig sind.
- P wird sich den kognitiven Modifikationen von Variablen widersetzen, die für ihr Selbstbild zentral sind.
- P ändert eher die Wahrnehmung von Belohnungen und Einsätzen von A als die der eigenen.
- P verlässt das Feld nur bei Versagen anderer Mittel und bei großer Dissonanz.
- P erlebt Widerstand gegen die Wahl anderer A's.

Einige Probleme werden zwar dadurch entschärft, doch bleiben wichtige Fragen offen:

- Durch Isolierung einer Belohnung und eines Einsatzes werden die Aggregierungsprobleme umgangen.
- Es bleibt ungeklärt, was die experimentellen Manipulationen erlebnismäßig bewirken.
- Der experimentelle Aufbau engt die Möglichkeiten der Reaktionsweisen ein.
- Die Frage nach der Generalisierungsmöglichkeit bleibt (zumindest teilweise) offen.
- Die Frage nach der zeitlichen Erstreckung der Effekte bleibt (zumindest teilweise) unbeantwortet.
- Ist der Effekt der Überbelohnung quantitativ dem der Unterbelohnung gleichzusetzen?

Das Gleichgewicht kann – wie soeben betont – auch auf gänzlich andere Weisen hergestellt werden. So zeigte Greenberg (1988, 1990, 1993), dass ein Gefühl ungerechter Zurücksetzung auch durch Diebstahl beim Arbeitgeber ausgeglichen werden kann und dass Belohnungen auch in Statussymbolen (z. B. ein repräsentatives Arbeitszimmer) bestehen können.

Neben der Verteilungsgerechtigkeit muss die prozedurale Gerechtigkeit bedacht werden. So geht z. B. Ladendiebstahl durch Mitarbeiter bei Unterbezahlung zurück, wenn diese durch die ökonomische Situation des Unternehmens erklärt wird.

Literaturempfehlung

Nerdinger, F. W. (1995). Motivation und Handeln in Organisationen. Stuttgart.
  Im siebten Kapitel (»Bewertung«) dieses Lehrbuchs werden Weiterentwicklungen und neue Befunde zur Theorie von Adams diskutiert.
Rosenstiel, L. v. (1975). Die motivationalen Grundlagen des Verhaltens in Organisationen – Leistung und Zufriedenheit. Berlin, S. 165–171 sowie S. 248–259.
  Die Theorie von Adams und wichtige Experimente, die zur Fundierung oder Kritik durchgeführt wurden, werden dargestellt.

5.3.1.5.2. Folgerungen für die Organisationsgestaltung

Obwohl die Theorie von Adams grundsätzlich und ihrem Anspruch nach für alle Belohnungen gilt, die innerhalb einer Organisation einsetzbar sind, ist faktisch eine Eingrenzung auf die **Beziehung zwischen Leistung und finanzieller Entlohnung** erfolgt. Beschränkt man sich auf diesen Aspekt, so ist, will man maximale Leistung und maximale Zufriedenheit erzielen, eine leistungsgerechte Bezahlung zu fordern. Faires Gehalt wirkt im Sinne dieser Ziele besser als hohes Gehalt (vgl. die entgegengesetzten Hypothesen innerhalb der VIE-Theorien bei Vroom, 1964).

Überlegt man sich, wie eine solche Forderung realisiert werden könnte, so gelangt man zu eher resignativen Feststellungen. Angesichts des Phänomens der **selektiven Wahrnehmung** ist Folgendes anzunehmen: Personen, die ihre eigenen Leistungen und Belohnungen mit denen anderer vergleichen, dürften zum einen geneigt sein, ihr eigenes Leistungsverhalten zu überschätzen, und sie dürften zudem bei sich selbst neben der Leistung auch noch andere positive Komponenten stark betonen (z. B. Berufsausbildung, Dauer der Betriebszugehörigkeit, Kinderzahl, gesellschaftliches Herkommen etc.), die sie bei Anderen übersehen. Zum anderen dürften sie die Belohnungen, die Andere neben dem Geld bekommen (z. B. Status, Dienstwagen, gleitende Arbeitszeit, Sympathie des Vorgesetzten, Ausstattung des Arbeitszimmers etc.) eher überschätzen. Daraus folgt, dass das Gefühl der **Unterbelohnung in der Praxis sehr viel häufiger** auftreten dürfte, als das der fairen Belohnung oder gar der Überbelohnung. Da nun, wie bereits aufgezeigt, die Reaktionen auf Unterbezahlung intensiver als auf Überbezahlung erfolgen – etwa im Sinne eines leistungssenkenden Verhaltens –, ist dieser Effekt doppelt bedenklich. Um ihn zumindest abzuschwächen, kann man bei der Gestaltung des Belohnungssystems nur darauf bedacht sein, eine möglichst **durchschaubare und faire Relation zwischen Leistung und Belohnung** zu finden, die im Sinne eines für jeden bekannten Systems (z. B. »gläsernes Gehaltskonto«) gehandhabt werden müsste. Sehr komplizierte Belohnungssysteme (z. B. Zusatzprämien, Zulagen für Überstunden und Nachtarbeit, Feriengeld, Beihilfe, 13,5 Monatsgehälter etc.) sind unter diesem Aspekt eher ungünstig zu beurteilen.

Neben dem klaren und durchschaubaren Belohnungssystem sind auch eindeutige Kriterien der Leistungsmessung und Leistungsbewertung zu fordern. Leistungen und Belohnungen sind dann – im Sinne des konsistenten Bewertungsmaßstabs – miteinander in Beziehung zu setzen.

Literaturempfehlung

Rosenstiel, L. v. (1978). Folgewirkungen einer funktionsbezogenen Bezahlung. In: H. Siedentopf (Hrsg.). Bewertungssysteme für den öffentlichen Dienst. Baden-Baden.
In diesem Beitrag wird – an der Theorie Adams orientiert – untersucht, wie sich eine leistungsbezogene Bezahlung im Bereich des öffentlichen Dienstes in Deutschland auswirken würde. Die Konsequenzen werden skeptisch beurteilt.

5.3.1.6. Ziele

Kaum eine anwendungsorientierte Motivationstheorie hat in den vergangenen Jahren so viel Forschung angeregt und Anwendung in der Praxis gefunden wie jene der Zielsetzung (Locke & Latham, 1984, 1990, 2002). Im 2. Kapitel wurde bereits darauf eingegangen. Die Zieltheorie geht von zwei grundlegenden Annahmen aus, die inzwischen vielfach bestätigt wurden:

1. **Schwierige, herausfordernde** Ziele führen zu besseren Leistungen als mittlere oder leicht zu erreichende Ziele.
2. Sind diese Ziele außerdem **präzise formuliert und spezifisch ausgerichtet**, so führen sie zu höheren Leistungen als allgemeine, vage Ziele.

Die Wirkungen der Zielsetzung auf das Verhalten wurden nicht nur im Labor vielfach nachgewiesen (Locke & Latham, 1984, 1990, 2002), sondern auch im Feld belegt.

Deutlich wird dies, wenn man die Befunde einer Metaanalyse von Guzzo, Jette und Katzell (1985) unter dieser Perspektive betrachtet. Die Autoren berücksichtigten 98 zwischen 1971–1981 in den USA durchgeführte Feldexperimente. Von einander abgehoben wurden u. a. die in Darstellung 91 genannten Interventionen.

Geprüft wurden die Auswirkungen auf drei Gruppen von Produktivitätskriterien:

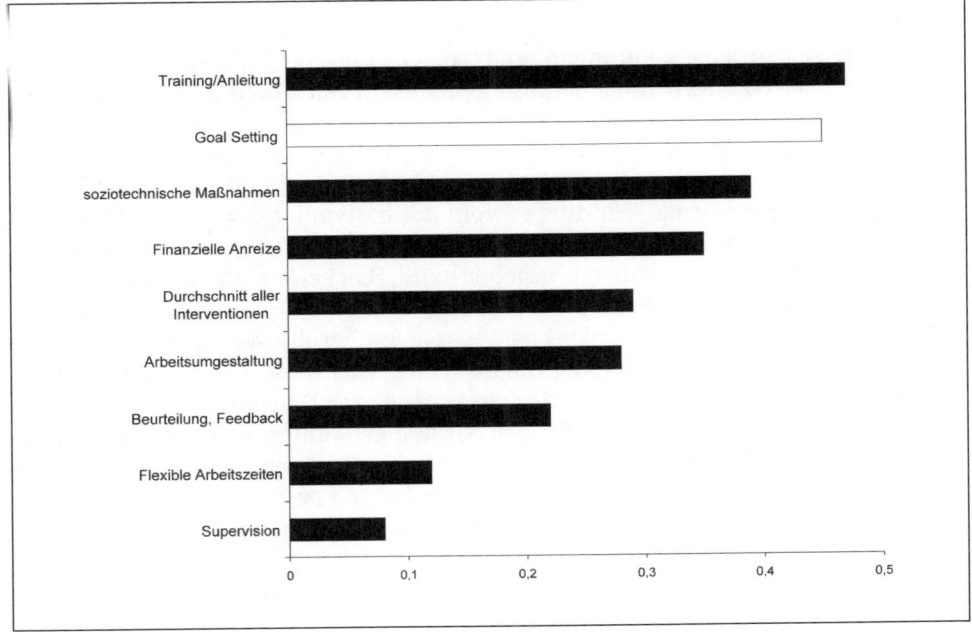

Darstellung 91. Wirkungen der Zielsetzungen (nach Guzzo, Jette & Katzell)

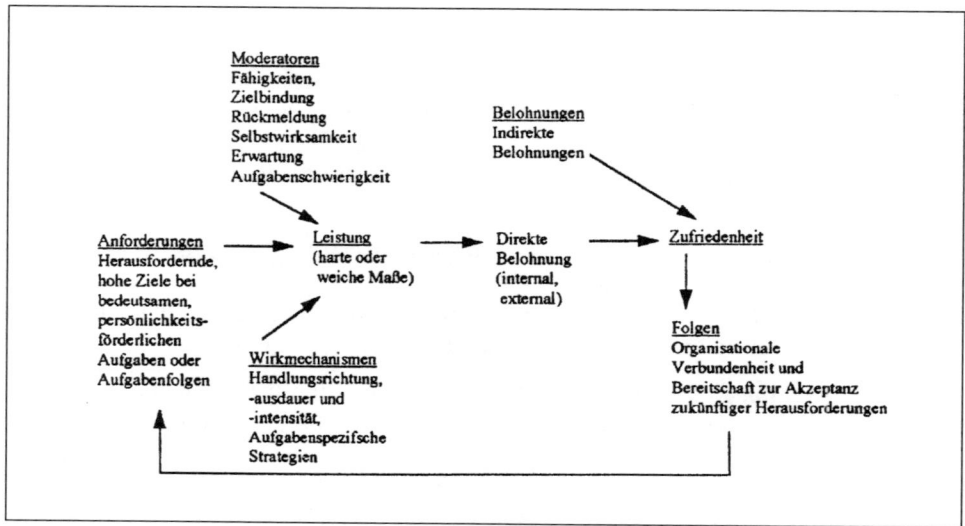

Darstellung 92. High-Performance-Cycle nach Locke & Latham

- Arbeitsleistung,
- Distanzierung von der Arbeit,
- Arbeitsstörungen.

Es fällt nicht nur auf, dass »weiche« Maßnahmen vielfach besser wirkten als finanzielle Anreize, Arbeitsgestaltungen und soziotechnische Maßnahmen, sondern auch, dass Zielsetzungen (goal setting) gemeinsam mit Training/Anleitung (eine viele Verfahren zusammenfassende Kategorie) die stärkste Wirkung hatten.

Auch spätere Analysen machen deutlich, dass Ziele, die spezifisch, messbar, akzeptiert und anspruchsvoll, realistisch und terminiert (»SMART«) sind, eine deutlich leistungsfördernde Wirkung sowohl auf Individuen als auch auf Gruppen haben; dies insbesondere, wenn sie gemeinsam vereinbart wurden und über den Grad der Zielerreichung Feedback gegeben wird (Locke & Latham, 2002; Wegge, 2004, 2006; Fiege, Muck & Schuler, 2006).

Locke und Latham machen allerdings Aussagen über die Wirkungen von Zielen über die reine Leistungserbringung hinaus. Sie fassen diese Annahmen in einem Modell des »**High Performance Cycle**« zusammen, das Darstellung 92 zeigt.

Anforderungen (»demands«), die den vorher genannten Kriterien (herausfordernd und spezifisch) entsprechen, führen zu hoher Leistung. Ziele können entweder von außen durch Vorgesetzte oder andere Instanzen bestimmt werden, in einem gemeinsamen Prozess zwischen Vorgesetztem und Mitarbeiter partizipativ festgelegt werden oder von Mitarbeitern selbst gesetzt werden.

Die Frage nach der Akzeptanz deutet auf einige Moderatoren des Zusammenhangs zwischen Zielen und Leistung hin. Dies sind u. a.:

- die Aufgabenschwierigkeit,
- die Fähigkeit, der Anforderung gerecht zu werden,
- die hohe Akzeptanz eines Zieles oder Zielbindung, durch die die Gleichbehandlung von selbst und fremd gesetzten sowie partizipativ festgelegten Zielen durch Mitarbeiter erklärt wird,
- Selbstwirksamkeit und Erwartung, die sowohl die Akzeptanz schwieriger Ziele als auch die Leistung fördern und eng mit der Zielbindung verknüpft sind, sowie
- das Ausmaß an Rückmeldung über die gemachten Fortschritte.

Besonders wichtig ist hier das zugrunde liegende Verständnis des Begriffs »Erwartung«, die als eine Einschätzung der externen Realisierungsbedingungen zu verstehen ist. Als Wirkmechanismus der Zielrealisierung (»mediators«) gelten u. a. Anstrengung, Ausdauer und spezielle Handlungsstrategien. Leistungen (»performance«) werden meist mithilfe »harter« Indikatoren wie Stückzahlen oder finanziellen Ergebnissen gemessen. Angesichts der Resultate erbrachter Leistungen kommt es zu Belohnungen (»rewards«), die entweder internaler, z. B. Steigerung des Selbstwertgefühls oder der wahrgenommenen Selbstwirksamkeit, oder aber externaler Art, z. B. persönliche Anerkennung oder finanzielle Anreize, sein können.

Zufriedenheit ist als Ergebnis eines Vergleichsprozesses zwischen gewünschten und wahrgenommenen Befriedigungsmöglichkeiten der Arbeit zu sehen, wobei mit steigender Hierarchiestufe dem Arbeitsinhalt wachsende Bedeutung zukommt. Auch in Bezug auf Zufriedenheitsmaße sollte es keine Unterschiede zwischen dem Erreichen selbst bzw. fremd gesetzter Ziele geben. Aus hoher Arbeitszufriedenheit entsteht jedoch nicht automatisch hohe Leistung in einem nächsten Durchlauf des Zyklus. Vielmehr wächst durch Zufriedenheit die Bindung an die Organisation, die unter anderem als Akzeptanz organisationaler Werte und Ziele definiert wird. Dies führt im nächsten Schritt wiederum zu höherer Akzeptanz. Parallel dazu dürfte die Bereitschaft zum Organisationswechsel sinken (Kaschube, 1997).

Literaturempfehlung

Kaschube, J. (1997). Ziele von Führungsnachwuchskräften. München.
In diesem aus einer Dissertation entstandenem Buch wird bei der Diskussion der Beziehung zwischen Motivation und Zielen auch der »High Performance Cycle« dargestellt und in seinen Stärken und Schwächen gewürdigt.

Pritchard, R. D., Kleinbeck, U. & Schmidt, K.-H. (1993). Das Managementsystem PPM – Durch Mitarbeiterbeteiligung zu höherer Produktivität. München.
In diesem wissenschaftlich durch Theorie und Empirie begründeten Buch, das sich an die Praxis wendet, wird ein Modell (PPM) vorgestellt, das im Kern auf partizipativ entwickelten Zielen beruht und nachweislich die Leistung von Gruppen deutlich verbessert.

5.3.1.7. Motivation und Arbeitsverhalten – einige Hinweise zum Motivationsmanagement

Exemplarisch wurde am Beispiel einiger Inhalts- und Prozesstheorien der Motivation abgeleitet, welche Maßnahmen sich in der Praxis anbieten, um die auf die Leistung gerichtete Motivation der Mitarbeiter zu erhalten oder gar zu steigern. Dabei wurde deutlich, dass dies sehr wohl in einer theoriegeleiteten Weise geschehen kann.

Bedacht werden muss allerdings bei allen empfohlenen Maßnahmen, dass aus psychologischer Sicht der Satz gilt: »**Wirklich ist, was wirkt**«. Die noch so gut durchdachte Gestaltung von Anreizen oder fördernden Arbeitsbedingungen wird kaum die erhoffte Wirkung zeigen, wenn sie den Betroffenen nicht bewusst werden. Unter diesem Gesichtspunkt ist es eine zentrale Forderung des **Motivationsmanagement** (v. Rosenstiel, 1988), dass die eingeleiteten Maßnahmen im Rahmen von Gesprächen den Betroffenen bewusst gemacht werden und sie die eingeleiteten Maßnahmen dann auch so interpretieren, wie es intendiert ist.

Über das in den vorhergehenden Abschnitten Gesagte hinaus soll für die Praxis des Motivationsmanagements noch Folgendes ergänzt werden:

Die Organisation steht meist vor der Aufgabe Maßnahmen so zu gestalten, dass sie für alle Betroffenen ähnlich sind. Da aber Menschen sich voneinander unterscheiden, wird **objektiv Gleiches unterschiedlich wirken**. So wird zum Beispiel mittelfristige Karriereplanung für den Aufstiegsorientierten zu einem aktivierenden Anreiz werden, während bei demjenigen, der auf anderes Wert legt, dieser Anreiz wirkungslos bleibt. Daraus ergibt sich die Konsequenz, dass der für die Maßnahmen Verantwortliche – meist wird es der unmittelbare Vorgesetzte sein – wissen muss, welche Hoffnungen und Befürchtungen der Mitarbeiter hat, damit die Maßnahmen für diesen individualisiert werden können.

Bei der Besprechung zentraler Arbeitsmotive war zwischen der intrinsischen und extrinsischen Motivation unterschieden worden. Intrinsische Motivation ist dann gegeben, wenn das Arbeitshandeln selbst befriedigend wirkt, etwa die Entwicklung eines neuen Produktes, das Gespräch mit dem Kunden oder die Analyse der Strategie von Mitbewerbern. Bereits im zweiten Kapitel (Aufgabe) war auf Möglichkeiten der Arbeitsgestaltung verwiesen worden, durch die die **intrinsische Arbeitsmotivation** erhöht werden kann. Vielfach wird nun in den Betrieben davon ausgegangen, dass sich diese Motivation noch einmal steigern lässt, wenn das erfolgreiche Arbeitsverhalten extrinsisch belohnt, also zum Beispiel durch zusätzliche Prämien oder andere Vergünstigungen angeregt wird. Davor soll gewarnt werden. Intrinsische Motivation bedingt ein »freudiges Aufgehen in einer Handlung« (Heckhausen, 1989, S. 458). In einer Vielzahl von Studien (Deci, 1975; Deci & Ryan, 1985) konnte gezeigt werden, dass diese **Freude durch extrinsische Belohnungen reduziert oder gar zerstört werden kann**, dass also die extrinsischen Belohnungen die intrinsische Motivation korrumpieren (Frey & Osterloh, 2002). Noch ist nicht ausreichend erforscht, unter welchen spezifischen Bedingungen es zu dieser Korrumpierung kommt (Heckhausen, 1989), doch sollte angesichts des Forschungsstandes diese Gefahr gesehen werden und nicht vorschnell eine Strate-

5.3. Grundüberlegungen zu psychologisch orientierten Veränderungsmaßnahmen

Rang	»Ich hatte mir fest vorgenommen...«	%	Rang*
1	»...die Verantwortung für ein Projekt zu übernehmen.«	38.9	3
2	»...meinen Verantwortungsbereich zu erweitern.«	36.5	10
3	»...auf ein angenehmes Arbeitsklima in meiner Gruppe hinzuarbeiten.«	36.4	5
4	»...Seminare zu besuchen, die meine Führungsqualität fördern.«	32.5	25
5	»...einen ersten Aufstiegsschritt zu vollziehen.«	31.0	18
6	»...durch den Beruf eine gewisse Unabhängigkeit zu erreichen.«	30.5	2
7	»...meine Vorgesetzten von neuen Ideen zu überzeugen.«	28.4	22

* Rang der durchschnittlichen Realisierung im Bezug auf die Liste der 29 Ziele.

Tabelle 16. Ziele von Führungsnachwuchskräften im ersten Berufsjahr und Fortschritte bei ihrer Realisierung (Angaben in Prozent)

gie im Motivationsmanagement gewählt werden, die gleichermaßen intrinsisch als auch extrinsisch zu motivieren sucht. Wiersma (1992) zeigt jedoch in einem kritischen Überblicksreferat, dass unter bestimmten Bedingungen extrinsische Anreize neben den intrinsischen zielorientiert wirken und die einen nicht ohne weiteres durch die anderen substituiert werden können.

Wichtig für die Praxis des Motivationsmanagements ist ein weiterer grundsätzlicher Aspekt, der mit dem Menschenbild zu tun hat. Mitarbeiter kommen nicht als passive und reaktive Wesen in den Betrieb, die nur auf Anregung von außen reagieren, sondern haben ihre **persönlichen beruflichen Ziele**, die sie bei der Arbeit erreichen möchten (Brunstein & Maier, 1996). Kaschube (1997) hat am Beispiel junger akademisch vorgebildeter Berufseinsteiger überprüft, um welche Arten von Zielen es sich dabei handelt. Tabelle 16 gibt einige der Ergebnisse wieder.

Man sieht, dass es mehrheitlich um solche Ziele geht, die vermutlich auch von der Organisation positiv bewertet werden. Kirsch (1995) konnte zeigen, dass dies tatsächlich der Fall ist.

Ob diese Ziele umgesetzt werden, hängt zum einen von der Person, ihrer **Entschlossenheit** (Maier, 1996), ab. Es ist aber auch abhängig von den **organisationalen Rahmenbedingungen**. Die Umsetzung gelingt besonders gut, wenn die Person **realistisch** über das **informiert** wird, was im Beruf auf sie zukommt, wenn sie **soziale Unterstützung** – z.B. durch den Vorgesetzten, durch Mentoren oder durch Kollegen – findet und wenn sie bei der Arbeit jenen **Handlungsspielraum** hat, der für eigene Initiativen erforderlich ist. Kommen die genannten personalen und organisationalen Bedingungen zusammen, so sind positive Konsequenzen zu erwarten. Misserfolg bei der Zielverfolgung senkt die Arbeitszufriedenheit, lockert die Bindung an die Organisation und macht Kündigungsgedanken wahrscheinlicher (Rappensperger, Maier & Wittmann, 1998).

Motivation muss also keineswegs immer durch Organisationsbedingungen angeregt werden; hilfreich ist es jedoch vielfach, wenn die Organisation Rahmenbedingungen bietet, die eine ohnehin gegebene Motivation des Mitarbeiters zur Wirkung kommen lässt. Es lässt sich empirisch belegen, dass Organisationen zwar Einfluss auf das Realisieren, aber kaum auf die Wahl der Ziele nehmen konnten (Kaschube, 1997).

Literaturempfehlung

Nerdinger, F. (1995). Motivation und Handeln in Organisationen. Stuttgart.
In diesem rasch zu lesenden Lehrbuch werden viele der auch hier besprochenen Motivationstheorien dargestellt und darüber hinaus Konsequenzen für das praktische Handeln abgeleitet.
Rosenstiel, L. v. (2003). Motivation im Betrieb. Leonberg.
In der neunten, aktualisierten Auflage dieses in der Praxis recht verbreiteten Buches werden 18 Problemfälle aus dem beruflichen Alltag dargestellt und sodann theoriegeleitet Lösungsmöglichkeiten skizziert.
Rosenstiel, L. v., Nerdinger, F. & Spieß, E. (Hrsg.) (1998). Von der Hochschule in den Beruf. Wechsel der Welten in Ost und West. Göttingen.
Dieses forschungsorientierten Buch berichtet über eine Längsschnittstudie, innerhalb derer Hochschulabsolventen aus den alten und in den neuen Bundesländern mehrfach befragt wurden, um zu erkunden, wie ihnen der Einstieg in der Beruf gelingt und wie sie durch diesen Beruf geprägt werden. Dabei wird unter anderem gezeigt, dass die Möglichkeit zur Realisierung persönlicher beruflicher Zielvorstellungen die Bindung an die Organisation steigert.

5.3.2. Arbeitszufriedenheit und Organisation

Im Rahmen der zuvor dargestellten Facettenanalyse (vgl. 5.2.2.) ergab sich **Arbeitszufriedenheit** als ein Konzept, das gekennzeichnet ist durch

- die Analyseeinheit »**Individuum**«,
- das Analyseelement »**Arbeit**« und
- die Art der Messung »**Bewertung**«.

Würde man sich daran orientieren, dann könnte innerhalb des Kapitels »Organisation« nicht über »Arbeitszufriedenheit« gesprochen werden. Wir hätten dieses Thema vielmehr im 3. Kapitel unter der Überschrift »Individuum« abhandeln müssen, denn die Facettenanalyse sieht in der Arbeitszufriedenheit ein auf das Individuum bezogenes Konzept.
In der Praxis allerdings wird Arbeitszufriedenheit ganz anders erhoben und interpretiert. In aller Regel erfasst man die Arbeitszufriedenheit im Rahmen einer **anonymen Massenumfrage**, analysiert Mittelwerte und Streuungen und bezieht die dadurch gewonnenen Werte nicht auf einzelne Personen – was ja angesichts der Anonymität der Datenerhebung ohnehin nicht möglich ist – sondern auf Abteilungen, Zweigwerke, die Gesamtorganisation. Dies rechtfertigt es auch, im hier zu diskutierenden Zusammenhang – der Betrachtungsperspektive »Organisation« – das Thema »Arbeitszufriedenheit« anzusprechen.

Das Konzept der Arbeitszufriedenheit hat schon vor geraumer Zeit (Neuberger, 1974; Locke 1976) an **Bedeutung** gewonnen und diese bewahrt; sie wird in der Praxis häufig gemessen. Auf der anderen Seite haben derartige Messungen aber auch zunehmend **Kritik** gefunden.

Verständlich wird diese Diskussion daraus, dass man in der Organisationspsychologie nicht nur Untersuchungen durchführt, die im Dienste des Leistungsziels stehen, sondern auch solche, durch die Humanziele der Organisation gefördert werden. Als ein derartiges Humanziel wird allgemein die Arbeitszufriedenheit angesehen. In diesem Zusammenhang sei nicht in Abrede gestellt, dass möglicherweise bei einigen Untersuchungen die Arbeitszufriedenheit – implizit oder explizit – als ein Zwischenziel beim Erreichen des Leistungszieles angesehen wird.

Die lang andauernde Vernachlässigung der Arbeitszufriedenheit kann zudem nicht überraschen, wenn man von der »**homo-oeconomicus-Prämisse**« ausgeht. Aus dieser ergibt sich: Der Mensch wird dort arbeiten, wo er im Austausch für seine Arbeit den größten Nutzen erfährt. Durch das freie Spiel der Kräfte des Marktes wird unter der Bedingung vollkommener Konkurrenz definitionsgemäß dafür gesorgt, dass der Nutzen der Arbeitenden optimiert ist. Die empirische Untersuchung der Arbeitszufriedenheit erübrigt sich damit. Heute weiß man, dass dieser Denkansatz nicht trägt. Das Marktprinzip, ohne Einschränkung auf den Arbeitsmarkt angewandt, hat für die Arbeitnehmer inhumane Effekte.

Seit der Diskussion um die Humanisierung des Arbeitslebens (vgl. Gaugler, Kolb & Ling, 1977) wird die Arbeitszufriedenheit als ein **Indikator der Humanisierung neben anderen** gesehen (vgl. Gohl, 1977); dadurch hat die Frage, wie Organisationen gestaltet sein müssen, damit sich die Arbeitszufriedenheit erhöht, an Bedeutung und auch an Eigenständigkeit gewonnen.

Literaturempfehlung

Gohl, J. (Hrsg.) (1977). Arbeit im Konflikt. München.
In diesem Reader wird in einigen Beiträgen dargestellt, welche Bedeutung die Arbeitszufriedenheit als subjektiver Indikator der Humanisierung hat und zugleich das Konzept der Arbeitszufriedenheit kritisch diskutiert.

5.3.2.1. Begriffsklärung und theoretische Ansätze

Es ist auffallend, dass einerseits in der Literatur unter dem Terminus »**Arbeitszufriedenheit**« höchst Unterschiedliches abgehandelt wird und dass andererseits unterschiedliche Worte Verwendung finden, die zumindest scheinbar als gleich bedeutend mit »Arbeitszufriedenheit« in die Diskussion eingehen, z. B. »Einstellung zur Arbeit«, »Valenz«, »Identifikation mit der Arbeit«, »Arbeitsmoral« oder »Betriebsklima«. Es sei daher versucht, Arbeitszufriedenheit zu definieren und von anderen Begriffen akzentuierend abzuheben (vgl. hierzu auch Bruggemann, Groskurth & Ulich, 1975; Neuberger & Allerbeck, 1978; v. Rosenstiel et al., 1983, S. 73 ff.; Fischer, 2006).

»Arbeitszufriedenheit« als »**Einstellung zur Arbeit**«: Im allgemeinen psychologischen Verständnis ergibt sich Zufriedenheit aus der Erfüllung unserer Bedürfnisse oder aber aus der Antizipation dieser Erfüllung; Unzufriedenheit ist entsprechend eine Folge der realen oder antizipierten Frustration. So schreibt etwa Lersch (1956, S. 210), dass »die Erfüllung unserer Ansprüche erlebt wird in der Gefühlsregung der Zufriedenheit, ihre Nichterfüllung in der Unzufriedenheit«. Diese Auffassung verdeutlicht zugleich die Verankerung des Arbeitszufriedenheitskonzepts in der Motivationspsychologie. Es würde allerdings zugleich beinhalten, dass die Zufriedenheit nicht als Merkmal der Person von längerer zeitlicher Erstreckung bestimmt werden könnte, sondern zeitlich eng umgrenzt erscheint. Zufriedenheit wäre an die Momente der Motivbefriedigung gekoppelt und würde somit einen explizit phasischen Verlauf zeigen. So wie der Terminus »Arbeitszufriedenheit« jedoch in der empirischen Forschung operational definiert und gemessen wird, sieht das Konzept anders aus: Arbeitszufriedenheit ist danach die **Einstellung zur Arbeit und zur Arbeitssituation in ihren verschiedenen Aspekten**; d. h. die wertende Stellungnahme zur Arbeit oder ihren Teilaspekten. In diesem Sinne schreibt Locke (1976), dass die Arbeitszufriedenheit als ein angenehmer oder positiver emotionaler Zustand definiert werden kann, der sich aus der Bewertung der eigenen Arbeit oder der Arbeitserfahrungen ergibt. Diese Definition von Locke lässt eine erhebliche Nähe zum Arbeitszufriedenheitskonzept erkennen, das zuvor aus der Facettenanalyse abgeleitet worden war. Es geht um den eigenen Job, also um die Analyseeinheit »Individuum«. Jobs oder Joberfahrungen werden bewertet, das Analyseelement ist also die »Arbeit«. Der positive emotionale Zustand, der sich aus den Bewertungen ergibt, weist auf die Art der Messung im evaluativen Sinn hin.

Auch wenn man die Arbeitszufriedenheit an das Einstellungskonzept annähert, bleibt der Bezug zur Motivationstheorie gewahrt. **Einstellungen stehen im Dienste der Bedürfnisbefriedigung**: Wir haben positive Einstellungen gegenüber solchen Objekten, denen wir eine positive Instrumentalität im Zuge der Bedürfnisbefriedigung zuschreiben; wir haben entsprechend negative Einstellungen gegenüber jenen Objekten, denen wir eine negative Instrumentalität für die Bedürfnisbefriedigung attribuieren.

»**Morale**«: In der US-amerikanischen Literatur häufig, in der deutschen Literatur selten, findet man den Ausdruck »morale«, der insbesondere auf die Arbeitsgruppe bezogen wird. Auch mit »morale« ist ein emotional positiver Zustand der Betriebsangehörigen gemeint, der sich allerdings unter zwei Aspekten deutlich von der Arbeitszufriedenheit unterscheidet. Er ist zum einen sozialpsychologisch orientiert, beinhaltet also Solidarität mit dem Betrieb oder der Gruppe bzw. **Gruppenkohäsion**. Er hat zum anderen einen Bezug zu den Zielen der sozialen Einheit und ist damit explizit auch auf die **Leistung** ausgerichtet. Die hier vorgeschlagene Begriffsumschreibung, die sich in recht ähnlicher Weise bei verschiedenen Autoren findet, weicht deutlich von einer Konzeptualisierung ab, wie sie Payne und Pugh (1976) aus der Facettenanalyse ableiten. Für diese Autoren ist »morale«, als Arbeitsmoral verstanden, die **Übereinstimmung der Arbeitszufriedenheit innerhalb des Betriebes**. In diesem Sinne wird nun tatsächlich häufig Arbeitszufriedenheit interpretiert, wenn man sich vor allem auf die Mittelwerte stützt, was in der Praxis schon wegen der Forderung nach Anonymität üblich ist.

»**Betriebsklima**«: Der im deutschen Sprachraum verbreitete Ausdruck »Betriebsklima« (vgl. 5.2.2.) zeigt mehr Verwandtschaft zum Terminus »morale« als zu dem der »Arbeitszufriedenheit«. Obwohl der Begriff viel verwendet wird, erscheint er etwas schwammig; man versteht recht Unterschiedliches darunter. Um auf diesem Gebiet zu einer besseren Präzisierung zu gelangen, hatten wir zuvor im Betriebsklima die Wahrnehmung und Bewertung von Organisationsgegebenheiten auf der Ebene der Belegschaft gesehen (vgl. auch v. Rosenstiel, 1986; v. Rosenstiel & Bögel, 1992).

»**Identifikation mit der Arbeit**«: Die Identifikation – im Amerikanischen wird häufig von »job involvement« gesprochen – kann als Voraussetzung für bestimmte Formen der Arbeitszufriedenheit angesehen werden, darf allerdings keineswegs mit ihr gleichgesetzt werden. Die »Identifikation mit der Arbeit« beinhaltet, dass man auf positiv bewertete Bedingungen mit besonders starker Zufriedenheit reagiert; auf negative aber entsprechend auch mit stärkerer Unzufriedenheit. Geht es spezifisch um die Identifikation des Einzelnen mit seiner Arbeit bzw. mit seiner Arbeitsorganisation, so wird die sich daraus ergebende Verbundenheit nicht selten so erklärt und im Zuge der Operationalisierung erfasst, dass die Ziele, die mit der Arbeit verbunden sind, jenen Zielen entsprechen, die der Einzelne für wichtig hält. Die **Übereinstimmung** dessen, was die Arbeitsorganisation im Rahmen ihres Zielsystems anstrebt, mit dem, was die Mitglieder anstreben, ist wesentliche Basis für Verbundenheit und Identifikation (v. Rosenstiel & Stengel, 1987). Für das Verständnis von Identifikation ist also die Frage wichtig, die der einzelne Arbeitende sich stellt: Trage ich mit dem, was ich bei der Arbeit tue, zu Zielen bei, die ich bejahen kann?

Zudem muss gesehen werden, dass das Identifikationskonzept vor allem auf den Arbeitsinhalt abzielt; Arbeitszufriedenheit wird dagegen meist weiter verstanden, sie umfasst nicht nur den Arbeitsinhalt, sondern vielfältige andere Variablen, die mit dem Arbeitsplatz verbunden sind (Neuberger & Allerbeck, 1978).

Eng verwandt mit diesem Konzept der Identifikation ist das des **Commitment**, das häufig auf die Identifikation mit der Organisation (Moser & Zempel, 2006) der Arbeitseinheit oder der Aufgabe zurückgeführt wird. Angesichts des demografischen Wandels, insbesondere der rapiden Abnahme junger qualifizierter Bewerber, geht es für die großen Unternehmen nicht nur darum, im »**Krieg um die Talente**« die möglichst Besten für sich zu gewinnen, sondern sie auch möglichst lang an sich zu binden (v. Rosenstiel, 2002), d. h. ihr Commitment an das Unternehmen zu entwickeln (Moser, 1997). Beim Commitment wird relativ häufig zwischen einer affektiven, normativen und kalkulativen Form unterschieden. Das affektive Commitment umfasst die emotionale Bindung an das Unternehmen, das normative die selbstverständliche, unreflektierte Bindung und das kalkulative setzt Vor- und Nachteile miteinander ins Verhältnis, die mit einer Mitgliedschaft in einer Organisation verbunden sind. Für die Messung des Commitment gibt es verschieden Skalen. Besonders bekannt ist die Skala von Meyer & Allen (1997), sowie jene von Porter und Smith (1970), die von Maier und Woschée (2001) an die deutschen Verhältnisse adaptiert wurde.

Auf eine Vielzahl weiterer Konzepte wie zum Beispiel Verbundenheit mit der Aufgabe (Stengel, 1988) oder Befriedigungswert der Arbeit soll hier nicht eingegangen werden.

Hier wollen wir uns auf die Arbeitszufriedenheit im engeren Sinne beschränken. Die Berücksichtigung der Arbeitszufriedenheit in der allgemeinen Diskussion, die Förderung von Untersuchungen zur Arbeitszufriedenheit durch die Bundesregierung und die Berücksichtigung der Arbeitszufriedenheit in Programmen zur Humanisierung der Arbeit, ihre regelmäßige Erfassung im »Rahmen des sozioökonomischen Panels« (Schramm, 1999) lassen den Eindruck entstehen, als wäre das Konzept der Arbeitszufriedenheit bestenfalls 25 Jahre alt. Tatsächlich wird – empirisch und theoretisch – Arbeitszufriedenheitsforschung seit der Jahrhundertwende betrieben (bezieht man die Philosophie mit ein, sogar seit Jahrtausenden), wobei in der psychologischen Literatur zum Thema »Arbeitszufriedenheit« schon vor über 30 Jahren – wie Locke (1976) vermerkt – 3000 bis 4000 Veröffentlichungen einschlägiger Art aufzufinden waren. Dies hat sich als »unendliche Geschichte« fortgesetzt (Six & Kleinbeck, 1989; Semmer & Udris, 2004; Nerdinger, 2006; Fischer, 2006).

In der Diskussion um die Arbeitszufriedenheit lassen sich vier Akzente feststellen:

- der **physisch-ökonomische**, in dem vor allem die äußeren Arbeitsbedingungen und die finanzielle Entlohnung berücksichtigt wurden. Für diese Seite der Arbeitszufriedenheit interessierte sich sogar bereits Taylor (1911);
- der **soziale**, der insbesondere in den zwischenmenschlichen Beziehungen die Gründe der Arbeitszufriedenheit sah und der von Mayo und seinen Mitarbeitern unterstrichen und danach von der »human-relations-Bewegung« vertreten wurde (vgl. Roethlisberger & Dickson, 1939);
- der **selbstverwirklichungsorientierte**, der durch die humanistische Psychologie hervorgehoben und durch Autoren wie Maslow (1954), McGregor (1960) und Herzberg (1966) vertreten wurde. Der Grund der Arbeitszufriedenheit liegt nach diesem Konzept vor allem in der Möglichkeit, die der Einzelne zur Selbstverwirklichung innerhalb der Arbeitstätigkeit findet;
- der **persönlichkeitsorientierte**, der in jüngerer Zeit von der Persönlichkeits-, Sozial- und der Klinischen Psychologie angeregt wird (Judge & Locke, 1993) und z. B. davon ausgeht, dass Arbeitszufriedenheit, Optimismus etc. vom Kontext relativ unabhängige stabile Persönlichkeitszüge sind (Brandstätter, 2006).

Nicht nur die inhaltlichen Schwerpunktsetzungen, sondern auch die **theoretischen Orientierungen** der Arbeitszufriedenheitsforschung sind unterschiedlich.

Es wurde bereits darauf verwiesen, dass die Arbeitszufriedenheit – obwohl als Einstellung zur Arbeit interpretierbar – sinnvoll auf der Grundlage **motivationstheoretischer Konzepte** gedeutet werden kann und in der Regel auch wird. Diese allerdings sind recht divergent und lassen u. a. die Klassifikation nach bedürfnisorientierten, anreizorientierten, kognitiv und humanistisch orientierten Konzeptionen zu (vgl. Madsen, 1968; Weiner, 1996). Mit dieser Klassifikation (vgl. 3.4.4.3.) ließen sich auch die Ansätze zur Erfassung der Arbeitszufriedenheit darstellen. Es bedarf keiner weiteren Begründung, dass auch ganz andersartige Einteilungen der Theorien möglich wären.

Bedürfnistheoretische Ansätze: Diese gehen von einem als homöostatisch gekennzeichneten Motivationsmodell aus. Der Organismus strebt danach, in einem inneren Gleichgewicht zu stehen. Wird dieses innere Gleichgewicht gestört, so werden Bedürfnisse erlebt, die ein Handeln mit dem Ziel auslösen, dieses innere Gleichgewicht wieder herzustellen. Das gestörte innere Gleichgewicht ist mit Unzufriedenheit gleichzusetzen. Die Zufriedenheit ist dann gegeben, wenn das **innere Gleichgewicht** wiederhergestellt ist bzw. weiterbesteht. Wesentlich bei derartigen bedürfnisorientierten Zufriedenheitsansätzen ist die Frage, ob als Zielpunkt des Befriedigungsniveaus ein fixierter Normalwert, ein sich dynamisch verändernder oder ein Idealwert angesetzt wird. Die Operationalisierung des Wertes erfolgt – das entsprechende Messverfahren von Porter (1962) verdeutlicht das – in der Regel durch Differenzbildung zwischen dem Ist-Wert und einem Soll-Wert der Befriedigung, wobei der Soll-Wert – wie soeben angedeutet – ein Normal-Wert, ein sich dynamisch verändernder (man denke an die Sucht) oder ein Ideal-Wert sein kann.

Anreiztheoretische Ansätze: Den meisten anreiztheoretischen Ansätzen liegt eine hedonistische Überlegung zugrunde: Die Zufriedenheit ist umso größer, je mehr Lustgefühle sich das Individuum verschafft, wobei die Menge dieser Lustgefühle sich aus dem subjektiven Wert der Anreize ergibt, die als spezifische, Befriedigung versprechende Reize gelten dürfen. Der Schwerpunkt der anreiztheoretischen Arbeitszufriedenheitsforschung besteht dann darin, jene Merkmale der Organisation zu ermitteln und zu gestalten, denen im besprochenen Sinne ein besonders hoher Anreizwert zukommt, die also die Zufriedenheit besonders stark und andauernd beeinflussen. Im Gegensatz zum bedürfnistheoretischen Konzept handelt es sich hier um ein **Maximierungs**- und nicht um ein Optimierungsproblem.

Gleichgewichtstheoretische Ansätze: Bei den gleichgewichtstheoretischen Ansätzen geht es um ein kognitives Konzept: Die Person strebt danach, einen mit der wahrgenommenen Umwelt übereinstimmenden kognitiven Plan zu entwerfen. Im Gegensatz zu den bedürfnistheoretischen Ansätzen wird also ein kognitives, nicht ein physiologisches Gleichgewicht angestrebt. Störungen dieser Beziehungen werden als Ungleichgewicht und Spannung erlebt. Diese beinhaltet Unzufriedenheit; der **Abbau der Spannung hat Zufriedenheit als emotionale Reaktion zur Folge**. Beispielsweise wäre Zufriedenheit dann gegeben, wenn die wahrgenommenen Bedingungen des Arbeitsplatzes mit der wahrgenommenen eigenen Rolle der Person optimal übereinstimmen. Anforderungen und Eignung, Leistung und Entlohnung etc. sollen einander entsprechen (vgl. z.B. Brophy, 1959; Schuler, 2001).

Humanistische Ansätze: In den humanistischen Ansätzen ist das Ziel menschlichen Handelns die Selbstverwirklichung und somit auch geistiges Wachstum. Zufriedenheit entsteht entsprechend nicht durch den Aufbau von Gleichgewicht und den Abbau von Spannung, sondern ganz im Gegenteil durch das Suchen von Anforderungen, **die neue Erfahrungen und neue Sinnbezüge** gewährleisten. Es ist daher verständlich, dass diese Konzepte, die spezifisch humane Probleme der Daseinsbewältigung und Lebenserfüllung thematisieren, nur schwer operationalisiert werden können. Dennoch haben gerade derartige Ansätze (vgl. Maslow oder Herzberg) in der Diskussion um die Gestaltung der Arbeitsplätze sowie der Aufbau- und Ablauforganisation ein verstärktes Interesse gefunden (5.3.1.3.).

Vergleicht man die eben besprochenen theoretischen Ansätze miteinander, so handelt es sich dabei nicht nur um akademische oder theoretische »Spielereien«. Es ist sehr wesentlich zu wissen, von welchem Zufriedenheitskonzept jemand ausgeht. Die Konsequenzen bzw. die zu erwartenden Korrelate werden jeweils unterschiedlich sein. Bei bedürfnis- oder gleichgewichtstheoretischen Konzeptionen hat Zufriedenheit eine eher geringe Aktivität zur Folge; nach anreiztheoretischen oder humanistischen Ansätzen ist zu erwarten, dass Zufriedenheit zu neuen Aktivitäten führt.

Literaturempfehlung

Neuberger, O. & Allerbeck, M. (1978). Messung und Analyse von Arbeitszufriedenheit. Bern.
Auf den Seiten 11–31 erfolgt eine kritische Analyse des Konzepts »Arbeitszufriedenheit«. Sie wird in der Folge als Einstellung verstanden.
Semmer, N. & Udris, I. (2004). Bedeutung und Wirkung von Arbeit: In: H. Schuler (Hrsg.). Lehrbuch Organisationspsychologie. Bern, S. 157–195.
In diesem breit angelegten und ausgesprochen anregend konzipierten Überblicksartikel wird auch die Arbeitszufriedenheitsforschung kritisch dargestellt und darauf verwiesen, dass diese seit Jahren stagniert.

5.3.2.2. Messung der Arbeitszufriedenheit

Ein Konzept wie »**Arbeitszufriedenheit**« muss in einer empirischen Wissenschaft **operationalisiert und messbar** gemacht werden. Dies ist auch häufig versucht worden. Da aber empirisch orientierte Sozialforscher, die sich mit diesem Konzept auch praktisch auseinander gesetzt haben, implizit oder explizit z. T. höchst unterschiedliche Auffassungen von der Arbeitszufriedenheit haben, sind entsprechend auch die **Operationalisierungen kaum miteinander vergleichbar**. Ein Erhebungsinstrument muss also keineswegs die gleichen Ergebnisse erbringen wie ein anderes (vgl. Neuberger & Allerbeck, 1978; v. Rosenstiel et al., 1983). Es haben eben bei Arbeitszufriedenheitsuntersuchungen keineswegs alle Items jene Struktur, die man erwarten dürfte, wenn man von der Facettenanalyse ausgeht: »Ich (Analyseeinheit: Individuum) bin mit meiner Arbeit (Analyseelement: Arbeit) zufrieden (Art der Messung: Bewertung). Stimme zu/Stimme nicht zu«.

Im Rahmen der Arbeitszufriedenheitsmessung haben sich auf der einen Seite vielfältige Probleme ergeben; auf der anderen Seite sind eine Reihe von mehr oder weniger **standardisierten Verfahren** entwickelt worden. Auf beide Bereiche sei nachfolgend kurz eingegangen (vgl. Neuberger, 1974; v. Rosenstiel, 1977; Borg, 2006).

Bei der Konzeption eines Messinstruments ist es erforderlich zu wissen, ob der zu messende Gegenstand **ein- oder mehrdimensional** ist. Bei der Arbeitssituation ist es nun offensichtlich, dass sie komplex und vielschichtig ist. Entsprechend ist die Annahme nahe liegend, die Arbeitszufriedenheit sei mehrdimensional. So kann etwa ein Arbeitnehmer mit seinen Kollegen zufrieden, mit seinem Vorgesetzten unzufrieden, mit dem Gehalt wiederum relativ zufrieden, mit den äußeren Arbeitsbedingungen höchst unzufrieden sein. Gerade im Rahmen anreiztheoretischer Untersuchungen war man bemüht, die Anzahl der verschiedenen Dimensionen der Arbeitszufriedenheit zu ermitteln, wozu insbesondere die faktorenanalytische Methode herangezogen wurde.

In solchen **Faktorenanalysen** wurden neben einem »**allgemeinen Zufriedenheitsfaktor**« (Generalfaktor) vor allem folgende Dimensionen gefunden: »**Kollegen**«, »**Arbeitsinhalt**«, »**Management und Führung**«, »**Bezahlung**«, »**Arbeitsbedingungen**«, »**Firma**«, »**Beförderung**«, »**Sozialleistungen**«, »**Förderung und Schulung**«, »**Anerkennung und Status**«, »**Leistungserfolg**«, »**Verantwortung**«, »**Sicherheit**«, »**Zukunft und Entfaltungsmöglichkeiten**« und »**Sonstiges**«.

Obwohl also die Forschung die Arbeitszufriedenheit als mehrdimensional erscheinen lässt, kann auf der anderen Seite nicht geleugnet werden, dass auch die Rede von einer »**Gesamtarbeitszufriedenheit**« gerechtfertigt werden kann. Dies ergibt sich empirisch aus der meist anzutreffenden **deutlichen positiven Korrelation der Zufriedenheit mit verschiedenen Aspekten der Arbeit** oder – in der Sprache der Faktorenanalyse – aus einem starken »general factor«. Vroom (1964) bietet dafür vier verschiedene Interpretationen an:

(1) Personen reagieren aufgrund bestimmter **Persönlichkeitsmerkmale** spezifisch auf unterschiedliche Situationen. Beispielsweise bewerten Personen mit hohem Anspruchsniveau die Arbeitsbedingungen und -inhalte eher kritisch und somit negativer, Personen mit geringerem Anspruchsniveau dagegen eher positiv. Levin und Stokes (1989) betonen allerdings, dass Merkmale der Arbeit tatsächlich einen deutlichen Einfluss auf die Arbeitszufriedenheit haben und diese nicht allein von Merkmalen der Person abhängt.

(2) Personen unterscheiden sich hinsichtlich ihrer **Beantwortungstendenzen** in Messverfahren. Beispielsweise kann bei einigen die Neigung, im Sinne sozialer Erwünschtheit zu reagieren, stark, bei anderen dagegen schwach ausgeprägt sein, woraus sich eine hohe Interkorrelation ergeben würde. Ein anderer Erklärungsansatz auf der Grundlage von Beantwortungstendenzen könnte so aussehen, dass die Neigung von Personen, mit »Ja« oder »Nein« zu antworten (»response set«), interindividuell unterschiedlich ausgeprägt ist und dass die meisten Zufriedenheitsskalen den hohen Zufriedenheitswert mit der »Ja-Antwort« verbinden (Edwards, 1957).

(3) **Objektive Bedingungen**, die Einfluss auf die Arbeitszufriedenheit haben, sind **tatsächlich voneinander abhängig**. Beispielsweise haben diejenigen, die aufsteigen und mit ihrem Aufstieg zufrieden sind, auch objektiv in finanzieller Hinsicht, von der Tätigkeit her, in der Behandlung durch den Vorgesetzten, in der Regelung der Arbeitszeit etc. bessere Bedingungen als jene, die nicht aufgestiegen sind.

(4) Verschiedene **Bedingungen**, die Einfluss auf die Arbeitszufriedenheit haben, sind **wahrnehmungsmäßig voneinander abhängig**. Beispielsweise kann ein veränderter Führungsstil dazu führen, dass jetzt auch andere, objektiv nicht veränderte Bedingungen positiver wahrgenommen werden (vgl. Morse, 1953).

Neben diesen 4 von Vroom (1964) aufgeführten denkbaren Erklärungen der relativ hohen Interkorrelation zwischen verschiedener Facetten der Arbeitszufriedenheit ist in jüngerer Zeit ein weiterer getreten: Der Grad der **Arbeitszufriedenheit sei weitgehend genetisch fundiert**, d. h. angeboren. Tatsächlich kann aufgrund der vorliegenden Forschung (Maier, 2002; Brandstätter, 2006) kaum bezweifelt werden, dass die Zufriedenheit mit einer bestimmten Situation keineswegs allein von den positiven bzw. negativen Bedingungen dieser Situation abhängt, sondern auch zu einem bestimmten Anteil als stabiles Persönlichkeitsmerkmal zu interpretieren ist. Die Ausprägung dieses Merkmals bzw. dieser Merkmalskonstellation würde dann recht schlüssig die deutliche positive Interkorrelation verschiedener Facetten der Arbeitszufriedenheit erklären.

Die Diskussion um die Dimensionalität der Arbeitszufriedenheit hat vor allem durch die Theorie von Herzberg et al. (1959) und die damit verbundenen empirischen Untersuchungen neue Akzente bekommen. Wie bereits diskutiert, ging Herzberg von einer **Zweidimensionalität der Arbeitszufriedenheit** aus, wobei die eine Dimension als »Arbeitszufriedenheit«, die andere als »Nicht-Arbeitsunzufriedenheit« bezeichnet wurde. Empirische Hinweise sprechen dafür, dass »Arbeitszufriedenheit« stärker durch die **Befriedigung intrinsischer Motive aufgebaut,** »Arbeitsunzufriedenheit« stärker durch die **Befriedigung extrinsischer Arbeitsmotive abgebaut** werden kann. Obwohl allgemein die besonders große Bedeutung der Variablen »Arbeitsinhalt« für die Arbeitszufriedenheit auch von Kritikern anerkannt wird, sieht man heute im Konzept Herzbergs doch eine Übervereinfachung – sowohl hinsichtlich des methodischen Vorgehens als auch der theoretischen Fundierung (vgl. 2.3.1.1.).

Ein weiteres viel diskutiertes Problem ist das der so genannten »**Bedeutungsgewichtung**«. Vor allem im Rahmen bedürfnisorientierter Arbeitszufriedenheitskonzeptionen wurde diskutiert und empirisch untersucht, ob es ratsam sei, den Grad der Befriedigung bestimmter Bedürfnisse mit der erlebten Bedeutsamkeit dieser Bedürfnisse zu multiplizieren, um dann durch Produktsummenbildung eine »Gesamt-Arbeitszufriedenheit« zu ermitteln. Obwohl der Gedanke plausibel und nahe liegend ist, wurde er durch die empirische Forschung nicht gestützt. Die Untersuchungen auf diesem Gebiet zeigen in weitgehender Übereinstimmung, dass sich die Bedeutungsgewichtung nicht lohnt. Die simpelste Vorgehensweise, nämlich die direkte Frage nach der Arbeitszufriedenheit, führt zu höheren Korrelationen mit anderen Verhaltenskriterien als die Produktsummenbildung. Dies könnte dadurch bedingt sein, dass die Anzahl der Items innerhalb der verschiedenen Dimensionen nicht konstant gehalten wurde und möglicherweise bei den einzelnen Untersuchungen gerade bedeutsame Dimensionen durch eine größere Anzahl von Items repräsentiert waren. Weitere Gründe könnten darin liegen, dass Bedeutung und Befriedigungsniveau nicht unabhängig voneinander gemessen werden können, weil z. B. die befragte Person in die Beantwortung der Frage nach der Zufriedenheit die Bedeutung gleich mit einschließt.

Dass sich Fehler bei der Zufriedenheitsmessung auch aus der **Neigung** der antwortenden Personen **zur sozialen Erwünschtheit** ergeben können, wurde bereits angedeutet. Diese Beantwortungstendenz kann dazu führen, dass die Arbeitszufriedenheit – wird offen und direkt nach ihr gefragt – erheblich überschätzt wird. Aus diesem Grund ist gelegentlich diskutiert worden, ob es nicht empfehlenswert sei, **indirekte Messverfahren** zu verwenden. Versuche, den Grad der Unzufriedenheit bzw. der Zufriedenheit auf indirekte – für den Befragten schwer zu durchschauende – Weise zu erkunden, sehen etwa so aus, wie die nachfolgenden Beispiele zeigen:

- »Wie viel Prozent Ihrer Kollegen sind mit dem Führungsstil des Chefs zufrieden«? (Wird bei dieser projektiven Frage anderen Unzufriedenheit zugeschrieben, so schließt man auf die Unzufriedenheit des Befragten.)
- »Wie viel Gewinn steckt in jedem Euro, den die Firma einnimmt? 4 oder 18 Eurocent?« (Bei dieser »Methode der Fehlerwahl« – der wahre Wert läge bei 9 Eurocent – wird aus der Über- bzw. Unterschätzung auf Unzufriedenheit mit der »ausbeuterischen« bzw. auf Zufriedenheit mit der ihre Gewinne an Mitarbeiter und Kunden weitergebenden Unternehmung geschlossen.)

Die empirische Forschung macht wahrscheinlich, dass im Regelfall **die direkten den indirekten Verfahren vorzuziehen sind**. Die Verhaltenskorrelate sind bei den direkten Verfahren theoriegerechter und deutlicher. Gründe dafür können u. a. darin liegen, dass

- die direkten Fragen besser verstanden und entsprechend besser beantwortet werden,
- die indirekten Verfahren in ihrer Beziehung zum Indizierten interindividuell unterschiedlich wirken,
- durch sie eher eine Erforschung sozialer Stereotype als eine Zufriedenheitsuntersuchung vorgenommen wird.

Bei den gebräuchlichsten Messverfahren sind die genannten Probleme und Fehlermöglichkeiten in unterschiedlichem Maße berücksichtigt. Auf die wichtigsten Verfahren sei knapp eingegangen. In der Literatur (z. B. bei Robinson et al., 1969; Neuberger, 1974; Fischer, 1991, 2006) wird über eine Vielzahl von Vorgehensweisen berichtet, mit denen die Arbeitszufriedenheit erfasst werden kann. Der Grad der Standardisierung dieser Messverfahren ist unterschiedlich. Sehr häufig wird bislang in der Praxis mit Verfahren gearbeitet, die für den konkreten Fall ungeprüft »zurechtgeschneidert« werden.

Klassifiziert man gebräuchliche Messverfahren, so kann man sie aufteilen in

- qualitative mündliche **Interviews**,
- **schriftliche Befragungen** mit geschlossenen Fragen und
- **objektive Verfahren**.

Die **Interviews** – von der weitgehend unstrukturierten Unterhaltung bis zur relativ vorstrukturierten mündlichen Befragung mit überwiegend offenen Fragen reichend (gelegentlich können auch einige geschlossene Fragen vorkommen) – haben den Vorteil, dass bei Fragenmissverständnis erklärend eingegriffen werden kann, durch den unmittelbaren Kontakt zwischen Fragendem und Befragtem die Äußerungsbereitschaft gesteigert wird und somit während des Gesprächs zusätzliche Fragen entwickelt werden können. Nachteile liegen in der **Aufhebung der Anonymität**, in der **Unvergleichbarkeit** der einzelnen Interviews bei der Auswertung und in der **geringen Ökonomie** der Datenerhebung und -verarbeitung. Dennoch ist unbestritten, dass wesentliche Informationen über die Arbeitszufriedenheit mithilfe der Interviewmethode gewonnen wurden.

Bei der **schriftlichen Befragung** werden überwiegend geschlossene Fragen verwendet, die **ökonomisch ausgewertet** werden können. Außerdem kann die **Anonymität gewährleistet** werden. Dagegen ist es fraglich, ob man mit dieser Vorgehensweise zu den eigentlichen Gründen der Zufriedenheit oder Unzufriedenheit vorstößt. Vielfach hat man den Eindruck, als wäre es lediglich das **Erwünschte**, was man erfasst. Das Ergebnis, dass in den meisten Untersuchungen ca. 80% der Befragten mit ihrer Arbeit zufrieden sind, verstärkt diese Vermutung (Semmer & Udris, 2004).

Die geschlossenen Fragen schriftlicher Erhebungsinstrumente können auch die Form von Skalen annehmen. Verschiedene Vorgehensweisen sind dabei denkbar, wie die nachfolgend aufgeführten Beispiele zeigen:

- **Rangreihenbildung**: Denkbare Bedingungen der Arbeitszufriedenheit (z.B. Sicherheit, Bezahlung, Arbeitsinhalt) werden auf Kärtchen vorgelegt und sollen nach ihrer Bedeutung aber dem Grad der Zufriedenheit mit ihnen in eine Rangreihe gebracht werden.
- **Likert-Skalen**: Der Grad der Zustimmung zu Statements, wie z.B. »der Führungsstil ist gut«, wird auf fünfstufigen Skalen angekreuzt. Die Skalierungen werden summiert; die Summe (gelegentlich dividiert durch die Zahl der Items) stellt den Wert der Gesamtzufriedenheit dar.
- **Polaritätenprofil**: Für die Arbeitszufriedenheit relevante Begriffe wie »Firma«, »Bezahlung« oder »Vorgesetzter« werden auf einer Reihe mehrstufiger bipolarer Skalen mit gegensätzlichen Begriffen wie z.B. »gut/schlecht«, »stark/schwach«, »aktiv/passiv« eingestuft.

Bei den **objektiven Verfahren** verzichtet man ganz auf die subjektiv erhobene Stellungnahme des Befragten. Denkbar erschiene eine Messung mithilfe physiologischer Indikatoren. Praktisch geschieht dies im Gegensatz zur Marktpsychologie (Kroeber-Riel & Weinberg, 2003) zurzeit aus ökonomischen und methodischen Gründen fast nie. Dagegen werden als objektive Indikatoren der Arbeitszufriedenheit **Verhaltensindikatoren** herangezogen, wie z.B. Fluktuations-, Fehlzeitenrate oder Beschwerdelisten. Die Bedeutung derartiger objektiver Indikatoren der Arbeitszufriedenheit ist jedoch gering, da diese Indikatoren auch durch andere Größen bestimmt werden, die von der Zufriedenheit unabhängig sind, z.B. von der Arbeitsmarktlage, einer Grippeepidemie oder der Wetterlage.

Im deutschen Sprachraum liegen zwei sorgfältig konstruierte standardisierte schriftliche Messverfahren der Arbeitszufriedenheit vor:

- die SAZ (»**Skala zur Messung der Arbeitszufriedenheit**«) von Fischer und Lück (1972); hier existieren eine Kurz- und eine Langform sowie
- der ABB (»**Arbeits-Beschreibungs-Bogen**«), ursprünglich eine deutsche Version des JDI von Smith, Kendall und Hulin (1969), der von Neuberger (1976) entwickelt wurde (zusammenfassend Neuberger & Allerbeck, 1978).

Ein drittes, von der Theorie her besonders anregendes Verfahren ist für Forschungszwecke interessant, kann jedoch wegen der nicht leicht verständlichen Items für die Praxis kaum empfohlen werden, weshalb hier nur darauf verwiesen werden soll. Es wurde von Bruggemann (1976) konzipiert und differenziert zwischen qualitativ unterschiedlichen Formen der Arbeitszufriedenheit, auf die später noch eingegangen werden soll (vgl. 5.3.2.5.).

Die SAZ, die in einer Langform mit 36 Items und einer Kurzform mit 8 Items vorliegt, misst vor allem die **Zufriedenheit mit der Tätigkeit selbst**; andere Aspekte der Arbeitszufriedenheit bleiben weitgehend unberücksichtigt. Die implizite Akzentsetzung innerhalb der SAZ lässt sich aber durchaus rechtfertigen. So zeigten Untersuchungen (Ironson, Smith, Brannik, Gibson & Paul, 1989), dass die Arbeitszufriedenheit am intensivsten durch die Arbeit selbst determiniert und insofern dieser intrinsische Aspekt der gewichtigste ist.

Dies ist beim ABB anders. Er erfasst die spezifische Zufriedenheit mit

- Kollegen,
- Vorgesetztem,
- Tätigkeit,
- äußeren Bedingungen,
- Organisation und Leitung,
- beruflicher Weiterbildung,
- Bezahlung,
- Arbeitszeit,
- Arbeitsplatzsicherheit,
- Arbeit insgesamt,
- Leben insgesamt.

Die Messung erfolgt vorwiegend mit Likert-Skalen.

Literaturempfehlung

Fischer, L. (1989). Strukturen der Arbeitszufriedenheit. Göttingen.
In dieser auf hohem Niveau angesiedelten Arbeit werden vorliegende Daten zu Arbeitszufriedenheit reanalysiert. Es wird abgeleitet, was bei der Entwicklung von Messinstrumenten der Arbeitszufriedenheit berücksichtigt werden sollte.
Fischer, L. (2006). Arbeitszufriedenheit. Göttingen.
Aktuelle, in theoretische und methodische Detailfragen einsteigende Darstellung.

Neuberger, O. (1974). Messung der Arbeitszufriedenheit. Stuttgart.
Ein kritisches Sammelreferat, in dem Verfahren zur Messung der Arbeitszufriedenheit konkret dargestellt werden.

5.3.2.3. Folgen und Korrelate der Arbeitszufriedenheit

Messverfahren zur Erfassung der Arbeitszufriedenheit konnten sich in der Praxis wohl nur durchsetzen, weil man annimmt, dass die Arbeitszufriedenheit ökonomisch wichtige Verhaltensweisen determiniert oder doch mit ihnen korreliert ist. Wenn diese Verhaltensweisen den Betriebszielen entsprechen, wird man versuchen, die Arbeitszufriedenheit zu beeinflussen.

An dieser Stelle sei darauf hingewiesen, dass es die ernsthafte Berücksichtigung der Humanziele verbietet, in der Arbeitszufriedenheit **nur ein Mittel** zum Zweck zu sehen. Sehr wohl kann sie aber **auch als Mittel zum Zweck** betrachtet werden. Darauf sei jetzt eingegangen.

Beziehung der Arbeitszufriedenheit zur **Leistung**: Im Zuge der Popularisierung der Ideen der »human-relations-Bewegung« verbreitete sich die These, dass Arbeitszufriedenheit zu hoher Arbeitsleistung führe (»glückliche Kühe geben mehr Milch«). Diese These umfasst zum einen eine **Aussage zur Korrelation**: Zufriedenheit und Leistung sind positiv korreliert. Sie umfasst zum anderen auch eine Vermutung zum **Ursache-Wirkungs-Verhältnis**: Zufriedenheit ist die Ursache der Leistung. Es sei gefragt, was die empirische Forschung zur Beantwortung der damit zusammenhängenden Fragen beigetragen hat. Empirische Untersuchungen zur Beziehung zwischen Arbeitszufriedenheit und Arbeitsleistung auf korrelativer Basis gibt es in großer Zahl. Ihr **Vergleich ist schwierig**, da

- das Untersuchungsniveau (Individuen oder Gruppen),
- die Stichprobenauswahl,
- die Zufriedenheitsmessung und
- die Leistungsmessung

von Fall zu Fall unterschiedlich sind. Trägt man trotz dieser Bedenken die einzelnen Untersuchungen zusammen, so ergibt sich das eher überraschende Ergebnis, dass die Korrelation zwischen der Arbeitsleistung und der Arbeitszufriedenheit einerseits im Mittel sehr gering ist und dass sie zum anderen weit streut. Darstellung 93 (nach v. Rosenstiel, 1975) zeigt das.

Neuere Untersuchungen gelangen zu ähnlichen Ergebnissen. Eine Meta-Analyse von 74 vorliegenden empirischen Studien, die Iaffaldano und Muchinsky (1985) vornahmen, zeigt, dass bei korrigiertem R die Korrelation zwischen Arbeitszufriedenheit und Arbeitsleistung bei 0.17 liegt. Petty, McGee und Cavender (1984) kommen bei ihrer Analyse zu etwas höheren Werten, die zwischen 0.20 und 0.40 liegen.

Es gibt offensichtlich bestimmte Bedingungen, unter denen Leistung und Zufriedenheit positiv korrelieren; es gibt andere, unter denen die Korrelation gänzlich fehlt und schließlich solche, unter denen sogar negative Korrelationen auftreten (vgl. Vroom, 1964; v. Rosenstiel, 1975; Marr et al., 1979; Six & Kleinbeck, 1989; v. Rosenstiel, 2006).

5.3. Grundüberlegungen zu psychologisch orientierten Veränderungsmaßnahmen

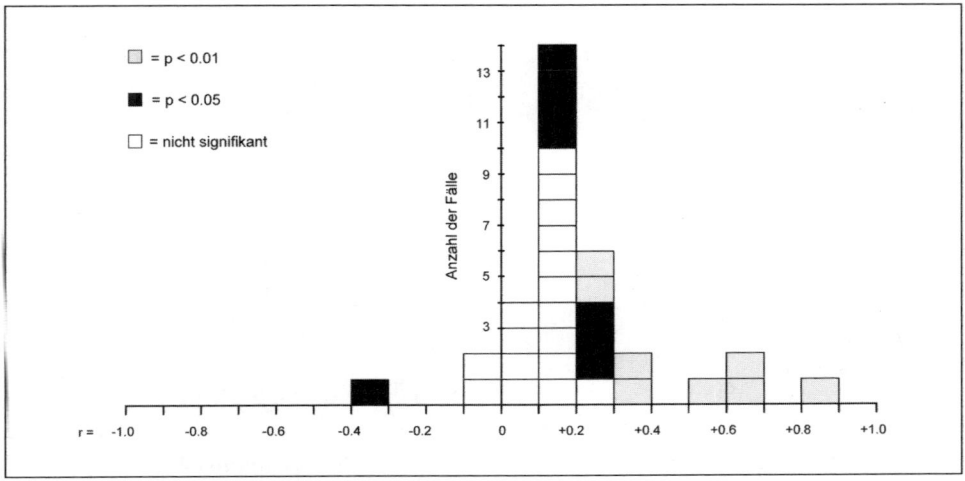

Darstellung 93. Korrelationen zwischen Leistung und Zufriedenheit

Die Korrelationskoeffizienten selbst sagen noch nichts über das Ursache-Wirkungs-Verhältnis aus. Die Klärung damit zusammenhängender Fragen ist bisher seltener durch experimentelles Vorgehen, als vielmehr durch spezifische Theorienbildung – gelegentlich mit anschließender Pfadanalyse – versucht worden. Die vorliegenden Theorien entsprechen den grundsätzlichen Interpretationsmöglichkeiten der Korrelationskoeffizienten:

- **Zufriedenheit kann als Ursache der Leistung wirken**;
- **Leistung kann als Ursache der Zufriedenheit wirken**;
- **dritte Variablen können die Leistung und die Zufriedenheit beeinflussen**, ohne dass zwischen den beiden letztgenannten Variablen direkte Beeinflussungsverhältnisse bestehen;
- **zwischen Leistung und Zufriedenheit besteht eine Wechselwirkung**.

Befunde der empirischen Forschung, bei der z. B. die Daten zeitversetzt erhoben wurden, sprechen häufiger dafür, dass die Leistung als Ursache der Zufriedenheit wirkt (Locke & Latham, 1990).
Eine Antwort auf die Frage nach »der Henne und dem Ei« sucht man gelegentlich mit Hilfe eines »**Cross-legged-design**« zu finden, das Darstellung 94 zeigt.
Man misst im Rahmen einer Längsschnittstudie zu den Zeitpunkten t_1 und t_2 jeweils die Arbeitszufriedenheit und die Arbeitsleistung. Die Korrelation der Arbeitszufriedenheit zu beiden Zeitpunkten und der Arbeitsleistung zu beiden Zeitpunkten weist auf die Stabilität der Merkmale hin. Findet man nun zwischen der Arbeitszufriedenheit zum Zeitpunkt t_1 mit der Arbeitsleistung zum Zeitpunkt t_2 eine höhere Korrelation als zwischen der Arbeitsleistung zu t_1 mit der Arbeitszufriedenheit zu t_2, so stützt das die These, dass »glückliche Kühe mehr Milch geben«. Tatsächlich findet man häufiger den höheren Wert bei der Analyse der Korrelation

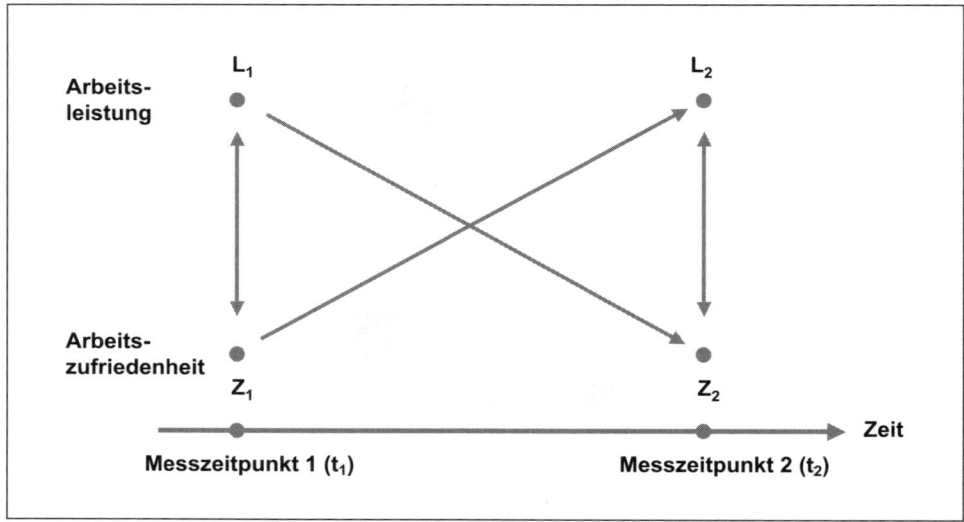

Darstellung 94. Das »cross-legged«-Design zur Analyse der Beziehung zwischen Arbeitsleistung und Arbeitszufriedenheit

zwischen der Arbeitsleistung zu t_1 mit der Arbeitszufriedenheit zu t_2. Freilich ist dies keine schlüssige Kausalanalyse, da ja Drittvariablen nicht auszuschließen sind.

Die (polemische) These, dass glückliche Kühe mehr Milch geben, kann also bestenfalls als sehr begrenzte und nicht weit tragende Erklärung gelten (vgl. v. Rosenstiel, 1981). Eher sind »die Kühe glücklich, weil sie mehr Milch geben.«

Einfluss der Arbeitszufriedenheit auf die Fehlzeiten- und die Fluktuationsrate: In einer großen Zahl empirischer Studien wurden mäßig hohe negative Korrelationen zwischen der Arbeitszufriedenheit und der Fehlzeiten- bzw. Fluktuationsrate festgestellt (Neuberger, 1974; Petty, McGee & Cavender, 1984). Die Interpretation ist nahe liegend: Der weniger zufriedene Arbeitnehmer ist eher geneigt, kurz- oder langfristig dem Arbeitsplatz fernzubleiben als der zufriedene. Dabei muss das kurzfristige Fernbleiben vom Arbeitsplatz bei Arbeitsunzufriedenheit kein »Blaumachen« sein. Es sind z. B. bei einer leichten Erkältung verschiedene Verhaltensweisen denkbar und möglich.

Die soeben angedeuteten Beziehungen sind in aller Regel mithilfe korrelativer Studien ermittelt worden. Das Ursache-Wirkungs-Verhältnis ist somit offen: Es ist z. B. möglich, dass bestimmte Arbeitsbedingungen einerseits unzufrieden, andererseits auch krank machen. Es ist auch denkbar, dass Krankheit unzufrieden macht, oder auch, dass Unzufriedenheit tatsächlich die Krankheitswahrscheinlichkeit steigert.

Vorsicht ist auch bei der Generalisierung der Ergebnisse geboten: Bei dispositiven Tätigkeiten etwa ist die Korrelation zwischen der Fehlzeitenrate und der Unzufriedenheit geringer. Dies überrascht nicht, da Inhaber derartiger Tätigkeiten eher als gewerblich tätige Personen mit geringem Handlungsspielraum die Möglichkeit haben, geistig »aus dem Felde zu gehen«, z. B. am Arbeitsplatz die Zeitung zu lesen oder Privates zu erledigen.

Schließlich sei auf ein weiteres Problem hingewiesen. In der Literatur wird in der Regel die Fluktuation als intensivere Form der Fehlzeiten interpretiert. Man bleibt nicht nur kurzfristig, sondern auf Dauer dem Arbeitsplatz fern. Es ist jedoch – was insbesondere Irle (1975) betont – sehr wohl berechtigt, an dieser Interpretation zu zweifeln. Fehlzeiten sind dann zu erwarten, wenn die Kohäsion der Gruppe gering, die Dependenz aber hoch ist; die Kündigung ist dagegen dann wahrscheinlich, wenn Kohäsion und Dependenz gering sind (vgl. auch Kap. 4).

Weitere Korrelate der Arbeitszufriedenheit: In einigen theoretischen und empirischen Arbeiten werden weitere Korrelate der Arbeitszufriedenheit bzw. -unzufriedenheit aufgezeigt, die wenig geklärt, aber interessant erscheinen.

- Bei Arbeitsunzufriedenheit steigt die Neigung zum **Unfall**. Im Sinne einer psychoanalytischen Interpretation wird gelegentlich angenommen, der Arbeitsunzufriedene wähle die Flucht in die unfallbedingte Krankheit. Plausibler erscheint hier aber wohl die Annahme, dass unfallträchtige Arbeitsplätze unzufrieden machen.
- Unzufriedenheit steigert – wie schon bei der Diskussion der Fehlzeiten angesprochen – das Auftreten **physischer und seelischer Krankheiten** (Zapf & Dormann, 2006). Diese Ergebnisse überraschen nicht und sind sehr wohl in Bezug zu laienhaften Vorstellungen (Ärger führt zu Magengeschwüren) als auch zur psychosomatischen Medizin zu setzen (vgl. Udris, 1982).
- Unzufriedenheit senkt die **Lebenserwartung**. Das Forschungsergebnis, dass Arbeitszufriedenheit zu den besten Indikatoren der Lebenserwartung zählt, ist eins der überraschendsten und entsprechend heftig diskutierten. Es ließe sich aus dem zuvor Gesagten ableiten. Denkbar erscheint jedoch auch eine umkehrende Interpretation. Der Kränkliche ist mit seinen Lebensumständen und somit auch mit seiner Arbeit weniger zufrieden – vielleicht schon deshalb, weil diese ihn stärker beanspruchen.
- Arbeitszufriedenheit beeinflusst die **Lebenszufriedenheit**. Die positive Korrelation zwischen der Arbeits- und der Lebenszufriedenheit wurde empirisch vielfach nachgewiesen. Sie ist bei Männern meist höher als bei Frauen. Ein Grund hierfür könnte darin liegen, dass die berufliche Arbeit angesichts kulturspezifischer Rollenzuweisungen für den Mann ein prägenderer Lebensbereich ist, der auch sein Rollenverständnis stärker beeinflusst als das bei berufstätigen Frauen der Fall ist. Diese beziehen ihr Selbstverständnis und damit auch ihre Lebenszufriedenheit häufig auch aus ihrer »zweiten Berufsrolle« als Mutter und Hausfrau.

Literaturempfehlung

Fischer, L. (1997). Messung der Arbeitszufriedenheit und Ergebnisse empirischer Forschung. In: H. Luczak & W. Volpert (Hrsg.). Handbuch Arbeitswissenschaft. Stuttgart, S. 271–275.

In diesem knappen Handbuchbeitrag findet man neuere Informationen zum Stand der Arbeitszufriedenheitsforschung und Hinweise auf weiterführende Quellen.
Six, B. & Kleinbeck, U. (1989). Arbeitsmotivation und Arbeitszufriedenheit. In: E. Roth (Hrsg.). Organisationspsychologie. Göttingen, S. 348-398.
Auf den Seiten 387 ff. dieses Sammelreferates werden Korrelate der Arbeitszufriedenheit – dem damaligen Forschungsstand entsprechend – dargestellt.

5.3.2.4. Beeinflussung der Arbeitszufriedenheit durch organisatorische Maßnahmen

Es sind viele empirische Untersuchungen bekannt, in denen aufgezeigt wurde, durch welche Maßnahmen die **Arbeitszufriedenheit in Organisationen beeinflusst** werden kann (vgl. z. B. zusammenfassend Vroom, 1964; Bass & Barrett, 1972; v. Rosenstiel, 1975, 1988; Bruggemann, Groskurth & Ulich, 1975; Locke, 1976; Semmer & Udris, 2004; Weinert, 2004). Die Vielzahl der Befunde lässt sich hier nicht wiedergeben; ganz abgesehen davon, dass die Mehrzahl der empirischen Studien korrelationsstatistischer Art ist und die **Ursache-Wirkungs-Beziehung weitgehend offen** bleibt. Feldexperimente, in denen die Arbeitszufriedenheit als abhängige Variable behandelt wurde, sind selten (vgl. zu diesem Problem Vroom, 1964).

Inhaltliche Schwerpunktfelder, die Einfluss auf die Arbeitszufriedenheit haben, sind in Faktorenanalysen der Arbeitszufriedenheit angedeutet und gehen z. B. in die Subskalen des ABB (vgl. Neuberger & Allerbeck, 1978) ein. An diesen Skalen orientiert sollen einige Hinweise darauf gegeben werden, welche Maßnahmen in einer Organisation möglicherweise positiven Einfluss auf die durchschnittliche Arbeitszufriedenheit haben. Der Zusatz »durchschnittlich« ist hier ganz besonders von Nöten, weil sich Arbeitszufriedenheit aus der Interaktion von Situation und spezifisch geprägter Person ergibt. Maßnahmen, die bei der einen Person Zufriedenheit erzeugen, müssen das bei einer anderen keineswegs tun (Ulich, 2005). Dies haben z. B. die berühmt gewordenen Studien von Hulin und Blood (1968) zur Erweiterung des Handlungsspielraumes gezeigt (vgl. Kap. 1).

Kollegen: Die Kollegen sind für die Arbeitszufriedenheit besonders wichtig. Vor allem das Gefühl, von diesen nicht akzeptiert zu werden, führt zur Unzufriedenheit. Das Schaffen kleiner Gruppen mit einer hohen Kohäsion ist daher einer der Wege zur Verbesserung der Arbeitszufriedenheit (vgl. v. Rosenstiel, 1978). Besonders wichtig sind allerdings die Kollegenbeziehungen für die Arbeitszufriedenheit dort, wo der Arbeitsinhalt wenig Befriedigungspotenzial bietet, wie dies bei repetitiven und monotonen Tätigkeiten der Fall ist. Je größer der Handlungsspielraum und mit ihm das Befriedigungspotenzial der Aufgabe, desto geringer wird die Bedeutung der zwischenmenschlichen Kontakte für die Arbeitszufriedenheit.

Vorgesetzter: In einer großen Zahl von Studien ist nachgewiesen worden, dass das Führungsverhalten die Arbeitszufriedenheit beeinflusst, wobei je nach Situation, Größe der Gruppe, Aufgabe und Eigenart der Geführten unterschiedliche Ergebnisse erzielt worden sind. Versucht man dennoch zu generalisieren, so lässt sich sagen, dass ein mitarbeiterorientiertes Führungsverhalten im Sinne von »consideration« besonders wichtig für die Arbeitszufriedenheit ist (vgl. Nieder & Naase, 1977; Judge, Piccolo & Ilies, 2004).

Tätigkeit: Der Arbeitsinhalt ist – zumindest in einigen Bereichen – die wichtigste Einflussvariable für die Arbeitszufriedenheit (Ironson, Smith, Brannik, Gibson & Paul, 1989). Hier ist vor allem ein großer, aber nicht überfordernder Handlungsspielraum im Sinne von Ulich, Groskurth und Bruggemann (1973) oder Ulich (2004) zu nennen, bei dem insbesondere sichergestellt sein sollte, dass der Arbeitende das Gefühl gewinnt, bei der Ausübung seiner Tätigkeit solche Persönlichkeitsmerkmale aktivieren zu können, die er zu besitzen glaubt und die er zugleich positiv bewertet (vgl. Vroom, 1964).

Arbeitsbedingungen: Vor allem die äußeren Arbeitsbedingungen wurden zu Beginn einschlägiger Forschungsarbeiten hypothetisch als Hauptursache der Arbeitszufriedenheit angesehen (vgl. Locke, 1976). Unter diesem Aspekt wäre zu fordern, dass ausreichend Hilfsmittel zur Verfügung stehen, um die Arbeit zu erleichtern, die Maschinen adäquat zu bedienen sind, der Arbeitsraum freundlich und zweckdienlich gestaltet ist, Belästigung und Gefährdung durch Lärm, Staub, Temperatur, falsche Beleuchtung etc. ausgeschlossen sind und somit – von Seiten dieser äußeren Bedingungen – die Belastung des Einzelnen nicht zu einer Überbeanspruchung wird und zu Stresssymptomen führt (vgl. Semmer & Udris, 2004). Insgesamt ist die Untersuchung der äußeren Arbeitsbedingungen durch die Organisationspsychologen in jüngerer Zeit vernachlässigt worden; hier hat sich ein Feld für andere arbeitswissenschaftliche Disziplinen – insbesondere die Ergonomie – eröffnet. In jüngerer Zeit scheinen allerdings auch Psychologen sich dieser Frage wieder verstärkt anzunehmen (vgl. Frieling & Sonntag, 1999).

Organisation und Leitung: Die Art und Weise, in der die Firma als Ganzes gesehen wird, ist nicht nur unter dem Aspekt interessant, ob ihr Image befriedigend oder nicht befriedigend wirkt (vgl. Bergler, 1963; v. Rosenstiel & Neumann, 2002; Becker, 2006). Auch die Art und Weise, wie die einzelnen Bereiche zusammenarbeiten, wie der Informationsfluss gestaltet ist und wie die gesamte Politik in der Organisation erlebt wird, ist bedeutsam für die Arbeitszufriedenheit – allerdings wohl vor allem in negativer Hinsicht: Mängel auf diesem Gebiet bedingen Unzufriedenheit (vgl. Herzberg, Mausner & Snyderman, 1959).

Entwicklung: Das persönliche Vorwärtskommen und damit der Aufstieg sind – wie empirisch vielfach nachgewiesen wurde – Gründe erhöhter Zufriedenheit. Eine Isolierung dieses Effekts ist kaum möglich, da mit dem Aufstieg meist vielfältige andere positiv erlebte Konsequenzen verbunden sind, wie etwa mehr Handlungsspielraum, bessere Bezahlung, höheres Ansehen, mehr Einfluss (vgl. v. Rosenstiel, 1975, 2003). Ob Aufstieg als Instrument zu höherer Kompetenz tatsächlich angestrebt und nach Erreichen des Ziels als befriedigend erlebt wird, hängt davon ab, ob der Einzelne den so verstandenen Aufstieg attraktiv findet. Dies ist keineswegs selbstverständlich, da Aufstieg meist ein Abschiednehmen von gewohnten Tätigkeiten, Personen und Räumlichkeiten etc. bedeutet (vgl. v. Rosenstiel, Nerdinger & Spieß, 1991).

Betrachtet man allerdings die Bilanz aus Vor- und Nachteilen, die mit dem Aufstieg verbunden sind, so dürfte das Ergebnis im Rahmen interindividueller Vergleiche, im Verlauf einer individuellen Biografie und auch im Zuge historisch-gesellschaftlicher Entwicklung nicht gleich sein. So ist es offensichtlich, dass im Quervergleich für den Ehrgeizigen und zugleich Mobilen Aufstieg wesentlich attraktiver sein dürfte als für den wenig Machtorientierten, der sich soeben mit einer Lehrerin im Staatsdienst verheiratet und ein eigenes Haus mit Garten geschaffen hat.

Es ist unmittelbar plausibel, dass sich Gewichte im Laufe des Lebens verschieben können – wenn z. B. die Kinder eingeschult werden, der Ehepartner eine zufrieden stellende berufliche Position gefunden hat oder die subjektive Bedeutung der Freizeit und der Gesundheit angestiegen sind. Meist allerdings dürften sich negative und positive Gewichte auf aggregiertem Niveau ausgleichen: Die **Karrieremotivation** als gesellschaftliches Phänomen müsste stabil bleiben. Dabei sollte allerdings relativierend bedacht werden, dass angesichts des ökonomischen Wandels im Zuge der Globalisierung die Karriere und mit ihr die Karrieremotivation sich in einem tief greifenden Prozess der Veränderung befindet (Hall, 2002; Gasteiger, 2007). Dominierte früher der »Kaminaufstieg« innerhalb stabiler organisatorischer Strukturen bei hoher Bindung an das Unternehmen und von diesem – zumindest zum Teil – geplant und verantwortet, so kommt es heute vermehrt zu einer »proteischen Karriere« (benannt nach dem äußerst wandlungsfähigen Meeresgott Proteus der griechischen Mythologie). Die **proteische Laufbahnorientierung** ist bestimmt durch Selbstverantwortung und Selbstbestimmung. Man verlässt sich nicht mehr auf die Firmenzugehörigkeit der Organisation. Das Kriterium des Erfolgs ist entsprechend internal und nicht mehr external (Hall, 1976, 2002; Gasteiger, 2007).

Unabhängig davon zeigt sich im historischen Verlauf, dass aufgrund von Einkommensentwicklungen und Steuerprogression (Witte, Kallmann & Sachs, 1981) vielen Befähigten der »Preis für den Schweiß« zu bescheiden erscheint und der berufliche Aufstieg an Attraktivität verliert (v. Rosenstiel, Nerdinger & Spieß, 1991; v. Rosenstiel, 1997).

Es kann sich aber auch zeigen, dass mit dem Wandel gesellschaftlicher Werte, über den bereits gesprochen worden war (Kap. 2.1.), die Ziele subjektiv zweifelhaft werden, die der Einzelne in einer Führungsposition aktiv nach innen oder außen zu vertreten hat. Entsprechende Analysen konnten z. B. zeigen, dass Personen mit postmaterialistischen Wertorientierungen im Sinne Ingleharts und ausgeprägtem »alternativem Engagement« durch eine gering ausgebildete Karrieremotivation auffallen (vgl. v. Rosenstiel & Stengel, 1987). Geht man nun von der Annahme aus, dass im Zuge des Wertewandels (Klages, 1984) postmaterialistische Werthaltungen und alternatives Engagement gerade bei jenen Personen deutlich angestiegen sind, die von ihrer Ausbildung her für Führungspositionen bevorzugt in Frage kommen, so lässt sich der Schluss wagen, dass sich die Karrieremotivation in der Gesellschaft merklich verändert hat (v. Rosenstiel, 1993; v. Rosenstiel & Nerdinger, 2000; Gasteiger, 2007). Dies gilt insbesondere für die zuvor angesprochene proteische Laufbahnorientierung (Hall, 2002), die stark von Selbstbewusstsein und Anpassungsfähigkeit sowie von den Wünschen nach Freiheit und persönlichem Wachstum getragen wird (Gasteiger, 2007).

5.3. Grundüberlegungen zu psychologisch orientierten Veränderungsmaßnahmen

	Traditionelle Annahmen	**Entwicklungstendenzen**
• Arbeitsbeziehung	Arbeitsplatzsicherheit Loyalität	"employability" Leistung & Flexibilität
• Grenzen	vertikal	multidirektional
• Fähigkeiten	"know how"	"learn how"
• Verantwortung für Karriere	Organisation	Individuum
• Erfolgskriterium	Unternehmenserfolg	Psychologischer Erfolg
• Kernwerte	Aufstieg, Gehalt	Selbstverwirklichung
• Training	Formale Programme	On-the-job
• Meilensteine	altersabhängig	lernbedingt
• Grundeinstellung	Organisationale Verbundenheit	Berufliche Zufriedenheit "professional commitment"

Darstellung 95. Traditionelle und moderne Laufbahnen

Beim Aufstieg ist noch ein Aspekt von besonderer Bedeutung: der Unterschied zwischen **Aufstiegserwartung** und **erreichtem Aufstieg**. Sind die wahrgenommenen Aufstiegschancen hoch, so ist dies meist mit gesteigerter Zufriedenheit verbunden. Kommt es dann allerdings in absehbarer Zeit nicht zum Aufstieg, ist besondere Unzufriedenheit die Folge. Bei nur gering eingeschätzten Aufstiegschancen und dann doch erreichtem Aufstieg liegen die Verhältnisse umgekehrt (vgl. Spector, 1956). Aber auch dies dürfte sich zunehmend relativieren. Wie andere Felder der Erwerbsarbeit auch ist die Karriere zunehmend durch eine lose Kopplung an die Organisation und durch Instabilität gekennzeichnet, was zu einer **chronischen Flexibilität** führt. Innerhalb einer Projekt- oder Netzwerkorganisation übernimmt der Qualifizierte zeitweise Führungs- und dann wieder Fachaufgaben. Beim Wechsel von einer Organisation zur nächsten gilt Entsprechendes. Dies prägt auch Erwartungen: Der klare, »ungebrochene Weg nach oben« kann kaum noch die persönliche Zukunftsvision sein (vgl. Darstellung 95).

Bezahlung: Dass die Höhe der Bezahlung in aller Regel mit der Zufriedenheit korreliert, ist vielfach berichtet worden, wenn auch nicht eindeutig interpretierbar (vgl. Opsahl & Dunnette, 1971). Dies liegt zum Teil daran, dass die meisten dieser

Korrelationen in Querschnittsstudien gewonnen wurden, d. h. man hat die Gehaltshöhe bzw. die Gehaltserhöhung zum gleichen Zeitpunkt wie die Zufriedenheit gemessen. Begründetere Vermutungen zur Kausalität ließen sich auf der Grundlage von Längsschnittstudien, die auf diesem Felde allerdings selten sind, machen. Es ist ja sehr wohl denkbar, dass derjenige, dessen Gehalt verbessert wird, in der Folge zufriedener ist; es ist aber auch nicht unplausibel, dass derjenige, der zufrieden ist, der seine Situation positiv bewertet, auch eher eine Gehaltserhöhung bekommt. Die Unsicherheit bezüglich einer kausalen Aussage beruht aber auch darauf, dass potenziell einflussreiche Drittvariablen nicht erfasst wurden. Z.B. könnten gute Leistungen einerseits zur Gehaltserhöhung führen und andererseits Stolz auf das Geleistete und somit Zufriedenheit nach sich ziehen.

Die Bezahlungshöhe korreliert auch deutlich mit anderen positiven Konsequenzen (z. B. Ansehen, Handlungsspielraum etc.). Dennoch ist gerade bei der Bezahlung und bei Gehaltserhöhungen im Sinne der besprochenen Theorie von Adams (1963) vor allem darauf zu achten, dass sich die Zufriedenheit mit der Bezahlung nicht aus der absoluten, sondern aus der relativen Höhe ergibt: Der soziale Vergleich ist entscheidend.

Arbeitszeit: Einen nicht unwesentlichen Einfluss auf die Arbeitszufriedenheit hat auch die Arbeitszeit (Marr, 1987). Besonders die gleitende Arbeitszeit und andere Formen der Flexibilisierung, über die in jüngster Zeit viel diskutiert wird, erhöhen in der Regel die Zufriedenheit (vgl. Kaemmerer, 1971; Marr, 1987). Dort, wo feste Arbeitszeiten vorgegeben sind, dürfte die Zufriedenheit mit dieser Arbeitszeit umso größer sein, je weniger sie mit zeitgebundenen attraktiven Freizeitmöglichkeiten konkurriert (vgl. Vroom, 1964). Schließlich ist nicht zu übersehen, dass – aus sozialpsychologischen und physiologischen Gründen – Schicht- und Nachtarbeit sich negativ auf die Arbeitszufriedenheit auswirken (Betschart & Ulich, 1986, 1989).

Arbeitsplatzsicherheit: Die Sicherheit des Arbeitsplatzes ist für die Arbeitszufriedenheit besonders dann bedeutsam, wenn sie als gefährdet wahrgenommen wird (Schramm, 1999). Insgesamt kommt der Sicherheit vor Kündigung bei einer Vielzahl von Untersuchungen (vgl. zusammenfassend v. Friedeburg, 1963; v. Rosenstiel, 1975; Schramm, 1999) eine große Bedeutung zu. Diese variiert allerdings mit der Arbeitsmarktlage. Eklatant wird dies seit Mitte der 90er-Jahre. Repräsentative Umfragen zeigen, dass Arbeitslosigkeit als das zentrale Problem der Gesellschaft gesehen wird (v. Rosenstiel, 1998; Schramm, 1999), was bei Berufseinsteigern in den neuen Bundesländern aus verständlichen Gründen noch intensiver als bei jenen aus den alten hervorgehoben wird (Maier, Rappensperger, v. Rosenstiel & Zwarg, 1994).

Die soeben genannten Maßnahmen und Gesichtspunkte sind oft nicht dem übergeordneten Organisationsaspekt zuzuordnen. Es sind aber zweifellos umfassende organisatorische Bedingungen, die eine entsprechende Gestaltung der Arbeitsplätze, des Führungsstils etc. erst ermöglichen. Bei einer eingehenden Analyse allerdings kann man bei betriebsinternen Fragen nicht stehen bleiben: Es sind die übergreifenden **gesellschaftlichen Strukturen**, die bestimmte Organisationsformen ermöglichen oder aber verhindern (vgl. Frese, 1977; Beck, 1997).

Literaturempfehlung

Bruggemann, A., Groskurth, P. & Ulich, E. (1975). Arbeitszufriedenheit. Bern.
In diesem Buch werden vielfältige Bedingungen genannt, die sich positiv auf die Arbeitszufriedenheit auswirken. Interessant ist in diesem Zusammenhang, dass in differenzierter Weise zwischen verschiedenen Formen der Arbeitszufriedenheit (vgl. 5.3.2.5) unterschieden wird.

Rosenstiel, L. v. (1975). Die motivationalen Grundlagen des Verhaltens in Organisationen – Leistung und Zufriedenheit. Berlin.
Im Teil 4 und im Teil 6 dieses Buches finden sich Hinweise darauf, wie sich die Arbeitszufriedenheit in Leistungsorganisationen verbessern lässt, wobei die Bedeutung der Entlohnung, der Gruppe, des Arbeitsinhaltes und der Organisation besonders betont wird.

Rosenstiel, L. v. (2003). Motivation managen. Weinheim.
In diesem recht schmalem Buch wird in einer gezielt praxisorientierten Weise, illustriert durch verschiedene Beispiele, aufgezeigt, was der Einzelne und was die Organisation unternehmen können, um die Arbeitsmotivation und die Arbeitszufriedenheit zu steigern.

5.3.2.5. Kritik am Konzept der Arbeitszufriedenheit

Obwohl es unmittelbar einleuchtet, dass es für einen Psychologen höchst sinnvoll ist zu untersuchen, ob sich der Einzelne bei seiner Arbeit subjektiv wohl fühlt oder nicht, hat das Konzept der Arbeitszufriedenheit berechtigte **Kritik** gefunden. Dies gilt unter anderem deshalb, weil der Indikator »relativ« ist. Das **Anspruchsniveau** des Einzelnen verändert sich mit den jeweiligen Erfahrungen: Dies kann im Extremfall dazu führen, dass der Sklave, dessen Fesseln man etwas lockert, zufriedener ist als derjenige, der gleich bleibend unter objektiv günstigeren Umständen lebt. Man muss weiterhin sehen, dass in die Arbeitszufriedenheit der Bewusstseinsstand des Befragten eingeht (vgl. Werner, 1974): Wer **Alternativen nicht kennt**, ist meist mit den bestehenden Verhältnissen zufrieden. So zeigen Six und Kleinbeck (1989) in ihrem Sammelreferat, dass in einer größeren Zahl empirischer Untersuchungen der Prozentsatz der Zufriedenen zwischen 81 % und 92 % lag, was z. T. an Skalenartefakten bei der Messung, z. T. aber auch an innerpsychischen Verarbeitungsprozessen im Sinne des Coping liegen kann. Man sollte also sehen, dass die Arbeitszufriedenheitsforschung letztlich unverbindlich ist. Ohne gleichzeitige Analyse der objektiven Bedingungen der Arbeit hängen die Ergebnisse »gewissermaßen in der Luft«. Die **Ursachenattribuierung** durch die Befragten ist – darauf wurde bereits verwiesen – kaum eine Abbildung der realen Verhältnisse (vgl. auch Neuberger, 1985).

Aus diesen Gründen, die sehr ernsthafte Kritik beinhalten, ist zum Teil versucht worden, statt der Zufriedenheitsmaße andere psychische oder soziale Indikatoren zu verwenden. Vorgeschlagen wurden etwa der Grad der psychischen Störung, das Bewusstsein der Arbeitenden, der Grad der Entfremdung von der Arbeit, die Weite des Handlungsspielraums etc. Beim derzeitigen Stand der Forschung allerdings ist keiner dieser Indikatoren so weit operationalisiert, dass er ernsthaft als Alternative für Arbeitszufriedenheitsmaße in die empirischen Untersuchungen der Organisationspsychologie eingehen könnte.

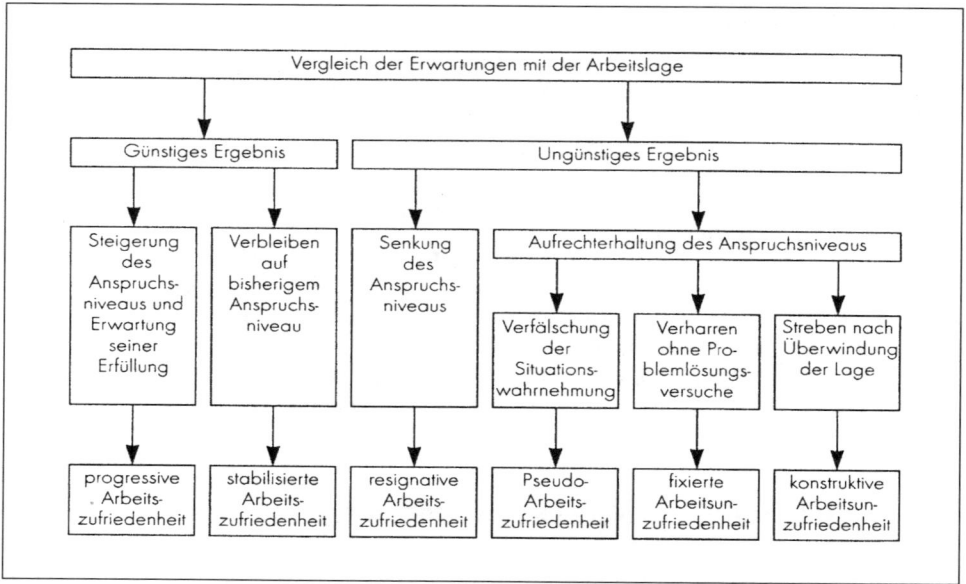

Darstellung 96. Formen der Arbeitszufriedenheit und -unzufriedenheit (nach Bruggemann)

Die kritischen Überlegungen führten jedoch auch dazu, dass das Zufriedenheitskonzept selbst problematisiert wurde. Die **Differenzierung der Arbeitszufriedenheit** durch Bruggemann (1976) in

- progressive Arbeitszufriedenheit,
- stabilisierte Arbeitszufriedenheit,
- resignative Arbeitszufriedenheit,
- Pseudo-Arbeitszufriedenheit,
- fixierte Arbeitsunzufriedenheit und
- konstruktive Arbeitsunzufriedenheit

illustriert dies. Freilich gelang es nicht, diese plausibel erscheinenden Konzepte empirisch eindeutig voneinander zu trennen (Udris & Riemann, 1994).

Die Dynamik, die zur Ausbildung dieser verschiedenen Formen der Arbeitszufriedenheit führt, wird in Darstellung 96 (nach Bruggemann et al., 1975) gut sichtbar.

Literaturempfehlung

Groskurth, P. & Tietze, B. (1977). Arbeitsteilung und berufliche Sozialisation. In: J. Gohl (Hrsg.). Arbeit im Konflikt. München.
Alternative Indikatoren der Humanisierung der Arbeit werden angedeutet; das Zufriedenheitskonzept wird kritisch diskutiert.

5.4. Change Management

Der Mensch ist wie kein anderes Lebewesen in der Lage, die von ihm bewohnte Erde zu verändern. Dabei leidet er häufig unter den **Folge- oder Nebenwirkungen dieser Veränderungen**. Er ist also **Täter und Opfer** zugleich. Organisationen sind keine Inseln. Ändert sich ihr Umfeld aufgrund der Globalisierung, des technologischen Fortschrittes, der Verknappung oder Verteuerung von Ressourcen, des Wandels individueller oder gesellschaftlicher Werte, demografischer Veränderungen, etc., so bleiben sie davon nicht unberührt. Es gilt entweder im Zuge einer langfristigen **strategischen Planung** schneller zu sein als die Veränderungsdynamik und damit den Entwicklungstrend mitzugestalten oder aber nachträglich eine **Anpassung** über Veränderungsmaßnahmen zu versuchen.

Eine ganze Reihe derartiger Änderungen vollzieht sich ungeplant. Die Organisation erweist sich hier als ein sich selbstorganisierendes System (Kirsch, 1997; Erpenbeck & v. Rosenstiel, 2003). Vielfach aber werden die Richtung und die Geschwindigkeit des Wandels von Menschen bestimmt; man spricht von einem geplanten Wandel oder der aktiven Beeinflussung einer tief greifenden Veränderung im Unternehmen (Kirsch, Esser & Gabele, 1979). Diese Bemühungen sind häufig nicht erfolgreich. Schätzungen gehen dahin, dass 60 – 70% aller geplanten Veränderungsprojekte von oder in Organisation gänzlich scheitern oder doch zumindest ihre Ziele nicht erreichen (v. Rosenstiel & Comelli, 2003). Die Gründe dafür sind vielfach. Sie liegen aber auch im Psychologischen. Hierauf sei nun im Folgenden der Akzent gesetzt.

Change Management hat viele Facetten (Reiß, v. Rosenstiel & Lanz, 1997). Man kann hier an Prozesse denken, die sich eher evolutionär oder aber revolutionär verstehen, an solche, die sich auf bestimmte Teile der Organisation beschränken, oder an solche, die das gesamte System in einer ganzheitlichen Weise einbeziehen, doch sind es im allgemeinen Verständnis tief greifende, für das Unternehmen zentrale Veränderungen, die man mit Hilfe des Change Management zu bewältigen sucht.

Der Umzug in ein neues Verwaltungsgebäude, die Einführung von PC's eines anderen Herstellers, die Streichung der Betriebskantine etc., obwohl für die Betroffenen nicht selten überaus ärgerlich, werden als isolierte Maßnahmen dem Begriff nicht subsumiert. Unter Change Management versteht man vielmehr das **aktive Beeinflussen** eines für das Unternehmen tief greifenden Wandels, der eine **strategische Ausrichtung** hat, parallel zueinander die Arbeit in verschiedenen Projekten erfordert und entsprechend mit einem hohen **Zeit- und Prioritätendruck** verbunden ist sowie meist einen **Wandel der Unternehmenskultur** impliziert.

Für denjenigen, der den Prozess verantwortlich gestaltet, stellen sich dabei viele spezifische Herausforderungen. Hier ist zunächst die **Organisationsdiagnose** (vgl. Kap. 5.2.4) erforderlich, also eine vergleichsweise schonungslose Standortbestimmung, die für das einzelne Organisationsmitglied darum schwierig ist, weil es wegen der persönlichen Betroffenheit zu Fehlwahrnehmungen kommen kann. Dann gilt es die Diagnose zu werten, d.h. die Einsicht in die Notwendigkeit von Veränderung zu gewinnen und so dann im Sinne dieser Einsicht ein Bewusstsein für das aufzubauen, auf was man sich einlässt und in der Konsequenz **entschlos-**

sen zu starten und erste Erfolgserlebnisse zu sichern. Durch diese sollte die Perspektive, die »Vision«, glaubhaft und realistisch werden.

Dabei gerät man in vielfältige Widersprüche, denn einerseits sollte eine **Vision** dessen, was strategisch angestrebt wird, für die Motivation aller Betroffenen artikuliert werden, andererseits gilt es, das Vergangene nicht abzuwerten; Begeisterung sollte geweckt und dennoch nüchtern geurteilt werden; es gilt überlegt zu handeln, obwohl man unter Zeitdruck steht und schließlich **Vertrauen** innerhalb der Belegschaft aufzubauen, obwohl diese meist durch die Veränderung frustriert und verunsichert wird oder erhebliche Angst vor Arbeitsplatzverlust entwickelt.

Aber nicht nur derartige Verunsicherungen und Ängste sind die Quelle des vieldiskutierten **Widerstandes gegen Veränderungen** (v. Rosenstiel & Comelli, 2003); die Ursachen liegen vermutlich tiefer und gehen weit in die Wurzeln der Menschheitsgeschichte zurück.

Der Mensch ist ja – wie andere Lebewesen – durch einen lang währenden Prozess zufallsbedingter **Mutationen**, die dann der Selektion durch die Umwelt ausgesetzt waren, entstanden. Dieser **Selektionsprozess** lässt sich in Analogie als ein »Lernen« der Art nach dem Prinzip von »Versuch und Irrtum« beschreiben. Das Lebewesen wird auf diese Weise an eine spezifische Umwelt relativ optimal angepasst. Etwas überspitzt kann man daher von einer »**angeborenen« Umwelt** des Lebewesens sprechen, die etwa für den Fisch im Wasser besteht. Für den Menschen, dessen »Geburt« im Hochland des östlichen Afrika lag, ist diese »angeborene Umwelt« ein sanftes Hügelland mit lockerem Baumbestand und einem milden Klima, das durch geringe Temperaturschwankungen und eine niedrige Luftfeuchtigkeit gekennzeichnet ist. Auf eine derartige Umgebung ist also der Mensch durch seine Phylogenese ausgerichtet. Er kann aber wie kein anderes Lebewesen auch individuell lernen und durch Denkprozesse Ergebnisse hervorbringen, die ihm bisher nicht bekannt waren. Dies setzt ihn – wie bereits betont – in die Lage, die Welt, in der er lebt, **aktiv zu gestalten.** Angelegt ist er jedoch aufgrund des Evolutionsprozesses nicht auf diese von ihm veränderte Welt, sondern auf jene, in der er entstanden ist. Entsprechend erleben viele Menschen einerseits eine **Einsicht in die Notwendigkeit des Wandels** und sind zugleich durch die **Sehnsucht** gekennzeichnet, **es möge alles so bleiben, wie es ist.**

Diese Spannung wurde bereits vor Jahrhunderten gesehen und von Niccolo Machiavelli (1513) in seinen Ratschlägen an den »Principe«, den Fürsten, trefflich formuliert: »Dabei ist zu bedenken, dass nichts so schwierig zu betreiben, so unsicher im Hinblick auf den Erfolg und so gefährlich in der Durchführung ist als die Vornahme von Neuerungen.

Er (der Fürst) hat hierbei all die zu Feinden, für welche die alte Ordnung von Vorteil ist und findet nur laue Verteidiger an denen, welchen die neue Vorteile bringen könnte. Diese Lauheit erklärt sich teils aus Furcht vor den Gegnern … teils aus dem Misstrauen der Menschen, die an das Neue nur glauben, wenn es eine lange Erfahrung für sich hat.«

Angesichts der großen Bedeutung, die Änderungsprozesse heute in der Wirtschaft haben – man denke an Fusionen, feindliche oder freundliche Übernahmen, Joint Ventures, Ausgliederungen, den Aufbau von Unternehmensnetzwerken etc.

5.4. Change Management

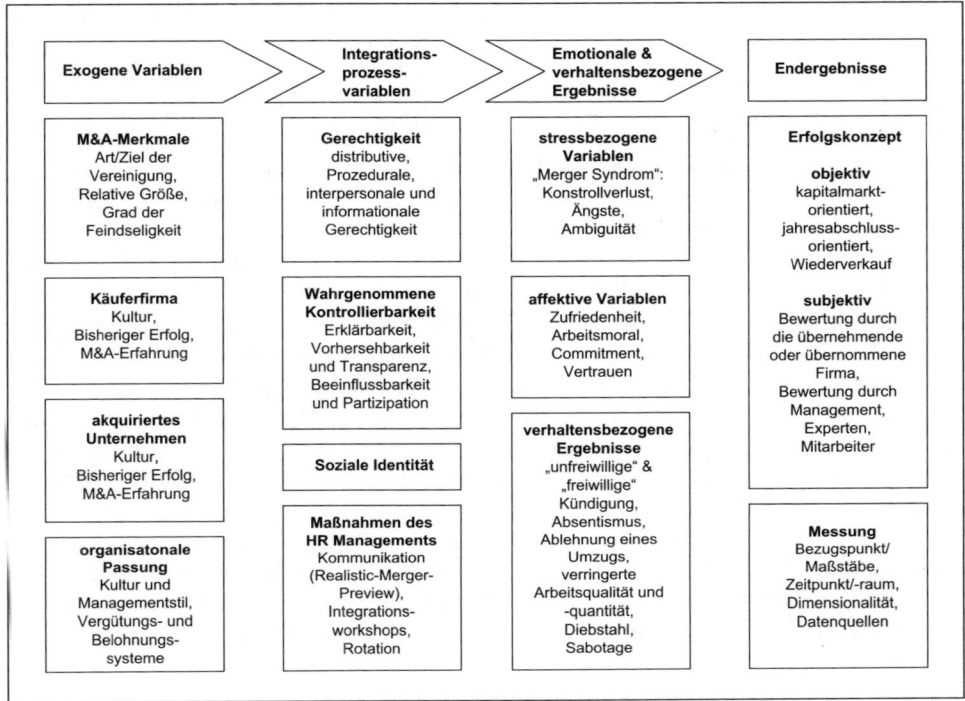

Darstellung 97. Rahmenkonzept für die Analyse von Fusions- und Akquisitionsprozessen in Anlehnung an Hogan & Overmyer-Day (1994)

– hat sich die Organisationspsychologie nur zögernd der neuen Thematik zugewandt (Horn, Frey & Lässig, 2005). Tatsächlich sind nun auch wegen der kaum gegebenen Vergleichbarkeit verschiedener Veränderungsprozesse systematische großzahlige Studien – insbesondere Längsschnittuntersuchungen – kaum möglich, so dass sich die Forschung auf Einzelfallstudien oder doch auf den Vergleich weniger Projekte (Vorwerk, 1994) beschränken muss. Um so verdienstvoller erscheint es, dass Hogan & Overmyer-Day (1994) den Versuch unternommen haben, **für Unternehmenszusammenschlüsse** und Übernahmen die **Erfolgsfaktoren** zu systematisieren und auf diese Weise ein Rahmenmodell für die Diagnose und Gestaltung zu erarbeiten (vgl. auch Gerptott, 1993; Klendauer, 2006). Darstellung 97 zeigt es.

Hogan und Overmyer-Day (1994) haben bei der Konzeptualisierung ihres Ansatzes auf der bis dahin vorliegenden Forschung aufgebaut, aber auch sie beklagen den Mangel an systematischer Empirie, so dass sie gezwungen waren auf eher deskriptive und kasuistische Darstellungen zurückzugreifen. Trotz dieser Einschränkung lässt das Modell erkennen, von welchen Einflussgrößen exogener Art, von welchen internen Integrationsprozessvariablen und von welchen emotionalen und verhaltensbezogenen internen Faktoren – insbesondere bei den betroffenen Mitarbeitern – schließlich das Ergebnis abhängt, wobei darauf hingewiesen wird, an welchen objektiven bzw. subjektiven Variablen der Erfolg festgemacht werden könnte. Hier erscheint besonders beachtenswert, dass bei den Integrationsprozessvariablen sowie bei den emotionalen und verhaltensbezogenen Ergebnissen nicht nur theoretisch gut begründete psychologische Konzepte in das Modell integriert werden, sondern auch deutlich wird, dass der **Erfolg** dieses Prozesses als **ein mehrdimensionales Konstrukt** zu verstehen ist, dessen konkrete Inhalte politisch – meist unternehmenspolitisch – definiert werden müssen. So ist es jeweils aus der Strategie des Unternehmens heraus zu entscheiden, ob man besonderen Wert auf die **finanzwirtschaftliche Dimension** (z. B. Eigenkapital, Rentabilität, Marktwert), auf den **Marktbezug** (z. B. Marktanteil) oder auf die **soziale Dimension** (z. B. organisationale Verbundenheit, Akzeptanz) legt.

Gravierend ist allerdings auch die zeitliche Dimension. Wann soll vom **Erfolg** gesprochen werden? Unmittelbar nach dem Unternehmenszusammenschluss, in zwei Jahren, was in der Literatur meist empfohlen wird, oder deutlich später? Außerdem stellt sich die Frage nach den Vergleichsdaten. Ist es adäquat, die Kennzahlen vor und nach dem Veränderungsprozess miteinander zu vergleichen oder soll als Erfolg nur gelten, wenn zuvor definierte Sollgrößen erreicht wurden (Klendauer, 2006; Klendauer, Frey & Greitemeyer, 2006; Klendauer, Frey & v. Rosenstiel, 2007)? Auf jeden Fall aber wird deutlich und sichtbar, dass die scheinbar so einfache Aussage, dass ein Veränderungsprozess erfolgreich oder nicht erfolgreich war, in differenzierter Weise hinterfragt werden muss, und dass dadurch Vergleiche über verschiedene Veränderungsprozesse hinweg ausgesprochen schwierig werden (vgl. auch Gerpott 1993).

5.4.1. Ein Extrembeispiel: »Die Strategie des Bombenwurfs«

Hinter dem Begriff Change Management verbergen sich ganz verschiedenartige Inhalte und auch verschiedene Vorgehensweisen. Reiß (1997) hat dies differenziert beschrieben. Soll es etwa um einen **Strategiewandel**, z. B. hin zur Internationalisierung, zur Kundenorientierung etc., um einen **Ressourcenwandel** durch z. B. veränderte Technologien oder um einen **Strukturwandel** – z. B. durch eine Center- oder Prozessorganisation – gehen? Falls das Ziel klar definiert ist, stellt sich nun die Frage nach dem »**Wie?**«. Denkt man eher an eine Transformation oder an einen revolutionären Prozess, soll es um einen globalen Wandel oder eine lokale Anpassung gehen. Wie vielfältig hier die Vorgehensweisen sind, zeigt Darstellung 98.

Auf welche Methode der Veränderung im Unternehmen zurückgegriffen wird, hängt in starkem Maße von den impliziten **Organisations- und Menschenbilder der Entscheider**, also des Topmanagements im Unternehmen und der hinzugezogenen Berater, ab; hier spielen die Metaphern (Neuberger, 1989; Morgan, 1997; Scholl, 2004) der Organisation eine wesentliche Rolle. Hat man nun vor Augen, dass die Neuzeit letztlich seit Galilei die Welt nach einem rationalen und kausalen Konzept in naturwissenschaftlicher Weise deutet und dass die überwiegende Mehrheit der Führungskräfte, also der Entscheider in den Unternehmen, Naturwissenschaftler, Ingenieure oder Techniker sind, dann kann es kaum überraschen, dass die **Maschinenmetapher** eine besondere Verbreitung nicht nur in der Organisa-

5.4. Change Management

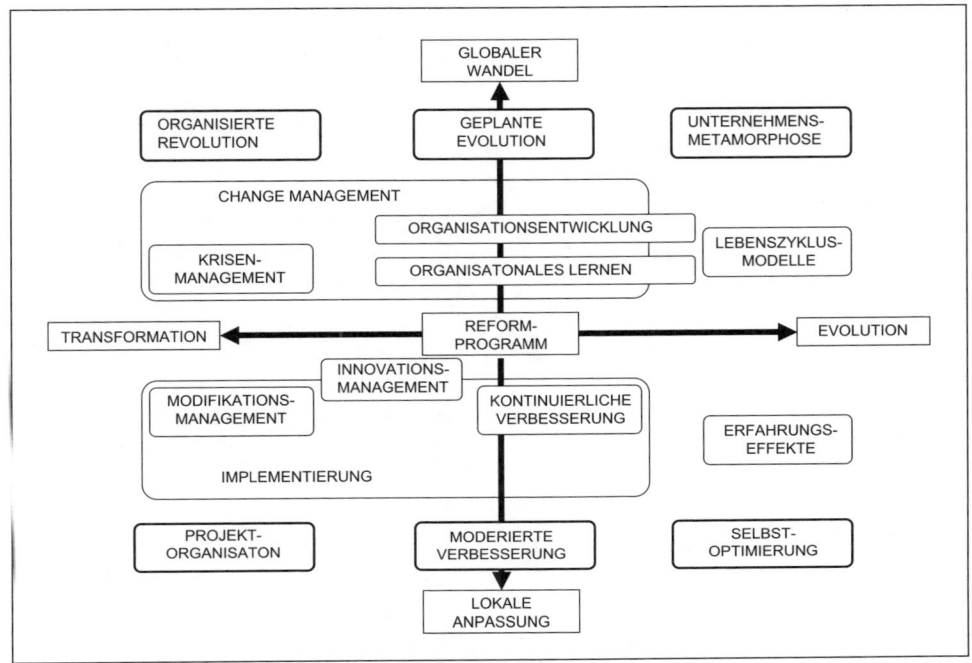

Darstellung 98. Spektrum der Veränderungsmodelle nach Reiß (1997)

tionsforschung sondern auch in den impliziten Annahmen der Führungskräfte spielt (Scholl, 2004). So war z. B. das äußerst einflussreiche Scientific Management nach Taylor (1911) an dieser Metapher orientiert und auch Max Weber (1922) schreibt in Wirtschaft und Gesellschaft: »Ein voll entwickelter bürokratischer Mechanismus verhält sich ... wie eine Maschine zu den nichtmechanischen Arten der Gütererzeugung.«

Nach der Maschinenmetapher greift ein Zahnrad ins andere und der Mensch in der Organisation wird entsprechend zum »Rädchen im Getriebe«. Und ein derartiges Rädchen – so könnte man folgern – fragt man nicht, wenn die Maschine umkonstruiert werden soll, wobei der Ausdruck »business reengeneering« entsprechend verräterisch ist.

Die Maschinenmetapher ist vermutlich auch das implizite Modell einer Vorgehensweise beim Change Management, die alle relevanten Entscheidungen bei der Unternehmensspitze konzentriert und die Betroffenen dann vor vollendete Tatsachen stellt, was bei diesen in aller Regel zu Verunsicherungen oder gar zu destruktivem Widerstand führt. Erfolg stellt sich meist nur dann ein, wenn nachträglich erheblicher Druck ausgeübt wird oder besondere Anstrengungen unternommen werden, um die Betroffenen, wenn bereits alles entschieden ist, doch noch zu gewinnen. Kirsch, Esser und Gabele (1979) haben diese Vorgehensweise bildstark als eine **»Strategie des Bombenwurfs«** bezeichnet, deren Verlauf am Beispiel einer Diversifizierung (Darstellung 99) aufgezeigt wird.

Man erkennt leicht, dass z. B. nach dem Inkrafttreten des Grobplanes und der

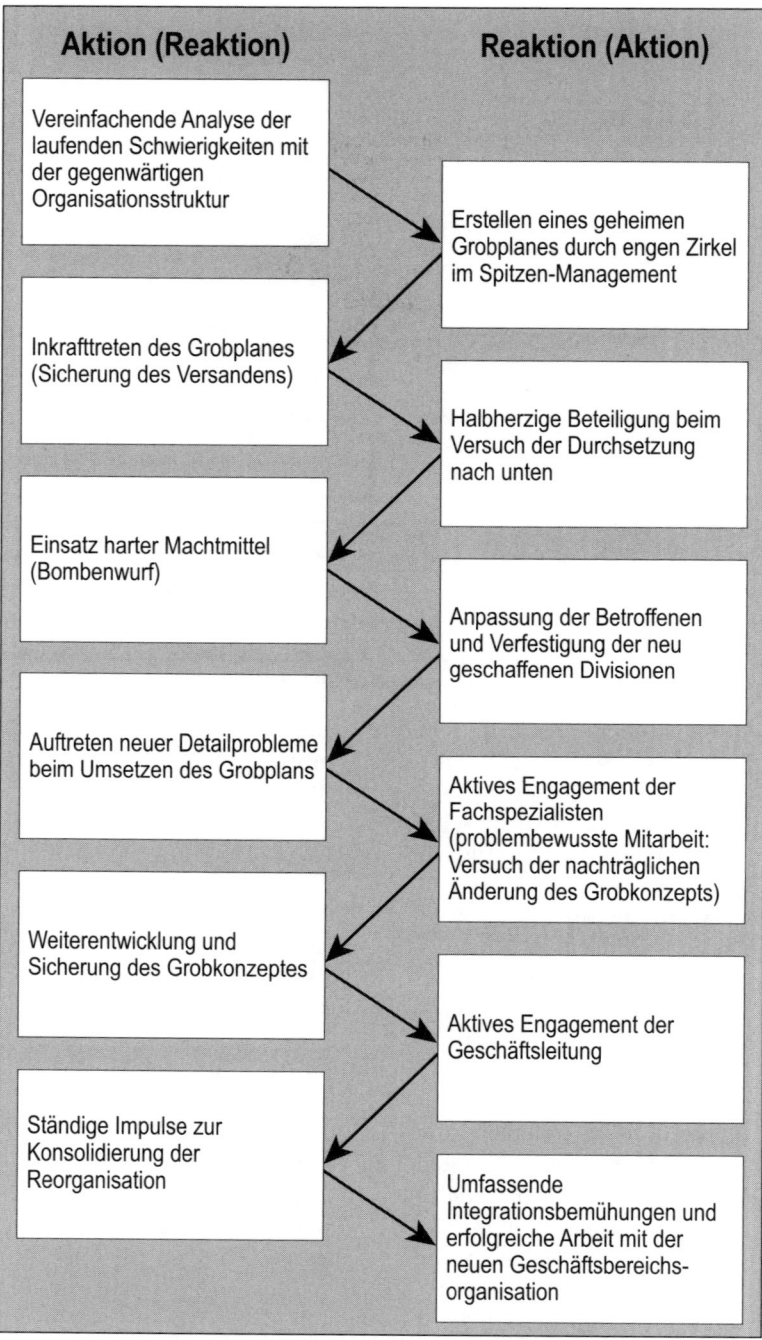

Darstellung 99. Beispiel des Aktions-Reaktions-Muster eines »erfolgreichen Bombenwurfs« (nach Kirsch, Esser & Gabele, 1979).

danach folgenden halbherzigen Beteiligung beim Versuch der Durchsetzung nach unten, nach dem Einsatz harter Machtmittel oder nach dem Auftreten von Detailproblemen beim Umsetzen des Grobplanes etc. der Prozess scheitern kann, so dass er dann zum erfolglosen Bombenwurf wird. Zugleich lässt sich die Frage stellen, ob es nicht letztlich mit größerer sozialer Akzeptanz und zugleich ökonomischer gewesen wäre, wenn man die Fachspezialisten oder gar insgesamt alle vom Prozess Betroffenen in das Change Management frühzeitig eingebunden und auf diese Weise die **Betroffenen zu Beteiligten** gemacht hätte. Dies ist letztlich die Grundauffassung jener vielfältigen Vorgehensweisen, für die sich der übergreifende Begriff der Organisationsentwicklung (Gebert, 1974, 2004) eingebürgert hat. Dieses Vorgehen ist nun auch zugleich mit einer anderen Organisationsmetapher verbunden: Die **Organisation ist ein soziales System** oder – wie Kahn (1977) es ausdrückte – die Organisation besteht aus den stabilisierten kommunikativen Beziehungen der Organisationsmitglieder untereinander. Will man also die Organisation ändern, so gilt es diese Beziehungen und damit das Verhalten der Menschen in der Organisation zu verändern. Change Management wird somit – zumindest auch – zu einer psychologischen Intervention.

5.4.2. Organisationsentwicklung: Personale, interaktionale und strukturale Ansätze

Es wurde in den vorangegangenen Kapiteln an Beispielen gezeigt, welche Maßnahmen in einer Organisation denkbar sind, um über die Steigerung der Motivation auch die Leistung zu verbessern, und was man tun kann, um – möglichst zugleich – auch die Zufriedenheit zu erhöhen. Dies ist eine Einengung des Aspekts. Viele andere wichtige Zielvorstellungen, wie etwa »Verbesserung der Prozessqualität«, »Minderung der erlebten Entfremdung bei der Arbeit«, »Vermeiden von Stress-Symptomen«, »Fördern positiver Transferwirkungen auf das Familienleben« wurden vernachlässigt. Tatsächlich wird in der Psychologie über viele dieser Fragen noch nicht oder sehr unzureichend nachgedacht. Auf der anderen Seite gilt, dass im Konzept der »**Organisationsentwicklung**« **umfassendere Ziele explizit angestrebt** werden als nur Motivationserhöhung und Zufriedenheitsverbesserung. Organisationsentwicklung ist ein betont **psychologisches und zugleich dynamisches Vorgehen in der Organisationsforschung und -gestaltung** (vgl. Sievers, 1977; v. Rosenstiel et al., 1987; Reiß, v. Rosenstiel & Lanz, 1997; Gebert, 2004).

In vielen Bereichen auch der psychologischen Organisationsforschung dominiert ein statisches Moment: Es wird z. B. untersucht, wie eine Organisation strukturiert ist, wie sie wahrgenommen wird. Dadurch werden eher diagnostisch akzentuierte Fragen nach dem Hier und Jetzt der Organisation beantwortet. Dem stehen zunehmend Ansätze gegenüber, denen es um die Theorie und Technologie der speziellen Veränderungen von Organisationen geht und die somit einen eher »therapeutischen« Schwerpunkt setzen. Diese Bemühungen werden unter dem Stichwort »Organisationsentwicklung«, einer spezifischen Form des »Change Management«, zusammengefasst.

Genannter Begriff	Nennungen N = 50
sozialer und kultureller Wandlungsprozeß (Veränderungsstrategie)	19
Steigerung der Leistungsfähigkeit des Systems	18
Gesamtsystem-Bezug, betriebsumfassend	18
Integration von individueller Entwicklung und Bedürfnissen mit Zielen und Strukturen der Organisation	17
aktive Mitwirkung der Betroffenen	17
bewußt gestaltet, methodisch, planmäßig, gesteuertes Vorgehen	16
angewandte Sozialwissenschaft	14
Effektivitätssteigerung	13
(gemeinsame) Lernprozesse	13
Anpassung der Organisation an die Umwelt	12
Steigerung der Problemlösungsfähigkeit des Systems	12
Gestaltung von Arbeitsplätzen (einschl. Humanisierung)	10
Interaktions- und Kommunikationsfähigkeit verbessern	10
wertend/normativ	9
Selbstregulierung des Systems (Anpassung an die internen Realitäten)	9
langfristig	8
Veränderung von Werten, Überzeugungen, Ansichten, Einstellungen	8
. . .	
Systemansatz	1
Theorieentwicklung	1
Katalysatoreinsatz (im Gegensatz zu Beratereinsatz)	1
Mit-/Selbstbestimmung und -verantwortung	1
Neuorientierung von Denken und Handeln	1
Kreativität der Personen	1

Darstellung 100. Elemente von Definitionen der Organisationsentwicklung

Man könnte vermuten, dass Organisationsentwicklung auf alle Formen des – zumindest geplanten – Wandels Anwendung findet; tatsächlich aber ist die Begriffsverwendung meist enger: »Organisationsentwicklung ist ein zusammenfassender Begriff für die Bemühungen, zur Humanisierung der Arbeitsbedingungen sowie zur Steigerung der Flexibilität und Veränderungsbereitschaft einer Organisation beizutragen« (vgl. Gebert, 1974, S. 9). Dabei ist weiterhin die »Beteiligung der Betroffenen« ein konstitutiver Bestandteil der Definition.

Diese sehr weite und integrative Begriffsbestimmung sollte vor dem Hintergrund einer Unzahl im Kern zwar ähnlicher, im Detail aber voneinander abweichender Definitionen gesehen werden. Trebesch (1982) hat den Versuch unternommen, 50 verschiedene dieser Begriffsbestimmungen miteinander zu vergleichen. Eine Vollerhebung ist dies keineswegs. Wenn man jedoch nebeneinander stellt, was bei diesen 50 Definitionen alles betont wird, so ergibt sich ein Bild, wie es Darstellung 100 zeigt.

Bei der Durchsicht der Darstellung 100 erkennt man eine erhebliche Heterogenität und Vielschichtigkeit der Aussagen. Konvergenz wird jedoch sichtbar, wenn man Schwerpunkte auswählt. Organisationsentwicklung zeigt sich dann als eine **Veränderungsstrategie**, die aus dem **Gesamtsystem der Organisation** heraus verstanden werden muss, sich unter **aktiver Mitwirkung der Betroffenen** vollzieht, dabei aber mit der Zielsetzung geplant ist, einerseits der **Leistungsfähigkeit der Organisation** und andererseits der **Entfaltung des einzelnen Organisationsmitgliedes** zu dienen.

Ihre organisationspsychologische Akzentuierung erhält die Organisationsentwicklung vor allem durch die an der **Aktionsforschung** orientierten Methodik, durch den geplanten Veränderungsprozess und durch die aktive Mitwirkung der Betroffenen.

Im Rahmen von Organisationsentwicklungsmaßnahmen wird explizit davon ausgegangen, dass im Regelfall **die Betroffenen die besten Kenner** der eigenen Situation sowie fähig und auch bereit sind, diese Situation optimal zu gestalten. Gerade dies hat der Organisationsentwicklung gelegentlich den Vorwurf eingetragen, »blauäugig« vorzugehen, Wertkonflikte nicht ausreichend zu berücksichtigen und Intrigenspiele und vom Machtstreben bestimmte Strategien (Neuberger, 1994) zu vernachlässigen.

Organisationsentwicklung ist tatsächlich an der »**Theorie Y**« von McGregor (1960) orientiert: Der Mensch wird als verantwortungssuchend, auf Erweiterung seiner Möglichkeiten bedacht und als eigeninitiativ verstanden. Er ist eine »**handelnde« Person**.

Es ist eine wesentliche Frage, wo der Ansatzpunkt für Organisationsentwicklungen liegt und wie dabei vorgegangen wird. Als Extreme, zwischen denen Übergangsstufen vorstellbar sind, stehen sich der personale, der interaktionale und der strukturale Ansatz gegenüber.

Der **personale Ansatz** wählt die Beeinflussung der Personen in der Organisation als ersten Schritt. Hier also wird die Organisationsentwicklung letztlich als Personalentwicklung interpretiert. Man greift auf Verhaltenstrainings zurück, führt gruppendynamische Laboratorien nach der Regel des »Hic et nunc« durch und hofft, dass ein verändertes Bewusstsein sowie ein verändertes Verhalten der Organisationsmitglieder eine veränderte Organisation zur Folge haben.

Der **interaktionale Ansatz** betont die Rollen der Menschen in der Organisation im Sinne der wechselseitigen Verhaltenserwartungen. Typisch für diese Vorgehensweise ist das »Rollenverhandeln« nach Harrison (1977). Hier tauschen in latent oder manifest konfliktären Situationen die Beteiligten ihre Rolleninterpretation und ihre wechselseitigen Rollenerwartungen aus, um zu expliziten Kompromissen und auf diese Weise zu Verhaltensnormen zu gelangen.

Beim **strukturalen Ansatz** dagegen wird davon ausgegangen, dass das Verhalten der Organisationsmitglieder von den Aufgaben und den Technologien abhängt, die es partizipativ zu verändern und zu gestalten gilt. So ist es z. B. offensichtlich, dass ein Anreizsystem im Sinne eines Nullsummenspieles internes Wettbewerbsverhalten – das gelegentlich dysfunktional sein kann – begünstigt, dass durch eine dezentrale Organisation eher »Unternehmertum im Unternehmen« gefördert, oder dass durch die Einbeziehung fortschrittsfähiger Kunden in die Forschungs- und Entwicklungsabteilung (Reichwald, Ihl & Seifert, 2005) Kundenorientierung bei der Produktentwicklung implementiert wird.

Ein personaler Akzent wiederum ist beispielsweise schwerpunktmäßig dann gegeben, wenn das Ziel der Organisationsentwicklung im Aufbau intensiver **Intergruppenbeziehungen** liegt und die Gruppenmitglieder durch Schulung und Verhaltenstraining dazu gebracht werden sollen, besser zu kooperieren und intensiver zu kommunizieren (vgl. Comelli, 1985). All dies hängt letztlich – wie bereits mehrfach betont – von den impliziten Annahmen über den Menschen und über die Organisation, von den Metaphern also (Neuberger, 1989; Morgan, 1997; Scholl, 2004), ab, durch die die Entscheider und »Macher« gekennzeichnet sind.

Beim personalen Ansatz wird häufig zwischen einem »elitären« und einem eher »demokratischen« unterschieden. Beim elitären werden die Vorgesetzten dahingehend beeinflusst, dass sie die Verhaltensweisen an die Nachgeordneten, z. B. durch Modellwirkung, Belohnung des erwünschten Verhaltens oder Entsendung zu Schulungen, weitergeben, beim demokratischen werden alle Organisationsmitglieder unmittelbar beeinflusst bzw. die hierarchisch untergestellten besonders intensiv, damit es durch »Druck von unten« zu den gewünschten Veränderungen kommt (vgl. auch French & Bell, 1977). Innerhalb der weit verstandenen personalen Ansätze lässt sich auch danach differenzieren, ob der Schwerpunkt stärker bei **Merkmalen des Individuums** liegt, also zum Beispiel Vertrauen, Offenheit, Kooperationsbereitschaft und Belastbarkeit erhöht werden sollen, oder ob – das ist nun die interaktionale Perspektive – man stärker auf die **Beziehungen zwischen den Menschen** achtet, also auf ihren Kommunikationsstil oder die Formen ihres informellen Umgangs miteinander.

Der strukturale Ansatz wirkt – wie bereits gezeigt – zunächst auf die **Organisationsstruktur** ein. Er ist dann gegeben, wenn eine Erhöhung der Flexibilität der Organisation z. B. dadurch erreicht werden soll, dass man durch entsprechende partizipativ vorgenommene Modifikationen des Organisationsplanes und der Tätigkeitsbeschreibungen die Organisation dezentralisiert.

Porter, Lawler und Hackman (1975) unterscheiden Organisationsentwicklungsmaßnahmen auch danach, ob die zentrale Determinante des Verhaltens in Organisationen in **Merkmalen des Einzelnen**, in den **Beziehungen zwischen den Personen** oder in den **Strukturen und Technologien** gesehen wird. Je nach dem, wie hier die Grundauffassungen aussehen, wird man unterschiedliche Methoden zum Einsatz bringen, die exemplarisch Darstellung 101 zeigt.

Häufig wird man – bei sorgfältiger Vorbereitung der Veränderungsmaßnahmen – bei der Person und bei der Organisation zugleich ansetzen. Darstellung 102 (nach Friedlander & Brown, 1974) verdeutlicht dies.

Die Organisationspsychologie neigt dazu, den personalen Ansatz überzubetonen, d. h. innerhalb des komplexen Beziehungsgeflechts aus Struktur, Aufgabe, Technologie und Menschen, das Leavitt (1965) beschreibt, den Menschen allein herauszugreifen und die Maßnahmen im Sinne eines Konzepts »**Menschen ohne Organisation**« anzugehen. Dies liegt praktisch dann vor, wenn abseits der konkreten organisatorischen Situation mithilfe **gruppendynamischer Trainingsme-**

5.4. Change Management

Bezugsebene	Typische Intervention	Angestrebtes Ergebnis	Annahmen über Gründe des Verhaltens
Individuen	LAB-Training, Gruppendynamik	Soziale Geschicklichkeit, psychische Belastbarkeit	Eigenschaften und Verhaltensweisen der Person
Soziale Beziehungen	Prozeßberatung, Konfrontations-Meeting, Survey-Feedback	Vertrauen und Offenheit	Beziehungen der Menschen untereinander
Struktur/ Technologie	Gemeinsame Änderung von Strukturen und Technologien	Schaffen dauerhafter Bedingungen, die erwünschtes Verhalten stabilisieren	Organisatorische Rahmenbedingungen

Darstellung 101. Bezugsebene, Intervention, Ziel und Grundannahme verschiedener OE-Ansätze

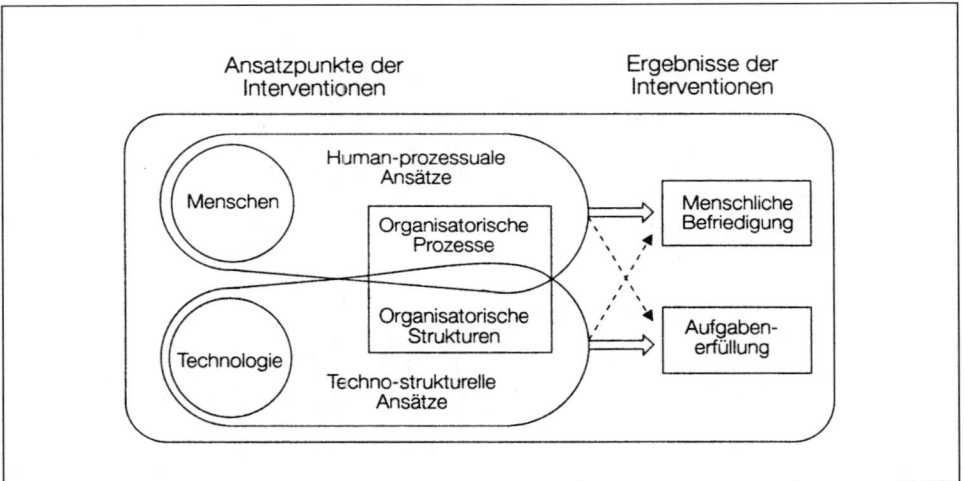

Darstellung 102. Integration verschiedener OE-Ansätze (nach Friedlander & Brown)

thoden – wie sie ursprünglich von Lewin und seinen Schülern initiiert wurden – das Ziel der Organisationsentwicklung realisiert werden soll.

Ein derartiges Training (»sensitivity training«, »laboratory training«) hat das Ziel, Einstellungswandel zugunsten erhöhter Kooperation aufzubauen und die Fähigkeit zur Teamarbeit zu entwickeln (durch verbesserte soziale Sensibilität und steigende Verhaltensflexibilität; vgl. auch Kap. 4.5.4.).

Dafür treffen sich bis zu einer Woche **10–12 Personen** aus verschiedenen Organisationen, **die keine gemeinsame Vergangenheit und keine gemeinsame Zukunft haben**, mit einem Trainer, der in der sich bildenden Gruppe keine formale Führungsrolle übernimmt. Man interagiert nach der **Regel »hic et nunc«**; d. h. es

Lewin (1963)	Lippitt et al. (1958)	Gebert (1974)	Glasl/de la Houssaye (1975)	Sievers (1980)
1. Auflösung (unfreezing) »Auftauen«	1. Entwicklung eines Bedürfnisses nach Veränderung	1. Orientierung am Ist-Zustand	1. Orientierungsphase	1. Kontakt
2. Änderungsprozeß (move) »Verändern«	2. Herstellung einer Beziehung CA/KS	2. Integration der Organisationsmitglieder	2. Zukunftskonzeption und Situationsdiagnose	2. Vorgespräche
3. Stabilisierung und Generalisierung »Einfrieren«	3. Arbeiten für Wandel: Identifikation des Ziels	3. Konkretisierung und Differenzierung der Maßnahmen	3. Operationelle Ziele und operationelle Analysen	3. Vereinbarung
	4. Alternativen werden geprüft	4. Unterstützung durch höhere Führungsebene	4. Planen von experimentellen Projekten und Vorbereiten von experimentellen Situationen	4. Datensammlung
	5. Wandlungsbemühungen erprobt	5. Extensität/Intensität der Maßnahmen	5. Verwirklichung und Auswertung der Erfahrungen	5. Datenfeeback
	6. Der Wandel wird stabilisiert und generalisiert	6. Wahl des Zeitpunkts		6. Diagnose
	7. Beziehung CA/KS wird beendet oder neue Beziehung formuliert	7. Stabilisierung der Maßnahmen		7. Maßnahmenplanung und -durchführung
				8. Erfolgskontrolle

Darstellung 103. Phasenmodelle der Organisationsentwicklung

darf nur über das gesprochen werden, was sich hier und jetzt in der Gruppe ereignet. Die Gruppenmitglieder erhalten dabei für ihr Verhalten **unmittelbar** »**Feedback**«, erleben Macht- und Rivalitätskämpfe, das Entstehen von Gruppen- und Rollenstrukturen und Ähnliches.

Wichtige Erfolge derartiger Interventionen wurden bereits dargestellt (vgl. 4.5.4.).

Fraglich ist häufig, ob eine **Lernübertragung** (Transfer) von der Trainingssituation auf die Organisationssituation möglich ist. Allgemein scheint diese Lernübertragung für **passive** Verhaltensweisen (z. B. Zuhören) gegeben zu sein, weniger für **aktive** (z. B. Konflikte anzusprechen).

Der Organisationssituation näher kommt der »**Survey-Feed-back-Ansatz**« des Institute for Social Research (Lippitt, Watson & Wesley, 1958), bei dem nicht das »Hier und Jetzt«, sondern das »**Dort und Damals**« in der Organisation der Ausgangspunkt ist: Die Lage in der Organisation wird mit komplexen Instrumenten diagnostiziert und die Diagnose zum Ausgangspunkt von Diskussionen zwischen den davon betroffenen Personen gemacht, wobei dann meist Änderungsmaßnahmen beschlossen werden. Dies kann sowohl innerhalb interaktionaler als auch struktularer Ansätze erfolgen.

Die daran orientierte Organisationsentwicklung wird häufig in **Phasenmodellen** dargestellt. Einige dieser Modelle stellt Darstellung 103 vergleichend nebeneinander.

Die Abkürzungen »CA« bzw. »KS« bei Lippitt, Watson & Wesley (1958) bedeuten »**Change Agent**«, womit ein externer Berater gemeint ist, bzw. »**Klienten-System**«, womit die Organisation bezeichnet wird, in der der Wandel geplant ist. Damit wird zugleich deutlich, dass Organisationsentwicklung häufig nicht durch Initiativen aus der Organisation alleine vorangetrieben wird, sondern unter Mithilfe externer Spezialisten (Moderatoren, Change Agents, Prozessberater) – häufig Organisationspsychologen (v. Rosenstiel, 1991, 1997) – erfolgt.

In welcher Weise bei den einzelnen Phasen der Organisationsentwicklung konkret gearbeitet werden kann, wird in Darstellung 104 am Beispiel des Dreiphasenmodells von Lewin (nach Neuberger, 1977) gezeigt.

Verschiedene Maßnahmen innerhalb der Organisationsentwicklung dürften unterschiedlich **wichtig für den Erfolg** sein. Nach einer Sekundäranalyse von 25 empirischen Untersuchungen durch Gebert (1974) scheinen besonders bedeutsam zu sein:

- Planung beim Klienten-System,
- Integration der Betroffenen,
- Unterstützung des Vorgehens durch die Spitzenmanager,
- Ausübung des Zielverhaltens durch das Management bereits während des Wandlungsprozesses,
- keine Einzelschulung durch betriebsinterne Trainer, sondern eine Teamentwicklung, die in die Breite (d. h. bei möglichst Vielen) und in die Tiefe (d. h. über viele hierarchische Ebenen) geht.

```
Auftauen
    Laboratory Training
    Diagnose der Ist-Situation und
    Rückkoppelung

Verändern
    Prozeßberatung
    Teamentwicklung
        Datensammlung
        Datenanalyse und
        gemeinsame Aktionsplanung
    Intergruppen-Arbeit
        (s. Teamentwicklung)

Einfrieren
    Unterstützung durch Top Management
    Realisierung konkreter Maßnahmen
    Kontrolle und Auswertung
    Verselbständigung der OE und
        Ausscheiden des Beraters
```

Darstellung 104. Maßnahmen in verschiedenen Phasen der Organisationsentwicklung (nach Neuberger)

Vor allem die **Unterstützung**, zumindest aber Tolerierung der Maßnahmen durch die höheren hierarchischen Ebenen wird von fast allen Autoren besonders betont.

Die soeben vorgenommenen Überlegungen richten den Blick auf die **Wirkungen von Organisationsentwicklungsmaßnahmen**. Bemüht man sich in der inzwischen sehr umfangreichen Organisationsentwicklungsliteratur darüber detailliert Informationen zu erlangen, so wird man enttäuscht. Zwar erhält man differenziert Einblick in einzelne Vorgehensweisen und Falldarstellungen; man wird jedoch kaum präzise darüber etwas erfahren, welche konkreten Interventionen unter welchen Bedingungen zu welchen Ergebnissen führen. Ein derart »mechanistisch« erscheinender Erklärungsansatz würde vermutlich auch von vielen engagierten Vertretern der Organisationsentwicklung abgelehnt werden. Dafür soll exemplarisch eine Aussage von Trebesch (1984, S. 60) stehen: »Ich habe eines als OE-Berater erfahren: Was erfolgreich ist, kann letztlich nur ich entscheiden, mit meiner eigenen Autorität und subjektiven Gewissheit«. Ob die Organisation und die unmittelbar betroffenen Personen dies genauso sehen, muss zumindest offen bleiben.

Trotz der Skepsis von OE-Praktikern gegen empirische Evaluationen liegen in der Zwischenzeit einige Informationen darüber vor, unter welchen Bedingungen welche Maßnahmen zu welchen Effekten führen können (vgl. z. B. Greiner, 1967; Bowers, 1973; Gebert, 1974; Golembiewski & Munzenrider, 1975; Porras & Berg, 1978; Porras & Roberts, 1980; Trebesch, 1984; Gebert, 2004).

Erste Meta-Analysen wurden inzwischen zu den Erfolgen von OE-Maßnahmen vorgenommen (Guzzo, Jette & Katzell, 1985; Neumann, Edwards & Raju, 1989). Soziotechnische Interventionen zeigen demnach die intensivsten Wirkungen. Gruppendynamische Verfahren erweisen sich als nicht ganz so ineffizient, wie in bisherigen kritischen Analysen meist diagnostiziert wurde. Gebert (2004) hat verschiedene Überblicksreferate und Metaanalysen zum Erfolg von Organisationsentwicklungsmaßnahmen gesichtet und kommt dabei zu einer Zusammenfassung, die Informationsbox 10 zeigt.

Informationsbox 10: Erfolg verschiedener Methoden der Organisationsentwicklung

Maßnahmenklasse	Korrelative Beziehung zu »weichen« (klima- und zufriedenheitsbezogenen) Kriterien	Korrelative Beziehung zu »harten« (leistungsbezogenen) Kriterien	Streuung bezügl. der Enge des Zusammenhangs
1) Personaler Ansatz (Gruppendynamisches Training mit besonderer Herausarbeitung des arbeitsrelevanten Kontextes)	eher positiv (Neumann et al., 1989)	eher positiv (Nicholas, 1982)	groß
2) Strukturaler Ansatz (job enrichment, teilautonome Arbeitsgruppen)	eher positiv Neumann et al. (1989)	positiv Guzzo et al. (1985); Nicholas (1982); Pearce und Ravlin (1987)	groß
3) Prozess-Intervention (surveyfeedback, Teamentwicklung, Prozessberatung)	positiv Neumann et al. (1989) Porras (1979); Bowers und Hausser (1977); Gebert (1974)	eher positiv Nicholas (1982)	groß

Zusammenfassung ausschließlich sekundärstatistischer Analysen (u. a. Metaanalysen) zur Evaluation von Organisationsentwicklungsmaßnahmen.

Aus diesen und anderen Untersuchungen lässt sich ableiten, dass in der Organisation bestimmte Voraussetzungen gegeben sein sollten, damit ein Erfolg überhaupt möglich wird. Zu den prozessfördernden Voraussetzungen gehören (v. Rosenstiel, 1989):

- Die Organisation befindet sich **nicht in einer Existenzkrise**.
- **Problembewusstsein** hat sich bereits entwickelt.
- Die Organisationsmitglieder kennen die **Spielregeln der Kooperation**.
- In der Organisation besteht **Bereitschaft zum Experimentieren**.
- **Organisations- und Personalfunktion** kooperieren eng miteinander.
- Die einzelnen **Organisationseinheiten sind relativ autonom**.

- Ein starkes **Top-Management unterstützt** den Organisationsentwicklungsprozess.
- Die Organisationsmitglieder haben **gruppendynamische Erfahrungen**.
- Die Beziehung zwischen **Management und Betriebsrat ist nicht tief greifend gestört**.
- Die Organisationsmitglieder sind **bereit, sich auf langfristige Prozesse einzulassen** und stehen nicht unter dem Erwartungsdruck, sofort Sachlösungen zu erbringen.
- Es besteht die Bereitschaft, **langfristig externe und interne Moderatoren** in der Rolle des »Change Agent« **einzusetzen**.

Ausschließlich personale Ansätze der Organisationsentwicklung können länger anhaltende Erlebens- und Verhaltensänderungen bewirken, die z. T. intendiert und erwünscht, z. T. aber auch weder intendiert noch erwünscht sind. Sie werden häufiger außerhalb der Organisation als am Arbeitsplatz sichtbar, sodass sich das Transferproblem auf diesem Felde mit besonderem Gewicht zeigt. Mehr Veränderung in der Organisation kann erreicht werden, wenn der »**Survey-Feed-back-Ansatz« mit Prozessberatung kombiniert** wird oder wenn gruppendynamische Ansätze vor dem Hintergrund gezielter Aufgabenorientierung gewählt und zugleich in einem instrumentierten Sinne (vgl. Berthold et al., 1980) eingesetzt werden.

Als gesichert darf keine dieser zuletzt gemachten Aussagen gelten – vor allem aus drei Gründen:

- Die **Kriterien**, an denen der Erfolg gemessen wird, sind zu **unterschiedlich** (vgl. Steers, 1977).
- Die **Bedingungen**, unter denen der Erfolg eintritt, werden in den Darstellungen häufig zu **wenig präzisiert**.
- Es muss – ein Grundproblem von empirischer Forschung, die sich auf Sekundäranalysen stützt – entschieden daran gezweifelt werden, ob die in der Literatur mitgeteilten **Untersuchungen repräsentativ** für die tatsächlich vorgenommenen Organisationsentwicklungsmaßnahmen sind. Als wahrscheinlicher darf gelten, dass Autoren, die in der Praxis tätig sind, eher ihre Erfolge mitteilen und über Misserfolge schamhaft schweigen. So schreibt Kahn (1977, S. 281) spöttisch: »Organisationsentwicklung ... ist ein neues Etikett für ein Konglomerat von Dingen, die eine wachsende Zahl von Beratern unternehmen, während sie gleichzeitig darüber schreiben.«

Wer beim jetzigen Wissensstand mit einer Organisationsentwicklung beginnt, kann sich auf keine ausgearbeiteten Sozialtechnologien stützen. Er kann Hintergrundwissen erwerben, er kann zum Umgang mit Hilfsmitteln motiviert sein, aber er braucht vor allem Engagement und den Mut, sich auf einen langfristigen Prozess mit ungewissem Ausgang einzulassen.

Literaturempfehlung

Gebert, D. (2004). Interventionen in Organisationen. In: H. Schuler (Hrsg.). Lehrbuch Organisationspsychologie. Bern, S. 601–616.
In diesem knappen Artikel wird ein konzentrierter Überblick über die Organisationsentwicklung geboten, in dem gleichermaßen das Konzept erklärt, Ansätze skizziert, die Rolle des Moderators dargestellt und die praktischen Vorgehensweisen aufgezeigt werden.

Kirsch, W., Esser, W.-M. & Gabele, E. (1979). Das Management des geplanten Wandels von Organisationen. Stuttgart.
Durch dieses umfassende Werk zum geplanten Wandel von Organisationen, das einen eindrucksvollen Überblick über den Gegenstandsbereich vermittelt, wird dem Psychologen sehr deutlich, dass sein Beitrag zur Organisationsentwicklung meist nur in Kooperation mit Vertretern anderer Disziplinen wirksam werden kann.

Rosenstiel, L. v., Einsiedler, H., Streich, R. & Rau, S. (1987). Motivation durch Mitwirkung. Stuttgart.
Im ersten Teil dieses Readers werden Ziele, Modelle, Methoden und Praxisbeispiele der Organisationsentwicklung vorgestellt. Man findet viele Hinweise auf weiterführende Literatur.

5.4.3. Bedingungen des Erfolgs von Change Management

Im Zuge der Globalisierung (Beck, 1997; Steger, 1998) und der damit einhergehenden verschärften internationalen Konkurrenz, aber auch durch technische und elektronische Innovationen sind in der Wirtschaft **nachhaltige Anpassungs- und Veränderungsprozesse** erforderlich geworden. Sie zeigen sich als Fusionen zu größeren Unternehmen, als Ausgliederungen von Teilbereichen aus größeren Konzernen zu selbstständigen GmbHs oder als nachhaltige Umstrukturierungen, die – unter ganz unterschiedlichen, meist eher englischsprachigen Schlagworten – mit massivem Personalabbau verbunden sind. In Deutschland waren aufgrund der Wiedervereinigung derartige Prozesse vor allem in den neuen Bundesländern besonders dramatisch (v. Rosenstiel, 1998).

Bei derartigen Umstrukturierungen, Reorganisationsmaßnahmen, Um- oder Ausgründungen scheint auf den ersten Blick organisationspsychologische Kompetenz kaum gefordert; Unternehmensberater mit betriebswirtschaftlichem, technischem oder juristischem Wissen bestimmen hier meist das Feld.

Sie arbeiten mit Konzepten, die z. B. als »Business Reengineering«, »Lean Management«, »Total Quality Management« (TQM) etc. bekannt geworden sind (Reiß, 1997).

All diese Konzepte sind aus primär ingenieurs- und wirtschaftswissenschaftlicher Sicht entwickelt worden. Sie berücksichtigen kaum verhaltenswissenschaftliche Erkenntnisse oder Überlegungen. So dominieren bei den Zielen solche, die auf Kosteneinsparungen oder Beschleunigung von Geschäftsprozessen abzielen. Mitarbeiter werden – obwohl höherer Einsatz von ihnen erwartet wird – in diesem Sinne meist als Kostenfaktor, kaum als Chance höherer künftiger Wertschöpfung gesehen. Humanziele wie Persönlichkeitsförderlichkeit, Gesundheit am Arbeitsplatz oder Arbeitszufriedenheit spielen kaum eine Rolle. Auch bei den Wegen zum Ziel wird nur selten reflektiert, wie viel Veränderung in kurzer Zeit Menschen zugemutet, wie Akzeptanz gesichert werden kann und wie sich die erhöhte Arbeitsbelastung mit jenen Anforderungen vereinbaren lässt, die sich aus dem Leben in der Freizeit und in der Familie ergeben.

»**Business Reengineering**« stellt dabei ein Konzept radikalen Wandels dar, bei dem ohne Tabus – meist unter Einsatz der Informationstechnologie – Veränderung in großen Sprüngen top down implementiert wird – bis hin zur völligen Neukonzeption der Organisation.

Beim »**Lean Management**« geht es um den Kampf gegen Verschwendung. Dieser richtet sich gegen Bestände, Liege- und Leerzeiten, Material- und Raumvergeudung, Fehlzeiten, Fluktuation, innere Kündigung und andere Formen der Ineffizienz. Das Unternehmen soll also »schlanker« und effizienter werden.

Beim »**Total Quality Management**« (TQM) geht es um ein Führungskonzept, das den Kundennutzen in den Vordergrund rückt und diesen mit einer flächendeckenden Verankerung von Qualitätsverantwortung in allen Organisationseinheiten zu realisieren sucht, was letztlich auch mit einem Wandel der Kultur des Unternehmens einhergeht.

Man kann davon ausgehen, dass der Organisationspsychologe sich meist darauf beschränken muss, die **Folgen derartiger Maßnahmen bei den Betroffenen** zu analysieren und dann im Sinne einer sekundären und tertiären Prävention negative Stressfolgen bei den Betroffenen und ihren Angehörigen zu behandeln. Ist nur das die organisationspsychologische Kompetenz?

Dem ist in dieser allgemeinen Form nicht zuzustimmen. Es gilt zunächst zu prüfen, ob nicht vielleicht doch die Veränderung im Sinne der Organisationsentwicklung vorgenommen werden kann oder ob Teile dieser Veränderung für derartige Prozesse geeignet sind. Man kann sich dabei an den im vorherigen Abschnitt genannte Voraussetzungen für erfolgreiche Organisationsentwicklungsprozesse orientieren. Zentral aber erscheinen für die Entscheidung folgende Fragen:

- Ist **bei den Betroffenen das Wissen vorhanden**, partizipativ den erforderlichen Veränderungsschritt mitzutragen? Dies ist häufig nicht der Fall, wenn eine gänzlich neue Technologie, eine völlig andere Produktionsmethode oder ein Joint-Venture mit dem Unternehmen eines Landes, das keiner der Betroffenen kennt, implementiert werden soll.
- Ist überhaupt die **Veränderungsbereitschaft bei den Betroffenen** vorhanden? Dies ist zum Beispiel dann nicht der Fall, wenn die Veränderung für viele mit intensiv erlebten oder antizipierten Nachteilen verbunden ist, wie zum Beispiel dem Verlust der bisherigen Position, der erworbenen Kompetenz, des Ansehens innen und außen etc.
- Wird der Prozess selbst **kaum zumutbare Härten und Belastungen für die Betroffenen** mit sich bringen? Das ist zum Beispiel dann der Fall, wenn als Folge der Maßnahme einer größeren Zahl von Personen betriebsbedingt gekündigt werden muss. Es ist kaum zumutbar, dass die Mitglieder einer Einheit selbst darüber (mit-)entscheiden, wer von den Kolleginnen oder Kollegen das Unternehmen verlassen soll.

5.4. Change Management

Sind die Voraussetzungen für ein partizipatives Vorgehen nicht gegeben, so sind für die Veränderung zumindest Elemente des Bombenwurfs erforderlich, wofür es die unterschiedlichsten, soeben exemplarisch skizzierten Konzepte wie »Reorganisation«, »Business Reengineering«, Einführung von »lean organization« etc. gibt. Für die Begleitung und Implementierung derartiger Prozesse hat sich der Begriff »**change management**« eingebürgert (Reiß, v. Rosenstiel & Lanz, 1997).

Organisationspsychologische Kompetenz ist bei derartigen Veränderungsprozessen durchaus im Vorfeld und im Verlauf der Veränderung gefordert. So hat zum Beispiel Vorwerk (1994) gezeigt, dass nachhaltige Umorganisationen in verschiedenen ähnlich strukturierten Niederlassungen einer Versicherungsgesellschaft dann eher Akzeptanz fanden und erfolgreich implementiert wurden, wenn die Beteiligten

- rechtzeitig über die geplanten Maßnahmen **informiert** wurden und
- mit dem nötigen zeitlichen Vorlauf in ausreichendem Maße **fachlich so geschult** wurden, dass sie sich den neuen Herausforderungen gewachsen fühlen konnten.

Die **Liste der Empfehlungen** – gegründet auf qualitative Information aus verschiedenen Einzelfällen des Change Management – lässt sich allerdings noch weiter fassen. Dabei sollte man das bedenken, was zuvor besonders betont wurde: Menschen sehen zwar häufig ein, dass Veränderung erforderlich ist; sie begrüßen jedoch diese Veränderung nur selten, sondern sind gekennzeichnet durch eine Sehnsucht nach Stabilität. Die verantwortlich Handelnden dürfen also trotz aus ihrer Sicht guter Argumente die Akzeptanz des Wandels bei den Betroffenen nicht voraussetzen, sondern müssen im Aufbau dieser Akzeptanz eine wichtige Managementaufgabe sehen. Ziel muss es sein, Widerstände zu reduzieren, Gleichgültigkeit oder ein resignatives Dulden abzubauen und ein aktives Mitarbeiten oder gar Begeisterung aufzubauen. Dabei erscheint es wichtig auch das **Selbstmanagement** der verantwortlich Handelnden zu bedenken, denn für sie gilt es nicht selten, das Change Management zusätzlich zu ihren sonstigen Aufgaben zu bewältigen, was die **Gefahr des Burnout** mit sich bringt und auch die Beziehungen zur privaten Lebenswelt, etwa zur Familie, gefährden kann. Außerdem ist – und auch dies hängt mit dem Selbstmanagement zusammen – von den Prozessgestaltern sehr viel »Gefühlsarbeit« (Hochschild, 1990) gefordert, denn sie sollen z.B. den Geführten gegenüber Sicherheit und Optimismus zeigen, obwohl sie möglicherweise faktisch intensiv am Erfolg des Projektes zweifeln.

Empfehlungen, was man beachten, was man vermeiden und was man tun sollte, finden sich zum Teil in der wissenschaftlichen, zum Teil in der praxiologischen Literatur (Kotter, 1996; Yukl, 1994; Reiß, v. Rosenstiel und Lanz, 1997; Neuberger, 2002; v. Rosenstiel & Comelli, 2003). Welche Fehler – Kotter (1996) spricht von »Kardinalsfehlern« – sollte der Verantwortliche unbedingt vermeiden? Welche dieser **Fehler** werden immer wieder gemacht?

- Kein ausreichendes Gespür für die Dringlichkeit
- Fehlen einer mächtigen Koalition der Erneuerer

- Versäumnis, eine Vision zu entwerfen
- unzulängliche Vermittlung der Vision
- Entgegenstehende Barrieren werden nicht weggeräumt
- kurzfristige Erfolge werden nicht systematisch vorbereitet
- zu frühes Ansetzen von Siegesfeiern
- keine Verankerung des Neuen in der Unternehmenskultur.

Kotter (1996) belegt jeden dieser Fehler mit eindrucksvollen Beispielen aus der praktischen Erfahrung.

Was sollte nun der Verantwortliche – abgesehen von der Vermeidung der genannten Fehler – tun? Er sollte

- die **individuellen Rahmenbedingungen** kennen; dazu gehören die eigenen Erwartungshaltungen sowie die – möglichst konkret – des Auftraggebers;
- seine **individuelle Arbeitsfähigkeit** sicherstellen; insbesondere geht es hier darum, das Dringliche und das Wichtige voneinander zu trennen, sowie die notwendigen Klärungen im sozialen Umfeld vorzunehmen, z.B. mit der Familie absprechen, wo für diese die Grenzen »Mitbelastung« liegen. Dabei gilt es auch die Kriterien zu definieren, die darüber entscheiden, ob bzw. wann man »aussteigt«;
- **Commitment** des Auftraggebers und der wichtigsten Projektmitarbeiter prüfen bzw. sicherstellen, denn es gilt Sicherheit darüber zu gewinnen, auf wen man sich in Phasen der Krise, der Gefahr des Scheiterns des Projektes oder bei Konflikten wirklich verlassen kann;
- eine **Startstrategie** mit rascher Erfolgsumsetzung entwickeln, denn für die Generierung und Aufrechterhaltung des »Glaubens« der Betroffenen an das Projekt gehört, dass rasch gehandelt wird und dieses Handeln zu sichtbaren und kommunizierbaren Ergebnissen führt;
- ein **Kernteam** bilden, denn man kann den Prozess nicht allein gestalten und benötigt unter denen, die das Ganze mittragen, Einigkeit. Das Kernteam sind jene, die in besonderem Maße mit dem Projekt identifiziert sind und auf die man sich als Person in besonderem Maße stützen kann;
- **Prioritäten setzen**, denn rasch wächst sich selbst ein zu Beginn relativ einfach erscheinendes Projekt zu einer komplexen Multiprojektarbeit aus, wobei man das wirklich Wichtige erkennen und bevorzugt bearbeiten sollte – unter Einschluss der Bereitschaft, Dringliches oder weniger Wichtiges zu delegieren oder zurückzustellen;
- **Erschöpfungsszenarien** bedenken; d.h. einen Plan entwickeln, wie die Arbeit weitergehen soll, wenn man selbst physisch oder psychisch so erschöpft ist, dass man eine »Auszeit« nehmen muss;
- **Kernfragen** für die ersten »100 Tage« formulieren und die entsprechende Reflexion antizipieren, d.h. man sollte anhand vorweg festgelegter Kriterien selbst prüfen, wo man nach 100 Tagen stehen will und wie der Prozess dorthin sich entwickelte, um gegebenenfalls auch an Fehlern lernen zu können;
- **monatliche Zwischenbilanz** ziehen, um zu prüfen, ob man – gemessen an wichtigen und zuvor definierten Parametern – noch auf dem geplanten Wege ist,

um entweder das Handeln zu korrigieren oder aber um grundsätzliche Weichenstellungen vorzunehmen;
- **Erfolgskriterien** für den Prozess und für das Ergebnis festlegen um – hier selbstverständlich in Absprache mit dem Auftraggeber – klar sagen zu können, ob man nun zum Ziel gelangt oder diesem doch zumindest näher gekommen ist.

Dem Führenden selbst, der ja stets zumindest eine Mitverantwortung für den Veränderungsprozess in dem von ihm verantworteten Bereich trägt, sei für seine kommunikative Arbeit mit seinen Mitarbeitern empfohlen (vgl. Yukl, 1994; v. Rosenstiel & Comelli, 2003):

- Entwickle eine klare und begeisternde **Vision**!
- Konzipiere eine **Strategie** um die Vision zu realisieren!
- Artikuliere und **kommuniziere die Vision** mit Hilfe einfacher Formulierungen, Bildern und symbolischen Handlungen!
- **Informiere** die Mitarbeiter so rechtzeitig, vollständig und glaubhaft wie irgend möglich!
- **Höre auf Einwände** der Mitarbeiter, diskutiere mit ihnen und versuche sie zu überzeugen!
- Zeige sichtbar **Vertrauen** in die Geführten!
- **Qualifiziere** die Betroffenen für künftige neue Aufgaben!
- Handle selbstbewusst und **optimistisch**!
- Betone die **Stabilität im Wandel**!
- **Motiviere** die Betroffenen zur Veränderung!
- Ziehe die **Betroffenen** soweit als möglich in die **Entscheidungen** mit **ein**, damit aus Opfern (Mit-)Täter werden!
- Bereite **frühe Erfolge** vor, um dadurch Zuversicht und den Glauben an den Erfolg des Projektes aufzubauen und zu stabilisieren!
- Lebe selbst Veränderungsbereitschaft vor und führe durch **Vorbild**!
- Schaffe, **modifiziere** oder eliminiere relevante Formen der **Unternehmenskultur**!
- Nutze **Übergangsriten**, um den Betroffenen über den Wandel hinweg zu helfen!
- Gehe sichtbar **menschlich und fair** mit den Verlierern des Wandels um!
- Betone nicht nur »Blut, Schweiß und Tränen«, sondern **feiere** gemeinsam mit den Geführten **Erfolge** auf dem Wege zum Ziel!

Literaturempfehlung

Reiß, L., Rosenstiel, L. v. & Lanz, A. (Hrsg.) (1997). Change Management. Stuttgart.
In diesem gemeinsam von Betriebswirten und Psychologen konzipierten Sammelband wird der Begriff des Change Managements präzisiert; es werden verhaltenswissenschaftliche, betriebswirtschaftliche und juristische Grundlagen dargestellt und insbesondere vielfältige Beispielsfälle aus unterschiedlichen Branchen geschildert, die erkennen lassen, wo und wie innerhalb der Veränderungsprozesse psychologische Kompetenz gefordert ist.

Rosenstiel, L. v. & Comelli, G. (2003). Führung zwischen Stabilität und Wandel. München.
In diesem Buch, das sich aufgrund der sprachlichen Formulierungen und der Beispiele insbesondere an den gebildeten Laien aus der Praxis wendet, werden Gründe des Wandels, Strategien beim Change Managementprozesses und dabei einsetzbare Instrumente dargestellt und häufig konkrete Beispiele dafür geschildert.

5.5. Wissensmanagement und lernende Organisation

Seit Senge (1996) sein anregendes Werk zur **lernenden Organisation** vorlegte, wird dieses Konzept in der Wissenschaft, und in der Praxis nachhaltig diskutiert. Tatsächlich allerdings gab es schon zuvor wesentliche Arbeiten zu dieser Frage und auch der Begriff war bereits in die wissenschaftliche Diskussion eingeführt worden (Argyris & Schön, 1978; Hedberg, 1981; Leavitt & March, 1988). Das kürzlich von Dierkes, Berthoin Antal, Child & Nonaka (2002) vorgelegte Handbuch fasst den aktuellen Wissensstand interdisziplinär zusammen.

Es erscheint schlüssig, in Zeiten turbulenten Wandels im Umfeld die Frage aufzuwerfen, **ob und wie** – z. B. aus Fehlern – **Organisationen lernen können**. Die Analogie zum Einzellebewesen drängt sich auf. Höhere Lebewesen, deren Verhalten nicht gänzlich instinktiv gesteuert, sondern aufgrund von Lernprozessen variabel gestaltbar ist (Bischof, 2001), schaffen es auf diese Weise rasch, unter ganz unterschiedlichen Bedingungen zu überleben. Unter dieser Perspektive kann ein von der Praxis induzierter Wunsch Vater des Gedankens, des Konzepts der lernenden Organisation sein.

Beim derzeitigen Stand der Forschung kann auf ein geschlossenes Theoriegebäude zur lernenden Organisation nicht verwiesen werden; es ist aber ganz offensichtlich, dass die Frage danach, ob Organisationen lernen können, den Blick zunächst auf die Individuen lenkt. **Das Lernen der Mitglieder einer Organisation ist jedoch eine notwendige, aber keine hinreichende Bedingung des Organisationslernens**, wenn dieser Begriff einen essenziellen Inhalt haben soll. Tatsächlich aber gehen manche eher praxiologische Darstellungen kaum darüber hinaus, wie Lernen der Organisationsmitglieder in der Organisation angeregt und systematisch gesteuert werden kann (Sattelberger, 1989). Argyris und Schön (1978) vertreten entsprechend die Meinung, dass der Begriff des Organisationslernens lediglich eine Analogie darstellt und letztlich unberechtigt für die Organisation das annimmt, was bei Individuen nachgewiesen werden kann.

Neuere Überlegungen (Maier & v. Rosenstiel, 1997; Maier, Prange & v. Rosenstiel, 2002) machen jedoch deutlich, dass es legitim erscheint danach zu fragen, was in der Organisation ergänzend geschehen muss, damit die Wissensvermehrung bei den Individuen über organisationales Lernen zum organisationalen Wissen wird.

Selbstverständlich ist die Voraussetzung für Organisationslernen, in der Organisation **individuelles Lernen zu fördern** und zwar bei der Aufgabengestaltung mithilfe erweiterter Handlungsspielräume, beim Individuum durch entsprechende Per-

5.5. Wissensmanagement und lernende Organisation

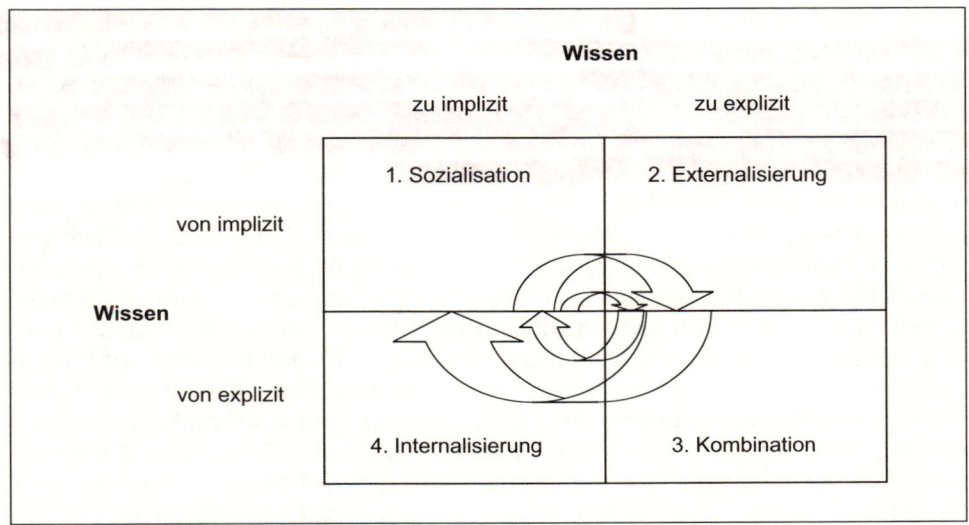

Darstellung 105. Formen der Wissensübertragung nach Nonaka und Takeuchi (1997)

sonalauswahl und -entwicklung, bei der Gruppe durch vermehrte Interaktions- und Kommunikationschancen innerhalb der Gruppe, zwischen den Gruppen und über die Organisationsgrenzen hinaus, sowie auf der Ebene der Organisation durch Dezentralisierung und offene Grenzen nach außen (Schrader, 1990; v. Rosenstiel, 2004).

Dann aber stellt sich die Frage, wie das auf diese Weise erworbene **relevante Wissen in den »Besitz« der Organisation übergehen** kann. Etwas pointiert kann man fragen: Was bleibt der Organisation von dem Wissen, das ein Mitglied erworben hat, wenn dieses Mitglied die Organisation verlässt? Nonaka & Takeuchi (1997) haben zur Beantwortung dieser Frage ein beachtenswertes Konzept vorgelegt. Dabei greifen sie auf die bekannte Unterscheidung von **implizitem**, nicht reflektierten und somit verbal nicht kommunikativ vermittelbarem Wissen einerseits und **explizitem** Wissen andererseits zurück:

- viele Personen in der Organisation haben Wissen erworben, das ihr Handeln ganz selbstverständlich und unreflektiert bestimmt und implizit ist (**Sozialisation**);
- dieses implizite individuelle Wissen gilt es zu heben und zu kommunizieren (**Externalisierung**);
- die Kombination der verschiedenen Wissenselemente kann zu innovativen Ansätzen führen (**Kombination**);
- diese werden zu neuen nicht mehr reflektierten Selbstverständlichkeiten und somit wiederum zu implizitem Wissen der Handelnden (**Internalisierung**) (vgl. Darstellung 105).

Die Selbstverständlichkeiten, die scheinbar routinemäßig ausgeübten **Organisationspraktiken**, enthalten vielfältiges organisationales Wissen (Osterloh, 2001), das es bei Bedarf zu heben gilt. Osterloh (2001) bringt hier auch ein pointiertes und etwas karikaturhaftes Beispiel dafür, dass lernende Individuen in einer lernenden Organisation und eine lernende Organisation nicht unbedingt gleich gesetzt werden können: Es gäbe hochkompetente Organisationen mit wenig kompetenten Mitarbeitern (z. B. McDonalds), aber auch inkompetente Organisationen mit vielen kompetenten Mitarbeitern (z. B. die Universitäten).

Eine wichtige Voraussetzung des Organisationslernens ist also zunächst, dass aus dem latenten Wissen ein manifestes und kommunizierbares wird. Vielfach verfügen ja Organisationsmitglieder über ein Erfahrungswissen, das ganz selbstverständlich ihre Handlungen steuert, ihnen jedoch kaum bewusst wird, so dass sie darüber auch nicht reden können. Hier ist im Rahmen von Gesprächsrunden oder eingehenden Interviews dafür zu sorgen, dass dieses **Wissen gehoben** wird. Dann ist in der lernenden Organisation dafür zu sorgen, dass dieses Wissen – zugänglich für Betroffene – **dokumentiert** wird oder in der Organisation **diffundiert**. Die **Speicherung** kann auf die Weise erfolgen, dass Protokolle oder Gesprächsnotizen erarbeitet und Dokumentationen erstellt werden oder aber elektronische Systeme – etwa das Intranet – diese Aufgabe übernimmt. Die Verbreitung könnte über einen Kulturwandel erleichtert werden. Jeder, der glaubt relevantes Neues erfahren zu haben, sollte **dies Anderen mitteilen**. Wer zum Beispiel von einer einschlägigen Seminarveranstaltung kommt, sollte anderen – Kollegen, Mitarbeitern oder Interessierten aus anderen Bereichen – das Wesentliche darstellen. Die Organisation hat die dafür notwendige Zeit zur Verfügung zu stellen. Es sollte auch jede Fach- und Führungskraft zumindest eine andere Person so gut informieren und qualifizieren, dass diese notfalls von heute auf morgen ihre Aufgaben übernehmen könnte. Qualifizierungsveranstaltungen, die für Einzelne einer Arbeitsgruppe angeboten werden, sollten möglichst für die Gesamtgruppe aufbereitet werden, damit während des Lernens jeder unmittelbar erfährt, wer welche Inhalte besonders kompetent erwirbt, damit in Problemsituationen der wirklich Kompetente befragt werden kann.

Zum Kulturwandel gehört aber auch, dass die **Misstrauenskultur**, die in vielen Organisationen herrscht, überwunden wird. »Wissen ist Macht« heißt es häufig. Wer Macht, Einfluss und Bedeutung nicht verlieren möchte, gibt entsprechend sein Wissen nicht weiter. Er möchte als Experte nicht »enteignet« (Volpert, 1985) werden. Auf dieser Basis kann sich keine lernende Organisation bilden. Ungeschriebene Normen und explizite Anreizsysteme sollten dafür sorgen, dass eine **Kultur des Vertrauens** entsteht und niemand Nachteile befürchten muss, wenn er sein Wissen weitergibt.

Literaturempfehlung

Nonaka, I. & Takeuchi, H. (1997). Die Organisation des Wissens. Wie japanische Unternehmen eine brachliegende Ressource nutzbar machen. Frankfurt/M.
Einer der Klassiker zum Thema Wissensmanagement: Hier wird nicht nur an vielen Beispielen verdeutlicht, wie Wissensmanagement in verschiedenen Organisationen gehandhabt wird, sondern auch ein grundlegendes Modell des Prozesses entwickelt.

Wieselhuber, N. und Partner (Hrsg.) (1996). Lernende Organisation. Wiesbaden.
In diesem Sammelband wird aus der Perspektive einiger Wissenschaftler und vieler Praktiker der Begriff der lernenden Organisation diskutiert; Beispiele aus der Praxis konkretisieren, was vielfach darunter verstanden wird, wobei freilich die Heterogenität der Ansätze unübersehbar bleibt.

Es war in den letzten Abschnitten viel von Veränderung die Rede. Auch die **Organisationspsychologie als angewandte Wissenschaft ist von Veränderungsprozessen betroffen**. Nun gehört Fortschritt, Veränderung des Wissensbestandes, zu allen Fächern. Es wird neues Wissen durch die Forschung gewonnen und mithilfe neu entwickelter Methoden erschlossen. In den Naturwissenschaften bleibt jedoch der Untersuchungsgegenstand meist längerfristig unverändert. Dies ist anders, wenn sich eine Wissenschaft mit den von Menschen geschaffenen Gegenständen auseinander setzt. Neben die Mehrung des Wissens und die Entwicklung der Methoden tritt hier die **Veränderung des Untersuchungsgegenstandes selbst**. Dies gilt in nachhaltiger Weise für Organisationen unserer Gesellschaft. Viele Unternehmen der Wirtschaft und Verwaltung sind nach nur zehn Jahren kaum mehr wieder zu erkennen, wenn man ihre Aufbau- und Ablauforganisation, ihre Technologie und ihre Verflechtungen mit anderen Unternehmen sowie ihre Herangehensweise an die Märkte oder Bürger analysiert. Eine Konsequenz ist, dass bestehendes organisationspsychologisches Wissen rasch veraltet und der Gegenstand zur Herausforderung für neue Forschung wird. Dies kann gleichermaßen zu Resignation oder zu Ermutigung führen.

Selbstkontrollfragen zu Kapitel 5

Von den mit a), b), c), d) gekennzeichneten Alternativantworten zu den nachfolgenden Mehrfachwahlfragen gilt nur eine als richtig. Bitte kreuzen Sie diese an. Sie können, wenn Sie die Fragen 114 bis 151 durchgearbeitet haben, Ihre Lösungsvorschläge mit den angegebenen Bestlösungen auf S. 531 vergleichen.

114. Die Aston-Gruppe (Universität Birmingham) beschäftigte sich mit
    a) der Erforschung des Organisationsklimas
    b) der Entwicklung von Programmen für geplanten Organisationswandel
    c) der Analyse von Dimensionen der Organisation
    d) dem gruppendynamischen Training in Organisationen

115. Unter dem Organisationsklima versteht man
    a) die durchschnittliche Arbeitszufriedenheit der Mitglieder einer Organisation
    b) die Bewertung der Dimensionen der Organisation durch die Organisationsmitglieder

c) die beschreibbare Qualität der Organisation, wie sie von den Mitgliedern erlebt wird und ihr Verhalten beeinflusst
d) das Gleiche wie unter »morale«

116. Die Organisationsklima-Forschung ähnelt besonders der Erforschung
a) des Betriebsklimas
b) der Anreizsysteme
c) der Arbeitsmotivation
d) der Organisationsleistung

117. Der Begriff des Betriebsklimas fand wissenschaftliche Resonanz vor allem innerhalb der
a) Volkswirtschaftslehre
b) Industriesoziologie
c) Arbeitspsychologie
d) Kommunikationswissenschaft

118. Im Rahmen einer facettenanalytisch orientierten Begriffsbestimmung ist das Betriebsklima gekennzeichnet durch
a) die Analyseeinheit »Individuum«, das Analyseelement »Organisation« und die Art der Messung »Bewertung«
b) durch die Analyseeinheit »Individuum«, das Analyseelement »Arbeit« und die Art der Messung »Bewertung«
c) durch die Analyseeinheit »soziales Kollektiv«, das Analyseelement »Organisation« sowie durch gleichermaßen bewertende und beschreibende Messung
d) durch die Analyseeinheit »soziales Kollektiv«, das Analyseelement »Arbeit« und durch beschreibende Art der Messung

119. Eine immer wieder aufgefundene – auch von Campbell und von Neuberger genannte – Dimension des Organisationsklimas ist
a) Arbeitszufriedenheit
b) Autonomie
c) Organisationsgröße
d) Hierarchie

120. Bei der Messung des Organisationsklimas erweisen sich bei empirischen Analysen meist
a) Beschreiben und Bewerten als relativ unabhängig voneinander
b) Beschreiben und Bewerten als eng miteinander verbunden
c) nur Beschreibungen als zuverlässig, Bewertungen dagegen als sehr unzuverlässig
d) nur Bewertungen als zuverlässig, Beschreibungen dagegen als sehr unzuverlässig

121. Schein unterscheidet in seinem Konzept der Unternehmenskultur zwischen den Ebenen
    a) Werte, Einstellungen, Verhalten
    b) Grundlegende Annahmen, Werte, Artefakte
    c) Basisorientierungen, Verhaltensweisen, Verhaltensergebnisse
    d) Menschen, Strukturen, Artefakte

122. Sucht man nach Methoden zur Erfassung der Unternehmenskultur, so kann man sich am ehesten orientieren an
    a) der Markt- und Meinungsforschung
    b) der Gesprächspsychotherapie
    c) der Arbeitszufriedenheitsforschung
    d) der Ethnologie

123. Wählt man den »Autonomie-Ansatz« bei der Gestaltung der Unternehmenskultur, so
    a) lenkt die Führung autonom – d. h. ohne externe Beratung – durch symbolische Führung den Veränderungsprozess
    b) werden revolutionäre Maßnahmen durch Krisen, z. B. Austausch des Managements, ausgelöst
    c) werden den Abteilungen und Bereichen Freiräume zugestanden, innerhalb derer sich verschiedene Subkulturen entwickeln
    d) wird durch externe Beratung in Kooperation mit dem Management ein neues Unternehmensleitbild geschaffen

124. Wenn das Verhalten aus der Antizipation von Lustzuständen erklärt wird, so liegt dem folgende Motivationstheorie zugrunde
    a) Homöostatischer Ansatz
    b) Anreiztheorie
    c) Kognitiver Ansatz
    d) Humanistischer Ansatz

125. Intrinsische Arbeitsmotivation ist durch folgenden Satz zu kennzeichnen
    a) Arbeit wird von uns erwartet
    b) Arbeit bietet Belohnungen, die außerhalb dieser Arbeit liegen
    c) Arbeit bietet Belohnungen, die in ihr selbst liegen
    d) Wir arbeiten, weil wir in unserer Gesellschaft mit der Arbeit das Geld für unseren Lebensunterhalt verdienen und damit zugleich unsere Stellung in der Gesellschaft definieren

126. Innerhalb des Motivationsmodells von Maslow haben (hat) eine expansive Thematik
    a) Grundbedürfnisse, Sicherheitsbedürfnisse, Soziale Bedürfnisse (nach Kontakt und mitmenschlicher Zuwendung), Ich-Bedürfnisse (nach Selbstachtung und Anerkennung), Bedürfnis nach Selbstverwirklichung

b) Bedürfnis nach Selbstverwirklichung
c) Ich-Bedürfnisse (nach Selbstachtung und Anerkennung), Bedürfnis nach Selbstverwirklichung
d) Soziale Bedürfnisse (nach Kontakt und mitmenschlicher Zuwendung), Ich-Bedürfnisse (nach Selbstachtung und Anerkennung), Bedürfnis nach Selbstverwirklichung

127. In der hierarchischen Motivationstheorie von Alderfer entspricht die Aussage: »Ein nicht befriedigtes Bedürfnis wird dominant« der
a) Frustrations-Hypothese
b) Frustrations-Regressions-Hypothese
c) Befriedigungs-Progressions-Hypothese
d) Frustrations-Progressions-Hypothese

128. Nach der Equity-Theorie von Adams ist zu erwarten, dass die Quantität der Leistung zurückgeht
a) bei Zeitlohn und subjektiver Überbezahlung
b) bei Stücklohn und subjektiver Überbezahlung
c) bei Zeit- und bei Stücklohn im Falle subjektiver Unterbezahlung
d) bei Stücklohn und subjektiver Unterbezahlung sowie bei Zeitlohn und subjektiver Überbezahlung

129. Innerhalb der Equity-Theorie von Adams ist im Falle erlebter Ungleichgewichtigkeit eine Reaktion im Sinne der Wahrnehmungsabwehr mit dem Ziel der Wiederherstellung des Gleichgewichts im folgenden Fall gegeben
a) Es wird eine andere Vergleichsperson gewählt
b) Die Leistungen der Vergleichsperson werden anders als zuvor eingeschätzt
c) Die Person, die das Ungleichgewicht erlebt, kündigt
d) Die Person ändert ihre »inputs«

130. In der VIE-Theorie Vrooms ist es erforderlich, für die Berechnung des Wertes einer Handlung (Valenz 1) zu kennen
a) den Wert der Endziele (Valenz 2), die wahrgenommene Instrumentalität der Handlung für das Erreichen der Endziele (I) und die subjektive Wahrscheinlichkeit (E), die Handlung ausführen zu können
b) die wahrgenommene Instrumentalität für das Erreichen der Endziele (I) und die subjektive Wahrscheinlichkeit (E), die Handlung ausführen zu können
c) den Wert des Endziels (Valenz 2) und die wahrgenommene Instrumentalität der Handlung für das Erreichen der Endziele (I)
d) nur die wahrgenommene Instrumentalität der Handlung für das Erreichen der Endziele (I)

131. Graen ergänzt das VIE-Modell dadurch, dass er zusätzlich berücksichtigt
   a) den externen Druck (Rollenerwartungen, Macht)
   b) die subjektive Wahrscheinlichkeit, dass die Anstrengung zur Leistung führt
   c) den externen Druck (Rollenerwartungen, Macht) und den inneren Druck im Sinne intrinsischer Motivation
   d) die Differenzierung in Valenz 1 (Handlung), Valenz 2 (Handlungsergebnis), Valenz 3 (Endziel)

132. Unter Commitment versteht man in der Organisationspsychologie meist
   a) die Bindung des Einzelnen an die Organisation, häufig bedingt durch Identifikation mit den wahrgenommenen Zielen der Organisation
   b) das Klima und den Teamgeist innerhalb der Arbeitsgruppe
   c) die Arbeitszufriedenheit
   d) einen gewichteten Kombinationswert aus Fehlzeiten und Fluktuationsrate

133. Der Begriff der Arbeitszufriedenheit entspricht am ehesten dem
   a) der Einstellung zur Arbeit
   b) des Betriebsklimas
   c) der Identifikation mit der Tätigkeit
   d) der »morale«

134. Die moderne Arbeitszufriedenheitsforschung sieht als bedeutsamste Determinante der Arbeitszufriedenheit
   a) die äußeren Arbeitsbedingungen
   b) den Arbeitsinhalt
   c) das Entlohnungssystem
   d) die zwischenmenschlichen Beziehungen in der Organisation

135. Das Wiedererreichen eines körperlichen »Soll-Wertes« (z. B. Blutzuckerspiegel), von dem man abrückte, als Zufriedenheit zu bestimmen, entspricht der
   a) Bedürfnistheorie
   b) Anreiztheorie
   c) Kognitiven Theorie
   d) Humanistischen Theorie

136. Eine wichtige Erklärung der positiven Korrelation inhaltlich verschiedener Zufriedenheitsaspekte ist
   a) die Mehrdimensionalität des Arbeitsplatzes
   b) die enge Verbindung zwischen Motivation, Befriedigung und Einstellung
   c) die faktische Abhängigkeit verschiedener Bedingungen voneinander, die die Arbeitszufriedenheit beeinflussen
   d) die soziale Determination des Menschen und der Arbeitssituation

137. Das für die betriebliche Praxis stärkste Argument gegen die Bedeutungsgewichtung bei der Zufriedenheitsmessung ist, dass
    a) die Korrelation mit Außenkriterien dadurch nicht verbessert wird
    b) eine positive Korrelation zwischen verschiedenen inhaltlich voneinander abgehobenen Zufriedenheitsskalen besteht
    c) die Befragten überfordert sind, wenn sie Inhalt und Bedeutung voneinander trennen sollen
    d) die Gewichtung Verhältnisskalen-Niveau bei der Messung voraussetzt

138. Ein Beispiel für eine indirekte Zufriedenheitsfrage ist
    a) Mit meiner Arbeit bin ich
       zufrieden ---- unzufrieden
    b) Meine Zufriedenheit wird durch die folgenden Bedingungen des Betriebs am stärksten beeinflusst:
       1. ....
       2. ....
       3. ....
       etc.
    c) Stufen Sie Ihren Arbeitsplatz bitte ein:
       gut ---- schlecht
       unangenehm ---- angenehm
       schwer ---- leicht
       leise ---- laut
    d) Von meinen Kollegen sind mit dem Arbeitsplatz etwa ..... % zufrieden.

139. Die SAZ unterscheidet sich vom ABB vor allem dadurch, dass
    a) sie die Arbeitszufriedenheit indirekt misst
    b) vor allem die Zufriedenheit mit der Tätigkeit selbst misst
    c) sehr viel unreliabler ist
    d) mündliche Befragung voraussetzt

140. Zufriedenheit und Leistung sind
    a) meist deutlich positiv korreliert
    b) meist deutlich negativ korreliert
    c) höchst unterschiedlich korreliert, wobei die durchschnittliche Korrelation im positiven Bereich liegt
    d) in aller Regel unkorreliert, wobei – der Zufallserwartung entsprechend – leicht negative und leicht positive Korrelationen vorkommen können

141. Nimmt der mit der Arbeit Unzufriedene die Arbeitssituation – im Sinne der Ich-Abwehr – mit der Zeit modifiziert wahr ohne sein Anspruchsniveau zu senken, so läge nach Bruggemann vor
    a) resignative Arbeitszufriedenheit
    b) Pseudo-Arbeitszufriedenheit
    c) fixierte Arbeitsunzufriedenheit
    d) konstruktive Arbeitsunzufriedenheit

142. »Change Management« ist ein Sammelbegriff für
   a) die sich spontan und selbst organisiert vollziehenden Prozesse in der Organisation
   b) die Integration von Personal- und Organisationsentwicklung
   c) die geplante und gezielte Initiierung und Gestaltung von Veränderungsprozessen (in) der Organisation
   d) die Fremdsteuerung von Veränderungsprozessen im Gegensatz zu selbstgesteuerten Prozessen durch Organisationsentwicklung

143. Bei der »Strategie des Bombenwurfs« geht es in erster Linie um
   a) nicht langfristig angekündigte Personalentlassungen in der Organisation
   b) die Durchsetzung von Veränderungen durch Zwangsmaßnahmen, die bei den Betroffenen keine Akzeptanz finden
   c) eine besonders rasche und konsequente Einführung von Neuerungen im Unternehmen
   d) die Implementierung von Veränderungen durch das Topmanagement ohne Beteiligung der Betroffenen

144. Von »Organisationsentwicklung« spricht man
   a) wenn sich irgendetwas in der Organisation verändert
   b) wenn die Arbeitsbedingungen humanisiert und die Flexibilität und Veränderungsbereitschaft der Organisation bei Beteiligung der Betroffenen gesteigert werden
   c) wenn – im Gegensatz zur Führung – Veränderungen in der Organisation durch externe Berater herbeigeführt werden
   d) wenn – im Gegensatz zum Wandel durch Beratung – Veränderungen in der Organisation durch die Initiative des Managements herbeigeführt werden

145. Ein Beispiel für den personalen Ansatz bei der Organisationsentwicklung ist (sind)
   a) der Aufbau einer Personalentwicklungsabteilung
   b) neue Stellenbeschreibungen, die den Organisationsmitgliedern in stärkerem Maße selbstständiges Entscheiden garantieren
   c) ein gruppendynamisches Training im Sinne des Prinzips »keine gemeinsame Vergangenheit, keine gemeinsame Zukunft« für die Organisationsmitglieder
   d) die Einführung eines neuen Personalselektions-Systems auf der Grundlage der psychologischen Eignungsdiagnostik

146. Als einen typischen Fehler beim Change Management nennt Kottler
   a) den Verzicht auf eine Beteiligung der Betroffenen
   b) das Versäumnis eine überzeugende und begeisternde Vision zu kommunizieren
   c) mangelnde Transparenz bei der Durchführung der Veränderungsmaßnahmen

d) keine ausreichende Qualifizierung der Betroffenen für ihre künftigen Aufgaben

147. Eine wichtige Voraussetzung für den Erfolg von Organisationsentwicklungsmaßnahmen ist
a) die Unterstützung des Prozesses durch das obere Management
b) betriebswirtschaftliche Fachkompetenz des Moderators
c) das Durchführen der Maßnahmen an einem Ort außerhalb der Organisation
d) eine ökonomische Existenzkrise der Organisation

148. Vergleicht man verschiedene Vorgehensweisen der Organisationsentwicklung miteinander, so sind Veränderungen innerhalb der Organisation vor allem zu erwarten durch
a) gruppendynamisches Training
b) Survey-Feed-back-Technik verbunden mit Prozessberatung
c) Rollensimulation von typischen Organisationssituationen
d) Prozessberatung bei Konferenzen

149. Ein Konzept radikalen Organisationswandels, der »top down« in einem großen Sprung erfolgt, ist
a) Total Quality Management
b) Lean Management
c) Business Reengineering
d) Organisationsentwicklung

150. Eine zentrale Voraussetzung für den Aufbau einer »lernenden Organisation« ist
a) das Bewusstmachen und Kommunizieren des Wissens der Organisationsmitglieder
b) der Aufbau eines Intranets
c) das Schaffen einer flachen, kommunikationsfreudigen Hierarchie
d) der Aufbau einer internen Fort- und Weiterbildung

151. Als Prozessstufen beim Wissensmanagement in Organisationen nennen Nonaka und Takeuchi
a) auftauen, verändern, neu stabilisieren
b) forming, storming, norming, performing
c) Sozialisation, Externalisierung, Kombination, Internalisierung
d) Problemidentifikation, Generierung von Ideen, Wertung, Umsetzung, Stabilisierung

Literaturverzeichnis

Adams, J. S. (1963). Toward an understanding of inequity. *Journal of Abnormal and Social Psychology, 67*, 422–436.
Adams, J. S. (1965). Inequity in social change. In: L. Berkowitz (Hrsg.). *Advances in experimental social psychology*, Vol. II. New York, 267–299.
Adams, J. S. & Rosenbaum, W. B. (1962). The relationship of worker productivity to cognitive dissonance about wage inequalities. *Journal of Applied Psychology, 46*, 161–164.
Adamson, R. E. (1952). Functional fixedness as related to problem-solving. *Journal of Experimental Psychology, 44*, 288–291.
Adler, N. (2000). *International dimensions of organizational behavior.* 2. Aufl. Boston.
Aiken, M. & Hage, J. (1971). The organic organization and innovation. *Sociology, 5*, 63–82.
Ajzen, I. & Madden, T. J. (1986). Prediction of goal-directed behavior: Attitudes, intentions and perceived behavior control. *Journal of Experimental Social Psychology, 22*, 453–474.
Albach, H. & Gabelin, T. (1977). *Mitarbeiterführung – Text und Fälle.* Wiesbaden.
Albert, H. (1967). *Marktsoziologie und Entscheidungslogik. Ökonomische Probleme in soziologischer Perspektive.* Neuwied.
Alderfer, C. P. (1969). An empirical test of a new theory of human needs. *Organizational Behavior and Human Performance, 4*, 142–175.
Alderfer, C. P. (1972). *Existence, relatedness, and growth. Human needs in organizational settings.* New York.
Allerbeck, M. (1977). *Ausgewählte Probleme der Führungsforschung* (Dissertation). München, Ludwig-Maximilians-Universität.
Alliger, G. M. & Janak, E. A. (1989). Kirkpatrick's levels of training criteria: Thirty years later. *Personnel Psychology, 42*, 331–342.
Allport, F. H. (1924). *Social psychology.* Boston, Mass.
Allport, G. W. & Postman, L. J. (1958). The basic psychology of rumor. In: E. E. Macoby, E. L. Hartley & T. M. Newcomb (Hrsg.). *Readings in social psychology.* New York, 54–65.
Alpert, R. & Haber, R. N. (1960). Anxiety in academic achievement situations. *Journal of Abnormal and Social Psychology, 61*, 207–215.
Anderson, C. & Hunsaker, P. (1985). Why there's romancing at the office and why it's everybody's problem. *Personnel, Feb.*, 57–63.
Antoni, C. (1990). *Qualitätszirkel als Modell partizipativer Gruppenarbeit: Analyse der Möglichkeiten und Grenzen aus der Sicht betroffener Mitarbeiter.* Bern.
Antoni, C. (1996). *Teilautonome Arbeitsgruppen.* Weinheim.
Antoni, C. & Bungard, W. (1989). Beanspruchung und Belastung. In: E. Roth (Hrsg.). *Organisationspsychologie* (Enzyklopädie der Psychologie, Bd. 3. Göttingen, 431–462.
Applewhite, P. (1965). *Organizational behavior.* Englewood Cliffs, N.J.
Argyris, C. (1975). Das Individuum und die Organisation. In: K. Türk (Hrsg.). *Organisationstheorie.* Hamburg, 215–233.
Argyris, C. & Schön, D. A. (1978). *Organizational learning: A. theory of action perspective.* Reading. MA.
Arthur, W. jr., Benett, W. jr, Edens, P. S. & Bell, S. T. (2003). Effectivenes of training in organizations: A meta-analysis of design and evaluation features. *Journal of Applied Psychology, 88*, 234–245.

Asch, S. E. (1963). Effects of group pressure on the modification and distortion judgements. In: H. Guetzkow (Hrsg.). *Groups, leadership and men.* Pittburgh, N-Y, 177–190.

Asch, S. E. (1965). Studies of interdependence and confirmity. A minority of one against a unanimous majority. *Psychological Monographs, 9 (whole no. 416).*

Asendorph, J. (1988). *Keiner ist wie der andere: Wie Persönlichkeitsunterschiede entstehen.* München.

Atkinson, J. W. (Hrsg.) (1958). *Motivation in fantasy, action and society.* Princeton.

Atkinson, J. W. & Wilson, H. A. (1969). *Computer assisted instruction: A book of readings.* New York.

Back, K. W. (1951). Influence through social communication. *Journal of Abnormal and Social Psychology, 46,* 9–23.

Baldwin, T. T. & Ford, J. K. (1988). Transfer of training: A review and directions for future research. *Personnel Psychology, 41,* 63–105.

Bales, R. F. (1958). Task roles and social roles in problem solving. In: E. E. Macoby, E. L. Hartley & T. M. Newcomb (Hrsg.). *Readings in social psychology.* New York, 437–477.

Bamberg, E. (1986). *Arbeit und Freizeit. Eine empirische Untersuchung zum Zusammenhang zwischen Streß am Arbeitsplatz, Freizeit und Familie.* Weinheim.

Bandura, A. (1969). *Principles in behavior modification.* New York.

Barrick, M. R., Mount, M. K. & Judge, T. A. (2001). Personality and job performance at the beginning of the new millenium: What do we know and where do we go next? *International Journal of Selection and Assessment, 9,* 9–30.

Bartlett, F. C. (1932). *Remembering: A study in experimental and social psychology.* Cambridge.

Bass, B. M. (1960). *Leadership, psychology, and organizational behavior.* New York.

Bass, B. M. (1965). *Organizational psychology.* Boston.

Bass, B. M. & Avolio, B. (1990). *Transformational Leadership Development: Manual for the Multifactor Leadership Questionaire.* Palo Alto.

Bass, B. M. & Barrett, G. V. (1972). *Man, work and organizations.* Boston.

Bastine, R. (1972). Gruppenführung. In: C. F. Graumann (Hrsg.). *Handbuch der Psychologie. Bd. 7: Sozialpsychologie, Halbbd. 2. Forschungsbereiche.* Göttingen, 1654–1709.

Bateman, T. S. & Organ, D. W. (1983). Job satisfaction and the good soldier. *Academy of Managment Journal, 26,* 587–595.

Baumgarten, R. (1977). *Führungsstile und Führungstechniken.* Berlin.

Bavelas, A. (1962). Communication patterns in task-oriented groups (Nachdruck). In: D. Cartwright & A. Zander (Hrsg.). *Group dynamics – resarch and theory.* 2. Aufl. Evanston, Ill., 669–682.

Bayerisches Staatsministerium für Arbeit und Sozialordnung. (1984). *Mitarbeiten – mitdenken! Situation und Chancen des Betrieblichen Vorschlagswesens in Bayern.* München, Bayerisches Staatsministerium für Arbeit und Sozialordnung.

Beck, U. (1997). *Was ist Globalisierung?* Frankfurt.

Becker, F. (2006). *Der Unternehmenspersönlichkeit.* Saarbrücken.

Becker, H. & Langosch, I. (1984). *Produktivität und Menschlichkeit. Organisationsentwicklung und ihre Anwendung in der Praxis.* Stuttgart.

Becker, M. (2005). *Personalentwicklung.* Stuttgart.

Becker, M. & Seidel, A. (Hrsg.) (2006). *Diversity Management.* Stuttgart.

Beck-Gernsheim, E. (1980). *Das halbierte Leben. Männerwelt: Beruf, Frauenwelt: Familie.* Frankfurt a. M.

Bednarek, E. (1985). *Veränderung der Arbeitsmotivation durch Qualitätszirkel und Lernstatt* (Dissertation). München, Technische Universität.
Benedict, R. (1953). *Patterns of culture.* Boston.
Bennis, W. G. (1966). *Changing organizations.* New York.
Bergler, R. (1963). *Psychologie des Marken- und Firmenbildes.* Göttingen.
Bergmann, B., Fritsch, A., Göpfert, P., Richter, F., Wardanjan, B, Wilczek, S. (2000). *Kompetenzentwicklung und Berufsarbeit.* Münster.
Bergmann, B. & Sonntag, K. (2006). Transfer: Die Umsetzung und Generalisierung erworbener Kompetenzen in den Arbeitsalltag. In: K. Sonntag (Hrsg.). *Personalentwicklung in Organisationen.* Göttingen, 355–388.
Berkel, K. (1984). *Konfliktforschung und Konfliktbewältigung.* Berlin.
Berkowitz, L. (1954). Group standards, cohesiveness and productivity. *Human Relations, 7*, 509–519.
Bernardin, H. J., Dahmos, S. A. & Redmon, G. (1993). Attitudes of first-line supervisors toward subordinate appraisals. *Human Ressource Management, 32*, 315–324.
Bernstein, B. J. & Kaye, B. L. (1986). Teacher, tutor, colleague, coach. *Personnel Journal*, November, 44–51.
Berthold, H.-J., Gebert, D., Rehmann, B. & Rosenstiel, L. v. (1980). Schulung von Führungskräften – eine empirische Untersuchung über Bedingungen und Effizienz. *Zeitschrift für Organisation, 49*, 221–229.
Berufsverband Deutscher Psychologen (Hg.). (1986). *Arbeit in moderner Technik.* Lübeck, Sektion Arbeits- und Betriebspsychologie.
Betschart, H. & Ulich, E. (1986). *Psychosoziale Auswirkungen der Arbeit im Zweischichtsystem.* Zürich.
Betschart, H. & Ulich, E. (1989). Psychosoziale Auswirkungen der Arbeit im Zweischichtsystem. In: H. Betschart (Hrsg.). *Zweischichtarbeit.* Bern, 117–164.
Bieling, G. (1980). Bildungsprobleme der Diplompsychologen aus der Sicht der Praxis. In: E. Stephan (Hrsg.). *Aus- und Weiterbildung in Psychologie.* Weinheim, 256–265.
Bierhoff, H. W. (2000). *Sozialpsychologie – Ein Lehrbuch.* Stuttgart.
Bihl, G. (1973). *Von der Mitbestimmung zur Selbstbestimmung.* München.
Bihl, G. (1995). *Werteorientierte Personalarbeit.* München.
Birbaumer, N. & Schmidt, R. F. (2006). *Biologische Psychologie.* Berlin.
Bischof, N. (1981). Aristoteles, Galilei, Kurt Lewin – und die Folgen. In: W. Michaelis (Hrsg.). *Bericht über den 32. Kongreß der Deutschen Gesellschaft für Psychologie in Zürich.* Göttingen, 17–39.
Bischof, N. (2001). *Das Rätsel Ödipus. Die biologischen Wurzeln des Urkonflikts von Intimität und Autonomie.* München.
Bischof, N. & Preuschoft, H. (Hrsg.) (1980). *Geschlechtsunterschiede. Entstehung und Entwicklung.* München.
Bischof-Köhler, D. (1990). Frau und Karriere in psychologischer Sicht. *A & O, Zeitschrift für Arbeits- und Organisationspsychologie, 1 (1)*, 17–28.
Bischof-Köhler, D. (2006). *Von Natur aus anders.* Stuttgart.
Blake, R. R. & Mouton, J. S. (1968). *Verhaltenspsychologie im Betrieb.* Düsseldorf.
Blake, R. R., Mouton, J. S. & Sloma, R. L. (1965). The union-management intergroup laboratory: strategy for resolving intergroup conflict. *Journal of Applied Behavioral Science, 1*, 25–27.
Blickle, G. (1997). Berufsorientierungen und Motive. *Habilitationsschrift.* Landau.
Blickle, G. (2002). Mikropolitik – eine ethische Analyse. *Zeitschrift für Personalforschung, 16*, 169–186.

Blickle, G. (2004). Zur Ethik der Arbeit in Organisationen. In: H. Schuler (Hrsg.). *Lehrbuch Organisationspsychologie*. Bern, 143–154.
Blickle, G. & Solga, M. (2006). Einfluss, Konflikte und Mikropolitik. In: H. Schuler (Hrsg.). *Lehrbuch der Personalpsychologie*. Göttingen, 611–650.
Blood, M. R. & Hulin, C. L. (1967). Alienation, environmental characteristics and worker responses. *Journal of Applied Psychology, 51*, 284–290.
Blum, M. & Naylor, J. C. (1968). *Industrial psychology. Its theoretical and social foundations*. New York.
Bögel, R. & Rosenstiel, L. v. (1993). Das Bild vom Menschen in den Köpfen der Macher. In: B. Strümpel & M. Dierkes (Hrsg.). *Innovation und Beharrung in der Arbeitspolitik*. Stuttgart, 243–276.
Bögel, R. & Rosenstiel, L. v. (1999). *Mitarbeiterbefragung im öffentlichen Dienst des Freistaates Bayern*. München, Staatsministerium des Innern.
Bögel, R. & Rosenstiel, L. v. (1999). Mitarbeiterbefragung im Qualitätsmanagement. In: H. D. Zollondz (Hrsg.). *Lexikon des Qualitätsmanagement*. München.
Böhnisch, W., Jago, A. & Reber, G. (1987). Zur interkulturellen Validität des Vroom/Yetton Modells. *Die Betriebswirtschaft, 47*, 85–93.
Böhret, C. & Junkers, M. T. (1976). *Führungskonzepte für den öffentlichen Dienst*. Stuttgart.
Böning, U. (1989). Coaching: Zur Rezeption eines neuen Führungsinstruments in der Praxis. *Personalführung, 12*, 1149–1151.
Bollinger, G. & Greif, S. (1983). Innovationsprozesse. Fördernde und hemmende Einflüsse auf kreatives Verhalten. In: M. Irle (Hrsg.). *Methoden und Anwendungen in der Marktpsychologie. Enzyklopädie der Psychologie, Serie 3, Band 5*. Göttingen, 396–482.
Borg, I. (2006). Mitarbeiterbefragung. In: H. Schuler (Hrsg.). *Lehrbuch der Personalpsychologie*. Göttingen, 409–432.
Borman, W. C., White, L. A., Pulakos, E. D. & Oppler, S. H. (1991). Models of supervisory job performance ratings. *Journal of Applied Psychology, 76*, 863–872.
Boulding, K. E. (1968). *Organizational revolution. A study in the ethics of economic organization*. Chicago.
Bowers, D. G. (1973). OD techniques and their results in 23 organizations: The Michigan ICL study. *Journal of Applied Behavioral Science, 9*, 21–43.
Bowers, D. G. & Hausser, D. L. (1977). Work group types and intervention effects in organizational development. In: *Administrative Science Quarterly, 22*, 76–94.
Brandstätter, H. (1969). Zum Problem des Nutzens psychologischer Eignungsuntersuchungen. *Diagnostica, 15*, 117–124.
Brandstätter, H. (1970). Die Beurteilung von Mitarbeitern. In: A. Mayer & B. Herwig (Hrsg.). *Handbuch der Psychologie. Bd. 9: Betriebspsychologie*. Göttingen, 668–734.
Brandstätter, H. (1970). *Leistungsprognose und Erfolgskontrolle. Eine Methodenstudie*. Bern.
Brandstätter, H. (1978). Organisationsdiagnose. In: A. Mayer (Hrsg.). *Organisationspsychologie*. Stuttgart, 43–71.
Brandstätter, H. (1982). Psychologische Grundlagen personeller Entscheidungen. In: H. Schuler & W. Stehle (Hrsg.). *Psychologie in Wirtschaft und Verwaltung. Praktische Erfahrungen mit organisationspsychologischen Konzepten*. Stuttgart, 19–48.
Brandstätter, H. (1989). Problemlösen und Entscheiden in Gruppen. In: E. Roth (Hrsg.). *Organisationspsychologie* (Enzyklopädie der Psychologie, Bd. 3). Göttingen, 505–528.
Brandstätter, H. (2006). Veränderbarkeit von Persönlichkeitsmerkmalen aus sozial- und differenzialpsychologischer Sicht. In: K. Sonntag (Hrsg.). *Personalentwicklung in Organisationen*. Göttingen, 57–83.
Brandstätter, H., Franke, H. & Rosenstiel, L. (1966). Zur persönlichkeitsspezifischen Vorher-

sagbarkeit von Leistungsdaten. *Zeitschrift für experimentelle und angewandte Psychologie, 13*, 183-198.
Brandstätter, H., Schuler, H. & Stocker-Kreichgauer, G. (1974). *Psychologie der Person.* Stuttgart.
Brehm, J. W. (1966). *A theory of psychological reactance.* New York.
Brickenkamp, R. (Hrsg.) (1975). *Handbuch psychologischer und pädagogischer Tests.* Göttingen.
Briefs, G. (1934). *Betriebsführung und Betriebsleben in der Industrie.* Stuttgart.
Briggs, G. E. & Waters, L. K. (1958). Training and transfer as a function of component interaction. *Journal of Experimental Psychology, 56,* 492-500.
Brodbeck, F. C. (1993). *Kommunikation und Leistung in Projektarbeitsgruppen: Eine empirische Untersuchung an Software-Entwicklungsprojekten.* Aachen.
Brodbeck, F. C. (1999). »Synergy is not for free« Theoretische Modelle und experimentelle Untersuchungen über Leistung und Leistungsveränderung in aufgabenorientierten Kleingruppen. In: *Habilitationsschrift.* München, Institut für Psychologie.
Brodbeck, F. C., Anderson, N. & West, M. (2000). *Teamklima-Inventar (TKI).* Göttingen.
Brodbeck, F. C., Frese, M. & Javidan, M. (2002). Leadership made in Germany: Low on compassion, high performance. *Academy of Management Executive, 16,* 16-30.
Brophy, A. L. (1959). Self, role, and satisfaction. *Genetic Psychological Monographs, 59,* 263-308.
Brown, M. (1982). Administrative succession and organizatonial performance: The succession effect. *Administrative Science Quarterly, 27,* 1-16.
Bruggemann, A. (1976). Zur empirischen Untersuchung verschiedener Formen der Arbeitszufriedenheit. *Zeitschrift für Arbeitswissenschaft, 30,* 71-74.
Bruggemann, A., Groskurth, P. & Ulich, E. (1975). *Arbeitszufriedenheit.* Bern.
Brunstein, J. C. & Maier, G. W. (1996). Persönliche Ziele: Ein Überblick zum Stand der Forschung. *Psychologische Rundschau, 47,* 146-160.
Bühler, K. (1907). Tatsachen und Probleme in einer Theorie der Denkvorgänge. Teil 1. *Archiv für die gesamte Psychologie, 9,* 297-365.
Bühler, K. (1965) (Erstauflage 1934). *Sprachtheorie.* Stuttgart.
Büssing, A. (1999). Telearbeit. In: C. Graf Hoyos & D. Frey (Hrsg.). *Arbeits- und Organisationspsychologie.* Weinheim, 225-236.
Büssing, A. (2004). Organisationsdiagnose. In: H. Schuler (Hrsg.). *Lehrbuch Organisationspsychologie.* Bern, 557-599.
Büssing, A & Aumann, S. (1997). Telearbeit. In: H. Mandl (Hrsg.). *Bericht über den 40. Kongreß der Deutschen Gesellschaft für Psychologie.* Göttingen, 179-186.
Büssing, A. & Glaser, J. (1999). Interaktionsarbeit. Konzept und Methode der Erfassung im Krankenhaus. *Zeitschrift für Arbeitspsychologie, 53,* 164-173.
Büssing, A., Griesenbauer, B. & Glaser, J. (2003). Gefühlsarbeit. Beeinflussung der Geführe von Bewohnern und Patienten in der stationören ambulantern Altenpflege. *PFLEGE, 16,* 357-365.
Bungard, W. (1986). *Sozialpsychologische Forschung im Labor.* Göttingen.
Bungard, W. (1986). Zukunftsperspektiven in der Qualitätszirkelbewegung in der Bundesrepublik Deutschland. In: W. Bungard & G. Wiendieck (Hrsg.). *Qualitätszirkel als Instrument zeitgemäßer Betriebsführung.* Landsberg, 307-325.
Bungard, W., Holling, H. & Schulz-Gambard, J. (1996). *Methoden der Arbeits- und Organisationspsychologie.* Weinheim.
Bungard, W. & Jöns, I. (1997). Gruppenarbeit in Deutschland - Eine Zwischenbilanz. In: *Zeitschrift für Arbeits- und Organisationspsychologie.* Bd. 3. Göttingen, 104-119.

Bungard, W. & Jöns, I. (Hrsg.) (1997). *Mitarbeiterbefragung*. Weinheim.
Bungard, W. & Lenk, H. (Hrsg.) (1988). *Technikbewertung. Philosophische und psychologische Perspektiven*. Frankfurt.
Bungard, W. & Rosenstiel, L. v. (Hrsg.) (1997). Themenheft Gruppenarbeit und soziale Kompetenz. *Zeitschrift für Arbeits- und Organisationspsychologie*.
Bungard, W. & Wiendieck, G. (Hrsg.) (1986). *Erfolgreich im Qualitätswettbewerb. - Quality Circles als Instrumente zeitgemäßer Betriebsführung*. Landsberg.
Burke, M. J. & Day, R. D. (1986). A cumulative study of the effectiveness of managerial training. *Journal of Applied Psychology, 71*, 232-245.
Burns, T. (1954). The directions of activity and communication in a departmental executive group. *Human Relations, 7*, 73-97.
Burrell, G. (1984). Sex and organizational analysis. *Organization Studies, 5*, 97-118.
Busch, F. & Mayer, T. (2002). *Der Online-Coach. Wie Trainer virtuelles Lernen optimal föderden können*. Weinheim.

Campbell, J. P. (1971). Personnel training and development. *Annual Review of Psychology, 22*, 565-602.
Campbell, J. P. & Pritchard, R. D. (1976). Motivation theory in industrial and organizational psychology. In: M. D. Dunnette (Hrsg.). *Handbook of industrial an organizational psychology*. Chicago, 63-130.
Caplan, G. (1964). *Principles of preventive psychiatry*. New York.
Carroll, J. M. (1985). Minimalist design for acitve user. Interact 1984. In: W. Schackel (Hrsg.). *Human computer interaction*. Amsterdam.
Carroll, S. J. & Schneyer, C. E. (1982). *Performance appraisal and review systems*. Glenview, Ill.
Child, J. (1973). Predicting and understanding organization structure. *Administrative Science Quarterly, 18*, 168-185.
Child, J. (1973). Strategies of control and organizational behavior. *Administrative Science Quarterly, 18*, 1-17.
Clark, B. (1970). *The distinctive college*. Chicago.
Coch, L. & French, J. R. (1948). Overcoming resistance to change. *Human Relations, 1*, 512-532.
Cohen, R. (1962). Die Psychodynamik der Testsituation. *Diagnostica, 8*, 3-12.
Cole, R. E. (1979). *Work, mobility, and participation*. Berkeley, Univ. of California.
Collier, J. (1945). United States Indian administration as a laboratory of ethnic relations. *Social Research, 12*, 265-303.
Collins, B. E. & Raven, B. H. (1969). Group structure: Attraction, coalitions, communication, and power. In: G. Lindsay & E. Aronson (Hrsg.). *The handbook of social psychology. Vol. 4: Group psychology and phenomena of interaction*. 2. Aufl. Reading (Mass.), 102-204.
Collins, O., Dalton, M. & Roy, D. (1946). Restriction of output on social clevage in industrie. *Applied Anthropology, 5*, 1-14.
Comelli, G. (1985). *Training als Beitrag zur Organisationsentwicklung. Handbuch der Weiterbildung für die Praxis in Wirtschaft und Verwaltung*. München.
Comelli, G. (1994). Teamentwicklung - Training von »familiy groups«. In: L. M. Hofmann & E. Regnet (Hrsg.). *Innovative Weiterbildungskonzepte*. Göttingen, 61-84.
Comelli, G. (1997). Gruppendynamische Turbulenzen im Verlauf einer Umorganisation: Vorbereitung und Moderation eines Teamprozesses. In: M. Reiß, L. von Rosenstiel & A. Lanz (Hrsg.). *Chance Management*. Stuttgart, 399-424.
Comelli, G. (2003). Qualifikation für Gruppenarbeit: Teamentwicklungstraining. In: L. v.

Rosenstiel, E. Regnet & M. Domsch (Hrsg.). *Führung von Mitarbeitern. Handbuch für erfolgreiches Personalmanagement.* Stuttgart, 415–446.
Comelli, G. & Rosenstiel, L. v. (2003). *Führung durch Motivation. Mitarbeiter für Organisationsziele gewinnen.* 3. Aufl. München.
Conger, J. (1989). *The Charismatic Leader.* San Francisco.
Conrad, P. & Sydow, J. (1984). *Organisationsklima.* Berlin.
Conradi, W. (1983). *Personalentwicklung.* Stuttgart.
Conway, J. M. & Huffcutt, A. I. (1997). Psychometric properties of multisource performance rating. A Meta-analysis of subordinate, peer, and self-rating. In: *Human Performance, 10 (4)*, 331–360.
Cook, T. D., Campbell, D. T. & Peracchio, L. (1990). Quasi Experimentation. In: M. D. Dunnette & L. Hough (Hrsg.). *Handbook of industrial and organizational psychology.* Bd. 1. 2. Aufl. Palo Alto, 491–576.
Correll, W. (Hrsg.) (1968). *Programmiertes Lernen und Lehrmaschinen.* 3. Aufl. Braunschweig.
Coser, L. A. (1972). *Theorie sozialer Konflikte.* Neuwied.
Costa, P. T. & McCrae, R. R. & Arenberg, D. (1980). Enduring dispositions in adult males. *Journal of Personality and Social Psychology, 38,* 793–800.
Cranach, M. L. v. (1960). Experimente zur Urteilsbildung in strukturierten Gruppen. *Zeitschrift für experimentelle und angewandte Psychologie, 7,* 427–451.
Crowder, N. A. (1959). Automatic tutoring by means of intrinsic programming. In: E. Galanter (Hrsg.). *Automatic teaching: The state of the art.* New York, 109–116.
Crown, D. F. & Rosse, J. G. (1995). Yours, mine, and ours: Facilitating group productivity through the integration of individual and group goals. *Organizational Behavior and Human Decision Processes, 64,* 54–150.
Csikszentmihalyi, M. (1975). *Beyond boredom and anxiety.* San Francisco.
Csikszentmihalyi, M. (1992). *Flow. Das Geheimnis des Glücks.* Stuttgart.

Dahrendorf, R. (1959). *Homo sociologicus: Ein Versuch zur Geschichte, Bedeutung und Kritik der Kategorie der sozialen Rolle.* Köln.
Dahrendorf, R. (1959). *Sozialstruktur des Betriebes, Betriebssoziologie.* Wiesbaden.
Dahrendorf, R. (1972). *Konflikt und Freiheit.* München.
Darwin, C. (1976). *On the origin of species by means of natural selection; or the preservation of favoured races in the struggle for life (1859) Deutsch: Die Entstehung der Arten durch natürliche Zuchtwahl.* Stuttgart.
Day, R. C. & Hamblin, R. L. (1964). Some effects of close and punitive styles of supervision. *Journal of American Sociology, 67,* 499–510.
Deci, E. L. (1975). *Intrinsic motivation.* New-York.
Deci, E. L. & Ryan, R. M. (1985). *Intrinsic motivation and self-determination in human behavior.* New York.
Deci, E. L. & Ryan, R. M. (1993). Die Selbstbestimmungstheorie der Motivation und ihre Bedeutung für die Pädagogik. *Zeitschrift für Pädagogik, 39,* 223–237.
Denison, D. R. (1996). »What is the difference between organizational culture and organizational climate« A native's point of view on a decade of paradigm wars. *Academy of Management Review, 21(3),* 619–654.
Deutsch, M. (1976). *Konfliktregelung.* München.
Dickinson, T. L., Hassett, C. E. & Tannenbaum, S. I. (1986). *Work performance rating: A meta-analysis of multitrait-multimethod studies.* Brooks Air Force Base, TX, Air Force Human Resources Laboratory (AFHRL-TP-86-32).

Dierkes, M. (1981). Möglichkeiten der Technologiefolgenabschätzung. In: W. Schlaffke & O. Vogel (Hrsg.). *Industriegesellschaft und technische Herausforderung.* Köln, 327–346.
Dierkes, M., Berthoin Antal, A., Child, J. & Nonaka, I. (2002). *Handbook of Organizational Learning und Knowledge.* Oxford.
Dierkes, M., Rosenstiel, L. v. & Steger, U. (Hrsg.) (1993). *Unternehmenskultur in Theorie und Praxis. Konzepte aus Ökonomie, Psychologie und Ethnologie.* Frankfurt.
Dierkes, M. & Strümpel, B. (Hrsg.) (1985). *Wenig Arbeit aber viel zu tun.* Opladen.
Dilthey, W. (1957). *Ideen über eine beschreibende und zergliedernde Psychologie. Gesammelte Schriften 5.* Stuttgart, 139–237.
Dion, K. L. (1985). Sex, gender and groups: Selected issues. In: V. E. O'Leary, R. Kesler-Unger & D. Strudler-Wallstron (Hrsg.). *Women, gender and social psychology.* Hillsdale, N.J., 293–347.
Domsch, M. (1990). Arbeitsmärkte für weibliche Fach- und Führungskräfte. In: M. Domsch & E. Regnet (Hrsg.). *Weibliche Fach- und Führungskräfte.* Stuttgart, 1–15.
Domsch, M. & Regnet, E. (1990). Personalentwicklung für weibliche Fach- und Führungskräfte. In: M. Domsch & E. Regnet (Hrsg.). *Weibliche Fach- und Führungkräfte.* Stuttgart, 101–123.
Drevdahl, J. E. (1956). Factors of importance for creativity. *Journal of Clinical Psychology, 12*, 21–26.
Ducki, A. (2000). *Diagnose gesundheitsförderlicher Arbeit. Eine Gesamtstrategie zur betrieblichen Gesundheitsanalyse.* Zürich.
Duncker, K. (1935). *Zur Psychologie des produktiven Denkens.* Berlin.
Dunkel, D. (1983). Lernstatt. Modelle und Aktivitäten deutscher Unternehmen. In: *Beiträge zur Gesellschafts- und Bildungspolitik; 85/86.* Köln.
Dunnette, M. D. (1976). *Aptitudes, abilities, and skills.* Chicago, 473–520
Dunnette, M. D. (Hrsg.) (1976). *Handbook of industrial and organizational psychology.* Chicago.

Eagly, A. H. & Johnson, B. T. (1990). Gender and leadership style: a meta-analysis. *Psychological Bulletin, 108*, 233–256.
Eagly, A. H. & Johnson, B. T. (1990). *Sex differences in social behavior.* Hillsdale N. J.
Edinger, J. A. & Patterson M. L. (1983). Nonverbal involvement and social control. *Psychological Bulletin, 93*, 36–56.
Edwards, A. L. (1957). *The social desirability variable in personality assessment and research.* New York.
Edwards, W. (1961). Behavioral decison theory. *Annual Review of Psychology. Californian Annual Review, 12*, 473–498.
Eibl-Eibesfeldt, I. (1973). *Der vorprogrammierte Mensch.* Wien.
Eibl-Eibesfeldt, I. (1984). *Die Biologie des menschlichen Verhaltens. Grundriß der Humanethologie.* München.
Einsiedler, H. E. (1986). *Werthaltungen von Führungskräften zu partizipativen Veränderungsstrategien.* Frankfurt a. M.
EKD (Hrsg.) (1990). *Arbeit, Leben und Gesundheit.* R. Mohn. Gütersloh.
Emmons, R. A. & King, L. A. (1988). Conflicts among personal strivings: Immediate and long-term implications for psychological ans physical well-being. *Journal of Personality ans Social Psychology, 54*, 1040–1048.
Enzmann, D. & Kleiber, D. (1989). *Stress und Burnout in psychosozialen Berufen.* Heidelberg.
Erpenbeck, J. & Rosenstiel, L. v. (Hrsg.) (2003). *Handbuch der Kompetenzmessung.* Stuttgart.

Erpenbeck, J. & Sauer, J. (2000). Das Forschungs- und Entwicklungsprogramm »Lernkultur Kompetenzentwicklung«. In: Arbeitsgemeinschaft Qualifikations-Entwicklungs-Management (Hrsg.). *Kompetenzentwicklung 2000*. Münster, 289–337.
Esser, H. (1975). *Soziale Regelmäßigkeiten des Befragtenverhaltens*. Meisenheim.
Esser, W. M. (1975). *Individuelles Konfliktverhalten in Organisationen*. Stuttgart.
Etzioni, A. (1965). Organizational control structure. In: J. G. March (Hrsg.). *Handbook of organizations*. Chicago, 650–678.
Euler, H. P. (1973). *Arbeitskonflikt und Leistungsrestriktion im Industriebetrieb*. Düsseldorf.
Evered, R. D. & Selman, J. C. (1990). Coaching and the art of management. *Organizational Dynamics*, 16–32.

Facaoaru, C. (1985). *Kreativität in Wissenschaft und Technik*. Bern.
Faßmann, H. & Münz, R. (1993). Europäische Migration und die Internationalisierung des Arbeitsmarkts. In: B. Strümpel & M. Dierkes (Hrsg.). *Innovation und Beharrung in der Arbeitspolitik*. Stuttgart, 11–37.
Fechner, G. T. (1860). *Elemente der Psychophysik*. Leipzig.
Feger, H. (1972). Gruppensolidarität und Konflikt. In: C. F. Graumann (Hrsg.). *Handbuch der Psychologie, Band VII: Sozialpsychologie, 2. Halbbd*. Göttingen, 1594–1653.
Felfe, J. & Goihl, K. (2002). Deutsche überarbeitete und ergänzte Version des Multifactor Leadership Questionaire (MLQ). In: A. Glöckner-Rist (Hrsg.). *ZUMA-Informationssystem*. Mannheim, ZUMA.
Festinger, L. (1950). Informal social communication. *Psychological Review*, 57, 271–282.
Festinger, L. (1957). *A theory of cognitive dissonance*. Evanston, Ill.
Festinger, L., Schachter, S. & Back, K. W. (1950). *Social pressures in informal groups*. New York.
Fiedler, F. E. (1967). *A theory of leadership effectiveness*. New York.
Fiedler, F. E. & Mai-Dalton, R. (1995). Führungstheorien – Kontingenztheorie. In: A. Kieser, G. Reber & R. Wunderer (Hrsg.). *Handwörterbuch der Führung*. Stuttgart, 940–953.
Fiege, R., Muck, P. M. & Schuler, H. (2006). Mitarbeitergespräche. In: H. Schuler (Hrsg.). *Lehrbuch der Personalpsychologie*. Göttingen, 471–522.
Field, R. (1982). A test of the Vroom/Yetton normative model of leadership. *Journal of Applied Psychology*, 67, 523–532.
Fisch, R. & Fiala, S. (1984). Wie erfolgreich ist Führungstraining? *Die Betriebswirtschaft*, 44, 193–203.
Fischer, L. (Hrsg.) (2006). *Arbeitszufriedenheit: Konzepte und empirische Befunde*. Göttingen.
Fischer, L. & Lück, H. E. (1972). Entwicklung einer Skala zur Messung von Arbeitszufriedenheit (SAZ). *Psychologie und Praxis*, 16, 64–76.
Fishbein, M. (1963). The investigation of the relationship between beliefs about an object and the attitude toward that object. *Human Relations*, 16, 233–239.
Fittkau-Garthe, H. (1970). *Dimensionen des Vorgesetztenverhaltens und ihre Bedeutung für die emotionalen Einstellungsreaktionen der unterstellten Mitarbeiter* (Dissertation). Hamburg.
Fittkau-Garthe, H. & Fittkau, B. (1971). *Fragebogen zur Vorgesetzten-Verhaltens-Beschreibung (FVVB)*. Göttingen.
Flanagan, J. G. (1954). The critical incident technique. *Psychological Bulletin*, 51, 327–358.
Flessner, H. (1977). *Arbeitsbedingungen und innovatorisches Verhalten von Führungskräften – dargestellt an Unternehmungen der Nahrungs- und Genußmittelindustrie* (Unveröffentl. Diplomarbeit). München, Ludwig-Maximilians-Universität.

Flick, U. et al. (Hrsg.) (2005). *Qualitative Forschung. Ein Handbuch.* 4. Aufl. Reinbek.
Florin, I. & Rosenstiel, L. v. (1976). *Leistungsstörung und Prüfungsangst.* München.
Florin, I. & Tunner, W. (1974). *Behandlung kindlicher Verhaltensstörungen.* 6. Aufl. München.
Forehand, G. & Gilmer, B. (1964). Environmental variations in studies of organizational behavior. *Psychological Bulletin, 62,* 361–382.
Franke, H. (1978). Organisationspsychologie als wissenschaftliche Disziplin. In: A. Mayer (Hrsg.). *Organisationspsychologie.* Stuttgart, 332–349.
Franke, H. (1998). *Problemlösen in Gruppen.* Leonberg.
Franke, J. (1998). *Optimierung von Arbeit und Erholung.* Stuttgart.
French, J. R. P., Israel, J. & Äs, D. (1960). An experiment on participation in a Norwegian factory: Interpersonal dimensions of decision-making. *Human Relations, 13,* 3–19.
French, J. R. P., Rodgers, W. & Cobb, S. (1974). Adjustment as person-environment fit. In: G. V. Coelho, D. A. Hamburg & J. E. Adams (Hrsg.). *Coping and adaption.* New York, 316–333.
French, W. & Bell, C. (1977). *Organization development.* Englewood Cliffs, N.J.
Frese, E. (1980). *Grundlagen der Organisation.* Wiesbaden.
Frese, E. (1980). Projektorganisation. In: E. Grochla (Hrsg.). *Handwörterbuch der Organisation.* Stuttgart, 1960–1974.
Frese, M. (1977). Psychische Störungen bei Arbeitern. Zum Einfluß von gesellschaftlicher Stellung und Arbeitsplatzmerkmalen. In: *Beiträge zur klinischen Psychologie.* Salzburg.
Frese, M. (1989). Theoretical Models of Control and Health. In: S. L. Sauter, J. J. Hurrell & C. L. Cooper (Hrsg.). *Job Control and Worker Health.* New York, 107–128.
Frese, M. & Brodbeck F. (1989). *Computer in Büro und Verwaltung.* Berlin.
Frese, M., Greif, S. & Semmer, N. (Hrsg.) (1978). *Industrielle Psychopathologie.* Bern.
Frese, M. & Sabini, J. (Hrsg.) (1985). *Goal directed behavior: The concept of action in psychology.* Hillsdale, N.J.
Freud, S. (1911). Formulierungen über zwei Prinzipien des psychischen Geschehens. In: *In: Gesammelte Werke, Bd. 8, Werke aus den Jahren 1909–1913.* 4. Aufl. Frankfurt/M., 230–238.
Freud, S. (1955). *Psychopathologie des Alltagslebens.* Reprint der 1. Aufl. 1904. Frankfurt/M.
Frey, B. S. & Osterloh, M. (2002). *Managing Motivation.* 2. Aufl. Wiesbaden.
Frey, D. & Irle, M. (Hrsg.) (2003). *Theorien der Sozialpsychologie.* Göttingen.
Frey, D. & Rosenstiel, L. (Hrsg.) (2007). *Enzyklopädie für Psychologie.* D/III/6 Wirtschaftspsychologie. Göttingen.
Frey, J. P. (1920). *Die »Wissenschaftliche Betriebsführung« und die Arbeitschaft. Eine öffentliche Untersuchung der Betriebe mit Taylorsystem in den Vereinigten Staaten von Nordamerika.* 2. Aufl. Leipzig.
Friedeburg, L. v. (1963). *Soziologie des Betriebsklimas. Studien zur Deutung empirischer Untersuchungen in industriellen Großbetrieben.* Frankfurt/M.
Friedel-Howe, H. (1981). *Entfremdung in der Industriearbeit. Ansatz eines sozialisationstheoretischen Bezugrahmens der psychischen Vermittlung situativer Entfremdungspotentiale.* Berlin.
Friedel-Howe, H. (1986). *Die Unterrepräsentation von Frauen im Management* (Habilitationsschrift). München, Ludwig-Maximilians-Universität.
Friedel-Howe, H. (1990). Ergebnisse und offene Fragen der geschlechtsvergleichenden Führungsforschung. *A & O, Zeitschrift für Arbeits- und Organisationspsychologie, 34,* 3–16.
Friedel-Howe, H. (Hrsg.) (1990). Themenheft Frau und Karriere. *A & O, Zeitschrift für Arbeits- und Organisationspsychologie, 34.*

Friedel-Howe, H. (1990). Zusammenarbeit von weiblichen und männlichen Fach- und Führungskräften. In: M. Domsch & E. Regnet (Hrsg.). *Weibliche Fach- und Führungskräfte. Wege zur Chancengleichheit.* Stuttgart, 16–34.
Friedel-Howe, H. (1994). Neue Organisationskonzepte. In: L. Rosenstiel, M. Hockel & W. Molt (Hrsg.). *Handbuch der Angewandten Psychologie. Grundlagen – Methoden – Praxis.* Landsberg, VI-4.1 1–20.
Friedel-Howe, H. (1999). Bildungscontrolling. In: L. Rosenstiel, M. Hockel & W. Molt (Hrsg.). *Handbuch der Angewandten Psychologie. Grundlagen – Methoden – Praxis.* Landsberg, VI-11.1 1–10.
Friedlander, F. & Brown, L. D. (1974). Organization development. *Annual Review of Psychology, 25,* 313–341.
Friedman, M. & Rosenman, R. H. (1975). *Der A-Typ und der B-Typ.* Reinbek.
Friedrichs, G. & Schaff, A. (1984). *Auf Gedeih und Verderb. Mikroelektronik und Gesellschaft.* Reinbek.
Friedrichs, P. (1978). Arbeits- und Betriebspsychologie im öffentlichen Dienst der Bundesrepublik Deutschland. *BDP, 11,* 15–36.
Frieling, E. (1975). *Psychologische Arbeitsanalyse.* Stuttgart.
Frieling, E. (1978). Arbeitsplatzanalyse. In: A. Mayer (Hrsg.). *Organisationspsychologie.* Stuttgart, 72–104.
Frieling, E. (2001). Neue Fakten zur Weiterbildung. *Quem-report. Schriften zur beruflichen Weiterbildung, Heft 68,* 107–122.
Frieling, E. & Freiboth, M. (1997). Klassifikation von Gruppenarbeit und Auswirkungen auf subjektive und objektive Merkmale der Arbeitstätigkeit. *Zeitschrift für Arbeits- und Organisationspsychologie, 41,* 120–130.
Frieling, E. & Hoyos, C. Graf (1978). *Fragebogen zur Arbeitsanalyse (FAA). Deutsche Bearbeitung des PAQ.* Bern.
Frieling, E. & Sonntag, K. (1999). *Lehrbuch Arbeitspsychologie.* 2. Aufl. Bern.
Fürstenberg, F. (1967). Zur Kritik der Betriebsklimaforschung. In: *Wissenschaft und Praxis. Festschrift zum 20jährigen Bestehen des Westdeutschen Verlages.* Köln, 137–147.
Fürstenberg, F. (1975). Konzeption einer interdisziplinär organisierten Arbeitswissenschaft. In: *Schriften der Kommission für wirtschaftlichen und sozialen Wandel, 64.* Göttingen.

Gaitanides, M. (1976). *Industrielle Arbeitsorganisation und technische Entwicklung.* Berlin.
Gallese, L. (1986). *Von den Folgen des Erfolgs: Gespräche mit Spitzen-Managerinnen.* Reinbek.
Galton, F. (1869). *Hereditary genius: An inquiry into its laws and consequences.* London.
Galtung, J. (1964). A structural theory of aggression. *Journal of Peace Research, 1,* 95–119.
Gamst, F. (1990). Industrial ethnological perspectives on the development and characteristics of the study of organizational cultures. *Studies in Third World Societies, 42,* 13–47.
Gasteiger, R. M. (2007). *Selbstverantwortliches Laufbahnmanagement. Das proteische Erfolgskonzept.* Göttingen.
Gaugler, E., Kolb, M. & Ling, B. (1977). *Humanisierung der Arbeitswelt und Produktivität.* 2. Aufl. Ludwigshafen.
Gebert, D. (1972). *Die Gruppendynamik in der betrieblichen Führungsschulung.* Berlin.
Gebert, D. (1974). *Organisationsentwicklung.* Stuttgart.
Gebert, D. (1974). Vom Sensitivity-Training zum Organizational Development. In: K. Macharzina & L. v. Rosenstiel (Hrsg.). *Führungswandel in Unternehmung und Verwaltung.* Wiesbaden, 91–109.
Gebert, D. (1976). *Zur Erarbeitung und Einführung einer neuen Führungskonzeption.* Berlin.

Gebert, D. (1978). *Organisation und Umwelt*. Stuttgart.
Gebert, D. (1981). Belastung und Beanspruchung in Organisationen. Ergebnisse der Streß-Forschung. In: *Sammlung Poeschel, 105*. Stuttgart.
Gebert, D. (2002). *Innovation und Führung*. Stuttgart.
Gebert, D. (2004). Organisationsentwicklung. In: H. Schuler (Hrsg.). *Lehrbuch Organisationspsychologie*. Bern, 601–616.
Gebert, D. (2007). Psychologie der Innovationsgenerierung. In: D. Frey & L. v. Rosenstiel (Hrsg.). *Enzypklopädie der Psychologie. Bd. Wirtschaftspsychologie*. Göttingen, 779–805.
Gebert, D. & Rosenstiel, L. v. (2002). *Organisationspsychologie*. 5. Aufl. Stuttgart.
Gebert, D., Wendler, E. & Steinkamp, T. (1987). *Führungsstil und Absatzerfolg in Kreditinstituten*. Wiesbaden.
Geertz, C. (1983). *Dichte Beschreibung. Beiträge zum Verstehen kultureller Systeme*. Frankfurt/M.
Gemünden, H. G. & Högl, M. (2000). Determinanten und Wirkungen der Teamarbeit in innovativen Projekten. In: M. Högl & H. G. Gemünden (Hrsg.). *Management von Teams*. Wiesbaden, 33–66.
Gemünden, H.-G. & Högl, M. (Hrsg.) (2000). *Management von Teams. Theoretische Konzepte und empirische Befunde*. Wiesbaden.
George, J. M. & Brief, A. P. (1992). Feeling good – doing good: A conceptual analysis of the mood and work-organizational spontanity relationship. *Psychological Bulletin, 112*, 310–329.
Georgopoulos, B., Mahoney, G. & Jones, N. (1957). A path-goal approach to productivity. *Journal of Applied Psychology, 41*, 345–353.
Gerpott, T. J. (1985). Training von Beurteilern zur Verbesserung von Leistungsbeurteilungsprozessen in Organisationen. *Psychologie und Praxis. Zeitschrift für Arbeits- und Organisationspsychologie, 29*, 116–127.
Gerpott, T. J. (1993). *Integrationsgestaltung und Erfolg von Unternehmensaquisitionen*. Stuttgart.
Geuter, U. (1988). *Die Professionalisierung der deutschen Psychologie im Nationalsozialismus*. Frankfurt/M.
Geyer, A. & Steyrer, J. (1998). Messung und Erfolgswirksamkeit transformationaler Führung. *Zeitschrift für Personalforschung, 12*, 377–401.
Ghiselli, E. E. (1973). The validity of aptitude tests in personnel selection. *Personnel Psychology, 26*, 461–477.
Giese, F. (1927). *Methoden der Wirtschaftspychologie*. Berlin.
Glasl, F. (1994). *Konfliktmanagement*. 2. Aufl. Bern.
Glasl, F. & de la Houssaye, L. (1975). *Organisationsentwicklung. Das Modell des Niederländischen Instituts für Organisationsentwicklung und seine praktische Bewährung*. Bern/Stuttgart.
Gohl, J. (Hrsg.) (1977). *Arbeit im Konflikt*. München.
Goldstein, I. (1980). Training in work organizations. *Annual Review of Psychology, 31*, 229–272.
Goldstein, I. & Gessner, M. (1988). Training and development in work organizations. In: C. Cooper & I. Robertson (Hrsg.). *International review of industrial and organizational psychology*. Chichester, 43–72.
Goleman, D. (1995). *Emotional intelligence*. New York.
Golembiewski, R. & Munzenrider, R. (1975). Social desirability as an intervening variable in interpreting OD effects. *Journal of Applied Behavioral Science, 11*, 317–332.
Gollwitzer, P. M. (1991). *Abwägen und Planen: Bewußtseinslagen in verschiedenen Handlungsphasen*. Göttingen.

Gontard, M. (2001). *Unternehmenskultur und Organisationsklima – eine empirische Untersuchung eines organisationspsychologischen Konstrukts in einem Unternehmen für Büroprodukte.* München-Mering.
Götte, M. (1962). *Betriebsklima.* Göttingen.
Graen, G. B. (1969). Instrumentality theory of work motivation: Some experimental results and suggested modifications. *Journal of Applied Psychology, 53,* 1–21.
Graen, G. B. & Uhl-Bien, M. (1995). Führungstheorien – von Dyaden zu Teams. In: A. Kieser, G. Reber & R. Wunderer (Hrsg.). *Handwörterbuch der Führung.* 2. Aufl. Stuttgart, 1045–1085.
Graen, G. B. & Uhl-Bien, M. (1995). Relationship-based approach to leadership: development of leader-member exchange (LMX) theory of leadership over 25 years: Applying a mulitlevel multi-domain approach. *Leadership Quaterly, 6,* 219–247.
Granel, M. (1980). Zusammengefaßter Abschlußbericht der Volkswagenwerk AG zum Forschungsvorhaben Vergleich von Arbeitsstrukturen in der Aggregatefertigung. In: Bundesminister für Forschung und Technologie (Hrsg.). *Gruppenarbeit in der Motorenmontage.* Frankfurt, 13–54.
Graumann, C. F. (1960). *Grundlagen einer Phänomenologie und Psychologie der Perspektivität.* Berlin.
Graumann, C. F. (1960). Eigenschaften als Problem der Persönlichkeitsforschung. In: P. Lersch & H. Thomae (Hrsg.). *Handbuch der Psychologie.* Bd. 4. Göttingen, 87–154.
Graumann, C. F. (1966). Nicht-sinnliche Bedingungen des Wahrnehmens. In: W. Metzger (Hrsg.). *Handbuch der Psychologie. Bd. 1: Allgemeine Psychologie. Der Aufbau des Erkennens.* Göttingen, 1031–1096.
Graumann, C. F. (1969). *Einführung in die Psychologie. Bd. I: Motivation.* Bern.
Grawe, K. (1997). *Psychologische Therapie.* Göttingen.
Greenberg, J. (1988). Equity and workplace status: a field experiment. *Journal of Applied Psychology, 73,* 606–613.
Greenberg, J. (1990). Employee theft as a reaction to underpayment inequtiy: the hidden cost of pay cuts. *Journal of Applied Psychology, 75,* 561–568.
Greenberg, J. (1993). Stealing in the name of justice: informational and interpersonal moderators of theft reactions to underpayment inequit. *Organizational Behavior and Human Decision Processes, 54,* 81–103.
Greif, S. (1972). *Gruppenintelligenztests.* Bern.
Greif, S. (1978). Entwicklung einer systemtheoretischen Definition des Begriffs der Organisation. *Zeitschrift für Sozialpsychologie, 9,* 206–221.
Greif, S. (1978). Intelligenzabbau und Dequalifizierung durch Industriearbeit? In: M. Frese, S. Greif & N. Semmer (Hrsg.). *Industrielle Psychopathologie.* Bern, 232–256.
Greif, S. (1983). *Konzepte der Organisationspsychologie: Eine Einführung in grundlegende theoretische Ansätze.* Bern.
Greif, S. (1990). Kommentar zu »Identitätsprobleme organisationspsychologischer Forschung« von Günter F. Müller. *Zeitschrift für Arbeits- und Organisationspsychologie, 34,* 94–96.
Greif, S. (2004). Geschichte der Organisationspsychologie. In: H. Schuler (Hrsg.). *Lehrbuch der Organisationspsychologie.* Bern, 21–58.
Greif, S. & H. Kurtz (Hrsg.) (1996). *Handbuch Selbstorganisiertes Lernen.* Göttingen.
Greif, S., Holling, H. & Nicholson, N. (1989). *Arbeits- und Organisationspychologie.* München.
Greif, S., Holling, H. & Nicholson, N. (1989). Grundlagen und Perspektiven: Theorien und Konzepte. In: S. Greif, H. Holling & N. Nicholson (Hrsg.). *Arbeits- und Organisationspsychologie.* München, 3–18.

Greif, S. & Kurtz, H. (1989). Ausbildung, Training und Qualifizierung. In: S. Greif, H. Holling & N. Nicholson (Hrsg.). *Arbeits- und Organisationspsychologie.* München, 149–160.

Greiner, L. (1967). Patterns of organizational change. *Harvard Business Review, 45,* 119–128.

Groskurth, P. (1975). Zur Systemanalyse der »Neuen Formen der Arbeitsgestaltung«. In: P. Groskurth & W. Volpert (Hrsg.). *Lohnarbeitspsychologie.* Frankfurt, 197–288.

Groskurth, P. & Tietze, B. (1977). Arbeitsteilung und berufliche Sozialisation. In: J. Gohl (Hrsg.). *Arbeit im Konflikt.* München, 99–117.

Groskurth, P. & Volpert, W. (1975). *Lohnarbeitspsychologie.* Frankfurt a. M.

Grüneisen, V. & Hoff, E. (1977). *Familienerziehung und Lebenssituation.* Weinheim.

Grunow, D. (1976). *Personalbeurteilung.* Stuttgart.

Guilford, J. P. (1967). *The nature of human intelligence.* New York.

Gully, S. M., Devine, D. J. & Whitney, D. J. (1995). A meta-analysis of cohesion and performance: Effects of level of analysis and task interdependence. *Small Group Research, 26,* 497–520.

Gulowsen, J. (1972). A measure of work-group autonomy. In: L. E. Davis & J. Taylor (Hrsg.). *Job design.* Harmondsworth, 374–390.

Günther, U. (2005). Studium der Wirtschaftspsychologie. In: D. Frey, L. Rosenstiel & Carl Graf Hoyos (Hrsg.). *Wirschaftspsychologie.* Weinheim, 332–338.

Guthke, J. (1974). *Zur Diagnostik der intellektuellen Lernfähigkeit.* Berlin.

Guttman, L. (1954). An outline of some new methodology in social research. *Public Opinion Quarterly, 18,* 395–404.

Guzzo, R. A. & Dickson, M. W. (1996). Teams in organizations: Recent research on performance and effectivities. *Annual Review of Psychology, 47,* 307–338.

Guzzo, R. A., Jette, R. D. & Katzell, R. A. (1985). The effects of psychologically based intervention programs on worker productivity: A meta-analysis. *Personnel Psychology, 38,* 275–291.

Habermas, J. (1971). Soziologische Notizen zum Verhältnis von Arbeit und Freizeit. In: H. Gisecke (Hrsg.). *Freizeit und Konsumerziehung.* Göttingen, 105–122.

Hacker, W. (1986). *Arbeitspsychologie. Psychische Regulation von Arbeitstätigkeiten.* Bern.

Hacker, W. (1998). *Allgemeine Arbeitspsychologie.* Bern.

Hacker, W. (2005). *Allgemeine Arbeitspsychologie. Psychische Regulation von Wissens-, Denk- und körperlicher Arbeit.* Bern.

Hacker, W. & Matern, B. (1980). Methoden zum Ermitteln tätigkeitsregulierender kognitiver Prozesse und Repräsentationen bei industriellen Arbeitstätigkeiten. In: W. Volpert (Hrsg.). *Beiträge zur Psychologischen Handlungstheorie.* Bern, 29–49.

Hacker, W. & Richter, P. (1984). *Psychische Fehlbeanspruchung.* Berlin.

Hackman, J. R. (1969). Toward understanding the role of task in behavioral research. *Acta Psychologica, 31,* 97–128.

Hackman, J. R. (1976). Group influences on individuals. In: M. D. Dunnette (Hrsg.). *Handbook of industrial and organizational psychology.* Chicago, 1455–1525.

Hackman, J. R. & Oldham, G. R. (1974). *The job diagnostic survey.* New Haven.

Hage, J. & Dewar, R. (1973). Elite values versus organizational structure in prediction of innovations. *Administrative Science Quarterly, 18,* 279–290.

Halgin, R. P. & Leahy, P. M. (1989). Understanding and treating perfectionistic college students. *Journal of Counseling & Development, 68,* 222–225.

Hall, D. T. (1976). *Careers in Organizations.* Santa Monica.

Hall, D. T. (2002). *Careers in and out of organizations.* Tousend oaks, Ca.

Handy, C. (1978). *The gods of management.* London.
Hardison, C. M. & Sackett, P. R. (2007). Kriterienbezogne Validität von Assessment Centern – Lebendig und wohlauf? In: H. Schuler (Hrsg.). *Assessment Center zur Potenzialanalyse.* Göttingen.
Harrison, R. (1976). *Self-directed learning: A radical approach to management education* (unveröff. Manuskript).
Harrison, R. (1977). Rollenverhandeln: Ein »harter« Ansatz zur Teamentwicklung. In: B. Sievers (Hrsg.). *Organisationsentwicklung als Problem.* Stuttgart, 116–135.
Hartmann, H. (1973). *Psychologische Diagnostik.* Stuttgart.
Harvey, E. (1968). Technology and the structure of organization. *American Sociological Review, 33,* 247–259.
Haslam, S. A. (2001). *Psychology in Organisations: The social identity approach.* London.
Hauser, B. (2006). Action Learning im Management Developement. Eine vergleichende Analyse von Action-Learning-Programmen zur Entwicklung von Führungskräften in drei verschiedenen Unternehmen. In: O. Neuberger (Hrsg.). *Schriftenreihe Organisation und Personal.* Bd. 16. München, Mering.
Hauser, E. (1993). Coaching von Mitarbeitern. In: L. v. Rosenstiel, E. Regnet & M. Domsch (Hrsg.). *Führung von Mitarbeitern.* Stuttgart, 223–236.
Heckhausen, H. (1963). *Hoffnung und Furcht in der Leistungsmotivation.* Meisenheim/Gl.
Heckhausen, H. (1965). Leistungsmotivation. In: H. Thomae (Hrsg.). *Handbuch der Psychologie. Bd. 2: Allgemeine Psychologie. 2. Motivation.* Göttingen, 602–702.
Heckhausen, H. (1971). Trainingskurse zur Erhöhung der Leistungsmotivation und der unternehmerischen Aktivitäten in einem Entwicklungsland. *Zeitschrift für Entwicklungspsychologie und Pädagische Psychiatrie, 3,* 253–268.
Heckhausen, H. (1989). *Motivation und Handeln.* 2. Aufl. Berlin.
Heckhausen, H., Gollwitzer, P. M. & Weinert, F. E. (1987). *Jenseits des Rubikon.* Berlin.
Hedberg, B. (1981). *How organizations learn and unlearn.* Oxford, 3–27.
Heftner, S. (1990). Chancengleichheit statt spezifische Frauenförderung – Praxisbeispiel Bayer AG. In: M. Domsch & E. Regnet (Hrsg.). *Weibliche Fach- und Führungskräfte.* Stuttgart, 141–155.
Heiss, R. (1968). *Person als Prozeß. Kongreßbericht des BDP.* Bern.
Hellriegel, D. & Slocum, J. W. (1974). Organizational climate: Measures, research and contingencies. *Academy of Management Journal, 17,* 255–280.
Helmers, S. (1993). Beiträge der Ethnologie zur Unternehmenskultur. In: M. Dierkes, L. v. Rosenstiel & U. Steger (Hrsg.). *Unternehmenskultur in Theorie und Praxis.* Frankfurt, 147–187.
Hengsbach, F. (1980). Vom Mehrhaben zum Mehrsein – Humanisierung der Arbeit in der Katholischen Sozialehre. In: L. v. Rosenstiel & M. Weinkamm (Hrsg.). *Humanisierung der Arbeitswelt – Vergessene Verpflichtung.* Stuttgart, 67–78.
Henninger, M. (2001). Die Förderung sprachlich-kommunikativen Handelns. Konzeption und Untersuchung einer konstruktivistischen Lernumgebung. *Habilitationsschrift.* München, LMU.
Henry, J. P. & Stephens, P. M. (1977). *Stress, health, and the social environment. A sociobiologic approach to medicine.* New York.
Heron, A. (1963). Retirement attitudes among industrial workers in the sixth decade of life. *Vita Humana, 6,* 152–159.
Hersey, P. & Blanchard, K. H. (1977 (deutsch 1979)). *Management of organizational behavior: utilizing human resources.* Englewood Cliffs, N.J.
Hertel, G. & Konradt, U. (2004). Führung aus der Distanz: Steuerung und Motivierung bei

ortsverteilter Zusammenarbeit. In: G. Hertel & U. Konradt (Hrsg.). *Human Ressource Management im Inter- und Intranet.* Göttingen, 169-186.
Hertel, G. & Konradt, U. (Hrsg.) (2004). *Human Resource Management im Inter- und Intranet.* Göttingen.
Herzberg, F. (1966). *Work and the nature of man.* Cleveland.
Herzberg, F. (1972). One more time: How do you motivate employees? In: L. E. Davis & J. Taylor (Hrsg.). *Job design.* Harmondsworth, 113-125.
Herzberg, F., Mausner, B. & Snyderman, B. (1959). *The motivation to work.* New York.
Heyse, V. & Erpenbeck, J. (2004). *Kompetenztraining.* Stuttgart.
Hiltmann, H. (1977). *Kompendium der psychodiagnostischen Tests.* 3. Aufl. Bern.
Hinrichs, J. R. (1976). Personnel training. In: M. D. Dunnette (Hrsg.). *Handbook of industrial and organizational psychology.* Chicago, 829-860.
Hinsz, V. B., Tindale, R. S. & Vollrath, D. A. (1997). The emerging conceptualization of groups as information processors. *Psychological Bulletin, 121,* 43-64.
Hochschild, A. (1990). *Das gekaufte Herz. Zur Kommerzialisierung der Gefühle.* Frankfurt.
Hoffmann, V. (1978). *Motivation, Managerverhalten und Geschäftserfolg – eine empirische Untersuchung bei Württembergischen Genossenschaftsbanken.* Berlin.
Hofmann, L. M., Linneweh, K. & Streich R. K. (1997). *Erfolgsfaktor Persönlichkeit.* München.
Hofstätter, P. (1971). *Gruppendynamik.* Reinbek.
Hofstede, G. (1980). *Culture's consequences.* Beverly Hills.
Hofstede, G. (1997). *Lokales Denken, globales Handeln.* München.
Höft, S. (2006). Erfolgsüberprüfung personalpsychologischer Arbeit. In: H. Schuler (Hrsg.). *Lehrbuch der Personalpsychologie.* Göttingen, 761-796.
Hogan, E. A. & Overmyer-Day, L. (1994). The Psychology of mergers and acquisitions. *International Review of Industrial Psychology, 9,* 247-281.
Högl, M. & Gemünden, H.-G. (2000). Determinanten und Wirkungen von Teamarbeit in innovativen Projekten. In: Gmünden, H.-G. & Högl, M. (Hrsg.). *Management von Teams.* Wiesbaden, 34-66.
Holland, J. G. & Skinner, B. F. (1971). *Analyse des Verhaltens.* München.
Holling, H. & Liepmann, D. (2004). Personalentwicklung. In: H. Schuler (Hrsg.). *Lehrbuch Organisationspsychologie.* Bern, 345-383.
Hollingworth, L. (1926). *Gifted children. Their nature and nurture.* New York.
Holzkamp, K. (1966). Begutachtung als Kommunikation. In: K. Holzkamp et al. (Hrsg.). *Prognose und Bewährung in der psychologischen Diagnostik.* Göttingen, 19-40.
Holzkamp, K. (1970). Wissenschaftstheoretische Voraussetzungen kritisch-emanzipatorischer Psychologie. *Zeitschrift für Sozialpsychologie, 1,* 109-141.
Homans, G. C. (1950). *The human group.* New York.
Homans, G. C. (1961). *Social behavior: its elementary forms.* New York.
Homans, G. C. (1969). *Theorie der sozialen Gruppe.* 4. Aufl. Köln.
Hörmann, H. (1964). Theoretische Grundlagen der projektiven Tests. In: R. Heiß (Hrsg.). *Handbuch der Psychologie. Bd. 6: Psychologische Diagnostik.* Göttingen, 71-112.
Hornstein, E. v. & Rosenstiel, L. v. (Hrsg.) (2000). *Ziele vereinbaren. Leistung bewerten.* München.
House, R. J., Hanges, P., Ruiz-Quintanilla, S. A., Dorfman, P. W., Javidan, M., Dickson, M. & Gupta, V. (1999). Cultural influences on leadership and organizations. Projekt Globe. *Advances in Global Leadership, 1,* 171-233.
House, R. J. & Shamir, B. (1995). Führungstheorien – Charismatische Führung. In: A. Kieser, G. Reber & R. Wunderer (Hrsg.). *Handwörterbuch der Führung.* Stuttgart, 878-897.

Hoyos, C. Graf (1974). *Arbeitspsychologie.* Stuttgart.
Hoyos, C. Graf (1977). Bericht über die Koordinierungsarbeiten für ein Fach »Arbeits- und Betriebspsychologie« in der Rahmenprüfungsordnung. *Psychologische Rundschau, 28,* 150-152.
Hron, J., Frey, D. & Lässig, A. (2005). Gestaltung von Veränderungsprozessen. Change Management. In: D. Frey, L. v. Rosenstiel & C. Graf Hoyos (Hrsg.). *Wirtschaftspsychologie.* Weinheim, Basel, 120-125.
Huizinga, G. (1970). *Maslow's need hierarchy in the work situation.* Groningen.
Hulin, C. L. & Blood, M. R. (1968). Job enlargement, individual differences, and workers responses. *Psychological Bulletin, 69,* 41-55.
Hunter, J. E. & Hunter, R. F. (1984). Validity and utility of alternative predictors of job performance. *Psychological Bulletin, 96,* 72-98.

Iaffaldano, M. T. & Muchinsky, P. M. (1985). Job satisfaction and job performance: A meta-analysis. *Psychological Bulletin, 97,* 251-273.
Ilies, R. & Judge, T. A. (2003). On the heritability of job satisfaction. The mediating role of personality. *Journal of Applied Psychology, 88,* 750-759.
Inglehart, R. (1977). *The silent revolution. Changing values and political styles among western politics.* Princeton, N.J.
Inglehart, R. (1989). *Kultureller Umbruch.* Frankfurt.
Irle, M. (1963). *Soziale Systeme.* Göttingen.
Irle, M. (1975). *Lehrbuch der Sozialpsychologie.* Göttingen.
Ironson, G. H., Smith, P. C., Brannick, M. T., Gibson, W. M. & Paul, K. B. (1989). Construction of a job in general scale: A comparison of global composit and spezific measures. *Journal of Applied Psychology, 74,* 193-200.

Jacklin, C. & Maccoby, E. (1975). Sex differences and their implications for management. In: F. Gordon & M. Strober (Hrsg.). *Bringing women into management.* New York, 23-38.
Jackson, J. (1965). Structural characteristics of norm. In: I. D. Steiner & M. Fishbein (Hrsg.). *Current studies in social psychology.* New York, 301-309.
Jackson, J. M. (1966). A conceptual an measurement model for norms and roles. *Pacific Sociological Review, 9,* 37-47.
Jacobson, E. (1938). *Progressive relaxation.* Chicago.
Jäger, A. O. (1970). Personalauslese. In: A. Mayer & B. Herwig (Hrsg.). *Handbuch der Psychologie, Bd. IX, Betriebspsychologie.* Göttingen, 613-667.
Jago, A. (1995). Führungstheorien - Vroom/Yetton-Modell. In: A. Kieser, G. Reber & R. Wunderer (Hrsg.). *Handwörterbuch der Führung.* Stuttgart, 1058-1975.
Jahoda, M. (1983). Wieviel Arbeit braucht der Mensch? Arbeit und Arbeitslosigeit im 20. Jahrhundert. Weinheim.
James, L. R. & Jones, A. P. (1976). Organizational structure: A review of structural dimensions on their conceptual relationships with individual attitudes and behavior. *Organizational Behavior and Human Performance, 16,* 74-113.
Janis, I. L. (1972). *Victims of groupthink. A psychological study of foreign policy decisions and fiascos.* Boston, Mass.
Janis, I. L. (1982). Counteracting the adverse effects of concurrence-seeking in policy-planning groups: Theory and research perspectives. In: H. Brandstätter, J. H. Davis & G. Stocker-Kreichgauer (Hrsg.). *Group Decision Making.* London, 477-501.
Janis, I. L. & Mann, L. (1977). *Decision making.* New York.
Jaques, E. (1951). *The changing culture of a factory.* London.

Jaufmann, D. & Kistler, E. (1988). *Sind die Deutschen technikfeindlich? Erkenntnisse oder Vorurteile.* Opladen.
Jaufmann, D. & Kistler, E. (1991). *Einstellungen zum technischen Fortschritt. Technikakzeptanz im nationalen und internationalen Vergleich.* Frankfurt.
Jeserich, W. (1981–1988). *Handbuch der Weiterbildung für die Praxis in Wirtschaft und Verwaltung (in 8 Bänden).* München.
Jeserich, W. (1981). *Mitarbeiter auswählen und fördern – Assessment Center Verfahren.* München.
Jochum, E. (1992). *Gleichgestelltenbeurteilung.* Stuttgart.
Judge, T. A., Colbert, A. E. & Ilies, R. (2004). Intelligence and Leadership: A Quantitative Review and Test of Theoretical Propositions. *Journal of Applied Psychology, 49,* 542–552.
Judge, T. A., Higgins, C. A., Thoresen, C. J. & Barrick, M. R. (1999). The big five personality traits, general mental ability, and career success across the life span. In: *Personnel Psychology, 52,* 621–652.
Judge, T. & Locke, E. A. (1993). Effects of dysfunctional thought processes on subjective well-being and job satisfaction. *Journal of applied Psychology, 78,* 475–490.
Judge, T. & Piccolo, R. F. & Ilies, R. (2004). The forgotten ones? The validity of consideration and initiating structure in leadership research. *Journal of Applied Psychology, 89,* 36–51.
Jung, C. G. (1935). *Die Beziehungen zwischen dem Ich und dem Unbewußten.* Zürich.

Kaemmerer, C. (1971). Variable Arbeitszeit und Gleitzeit. In: A. Marx (Hrsg.). *Personalführung. Bd. 3: Motivation und Stimulanz menschlicher Arbeitsergiebigkeit.* Wiesbaden, 127–139.
Kahn, R. L. (1977). Organisationsentwicklung: Einige Probleme und Vorschläge. In: B. Sievers (Hrsg.). *Organisationsentwicklung als Problem.* Stuttgart, 281–301.
Kahn, R. L., Wolfe, D. M., Quinn, P. R., Smoek, J. D. & Rosenthal R. A. (1964). *Organizational stress. Studies in role conflict and ambiguitiy.* New York.
Kaminski, G. (1959). *Das Bild vom Anderen.* Berlin.
Kaminski, G. (1970). *Verhaltenstheorie und Verhaltensmodifikation. Entwurf einer integrativen Theorie psychologischer Praxis am Individuum.* Stuttgart.
Kanfer, F. H. (1992). Die Motivierung von Klienten aus der Sicht des Selbstregulationsmodells. *Verhaltensmodifikation und Verhaltensmedizin, 13,* 137–152.
Kannheiser, W. (1992). *Arbeit und Emotion.* München.
Kannheiser, W., Hormel, R. & Aichner, R. (1993). *Planung im Projektteam.* München: Hampp.
Kanter, R. M. (1977). *Men and women of the corporation.* New York.
Kappler, E. (1980). Partizipation. In: E. Grochla (Hrsg.). *Handwörterbuch der Organisation.* Stuttgart, 1845–1855.
Karau, S. J. & Williams, K. D. (1993). Social Loafing: A meta-analytic review and theoretical integration. *Journal of Personality and Social Psychology, 65,* 681–706.
Karau, S. J. & Williams, K. D. (1997). The effects of group cohesiveness and social loafing and social compensation. *Group Dynamics, 1,* 153–168.
Kaschube, J. (1993). Betrachtung der Unternehmens- und Organisationskulturforschung aus (organisations-)psychologischer Sicht. In: M. Dierkes, L. v. Rosenstiel & U. Steger (Hrsg.). *Unternehmenskultur in Theorie und Praxis. Konzepte aus Ökonomie, Psychologie und Ethnologie.* Frankfurt, 90–146.
Kaschube, J. (1997). *Ziele von Führungsnachwuchskräften.* München.
Kaschube, J. (2006). *Eigenverantwortung. Eine neue berufliche Leistung.* Göttingen.
Kaschube, J. & von Rosenstiel, L. v. (2004). Training von Führungskräften. In: H. Schuler

(Hrsg.). *Enzyklopädie für Psychologie. Organisationspsychologie – Gruppe und Organisation.* Serie III/Band 4. Göttingen, 595–602.

Kasper, H. (1987). *Organisationskultur.* Wien, Service, Wirtschaftsuniversität Wien.

Kasper, H., Scheer, P., J. & Schmidt, A. (2002). *Managen und Lieben.* Frankfurt.

Kaste, H. (1981). *Arbeitgeber und Humanisierung der Arbeit.* Opladen.

Katona, G. (1960). *Das Verhalten der Verbraucher und Unternehmer.* Tübingen.

Katz, D. & Kahn, R. L. (1978). *The social psychology of organizations.* New York.

Katz, R. (1982). The effects of group longevity on project communication and performance. *Administrative Science Quarterly, 27,* 81–104.

Katz, R. & Allen, T. (1982). Investigating the Not Invented Here (NIH) Syndrome: a look at the performance, tenure and communication patterns of 50 R & D project groups. *R & D Management, 12,* 7–19.

Kauffeld, S. (2001). *Teamdiagnose.* Göttingen.

Kauffeld, S. & Grote, S. (2001). Teams in Organisationen: Diagnose und Entwicklung. *Zeitschrift für Personalführung, 1,* 26–33.

Kehr. H. (2000). *Zur Legitimation von Führung.* Berlin.

Kehr. H. (2002). *Souveränes Selbstmanagement.* Weinheim.

Kehr, H. (2004). *Motivation und Volition.* Göttingen.

Kehr, H., Bles, P. & Rosenstiel, L. v. (1999). Self regulation, self-control, and management training transfer. In: *Educational Research.* Pergamon.

Kehr, H., Bles, P. & Rosenstiel, L. v. (1999). Zur Motivation von Führungskräften: Zielbindung und Flußerleben als transferfördernde Faktoren bei Führungstrainings. *Zeitschrift für Arbeits- und Organisationspsychologie, 43, 2,* 83–94.

Kehr, H. & Rosenstiel, L. v. (2006). Self-Management Training (SMT). In: D. Frey, H. Mandl & L. Rosenstiel (Hrsg.). *Knowledge and action.* Göttingen, 103–141.

Kelley, H. H. (1950). The warm-cold variable in first impressions of persons. *Journal of Personality, 18,* 431–439.

Kelley, H. H. & Thibaut, J. W. (1969). Group problem solving. In: G. Lindzey & F. Aronson (Hrsg.). *The Handbook of Social Psychology.* Reading, Mass., 1–101.

Kelly, G. A. (1969). Der Motivationsbegriff als irreführendes Konstrukt. In: H. Thomae (Hrsg.). *Die Motivation menschlichen Handelns.* 5. Aufl. Köln, 498–509.

Kern, H. & Schumann, M. (1984). *Das Ende der Arbeitsteilung? Rationalisierung in der industriellen Produktion.* München.

Kerr, N. L. (1983). *Motivation losses in small groups: A social dilemma analysis.*

Kerr, W. A., Koppelmeir, G. & Sullivan, J. J. (1951). Absenteeism, turnover, and morale in a metals fabrication factory. *Occupational Psychology, 25,* 50–55.

Keupp, H. (1974). Epidemiologie im Spannungsfeld zwischen klinischer und sozialwissenschaftlicher Perspektive. In: H. Keupp (Hrsg.). *Verhaltensstörungen und Sozialstruktur.* München, 3–51.

Kieselbach, T. & Wacker, A. (Hrsg.) (1985). *Individuelle und gesellschaftliche Kosten der Massenarbeitslosigkeit.* Weinheim.

Kieser, A. (1974). Der Einfluß der Umwelt auf die Organisationsstruktur der Unternehmung. *Zeitschrift für Organisation, 6,* 302–314.

Kieser, A. (1987). Person und Organisation. In: C. Graf Hoyos, W. Kroeber-Riel, L. v. Rosenstiel & B. Strümpel (Hrsg.). *Grundbegriffe der Wirtschaftspsychologie.* 2. Aufl. München, 467–476.

Kieser, A. & Kubicek, H. (1992). *Organisation.* Berlin.

Kieser, A., Reber, G. & Wunderer, R. (Hrsg.) (1995). *Handwörterbuch der Führung (Enzyklopädie der Betriebswirtschaftslehre, Bd. 10).* Stuttgart.

Kiesler, S. & Sproull, L. (1986). Response effects in the electronic survey. *Public Opinion Quarterly, 50,* 402–403.
King, A. (1984). Einleitung: Eine neue industrielle Revolution oder bloß eine neue Technologie? In: G. Friedrichs & A. Schaff (Hrsg.). *Auf Gedeih und Verderb. Mikroelektronik und Gesellschaft.* Wien, 11–47.
King, N. (1970). Clarification and evaluation of the two factor theory of job satisfaction. *Psychological Bulletin, 74,* 18–31.
Kirchler, E. M. (1999). *Wirtschaftspsychologie.* Göttingen.
Kirkpatrick, D. (1987). Evaluation of training. In: R. L. Craig (Hrsg.). *Training and development handbook: A guide to human resource development.* New York, 301–319.
Kirsch, A. (1995). *Strategien der Selektion und Sozialisation von Führungskräften.* Wiesbaden.
Kirsch, W. (1970). *Entscheidungsprozesse, Bd. I, Verhaltenswissenschaftliche Ansätze der Entscheidungstheorie.* Wiesbaden.
Kirsch, W. (1971). *Entscheidungsprozesse, Bd. II, Informationsverarbeitungstheorie des Entscheidungsverhaltens.* Wiesbaden.
Kirsch, W. (1971). *Entscheidungsprozesse, Bd. III, Entscheidungen in Organisationen.* Wiesbaden.
Kirsch, W. (1997). *Strategisches Management: Die geplante Evolution von Unternehmen.* München.
Kirsch, W. & Esser, W. M. (1975). Konflikthandhabung im Betrieb. In: E. Gaugler (Hrsg.). *Handwörterbuch des Personalwesens.* Stuttgart, 1125–1134.
Kirsch, W., Esser, W. M. & Gabele, E. (1979). *Das Management des geplanten Wandels von Organisationen.* Stuttgart.
Klages, H. (1984). *Wertorientierungen im Wandel. Rückblick, Gegenwartsanalyse, Prognosen.* Frankfurt a. M.
Klages, H. (2002). *Der blockierte Mensch. Zukunftsaufgaben gesellschaftlicher und organisatorischer Gestaltung.* Frankfurt.
Klages, H., Hippler, H.-J. & Herbert, W. (1992). *Werte und Wandel. Ergebnisse und Methoden einer Forschungstradition.* Frankfurt.
Klages, H. & Kmieciak, P. (1979). *Wertewandel und gesellschaftlicher Wandel.* Frankfurt a. M.
Klein, H. J., Wesson, N. J. Hollerbeck, J. R. & Alge, B. J. (1999). Goal commitment and the goal setting proces. *Journal of Applied Psychology, 84,* 885–896.
Klein, S. (1991). *Der Einfluß von Werten auf die Gestaltung von Organisationen.* Berlin.
Kleinbeck, U. (1996). *Arbeitsmotivation.* Weinheim.
Kleinbeck, U. (2006). Das Management von Arbeitsgruppen. In: H. Schuler (Hrsg.). *Lehrbuch der Personalpsychologie.* Göttingen, 651–672.
Kleinbeck, U. & Schmidt, K.-H. (Hrsg.) (2007). *Enzyklopädie der Psychologie,* D/1, Arbeitspsychologie. Göttingen.
Kleinmann, M. (1997). *Assessment-Center.* Göttingen.
Klendauer, R. (2006). *Successful Leadership in Mergers & Aquisitions: A Field Study on the Relationship between Organizational Fairness, Personality, Trust, Instrumental Evaluations and Affective Commitment* (Dissertation). München.
Klendauer, R., Frey, D. & Greitemeyer, T. (2006). Ein psychologisches Rahmenkonzept zur Analyse von Fusions- und Akquisitionsprozessen. *Psychologische Rundschau, 57,* 63–86.
Klendauer, R., Frey, D. & v. Rosenstiel, L. (2007). Fusionen und Akquisitionen. In: D. Frey & L. v. Rosenstiel (Hrsg.). *Enzyklopädie der Psychologie, Bd. Wirtschaftspsychologie.* Göttingen, 396–457.

Klinge-Hagenauer, D. (1990). Fördern und Fordern – Frauenförderung in der Bank für Gemeinwirtschaft. In: M. Domsch & E. Regnet (Hrsg.). *Weibliche Fach- und Führungskräfte.* Stuttgart, 156-164.

Klipstein, M. v. & Strümpel, B. (1985). *Gewandelte Werte – Erstarrte Strukturen. Wie die Bürger Wirtschaft und Arbeit erleben.* Bonn.

Kluckhohn, C. (1951). Values and value-orientation in the theory of action: An exploration in definition and classification. In: T. Parson & E. Shils (Hrsg.). *Toward a general theory of action.* Cambridge, Mass., 388-433.

Kmieciak, P. (1976). *Wertstrukturen und Wertewandel in der Bundesrepublik Deutschland. Grundlagen einer interdisziplinären empirischen Wertforschung mit einer Sekundäranalyse von Umfragedaten.* Göttingen.

Koch, J. (1986). Neues aus der »Welt der Leittextmethode«. *Betriebliche Ausbildungspraxis*, 4, 4-5.

Koch, S. (2001). *Eigenverantwortliches Handeln von Führungskräften.* München, Mering.

Koch, S., Kaschube, J. & Fisch, R. (Hrsg.) (2003). *Eigenverantwortung für Organisationen.* Göttingen.

Kogan, N. & Wallach, M. A. (1964). *Risk taking. A study in cogniton and personality.* New York.

Köhler, O. (1927). Über den Gruppenwirkungsgrad der menschlichen Körperarbeit und die Bedingungen optimaler Kollektivkraftreaktion. *Industrielle Psychotechnik*, 4, 209-226.

Köhler, W. (1958). *Dynamsiche Zusammenhänge in der Psychologie.* Bern.

Kohn, M. L. & Schooler, C. (1973). Occupational experience and psychological functionning: An assessment of reciprocal effects. *American Sociological Review*, 38, 97-118.

Kohnke, O. & Bungard, W. (Hrsg.) (2005). *SAP-Einführung mit Change-Management.* Wiesbaden.

Kolb, D. (1965). Achievement motivation training for underachieving highschool boys. *Journal of Personality and Social Pschychology*, 2, 783-792.

Kompa, A. (1992). *Assessment Center. Bestandsaufnahme und Kritik.* 2. Aufl. Mering

Korman, A. K. (1968). The prediction of managerial performance: A review. *Personnel Psychology*, 21, 295-322.

Kornhauser, A. (1965). *Mental health of the industrial worker: A Detroit study.* New York.

Koschnitzke, R. & Rolff, H. G. (Hrsg.) (1980). *Technologischer Wandel und soziale Verantwortung.* Essen.

Kotter, J. P. (1996). *Leading change.* Boston.

Krapp, A. (1979). *Prognose und Entscheidung. Zur theoretischen Begründung und Differenzierung der pädagogisch-psychologischen Prognose.* Weinheim.

Krapp, A. & Weidenmann, B. (2006). Entwicklungsförderliche Gestaltung von Lernprozessen – Beiträge der Pädagogischen Psychologie. In: K. Sonntag (Hrsg.). *Personalentwicklung in Organisationen.* Göttingen, 84-108.

Kraska, K. (1993). *Effizienz und Flexibilität. Entwicklung und Evaluation differentieller Interventionsprogramme zur Förderung der Selbstregulation im Grundschulalter* (Dissertation). Osnabrück, Univ. Osnabrück

Krause, D. E. (2004). Influenced-based leadership as a determinant of the inclination to innovate and of innovation-related behaviors – An empirical investigation. *Leadership Quarterly*, 15, 79-102.

Krause, D., Gebert, D. & Thornton III., G. C. (2007). Interkulturelle Unterschiede in der Assessment Center-Anwendung. In: H. Schuler (Hrsg.). *Assessment Center zur Potenzialanalyse.* Göttingen.

Krech, D., Crutchfield, R. & Ballachey, E. G. (1962). *Individual in Society.* New York.

Krech, D., Crutchfield, R. S., Livson, N., Wilson, W. A. & Parducci, A. (1985). *Grundlagen der Psychologie. Bd. 3: Lern- und Gedächtnispsychologie.* Weinheim.
Kretschmer, E. (1967). *Körperbau und Charakter.* 25. Aufl. Berlin.
Kroeber-Riel, W. & Weinberg, P. (2003). *Konsumentenverhalten.* München.
Kubicek, H. (1983). Glasfasernetze als Autobahnen zum elektronischen Büro und zum elektronischen Heim. In: DGB-Landesbezirk Rheinland-Pfalz (Hrsg.). *Medientag 1982.* Mainz, 131–168.
Küffner, H. & Seidel, C. H. (Hrsg.) (1989). *Computerlernen und Autorensysteme.* Stuttgart.
Kugemann, W. F., Gasch, B., Franck, U. & Hübner, P. (1978). *Lerntechniken für Erwachsene.* Reinbek.
Kuhl, J. (1996). Wille und Freiheitserleben: Formen der Selbststeuerung. In: J. Kuhl & H. Heckhausen (Hrsg.). *Enzyklopädie der Psychologie, Serie IV, Motivation, Volition und Handlung. Bd. 4.* Göttingen, 665–765.
Kuhl, J. & Fuhrmann, A. (1996). *Funktionskomponenten des Willens im Selbsterleben: Kurzmanual für den Fragebogen VCQ.* Osnabrück, Universität Osnabrück.
Kuhl, J. & Fuhrmann, A. (1997). *Selbststeuerungs-Inventar: SSI-K (Kurzversion): Auswertungsschlüssel.* Osnabrück, Universität Osnabrück.
Kühlmann, T. M. (1995). Arbeits- und Organisationspsychologie: Gedanken zu ihrer Lage und zu ihrer Zukunftschancen. *Report Psychologie, 20,* 10–19.
Kühlmann, T. M. (1995). *Mitarbeiterentsendung ins Ausland.* Göttingen.
Kühlmann, T. M. & Franke, J. (1989). Organisationsdiagnose. In: E. Roth (Hrsg.). *Organisationspsychologie (Enzyklopädie der Psychologie,* Bd. 3). Göttingen, 631–651.
Kühlmann, T. M. & Stahl, G. K. (2006). Problemfelder des internationalen Personaleinsatzes. In: H. Schuler (Hrsg.). *Lehrbuch der Personalpsychologie.* Göttingen, 673–689.
Kumar, B. N. & Haussmann, H. (Hrsg.) (1992). *Handbuch der Internationalen Unternehmenstätigkeit. Erfolgs- und Risikofaktoren; Märkte; Export-, Kooperations- und Niederlassungs-Management.* München.
Kunz, G. C. & Schott, F. (1987). *Intelligente tutorielle Systeme, Neue Ansätze der computerunterstützten Steuerung von Lehr/Lernprozessen.* Göttingen.

Landis, D. & Brislin, R. W. (Hrsg.) (1983). *Handbook of intercultural training (in 3 Bänden).* New York.
Landy, F. (1985). *Psychology of work behavior.* 3. Aufl. Chicago.
Lang, R. & Hellpach, W. (1922). *Gruppenfabrikation.* Berlin.
Langer, I., Schulz v. Thun, F. & Tausch, R. (1993). *Sich verständlich ausdrücken.* 5. Aufl. München.
Lang-von Wins, T. (2004). *Der Unternehmer.* Berlin.
Lang-von Wins, T., Maukisch, H. & Rosenstiel, L. v. (1998). Abschlußbericht des LEONARDO-Projekts CLEVER an die Europäische Union. In: Uni München (Hrsg.). *Arbeitsbericht.* München.
Lattmann, C. (1975). *Leistungsbeurteilung als Führungsmittel.* Bern.
Lattmann, C. (1987). Der sozio-technische Ansatz. In: L. von Rosenstiel, H. Einsiedler, R. Streich & S. Rau (Hrsg.). *Motivation durch Mitwirkung.* Stuttgart, 60–84.
Lattmann, C. (1989). Das Assessment-Center-Verfahren der Eignungsbeurteilung. In: M. Domsch, M. Hofmann & C. Lattmann (Hrsg.). *Management Forum.* Heidelberg.
Lattmann, C. (1990). Der Erkenntnisgehalt des Ergebnisses der Auseinandersetzungen mit der Unternehmenskultur. In: C. Lattmann (Hrsg.). *Die Unternehmenskultur.* Heidelberg, 339–347.

Lattmann, C. (1990). *Die Unternehmenskultur.* Heidelberg.
Lawler, E. E. (1977). *Motivierung in Organisationen.* Bern.
Lawrence, L. C. & Smith, P. C. (1955). Group decision and employee participation. *Journal of Applied Psychology, 39,* 334-337.
Lazarus, R. S. (1966). *Psychological stress and the coping process.* New York.
Lazarus, R. S. & Folkman, S. (1984). Emotions: A cognitive-phenomenological analysis. In: R. Plutschik & H. Kellermann (Hrsg.). *Theories of emotion.* New York, 189-218.
Leavitt, H. J. (1951). Some effects of certain communication patterns on group performance. *Jounal of Abnormal and Social Psychology, 46,* 38-50.
Leavitt, H. J. (1965). Applied organizational change in industry: Structural, technological, and humanistic approach. In: J. G. March (Hrsg.). *Handbook of organizations.* Chicago, 1144-1170.
Lee, R. (1968). What hunters do for a living, or, how to make out on scarce resources. In: R. B. Lee & I. DeVore (Hrsg.). *Man the hunter.* Chicago, 30-48.
Lenk, K. (1984). Informationstechnik und Gesellschaft. In: G. Friedrichs & A. Schaff (Hrsg.). *Auf Gedeih und Verderb – Mikroelektronik und Gesellschaft.* Reinbek, 295-335.
Lersch, P. (1956). *Aufbau der Person.* München.
Leupold, M. (1984). *Beeinflussung der Führungssituation durch Mitarbeiterbefragung. Eine empirische Studie über ein neues Instrument der Personalführung.* München.
Levin, I. & Stokes, J. P. (1989). Dipositional approach to job satisfaction: Role of negative affectivity. *Journal of Applied Psychology, 74,* 752-758.
Levitt, B. & March, J. G. (1988). Organizational learning. *Annual Review of Sociology, 14,* 319-340.
Lewin, K. (1920). Die Sozialisierung des Taylor-Systems. In: *Schriftenreihe Praktischer Sozialismus, 4.*
Lewin, K. (1931). The conflict between Aristotelian and Galilean modes of thought in contemporary psychology. *Journal of General Psychology,* 141-177.
Lewin, K. (1938). *The conceptual representation and the measurement of psychological forces.* Durham, N.C.
Lewin, K. (1953). *Die Lösung sozialer Konflikte.* Bad Nauheim.
Lewin, K., Lippitt, R. & White, R. K. (1939). Patterns of aggressive behavior in experimentally created social climates. *Journal of Social Psychology, 10,* 271-299.
Leymann, H. (1990). Mobbing and psychological terror at workplaces. *Violence and victims, 5,* 119-126.
Leymann, H. (1993). *Mobbing. Psychoterror am Arbeitsplatz und wie man sich dagegen wehren kann.* Reinbek.
Leymann, H. (Hg.). (1995). *Der neue Mobbing-Bericht. Erfahrungen und Initiativen, Auswege und Hilfsangebote.* Reinbek.
Liebel, H. (1978). *Führungspsychologie.* Göttingen.
Lienert, G. & Raatz, U. (1994). *Testaufbau und Testanalyse.* 5. Aufl. München.
Likert, R. (1961). *New patterns of management.* New York.
Likert, R. (1967). *The human organizations.* New York.
Linstone, H. & Turoff, M. (1975). *The Delphi method. Techniques and applications.* Reading, Mass.
Lipmann, O. (1932). *Lehrbuch der Arbeitswissenschaft.* Jena.
Lippitt, R., Watson, J. & Wesley, B. (1958). *The dynamics of planned change.* New York.
Locke, E. A. (1976). The nature and causes of job satisfaction. In: M. D. Dunnette (Hrsg.). *Handbook of industrial and organizational psychology.* Chicago, 1297-1349.

Locke, E. A. (1986). *Goal setting theory and research. Present and future.* Paper presented at the 21st International Congress of Applied Psychology, Jerusalem.
Locke, E. A. & Latham, G. P. (1984). *Goal setting: A motivational technique that works.* Englewood Cliffs, N.J.
Locke, E. A. & Latham, G. P. (1990). *A theory of goal setting and task performance.* Englewood Cliffs, N.J.
Locke, E. A. & Latham, G. P. (1990). Work motivation: The high performance cycle. In: U. Kleinbeck, H.-H. Quast, H. Therry & H. Häcker (Hrsg.). *Work motivation.* Hillsdale, 3–26.
Locke, E. A. & Latham, G. P. (2002). Building a practically usefull theory of goal setting and task motivation. *American Psychologist, 57,* 705–717.
Loisch, U. C. (2006). *Der Einfluss bekundeter Werte der Organisationskultur auf die Export Performance. Eine empirische Analyse österreichischer Klein- und Mittelunternehmen* (Dissertation). Wien, WU.
Lord, R. G., DeVader, C. L. & Alliger, D. M. (1986). A meta analysis of the relation between personality traits and leadership perceptions: An application of validity generalization procedures. *Journal of Applied Psychology, 71,* 402–410.
Lord, R. G. & Maher, K. J. (1991). *Leadership and Information Processing: Linking Perceptions and Performance.* London.
Lorenz, K. (1963). *Das sogenannte Böse.* Wien.
Lorsch, J. W. & Morse, J. J. (1974). *Organizations and their members – a contingency approach.* New York.
Löwe, H. (1971). *Einführung in die Lernpsychologie des Erwachsenenalters.* Berlin.
Löwe, H. & Almeroth, H. (1975). Untersuchungen zur intellektuellen Lernfähigkeit im Erwachsenenalter. *Probleme und Ergebnisse der Psychologie, 53,* 5–36.
Luchins, A. S. (1942). Mechanization in problem-solving. *Psychological Monographs, 54,* No. 6.
Lukasczyk, K. (1960). Zur Theorie der Führer-Rolle. *Psychologische Rundschau, 11,* 179–188.
Luthans, F., Hodgetts, R. M. & Rosenkrantz, S. A. (1988). *Real managers.* Cambridge
Luthans, F. & Rosenkrantz, S. A. (1995). Führungstheorien – Soziale Lerntheorien. In: A. Kieser, G. Reber & R. Wunderer (Hrsg.). *Handwörterbuch der Führung.* 2. Aufl. Stuttgart, 1005–1021.
Lutz, B., Hartmann, M. & Hirsch-Kreinsen, H. (Hrsg.) (1996). *Produzieren im 21. Jahrhundert.* Frankfurt.
Lutz, B. & Voß, G. (1992). Subjekt- und Strukturwandel. Versuch einer Neubestimmung einer soziologischen Schlüsselbeziehung am Beispiel des Facharbeiters. In: W. R. Heinz und B. Lutz (Hrsg.). *Modernisierungsprozesse von Arbeit und Leben.* München, SFB 333.

Macharzina, K. & Wolf, J. (1994). Materialismus und Postmaterialismus in den neuen Bundesländern. *Zeitschrift für Arbeits- und Organisationspsychologie, 1/I,* 13–21.
Mack, R. W. & Snyder, R. C. (1957). The analysis of social conflict: Toward an overview and synthesis. *Journal of Conflict Resolution, 1,* 212–248.
Madsen, K. (1968). *Modern theories of motivation.* Kopenhagen.
Maier, G. (1996). *Persönliche Ziele im Unternehmen. Ergebnisse einer Längsschnittstudie bei Berufseinsteigern* (Dissertation). München.
Maier, G. W. (2002). Der Zusammenhang zwischen Arbeitseinstellungen, Arbeitsplatz und Persönlichkeitsmerkmalen. Latente Wachstumskurvenanalysen bei Personen in den ersten Jahre ihrer Berufstätigkeit (Habilitationsschrift). München, LMU.

Maier, G. W., Jonas, E. & Frey, D. (2005). Innovation und Kreativität in der Wirtschaft. In: D. Frey, L. v. Rosenstiel & C. Graf Hoyos (Hrsg.). *Wirtschaftspsychologie*. Weinheim, Basel, 155–163.
Maier, G. W., Prange, C. & Rosenstiel, L. v. (2002). Psychological perspektives of organizational learning. In: M. Dierkes, A. Berthoin Antal, J. Child & I. Nonaka (Hrsg.). *Handbook of organizational learning and knowledge*. New York, 14–34.
Maier, G. W., Rappensperger, G., Rosenstiel, L. v. & Zwarg, I. (1994). Berufliche Ziele und Werthaltungen des Führungsnachwuchses in den alten und den neuen Bundesländern. *Zeitschrift für Arbeits- und Organisationspsychologie*, 4–12.
Maier, G. W. & Rosenstiel, L. von. (1997). Lernende Organisationen und der Umgang mit Fehlern. In: Wieselhuber & Partner (Hrsg.). *Handbuch Lernende Organisation*. Wiesbaden, 101–107.
Maier, G. W. & Woschée, R. M. (2001). Die affektive Bindung an das Unternehmen: Psychometrische Überprüfung einer deutschsprachigen Fassung des Organizational Commitment Questionnaire (OCQ) von Porter & Smith (1970). *Zeitschrift für Arbeits- und Organisationspsychologie*, 46, 126–136.
Maier, N. (1977). *Teilautonome Arbeitsgruppen*. Meisenheim.
Maier, N. R. F. (1963). *Problem-solving discussions and conferences: Leadership methods and skills*. New York.
Maier, W., Rosenstiel, L. v. & Wimmer, P. (1976). Zur Generalisierbarkeit der Herzbergschen Zweifaktorentheorie. *Zeitschrift für Arbeitswissenschaft*, 30, 75–82.
Mainiero, L. (1986). A review and analysis of power dynamics in organizational romances. *Accademy of Management Review*, 11, 750–762.
Mainiero, L. A. (1994). *Liebe im Büro – Flirts, Intrigen und Karrieren am Arbeitsplatz*. Stuttgart.
Mainzer, K. & Stengel, M. (2007). Technischer Wandel: Computerisierung und Virtualisierung. In: D. Frey & L. Rosenstiel (Hrsg.). *Enzyklopädie der Psychologie. Bd. Wirtschaftspsychologie*. Göttingen, 695–739.
Malinowski, B. (1926). *Crime and custom in savage society*. London.
Mandl, H. (1997). Wissen und Handeln – Eine theoretische Standortbebstimmung. In: H. Mandl (Hrsg.). *Bericht über den 40sten Kongreß der Deutschen Gesellschaft für Psychologie. Schwerpunktthema Wissen und Handeln*. Göttingen.
Mandl, H. & Reinmann-Rothmeier, G. (1995). Unterrichten und Lernumgebung gestalten. In: *Forschungsbericht* (Bd. 60). München, LMU München, Inst. für Päd. Psychologie.
Mann, R. D. (1959). A review of the relationship between personality and performance in small groups. *Psychological Bulletin*, 56, 214–270.
March, J. G. & Simon, H. A. (1958). *Organizations*. New York.
Marcus, B. & Schuler, H. (2006). Leistungsbeurteilung. In: H. Schuler (Hrsg.). *Lehrbuch der Personalpsychologie*. 2. Aufl. Göttingen, 433–469.
Margerison, C. & Glube, R. (1979). Leadership decision-making: An empirical test of the Vroom and Yetton model. *Management Studies*, 16, 45–55.
Marr, R. (Hg.). (1987). *Arbeitszeitmanagement. Grundlagen und Perspektiven der Gestaltung flexibler Arbeitszeitsysteme*. Berlin.
Martin, J., Feldmann, M. S., Hatch, M. J. & Sitkin, S. B. (1983). The uniqueness paradox in organizational stories. *Administrative Science Quarterly*, 28, 438–453.
Marx, K. (1971). Ökonomisch-philosophische Manuskripte (1844). In: I. Fetscher (Hrsg.). *Karl Marx – Friedrich Engels Studienausgabe*. Frankfurt.
Maslow, A. H. (1943). A theory of human motivation. *Psychological Review*, 50, 370–396.
Maslow, A. H. (1954). *Motivation and personality*. New York.

Matern, B. (1983). *Psychologische Arbeitsanalyse. Spezielle Arbeits- und Ingenieurspschychologie, Lehrtext 3.* Berlin.
Mathewson S. (1931). *Restriction of output among unorganized workers.* New York.
Maukisch, H. (1978). Einführung in die Eignungsdiagnostik. In: A. Mayer (Hrsg.). *Organisationspsychologie.* Stuttgart, 105–136
Maukisch, H. (1986). Erfolgskontrollen von Assessment Center-Systemen. *Psychologie und Praxis. Zeitschrift für Arbeits- und Organisationspsychologie, 30,* 86–91.
Maukisch, H. (1989). Informationswert und Ökonomie der diagnostischen Prinzipien von Assessment Center Systemen zur Erfassung von Management Potential. In: C. Lattmann (Hrsg.). *Das Assessment-Center-Verfahren der Eignungsbeurteilung.* Heidelberg, 251–290.
Mayer, A. (1970). Die Betriebspsychologie in einer technisierten Welt. In: A. Mayer & B. Herwig (Hrsg.). *Handbuch der Psychologie. Bd. 9: Betriebspsychologie.* Göttingen, 3–55.
Mayer, A. (1978). *Organisationspsychologie.* Stuttgart.
Mayer, A. & Herwig, B. (1970). *Handbuch der Psychologie. Bd. 9: Betriebspsychologie.* 2. Aufl. Göttingen.
Mayntz, R. (1968). *Bürokratische Organisation.* Köln.
Mayo, E. (1947). *Political problems of an industrial civilisation.* New York.
Mayo, E. (1947). *Problem industrieller Arbeitsbedingungen.* Frankfurt.
McCall, M. W. Jr. (1998). *High flyers. Developing the next generation of leaders.* Boston.
McClelland, D. C. (1955). Some social consequences of achievement motivation. *Nebraska Symposium on Motivation, 3,* 41–64.
McClelland, D. C. (1966). *Die Leistungsgesellschaft – Psychologische Analyse der Voraussetzungen wirtschaftlicher Entwicklung.* Stuttgart.
McClelland, D. C. (1973). Testing for competence rather than for intelligence. *Amerincan Psychologist, 28,* 1–14.
McClelland, D. C. (1985). *Human motivaton.* Glenview, IL.
McClelland, D. C. & Winter, D. G. (1969). *Motivating economic achievement.* New York.
McCormick, E. J., Jeanneret, P. R. & Mecham, R. R. (1972). A study of job characteristics and job dimensions as based on the Position Analysis Questionaire (PAQ). *Journal of Applied Psychology, 56,* 347–368.
McDavid, J.W. & Harari, H. (1968). *Social psychology.* New York.
McDougall, W. (1908). *Introduction to social psychology.* London.
McFarlane, Shore, L. & Bloom, A. J. (1986). Developing employees through coaching and career management. *Personnel, August,* 34–41.
McGrath, J. E. (1976). Stress and behavior in organization. In: M. D. Dunenette (Hrsg.). *Handbook of industrial and organizational psychology.* Chicago, 1351–1396.
McGregor, D. (1960). *The human side of enterprise.* New York.
McGregor, D. (1970). *Der Mensch im Unternehmen.* Düsseldorf.
Mead, M. (1970). *Jugend und Sexualität in primitiven Gesellschaften. Bd. 3: Geschlecht und Temperament in drei primitiven Gesellschaften.* München.
Meissner, M. (1976). The language of work. In: R. Dubin (Hrsg.). *Handbook of work, organization, and society.* Chicago, 205–279.
Meißner, W. (1989). *Innovation und Organisation. Die Initiierung von Innovationsprozessen in Organisationen.* Stuttgart.
Merei, F. (1949). Group, leadership and institutionalization. *Human Relations, 2,* 23–39.
Merton, R. (1965). Die Eigendynamik gesellschaftlicher Voraussagen. In: E. Topitsch (Hrsg.). *Logik der Sozialwissenschaften.* Köln, 144–161.
Merz, F. (1979). *Geschlechterpsychologie.* Göttingen.

Metzger, W. (1953). *Gesetze des Sehens.* Frankfurt.
Metz-Göckel, S. & Müller, U. (1986). *Der Mann.* Dortmund.
Meyer, H., Kay, E. & French, J. R. P. (1965). Split roles in performance appraisal. *Harvard Business Review, 43*, 123–129.
Meyer-Abich, K. M. (1984). *Wege zum Frieden mit der Natur. Praktische Naturphilosophie für die Umweltpolitik.* München.
Meyer-Abich, K. M. & Schefold, B. (1982). *Wie möchten wir in Zukunft leben. Der »harte« und der »sanfte« Weg.* München.
Michel, L. (1964). Allgemeine Grundlagen psychometrischer Tests. In: R. Heiss (Hrsg.). *Handbuch der Psychologie. Bd. 6: Psychologische Diagnostik.* Göttingen, 19–70.
Michel-Alder. E. (1990). Schluß mit dem Verschleiß weiblicher Talente – Das Netzwerk der Initiative »Taten statt Worte«. In: M. Domsch & E. Regnet (Hrsg.). *Weibliche Fach- und Führungskräfte.* Stuttgart, 180–194.
Miceli, M. P. & Near, J. P. (1991). Whistle blowing. *Research in Organizational Behavior. 9*, 139–200.
Miller, N. E. (1944). Experimental studies in conflict. In: J. McVicker Hunt (Hrsg.). *Personality and the behavior disorders.* Bd. 1. New York, 431–465.
Miller, R. B. (1971). *Development of a taxonomy of human performance: Design of a system task vocabulary.* Washington.
Millward, S. J. & Brewerton, P. M. (2000). Psychological contracts: Employee relations for the twenty-first century? In: C. L. Cooper & I. T. Robertson (Hrsg.). *International review of industrial and organizational psychology.* Chichester, 1–61.
Miner, J. B. & Dachler, H. P. (1973). Personnel attitudes and motivation. *Annual Review of Psychology, 24*, 379–402.
Mintzberg, H. (1973). *The nature of managerial work.* New York.
Mitchell, T. R. & Albright, D. W. (1972). Expectancy theory predictions of the satisfaction, effort, performance, and retention of Naval Aviation Officers. *Organizational Behavior and Human Performance, 8*, 1–20.
Moreno, J. L. (1934). *Who shall survive? A new approach to the problem of human interrelations.* Washington (D.C.): Nervous and mental disease publishing company.
Morgan, G. (1997). *Bilder der Organisation.* Stuttgart.
Morse, N. C. (1953). *Satisfactions in the white-collar job.* Ann Arbor, Mich.
Morse, N. C. & Reimer, E. (1956). The experimental change of a major organizational variable. *Journal of Abnormal and Social Psychology, 52*, 120–129.
Moser, K. (1997). Commitment in Organisationen. *Zeitschrift für Arbeits- und Organisationspsychologie, 41*, 160–170.
Moser, K. (2004). Selbstbeurteilung. In: H. Schuler (Hrsg.). *Beurteilung und Förderung beruflicher Leistung.* Göttingen, 83–100.
Moser, K. & Zempel, J. (2006). Personalmarketing. In: H. Schuler (Hrsg.). *Lehrbuch der Personalpsychologie.* Göttingen, 69–96.
Mulder, J. (1960). Communication structure, decision structure and group performance. *Human Relations, 13*, 1–14.
Mullen, B. & Copper, C. (1994). The relation between group cohesiveness and performance: An integration. *Psychological Bulletin, 115*, 210–227.
Müller, G. (1989). Identitätsprobleme organisationspsychologischer Forschung. *Zeitschrift für Arbeits- und Organisationspsychologie, 33*, 197–200.
Müller, G. (1999). Organisationskultur, Organisationsklima und Befriedigungswert der Arbeit. *Zeitschrift für Arbeits- und Organisationspsychologie. 43*, 193–201.
Müller, G. & Thomas, A. (1974). *Einführung in die Sozialpsychologie.* Göttingen.

Müller, U. (1999). Soziologie und Geschlechtergerechtigkeit. In: B. Dausien, M. Herrmann, M. Oechsel, C. Schmerl & M. Stein-Hilbers (Hrsg.). *Erkenntnisprojekt Geschlecht. Reihe: Geschlecht und Gesellschaft (Bd. 17)*. Opladen.
Münsterberg, H. (1912). *Psychologie und Wirtschaftsleben. Ein Beitrag zur Angewandten Experimentalpsychologie*. Leipzig.
Murray, H. A. (1938). *Explorations in personality*. New York.

Nachreiner, F. (1978). *Die Messung des Führungsverhaltens*. Bern.
Naef, R. D. (1971). *Rationeller lernen lernen*. Weinheim.
Naylor, J. C. & Briggs, G. E. (1963). The effect of task complexity and task organization on the relative efficiency of part and whole methods. *Journal of Experimental Psychology, 65*, 217–224.
Nerdinger, F. W. (1994). *Zur Psychologie der Dienstleitung*. Stuttgart.
Nerdinger, F. W. (1995). *Motivation und Handeln in Organisationen*. Stuttgart.
Nerdinger, F. W. (2004). Organizational behavior und Extrarollenverhalten. In: H. Schuler (Hrsg.). *Enzyklopädie der Psychologie, D/III/4, Bd. Organisationspsychologie – Grundlagen der Personalpsychologie*. Göttingen, 293–333.
Nerdinger, F. W. (2006). Motivierung. In: H. Schuler (Hrsg.). *Lehrbuch der Personalpsychologie*. Göttingen, 385–407.
Neubauer, R. (1980). Die Assessment Center Technik. In: R. Neubauer & L. von Rosenstiel (Hrsg.). *Handbuch der angewandten Psychologie*. München, 122–158.
Neubauer, R. (1990). Frauen im Assessment Center – ein Gewinn? *A & O, Zeitschrift für Arbeits- und Organisationspsychologie, 1 (1)*, 29–36.
Neubauer, W. & Rosemann, B. (2006). *Führung, Macht und Vertrauen in Organisationen*. Stuttgart.
Neuberger, O. (1972). Experimentelle Untersuchungen von Führungsstilen. *Gruppendynamik, 3*, 191–219.
Neuberger, O. (1973). Organisationsstruktur und Organisationsklima. Zur Beschreibung der Situation in Organisationen. *Problem und Entscheidung, 10*, 26–87.
Neuberger, O. (1974). *Messung der Arbeitszufriedenheit*. Stuttgart.
Neuberger, O. (1974). *Theorien der Arbeitszufriedenheit*. Stuttgart.
Neuberger, O. (1976). *Führungsverhalten und Führungserfolg*. Berlin.
Neuberger, O. (1977). *Organisation und Führung*. Stuttgart.
Neuberger, O. (1978). Führung. In: A. Mayer (Hrsg.). *Organisationspsychologie*. Stuttgart, 272–304.
Neuberger, O. (1978). Motivation und Zufriedenheit. In: A. Mayer (Hrsg.). *Organisationspsychologie*. Stuttgart, 201–235.
Neuberger, O. (1979). Erfahrungen bei der Einführung eines neuen Beurteilungssystems in einem Industriebetrieb. *Problem und Entscheidung, 23*, 34–57.
Neuberger, O. (1979). Rituelle Selbsttäuschung. Kritik der irrationalen Praxis der Personalbeurteilung. *Problem und Entscheidung, 23*, 58–103.
Neuberger, O. (1980). *Das Mitarbeitergespräch*. Goch.
Neuberger, O. (1980). Führungsforschung: Haben wir die Jäger- und Sammlerzeit schon hinter uns? *Die Betriebswirtschaft, 40*, 603–630.
Neuberger, O. (1980). Woran wird Humanisierung gemessen – Wann gilt sie als eingelöst? In: L. Rosenstiel & M. Weinkamm (Hrsg.). *Humanisierung der Arbeitswelt – Vergessene Verpflichtung?* Stuttgart, 81–93.
Neuberger, O. (1984). *Führung*. Stuttgart.
Neuberger, O. (1985). *Arbeit*. Stuttgart.

Neuberger, O. (1985). *Unternehmenskultur und Führung.* Augsburg, Universität Augsburg.
Neuberger, O. (1986). *Spiele in Organisationen, Organisationen als Spiele* (Manuskript). Augsburg, Universität Augsburg.
Neuberger, O. (1987). Organisationsklima als Einstellung zur Organisation. In: C. Graf Hoyos, W. Kroeber-Riel, L. von Rosenstiel & B. Strümpel (Hrsg.). *Grundbegriffe der Wirtschaftspsychologie.* München, 128–137.
Neuberger, O. (1988). Führung (ist) symbolisiert. Plädoyer für eine sinnvolle Führungsforschung. In: *Augsburger Beiträge zu Organisationspsychologie und Personalwesen.* Augsburg, WiSo Fak.
Neuberger, O. (1988). *Was ist denn da so komisch?* Weinheim, Psychologie Heute TB.
Neuberger, O. (1989). Assessment Center – Ein Handel mit Illusionen? In: C. Lattmann (Hrsg.). *Das Assessment-Center-Verfahren der Eignungsbeurteilung.* Heidelberg, 291–307.
Neuberger, O. (1989). Organisationstheorien. In: E. Roth (Hrsg.). *Organisationspsychologie* (Enzyklopädie der Psychologie, Bd. 3). Göttingen, 205–250.
Neuberger, O. (1989). Symbolisierung in Organisationen. *Augsburger Beiträge zur Organisationspsychologie und Personalwesen,* 4, 24–36.
Neuberger, O. (1989). Widersprüche in Ordnung. *Augsburger Beiträge zu Organisationspsychologie und Personalwesen,* 4, 1–23.
Neuberger, O. (1991). *Personalentwicklung.* Stuttgart.
Neuberger, O. (1992). Das ist doch keine Kunst! Zur Ästhetik der Personalentwicklung. In: *Augsburger Beiträge zu Organisationspsychologie und Personalwesen.* Augsburg, Universität Augsburg.
Neuberger, O. (1992). Gaukler, Hofnarren, Komödianten. In: *Augsburger Beiträge zur Organisationspsychologie und Personalwesen.* Bd. 15. Augsburg, Universität Augsburg.
Neuberger, O. (1992). *Miteinander arbeiten – miteinander reden!.* München, Bayerisches Staatsministerium für Arbeit und Sozialordnung.
Neuberger, O. (1994). *Personalentwicklung.* 2. Aufl. Stuttgart.
Neuberger, O. (1995). *Führen und geführt werden.* 4. Aufl. Stuttgart.
Neuberger, O. (1995). Führungstheorien – Machttheorie. In: A. Kieser, G. Reber & R. Wunderer (Hrsg.). *Handwörterbuch der Führung.* Stuttgart, 953–968.
Neuberger, O. (1995). Führungstheorien – Rollentheorie. In: A. Kieser, G. Reber & R. Wunderer (Hrsg.). *Handwörterbuch der Führung.* Stuttgart, 979–993.
Neuberger, O. (1995). *Mikropolitik.* Stuttgart.
Neuberger, O. (1999). *Mobbing. Übel mitspielen in Organisationen.* München.
Neuberger, O. (2000). *Das 360°-Feedback.* München, Mehring.
Neuberger, O. (2002). *Führen und führen lassen.* Stuttgart.
Neuberger, O. & Allerbeck, M. (1978). *Messung und Analyse der Arbeitszufriedenheit.* Bern.
Neuberger, O. & Kompa, A. (1987). *Wir, die Firma.* Weinheim.
Neudecker, M. (1986). *Die innerbetriebliche Führungskräfteschulung – eine explorative Studie ihrer Effizienz* (Dissertation). München, LMU.
Neumann, G. A., Edwards, J. E. & Raju, N. S. (1989). Organizational development interventions: A meta-analysis of their effects on satisfaction and other attitudes. *Personnel Psychology,* 42, 461–483.
Neumann, P. (2003). Das Mitarbeitergespräch. In: L. v. Rosenstiel, E. Regnet & M. Domsch (Hrsg.). *Führung von Mitarbeitern.* 5. Aufl. Stuttgart, 253–268.
Nibel, H. (1987). *Subjektive Arbeitsanalyse: Stimmungsbild oder Situationsdiagnose?* (Diplomarbeit). Tübingen, Universität Tübingen.
Nicholas, J. M. (1982). The comparative impact of organizational development interventions on hard criteria measures. In: *Academy of Management Review,* 8, 531–542.

Nieder, P. & Naase, G. (1977). *Führung und Leistung.* Bern.
Noelle-Neumann, E. (1977). Werden wir alle Proletarier? Zürich.
Noelle-Neumann, E. & Petersen, T. (2001). Zeitenwende. Der Wandel 30 Jahre später. *Das Parlament, Beilage 29,* 15–22.
Noelle-Neumann, E. & Strümpel, B. (1984). *Macht Arbeit krank? Macht Arbeit glücklich? Eine aktuelle Kontroverse.* München.
Nonaka, I. & Takeuchi, H. (1997). *Die Organisation des Wissens.* Frankfurt.
Nork, M. (1989). *Management Training: Evaluation, Probleme, Lösungsansätze.* München.

O'Leary-Kelly, A. M., Martocchio, J. J., Frink, D. D. (1994). A review of the influence of group goals on group performance. *Academy of Management Journal, 37,* 1285–1301.
Oberquelle, H. (1993). Anpaßbarkeit von Groupware als Beispiel für die dynamische Gestaltung von computergestützter Gruppenarbeit. In: Konradt, U. & Drisis, L. (Hrsg.). *Software-Ergonomie in der Gruppenarbeit.* Opladen, 37–54.
Odaka, K. (1981). Gruppenarbeit in Japan. Die japanische Form der Arbeiterselbstverwaltung. *Personal – Mensch und Arbeit im Betrieb,* 50–53.
Oerter, R. (2006). Menschliche Entwicklung und ihre Gestaltbarkeit – Beiträge der Entwicklungspsychologie. In: K. Sonntag (Hrsg.). *Personalentwicklung in Organisationen.* Göttingen, 39–56.
Oesterreich, R. & Volpert, W. (1987). Handlungstheoretisch orientierte Arbeitsanalyse. In: J. Rutenfranz & U. Kleinbeck (Hrsg.). *Arbeitspsychologie.* Göttingen, 43–73.
Oldham, G. R. (1996). Job design. In: C. L. Cooper & I. T. Robertson (Hrsg.). *International Review of Industrial and Organizational Psychology.* Chichester, 1–48.
Opsahl, A. L. & Dunnette, M. D. (1971). The role of financial compensation. In: D. R. Domm et al. (Hrsg.). *The individual and the organization.* Dubuque, 193–213.
Organ, D. W. (1990). The motivational basis of organizational citizenship behavior. *Research in Organizational Behavior, 12,* 43–72.
Orth, C. D., Wilkinson, H. E. & Benfari, R. C. (1987). The manager's role as coach and mentor. *Organizational Dynamics,* 66–74.
Osborn, A. (1957, 1963). *Applied imagination.* New York.
Ostendorf, F. & Angleitner, A. (2004). *NEO-Persönlichkeitsinventar nach Costa und McGrae.* Göttingen.
Osterloh, M. (2001). Wettbewerbsvorteile in der Wissensgesellschaft oder: Können Organisationen lernen? In: BMBF (Hrsg.). *3. Zukunftsforum: Arbeiten und Lernen. Lernkultur, Kompetenzentwicklung und innovative Arbeitsgestaltung.* Berlin.

Parkin, P. W. & Hearn, J. (1987). Frauen, Männer und Führung. In: A. Kieser, G. Reber & R. Wunderer (Hrsg.). *Handwörterbuch der Führung (Enzyklopädie der Betriebswirtschaftslehre, Bd. 10).* Stuttgart, 326–339.
Parkinson, B. (1991). Emotional stylists: Strategies of expressive management among trainee hairdressers. *Cognition and Emotion, 5/6,* 419–434.
Patchen, M. (1961). *The choice of wage comparisons.* Englewood Cliffs, N.J.
Patrick, J. (1934). Studies in rational behavior and emotional excitement II. The effect of emotional excitement on rational behavior in human subjects. *Journal of Comparative Psychology, 18,* 153–195.
Paulson, S. K. (1974). Causal analysis of interorganizational relations – an axiomatic theory. *Administrative Science Quarterly, 19,* 319–337.
Pawlowsky, P. & Bäumer, J. (1996). *Betriebliche Weiterbildung.* München.
Payne, R., Fineman, S. & Wall, T. A. (1976). Organizational climate and job satisfaction: A conceptual synthesis. *Organizational Behavior and Human Performance, 16,* 45–62.

Payne, R. & Pugh, D. S. (1976). Organizational structure and climate. In: M. D. Dunnette (Hrsg.). *Handbook of industrial and organizational psychology.* Chicago, 1125-1173.
Pearce, J. A. & Ravlin, F. C. (1987). The design and activation of self-regulating work groups. In: *Human Relations, 40,* 751-782.
Pelz, D. C. & Andrews, F. M. (1966). *Scientists in organizations.* New York.
Pelzmann, L. (1988). *Wirtschaftspsychologie.* Wien.
Peretti, P. O. & O'Connor, P. (1989). Effects of incongruence between the perceived self and the ideal self on emotional stability of stripteasers. *Social Behavior and Personality, 17,* 81-92.
Peter, L. J. & Hull, R. (1981). *Das Peter-Prinzip oder die Hierarchie der Unfähigen.* Reinbek.
Peters, A. & Winzer, H. (2003). Behavioral Event Interview (BEI). In: J. Erpenbeck & L. v. Rosenstiel (Hrsg.). *Handbuch Kompetenzmessung.* Stuttgart, 528-538.
Peters, T. J. & Waterman, R. H. (1984). *Auf der Suche nach Spitzenleistungen. Was man von den bestgeführten US-Unternehmen lernen kann.* Landsberg.
Petty, M. M., McGee, G. W. & Cavender, J. W. (1984). A meta-analysis of the relationships between individual job satisfaction and individual performance. *Acadamy of Management Review, 9,* 712-721.
Pfeffer, J. (1981). *Power in Organizations.* Marshfield, Mass.
Picot, A., Reichwald, R. & Wigand, R. T. (2003). *Die grenzenlose Unternehmung.* 5. Aufl. Wiesbaden.
Ploming, R. & Spinath, F. M. (2004). Intelligence: Gnetics, genes and genomies. *Journal of Personality and Social Psychology, 86,* 112-129.
Podsiadlowski, A. (1998). Zusammenarbeit in interkulturellen Teams. In: E. Spieß (Hrsg.). *Formen der Kooperation.* Göttingen, 193-210.
Podsiadlowski, A. (2002). *Multikulturelle Arbeitsgruppen in Unternehmen. Bedingungen für erfolgreiche Zusammenarbeit am Beispiel deutscher Unternehmen in Südostasien.* Münster.
Pöhler, W. (Hrsg.) (1979). *Damit die Arbeit menschlicher wird. Fünf Jahre Aktionsprogramm Humanisierung des Arbeitslebens.* Bonn.
Pollert, A. (1981). *Girls, wives, factory lives.* London.
Porras, J. I. (1979). The comparative impact of different OD techniques and intervention intensities. In: *Journal of Applied Behavioral Science, 15 (2),* 156-178.
Porras, J. I. & Berg, P. O. (1978). Evaluation methodology in organization development: An analysis and critique. *Journal of Applied Behavioral Science, 14,* 151-176.
Porras, J. I. & Roberts, N. (1980). Toward a typology of organizations development research. *Journal of Occupational Behavior, (3),* 163-171.
Porter, L. W. (1962). Job attitudes in management: II. Perceived importance of needs as a function of job level. *Journal of Applied Psychology, 47,* 141-148.
Porter, L. W. & Lawler, E. E. (1968). *Managerial attitudes and performance.* Homewood, Ill.
Porter, L. W., Lawler, E. E. & Hackman, R. J. (1975). *Behavior in organizations.* New York.
Porter, L. W. & Smith, F. J. (1970). The etiology of organizational commitment. University of California at Irvine (*unveröffentlicht*).
Powell, G. N. (1986). What do tomorrows managers think about sexual intimacy in the work-place? *Business Horizons, 29 (4),* 30-35.
Preiser, S. (1989). *Zielorientiertes Handeln: Ein Trainingsprogramm zur Selbstkontrolle.* Heidelberg.
Preiser, S., Gasch, B. & Kugemann, W. (1973). Training von Führungskräften in Personalbeurteilungen. *Psychologie und Praxis, 17,* 1-15.
Prenzel, W. & Strümpel, B. (1990). Männlicher Rollenwandel zwischen Partnerschaft und Beruf. *Zeitschrift für Arbeits- und Organisationspsychologie, 34,* 37-45.

Presthus, R. (1966). *Individuum und Organisation. Typologie der Anpassung.* Frankfurt/M.
Pribilla, P., Reichwald, R. & Goecke, R. (1995). *Telekommunikation im Management.* Wiesbaden.
Pritchard, R. D., Kleinbeck, U. & Schmidt, K.-H. (1993). *Das Managementsystem PPM – Durch Mitarbeiterbeteiligung zu höherer Produktivität.* München.
Pümpin, C., Kobi, J. M. & Wüthrich, H. A. (1985). Unternehmenskultur. Basis strategischer Profilierung erfolgreicher Unernehmen. In: *Die Orientierung (Bd. 84).* Bern, Schweizerische Volksbank.

Raeder, S. & Grote, G. (2005). Psychologische Verträge. In: D. Frey, L. v. Rosenstiel & C. Graf Hoyos (Hrsg.). *Wirtschaftspsychologie.* Weinheim, Basel, 304–309.
Rappensperger, G. (1996). *Berufseinstieg, Integration und Förderung von Führungsnachwuchskräften* (Dissertation). München, LMU.
Rappensperger, G., Maier, G. W. & Wittmann, A. (1998). Die Bedeutung von Mitarbeiterzielen bei der Einarbeitung. In: L. v. Rosenstiel, F. W. Nerdinger & E. Spieß (Hrsg.). *Von der Hochschule in den Beruf.* Göttingen, 115–126.
Rastetter, D. (1994). *Sexualität und Herrschaft in Organisationen.* Opladen.
Raven, C. (2002). Handbuch Coaching. Göttingen.
Raven, C. (2003). Coaching. Göttingen.
Rautenstrauch, C. (2001). *Tele-Tutoren. Qualifizierungsmerkmal einer neu entstehenden Profession.* Bielefeld.
Reddin, W. J. (1970). *Managerial effectivenes.* New York.
Reddin, W. J. (1981). *Das 3-D-Programm. Zur Leistungssteigerung des Managements.* Landsberg.
Regnet, E. (2001). *Konflikte in Organisationen.* 2. Aufl. Göttingen.
Rehm, S. (1983). *Quality Circle in Japan – Vorbild für Deutschland?.* Düsseldorf, Deutsch-japanisches Wirtschaftsförderungsbüro.
Reichwald, R., Ihl, C. & Seifert, S. (2005). *Innovation durch Kundeninnovation.* In: D. Frey, L. v. Rosenstiel & C. Graf Hoyos (Hrsg.). Wirtschaftspsychologie. Weinheim, 148–155.
Reimann, H. & Reimann, H. (Hrsg.) (1994). *Das Alter.* 3. Aufl. Stuttgart.
Reimann, G. & Mandl, H. (2004). *Psychologie des Wissensmanagement.* Göttingen.
Reiß, M. (1997). Aktuelle Konzepte des Wandels. In: M. Reiß, L. v. Rosenstiel, A. Lanz (Hrsg.). *Change Management.* Stuttgart, 31–90.
Reiß, M., Rosenstiel, L. v. & Lanz, A. (Hrsg.) (1997). *Change Management.* Stuttgart.
Resch, M. (1998). *Arbeisanalyse im Haushalt. Erhebungen und Bewertung von Tätigkeiten außerhalb der Erwerbstätigkeit mit dem AVAH-Verfahren.* Zürich.
Revans, R. (1980). *Action learning. New techniques for management.* London.
Richter, P., Hemmann, E., Merboth, H., Fritz, S., Hänsgen, C. & Rudolf, M. (2000). Das Erleben von Arbeitsintensität und Tätigkeitsspielraum – Entwicklungen und Validierung eines Fragebogens zur orientierenden Analyse (FIT). *Zeitschrift für Arbeits- und Organisationspsychologie, 44,* 129–139.
Riecken, H. W. (1958). The effect of talkativeness on ability to influence group solutions of problems. *Sociometry, 21,* 309–321.
Riegert, A. (2006). Blended Learning im Führungstraining. Unterstützung von Lernerfolg und Lerntransfer durch computergestütztes, kooperatives Lernen. In: O. Neuberger (Hrsg.). *Schriftenreihe Organisation und Personal (Bd. 16).* München, Mering.
Riemann, F. (1975). *Grundformen der Angst.* 10. Aufl. München.
Roethlisberger, F. J. & Dickson, W. J. (1939). *Management and the worker.* Cambrigde/Mass.

Rohmert, W. (1972). Aufgaben und Inhalt der Arbeitswissenschaft. *Die berufsbildende Schule, 24*, 3-14.
Rohmert, W. (1973). Psychische Beanspruchung. In: H. Schmidtke (Hrsg.). *Ergonomie I.* München, 225-255.
Rohmert, W. & Landau, K. (1978). *Arbeitswissenschaftliches Erhebungsinstrumentarium für Tätigkeiten.* Bern.
Rohracher, H. (1988). *Einführung in die Psychologie.* München.
Rose, R. J. (1995). Genes and human behavior. *Annual Review of Psychology, 46*, 625-654.
Rosenstiel, L. v. (1975). Arbeitsleistung und Arbeitszufriedenheit. *Zeitschrift für Arbeitswissenschaft, 29*, 72-78.
Rosenstiel, L. v. (1975). *Die motivationalen Grundlagen des Verhaltens in Organisationen – Leistung und Zufriedenheit.* Berlin.
Rosenstiel, L. v. (1976). Wandlungen in der Personalführung durch die »Autonomen Arbeitsgruppen«? *Schriften des Vereins für Socialpolitik, Gesellschaft für Wirtschafts- und Sozialwissenschaften; Neue Folge Bd. 88: Die Bedeutung gesellschaftlicher Veränderungen für die Willensbildung im Unternehmen.*
Rosenstiel, L. v. (1977). Arbeitsleistung und Arbeitszufriedenheit – zur Frage der Korrelation und der Kausalität. In: *Zeitschrift für Arbeitswissenschaft* (1975, 2. Nachdruck. In: J. Gohl: Arbeit im Konflikt. München, 81-98.
Rosenstiel, L. v. (1977). Arbeitsmotivation und Anreizgestaltung. In: K. Macharzina & W. Oechsler (Hrsg.). *Personalmanagement. Bd. 1: Mitarbeiterführung und Führungsorganisation.* Wiesbaden, 55-77.
Rosenstiel, L. v. (1977). Die Bedeutung der Wirtschaftspsychologie für die Wirtschaftslehrerbildung und die Wirtschaftslehre. In: R. Buchegger et al. (Hrsg.). *Bezugswissenschaften der Wirtschaftslehre und Wirtschaftslehrerbildung.* Trier, 108-123.
Rosenstiel, L. v. (1977). *Messung der Arbeitszufriedenheit.* Köln, 109-127.
Rosenstiel, L. v. (1978). Arbeitsgruppe. In: A. Mayer (Hrsg.). *Organisationspsychologie.* Stuttgart, 263-271.
Rosenstiel, L. v. (1978). Folgewirkungen einer funktionsbezogenen Bezahlung. In: H. Siedentopf (Hrsg.). *Bewertungssysteme für den öffentlichen Dienst.* Baden-Baden, 141-157.
Rosenstiel, L. v. (1979). Die Ermittlung personaler Eigenschaften motivationaler Art. In: G. Reber (Hrsg.). *Personalinformationssysteme.* Stuttgart, 51-73.
Rosenstiel, L. v. (1981). *Die Psychologie.* Landsberg/L., 24-32.
Rosenstiel, L. v. (1981). Entscheidung: Was leistet die empirische Forschung? In: Gottlieb Duttweiler Institut (Hrsg.). *Entscheidung auf neuen Wegen. Vorträge der internationalen Tagung, 8.-9. April 1981.* Rüschlikon/Zürich, Gottlieb Duttweiler-Institut, 35-60.
Rosenstiel, L. v. (1981). Leistung und Zufriedenheit. In: P. G. v. Beckerath, P. Sauermann & G. Wiswede (Hrsg.). *Handwörterbuch der Betriebspsychologie und Betriebssoziologie.* Stuttgart, 240-245.
Rosenstiel, L. v. (1982). Job Sharing –In psychologischer Perspektive. In: H. Heymann & L. Seiwert (Hrsg.). *Job Sharing – Flexible Arbeitszeit durch Arbeitsplatzteilung.* Grafenau, 282-294.
Rosenstiel, L. v. (1982). Motivationsänderung in Organisationen. In: H. Schuler & W. Stehle (Hrsg.). *Psychologie in Wirtschaft und Verwaltung.* Stuttgart, 289-305.
Rosenstiel, L. v. (1984). Aufgaben der Arbeits- und Betriebspsychologie bei sich wandelnden Technologien, Organisationsstrukturen und Werthaltungen. In: Sektion Arbeits- und Betriebspsychologie im Berufsverband Deutscher Psychologen e. V. (Hrsg.). *Arbeit in moderner Technik. Referat der 26. Fachtagung zur arbeits- und betriebspsychologischen Fortbildung in der Bundesrepublik Deutschland.* Duisburg: BDP, Lübeck, 15-50.

Rosenstiel, L. v. (1984). Wandel der Werte – Zielkonflikte bei Führungskräften? In: R. Blum & M. Steiner (Hrsg.). *Aktuelle Probleme der Marktwirtschaft in gesamt- und einzelwirtschaftlicher Sicht*. Berlin, 203-234.

Rosenstiel, L. v. (1986). Das Betriebsklima. Zur Praxis der Diagnose und Intervention in Organisationen. *WiSt Wirtschaftwissenschaftliche Studium. Zeitschrift für Ausbildung und Hochschulkontakt*, 83-91.

Rosenstiel, L. v. (1986). Die neuen Technologien und ihre Auswirkungen auf den arbeitenden Menschen. In: V. Schubert (Hrsg.). *Der Mensch und seine Arbeit*. St. Otilien, 331-362.

Rosenstiel, L. v. (1986). Führungskräfte nach dem Wertwandel: Zielkonflikte und Identifikationskrisen? *Zeitschrift Führung und Organisation*, 55, 89-96.

Rosenstiel, L. v. (1988). Motivationsmanagement. In: M. Hofmann & L. v. Rosenstiel (Hrsg.). *Funktionale Managementlehre*. Berlin, 214-264.

Rosenstiel, L. v. (1989). Innovation und Veränderung in Organisationen. In: E. Roth (Hrsg.). *Organisationspsychologie/ Enzyklopädie der Psychologie*, Bd. 3. Göttingen, 652-684.

Rosenstiel, L. v. (1989). Selektions- und Sozialisationseffekte beim Übergang vom Bildungs- ins Beschäftigungssystem: Ergebnisse einer Längsschnittstudie an jungen Akademikern. *Zeitschrift für Arbeits- und Organisationspsychologie*, 33, 21-32.

Rosenstiel, L. v. (1990). Kommunikation und Führung in Arbeitsgruppen. In: H. Schuler (Hrsg.). *Lehrbuch Organisationspsychologie*. Bern, 321-376.

Rosenstiel, L. v. (1991). Arbeitet man nur in Organisationen? Wird in Organisationen nur gearbeitet? – Überlegungen zu einer spannenden Beziehung. In: 7. Zürcher Symposium Arbeitspsychologie (Hrsg.). *Selbstverständnis der Arbeits- und Organisationspsychologie: Zwei Disziplinen? Zwei Hälften eines Ganzen? Ein und dasselbe?*. Zürich, ETH.

Rosenstiel, L. v. (1991). Die organisationspsychologische Perspektive der Beratung. In: M. Hofmann, L. von Rosenstiel, K. Zapotoczky (Hrsg.). *Die sozio-kulturellen Rahmenbedingungen für Unternehmensberater*. Stuttgart, 167-278.

Rosenstiel, L. v. (1991). Unternehmensethik – Eine verhaltenswissenschaftliche Perspektive. In: M. Dierkes & K. Zimmermann (Hrsg.). *Ethik und Geschäft*. Frankfurt, 128-155.

Rosenstiel, L. v. (1993). Interkulturelle Managemententwicklung. In: M. Haller, K. Bleicher, E. Brauchlin, H.-J. Pleitner, R. Wunderer & A. Zünd (Hrsg.). *Globalisierung der Wirtschaft. Einwirkungen auf die Betriebswirtschaftslehre*. Bern, 171-192.

Rosenstiel, L. v. (1994). Begriff der Angewandten Psychologie. In: L. Rosenstiel, M. Hockel & W. Molt (Hrsg.). *Handbuch der Angewandten Psychologie*. Landsberg, 1-13.

Rosenstiel, L. v. (1994). *Führung im Systemwandel*. Stuttgart.

Rosenstiel, L. v. (1994). Männer und Frauen in Organisationen. In: V. Schubert (Hrsg.). *Frau und Mann*. St. Ottilien, 207-237.

Rosenstiel, L. v. (1994). Psychische Probleme des Berufsaustritts. In: H. Reimann & H. Reimann (Hrsg.). *Das Alter*. Stuttgart, 230-250.

Rosenstiel, L. v. (1995). Führung bei Leistungszurückhaltung. In: A. Kieser, G. Reber & R. Wunderer (Hrsg.). *Handwörterbuch der Führung*. Stuttgart, 1431-1442.

Rosenstiel, L. v. (1997). Die Karriere – ihr Licht und ihre Schatten. In: Lutz v. Rosenstiel, Thomas Lang von Wins & Eduard Sigl (Hrsg.). *Perspektiven der Karriere*. Stuttgart, 13-43.

Rosenstiel, L. v. (1997). Teamentwicklung in der Geschäftsleitung. *Zeitschrift für Arbeits- und Organisationspsychologie*, 3/1997, 163-167.

Rosenstiel, L. v. (1997). Verhaltenswissenschaftliche Grundlagen von Veränderungsprozessen. In: Michael, Reiß, Lutz von Rosenstiel & Anette Lanz (Hrsg.). *Change Management*. Stuttgart, 191-212.

Rosenstiel, L. v. (1998). Einstieg und Aufstieg – Selektion und Sozialisation von Hochschulabsolventen in den 80er und 90er Jahren beim Übergang vom Bildungs- ins Beschäftigungssystem. In: L. v. Rosenstiel & H. Schuler (Hrsg.). *Person – Arbeit – Gesellschaft.* Augsburg, 65–96.
Rosenstiel, L. v. (1999). Die »lernende Organisation« als Ausgangspunkt für Qualitätsentwicklung. In: F. Peterander & O. Speck (Hrsg.). *Qualitätsmanagement in sozialen Einrichtungen.* München.
Rosenstiel, L., v. (1999). Motivationale Grundlagen von Anreizsystemen. In: Wolfgang Bühler & Theo Siegert (Hrsg.). *Unternehmenssteuerung und Anreizsysteme.* Stuttgart, 47–78.
Rosenstiel, L. v. (2001). *Motivation im Betrieb.* Leonberg.
Rosenstiel, L. v. (2002). Führung in Organisationen. *Kölner Zeitschrift für Soziologie und Sozialpsychologie, 42,* 204–244.
Rosenstiel, L. v. (2002). *Mitarbeiterführung in Wirtschaft und Verwaltung.* 3. Aufl. München, Bayerisches Staatsministerium für Arbeit und Sozialordnung, Familie und Frauen.
Rosenstiel, L. v. (2003). Anerkennung und Kritik als Führungsmittel. In: L. v. Rosenstiel, E. Regnet & M. Domsch (Hrsg.). *Führung von Mitarbeitern.* 5. Aufl. Stuttgart, 269–291.
Rosenstiel. L. v. (2003). Betriebliche Personalentwicklung – »ein blinder Fleck« für die Evaluation. *Zeitschrift für Evaluation, 1,* 151–174.
Rosenstiel, L. v. (2003). Betriebsklima und Leistung – eine wissenschaftliche Standortbestimmung. In: U. M. Hangebrauck, K. Kock, E. Kutzner & G. Muesmann (Hrsg.). *Handbuch Betriebsklima.* München, 23–38.
Rosenstiel, L. v. (2003). Bindung der Besten. Ein Beitrag zur mitarbeiterbezogenen strategischen Planung. In: M. J. Ringlstetter, H. A. Henzler & M. Mirow (Hrsg.). *Perspektiven der Strategischen Unternehmensführung.* Wiesbaden, 229–254.
Rosenstiel, L. v. (2003). Entwicklung und Training von Führungskräften. In: L. v. Rosenstiel, E. Regnet & M. Domsch (Hrsg.). *Führung von Mitarbeitern.* 5. Aufl. Stuttgart, 67–83.
Rosenstiel, L. v. (2003). Grundlagen der Führung. In: L. v. Rosenstiel, E. Regnet & M. Domsch (Hrsg.). *Führung von Mitarbeitern.* 5. Aufl. Stuttgart, 3–25.
Rosenstiel, L. v. (2003). *Motivation managen.* Weinheim.
Rosenstiel, L. v. (2004). Arbeits- und Organisationspsychologie – Wo bleibt der Anwendungsbezug? *Zeitschrift für Arbeits- und Organisationspsychologie, 48,* 87–97.
Rosenstiel, L. v. (2004). Kommunikation in Arbeitsgruppen. In: H. Schuler (Hrsg.). *Lehrbuch Organisationspsychologie.* Bern, 387–414.
Rosenstiel, L. v. (2004). Zukünftige Entwicklungen der Wirtschaftspsychologie. *Wirtschaftspsychologie aktuell, 11,* 65–68.
Rosenstiel, L.v. (2004). »Change« im Unternehmen – am Beispiel der Führung auf Distanz. In: L.v. Rosenstiel, D. Picler & P. Glas (Hrsg.). *Strategisches Kompetenzmanagement.* Wiesbaden.
Rosenstiel, L. v. (2006). Die Bedeutung von Arbeit. In: H. Schuler (Hrsg.). *Lehrbuch der Personalpsychologie.* Göttingen, 15–43.
Rosenstiel, L. v. (2006). Entwicklung von Werthaltungen und interpersonaler Kompetenz – Beiträge der Sozialpsychologie. In: K. Sonntag (Hrsg.). *Personalentwicklung in Organisationen.* Göttingen, 108–137.
Rosenstiel, L. v. (2006). Führung. In: H. Schuler (Hrsg.). *Lehrbuch der Personalpsychologie.* Göttingen, 353–384.
Rosenstiel, L. (2007). Grundlagen- und Bezugswissenschaften der Arbeits- und Organisationspsychologie. In: H. Schuler & K. Sonntag (Hrsg.). *Handbuch der Arbeits- und Organisationspsychologie.* Göttingen, 15–26.
Rosenstiel, L. v. & Bögel, R. (1986). Sozialisation in und durch Organisationen. In: W. Sarges

& R. Fricke (Hrsg.). *Psychologie für die Erwachsenenbildung – Weiterbildung.* Göttingen, 500–506.

Rosenstiel, L. v. & Bögel, R. (1992). *Betriebsklima geht jeden an.* München, Bayerisches Staatsministerium für Arbeit, Familie und Sozialordnung.

Rosenstiel, L. v. & Comelli, G. (2003). *Führung zwischen Stabilität und Wandel.* München.

Rosenstiel, L. v. & Frey, D. (Hrsg.) (2007). *Enzyklopädie der Psychologie, D/III/5: Marktpsychologie.* Göttingen.

Rosenstiel, L. v. & Kehr, H. (1997). *Selbstmanagement-Training: Entwicklung eines Interventionsprogramms zur Förderung der Handlungskompetenzen von Führungskräften durch die Vermittlung von metamotivationalen und metavolitionalen Wissen.* München, Institut für Psychologie, DFG-Antrag.

Rosenstiel, L. v. & Koch, S. (2002). Change in socioeconomic values as a trigger of organizational learning. In: M. Dierkes, A. Berthoin Antal, J. Child & I. Nonaka (Hrsg.). *Handbook of organizational learning and knowledge.* New York, 198–220.

Rosenstiel, L. v. & Lang v. Wins, T. (Hrsg.). (2000). *Potentialanalyse.* Hogrefe.

Rosenstiel, L. v., Molt, W. & Rüttinger, B. (2005). *Organisationspsychologie.* 9. Aufl. Stuttgart, Berlin, Köln.

Rosenstiel, L. v., Nerdinger, F. & Spieß, E. (1991). *Was morgen alles anders läuft.* Düsseldorf.

Rosenstiel, L. v. & Nerdinger, F. (2000). Die Münchner Wertestudien – Bestandsaufnahme und (vorläufiges) Resümee. *Psychologische Rundschau, 51./3,* 146–157.

Rosenstiel, L. v., Nerdinger, F. & Spieß, E. (Hrsg.). (1998). *Von der Hochschule in den Beruf.* Göttingen.

Rosenstiel, L. v., Nerdinger, F., Spieß, E. & Stengel, M. (1989). *Führungsnachwuchs im Unternehmen.* München.

Rosenstiel, L. v. & Neumann, P. (2002). *Marktpsychologie. Ein Handbuch für Studium und Praxis.* Darmstadt.

Rosenstiel, L. v., Pieler, D. & Glas, P. (Hrsg.) (2004). *Strategisches Kompetenzmanagement.* Wiesbaden, 169–192.

Rosenstiel, L. v. & Stengel, M. (1987). *Identifikationskrise? Zum Engagement in betrieblichen Führungspositionen.* Bern.

Rosenstiel, L. v. & Wastian, M. (2001). Wenn Weiterbildung zum Innovationshemmnis wird: Lernkultur und Innovation. In: Arbeitsgemeinschaft Betriebliche Weiterbildungsforschung e. V. (Hrsg.). *Kompetenzentwicklung 2002.* Münster, 203–246.

Rosenstiel, L. v. & Wegge, J. (2004). Führung. In: H. Schuler (Hrsg.). *Enzyklopädie der Psychologie. Bd. 4 Organisationspsychologie – Gruppe und Organisation.* Göttingen.

Rosenstiel, L. v. & Weinkamm, M. (1980). *Humanisierung der Arbeitswelt – vergessene Verpflichtung?* Stuttgart.

Rosenstiel, L. v. & Woschée R. (2002). Wertkonflikte in der arbeits- und organisationspsychologischen Forschung und Praxis. *Zeitschrift für Personalforschung, 16/2,* 187–208.

Rosenthal, R. & Jacobson, L. (1968). *Pygmalion in the classroom: Teacher expectation and pupils' intellectual development.* New York.

Rosner, L. (1969). *Management, Betriebsklima und Produktivität.* Heidelberg.

Ross, E. A. (1908). *Social psychology.* New York.

Ross, I. C. & Zander, A. (1957). Need satisfaction and employee turnover. *Personnel Psychology, 10,* 327–338.

Ross, P. F. (1974). Innovation adaptation by organizations. *Personnel Psychology, 27,* 21–47.

Roy, D. (1952). Quota restriction and gold bricking in a machine shop. *American Journal of Sociology, 57,* 427–442.

Rudolph, E., Schönfelder, E. & Hacker, W. (1987). *Tätigkeitsbewertungssystem für Geistige Arbeit*. Berlin.
Ruiz-Quintanilla, S. A. & England, G. W. (1996). How working is defined: Structure and stability. *Journal of Organizational Behavior, 17*, 515–540.
Rühle, R. (1988). *Kognitives Training in der Industrie. Aufdeckung und Vermittlung psychischer Regulationsgrundlagen von Arbeitstätigkeiten, insbesondere der Mehrstellenarbeit*. Berlin.
Rupp, H. (1929). Die Aufgaben der psychotechnischen Arbeits-Rationalisierung. *Psychotechnische Zeitschrift, 4*, 17–19.
Rüter, H. D. (1988). Personalentwicklung bei der Landesbank Rheinland-Pfalz. *Wirtschaft und Gesellschaft im Beruf, Sonderheft Oktober*, 35–41.
Rüttinger, B., Rosenstiel, L. v. & Molt, W. (1974). *Motivation des wirtschaftlichen Verhaltens*. Stuttgart.
Rüttinger, B. & Sauer B. (2000). *Konflikt und Konfliktlösen*. Leonberg.
Ryffel, H. (1977). Instrumentale Rationalität und praktische Vernunft im Personalwesen. In: K. König, H.-Werner Laubinger & F. Wagener (Hrsg.). *Öffentlicher Dienst. Festschrift für Carl Hermann Ule zum 70. Geburtstag*. 2. Aufl. Köln, 159–176.

Sackmann, S. (1990). Möglichkeiten der Gestaltung von Unternehmenskultur. In: C. Lattmann (Hrsg.). *Die Unternehmenskultur*. Heidelberg, 153–188.
Sader, M. (1957). *Instruktionsverständnis und Testleistung*. Frankfurt/M.
Sader, M. (1969). Rollentheorie. In: C. F. Graumann (Hrsg.). *Handbuch der Psychologie. Bd. 7: Sozialpsychologie*. Göttingen, 204–231.
Sader, M. (2002). *Psychologie der Gruppe*. 8. Aufl. Weinheim.
Sarges, W. (1995). *Management-Diagnostik*. 2. Aufl. Göttingen.
Sarges, W. (1999). Diagnose von Managementpotential für eine sich immer schneller und unvorhersehbarer ändernde Wirtschaftswelt. In: L. von Rosenstiel & T. Lang-von Wins (Hrsg.). *Perspektiven der Potentialbeurteilung*. Göttingen.
Sarges, W. & Wottawa, H. (2004). *Handbuch der wirtschaftspsychologischen Testverfahren*. Lengerich.
Sattelberger, T. (Hg.). (1989). *Innovative Personalentwicklung. Grundlagen, Konzepte, Erfahrungen*. Wiesbaden.
Saunders, D. R. (1956). Moderator variables in prediction. *Educational and Psychological Measuremt, 16*, 209–222.
Schachter, S. (1959). *The psychology of affiliation. Experimental studies of the source of gregariousness*. Stanford, Calif.
Schachter, S., Ellertson, M, McBride, D. & Gregory, D. (1951). An experimental study of cohesiveness and productivity. *Human Relations, 4*, 229–238.
Schandry, R. (2006). *Biologische Psychologie*. 2. Aufl. Weinheim.
Scharmann, T. (1972). Leistungsorientierte Gruppen. In: C. F. Graumann (Hrsg.). *Handbuch der Psychologie, Bd. VII, Sozialpsychologie, 2. Halbbd*. Göttingen, 1790–1864.
Scharmann, T. (1972). *Teamarbeit in der Unternehmung*. Bern.
Schein, E. H. (1965). *Organizational psychology*. New York.
Schein, E. H. (1980). *Organisationspsychologie*. Wiesbaden.
Schein, E. H. (2004). *Organizational culture and leadership*. San Francisco.
Scherm, M. (2003). !Response 360°-Feedback. In: J. Erpenbeck & L. Rosenstiel (Hrsg.). *Handbuch Kompetenzmessung*. Stuttgart, 309–332.
Scherm, M. & Sarges, W. (2002). *360°-Feedback*. Göttingen.
Schiefele, H. (1978). *Lernmotivation und Motivlernen*. München.

Schiemann, W. (1977). *Structural and interpersonal effects on patterns of managerial communication: A longitudinal investigation* (Dissertation). Univ. of Illinois.

Schirmer, F. (1991). Aktivitäten von Managern: Ein kritischer Review über 40 Jahre «Work Activity"-Forschung. In: W. H. Staehle & K Sydow (Hrsg.). *Managementforschung 1*. Berlin, 205–253.

Schjelderup-Ebbe, T. (1922). Zur Sozialpsychologie des Haushuhnes. *Zeitschrift für Psychobiologie, 1/88*, 225–252.

Schjelderup-Ebbe, T. (1924). Zur Soziologie der Vögel. *Zeitschrift für Psychologie, 95*, 36–84.

Schlaich, K. (1965). Über die Bedeutung der Systeme vorbestimmter Zeiten im Arbeitsstudium. *Refa-Nachrichten, 18 (3)*.

Schlitzberger, H. H. (1975). Erfahrungen mit der Arbeitsstrukturierung. *Zeitschrift für Arbeitswissenschaft, 29*, 98–103.

Schmid, M. (2005). *Standards in der manuellen Automobilmontage – Akzeptanz und Reaktanz gegenüber Arbeitsvorschriften. Eine empirische Fallstudie*. Düsseldorf.

Schmidt, F. L. & Hunter, J. E. (1981). Employment Testing: Old theories and new research findings. *American Psychologist, 36*, 1128–1137.

Schmidt, F. L. & Hunter, J. E. (1998). Meßbare Personmerkmale: Stabilität, Variabilität und Validität zur Vorhersage zukünftiger Berufsleistungen und berufsbezogenen Lernens. In: M. Kleinmann & B. Strauss (Hrsg.). *Potentialfeststellungen und Personalentwicklung*. Göttingen, 16–43.

Schmidt, K.-H. & Kleinbeck, U. (2004). *Relationships between Group-Based Performance Measures, Feedback, and Organizational Context Factores*. European Journal of Work an Organizational Psychology, 6, 303–319.

Schmidtchen, G. (1984). *Neue Techniken – neue Arbeitsmoral: Eine sozialpsychologische Untersuchung über Motivation in der Metallindustrie*. Köln.

Schmitt, N., Goding, R. Z., Noe, R. D. & Kirsch, W. (1984). Metaanalysis of validity studies published betweenn 1964 and 1982 and the investigation of study characteristics. *Journal of Personnel Psychology, 37*, 407–422.

Schmitt, N. & Noe, R. (1982). *Final validation results. NASSP Assessment Center*. East Lansing: Michigan State Univ., Dept. of Psychology.

Schmook, R. (2006). Ausgliederung aus dem Berufsleben. In: H. Schuler (Hrsg.). *Lehrbuch der Personalpsychologie*. Göttingen, 729–756.

Schnebele, A. & Domsch, M. (1989). *Sexuelle Belästigung von Frauen am Arbeitsplatz. Eine Bestandsaufnahme zur Problematik – bezogen auf den Hamburger Öffentlichen Dienst*. Hamburg, Leitstelle Gleichstellung der Frau in Zus.arb. mit d. Staatlichen Pressestelle.

Schneevoigt, I. (1985). Die innerbetriebliche Meinungsumfrage als Führungsinstrument. In: H. Schuler & W. Stehle (Hrsg.). *Organisationspsychologie und Unternehmenspraxis: Perspektiven der Kooperation*. Stuttgart, 171–176.

Schneevoigt, I. (1990). Chancengleichheit bei IBM: Fortschritt und Ausblicke. In: M. Domsch & E. Regnet (Hrsg.). *Weibliche Fach- und Führungskräfte*. Stuttgart, 165–179.

Schneewind, K. A. (1973). Zum Selbstverständnis der Psychologie als anwendungsorientierter Wissenschaft vom menschlichen Handeln und Erleben. *Psychologische Rundschau, 24*, 227–247.

Schneewind, K. A. (1982). *Persönlichkeitstheorien*. Darmstadt.

Schneider, B. (1975). Organizational climates, an essay. *Personnel Psychology, 28*, 447–479.

Schneider, B. & Reichers, A. (1983). On the etiology of climates. *Personnel Psychology, 36*, 19–36.

Scholl, W. (2004). Grundkonzepte der Organisation. In: H. Schuler (Hrsg.). *Lehrbuch Organisationspsychologie*. Bern, 515–556.

Scholz, C. (2000). *Personalmanagement. Informationsorientierte und verhaltenstheoretische Grundlagen.* 5. Aufl. München.
Schrader, S. (1990). *Zwischenbetrieblicher Informationstransfer.* Berlin: Duncker & Humblot.
Schramm, F. (1999). *Arbeitnehmerverhalten und Arbeitsmarktentwicklung. Das sozioökonomische Panel in der Personalforschung.* Stuttgart.
Schreyögg, G. (1988). Kann und darf man Unternehmenskulturen ändern? In: E. Dülfer (Hrsg.). *Organisationskultur. Phänomen – Philosophie – Technologie.* Stuttgart, 155–168.
Schriesheim, C. & Kerr, S. (1977). Theories and measures of leadership: a critical appraisal of current and future directions. In: J. G. Hunt & L. L. Larson (Hrsg.). *Leadership. The cutting edge.* Carbondale, 9–45
Schuler, H. (1975). Sympathie und Gruppenentscheidung. *Zeitschrift für Sozialpsychologie, Sonderheft, 1.*
Schuler, H. (1978). Leistungsbeurteilung in Organisationen. In: A. Mayer (Hrsg.). *Organisationspsychologie.* Stuttgart, 137–169.
Schuler, H. (1980). *Das Bild vom Mitarbeiter.* Goch.
Schuler, H. (1980). *Ethische Probleme psychologischer Forschung.* Göttingen.
Schuler, H. (1987). Mitarbeiterbeurteilung und Leistungsbewertung. In: C. Hoyos, Graf, W. Kroeber-Riel, L. v. Rosenstiel, B. Strümpel (Hrsg.). *Grundbegriffe der Wirtschaftspsychologie.* München, 177–178.
Schuler, H. (1989). Die Validität des Assessment Centers. In: Lattmann, C. (Hrsg.). *Das Assessment-Center-Verfahren der Eignungsbeurteilung.* Heidelberg, 223–250.
Schuler, H. (1989). Leistungsbeurteilung. In: E. Roth (Hrsg.). *Organisationspsychologie (Enzyklopädie der Psychologie, Bd. 3).* Göttingen, 399–430.
Schuler, H. (1992). Das Multimodale Einstellungsinterview. *Diagnostica, 38,* 281–300.
Schuler, H. (2001). *Psychologische Personalauswahl.* Göttingen.
Schuler, H. (2002). *Das Einstellungsinterview.* Göttingen.
Schuler, H. (2002). Emotionale Intelligenz – ein irreführender und unnötiger Begriff. *Zeitschrift für Personalpsychologie, 1,* 138–140.
Schuler, H. (Hg.). (2004). *Lehrbuch Organisationspsychologie.* Bern.
Schuler, H. (2006). Arbeits- und Anforderungsanalyse. In: H. Schuler (Hrsg.). *Lehrbuch der Personalpsychologie.* Göttingen, 45–68.
Schuler, H. (2006). Gegenstandsbereich und Aufgaben der Personalpsychologie. In: H. Schuler (Hrsg.). *Lehrbuch der Personalpsychologie.* Göttingen, 3–13.
Schuler, H. (Hrsg.) (2004). *Enzyklopädie Psychologie. D/III/4. Organisationspsychologie – Gruppe und Organisation.* Göttingen.
Schuler, H. (Hrsg.) (2006). *Enzyklopädie der Psychologie. D/III/3. Organisationspsychologie – Grundlagen der Personalpsychologie.* Göttingen.
Schuler, H. (Hrsg.) (2006). *Lehrbuch der Personalpsychologie.* Göttingen.
Schuler, H. (2006). Stand und Perspektiven der Personalpsychologie. In: G. Blickle & A. Witzki (Hrsg.). *Zeitschrift für Arbeits- und Organisationspsychologie. Bd. 4.* Göttingen, 176–188.
Schuler, H. & Funke, U. (1991). *Eignungsdiagnostik in Forschung und Praxis.* Göttingen.
Schuler, H. & Höft, S. (2004). Diagnose beruflicher Eignung und Leistung. In: H. Schuler (Hrsg.). *Lehrbuch Organisationspsychologie.* Bern, 289–343.
Schuler, H. & Höft, S. (2006). Konstruktorientierte Verfahren der Personalauswahl. In: H. Schuler (Hrsg.). *Lehrbuch der Personalpsychologie.* Göttingen, 101–144.
Schuler, H. & Sonntag, K. (Hrsg.) (2007). *Handbuch der Arbeits- und Organisationspsychologie.* Göttingen.

Schuler, H. & Stehle, W. (1986). *Biographische Fragebogen als Methode der Personalauswahl.* Stuttgart.

Schulte, D. (Hrsg.) (1976). *Diagnostik in der Verhaltenstherapie.* München.

Schultheiß, O., Kosmann, M. & Brunstein, J. C. (1996). Die Bedeutung von Zielimagination für die Passungsprüfung zwischen impliziten Motiven und expliziten Zielen. In: O. Güntürkün, R. Guski, C. Walter & A. Wohlschläger (Hrsg.). *Experimentelle Psychologie: Beiträge zur 37. Tagung experimentell arbeitender Psychologen in Bochum.* Regensburg, 355.

Schumacher, E. F. (1977). *Die Rückkehr zum menschlichen Maß. Alternativen für Wirtschaft und Technik.* Reinbek.

Schumpeter, J. A. (1912). *Theorie der wirtschaftlichen Entwicklung.* Leipzig.

Schüpbach, H. & Zölch, M. (2004). Analyse und Bewertung von Arbeitssystemen und Arbeitstätigkeiten. In: H. Schuler (Hrsg.). *Lehrbuch Organisationspsychologie.* Bern, 197–220.

Schwab, D. P. & Heneman, H. G. (1970). Aggregate and individual predictability of the two-factor theory of job satisfaction. *Personnel Psychology, 23,* 55–56.

Schwarz, G. (1985). *Die »heilige Ordnung« der Männer. Patriarchalische Hierarchie und Gruppendynamik.* Opladen.

Seashore, S. (1954). *Group cohesiveness in the industrial work group.* Ann Arbor.

Seidel, E. (1978). *Betriebliche Führungsformen.* Stuttgart.

Seidel, E., Jung, R. & Redel, W. (1988). *Führungsstil und Führungsorganisation.* Darmstadt.

Selye, H. (1936). A syndrome produced by diverse nocuous agents. In: *Nature. Bd. 138.* London, 32.

Selye, H. (1974). *Streß – Bewältigung und Lebensgewinn.* München.

Semmer, N. K. (1984). *Streßbezogene Tätigkeitsanalyse: Psychologische Untersuchungen zur Analyse von Streß am Arbeitsplatz.* Weinheim.

Semmer, N. K. & Udris, I. (2004). Bedeutung und Wirkung von Arbeit. In: H. Schuler (Hrsg.). *Lehrbuch Organisationspsychologie.* Bern, 157–195.

Senge, P. (1996). *Die fünfte Disziplin. Kunst und Praxis der lernenden Organisation.* Stuttgart.

Shaw, M. E. & Penrod, W. T. (1962). Does more information available to a group always improve group performance? *Sociometry, 25,* 377–390.

Sherif, M. & Sherif, C. (1969). *Social psychology.* New York.

Sherif, M., White, B. J. & Harvey, O. J. (1955). Status in experimentally produced groups. *American Journal of Sociology, 60,* 370–379.

Sievers, B. (1977). *Organisationsentwicklung als Problem.* Stuttgart.

Sievers, B. (1978). Organisationsentwicklung als Aktionsforschung. *Zeitschrift für Organisation, 47,* 209–218.

Sievers, B. (1980). Das Phasenmodell der Organisationsentwicklung. In: *Management-Zeitschrift Industrielle Organisation, 49,* 5–8.

Simmel, G. (1908). *Soziologie.* Leipzig (neu aufgelegt Berlin 1958).

Simon, W. (1983). Qualitätszirkel: Fragen und Antworten. *Personal, 5,* 190–192.

Six, B. & Kleinbeck, U. (1989). Arbeitsmotivation und Arbeitszufriedenheit. In: E. Roth (Hrsg.). *Organisationspsychologie (Enzyklopädie der Psychologie, Bd. 3).* Göttingen, 348–398.

Skinner, B. F. (1938). *The behavior of organisms: An experimental analysis.* New York.

Skinner, B. F. (1954). The science of learning and the art of teaching. *Harvard Educational Review, 24,* 99–113.

Skinner, B. F. (1973). *Jenseits von Feiheit und Würde.* Reinbek.

Smith, C. G. (1970). Consultation and decision in an research and development laboratory. *Administrative Science Quarterly, 15,* 203–215.

Smith, P., Kendall, L. & Hulin, C. L. (1969). *The measurement of satisfaction in work and retirement.* Chicago.
Sofer, C. (1970). *Men in mid-career.* London.
Sonntag, K. (1989). *Trainingsforschung in der Arbeitspsychologie: berufsbezogene Lernprozesse bei veränderten Tätigkeitsinhalten.* Bern.
Sonntag, K. H. (Hrsg.) (2006). *Personalentwicklung in Organisationen.* 3. Aufl. Göttingen.
Sonntag, K. & Stegmaier, R. & Schaper, N. (2006). Ermittlung organisationaler Merkmale: Organisationsdiagnose und Lernkultur. In: K. Sonntag (Hrsg.). *Personalentwicklung in Organisationen.* Göttingen, 179–205.
Spector, A. J. (1956). Expectations, fulfillment, and morale. *Journal of Abnormal and Social Psychology, 52,* 51–56.
Spieß, E. (1996). *Kooperatives Handeln in Organisationen.* München.
Spieß, E. & Winterstein, H. (1999). *Verhalten in Organisationen.* Stuttgart.
Spiethoff, A. (1932). Die Allgemeine Volkswirtschaftslehre als geschichtliche Theorie. Die Wirtschaftsstile. *Schmollers Jahrbuch. Festschrift für W. Sombart,* 891–924.
Staehle, W. (1973). *Organisation und Führung soziotechnischer Systeme. Grundlagen einer Situationstheorie.* Stuttgart.
Staehle, W. (1999). *Management. Eine verhaltenswissenschaftliche Perspektive.* 8. Aufl. München.
Staudt, E. & Kriegesmann, B. (1999). Weiterbildung: Ein Mythos zerbricht. In: Arbeitsgemeinschaft Qualifikations-Entwicklungs-Management (Hrsg.). *Kompetenzentwicklung 99.* Münster, 17–60.
Steers, R. (1977). *Organizational effectiveness.* Santa Monica.
Steger, U. (Hg.). (1998). Wirkmuster der Globalisierung. In: Gottlieb Daimler- und Karl Benz-Stiftung (Hrsg.). *Bericht des Ladenburger Kollegs »Globalisierung verstehen und gestalten«.* Ladenburg, G. Daimler und Karl Benz Stiftung.
Stengel, M. (1988). Freizeit: Zu einer Motivationspsychologie des Feizeithandelns. In: D. Frey, C. Graf Hoyos & D. Stahlberg (Hrsg.). *Angewandte Psychologie.* München, 561–584.
Stengel, M. (2007). Psychologie der Freizeit – Psychologie des Tourismus. In: D. Frey & L. v. Rosenstiel (Hrsg.). *Enzyklopädie der Psychologie Bd. Wirtschaftspsychologie.* Göttingen, 645–693.
Stern, W. (1921). Richtilinien für die Methodik der psychologischen Praxis. *Zeitschrift für Angewandte Psychologie, Beiheft 29,* 1–16.
Stewart, R. (1967). *Managers and their jobs. A study of the similarities and differences in the ways managers spend their time.* London.
Stirn, H. (1970). Die Arbeitsgruppe. In: A. Mayer & B. Herwig (Hrsg.). *Handbuch der Psychologie, Bd. 9: Betriebspsychologie.* Göttingen, 494–520.
Stocker-Kreichgauer, G. (1976). *Stellvertretende soziale Verstärkung und Einfluß in Entscheidungsgruppen* (Dissertation). Augsburg, Universität Augsburg.
Stocker-Kreichgauer, G. (1978). Ausbildung und Training in der Unternehmung. In: A. Mayer (Hrsg.). *Organisationspsychologie.* Stuttgart, 170–200.
Stogdill, R. M. (1948). Personal factors associated with leadership. *Journal of Psychology, 25,* 35–71.
Streich, R. (1985). Führungskräfte im Spannungsfeld von Arbeit, Freizeit und Familie – Teil 2. In: M. Domsch, M. Hofmann & C. Lattmann (Hrsg.). *Management Forum. Bd. 5.* Wien, 277–294.
Streich, R. (1994). *Managerleben.* München.
Streich, R. (1997). Veränderungsmanagment. In: M. Reiß, L. v. Rosenstiel, A. Lanz (Hrsg.). *Change Management.* Stuttgart, 237–254.

Streich, R., Marquardt, M. & Sanden, H. (Hrsg.) (1996). *Projektmanagement*. Stuttgart.
Stroebe, W. & Nijstad, B. (2004). Warum Brainstorming in Gruppen Kreativität vermindert: Einen kognitive Theorie der Leistungsverluste beim Brainstorming. *Psychologische Rundschau, 55,* 2-10.
Strombach, M. E. & Johnson, G. (1983). *Qualitätszirkel in Unternehmen. Ein Leitfaden für Praktiker.* Köln.
Strümpel, B. (1977). *Die Krise des Wohlstands.* Stuttgart.
Strümpel, B., Prenzel, W., Scholz, J. & Hoff, A. (1988). *Teilzeitarbeitende Männer und Hausmänner. Motive und Konsequenzen einer eingeschränkten Erwerbstätigkeit von Männern.* Berlin.
Sweeney, C. D., Smouse, A. D., Rupiper, O & Munz, D. (1970). A test of the inverted-U hypothesis relating achievement anxiety and academic test performance. *Journal of Psychology, 74,* 267-273.

Tagiuri, R. (1968). The concept of organizational climate. In: R. Tagiuri & G. H. Litwin (Hrsg.). *Organizational climate. Explorations of a concept.* Boston, Harvard University, 11-32.
Tannenbaum, S. I., Mathieu, J. E., Salas, E. & Cannon-Bowers, J. A. (1991). Meeting trainees' expectations: the influence of training fulfillment on the development of commitment, self-efficacy, and motivation. *Journal of Applied Psychology, 76,* 759-769.
Taubitz, H. (1990). *Die Unternehmenskultur der Deutschen Bundespost.* Heidelberg.
Taylor, F. W. (1911). *The principles of scientific management.* London.
Taylor, P., Russ-Eft, D. & Chan, D. (2005). The effectiveness of behavior modeling training across settings and feature of study desings. *Journal of Applied Psychology, 80,* 692-709.
Tett, R. P., Jackson, D. N. & Rothstein, M. (1991). Personality measures as predictors of job performance: a meta-analytic review. In: *Personnel Psychology, 44,* 703-742.
Thibaut, J. W. & Kelley, H. H. (1959). *The social psychology of groups.* New York.
Thierau-Brunner, H., Wottawa, H. & Stangel-Meseke, M. (2006). Evaluation von Personalentwicklungsmaßnahmen. In: K. Sonntag (Hrsg.). *Personalentwicklung in Organisationen.* Göttingen, 329-354.
Thomae, H. (1960). *Der Mensch in der Entscheidung.* München.
Thomae, H. (1965). Die Bedeutung des Motivationsbegriffs. In: H. Thomae (Hrsg.). *Handbuch der Psychologie, Bd. II, Allgemeine Psychologie, 2. Motivation.* Göttingen, 3-44.
Thomae, H. (1965). Motivformen. In: H. Thomae (Hrsg.). *Handbuch der Psychologie. Allgemeine Psychologie. Motivation.* Bd. 2. Göttingen, 205-228.
Thomae, H. (1965). Zur allgemeinen Charakteristik des Motivationsgeschehens. In: H. Thomae (Hrsg.). *Handbuch der Psychologie. Bd. 2: Allgemeine Psychologie, Motivation.* Göttingen, 45-122.
Thomas, A. (1989). Kulturelle Bedingungen. In: E. Roth (Hrsg.). *Organisationspsychologie (Enzyklopädie der Psychologie, Bd. 3).* Göttingen, 186-201.
Thomas, A. (1993). *Kulturvergleichende Psychologie.* Göttingen.
Thorndike, E. L. (1921). *The psychology of learning (Educational Psychology, 2).* New York, Teachers College, Columbia Univ.
Thornton, G. C., Gaugler, B. B., Rosenthal, D. B., Bentson, C. (1987). Die prädiktive Validität des Assessment Centers als Methode der Personalentwicklung. In: H. Schuler & W. Stehle (Hrsg.). *Assessment Center als Methode der Personalentwicklung.* Göttingen, 36-60.
Thorsrud, E. & Emery, F. E. (1964). *Industrielt Demokrati.* Oslo, Universitet Forlaget.
Tolman, E. (1932). *Purposive behaviors in animals or men.* New York.
Tomaszewski, T. (1978). *Tätigkeit und Bewußtsein.* Weinheim.

Tomaszewski, T. (Hrsg.) (1981). *Zur Psychologie der Tätigkeit.* Berlin.
Trebesch, K. (1982). 50 Definitionen der Organisationsentwicklung – und kein Ende. Oder: Würde Einigkeit stark machen? *Organisationsentwicklung, 1,* 37–62.
Trebesch, K. (1984). Kann und soll man die Effizienz von OE-Prozessen messen – was biete ich an? *Organisationsentwicklung, 3,* 57–61.
Trist, E. L. & Bamforth, K. W. (1951). Some social psychological consequences of the long-wall method of goal-getting. *Human Relations, 4,* 3–38.
Trivers, R. (1978). Parental investment and sexual selection. In: T. H. Clutton-Brock & P. H. Harvey (Hrsg.). *Readings in sociobiology.* Reading, 52–97.
Tscheulin, D. & Rausche, A. (1970). Beschreibung und Messung des Führungsverhaltens in der Industrie mit der deutschen Version des OHIO-Fragebogens. *Psychologie und Praxis, 14,* 49–64.
Tuckman, B. W. (1965). Development sequence in small companies. *Group and Organizational Studies, 2,* 419–427.
Türk, K. (1976). *Grundlagen einer Pathologie der Organisation. Personensystem vs. Organisationssystem.* Stuttgart.
Tunner, W. & Oelkers, C. (1975). Subjektive, motorische und physiologische Veränderungen bei der Behandlung von Angstreaktionen. In: W. Tack (Hrsg.). *Bericht über den 29. Kongreß der DGfP in Salzburg 1974.* Göttingen.
Turner, A. N. & Lawrence, P. R. (1965). *Industrial jobs and the worker.* Boston, Harvard Business School.

Udris, I. (1982). Soziale Unterstützung: Hilfe gegen Streß? *Psychosozial, 5,* 78–91.
Udris, I. (1989). Soziale Unterstützung. In: S. Greif, H. Holling & N. Nicholson (Hrsg.). *Arbeits- und Organisationspsychologie. Internationales Handbuch in Schlüsselbegriffen.* München, 421–425.
Udris, I. & Alioth, A. (1980). Fragebogen zur »subjektiven Arbeitsanalyse« (SAA). In: E. Martin (Hrsg.). *Monotonie in der Industrie (Schriften zur Arbeitspsychologie, Bd. 29).* Bern, 61–68 u. 204–207.
Udris, I. & Frese, M. (1988). Belastung, Streß, Beanspruchung und ihre Folgen. In: D. Frey, C. Graf Hoyos & D. Stahlberg (Hrsg.). *Angewandte Psychologie.* München, 428–447.
Udris, I. & Grothe, G. (1991). Arbeitspsychologie im Dialog – Einleitung. In: I. Udris & G. Grothe (Hrsg.). *Psychologie und Arbeit.* Weinheim, 7–12.
Udris, I. & Grothe, G. (Hrsg.) (1991). *Psychologie und Arbeit: Arbeitspsychologie im Dialog.* Weinheim.
Udris, I. & Riemann, M. (1994). Ingenieure – alter Beruf neue Werte? Untersuchungen zur Berufssituation, zu Wertorientierungen und Arbeitszufriedenheit von Ingenieuren. In: L. v. Rosenstiel, T. Lang v. Wins & E. Sigl (Hrsg.). *Fach- und Führungsnachwuchs finden und fördern.* Stuttgart, 135–152.
Ulich, E. (1964). Das Lernen sensumotorischer Fertigkeiten. In: R. Bergius (Hrsg.). *Handbuch der Psychologie. Allgemeine Psychologie. Bd. 1.* Göttingen, 326–346.
Ulich, E. (1980). Psychologische Aspekte der Arbeit mit elektronischen Datenverarbeitungssystemen. *Schweizerische Technische Zeitschrift, 75,* 66–68.
Ulich, E. (1983). Industrieroboter: Chancen oder Gefahr? *Psychosozial, 18,* 109–124.
Ulich, E. (2004). Gestaltung von Arbeitstätigkeiten. In: H. Schuler (Hrsg.). *Lehrbuch Organisationspsychologie.* Bern, 221–251.
Ulich, E. (2005). *Arbeitspsychologie.* 6. Aufl. Stuttgart.
Ulich, E. (2006). Lern- und Entwicklungspotentiale in der Arbeit – Beiträge der Arbeits- und Organisationspsychologie. In: K. Sonntag (Hrsg.). *Personalentwicklung in Organisationen.* Göttingen, 138–176.

Ulich, E., Groskurth, P. & Bruggemann, A. (1973). *Neue Formen der Arbeitsgestaltung.* Frankfurt a.M.
Ullrich de Muynck, R. & Ullrich, R. (1976). *Einübung von Selbstvertrauen und sozialer Kompetenz. 3 Bde.* München.
Ulmann, G. (1968). *Kreativität.* Weinheim.

Van Dyne, L., Cummings, L. L. & McLean Parks, J. (1995). Extra-role behavior: In persuit of construct and definitional clarity (a bridge over muddied waters). *Research in Organizational Behavior, 17,* 215-285.
Veit, W. (1994). Arbeit. Ein geistesgeschichtlicher Überblick. In: Ernesto Grassi & Hugo Schmale (Hrsg.). *Arbeit und Gelassenheit.* München, 138-176.
Vetter, A. (1966). *Personale Anthropologie – Aufriß der humanen Struktur.* Freiburg/Br.
Vilmar, F. (1973). *Menschenwürde im Betrieb.* Reinbek.
Volpert, W. (1973). Psychologie der Ware Arbeitskraft. Zur Kritik der Arbeits- und Betriebspsychologie. In: K. Bruder (Hrsg.). *Kritik der bürgerlichen Psychologie.* Frankfurt, 218-245.
Volpert, W. (1974). *Handlungsstrukturanalyse als Beitrag zur Qualifikationsforschung.* Köln.
Volpert, W. (1975). Die Lohnarbeitswissenschaft und die Psychologie der Arbeitstätigkeit. In: W. Volpert & P. Groskurth (Hrsg.). *Lohnarbeitspsychologie.* Frankfurt a. M., 13-196.
Volpert, W. (1983). Das Modell der hierarchisch-sequentiellen Handlungsorganisation. In: W. Hacker, W. Volpert & M. von Cranach (Hrsg.). *Kognitive und motivationale Aspekte der Handlung.* Berlin, 38-58.
Volpert, W. (1983). Denkmaschinen und Maschinendenken. Computer programmieren Menschen. *Psychosozial, 18,* 10-29.
Volpert, W. (1983). Der Zusammenhang von Arbeit und Persönlichkeit. In: J. Alberts (Hrsg.). *Technik und menschliche Existenz.* Wiesbaden, 81-92.
Volpert, W. (1984). Das Ende der Kopfarbeit oder: Daniel Düsentrieb enteignet sich selbst. *Psychologie heute, 10,* 29-39.
Volpert, W. (1985). *Die Zauberlehrlinge. Die gefährliche Liebe zum Computer.* Weinheim (Taschenbuchausgabe München 1988).
Volpert, W. (1990). Welche Arbeit ist gut für den Menschen? Notizen zum Thema Menschenbild und Arbeitsgestaltung. In: F. Frei & I. Udris (Hrsg.). *Das Bild der Arbeit.* Bern, 23-40.
Vorwerk, K. (1994). *Die Akzeptanz einer neuen Organisationsstruktur in Abhängigkeit von Implementierungsstrategie und Merkmalen der Arbeitssitutation.* Frankfurt.
Vroom, V. H. (1960). *Some personality determinants of the effects of participation.* Englewood Cliffs, N.J.
Vroom, V. H. (1964). *Work and motivation.* New York.
Vroom, V. H. (1969). Industrial social psychology. In: G. Lindsay & E. Aronson (Hrsg.). *The handbook of social psychology.* Bd. 5. Reading, 196-268.
Vroom, V. H. & Jago, A. G. (1978). On the validity of the Vroom-Yetton model. *Journal of Applied Psychology, 63,* 151-162.
Vroom, V. H. & Mann, F. C. (1960). Leader autoritarianism and employee attitudes. *Personnel Psychology, 13,* 125-140.
Vroom, V. H. & Jago, A. G. (1978). On the validity of the Vroom-Yetton model. *Journal of Applied Psychology, 63,* 151-162.
Vroom, V. H. & Yetton, P. (1973). *Leadership and decision-making.* Pittsburgh.

Walker, C. R. & Guest, R. H. (1952). *The man on the assembly line.* Cambridge.
Walter-Busch, E. (1977). *Arbeitszufriedenheit in der Wohlstandsgesellschaft.* Bern.
Walton, R. (1974). How to choose between strategies of conflict and collaboration. In: R. T. Golembiewski & H. H. Blumberg (Hrsg.). *Sensitivity training and laboratory approach.* 2. Aufl. Itasca, Ill., 383–389.
Wanous, J. P. (1992). *Recruitment, selection, orientation and socialization of newcomers.* 2. Aufl. Reading.
Warfield, A. (1987). Co-worker romances: Impact on the work group and on career-oriented women. *Personnel, May,* 22–35.
Watson, J. B. (1913). Psychology as the behaviorist views it. *Psychological Review, 20,* 158–177.
Watzka, K. (1995). Controlling der Handhabung von Leistungsbeurteilungen – Ein Beispiel aus dem Werk Gaggenau der Mercedes-Benz AG. In: T. J. Gerpott & S. H. Siemers (Hrsg.). *Controlling von Personalprogrammen.* Stuttgart, 175–209.
Watzlawick, P., Beavin, J. H. & Jackson, D. (1990). *Menschliche Kommunikation. Formen, Störungen, Paradoxien.* Bern.
Weber, M. (1972, zuerst 1905). Die protestantische Ethik und der Geist des Kapitalismus. In: M. Weber (Hrsg.). *Gesammelte Aufsätze zur Religionssoziologie.* Tübingen.
Wegge, J. (1998). Groupware als Hilfsmittel zur Prozeßoptimierung in Arbeitsgruppen und Organisationen. In: Kastner, M. (Hrsg.). *Verhaltensorientierte Prozeßoptimierung.* Herdecke, S. 127–154.
Wegge, J. (2004). *Führung von Arbeitsgruppen.* Göttingen.
Wegge, J. (2006). Gruppenarbeit. In: H. Schuler (Hrsg.). *Lehrbuch der Personalpsychologie.* Göttingen, 579–610.
Wegge, J. & Rosenstiel. L. v. (2004). Führung. In: H. Schuler (Hrsg.). *Lehrbuch Organisationspsychologie.* Bern, 475–512.
Weibler, J. (1995). Symbolische Führung. In: A. Kieser, G. Reber & R. Wunderer (Hrsg.) *Handwörterbuch der Führung.* Stuttgart, 2015–2026.
Weick, K. E. (1979). Cognitive processes in organizations. In: B. M. Staw (Hrsg.). *Research in organizational behavior. Vol. 1.* Greenwich, Connecticut, 41–74.
Weick, K. E. (1985). *Der Prozeß des Organisierens.* Frankfurt.
Weiner, B. (1996). *Motivationspsychologie.* Weinheim.
Weinert, A. B. (1989). Führung und soziale Steuerung. In: E. Roth (Hrsg.). *Organisationspsychologie (Enzyklopädie der Psychologie, Bd. 3).* Göttingen, 552–577.
Weinert, A. B. (1990). Geschlechtsspezifische Unterschiede im Führungs- und Leistungsverhalten. In: M. Domsch & E. Regnet (Hrsg.). *Weibliche Fach- und Führungskräfte.* Stuttgart, 35–66.
Weinert, A. B. (1995). Menschenbilder und Führung. In: A. Kieser, G. Reber & R. Wunderer (Hrsg.). *Handwörterbuch der Führung.* Stuttgart, 1495–1510.
Weinert, A. B. (2004). *Organisations- und Personalpsychologie.* Weinheim.
Weinert, P. (2002). *Organisation.* München.
Wendt, D. (1980). Entscheidungsverhalten in Gruppen. In: E. H. Witte (Hrsg.). *Beiträge zur Sozialpsychologie. Festschrift für Peter R. Hofstätter.* Weinheim.
Werner, R. (1974). Zur Problematik subjektiver Indikatoren. In: W. Zapf (Hrsg.). *Soziale Indikatoren. Bd. 2.* Frankfurt/M., 264–275.
Wertheimer, M. (1945). *Productive thinking.* New York.
West, M. A. (1994). *Effective Teamwork.* Exeter.
West, M. A. (Hrsg.) (1996). *Handbook of work group psychology.* Chichester.
Wexley, K. N. (1984). Personnel training. *Annual Review of Psychology, 35,* 519–551.

Wexley, K. N. & Yukl, G. A. (1977). *Organizational behavior and personnel psychology.* Homewood, Ill.
Whyte, W. F. (1943). *Street corner society.* Chicago.
Wickert, F. R. (1951). Turnover, and employees' feelings of egoinvolvement in the day-to-day operations of a company. *Personnel Psychology, 4,* 185–197.
Wiendieck, G. (1994). *Arbeits- und Organisationspsychologie.* München.
Wiersma, U. J. (1992). The effects of extrinsic rewards in intrinsic motivation: A meta-analysis. *Journal of Occupational Psychology, 65,* 101–114.
Wilkins, A. L. (1983). Organizational stories as symbols which control the organization. In: L. R. Pondy et al. (Hrsg.). *Organizational symbolism.* Greenwich, 81–92.
Willner, D. M., Walkey, R. P. & Cook, F. W. (1952). Presidential proximity and intergroup acting in public housing projects. *Journal of Social Issues, 8,* 45–69.
Wilpert, B. (1977). *Führung in deutschen Unternehmen.* Berlin.
Wimmer, P. (1980). *Der Zusammenhang zwischen Arbeitssituation und gesundheitlichen Störungen. Eine kritische Analyse vorliegender Ansätze und Ergebnisse* (Dissertation). Augsburg, Universität Augsburg.
Windheuser, J. & Niketta, R. (1976). Eine deutsche Form der »Reinforcement Survey Schedule« von Cautela und Kastenbaum. In: D. Schulte (Hrsg.). *Diagnostik in der Verhaltenstherapie.* München, 264–272.
Winterbottom, M. R. (1958). The relation of need for achievement to learning experiences in independence and matery. In: J. W. Atkinson (Hrsg.). *Motives in fantasy, action and society.* Princeton, 453–478.
Witte, E. (1977). *Psychologie als empirische Sozialwissenschaft.* Stuttgart.
Witte, E., Kallmann, A. & Sachs, G. (1981). *Führungskräfte der Wirtschaft.* Stuttgart.
Wöhe, G. (1990). *Einführung in die Allgemeine Betriebswirtschaftslehre.* 17. Aufl. München.
Wollert, A. & Bihl, G. (1983). Wertorientierte Personalpolitik. *Personalführung, 8,* 1–4.
Womack, J. P., Jones, D. T. & Roos, D. (1990). *The machine that changed the world.* New York.
Wottawa, H. & Thierau, H. (1990). *Lehrbuch der Evaluation.* Bern.
Wunderer, R. (1995). Führung von unten. In: A. Kieser, G. Reber & R. Wunderer (Hrsg.). *Handwörterbuch der Führung.* Stuttgart, 501–512.
Wunderer, R. (1995). Führungsgrundsätze. In: A. Kieser, G. Reber & R. Wunderer (Hrsg.). *Handwörterbuch der Führung.* Stuttgart, 720–736.
Wunderer, R. (1995). Laterale Kooperation als Führungsaufgabe (Schnittstellenmanagement). In: A. Kieser, G. Kieser & R. Wunderer (Hrsg.). *Handwörterbuch der Führung.* Stuttgart, 1407–1423.
Wunderer R. (1995). Unternehmerische Personalentwicklung. In: Jean-Paul Thommen (Hrsg.). *Management-Kompetenz, Unternehmerischen Herausforderungen der Zukunft kompetent begegnen.* Zürich, 2–20.
Wunderer, R. (2003). *Führung und Zusammenarbeit.* 5. Aufl. München.
Wunderer, R. & Dick, P. (Hrsg.) (1997). *Frauen im Management.* Neuwied.
Wunderer, R. & Dick, P. (Hrsg.) (1998). *Mitarbeiter als Mitunternehmer.* Neuwied.
Wyatt, S. (1934). Incentives in repetitive work: A practical experiment in a factory. In: *Industrial Health Research Board 69.* London.

Yerkes, R. M. & Dodson, J. D. (1908). The relation of stringth of stimulus to rapidity of habit formation. *Journal of Comparative Neurological Psychology, 18,* 458–482.
Yetton P. W. & Bottger, P. C. (1983). The relationships amongst group size, member ability,

social decision schemes, and performance. *Organizational Behavior and Human Performance, 32*, 145–159.

Yukl, G. (1994). A retrospective on Robert House's 1976 theory of charismatic leadership and recent revisions. *Leadership Quarterly, 4*, 367–373.

Zapf, D. (2002). Emotion work and psychological well-being. A review of the literature and some conceptual considertions. *Human Resource Management Review, 12*, 237–268.

Zapf, D. & Dormann, C. (2006). Gesundheit und Arbeitsschutz. In: H. Schuler (Hrsg.). *Lehrbuch der Personalpsychologie.* Göttingen, 690–728.

Zapf, D. & Ruch, L. (1991). Wie weiter mit der Arbeitspsychologie? Gedanken eines Wissenschaftlers und eines Praktikers. In: I. Udris & G. Grote (Hrsg.). *Psychologie und Arbeit.* Weinheim, 172–185.

Zelst, R. v. (1952). Sociometrically selected work teams increase production. *Personnel Psychology, 5*, 175–185.

Ziegler, A., Heller, K. A., Schober, B. & Dresel, M. (2006). The Actiotope. In: *Knowledge and Action.* Göttingen, 143–173.

Zimbardo, P. & Gerrig, R. J. (2004). *Psychologie.* 8. Aufl. Berlin.

Zimmer, R. (1978). *Validating the Vroom-Yetton normative model of behavior in field sales force management and measuring the training effects of TELOS on the leader behavior of district managers* (Dissertation). Virginia Polytechnic Inst. and State University.

Zimolong, B. & Konradt, U. (Hrsg.) (2006). *Enzyklopädie der Psychologie. D/III/2 Ingenieurspsychologie.* Göttingen.

Zink, K. (1975). *Differenzierung der Theorie der Arbeitsmotivation von F. Herzberg zur Gestaltung sozio-technischer Systeme.* Frankfurt/M.

Zink, K. J. & Ackermann, M. (1988). Quality Circles und Qualität der Arbeit. *Zeitschrift für Arbeits- und Organisationspsychologie, 2*, 72–79.

Bestlösungen der Selbstkontrollfragen

Kapitel 1
1: c
2: b
3: a
4: a
5: c
6: c
7: a
8: d
9: b
10: b
11: b
12: d
13: d
14: d
15: b

Kapitel 2
16: b
17: d
18: b
19: c
20: b
21: d
22: b
23: a
24: c
25: b
26: d
27: b
28: b
29: d
30: c
31: a
32: a
33: b
34: a
35: b
36: d
37: d
38: a
39: b
40: a

Kapitel 3
41: b
42: a
43: b
44: c
45: a
46: b
47: c
48: a
49: c
50: d
51: d
52: c
53: c
54: b
55: b
56: d
57: c
58: c
59: b
60: c
61: d
62: c
63: a
64: d
65: a
66: c
67: a
68: c
69: a
70: b
71: a
72: b
73: d
74: b
75: c
76: d
77: a
78: e

Kapitel 4
79: b
80: d
81: d
82: b
83: c
84: b
85: d
86: d
87: c
88: a
89: b
90: c
91: c
92: a
93: b
94: c
95: d
96: b
97: d
98: c
99: c
100: b
101: b
102: b
103: c
104: d
105: a
106: b
107: c
108: d
109: a
110: d
111: a
112: b
113: b

Kapitel 5
114: c
115: c
116: a
117: b
118: c
119: b
120: b
121: b
122: d
123: c
124: b
125: c
126: b
127: a
128: b
129: b
130: c
131: c
132: a
133: a
134: b
135: a
136: c
137: a
138: d
139: b
140: c
141: b
142: c
143: d
144: b
145: c
146: b
147: a
148: b
149: c
150: a
151: c

Autorenverzeichnis

Ackermann, M. 126
Adams, J. S. 303, 418, 420, 448, 478
Adamson, R. E. 358
Adler, N. 259
Aichner, R. 77
Aiken, M. 379
Ajzen, T. 248
Albach, H. 377
Albert, H. 13
Alberts, J. 101
Albright, D. W. 414
Alderfer, C. P. 242, 478
Alge, B. J. 347
Alioth, A. 77, 80, 132
Allen, T. 298
Allerbeck, M. 65, 87, 271, 293, 429, 302, 385, 434, 439, 444
Alliger, D. M. 175, 231
Allport, F. H. 5, 286
Allport, G. W. 327
Almeroth, H. 102
Alpert, R. 244, 250
Anderson, C. 300, 301, 330, 331
Andrews, F. M. 379
Angleitner, A. 163
Antoni, C. 67, 120, 123, 124, 127, 128, 293, 303
Applewhite, Ph. B. 356
Ardelt, E. 289
Arenberg, D. 163
Argyris, C. 14, 37, 138, 144, 376, 472
Aristoteles 54
Arthur, W. jr. 233, 234, 275
Äs, D. 306
Asch, S. E. 296, 360
Asendorph, J. 146, 147, 150
Atkinson, J. W. 95, 238, 239, 244, 282, 412
Aumann, S. 105, 108, 129
Avolio, B. 268, 271, 350

Back, K. W. 291, 293, 294, 307
Baldwin, T. 226, 227

Bales, R. F. 311
Ballachey, E. G. 87, 296
Baltes, H. W. 5
Bamberg, E. 141
Bamforth, W. K. 303
Bandura, A. 142, 253
Barrett, V. 444
Barrick, M. R. 163, 164
Bartlett, F. C. 327
Bass, B. M. 9, 36, 268, 271, 292, 303, 304, 332, 350, 401, 402, 444
Bastine, R. 339
Bateman, T. S. 16
Bäumer, J. 221, 226, 228
Baumgarten, R. 264, 266, 267, 349
Bavelas, A. 304, 323, 368
Beatty, R. W. 199
Beavin, J. H. 326
Beck, U. 41, 55, 257, 376, 379, 467
Beck-Gernsheim, E. 187
Becker, F. 445
Becker, H. 397
Becker, M. 216, 257, 260
Bednarek, E. 124
Bell, C. H. jr. 190, 460
Bell, S. T. 233, 234, 275
Benedict, R. 148
Benett, W. jr. 233, 234, 275
Benfari, R. C. 261
Bennis, W. 403
Bentson, C. 192
Berg, P. 464
Bergler, R. 445
Bergmann, B. 101, 104, 226, 228
Berkel, K. 315, 318
Berkowitz, L. 296
Bernardin, H. J. 196, 199
Bernstein, B. J. 261
Berthoin Antal, A. 472
Berthold, H. J. 275, 332, 335, 466
Betschart, H. 448
Bieling, G. 220
Bierhoff, H. W. 18, 286

Bihl, G. 29, 30, 58, 121, 270, 271, 272, 303, 409, 410
Birbaumer, N. 4
Bischof, N. 3, 5, 146, 147, 180, 243, 321, 472
Bischof-Köhler, D. 148, 150, 179, 180, 189
Blake, R. R. 273, 276, 283, 312, 344
Blanchard, K. H. 339, 344
Bles, P. 244, 247
Blickle, G. 17, 328, 388, 414
Blood, M. R. 11, 79, 145, 444
Bloom, A. J. 261
Blum, M. E. 222, 238
Bögel, R. 12, 13, 103, 143, 144, 270, 271, 302, 383, 384, 385, 386, 387, 431
Böhnisch, W. 348
Böhret, C. 349
Bollinger, G. 357, 363
Böning, U. 261
Borg, I. 434
Borman, W. C. 201
Born, M. 361
Bottger, P. C. 363
Boulding, K. E. 375
Bowers, D. G. 464, 465
Brandstätter, H. 144, 150, 173, 174, 202, 204, 206, 213, 218, 250, 363, 365, 394, 395, 432, 436
Brannik, M. T. 439, 445
Brehm, J. W. 317
Brewerton, P. M. 139
Brickenkamp, R. 164
Briefs, G. 382
Briggs, G. 236
Brislin, R. W. 259
Brodbeck, F. C. 128, 258, 260, 300, 301, 313, 325, 355
Brophy, A. L. 433
Brown, L. D. 350, 460, 461
Bruder, K. J. 38
Bruggemann, A. 11, 58, 94, 130, 429, 439, 444, 445, 449, 450, 480
Brunstein, J. 16, 249, 427
Bühler, K. 327, 356
Bühler, W. 398
Bungard, W. 31, 67, 109, 110, 124, 126, 127, 225, 308, 352, 395
Burke, M. 275
Burns, T. 332

Burrell, G. S. 331
Busch, F. 238
Büssing, A. 65, 78, 105, 108, 110, 129, 395

Campbell, D. T. 26, 31
Campbell, J. P. 87, 239, 241, 275, 303, 384, 399, 404, 412, 476
Cannon-Bowers 230, 231
Caplan, G. 115
Carroll, S. J. 211, 224
Catalanello, R. T. 284
Cavender, J. 440, 442
Chan, D. 234, 235
Child, J. 379, 472
Clark, B. 350
Cobb, S. 104, 151
Coch, L. 297, 304, 367
Cohen, R. 40
Colbert, A. E. 162
Cole, R. E. 126
Collins, B. E. 297, 323
Comelli, G. 46, 94, 128, 273, 299, 304, 332, 335, 336, 349, 451, 452, 460, 469, 471, 472
Conger, I. 177
Conrad, P. 384
Conradi, W. 216
Conway, J. M. 199
Cook, F. W. 291
Cook, T. D. 26, 31
Copper, C. 298
Correll, W. 237
Coser, L. A. 313
Costa, P. T. 163
Cranach, M. L. v. 296
Crowder, N. A. 237
Crown, D. F. 97
Crutchfield, E. 87, 218, 296
Csikszentmihalyi, M. 243, 401, 402
Cummings, L. L. 16
Curie, J. 31

Dachsler, H. P. 411
Dahmos, S. A. 196
Dahrendorf, R. 35, 318, 382
Dalton, M. 297
Darwin, C. 4, 5
Day, R. C. 25, 29, 275
Deci, E. L. 243, 248, 249, 426
Deitering, F. 225

Denison, D. R. 388, 393
Deutsch, M. 313, 318
DeVader, C. L. 175
Devine, B. J. 298, 303
Dewar, R. 379
Dick, P. 179, 189, 406
Dickinson, T. L. 199
Dickson, M. W. 11, 17, 29, 97, 257, 286, 291, 297, 309, 321, 432
Dierkes, M. 55, 58, 109, 387, 396, 472
Dilthey, W. 3, 5
Dion, K. L. 329
Dodson, J. D. 250
Domsch, M. 179, 183, 186, 198, 329, 330, 332
Dorfman, P. W. 257
Dormann, C. 43, 66, 67, 111, 443
Drevdahl, E. E. 356
Dresel, M. 183
Ducki, A. 78
Duncker, K. 356, 357
Dunkel, D. 124, 126
Dunnette, M. D. 13, 447
Dürholt, E. 78
Dyne, L. van 16

Eagly, A. H. 184
Edens, P. S. 233, 234, 275
Edinger, J. A. 325
Edwards, A. L. 275, 412, 435, 464
Eibl-Eibesfeldt, F. 5, 147, 253
Einsiedler, H. 126, 467
Eiselin, S. 361
Ellertson, M. 296
Emery, F. E. 120
Emmons, R. A. 248
England, G. W. 53
Enzmann, D. 68
Erpenbeck, J. 12, 43, 69, 154, 171, 224, 225, 245, 451
Esser, E. 31
Esser, W. M. 318, 347, 376, 451, 455, 456, 467
Etzioni, A. 139
Euler, H. P. 313
Evered, R. D. 261

Facaoaru, C. 78, 357
Faßmann, H. 257

Fechner, G. T. H. 3, 5
Feger, H. 315, 319
Feldmann, M. 350
Felfe, J. 271
Festinger, L. 142, 291, 294, 418
Fiala, S. 218, 273, 275, 276
Fiedler, F. 340, 341, 342, 343, 344
Fiege, R. 211, 215, 424
Field, R. 348
Fineman, S. 382
Fisch, R. 218, 275, 276
Fischer, L. 429, 437, 438, 439, 443
Fishbein, M. 385
Fittkau, B. 267, 271
Fittkau-Garthe, H. 264, 267, 271
Flanagan, J. G. 73, 210, 264
Flessner, H. 379
Flick, U. 30
Florin, I. 147, 242, 253
Folkman, S. 249
Ford, J. K. 226, 227
Forehand, G. 384
Franck, U. 236
Franke, H. 8, 250, 358, 361, 394, 395
Franke, J. 396
Frei, F. 130
Freiboth, M. 59, 123, 307
French, R. 104, 151, 211, 297, 304, 306, 367, 460
Frese, E. 127
Frese, M. 2, 37, 67, 75, 104, 111, 145, 258, 324, 325, 448
Freud, S. 2, 357
Frey, B. S. 426
Frey, D. 6, 10, 110, 286, 357, 453, 454
Fricke, R. 143
Friedeburg, L. v. 302, 382, 448
Friedel-Howe, H. 7, 79, 100, 102, 127, 141, 179, 182, 184, 185, 186, 187, 188, 189, 202, 229, 230, 329, 330, 331, 332, 376, 381
Friedlander, F. 460, 461
Friedman, M. 113
Friedrichs, G. 55, 105, 150
Frieling, E. 17, 23, 54, 59, 61, 62, 67, 70, 72, 73, 74, 75, 77, 78, 117, 123, 222, 307, 445
Frink, D. D. 96
Fritsch, A. 101, 104

Fritz, S. 76
Fuhrmann, A. 248
Funke, U. 157, 169, 173, 175, 189
Fürstenberg, F. 382

Gabele, E. 347, 376, 451, 455, 456, 467
Gabelin, T. 378
Gaitanides, M. 100
Galilei, G. 5, 454
Gallese, L. 185
Galton, F. 147
Galtung, J. 314
Gamst, F. 391
Gasch, B. 215, 236
Gasteiger, R. M. 446
Gaugler, E. 88, 192, 429
Gebert, D. 5, 6, 9, 14, 34, 36, 113, 117, 175, 176, 178, 191, 194, 225, 267, 269, 273, 275, 306, 335, 336, 343, 375, 379, 457, 458, 462, 463, 464, 465, 467
Geertz, C. 350
Gemünden, H. G. 128, 353, 354, 355
Georgopoulos, B. 417
Gerpott, T. J. 215, 216, 453, 454
Gerrig, R. J. 24, 376
Gessner, M. 219
Geyer, A. 268, 271
Ghiselli, E. 175
Gibb, C. A. 332
Gibson, W. M. 439, 445
Giese, F. 10
Gilmer, B. 384
Glas, P. 69, 129, 152
Glaser, J. 65, 78
Glasl, F. 145, 321, 462
Glube, R. 348
Goding, R. Z. 201
Goecke, R. 105, 107, 325, 329, 379
Goethe, J. W. v. 5
Gohl, J. 429, 450
Goihl, K. 271
Goldstein, I. 219, 275
Goleman, D. 67
Golembiewski, R. 464
Gollwitzer, P. M. 243
Göpfert, P. 101, 104
Götte, N. 382
Graen, G. B. 271, 412, 414, 479
Granel. M. 120

Graumann, C. F. 142, 157, 198, 203, 239
Grawe, K. 251
Greenberg, J. 421
Gregory, D. 296
Greif, S. 6, 8, 9, 13, 14, 17, 31, 37, 40, 63, 78, 87, 102, 104, 111, 115, 145, 224, 225, 296, 357, 363
Greiner, L. E. 464
Greitemeyer, T. 454
Griesenbauer, B. 65
Groeben, N. 5
Groskurth, P. 11, 35, 39, 58, 79, 94, 130, 429, 444, 445, 449, 450
Grote, G. 139
Grote, S. 273, 299, 335, 336
Grothe, G. 6
Grüneisen, V. 103
Grunow, D. 213
Grunwald, W. 263, 321
Guest, R. H. 304
Guilford, J. P. 357
Gully, S. 298, 303
Gulowsen, J. 120
Günther, U. 45
Gupta, V. 257
Guthke, J. 102, 170, 171
Guttman, L. 382
Guzzo, R. A. 96, 275, 423, 464, 465

Haber, R. N. 244, 250
Habermas, J. 141
Hacker, W. 6, 12, 61, 63, 64, 65, 66, 67, 68, 71, 81, 101, 103, 133
Hackman, J. R. 52, 62, 63, 87, 98, 99, 131, 222, 307, 403, 460
Hage, J. 379
Halgin, A. W. 249
Hall, D. T. 446
Hamblin, R. L. 25, 29
Handy, C. 387, 392
Hangebrauck, U.-N. 387
Hanges, P. 257
Hänsgen, C. 76
Harari, H. 309
Hardison, C. M. 191, 192
Harrison, R. 224, 459
Hartmann, H. 40, 379
Hartmann, M. 60
Harvey, E. 379

Harvey, O. J. 141
Haslam, S. A. 355
Hassett, C. E. 199
Hatch, M. J. 350
Hauser, B. 225
Hauser, E. 261
Hausser, D. L. 465
Haussmann, H. 257
Hearn, J. 179, 180, 182, 184
Heckhausen, H. 65, 96, 239, 240, 242, 243, 244, 245, 250, 303, 397, 412, 413, 416, 426
Hedberg, B. 472
Heftner, S. 187
Hegel, F. 315
Heller, K. A. 183
Hellpach, W. 286
Hellriegel, D. 323
Helmers, S. 391
Hemmann, E. 76
Heneman, H. 93
Hengsbach, F. 128, 130
Henry, J. P. 111, 113
Herbert, W. 57
Heron, A. 103
Herrmann, T. 21
Hersey, P. 339, 344
Hertel, G. 129, 326, 337
Herwig, B. 9, 13
Herzberg, F. 11, 52, 87, 88, 89, 90, 91, 92, 94, 95, 98, 119, 133, 242, 243, 249, 397, 403, 432, 434, 436, 445
Heyse, V. 43, 69, 224
Hickson, D. J. 378
Higgins, C. A. 163
Hill, P. B. 31
Hiltmann, H. 164
Hinings, C. R. 378
Hinrichs, J. R. 218, 222, 238
Hinsz, V. B. 355
Hippler, H.-J. 57
Hirsch-Kreinsen, H. 60, 379
Hochschild, A. 65, 66, 469
Hodgetts, R. M. 194, 388
Hoff, E. 103, 187
Hoffmann, V. 25
Hofmann, M. 251, 418
Hofstätter, P. R. 288
Hofstede, G. 257, 259, 260, 306, 349, 363, 387

Höft, S. 69, 171, 175, 179, 275, 276
Högl, M. 128, 353, 354, 355
Hogan, E. A. 453
Holland, J. G. 141
Hollerbeck, J. R. 347
Holling, H. 14, 17, 31, 40, 78, 216, 218, 219, 224, 395
Hollingworth, L. 176
Holzkamp, K. 34, 40
Homans, G. C. 288, 291, 303, 313, 418
Hörmann, H. 156, 165
Hormel, R. 77
Hornstein, E. v. 196, 269
Hossiep, R. 171
House, R. J. 177, 257
Houssaye, L. de la 462
Hoyos, Graf C. 10, 14, 18, 62, 68, 69, 74, 110
Hron, J. 453
Hübner, P. 236
Huffcutt, A. I. 199
Huizinga, G. 404
Hulin, C. L. 11, 79, 145, 439, 444
Hull, R. 169
Hunsaker, P. 330, 331
Hunter, J. E. 162, 163, 172, 201
Hunter, R. F. 201

Iaffaldano, M. T. 440
Ihl, C. 460
Ilies, R. 162, 266, 268, 445
Inglehart, R. 55, 57, 406, 407
Inkson, J. H. K. 378
Irle, M. 34, 286, 290, 293, 294, 295, 296, 303, 307, 309, 362, 443
Ironson, G. H. 439, 445
Israel, J. 306

Jacklin, C. 180
Jackson, D. N. 163
Jackson, J. 295, 326
Jacobson, E. 141, 248, 251
Jäger, A. 166
Jago, A. 347, 348
Jahoda, M. 54
James, L. R. 384
Janis, L. L. 360, 364, 365, 373
Janak, E. A. 231
Jaques, E. 387

Jaufmann, D. 105
Javidan, M. 257, 258
Jeanneret, P. R. 73, 74
Jeserich, W. 211
Jette, R. D. 275, 423, 464
Jochum, E. 196, 272
Johnson, B. T. 126, 184
Jonas, E. 357
Jones, A. P. 384
Jones, D. T. 86, 123
Jones, N. 417
Jöns, I. 124
Judge, T. 162, 163, 164, 266, 268, 432, 445
Jung, C. G. 286
Jung, R. 339
Junkers, M. T. 349

Kabanoff, B. 364
Kaemmerer, C. 448
Kahn, R. L. 8, 37, 321, 338, 457, 466
Kaiser, W. 337
Kallmann, A. 183, 332, 446
Kaminski, G. 18, 198, 218, 219
Kanfer, F. H. 248
Kannheiser, W. 65, 66, 77, 78, 103, 291
Kanter, R. M. 187
Kappler, E. 30
Karau, S. J. 355
Kaschube, J. 16, 392, 425, 427, 428
Kasper, H. 128, 130, 387, 388
Kaste, H. 382
Katona, G. 411
Katz, D. 37, 298, 299, 301
Katzell, R. A. 275, 423, 464
Kauffeld, S. 273, 289, 299, 300, 301, 335, 336
Kay, E. 211
Kaye, B. 261
Kehr, H. 243, 244, 245, 247, 248, 250, 351
Kelley, H. 203, 294, 303, 362
Kelly, G. A. 239
Kendall, L. M. 439
Kern, H. 59, 60, 100, 107, 108, 110
Kerr, N. L. 355
Kerr, W. A. 271, 304
Keupp, H. 115
Kieselbach, T. 14
Kieser, A. 14, 36, 146, 349, 352, 376, 379

Kiesler, S. 325
King, L. A. 92, 105, 248
Kirchler, E. M. 13
Kirkpatrick, D. L. 230, 275, 284
Kirsch, A. 16, 158, 173, 427
Kirsch, W. 153, 201, 315, 316, 318, 347, 356, 376, 451, 455, 456, 467
Kistler, E. 105
Klages, H. 55, 56, 57, 60, 131, 351, 407, 446
Klages, L. 5
Kleiber, D. 68
Klein, H. J. 347
Klein, L. 41
Klein, S. 388
Kleinbeck, U. 86, 87, 97, 98, 99, 100, 239, 291, 397, 425, 432, 440, 444, 449
Kleinbeck, V. 86
Kleinmann, M. 190, 192, 195
Klendauer, R. 453, 454
Klinge-Hagenauer, D. 187
Klipstein, M. v. 57, 408
Kluckhohn, C. 55
Kmieciak, P. 55, 57, 407
Kobi, J. M. 391
Koch, J. 16, 57, 224
Kock, K. 387
Köhler, O. 355
Köhler, W. 4
Kohn, M. 102
Kohnke, O. 110
Kolb, M. 88, 242, 429
Kompa, A. 8, 145, 387, 391
Konradt, U. 86, 129, 326, 337
Koppelmeir, G. 304
Korman, A. K. 175, 177
Kornhauser, A. 12, 36, 103, 141
Koschnitzke, R. 105
Kosmann, M. 249
Kotter, J. P. 469, 470
Krapp, A. 24, 218
Kraska, A. 248, 249
Krause, D. 176, 191
Krech, D. 87, 218, 296
Kretschmer, E. 156
Kriegesmann, B. 100, 217, 219, 225, 228, 234, 275
Kroeber-Riel, W. 438
Krug, S. 247

Kubicek, H. 109, 376
Küffner, H. 238
Kugemann, W. F. 215, 236
Kuhl, J. 243, 248, 250
Kühlmann, T. M. 129, 257, 259, 260, 394, 395, 396
Kumar, B. N. 257
Kunz, G. C. 238
Kurtz, H. 224, 225
Kutzner, E. 387

Landau, K. 75
Landis, D. 259
Landy, F. 221
Lang, R. 286
Lang-von Wins, T. 129, 145, 160, 178
Langer, I. 328
Langosch, I 397
Lanz, A. 451, 457, 469, 471
Lasser, R. 352
Lässig, A. 453
Latham, G. P. 87, 94, 95, 96, 98, 248, 403, 423, 424, 441
Lattmann, C. 189, 192, 195, 213, 387
Lawler, E. E. 398, 412, 414, 415, 416, 460
Lawrence, L. C. 305
Lawrence, P. R. 98
Lazarus, R. S. 114, 249
Leahy, P. M. 249
Leavitt, H. J. 9, 105, 273, 304, 323, 368, 460
Lee, R. 181
Leitner, K. 76, 78
Lemke, S. 228
Lenk, K. 108, 109
Lersch, P. 5, 144, 430
Leupold, M. 269
Levin, I. 435
Levitt, B. 472
Lewin, K. 3, 30, 34, 35, 304, 315, 317, 401, 412, 462, 463
Leymann, H. 17, 316
Liebel, H. 215
Lienert, G. A. 157, 160, 162, 165, 166
Liepmann, D. 216, 218, 219, 224
Likert, R. 144, 306, 406, 438, 439
Ling, B. 88, 429
Linneweh, K. 251
Linstone, H. 364

Lipmann, O. 35
Lippitt, R. 304, 315, 462, 463
Livson, N. 218
Locke, E. A. 87, 94, 95, 96, 98, 211, 248, 403, 423, 424, 429, 430, 432, 441, 444, 445
Loisch, U. C. 388, 393, 394
Lord, R. G. 175, 257, 338
Lorenz, K. 5, 147
Lorsch, J. W. 379
Löwe, H. 102
Luchins, A. S. 360
Lück, H. E. 439
Lukasczyk, K. 263
Luthans, F. 194, 388
Lutz, B. 3, 60, 379

Maccoby, E. 180
Macharzina, K. 58
Machiavelli, N. 452
Mack, R. W. 314
Mackie,
Madden, T. J. 248
Madsen, V. B. 241, 432
Maher, K. J. 257, 338
Mahoney, G. M. 417
Mai-Dalton, R. 343, 344
Maier, G. W. 16, 58, 93, 293, 303, 357, 364, 427, 431, 436, 448, 472
Maier, N. 124
Mainiero, L. 7, 330, 331, 332
Malinowski, B. 148
Mandl, H. 227
Mandl, K. 325
Mann, F. C. 306, 349, 362, 364
Mann, R. D. A. 175
March, J. G. 140, 318, 472
Marcus, B. 206
Margerison, L. 348
Markus, B. 198, 210
Marr, R. 440, 448
Martin, J. 350
Martocchio, J. J. 96
Marx, K. 3, 59, 100
Maslow, A. H. 11, 88, 100, 124, 144, 242, 403, 404, 405, 406, 407, 408, 432, 434, 477
Matern, B. 70, 71
Mathewson, B. 297

Mathieu, J. E. 230, 231
Maukisch, H. 160, 173, 194, 195
Mausner, B. 11, 87, 88, 242, 249, 445
Mayer, A. 9, 13, 14, 144, 205, 224, 318
Mayer, T. 238
Mayntz, R. 14
Mayo, E. 11, 286, 318
McBride, D. 296
McCall, M. W. Jr. 153, 171
McClelland, D. C. 153, 171, 242, 244, 245, 246, 292, 403, 412
McCormick, E. J. 73, 74, 132
McDavid, J. 309
McDougall, W. 286
McFarlane, S. L. 261
McGee, G. W. 440, 442
McGrae, R. R. 163
McGrath, J. E. 111, 112
McGregor, D. 12, 13, 143, 144, 146, 277, 403, 405, 406, 432, 459
McLean Parks 16
Mead, M. 148
Mecham, R. R. 73, 74
Meissner, M. 324
Meißner, W. 301, 379
Merboth, H. 76
Merei, F. 338, 371
Merton, R. 405
Merz, F. 148, 180
Metz-Göckel, S. 187
Metzger, W. 359
Meyer, W. U. 211, 247
Meyer-Abich, K.-M. 57, 108, 110
Michel, L. 162
Michel-Alder, E. 188
Micheli, M. P. 17
Miller, N. E. 358
Miller, R. B. 61
Millward, S. J. 139
Miner, J. B. 411
Mintzberg, H. 261, 332
Mitchell, T. R. 414
Mohr, G. 117
Molt, W. 37, 38, 105, 140, 143, 218, 221, 241, 306, 314, 315, 376, 400, 405
Moreno, J. L. 311
Morgan, G. 375, 454, 460
Morse, N. C. 30, 31, 305, 379, 436
Moser, K. 196, 431

Mount, M. K. 163, 164
Mouton, J. 273, 276, 283, 312, 344
Muchinsky, P. M. 440
Muck, P. M. 211, 215, 424
Muesemann, G. 387
Mulder, J. 306
Mullen, B. 298
Müller, G. F. 8, 9, 18, 187, 296, 362, 363, 391
Münsterberg, H. 6, 10, 35, 42, 50, 59, 79, 146
Munz, D. 250
Münz, R. 257
Munzenrider, R. 464
Murray, H. 245
Muynck, U. de 255, 256

Naase, G. 445
Nachreiner, S. 271, 272
Naef, R. D. 236
Naylor, J. C. 222, 236, 238
Near, J. P. 17
Nerdinger, F. W. 16, 43, 44, 56, 65, 66, 87, 88, 103, 140, 173, 183, 202, 205, 240, 241, 244, 291, 332, 388, 397, 412, 416, 421, 428, 432, 445, 446
Neubauer, R. 159, 182, 194, 195
Neubauer, W. 316
Neuberger, O. 7, 8, 11, 14, 17, 53, 65, 81, 82, 87, 92, 94, 145, 163, 175, 178, 190, 192, 194, 195, 196, 201, 212, 213, 214, 216, 217, 223, 241, 263, 264, 266, 267, 268, 269, 270, 272, 274, 293, 302, 309, 316, 317, 326, 327, 328, 332, 337, 338, 339, 344, 349, 350, 352, 375, 377, 385, 386, 387, 388, 389, 391, 392, 393, 397, 400, 405, 412, 416, 429, 434, 437, 438, 439, 442, 444, 449, 454, 459, 460, 463, 464, 469, 477
Neudecker, M. 226
Neumann, G. A. 465
Neumann, P. 6, 13, 44, 275, 291, 307, 327, 329, 445, 464
Nibel, H. 77
Nicholas, J. M. 465
Nicholson, N. 14, 17, 31, 40, 78
Nieder, P. 445
Niketta, R. 255
Nijstad, B. 326

Noe, R. 199, 201
Noelle-Neumann, E. 55, 56, 57, 58
Nonaka, I. 472, 473, 474
Nork, M. 225

Oberquelle, H. 326
O'Brien, G. E. 364
O'Connor, P. 66
O'Leary-Kelly, A. M. 96
Odaka, K. 126
Oelkers, C. 256
Oerter, R. 218
Oesterreich, R. 75, 78
Oldham, J. R. 87, 98, 99, 100, 403
Oppler, S. H. 201
Opsahl, A. L. 447
Organ, D. W. 16
Orth, C. D. 261
Osborn, A. F. 363
Ostendorf, F. 163
Osterloh, M. 426, 473, 474
Overmyer-Day, L. 453

Papenfuß, K. 335
Parducci, A. 218
Parkin, P. W. 179, 180, 182, 184
Parkinson, B. 66
Patchen 418
Patchen, M. 303
Patrick, J. R. 358
Patterson, M. L. 325
Paul, K. B. 439, 445
Paulson, K. 379
Pawlowsky, P. 221, 226, 228
Payne, R. 382, 383, 386, 430
Pearce, J. A. 465
Pelz, D. C. 379
Pelzmann, L. 14
Penrod, W. D. 361
Peracchio, L. 26, 31
Peretti, P. O. 66
Peter, L. J. 169
Peters, A. 171
Peters, T. J. 379, 387, 393
Petersen, T. 55, 56
Petty, M. 440, 442
Pfeffer, J. 350
Piccolo, R. F. 266, 268, 445
Picot, A. 42, 105, 325

Pieler, D. 69, 129, 152
Ploming, R. 148
Podsiadlowski, A. 257, 260
Pöhler, W. 42, 80, 117
Pollert, A. 330
Porras, J. 464, 465
Porter, L. W. 412, 414, 415, 416, 431, 433, 460
Postman, L. J. 327
Powell, G. N. 331
Prange 472
Preiser, S. 215, 248
Prenzel, W. 187
Presthus, R. 36, 142, 143
Preuschoft, H. 180
Pribilla, P. 105, 107, 325, 329, 379
Prinz, W. 5
Pritchard, R. D. 87, 97, 98, 239, 241, 303, 399, 404, 412, 425
Pugh, D. D. 378, 386, 430
Pulakos, E. D. 201
Pullig, K. K. 205, 216
Pümpin, C. 391

Quinn, P. R. 338

Raatz, U. 157, 160, 162, 165, 166
Raeder, S. 139
Raju, N. S. 275, 464
Rappensperger, G. 16, 58, 186, 427, 448
Rastetter, A. 330
Rau, S. 467
Rausche, A. 271
Rautenstrauch, C. 238
Raven, B. H. 323
Ravlin, F. C. 465
Reber, G. 146, 341, 348, 349, 352
Reddin, H. J. 344
Redel, W. 321, 339
Redmon, G. 196
Regnet, E. 179, 186, 198, 313, 318, 319, 321, 329, 332
Rehm, S. 126
Rehmann, B. 275
Reichers, A. E. 384
Reichwald, R. 42, 105, 107, 325, 329, 379, 460
Reimann, H. 102, 104
Reimer, E. 30, 31, 305

Reinmann-Rothmeier, G. 227
Reiß, L. 467, 469, 471
Reiß, M. 451, 454, 455, 457, 469
Resch, M. 78
Revans, R. 224
Richter, F. 101, 104
Richter, P. 76, 81
Riecken, H. W. 360
Riegert, A. 238
Riemann, F. 251, 450
Roberts, N. 464
Robinson, J. R. 437
Rodgers, W. 104, 151
Roethlisberger, F. J. 11, 17, 29, 286, 291, 297, 309, 321, 432
Rohmert, W. 67, 68, 75, 80
Rohracher, H. 2, 9, 223, 235, 239
Rolff, H. G. 105
Roos, D. 86, 123
Rose, R. J. 148
Rosemann, B. 316
Rosenbaum, W. B. 418
Rosenkrantz, S. A. 194, 388
Rosenman, R. H. 113
Rosenstiel, L. v. 3, 6, 8, 9, 12, 13, 14, 16, 17, 21, 23, 34, 36, 37, 38, 39, 43, 44, 46, 47, 54, 56, 57, 58, 69, 87, 93, 94, 97, 103, 104, 105, 108, 110, 117, 129, 140, 143, 144, 145, 152, 154, 160, 171, 173, 175, 178, 183, 186, 188, 194, 196, 198, 218, 221, 228, 239, 240, 242, 244, 245, 247, 248, 250, 257, 267, 268, 269, 270, 271, 273, 275, 291, 293, 294, 297, 302, 303, 304, 305, 306, 307, 308, 314, 315, 327, 329, 332, 335, 336, 343, 344, 345, 347, 349, 352, 355, 356, 357, 363, 375, 376, 379, 382, 383, 384, 385, 386, 387, 388, 389, 396, 397, 398, 399, 400, 404, 405, 406, 407, 408, 411, 417, 418, 421, 422, 426, 428, 429, 431, 434, 440, 442, 444, 445, 446, 448, 449, 451, 452, 454, 457, 463, 465, 467, 469, 471, 472
Rosenthal, D. B. 192
Rosenthal, R. 141, 338
Rosner, L. 379, 382
Ross, E. A. 29, 286, 305, 379
Rosse, J. G. 97
Roth, E. 211, 289, 321, 365, 377
Rothstein, M. 163

Roy, D. 297
Ruch, L. 32
Rudolf, M. 76
Rudolph, E. 81
Rühle, R. 224
Ruiz-Quintanilla, S. A. 53, 257
Rupiper, O. 250
Rupp, H. 35
Russ-Eft, D. 234, 235
Rüter, H. D. 217
Rüttinger, B. 37, 38, 105, 140, 143, 218, 221, 240, 306, 313, 314, 315, 318, 376, 400, 405
Ryan, R. M. 243, 248, 249, 426
Ryffel, H. 376

Sabini, J. 2, 75
Sachs, G. 183, 332, 446
Sackett, P. R. 191, 192
Sackmann, S. 391
Sader, M. 141, 160, 288, 290, 298, 327, 329, 333, 335, 360, 361, 362
Salas, E. 230, 231
Sarges, W. 102, 143, 145, 164, 166, 171, 178, 196, 245, 357
Sattelberger, T. 472
Sauer, J. 154, 225, 313, 315, 318
Saunders, D. R. 337
Schachter, S. 291, 292, 294, 296
Schaff, A. 55, 105
Schandry, R. 4
Schaper, N. 225
Scharmann, T. 352, 353
Scheer, P. J. 128, 130
Schefold, B. 108
Schein, E. H. 12, 14, 15, 104, 142, 152, 292, 293, 296, 309, 321, 387, 390, 391, 405, 478
Scherm, M. 196
Schiefele, H. 218
Schiemann, W. 272
Schirmer, F. 261, 263, 264, 332
Schjelderup-Ebbe, T. 182, 289
Schlaich, K. 69
Schlitzberger, H. H. 87
Schmalt, H. D. 247
Schmid, A. 128, 199, 201
Schmid, M. 59
Schmidt, F. L. 162, 163, 172

Schmidt, K.-H. 86, 97, 98, 425
Schmidt, R. F. 4, 99
Schmidtchen, G. 58
Schmidtke, H. 68
Schnebele, A. 330
Schneevoigt, J. 269
Schneewind, K. A. 18, 19, 21, 144, 146, 376
Schneider, B. 384
Schnell, R. 31
Schneyer, C. E. 211
Schober, B. 183
Scholl, W. 375, 454, 455, 460
Scholz, C. 187, 218, 348
Schön, D. A. 472
Schönfelder, E. 81
Schooler, C. 102
Schott, F. 238
Schrader, S. 379, 473
Schramm, F. 58, 107, 432, 448
Schreyögg, G. 391
Schriesheim, G. 271
Schuler, H. 7, 9, 13, 14, 23, 41, 47, 67, 69, 86, 137, 140, 144, 145, 152, 155, 156, 157, 158, 159, 160, 164, 169, 171, 172, 173, 174, 175, 178, 179, 186, 189, 190, 198, 199, 202, 203, 205, 206, 207, 210, 211, 213, 215, 219, 224, 270, 272, 292, 308, 360, 362, 416, 417, 424, 433, 434, 467
Schulte, D. 159, 252, 254, 255
Schultheiß, O. 249
Schultz-Gambard, J. 31, 179, 395
Schulz von Thun, F. 328
Schumacher, E. F. 376
Schumann, M. 59, 60, 100, 107, 108, 110
Schumpeter, J. A. 163
Schüpbach, H. 70, 74, 78
Schwab, D. P. 93
Schwarz, G. 329
Seashore, S. 297
Seidel, A. 260
Seidel, C. 238, 257, 266, 339
Seifert, S. 460
Selbach, R. 205, 216
Selman, J. C. 261
Selye, H. 111, 112
Semmer, N. K. 37, 55, 87, 103, 104, 111, 115, 117, 118, 145, 397, 432, 434, 438, 444, 445

Senge, P. 353, 472
Shamir, B. 177
Shaw, M. E. 361
Sherif, C. 288
Sherif, M. 141, 288, 291, 313, 318, 319
Shore, L. 261
Siegert, T. 398
Sievers, B. 30, 457, 462
Simmel, G. 313
Simon, H. 140, 318
Sitkin, S. B. 350
Six, B. 87, 239, 397, 432, 440, 444, 449
Skinner, F. 141, 146, 215, 237, 253, 254
Slocum, J. W. 323
Sloma, R. L. 312
Smith, C. G. 305, 379, 439, 445
Smith, F. J. 431
Smoek, J. D. 338
Smouse, A. D. 250
Snyder, R. C. 314
Snyderman, B. 11, 87, 88, 242, 249, 445
Sofer, C. 400
Solga, M. 328
Sonntag, K. 23, 62, 70, 74, 117, 216, 218, 219, 223, 225, 226, 228, 235, 236, 445
Spector, A. J. 29, 447
Spieß, E. 16, 56, 140, 173, 183, 293, 313, 332, 388, 428, 445, 446
Spiethoff, A. 389
Spinath, F. M. 148
Sproull, L. 325
Staehle, W. H. 263, 274, 301, 344, 349, 384
Stahl, G. K. 129
Stahlberg, D. 110
Stangel-Meseke, M. 229, 234, 275
Staudt, E. 100, 217, 219, 225, 228, 234, 275
Steers, R. M. 466
Steger, U. 41, 55, 257, 379, 387, 396, 467
Stegmaier, R. 225
Stehle, W. 41, 159, 174, 198
Steinkamp, T. 176
Stengel, M. 39, 56, 57, 183, 407, 408, 411, 431, 432, 446
Stephens, P. 111, 113
Stern, W. 10
Stewart, R. 262
Steyrer, J. 268, 271
Stirn, R. 309

Stocker-Kreichgauer, G. 144, 218, 224, 238, 253, 273
Stogdill, R. M. 163, 175
Stokes, J. P. 435
Streich, R. 185, 251, 467
Stroebe, W. 326
Strombach, M. E. 126
Strümpel, B. 55, 57, 58, 187, 408
Sullivan, J. J. 304
Sweeney, C. D. 250
Sydow, J. 263, 384

Tagiuri, R. 382
Takeuchi, H. 473, 474
Tannenbaum, S. I. 199, 230, 231
Taubitz, H. 391
Tausch, R. 328
Taylor, F. W. 10, 35, 36, 124, 169, 278, 405, 432, 455
Taylor, P. 234, 235
Tett, R. P. 163
Thibaut, J. W. 294, 303, 362
Thierau, H. 229
Thierau-Brunner, H. 18, 36, 229, 234, 275
Thomae, H. 239, 240, 356, 399
Thomas, A. 257, 260, 296, 362, 363
Thoresen, C. J. 163
Thorndike, E. L. 237, 253
Thornton III., G. C. 191, 192, 195, 199
Thorsrud, E. 29, 120
Tietze, B. 35, 450
Tindale, R. S. 355
Tolman, E. 412
Tomaszewski, T. 81, 101
Trebesch, K. 458, 464
Trist, E. L. 303
Trivers, R. 181
Tscheulin, D. 271
Tuckman, B. W. 298
Tunner, W. 147, 253, 256
Türk, K. 145
Turner, A. N. 98, 378
Turoff, M. 364

Udris, I. 6, 12, 36, 55, 57, 67, 77, 80, 87, 103, 111, 117, 130, 132, 397, 432, 434, 438, 443, 444, 445, 450
Uhl-Bien, M. 271
Ulich, E. 6, 11, 12, 13, 40, 53, 54, 58, 60, 71, 74, 79, 80, 81, 87, 88, 94, 95, 101, 104, 105, 107, 110, 111, 117, 120, 123, 130, 141, 143, 222, 225, 236, 286, 291, 304, 405, 406, 429, 444, 445, 448, 449
Ullrich de Muynck, R. 255, 256
Ulmann, G. 357

Vilmar, F. 80
Vollrath, D. A. 355
Volpert, W. 11, 35, 38, 39, 67, 75, 79, 80, 100, 101, 102, 105, 107, 108, 109, 111, 117, 130, 132, 140, 141, 144, 306, 324, 474
Vorwerk, K. 453, 469
Voß, G. 3
Vroom, V. H. 25, 31, 47, 87, 79, 90, 94, 239, 242, 251, 274, 286, 290, 292, 303, 306, 345, 346, 348, 349, 362, 372, 397, 398, 400, 411, 412, 414, 422, 435, 436, 440, 444, 445, 448

Wacker, A. 14
Walker, C. R. 304
Walkey, R. P. 291
Wall, T. A. 382
Wallach, M. A. 361
Walter-Busch, E. 309
Walton, R. 317
Wanous, J. P. 173
Wardanjan, B. 101, 104
Warfield, A. 330
Wastian, M. 356, 357, 379
Waterman, R. H. 379, 387, 393
Waters, L. K. 236
Watson, J. B. 2, 146, 463
Watzka, K. 197
Watzlawick, P. K. 326
Weber, E. H. 3
Weber, M. 3, 5, 54, 177, 338, 378, 405, 455
Wegge, J. 95, 96, 97, 259, 268, 289, 326, 344, 345, 347, 349, 424
Weick, K. E. 350, 375, 420
Weidenmann, B. 218
Weinberg, P. 438
Weiner, B. 2, 241, 432
Weinert, A. B. 7, 12, 13, 36, 87, 146, 171, 180, 226, 243, 339, 384, 444
Weinert, P. 377
Weinkamm, M. 117
Wendler, E. 176

Wendt, D. 364
Werner, R. 79, 449
Wertheimer, M. 357
Wesley, B. 463
Wesson, N. J. 347
West, M. A. 300, 301
Wexley, K. N. 145, 214, 215
White, B. J. 141, 304, 315
White, L. A. 201
Whitney, D. J. 298, 303
Whyte, W. F. 141
Wickert, F. R. 305
Wiendieck, E. 6, 21, 94, 124, 127, 225
Wiersma, U. J. 427
Wieselhuber, N. 475
Wigand, R. T. 42, 105, 325
Wilczek, S. 101, 104
Wilkins, A. L. 351
Wilkinson, H. E. 261
Williams, K. D. 355
Willner, D. M. 291
Wilpert, B. 274, 396
Wilson, W. A. 218, 238
Wimmer, P. 93, 116, 293
Windheuser, J. 255
Winter, D. G. 242, 246, 403
Winterbottom, M. R. 246
Winterstein, H. 140
Winzer, H. 171
Wiswede, G. 87, 141
Witte, E. 32, 183, 289, 332, 446

Wittmann, A. 427
Wöcherl, H. 78
Wöhe, G. 382
Wolf, J. 58
Wolfe, D. M. 338
Wollert, A. 409
Womack, J. P. 86, 123
Woschée, R. 36, 37, 38, 431
Wottawa, H. 164, 166, 229, 234, 245, 275, 357
Wunderer, R. 146, 179, 189, 263, 340, 349, 352, 406
Wüthrich, H. A. 391
Wyatt, S. 30

Yerkes, Y. M. 250
Yetton, P. M. 274, 306, 345, 346, 348, 363, 372
Yukl, G. 145, 214, 215, 469, 471

Zander, A. 29, 305
Zapf, D. 32, 43, 65, 66, 67, 111, 443
Zelst, R. v. 303
Zempel, J. 431
Ziegler, A. 183
Zimbardo, P. 24, 376
Zimmer, R. 348
Zimolong, B. 86
Zink, K. 93, 95, 126
Zölch, N. 70, 74, 78
Zwarg, I. 58, 448

Stichwortverzeichnis

A-B-Typologie 113
ABB (»Arbeits-Beschreibungs-Bogen«) 302, 385, 439
action learning 224
AET (Arbeitswissenschaftlicher Erhebungsbogen
- zur Tätigkeitsanalyse) 75
Affekt 244
Ähnlichkeit
Aktionsforschung 30, 349, 459
Aktivierung 250
Aktivität des Forschers 25
Akzeptabilität 161
Akzeptanz 81, 161
Akzeptanzforschung 109
Analyse der Verhaltensergebnisse 26
Analyse des sozialen Potentials 222
Anerkennung der eigenen Leistung 94
Angst
- leistungsbehindernde 250
- leistungsfördernde 250
Angsthierarchie 252
Anlage-Umwelt-Problem 146
Anpassung an die Organisation 140
Anpassung der Arbeit an den Menschen 216
Anpassung des Menschen an die Arbeit 216
Antiflow 401
Antriebsregulation 65
Appetenzverhalten 243
Arbeit
- Bedeutung 54
- Definition 54
- Humanisierung 59, 117, 128
- Intensivierung 35
- Ziele 64
- Zunkunft 129
Arbeits-Beschreibungs-Bogen (ABB) 302, 385, 439
Arbeitsanalyse 69
- halb standardisierte 72
- ingenieurwissenschaftliche 70
- psychologische 70

- standardisierte 72
- unstandardisierte 72
- Ziele 72
Arbeitsbewertung 79
Arbeitsgestaltung 94
Arbeitsgruppe 95
Arbeitsgruppe, teilautonome 120
- Bedingungen 121
- Definition 120
- Effekte 121
- Kriterien 120
Arbeitsinhalt 94
Arbeitslosigkeit 54, 58
Arbeitsmoral 58
Arbeitsmotivation
- intrinsische 89, 400
- extrinsische 89, 400
Arbeitsmotive
- intrinsische 400
- extrinsische 400
Arbeitsoperationen 64
Arbeitsplatzanalyse 70
Arbeitsplatzwechsel 119
Arbeitspsychologie 6
Arbeitsteilung 59, 60, 321
Arbeitsunzufriedenheit
- fixierte 450
- konstruktive 450
- und Unfallneigung 443
Arbeitswissenschaft 53
Arbeitszufriedenheit 65, 87, 303
- Definition 430
- Faktoren 435
- Konzepte 432
- progressive 450
- Pseudo- 450
- resignative 450
- stabilisierte 450
- und Fehlzeiten 442
- und Fluktuation 442
- und Lebenserwartung 443
- und Lebenszufriedenheit 443
- und Leistung 440

- Zweifaktorentheorie 436
Arbeitszufriedenheitstheorie
- humanistische 433
- anreiztheoretische 433
- bedürfnistheoretische 433
- gleichgewichtstheoretische 433
Arbeit und Familie 128
Aspektspezialisierung 21
Assertiveness-Training-Programm 255
Assessment Center 151, 159
- Definition 190
- Konstruktvalidität 192
- Nachteile 194
- prognostische Validität 191
- Verfahren 190
- Vorteile 192
Aufgabe 14, 46, 60, 291
- Ganzheitlichkeit 98
- Bedeutung 98
- Definition 61
- Strukturierung 104
- Vielseitigkeit 98
Aufgabenanalyse 160, 222
Aufgabenbereicherung 119
Aufgabenerweiterung 119
Aufgabenkomplexität 379
Aufgabenkonstruktion 160
Aufgabenorientiertheit 263
Aufgabenselektion 160
Aufgabenstruktur 342
Aufstiegsperspektive 94
Auftraggeber 39, 40
Auftrags- und Bedingungsanalyse 70
Auftrags- und Erfüllungsbedingungen 70
Aufwärtsbeurteilung 270
Ausbildung
- Definition 220
Ausführungsbedingungen 64
Außenkontakte 379
AVAH (Verfahren zur Analyse von Arbeit und Haushalt) 78

Beanspruchung 111
- Definition 67
Bedeutung der Hilfsfunktionen 379
Bedeutungsgewichtung 436
Bedingungsvariation 27
Bedürfnisbefriedigung durch die Organisation 376

Bedürfnisbefriedigung in der Organisation 376
Befragung 26
Befriedigungs-Progressions-Hypothese 405
Behaviorismus 2
Belästigung
- sexuelle 330
Belastung
- aufgabenspezifisch 66
- aufgabenunspezifisch 66
- emotionale 67
- soziale 67
Beliebtheitsstrukturen 311
Belohnungssystem 317
Beobachtung 26
Beobachtungsinterview 72
Berufsverband Deutscher Psychologinnen und Psychologen (BDP) e. V. 6
Beschreibbarkeit der Versuchsbedingungen 27
Beschreibung 23, 385
Betriebsarzt 253
Betriebsblindheit 359
Betriebsklima 302, 431
- Definition 382
Betriebspsychologie 9
Betriebsrat 40, 120, 123
Betriebsverfassungsgesetz 123
Beurteilung
- Dimensionen 210
- durch Einstufungsverfahren 210
- durch freie Beschreibungen 206
- durch gebundene Verfahren 206
- durch Kennzeichnungsverfahren 206
- durch Rangordnungsverfahren 210
Beurteilungsfehler
- auf der Ebene der Aussage 203
- auf der Ebene der Wahrnehmung 203
- auf der Ebene des Verhaltens 202
- eigenschaftsbezogener 206
- ergebnisbezogener 206
- verhaltensbezogener 206
Beurteilungsgespräch 211
- latente Funktion 212
- manifeste Funktion 212
- Training 211
Beurteilungskonflikt 315
Beurteilungsnähe 202

Bewertung 385
Bewertungskonflikt 315
Bewusstsein
– elitäres 80
Beziehungen
– sexuelle 330
Beziehungen zwischen Führern und Geführten 342
Beziehungskonflikt 315
Bildungscontrolling 230
Billiglohnländer 108
Brainstorming 363
burn-out 68
Business Reengineering 467, 463

CAD 67, 109
CAM 67
Chancengleichheit 179
Change Agent 463
Change Management 451
Charisma 177, 268
Clique 17
Coaching 261
complex man 12
consideration 266
Context-Variable 89
Coping 114
Copingmechanismen 114
Critical-incident-technique (CIT) 73
Cultural Assimilator 260

DCR (Dyadic Career Reality) 271
Defizitmotivation 89
Defizitmotive 403
Delphi-Technik 364
Denken 356
– Barrieren 358
– Definition 357
– divergentes 358
– konvergentes 357
Dependenz von der Gruppe 294
Dequalifizierung 107
Deutsche Gesellschaft für Psychologie (DGPs) 6
Diagnose 32
Diagnostik 150
Dienstleistung 67
Dienst nach Vorschrift 16
Dienstweg 333

DigA (Diagnoseinstrument gesundheitsförderliche Arbeit) 78
Diskriminierung 186
Diskriminierungsmechanismen 186
Diskurs
– herrschaftsfreier 39
Dissatisfaktoren 89
Drei-D-Ansatz 344
Druck
– externer 414
– interner 414

E-learning 238
Eignungsdiagnostik 145, 177
– Kritik 169
Einstellung 430
Einstellung zur Arbeit 430
Einwilligung, erzwungene 142
Elektronisierung 59
Enteignung der Experten 107
Enteignung der Spezialisten 11
Entfremdung 59, 100
Entlohnung
– finanzielle 422
Entscheiden im kompensatorischen Modell 173
Entscheidung 356
echte 411
Entscheidungsbaum 347
Entscheidungsspielraum 117
Erfolg
– gemeinsamer 293
Ergonomie 86
Erleben und Verhalten 21
Erwartung 417
Ethik 34
Ethnologie 391
Evaluation 18
– formative 229
– summative 228
Evolutionstheorie 4
Expansionsmotivation 89
expectancy 411
Experiment 23, 24
experimentelles Vorgehen 27
Expertensysteme 108
Externalisierung 473
Extra-Rollenverhalten 16

FAA (Fragebogen zur Arbeitsanalyse) 73
Facettenanalyse 382
Fachlaufbahn 178
Fachsprache 40
Fähigkeiten 68
Familie 145
Feedback
- 360°-feedback 94, 98
Fehlertendenzen bei der Personalbeurteilung 198
Feld 27
Fertigkeiten 68, 100
FIT (Fragebogen zum Erleben von Intensität und Tätigkeitsspielraum in der Arbeit) 76
Fitness 181
Flaschenpost 204
Flow 401
Flow-Erlebnis 243, 401
Fluch für den Sündenfall 54
Formalisierung 378
Forming 298
Forschungsziel 37
Fortbildung
- Definition 220
Fragebogen
- biographischer 159
Fragebogen zur Arbeit im Team (FAT) 302
Fragebogen zur Vorgesetzten-Verhaltens-Beschreibung (FVVB) 264
frauenfreundlicher Betrieb 188
Fremdbild 335
Fremdselektion 140
Frustrations-Hypothese 405
Frustrations-Progressions-Hypothese 405
Frustrations-Regressions-Hypothese 405
Führung
- -Situationstheorie 340
- Definition 339
- Kontingenzmodell 340
- laterale 340
- Legitimation 351
- Rollentheorie 338
- transaktionale 268
- transformationale 268
- Vroom-Yetton-Modell 345
Führung durch die Geführten 340
Führungsdiagnostik 178
Führungsdimensionen 266

Führungserfolg 174, 263, 337
Führungskräfte
- Alltagshandeln von 261
Führungslaufbahn 178
Führungspersönlichkeit 178
Führungssituation 189, 337
Führungsstil 263, 304, 339
Führungsverhalten 337
- Training 272
- weibliches 184
Funktionale Gebundenheit 358
Funktionen
psychische 239
Furcht vor Misserfolg 245

Ganzheitsmethode 236
gebundene Rede 335
Gefühlsarbeit 65, 68
- Definition 66
Gegenkonditionierung 251
Gehaltsdifferenz zwischen Männern und Frauen 186
Gehaltskonto
- gläsernes 422
Geneologisch-statistische Analysen beim Menschen 147
Gerücht 327
Gesamtarbeitszufriedenheit 435
Geschlechtsunterschiede 180
Gesetz vom Erfolg 237
Gleichgewicht
- kognitives 419
Globalisierung 41, 59, 129, 257, 451
Grundgesetz der Bundesrepublik Deutschland 80
Grundlagenwissenschaft 14
Gruppe 14, 46
- Attraktivität 294
- Definition 288
- formale 290
- Lebenszyklus 301
- teilautonome 287
Gruppe, formelle 308
Gruppe, informelle 308
Gruppenarbeit 124
- Kriterien 352
Gruppenbildung
- Phasen 298
Gruppendenken 364

Gruppendruck 360
Gruppenentscheiden 352
Gruppenfabrikation 286
Gruppengeist 286
Gruppenkohäsion 303
Definition 294
Gruppenleistung 303
Gruppennormen 294
Gruppenproblemlösen 352
Gütekriterien
- psychologische Tests 161

Hackordnung 182, 290
Handeln 2
Handlungsbarrieren 249
Handlungsspielraum 94, 117, 120, 317, 406, 427
- Definition 117
harte S 379
Hawthorne-Effekte 121
Hawthorne-Experiment 11, 286, 291
Hawthorne-Studien 11, 286, 291
Heldenklau 204
Herrschaftssicherung 40
High Performance Cycle 424
Hoffnung auf Erfolg 245
homme machine 12
homo-oeconomicus-Prämisse 429
homo oeconomicus 12, 411
human-relations-Bewegung 11, 303
Humanisierung 123, 307, 429
Humanisierung der Arbeit
- Kriterien 80
Humanziele 126
Hygiene-Faktoren 89
hypothetisches Konstrukt 2

Identifikation 139
Identifikation mit der Arbeit 431
Ideologie
- bürgerlich-kapitalistische 140
- marxistische 140
Indikatoren
- subjektive 79
Individualisierungskonzepte 104
Individuum 13, 14, 37, 46
Individuum und Organisation 137
Konflikt zwischen 138
Informationsaustausch 379

Informationsmenge 361
initiating structure 266
Instrumentalität 411, 416
Intelligenzabbau 102
Intelligenztest 165
Interaktion 114, 323
Interesse 34
Interessengegensätze 35
Internalisierung 473
Intervention 18, 32
Interview 158
- multimodales 159
Introspektion 25
Ist-Zustand 18

Janis-Regeln 365
Job 60, 61
Job-Diagnostic-Survey (JDS) 99
Job Enrichment 95
Job Rotation 95

Kalkül
- hedonistisches 412
Kapital und Arbeit 35
Karriere 445
Karrierefrauen 185
Karrieremänner 185
Kirkpatrick-Kriterien der PE 230
Klienten-System 463
Klima
- psychologisches 384
Kluft zwischen Wissenschaft und Praxis 32
Kognition 239, 412
Kohäsion 307
Kombination 473
Kommunikation 323
- nonverbale 324
- paraverbale 324
- verbale 324
Kommunikationsdefizite
- Diagnose 332
Kommunikationsspielraum 118
Kommunikationsstrukturen 323
Kommunikationssysteme
- elektronische 325
Kommunikationstraining 335
Kommunikationsziel 196
Kompetenz 100, 171
- Definition 153

- Fach- und Methoden- 153
- personale 153
- sozial-kommunikative 153
- Umsetzungs- und Handlungs- 153
Konditionieren, operantes 141
Konfiguration 378
Konflikt
- Beurteilungs- 315
- Bewertungs- 315
- Beziehungs- 316
- Definition 314
- intraindividueller 314
- latenter 314
- manifester 314
- strukturaler 314
- Verteilungs- 315
Konflikt, sozialer
- Bewertung 313
- Definition 313
Konflikte zwischen Einzelnem und Organisation 14
Konfliktgegenstand 315
Konfliktlösung 319
Konfliktunterdrückung 319
Konfliktursache 315
Konfliktverebben 319
Konfliktverschiebung 315
konsummatorischer Akt 243
Kontakthäufigkeit 291, 292
Kontaktspielraum 120
Kontingenz
- Definition 215
Kontrakt 139
- sozialer 295
Kontrollformen in Organisationen 138
Konzentration der Autorität 378
Koordinationszwang 317
Korrelationsfehler 205
Korrumpierung der intrinsischen Motivation 426
Kostenfaktor 186
Kräfte, psychische 239
Kreativität 356
- Definition 356
Kreativitätstheorie
- denkpsychologische 357
- persönlichkeitsbezogene 357
- umweltbezogene 357
Kriterien

- des Trainingserfolgs 275
Kritik 92
Kultur 257
- Definition 389
Kultur des Vertrauens 474
Kulturschock 259
Kulturvergleichende Ethnologie 148

Labor 27
Lärm 86
Lasswell-Formel 326
Lean Management 467, 468
Leistung 94
Leistungsfähigkeit
- intellektuelle 102
- psychologische 68
Leistungsmotivation 412
Leistungsnorm 296
Leistungsrestriktion 297
Leistungstest 165
Leistungsverhalten 294
Lernen
- informelles 219
Lernen im Prozess der Arbeit 100
Lernerfolg
- Kriterien der Überprüfung 220
Lernerfolgskontrolle 225
Lerngewinn 171
Lernpartnerschaften 224
Lernprogramm 220
Lernstatt 124
Lerntheorie 141
Lerntransfer 225
- Bedingungen 226
Lernziele 220
Licht 86
Likert-Skalen 438
Linienkontrolle 379
LPC-Wert (»least preferred coworker«) 342
Luftfeuchtigkeit 86

Macht 317
management by objectives 94, 377
management by reinforcement 145, 214
Managementfunktionen 262
Managerial-Grid-Seminar 273
Manipulation 306
Männerwelt 188
Markt 13

Marktprinzip 268
marxistischer Standpunkt 36
Massenarbeitslosigkeit 108
Massenumfrage
- anonyme 428
Materialismus 407, 408
Menschenbild 143
mentales Training 236
Mentor 261
Messverfahren
- indirekte 437
- Klassifikation 437
Metaanalyse 45
Metakommunikation 326, 365
Methode, analytische 236
Methode der kritischen Ereignisse 90, 264
Methode der kritischen Grenzen 173
Methoden und Inhalte 154
Mikroelektronik 105
- Konsequenzen 107
Mikropolitik 17
milieutheoretischer Optimismus 146
milieutheoretischer Pessimismus 147
Minderheitenstatus von Frauen 187
MIT-Studie 123
Mitarbeiterorientiertheit 263
Mittelwertsfehler 204
Mitunternehmertum im Unternehmen 406
MLQ (»multifactor leadership questionnaire«) 268
Mobbing 17, 316
Modelllernen 142, 276
Monotonie 59
Morale 430
Motivation 397, 412
- Definition 239
- extrinsische 243
- Gründe für 240
- Inhaltstheorien 241
- intrinsische 243
- Klassifikation 240
- Prozesstheorien 241
- Theorie 241
Motivationsmanagement 426
Motivationspotenzial der Aufgabe 98
Motivationstheorie
- anreizorientierte 433
- bedürfnisorientierte 433
- Equity- 418

- gleichgewichtsorientierte 418
- kognitive 418
Motivatoren 89
Motive
Kulissenhaftigkeit 414
Multimodales Interview 150
Multitrait-Multimethod-Matrix 192
Muße 54
Mutation und Selektion 4

Norm, kulturelle 306
norming 298
Nützlichkeit 31

Objektivität 2, 161
Objektpsychotechnik 10
öffentliches Bekenntnis 142
Ökonomie 161
Operationalisierung 41
operatives Abbildsystem (OAS) 64
Organisation 13, 14, 37, 46
- Dimensionen 378
- Ablauf- 376
- androgyne 182
- Aufbau- 376
- Clan- 377, 381
- Definition 6, 321, 375
- funktionaler Ablaufaspekt 375
- Grenzen 375
- Ist-Ziele 408
- lernende 472
- Matrix- 381
- Metapher 375
- Netzwerk- 377, 381
- Pathologie 145
- Projekt- 377, 379
- Soll-Ziele 408
- struktureller Aufbauaspekt 375
- Veränderung 396
Organisationsanalyse 221
Organisationsentwicklung 349, 457
- Bedingungen des Erfolgs 463
- Definition 458
- personale Ansätze 459
- strukturale Ansätze 463
Organisationserfolg 379
Organisationsklima
- Definition 382
- Dimensionen 384

- Messung 384
Organisationsklimaforschung 384
Organisationskonzept
- bürokratisches 405
Organisationsplan 290
Organisationspsychologie
- Definition 5, 7
- Entwicklungstendenzen 41
- Forschungsmethoden 23
- Geschichte 9
- Teilgebiete 13
- Wertprobleme 34
organizational citizenship behavior 16
Ort der Forschung 25

PAQ (Position Analysis Questionnaire) 73
parentale Investition 181
Partizipation 287, 304
Pausen 86
Performing 298
Person-Environment-Fit (P-E-Fit) 104, 151
Personal 217
Personalakte 211
Personalauslese 166
Personalbeurteilung
- Rolle des Organisationspsychologen 215
- Validität 199
Personalentwicklung 127, 155, 182, 216, 217
- Definition 196, 217
- Ziele 217
Personalentwicklungsmaßnahmen 217
Personalpolitik
- wertorientierte 409
Personalpsychologie 137
Personalrat 40
Person als Prozeß 200
Persönlichkeit 174
Persönlichkeitsannahmen, implizite 12
Persönlichkeitsentwicklung 81
Persönlichkeitsförderlichkeit 103
Persönlichkeitsmerkmale 159
Persönlichkeitsstruktur 306
Persönlichkeitstest 165
Persönlichkeitstheorie
- faktorenanalytische 144
- humanistische 144
- lerntheoretische 144
- phänomenologische 144

- psychoanalytische 144
Person und Situation 154
Peter-Prinzip 169
Polaritätenprofil 438
Position 60, 61
Positionsmacht 342
Postmaterialismus 407, 408
Prägsamkeit des Menschen 146
Prävention
- primäre 115
- sekundäre 115
- tertiäre 115
Prestige 360
Probehandeln 357
Problemlösen 356
Problemspezialisierung 21
Profitmaximierung 40
Prognose 24
Programm
- lineares 237
- verzweigtes 237
Programmierte Unterweisung 237
- Nachteile 237
- Vorteile 237
Prophezeiung, sich selbst erfüllende 144, 405
protestantische Ethik 54
Prozessberatung 466
Psychologie
- als biologische Wissenschaft 3
- als Kultur- und Geisteswissenschaft 3
- als Naturwissenschaft 3
- als Sozialwissenschaft 3
- angewandte 32
- Definition 2
- humanistische 11, 124, 403
- praktische 32
- Schulrichtungen 4
- theoretische 32
psychologischer Test 156
- Definition 157
- Eichung 161
- Gültigkeits- und Geltungsbereich 160
- Gütekriterien 161
- Standardisierung 156
Psychotechnik 10

Qualifikation 102
Qualitätszirkel 124

– Gründe der Verbreitung 126
quasi-experimentelles Vorgehen, 26

Rangreihenbildung 438
Rationalisierung 123, 287
Rationalitätsprinzip 317
Redundanz 327
Regulationsebene
– intellektuelle 64
– perzeptiv-begriffliche 64
Reifegrad der Geführten 344
Relevanz
– -interne 34
– externe 34
Reliabilität 161
Reorganisation 469
requisite task index (RTA-Index) 98
return potential model (rpm) 295
RHIA (Analyse der Regulationshindernisse in der Arbeitstätigkeit) 76
Risikoschub 361
Rituale 350
Rolle des Psychologen 40
Rollenspiel 335
Rollentheorie 141
Rollenverständnis, neues 187
Rosenthal-Effekt 203
Rückmeldung (Feed-back) 98
Ruhestand 103

SAA (Subjektive Arbeitsanalyse) 77
Satisfaktoren 90
SAZ (»Skala zur Messung der Arbeitszufriedenheit«) 439
Schwierigkeitsindex 160
scientific management 10, 69, 124, 405
Selbstbild 335
selbst erfüllende Prophezeiung 151
Selbstkontrolle 98, 248
Selbstselektion 140
Selbstsicherheit 66
Selbstvertrauen
– Training 253
Selbstverwirklichung 144, 403
Selbstverwirklichung innerhalb der Arbeit 11
Selbstwirksamkeit 66
Selektion bei Männern und Frauen 185
Selektionseffekte 103

Selektionsziel 197
Sensitivity-Training 290, 336, 461, 462
SEU-Entscheidungstheorie 412
Sexualität 330
shareholder-value 38
social man 12
Social Reflexivity 301
Soll-Zustand 18
S-O-R-Paradigma 75
soziales Wesen 12
soziale Unterstützung 427
Sozialisation 183, 473
– Definition 140
Sozialisation in Organisation 141
Sozialisationsentwicklung 182
Sozialisationshypothese 408
Sozialisationsprozess 80
Sozialpsychologie 286
Sozialtechnik 34
Sozialtechnologien 307
Soziobiologie 180
Soziogramm 311
soziometrische Verfahren 311
Spezialisierung 286, 378
Spezialisten 286
Sprachbarriere 32
Stabilität anlagebedingter Merkmale 146
Standardisierung 378, 379
Stereotyp »Führungskraft« 182
Stimulus-Organismus-Reaktion-Konsequenz-Paradigma (S-O-R-K) 63
storming 298
Strategie des Forschers 25
– Stress 67, 68, 111, 114
– als Interaktion 111
– als Response 111
– als Stimulus 111
– Definition 111
Stressoren 116
Streuungsfehler 205
Strukturen
– erstarrte 408
Strukturierung der Tätigkeiten 378
Stücklohn 420
subjektive Tätigkeitsanalyse (STA) 80
Subjektpsychotechnik 10
Survey-Feed-back-Ansatz 463, 466
Sympathie 291, 313
systematische Informationsgewinnung 26

Systemstabilisierung 35
System vorbestimmter Zeiten (SvZ) 69

TAA-KH-O (Tätigkeits- und Arbeitsanalyseverfahren für das Krankenhaus 77
Tagesrhythmik 86
TAI (Tätigkeitsanalyseinventar) 77
TALK-Modell 327
Tannenbaum-Modell der Trainingseffektivität 231
tarifrechtlicher Schutz 108
Task Reflexivity 301
TAT (= Thematischer Apperzeptions Test) 245
Tätigkeitsanalyse 70
Tätigkeitsspielraum 117
Tätigkeitsvorschau
- realistische 427
Tauschbeziehung 419
Taylor-Russell-Tafeln 169
Taylorismus 10, 117
Team 289
- Definition 289
Teambesetzung 353
Teambildung 299
Teamdiagnose 336
Teamentwicklungstraining 273, 336
Teamklima-Inventar (TKI) 301
Technikfolgenabschätzung 109
Tele-Video-Konferenzen 105
Telearbeit 105, 108
Temperatur 86
Theorie 34
Theorie der Führungsdyaden 271
Theorie der kognitiven Dissonanz 142
Theorien der Motivation
- anreizbezogene 241
- homöostatische 241
- humanistische 241
- kognitive 241
Theorien der Motivation, ERG 404
Theorie und Praxis 34
Theorie X 12, 143, 405
Theorie Y 12, 144, 459
Total Quality Management (TQM) 467, 468
Toyotismus 307
Training
- gruppendynamisches 460
Training der muskulären Entspannung 251

Transfer 220
Trennschärfeindex 160
Trennung von »Kopf und Hand« 107
Tüchtigkeitsstrukturen 311

Überprüfung 220
Umgangssprache 40
Umsetzung 154
Unbewusstes, kollektives 286
Unbewusstes Erleben 2
unsystematische Informationsgewinnung 26
Unternehmenskultur 350
- Autonomie-Ansatz 391
- Drei-Ebenen-Modell 390
- Gärtner-Ansatz 391
- Konstrukt-Ansatz 392
- Krisen-Ansatz 391
- Macher-Ansatz 391
- Metaphern-Ansatz 392
- Definition 387
- Erfassung 391
- Gründe der Aktualität 389
- Variablen-Ansatz 392
Unterrepräsentation von Frauen im Management 179
Untersuchungshypothese 41
Ursache-Wirkung 23
Ursachen der Unterrepräsentation von Frauen 181
Urteil, eignungsdiagnostisches 166

valence 411, 416
Validität 161
Variable
- abhängige 24
- intervenierende 24
- unabhängige 24
VERA (Verfahren zur Ermittlung von Regulationserfordernissen in der Arbeitstätigkeit) 75
Veränderungswissen 18
Verantwortung 94
Vereinbarkeit der verschiedenen Rollen 183
Verfahren
- objektive 438
Verfahrenssprache 41
Vergleich
- sozialer 419

Verhalten 2, 239
Verhaltensanalyse 254
Verhaltensgenetik 147, 180
Verhaltensmodifikation 216, 217, 263
Verhaltensrationalität 37
Verstärkung, stellvertretende 142
Verstärkungsbedingungen 253
Verteilungsgerechtigkeit 36
Verteilungskonflikt 315
Vielredner 360
Volition 243
volitionale Kompetenz 248
Volvoismus 307
Vorselektion 102

Wachstum 94
Wachstumsmotive 403
Wahlen zwischen Anstrengungsniveaus 412
Wahlen zwischen Handlungen 412
Wahrnehmung, selektive 422
Wandel, technischer 379
weiche S 379
Weiterbildung
– Definition 220
Weiterbildungsmethoden
– inhaltsorientierte 222
– Ort 223
– prozessorientierte 222
– vermischte 222
– Ziel 223
Werte 55
– gemeinsame 351
Wertewandel 55, 56, 351, 407
– Ursachen 57
Wettbewerbshaltung 317
whistle-blowing 17
Widerstand 140

Wiederholbarkeit 27
Wille 243
Willkür 27
Wirtschaftlichkeit 307
Wissen
– explizites 473
– implizites 473
Wissenschaft
– anwendungsorientierte 18
Wissenschaft und Praxis 39
Wissensmanagement 325, 472

Z-Skala 162
Zeit- und Bewegungsstudien 69
Zeitlohn 420
Zentralisierung 378, 379
Zielbindung 248
Ziele
– gemeinsame 321
– persönliche 16
– persönliche berufliche 427
Ziele der Organisation 126
Zielkonflikt 248
Zielsetzung 276
Zieltheorie 95, 423
Zielvereinbarung 94, 276
Zielverfolgung
Entschlossenheit bei der 427
Zielverhalten 255
Zielvorgabe 94
zoon politicon 303
Zufriedenheit 59
Zwang 139
Zweckrationalität 376
Zweifaktorentheorie der Arbeitszufriedenheit 87
– Kritik 92
Zwillingsforschung 147